Ellen Pietrus
Heinrich Dolmetsch
Die Kirchenrestaurierungen des
württembergischen Baumeisters

REGIERUNGSPRÄSIDIUM STUTTGART
LANDESAMT FÜR DENKMALPFLEGE

Forschungen und Berichte der
Bau- und Kunstdenkmalpflege in
Baden-Württemberg
Band 13

Konrad Theiss Verlag · Stuttgart

Ellen Pietrus

HEINRICH DOLMETSCH

Die Kirchenrestaurierungen
des württembergischen Baumeisters

Theiss

Die Deutsche Bibliothek – CIP-Einheitsaufnahme

Ein Titeldatensatz für diese Publikation ist bei
der Deutschen Bibliothek erhältlich

Umschlaggestaltung:
Günter Stahl, Horb-Nordstetten
unter Verwendung einer Aufnahme von Iris Geiger-Messner,
Regierungspräsidium Stuttgart
Landesamt für Denkmalpflege,
und zwei Bildern aus dem Text (Abb. 52 und 293).
Vorderseite: Ev. Kirche in Stuttgart-Uhlbach
Rückseite: Marienkirche in Reutlingen

© Regierungspräsidium Stuttgart
Landesamt für Denkmalpflege 2008
Alle Rechte vorbehalten
Vertrieb: Konrad Theiss Verlag GmbH, Stuttgart
Lektorat: Karen Schmitt, Stuttgart
Produktion: Helmuth Gann, Stuttgart
Satz und Layout: Günter Stahl, Horb-Nordstetten
Lithographie: Martin Walter, Stuttgart und
Atelier am Schlossberg, Stuttgart
Druck: Gulde-Druck GmbH & Co. KG, Tübingen
Gedruckt auf Papier aus 100% chlorfrei gebleichtem Zellstoff
Bindearbeiten: Josef Spinner Großbuchbinderei GmbH, Ottersweier
Printed in Germany
ISBN 978-3-8062-2171-8

Inhalt

Vorwort des Herausgebers

Monographische Arbeiten zu Architekten des 19. und frühen 20. Jahrhunderts sind, seit die Neubewertung des Historismus vor rund vier Jahrzehnten ihren Anfang nahm, zahlreich erschienen. Dass sich eine solche monographische Arbeit aber einem Architekten widmet, der vorrangig im Bereich der Um- und Weiterbauten tätig war, ist durchaus bemerkenswert. Heinrich Dolmetsch muss für das ehemalige Königreich Württemberg neben Christian Friedrich Leins als der herausragende Architekt auf dem Gebiet des evangelischen Kirchenbaus angesehen werden. Er errichtete vergleichsweise wenige Kirchenneubauten, denen die Autorin bereits im Jahr 2001 eine Publikation widmete. Die Zahl seiner Kirchenrestaurierungen hingegen ist kaum zu überschauen, 105 Objekte wurden in die vorliegende Arbeit aufgenommen.

Schon aufgrund der Quantität seiner Arbeiten ist Heinrich Dolmetsch ein Architekt, dem der Denkmalpfleger in Württemberg immer wieder begegnet. Die Kirchen, mit denen sich Dolmetsch während seiner 28jährigen Wirkenszeit beschäftigte, sind heute in der Regel Gegenstände der Denkmalpflege. In vielen Kirchen stellen die von Dolmetsch geschaffenen Ausstattungsgegenstände mittlerweile eine erhaltenswerte Zeitschicht neben anderen dar. In den Kirchen, in denen die von Dolmetsch geschaffenen Ausstattungen bis heute mehr oder weniger vollständig erhalten sind, sind diese inzwischen selbst Denkmal konstituierende Bestandteile geworden.

Dabei ist die Qualität seiner Ausstattungen oftmals hervorhebenswert. Das Interesse Dolmetschs an kunstgewerblichen Arbeiten und das Bemühen um funktionale Anordnung der einzelnen Ausstattungsstücke, wie Kanzel, Altar, Taufstein und Orgel, tragen dazu bei, dass wir es mit hochwertigen Innenräumen zu tun haben, die heute wieder die Gottesdienst Feiernden und Besucher von weither ansprechen. Die Anforderung, einen für den evangelischen Gottesdienst genutzten Kirchenraum hörbar zu machen, stachelte Dolmetschs Ehrgeiz in besonderem Maße an. Nach erfolgreichen Versuchen mit Korkmosaiken und Korkplatten entwickelte er einen Korküberzug für Kirchenwände, den er sich sogar patentieren ließ. Auf dem Gebiet der Akustik reichte Dolmetschs Ruf als Fachmann weit über das Königreich Württemberg hinaus.

Die vorliegende Publikation, die im Jahre 2003 als Dissertation an der Universität Hannover angenommen wurde, bietet nun erstmals einen Überblick über Dolmetschs Instandsetzungs- und Restaurierungstätigkeit. Neben biographischen Angaben, Hinweisen zur Situation der institutionellen Denkmalpflege in Württemberg in der zweiten Hälfte des 19. Jahrhunderts, Schilderung der kirchenpolitischen und gesetzlichen Rahmenbedingungen geht die Autorin auf die Restaurierungsarbeiten selbst ein. Dabei wählt sie eine thematische Gliederung, die vor allem das Bauen als Prozess begreift. Die Frage nach der Motivation für die jeweiligen Umbau- und Restaurierungsmaßnahmen ist dabei von entscheidender Bedeutung. Für die praktische Denkmalpflege bieten insbesondere die objektbezogenen Einzeldarstellungen im zweiten Teil des Buches eine wichtige Arbeitsgrundlage.

Die Auswertung der schriftlichen und zeichnerischen Quellen, die mitunter in beachtlichem Umfang erhalten sind, stellte eine unverzichtbare Basis für die wissenschaftliche Bearbeitung des Themas durch die Autorin dar. Dabei standen die Bearbeitung und Inventarisation des an der Technischen Universität München verwahrten zeichnerischen Nachlasses von Heinrich Dolmetsch im Zentrum. Die konservatorisch fachgerechte Lagerung, Restaurierung und wissenschaftlich fundierte Aufarbeitung der Werkpläne aus dem Baubüro der Marienkirche in Reutlingen stellen bis heute ein Desiderat dar. Weiterhin ist es keinesfalls ausgeschlossen, dass im Laufe der Zeit weitere Quellen auftauchen werden. So wurden erst kürzlich die Briefe Dolmetschs, die er im Laufe seiner Italienreise in den Jahren 1873/74 geschrieben hatte, entdeckt und dem Stadtarchiv Stuttgart übergeben.

Als Herausgeber danke ich dem Verlag für den Vertrieb der Buchreihe „Forschungen und Berichte zur Bau- und Kunstdenkmalpflege in Baden-Württemberg" und Herrn Helmuth Gann für die sachkundige und sorgfältige Betreuung der Produktion. Für die graphische Umsetzung gebührt der Dank Herrn Günter Stahl, für das Lektorat Frau Karen Schmitt. Die vorliegende Publikation stellt einen wichtigen Beitrag zum Verständnis des Werkes von Heinrich Dolmetsch dar und dient der Bau- und Kunstdenkmalpflege zugleich als unverzichtbare Grundlage bei künftigen Instandsetzungen und Restaurierungen.

Esslingen am Neckar, im Oktober 2008
Prof. Dr. Michael Goer

Einleitung

Heinrich Dolmetsch war am Ende des 19. und zu Beginn des 20. Jahrhunderts einer der meistbeschäftigten Architekten auf dem Gebiet des evangelischen Kirchenbauwesens im ehemaligen Königreich Württemberg. Maßnahmen, die im weitesten Sinn als Restaurierungen zu bezeichnen sind, nehmen dabei den weitaus größten Raum ein, die Zahl der Kirchenneubauten ist vergleichsweise gering.[1] Von den von Dolmetsch errichteten Profanbauten lassen sich lediglich sechs benennen, die sich alle in Stuttgart befinden: Ein Wohnhaus in der Furtbachstraße,[2] der Leonhardsbau,[3] das ehemalige Vereinshaus des Christlichen Vereins Junger Männer,[4] das sogenannte „Rapp'sche Haus",[5] das „Hahn'sche Gemeinschaftshaus" in der Paulinenstraße[6] und die Villa Wagner in Degerloch.[7] Darüber hinaus stammen „verschiedene ähnliche Bauten"[8] von Dolmetsch, die bislang nicht identifiziert werden konnten.

Zwischen 1880 und 1908 begutachtete und restaurierte Dolmetsch weit über einhundert Kirchen. Die Eckdaten ergeben sich aus dem Zeitpunkt der Aufnahme seiner selbstständigen Tätigkeit als Architekt und dem Zeitpunkt seines Todes. Damit ist nicht nur der Untersuchungszeitraum klar umrissen, auch das Untersuchungsgebiet ist eindeutig umgrenzt: Sämtliche von Dolmetsch ausgeführten Projekte beziehen sich auf Kirchenbauten, die im ehemaligen Königreich Württemberg liegen. Zwei Entwürfe für Kirchenneubauten außerhalb des Landes blieben unrealisiert.

Aufgrund der großen Zahl ausgeführter Restaurierungsmaßnahmen und der regionalen Beschränkung seines Tätigkeitsfeldes kann wohl ohne Übertreibung gesagt werden, dass Dolmetsch einer Kunst- und Kulturlandschaft seinen „Stempel" aufgedrückt hat. In zahlreichen Fällen prägen die von ihm durchgeführten Maßnahmen bis heute das Erscheinungsbild der Kirchen, in einigen Fällen sind durch erneute Restaurierungsmaßnahmen in den fünfziger und sechziger Jahren des 20. Jahrhunderts sämtliche Spuren seines Schaffens getilgt worden. Ein Teil der Kirchen, an denen Dolmetsch Hand anlegte, galt schon zu der damaligen Zeit als Denkmal, wie beispielsweise die Reutlinger Marienkirche und die Schorndorfer Stadtkirche, inzwischen haben einige der von Dolmetsch errichteten Neu- und Teilneubauten selbst Denkmaleigenschaft erlangt.

Die vorliegende Arbeit stellt die erste Übersicht über die unter Dolmetschs Leitung durchgeführten Restaurierungsmaßnahmen dar. Insgesamt wurden 105 ausgeführte und unausgeführte Projekte in die Betrachtung einbezogen. Damit wird die Untersuchung auf eine breite Materialbasis gestellt, die allerdings nicht den Anspruch auf Vollständigkeit erheben kann. Die Spanne der aufgenommenen Objekte reicht von der bloßen Erneuerung und Ergänzung einzelner Ausstattungsgegenstände über Instandhaltungsmaßnahmen an der äußeren Raumschale einschließlich stilpurifizierender Ergänzungen, vollständige Überformungen des Innenraums mit nur geringfügigen Eingriffen am Außenbau bis zu Teilneubauten unter Einbeziehung eines alten Bauteils.

Begrifflich differenziert Dolmetsch, wie im 19. Jahrhundert allgemein üblich, kaum. In der Regel gebraucht er den Begriff „Restauration", so auch in einem im Jahr 1900 publizierten Artikel, der auf einen ein Jahr zuvor gehaltenen Vortrag zurückgeht.[9] Mitunter ist in einem ähnlichen Wortsinn von „Renovation" die Rede. Gelegentlich tauchen daneben die Begriffe „Verschönerung" und „Erneuerung" auf, die Aufschluss geben über die Motivation der jeweiligen Maßnahme. Zum einen spielten ästhetische Überlegungen eine wesentliche Rolle, zum anderen waren Verbesserungen in technischer und funktionaler Hinsicht von entscheidender Bedeutung. Auf den konservatorischen Charakter einzelner Restaurierungsmaßnahmen verweisen die Begriffe „Reparatur" und „Ausbesserung", die sich erst für die neunziger Jahre des 19. Jahrhunderts bei Dolmetsch nachweisen lassen.

---

1 Pietrus 2001 und Pietrus 2007.
2 Moderne Neubauten 2, 1895, Taf. 98.
3 Architektonische Monatshefte 7, 1901, S. 90.
4 [Ohne Verfasser], Das Vereinshaus des christlichen Vereins junger Männer in Stuttgart, in: Württembergische Bauzeitung 1, 1904, Nr. 6, S. 41–44 und [Ohne Verfasser], Unter Jugend und Männerwelt einer Großstadt. Festschrift über 50jähriges Wirken des Christlichen Vereins Junger Männer Stuttgart, Stuttgart 1911.
5 [Ohne Verfasser], Oberbaurat Heinrich Dolmetsch †, in: Deutsche Reichspost vom 27. 7. 1908.
6 Ebd.
7 Moderne Neubauten 1, 1894, Taf. 96. Degerloch wurde 1908 nach Stuttgart eingemeindet.
8 [Ohne Verfasser], Oberbaurat Heinrich Dolmetsch †, in: Deutsche Reichspost vom 27. 7. 1908.
9 Dolmetsch 1900.

Begriffsdefinitionen, wie sie im 20. Jahrhundert insbesondere Birchler 1948,[10] Mörsch 1980,[11] Petzet 1992[12] und Wirth 1994[13] entwickelten und verfeinerten, waren dem 19. Jahrhundert noch fremd. Die Notwendigkeit, über Umfang und Zielsetzung eines Eingriffs in historische Bausubstanz Rechenschaft abzulegen, wurde erst durch die Etablierung der modernen Denkmalpflege auf die Agenda gesetzt. Die Formulierung der Theorie des Alterswertes durch Alois Riegl und der Maxime „konservieren, nicht restaurieren" durch Georg Dehio markiert bekanntermaßen den Beginn dessen, was gegenwärtig unter Denkmalpflege verstanden wird. Prägend für den modernen Denkmalbegriff ist die Überzeugung, dass die Geschichtlichkeit des Denkmals als Dimension unverzichtbar ist. Diese Einsicht hat fundamentale Auswirkungen auf den Umgang mit einem Bauwerk. Stilpurifizierende Maßnahmen, die auf die Wiederherstellung *einer* Zeitschicht eines Bauwerks ausgerichtet sind, werden ausgeschlossen. Damit einhergehend wird die Forderung aufgestellt, dass notwendige Ergänzungen nicht in einem historischen, sondern in einem der Gegenwart adäquaten Stil erfolgen sollen.

Der überwiegende Teil von Dolmetschs Restaurierungstätigkeit fällt in eine Zeit, die von den Grundsätzen der modernen Denkmalpflege noch unberührt war und in der verbindliche gesetzliche Vorgaben zum Schutz der Denkmale nicht existierten. Auch allgemein gültige Denkmallisten gab es noch nicht, von den Inventarbänden „Kunst- und Altertums-Denkmale im Königreich Württemberg" erschienen zu Dolmetschs Lebzeiten gerade einmal drei Bände. Noch 1912 bemerkte der erste hauptamtlich tätige Konservator in Württemberg, Eugen Gradmann: „An den meisten Orten ist die Kirche das wichtigste, oft das einzige Baudenkmal."[14] Häufig wurde der Konservator nur in den Fällen hinzugezogen, in denen es um die Aufdeckung von Wandmalereien ging, Äußerungen zu baulichen Maßnahmen finden sich außerordentlich selten. Bei besonders hochrangigen Bauten, wie beispielsweise bei der Reutlinger Marienkirche und der Schorndorfer Stadtkirche, nahm er allerdings aufgrund seiner Gutachtertätigkeit unmittelbar Einfluss auf das Bauwesen. Zitate Dolmetschs belegen, dass er die beiden genannten Bauwerke als Denkmale anerkannte, so be-

zeichnete er 1884 den Chor der Schorndorfer Stadtkirche als eine „Perle kirchlicher Baukunst". Bezüglich der Reutlinger Marienkirche findet sich kein Beleg, dass Dolmetsch nicht die Auffassung, „unbestritten ist die Kirche das bedeutendste Bauwerk aus frühgotischer Zeit in Württemberg, ein ganz eigenartiges Kunstdenkmal hohen Wertes",[15] teilte.

Eine unmittelbare Zusammenarbeit Gradmanns und Dolmetschs gab es im Fall der 1903 erschienenen Publikation über die zwei Jahre zuvor abgeschlossenen Restaurierungsarbeiten an der Reutlinger Marienkirche.[16] Dass Gradmann die Arbeit Dolmetschs offenbar schätzte, belegt auch seine 1911 erschienene Publikation „Dorfkirchen in Württemberg", in der Gradmann die von Dolmetsch restaurierten Kirchen in Täferrot und Ötisheim sowie den Neubau der Kirche in Holzbronn anführt.[17] Abschließend hebt Gradmann die Qualität der ländlichen protestantischen Kirchenbaukunst seiner Zeit hervor, wobei auch Dolmetsch Erwähnung findet. Auf das Fehlen einer Gesetzgebung zum Schutz der Denkmale geht er mit eindringlichen Worten ein: „Was noch fehlt, ist eine staatliche oder kirchliche Gesetzgebung, die die kirchlichen Baudenkmäler samt ihrem Inventar einem wirksamen Schutze und fachmännischer Aufsicht unterstellt, um die Veräußerung und Verballhornung der Denkmäler unmöglich zu machen."[18] Als ein „Musterbeispiel im Sinne moderner Denkmalpflege" bezeichnete Gradmann 1912 die unter Dolmetschs Leitung durchgeführte Restaurierung der Stadtkirche in Langenburg.

In der Arbeit wird der Frage nachzugehen sein, wie es dazu kam, dass Dolmetsch sich von einem überzeugten Neugotiker und Erneuerer von Kirchenbauten zu einem Architekten wandelte, der mit seinen letzten Restaurierungsarbeiten ein solches Lob des damals zuständigen Konservators erhielt. In quantitativer Hinsicht nehmen die Projekte, bei denen Dolmetsch ganz im Sinne des 19. Jahrhunderts eine Vereinheitlichung des Erscheinungsbildes anstrebte, den weitaus größten Raum ein. Im Hinblick auf einen Beitrag zur Restaurierungsgeschichte sind aber gerade die vergleichsweise wenigen in seinen letzten Lebensjahren ausgeführten Projekte aufschlussreich.

Die Arbeit hat sich zum Ziel gesetzt, über die Feststellung der einzelnen Restaurierungsmaßnahmen hinausge-

---

10 Linus Birchler, Restaurierungspraxis und Kunsterbe in der Schweiz (= Kultur- und Staatswissenschaftliche Schriften, Heft 62), Zürich 1948, S. 7 f.

11 Georg Mörsch, Grundsätzliche Leitvorstellungen, Methoden und Begriffe der Denkmalpflege, in: August Gebeßler/Wolfgang Eberl (Hrsg.), Schutz und Pflege von Baudenkmälern in der Bundesrepublik Deutschland. Ein Handbuch, Stuttgart/Berlin/Mainz 1980, S. 70–96.

12 Michael Petzet, Grundsätze der Denkmalpflege, in: Michael Petzet, Denkmalpflege heute. Zwanzig Vorträge zu grundsätzlichen Fragen der Denkmalpflege 1974–1992 (= Bayerisches Landesamt

für Denkmalpflege, Arbeitsheft 60), München 1993, S. 103–114.

13 Hermann Wirth, Werte und Bewertung baulich-räumlicher Strukturen. Axiologie der baulich-räumlichen Umwelt, Alfter 1994, S. 96.

14 Gradmann 1912 I, S. 20.

15 LKA, A 26, 1502 („Bericht an das K. Minist. betr. eine Lotterie zu Gunsten der Wiederherstellung der Hauptkirche zu Reutlingen" von Heinrich Merz vom 7. 3. 1893).

16 Marienkirche 1903.

17 Gradmann 1911, S. 8 f., 22 und 24.

18 Ebd., S. 27 f.

hend vor allem über die Motivation, die zu dieser außerordentlich lebhaften Bautätigkeit führte, Aufschluss zu gewinnen. Dolmetschs Arbeit wurde maßgeblich – und dies betrifft nicht nur seine Restaurierungsarbeiten – von zwei Polen bestimmt: Auf der einen Seite stand sein ausgeprägtes Interesse am Kunstgewerbe und daraus resultierend seine Sorge um eine sorgfältige und angemessene Ausstattung der Kirchenräume, auf der anderen Seite bemühte er sich in besonderer Weise, den Nutzungsanforderungen der Kirchengemeinden Rechnung zu tragen. Es will scheinen, dass Dolmetsch die Vermittlung zwischen diesen beiden Polen in herausragender Weise gelang.

Aufgrund fehlender systematischer Untersuchungen zu zeitgleich auftretenden Architekten, die sich vorrangig dem Bereich Um- und Weiterbau gewidmet haben, ist zum jetzigen Zeitpunkt eine umfassende Einordnung von Dolmetschs Werk nicht möglich. Die Architektenmonographien, die sich den Architekten des 19. Jahrhunderts verschrieben haben, haben zumeist nicht oder nur am Rande den Bereich der Restaurierungen behandelt.[19] Untersuchungen zu anderen Architekten, wie beispielsweise Joseph von Egle (1818–1899), August Beyer (1834–1899), Robert Reinhardt (1843–1914), Theophil Frey (1845–1904), Joseph Cades (1855–1943), Karl Feil (1860–1924) und Richard Böklen (1861–1934), sind als Desiderat zu bezeichnen. Arbeiten, die sich der Restaurierungsgeschichte des 19. Jahrhunderts widmen, sind zumeist baumonographisch ausgerichtet.[20] Dabei ist die Spanne der ausgeführten Maßnahmen, gemessen an den Maßstäben Bewahren des Alten und Ergänzen entsprechend dem ursprünglichen Vorbild, groß. Auf der einen Seite stehen Maßnahmen wie etwa der zu Beginn der siebziger Jahre des 19. Jahrhunderts erfolgte Abbruch des gotischen Chors der Johanniskirche in Schwäbisch Gmünd, der mit Unterstützung des späteren Landeskonservators Eduard Paulus durchgeführt wurde,[21] auf der anderen Seite stehen solche Maßnahmen, die einer „Musterrestauration" gleichkommen, wie beispielsweise die Instandsetzung des Äußeren der Klosterkirche Salem.[22]

Dolmetsch war ein Mann der Praxis, zu keinem Zeitpunkt äußerte er sich in einem architekturtheoretischen Sinn. Seine Publikationen sind kunstgewerblichen Themen und technischen Aspekten, insbesondere Fragen der Akustik, gewidmet. In seinem bereits erwähnten Beitrag „Ueber Kirchenrestaurationen" entwickelte Dolmetsch eine Typologie der Kirchenerweiterungen. Funktionale Überlegungen, die den Erfordernissen der Kirchengemeinden nach einem Mehr an Sitzplätzen Rechnung trugen, standen dabei im Mittelpunkt. Aber auch konservatorische Gesichtspunkte, die etwa eine Trockenlegung der Kirchengebäude zum Ziel hatten, spielten eine wesentliche Rolle. In vielen Fällen lässt sich aber nachweisen, dass Dolmetsch durchaus ein Bewusstsein für die historische Bedeutung der Bauwerke hatte. Sicherlich konnte nicht jede Dorfkirche am Ausgang des 19. Jahrhunderts den Status eines Denkmals beanspruchen. Dass die Stadtkirchen als Denkmal anerkannt waren, wurde bereits erwähnt.[23] Es ist sicher nicht verfehlt, Dolmetsch einen offenen Denkmalbegriff zu attestieren, bei dem der Aspekt des Gestaltens immer Bestandteil seiner Arbeit war. Noch im 20. Jahrhundert, bis zum Jahr der Denkmalpflege 1975, galt die Dichotomie aus „Bewahren und Gestalten" als Leitbild der Denkmalpflege.[24] Erst in den vergangenen drei Jahrzehnten wurde die schöpferische Denkmalpflege durch den Grundsatz des Substanzerhalts abgelöst.

Die *Charta von Venedig* betonte den Ausnahmecharakter der Restaurierung, die sich auf die „Respektierung des überlieferten Bestandes und auf authentische Dokumente" gründete, Hinzufügungen aber nicht gänzlich ausschloss.[25] Im 19. Jahrhundert kam der Restaurierung, bei der Wiederherstellungen und Ergänzungen im Mittelpunkt standen, nicht ein Ausnahmecharakter, sondern der Charakter des Üblichen und Gängigen zu. Dolmetsch stellt, zumindest in der Zeit bis kurz nach der Jahrhundertwende, in dieser Hinsicht keine Abweichung von der Norm dar.

Die Arbeit gliedert sich in zwei Teile. Der systematische Teil befasst sich mit den „Voraussetzungen", die Dolmetschs praktischer Arbeit als Architekt zugrunde lie-

19 So etwa Kokkelink 1968, Bahns 1971, Schuchard 1979, Böker 1985, Seng 1995, David-Sirocko 1997, Wolf-Holzäpfel 2000 und Schmidt 2006.

20 Beispielsweise Hubel 1985, Fink 1990, Schumacher 1993, Strobel 1993, Seeger 1997, Knapp 1998, Pufke 1999, Hans-Schuller 2000 und Timpe 2001.

21 Strobel 1993, S. 176 und Richard Strobel, Die Kunstdenkmäler der Stadt Schwäbisch Gmünd. Bd. II: Kirchen der Altstadt ohne Heiligkreuzmünster, München/Berlin 1995, S. 109.

22 Ulrich Knapp, Eine Musterrestaurierung des 19. Jahrhunderts. Die Instandsetzung der Klosterkirche Salem in den Jahren 1883 bis 1894, in: Denkmalpflege in Baden-Württemberg 17, 1988, H. 3, S. 138–146.

23 Auch [Konrad] Haßler, Die Kunst- und Alterthumsdenkmäler Württembergs, in: Württembergische Jahrbücher für vaterländische Geschichte, Geographie, Statistik und Topographie 1862, S. 60–68 führt die Marienkirche in Reutlingen als Baudenkmal auf.

24 Joachim Gerhardt (Hrsg.), Bewahren und Gestalten. Festschrift zum siebzigsten Geburtstag von Günther Grundmann, Hamburg o. J. [1962].

25 Charta von Venedig. Internationale Charta über Konservierung und Restaurierung von Denkmälern und Ensembles (Denkmalbereiche). Venedig, 25.–31. Mai 1964 (in der Fassung von 1989), in: Deutsches Nationalkomitee für Denkmalschutz (Hrsg.), Denkmalschutz. Texte zum Denkmalschutz und zur Denkmalpflege (= Schriftenreihe des Deutschen Nationalkomitees für Denkmalschutz, Bd. 52), Bonn 1996, S. 55 f.

gen, mit den „Restaurierungen" und schließlich mit den „Einordnungen" der Maßnahmen in einen größeren Kontext. Das im Mittelpunkt der Arbeit stehende Kapitel „Restaurierungen" befasst sich neben Aspekten zu den Vorgaben der staatlichen Denkmalpflege, zum Zustand der Kirchengebäude, zu Vorgaben des Bauherrn, zu Finanzierung und Bauorganisation im Wesentlichen mit den durchgeführten und geplanten Maßnahmen selbst. Dabei werden die Maßnahmen bauteilbezogen analysiert, um die Gestaltungsprinzipien Dolmetschs deutlich herausarbeiten zu können. Diese architekturimmanenten Fragestellungen werden mit einem historischen Erkenntnisinteresse verknüpft. Der objektbezogene Teil widmet sich den „Einzeldarstellungen" der einzelnen Projekte.

Als Arbeitsgrundlage dienten vor allem die schriftlichen und zeichnerischen Quellen, die sich zum Teil in beachtlichem Umfang erhalten haben. Die Akten des Landeskirchlichen Archivs und des Hauptstaatsarchivs in Stuttgart konnten in umfangreicher Weise herangezogen und ausgewertet werden. Die Bestände der Staatsarchive in Ludwigsburg und Sigmaringen erwiesen sich als nur bedingt ergiebig, da die dort verwahrten Oberamtsakten zu der Frage der Kirchenrestaurierungen in der Regel keine Angaben machen. Lediglich der Bestand „Zentralstelle für Gewerbe und Handel" des Staatsarchivs Ludwigsburg war für die Arbeit von großer Bedeutung. Darüber hinaus waren insbesondere die Bestände der Dekanats- und Pfarrarchive, mitunter auch der Gemeinde- und Stadtarchive, im Hinblick auf die einzelnen Restaurierungsmaßnahmen aufschlussreich. Der zeichnerische Nachlass Heinrich Dolmetschs befindet sich seit 1991 im Architekturmuseum der Technischen Universität München (TUM). Er umfasst etwa 650 Blätter und beinhaltet sowohl Eingabepläne und Detailentwürfe zu 66 Kirchenbauprojekten (einschließlich von vier Neubauprojekten) als auch kunstgewerbliche Zeichnungen. Freihandzeichnungen oder Skizzenbücher von Dolmetsch scheinen sich nicht erhalten zu haben. Ein weiterer kleiner Bestand an Zeichnungen und Fotografien zu Kirchenbauten Dolmetschs, der bis 2002 im Hauptstaatsarchiv Stuttgart verwahrt wurde, befindet sich ebenfalls im Architekturmuseum. Besonders fruchtbar waren die in Privatbesitz befindlichen schriftlichen Dokumente, wie etwa Lebensläufe, Bewerbungsschreiben und Urkunden. Ebenfalls in Privatbesitz sind die gebundenen Haushaltslisten Dolmetschs, die zunächst von seiner Frau und später von seiner Tochter geführt wurden.[26] Sie verzeichnen monatsweise die Einnahmen und Ausgaben, wobei Privates und Berufliches nicht getrennt wird. Insbeson-

dere die zahlreichen Einträge „Erhalte bar für die Restauration der Kirche" unter der Rubrik „Einnahmen" und die Verzeichnisse der Honorarzahlungen an die im Büro angestellten Mitarbeiter unter der Kategorie „Ausgaben" sind für den vorliegenden Zusammenhang sehr wertvoll.

Die Gründung zahlreicher Vereine – wie beispielsweise des Württembergischen Vereins für Baukunde, des Vereins für christliche Kunst in der evangelischen Kirche Württembergs, des Gustav-Adolf-Vereins, des Württembergischen Altertumsvereins und des Württembergischen Kunstgewerbevereins – fällt in die Mitte des 19. Jahrhunderts. Die Selbstdarstellungen dieser Vereine, wie etwa Jahresberichte, Jubiläumsschriften und Monatsbände, waren eine überaus wichtige Quelle. Darüber hinaus konnte sich die vorliegende Arbeit in Bezug auf die Entstehungs- und Wirkungsgeschichte des Vereins für christliche Kunst in der evangelischen Kirche Württembergs auf die Ausführungen von Eva-Maria Seng stützen.[27]

Die Bedeutung der Ortsakten des Landeskirchlichen Archivs Stuttgart ist besonders hoch anzusetzen. Insbesondere die hierin enthaltenen Pfarrbeschreibungen und Pfarrberichte konnten für die vorliegende Arbeit umfassend ausgewertet werden. Laut Konsistorialerlass vom 5. April 1904 „betreffend Anfertigung neuer Pfarrbeschreibungen" hatten die Ortsgeistlichen eine Geschichte der Pfarrei nach einem festgelegten Plan anzufertigen.[28] Für den vorliegenden Zusammenhang ist insbesondere der Abschnitt IV über „Kirchliche Gebäude, Gottesäcker" von Bedeutung. Der Quellenwert der Pfarrberichte, die gemäß Konsistorialerlass vom 29. Januar 1855 regelmäßig zu erstellen waren, um „dem Verfasser Anlass zum Aufmerken auf sein Amt und dessen Führung, zur Rechenschaft vor dem eigenen Gewissen, wie zu einer aufrichtigen Darlegung seines Sinnes und Wirkens gegenüber dem Visitator und der kirchlichen Obrigkeit" zu geben, ist als sehr hoch einzuschätzen.[29] Der Absatz 17 ist den „Kirchengegenständen" gewidmet, worunter das Kirchengebäude, die Orgel, die kirchlichen Gefäße sowie der Friedhof zu verstehen sind. Der Bericht des Pfarrers wird stets durch Bemerkungen des Visitators – in der Regel des jeweiligen Dekans – ergänzt.

Die Anfertigung der Arbeit, die im Dezember 2003 im Fachbereich Architektur der Universität Hannover angenommen wurde, erfolgte mit Unterstützung zahlreicher Personen. Dank gilt zunächst für die Betreuung Prof. Dr.-Ing. Cord Meckseper und Prof. Dr.-Ing. Winfried Nerdinger, für das Korrekturlesen Dr. Bernd Mohnhaupt, für den fachlichen Austausch neben vielen anderen Kollegen und Freunden Dr. Richard Strobel, für Hin-

---

26 Die genannten schriftlichen Dokumente und die gebundenen Haushaltslisten befanden sich zum Zeitpunkt der Recherche in Privatbesitz von Ruth † und Ilse Dolmetsch. Über den Verbleib dieser Unterlagen ist nach einer vermutlich erfolgten Haushalts-

auflösung nichts bekannt.
27 Seng 1995, S. 231–252.
28 Amtsblatt vom 18. 4. 1904, S. 145–151.
29 Amtsblatt vom 28. 2. 1855, S. 31.

weise und Anregungen Dr. Dietrich W. Schmidt sowie für Rat und Tat allen Mitarbeiterinnen und Mitarbeitern des Landeskirchlichen Archivs, des Hauptstaatsarchivs, der Staatsarchive sowie der zahlreichen Pfarr- und Gemeindearchive. Dank gebührt darüber hinaus für die redaktionelle Bearbeitung des Textes Karen Schmitt und für die Bearbeitung des Bildmaterials Martin Walter und Helmuth Gann. Dass die Arbeit nun in der Reihe Forschungen und Berichte der Bau- und Kunstdenkmalpflege in Baden-Württemberg erscheinen kann, ist der wohlwollenden Aufnahme durch das Landesamt für Denkmalpflege im Regierungspräsidium Stuttgart, namentlich Prof. Dr. Dieter Planck und Prof. Dr. Michael Goer, zu verdanken. Nicht zuletzt seien all diejenigen erwähnt, die der Verfasserin die Kirchen öffneten und die Dachböden und Archivschränke zugänglich machten.

Voraussetzungen

Das folgende Kapitel ist nicht streng chronologisch im Sinne einer Biographie aufgebaut, sondern vielmehr thematisch, wobei eine gewisse zeitliche Gliederung implizit vorgegeben ist. Die Schwerpunkte liegen auf Fragestellungen, die für Dolmetschs Ausbildung zum Architekten und für seine Arbeit als „Kirchenerneuerer" maßgebliche Bedeutung haben. Einbezogen werden aber auch solche Themenbereiche, die zunächst nicht mit seiner Tätigkeit als Architekt in Verbindung zu stehen scheinen. Seine von Zeitgenossen gerühmte Arbeitsweise, „nicht nach der Schablone zu arbeiten",[30] sondern in einer ausgeprägten Liebe zum Detail die Ausgestaltung von Bauwerken wesentlich mitzubestimmen, lässt sich zum großen Teil auf seine kunstgewerblichen Interessen zurückführen.

Die quellennahe Darstellung rührt insbesondere daher, dass sich das Folgende auf zumeist unpublizierte Quellen stützt, deren Aussagekraft erhalten bleiben soll. Lediglich in Bezug auf den Verein für christliche Kunst in der evangelischen Kirche Württembergs liegen umfangreiche Vorarbeiten vor. Die Wirkungsgeschichte des Württembergischen Vereins für Baukunde lässt sich anhand der Sitzungsberichte und der von ihm herausgegebenen Monatsschrift vergleichsweise gut nachvollziehen. Das Thema der Entwicklung der Universität wurde überwiegend in Festschriften behandelt, wobei der Bereich der Architektenausbildung jedoch eher eine untergeordnete Rolle spielte.[31]

Dolmetschs Ausbildung zum Architekten ging eine Lehre als Steinmetz voraus. Eine praxisnahe Orientierung führte ihn im Anschluss daran zunächst auf die Baugewerkeschule und später auf die theoretisch ausgerichtete Polytechnische Schule in Stuttgart. Verwandtschaftliche

Beziehungen zu Christian Friedrich Leins mögen einen Anstoß für den Eintritt in das Baufach gegeben haben,[32] der Beruf des Vaters – er war Bäckermeister – kann hingegen diesbezüglich keinen Beweggrund dargestellt haben.

Nachdem Dolmetsch seine „Lehrjahre" an der Schule sowie bei den Architekten Christian Friedrich Leins und Theodor von Landauer absolviert hatte, machte er sich mit einem eigenen Architekturbüro selbstständig. Er bezeichnete sich selbst als „Privatarchitekt",[33] was der Tatsache Rechnung trägt, dass er als Architekt nicht im Staatsdienst wirkte.[34] Gleichwohl hatte er parallel zu seiner Tätigkeit als „freier" Architekt über viele Jahre hinweg verschiedene Positionen im Staatsdienst inne, die sich allerdings ausschließlich auf nichtarchitektonische Arbeiten beschränkten: Als Verwalter staatlicher Einrichtungen, Berater in künstlerischen Fragen sowie Lehrer im Bereich der Frauenbildung übte er Funktionen aus, die im kunstgewerblichen und pädagogischen Umfeld anzusiedeln sind. Die Verleihung von Auszeichnungen steht häufig in engem kausalen Zusammenhang mit seiner Tätigkeit in diesen öffentlichen Ämtern.

Dolmetschs Tätigkeit als Architekt

Dolmetschs Ausbildung an der Winterbaugewerkeschule und an der Polytechnischen Schule

Dolmetsch wird mehrfach als „Leins-Schüler"[35] charakterisiert, was auf die Tatsache zurückgeführt werden kann, dass Dolmetsch seine erste Kirchenrestaurierung in Gaildorf von 1869 bis 1871 unter der Ägide von Leins durch-

---

30 Gauger 1908, S. 6.
31 Bei Jürgen Joedicke, Architekturlehre in Stuttgart. Von der Real- und Gewerbeschule zur Universität (= Reden und Aufsätze, Bd. 46), Stuttgart 1994, S. 17–20 wird die Zeit zwischen 1860 und 1890 nur knapp behandelt.
32 Christian Friedrich Leins war der „Bruder eines Oheims" von Dolmetsch, der ebenfalls Baumeister war. Vgl. Gauger 1908, S. 4. Ruth Dolmetsch † führte in einem Gespräch am 8. 9. 1997 aus, dass eine Schwester des Vaters von Heinrich Dolmetsch einen Bruder von Christian Friedrich Leins, der „Werkmeister" war, geheiratet habe.
33 StA Ludwigsburg, E 170, Bü 37 („Nationalliste des Baurats H. Dolmetsch in Stuttgart" vom 3. 2. 1892).
34 Bezeichnungen Dolmetschs als „Königlicher Oberbaurat" oder

„Baurat des Konsistoriums" suggerieren, dass er als Architekt entweder beim Staat oder bei der Landeskirche angestellt war. Vgl. zu Ersterem Günter A. Ulmer/Erich Klamert, Das kirchliche Leben in Tuningen, in: Gemeinde Tuningen (Hrsg.), Heimatchronik Tuningen, o. O., o. J. [1997], S. 190, und zu Letzterem Hermann Kissling, Die evangelische Stadtkirche Lorch, hrsg. von der Ev. Kirchengemeinde Lorch, Lorch 1969, S. 14.
35 Zwei frühe Belege finden sich bei Rudolf Günther, H. Dolmetschs Entwurf der Markuskirche in Stuttgart, in: Monatsschrift für Gottesdienst und kirchliche Kunst 11, 1906, H. 4, S. 122, und Julius Baum, Die Stuttgarter Kunst der Gegenwart, Stuttgart 1913, S. 231, späte Verwendungen dieses Topos bei Wörner/Lupfer 1991, S. 166 und Seng 1995, S. 102.

führte. Die Bezeichnung impliziert darüber hinaus ein direktes Lehrer-Schüler-Verhältnis von Leins und Dolmetsch, das tatsächlich bestanden haben muss. Dolmetsch trat, nachdem er von 1861 bis 1864 die Winterbaugewerkeschule (heute Fachhochschule für Technik) in Stuttgart besucht hatte, im Herbst 1864 in die Architekturfachschule des Polytechnikums (seit 1967 Universität) ein. Dort war Leins seit 1858 einer der vier „Hauptlehrer";[36] die Zahl der Professoren erhöhte sich erst zu Beginn der siebziger Jahre auf sieben. Da es noch in den sechziger Jahren mit Ausnahme jeweils eines Assistenten für jedes Fach nur einen Lehrer gab, muss Dolmetsch zwangsläufig auch von Leins, der als die „beherrschende Lehrerpersönlichkeit des Stuttgarter Polytechnikums"[37] angesehen werden kann, unterrichtet worden sein.

Leins lehrte „nach seiner eigenen Wahl der Lehrfächer"[38] zunächst „Bauentwürfe", später kam noch „Malerische Perspektive" hinzu. Die Baukonstruktionslehre teilten sich Bäumer („Elemente, Vortrag und Zeichen") und Tritschler (Unterricht mit „freier Benützung des Breymannschen Lehrbuches"). Außerdem unterrichtete Tritschler Hochbaukunde und Baukostenberechnung, bei Bäumer fand zudem die baugeschichtliche Lehre statt, insbesondere „Geschichte der Baukunst des Alterthums", „Geschichte der Baukunst des Mittelalters, der Renaissance und der neueren Zeit mit besonderer Berücksichtigung der Perioden des gothischen Styls und der Renaissance" sowie „Graphische Studien nach Bauwerken des Alterthums, Mittelalters und der Renaissance". Die Baumaterialienlehre schließlich wurde von Kurr bestritten.[39] Die Studienpläne, „in welchen aber nur das Nothwendige aufgenommen ist", gaben lediglich „Anhaltspunkte", damit „jeder Studirende die für ihn passenden weiteren Vorlesungen je nach seiner Vorbildung, seinem Willen sich höher auszubilden, und der Zeit, welche er dieser Ausbildung widmen will, anreihen kann". Die Empfehlungen der Architekturfachschule sahen folgendermaßen aus: „Erstes Jahr: Elemente der Baukonstruktionslehre, Ornamenten- und Freihandzeichnen, Mineralogie und Geognosie, mathematische Physik, Chemie. Zweites Jahr:

Baukonstruktionslehre, Geschichte der älteren Baukunst, Bauentwürfe, Baumaterialienlehre, Ornamenten- und Freihandzeichnen. Drittes Jahr: Hochbaukunde, Geschichte der neueren Baukunst, Bauentwürfe, Baukostenberechnung, Ornamenten- und Freihandzeichen."[40]

Der Lehrplan der Architekturfachschule war somit in drei Jahren zu absolvieren. Denjenigen Studierenden aber, „welche eine noch höhere Ausbildung erstreben, [ist] Gelegenheit hiezu gegeben durch wiederholte Theilnahme an den höheren Kursen der Hochbaukunde, der Uebungen zur Baugeschichte, des Entwerfens, des Freihand- und Ornamentenzeichnens".[41] Da Dolmetsch die Schule nicht nach drei Jahren, sondern erst nach dreieinhalb Jahren im Frühjahr 1868 verließ, steht zu vermuten, dass er diese „höhren Kurse" besuchte. Es haben sich allerdings weder eine Studentenakte von Dolmetsch noch Teilnehmerlisten der Vorlesungen und Übungen erhalten,[42] so dass sich nicht exakt feststellen lässt, nach welchen Schwerpunkten Dolmetsch sein Studium ausrichtete. Ein starker Praxisbezug lässt sich jedoch allein aus der Tatsache ersehen, dass er nicht das übliche Curriculum des Polytechnikums absolvierte, das den zweijährigen Besuch der unteren, mathematischen Abteilung und den anschließenden dreijährigen Besuch der oberen, technischen Abteilung vorsah, sondern nach einem „Quereinstieg" lediglich die technische Abteilung durchlief.

Die Winterbaugewerkeschule, die Dolmetsch zuvor besucht hatte, war erst 1845 von der Polytechnischen Schule abgetrennt worden.[43] Beide Einrichtungen gehen auf die 1829 gegründete Gewerbeschule zurück; von einer eigenständigen „Winterschule" ist erstmals in einer Anzeige von Karl Marcell Heigelin vom 27. Oktober 1832 die Rede.[44] 1840 wurde die Gewerbeschule in „Polytechnische Schule" umbenannt,[45] blieb aber zunächst noch mit der Winterschule vereinigt, die wiederum nach ihrer Ablösung von der Polytechnischen Schule in „Winterbaugewerkeschule" umbenannt wurde.[46] Bis 1864, dem Jahr, in dem Dolmetsch die Schule verließ, wurde der Unterricht nur in den Wintermonaten erteilt, im Sommer erlernten die Schüler einen handwerklichen

36 Seng 1995, S. 97. Vgl. HStA Stuttgart, E 14, Bü 1531 („Anbringen des Ministeriums des Kirchen- und Schul-Wesens betreffend die Wiederbesetzung zweier Lehrstellen der Architektur an der polytechnischen Schule" vom 24. 9. 1858). Zu der Lehrtätigkeit von Leins vgl. auch Schmidt 2006, S. 22–26.

37 Seng 1995, S. 101.

38 Ebd., S. 93.

39 [Ohne Herausgeber], Programm der Königlich Württembergischen Polytechnischen Schule zu Stuttgart für das Jahr 1864 auf 1865, Stuttgart 1864, S. 21–23.

40 Ebd., S. 26.

41 [Ohne Herausgeber], Programm der Königlich Württembergischen Polytechnischen Schule zu Stuttgart für das Jahr 1867 auf 1868, Stuttgart 1867, S. 33.

42 Mitteilung von Norbert Becker, Leiter des Universitätsarchivs der Universität Stuttgart, vom 18. 9. 2001.

43 Otto Borst, Die Anfänge mit der Winterschule, in: Rolf Schmalor (Hrsg.), Fachhochschule für Technik Stuttgart. Von der Winterschule zur Fachhochschule 1832–1982. 150 Jahre Bauschule Stuttgart, Stuttgart 1982, S. 9.

44 Ebd., S. 8.

45 E[mil] Veesenmeyer, Geschichte der Technischen Hochschule, in: Werbehilfe Stuttgart Mittnachtbau (Hrsg.), 100 Jahre Technische Hochschule Stuttgart, o. O., o. J. [1929], S. 8.

46 Wolfgang Biegert, Von der Königlichen Baugewerkeschule zur Fachhochschule für Technik Stuttgart, in: Rolf Schmalor (Hrsg.), Fachhochschule für Technik Stuttgart. Von der Winterschule zur Fachhochschule 1832–1982. 150 Jahre Bauschule Stuttgart, Stuttgart 1982, S. 11.

Beruf. Dolmetsch wählte die Ausbildung zum „Steinhauer";[47] diese praxisnahe Ausbildung steht in starkem Kontrast zu der „Grundausbildung", die die Schüler an der Polytechnischen Schule erfuhren. Dort bestand die zweijährige Ausbildung in der mathematischen Abteilung, der eine Handelsklasse angeschlossen war, aus Trigonometrie, Analysis und Geometrie, ergänzt durch Deutsch, Englisch und Französisch sowie Zeichnen, Zoologie, Botanik, Geschichte und Religion. Damit basierte der Unterricht wesentlich – unter gleichzeitiger Betonung der Mathematik – auf einem allgemeinbildenden Fächerkanon, wie er sich in seinen Grundzügen bis in die heutige Zeit an den Gymnasien erhalten hat. Erst die dreijährige Ausbildung in der technischen Abteilung, die sich in vier Fachschulen aufgliederte, ermöglichte es den Schülern einerseits, sich relativ frei, ihren Neigungen entsprechend, zu entwickeln und andererseits berufsspezifische Schwerpunkte auszubilden.

Der wissenschaftliche Anspruch der Polytechnischen Schule, die 1876 faktisch und erst 1890 nominell zu einer Hochschule wurde,[48] manifestierte sich schon in der Bekanntmachung des Innenministeriums vom 3. März 1847, in der die Vermittlung der „wissenschaftlichen und artistischen Grundlagen" angesprochen wurde.[49] Bei der Neustrukturierung der Schule wurde dieser Anspruch besonders betont, indem es in dem ersten Satz der neuen organischen Bestimmungen vom 16. April 1862 heißt: „Die polytechnische Schule hat den Zweck, durch systematisch geordneten Unterricht künftige Techniker wissenschaftlich auszubilden."[50] Die „artistischen Grundlagen" fanden nun keine Erwähnung mehr. Eine freiwillige Maturitätsprüfung schuf die Voraussetzung für den Wechsel von der Polytechnischen Schule auf die „Landesuniversität". Für die Schüler, „welche vor ihrem Eintritte in eine der Fachschulen der Anstalt ein Zeugniß über volle wissenschaftliche Reife zu erhalten wünschen, sowie für diejenigen, welche die Staats-Erlaubniß zum Besuche der Universität für das Studium technischer Fächer nachsuchen", wurde laut Erlass vom 4. Juli 1862 eine besondere Prüfung eingeführt.[51] Aus den Notenlisten für die Teil-

nehmer der Maturitätsprüfung geht hervor, dass Dolmetsch diese Prüfung nicht absolvierte,[52] er mithin nicht das Ziel verfolgte, ein technisches Studium an der Universität aufzunehmen.

1866 gewann Dolmetsch den ersten Preis beim „Jahreskonkurs", den die Polytechnische Schule alljährlich auslobte.[53] Die Aufgabe war, „für eine grössere Stadt" ein Badgebäude zu entwerfen, „das inmitten eines derselben gehörigen öffentlichen Gartens zu stehen kommen" sollte. Dolmetsch reichte seinen Beitrag unter dem Motto „Die Kunst ist lang und kurz ist unser Leben" ein. Das Preisgericht hob hinsichtlich seines Entwurfs die „glückliche Gesammtanlage", die „gute Raumverteilung" sowie die „sehr befriedigende Disposition und Proportion der Vorderfaçade und der Seitenfaçade" lobend hervor. Auch die schriftliche Ausarbeitung wurde als „erschöpfend und gut abgerundet" anerkannt. Einzig die „Brechung der Colonnaden des Mittelgartens" wurde als „nicht zweckmässig" und die „Gestaltung der Gärten hinter dem Vordergebäude" als zu aufwendig kritisiert. Im Vergleich zu seinen drei Mitbewerbern, deren Entwürfe in weitaus höherem Maß nach Ansicht der Preisrichter funktionale und ästhetische Mängel aufwiesen, zeichnete sich Dolmetschs Beitrag durch eine konzeptionell stringente Durcharbeitung aus. Die Erlangung des ersten Preises ermöglichte Dolmetsch zur Zeit der Pariser Weltausstellung 1867 eine Reise durch Frankreich.[54]

Im Frühjahr 1868 legte Dolmetsch die erste Staatsprüfung im Baufach ab. Vor der Einführung von Diplomprüfungen im Jahr 1870, die dazu dienten, „den Studirenden der polytechnischen Schule Gelegenheit zu geben, sich nach Vollendung ihrer Studien über die von ihnen erworbenen Kenntnisse auszuweisen",[55] galten die Staatsprüfungen als die maßgeblichen berufsqualifizierenden Abschlüsse. Anhand der Verzeichnisse der für die erste Staatsprüfung zugelassenen Kandidaten sowie der Zusammenstellungen der Prüfungsergebnisse in den einzelnen Fächern lassen sich die Leistungen Dolmetschs ablesen.[56] Die Prüfungen zogen sich über zwölf Tage lang hin, in denen die Inhalte von sieben Haupt- und sieben

---

47 StA Ludwigsburg, E 170, Bü 37 („Nationalliste des Baurats H. Dolmetsch in Stuttgart" vom 3. 2. 1892).

48 Vgl. zur Entwicklung der Polytechnischen Schule grundlegend Gerhard Zweckbronner, Ingenieurausbildung im Königreich Württemberg. Vorgeschichte, Einrichtung und Ausbau der Technischen Hochschule Stuttgart und ihrer Ingenieurwissenschaften bis 1900 – eine Verknüpfung von Institutions- und Disziplingeschichte, Stuttgart 1987, und Axel Kuhn, Die Technische Hochschule Stuttgart im Kaiserreich, in: Johannes H. Voigt (Hrsg.), Festschrift zum 150jährigen Bestehen der Universität Stuttgart. Beiträge zur Geschichte der Universität, Stuttgart 1979, S. 139–188. Die wichtigsten Daten liefert auch Dehlinger 1951, S. 536–543.

49 Reg.-Blatt vom 25. 3. 1847, S. 104.

50 Reg.-Blatt vom 26. 4. 1862, S. 110.

51 Reg.-Blatt vom 10. 7. 1862, S. 167.

52 In den Listen der Kandidaten, die sich zur Maturitätsprüfung gemeldet hatten, in HStA Stuttgart, E 200, Bü 475 wird Dolmetsch nicht aufgeführt.

53 [Ohne Herausgeber], Jahresbericht der Königl[ich] Polytechnischen Schule zu Stuttgart für das Studienjahr 1866/67, Stuttgart 1867, S. 26. Vgl. auch die Urkunde in TUM, Nachlass Heinrich Dolmetsch, Signatur 3.1.

54 Privatbesitz Ruth † und Ilse Dolmetsch (Entwurf zu einem eigenhändigen Lebenslauf von Dolmetsch, undatiert, wahrscheinlich 1877).

55 Reg.-Blatt vom 23. 7. 1870, S. 339.

56 HStA Stuttgart, E 146, Bü 2451 („Verzeichniß derjenigen Candidaten, welche sich zur ersten Staatsprüfung im Frühjahr 1868 gemeldet haben und für zulassungsfähig erkannt worden sind" sowie Aufgaben und Prüfungsresultate).

„Hülfs"-Fächern abgefragt wurden. Dolmetschs Stärken zeigten sich insbesondere auf dem Gebiet der darstellenden Geometrie sowie des Bau- und Freihandzeichnens. Die Aufgabe im Fach Bauzeichnen sah etwa vor, „einen Theil der Facade der Farnesina in Rom im Umriß mit Durchschnitt der Facadenmauer längs AB […] möglichst rein und sauber zu zeichnen und mit Tusch auszuziehen" und „die Zeichnung […] vom Hauptgesimse obigen Palastes in 1/4tel der wahren Größe mit Bestimmung der Schatten d. h. lavirt mit Tusch oder Sepia" anzufertigen.[57] Auch in der Baumaterialienlehre und der Geologie schnitt Dolmetsch gut ab. Durchschnittliche Resultate erzielte er in den Fächern Baugeschichte und Baukonstruktionslehre. Die Noten „schwach" bis „ungenügend" erhielt er in der Mathematik, der Analysis, der Physik und der Mechanik. Nur in der Chemie schnitt er etwas besser als in den übrigen naturwissenschaftlichen Fächern ab. Als Gesamtnote erhielt Dolmetsch das Prädikat IIIb („zureichend"), das zwar die schlechteste der vergebenen Noten darstellt, aber außer ihm noch sechzehn weiteren Absolventen zuerkannt wurde. Neun Kandidaten erhielten die Gesamtnote IIIa („ziemlich gut") und nur ein Prüfling das Prädikat IIb („gut"). Damit lagen Dolmetschs Leistungen durchschnittlich im unteren Bereich des Spektrums, wenn sie auch nicht als außergewöhnlich schlecht zu bezeichnen sind.

Die zweite Staatsprüfung im Baufach absolvierte Dolmetsch im Frühjahr 1872. Im Gegensatz zu der ersten Staatsprüfung nahmen nicht 27 Kandidaten daran teil, sondern lediglich drei.[58] Die Prüfung umfasste die Dauer von 23 Tagen, von denen zehn Tage für die Ausarbeitung von Entwürfen („Entwurf einer Thüre zur Baugewerke- schule" und „Entwurf eines Landhauses mit den zugehörigen Oeconomiegebäuden") sowie fünf Tage für die Fertigung der entsprechenden Kostenvoranschläge und der Bedingungen vorgesehen waren. An den übrigen Tagen mussten die Kandidaten Aufgaben zu Fragen der „höheren und niederen bürgerlichen Baukunst" lösen und Kenntnisse in der Baumaterialienkunde sowie der Bau- und Feuerpolizeigesetze nachweisen. Dolmetsch erhielt die Gesamtnote IIIa („ziemlich gut") und schnitt damit als Zweitbester ab. Die Gegenüberstellung der ersten und der zweiten Staatsdienstprüfung für das Baufach verdeutlicht die zunehmende fachliche Ausrichtung auf das Bau-

wesen: Während in der ersten Prüfung noch Wissen – mit Betonung der Baukonstruktionslehre, der Geometrie und der Analysis – abgefragt wurde, lag der Schwerpunkt in der zweiten Prüfung auf dem Nachweis zur Befähigung des Entwerfens mitsamt Kostenberechnung und Rahmenbedingungen. Die zweite Staatsdienstprüfung bildete die Voraussetzung für den Eintritt in den Staatsdienst, den Dolmetsch offenbar anstrebte. Wie noch zu zeigen sein wird, scheiterte Dolmetsch allerdings bei seinen Versuchen, hochrangige Positionen im Staatsdienst als Architekt zu erlangen.

Dolmetschs Tätigkeit als angestellter Architekt

In den vier Jahren, die zwischen der ersten und der zweiten Staatsdienstprüfung lagen, war Dolmetsch als Architekt im Büro Leins angestellt. In dieser Zeit war er unter anderem mit dem Wiederaufbau der im Januar 1868 teilweise abgebrannten Stadtkirche in Gaildorf betraut. Während der annähernd zweijährigen Bauzeit war Dolmetsch vornehmlich als Bauführer vor Ort beschäftigt; in dieser Funktion oblag ihm die Aufstellung der Kostenvoranschläge für die einzelnen Gewerke, die Abrechnung der Baumaßnahmen anhand der Verdienstzettel sowie die Ausstellung von Abschlagszahlungsanweisungen für die Unternehmer.[59] Außerdem kümmerte er sich um sämtliche Belange, die mit dem Baubüro in Gaildorf in Zusammenhang standen. In welchem Umfang er darüber hinaus Entwürfe für Ausstattungsgegenstände oder Werkzeichnungen für architektonische Details fertigte, lässt sich aufgrund der Quellenlage nur schwer nachvollziehen. Einen großen Teil der Pläne erstellten Paul Burckhardt und Heinrich Müller, zwei bei Leins angestellte Architekten im Stuttgarter Büro. Auch Dolmetsch war zeitweise „mit Anfertigung von Arbeitsplänen zur Stadtkirche in Gaildorf" betraut, so etwa in den Wintermonaten 1868/69.[60] Es ist anzunehmen, dass in diesen Monaten die Arbeit am Bau ruhte, denn erst im Frühjahr 1869 nahm Dolmetsch seine Tätigkeit vor Ort wieder auf.[61] Lediglich die Anfertigung von „Zeichnungen zu den Paramenten [und] zum Thurm der Kirche" durch Dolmetsch ist belegt.[62] Leins war mit Dolmetschs Arbeit so zufrieden, dass er gegenüber dem Stiftungsrat eine Gehaltserhöhung für seinen Bauführer durchsetzte.[63] In ei-

57 Ebd. (Aufgaben der „1. Staatsprüfung im Baufache. Bauzeichnen d. 27., 28. u. 29. April 1868" von Wilhelm Bäumer).

58 HStA Stuttgart, E 222, Bü 736 (Protokoll der „zweiten Dienstprüfung im Hochbaufache" vom Frühjahr 1872).

59 LKA, DAamt Gaildorf, Nr. 59 (Kirchenbau-Rechnung 1868– 1874, darin enthalten Korrespondenz, Kostenvoranschläge, Bautagebücher, Verdienstzettel, Abrechnungsunterlagen und Abschlagszahlungsanweisungen).

60 Ebd. (Rechnung von Dolmetsch für den Zeitraum vom 1.–31. 1. 1869, gleichlautende Rechnungen liegen von den Monaten Februar, März und April 1869 vor).

61 Ebd. (Schreiben von Dolmetsch an den Stadtschultheiß vom 11. 12. 1871).

62 Ebd. („Schluß-Rechnung" von Leins vom 10. 6. 1873 und Rechnung von Dolmetsch für den Zeitraum vom 7.–12. 9. 1868). Die Aussage von Hans König, Der Wiederaufbau unserer Stadtkirche nach dem Brand vom 20. April 1945. Ein Rückblick zum 50jährigen Jubiläum, o. O. 1999, S. 6, Dolmetsch habe nicht nur die Paramente, sondern auch die Kanzel, die Maßwerke für die Fenster, die Wandmalereien, die Türen und das Gestühl entworfen, lässt sich durch die Quellen nicht verifizieren.

63 Ebd. (Stiftungsratsprotokoll vom 12. 11. 1869).

nem Zeugnis bescheinigt Leins weiterhin, dass Dolmetsch „neben seinen soliden Kenntnißen besonders bei [der] Restauration [der Gaildorfer Stadtkirche] ein sehr anerkennenswerthes praktisches Geschick an den Tag gelegt und einen großen Theil der dekorativen Ausstattung mit richtigem Stylverständniß und Geschmack entworfen" habe.[64] Der Wiederaufbau der Gaildorfer Stadtkirche gilt gemeinhin als Dolmetschs erste Kirchenrestaurierung.[65] Im folgenden Kapitel der Arbeit wird nochmals auf die Gaildorfer Kirche eingegangen, da hier Maßnahmen vorgenommen wurden, die Dolmetsch bei den unter eigener Leitung durchgeführten Restaurierungen häufig anwandte.

Unmittelbar im Anschluss an die zweite Staatsdienstprüfung im Frühjahr 1872 entwarf Dolmetsch für den Architekten Jakob Friedrich Wanner ein Projekt für den Sitz der Schweizerischen Kreditanstalt in Zürich, das 1873 bis 1876 realisiert wurde.[66] Von April 1873 bis April 1874 unternahm er eine wissenschaftliche Reise durch Deutschland, Österreich, die Schweiz, Frankreich und Italien.[67] Da weder ein Reisetagebuch noch ein Skizzenbuch sich erhalten zu haben scheinen, ist der Verlauf der Reise nicht zu rekonstruieren; es lassen sich lediglich anhand der von ihm selbst gefertigten Vorlagen für sein Werk „Der Ornamentenschatz", auf das noch eingegangen wird, Hinweise erlangen, dass er unter anderem Rom, Assisi, Perugia, Florenz und Venedig besuchte. Aus einem Briefentwurf vom Februar 1873 geht hervor, dass er zunächst plante, „eine 6monatliche Reise nach Italien zu machen, welche einen Aufwand von ungefähr 1500 Mark erfordern dürfte".[68] Gleichzeitig strebte er ein Stipendium für diese Reise an, das er tatsächlich von der Kunstschuldirektion erhielt.[69] Leins unterstützte als väterlicher Mentor Dolmetschs und bautechnisches Mitglied der Kunstschuldirektion dessen Bitte um Gewährung eines Staatsbeitrags nachdrücklich. Darüber hinaus ergänzte Leins die nüchterne Formulierung von Dolmetsch um den Satz, dass er (Dolmetsch) sich „nichts sehnlicher

[wünsche] als die großen Werke der Vorzeit selbst sehen zu dürfen, die während [s]einer Studienzeit so vielfach als der unerschöpfliche Born der Belehrung sich erwiesen haben". Damit griffen sowohl Dolmetsch als auch Leins auf den Topos der Italiensehnsucht zurück, der wesentlich die Kunstproduktion des 19. Jahrhunderts bestimmte.

Am 1. Juni 1874 trat Dolmetsch in das Büro des Oberbaurats Theodor von Landauer ein, unter dessen Leitung er die Bauausführung des Justizpalastes in Stuttgart beaufsichtigte.[70] Zunächst, bis 1876, war Dolmetsch mit der Anfertigung von Plänen betraut, danach, bis zur Einweihung im Oktober 1879 und „gänzlichen Vollendung" des Gebäudes im September 1880, rückte er zum „Bureau-Chef und Leiter der Bauausführungen" vor.[71] Nach Dolmetschs Zeugnis war ihm nun „die directe Leitung sämtlicher Bureaugeschäfte, sowie der Bauausführungen anvertraut, [so] daß der ganze innere Ausbau [des] 100 Meter langen Justizpalastes mit seinen 2 Höfen, 8 Sälen, Vestibules etc. sowohl in ästhetischer als auch constructiver Beziehung nach [s]einen Entwürfen und Angaben ausgeführt ist".[72] Landauer bescheinigte Dolmetsch, bei der Ausführung des Justizpalastes „gute Dienste geleistet" zu haben und empfahl ihn „zu fernerer Verwendung im Staatsdienst, insbesondere da, wo es sich um dekorative Leistungen handelt".[73] Diese Empfehlung fügte Landauer einer Bitte Dolmetschs „um weitere Verwendung im Staatsdienste" an, die dieser an die Domänendirektion richtete. Diese Bitte wurde allerdings abschlägig beschieden.

In den folgenden Jahren bewarb sich Dolmetsch mehrmals – zum Teil ist allerdings nur die Absicht belegt – als Architekt für hochrangige Positionen im Staatsdienst. Am 14. Juli 1880 strebte er die Hofbaumeisterstelle bei der Fürstlich Fürstenbergischen Domänenkanzlei in Donaueschingen an. Aus dem Absageschreiben vom 30. November 1880 geht hervor, dass Dolmetsch sich auf diese Position tatsächlich beworben hat.[74] Noch im selben Jahr verfasste Dolmetsch Bewerbungsschreiben für eine Leh-

---

64 StA Ludwigsburg, E 236, Bü 2363 (Zeugnis von Leins für Dolmetsch vom 11. 12. 1871).

65 Schon bei Ulrich Thieme (Hrsg.), Allgemeines Lexikon der bildenden Künstler von der Antike bis zur Gegenwart, Bd. 9, Leipzig 1913, S. 395, heißt es: „Bei Leins begann er [Dolmetsch] seine praktische Tätigkeit an der Wiederherstellung der Kirche in Gaildorf."

66 Privatbesitz Ruth † und Ilse Dolmetsch (Entwurf zu einem eigenhändigen Lebenslauf von Dolmetsch, undatiert, wahrscheinlich 1887).

67 StA Ludwigsburg, E 170, Bü 37 („Nationalliste des Baurats H. Dolmetsch in Stuttgart" vom 3. 2. 1892).

68 Privatbesitz Ruth † und Ilse Dolmetsch („Bitte des Architecten Heinrich Dolmetsch um gnädige Gewährung eines Staats-Beitrags zu einer Reise nach Italien" vom Februar 1873 mit ausführlichen Randbemerkungen von Leins).

69 Obgleich sich in HStA Stuttgart, E 14, Bü 1481 kein Schreiben findet, das sich auf eine möglicherweise erfolgte Unterstützung

Dolmetschs bezieht, geht aus Privatbesitz Ruth † und Ilse Dolmetsch (Entwurf zu einem eigenhändigen Lebenslauf von Dolmetsch, undatiert) eindeutig hervor, dass er ein Stipendium erhielt.

70 DBZ 13, 1879, S. 494 und Allgemeine Bauzeitung 53, 1888, S. 16.

71 Privatbesitz Ruth † und Ilse Dolmetsch (Entwurf zur Nationalliste von Dolmetsch, undatiert, wahrscheinlich 1887).

72 Privatbesitz Ruth † und Ilse Dolmetsch (Entwurf zur Nationalliste von Dolmetsch vom 15. 7. 1880).

73 StA Ludwigsburg, E 236, Bü 2363 („Bitte des Bauinspectors Heinrich Dolmetsch um weitere Verwendung im Staatsdienste" vom 1. 7. 1880 und Empfehlung von Landauer vom 10. 7. 1880).

74 Privatbesitz Ruth † und Ilse Dolmetsch („Bitte des Bauinspectors H. Dolmetsch um gnädige Uebertragung der erledigten Architectenstelle für den Dienst der hochfürstlichen Standesherrschaft Fürstenberg" vom 14. 7. 1880 und Schreiben der Fürstlich Fürstenbergischen Domänenkanzlei in Donaueschingen vom 30. 11. 1880).

rerstelle an der Königlichen Baugewerkeschule in Stuttgart und für die Stelle des Münsterbaumeisters in Ulm.[75] Er hob in Bezug auf Letztere hervor, dass er sich „sowohl während [s]einer langjährigen Praxis, welcher eine gründliche Vorbildung als Steinmetz voranging, als auch während [s]einer vielfachen Studienreisen mit specieller Vorliebe der mittelalterlichen Baukunst zugewendet habe". Zudem spreche der Umstand, dass er sich „neben den mittelalterlichen Stylen auch im Renaissancestyle zurecht zu finden verstehe", nicht gegen ihn. An seiner Stelle erhielt August Beyer die Stelle des Münsterbaumeisters in Ulm.[76] Am 18. August 1885 reagierte Dolmetsch auf einen „Bewerber-Aufruf" für die Wiederbesetzung der Stelle eines Stadtbaurats in Stuttgart.[77] In diesem Zusammenhang wies er auf seine „vielseitige Ausbildung im gesamten Architecturfache hin, welche [er] in [s]einen bisherigen verschiedenen Stellungen erlangt habe: als Privatarchitect und als Staatsdiener, in der Stellung als Lehrer, Verwaltungsbeamter und in litterarischer Thätigkeit, auf dem Gebiete des Hochbauwesens und des Kunstgewerbes, in den Stilen des Mittelalters wie der Renaissance". Ein Absageschreiben liegt vom 22. September 1885 vor, aus dem allerdings keine Begründung für den abschlägigen Bescheid hervorgeht. Ein letztes Mal – soweit bekannt ist – strebte Dolmetsch eine Architektenstelle im Staatsdienst im Februar 1889 an: Es handelte sich um die Münsterbaumeisterstelle in Straßburg. Er versuchte seiner Bewerbung besonderes Gewicht zu verleihen, indem er betonte, „die Architektur, besonders die mittelalterliche, bildete für [ihn] stets die Hauptsache, weßhalb [er] auch darnach streb[t]e, [sich] solche immer specieller zur Lebensaufgabe zu machen".[78] Ob sich Dolmetsch tatsächlich für diese Position beworben hatte, kann nicht eindeutig beantwortet werden; es bleibt aber festzuhalten, dass er zu Recht auf seine vielseitigen Qualifikationen verweist. Obgleich er als Kirchenbaumeister vornehmlich auf den Stil der Gotik zurückgreift, ist er durchaus mit der Formensprache der Renaissance vertraut. Insbesondere in seinen kunstgewerblichen Entwürfen finden seine Renaissancestudien, die er vornehmlich in Italien betrieben hat, ihren Niederschlag.

Dolmetsch und der Württembergische Verein für Baukunde

Der Württembergische Verein für Baukunde wurde am 30. November 1842, dem zweiten Todestag von Oberbaurat Eberhard von Etzel, gegründet.[79] An diesem Tag fand die Einweihung des Etzeldenkmals statt, das von Leins errichtet worden war. Die Mitglieder des seit dem 23. November 1840 existierenden Stuttgarter Architektenvereins kamen zu diesem Anlass zusammen – es befanden sich darunter Joseph Anton von Schlierholz, Joseph von Egle und Theodor von Landauer – und riefen einen

neuen Verein ins Leben, der über den eng gefassten Rahmen des Architektenvereins hinausging. Ihm gehörten von Anfang an gleichermaßen Architekten wie Ingenieure an, wobei die Vermittlung zwischen der „künstlerischen" Richtung des Architekten und der „wissenschaftlichen" Richtung des Ingenieurs zu den Grundprinzipien des Vereins gehörte.[80] In der ersten Satzung vom März 1843 wurde als Zweck des Vereins „die Fortbildung im Fache der Baukunst nebst Begründung eines geselligen, freundschaftlichen Verhältnisses unter seinen Mitgliedern, sowie Wahrung der Interessen der Fachgenossen" bezeichnet.[81] Der Verein für Baukunde wirkte sowohl nach innen als auch nach außen: In Mitgliederversammlungen wurden fachwissenschaftliche Vorträge gehalten, Planausstellungen organisiert, Wettbewerbsentwürfe besprochen und die Wahl von Bauplätzen diskutiert sowie in Form von Gutachten Einfluss genommen auf die Änderung der Staatsprüfungen im Baufach, die Besserstellung von Baubeamten, die Ausbildung der Bautechniker und die Anlage öffentlicher Gebäude in Stuttgart. Der Architektenverein blieb zunächst bestehen, erst 1901 ging er in einer studentischen Verbindung auf.[82]

Dolmetsch trat am 16. Februar 1878 dem Verein für Baukunde als Mitglied bei, nachdem er bereits in der Sitzung am 2. Februar desselben Jahres als Gast anwesend war.[83] Seine Aufnahme erfolgte auf Vorschlag von Landauer, der ihn wahrscheinlich wegen seiner Verdienste beim Bau des Stuttgarter Justizpalastes als geeignet empfohlen hatte. Anhand der Mitgliederverzeichnisse lässt sich ersehen, dass Dolmetsch bis zu seinem Tod Mitglied im Verein für Baukunde blieb. Sein Engagement in diesem Verein war allerdings vergleichsweise gering: Im Frühjahr 1879 beteiligte er sich an einer „Ausstellung von architektonischen Planen und Entwürfen, vornehmlich aus dem Gebiete des Profanbaues" mit der Präsentation von „9 Nummern aus Mantua, Florenz, Peruggia und Rom nebst einem Entwurf zu einem leinenen Damast-

---

75 Ebd. (Briefentwurf von Dolmetsch an Oberbaurat Egle, Direktor der Kgl. Baugewerkeschule, vom 26. 10. 1880 und „Bitte des Bauinspectors H. Dolmetsch um gütige Uebertragung der Stelle eines Münsterbaumeisters zu Ulm" vom 22. 11. 1880).

76 Nach Fink 1990, S. 48 wurde August Beyer im Januar 1881 in sein Amt als Münsterbaumeister eingeführt.

77 Privatbesitz Ruth † und Ilse Dolmetsch („Bitte des Bauinspektors H. Dolmetsch um gütige Uebertragung der erledigten Stelle des Stadtbaurats für Hochbauwesen dahier" vom 18. 8. 1885).

78 Privatbesitz Ruth † und Ilse Dolmetsch (Briefentwurf von Dolmetsch an das Oberbürgermeisteramt Straßburg vom 12. 2. 1889).

79 [Ohne Verfasser], Der Württembergische Verein für Baukunde 1842–1932. Neunzig Jahre Bauverein am 30. November 1932, Stuttgart o. J. [1932], S. 6.

80 Ebd., S. 14.

81 Ebd., S. 12.

82 Seng 1995, S. 68.

83 [Ohne Verfasser], Dritte Versammlung, den 2. 2. 1878 und Vierte Versammlung, den 16. 2. 1878, in: Verein für Baukunde in Stuttgart. Sitzungs-Protokolle vom ersten Halbjahr 1878, S. 6 und S. 8.

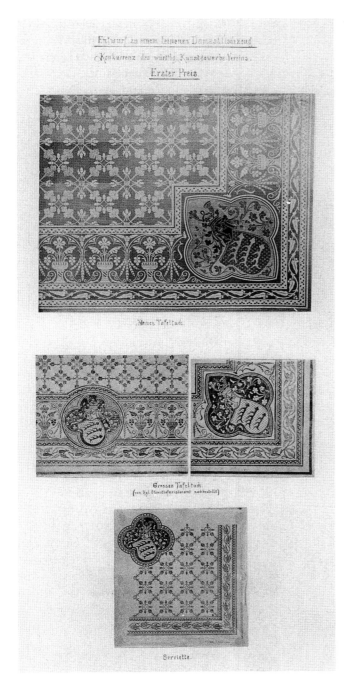

◀ *Abb. 1 Heinrich Dolmetsch, Entwurf zu einem Damasttischzeug für eine Konkurrenz des Württembergischen Kunstgewerbevereins 1878.*

Abb. 2 Heinrich Dolmetsch, Zeichnung einer Pilasterfüllung aus einer Kapelle in S. Maria Aracelli in Rom 1873.

Tischzeug",[84] das möglicherweise mit dem 1878 für eine Konkurrenz des Württembergischen Kunstgewerbevereins gefertigten Tischzeug identisch ist (Abb. 1). Die neun Blätter zu Motiven der italienischen Baukunst gehen mit großer Wahrscheinlichkeit auf Dolmetschs Studienreise zurück, in deren Verlauf er unter anderem eine „Pilasterfüllung aus einer Kapelle in S. Maria Aracelli zu Rom" zeichnete (Abb. 2).

Dolmetsch gehörte weder jemals dem Vorstand des Vereins an noch übte er die Funktion eines Abgesandten bei den reichsweit einberufenen Tagungen aus. Nur einmal war er Mitglied in einer Kommission: Es handelte sich um die Kommission, die zur „Frage der praktischen Ausbildung der Studierenden des Baufaches" einberufen worden war.[85] Sie entwickelte Richtlinien für die Dauer und den Abschluss des Studiums sowie für die zweite Staatsprüfung. Die Kommission sprach die Empfehlung aus, das Studium wie bisher mit den theoretischen Grundlagen beginnen zu lassen, jedoch verstärkt die Fähigkeit der Verwendung des Gelernten zu fördern.

84 Fr[iedrich] Baumgärtner, Die Ausstellung von architektonischen Planen und Entwürfen, vornehmlich aus dem Gebiete des Profanbaues, veranstaltet vom Verein für Baukunde vom 17. Mai bis 3. Juni 1879, in: Verein für Baukunde in Stuttgart. Sitzungs-Protokolle vom ersten Halbjahr 1879, S. 48.

85 [Ohne Verfasser], Zweite ordentliche Versammlung, den 1. 2. 1896, in: Monatsschrift des Württembergischen Vereins für Baukunde in Stuttgart 1896, H. 2, S. 59.

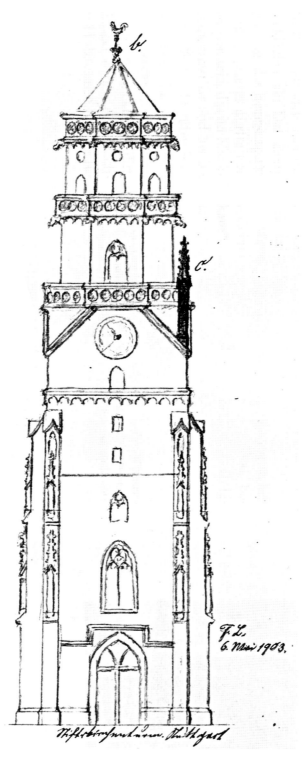

Abb. 3 Friedrich Launer, Zeichnung der Stuttgarter Stiftskirche mit den von Theophil Frey vorgeschlagenen Fialen.

Am 23. Dezember 1893 hielt Dolmetsch in einer Sitzung des Vereins einen Vortrag über „die von ihm entworfenen 3 Projekte für den Umbau und die Vergrößerung der aus dem 13. Jahrhundert stammenden Katharinenkirche in Hall an der Hand der aufgehängten Pläne, sowie die Projekte für eine Hilfskirche in Reutlingen,

welche durch die Restaurierung der dortigen Marienkirche […] notwendig geworden war".[86] Außer dass die Versammlung den Vortrag für „interessant" erachtete, ist keine Reaktion auf diesen Beitrag überliefert.[87] Die fertiggestellte Katharinenkirche besichtigten die Mitglieder des Vereins „unter Führung von Baurat Dolmetsch" anlässlich eines Familienausflugs nach Hall am 2. Juli 1899.[88] Der „ganze Um- und Neubau der Katharinenkirche fand den ungeteilten Beifall der Besucher".[89] Einen weiteren Vortrag hielt Dolmetsch am 25. März 1899 über das Thema „Kirchenrestaurationen",[90] darin legte er sein Verständnis von Restaurierungen dar. Dieses zielte weniger auf denkmalpflegerische Fragestellungen ab als vielmehr auf die Problematik von Kirchenerweiterungen. Dolmetsch entwickelte eine Typologie von „Erweiterungsmöglichkeiten bei vorhandenen Kirchen", die er in zehn Gruppen unterteilte. Da diesem Vortrag in Bezug auf die Kirchenrestaurierungen von Dolmetsch eine zentrale Rolle zukommt, soll erst im folgenden Kapitel näher auf ihn eingegangen werden.

Zweimal wurde im Mitteilungsorgan des Vereins über Projekte von Dolmetsch berichtet: 1899 erschien ein Bericht über die Restaurierung der Marienkirche in Reutlingen,[91] und 1903 wurde der soeben fertiggestellte Neubau der Pauluskirche in Zuffenhausen publiziert.[92] Darüber hinaus wurden offensichtlich keine weiteren Projekte von Dolmetsch vorgestellt, auch ist eine Beteiligung an Preisgerichten oder weiteren Kommissionen nicht bekannt. Lediglich die Teilnahme an einem Kostümfest, bei dem Dolmetsch der „Kostümgruppe" angehörte, die den Zug abschloss und in der er als „Baumeister" auftrat, ist bezeugt.[93] An Diskussionen in den Vereinsversammlungen beteiligte sich Dolmetsch offenbar

86 [Ohne Verfasser], Neunte ordentliche Versammlung, den 23. 12. 1893, in: Monatsschrift des Württembergischen Vereins für Baukunde in Stuttgart 1893, H. 10, S. 76.

87 Eine Anfrage an Gerd Schnitzspahn, den Vorsitzenden des Architekten- und Ingenieurvereins Stuttgart (Nachfolgeorganisation des Württembergischen Vereins für Baukunde), vom 3. 2. 1999 bezüglich eventuell noch existierender Archivalien ergab, dass keine handschriftlichen Sitzungsprotokolle mehr vorhanden sind.

88 [Ohne Verfasser], Der Familienausflug nach Hall, in: Monatsschrift des Württembergischen Vereins für Baukunde in Stuttgart 1899, H. 6, S. 35.

89 Ebd.

90 Dolmetsch 1900. Vgl. auch das Manuskript zu diesem Vortrag mit eigenhändigen Ergänzungen von Dolmetsch in LKA, K 1, Nr. 130.

91 [Ohne Verfasser], Die Marienkirche zu Reutlingen, in: Monatsschrift des Württembergischen Vereins für Baukunde in Stuttgart 1899, H. 8, S. 52–57.

92 [Ohne Verfasser], Neue evangelische Kirche in Zuffenhausen, in: Monatsschrift des Württembergischen Vereins für Baukunde in Stuttgart 1903, H. 4, S. 16.

93 [Ohne Verfasser], Sitzung, den 13. 2. 1886, in: Verein für Baukunde in Stuttgart. Versammlungs-Berichte aus dem Jahr 1885/86. Zweites Heft, S. 9.

selten: Im Juni 1894 stellte Theophil Frey seine Pläne für die „Erneuerungsarbeiten an der Stiftskirche zu Stuttgart, insbesondere an deren Hauptturm" vor.[94] Seiner Ansicht nach sollte „am Abschluß des Turmes und am Dach nichts geändert werden", da „alle Abbildungen das Turmdach so [zeigen], wie es heute noch ist".[95] Lediglich die Wiederherstellung der „früheren Eckpyramiden auf der Schräge beim Uebergang vom Viereck in das Achteck" sollte nach Freys Auffassung vorgenommen werden (Abb. 3). Dolmetsch hingegen „möchte den oberen Abschluß des Turms etwas lebendiger gestaltet wissen, die vorhandene Ausführung erscheine ihm zu trocken; wenn die unteren Fialen ausgeführt würden, forderten sie zu einer anderen Bekrönung heraus".[96] Damit nahm Dolmetsch eine Haltung ein, die zu dem von Frey angestrebten behutsamen Umgang mit der vorhandenen Bausubstanz in deutlichem Gegensatz steht. Eduard Paulus, der Konservator der vaterländischen Kunst- und Altertumsdenkmale, befürwortete die Absicht Freys, den Turm der Stiftskirche in seinem äußeren Erscheinungsbild nur vergleichsweise geringfügig zu verändern. An dieser Stelle wird bereits deutlich, dass Dolmetsch sich bei der Frage von „Erneuerungsarbeiten" auch von ästhetischen Gesichtspunkten leiten lässt, die zu der Auffassung des Konservatoriums durchaus im Widerspruch stehen können.

Obwohl Dolmetsch über drei Jahrzehnte lang Mitglied im Württembergischen Verein für Baukunde war, beschränkte sich sein Engagement offenbar auf einige wenige Vorträge und weitere Beiträge. Im Vergleich zu seiner Tätigkeit im Verein für christliche Kunst, der für sein architektonisches Schaffen von herausragender Bedeutung ist, nimmt seine Mitgliedschaft im Verein für Baukunde eine untergeordnete Rolle ein.

Dolmetsch und der Verein für christliche Kunst in der evangelischen Kirche Württembergs

Der Verein für christliche Kunst in der evangelischen Kirche Württembergs – 1993 erfolgte die Umbenennung des Vereins in *Verein für Kirche und Kunst in der württembergischen Landeskirche* – wurde am 9. Februar 1857 von Mitgliedern des Konsistoriums (heute Evangelischer Oberkirchenrat) auf Anregung von Oberkonsistorialrat Karl von Grüneisen und unter Mitwirkung von Christian Friedrich Leins gegründet.[97] Der Verein orientierte sich an dem Berliner Verein für religiöse Kunst, der sich bereits 1852 konstituiert hatte, jedoch mit dem Unterschied, dass der württembergische Verein unter den „Schutz und Beistand" des Konsistoriums gestellt wurde.[98] In den Statuten des Vereins für christliche Kunst wurde der Zweck der neu geschaffenen Institution begründet: „Der Verein beabsichtigt die würdige Einrichtung und Ausstattung kirchlicher Räume, vornehmlich der Altäre, Beschaffung heiliger Gefäße, Krucifixe, Bilder u. s. w. [sowie] die Verbreitung guter christlicher Bilder in den Schulen und Familien."[99] Der erstgenannten Aufgabe suchte der Verein nachzukommen, indem er Gemeinden, „vorzugsweise solche, in welchen er Mitglieder zählt", beriet und unterstützte; die zweitgenannte Funktion suchte er zu erfüllen, indem er sich mit dem Berliner Verein „in Verbindung" setzte.

Eine erste Bilanz des Vereins anlässlich seines 25-jährigen Bestehens ergab, dass er bis zu diesem Zeitpunkt „nicht weniger als 531 Kirchorten, das ist mehr als der Hälfte [der] Kirchorte, ratend und unterstützend die Hand gereicht" hatte.[100] Diese Beratungen erstreckten sich vor allem auf die Beschaffung neuer Paramente, liturgischer Geräte, Glocken, Orgeln und anderer Ausstattungsgegenstände wie Kanzeln, Altäre und Taufsteine. Aber auch die Ausschmückung der Kirchen mit „gute[n] religiöse[n] Bilder[n]" gehörte zu den Absichten des Vereins. Nicht zuletzt zählten der Neubau von Kirchen oder die „Restauration" bestehender Gebäude zu seinen Aufgaben; Leins etwa hatte bis 1882 „allein 13 Neubauten und 48 Restaurationen geleitet oder begutachtet".[101] Die Motivation für dieses umfassende Engagement des Vereins lag in der Überzeugung, das „große Erbübel zweier schwerer Jahrhunderte, das ‚nur billig, wenn auch unecht und schlecht' lautete", ausmerzen zu müssen.[102] Da „fast überall Sinn und Verständnis für das Schöne und Echte

94 Theophil Frey, Erneuerungsarbeiten an der Stiftskirche zu Stuttgart, insbesondere an dem Hauptturm derselben, in: Monatsschrift des Württembergischen Vereins für Baukunde in Stuttgart 1894, H. 7, S. 58–59.

95 Ebd., S. 59.

96 [Ohne Verfasser], Gesellige Vereinigung, den 30. 6. 1894, in: Monatsschrift des Württembergischen Vereins für Baukunde in Stuttgart 1894, H. 7, S. 57–58.

97 Vgl. zur Geschichte des Vereins für christliche Kunst in der evangelischen Kirche Württembergs ausführlich Seng 1995, S. 231–252. Vgl. auch Georg Kopp, [Historischer Abriß des Vereins für christliche Kunst], in: Adolf Gommel (Hrsg.), Evangelische Kirchenkunst der Gegenwart in Württemberg. Festschrift des Vereins für christliche Kunst in der evangelischen Kirche Württembergs zur Feier des 100jährigen Bestehens 1857–1957, Stuttgart o. J.

[1957], S. 8.

98 Ebd., S. 232. Vgl. LKA, K 1, Nr. 90 (Protokoll der konstituierenden Sitzung des Vereins für christliche Kunst in der evangelischen Kirche [Württembergs] vom 9. 2. 1857).

99 Ebd., S. 235. Vgl. auch [Karl von] G[rüneisen], Statuten des Vereines für christliche Kunst in der evangelischen Kirche von Württemberg, in: ChRKbl [ohne Bandzählung] 1859, H. 6, S. 44 und LKA, K 1, Nr. 90 („Statuten des Vereins für christliche Kunst in der ev. Kirche in Württemberg").

100 [Ohne Verfasser], Die fünfundzwanzigjährige Wirksamkeit des Vereins für christliche Kunst in der evangelischen Kirche Württembergs, in: ChRKbl 24, 1882, H. 6, S. 84.

101 Ebd., S. 85.

102 Ebd., S. 84.

überhaupt, besonders aber für kirchliche Form und Würde" verschwunden sei, bedürfe es eines erfahrenen Fachmanns, „damit die Gemeinden von Anfang nach richtigen baulichen und kirchlich-liturgischen Grundsätzen beraten werden". Die rechtzeitige Beratung einer Kirchengemeinde durch einen Sachverständigen des Vereins für christliche Kunst verhindere somit „schwere Geschmacks- und Stilwidrigkeiten [sowie] Kirchenverderbung und Geldverschwendung", welche durch „unzeitige Überweisung von Bauten und Wiederherstellungen in ungeeignete Hände entstanden" seien.

Nach einer Ministerialverordnung von 1822 mussten sämtliche Veränderungen an kirchlichen Gebäuden dem Konsistorium zur Genehmigung vorgelegt werden.[103] Durch die enge personelle Verquickung der beiden Institutionen war es somit ein Leichtes für die Oberkirchenbehörde, über den Verein für christliche Kunst Einfluss zu nehmen auf das sakrale Baugeschehen im Königreich. Dabei lässt sich eine starke konfessionelle Gebundenheit sowohl des Vereins als auch der Architekten beobachten. Diese Aussage gilt ebenso für Architekten, die vornehmlich für katholische Gemeinden Kirchen errichteten, wie beispielsweise Joseph Cades und Max Meckel. Die große Mehrzahl seiner Aufträge erhielt Dolmetsch über den Verein für christliche Kunst, so dass er fast ausschließlich für evangelische Kirchengemeinden arbeitete; nur ein Mal – an der Heilig-Kreuz-Kirche in Rottweil – führte er einen Auftrag für eine katholische Gemeinde aus. Als Voraussetzung für seine Tätigkeit muss der Beitritt Dolmetschs zum Ausschuss des Vereins für christliche Kunst im Jahr 1878 gesehen werden.[104] Dieser Ausschuss tagte in der Regel einmal monatlich und verfolgte das Ziel, Gesuche von Kirchengemeinden um technischen Beistand bei einer bevorstehenden Kirchenrestaurierung zu beantworten. Die Gemeinden, die einen Jahresbeitrag von zwei Mark entrichteten, wandten sich an den Verein für christliche Kunst mit der Bitte um Entsendung eines Sachverständigen. Soweit es sich den Quellen entnehmen lässt, fiel es Dolmetsch rund einhundertfünfzig Mal zu, eine Gemeinde in Bezug auf eine geplante Restaurierung oder Vergrößerung ihres Kirchengebäudes zu beraten.

In einem Erlass des Konsistoriums vom 30. Mai 1882 wird anlässlich der Änderung der Statuten des Vereins für christliche Kunst nochmals ausdrücklich darauf verwiesen, die „Pfarrämter, Stiftungs- und Pfarrgemeinderäthe

zu ermuntern, *bevor* sie weitere Schritte thun, sich den Rath und das Gutachten des Vereins zu erbitten".[105] Der Grund für die Überarbeitung der Statuten bestand in der Verleihung der juristischen Persönlichkeit an den Verein für christliche Kunst laut Bekanntmachung des Innenministeriums vom 13. März 1882.[106] Der Vorstand des Vereins, Heinrich Merz, begründete in einem Schreiben an das Ministerium des Inneren den Wunsch nach Erlangung der rechtlichen Persönlichkeit für den Verein: „Die Leitung des Vereins wird durch einen Ausschuß besorgt, welcher je nach zwei Jahren einer allgemeinen Versammlung der Mitglieder Rechenschaft abzulegen hat und durch Wahl dieser letzteren erneuert wird. Der Verein ist seit seiner Gründung mit 426 evangelischen Kirchengemeinden des Landes in eine berathende, begutachtende und unterstützende Beziehung getreten und zwar zumeist in Folge direkter Anfragen und Ansuchen der Gemeinden, zum Theil aber auch in Folge der Vermittlung der Oberkirchenbehörde."[107] Abschließend verwies Merz auf die Tatsache, dass die Aufgabe des Vereins „von hoher und bleibender Bedeutung für das kirchliche Leben der evangelischen Gemeinden des Landes" sei. Um dieser Aufgabe in baulicher Hinsicht gerecht werden zu können, gehörten dem Ausschuss des Vereins, der insgesamt fünfzehn Mitglieder umfasste, fünf Architekten an.

Am 1. September 1880 machte Dolmetsch sich mit einem eigenen Architekturbüro selbstständig.[108] Die Aufnahme in den Verein für christliche Kunst als Ausschussmitglied muss hierfür als wesentliche Voraussetzung angesehen werden. Der Verein für christliche Kunst war im Gegensatz zu dem Verein für Baukunde für Dolmetsch außerordentlich wichtig hinsichtlich der Akquisition seiner Aufträge. Im Rahmen der Einzeldarstellungen werden die Kirchen im Einzelnen genannt, deren Restaurierung Dolmetsch nachweislich im Auftrag des Vereins für christliche Kunst durchführte. Dabei ist auffallend, dass nach Leins' Tod 1892 die Zahl der Aufträge geradezu sprunghaft anstieg. Es sollen an dieser Stelle nur die Kirchen in Gingen, Geislingen, Baiersbronn, Oberfischach, Bietigheim, Laufen/Kocher, Schwieberdingen, Vaihingen/Enz, Hohenstein und Sulzbach erwähnt werden, die Dolmetsch in den Jahren 1892/93 restaurierte. Die wenigen Male, von denen bekannt ist, dass Dolmetsch sich unter eigenem Namen an einem Kirchenbauwettbewerb – 1905 für den Neubau der evangelischen Kirche in Lich-

---

103 Ebd., S. 85. Weder im Regierungsblatt von 1822 noch in A[ugust] L[udwig] Reyscher (Hrsg.), Vollständige, historisch und kritisch bearbeitete Sammlung der württembergischen Gesetze, Stuttgart/Tübingen 1828–1851 taucht diese Ministerialverordnung auf.

104 [Ohne Verfasser], Die fünfundzwanzigjährige Wirksamkeit des Vereins für christliche Kunst in der evangelischen Kirche Württembergs, in: ChrKbl 24, 1882, H. 6, S. 83. Vgl. auch LKA, K 1, Nr. 83 (Protokoll vom 2. 8. und 7. 10. 1878).

105 Amtsblatt vom 5. 7. 1882, S. 3197.

106 Reg.-Blatt vom 20. 3. 1882, S. 81.

107 LKA, K 1, Nr. 92 (Schreiben des Vorstands des Vereins an das Ministerium des Inneren vom 7. 10. 1878).

108 Privatbesitz Ruth † und Ilse Dolmetsch (Entwurf zu einem eigenhändigen Lebenslauf von Dolmetsch, undatiert). Vgl. auch StA Ludwigsburg, E 170, Bü 37 („Nationalliste des Baurats H. Dolmetsch in Stuttgart" vom 3. 2. 1892).

tental bei Baden-Baden[109] und 1907 für die Markuskirche in Plauen[110] – beteiligte, erbrachten hingegen nicht den gewünschten Erfolg.

Ein Mittel, auf das Kirchenbauwesen in Württemberg Einfluss zu nehmen, bestand für den Verein für christliche Kunst in der Ausarbeitung eines Regulativs für den evangelischen Kirchenbau, an dem seine Vertreter maßgeblich beteiligt waren.[111] Obwohl das Eisenacher Regulativ im Königreich nie rechtsverbindlichen Charakter annahm,[112] war seine Umsetzung aufgrund der bereits erwähnten personellen Überschneidung von Mitgliedern des Konsistoriums und des Vereins für christliche Kunst vergleichsweise erfolgreich. Vor allem Prälat Heinrich Merz, zunächst Pfarrer in der Katharinengemeinde in Schwäbisch Hall, und dessen Sohn, Oberkonsistorialrat Johannes Merz, bestimmten in ihrer Funktion als Vorstände des Vereins wesentlich die Produktion liturgischer Geräte wie auch den Um- und Neubau gottesdienstlicher Gebäude. Heinrich Merz folgte als Vorstand des Vereins seinem Vorgänger Karl von Grüneisen 1878 nach und bekleidete dieses Amt bis zu seinem Tod 1893. Von 1894 bis 1924 übte das Amt des Vorstands des Vereins für christliche Kunst Johannes Merz aus, der von 1887 bis 1894 Stadtpfarrer in Ludwigsburg war und anschließend zum Oberkonsistorialrat ernannt wurde. 1924 wurde er zum Kirchenpräsidenten gewählt, dessen Aufgaben er bis zu seinem Tod 1929 versah. Eine weitere wichtige Persönlichkeit im Hinblick auf Dolmetschs Tätigkeit als Kirchenbaumeister war Oberkonsistorialrat Krafft, der zwar nicht dem Ausschuss des Vereins für christliche Kunst angehörte, aber von Seiten der Oberkirchenbehörde die Verhandlungen mit den übrigen Entscheidungsträgern, wie etwa dem Ministerium für Kirchen- und Schulwesen, den zuständigen Kreisregierungen und Dekanatämtern, führte. Im Gegensatz zu Heinrich und Johannes Merz war Karl Viktor Moritz Krafft kein Theologe, sondern ein an der Universität Tübingen ausgebildeter Jurist. Seit 1902 bekleidete er das Amt eines Direktors im Konsistorium bis zu seiner Pensionierung 1911.

Das *Christliche Kunstblatt für Kirche, Schule und Haus* erschien als Organ des Vereins für christliche Kunst seit 1858. Es wurde zunächst unter der Leitung von Karl von Grüneisen, dem Berliner Kunsthistoriker Karl Schnaase und dem Maler, Akademieprofessor und Direktor der Dresdener Gemäldegalerie Julius Schnorr von Carolsfeld herausgegeben. Grüneisen führte in seinem „Vorwort" zum ersten Heft aus, dass die Kunst gegenüber der Religion keinesfalls „eine ebenbürtige Stellung" einnehmen dürfe, sondern in ihren „willigen Dienst" gestellt werden müsse.[113] Die Vorstellung „interessanter Stoffe" durch das neue Organ solle gleichermaßen eine „Belehrung und Warnung für den Leser" darstellen, wobei die Sprache und der Ausdruck eher auf den Laien als auf den Fachmann ausgerichtet seien.[114] Als Carolsfeld 1873 starb, trat an seine Stelle der Berliner Maler Karl Gottfried Pfannschmidt.[115] Nach dem Tod Schnaases 1875 führten Grüneisen und Pfannschmidt das Blatt zu zweit fort. 1878 trat an die Stelle Grüneisens Heinrich Merz, der schließlich nach dem Tod Pfannschmidts 1888 die Zeitschrift allein herausgab. Nach dem Tod von Heinrich Merz 1893 übernahm Johannes Merz 1894 – von 1901 bis 1903 unterstützt durch den Erlanger Oberbibliothekar Zucker – die Leitung der Redaktion. In dem ersten von ihm herausgegebenen Heft richtet Merz einen Appell „An die Leser", der zugleich einen Nachruf auf seinen Vater darstellt. Er bezeichnet hierin als die „brennenden Kunstfragen der Gegenwart [...] auf dem Gebiet der Malerei das ,Freilicht' [und] auf dem der Baukunst die ,neuen Kirchenbaupläne', [die das Blatt] oft beschäftigen" werden.[116] In der Tat berichtet das Christliche Kunstblatt kontinuierlich von den Verhandlungen hinsichtlich der Aufstellung verbindlicher Regeln für die Anlage evangelischer Kirchen. Trotz der häufig wechselnden Besetzung in der Redaktionsleitung der Zeitschrift ist eine erstaunliche Kontinuität in

109 [Ohne Verfasser], Wettbewerb betr. Skizzen für eine evangelische Kirche in Lichtenthal bei Baden-Baden, in: DBZ 39, 1905, Nr. 63, S. 384. Dolmetschs Wettbewerbsbeitrag wurde publiziert in: Deutsche Konkurrenzen 20, 1906, H. 4, S. 12–13.

110 H[einrich] Dolmetsch, Beitrag zu weiterer Lösung des modernen protestantischen Kirchenbauproblems, in: ChrKbl 49, 1907, H. 1, S. 4–8.

111 Zur Entstehungs- und Wirkungsgeschichte des Eisenacher Regulativs vgl. ausführlich Seng 1995, S. 262–418. Vgl. auch Langmaack 1971, S. 178–291.

112 Seng 1995, S. 282. Vgl. auch die Rezension zu Seng 1995 von Elisabeth Spitzbart, in: Architectura 27, 1997, H. 2, S. 222. Gurlitt 1906, S. 303 gibt die Einschätzung bezüglich der Wirksamkeit und Umsetzung des Eisenacher Regulativs durch einen preußischen Gesandten auf dem Kongress für den Kirchenbau des Protestantismus 1894 wieder: „Das sog. Eisenacher Regulativ, das 1861 unter Zuziehung der Architekten Stüler, Leins, Zahn und Zwirner zu den Beratungen von Vertretern der evangelischen Kirchenregierungen entstand, [ist] nicht maßgebend für die Behörden."

LKA, A 26, 310 (Schreiben von Oberkonsistorialrat Krafft an Johannes Merz vom 7. 5. 1896): „Die offizielle Beachtung des Regulativs hat sich [in Württemberg] mehr in dem kontrollierenden Interesse der Vorstände des Vereins für christliche Kunst (von Grüneisen und von Merz sen.) verkörpert als in unmittelbar offizieller Behandlung Ausdruck gefunden."

113 C[arl von] Grüneisen, Vorwort, in: ChrKbl [ohne Bandzählung] 1858, H. 1, S. 2 f.

114 Ebd., S. 4 f.

115 Clemens Brockhaus, Julius Schnorr von Carolsfeld, in: ChrKbl [ohne Bandzählung] 1873, H. 1, S. 3 rühmt in seinem Nachruf das „Schaffen und Wesen [des] jüngst dahingegangenen Meisters" als „auf den beiden Grundsteinen religiösen Ernstes und nationaler Gesinnung" ruhend. Karl von Grüneisen bezeichnet in einer Fußnote zu dem Beitrag von A. H., Ein neuestes Altarwerk Pfannschmidt's, in: ChrKbl [ohne Bandzählung] 1873, H. 6, S. 88 den neuen Mitherausgeber als einen „begeisterten Berufsgenossen".

116 Johannes Merz, An die Leser, in: ChrKbl 36, 1894, H. 1, S. 3.

Bezug auf die Art der Berichterstattung zu beobachten. Das Blatt verfolgte von Beginn an das Prinzip, nicht nur über die Kunstproduktion im Bereich der württembergischen Landeskirche zu berichten, sondern auch das kirchenbauliche, malerische und skulpturale Schaffen im Bereich anderer evangelischer Landeskirchen einzubeziehen. Dabei wurde auch Äußerungen Raum gegeben, die nicht dem lutherischen, sondern dem reformierten oder dem unierten Glaubensbekenntnis entsprachen, obgleich die Position des Christlichen Kunstblatts hinsichtlich des Kirchenbauwesens in Württemberg weitgehend dem Eisenacher Regulativ – und somit einer Übereinkunft innerhalb des lutherischen Bekenntnisses – verpflichtet blieb.

Erst mit der Übernahme der Herausgeberschaft durch David Koch 1904, der zu der damaligen Zeit Pfarrer in Unterbalzheim war, begann sich das Christliche Kunstblatt von den Prinzipien des Eisenacher Regulativs abzuwenden.[117] Bereits in den einleitenden Sätzen zu dem ersten von ihm herausgegebenen Jahrgang betont Koch ausdrücklich die Eigenständigkeit des evangelischen Kirchenbaus gegenüber dem katholischen Sakralbau, wodurch sich ein Wechsel der Positionen anzukündigen scheint: „Die evangelische Kirche, die in ihrem Gegensatz zu Rom, ihres Protestantismus neu bewußt geworden ist, verlangt von der Baukunst neue Gotteshäuser, welche dem Geist und Zweck des evangelischen Bekennens entsprechen."[118] Damit trägt Koch dem Vorwurf Rechnung, das Eisenacher Regulativ propagiere einen evangelischen Kirchenbaustil, der sich durch die formale Nähe zu dem Vorbild „gotische Kathedrale" zu stark an das katholische Vorbild anlehne. Koch beteuert, er „werde Sorge tragen, daß [er] manches direkte Wort aus dem Munde, aus der Feder [der zeitgenössischen] Künstler in diesen Spalten veröffentlichen kann".[119] Mit dem ersten Heft des Jahrgangs 1908 vollzieht Koch den inhaltlichen Wechsel auch nach außen hin sichtbar nach, indem er der Zeitschrift ein anderes, zeitgemäßes Erscheinungsbild gibt.[120] Anfänglich zeigte die Titelvignette des Christlichen Kunstblatts die Allegorie der Zeichenkunst, über der im Sinne Grüneisens die Taube als Symbol des Heiligen Geistes schwebte. Diese Darstellung wurde durch eine Abbildung zweier al-legorischer Frauenfiguren, der Religion und der Kunst, die sich „unter dem Panier des Kreuzes" als einander ebenbürtig die Hand reichen, abgelöst. 1908 schließlich erschien in der Mitte der Vignette ein Christuskopf, umgeben von dem Jugendstil verhafteten Motiven. 1919 wurde das Erscheinen des Christlichen Kunstblatts aufgrund finanzieller Schwierigkeiten eingestellt, und 1927 wurde die Zeitschrift mit den Blättern für christliche Archäologie und Kunst vereinigt.[121]

An dem Kongress für den Kirchenbau des Protestantismus, der am 24. und 25. Mai 1894 in Berlin tagte, beteiligten sich als Abgesandte des Vereins für christliche Kunst in der evangelischen Kirche Württembergs nicht nur Johannes Merz und Theophil Frey, sondern auch Heinrich Dolmetsch.[122] An dem Zweiten Kongress für Protestantischen Kirchenbau, der vom 5. bis zum 7. September 1906 in Dresden stattfand, nahm Dolmetsch – wie aus der im Tagungsband veröffentlichten Teilnehmerliste hervorgeht – nicht teil.[123] Aus Stuttgart nahmen hingegen die beiden Theologen Johannes Merz und David Koch sowie die beiden Architekten Karl Feil und Martin Elsaesser teil. Damit ist lediglich eine einzige Teilnahme Dolmetschs an einem nationalen Kongress bezeugt. Doch auch hier leistete er keinen aktiven Beitrag, sondern scheint als passiver Zuhörer teilgenommen zu haben.

1905 beteiligte sich Dolmetsch an einer Besichtigung der aus dem Jahr 1501 stammenden Kreuzigungsgruppe, die sich zu dem damaligen Zeitpunkt nicht mehr an ihrem ursprünglichen Aufstellungsort am Chor der Leonhardskirche befand, sondern in dem vor Witterungseinflüssen geschützten Kreuzgang der Hospitalkirche.[124] Der Zweck dieser Besichtigung bestand in der Erstellung eines Gutachtens im Auftrag des Vereins für christliche Kunst zu der Frage nach der Aufstellung des Denkmals. Die Kommission, der außer Dolmetsch noch zehn weitere Personen, unter ihnen Oberkonsistorialrat Merz und Landeskonservator Gradmann, angehörten, sprach sich für eine Teilung der Gruppe in dem Sinne aus, dass die Mittelgruppe unter dem Chorbogen der Hospitalkirche aufgestellt und die Nebenfiguren (Maria und Johannes) an ihrem bisherigen Platz im Kreuzgang belassen werden sollten. Vor allem wurden praktische und konservatori-

117 Seng 1995, S. 387.
118 David Koch, Unser Eingang, in: ChrKbl 46, 1904, H. 1, S. 2.
119 Ebd., S. 4.
120 [David Koch], Unser Ziel: Kunst für die deutsche Christenheit!, in: ChrKbl 50, 1908, H. 1, S. 1 bilanziert anlässlich seiner nunmehr vier Jahre währenden Herausgeberschaft des Christlichen Kunstblatts, dass die in diesem Zeitraum erschienen Beiträge „nicht immer den Beifall [der] konservativeren Leser gefunden" haben.
121 Seng 1995, S. 390.
122 [Ohne Verfasser], Der Verein für christliche Kunst in der evangelischen Kirche Württembergs, in: ChrKbl 37, 1895, H. 7, S. 102.

     Vgl. auch J[ohannes] M[erz], Der Kongreß für den Kirchenbau des Protestantismus, in: ChrKbl 36, 1894, H. 7, S. 97–103 und Seng 1995, S. 346–354.
123 [Ohne Herausgeber], Zweiter Kongreß für Protestantischen Kirchenbau 5. bis 7. September 1906 in Dresden, Dresden o. J. [1906], S. 5–10. Das Verzeichnis der Teilnehmer führt 297 Kongressbesucher auf, von denen 19 Personen als Begleitpersonen zu werten sind. Vgl. auch Seng 1995, S. 391–400.
124 [Ohne Verfasser], Gutachten des Vereins für christliche Kunst betr. die Aufstellung der Kreuzgruppe in der Hospitalkirche zu Stuttgart, in: ChrKbl 47, 1905. H. 7, S. 217.

sche Gesichtspunkte für diesen Vorschlag angeführt, die aus kunsthistorischer Sicht unbefriedigende Teilung der Gruppe sei dadurch zu rechtfertigen, dass die Kopie am Chor der Leonhardskirche einen Gesamteindruck vermittele.[125]

Tätigkeiten Dolmetschs auf dem Gebiet des Kunstgewerbes und des Bildungswesens

Nach seinen vergeblichen Versuchen, eine verantwortungsvolle Position im Staatsdienst als Architekt zu erlangen, bewarb sich Dolmetsch im April 1882 auf die Stelle eines Bibliothekars bei der Zentralstelle für Gewerbe und Handel in Stuttgart (aufgegangen in verschiedenen Wirtschaftsförderungsinstituten, wie etwa der Steinbeis-Stiftung).[126] Diese Behörde war 1848 unter Wilhelm I. von Württemberg zur „Beförderung der Gewerbe und des Handels" gegründet worden und unterstand dem Innenministerium.[127] Laut Statut vom 26. September 1856 oblag ihr auch die „Verbreitung gewerblich-technischer und merkantilischer Kenntnisse durch Unterricht [und] durch nützliche Schriften, [die] Aufstellung einer Sammlung musterhafter oder anderer gesuchter Fabrikate aus anderen Ländern [sowie die] Unterstützung von Gewerbezöglingen zu ihrer Ausbildung durch Reisen und dergleichen".[128] Der hier formulierte Bildungsauftrag im Einvernehmen mit der Einrichtung einer „artistischen Modellsammlung" wies bereits in die Richtung eines Gewerbemuseums, das sich schließlich aus dem „Musterlager" der Zentralstelle entwickelte.[129]

Von August 1882 bis März 1892 versah Dolmetsch das Amt eines Bibliothekars bei der Zentralstelle.[130] Zugleich übte er die Funktion eines Kustos der Lehrmittelsammlung und der Sammlung von Gipsabgüssen sowie die eines Verwalters der Modellierwerkstätte bei der Zentralstelle für Gewerbe und Handel aus. Die genannten Aufgabengebiete waren 1882 unter gemeinschaftliche Verwal-

tung gestellt worden, da „mit der Getrennthaltung gar manche Unbequemlichkeiten für das Publikum wie auch für die Beamten verknüpft" waren.[131] Während sich über Dolmetschs Tätigkeit als Bibliothekar keine weiteren Aufschlüsse erlangen lassen, ist die Ausführung seines Amtes als Verwalter der Gipsmodellsammlung durch Archivalien reichhaltig belegt.[132] Ihm oblag vor allem der Ankauf von Gipsabgüssen zur Eingliederung in die Sammlung und zur Verwendung für Lehrzwecke. Er schlug gleichermaßen Gipsmodelle zum Erwerb vor, deren Originale sich im Königreich Württemberg befanden, wie auch Abgüsse, deren Vorbilder in Frankreich oder Italien zu finden waren. Zu Ersteren gehörten etwa Teile eines „Rokoko-Plafonds aus einem abgebrochenen Saale des Schlosses zu Tettnang", ein Abguss „des berühmten Christuskopfes nach dem Original der Kreuzigungsgruppe bei der Leonhardskirche" sowie „aus der Stadtkirche in Freudenstadt eine weibliche Karyatide und zwei tragende Engelfiguren";[133] zu Letzteren zählten ein „Knabe mit Delphin", ein „Wappenadler" sowie mehrere „Kapitälchen" aus Florenz[134] und ein „Panneaux [im] Stil Louis XVI".[135]

Dolmetschs Bestreben ging dahin, einen repräsentativen Querschnitt durch die europäische Skulptur – vorrangig aus Deutschland, Frankreich und Italien – in Form von Gipsmodellen anzulegen, wobei er unter anderem darauf bedacht war, „die Periode der französischen Renaissance, die bisher so gut wie gar nicht vertreten war und ferner die Stilperioden des vorigen Jahrhunderts in Frankreich, von denen unglaublich wenig bisher da war",[136] in die Sammlung zu integrieren. Die Vorbildhaftigkeit des französischen Kunstgewerbes für das deutsche Kunsthandwerk, die in Dolmetschs Äußerung mitschwingt, wurde schon 1838 gesehen, als Obersteuerrat Mohl im Auftrag des württembergischen Königs Muster französischer Produkte erwarb.[137] Durch die Nachahmung ausländischer Gewerbeerzeugnisse sollte die inländische Produktion gestärkt werden, indem versucht wurde, die Zahl der Importe zu verringern und die der Ex-

125 Ebd., S. 220.
126 Privatbesitz Ruth † und Ilse Dolmetsch („Bitte des Bauinspectors H. Dolmetsch um gnädige Uebertragung der erledigten Bibliothekarstelle bei der Kgl. Centralstelle für Gewerbe und Handel" vom 20. 4. 1882).
127 Vischer 1875, S. 28.
128 Ebd., S. 29.
129 Mundt 1974, S. 34. Laut Landesgewerbemuseum 1896, S. 35 erfolgte die Umbenennung von „Musterlager" in „Landesgewerbemuseum" im Dezember 1886.
130 StA Ludwigsburg, E 170, Bü 37 („Nationalliste des Baurats H. Dolmetsch in Stuttgart" vom 3. 2. 1892). Vgl. auch Landesgewerbemuseum 1896, S. 49 und S. 50.
131 Landesgewerbemuseum 1896, S. 49.
132 In StA Ludwigsburg, E 170, Bü 143 befinden sich die Akten betr. die Sammlung der Gipsabgüsse 1868–1900 und in StA Ludwigs-

burg, E 170, Bü 196 die Akten betr. die Modellierwerkstätte 1865–1911. Die Akten betr. die Bibliothek der Zentralstelle für Gewerbe und Handel sind während des Zweiten Weltkriegs verloren gegangen.
133 StA Ludwigsburg, E 170, Bü 143 („Anträge zur Anschaffung von Gipsabgüssen von Bildhauer Knaisch an die Zentralstelle für Gewerbe und Handel von Dolmetsch vom 14. 9. 1891).
134 Ebd. („Vorschlag des Bauinspectors Dolmetsch zur Anschaffung von Gypsabgüssen von der Societa San Giorgio in Florenz" vom 2. 2. 1884).
135 Ebd. (Schreiben von Dolmetsch an die Zentralstelle für Gewerbe und Handel vom 1. 10. 1887).
136 Ebd. (Schreiben von Dolmetsch an die Zentralstelle für Gewerbe und Handel vom 23. 1. 1891).
137 Mundt 1974, S. 33.

porte zu erhöhen. Eine Sammlung von Gipsabgüssen antiker, mittelalterlicher und frühneuzeitlicher Objekte, die als mustergültig angesehen wurden, gehörte gleichsam „kanonisch" zum Bestand eines Gewerbemuseums: Für Karlsruhe, Darmstadt und Nürnberg beispielsweise sind solche Sammlungen nachweisbar.[138] Die älteste Gipsgusssammlung, die in der Art der Stuttgarter Modellsammlung in Deutschland bestand, war die bereits 1819 eingerichtete Berliner Anstalt.[139] Als Vorläufer solcher öffentlicher Gipsabgusssammlungen sind die in ihrem Ursprung höfischen Sammlungen zu sehen, wie sie schon 1648 in Paris und 1696 in Berlin gegründet wurden.[140] Die Gründung dieser Sammlungen erfolgte im Zusammenhang mit den Akademiegründungen und diente dementsprechend von Anfang an dem Zweck der Ausbildung. Ausgangspunkt für das Anfertigen und Sammeln von Gipsabgüssen war stets das Interesse an antiken Statuen, die bis heute in den meisten Sammlungen den Hauptbestandteil der Modelle ausmachen. Dass Dolmetsch nicht nur den Ankauf antiker und mittelalterlicher Vorbilder empfahl, sondern darüber hinaus Plastiken des 18. Jahrhunderts in die Sammlung integriert sehen wollte, kann als sehr bemerkenswert eingestuft werden.

Als Verwalter der Modellierwerkstätte hatte Dolmetsch vierteljährlich einen Rapport über die „Frequenz der Sammlung" abzugeben. Festgehalten wurde lediglich die Anzahl der Besucher, nicht aber der Zweck ihres Kommens. Die Frequenz der Sammlung schwankte mitunter beachtlich: So besuchten etwa im dritten Quartal 1898 annähernd 2500 Personen die Sammlung, im vierten Quartal desselben Jahres lediglich etwas mehr als 1000 Personen.[141] Während Dolmetsch die Verwaltung der Bibliothek der Zentralstelle für Gewerbe und Handel 1892 aufgab, hatte er die Leitung der Sammlung der Gipsabgüsse und der Modellierwerkstätte bis 1906 inne. Er blieb der Bibliothek jedoch weiterhin als „Referent für die Kunstbibliothek" verbunden.[142] Seit dem 22. Januar 1892 versah er die „Stelle eines artistischen Kollegialmitglieds

der Centralstelle für Gewerbe und Handel"; seine Aufgabe bestand „in der Wahrnehmung der zahlreichen artistischen Geschäfte, welche bei der Centralstelle für Gewerbe und Handel namentlich durch die gesteigerte Bedeutung des Kunstgewerbes vorkommen".[143] Er sollte „insbesondere die Referate in artistischen Angelegenheiten besorgen, bei den Ankäufen für das Landesgewerbemuseum mitwirken, bezüglich der Erwerbungen für die Kunstbibliothek und die Sammlung der Gipsabgüsse Anträge stellen und die Sammlung der Gipsabgüsse, sowie die Modellierwerkstätte leiten".[144] Die beiden letztgenannten Aufgabenbereiche gehörten ebenfalls – wie bereits erwähnt – zu Dolmetschs Tätigkeitsfeldern.

Schon im Februar 1890 richtete Dolmetsch in seiner Funktion als Vorstand der Bibliothek der Zentralstelle für Gewerbe und Handel eine Bitte an das Ministerium „um teilweise Enthebung von seinen bisherigen dienstlichen Obliegenheiten".[145] Aufgrund von „Verwaltungs-Geschäfte[n], welche [ihn] ziemlich stark in Anspruch nehmen", treten die „technischen Arbeiten" so sehr in den Hintergrund, dass der Wunsch erwuchs, seine „bescheidene Privatpraxis, welche von Zeit zu Zeit kleine Reisen im Inlande notwendig macht, unbeengter als bisher ausüben zu können".[146] Trotzdem möchte er die „auf dem gewerblichen Gebiete gesammelten Erfahrungen wie auf demjenigen des Fortbildungsschulwesens auch fernerhin im Dienste des Staats verwerten" können.

Mit diesem Hinweis spielte Dolmetsch auf seine Tätigkeit als „Beirat und Visitator bei der Kgl. Commission für gewerbliche Fortbildungsschulen" an.[147] Diese Kommission konstituierte sich im Juni 1853 und wurde mit den Vollmachten eines Landeskollegiums ausgestattet. Ihr gehörten Mitglieder der Zentralstelle für Gewerbe und Handel, der Volksschulbehörden sowie des Evangelischen Konsistoriums und des Katholischen Kirchenrats an. Sie betrieb die Ausbildung und Verbreitung von gewerblichen Fortbildungsschulen so erfolgreich, dass nach einer erst zwanzigjährigen Wirksamkeit der Kommission be-

138 Ebd., S. 82.

139 Sibylle Einholz, Orte der Kontemplation und Erziehung. Zur Geschichte der Gipsabgußammlungen in Berlin, in: Hartmut Krohm (Hrsg.), Meisterwerke mittelalterlicher Skulptur. Die Berliner Gipsabgußsammlung, Berlin 1996, S. 14.

140 Ingeborg Kader/Charlotte Schreiter, Eine vergessene Attraktion. Das Museum für Gipsabgüsse in Versailles, in: Antike Welt 30, 1999, H. 3, S. 246. Vgl. auch Hans Ulrich Cain, Gipsabgüsse. Zur Geschichte ihrer Wertschätzung, in: Anzeiger des Germanischen Nationalmuseums 1995, S. 204.

141 StA Ludwigsburg, E 170, Bü 143 („Bericht der Verwaltung der Sammlung der Gipsabgüsse über die Frequenz dieser Sammlung" vom 24. 10. 1898 und 22. 1. 1899).

142 StA Ludwigsburg, E 170, Bü 37 („Nationalliste des Baurats H. Dolmetsch in Stuttgart" vom 3. 2. 1892).

143 HStA, E 14, Bü 1128 („Anbringen des Staats-Ministers des Innern, betreffend die Stelle des artistischen Kollegialmitglieds der Centralstelle für Gewerbe und Handel" vom 15. 1. 1892).

144 Ebd. Dolmetsch beteiligte sich 1888 an dem Wettbewerb zum Neubau des Landesgewerbemuseums in Stuttgart, bei dem sein Entwurf mit dem Motto „Haus Holbein" zum Ankauf empfohlen wurde. Vgl. Zentralblatt der Bauverwaltung 8, 1888, Nr. 27, S. 291 und HStA Stuttgart, E 14, Bü 1130 („Anbringen des Staats-Ministers der Finanzen, betreffend den Ankauf von zwei Entwürfen zu dem Neubau eines Landesgewerbemuseums in Stuttgart" vom 12. 6. 1888). Das HH-Buch verzeichnet am 16. 6. 1888 unter „Einnahmen" eine Zahlung von 1000 Mark „für den Ankauf des Concurrenz-Entwurfes zum Landesgewerbemuseum". Zu dem Wettbewerb vgl. auch Schmidt 2006, S. 227 f.

145 Privatbesitz Ruth † und Ilse Dolmetsch („Bitte des Bauinspektors Dolmetsch, Vorstands der Bibliothek der K. Centralstelle für Gewerbe und Handel, um teilweise Enthebung von seinen bisherigen dienstlichen Obliegenheiten" vom Februar 1890).

146 Ebd.

147 StA Ludwigsburg, E 170, Bü 37 („Nationalliste des Baurats H. Dolmetsch in Stuttgart" vom 3. 2. 1892).

reits in 155 Städten und Landgemeinden derartige Bildungseinrichtungen existierten.[148] Auch auf dem Gebiet der Frauenbildung war Dolmetsch tätig: Bereits vom November 1881 bis zum August 1882 war er „Lehrer und artistischer Leiter der Frauenarbeitsschule des schwäbischen Frauenvereins".[149]

Die Arbeit des Württembergischen Kunstgewerbevereins, der 1877 gegründet wurde, zielte zum Teil in eine ähnliche Richtung wie die Tätigkeit der Zentralstelle für Gewerbe und Handel. Ausdruck dieser engen inhaltlichen Verknüpfung der beiden Institutionen war die seit 1896 bestehende räumliche Nähe: In dem Neubau des Landesgewerbemuseums fanden sowohl die Sammlungen der Zentralstelle als auch die Ausstellungsräume des Kunstgewerbevereins Aufnahme. Dolmetsch, der wie manche andere Stuttgarter Architekten seiner Zeit – wie etwa Christian Friedrich Leins, Joseph von Egle, Robert Reinhardt und Theophil Frey – Mitglied im Württembergischen Kunstgewerbeverein war, war von 1882 bis 1885 „Custos der permanenten Ausstellung des Württembergischen Kunstgewerbevereins".[150] Der Kunstgewerbeverein sah es als seine Aufgabe an, „die Kunst in alle Gebiete gewerblicher Thätigkeit einzuführen und zu pflegen [sowie] den Sinn für schöne Formen und Farben in immer weiteren Kreisen des häuslichen Lebens zu verbreiten".[151] Die Jahresberichte des Vereins führen Dolmetsch von 1881 bis 1884 als „Vereins-Techniker", wobei aus den Berichten nicht eindeutig hervorgeht, ob ihm lediglich die Organisation von Ausstellungen oblag oder ob ihm darüber hinaus die Betreuung der Sammlungen anvertraut war. Der von Dolmetsch gebrauchte Begriff „Kustos" scheint Letzteres zu implizieren; der „artistische Leiter" des Kunstgewerbevereins war hingegen Leins bis zu seinem Tod 1892. Die „Permanente", wie die Dauerausstellung des Kunstgewerbevereins bezeichnet wurde, umfasste vor allem historische und zeitgenössische „Arbeiten in Schmiedeisen und Keramik", Stühle, Truhen, Kassetten wie auch Teppiche und Tapeten. Auch ein „musterhaft gezeichneter Bucheinband" von Dolmetsch wurde präsentiert.[152] Möglicherweise handelte es sich hierbei um den von Dolmetsch gefertigten Deckel für das

Abb. 4 Heinrich Dolmetsch, Entwurf für ein Titelblatt der „Nachfolge Christi" von Thomas von Kempen, 1882.

bei Steinkopf in Stuttgart verlegte Buch „Von der Nachfolge Christi" von Thomas von Kempen (Abb. 4).[153] An der Ausstellung des Kunstgewerbevereins des Jahres 1896 beteiligte sich Dolmetsch mit der Präsentation eines Antependiums in geschnittenem Leder, das von Albert Feucht nach Dolmetschs Entwurf gefertigt wurde (Abb. 5).[154] Das ausgestellte Antependium war für die Amanduskirche in Urach bestimmt; ein in technischer und stilistischer Hinsicht sehr ähnliches Antependium arbeitete Feucht nach Dolmetschs Angaben für die Stadtkirche in Backnang.

In Dolmetschs an der Technischen Universität München verwahrtem Nachlass finden sich eine Reihe von Entwürfen zu Gegenständen des häuslichen Lebens – wie etwa zu einem Blumenständer, einer Tischuhr und einem Zündholzbehälter – wie auch zu liturgischen Geräten. Einen Abendmahlskelch und eine Patene, die nach Dolmetschs Vorgaben gefertigt wurden, präsentierte das Christliche Kunstblatt mit Beigabe der entsprechenden Preise (Abb. 6).[155] Das Damasttischzeug, das Dolmetsch für eine Konkurrenz des Württembergischen Kunstge-

148 Vischer 1875, S. 199.

149 StA Ludwigsburg, E 170, Bü 37 („Nationalliste des Baurats H. Dolmetsch in Stuttgart" vom 3. 2. 1892).

150 Privatbesitz Ruth † und Ilse Dolmetsch (Entwurf zur Nationalliste von Dolmetsch, undatiert).

151 [Ohne Verfasser], Jahresbericht des Württembergischen Kunstgewerbevereins für das Jahr 1885, Stuttgart o. J., S. 10.

152 [Ohne Verfasser], Jahresbericht des Württembergischen Kunstgewerbevereins für das Jahr 1881, Stuttgart o. J., S. 10.

153 [Ohne Verfasser], Litteratur, in: ChRbl 24, 1882, H. 8, S. 110.

154 J[ohannes] M[erz], Von der Stuttgarter Ausstellung für Kunstgewerbe, in: ChRbl 38, 1896, H. 7, S. 100.

155 [Ohne Verfasser], Ein neuer Abendmahlskelch in romanischem Stil, in: ChRbl 30, 1888, H. 7, S. 108.

Abb. 5 Heinrich Dolmetsch, Antependium aus Leder für die Amanduskirche in Urach, gefertigt von Albert Feucht, 1896.

Abendmahlskelch.

Patene mit Fuß.

Abb. 6 Heinrich Dolmetsch, Entwurf für einen Abendmahlskelch und eine Patene, 1888.

nung zu 1 Tafeltuch für den Prinzen Wilhelm" aus dem Jahr 1886.[156] Im Februar 1881 erstellte Dolmetsch die Pläne zu dem „Cabinet des Gas- und Wasserleitungsgeschäfts Stuttgart", das auf der Landesgewerbeausstellung als Messestand dienen sollte (Abb. 7). Sowohl der Kunstgewerbeverein als auch die Zentralstelle für Gewerbe und Handel sahen es als eine ihrer wesentlichen Aufgaben an, den Sektor der industriellen und maschinellen Produktion zu fördern. So zeigte etwa der Kunstgewerbeverein anlässlich der Einweihung des Landesgewerbemuseums am 6. Juni 1896 eine „elektrotechnische Ausstellung".[157] Das Musterlager der Zentralstelle für Gewerbe und Handel nahm nicht nur kunstgewerbliche Erzeugnisse auf, sondern umfasste auch eine umfangreiche Sammlung an Werkzeugen und Maschinen.

Dolmetschs ausgeprägtes Interesse am Kunstgewerbe manifestiert sich insbesondere in einer Bewerbung für die „Direktorsstelle an der Kgl. Kunstgewerbeschule in Düsseldorf", für die er „in den engeren Vorschlag" kam,[158] sowie in seinen beiden Publikationen „Der Ornamentenschatz" und „Japanische Vorbilder". In dem Werk „Der Ornamentenschatz" verarbeitete Dolmetsch sowohl das von ihm „auf Reisen gesammelte Material" als auch Pu-

werbevereins 1878 fertigte, ist in einem anderen Zusammenhang bereits erwähnt worden. Dolmetschs Interesse an kunstgewerblichen Arbeiten im Bereich des Textilgewerbes belegt auch die Anfertigung einer „Zeich-

---

156 HH-Buch vom 9. 7. 1886.

157 [Ohne Verfasser], Jahresbericht des Württembergischen Kunstgewerbevereins für das Jahr 1896, Stuttgart o. J., S. 6.

158 Privatbesitz Ruth † und Ilse Dolmetsch (Entwurf zur Nationalliste von Dolmetsch, undatiert).

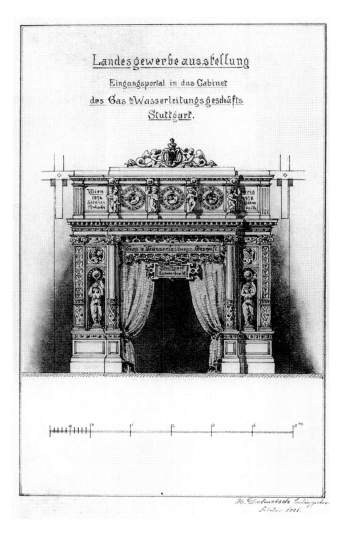

Landesgewerbeausstellung
Eingangsportal in das Cabinet
des Gas & Wasserleitungsgeschäfts
Stuttgart.

Gas & Wasserleitungs-Geschäft

Stuttgart
Cabinet N°

H. Dolmetsch Erläuterung
Februar 1881.

*Abb. 7 Heinrich Dolmetsch, Entwurf für ein „Cabinet des Gas-
und Wasserleitungsgeschäfts Stuttgart", 1881.*

blikationen namhafter Autoren und Aufnahmen „nach
Originalgegenständen aus dem Kgl. Landesgewerbemuseum zu Stuttgart" sowie „nach Modellen aus der Gipsmodellsammlung der Kgl. Centralstelle für Gewerbe und
Handel".[159] Auf fünfundachtzig Tafeln mit zumeist farbigen Abbildungen führt Dolmetsch eine Aneinanderrei-
hung von „Ornamententypen" an, die „aus dem uner-
schöpflichen Reichtum der von früheren Jahrhunderten
überlieferten Kunstprodukte" hervorragen. Im Gegensatz zu Owen Jones, der in seinem „Grammar of Ornament" theoretische Richtlinien für die Ausführung und
Anordnung von Ornamenten gibt,[160] will Dolmetschs
Werk „als praktischer Führer dienen, um durch unmittelbare Anschauung der chronologisch geordneten Beispiele

[…] darüber Klarheit zu verschaffen, wie innerhalb verschiedener Zeitabschnitte bei den einzelnen Völkern die
Ornamentik und besonders deren farbige Behandlung
sich naturgemäss entwickelt und ausgestaltet haben".
Dolmetsch hebt den praktischen Zweck seines Werks
noch deutlicher hervor, indem er betont, es möchte den
„Kunstbeflissenen […] eine reiche Fundgrube bieten, aus
welcher sie bei Ausarbeitung eigener Kompositionen Anregung zu neuen Ideen entnehmen können". Um dieses
Ziel zu erreichen, bietet Dolmetsch eine Kompilation antiker, orientalischer, fernöstlicher und europäischer Ornamente, die sich auf Metall-, Holz-, Marmor- und Kera-
mikarbeiten sowie Teppichen, Stickereien, Glas- und
Buchmalereien finden. Die Bandbreite reicht von den
Anfängen der frühen Hochkulturen bis in die jüngste
Vergangenheit; ähnlich wie schon in seinem Sammlungs-
konzept für die Gipsmodelle der Zentralstelle für Gewerbe und Handel nimmt Dolmetsch auch Vorlagen des
18. Jahrhunderts als vorbildlich auf. Vieles von dem, was
sich in seinem Werk findet, geht auf eigene Anschauung
zurück. Dies betrifft vor allem Arbeiten aus Württemberg
und Baden, wie etwa Tonfliesen und ein Grabdenkmal
der Schenken zu Limpurg aus der Stadtkirche in Gaildorf,
Teile von der bemalten Holzdecke im Rittersaal des
Schlosses in Heiligenberg sowie eine Deckendekoration
aus dem Schloss in Bruchsal, ebenso wie Arbeiten aus Italien, beispielsweise Gewandmuster von Grabsteinen in
der Kirche S. Lorenzo fuori le mura in Rom, Seitenschifffenster der Unterkirche S. Francesco in Assisi, Teppichmuster von Wandflächen der Oberkirche S. Francesco in
Assisi (Abb. 8) und von einem Temperagemälde in der
Pinakothek in Perugia, Malereien vom Chorgewölbe und
Flachreliefs von Grabplatten in S. Maria del Popolo in
Rom, Marmorarbeiten von Grabplatten in S. Croce in
Florenz und in der Frari-Kirche in Venedig sowie Male-
reien im herzoglichen Saal und in den Raffael'schen Log-
gien im Vatikan, in der Brunnenhalle der Villa di Papa
Giulio in Rom und in dem Kreuzgang des Klosters
S. Maria sopra Minerva in Rom.

Eine Vielzahl von Vorlagen- und Musterbüchern existierte im 19. Jahrhundert, auf die Dolmetsch in seinem
Werk „Der Ornamentenschatz" unter exakter Quellen-
angabe zurückgriff: In diesem Zusammenhang sollen nur
die Bücher von Owen Jones, Albert Racinet, Viollet-Le-
Duc und Karl Heideloff Erwähnung finden. In Anlehnung an Jones' „Grammar of Ornament" stellt Dolmetsch
in seinem Werk sämtliche Muster als gleichwertig einander gegenüber, im Gegensatz zu anderen zeitgenössischen

159 H[einrich] Dolmetsch, Der Ornamentenschatz. Ein Musterbuch
stilvoller Ornamente aus allen Kunstepochen, Stuttgart 1887, Vorwort und Erläuterungen zu Taf. 21 „Persisch" und Taf. 41 „Gothisch". Eine zeitgenössische Rezension erschien in ChrKbl 29,
1887, H. 7, S. 112. Vgl. auch Luisa Capodieci, Gli ornamenti sim-
bolici: l'uso degli elementi decorativi nella Salomè tatuata di Gus-

tave Moreau, in: Jolanda Nigro Covre (Hrsg.), La donna soggetto
(= Ricerche di Storia dell'arte, Bd. 57), Urbino 1995, S. 15.
160 Die deutsche Ausgabe erschien noch im selben Jahr wie die englische Originalausgabe: Owen Jones, Grammatik der Ornamente.
Illustrirt mit Mustern von den verschiedenen Stylarten der Ornamente in hundert und zwölf Tafeln, London/Leipzig 1856.

GOTHISCH.

44.

H.Dolmetsch.

ORNAMENTENSCHATZ. VERL. v. JUL. HOFFMANN, STUTTGART.

WAND- UND DECKEN-MALEREI.

Abb. 8 Heinrich Dolmetsch,
„Der Ornamentenschatz",
Wandbemalungen der
Oberkirche S. Francesco
in Assisi, 1887.

Vorlagenbüchern hebt er nicht nur *eine* Epoche oder *einen* Stil als vorbildlich für das Kunsthandwerk seiner Zeit hervor.[161] Dolmetschs Publikation war so erfolgreich, dass schon zwei Jahre nach Erscheinen derselben eine weitere Auflage gedruckt und wiederum acht Jahre später eine dritte Auflage auf den Markt gebracht wurde.

Im Gegensatz zu seinem Werk „Der Ornamentenschatz" konzentriert sich Dolmetsch in seinem Vorlagen-

161 Dies tut etwa G[ustav] Kachel, Kunstgewerbliche Vorbilder. Darstellungen ausgewählter Arbeiten der antiken Kunstindustrie, der Kunst des Orients und der Renaissance sowie des modernen Kunsthandwerks, Karlsruhe 1880, Vorwort hinsichtlich der Formensprache der Antike, die er als die „segenspendende Quelle für die Bestrebungen unserer Tage in Sachen des Kunsthandwerks" bezeichnet. Ein Exemplar befand sich, wie der Bibliotheksstempel belegt, in der „Lehrmittelsammlung der K. Central-Stelle für Gewerbe und Handel Stuttgart".

buch „Japanische Vorbilder" auf das Kunsthandwerk eines einzigen Kulturraums aufgrund der „Erkenntnis, dass die japanische Kunst [...] eine in sich organisch ausgebildete naive und ungemein anmutende Kunst sei, in welcher unser heutiges, von so vielerlei Elementen beeinflusstes Kunstleben sich eine Fülle neuer Anregungen, Motive und Winke holen könne".[162] Anders als bei dem zuvor besprochenen Werk, bei dem sich Dolmetsch einer Vielzahl bereits existierender Bücher bediente, gehen die fünfzig Tafeln der „Japanische[n] Vorbilder" ausschließlich auf eigene Studien zurück: Sowohl in der „Ausstellung japanischer Kunst- und kunstgewerblicher Erzeugnisse" des Kunstgewerbevereins vom 24. Februar bis zum 23. April 1884[163] als auch in der Präsentation der Sammlung Bälz in den Ausstellungsräumen der Zentralstelle für Gewerbe und Handel, die sich zu dem damaligen Zeitpunkt noch in der Legionskaserne befanden,[164] hatte Dolmetsch Gelegenheit, die Produkte des japanischen Kunsthandwerks kennenzulernen. Die Sammlung des gebürtigen Württembergers Erwin Bälz in Tokio umfasste „kunstvoll gearbeitete Bronzen, Waffen, Vasen, Emailarbeiten auf Metall, Porzellan, Steingut von hervorragender Schönheit, Holzschnitzereien, lackierte Holzarbeiten, 600 Muster sehr interessanter alter Stoffe, Stickereien, fertige Kleider in Batist und Seide mit reichen Stickereien in Gold und Seide [sowie] Malereien auf Seide und Papier".[165] Die Mehrzahl der von Dolmetsch verwendeten Vorlagen entstammt der Bälz'schen Sammlung (Abb. 9), ergänzt um Vorlagen aus den übrigen Sammlungen der Zentralstelle für Gewerbe und Handel sowie um zwei Muster aus dem Kunstgewerbemuseum in St. Gallen. Auch der „Internationalen Ausstellung von Arbeiten aus edlen Metallen und Legierungen in Nürnberg" aus dem Jahr 1885 entlehnt Dolmetsch Vorbilder, die bemerkenswerterweise in Fotografien präsentiert werden.

Es wurde in dieser Ausführlichkeit auf das Thema „Kunstgewerbe" eingegangen, um zum einen das ausgeprägte Interesse Dolmetschs an kunstgewerblichen Er-

Abb. 9 Heinrich Dolmetsch, „Japanische Vorbilder", emaillierte Kupferteller aus der Sammlung Bälz, 1886.

zeugnissen und den Möglichkeiten der Vermittlung und Verbreitung zu belegen und zum anderen für das Thema „Ausstattung" den Boden zu bereiten. Nicht nur bei Kirchenneubauten, sondern auch bei Kirchenrestaurierungen spielt Dolmetschs Bestreben nach singulärer Gestaltung eine wesentliche Rolle. Inwieweit Dolmetsch diesem Anspruch gerecht wird und welche Bedeutung dem Kunstgewerbe für das Thema „Restaurierung" zukommt, soll im Abschnitt „Künstlerische Prinzipien" untersucht werden.[166]

Orden, Titel und Würdigungen

Als freier Architekt war Dolmetsch durchaus sehr erfolgreich. Dies drückt sich allein schon in der Zahl der von ihm umgebauten und erweiterten Kirchen aus. Nach Leins' Tod 1892 rückte er im Ausschuss des Vereins für christliche Kunst an die leitende Position, so dass ab diesem Zeitpunkt ein stark vermehrter Eingang an Aufträgen zu verzeichnen ist. Die große Zahl der von ihm restaurierten Kirchengebäude brachten ihm den Ruf eines „Meister[s] des Kirchenbaus" ein;[167] tatsächlich nehmen

162 H[einrich] Dolmetsch, Japanische Vorbilder. Ein Sammelwerk zur Veranschaulichung japanischer Kunstprodukte aus den Gebieten der Aquarell-, Lack- und Porzellanmalerei, der Bronzetechnik und Emaillierkunst, der Stickerei, Weberei und Schablonentechnik, Stuttgart o. J. [1886], Vorwort.

163 [Ohne Verfasser], Jahresbericht des Württembergischen Kunstgewerbevereins für das Jahr 1884, Stuttgart o. J., S. 8.

164 Landesgewerbemuseum 1896, S. 29.

165 Ebd. – Die Zentralstelle für Gewerbe und Handel erwarb die Bälz'sche Sammlung 1891, die schließlich Eingang in das Landesgewerbemuseum fand.

166 So bemerkte auch Max Bach, Die Entwicklung des Kunstgewerbes in der zweiten Hälfte unseres Jahrhunderts, in: ChrKbl 36, 1894, H. 5, S. 75, dass dem Kunstgewerbe „nicht bloß für die Ausstattung unserer Wohnungen, sondern besonders auch unserer Kirchen große Wichtigkeit zukommt".

167 [Ohne Verfasser], Oberbaurat Heinrich Dolmetsch †, in: Deutsche Reichspost vom 27. 7. 1908.

die von ihm ausgeführten Profanbauten eine untergeordnete Rolle in seinem Schaffen ein. In einem Nachruf wird er darüber hinaus als „ein gottbegnadeter Baumeister und feinsinniger Künstler" gewürdigt.[168] In einem anderen Nekrolog, der sich deutlich nüchterner gibt, wird Dolmetschs „fruchtbare Tätigkeit auf dem Gebiete des württembergischen Kirchenbaus" gerühmt.[169] Seine Tätigkeit als Kirchenbaumeister blieb in der Tat auf das Gebiet des Königreichs Württemberg beschränkt. Lediglich auf dem Gebiet der Akustik hatte er sich einen über das Land weit hinausreichenden Namen gemacht. Die beiden Wettbewerbsbeiträge, die er für Kirchenneubauten außerhalb des Landes fertigte, blieben jedoch unausgeführt.

Obgleich es ihm nicht gelang, als Architekt eine herausragende Position im Staatsdienst zu erlangen, wurde ihm doch durch die Verleihung von Titeln Anerkennung zuteil. Bereits vor und kurz nach der Eröffnung des Justizpalastes reichte Dolmetsch zwei Bittgesuche an den König um Verleihung des Titels „Bauinspektor" ein.[170] Am 2. Februar 1880 wurde ihm der Titel eines Bauinspektors „als Anerkennung [s]einer Leistungen" beim Bau des Justizpalastes durch die Domänendirektion verliehen.[171] Den Titel „Baurat" erhielt Dolmetsch anlässlich seiner Ernennung zu einem „artistischen Kollegialmitglied" der Zentralstelle für Gewerbe und Handel am 22. Januar 1892.[172] Das Gesuch an den König um Übertragung der Stelle an Dolmetsch wird mit dem Vermerk versehen, dass Dolmetsch „auf eine solche äußere Rangerhöhung besonderen Werth zu legen und sich nur in der Hoffnung auf dieselbe zu der Annahme der Stelle bereit erklärt zu haben [scheint]".[173] Diese Bemerkung und das Bedauern Dolmetschs, dass andere Bewerber ihm bei der Besetzung von Bezirksbauinspektorstellen vorgezogen worden seien, obwohl er „an Dienstalter noch vorgegangen wäre",[174] lassen Dolmetsch in dem Licht eines ehrgeizigen Architekten erscheinen, der um eine qualifizierte Position bemüht

ist. Seinen Ruf als „Meister des Kirchenbaus" festigte er hingegen spätestens mit der „Erneuerung" der Reutlinger Marienkirche, die als die „bedeutendste [seiner] Restaurierungsarbeiten"[175] angesehen wird. Schon bei seinen Zeitgenossen – mit Ausnahme des Reutlinger Bildhauers Friedrich Launer – galt diese Arbeit als eine herausragende Leistung auf dem Gebiet der Denkmalpflege, so dass Dolmetsch am 24. November 1901 „aus Anlaß der Einweihung der Marienkirche in Reutlingen" mit der Verleihung des Titels „Oberbaurat" für diese Arbeit gewürdigt wurde.[176]

Weitere Auszeichnungen erhielt Dolmetsch in Form von verschiedenen Orden, die ihm der König für besondere Verdienste verlieh. Die „Große goldene Medaille für Kunst und Wissenschaft" bekam er am 19. Dezember 1886 „in Anerkennung seiner künstlerischen Leistungen".[177] Die Herausgabe der beiden kunstgewerblichen Werke „Der Ornamentenschatz" und „Japanische Vorbilder", die nach Ansicht des Staatsministers „ein wirkliches erhebliches Verdienst um Kunst und Gewerbe" darstellte, wurde mit dieser Ehrung honoriert.[178] Der Verleihung des Ritterkreuzes 1. Klasse des Friedrichsordens kommt hingegen nicht annähernd diese Bedeutung zu, da diese Auszeichnung offenbar nicht für eine herausragende persönliche Leistung zuerkannt wurde, wie dies bei der Medaille für Kunst und Wissenschaft der Fall war.[179] Gleichzeitig mit Dolmetsch erhielten 39 weitere Personen dieselbe Auszeichnung, womit der vergleichsweise geringe Stellenwert dieser Ehrung gekennzeichnet ist. Eine letzte Anerkennung erhielt Dolmetsch in Form des Ritterkreuzes des Ordens der württembergischen Krone aus Anlass der Enthebung von seinem Amt als „kunstverständiges Kollegialmitglied der Zentralstelle für Gewerbe und Handel".[180] Die höchste Auszeichnung, der Adelstitel, blieb Dolmetsch jedoch im Gegensatz zu Leins verwehrt.

168 [Ohne Verfasser], Stuttgart, 27. Juli [Nachruf auf Heinrich Dolmetsch], in: Staatsanzeiger für Württemberg vom 28. 7. 1908, S. 1219.

169 [Ohne Verfasser], Kleine Mitteilungen [Nachruf auf Heinrich Dolmetsch], in: Bauzeitung für Württemberg, Baden, Hessen, Elsaß-Lothringen 5, 1908, Nr. 31, S. 251.

170 Privatbesitz Ruth † und Ilse Dolmetsch („Bitte des Baumeisters Heinrich Dolmetsch um gnädige Verleihung des Titels und Ranges eines Bauinspectors" vom 31. 8. 1877) und StA Ludwigsburg, E 236, Bü 2363 („Bitte des Baumeisters Heinrich Dolmetsch um gnädige Verleihung des Titels und Ranges eines Bauinspectors" vom 3. 12. 1879). Landauer legte das Gesuch von Dolmetsch am 3. 12. 1879 der Domänendirektion mit dem Bemerken vor, daß er „das Zeugniß eines sehr fleißigen, tüchtigen und geschickten höher gebildeten Technikers geben" könne.

171 Privatbesitz Ruth † und Ilse Dolmetsch (Entwurf zu einem eigenhändigen Lebenslauf von Dolmetsch, undatiert).

172 HStA Stuttgart, E 14, Bü 1128 („Anbringen des Staats-Ministers des Innern, betreffend die Stelle des artistischen Kollegialmitglieds der Centralstelle für Gewerbe und Handel" vom 15. 1. 1892). Vgl.

173 auch „Schwäbische Kronik" vom 28. 1. 1892.

173 Ebd.

174 StA Ludwigsburg, E 236, Bü 2363 („Bitte des Baumeisters Heinrich Dolmetsch um gnädige Verleihung des Titels und Ranges eines Bauinspectors" vom 3. 12. 1879).

175 [Ohne Verfasser], Kleine Mitteilungen [Nachruf auf Heinrich Dolmetsch], in: Bauzeitung für Württemberg, Baden, Hessen, Elsaß-Lothringen 5, 1908, Nr. 31, S. 251.

176 StA Ludwigsburg, E 170, Bü 37 (Nachtrag zur „Nationalliste des Baurats H. Dolmetsch in Stuttgart" vom 3. 2. 1892). Vgl. auch „Schwarzwälder Kreiszeitung" vom 25. 11. 1901 und Kronberger 2001, S. 282. Kronberger 2001, S. 271 bezeichnet Dolmetsch im Hinblick auf Launer als „Reizfigur".

177 HStA Stuttgart, E 14, Bü 404 (Schreiben des Königs an den Kabinettschef vom 19. 12. 1886).

178 Ebd. („Bericht des Staats-Ministers des Innern, betreffend die Auszeichnung des Bauinspektors Dolmetsch" vom 14. 12. 1886).

179 „Schwäbische Kronik" vom 24. 2. 1898.

180 „Schwäbische Kronik" vom 14. 6. 1906.

Restaurierungen

Das folgende Kapitel befasst sich mit den Kirchenrestaurierungen Dolmetschs, die dieser in eigener Regie durchführte. In seiner knapp dreißigjährigen Tätigkeit als „Privatarchitekt" begutachtete Dolmetsch weit über einhundert Kirchen, die genaue Zahl lässt sich auch nach eingehender Recherche nicht feststellen. Der Begriff „Restaurierung" soll in Anlehnung an den im 19. Jahrhundert üblichen Begriff „Restauration" in einem ebenso weiten Sinn Verwendung finden.[181] Wenn Dolmetsch vornehmlich von „Restauration" spricht, reiht er sich damit in die Überlieferung seiner Zeit ein. Neben dem Begriff „Restauration" kannte das 19. Jahrhundert den Terminus „Renovation", wobei beide in der Regel als Synonyme verwendet wurden. Darüber hinaus tauchen mitunter die Begriffe „Erneuerung" und „Verschönerung" auf. Das Thema „Rekonstruktion" nimmt innerhalb von Dolmetschs kirchenbaulichem Schaffen eine in quantitativer Hinsicht untergeordnete Stellung ein. Die „Wiederherstellung" der Bündelpfeiler in der Reutlinger Marienkirche, die Planung gotisierender Gewölbe für die Göppinger Oberhofenkirche und die Balinger Stadtkirche sowie die Neuerrichtung der Südvorhalle der Rottweiler Heilig-Kreuz-Kirche spielen jedoch für die Frage nach der Herstellung eines vermeintlich ursprünglichen Zustands eine wesentliche Rolle. Ein weiteres Beispiel einer umfassenden Regotisierung eines Innenraums – die „Wiederherstellung" der spätgotischen Staffelhalle in Schorndorf – kam nicht zur Ausführung.

Mit Ausnahme einiger architekturhistorisch hochrangiger Stadtpfarrkirchen – der erst 1533 zur Pfarrkirche erhobenen Marienkapelle in Reutlingen, der als Stiftskirche von Peter von Koblenz errichteten Amanduskirche in Urach, der ehemaligen Klosterkirche St. Maria in Herrenalb sowie der bereits 1339 als Kapelle genannten Stadtkirche in Vaihingen/Enz – führte Dolmetsch vornehmlich Restaurierungsmaßnahmen an kleineren Stadt- und Dorfkirchen durch. Die von Dolmetsch restaurierten Kirchengebäude folgen in vielen Fällen einem Kirchenbautypus, der sich wie folgt charakterisieren lässt: An den

Abb. 10 Mittelalterliche Kirche mit alter protestantischer Einrichtung, Chorpartie (nach Gradmann).

spätgotischen, polygonal geschlossenen Chor schließt sich ein Saalbau an, der vielfach verändert wurde, wie die unterschiedlichen Fenster- und Türformate bezeugen. Der Turm befindet sich zumeist in dem Winkel zwischen Chor und Schiff. Das Innere weist häufig eine „altprotestantische" Kircheneinrichtung auf (Abb. 10): Die Orgel befindet sich auf einer Empore im Chor, das Schiff, das in den Mehrzahl der Fälle eine Flachdecke aufweist, hat an zwei Seiten Emporen, die stets in nachreformatorischer Zeit eingebaut wurden, die Zugänge zu den Emporen erfolgen über Freitreppen an den Außenseiten der Kirche. In relativ seltenen Fällen handelt es sich bei den von Dolmetsch restaurierten Kirchen um Sakralbauten, die originär für den protestantischen Kultus errichtet wurden: Die quer orientierten Kirchen in Stetten und Tuningen stam-

---

181 Wolf-Holzäpfel 2000, S. 335 geht sogar so weit, den von Max Meckel verwendeten Begriff „Restauration", der Wiederherstellungsprojekte mit einbezieht, in seinem Katalog dem Begriff „Restaurierung" vorzuziehen.

men aus dem späten 17. und frühen 18. Jahrhundert und weisen dementsprechend eine barocke Kircheneinrichtung auf. In diesem Zusammenhang taucht die Frage nach der Wertschätzung des Barock auf, der am Ende des 19. Jahrhunderts noch als „Zopfstil" diffamiert wurde.

In dem folgenden Kapitel wird zunächst die Entstehung der institutionellen Denkmalpflege in Württemberg, die mit der Geschichte der Inventarisation unmittelbar verknüpft ist, behandelt. Zu diesem Thema liegt bereits eine Reihe von Beiträgen vor.[182] Der Weg von der Installation eines Konservators bis zu den ersten gesetzlichen Bestimmungen, die den Handelnden eine vermehrte Einflussmöglichkeit einräumten, ist lang und wird von einer Vielzahl von Einzelverfügungen gesäumt. Neben Fragen zu den wirtschaftlichen und politischen Voraussetzungen des evangelischen Kirchenbauwesens im Königreich Württemberg am Ende des 19. und am Anfang des 20. Jahrhunderts werden Aspekte untersucht, die die Themen „Finanzierung", „Bauorganisation", „Material" und „Akustik" betreffen. Im Zentrum dieses Kapitels stehen die von Dolmetsch durchgeführten Restaurierungsmaßnahmen, wobei eine thematische Gliederung, die sich an den Einzelphänomenen orientiert, zugrunde liegt. Diesem Abschnitt wird ein Exkurs vorangestellt, der Dolmetschs Selbstverständnis von „Kirchenrestaurationen" nachgeht.

Kontext

Das Konservatorium der vaterländischen Kunst- und Altertumsdenkmale

Die Anfänge der staatlichen Denkmalpflege in Württemberg gehen auf das Jahr 1858 zurück.[183] Laut „Bekanntmachung des Ministerium des Kirchen- und Schulwesens, betreffend die Staatsfürsorge für die Denkmale der Kunst und des Alterthums" vom 10. März 1858 bestand die Absicht, „daß zunächst eine genaue Kenntniß aller derjenigen Denkmale, seien es Bauwerke oder Werke der bildenden Künste, welche öffentlich sichtbar und zugänglich sind, und durch ihren Kunstwerth oder die geschichtliche

Erinnerung Bedeutung haben, gesammelt und auf deren Eigenthümer dahin eingewirkt werde, daß sie solche Denkmale in würdigem Stande und in ihrem wesentlichen Charakter erhalten".[184] Zu diesem Zweck wurde ein Beamter aufgestellt, der den Titel eines Konservators tragen sollte. Diese Position übernahm der Ulmer Gymnasialprofessor Konrad Dietrich Haßler, der sein Studium der Theologie und Orientalistik gewidmet hatte. Auch Christian Friedrich Leins hatte sich um die neu eingerichtete Stelle beworben,[185] doch bewies das Ministerium mit seiner Entscheidung, keinen Architekten in dieses Amt zu berufen, programmatische Weitsicht.

Die „sorgfältigere Erhaltung der im Vaterlande befindlichen Denkmale der Kunst und des Alterthums zu sichern" war die Hauptaufgabe dieses Konservators.[186] Hinsichtlich der Definition des Denkmalbegriffs und der Denkmaleigenschaften befand sich die württembergische Verordnung von 1858 auf der Höhe der Zeit, doch muss in Betracht gezogen werden, dass andere Länder – vor allem Preußen 1843 und Baden 1853 – bereits einige Jahre zuvor ähnliche Verfügungen erlassen hatten. Die Einbeziehung der Bodendenkmale in den Zuständigkeitsbereich des Konservatoriums (heute Landesamt für Denkmalpflege Baden-Württemberg) – es wurden gleichermaßen die Kunst- wie auch die Altertumsdenkmale erwähnt – geht in Bezug auf den Denkmalbegriff über die preußische Verordnung hinaus. Die Definition eines Denkmals über seinen künstlerischen und geschichtlichen Wert hat bis auf den heutigen Tag Bestand, auch wenn diese beiden Kriterien sukzessive durch weitere Kategorien ergänzt wurden.

In diesem Zusammenhang ist auch die 1843 erfolgte Gründung des Württembergischen Altertumsvereins zu sehen. Der Verein hatte sich gebildet, „um die Denkmäler der Vorzeit, die geschichtlichen oder Kunstwerth haben, vor Zerstörung oder Entfremdung, vor Beschädigung oder Verunstaltung zu bewahren; auch um sie der Betrachtung zugänglich zu machen".[187] Zudem wollte er sich bemühen, „den Sinn für vaterländisches Alterthum im weitesten Umfang, und vornehmlich das Verständniß der alten Kunst bei allen Klassen der Gesellschaft einheimisch zu machen". Mit dem Ziel, „sämmtliche Denkmäler zu

182 Strobel 1980, Krins 1983, Strobel 1983 I, Strobel 1983 II, Strobel 1991 und Strobel 2007. Vgl. auch das Kapitel „Die Denkmalpflege in Baden und Württemberg – eine Umschau" bei Stober 2003, S. 25–63. Während Stober in diesem Kapitel den Akzent auf die geistes- und ideologiegeschichtliche Einbettung der Denkmalpflege legt, war im vorliegenden Zusammenhang die Frage ausschlaggebend, inwieweit die Vielzahl an Einzelverordnungen rechtlich bindenden Charakter hatte.

183 Krins 1983, S. 40 und Strobel 1983 II, S. 191. Vgl. auch Dehlinger 1951, S. 592.

184 Reg.-Blatt vom 19. 3. 1858, S. 40.

185 Seng 1995, S. 92. Vgl. dazu auch HStA Stuttgart, E 14, Bü 1577 („Anbringen des Ministeriums des Kirchen- und Schul-Wesens,

betreffend die Besetzung der neu zu errichtenden Conservatorstelle vom 27. 2. 1858). Zu Haßler vgl. Stober 2003, S. 44–45.

186 Reg.-Blatt vom 19. 3. 1858, S. 40.

187 [Ohne Verfasser], Satzungen des württembergischen Alterthums-Vereines, Stuttgart 1843, S. 3. Ebenfalls zitiert bei Stober 2003, S. 46. Vgl. zu den gesellschaftlichen und politischen Bedingungen, die zu der Gründung von Geschichts- und Altertumsvereinen führten, besonders Georg Kunz, Verortete Geschichte. Regionales Geschichtsbewußtsein in den deutschen Historischen Vereinen des 19. Jahrhunderts (= Kritische Studien zur Geschichtswissenschaft, Bd. 138), Göttingen 2000 (zugl. Regensburg, Univ. Diss. 1998), S. 55–74.

erhalten, die dem Vereine wichtig sind, und dieselben in ein geordnetes Verzeichniß zu bringen", wies der Verein in eine ähnliche Richtung wie die Aufgabenbeschreibung des 1858 installierten Konservators. Die Satzungen des Altertumsvereins enthielten eine Übersicht über die „Gegenstände, welchen er seine Sorgfalt und Aufmerksamkeit widmet[e]: Reste der celtisch-römischen Zeit […], Denkmäler des Mittelalters (Werke der Baukunst […], Werke der Bildhauer-, Bildschnitzer- und Metallgießerkunst, Inschriften, Grabsteine, Wappen, Begräbnißschilder, Münzen, Sigille, Glocken, Töpferwaaren und Bilder aus gebrannter Erde, Waffen, Häusliche Geräthschaften, Musikalische Instrumente, Werke der Malerei, sowohl auf Holz, Glas, Leinwand, Papier, Kupfer und dergleichen, als auch Wandgemälde, Urkunden, Handschriften, Briefe, Alte Drucke, Alte Musikalien, Landkarten, Grundrisse) [sowie] Lebendige Reste der Vorzeit (Tracht, Sprache, Sitten und Einrichtungen, Abergläubische Meinungen und Gebräuche)".[188] An der Gründungsversammlung des Vereins am 17. Juni 1843, die auf Einladung von Graf Wilhelm von Württemberg erfolgte, nahm unter anderen auch Oberhofprediger Karl von Grüneisen teil.[189] Aus einem Mitgliederverzeichnis aus dem Jahr 1893 geht hervor, dass Dolmetsch, wie viele andere zeitgenössische Stuttgarter Architekten, Mitglied im Württembergischen Altertumsverein war.[190]

Um einer weitgehenden Veräußerung von Kunst- und Altertumsdenkmalen durch Kirchengemeinden zu begegnen oder aber, wenn ein Verkauf nicht verhindert werden konnte, die Denkmale in Staatsbesitz bringen zu können, wurde 1862 die „Staatssammlung vaterländischer Kunst- und Alterthumsdenkmale" gegründet.[191] Diese Sammlung diente dem Zweck, „vaterländische Kunst- und Alterthums-Denkmale, die in geschichtlicher und namentlich kulturgeschichtlicher Beziehung ein Interesse darbieten, so weit thunlich durch Vereinigung vor Untergang, Zersplitterung oder Verschleppung zu sichern und durch öffentliche Ausstellung zur Kenntniß und Anschauung des Publikums zu bringen."[192] Die Verwaltung der Sammlung wurde einem Verwaltungsrat unterstellt, dem unter anderen der „Conservator der vaterländischen Kunst- und Alterthums-Denkmale" angehören sollte, da dieser „in Fragen des Alterthums als eine Autorität gilt und durch seinen sonstigen Beruf für solche Zwecke der Verwaltungsbehörde für die neue Sammlung unentbehrlich sein dürfte". Schon 1858 hatte Haßler die Gründung einer solchen Sammlung „für Erhaltung vaterländischer Antiquitäten" angeregt.[193]

Sowohl das evangelische Konsistorium als auch der katholische Kirchenrat hielten die Geistlichen an, „von jedem zu ihrer Kenntniß kommenden Verkaufsvorhaben bezüglich eines im Besitze einer Gemeinde oder Stiftung befindlichen, für die Sammlung geeigneten Kunst- und Alterthumsdenkmals […] sofort eine Anzeige zu machen".[194] Der Erlass des Konsistoriums vom 13. März 1883 forderte die Geistlichen nochmals ausdrücklich auf, „jede bevorstehende, irgendwie Kunst und Alterthum berührende Veränderung an und in ihren Kirchen, und auch sonst jede drohende Aenderung an alterthümlichen und künstlerischen Werken in ihren Gemeinden sofort bei dem Konservatorium der vaterländischen Kunst- und Alterthumsdenkmale amtlich zur Anzeige zu bringen".[195] Die daraufhin erfolgten Anzeigen an die kirchlichen Behörden sind so zahlreich, dass geradezu von einer „Bugwelle" an Veräußerungen gesprochen werden kann.

Das Problem blieb trotz dieses Erlasses äußerst virulent, so dass das Ministerium des Kirchen- und Schulwesens noch 1901 mahnte, „über alle in den betreffenden Bezirken bevorstehenden und bekannt werdenden Veräusserungen und Veränderungen/Restaurationen, Wegräumungen unbeweglicher und beweglicher Gegenstände von kunstgeschichtlicher oder geschichtlicher Bedeutung sowie über Funde von Altertümern und Grabungen nach solchen dem Landeskonservator oder der Direktion der Staatssammlung vaterländischer Kunst- und Altertumsdenkmale Anzeige zu erstatten".[196] Die Dringlichkeit dieser Note wurde durch den Mangel gesetzlicher Bestimmungen zum Denkmalschutz hervorgerufen, doch zunächst beließ es das Ministerium bei der Bitte „um Einschärfung und Ausdehnung der schon früher an staatliche, kirchliche und kommunale Behörden zum Zweck der Erhaltung von Altertümern ergangenen, an sich sehr zweckmässigen, jedoch nicht immer genügend befolgten Weisungen".[197] Das erste deutsche Denkmalschutzgesetz

188 Ebd., S. 4 f.
189 Hans-Martin Maurer (Hrsg.), Wiederentdeckung der Geschichte. Die Anfänge der Geschichtsvereine (= Ausstellung des Hauptstaatsarchivs Stuttgart veranstaltet zum 150jährigen Jubiläum des württembergischen Geschichts- und Altertumsvereins), Stuttgart 1993, S. 11.
190 [Ohne Verfasser], Württembergischer Altertumsverein 1843–1893. Denkschrift zur Feier des fünfzigjährigen Bestehens des Vereins, Stuttgart 1893, S. 44.
191 Siegwalt Schiek, Zur Geschichte der archäologischen Denkmalpflege in Württemberg und Hohenzollern, in: Denkmalpflege in Baden-Württemberg 12, 1983, H. 2, S. 53.
192 Amtsblatt vom 4. 9. 1862, S. 738. Vgl. auch HStA Stuttgart, E 14, Bü 1577 („Anbringen des Ministeriums des Kirchen- und Schul-Wesens, betreffend die Gründung einer Sammlung vaterländischer Kunst- und Alterthumsdenkmale" vom 23. 6. 1862).
193 Herbert Wiegandt, Bürgerzeit im Zwiespalt. Konrad Dietrich Haßler 1803 bis 1873. Von der Politik zur Denkmalpflege, Ulm 1998, S. 170.
194 LKA, A 26, 1470–2 (Note des Ministeriums des Kirchen- und Schulwesens vom 23. 2. 1883).
195 Amtsblatt vom 30. 4. 1883, S. 3270.
196 LKA, A 26, 1470–2 (Note des Ministeriums des Kirchen- und Schulwesens vom 11. 4. 1901).
197 Ebd.

wurde 1902 in Hessen auf den Weg gebracht;[198] in Baden-Württemberg sollte es noch bis 1972 dauern, bis ein eigenständiges, nicht mehr den Bauordnungen einverleibtes Gesetz in Kraft trat. Der Entwurf zu einem eigenständigen Denkmalschutzgesetz in Württemberg, das sich allerdings nur auf bewegliche Denkmale im Eigentum bürgerlicher und kirchlicher Gemeinden sowie öffentlicher Stiftungen beziehen sollte, scheiterte 1914 im Landtag.[199]

Die Anstrengungen, in Württemberg gesetzliche Bestimmungen zum Schutz der Denkmale der Kunst und des Altertums zu schaffen, spiegeln sich in den oben angeführten Verfügungen, die sich allerdings weniger auf bauliche Veränderungen am Gebäude selbst beziehen, sondern vielmehr auf das Bemühen, bewegliche Denkmale am Ort zu erhalten. Im Gegensatz zu den heutigen Bestimmungen war die Einflussnahme des Konservatoriums in Bezug auf unbewegliche Denkmale sehr gering. Tatsächlich musste bei geplanten Restaurierungen und Erweiterungen bereits bestehender Bauwerke nur die Genehmigung des Konsistoriums und der jeweiligen Kreisregierung eingeholt werden. Bei Neubauten oder Teilneubauten war darüber hinaus die Zustimmung des jeweils zuständigen Oberamts notwendig.

Johann Matthäus von Mauch, seit 1839 Lehrer für Baukunst und Geschichte an der Gewerbeschule – später Polytechnische Schule – in Stuttgart, räsonierte in seiner „Abhandlung über die mittelalterlichen Baudenkmale in Württemberg" 1849, dass „die Denkmale auf dem schwäbischen Boden sich zwar würdig ihren Nachbarn anreihen [dürfen], allein sie genießen nicht des Schutzes eines kunstbegabten Anwalts".[200] Er fügt an, dass die Denkmale oft zerstört oder misshandelt würden, „theils aus Mißachtung ihres Werthes, theils aus Unverständniß ihrer Styleigenthümlichkeiten". Obgleich einige Jahre darauf, wie schon erwähnt, ein solcher „kunstbegabter Anwalt" eingesetzt wurde, blieb das von Mauch formulierte Desiderat grundsätzlich bestehen.

So beklagte 1899 Paul Clemen, Professor für Kunstgeschichte in Bonn und Provinzialkonservator der Rheinlande, das Fehlen von verbindlichen Denkmalschutzgesetzen mit den Worten: „Die nordafrikanischen Staaten stehen heute, was gesetzlichen Schutz der Denkmäler betrifft, weit über Preussen, Sachsen, Württemberg: Das ist ein unwürdiger und unhaltbarer Zustand."[201] Andere europäische Staaten, wie etwa Ungarn, Frankreich und Rumänien, waren den deutschen Staaten hinsichtlich einer gesetzlichen Regelung des Denkmalschutzes weit voraus. Auch das Einsetzen einer Kommission von Sachverständigen, die die „vom Konservator vorgelegten Plane und Vorschläge in Beziehung auf Restauration von Kunst- und Alterthumsdenkmalen sowie Mittheilungen desselben über sonstige Veränderungen an letzteren zu prüfen und zu berathen" hatte,[202] brachte keine verbindliche Handhabe für den Schutz der Denkmale. Die „Bekanntmachung des Ministeriums des Kirchen- und Schulwesens, betreffend die Einsetzung einer Kommission von Sachverständigen bei dem Konservatorium der vaterländischen Kunst- und Alterthumsdenkmale" vom 20. April 1881 verfügte nämlich, dass den Beschlüssen der Kommission „nur die Bedeutung von Gutachten" zukomme.[203]

Auch in Bezug auf die Inventarisation der Denkmale, die schon von Karl Friedrich Schinkel 1815 als grundlegend für jegliche Art staatlicher Denkmalpflege angesehen wurde, hinkte Württemberg gegenüber anderen deutschen Staaten hinterher.[204] Obgleich schon in der bereits erwähnten Verfügung vom 10. März 1858 darauf verwiesen wird, dass „der Conservator ein Verzeichniß solcher Gegenstände [Kirchen, Kapellen, Rathhäuser, Klostergebäude, Schlösser, Burgruinen, Thürme, Thore, sodann Bildsäulen, Bildstöcke, Altäre, Kanzeln, Taufsteine, Chorstühle, Grabmäler, Denksteine, Inschriften, Wappenschilder, Verzierungen, Wandgemälde] anlegen" soll, war diese Arbeit um 1900 noch nicht abgeschlossen. Der Wunsch, „die wirtembergischen Denkmäler vollständig [zu] verzeichnen", wurde schon 1790 von dem Geheimen Rat und Reichsoberstenarchivar Johann Amandus Andreas von Hochstetter geäußert.[205] Doch erst 1889 erschien der erste Textband der „Kunst- und Alterthums-Denkmale im Königreich Württemberg" zusammen mit einem großformatigen Bildband anlässlich des 25-jährigen Regierungsjubiläums von König Karl I. Der gelernte Architekt und langjährige Sekretär des Württembergischen Altertumsvereins Eduard Paulus,[206] seit

---

198 Wohlleben 1989, S. 12. Vgl. auch Oechelhaeuser 1910, S. 138–188 und Hammer 1995, S. 151.

199 Hammer 1995, S. 158. Vgl. auch LKA, A 26, 1471 („Entwurf eines Gesetzes, betreffend den Denkmalschutz" vom 11. 3. 1914).

200 J[ohann] M[atthäus] Mauch, Abhandlung über die mittelalterlichen Baudenkmale in Württemberg, Stuttgart o. J. [1849], S. 5. Zu den Ausbildungszielen, die Mauch während seiner Lehrtätigkeit an der Polytechnischen Schule verfolgte, vgl. Seeger 1997, S. 314 f.

201 Wohlleben 1989, S. 12.

202 Reg.-Blatt vom 28. 4. 1881, S. 343.

203 Ebd. In Bezug auf die von Dolmetsch durchgeführten Kirchenrestaurierungen kann diese Kommission nur ein Mal nachgewiesen

werden. LKA, DAamt Urach, Nr. 606 (Schreiben von Gradmann an Bauführer Wurster in Urach vom 20. 10. 1899): „Beehre ich mich ergebenst anzuzeigen, daß die Restaurationskommission des Konservatoriums […] der Amanduskirche einen Besuch abstatten würde".

204 Wohlleben 1989, S. 11.

205 Strobel 1983 II, S. 194 und Strobel 1991, S. 21.

206 Zu Eduard Paulus vgl. Richard Strobel, Eduard Paulus der Jüngere und Franz Xaver Kraus. Württembergs und Badens Anfänge des Kunstdenkmäler-Inventars, in: Denkmalpflege in Baden-Württemberg 17, 1988, H. 2, S. 44, Stober 2003, S. 49 f. und Strobel 2007.

1873 zudem Konservator der vaterländischen Kunst- und Altertumsdenkmale in Württemberg, erschien für diese Aufgabe wie prädestiniert: Bereits 1873 hatte er das Foliowerk über die Zisterzienserabtei Maulbronn publiziert, das 1889 in der dritten Auflage erschien, und seit 1866 an zahlreichen Oberamtsbeschreibungen mitgewirkt. Im Jahr 1899 übernahm Eugen Gradmann als Nachfolger von Eduard Paulus im Amt des Konservators die Bearbeitung der „Kunst- und Alterthums-Denkmale", doch konnte die Herausgabe des dritten Bandes erst 1907 erfolgen. Gradmann bemerkte dazu im Vorwort: „Der neue Bearbeiter hat sich bemüht, trotz der größeren und gedrängteren Fülle von Notizen doch einen lesbaren Text zu geben und keinen allzu empfindlichen Gegensatz zu der glänzenden Darstellung seines Vorgängers aufkommen zu lassen."[207] Trotz der allmählichen Zunahme der Zahl der Bearbeiter waren nach der Fertigstellung der Inventarbände „Donaukreis" im Jahr 1936 von fünfundsechzig Verwaltungsbezirken[208] immer noch elf Oberämter nicht aufgenommen.

Im Gegensatz zu der wissenschaftlichen Systematik des von dem preußischen Konservator Ferdinand von Quast 1844/45 entwickelten und 1853 modifizierten Fragebogens[209] verfuhr Paulus eher in einem „spätromantisch-poetischen" Sinne.[210] Er scheute sich dabei nicht, „das wirklich Monumentale groß und breit zu geben, das Minderwertige in den Hintergrund zu stellen, damit unser Volk nicht verwirrt werde durch eine Unsumme sich gegenseitig stoßender Einzelheiten, sondern die reine Glut der Begeisterung für unsere Kunst- und Altertumsschätze fröhlich weitertrage von Herzen zu Herzen".[211] Der Vorwurf der Unwissenschaftlichkeit, der dem württembergischen Unternehmen noch während seiner Entstehung gemacht wurde, wurde von Eugen Gradmann mit den Worten zurückgewiesen, „Paulus' Kunst hat der vaterländischen Altertumspflege mehr genützt als viele Wissenschaft".[212] Das „Verzeichnis" Haßlers, das im Wesentlichen auf dem Fragebogen von Quasts fußte,[213] be-

zieht nicht nur mittelalterliche Objekte ein, sondern auch im Einzelfall Werke des 18. Jahrhunderts. Damit kommt diese Aufstellung einem „Fundamentalinventar" nahe.[214]

Noch 1901 wollte Oberkonsistorialrat Krafft die „Zweckmäßigkeit und Durchführbarkeit gesetzlicher Bestimmungen zweifelhaft erscheinen".[215] Die „Anweisungen zum Denkmalschutz insbesondere bei Funden von Altertümern und Grabungen nach solchen", die Gradmann mit Schreiben vom 31. August 1901 an das Konsistorium übersandte, beinhalten Hinweise betreffend die Fürsorge der „über dem Boden befindlichen Denkmäler", wie zum Beispiel Grabhügel, Erd- und Steinwälle sowie Gebäudereste, und der „Altertumsfunde, welche neu im Boden gemacht werden".[216] Eine rechtliche Handhabe zum Schutz der Altertumsfunde stellen diese Anweisungen allerdings nicht dar; es bleibt bei dem Wunsch, „daß von Altertumsfunden jeglicher Art der Direktion der K. Altertumssammlung alsbald Nachricht gegeben wird". Ein Erlass des Ministeriums des Kirchen- und Schulwesens „Zur Wahrung der Anforderungen der Denkmalpflege" vom 10. August 1904 zieht den Gesichtspunkt in Betracht, „ob gegebenenfalls bei diesen Bauten [denjenigen, für die Staatsbeiträge bewilligt werden] den Grundsätzen der Denkmalpflege, insbesondere dem architektonischen und landschaftlichen Bilde der Umgebung und bei Restaurationen auch dem geschichtlich gewordenen Charakter der Bauwerke selbst genügend Rechnung getragen wird".[217] Das Ministerium verweist in diesem Zusammenhang auf einen Erlass des Konsistoriums vom 22. Oktober 1901, in dem die Beratung der Kirchengemeinden durch den Verein für christliche Kunst „Hand in Hand mit derjenigen durch den Konservator" geschehen soll.[218] Diese vom Ministerium angemahnte enge Zusammenarbeit zwischen dem Verein für christliche Kunst und dem Konservator wurde jedoch – soweit es sich anhand des im Rahmen dieser Arbeit untersuchten Quellenmaterials beurteilen lässt – nur in wenigen Fällen in die Tat umgesetzt.

207 Kunst- und Altertumsdenkmale 1907, S. V. Vgl. auch die Rezension in: Kunstchronik N.F. 19, 1907/1908, Nr. 28, Sp. 483 f.

208 Dehlinger 1951: „Die 65 Oberamtsbezirke blieben von 1808 ab nach der Einteilung König Friedrichs mit geringen Ausnahmen […] bis zum Jahr 1938 unverändert."

209 Felicitas Buch, Ferdinand von Quast und die Inventarisation in Preußen, in: Ekkehard Mai/Stephan Waetzoldt (Hrsg.), Kunstverwaltung, Bau- und Denkmal-Politik im Kaiserreich (= Schriften eines Projekt-Kreises der Fritz-Thyssen-Stiftung, Bd. 1), Berlin 1981, S. 365; und Buch 1983, S. 44.

210 Strobel 1983 I, S. 64.

211 Kunst- und Altertumsdenkmale 1897, S. V.

212 Gradmann 1912 II, S. 21. Vgl. auch Gertrud Kauffmann, Eugen Gradmann, in: Zeitschrift für württembergische Landesgeschichte N.F. 1, 1937, S. 237. Zu Gradmann vgl. auch Stober 2003, S. 57–60.

213 Strobel 1980, S. 230 und S. 266 f., dort der von Haßler an die

Oberämter im März 1859 verschickte Fragebogen abgedruckt.

214 Buch 1983, S. 44. Vgl. [Konrad Dietrich] Haßler, Die Kunst- und Alterthums-Denkmäler Württembergs, in: Württembergische Jahrbücher für vaterländische Geschichte, Geographie, Statistik und Topographie 1859, H. 2, S. 22–88, und Württembergische Jahrbücher für vaterländische Geschichte, Geographie, Statistik und Topographie 1862, H. 1, S. 60–118.

215 LKA, A 26, 1470–2 (Bericht an das Ministerium für Kirchen- und Schulwesen „betr. den Denkmalschutz" von Oberkonsistorialrat Krafft vom 10. 5. 1901).

216 LKA, A 26, 1470–2 (Schreiben von Gradmann an das Konsistorium vom 31. 8. 1901). Vgl. auch Staatsanzeiger für Württemberg vom 17. 9. 1901, S. 1719, und Amtsblatt vom 15. 11. 1901, S. 310 f.

217 LKA, A 26, 1470–2 (Schreiben des Ministeriums des Kirchen- und Schulwesens an das Konsistorium vom 10. 8. 1904).

218 Ebd. Vgl. auch Amtsblatt vom 15. 11. 1901, S. 309.

Erst in der Gemeindeordnung vom 28. Juli 1906 findet ein Artikel Aufnahme, der dem Konservatorium eine gesetzliche Handhabe zum Schutz der Altertumsdenkmale bietet: „Denkmale der Kunst und des Altertums, deren Erhaltung vermöge ihres künstlerischen oder wissenschaftlichen Werts oder der an sie sich knüpfenden Erinnerungen im öffentlichen Interesse gelegen ist, insbesondere Bauwerke oder Werke der Bildhauerei, der Malerei oder des Kunstgewerbes dürfen von der Gemeindebehörde nur nach vorgängiger Benachrichtigung des Konservatoriums vaterländischer Kunst- und Altertumsdenkmale veräußert, beseitigt, ausgebessert oder sonst verändert werden."[219] Die Bauordnung vom 28. Juli 1910, die die aus dem Jahr 1872 stammende vorangegangene Bauordnung ersetzt, führt die Bestimmungen der Gemeindeordnung im Sinne einer „möglichst[en] Erhaltung künstlerisch oder geschichtlich wertvolle[r] Bauwerke (Baudenkmale)" weiter.[220] Damit wurden die knappen Hinweise in der Bauordnung vom 6. Oktober 1872[221] und der Vollzugsverfügung vom 23. November 1882,[222] die den Gegenstand lediglich im Zusammenhang mit der Aufstellung von Ortsbauplänen berücksichtigten, fortgeschrieben.

Entsprechend der Gemeindeordnung von 1906 und der Bauordnung von 1910 griffen staatliche Erlasse zum Denkmalschutz erst so spät, dass die Restaurierungsarbeiten, die Dolmetsch durchführte, davon weitgehend unbeeinflusst blieben. In einigen wenigen Fällen ist das Einwirken des Landeskonservators auf die von Dolmetsch geleiteten Bauwesen nachweisbar. Zumeist bezieht sich die Einflussnahme auf die Frage des Erhalts von Wandmalereien, lediglich in Bezug auf drei Kirchenbauten – diejenigen in Lehrensteinsfeld und Schorndorf sowie die Marienkirche in Reutlingen – versucht der Konservator auf den Schutz der Bausubstanz selbst einzuwirken. Diese Fälle werden in den folgenden Kapiteln ausführlich zu behandeln sein. Der Mangel staatlicher Handhabungen zum Schutz der Denkmale wurde – wie schon in den Worten Clemens aufschien – um die Jahrhundertwende insbeson-

dere von Kunsthistorikern schmerzlich empfunden. Dies führte – wie weitgehend bekannt und umfassend dargestellt – zu einer grundlegenden Diskussion um Ziele und Methoden der Denkmalpflege.[223] Protagonisten dieser Debatte waren vor allem Georg Dehio, Alois Riegl, Cornelius Gurlitt, Georg Hager, Konrad Lange und Paul Clemen. Auf dem seit 1900 alljährlich stattfindenden „Tag für Denkmalpflege" tauschten die Erneuerer und die Traditionalisten ihre Standpunkte mit zum Teil polemischen Worten aus.[224] Soweit es sich den Teilnehmerlisten dieser Tagungen und dem Verzeichnis seiner „Dienstreisen"[225] entnehmen lässt, nahm Dolmetsch nicht einmal an einem dieser Kongresse teil. Trotzdem ging auch an ihm der Druck nach einem zeitgemäßen Umgang mit historischer Bau- und Ausstattungssubstanz nicht spurlos vorüber.

Schadhaftigkeit der Kirchengebäude und Bevölkerungszunahme als Anlass

Den Anlass für die Restaurierung so überaus zahlreicher Kirchengebäude in den achtziger und vor allem neunziger Jahren des 19. Jahrhunderts bildete in vielen Fällen der schlechte Zustand der Bauwerke, der mitunter in drastischen Worten beschrieben wird. Die Beispiele werden in den Einzeldarstellungen im Einzelnen aufgeführt. Inwieweit diese Beschreibungen entweder als stilisierende Wendungen – die Orgel in der Kirche in Heumaden beispielsweise „wimmerte während des Gebets und schwieg während des Gesangs"[226] – oder als zu finanzpolitischen Zwecken eingesetzte Druckmittel – in Bezug auf die Kirche in Frommern konstatierte Dolmetsch „die zwischen den feuchten Außenwänden und der schlechten Holzstuhlung ungehindert fortwuchernde Schwammkultur"[227] – gebraucht werden, kann im Einzelfall nicht eindeutig entschieden werden. Feuchtigkeit und Kälte haben aber unzweifelhaft Faktoren dargestellt, die einen längeren Aufenthalt – ein Hauptgottesdienst dauerte etwa eindreiviertel Stunden[228] – in den nicht heizbaren und tief im

219 Verein württ[embergischer] Körperschaftsbeamten (Hrsg.), Württembergische Gemeinde-Ordnung vom 28. Juli 1906 und Vollzugsverfügung hiezu, o. O. 1907, S. 84.

220 H. Klotz, Bauordnung für das Königreich Württemberg vom 28. Juli 1910. Textausgabe mit Erläuterungen unter Benützung des gesamten Auslegungsmaterials, Stuttgart o. J., S. 86. Vgl. auch Georg Himmelheber, Staatliche Denkmalpflege in Württemberg 1858–1958, in: [Ohne Herausgeber], Staatliche Denkmalpflege in Württemberg 1858–1958, Stuttgart/Tübingen 1960, S. 16.

221 Reg.-Blatt vom 12. 10. 1872, S. 320.

222 [Ohne Verfasser], Neue Allgemeine Bau-Ordnung für das Königreich Württemberg nebst den Vollziehungsvorschriften und den weiteren auf die Bau- und Feuerpolizei sich beziehenden Gesetzen, Verordnungen usw. sowie dem Ortsbaustatut für die Stadt Stuttgart, Stuttgart 1890, S. 48.

223 Mielke 1975, Wohlleben 1989, Hubel 1993 und Huse 1996. Zur Wirkungsgeschichte von Georg Dehio jüngst Ingrid Scheurmann,

Tot Gesagte leben länger. Georg Dehio und die gegenwärtige Denkmalpflege, in: Ingrid Scheurmann (Hrsg.), Zeitschichten. Erkennen und erhalten – Denkmalpflege in Deutschland, München/Berlin 2005, S. 68–77.

224 Oechelhaeuser 1910 und Oechelhaeuser 1913. Vgl. auch Speitkamp 1996, S. 130.

225 In HH-Buch sind unter „Ausgaben" auch die Reisen verzeichnet, die Dolmetsch im Rahmen seiner Tätigkeit als freiberuflicher Architekt unternommen hat. In dem hier interessierenden Zeitraum von 1900 bis 1904 taucht keine Reise zum „Tag für Denkmalpflege" auf. Danach bricht das HH-Buch allerdings aufgrund von Kriegsverlust ab.

226 F[riedrich] Fritz, Bilder aus der Vergangenheit von Heumaden, Heumaden 1916 (Nachdruck Heumaden 1993), S. 11.

227 PfarrA Frommern, KGR-Protokolle 1889–1898 (Protokoll vom 22. 2. 1893).

228 Grüneisen 1856, S. 109.

Erdreich steckenden Kirchen für die damaligen Gottesdienstbesucher äußerst unangenehm gestalteten. 1845 erscheint im Evangelischen Kirchenblatt eine Polemik gegen entsprechende Verwahrlosungen, die mit den Worten beschrieben werden, „man [würde] in Kirchen Wäsche trocknen, unterm Dache Heu und Holz aufbewahren, an den Mauern jeden Lärm und Unfug üben [sowie] am Chor ein[en] Schweinstall und an der Nordseite ein[en] Kuhstall unmittelbar mit Dach und Fach anlehnen".[229] Der namentlich nicht genannte Verfasser schließt mit der Forderung, „daß die Kirchen wieder werden auch im Aeußerlichen die Orte, da Gottes Ehre, und nicht blos die Spinne, die Schwalbe und anderes Geflügel und Gewürme wohnet".[230]

Ein weiterer Grund für die Restaurierung vieler Kirchen ist in dem Bedürfnis der Pfarrer und Gemeinden zu suchen, das Gotteshaus „würdig" zu gestalten. In den Statuten des Vereins für christliche Kunst von 1857 wird dieses Ziel der „würdige[n] Einrichtung und Ausstattung kirchlicher Räume" explizit erwähnt und 1882 um die Formulierung der „richtige[n] und würdige[n] Herstellung von Kirchen" ergänzt.[231] Schon 1850 betonte Karl von Grüneisen in einem Bericht „betr[effend] die Fürsorge für angemessenere Kirchenbauten" das Interesse „aller an dem kirchlichen Bedürfniß würdigerer Stätten des ev[angelischen] Gottesdienstes".[232] Pfarrer Knöringer aus Dagersheim betonte gar 1896 den Erziehungseffekt, den der „Eindruck eines schönen und würdigen Gotteshauses" auf die Jugend ausüben könne.[233] Der immer wiederkehrende Wunsch nach einer würdigen Gestaltung der Gotteshäuser ist nicht nur vor dem Hintergrund schadhafter Kirchengebäude, sondern auch vor dem Hintergrund eines Kirchenbauwesens zu sehen, das mit dem Begriff „Kameralamtsstil" beschrieben wird.

Dieser Baustil erhielt seinen Namen in Anlehnung an die Organe der württembergischen Finanzverwaltung, die Kameralämter, denen unter anderem die Verwaltung des staatlichen Besitzes an Meiereien, einzelnen Gütern und Fischwassern sowie die Aufsicht über das Kelternwesen oblag.[234] Darüber hinaus fiel in den Zuständigkeitsbereich der Kameralämter die Verwaltung des Kirchenguts, das nach der Gründung des Königreichs Württemberg 1806 dem Staatskammergut einverleibt worden war.[235]

Demnach bezieht sich der Begriff „Kameralamtsstil" auf solche Kirchenbauten, die auf Staatskosten errichtet wurden. 1843 wird im Evangelischen Kirchenblatt eine Kritik an den „Kirchenbauten in unserer Zeit" veröffentlicht, wobei der Autor die auf Staatskosten erstellten Kirchen vor Augen hat: „Während bei Errichtung von öffentlichen Gebäuden, von Seiten des Staates, nicht blos auf Zweckmäßigkeit im Innern derselben, sondern auch auf Schönheit im Aeußern [...] Rücksicht genommen wird", so scheint beides bei Kirchen nicht berücksichtigt zu werden.[236] Es werden zwei Bauten genannt, deren Inneres „theils als zweckwidrig, theils als geschmacklos [...] getadelt" werden müsse: Die 1840 in Walddorf und die 1841 in Zwerenberg erbauten Kirchen erinnerten, „denkt man sich bei diesen beiden Kirchen [...] die Thürme hinweg", eher an „ein Heumagazin oder eine Reitbahn" als an ein Gotteshaus.[237] Noch 1862 wird die auf Staatskosten „in einem ganz einfachen Style ohne Chor" errichtete Kirche in Walddorf, mit „zwei über einander hinziehende[n], geradlinige[n] Fensterreihen mehr einer Fabrik als einem Gotteshause gleichend", kritisiert.[238] Auch in Bezug auf die Kirche in Zwerenberg, deren Langhaus ebenfalls „zwei über einander hinlaufende Reihen geradliniger Fenster" aufweist, wird etwa zeitgleich konstatiert, dass der Baustil zwar „einfach aber nicht kirchlich" sei.[239]

Die im „Kameralamtsstil" errichteten Kirchen orientieren sich in der Regel an einem Baustil, der sich als spätklassizistisch charakterisieren lässt, wobei die stiltragenden Bauelemente äußerst schlicht gehalten sind. Die rechteckigen, längs orientierten Saalkirchen weisen im Inneren sowohl an den beiden Längsseiten als auch an einer Schmalseite Emporen auf. An der dem Haupteingang gegenüberliegenden Schmalseite, die frei von Emporen ist, befindet sich die Kanzel; axial zu ihr angeordnet sind der Altar und der Taufstein. Ein architektonisch eigenständiger Chor wird üblicherweise nicht ausgebildet; die Sakristei erscheint häufig als ein mit dem Hauptbaukörper organisch nicht verbundener Annexbau. Der Innenraum wird stets von einer Flachdecke abgeschlossen. Die zuvor zitierte Kritik des Jahres 1843 belegt, dass die im „Kameralamtsstil" erbauten Kirchen profan (Heumagazin oder Fabrik) und nicht sakral wahrgenommen werden. Im Gegenzug würdigt der Pfarrbericht des Jahres

229 [Ohne Verfasser], Die kirchliche Kunst in Württemberg, in: Evangelisches Kirchenblatt zunächst für Württemberg 6, 1845, S. 199 f.

230 Ebd., S. 203.

231 Amtsblatt vom 5. 7. 1882, S. 3196.

232 LKA, A 26, 1455 (Bericht Grüneisens an das Ministerium des Kirchen- und Schulwesens vom 1. 10. 1850 „betr. die Fürsorge für angemessenere Kirchenbauten").

233 J[ohannes] M[erz], Über die bauliche Unterhaltung und Ausstattung unserer Gotteshäuser, in: ChrKbl 38, 1896, H. 5, S. 66 zitiert einen Vortrag, den Pfarrer Knöringer auf der Diözesansynode in Böblingen hielt.

234 Dehlinger 1953, S. 757.

235 Ebd., S. 427.

236 [Ohne Verfasser], Etwas über Kirchenbauten in unserer Zeit, in: Evangelisches Kirchenblatt zunächst für Württemberg 4, 1843, S. 181.

237 Ebd., S. 182.

238 Königlich statistisch-topographisches Bureau (Hrsg.), Beschreibung des Oberamts Nagold, Stuttgart 1862 (Nachdruck Magstadt 1976), S. 243.

239 Königlich statistisch-topographisches Bureau (Hrsg.), Beschreibung des Oberamts Calw, Stuttgart 1860 (Nachdruck Magstadt 1968), S. 374.

1900 den von Dolmetsch erstellten Neubau der Kirche in Göggingen als „einfach, aber schön und würdig"; es wird hinzugefügt, dass der Bau in „frühgotischem Stil erbaut" wurde.[240] In dieser Äußerung scheint bereits ein enger Zusammenhang zwischen der Perzeption einer Kirche als Sakralbau und der Stilfrage auf. Vor dem Hintergrund der als Profanbauten rezipierten Kirchengebäude muss das Bemühen gesehen werden, Richtlinien für den Bau evangelischer Kirchen aufzustellen.[241]

Die rechtliche Voraussetzung für die Restaurierung und Umgestaltung zahlreicher Kirchengebäude unter der Regie der Kirchengemeinden bildete das „Gesetz betreffend die Vertretung der evangelischen Kirchengemeinden und die Verwaltung ihrer Vermögensangelegenheiten" vom 14. Juni 1887, das die kirchlichen von den bürgerlichen Gemeinden trennte.[242] Die Kirchengemeinden erlangten durch dieses Gesetz ihre Selbstständigkeit, was sich unter anderem in der Ausscheidung ihrer Vermögen auswirkte. Dies führte – wie Johannes Merz rückblickend festhält – zu dem „Verlangen, die so lange vernachlässigten Kirchengebäude, die nun den Kirchengemeinden gehörten, würdig herzustellen und zugleich zunächst durch Erweiterung der vorhandenen Kirchen dem größer werdenden Raumbedürfnis der rasch an Seelenzahl wachsenden Gemeinden nachzukommen".[243] Schon 1895 konstatiert das Christliche Kunstblatt, dass „es eine erfreuliche Wirkung der selbständigen Organisation unserer Kirchengemeinden [ist], daß der Eifer etwas für das Gotteshaus zu thun überall sich regt".[244] Allein in den drei Jahren zwischen 1892 und 1895 behandelte der Ausschuss des Vereins für christliche Kunst 267 Anliegen bezüglich „Erbauung, Erneuerung und Ausschmückung" von Kirchen.[245] Die Feststellung eines Konsistorialerlasses von 1846, die Konfession eines Orts sei schon am Zustand der Kirche erkennbar,[246] unterstreicht den Handlungsbedarf in künstlerischer und konservatorischer Hinsicht.

Neben dem verwahrlosten Zustand zahlreicher Kirchen und dem daraus resultierenden Bedürfnis nach „Erneuerung" respektive „Ausschmückung" derselben stellte der starke Bevölkerungsanstieg innerhalb des Königreichs Württemberg nach der Reichsgründung einen Anlass für die Durchführung vieler Baumaßnahmen dar. Die evangelische Bevölkerung im Königreich Württemberg stieg zwischen 1871 und 1910 um 33,6 %, diejenige der Gemeinden mit mehr als 5000 Einwohnern sogar um 100,5 %.[247] Dieses starke Anwachsen der evangelischen Einwohnerschaft machte in vielen Fällen eine Vergrößerung bereits vorhandener oder gar einen Neubau zu klein gewordener alter Kirchen notwendig. Eine Ministerialverordnung vom 28. Juni 1850 sah vor, dass für zwei Drittel der Mitglieder einer Gemeinde Sitzplätze in der Kirche vorhanden sein müssten, in „größeren Städten" seien sieben Zwölftel ausreichend.[248] In einigen Fällen rang Dolmetsch mit Vertretern des Konsistoriums über einen langen Zeitraum hinweg um die Anzahl der Sitzplätze, da die Oberkirchenbehörde auf einer strikten Einhaltung des Erlasses bestand. Dies führte mitunter zu einer verhältnismäßig engen Stellung der Kirchenbänke, die zumeist in den fünfziger und sechziger Jahren des 20. Jahrhunderts aufgrund einer rückläufigen Zahl von Gottesdienstbesuchern wieder zurückgenommen wurde.

Die erwähnte Verordnung aus dem Jahr 1850, die eine „Instruktion für das Verfahren bei den zu Bemessung der auf dem Zehenten haftenden Baulasten nöthigen Schätzungen" darstellt, liefert damit eine Begründung für die Gleichsetzung Dolmetschs von „Kirchenrestaurationen" und Kirchenerweiterungen, auf die weiter unter noch eingegangen wird. Ein Indiz für diese Gleichsetzung liefern darüber hinaus die Pläne selbst: Es gibt kaum einen Entwurf für eine Kirchenrestaurierung, den Dolmetsch fertigt, ohne dass exakt die Zahl der Sitzplätze – häufig getrennt nach Plätzen für Erwachsene und für Schulkinder – angeführt wird. Allein aus der Gegenüberstellung der Sitzplatzanzahl im überkommenen Bestand und im dazugehörigen Entwurf wird ersichtlich, mit welcher Zähigkeit Dolmetsch um ein Mehr an Sitzplätzen kämpft.

240 LKA, A 29, 1150–19 (Pfarrbericht von 1900). Zu dem Kirchenneubau in Göggingen von 1898 vgl. auch Pietrus 2001, S. 144–148.

241 Zur Vorgeschichte des Eisenacher Regulativs in Württemberg vgl. Seng 1995, S. 184–209. Zur Diskussion um die „Feststellung von Muster-Planen für Kirchen" vgl. vor allem LKA, A 26, 1455 (Gutachten der Architekten Mauch, Breymann und Egle vom 8. 9. 1852 und „Aeußerung in Betreff der Aufstellung von Musterplanen zu evangelischen Kirchen" von Oberbaurat Gaab vom 1. 7. 1853).

242 Reg.-Blatt vom 4. 7. 1887, S. 237–271 und Amtsblatt vom 15. 12. 1887, S. 3663–3696. Vgl. auch Dehlinger 1951, S. 430.

243 [Johannes] Merz, Der evangelische Kirchenbau in Württemberg, o. O., o. J. [1920], S. 7.

244 [Ohne Verfasser], Der Verein für christliche Kunst in der evangelischen Kirche Württembergs, in: ChrKbl 37, 1895, H. 7, S. 98.

245 Ebd.

246 Georg Kopp, [Historischer Abriß des Vereins für christliche Kunst], in: Adolf Gommel (Hrsg.), Evangelische Kirchenkunst der Gegenwart in Württemberg. Festschrift des Vereins für christliche Kunst in der evangelischen Kirche Württembergs zur Feier des 100jährigen Bestehens 1857–1957, Stuttgart o. J. [1957], S. 8.

247 [Johannes] Merz, Bevölkerungszunahme, Pfarrdienst und Kirchbau. Erfordernisse und Fortschritte 1871–1914, o. O. 1916, S. 3.

248 Reg.-Blatt vom 24. 7. 1850, S. 265. Vgl. auch Reg.-Blatt vom 12. 4. 1889, S. 93: In der „Verfügung des Ministeriums des Kirchen- und Schulwesens zur Ausführung des Gesetzes, betreffend die Vertretung der evangelischen Kirchengemeinden und die Verwaltung über Vermögensangelegenheiten, vom 14. Juni 1887, über die Bildung der Organe der Kirchengemeinde und ihre Geschäftsbehandlung" vom 21. 3. 1889 wird gleichfalls der Anteil von zwei Dritteln der „Gemeindegenossen" genannt, für die Sitzplätze in der Kirche vorhanden sein sollten.

Zwänge, Vorgaben des Bauherrn und Dolmetschs „Freiräume"

Jede Art von Bauwesen wird durch eine Vielzahl gesetzlicher Bestimmungen determiniert, wobei im hier zu untersuchenden Kontext auf Details, die sich aus den baupolizeilichen Verordnungen ergeben, nicht eingegangen werden soll. Vielmehr sind Fragestellungen relevant, die sich aus den beiden Themenkomplexen „Kirchenbauideal" und „Denkmalschutz" ableiten lassen. Im ersten Kapitel wurden die Rahmenbedingungen aufgezeigt, die sich aus diesen Bereichen ergeben. Im Folgenden soll darüber hinaus auf die konkreten Vorgaben des schon mehrfach angesprochenen Eisenacher Regulativs eingegangen werden, wobei in Betracht gezogen werden muss, inwieweit die Bestimmungen des Regulativs überhaupt auf Kirchenrestaurierungen anwendbar sind und in welchem Maß diese Bestimmungen aufgrund von Anpassungen an die veränderten Bedürfnisse am Ende des 19. und am Anfang des 20. Jahrhunderts noch Gültigkeit besitzen.

Das Eisenacher Regulativ von 1861 enthielt neben Richtlinien zu Anlage, Orientierung und Stil einer Kirche auch Angaben zu Aufstellung von Kanzel, Altar, Taufstein und Orgel, darüber hinaus fanden Empfehlungen zu Erschließung, Material und Erstellung von Sakristeien Aufnahme.[249] Die zum Teil eng gefassten Leitsätze wurden sukzessive ausgeweitet, so dass in den Modifikationen von 1898[250] und 1908[251] im Hinblick auf die Orientierung und den Stil der Kirche sowie auf die Anordnung der Prinzipalstücke keine konkreten Empfehlungen mehr ausgesprochen wurden. Es muss ausdrücklich betont werden, dass sich die Bestimmungen des Eisenacher Regulativs auf Kirchenneubauten beziehen, sie mithin für die vorliegende Arbeit nur eine untergeordnete Bedeutung haben. Lediglich die Passagen, die Aussagen zu der Aufstellung von Kanzel, Altar, Taufstein und Orgel sowie zu dem Primat der Gotik enthalten, besitzen – mit einer Ausnahme – für das Thema Relevanz. Die Kanzel darf nach den Bestimmungen von 1861 „weder vor noch hinter oder über dem Altar [...] stehen", sondern dort, „wo Chor und Schiff zusammenstossen, an einem Pfeiler des Chorbogens nach aussen (dem Schiffe zu), in mehrschiffi-

gen grossen Kirchen an einem der östlicheren Pfeiler des Mittelschiffs".[252] Der Altar soll in dem „um mehrere Stufen über den Boden des Kirchenschiffes" erhöhten Chor stehen, ohne dass er „unmittelbar (ohne Zwischendurchgang) vor der Hinterwand des Chors" platziert wird.[253] Für die Aufstellung des Taufsteins erachtet das Eisenacher Regulativ sowohl die Vorhalle der Kirche als auch eine an den Chor anstoßende Kapelle als geeignet, es lässt aber auch seine Aufstellung „vor dem Auftritt in den Altarraum" zu.[254] Die Orgel „findet ihren natürlichen Ort dem Altar gegenüber am Westende der Kirche auf einer Empore über dem Haupteingang".[255] Zu der Stilfrage bemerkt das Regulativ, dass „die Würde des christlichen Kirchenbaues Anschluss an einen der geschichtlich entwickelten christlichen Baustyle [fordert] und [...] neben der altchristlichen Basilika und der sogenannten romanischen (vorgothischen) Bauart vorzugsweise den sogenannten germanischen (gothischen) Styl" empfiehlt.[256] In der Kirchenbaupraxis erwies sich allerdings die Gotik über das Jahr 1883 hinaus – der Theologe Karl Lechler warb anlässlich des 400. Geburtstages Luthers um die Annahme des Renaissancestils für Kirchenbauten[257] – als vorherrschend und wurde schließlich erst nach der Jahrhundertwende im Anschluss an die Propagierung eines „Neuen Stils"[258] von ihrem Thron gestoßen.

Die Empfehlungen von 1861, 1898 und 1908 enthalten darüber hinaus einen Satz, der sich auf das Thema der Kirchenrestaurierungen bezieht. Im Eisenacher Regulativ von 1861 heißt es: „Auch sollten vorhandene brauchbare Reste älterer Kirchengebäude sorgfältig erhalten und maassgebend benutzt werden."[259] Die Überarbeitung, die 1898 auf der XXIII. Deutschen evangelischen Kirchenkonferenz verabschiedet wurde, übernimmt den Passus von 1861 fast wortgleich: „Brauchbare Reste älterer Kirchengebäude sollten sorgfältig erhalten und maassgebend benützt werden."[260] Erst in der Ergänzung der XXIX. Deutschen evangelischen Kirchenkonferenz von 1908 erfährt diese Passage eine Ergänzung hinsichtlich der Abwendung von einem strikten Stilpurismus: „Bei Erweiterungsbauten sind brauchbare Reste älterer Kirchengebäude und Einrichtungen sorgsam zu schonen und nach Möglichkeit massgebend zu benutzen. Ebenso sind ältere

249 Der Text abgedruckt bei Langmaack 1971, S. 272–274 und Seng 1995, S. 275–278.

250 „Rathschläge für den Bau evangelischer Kirchen, den Kirchengemeinden, Baumeistern und Beamten der Aufsichtsbehörden zur Beachtung empfohlen" von 1898 abgedruckt bei Langmaack 1971, S. 277–279 und Seng 1995, S. 362–366.

251 „Leitsätze" von 1908 abgedruckt bei Langmaack 1971, S. 280–281 und Seng 1995, S. 408–413.

252 Zitiert nach Langmaack 1971, S. 273.

253 Zitiert nach ebd., S. 272.

254 Zitiert nach ebd., S. 273.

255 Zitiert nach ebd.

256 Zitiert nach ebd., S. 272.

257 Lechler 1883, S. 84. H[einrich] M[erz], Das evangelische Gotteshaus, in: ChrKbl 25, 1883, H. 10, S. 147 unterstützt die Empfehlung Lechlers nach einer Annahme der Renaissance für den zeitgenössischen Kirchenbau, die er als „ganz wohl evangelisch verwendbar" ansieht.

258 Der Kemptener Stadtpfarrer N. Bauer wirbt im ChrKbl 48, 1906, H. 6, S. 191 f. für die Ausbildung eines „Neuen Stils", für den er „Ehrlichkeit", „Kühnheit", „Einfachheit" und „Anpassung an die Bestimmung und Umgebung" als Richtlinien ansieht.

259 Zitiert nach Langmaack 1971, S. 272.

260 Zitiert nach ebd., S. 277.

Einrichtungsgegenstände ohne Rücksicht auf die Übereinstimmung des Stils gewissenhaft zu erhalten."[261] Die um die Jahrhundertwende geführte Debatte um Methoden und Zielsetzungen der Denkmalpflege findet hier ihren Niederschlag. Wie im Folgenden dargelegt werden wird, war die Schonung „ältere[r] Einrichtungsgegenstände", die oftmals nicht aus der Erbauungszeit des Gebäudes stammten, sondern erst später hinzugefügt worden waren, im ausgehenden 19. Jahrhundert durchaus keine Selbstverständlichkeit.

Tatsächlich wurde im Lauf der Zeit von den strengen Vorgaben des Eisenacher Regulativs abgerückt, wie schon die Ausführungen über die Positionen des Christlichen Kunstblatts verdeutlichten. Auch Dolmetsch vollzog in Analogie zur Entwicklung des Christlichen Kunstblatts ein schrittweises Abrücken von den Leitlinien des Eisenacher Regulativs, auf das im Folgenden einzugehen sein wird. Sein verhältnismäßig langes Festhalten an den Positionen des Eisenacher Regulativs hinsichtlich der Aufstellung der Prinzipalstücke, der Orgel und des Gestühls sowie der Vorrangstellung der Gotik als Kirchenbaustil resultiert eher aus einem Verhalten, das sich an Gewohntes und Erprobtes klammert, als aus einer programmatischen Dogmatik, wie sie etwa bei den Restaurierungsprinzipien des Münsterbaumeisters in Metz, Paul Tornow, feststellbar ist.[262]

Abgesehen von diesen allgemeinen Richtlinien wurde eine Vielzahl an Vorgaben vom Auftraggeber selbst erhoben. Obgleich im Detail häufig zwischen Bauherr und Architekt um Fragen bezüglich der Aufstellung von Kanzel, Altar und Taufstein gerungen wurde, so herrschte doch im Großen Einvernehmen. Auf diese Einzelaspekte wird noch ausführlich eingegangen. An dieser Stelle soll lediglich die Frage, welche Personen oder Institutionen an dem Entscheidungsprozess bezüglich der Restaurierung oder Erweiterung einer Kirche Anteil hatten, behandelt werden. Wie bereits dargelegt wurde, waren bei Umbauten bestehender Gebäude das Konsistorium und die jeweils zuständige Kreisregierung[263] zustimmungspflichtig. Das Oberamt musste nur bei Neubauten oder Teilneubauten seine Genehmigung erteilen; das Konservatorium brauchte trotz aller Einzelverordnungen, die lediglich den Charakter von Empfehlungen hatten, nicht gehört zu werden. Auf kirchlicher Seite war es vor allem der Kirchengemeinderat, der an dem Entscheidungsprozess mit-

wirkte. Laut dem bereits erwähnten Kirchengemeindegesetz vom 14. Juni 1887 wurde in jeder evangelischen Gemeinde ein Kirchengemeinderat gebildet, dem je nach Größe der Gemeinde vier bis zwölf Mitglieder angehörten.[264] Der Pfarrer und der Kirchenpfleger der jeweiligen Gemeinde waren per Gesetz Mitglieder des Kirchengemeinderats; die bürgerliche Gemeinde war, sofern der Ortsvorsteher der evangelischen Landeskirche angehörte, ebenfalls im Kirchengemeinderat vertreten. Die weiteren Mitglieder wurden von den „Kirchengemeindegenossen" aus ihren eigenen Reihen in das Gremium gewählt.[265] In großen Ortschaften wurde aus mehreren Kirchspielen ein Gesamtkirchengemeinderat gebildet, dessen Aufgaben zum Teil einem Engeren Rat übertragen und aus dessen Mitte ein Verwaltungsausschuss bestellt werden konnte.[266] Vor der Trennung der bürgerlichen von der kirchlichen Gemeinde lag die Entscheidungsbefugnis in der Regel beim Stiftungsrat, einem Gremium, das im Zuge der Einrichtung der Staatsverwaltung nach der Gründung des Königreichs in jeder Gemeinde aus dem Gemeinderat und dem Ortsgeistlichen als Vorsitzendem gebildet wurde.[267]

Auf bürgerlicher Seite war es der Gemeinderat, der an dem Entscheidungsprozess Anteil hatte, jedoch nur in Belangen, die die bürgerliche Gemeinde hinsichtlich der Baulast betrafen. An Turmbauten und Uhren hatten die bürgerlichen Gemeinden häufig 50 % der Baulast zu tragen.[268] Generell ist festzuhalten, dass diejenigen Gremien, denen die Baulast oblag, maßgeblich am Entscheidungsprozess beteiligt waren. So waren die Pfarrgemeinderäte vor 1887 in diesen Prozess nicht einbezogen, ein Umstand, der sich unmittelbar aus den Schriftquellen ablesen lässt. Das Gemeinschaftliche Amt hingegen, das sich aus dem Pfarramt und dem Bürgermeisteramt zusammensetzte,[269] nahm vor 1887 eine wichtige Rolle ein.

Die Initiative zur Restaurierung einer Kirche ging, entsprechend dem bereits mehrfach erwähnten Kirchengemeindegesetz, nach 1887 – diese Aussage trifft auf die überwiegende Zahl der von Dolmetsch durchgeführten Restaurierungen zu – stets von der Kirchengemeinde aus. Die Schadhaftigkeit des Kirchengebäudes, der Wunsch nach Verschönerung des Inneren oder die Notwendigkeit einer Vergrößerung bildeten in der Mehrzahl der Fälle die Antriebsfedern für den Wunsch nach Erstellung eines Restaurierungsplans. In der Regel formulierte der Bau-

261 Zitiert nach ebd., S. 280.

262 Wohlleben 1989, S. 41.

263 Amtsblatt vom 15. 12. 1887, S. 3686: „Die Beschlüsse des Kirchengemeinderats bedürfen der Genehmigung der Kreisregierung [...] wenn ein Neubau oder eine bedeutende Reparatur an kirchlichen Gebäuden, deren Unterhaltung der Kirchengemeinde obliegt, ausgeführt werden soll."

264 Ebd., S. 3666. Vgl. auch Dehlinger 1951, S. 430.

265 Ebd., S. 3667.

266 Dehlinger 1951, S. 430.

267 Ebd., S. 280.

268 So etwa im Fall des Kirchturms in Bissingen/Teck, für den Dolmetsch 1885/86 einen neuen Helm ausführen ließ. Vgl. GdA Bissingen/Teck, Bestand Bissingen, BA 626 (GR-Protokoll vom 6. 8. 1968, in dem die Ausscheidungsurkunde vom 12. 4. 1892 erwähnt wird).

269 Dehlinger 1951, S. 356.

herr – in der überwiegenden Zahl der Fälle war dies *vor* 1887 der Stiftungsrat und *nach* 1887 der Kirchengemeinderat – die seines Erachtens notwendigerweise durchzuführenden Bauarbeiten, wie etwa die Trockenlegung der Außenmauern, den Neuanstrich der Wände im Inneren der Kirche, die Neuherstellung des Gestühls oder die Schaffung zusätzlicher Sitzplätze. Dolmetsch griff den von der Kirchengemeinde vorgelegten Maßnahmenkatalog auf und ergänzte ihn zumeist um weitere Arbeiten, da er häufig die Anfertigung eines „einheitliche[n] Gesamtplan[s]"[270] vor Augen hatte. Einen solchen strebte er bereits zu einem Zeitpunkt an, an dem noch keinerlei Gewährleistung für eine finanzielle Deckung der vorgesehenen Maßnahmen vorhanden war. Gelegentlich argumentierte er, dass auch bei einer sukzessiven Durchführung der Arbeiten ein „einheitliche[r] Plan"[271] denselben zugrunde liegen müsse, da anderenfalls kein einheitliches Gesamtbild erreicht werden könne.

In den meisten Fällen standen keine ausreichenden Mittel zur Verfügung, so dass häufig in zähen und langwierigen Verhandlungen zwischen Dolmetsch und dem jeweiligen Auftraggeber um die Ausführung einzelner Maßnahmen gerungen wurde. In vielen Fällen musste Dolmetsch hinsichtlich des Umfangs der von ihm geplanten Arbeiten Abstriche machen, so etwa in Ottmarsheim, Roßwag, Möglingen, Schwieberdingen und Kirchberg/Murr; in einigen wenigen Fällen gelang es ihm jedoch, die beabsichtigten Maßnahmen peu à peu durchzusetzen. Besonders erfolgreich waren Dolmetschs Bemühungen in Geislingen, wo er auf die Schwierigkeiten hinwies, die sich aus einer „stückweise[n] Ausführung des Bauplans"[272] ergeben könnten. So lehnte der Kirchengemeinderat zunächst die „Wiederherstellung"[273] des Chors aus Kostengründen ab und genehmigte lediglich die Restaurierung des Kirchenschiffs. Von Dolmetsch angeführte ästhetische wie auch konservatorische Gründe[274] bewogen schließlich den Kirchengemeinderat, die Arbeiten in vollem Umfang ausführen zu lassen, wodurch ein erheblicher finanzieller Mehraufwand notwendig wurde. Im Fall der geplanten „Wiederherstellung" der Amanduskirche in Urach wurde gar das Argument, dass es „dringend wünschenswert" erscheine, die Arbeiten „nicht

stückweise, sondern auf einmal" auszuführen, herangezogen, um die Beantragung einer Kirchenbaulotterie zu begründen.[275]

Während, wie bereits erwähnt, über die Grundzüge des von Dolmetsch ausgearbeiteten „Restaurationsplans" selten diskutiert wurde, so waren die Einzelheiten der Ausstattung häufig Gegenstand heftiger Auseinandersetzungen zwischen Architekt und Bauherr. In Bezug auf die bildliche Ausgestaltung der Kirchen, auf die noch eingegangen werden wird, schaltete sich mehrfach Oberkonsistorialrat Johannes Merz ein.[276] Diese Intervention führte mitunter zu einem Wechsel der Themen bei der bildlichen Darstellung, wie etwa bei dem Gegenstand des Chorfensters der Kirche in Backnang, den auf Merz' Veranlassung hin nun nicht mehr die Auferstehung, sondern das „Kommen des Herrn" bildete.[277] In Bezug auf den Kirchenumbau in Schramberg begutachtete Johannes Merz die von verschiedenen Architekten vorgelegten Entwürfe und empfahl schließlich dem Kirchengemeinderat, „der Ausarbeitung weiterer Pläne das Projekt des Herrn Baurat Dolmetsch zu Grunde zu legen".[278] Prälat Heinrich Merz nahm ebenso wie sein Sohn Einfluss auf den Kirchenbau im Land, so etwa im Fall des Neubaus des Kirchenschiffs in Wannweil. In einer Stellungnahme sprach sich Merz in seiner Eigenschaft als Vorstand des Vereins für christliche Kunst für die Ausführung des von Leins gefertigten Bauplans aus, der mit den von Dolmetsch vorgenommenen Modifikationen verwirklicht wurde.[279] Allgemein lässt sich feststellen, dass – wie die zahlreichen Randbemerkungen in den Ortsakten des Landeskirchlichen Archivs belegen – wohl kaum ein Kirchenbau in Württemberg Ende des 19. und Anfang des 20. Jahrhunderts ausgeführt wurde, dessen Vorgang nicht über den Schreibtisch von Heinrich oder Johannes Merz ging. Die Frage, inwieweit Dolmetsch im Sinne eines „einheitlichen Gesamtplans" Details der Bauornamentik oder einzelne Ausstattungsgegenstände wie Kanzeln, Altäre, Taufsteine, Orgelprospekte oder Fenster eigenhändig entwirft bzw. durch Mitarbeiter seines Büros zeichnen lässt, wird im folgenden Kapitel nochmals aufgegriffen. In diesem Zusammenhang muss auch die Frage nach der Einflussnahme maßgeblicher Persönlichkeiten, vor

---

270 So etwa in LKA, DAamt Backnang, Nr. 287.23 (Gutachten von Dolmetsch an den Verein für christliche Kunst vom 10. 7. 1893).

271 So etwa in StA Ludwigsburg, F 209 I, 443 (Gutachten von Dolmetsch „über Augenscheinnahme der Kirche zu Rosswag" an den Verein für christliche Kunst vom 24. 12. 1894).

272 LKA, DAamt Geislingen, Kirchenpflege Nr. 5.1 (Auszug aus dem KGR-Protokoll vom 31. 1. 1892).

273 Ebd. (Auszug aus dem KGR-Protokoll vom 17. 6. 1892).

274 Ebd. (Auszug aus dem KGR-Protokoll vom 28. 7. und 4. 8. 1892).

275 LKA, A 26, 1502 („Note des Evang. Konsistoriums an die Kreisregierung des Schwarzwaldkreises in Reutlingen betr. die Bitte des Kirchengemeinderats in Urach um Genehmigung einer Geldlotterie zur Wiederherstellung der Amanduskirche in Urach" vom

27. 5. 1898).

276 So ist es beispielsweise für die Ausgestaltung der Stiftskirche in Backnang belegt. In LKA, DAamt Backnang, Nr. 418.2 befindet sich ein umfangreicher Briefwechsel, den Dolmetsch, Merz und der Dekan geführt haben.

277 Ebd. (Schreiben des Dekans an die „Glasmalerei-Anstalt" vom 15. 8. 1895).

278 PfarrA Schramberg, „Kirchenbau. Beilagen" (Schreiben von Oberkonsistorialrat Merz an den Pfarrverweser vom 28. 11. 1894).

279 LKSpA Tübingen, Bestand Wannweil, III A 16c („Der Vorstand des Vereins für christliche Kunst in der evangel[ischen] Kirche Württembergs" an den Dekan in Reutlingen vom 3. 7. 1887).

allem aus dem Umfeld des Vereins für christliche Kunst, erneut gestellt werden.

Finanzierung

Die Baulast an den Kirchengebäuden lag nach der Ausscheidung der Kirchenvermögen laut Gesetz vom 14. Juni 1887 stets bei den Kirchengemeinden selbst. Zuvor oblagen die Baulasten an kirchlichen Gebäuden der bürgerlichen Gemeinde oder der Stiftungspflege.[280] Aus diesen Stiftungspflegen, „aus welchen bisher kirchlicher Aufwand und Aufwand für die Zwecke der bürgerlichen Gemeinde bestritten [wurde] (Heiligen-, Armenkasten-, Kirchen- und Schulstiftungspflegen)", war das Ortskirchenvermögen auszuscheiden.[281] Dieser Prozess zog sich bisweilen in einzelnen Gemeinden über mehrere Jahre hin, wie den Aktenbeständen des Landeskirchlichen Archivs zu entnehmen ist. Im Einzelnen soll auf diese Vorgänge nicht eingegangen werden, da sie für die vorliegende Arbeit eine untergeordnete Rolle spielen. Die Feststellung, dass zum einen durch das Kirchengemeindegesetz – wie schon mehrfach erwähnt – die Kirchengemeinden über ihre finanziellen Mittel eigenverantwortlich verfügen konnten und zum anderen dieses Recht der Selbstverwaltung einen Schub an Kirchenrestaurierungen auslöste, soll in diesem Zusammenhang genügen.

Das Gesetz von 1887 sollte besonders in zwei Richtungen wirken: Es hatte den „diffizile[n] finanzielle[n] Aspekt der Bauverbindlichkeit, der von Kirche zu Kirche [oder] von Ort zu Ort unterschiedlich je nach Verträgen [...] oder dem Herkommen geregelt war",[282] zu klären, und es sollte den Staat von einem großen Teil seiner Bauverbindlichkeiten an Kirchengebäuden befreien. Infolge der Säkularisation war es dem Staat zugefallen, die Baulast an Kirchengebäuden – siehe auch die Ausführungen zum „Kameralamtsstil" – zu tragen. Bis heute existieren in Baden-Württemberg rund 230 Kirchen, an denen der Staat den baulichen Unterhalt zu besorgen hat.[283] Diese Verpflichtungen beziehen sich zumeist jedoch auf Kloster- oder Stiftskirchen, nur in seltenen Fällen auf Pfarrkirchen. Da Dolmetsch überwiegend an Pfarrkirchen arbeitete, kann von einer verhältnismäßig einheitlichen Rechtslage hinsichtlich der Baulasten gesprochen werden.

Die Frage der Finanzierbarkeit der Kirchenrestaurierungen und -erweiterungen nahm besonders vor dem Hintergrund des bereits geschilderten Ideals eines „Gesamtplans" einen wesentlichen Stellenwert innerhalb der Diskussion um die auszuführenden Maßnahmen ein. Anhand der Schriftquellen lassen sich die durch den Kirchenpfleger vorgelegten Berechnungen mitunter minutiös nachvollziehen, doch sind diese Details für die Zielsetzung der Arbeit von untergeordneter Bedeutung. Es ist hingegen wichtig festzustellen, dass in allen Fällen eine Mischfinanzierung zur Anwendung gelangte: Die Bau-

maßnahmen wurden durch Kirchenkollekten, Grundstocksangriffe, Schuldaufnahmen bei Kreditinstituten sowie Staatsbeiträge finanziert.

Vereine, wie beispielsweise der Verein für christliche Kunst und der Gustav-Adolf-Verein, beteiligten sich an der Anschaffung einzelner Ausstattungsgegenstände oder liturgischer Geräte mit kleineren Beiträgen. Die Statuten des Vereins für christliche Kunst enthielten hinsichtlich der finanziellen Unterstützung von Kirchengemeinden den Passus: „Es können solchen Gemeinden, deren kirchliche oder bürgerliche Kollegien Mitglieder des Vereins sind, aus erheblichen Gründen, insbesondere im Falle der Bedürftigkeit, auf Ansuchen angemessene den Mitteln des Vereins entsprechende Beiträge bewilligt werden."[284] Im Fall der Kirchenrestaurierung in Oberfischach stiftete der Verein für christliche Kunst „zur Krönung der nach dem Plane des Vereinstechnikers, Baurat Dolmetsch, ausgeführten Verschönerung der Kirche einen Beitrag [von 225 Mark] zu den Kosten des auf 450 Mark sich belaufenden Glasgemäldes eines auferstehenden Christus".[285] Der Württembergische Verein für die Gustav-Adolf-Stiftung wurde 1843 gegründet – in Leipzig bestand eine ähnliche Einrichtung bereits seit 1832 – und war dem Grundsatz verpflichtet, „leidende Glaubensgenossen nach Kräften zu unterstützen".[286] Der Verein hatte es sich zur Aufgabe gemacht, „solche evangelische Gemeinden in und außer Deutschland, welche im eigenen Vaterlande keine ausreichende Hilfe finden können, bei Erbauung ihrer Kirchen, Pfarr- und Schulhäuser, Dotirung ihrer Pfarreien und dergleichen zu unterstützen".[287] Zum Kirchenneubau in Söflingen stiftete beispielsweise der Gustav-Adolf-Verein ein Landesopfer von 13 700 Mark, da die Gemeinde in der Diaspora lag.[288] Auch andere, in der Diaspora sich befindende evangelische Kirchengemeinden unterstützte der

280 Amtsblatt vom 15. 12. 1887, S. 3678.

281 Ebd., S. 3674.

282 Seng 1995, S. 186.

283 Dorothea Bader, Staatsarchiv Ludwigsburg, gewährte mir freundlicherweise Einsicht in das Vortragsmanuskript von Anita Sander zum Thema „Die Baulasten des Landes Baden-Württemberg als Folge der Säkularisation".

284 Zitiert nach GdA Bissingen/Teck, Bestand Bissingen, BA 626 (Schreiben von Dolmetsch an das Gemeinschaftliche Amt vom 10. 6. 1886).

285 PfarrA Oberfischach, „KGR-Protokolle 1889–1905" (Protokoll vom 6. 11. 1892).

286 HStA Stuttgart, E 14, Bü 1486 (Schreiben von König Wilhelm an die „Ausschuß-Mitglieder des württemb[ergischen] Vereins für die Gustav-Adolph-Stiftung" vom 17. 12. 1843). Vgl. auch Dehlinger 1951, S. 432.

287 LKA, A 26, 1599 („Statuten des württ[embergischen] Vereins für die Gustav-Adolf-Stiftung" mit Begleitschreiben an den König vom 29. 8. 1843).

288 Ev. Christuskirchengemeinde Ulm-Söflingen (Hrsg.), Festschrift zum Jubiläum. 100 Jahre Christuskirche Ulm-Söflingen, o. O., o. J. [1999], S. 7. Zu dem Kirchenneubau in Söflingen von 1899 vgl. auch Pietrus 2001, S. 148–153.

Gustav-Adolf-Verein mit Beiträgen, so etwa den Neubau der Kirchen in Göggingen und Großdeinbach „als notwendige nächste Zukunftsbauten".[289]

Darüber hinaus wandte Dolmetsch häufig die Möglichkeit der Finanzierung von Ausstattungsstücken durch Privatstiftungen an, indem er der Kirchengemeinde Listen vorlegte, in denen er die sich zu Stiftungen eignenden Gegenstände mit den entsprechenden Preisen aufführte.[290] Eine private Stiftung in einem außergewöhnlich großen Umfang ist für die Restaurierung der Kirche in Uhlbach bezeugt, zu der Kommerzienrat Gottlieb Benger 10 000 Mark beisteuerte.[291] Ausdruck dieses bürgerlichen Mäzenatentums, das an feudale Verhältnisse denken lässt, ist der bis auf den heutigen Tag in der Kirche befindliche Benger'sche Familienstuhl, ein von einem reich geschnitzten Baldachin überdachter, logenartig vom Kirchenschiff abgesonderter Bereich (Abb. 11). Auch zu der Kirchenrestaurierung in Vaihingen/Enz wurden „Stiftungen von hiesigen und auswärtigen Privaten" in außergewöhnlicher Höhe getätigt; von den 32 000 Mark Stiftungsgeldern entfielen allein 26 000 Mark auf die „Nachkommen von Heinrich Franck [...], die zur Herstellung und Ausschmückung des Chors, zur Beschaffung des Altars und Einrichtung der Heizung" verwendet wurden.[292]

Die Kollekten, die zum Teil beachtliche Summen erbrachten, gliederten sich auf in Hauskollekten, die innerhalb der Kirchengemeinde durchgeführt wurden, Pfingstkollekten und allgemeine Kirchenkollekten. Diese wurden per Konsistorialerlass angekündigt, so etwa im Fall der Vergrößerung der Kirche in Schramberg. Nach Abschluss des „wohlgelungene[n] Umbau[s]" rief die Oberkirchenbehörde am 13. September 1899 zu einer Kirchenkollekte auf, die „in sämtlichen evangelischen Kirchen des Landes [...] zu Gunsten des Kirchenbaus in Schramberg" veranstaltet werden sollte.[293] Im Fall des geplanten Kirchenneubaus in Metterzimmern, der als „unabweisbares Bedürfnis" betrachtet wird, wurde bereits vor

Abb. 11 Uhlbach, ev. Kirche, Benger'scher Familienstuhl, 1895.

der Inangriffnahme des Bauwesens eine allgemeine Kirchenkollekte veranstaltet. Da die alte Kirche in Metterzimmern „für die 623 Kirchengenossen zählende Gemeinde [...] keinen genügenden Raum bietet [und] feucht, dumpf, kalt und nur ungenügend erhellt [ist]", rief die Oberkirchenbehörde bereits am 14. Juni 1898 zu einer Kirchenkollekte auf.[294] Ebenso wie die Ankündigungen wurden auch die Ergebnisse der Kollekten veröffentlicht, so etwa in der „Bekanntmachung des Evangelischen Konsistoriums betreffend den Ertrag der allgemeinen Kirchenkollekte zu Gunsten des Neubaus der Kirche zu Metterzimmern" vom 25. August 1898, die die Summe von 14 203 Mark 65 Pfennig verzeichnete.[295] Die Kirchenkollekte „zu Gunsten der evangelischen Gemeinden in Sulzbach a. K. und Laufen a. K." erbrachte beispielsweise die Summe von 16 322 Mark.[296] Im Allgemeinen – in diesem Sinn stellen die beiden zuvor genannten Kirchengemeinden Ausnahmen dar – war die Oberkirchenbehörde jedoch eher bereit, für Kirchen*neubauten* Kollekten zu gewähren als für Kirchen*restaurierungen*. Dies geht aus einem Schreiben hervor, das Dolmetsch an den Pfarrer in Lehrensteinsfeld zu einem Zeitpunkt richtete, an dem er sich noch mit dem Gedanken an eine Restaurierung der

289 [Ohne Verfasser], Dreiundfünfzigster Jahresbericht des Württembergischen Hauptvereins der Gustav-Adolf-Stiftung, Stuttgart o. J. [1896], S. 32.

290 Eine solche Liste ist beispielsweise vorhanden in PfarrA Lorch Nord, Nr. 254 („Verzeichnis derjenigen Gegenstände die zu Stiftungen geeignet sind" vom Juli 1905). Diese Liste schließt mit der Bitte „um eine gütige Beisteuer", da die Mittel der Kirchengemeinde so „gering" sind, dass ihr „durch den Bau eine grosse Schuld erwächst".

291 PfarrA Uhlbach, Nr. 40 (KGR-Protokoll vom 13. 7. 1894). Vgl. auch LKA, A 29, 4705–4 (Schreiben des Pfarramts Uhlbach an das Dekanatamt in Cannstatt vom 9. 8. 1894).

292 [Ohne Verfasser], Vaihingen a. E., 27. Juli. Die Erneuerung der hiesigen Stadtkirche, in: Beilage zum Staatsanzeiger für Württemberg vom 2. 8. 1893, S. 1301.

293 Amtsblatt vom 20. 9. 1899, S. 5317.

294 Amtsblatt vom 21. 6. 1898, S. 5175.

295 Amtsblatt vom 3. 11. 1898, S. 5211.

296 Amtsblatt vom 13. 11. 1894, S. 4729.

Kirche trug: Prälat Merz habe – so Dolmetsch – „betreffs Erhaltung einer ganzen oder theilweisen Landescollecte" geraten, „hievon abzustehen, indem für blose Kirchenrenovationen eine Collecte unmöglich gewährt werden könne, so lange noch eine so große Anzahl von Gemeinden wegen nöthigen Kirchen-Neubauten auf Jahre hinaus vorgemerkt sei".[297] Die Erträge der jährlich am Pfingstfest abgehaltenen sogenannten Pfingstkollekten „zu Gunsten deutsch-evangelischer Gemeinden im Auslande und armer evangelischer Gemeinden im Inlande" wurden gleichfalls von der Oberkirchenbehörde regelmäßig veröffentlicht. In dem Zeitraum von 1889 bis 1898 betrugen die angesammelten Summen pro Jahr zwischen 14646 Mark und 17245 Mark.[298] Die Namen derjenigen Kirchengemeinden, die von diesen Pfingstkollekten einen Anteil erhielten, wurden jedoch nicht im Einzelnen aufgeführt.

Das evangelische Kirchengut verschmolz laut Verordnung vom 2. Januar 1806 mit dem Staatskammergut,[299] so dass fortan die Verwaltung des ehemals kirchlichen Besitzes den Behörden der Staatsfinanzverwaltung oblag. Der Grundstock des altwürttembergischen Kirchenguts bestand aus Waldungen, Äckern, Wiesen, Weinbergen und Fischwassern sowie einer beträchtlichen Summe Aktivkapital.[300] Das Kirchengemeindegesetz vom 14. Juni 1887 bestimmte, „daß das Ortskirchenvermögen und die einzelnen Stiftungen bestmöglich verwaltet werden [und] der Grundstock unangegriffen erhalten bleibe".[301] Plante eine Kirchengemeinde dennoch einen Grundstocksangriff zur Finanzierung eines bevorstehenden Kirchenbauprojekts, so bedurfte dieser unter besonderer Darlegung der Gründe der Genehmigung des Konsistoriums. Selten nur konnten die Kirchengemeinden aus eigener Kraft durch den Angriff ihres Grundstockvermögens und mit Hilfe anderer evangelischer Gemeinden durch die Veranstaltung von Kollekten die Restaurierung oder Erweiterung ihres Kirchengebäudes finanzieren, so dass in den meisten Fällen zusätzlich eine Schuldaufnahme erfolgen musste. Die Höhe dieses Darlehens war abhängig von dem bereits vorhandenen Baukapital, so dass die Gemein-

den verständlicherweise die Schuldaufnahme so gering wie möglich zu halten versuchten. Die Verzinsung und Rückzahlung dieser Darlehen erfolgte nach den üblichen Konditionen, so dass sich bei Zinssätzen von 4 % Laufzeiten von „4–5 Jahren"[302] und „40 Jahren"[303] ergeben konnten.

Eine große Zahl an Kirchengemeinden wandte sich an den Staat mit der Bitte um einen Beitrag zu den Kosten des Kirchenneubaus oder -umbaus. Laut Konsistorialerlass vom 25. Mai 1899 waren „Gesuche der Gemeinden um Staatsbeiträge zu Kirchen-, Pfarr- und Schulhausbauten" nicht mehr wie bisher „dem K. Ministerium des Kirchen- und Schulwesens unmittelbar, sondern durch die Vermittlung des Evang. Konsistoriums vorzulegen".[304] Vor 1899 wurden die Gesuche der Kirchengemeinden – sowohl der evangelischen als auch der katholischen – um Unterstützung bei Kirchen-, Pfarr- und Schulhausbauten unmittelbar an das Ministerium und von diesem in Form einer „Uebersicht" an das Königliche Kabinett gerichtet. In der Regel richteten die Gemeinden bereits vor Beginn des Bauwesens ein Gesuch um einen Staatsbeitrag an das Ministerium, so etwa die Gemeinde in Metterzimmern, der 1886 ein Beitrag von 3600 Mark zugesagt wurde.[305] Auch die Gemeinde in Lindach reichte bereits vor Inangriffnahme ihres Bauvorhabens ein Beitragsgesuch ein, doch wurde die Summe von 1400 Mark 1887 mit dem Bemerken bewilligt, „erst zahlbar, nachdem die Bauarbeiten in Akkord gegeben sein werden".[306] Auch im Fall des „Neubau[s] der Kirche [in Böckingen] mit Verwendung von Teilen der alten Kirche" wurde bereits während der Planungsphase ein Gesuch der Gemeinde eingereicht und auch genehmigt.[307]

Die staatliche Unterstützung wurde nicht nur von Kirchengemeinden in Anspruch genommen, die einen Neu- oder umfassenden Umbau ihrer Kirche vorzunehmen hatten, sondern auch von solchen, die eine Restaurierung ihrer Kirche beabsichtigten. Die Beiträge, zu deren Berechnung der Kostenvoranschlag diente, schwankten zwischen 4 % und 10 % des Bauvolumens. Nahezu alle Gemeinden bedienten sich dieser Möglichkeit, einen Zu-

297 PfarrA Lehrensteinsfeld, Nr. 64 (Schreiben von Dolmetsch an den Pfarrer vom 25. 4. 1884).

298 Amtsblatt vom 12. 5. 1890, S. 4206, Amtsblatt vom 21. 5. 1892, S. 4431, Amtsblatt vom 17. 4. 1893, S. 4554, Amtsblatt vom 27. 4. 1898, S. 5154 und Amtsblatt vom 24. 3. 1899, S. 5273.

299 Dehlinger 1951, S. 121 und S. 417.

300 Ebd., S. 93.

301 Amtsblatt vom 15. 12. 1887, S. 3683.

302 LKA, DAamt Blaubeuren, Nr. 320.1 (KGR-Protokoll vom 14. 3. 1899).

303 PfarrA Lorch Nord, „KGR-Protokolle 1900–1906" (Protokoll vom 30. 4. 1905).

304 Amtsblatt vom 3. 6. 1899, S. 5285.

305 HStA Stuttgart, E 14, Bü 273 („Anbringen des Staats-Ministers

des Kirchen- und Schul-Wesens betreffend die Bitten von 7 Gemeinden um Bewilligung von Staatsbeiträgen zur Bestreitung von Kirchen-, Pfarr- und Schulhausbauten" vom 23. 10. 1886 und entsprechende Bewilligung vom 3. 11. 1886).

306 Ebd. („Anbringen des Staats-Ministers des Kirchen- und Schul-Wesens betreffend die Bitten von 10 Gemeinden um Bewilligung von Staatsbeiträgen zur Bestreitung der Kosten von Kirchen- und Schulhausbauten" vom 30. 4. und 18. 5. 1887 und entsprechende Bewilligung vom 24. 5. 1887).

307 Ebd. („Übersicht über die Gesuche von 7 Gemeinden um Bewilligung von Staatsbeiträgen zu Kirchen-, Pfarr- und Schulhausbauten" vom Juni 1888 und „Auszug aus dem Königlichen Dekret an das Ministerium des Kirchen- und Schulwesens" vom 12. 6. 1888).

schuss zu den mitunter erheblichen Kosten zu erhalten. Die Gemeinden in Degerloch und Wannweil,[308] in Möckmühl,[309] in Hossingen[310] sowie in Roigheim[311] reichten Gesuche im Hinblick auf einen Um- oder Wiederaufbau der Kirche ein. Auch zu umfangreichen Restaurierungen erbaten die Gemeinden Staatsbeiträge, die ihnen in der Regel entsprechend ihrem Gesuch gewährt wurden, so etwa die Gemeinde in Schorndorf zur „Restauration des Chors der Stadtkirche",[312] die Gemeinde in Gingen „zu den Kosten der Anschaffung einer neuen Kirchenorgel",[313] die Gemeinde in Vaihingen/Enz „zu den Kosten der Restauration der Stadtkirche",[314] die Gemeinde in Reutlingen „zu den Kosten der Restauration der Marienkirche",[315] die Gemeinde in Neuenstadt „zu den Kosten der Erneuerung und Verschönerung ihrer Kirche"[316] sowie die Gemeinde in Heumaden „zu den Kosten des Umbaus der Kirche".[317] Das Gesuch der Gemeinde in Geislingen um einen Beitrag von 5000 Mark zu den Kosten der „Wiederherstellung der Stadtkirche" wurde allerdings ohne die Angabe von Gründen abgelehnt.[318]

In Fällen, in denen eine außerordentlich hohe Bausumme zu erwarten und diese durch die bereits genannten Möglichkeiten nicht aufzubringen war, griffen einige Kirchengemeinden zu der Möglichkeit, eine Kirchenbaulotterie durchführen zu lassen. Die Kölner Dombaulotterie und die Ulmer Münsterbaulotterie, deren erste Lose 1864 bzw. 1868 ausgegeben wurden, zählen zu den frühesten in Deutschland durchgeführten Kirchenbaulotterien.[319] Obwohl in beiden Fällen zunächst von Seiten der Geistlichkeit Einwände gegen die Veranstaltung einer Geldlotterie erhoben worden waren, überwog schließlich die Überzeugung, nur mit Hilfe dieser Art der Geldbeschaffung derartig anspruchsvolle Projekte verwirklichen zu können, wie sie der Weiterbau des Kölner Doms und der Ausbau des Ulmer Münsters darstellten. In einem „Vortrag über die Kirchenbaulotterien vom Standpunkt der christlichen Ethik und der Kirche" vertrat Prälat Heinrich Merz jedoch in Anlehnung an die „Sittenlehrer" die Ansicht, dass „die Teilnahme an einer Geldlotterie dem Christen [zu] verbieten und die Gestattung und Betreibung einer solchen als sittengefährlich und verderblich [zu] verurteilen" sei.[320] Das Konsistorium behielt diese grundsätzliche Haltung in Anbetracht der „Bedenken […], welche von sittlichem und wirtschaftlichem Standpunkte aus gegen Geldlotterien bestehen", bei, doch verzichtete es „in den Fällen, wo es sich um Wiederherstellung alter monumentaler Kirchenbauten handelte, auf die Geltendmachung seines Standpunktes".[321] So konnten die Kirchengemeinden in Reutlingen[322] und Urach[323] Kirchenbaulotterien durchführen, auch in Zuf-

308 Ebd. („Anbringen des Staats-Ministers des Kirchen- und Schul-Wesens betreffend die Gesuche von 11 Gemeinden um Bewilligung von Staatsbeiträgen zur Bestreitung von Kirchen- und Schulhausbauten" vom 20. 3. 1889 und entsprechende Bewilligung vom 25. 3. 1889).

309 HStA Stuttgart, E 14, Bü 274 („Übersicht über die Gesuche von 21 Gemeinden um Bewilligung von Staatsbeiträgen zur Bestreitung von Kirchen-, Pfarr- und Schulhausbauten" und „Erlaß an die Ministerialkasse" vom 24. 6. 1899).

310 Ebd. („Übersicht über die Gesuche von 24 Gemeinden um Bewilligung von Staatsbeiträgen zu Kirchen-, Pfarr- und Schulhausbauten" und „Erlaß an die Ministerialkasse" vom 18. 11. 1902).

311 Ebd. („Anbringen an den König, betr. die Gesuche von 58 Gemeinden um Bewilligung von Staatsbeiträgen zur Bestreitung von Kirchen-, Pfarr- und Schulhausbaukosten" vom 23. 4. 1904).

312 HStA Stuttgart, E 14, Bü 273 („Übersicht über die Gesuche von 14 Gemeinden um Bewilligung von Staatsbeiträgen zu Kirchen-, Pfarr- und Schulhausbauten" vom Juli 1889 und „Auszug aus dem Königlichen Dekret an das Ministerium des Kirchen- und Schulwesens" vom 24. 7. 1889).

313 Ebd. („Übersicht über die Gesuche von 23 Gemeinden um Bewilligung von Staatsbeiträgen zu Kirchen-, Pfarrhaus- und Schulbauten" vom Oktober 1891 und „Erlaß an die Ministerialkasse" vom 9. 11. 1891).

314 Ebd. („Übersicht über die Gesuche von 15 Gemeinden um Bewilligung von Staatsbeiträgen zu Kirchen-, Pfarrhaus- und Schulbauten" vom Oktober 1892 und „Erlaß an die Ministerialkasse" vom 11. 10. 1892).

315 HStA Stuttgart, E 14, Bü 274 („Übersicht über die Gesuche von 13 Gemeinden um Bewilligung von Staatsbeiträgen zu Kirchen-, Pfarrhaus- und Schulbauten" vom Januar 1893 und „Erlaß an die Ministerialkasse" vom 11. 1. 1893).

316 Ebd. („Übersicht über die Gesuche von 12 Gemeinden um Bewilligung von Staatsbeiträgen zu Kirchen-, Pfarrhaus- und Schulbau-

ten" vom April 1893 und „Erlaß an die Ministerialkasse" vom 11. 4. 1893).

317 Ebd. („Übersicht über die Gesuche von 17 Gemeinden um Bewilligung von Staatsbeiträgen zu Kirchen-, Pfarrhaus- und Schulbauten" vom Oktober 1893 und „Erlaß an die Ministerialkasse" vom 9. 11. 1893).

318 Ebd. („Übersicht über die Gesuche von 15 Gemeinden um Bewilligung von Staatsbeiträgen zu Kirchen-, Pfarrhaus- und Schulbauten" vom Juli 1893).

319 Zur Kölner Dombaulotterie vgl. Arnold Wolff, Die Baugeschichte des Kölner Domes im 19. Jahrhundert, in: Hugo Borger (Hrsg.), Der Kölner Dom im Jahrhundert seiner Vollendung, Bd. 2, Köln 1980, S. 31; zur Ulmer Münsterbaulotterie vgl. Fink 1990, S. 82 f.

320 LKA, A 26, 1502 („Vortrag über die Kirchenbaulotterien vom Standpunkt der christlichen Ethik und der Kirche" von Heinrich Merz vom 19. 7. 1892).

321 Ebd. („Note des Evang. Konsistoriums an die Kreisregierung des Schwarzwaldkreises in Reutlingen betr. die Bitte des Kirchengemeinderats in Urach um Genehmigung einer Geldlotterie zur Wiederherstellung der Amanduskirche in Urach" vom 27. 5. 1898).

322 Ebd. („Gesuch der bürgerl[ichen] Kollegien in Reutlingen um die Erlaubnis zur Veranstaltung einer Lotterie zu Gunsten der Wiederherstellung und Vollendung der Marienkirche in Reutlingen" und Notiz von Prälat Wittich an Prälat Merz vom 1. 3. 1893).

323 Ebd. („Bitte des Kirchengemeinderats Urach um Ermächtigung dafür, daß er um Verwilligung einer Prämienkollekte für die Restaurierung der Amanduskirche in Urach einkommen darf" vom 16. 3. 1898 und Zustimmung von Prälat Wittich vom 21. 3. 1898). Vgl. auch LKA, DAamt Urach, Nr. 606 („Auskunft" von Eberhard Fetzer, „Generalagentur der Lotterien des Württemb[ergischen] Rennvereins, der Stuttgarter Pferdemarkt-Lotterie, der Internationalen Gemälde-Ausstellungs-Lotterien in Stuttgart und vieler Kirchenbau-Lotterien" vom 9. 3. 1897).

fenhausen,[324] Möckmühl,[325] Böckingen,[326] Hossingen,[327] Lehrensteinsfeld[328] und Lorch[329] wurden Lotterien veranstaltet. Während im Fall des beabsichtigten Kirchenneubaus in Zuffenhausen dem Gesuch der Kirchengemeinde mit dem Hinweis entsprochen wurde, „daß eine Verschiebung einer besseren gottesdienstlichen Verpflegung der Gemeinde und ein Aufschub eines Kirchenbaus auf eine fernere Zeit nicht stattfinden kann, ohne daß die Pflege und Erhaltung des kirchlichen Lebens in der Gemeinde aufs schwerste bedroht und gefährdet wird",[330] wurde die Bitte des Kirchengemeinderats in Großdeinbach um Genehmigung einer Lotterie zum Kirchenneubau mit der Begründung abgelehnt, „als die Gemeinde, insbesondere durch Verwilligung einer allgemeinen Landescollecte und durch Zuwendung eines erheblichen Staatsbeitrags schon bisher kräftige Beihilfe erfahren hat".[331] Insgesamt war die Oberkirchenbehörde bei Restaurierungen mittelalterlicher Kirchen eher bereit, von ihrer grundsätzlich ablehnenden Haltung gegenüber Kirchenbaulotterien Abstand zu nehmen, als bei Kirchenneubauten, da sie in Fällen, bei denen es sich um herausragende Baudenkmale handelte, ein öffentliches Interesse gegeben sah. Die „Note des Staatsministers des Innern" genehmigte den Antrag der bürgerlichen Gemeinde in Reutlingen „mit Rücksicht auf den kunsthistorischen Wert der Marienkirche in Reutlingen und das allgemeine Interesse an der Erhaltung und stilgemäßen Wiederherstellung dieses edlen Denkmals der Frühgothik".[332] Es wurde bei einer veranschlagten Bausumme von rund 600 000 Mark ein Lotterieertrag von 165 000 Mark erhofft, wobei der Zusatz gemacht wurde, „die Lotterie für die Marienkirche soll[e] von der Stadtgemeinde, nicht von der Kirchengemeinde ausgehen, [und] erst nach erfolgter Restauration [solle] zufolge ausdrücklicher Festsetzung bei der Ausscheidungsverhandlung die Kirche in das Eigentum der Kirchengemeinde nebst Baulast über[gehen]" (Abb. 12).[333] Eine missliche ökonomische

Abb. 12 Lotterieschein für die Restaurierung der Marienkirche in Reutlingen, 1901.

Lage einer Kirchengemeinde allein wurde nicht als ausreichender Grund angesehen, einer Kirchenbaulotterie zuzustimmen. So wurde das Gesuch des Dekanatamts Welzheim, das die Bitte der Kirchengemeinde Lindach wegen „Dringlichkeit der Sache [und] Heranbringen noch vieler anderer Aufgaben der Gemeinde" unterstützte, rundheraus abgelehnt.[334] Im Fall des geplanten Kirchenneubaus in Lehrensteinsfeld etwa bewogen erst die „rasche[n] Fortschritte de[s] bauliche[n] Zerfall[s] des bisherigen Kirchengebäudes" das Konsistorium, der Veranstaltung einer Lotterie „nicht mehr entgegen treten zu können".[335] Die genannten Beispiele belegen, dass Kirchengemeinden, die eine umfangreiche Baumaßnahme – entweder einen vollständigen oder einen teilweisen Neubau ihrer Kirche – planten, gern zu dem Finanzierungsmittel einer Lotterie griffen. Eine solche wurde jedoch nur mit den genannten Einschränkungen gewährt. Es ist nur ein Fall bezeugt, in dem die Kirchengemeinde selbst aus ethischen Erwägungen heraus die Durchführung einer Lotterie ablehnte.

324 LKA, A 26, 1502 („Bericht betr. die Bitte des Kirchengemeinderats Zuffenhausen um Genehmigung einer Landeslotterie für die Erbauung einer 2ten Kirche" vom 10. 1. 1899 und Zustimmung von Prälat Wittich vom 17. 1. 1899). Zu dem Kirchenneubau in Zuffenhausen von 1902/03 vgl. auch Pietrus 2001, S. 168–171.

325 Ebd. („Eingabe des Kirchengemeinderats [Möckmühl] betreffend Kirchenbaulotterie" vom 17. 2. 1899 und Zustimmung von Prälat Wittich vom 15. 4. 1899).

326 Ebd. („Bitte des Pfarrer Nast in Bezug auf die geplante Kirchenbaulotterie" vom 31. 10. 1900 und Zustimmung von Oberkonsistorialrat Krafft vom 5. 1. 1901).

327 LKA, A 29, 2816–2 (Schreiben von Pfarrverweser Dreher an das Konsistorium vom 9. 10. 1901 mit Angabe des Lotterieerlöses in Höhe von 25 350 Mark).

328 LKA, A 26, 1502 („Note an die Kgl. Regierung für den Neckarkreis betr. die Veranstaltung einer Geldlotterie behufs Erbauung einer neuen Kirche in Steinsfeld" vom 22. 10. 1901). Zu dem Kirchenneubau in Lehrensteinsfeld von 1903 vgl. auch Pietrus 2001, S. 175–178.

329 Ebd. (Schreiben des Pfarramts Lorch „betr. Aufbringung von Mitteln zum Lorcher Kirchbau" vom 11. 5. 1905 und Zustimmung von Johannes Merz vom 30. 6. 1905).

330 Ebd. (Schreiben von Prälat Wittich an das Dekanatamt Ludwigsburg vom 17. 1. 1899).

331 Ebd. (Johannes Merz an das Dekanatamt Welzheim „betr. eine Bitte der Kirchengemeinde Großdeinbach um Genehmigung einer Lotterie zum Kirchenbau" vom 16. 8. 1895).

332 Ebd. („Note des Staatsministers des Innern betreffend die Bitte der bürgerlichen Kollegien in Reutlingen um die Erlaubnis zur Veranstaltung einer Lotterie zur Wiederherstellung und Vollendung der Marienkirche in Reutlingen" vom 2. 5. 1893).

333 Ebd. (Schreiben von Prälat Wittich an Prälat Merz vom 1. 3. 1893).

334 Ebd. („Bericht betr. Lotteriegesuch der Kirchengemeinde Lindach" vom 17. 12. 1900 und Ablehnung von Oberkonsistorialrat Krafft vom 28. 12. 1900).

335 Ebd. („Note an die Kgl. Regierung für den Neckarkreis betr. die Veranstaltung einer Geldlotterie behufs Erbauung einer neuen Kirche in Steinsfeld" vom 22. 10. 1901).

Der Kirchengemeinderat in Balingen äußerte – ähnlich wie schon Heinrich Merz – „sittliche Bedenken" gegen die Durchführung einer Lotterie und lehnte eine solche mit der Begründung ab, es handele „sich [bei der Balinger Stadtkirche] nicht um ein monumentales Gebäude, wie das Ulmer Münster [oder] die Reutlinger Marienkirche, an deren Erhaltung oder Ausbau weite Kreise über die Gemeinde hinaus ein Interesse haben".[336]

Bauorganisation

Die Problematik der Finanzierung verzögerte den Baubeginn mitunter um mehrere Jahre, in Einzelfällen gar um ein bis zwei Jahrzehnte,[337] die Ausführung des Bauwesens hingegen konnte häufig innerhalb von ein oder zwei Jahren – je nach Umfang der auszuführenden Arbeiten – erfolgen. Garant für diese zügige Abwicklung der Baumaßnahmen war zum einen die entsprechend dem Bauverlauf vorgenommene Ausschreibung der einzelnen Gewerke und zum anderen die Einsetzung eines Bauführers vor Ort. Obwohl hinsichtlich der Restaurierung der Reutlinger Marienkirche beide zuvor genannten Maßnahmen getroffen wurden, verzögerte sich die Fertigstellung der Arbeiten immer wieder. Waren zunächst von Dolmetsch drei Jahre – „Die erste Serie (Instandsetzung der Umfassungsmauern und Strebepfeiler, der Dachstühle, der Seitenschiffe, Bedachungen, Fenstereinfassungen etc.) könne in einem Jahre, die zweite (Restauration im Innern) etwa in zwei Sommern erstellt werden."[338] – für die Ausführung der Restaurierung vorgesehen, so dauerten die Arbeiten schließlich acht Jahre an. Im Gegensatz zu den meisten anderen Unternehmungen wurden in Reutlingen die Einzelheiten des Bauplans nicht *vor* Beginn der Arbeiten abschließend diskutiert, vielmehr zogen sich die Debatten mitunter bis *nach* Aufnahme der Baumaßnahmen hin.

Die vergleichsweise exakte Beschreibung der einzelnen Positionen sowie die Hinzufügung von Skizzen am Rand der Kostenberechnungen trugen hingegen dazu bei, die Bauarbeiten in der Mehrzahl der Fälle reibungslos abwickeln zu können. Laut Konsistorialerlass vom 30. Juli 1895 „betreffend die Behandlung von Kostenvoranschlägen" enthielten „bei der Submission von Bauarbeiten die Kostenvoranschläge vielfach nur die Bemerkung ‚nach Zeichnung zu liefern' oder ‚nach späterer Zeichnung auszuführen' […], bei größeren Aufträgen wird aber eine ge-

naue Beschreibung der auszuführenden Arbeiten oder die genaue Zeichnung derselben oder der Hinweis auf vorhandene Musterstücke geboten sein, weil davon die Zuverlässigkeit der Kostenberechnung abhängt".[339] Da diese Verordnung nicht für bestimmte Bauvorhaben spezifiziert worden ist, wird sie sowohl für Sakral- als auch für Profanbauten gültig gewesen sein. Dolmetschs Praxis hinsichtlich der Fertigung von Kostenvoranschlägen entsprach bereits vor Veröffentlichung des genannten Erlasses diesen Qualitätsstandards, die damit angestrebte Einhaltung des Kostenrahmens wurde in den meisten Fällen von Dolmetsch jedoch nicht umgesetzt.

In vielen Fällen haben sich sowohl die „Summarischen Kostenvoranschläge", die Dolmetsch stets vor Beginn einer Baumaßnahme fertigte und die in der Regel als Grundlage für die Beschlussfassung der entscheidungsbefugten Gremien dienten, als auch die Einzelberechnungen für Grab-, Betonier-, Maurer- und Steinhauer, Zimmer-, Gipser-, Schreiner-, Schmied-, Schlosser-, Maler- sowie Glaserarbeiten erhalten. Mit Ausnahme des Kirchenneubaus in Holzbronn[340] wurden die Kostenberechnungen für die einzelnen Gewerke – wie schon erwähnt – dem Bauverlauf entsprechend erstellt. So ging beispielsweise die Ausschreibung der Grab- und Maurerarbeiten stets derjenigen der Maler- und Gipserarbeiten voraus. Im Fall des Kirchenumbaus in Schramberg wollte Dolmetsch nach eigener Aussage „darauf losarbeiten, daß die Maurer- und Steinhauerarbeit, sowie die Zimmerarbeit veraccordirt werden kann, mit den übrigen Arbeiten hat es noch keine Eile".[341] In den meisten Fällen funktionierte dieses Verfahren in der Tat ohne große Probleme, lediglich im Fall des gerade erwähnten Kirchenumbaus in Schramberg hatte sich Dolmetsch des Vorwurfs zu erwehren, er verzögere den Fortgang der Bauarbeiten. Als Reaktion auf die Anschuldigungen schrieb Dolmetsch an den Pfarrer, er sei sich „nicht bewußt, daß irgendwie der Maurer und Steinhauer und der Zimmermann wegen Mangel an Zeichnungen am Weiterbauen gehindert gewesen wären."[342]

In der Planungsphase einer Kirchenrestaurierung oder eines -neubaus kam es hingegen häufig zu Verzögerungen, da entweder Dolmetsch bis zu zehn Kirchenbauten gleichzeitig bearbeitete[343] oder ein offenkundiger Mangel an Gehilfen herrschte. So führte er im Fall des geplanten „Umbau[s]" der Kirche in Lustnau an, die Ausarbeitung des Kostenvoranschlags habe „sowohl durch unabweisba-

---

336 DAamt Balingen, B 85 (KGR-Protokoll vom 18. 10. 1898).

337 Im Fall des Kirchenneubaus in Metterzimmern zog sich die Planungsphase von 1885 bis 1906 hin. Vgl. Pietrus 2001, S. 187–195.

338 Schwarzwälder Kreiszeitung vom 19. 12. 1890.

339 Amtsblatt vom 22. 8. 1895, S. 4886.

340 Zu dem Kirchenneubau in Holzbronn von 1908 vgl. auch Pietrus 2001, S. 203–207.

341 PfarrA Schramberg, „Kirchenbau. Beilagen" (Schreiben von Dol-

metsch an den Pfarrer vom 26. 1. 1896).

342 Ebd. (Schreiben von Dolmetsch an den Pfarrer vom 3. 11. 1897).

343 KPf Schwäbisch Hall, „Bauakten Umbau Katharinenkirche" (Schreiben von Dolmetsch an den Pfarrer vom 1. 8. 1892): In diesem Brief entschuldigt er sich für die Verzögerung der Vorarbeiten, da er „zurzeit für die Ausführung von 10 verschiedenen Kirchenrestaurationen zu sorgen" habe.

re Geschäftsüberbürdung, als aber auch durch eingetretene Gehilfennot eine ziemliche Verzögerung erlitten".[344] In demselben Zusammenhang beklagte er das „Elend, daß es so sehr an jungen Bautechnikern mangelt".[345] Er führte darüber hinaus den Umstand an, dass er „schon seit 2 Monaten einen Gehilfen als Zeichner und zugleich Bauführer" suche, aber niemanden gefunden habe. Ähnlich äußerte sich Dolmetsch in Bezug auf das „Kirchenbauproject" in Söflingen, da er „infolge eines unvorhergesehenen Notstandes, den [er] in den letzten Monaten mit [s]einen Gehilfen durchzumachen hatte", nicht in der Lage war, die Fertigung der Pläne so rasch zu bewerkstelligen, wie es die Gemeinde wünschte.[346] Im Fall der Restaurierung der Kirche in Unterjesingen entschuldigte er sich, „die Berechnung [des] Kostenvoranschlags verschoben" zu haben, da es „in den letzten 2 Monaten 5 Kirchen zur Einweihung zu vollenden" gab.[347] In Bezug auf den Kirchenumbau in Schramberg beklagte Dolmetsch ein „Versäumnis von Seiten eines [s]einer Gehilfen", das dazu führte, dass „der Plan nebst Kostenberechnung" nicht rechtzeitig an die Kirchengemeinde abgesandt wurde.[348]

Anhand der Haushaltslisten lässt sich die Zahl der in Dolmetschs Büro beschäftigten Mitarbeiter ermitteln. Hatte er Mitte der achtziger Jahre lediglich zwei bis drei Angestellte, die von ihm stundenweise bezahlt wurden, so waren es in den neunziger Jahren vier bis fünf Mitarbeiter, die ihr Gehalt monatsweise erhielten.[349] Das Jahr 1904 verzeichnet mit vierzehn Mitarbeitern die größte Zahl an Angestellten.[350] Diese Steigerung der Zahl der Mitarbeiter fällt erstaunlicherweise in einen Zeitraum, in der die Auftragslage gegenüber derjenigen in den neunziger Jahren nicht weiter wächst, sondern eher zurückgeht. Es ist überliefert, dass Dolmetsch – wie es in Architekturbüros bis auf den heutigen Tag allgemein üblich ist – Kostenberechnungen und Ausführungspläne von seinen Angestellten ausführen ließ. Inwieweit Entwurfzeichnungen zu einzelnen Ausstattungsstücken oder zu ornamentalen Baudetails von seiner Hand gefertigt wurden, ließe sich nur durch stilistische Vergleiche anhand erhaltener Pläne entscheiden, für die Fragestellung dieser Arbeit ist jedoch die Problematik der Scheidung von Händen ohne Be-

Abb. 13 Vignette, „Lichtpaus-Apparate v. H. Dolmetsch".

lang.[351] In dem vorliegenden Zusammenhang bleibt festzustellen, dass ein Plan, sofern er von Dolmetsch signiert ist oder sich in seinem Nachlass – mit Ausnahme der Pläne, die offenkundig nicht aus seinem Büro stammen – befindet, der Urheberschaft Dolmetschs zuzurechnen ist. Diese Aussage gilt sowohl für Tusch- und Bleistiftzeichnungen als auch für Lichtpausen, die seit Mitte der neunziger Jahre in Dolmetschs Büro in großem Umfang zum Einsatz kamen und allmählich die Tuschzeichnungen vollständig verdrängten. Die frühesten von Dolmetsch gefertigten Lichtpausen stammen aus dem Jahr 1887 und stellen die Katharinenkirche in Reutlingen dar.[352] Dolmetschs ausgeprägtes Interesse an dem zu der damaligen Zeit noch relativ jungen Lichtpausverfahren belegt eine Vignette mit der Aufschrift „Lichtpaus-Apparate v. H. Dolmetsch" (Abb. 13). Sie zeigt drei Putti, denen ein Zirkel und ein Grundrissplan beigegeben sind, einer der drei Putti hält eine lichtempfindliche Platte in die Strahlen der Sonne. Ob Dolmetsch als Urheber dieser Komposition anzusehen ist, ist ebenso ungewiss wie die Zweckbestimmung des Blattes. Möglicherweise deutet es auf einen Handel hin, den Dolmetsch mit Lichtpausapparaten und -flüssigkeiten betrieb. In den achtziger Jahren verkaufte Dolmetsch in relativ regelmäßigen Abständen von drei bis fünf Monaten mehrere Liter einer nicht näher definierten

344 StadtA Tübingen, C 70/439 (Schreiben von Dolmetsch an das Gemeinschaftliche Amt in Lustnau vom 7. 6. 1887).

345 Ebd. (Schreiben von Dolmetsch an den Schultheiß vom 4. 11. 1889).

346 PfarrA Söflingen Ost, III A 16c (Schreiben von Dolmetsch an den Pfarrverweser vom 29. 6. 1897).

347 PfarrA Unterjesingen, Nr. 206.1 (Schreiben von Dolmetsch an den Pfarrer vom 29. 3. 1892).

348 PfarrA Schramberg, „Kirchenbau. Beilagen" (Schreiben von Dolmetsch an den Pfarrer vom 26. 11. 1895).

349 Das HH-Buch verzeichnet für den Monat November 1885 zwei Zahlungen und für den Monat Dezember 1892 fünf Namen mit

den entsprechenden Gehaltszahlungen.

350 Das HH-Buch führt für den Monat September 1904 unter der Rubrik „Ausgaben" 14 Namen mit den entsprechenden Gehaltszahlungen auf.

351 Zudem hätten sich stilistische Vergleiche auf die im Maßstab 1:10 gefertigten Werkzeichnungen zu stützen, die aber nur im Fall der Restaurierung der Reutlinger Marienkirche und des Neubaus der Stuttgarter Markuskirche erhalten sind. Die in vielen Fällen vorhandenen Eingabezeichnungen im Maßstab 1:100 stellen in Bezug auf diese Frage keine aussagekräftige Materialgrundlage dar.

352 Zu dem Neubau der Katharinenkirche in Reutlingen von 1887/90 vgl. auch Pietrus 2001, S. 134–139.

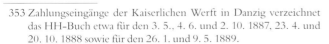
Abb. 14 Großdeinbach, ev. Kirche, Kanzel.

Abb. 15 Lehrensteinsfeld, ev. Kirche, Kanzel.

Flüssigkeit an die Kaiserliche Werft in Danzig.[353] Mit großer Wahrscheinlichkeit handelte es sich hierbei um Lichtpausflüssigkeit;[354] eine gleichfalls nicht exakt bestimmte Flüssigkeit verkaufte Dolmetsch im Mai 1888 an die Firma Siemens Bros. & Co. Limited in London.[355]

Die zunehmende Rationalisierung von Arbeitsabläufen zeigt sich nicht nur in dem Übergang von Tuschzeich-nungen zu Lichtpausen, sondern deutet sich bereits in einer Art „Fließband"-Arbeit an, die erstmals im Fall der Kirchenrestaurierung in Unterjesingen zutage tritt. Dort entschuldigt sich Dolmetsch, die für die Ausschreibungen erforderlichen „Detailzeichnungen" nicht mehr parat zu haben, da er „einen Teil derselben für Heumaden be-nützt" habe in Anbetracht des raschen Entschlusses der dortigen Gemeinde, die Kirche noch im selben Jahr um-bauen zu lassen.[356] Diese Aussage Dolmetschs erhält eine gewisse Brisanz vor dem Hintergrund seines Diktums, die „Zeichnungen für Kanzel, Altar und Taufstein [...] nicht musterkartenartig her[zu]stellen".[357] Entgegen sei-nem Anspruch ließ Dolmetsch für die Kirchenneubauten in Großdeinbach und in Lehrensteinsfeld nahezu identi-sche Kanzeln fertigen, die damit anschaulich sein Diktum relativieren (Abb. 14; 15).

353 Zahlungseingänge der Kaiserlichen Werft in Danzig verzeichnet das HH-Buch etwa für den 3. 5., 4. 6. und 2. 10. 1887, 23. 4. und 20. 10. 1888 sowie für den 26. 1. und 9. 5. 1889.
354 Diese Vermutung äußerte Ruth Dolmetsch † in einem Gespräch am 12. 11. 1997.
355 HH-Buch vom 14. 5. 1888.
356 PfarrA Unterjesingen, Nr. 206.1 (Schreiben von Dolmetsch an den Pfarrer vom 15. 12. 1893).
357 LKA, PfarrA Unterdeufstetten, „Akten bis 1966. III A 16c" (Schreiben von Dolmetsch an den Pfarrer vom 26. 2. 1905).

Um die Jahrhundertwende verzeichnete Dolmetsch einen deutlichen Anstieg der Preise und Löhne, der zu einer Überarbeitung bereits gefertigter Kostenvoranschläge aufgrund der veränderten Situation zwang. In Bezug auf den Kirchenumbau in Roigheim stellte er fest, „daß in den letzten Jahren sowohl die Arbeitslöhne als auch die Preise für Baumaterialien sich beträchtlich gesteigert haben".[358] Im Jahr 1900 machte er sogar Preissteigerungen von mehr als 10 %,[359] und 1907 begründete er hinsichtlich der Kirchenrestaurierung in Schorndorf „die unerwartete Höhe des Gesamtbetrags" mit einer Steigerung der Preise „in den letzten 5 Jahren [...] von ca. 15–20 %, ja teilweise sogar um etwa 30 %".[360] Diese Entwicklung erzeugte im Gegenzug einen Druck nach Verbilligung des Bauwesens, dem Dolmetsch vor allem durch die Einführung neuartiger Materialien, wie zum Beispiel Eisenbeton und Dopfersteine, zu begegnen suchte. Dem Thema „Material" wird im Folgenden ein eigenes Kapitel vorbehalten sein.

Insgesamt lässt sich für die Zeit der Jahrhundertwende ungeachtet der soeben beschriebenen Preissteigerungen feststellen, dass – ganz im Gegensatz zu der heutigen Situation – die Löhne vergleichsweise niedrig und die Materialpreise relativ hoch waren. 1904 verdiente ein Meister 0,55 Mark pro Stunde, ein Steinhauer 0,50 Mark, ein Maurer 0,40 Mark, ein Jungmaurer 0,35 Mark, ein Maurerlehrling 0,25 Mark und ein Taglöhner 0,33 Mark.[361] Die Stundenlöhne lagen mitunter sogar gegenüber den genannten Sätzen um bis zu 0,05 Mark höher.[362] Vor der Jahrhundertwende hingegen berechneten sich die Löhne durchschnittlich um 0,05 Mark niedriger.[363] Die Preise betrugen beispielsweise für „1 Sack Cement" 2,10 Mark, für „1 Sack Schwarzkalk" 1,00 Mark, für „1 Sack Kies" 0,20 Mark und für „1 Kübel feinen Beton" 0,40 Mark.[364] Eine Kanzel kostete vor 1900 rund 480 Mark,[365] nach 1900 etwa 650 Mark.[366] Die Kosten für die Anschaffung eines neuen Gestühls oder die Verlegung eines neuen Fußbodens lassen sich hingegen kaum miteinander vergleichen, da sie von der Größe der Kirche und der Art der Ausführung abhängig sind.

Wie oben bereits anklang, setzte Dolmetsch seine Mitarbeiter vor allem für Zeichenarbeiten im Büro und als Bauführer vor Ort ein. In den meisten Fällen gelang es ihm, als Bauführer einen Angestellten seiner Wahl – im Fall des Kirchenneubaus in Wört übernahm sein Sohn Theodor die Funktion des Bauleiters – zu installieren; selten wurde als Bauführer der jeweils zuständige Oberamtsbaumeister eingesetzt. Beim Kirchenbau in Hohenstein lehnte Dolmetsch es „entschieden" ab, „die Bauzeichnungen anzufertigen und die Ausführung des Baus einem anderen zu überlassen".[367] Trotzdem übernahm schließlich Oberamtsbaumeister Klink aus Besigheim die Bauleitung vor Ort. 1892 hingegen konnte Dolmetsch im Fall der Reutlinger Marienkirche entgegen dem Votum zweier Mitglieder der Kirchenbaukommission den Bauführer seiner Wahl, den bei ihm seit 1887 angestellten Architekten August Stechert, durchsetzen.[368] Bei der Kirchenrestaurierung in Lorch unterlief dem Bauführer „ein großer Fehler", der nach Ansicht des Vorsitzenden des Kirchengemeinderats aus dem Umstand resultierte, dass dieser „offenbar der Sache nicht gewachsen" war.[369] Die „enorme Überschreitung der Baukosten" war nach Dolmetschs „Eindruck" auf die überhöhten Summen in den Rapportzetteln zurückzuführen. Trotz der von dem Bauführer bereits vorgenommenen Streichungen gehörte nach Dolmetschs Ansicht „1/3 der Summe auf den Rapportzetteln noch gestrichen". Da der Bauführer seiner Pflicht, „der Baukommission offizielle Mitteilung von den Unregelmäßigkeiten zu machen", nicht nachgekommen sei, habe Dolmetsch – zumal ihm die Rechnungen „vor Ausbezahlung nicht zur Revision vorgelegt worden" seien – keine Kenntnis dieser Vorgänge gehabt.

Die acht Jahre während Restaurierung der Reutlinger Marienkirche konnte, wie andere zeitgleiche Groß-

358 PfarrA Roigheim, Nr. 56 (Schreiben von Dolmetsch an den Kirchengemeinderat vom 29. 12. 1899).

359 LKA, DAamt Blaubeuren, Nr. 320.1 (KGR-Protokoll vom 27. 2. 1900).

360 LKA, 1. Stadtpfarramt Schorndorf, „Kirchliche Bausachen 1883–1910" (Schreiben von Dolmetsch an den Dekan vom 5. 1. 1907).

361 LKA, PfarrA Beuren, Nr. 230 (Bedingungen und Kostenvoranschlag über „Betonier-, Maurer- und Steinhauerarbeiten" vom April 1904).

362 PfarrA Lorch Nord, Nr. 254 („Bedingungen und Kostenvoranschläge über die Grab-, Betonierungs-, Maurer- und Steinhauerarbeiten am Äussern der Kirche" vom Juli 1904).

363 KPf Schwäbisch Hall, „Bauakten Umbau Katharinenkirche" („Maurer- und Steinhauer-Arbeiten. Kosten-Voranschlag" vom November 1894).

364 PfarrA Lorch Nord, Nr. 254 („Bedingungen und Kostenvoranschläge über die Grab-, Betonierungs-, Maurer- und Steinhauerarbeiten am Äussern der Kirche" vom Juli 1904).

365 PfarrA Laufen/Kocher, „Zweite Kirchenpflege-Rechnung (einschließend die gesammte Nebenrechnung über den Kirchenumbau im Jahr 1892) pro 1. April 1891/31. März 1894" (Rechnung der Bauschreinerei Karl Zundler über „1 Kanzel nach Zeichnung von Eichenholz samt Treppe, Geländer, Pultbrett, Knieschemel, Kapitäl" vom 10. 12. 1892).

366 PfarrA Lehrensteinsfeld, Nr. 72 (Rechnung von Lindenberger und Rühle über „Ausführung der Holzbildhauerarbeiten zur Kanzel" vom 21. 9. 1903 und Rechnung von Karl Zundler über „1 Kanzel von Rüsterholz" vom August 1903).

367 LKA, A 29, 585–4 (Schreiben von Dekan Knapp an das Konsistorium vom 9. 1. 1891).

368 Kronberger 2001, S. 286. Nach ebd., S. 290 empfand der Reutlinger Bildhauer Friedrich Launer Stecherts Stil „als selbstherrliche und inakzeptable Anmaßung".

369 PfarrA Lorch Nord, „KGR-Protokolle 1900–1906" (Protokoll vom 10. 1. 1905).

baustellen auch,[370] nur durch die straffe Organisation und Einrichtung einer Bauhütte bewerkstelligt werden. Die Leitung dieser Bauhütte wurde August Stechert übertragen. Eine „Arbeits-Ordnung" regelte die Arbeitszeiten, die Löhne sowie das Verhalten der Arbeiter in Bezug auf „sittliches Betragen" und das Auffinden „merkwürdige[r] Kunst- und Naturerzeugnisse".[371] Die tägliche Arbeitszeit betrug, entsprechend den Jahreszeiten gestaffelt, zwischen acht und zehneinhalb Stunden. Auch an Samstagen wurde regulär gearbeitet; dies gilt gleichermaßen für die Bauarbeiter vor Ort wie für die Gehilfen im Stuttgarter Büro.[372] Bei kleineren Restaurierungskampagnen als derjenigen an der Reutlinger Marienkirche – und diesen ist die überwiegende Zahl der unter Dolmetschs Leitung durchgeführten Maßnahmen zuzurechnen – wurde nicht eigens eine Bauhütte eingerichtet, vielmehr koordinierte der Bauleiter vor Ort die Arbeit der ortsansässigen und ortsfremden Handwerker. Arbeiten, die von ortsansässigen Unternehmern ausgeführt wurden, waren in der Regel Grab- und Maurerarbeiten sowie Zimmer-, Gipser-, Schmiede-, und Schlosserarbeiten. Schreiner-, Maler- sowie Glaserarbeiten, die häufig mit der künstlerischen Ausstattung der Kirchen in Zusammenhang standen, ließ Dolmetsch zumeist durch Handwerker ausführen, die auf ihrem Gebiet einen überregionalen Ruf genossen. Es sollen an dieser Stelle lediglich der „Zimmermaler"[373] und spätere „Hofdekorationsmaler"[374] Eugen Wörnle, die Hofglasmalereianstalt Gustav van Treeck in München und der Kunstmaler Theodor Bauerle erwähnt werden. In dem Kapitel „Malerische und skulpturale Ausstattung" wird nochmals auf diese Personen eingegangen.

Die Ausführung der Arbeiten erfolgte in den meisten Fällen zu einem Teil im Akkord und zu einem anderen Teil im Taglohn. Die Akkordarbeit stellt eine Tätigkeit dar, die im Gegensatz zum Zeitlohn (Taglohn) nach Leistungseinheiten bezahlt wird. Dadurch sind in den Fällen, in denen sowohl die Kostenberechnungen für die einzelnen Gewerke als auch die jeweiligen Abrechnungen erhalten sind, die veranschlagten mit den tatsächlich aufgewendeten Summen unmittelbar vergleichbar. Das überlieferte Material in Laufen/Kocher ermöglicht beispielsweise einen solchen Vergleich: Die Maurer- und Steinhauerarbeiten an der Kirche waren etwa auf 3860 Mark veranschlagt, die Ausführung der Arbeiten betrug hingegen 8120 Mark, wovon 2130 Mark auf Arbeiten, die im Taglohn ausgeführt wurden, entfielen.[375] Die Arbeiten an der Stadtkirche in Vaihingen/Enz und an der Marienkirche in Reutlingen wurden demgegenüber in Regie durchgeführt, was bedeutet, „daß die Vergabe der Arbeiten in den Händen des Stiftungsrats als Bauherrn lag, der auch die Finanzen verwaltete".[376]

Anhand der in zahlreichen Fällen überlieferten Honorarberechnungen lassen sich die Verdienste Dolmetschs relativ gut bestimmen. Das Architektenhonorar betrug in der Regel etwa 8,5 % der „Bausumme": Für den „Umbau" der Kirche in Laufen/Kocher berechnete er 8,3 %,[377] für den „Umbau" der Stadtkirche in Geislingen 8,6 %.[378] In Ausnahmefällen konnte das Honorar auch erheblich unter diesem Prozentsatz liegen, wie etwa beim „Umbau" der Stadtkirche in Vaihingen/Enz, für den Dolmetsch lediglich 6,7 % veranschlagte.[379] Die „Bausumme" orientierte sich an der Höhe des Kostenvoranschlags, doch überstieg sie diese in den meisten Fällen. Dieser Umstand lässt sich möglicherweise aus der Tatsache erklären, dass noch weitere nachträglich genehmigte Arbeiten in die Bausumme einflossen, doch ist diese These anhand des Quellenmaterials nicht zu belegen. In der Honorarsumme enthalten ist häufig ein „Zuschlag für Decorationsarbeiten", aus dem sich ersehen lässt, dass Dolmetsch Arbeiten, die mit der künstlerischen Ausgestaltung der Kirchen im Zusammenhang standen, zumeist nach eigenen Entwürfen ausführen ließ. Darüber hinaus stellte Dolmetsch seine Reisen – die erste Reise bezahlte stets der Verein für christliche Kunst, sofern diese in seinem Auftrag erfolgte – und seine Portoauslagen in Rechnung. Die Bauführungskosten wurden in allen Fällen von den Architektenkosten getrennt berechnet.[380]

370 Vgl. zum Thema „Bauhütte" im 19. Jahrhundert Schumacher 1993, S. 713–745, Seng 1995, S. 707 und Timpe 2001, S. 36 f.

371 LKA, DAamt Reutlingen, D 302 („Arbeits-Ordnung für die Bauhütte der Marienkirche zu Reutlingen" vom 22. 7. 1893). Vgl. auch Heinrich 2001, S. 16.

372 Das HH-Buch enthält beispielsweise für November 1885 zwei Einträge über „255 Std. im Oktober" bzw. „266 Std. im Oktober". Es ist davon auszugehen, dass Entsprechendes für die folgenden Jahre angenommen werden kann.

373 PfarrA Stetten, Nr. 105.3 (Schreiben von Dolmetsch an das Gemeinschaftliche Amt in Stetten vom 16. 5. 1884).

374 PfarrA Meßstetten West, „KGR-Protokolle Hossingen 1902–1910" (Protokoll vom 13. 10. 1903).

375 PfarrA Laufen/Kocher, „Zweite Kirchenpflege-Rechnung (einschließend die gesammte Nebenrechnung über den Kirchenumbau im Jahr 1892) pro 1. April 1891/31. März 1894" („Kirche auf dem Heerberg zu Laufen a/Kocher. Baukostenberechnung" vom

376 Heinrich 2001, S. 16. Vgl. auch Marienkirche 1903, S. 32.

377 PfarrA Laufen/Kocher, „Zweite Kirchenpflege-Rechnung (einschließend die gesammte Nebenrechnung über den Kirchenumbau im Jahr 1892) pro 1. April 1891/31. März 1894" („Berechnung des Architectenhonorars" von Dolmetsch vom 27. 11. 1893).

378 LKA, DAamt Geislingen, Kirchenpflege Nr. 5.1 („Berechnung des Architectenhonorars" von Dolmetsch vom 24. 8. 1893).

379 DAamt Vaihingen/Enz, Nr. 833 („Honorarberechnung" von Dolmetsch vom 8. 12. 1898).

380 LKA, DAamt Kirchheim/Teck, Nr. 717 („Summarische Kostenberechnung der sämtl[ichen] Bauarbeiten" von Dolmetsch vom Februar 1897): Die „Bauführungs-, Architekten- und Abrechnungskosten [machen] erfahrungsgemäß zus[ammen] ca. 12 1/2 % der Bausumme" aus.

Die Einführung einer neuen „Gebühren-Ordnung der Architekten und Ingenieure" im Jahr 1901 diente der Anpassung der Honorarsumme an den tatsächlich erbrachten Bauaufwand.[381] Bis dahin wurde das Honorar auf der Grundlage des Kostenvoranschlags berechnet.[382] Die neue Verordnung legte demgegenüber fest, dass die Gebühren „nach der Bausumme in Rechnung gestellt [werden], und zwar für Vorarbeiten und Ausführungsarbeiten gesondert": Für die Honorierung der Vorarbeiten ist die „Summe des Kostenanschlages oder die Kostenschätzung massgebend", für die Honorierung der Ausführungsarbeiten die „Summe der Baukosten".[383] Die „Gebühren-Ordnung" aus dem Jahr 1901 legte fest, dass „40/100 nach dem Kostenvoranschlag [und] 60/100 nach der Bauabrechnung" zu berechnen sind.[384] Diese Regelung scheint jedoch keine unmittelbare Auswirkung auf die Höhe des Honorars gehabt zu haben, denn im Fall der Kirchenrestaurierung in Lorch erhielt Dolmetsch beispielsweise ein Honorar, das etwa 8,2 % der Bausumme betrug.[385] Auch im letztgenannten Beispiel berechnete Dolmetsch einen „Zuschlag für Ausstattungsgegenstände, wie Glaserarbeiten, Beleuchtungskörper [und] Paramente".

Dolmetschs Verständnis von „Kirchenrestaurationen"

In seiner Eigenschaft als Mitglied des Württembergischen Vereins für Baukunde hielt Dolmetsch am 25. März 1899 einen Vortrag mit dem Titel „Ueber Kirchenrestaurationen",[386] der an anderer Stelle bereits erwähnt worden ist. Als Anlass für die vielfältigen Restaurierungsunternehmungen nennt Dolmetsch den „kläglichen Zustand der auf dem Lande so vielfach vorkommenden verbesserungsbedürftigen Kirchengebäude". Er führt einleitend aus, dass „infolge der Anlegung der Friedhöfe bei den Kirchen deren Außenmauern im Laufe der Zeiten meist so hoch angefüllt worden seien, daß man von außen in die Kirche abwärts steigen müsse, daß ferner am Aeußern weder eine Dachrinne noch ein Trottoir der Kirche entlang anzutreffen sei, kein Wunder daher, wenn die Umfassungsmauern

in ihren Unterteilen durchnäßt seien und die Fundamente infolge des aufgeweichten Untergrundes Veränderungen an den Umfassungswänden zulassen, welche sich durch Senkelausweichungen oder durch Wand- und Gewölberisse deutlich genug bemerkbar machen". Er geht so weit, dass er dem schlechten baulichen Zustand der Kirchengebäude eine gesundheitsschädliche Wirkung auf den Menschen zuschreibt: „Ganz abgesehen von der primitiven Konstruktion der Stuhlungen, welche dem Sitzenden in vieler Beziehung Unbequemlichkeiten, sogar Qual bereiten, tritt noch der gesundheitsschädliche Uebelstand auf, daß die Kirchenbesucher infolge des faulen Holzmobiliars von kalter feuchter Moderluft umgeben" sind. Schadensbeschreibungen dieser Art finden sich relativ häufig in Äußerungen über den Zustand der Kirchen, so etwa in Bezug auf Frommern, Täferrot und Temmenhausen. Im Einzelnen wird auf den Zustand der Bauwerke, den diese vor einer geplanten Restaurierung aufweisen, im Rahmen der Einzeldarstellungen eingegangen.

An dieser Stelle soll lediglich der Zustand der alten Kirche in Lehrensteinsfeld Erwähnung finden, den Dolmetsch 1884 als „vom hygienischen Standpunkte aus […] gräßlich" bezeichnet.[387] Der „Bericht über das Ergebniß der medicinalpolizeilichen Gemeindevisitation in Lehrensteinsfeld" vom selben Jahr konstatiert, dass die „schädliche Feuchtigkeit an Wandungen und Boden [der Kirche] ein notorischer Anlaß zur Gefährdung der Gesundheit der Gemeindeeinwohner" ist.[388] Dolmetsch führt weiter aus, dass „der Kirchgänger durch das westliche Hauptportal etliche Stufen herab[steigt] in das kellerartig vertiefte Schiff, hinein in eine kalte dumpfe Moderluft; die Steinfliese[n] glänzen vor Nässe, die Wände sind nußfarben und stellenweise des Bewurfs entblößt, die Kirchenstühle, die Bretter, Bedielungen unter denselben, das Holzwerk der Emporen sind morsch und brüchig". Obwohl Dolmetsch trotz dieser beachtlichen Mängelliste zunächst an eine Restaurierung der Kirche dachte, wurde schließlich 1903 ein Neubau nach seinen Plänen errichtet. Der gesundheitsschädigende Einfluss der zum Teil als sehr marode beschriebenen Kirchengebäude kommt insbesondere hinsichtlich der Sitzplätze im Parterre zutage:

381 LKA, PfarrA Beuren, Nr. 230 („Gebühren-Ordnung der Architekten und Ingenieure" von 1901 mit Stempel „Architekt H. Dolmetsch. Oberbaurat. Stuttgart" versehen).

382 [Ohne Verfasser], Berichte der Kommission zur Begutachtung einer neuen Norm zur Berechnung des Honorars für Arbeiten des Architekten und Ingenieurs, in: Monatsschrift des Württembergischen Vereins für Baukunde 1899, H. 5, S. 30.

383 [Ohne Verfasser], Gebühren-Ordnung der Architekten und Ingenieure, in: Monatsschrift des Württembergischen Vereins für Baukunde 1901, H. 4, S. 33.

384 LKA, DAamt Tuttlingen, Nr. 315 (Schreiben von Dolmetsch an die Baukommission vom 4. 7. 1904).

385 PfarrA Lorch Nord, Nr. 256 („Berechnung des Architektenhono-

rars nach der Gebührenordnung der Architekten und Ingenieure vom Jahr 1901" von Dolmetsch vom Mai 1906).

386 Dolmetsch 1900. Vgl. auch das Manuskript zu diesem Vortrag mit eigenhändigen Ergänzungen von Dolmetsch in LKA, K 1, Nr. 130. Der Wortlaut der gedruckten Fassung stimmt mit dem Wortlaut des Manuskripts überein.

387 PfarrA Lehrensteinsfeld, Nr. 72 („Aeußerung des Baurats Dolmetsch über die Augenscheinnahme der Kirche zu Lehren-Steinsfeld" vom 18. 12. 1900, in der Dolmetsch sein eigenes Gutachten vom März 1884 zitiert). Vgl. auch Pietrus 2001, S. 176.

388 PfarrA Lehrensteinsfeld, Nr. 64 („Auszug aus dem Bericht über das Ergebniß der medicinalpolizeilichen Gemeindevisitation in Lehrensteinsfeld am 20. März 1884" vom 21. 7. 1884).

Häufig führten ein oder zwei Stufen in die Kirche hinab, so dass die Bänke für die Frauen sich unterhalb des umgebenden Bodenniveaus befanden. Wie es im Fall der Kirche in Geislingen/ Steige beschrieben wird, ist „eine Folge davon [...] die Feuchtigkeit der Kirche und die auffallend zahlreiche Erscheinung, daß Frauen im Gottesdienst ohnmächtig werden".[389] Von der Kirche in Heumaden wird berichtet, dass „die Wände mit grünem Schimmel bedeckt [waren], weil die nördliche Wand zur Hälfte im Boden stak".[390] Diese Art der Feststellung von Ursache und Wirkung stellt durchaus keinen Einzelfall dar.

Dolmetsch bietet in seinem Vortrag eine Reihe von Maßnahmen an, die diesen Mängeln Abhilfe schaffen sollen. Die Anlegung von Entwässerungs- und Dachrinnen sowie das Abgraben des Erdreichs wurden bereits genannt. Der Einsatz zeitgemäßer Materialien – wie etwa Weissang'scher Verbindungskitt, geteerte Korksteinplatten und Falzbaupappe – werden in diesem Zusammenhang von Dolmetsch angeführt. Im Abschnitt „Material" dieses Kapitels wird noch näher auf diese Baustoffe eingegangen.

Den breitesten Raum aber widmet Dolmetsch in seinem Vortrag den „verschiedenen Erweiterungsmöglichkeiten bei vorhandenen Kirchen".[391] Dabei unterscheidet er zehn Gruppen, von denen die letzte dem Thema „Kirchenmobiliar" vorbehalten ist. Dieser Aspekt findet Aufnahme in die „Typologie" der Erweiterungsmöglichkeiten, da „ineinanderschiebbare Sitzbänke für Orgelemporen", an den Stuhlenden angebrachte „Schiebsitze mit Rücklehnen in je einer Sitzbreite", bewegliche Rücklehnen bei „feststehenden Bänke[n] sowohl zum Vorwärts- als auch zum Rückwärtssitzen" und die „geschweiste Ausbildung des Sitzbretts und der Rücklehne" eine Vermehrung von Sitzplätzen ermöglichen.[392] Vor dem Hintergrund der zuvor beschriebenen Zunahme der evangelischen Bevölkerung einerseits und der gesetzlichen Bestimmungen bezüglich der Sitzplatzanzahl in protestantischen Kirchen andererseits erhält die Behandlung dieses Themas durchaus ihre Berechtigung. In Beuren entbrannte 1904 gar ein lang anhaltender Streit zwischen dem Kirchengemeinderat und dem Konsistorium um die von Dolmetsch beabsichtigte Verminderung der Anzahl der Sitzplätze.[393]

Die ersten neun Gruppen, die sich im Gegensatz zu der bereits genannten Gruppe überwiegend auf Eingriffe in die Bausubstanz beziehen, tragen die Überschriften: „Restaurationen ohne Erweiterungen an den Umfassungswänden", „Zweischiffige Anlagen", „Abgrenzung zwischen Schiff und Chor", „Verlängerung des Langhauses", „Vergrößerung durch Querhaus", „Kreuzförmige Anlagen", „Anbau des Hauptkirchenraums an vorhandenen Chorbau", „Große Grundrißanlagen" und schließlich „Kirchturmbauten". Für jede dieser Möglichkeiten führt Dolmetsch mehrere von ihm persönlich geplante oder bereits ausgeführte Beispiele an. Mit Ausnahme der letztgenannten Gruppe – den Kirchturmbauten, die sowohl Neu- als auch Um- oder Ausbauten umfassen – liegt allen Projekten der Gedanke der Erweiterung zugrunde. Auch bei der erstgenannten Gruppe – den „Restaurationen ohne Erweiterungen an den Umfassungswänden" – ist der Grundsatz der Vermehrung von Sitzplätzen maßgeblich. Entweder handelt „es sich hiebei um Erneuerung des ganzen Einbaues, wobei es durch zweckmäßige Ausnützung des Raumes möglich [ist], das vorhandene Sitzplatzbedürfnis zu befriedigen", oder es wird „durch die Entfernung der Orgel aus dem Chore [der] Verlust an Sitzplätzen durch eine zweite Querempore im Schiff" ausgeglichen.[394] In solchen Fällen, „wo aber die Sitzplatzbedürfnisse noch größer [sind]", erscheint die „Erbauung von zwei übereinander liegenden Längsemporen" angezeigt, „wobei die oberen Emporen eine triforienartige Ausbildung" erhalten. Bei dieser Lösung werden „die oberen Emporen dem Dachraume entnommen; sie sind dementsprechend weniger tief und mit dem überhöhten Mittelschiff durch Arkaden verbunden". Hier ist es notwendig, die Decken „mit Zuhilfenahme des Raumes über dem untersten Dachgebälk als gesprengte Decken" auszuführen, wobei „es oft willkommen [scheint], zur besseren Erhellung der Kirche an den senkrechten Teilen des überhöhten Mittelschiffs Fenster anzuordnen, welche von durch das Dach geführten Lichtschächten ihre Helle erhalten". In diesem Zusammenhang hebt Dolmetsch „in Bezug auf die Lichtzuführung für die unter den Emporen befindlichen Räume" auch die Vorteile schräger Emporendecken hervor. In den Fällen, in denen eine Erhöhung der Kirchenschiffmauern nicht durchgeführt werden soll, können – wie Dolmetsch ausdrücklich betont – die „gesprengten Deckenbildungen" ausgeführt werden, ohne die alten Dachstühle abnehmen zu müssen.

Auch bei den zweischiffigen Anlagen geht es im Wesentlichen um die Vergrößerung der Zahl an Sitzplätzen in bereits bestehenden Kirchen. Nach einem kurzen historischen Exkurs, in dem Dolmetsch auf die Entstehungsgründe für solche asymmetrischen Anlagen eingeht, be-

389 LKA, DAamt Geislingen, Kirchenpflege Nr. 5.1 (Auszug aus dem KGR-Protokoll vom 31. 1. 1892).

390 F[riedrich] Fritz, Bilder aus der Vergangenheit von Heumaden, Heumaden 1916 (Nachdruck Heumaden 1993), S. 11.

391 Dolmetsch 1900, S. 2.

392 Ebd., S. 5.

393 LKA, PfarrA Beuren, Nr. 29 (KGR-Protokolle vom 17. 3. und 10. 4. 1904). Vgl. auch LKA, A 29, 431–3 (Note der Kreisregierung vom 4. 3. 1904 mit Stellungnahme von Prälat Wittich vom 7. 3. 1904 und Schreiben von Dolmetsch an das Konsistorium vom 28. 3. 1904).

394 Dolmetsch 1900, S. 2.

schreibt er das diesen Kirchen zugrunde liegende Prinzip. Dieses sei „bei den meisten württembergischen Landkirchen von der Reformationszeit herzuleiten [...]: Wenn außer der Querempore noch weitere Emporenfläche zu gewinnen war, dieselbe durch Anordnung von nur einer Längsempore erreicht wurde, während die andere Längswand des Schiffes freiblieb und der Kirche ungehindert Licht zuführte; die Kanzel stand dann am Ende dieser freien Längswand, wodurch der Geistliche beinahe von allen Plätzen im Schiffraume gesehen werden" konnte. Dolmetsch hebt zwar die „Zweckmäßigkeit" solcher Anordnungen hervor, bemängelt aber die „unschöne Weise", in der der Chor „aus der Mitte des Schiffs gerückt" ist, sofern eine der beiden Längswände nachträglich abgebrochen und nach außen verschoben wurde. Dieser Effekt der Asymmetrie wird in solchen Fällen noch verstärkt, in denen die Längsempore nicht, „wie es natürlich scheinen sollte, auf dem erbreiterten Schiffteil angeordnet" wurde, sondern auf der gegenüberliegenden Seite, „so daß oft die Längsempore weit in das Licht des Chorbogens hereinragt und dort meist mit der im Chor errichteten Orgelempore in Verbindung steht". Dolmetsch sieht es als wünschenswert an, eine „Wechselbeziehung" zwischen der Anlage der Emporen und der Deckenbildung herzustellen, um „solche einerseits erbreitete[n] Schiffräume auch künstlerisch zu organisch durchgeführten zweischiffigen Anlagen" umzugestalten.

Das Thema „Abgrenzung zwischen Schiff und Chor" behandelt Dolmetsch weniger unter dem Gesichtspunkt „Erweiterung", als vielmehr unter dem Aspekt einer ästhetischen Angleichung von Höhenunterschieden, die häufig zwischen den beiden Bauteilen bestehen: Entweder empfehle sich die Ausführung einer gesprengten Schiffdecke, wenn der Scheitel des Chorgewölbes deutlich höher liege als die – zumeist flache – Schiffdecke, oder es sei ratsam, „die gegen das Schiff anstoßende Gewölbekappe nischenartig gegen das Schiff aufwärts steigen [zu] lassen" und zugleich den Chorbogen zu erhöhen, wenn „die Chordecke sich sehr nieder befinde".[395]

Sowohl bei der „Verlängerung des Langhauses" als auch bei der „Vergrößerung durch Querhaus" geht Dolmetsch von vorhandenen Turm- oder Choranlagen aus. Bei allen Beispielen, die Dolmetsch innerhalb dieser beiden Kategorien anführt, ist darüber hinaus noch ein großer Teil der Kirchenschiffmauern erhalten. Wenn der Kirche ein Chor fehlt, beabsichtigt er, einen solchen anzubauen oder zumindest eine Chornische auszubilden. Das Thema des Choranbaus kann durchaus mit dem Aspekt des Anfügens eines beidseitigen Querhauses kombiniert werden. In Fällen, in denen „die Mittel sehr mäßig oder die örtlichen Verhältnisse sehr eingeschränkt" sind, präferiert Dolmetsch die „Ausführung nur eines Querschiffarms, welcher dann entweder an das Langhaus anstoße oder in den Chor einmünde". Diese letztgenannte Anordnung sei

von besonderem Vorteil, da bei Anbringung der Kanzel an dem dem Anbau gegenüberliegenden Chorbogenpfeiler die Gottesdienstbesucher „leicht" zur Kanzel sehen könnten.

Unter dem Begriff „Kreuzförmige Anlagen" fasst Dolmetsch solche Erweiterungsbauten, bei denen ein vorhandenes Kirchenschiff um zwei Querhäuser ergänzt oder das Schiff zum Querschiff umgestaltet wird, indem rechtwinklig zu diesem ein neues Langhaus angebaut wird. Diese Drehung der Kirche um 90° macht einerseits den Anbau eines neuen Chors notwendig und ermöglicht andererseits die Nutzung des alten Chors alternativ als Gemeinderaum oder als Konfirmandensaal. In den Fällen, in denen keine Umorientierung der Kirche vorgenommen wird, ist die Tendenz zu beobachten, das neue Querhaus breiter als das alte Kirchenschiff zu gestalten, so dass die Längsausrichtung der Kirche zugunsten einer Querorientierung aufgegeben wird.

Beim „Anbau des Hauptkirchenraums an vorhandenen Chorbau" zieht Dolmetsch diejenigen Kirchenbauten in Betracht, „bei welchen nur noch die Choranlage einer Erhaltung wert ist, so daß der neue Anbau sich auf den ganzen Schiffbau bezieht".[396] Das neue Kirchenschiff kann dabei entweder dieselbe Ausrichtung einnehmen wie das alte Langhaus oder eine Drehung um 90° erfahren.

Schließlich führt Dolmetsch unter der Gruppe „Große Grundrißanlagen" Beispiele an, bei denen das Hauptaugenmerk auf der Einrichtung einer neuen Stuhlungseinteilung liegt. Dabei ist insbesondere „bei der Verteilung des Gestühles" darauf zu achten, „jeder Stuhlungsgruppe eine Richtung zu geben, bei welcher ein Schauen nach Altar und Kanzel möglich ist". Je näher die Prinzipalstücke beieinander liegen, um so leichter sei nach Dolmetschs Ansicht diesem Desiderat Folge zu leisten. In großen Kirchen sei dies jedoch selten der Fall, so dass ein „mehr oder weniger großer freier Platz vor dem Altar" geschaffen werden müsse, „um dort mit Hilfe von losen Einzelstühlen zu ermöglichen, sich je nach Bedürfnis gegen die Kanzel oder gegen den Altar setzen zu können". Auch die Orgelemporen sollten nach Dolmetschs Überzeugung „eine besondere Sorgfalt [...] erfahren, indem hiebei angestrebt wurde, diese Orgelemporen höher zu legen als die Seitenemporen, damit dem an der Kopfseite der Kirche eintretenden Beschauer ein freierer Blick in das Langschiff ermöglicht ist". Auch sollte „im Interesse der Abhaltung von Kirchenkonzerten besondere Rücksicht auf den Standort der Sänger und des Dirigenten genommen" werden.

Die Ausführungen zeigen, dass Dolmetschs Verständnis von „Restauration" gleichermaßen „Erweiterung", „Trockenlegung" und „Verschönerung" umfasst. Damit

---

395 Ebd., S. 3.
396 Ebd., S. 4.

hebt Dolmetsch auf funktional, konservatorisch und ästhetisch bedingte Maßnahmen ab. Selten ist, wie im Folgenden immer wieder aufscheinen wird, eine Maßnahme monokausal bedingt, vielmehr liegt in den meisten Fällen eine Mehrzahl von Gründen vor. Darüber hinaus wird offenbar, dass Dolmetsch 1899 unter „Restauration" Maßnahmen ganz unterschiedlichen Umfangs versteht: Diese reichen von einem vollständigen Erhalt der Außenmauern einer Kirche bis zu einem Neuaufbau des Kirchenschiffs bei gleichzeitiger Beibehaltung des Chors oder des Turms. Die Aussagen belegen zudem, dass Dolmetsch dabei zumeist eine weitreichende Umgestaltung des Innenraums vor Augen hat, wie die mehrfach angesprochenen gesprengten Decken anschaulich bezeugen. Dass erst für das Jahr 1905 der Begriff „Reparatur" für die von Dolmetsch durchgeführten Restaurierungsprojekte in einem programmatischen Sinn nachgewiesen werden kann,[397] belegt sein langes Festhalten an den hier referierten Vorstellungen von „Kirchenrestaurationen". Inwieweit Dolmetsch schließlich von diesen Prinzipien abrücken wird, wird im Kapitel „Einordnungen" im Abschnitt „Restaurationswesen" versus Denkmalpflege zu untersuchen sein.

Einzelaspekte

Umgebung der Kirche

Das Freilegen der Plätze um die Kirchen war ein im 19. Jahrhundert weit verbreitetes Phänomen, das sich keineswegs auf Deutschland beschränkte. Es lassen sich zahlreiche Beispiele benennen: Cornelius Gurlitt führte 1910 die Elisabethkirche in Breslau sowie die Marienkirchen in Lübeck und Danzig an. Die Bürgerschaften betrachteten die kleinen Gebäude, die sich an die Kirchen anlehnten, als „Gerümpel".[398] In Ulm wurde beispielsweise die Barfüßerkirche, die sich im Westen des Münsters befand, 1874/75 abgetragen, obwohl Landeskonservator Eduard Paulus gegen die völlige Freilegung des Platzes und den Abbruch der Kirche votierte.[399] Auch in Köln fanden Bestrebungen statt, den Dom auf allen Seiten umschreibbar zu machen, so dass 1863 ein Vertrag über die Freistellung

der Kirche und die Ausgestaltung der gewonnenen Freifläche geschlossen wurde.[400] Dieses Ziel war bei der Einweihung des Doms 1880 erreicht, doch sollten weiter gehende Abtragungen für noch größere Freiräume sorgen.

Die Praxis, Gebäude, die an die Kirche anschließen oder zumindest in ihrer Nähe stehen, „auf den Abbruch zu kaufen",[401] um so den Blick auf die Kirche nicht zu verstellen, ist im 19. Jahrhundert und auch noch zu Beginn des 20. Jahrhunderts weit verbreitet. Kramläden, die in vielen Fällen zwischen den Strebepfeilern einer Kirche errichtet waren, wurden nach und nach abgetragen, wie beispielsweise im Fall der Johanniskirche in Schwäbisch Gmünd im Jahr 1846.[402] Das Phänomen des Freilegens alter Kirchen lässt sich nicht nur bei Stadtkirchen feststellen, sondern auch bei Dorfkirchen. Bei Letzteren handelte es sich weniger um den Abbruch sich unmittelbar an die Kirchen anschließender Gebäude, als vielmehr um die Niederlegung der umgebenden Kirchhofmauern.

Eugen Gradmann beschreibt diesen Vorgang in trockenen Worten: „Die Kirchhofmauern wurden [im 19. Jahrhundert] meist niedergelegt und die Kirchen überhaupt womöglich nach allen Seiten freigelegt."[403] Aus dem Kontext ergibt sich, dass er diesen Niederlegungen mit Bedauern gegenübersteht. In Täferrot setzte er sich dementsprechend für den Erhalt der alten Kirchhofmauer ein: „Der Abbruch der Kirchhofmauer wäre im Interesse der malerischen Gesamterscheinung der Kirche sehr zu bedauern und kaum zu verstehen in einer Zeit, wo solche monumentale Einfriedigungen des Kirchenplatzes bei Neubauten von Dorfkirchen eigens geschaffen werden."[404] Ein „Teil" des Kirchengemeinderats wünschte hingegen den Abriss der Mauer „aus Anlaß der gegenwärtigen Kirchenrenovation", doch trat Pfarrverweser Dornfeld „vor allem aus ästhetischen Gründen" für die „Beibehaltung und Wiederherstellung" der alten Kirchhofmauer ein.[405] Er wurde in dieser Absicht von Bauinspektor Peter aus Schwäbisch Gmünd unterstützt: „Ein ganz besonderer Schmuck für die Kirche in Täferrot ist die Friedhofmauer. Sie ist mit dem Organismus derselben so eng verwachsen, daß ihr Verlust jedem Altertums- und Kunstfreund und jedem Menschen, der fühlt, gewiß bedauerlich wäre. Bedauerlich – nicht nur ästhetisch – auch

397 PfarrA Hausen/Lauchert, „KGR-Protokolle 1899–1906" (Protokoll vom 12. 2. 1905).

398 C[ornelius] Gurlitt, Freilegung und Umbauung alter Kirchen, in: Oechelhaeuser 1910, S. 456.

399 Fink 1990, S. 89. Der Wortlaut des Gutachtens von Eduard Paulus vom 9. 2. 1874 abgedruckt bei Karl Bälz, Die ehemalige Freilegung des Ulmer Münsterplatzes, in: Ulmer Tagblatt vom 6. 2. 1925.

400 Judith Breuer, Die Domumgebung im 19. Jahrhundert, in: Hugo Borger (Hrsg.), Der Kölner Dom im Jahrhundert seiner Vollendung, Bd. 2, Köln 1980, S. 249.

401 LKA, A 29, 2126–2 (Schreiben von Dekan Roos an das Konsistorium vom 26. 2. 1908). Darin heißt es in Bezug auf die Wahl des Bauplatzes für den Kirchenneubau in Holzbronn, dass „auch Herr

Oberbaurat Dolmetsch sich entschieden dafür aus[sprach], daß [das] Häuschen, welches den Blick auf die Kirche stark beeinträchtigte, beseitigt werden sollte".

402 Richard Strobel, Die Kunstdenkmäler der Stadt Schwäbisch Gmünd, Bd. 2: Kirchen der Altstadt ohne Heiligkreuzmünster, München/Berlin 1995, S. 108.

403 Gradmann 1911, S. 27.

404 PfarrA Täferrot, „Akten (Briefe, sonstige Mitteilungen, Erlässe u. Auszüge) zur Kirchenerneuerung 1906" (Schreiben von Gradmann an den Kirchengemeinderat in Täferrot vom 2. 12. 1905).

405 Ebd. (Schreiben von Pfarrverweser Dornfeld an das Bezirksbauamt in Schwäbisch Gmünd vom 16. 5. 1906).

finanziell wäre der Abbruch der ehrwürdigen Mauern."[406] Abschließend riet er, „dringend aus baulichen, ästhetischen, finanziellen und rechtlichen Gründen – vor allem aber aus menschlichen Rücksichten und Empfindungen – ja die alte Friedhofmauer zu belassen und alle Restauration auf das Innere der Kirche zu verwenden". Tatsächlich gelang es, den Abbruch der Kirchhofmauer zu verhindern (Abb. 16). Ob Dolmetsch dabei ein gewisses Verdienst zugeschrieben werden kann, lässt sich den Quellen nicht entnehmen.

Die 1903 eingeweihte Kirche in Willmandingen wurde laut Beschluss des Kirchengemeinderats ein Jahr darauf mit einer Umzäunung versehen.[407] Dieser Zaun wurde aus Schmiedeeisen gefertigt und ruht auf einem Zementsockel (Abb. 17). Damit trägt der Bauherr den veränderten Vorstellungen über städtebauliche Leitbilder Rechnung. Vor der Jahrhundertwende wurden noch, wie es in Täferrot zunächst auch beabsichtigt war, Kirchen durch den Abbruch der umschließenden Friedhofmauern freigelegt. In Hohenmemmingen beispielsweise wurde im Jahr 1894 im Zuge der von Dolmetsch durchgeführten Kirchenrestaurierung die Kirchhofmauer abgetragen,

Abb. 16 Täferrot, ev. Kirche mit Kirchhofmauer von Nordosten.

Abb. 17 Willmandingen, ev. Kirche, Zaun von Südwesten.

406 Ebd. (Antwortschreiben von Bauinspektor Peter auf die Äußerung von Dornfeld vom 18. 5. 1906).
407 PfarrA Willmandingen, „Beilagen zur Kirchen-Baurechnung 1903/04" (Auszug aus dem KGR-Protokoll vom 11. 10. 1903 und Note des Konsistoriums vom 8. 2. 1904).

weil sie „schadhaft und baufällig" war,[408] außerdem „die Wurzeln der auf dem alten Kirchhof gepflanzten Gesträuche die Fugen der Grundmauersteine [durchdrangen]".[409]

Umfassungsmauern

Das Abtragen der Kirchhofmauer in Hohenmemmingen diente der Vorbereitung für das Abgraben des Platzes rings um die Kirche, nachdem bereits 1876 ein neuer Gottesacker an einer anderen Stelle angelegt worden war. Im Zusammenhang mit Dolmetschs Vortrag „Ueber Kirchenrestaurationen" wurde der Umstand, dass die Anlage der Friedhöfe zu einer Anfüllung des Erdreichs rings um die Kirchen führte, angesprochen. In Bezug auf die Kirche in Hohenmemmingen konstatierte der Pfarrer: „In Folge dessen wurde im Lauf der Zeit die Erde immer höher, so daß das Niveau des Begräbnisplatzes das Niveau des Kirchenbodens um einen Meter überragte. Die Folge war: Feuchtigkeit der Kirchenfundamente und Hereinfließen des Regenwassers."[410] Um diesem Übel abzuhelfen, ließ Dolmetsch einen „Zementsockel rings um die Kirche, besonders stark auf der Nordseite, wo die Grundmauer sogar mit Zement unterfangen werden mußte", anlegen.[411]

Der kausale Zusammenhang zwischen der Feuchtigkeit der Außenmauern und der Aufschüttung des Erdreichs wurde in zahlreichen Fällen hergestellt, so dass die Beseitigung der Ursachen nahezu in jedem Restaurierungsplan enthalten war. Das Abgraben des Terrains und die Anlegung von Entwässerungsrinnen zur Ableitung des Oberflächenwassers, sogenannter „Kandel",[412] gehörten zu den von Dolmetsch bevorzugten Maßnahmen. Nicht immer hatte Dolmetsch mit dieser Methode Erfolg, wie das Beispiel des Neubaus des Turmchors in Sulzbach/Kocher belegt. Zunächst sollte „durch Abgraben der Turm freier gestellt und die Feuchtigkeit abgewehrt werden" (Abb. 18; 19),[413] doch noch 1897 beklagten Dekanatamt und Oberamt in einem gemeinsamen Schreiben den „Übelstand [...], daß das Sockelgemäuer des Chors in Folge mangelhafter Ableitung des von der anstoßenden Bergsei-

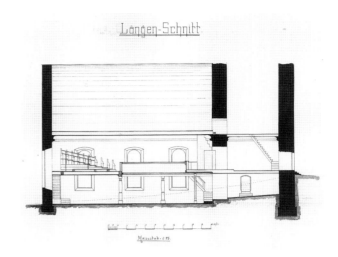

Abb. 18 Sulzbach/Kocher, ev. Kirche, Längsschnitt, ca. 1891 (Bestand). Tusche, aquarelliert auf Papier, 47,3 cm x 40,7 cm.

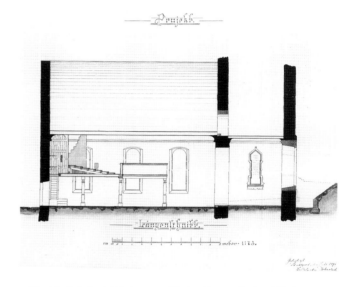

Abb. 19 Sulzbach/Kocher, ev. Kirche, Längsschnitt, 1891 (unausgeführt). Tusche, aquarelliert auf Papier, 47,5 cm x 40,7 cm.

te herabkommenden reichlichen Quellwassers so durchfeuchtet [...] und so schadhaft geworden ist, daß eine zweckentsprechende und nachhaltige Ableitung des Wassers [...] als ein dringendes Bedürfnis erscheint".[414] Da weder die Kostenvoranschläge für den Neubau des Turmchors noch die Abrechnungen der einzelnen Gewerke vorhanden sind, lässt sich heute nicht mehr feststellen, welche – offenbar unzureichenden – Maßnahmen Dolmetsch zur Abhaltung der Feuchtigkeit anwandte.

In vielen Fällen scheint Dolmetsch mehr Erfolg beschieden gewesen zu sein, jedenfalls sind keine weiteren Klagen derartiger Natur bekannt. 1884 schlug Dolmetsch in Bezug auf die Kirchenrestaurierung in Laufen/Kocher „die Herstellung von Dachrinnen" und „stellenweise Abgrabung des äußeren Terrains" vor, um eine „möglichste Trockenlegung der sämmtlichen Umfassungswände" der

408 PfarrA Hohenmemmingen, Nr. 21 (KGR-Protokoll vom 23. 2. 1894).

409 LKA, A 29, 2105–3 (Schreiben von Pfarrer Pfister an das Konsistorium vom 28. 9. 1895).

410 Ebd.

411 Ebd.

412 Der Begriff „Kandel" wird vornehmlich im Süddeutschen verwendet für Entwässerungsrinnen, die am Dach oder Fußpunkt eines Gebäudes sowie an Bordsteinkanten angebracht sein können. Im Gegensatz zu einer Drainage, die das unterirdische Wasser ableitet, dient ein Kandel der Fortführung des Oberflächenwassers.

413 LKA, A 29, 4512–4 (Schreiben von Pfarrer Bührlen an das Dekanatamt in Gaildorf vom 9. 11. 1892).

414 LKA, PfarrA Sulzbach/Kocher, „Akten bis 1966. III A 16a bis III A 16c" (Schreiben des Dekanatamts und Oberamts an den Kirchengemeinderat vom 22. 7. 1897).

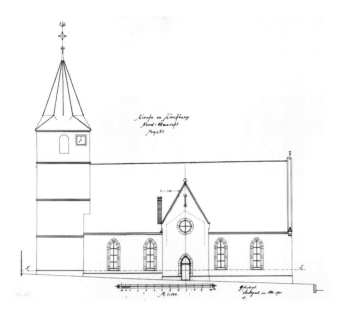

Abb. 20 Kirchberg/Murr, ev. Kirche, Ansicht Nordfassade, 1901 (unausgeführt). Tusche auf Transparent, 43,4 cm × 37,5 cm.

Kirche zu erzielen.[415] Anstelle der ursprünglich geplanten Verwendung von Asphaltkorkplatten wurde schließlich bei der Restaurierung der Kirche 1892 Weissang'scher Verbindungskitt eingesetzt. In Schwieberdingen plante Dolmetsch „das Abgraben der Erde auf der nördlichen, östlichen und teilweise auch auf der südlichen Seite der [Kirche], wo sie zu tief im Boden steckt und deshalb feuchte Wände hat".[416] Die Abtragung des Terrains fand im Herbst 1892 und Frühjahr 1893 statt.

Die Kirche in Hohenstein „steckt[e] von 3 Seiten so tief im Boden, daß derselbe auf der Nordseite sogar bis zur Empore hinaufreicht[e]".[417] Das Terrain wurde im Zuge der Restaurierung der Kirche 1892 abgetragen. In Bezug auf die Kirche in Oberriexingen konstatierte Dolmetsch 1895: „Für die nördl[iche] Schiffmauer ist es ein großer Nachteil, daß das äußere Terrain mehr als um 1 Meter höher liegt als der innere Fußboden."[418] Er bezeichnete das Mauerwerk gar als „durch und durch feucht", so dass „im Innern keinerlei Putz sich erhalten kann ohne abzublättern". Um hier eine „gesunde Abhilfe" zu schaffen, dachte Dolmetsch an eine „möglichste Tieferlegung des äußeren Terrains" sowie an die „Anordnung eines schmalen bekandelten Isoliergrabens, welcher oben mit Steinplatten und einzelnen durchbrochenen Eisengittern abgedeckt ist". In Kirchberg/Murr wurde 1905 auf der Nordseite des Kirchenschiffs das Terrain entsprechend Dolmetschs Entwurf vom Oktober 1901 so weit abgegraben, dass vier große Fenster – sie wurden jedoch nicht als Spitzbogen-, sondern als Segmentbogenfenster ausgestaltet – angelegt werden konnten (Abb. 20).

Auch hinsichtlich der Wahl von Bauplätzen für Kirchenneubauten achtete Dolmetsch auf eine erhöhte Lage der Kirche. In seiner Äußerung bezüglich des Bauplatzes in Hossingen kommen sowohl ästhetische als auch hygienische Aspekte zum Ausdruck: Er hebt die „geschickte Terrainhöhe" des Platzes hervor, der „nemlich um ca. 1 Meter höher als die Straßen [liege], was nicht blos die zu erbauende Kirche besser zur Erscheinung bring[e], sondern auch für das Gebäude sehr gesund" sei.[419] Nach langwierigen Verhandlungen wurde schließlich 1903 die Kirche nicht vollständig neu erbaut, sondern vom Vorgängerbau der untere Teil des Turms übernommen (Abb. 21).

Mit statischen Problemen umfangreicherer Art hatte Dolmetsch in vergleichsweise wenigen Fällen zu tun. Ein Beispiel stellt die Marienkirche in Reutlingen dar, bei der „Senkelausweichungen" festgestellt wurden: „Die Grundmauern des Schiffs waren schwach angelegt und z. T. durch alte Wasserläufe so ausgewaschen, daß sich in den Höhlungen Tropfstein gebildet hatte. Ein Teil der

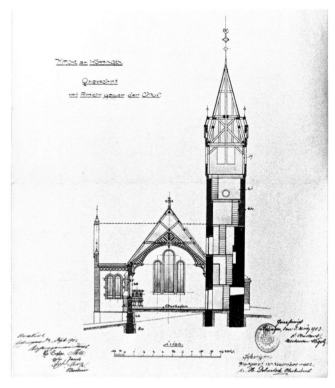

Abb. 21 Hossingen, ev. Kirche, Querschnitt nach Süden, 1902. Lichtpause, koloriert, ohne Maßangabe.

415 LKA, A 29, 2483–1 (Schreiben von Dolmetsch an das Gemeinschaftliche Amt in Laufen/Kocher vom 24. 11. 1884).

416 PfarrA Schwieberdingen Süd, „PfGR-Protokolle 1852–1892" (Protokoll vom 8. 5. 1892).

417 LKA, A 29, 585–4 (Schreiben von Dekan Waecker an das Konsistorium „betr. die Restauration der Kirche in Hohenstein" vom 25. 6. 1886).

418 LKA, A 29, 3328–4 („Bericht des Baurats Dolmetsch über die Augenscheinnahme der Stadtkirche zu Oberriexingen" vom 22. 10. 1895).

419 LKA, DAamt Balingen, 1. Stadtpfarramt, A 1205 (Schreiben von Dolmetsch an den Dekan vom 8. 1. 1899).

Nordmauer war so weit aus dem Senkel gewichen, daß er abgetragen werden mußte. Und vom Brand waren die Mauerschalen innen und außen zumal an den Dachanschlüssen, die Füllungen und Einfassungen der Fenster angegriffen."[420] In einer anderen zeitgenössischen Beschreibung wurde festgehalten, „daß die schweren Schäden des Oberbaus (bis zu 13 cm klaffende Risse und Ausweichungen der Wände bis zu 31 cm) in der mangelhaften Beschaffenheit der Fundamente ihren Hauptgrund hatten".[421] Es sei Dolmetschs Verdienst, die Ursache dieser Schäden erkannt und behoben zu haben. Die Fundamente der Seitenschiffwände wurden beinahe vollständig ausgetauscht und verbreitert, der darüberliegende Sockel wurde weitgehend erneuert, und die Hohlräume der Umfassungswände wurden mit Zementmörtel ausgegossen und durch Einfügen von Bindersteinen stabilisiert.[422]

Abgesehen von den beschriebenen konservatorisch und statisch bedingten Maßnahmen ist für das Thema „Umfassungsmauern" insbesondere die Frage relevant, in welchem Umfang Dolmetsch dieselben beibehält. In seinem mehrfach angesprochenen Vortrag „Ueber Kirchenrestaurationen" geht er auf die unterschiedlichen Erweiterungsmöglichkeiten von Kirchen ein. Mit Ausnahme der zuerst angeführten Gruppe heben alle Möglichkeiten auf eine mehr oder weniger starke Veränderung der Umfassungswände ab, die bis zu einer vollständigen Neuaufführung der Kirchenschiffmauern reichen kann. Während Dolmetsch vergleichsweise häufig eine Vergrößerung der bestehenden Kirche durch eine Erweiterung vor Augen hat, findet eine Aufstockung der Kirche in Form einer „Erhöhung des ganzen Kirchenraumes" nur zwei Mal statt.

Im Hinblick auf die geplante Kirchenrestaurierung in Korb schlägt Dolmetsch 1894 eine solche Erhöhung vor, „welche vor allem durch den Einbau von Emporen erforderlich ist, während andererseits die steilere Neigung des neueren Dachstuhles sowohl eine weit größere Wasserdichtheit, als auch eine wärmere Deckenbildung sichert".[423] Der von Karl Marcell Heigelin 1832 erstellte Bau wies gravierende Mängel hinsichtlich der Dichtheit des Daches auf, die Dolmetsch durch die Erstellung eines neuen Dachstuhls beheben wollte. Zudem sollte durch die „Erhöhung des Mauerwerks und der Fenster das er-

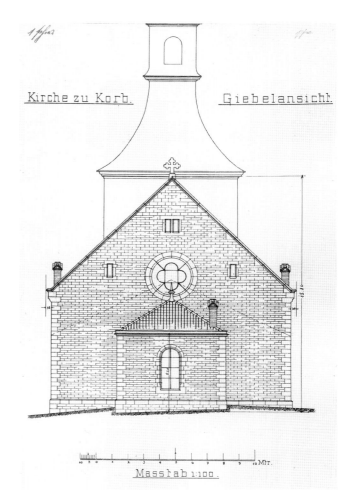

Abb. 22 Korb, ev. Kirche, Ansicht Ostfassade, ca. 1893 oder ca. 1901. Tusche auf Transparent, 20,9 cm x 32,9 cm.

wünschte kirchliche Aussehen [...] selbst bei der Beibehaltung der bisherigen Formenschlichtheit" erzielt werden.[424] Durch die Erhöhung der Umfassungsmauern um 3,20 m, die tatsächlich im Zuge der Restaurierung der Kirche im Jahr 1902 erfolgte, wurde damit sowohl den praktischen als auch den ästhetischen Erfordernissen Genüge getan (Abb. 22).[425]

In Möckmühl war die Erhöhung der Umfassungsmauern des Schiffs anders motiviert als in Korb. Zunächst sah Dolmetsch vor, die Aufstellung der Orgel im Chor der Kirche beizubehalten, da sogar eine beabsichtigte Aufsprengung der Decke nicht den nötigen Raum für eine Versetzung der Orgel auf die Empore bieten würde. Erst eine weitgehende Beschädigung der Kirche durch den Brand in der Nacht vom 30. auf den 31. Oktober 1898 veranlasste Dolmetsch, die Kirchenwände so weit aufzustocken, dass eine Verlegung der Orgel vom Chor auf die Empore ermöglicht wurde (Abb. 23). Dieses Beispiel wird nochmals in Verbindung mit der Frage der Behandlung des Chorraums betrachtet werden.

Da im Zusammenhang mit Dolmetschs Vortrag „Ueber Kirchenrestaurationen" bereits ausführlich auf

420 [Eugen] Gr[admann], Zur Würdigung der Reutlinger Marienkirche und ihrer Wiederherstellung, in: Beilage zum Staatsanzeiger für Württemberg vom 30. 11. 1901, S. 2153.
421 Marienkirche 1903, S. 33.
422 Heinrich 2001, S. 28.
423 PfarrA Korb, Nr. 156.2 (Schreiben von Dolmetsch an den Kirchengemeinderat vom 12. 2. 1894).
424 Ebd. (Schreiben von Dolmetsch an den Kirchengemeinderat vom 21. 3. 1893).
425 Ebd.: „Die Kirche sollte auch nach außen ein Aussehen erhalten, welches dem Charakter eines Gotteshauses entspricht."

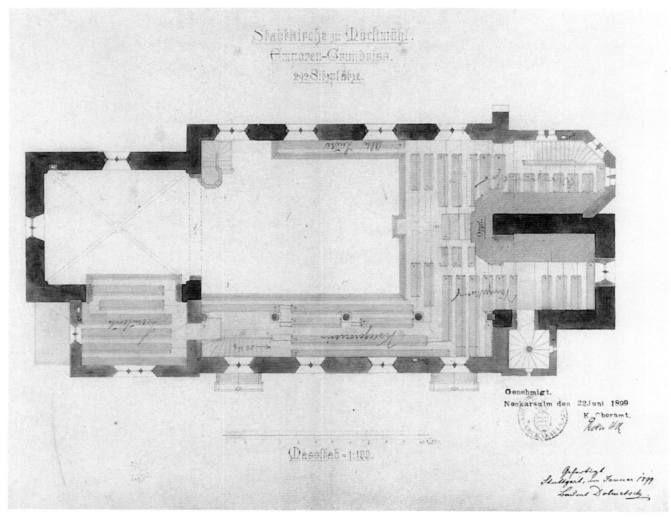

Abb. 23 Möckmühl, ev. Kirche, Grundriss Empore, 1899. Lichtpause, koloriert, 41,5 x 33,0 cm.

die unterschiedlichen Erweiterungsmöglichkeiten von Kirchen eingegangen wurde, sollen an dieser Stelle lediglich die Beispiele Erwähnung finden, denen aufgrund von funktionalen und ästhetischen Determinanten eine besondere Aufmerksamkeit zuteil werden muss. Insbesondere durch den Anbau eines Querhauses, der ein- oder zweiseitig erfolgen kann, ließ sich „bei möglichster Schonung der vorhandenen Kirche eine wesentliche Vergrößerung herbeiführen".[426] Bei Kirchen, die einer nur geringfügigen Erweiterung bedurften, wählte Dolmetsch die Möglichkeit, ein Querhaus an das Schiff oder den Chor der Kirche anzufügen. In Geifertshofen erweiterte er die Kirche 1902/03 auf der Nordseite des Schiffs um „ein neues Querschiff",[427] um der „Dumpfheit und Dunkelheit des Kirchengebäudes" Abhilfe zu schaffen (Abb. 24).[428] Der Plan vom März 1896, die Kirche in Roßwag auf der Südseite des Chors um einen querschiffartigen Anbau zu vergrößern, unterblieb aus finanziellen Gründen (Abb. 25; 26); die Gemeinde konzentrierte sich 1900 stattdessen auf eine Rückführung der Kirche „zu ihrer ur-

sprünglichen Schönheit und Stilreinheit".[429] Das Projekt, das Dolmetsch 1898 dem Kirchengemeinderat in Scharnhausen vorlegte, zielte – ähnlich wie in Roßwag – auf eine Erweiterung der Kirche um ein an den Chor anschließendes Querhaus ab (Abb. 27); das Fehlen finanzieller Mittel machte eine Ausführung jedoch unmöglich.

Die Möglichkeit, eine Kirche um ein beidseitiges Querhaus zu erweitern, wandte Dolmetsch in solchen Fällen an, in denen ein erhöhter Bedarf nach Erweiterung herrschte. In einem frühen Projekt für die Vergrößerung der Kirche in Böckingen aus dem Jahr 1886 beabsichtigte

---

426 Dolmetsch 1900, S. 4.
427 PfarrA Geifertshofen, „Beilagen zur Kirchen-Bau-Rechnung 1902/03" („Beschreibung der in nachstehender Kostenberechnung vorgesehenen Bauarbeiten" von Dolmetsch vom Juli 1901).
428 PfarrA Geifertshofen, „KGR-Protokolle 1889–1904" (Protokoll vom 20. 3. 1898).
429 Beilage zum Staatsanzeiger für Württemberg vom 26. 11. 1900, S. 2121.

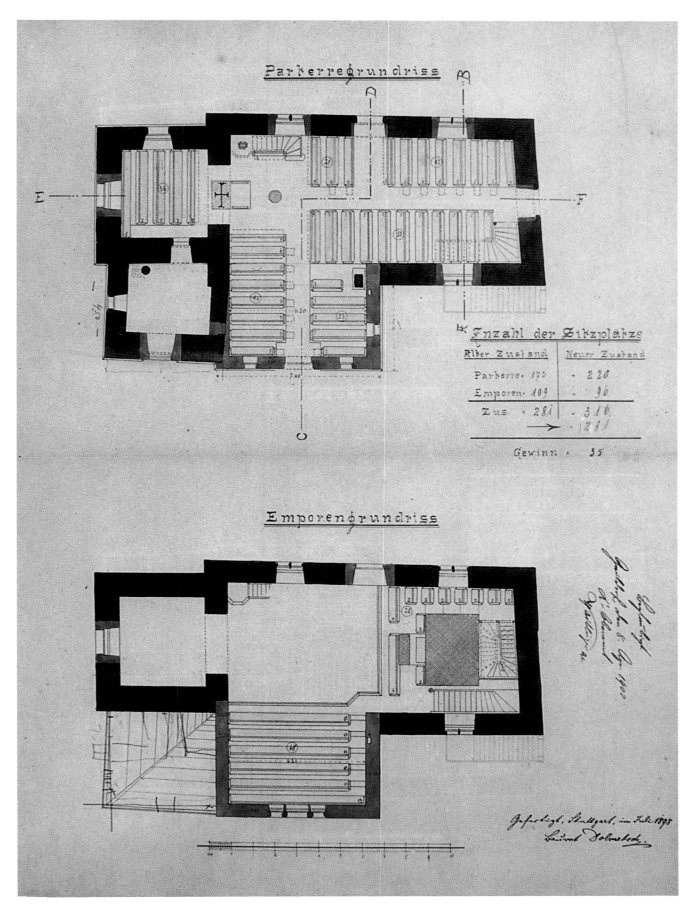

Abb. 24 Geifertshofen, ev. Kirche, Grundriss Parterre und Empore. 1898. Lichtpause, koloriert, 33,0 cm x 41,9 cm.

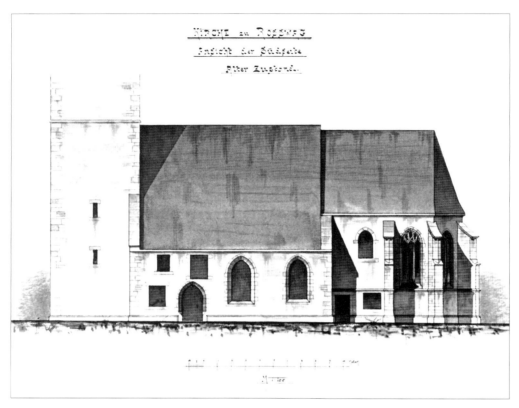

Abb. 25 Roßwag, ev. Kirche, Ansicht Südfassade, vor 1896 (Bestand). Tusche, farbig aquarelliert auf Papier, 42,0 cm x 32,8 cm.

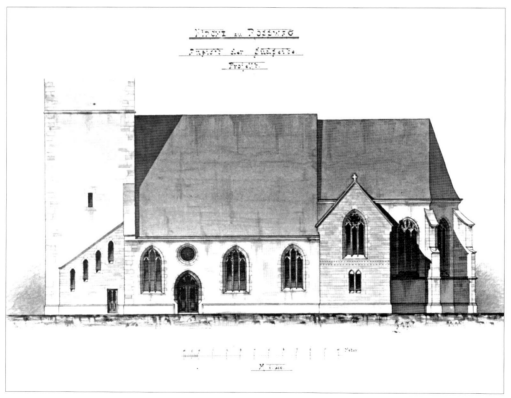

Abb. 26 Roßwag, ev. Kirche, Ansicht Südfassade, ca. 1896 (unausgeführt). Tusche, farbig aquarelliert auf Papier, 42,0 cm x 32,8 cm.

Dolmetsch, die Kirche um ein so breites Querschiff zu erweitern, dass die nahezu vollständige Niederlegung der Schiffmauern die Folge gewesen wäre (Abb. 28). Das schließlich ausgeführte Projekt vom Februar 1900 beinhaltete eine Drehung der Kirche um 90°, so dass das alte Kirchenschiff, von dem ein Geringfügiges mehr als im vorangegangenen Projekt beibehalten werden sollte, zum Querschiff uminterpretiert wurde (Abb. 29). Ähnlich gedachte Dolmetsch in einem nicht umgesetzten Entwurf für die Kirche in Oberrot zu verfahren. Auch hier plante

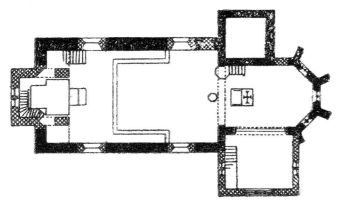

Abb. 27 Scharnhausen, ev. Kirche, Grundriss Empore, ca. 1898 (unausgeführt).

er, das alte Kirchenschiff mit einem neuen Schiff zu durchstoßen und die Ausrichtung der Kirche dabei um 90° zu drehen (Abb. 30). Dasselbe Prinzip wandte Dolmetsch beim Kirchenumbau in Schramberg an, da „die ganze Länge der Kirche in mächtiger Ausdehnung sich von der tiefer liegenden Stadt aus gesehen imposant darstellen" und ein „tiefer Ausschnitt aus dem östl[ich] angrenzenden Hügelterrain" vermieden würde (Abb. 31).[430] Für die Kirche in Baiersbronn fertigte Dolmetsch einen „Plan zur künftigen Vergrösserung der Kirche", der zum einen auf ein Mehr an Sitzplätzen und zum anderen auf die Anlage eines Chorraums abzielte (Abb. 32). Die Restaurierung der Kirche im Jahr 1892 verzichtete auf diese kostspielige Maßnahme, so dass noch 1905 bemängelt wurde: „Die Kirche ist stillos, ohne Chor."[431]

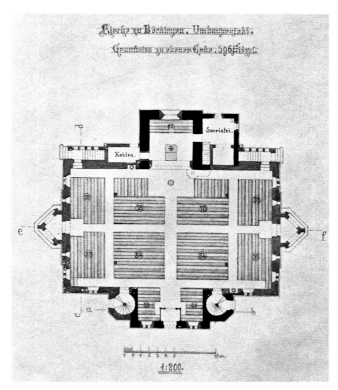

Abb. 28 Böckingen, ev. Kirche, Grundriss Parterre, ca. 1886 (unausgeführt). Tusche, farbig aquarelliert auf Papier, 20,3 cm × 32,3 cm.

---

430 PfarrA Schramberg, „Kirchenbau. Beilagen" (Schreiben von Dolmetsch an den Verein für christliche Kunst vom 26./27. 11. 1894).
431 LKA, A 29, 272–2 (Pfarrbeschreibung von 1905).

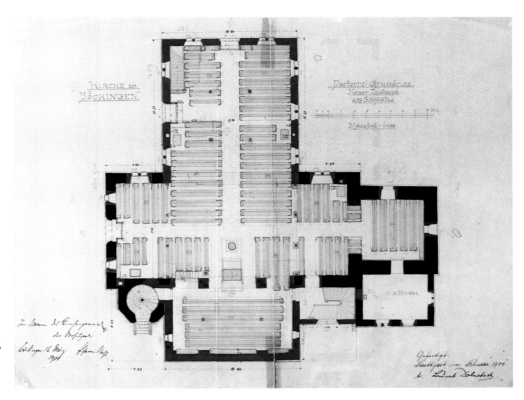

Abb. 29 Böckingen, ev. Kirche, Grundriss Parterre, 1900. Lichtpause, koloriert, 41,7 cm × 32,1 cm.

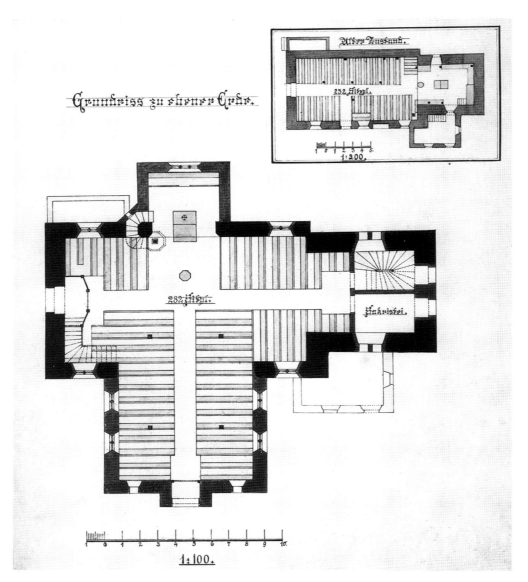

Abb. 30 Oberrot, ev. Kirche, Grundriss Parterre, ca. 1886 (Bestand und unausgeführtes Projekt). Tusche, aquarelliert auf Papier, 29,0 cm x 35,8 cm.

Als Nebenräume hielt Johannes Merz einen „Saal für Bibelstunden und Konfirmandenunterricht" sowie einen „Versammlungsraum für den Kirchengemeinderat, zugleich Warteraum für Hochzeitgäste" für „zulässig"; für Ersteren sei jedoch eine Unterbringung im Pfarr- oder Gemeindehaus vorzuziehen.[432] In einem anderen Zusammenhang bezeichnete Merz das „Bedürfnis" nach „kirchlichen Nebenräume[n]" für Nebengottesdienste, Unterricht und Sitzungen als „ein dringendes", erachtete aber nur „bei Diasporagemeinden und in großen Städten" eine architektonische Verbindung mit dem Kirchengebäude als „erwünscht", in „vielen Fällen" – damit hatte er wahrscheinlich kleine Kirchen vor Augen – dürfte eine Verbindung solcher Räume mit dem Pfarrhaus oder die Errichtung von Gemeindehäusern „vorzuziehen" sein.[433] Dolmetsch strebte im Gegensatz zu Merz in allen Fällen eine Verbindung der Nebenräume mit dem Kirchengebäude an. In kleinen Gemeinden war das Bedürfnis nach Nebenräumen offenbar nicht so ausgeprägt wie in großen

Gemeinden, dort genügten zumeist eine Sakristei, ein Abort und ein Kohlenraum. In mittelgroßen Kirchen entschied sich Dolmetsch häufig für eine Abtrennung der Versammlungsräume durch Rollläden. Solche Vorrichtungen fügte Dolmetsch beispielsweise in den Kirchen in Schramberg, Böckingen (Abb. 33), Korb und Untergruppenbach ein.[434] Nur in einer großen Kirche brachte Dol-

432 LKA, A 26, 1460 (Schreiben von Johannes Merz „in Betreff des Regulativs für evang[elischen] Kirchenbau von 1861" an Hermann von der Goltz in Berlin vom 1. 2. 1898).

433 LKA, A 26, 310 (Schreiben von Johannes Merz – „Äusserung der württ[embergischen] Oberkirchenbehörde betr[effend] das sog. Eisenacher Regulativ über Einrichtung und Ausstattung evang[elischer] Kirchen" – an Hermann von der Goltz in Berlin vom 8. 5. 1896).

434 In Dolmetsch 1900, S. 4 wird „das Bestreben nach Gewinnung [von] Konfirmanden- und Betsäle[n]" durch Abtrennung von mit Rollläden abschließbaren Räumen unter den Emporen angesprochen.

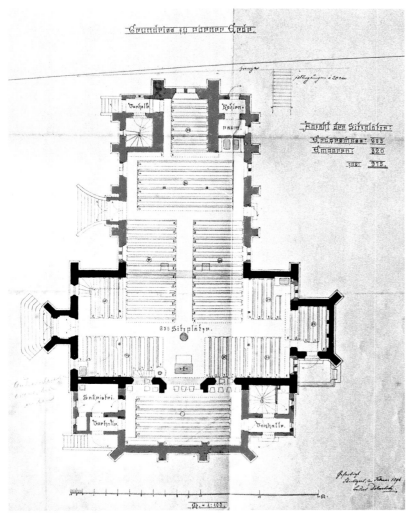

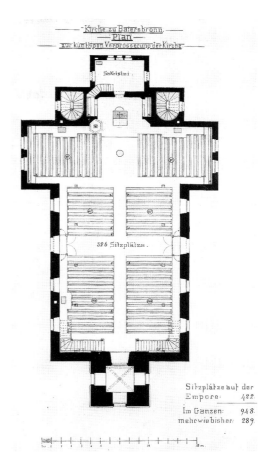

Abb. 32 Baiersbronn, ev. Kirche, Grundriss Parterre, ca. 1892 (unausgeführt). Tusche, aquarelliert auf Papier, 34,9 cm × 52,0 cm.

Abb. 31 Schramberg, ev. Kirche, Grundriss Parterre, 1896. Lichtpause, koloriert, 36,5 cm × 46,7 cm.

metsch entsprechend Merz' Empfehlung den Gemeindesaal in der Kirche selbst unter: Die Markuskirche in Stuttgart, ein Neubau aus den Jahren 1906/08, enthält unter dem Chor in geschickter Ausnutzung der Hanglage einen großzügig bemessenen Versammlungsraum.

Türme

Das Thema der Turmerhöhungen und -ausbauten bestimmte das Kirchenbauwesen des 19. Jahrhunderts wesentlich. Besonders prominente Beispiele stellen die Kirchen in Regensburg und Ulm dar, deren Türme 1869 bzw. 1877 (Chortürme) und 1890 (Westturm) „vollen-

Abb. 33 Böckingen, ev. Kirche, Rollladen und Nut in einem Pfosten zwischen Hauptschiff und östlichem Querhaus.

det" wurden.[435] Das Phänomen der Turmvollendungen ist im Zusammenhang mit spätromantischen Anschauungen bezüglich des Anknüpfens an mittelalterliche Größe und Macht sowie mit wirtschaftlichen Prosperitätsbestrebungen nach der Reichsgründung zu sehen.[436] Die zahlreich unausgeführt hinterlassenen Kirchtürme wollte das 19. Jahrhundert ausbauen und vollenden. Dabei handelte es sich gleichermaßen um bedeutende Bischofs- und Pfarrkirchen wie auch um kleine Dorfkirchen. Letztere wiesen im Gegensatz zu Ersteren häufig als Abschluss ein Fachwerkgeschoss auf, das auf einem steinernen Unterbau saß. Diesen Fachwerkaufsätzen bescheinigte Eugen Gradmann einen „malerischen Reiz".[437]

In Bezug auf Dorfkirchen äußerte Gradmann 1911 die Ansicht, dass die Türme, die „nur mit einstöckigen Häusern zu wetteifern [haben], sich in bescheidenen Höhenmaßen [zu] halten" haben.[438] Die Kirchtürme des 19. Jahrhunderts erschienen ihm „im Vergleich zu den älteren Türmen [...] meist übermäßig hoch und dafür oft zu schmächtig". Im Gegensatz zu dieser Auffassung, die sich

Abb. 35 Willmandingen, ev. Kirche, Ansicht von Südosten.

wesentlich aus den nach der Jahrhundertwende etablierten Prinzipien des Heimatschutzes und der Landschaftspflege herleitete, stand die eingangs genannte Praxis, Kirchtürme zu erhöhen und auszubauen. Christian Friedrich Leins publizierte 1859 ein von ihm ausgeführtes Beispiel eines Kirchturmausbaus (Abb. 34). Er begründete diesen Eingriff mit der Baufälligkeit des hölzernen Glockenhauses, so dass der Stiftungsrat dieses durch ein massives Oberteil ersetzen ließ.[439]

Dolmetsch begründete die geplante Erhöhung des Kirchturms in Willmandingen mit dem Umstand, dass „dadurch [...] der Turm zum Schiff der Kirche in ein

Abb. 34 Eberdingen, ev. Kirche, Kirchturm, ausgeführt von Christian Friedrich Leins, 1859.

435 Alexander von Knorre, Turmvollendungen deutscher gotischer Kirchen im 19. Jahrhundert unter besonderer Berücksichtigung von Turmabschlüssen mit Maßwerkhelmen (= Veröffentlichungen der Abteilung Architektur des Kunsthistorischen Instituts der Universität Köln, Bd. 5), Köln 1974, S. 124 und S. 173. Borger-Keweloh 1986, S. 97–116 hebt die Bedeutung der mittelalterlichen Risse für die Vollendung der Türme hervor.

436 Ebd., S. 244.

437 Gradmann 1911, S. 18.

438 Ebd., S. 17.

439 [Christian Friedrich] Leins, Kirchthurm zu Eberdingen in Württemberg, in: ChrKbl [ohne Bandzählung] 1859, H. 6, S. 47.

schönes und richtiges Verhältnis und er selbst zur vollen Geltung kommen, ohne daß der Gesamteindruck der Ortschaft ein anderer würde".[440] Allerdings wollte er von der Herstellung eines „neuen Turmaufsatz[es]" absehen, „damit die Kosten nicht zu groß werden", so dass er sich darauf „beschränkte, nur ein neues massives ca. 6 m hohes Stockwerk zwischen dem Fachwerkstock und dem massiven Unterteil einzuschalten und auf dieses den alten Fachwerkstock aufzusetzen".[441] Im Zuge des Neubaus des Kirchenschiffs 1903 wurde tatsächlich auch der Kirchturm aufgestockt (Abb. 35).

Auch in der Diskussion um die Pläne zum Neubau eines Kirchenschiffs in Hossingen taucht das Argument von Dolmetsch auf, „den Turm in der jetzt projekt[ierten] Weise auszuführen, weil dadurch [...] der Turm sich höher und schlanker gestalten wird" (Abb. 36).[442] Ein ähnlicher Sachverhalt liegt in Untergruppenbach vor, wo Dolmetsch gleichfalls die Erhöhung des Kirchturms anstrebte. Bereits 1894 führte er im Hinblick auf den Neubau des Kirchenschiffs aus, „das große Kirchengebäude [bedinge] eine höhere Dachfirstlinie als bisher", so dass „der Turm ebenfalls erhöht werden" müsse.[443] Eine „Aufschiebung des Erhöhens des Kirchturms möchte [er] nicht befürworten, weil hiedurch auf lange Zeiten hinaus der Bau mit höchst unbefriedigendem Aeußeren dastehen" würde. Noch 1899 vertrat der Kirchengemeinderat die Ansicht, „zur Herstellung der Symmetrie müßte der Kirchturm erhöht werden" (Abb. 37).[444] Sowohl in Hossingen als auch in Untergruppenbach wurde der Kirchturm – trotz mancher Planwechsel – aufgestockt.

Während Dolmetsch in Bezug auf die Erhöhung der Kirchtürme in Willmandingen, Hossingen und Untergruppenbach ästhetisch argumentierte, führte er in Analogie zu der Leins'schen Begründung des Kirchturmausbaus in Eberdingen hinsichtlich des geplanten Turmaufbaus in Bissingen/Teck aus, „das oberste, als Glockenstube dienende und mit einem Satteldach abgedeckte Riegelstockwerk" sei „baufällig".[445] Zudem sei „das Holzwerk dieses Riegelgemäuers teilweise derart verfault, daß mit Rücksicht auf die in jener Gegend häufig auftretenden heftigen Stürme es dringend angezeigt erscheinen dürfte [...], diesen gefahrdrohenden Bauteil zu

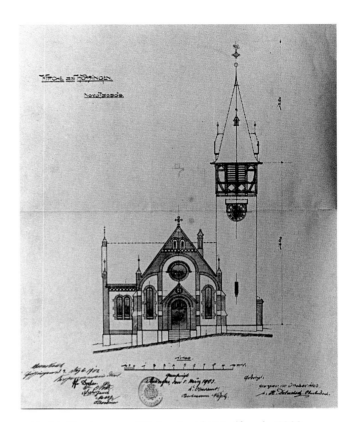

Abb. 36 Hossingen, ev. Kirche, Ansicht Nordfassade, 1902. Lichtpause, koloriert, ohne Maßangabe.

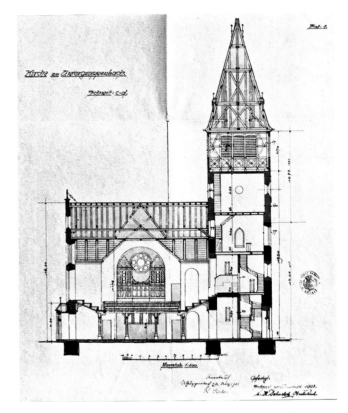

Abb. 37 Untergruppenbach, ev. Kirche, Querschnitt, 1903. Lichtpause, koloriert, 41,8 cm x 45,9 cm.

440 PfarrA Willmandingen, „Ältere Akten zu Fasz. 16: Kirchl. Verwaltung" (Schreiben von Dolmetsch an den Kirchengemeinderat vom 4. 8. 1900).

441 Ebd.

442 PfarrA Meßstetten West, „KGR-Protokolle Hossingen 1885 bis 1902" (Protokoll vom 17. 7. 1901).

443 PfarrA Untergruppenbach, „Akten zur Baugeschichte des Kirchengebäudes" (Schreiben von Dolmetsch an den Pfarrer vom 21. 11. 1894).

444 PfarrA Untergruppenbach, „KGR-Protokolle 1889–1921" (Protokoll vom 12. 11. 1899).

445 GdA Bissingen/Teck, Bestand Bissingen, BA 626 (Schreiben von Dolmetsch an das Gemeinschaftliche Amt vom 3. 11. 1884).

Abb. 38 Bissingen/Teck, ev. Kirche, Turmbauprojekt, ca. 1884 (Bestand und Projekt). Tusche, aquarelliert auf Papier, 38,0 cm x 49,8 cm.

Zu dem vollständigen Neubau eines Kirchturms kam es unter Dolmetschs Leitung nur ein Mal: Während Dolmetschs ursprünglicher Plan die Beibehaltung der beiden unteren Geschosse des Kirchturms in Sulzbach/Kocher beinhaltete, wurden dieselben schließlich abgetragen, da sich nach dem Beginn der Grabarbeiten zeigte, „daß der Grund des Thurms nicht tief und fest genug [war]" und sich „Risse im Mauerwerk des Thurms" zeigten.[446] Dieser Umstand führte 1892/93 zu der Neuaufführung des Turms in Formen, die an den Rundbogenstil Hübsch'scher Prägung gemahnen und sich so an die schlichten barocken Formen des Kirchenschiffs anlehnen (Abb. 39). Die Fundamentierung des Turms wurde offensichtlich von zeitgenössischen Beobachtern als mangelhaft empfunden, wie aus einer Äußerung des Kirchengemeinderats in Schwäbisch Hall hervorgeht. Dieser verhandelte 1895 über den Ausbau des Turms der dortigen Katharinenkirche und fügte die Bemerkung an, dass „unter Bezugnahme eines schweren Falles in Sulzbach a/Kocher zu ganz besonderer Vorsicht bezüglich der Fundations-Sicherheit für den Turm-Ausbau" gemahnt werden müsse.[447]

446 PfarrA Sulzbach/Kocher, Nr. 52 (KGR-Protokoll vom 20. 3. 1892).
447 PfarrA Schwäbisch Hall Katharinenkirche, „KGR-Protokolle 1889–1902" (Protokoll vom 21. 6. 1895).

beseitigen und durch Aufbau eines in Haustein ausgeführten und mit Pyramidendach abgeschlossenen Stockwerks zu ersetzen". Schienen bis dahin für Dolmetsch tatsächlich sicherheitstechnische Aspekte im Vordergrund zu stehen, so rückten diese in seinen weiteren Ausführungen in den Hintergrund: „Ein stylvoll durchgeführter, für viele Jahrhunderte erbauter Kirchturm entspricht nicht nur allein der Würde des Gotteshauses, sondern er bildet auch ein charakteristisches Wahrzeichen für die Erscheinung eines ganzen Dorfes, ja sogar einer ganzen Gegend." Der von Dolmetsch projektierte steinerne Turmhelm wurde 1885/86 verwirklicht (Abb. 38).

Abb. 39 Sulzbach/Kocher, ev. Kirche, Ansicht von Nordosten.

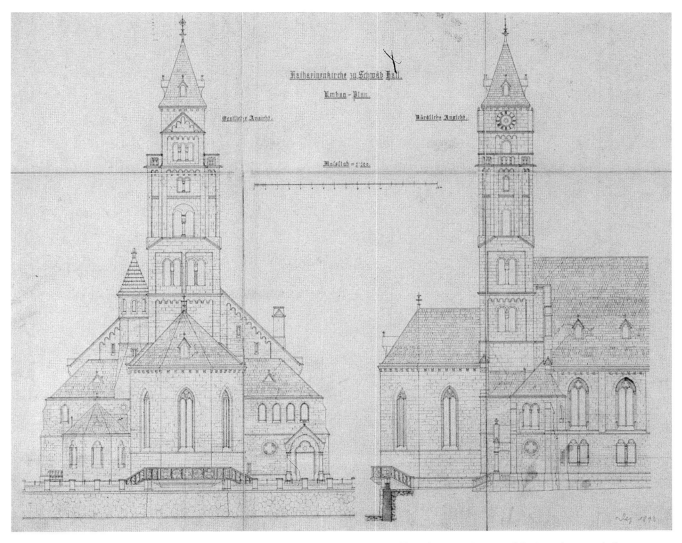

Abb. 40 Schwäbisch Hall, Katharinenkirche, Ansicht Ostfassade und Ansicht Nordfassade, 1893 (unausgeführt). Lichtpause, koloriert, ohne Maßangabe.

In Schwäbisch Hall plante Dolmetsch zunächst eine „Versetzung" des Kirchturms, was einer Neuaufführung gleichgekommen wäre, wie der Kirchengemeinderat missbilligend feststellte.[448] Dolmetsch, der den Turm opfern wollte, „um den vollen Einblick in den Chor" zu gewähren,[449] beugte sich schließlich dem ausdrücklichen Willen des Bauherrn, den Turm beizubehalten. Stattdessen strebte er im Folgenden einen „stylgemäßen Ausbau" des Turms an. In einem Schreiben an den Pfarrer aus dem Jahr 1893 erläuterte Dolmetsch seine gestalterischen Grundsätze: „Die Hauptsache ist die, daß der Turm auf

seinen 3 anderen Seiten so weit frei bleibt, wie bisher. Dies ist möglich durch eine eigenartige Lösung der oberen Teile der seitlichen Treppenhäuser."[450] Auf diese Weise hoffte Dolmetsch, „gegen die Stadt her eine ganz malerische Wirkung zu erzielen". Dabei suchte er „die beiden achteckigen aus dem 17. Jahrhundert stammenden oberen Stockwerke des Turmes [...] mit einfachen romanischen Formen umzubilden und die wenig passende welsche Dachhaube durch eine entsprechende Erhöhung mit Pyramidenabschluß zu bekrönen, wobei an der Süd- und Nordseite bei der höher gelegten Hochwächterwohnung je eine kleine Plattform sich ergibt, wie auch die Gelegenheit zu passender Unterbringung zweier Uhrtafeln erwünscht sein dürfte" (Abb. 40).[451] Erst nachdem Stadtbaumeister Haffa und Baurat Ruff die Feststellung getroffen hatten, „daß die Aufsetzung des geplanten weiteren Stocks keinen Bedenken hinsichtlich der Tragfähigkeit des Thurms und seines Gemäuers unterliegt",[452] stimmten sowohl der Kirchengemeinderat – „aus technischen

448 Ebd. (Protokoll vom 24. 3. 1893).
449 Ebd.
450 KPf Schwäbisch Hall, „Bauakten Umbau Katharinenkirche" (Schreiben von Dolmetsch an den Pfarrer vom 19. 4. 1893).
451 Ebd. (Schreiben von Dolmetsch an den Kirchengemeinderat vom 21. 12. 1893).
452 PfarrA Schwäbisch Hall Katharinenkirche, „KGR-Protokolle 1889–1902" (Protokoll vom 18. 5. 1895).

◀ *Abb. 41 Schwäbisch Hall, Katharinenkirche, Turm und Chor von Südosten.*

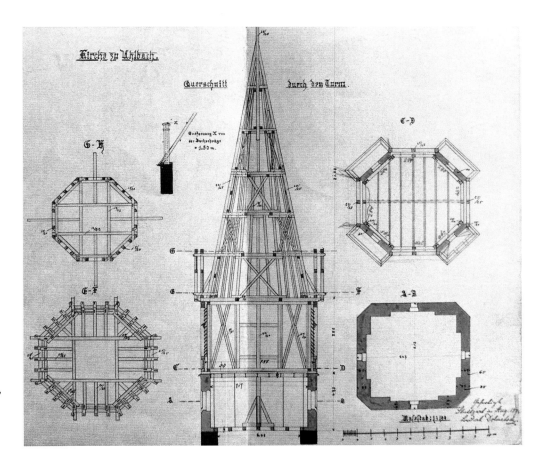

Abb. 42 Uhlbach, ev. Kirche, Querschnitt durch den Turm, 1894. Tusche, farbig aquarelliert auf Transparent, 41,1 cm x 32,9 cm.

Gründen" – als auch der Gemeinderat dem Ausbau desselben zu.[453] Der „stylgemäße Ausbau" des Turms, der von Dolmetsch auf 27 000 Mark veranschlagt wurde,[454] wurde sogar als „absolut notwendig" bezeichnet.[455] Der Turm wurde im Zuge des Neubaus des Kirchenschiffs in den Jahren 1896 bis 1898 bis auf die aus romanischer Zeit stammenden Stockwerke abgetragen und in Anlehnung an die Gestalt der bisherigen Spitze neu aufgebaut. Dabei wählte Dolmetsch Formen, die der Romanik entlehnt sind (Abb. 41).

Für die Kirche in Uhlbach entwarf Dolmetsch im August 1894 einen neuen Turmaufsatz, der den alten, hohen Zelthelm ersetzen sollte. Auch in diesem Fall wurde als Grund angeführt, dass „der Turm schon lange schief [war] und sich im Gebälk durchaus morsch [zeigte]".[456] In einem anderen Bericht wurde der Turm gar als „im höchsten Grad baufällig" beschrieben.[457] Noch im selben Jahr wurde damit begonnen, den alten Turmhelm bis auf halbe Höhe des Kirchenschiffdachs abzutragen und ein

neues Stockwerk in Stein aufzumauern, das zu dem in Fachwerkkonstruktion errichteten Aufsatz überleitete (Abb. 42). Der achteckige Aufsatz erhielt jeweils an den abgeschrägten Seiten einen Balkon, der einen weiten Blick über das Tal ermöglichte. Der hohe, spitze Helm wurde an vier Seiten mit einem von kleinen Kreuzblumen verzierten Giebel versehen. Die Eindeckung des Turmdachs mit glasierten Falzziegeln,[458] die Ornamente aus grünen Bändern und gelben Dreiecken bilden, trägt bis heute zu dem markanten Erscheinungsbild des Uhlbacher Kirchturms bei (Abb. 43).

Im Juli 1896 fertigte Dolmetsch Pläne zu zwei neuen Turmaufbauten der Stadtkirche in Murrhardt. Die jeweils zwei obersten Geschosse der Türme sollten durch neue Aufbauten, die in Anlehnung an die sich im Norden anschließende Walterichskapelle in romanischen Formen gehalten waren, ersetzt werden (Abb. 44; 45). An die Stelle der mit Balkonen versehenen Biforienfenster sollten gedoppelte und mit einer Blendbogengliederung umfan-

453 Ebd. (Protokoll vom 12. 6. 1895 und Abschrift des Protokolls des GR vom 28. 6. 1895).

454 Ebd. (Protokoll vom 9. 1. 1895).

455 Ebd. (Protokoll vom 21. 6. 1895).

456 [Ohne Verfasser], Die Erneuerung der Kirche zu Uhlbach, in: ChrKbl 38, 1896, H. 4, S. 56.

457 LKA, A 29, 4705–4 („Bitte des K. Pfarramts Uhlbach um Genehmigung der vom Kirchengemeinderat daselbst beschlossenen Re-

stauration des Kirchturms" vom 24. 8. 1894).

458 PfarrA Uhlbach, Nr. 39 (Rechnung der „Falzziegel- & Thonwaaren-Fabrik" Gebrüder Sixt in Waiblingen vom 30. 6. 1895). Die „Schwäbische Kronik" vom 30. 10. 1895 hebt in Bezug auf den Turmaufsatz hervor: „Mit seiner behäbigen Breite und seinen warmen Farben steht er in stimmungsvollem Einklang zu seiner Umgebung." 2004 erfolgte eine umfangreiche Turmsanierung.

Abb. 43 Uhlbach, ev. Kirche, Turm von Süden.

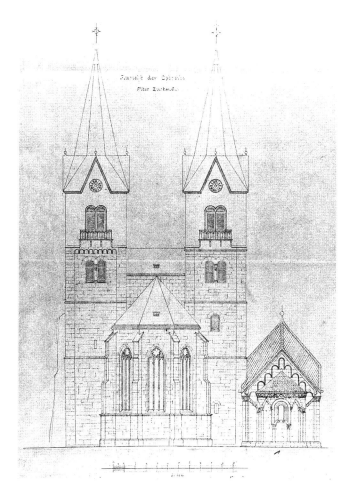

Abb. 44 Murrhardt, ev. Kirche, Ansicht Ostfassade, vor 1896 (Bestand). Lichtpause, 32,3 cm x 45,6 cm.

laubenartiger Verbindungsgang war von Dolmetsch auf Höhe des dritten Geschosses geplant, um den Musikern zu ermöglichen, „in einer geschützten nach vorne offenen Lage [zu] stehen".[459] Diese „lichte Arkatur" war jedoch keinesfalls ausschließlich praktisch bedingt, sondern vielmehr ästhetisch motiviert, wie in Dolmetschs weiteren Ausführungen zum Ausdruck kommt: „Der Anschluß von Chordach und ebenso derjenige vom Schiffdach würde so in organischer Weise gelöst sein und die horizontale Arkatur mit ihrem dunklen Hintergrunde und den beiden weit überragenden seitlichen Türmen würde viel imposanter wirken als bisher."[460] In einer Äußerung des Kirchengemeinderats scheint gleichsam die wahre Begründung für den geplanten Ausbau der beiden Türme auf: Der Ausbau wird als ein „richtiger" bezeichnet und in diesem Sinn von Dolmetsch befürwortet.[461] Damit schließt Dolmetsch unmittelbar an die eingangs

gene Rundbogenöffnungen treten. Die schmalen, verhältnismäßig steil erscheinenden Giebel sollten durch Giebel, die die gesamte Breite der Türme einnehmen und mit einer Blendarkatur versehen sind, ersetzt werden. Ein

459 PfarrA Murrhardt I, Nr. 314.2 (Schreiben von Dolmetsch an den Pfarrer vom 27. 1. 1896).
460 Ebd.
461 PfarrA Murrhardt I, Nr. 60.2 (KGR-Protokoll vom 6. 12. 1895).

Abb. 45 Murrhardt, ev. Kirche, Ansicht Ostfassade, 1896 (unausgeführt). Lichtpause, 32,2 cm x 46,3 cm.

erwähnten Vorstellungen von der Fortsetzung und Vollendung mittelalterlicher Bauten an.

Etwa zeitgleich mit dem Projekt für den Ausbau der Türme der Murrhardter Stadtkirche – im Februar 1897 – fertigte Dolmetsch einen „Entwurf zu einem neuen Turmaufsatz für die Stadtkirche zu Urach" (Abb. 46). Dieser sah vor, den Turm um ein weiteres Geschoss zu erhöhen, so dass er etwa 18 m höher aufragte. Bereits im Herbst 1896 war mit den Bauarbeiten am Turm der Uracher Kirche begonnen worden, da sich eine Reparatur „wegen des überaus schlechten Zustandes eines der östlichen Pfeiler des Achteckstockwerks zwischen den Glockenhausfenstern als dringend notwendig erwies".[462] Zunächst war der Plan, „den vorhandenen Steinbau, der bis zum Glockenhausstockwerk ging und über demselben mit einer Galerie abschloß, innerhalb deren sich ein Stockwerk aus Fachwerk mit Schieferdach befand, durch

eine einfache Pyramide auszubauen". Nachdem sich aber herausgestellt hatte, dass „das Glockenhausstockwerk in so schlechtem Zustande sich befand, daß ein vollständiger Abbruch desselben notwendig war", wurde 1897 „im Interesse größerer Sicherheit das Turmachteck vollends aufs Viereck herab" abgetragen und eine neue Pyramide aufgesetzt. Zudem wurde an allen drei Gurtgesimsen des Turms ein Rundbogenfries mit einbeschriebenem Maßwerk eingefügt (Abb. 47). Über den vermeintlich pragmatischen Aspekt hinaus spielte auch hier ein ästhetisches Moment eine wesentliche Rolle, das in Dolmetschs Worten zum Ausdruck gelangt: „Da jedoch der bisherige Uebergang vom Viereck ins Achteck eine stilgemäße Vermittelung sehr vermissen läßt, so wäre es für den Fall der Erneuerung dieses Stockwerks angezeigt, diesem Mangel durch Anbringung von Eckfialen nachzuhelfen, welche dem Turme eine organische Bereicherung verleihen würden."[463] Weiter führt er aus: „Den bautechnischen Untersuchungen zufolge hat sich erwiesen, daß der viereckige

Abb. 46 Urach, ev. Kirche, Ansicht Südfassade, Schnitt durch den projektierten Turmaufbau und Grundrisse, 1897. Tusche, farbig aquarelliert auf Papier, 47,5 cm x 83,4 cm.

462 LKA, DAamt Urach, Nr. 606 (Bericht über die Bauarbeiten am Kirchturm vom 25. 8. 1898).

463 Ebd. (Schreiben von Dolmetsch an den Kirchengemeinderat vom 29. 5. 1897).

Abb. 47 Urach, Amanduskirche, Friese am Turm von Süden.

Abb. 48 Schorndorf, ev. Kirche, Ansicht Südfassade, 1901 (Bestand). Lichtpause, 33,3 cm x 39,9 cm.

Abb. 49 Schorndorf, ev. Kirche, Ansicht Südfassade, 1901. Lichtpause, 32,9 cm x 42,0 cm.

Unterteil des Turmes der Amanduskirche vom Erbauer des Schiffs und Chors herrührt und daß vom Uebergang in's Achteck an, weit weniger gebildete Bauleute ihre Thätigkeit einsetzten, deshalb dürfte es sich empfehlen bei einem Neubau des Achteckübergangs im Geiste des ersten Baumeisters die angedeuteten Verbesserungen anzubringen." Damit führt Dolmetsch eine historische Begründung für seine geplante Maßnahme an, die als die ausschlaggebende angesehen werden muss.

Ein letztes Mal führte Dolmetsch den Ausbau eines Kirchturms in historisierenden Formen an der Stadtkirche in Schorndorf 1902/03 durch. Die Notwendigkeit dieser Maßnahme begründete er wie schon im Fall der Turmerneuerungen in Bissingen/Teck, Uhlbach und Urach mit der Schadhaftigkeit des in Frage stehenden Bauteils: „Bei einer genauen Untersuchung des 6ten Turmgeschosses hat sich ergeben, daß dasselbe in einem sehr schlechten Zustande sich befindet. Das ohnehin schwache Mauerwerk ist im Inneren durch den früheren Brand beinahe durchweg auf 10 bis 15 cm Tiefe abgeblättert, auch haben große Senkelausweichungen, insbesondere an der westlichen Seite stattgefunden, infolge derer die einzelnen Steine aus ihrem Gefüge sich lösten und jetzt in ganz ungenügender Weise durch eiserne Klammern zusammengehalten sind."[464] Die im Juni 1901 gefer-

464 LKA, 1. Stadtpfarramt Schorndorf, „Kirchliche Bausachen 1902 ff. I" (Schreiben von Dolmetsch an den Kirchengemeinderat vom 4. 6. 1901).

tigten Pläne sahen vor, die Turmspitze mitsamt der Balustrade und dem obersten Geschoss abzubrechen, wie auf der Zeichnung „Alter Bestand" ausdrücklich vermerkt ist (Abb. 48). Im Gegensatz zum Uracher Kirchturm sollte der Turm der Schorndorfer Stadtkirche selbst nicht aufgestockt, wohl aber der Helm entsprechend der Zeichnung „Ausbau des Thurmes" beträchtlich erhöht werden (Abb. 49). Dolmetsch erläuterte die von ihm geplante Maßnahme folgendermaßen: „Es ist entschieden dazu zu raten, das 6te Turmgeschoß ganz abzubrechen und für dasselbe ein neues Stockwerk in spätgotischem Stil, unter Anwendung der alten noch brauchbaren Steine, zu erbauen [...]. Der auf solche Weise renovierte Turm würde sich in würdiger Weise dem schönen Chor anschließen und der ganzen Stadt zur Zierde gereichen."[465] Tatsächlich wurde die Turmerhöhung nach Dolmetschs Plänen ausgeführt, doch wurde schon 1907 von Seiten des Schorndorfer Gemeinderats die Kritik geäußert, die „Turmrestauration" sei „mißglückt".[466]

Obgleich – wie eingangs schon erwähnt – das Thema der Turmerhöhungen auch nach 1903 durchaus noch virulent war, rückte Dolmetsch allmählich von stilgetreuen „Ausbauten" der Türme ab. Planungen zu weiteren Kirchturmausbauten, wie etwa zum Chorturmpaar der Reutlinger Marienkirche[467] und zum Turmaufbau in Mägerkingen[468] blieben unausgeführt. Erhebliche finanzielle Belastungen der Kirchengemeinden stellten nur einen Grund für dieses Abweichen dar, die von Eugen Gradmann angesprochenen Grundsätze der Wahrung der Proportionen und darüber hinaus der Wertschätzung überkommener Bausubstanz im Allgemeinen bildeten vielmehr die Gründe für ein Abrücken von dem Aus- und Weiterbau unvollendet gebliebener Kirchtürme.

Der Wahrzeichencharakter der Kirchtürme wurde mehrfach angesprochen. In katholisch geprägten Gebieten kommt diesem Aspekt eine besondere Prägnanz zu: „So wird die Bedeutung der evangelischen Gemeinde [in Schramberg] durch einen entsprechenden Kirchturm nach außen zur Geltung kommen müssen."[469] Der Verzicht auf einen Turm erschien kaum denkbar, wie aus einer Äußerung von Johannes Merz von 1898 hervorgeht: „Zur würdigen Ausstattung einer Pfarrkirche im Mutterort gehört auch bei kleineren Kirchen und bei beschränkten Mitteln [...] ein Glockenturm."[470] Die Emp-

fehlung, dass „in einem kleinen, armen Filial [...] ein Dachreiter" ausreichend sei, wollte er schließlich wieder gestrichen wissen. Auch wenn sich diese Stellungnahme auf Kirchenneubauten bezieht, so offenbart sie doch die Bedeutung dieses Themas im Hinblick auf Kirchenrestaurierungen.

In keinem Fall der von Dolmetsch durchgeführten Kirchenrestaurierungen oder -erweiterungen entbehrte die Kirche eines Turms. Den dachreiterartig aufgesetzten Turm der Kirche in Scharnhausen wollte Dolmetsch allerdings durch einen über die Flucht der Westfassade hinausgezogenen Turm ersetzen (vgl. Abb. 27). Bei Teilneubauten – so beispielsweise in Willmandingen, Hossingen, Lindach und Untergruppenbach – behielt Dolmetsch in der Regel die unteren Geschosse des Turms als einzige Bauteile vom Vorgängerbau bei. Gewöhnlich gehören die Türme zu den ältesten Bauteilen einer Kirche, so dass gerade sie aus bauhistorischer Sicht besonders „wertvoll" erscheinen. Insbesondere die im unteren Geschoss zum Teil mit spätmittelalterlichen Malereien ausgestatteten Chor- und Chorseitentürme erfahren eine besondere Aufmerksamkeit. Auf diese Thematik wird im Folgenden noch einzugehen sein.

Während die soeben beschriebenen Turmerhöhungen und -ausbauten vorrangig ästhetisch motiviert waren, sind die Sicherungsmaßnahmen, die Dolmetsch in zwei Fällen vornehmen wollte, statisch bedingt. Soweit es sich den Schriftquellen entnehmen lässt, unterblieben beide Projekte jedoch vollständig. Bezüglich des statischen Zustands des Kapellenturms in Rottweil legte Dolmetsch zwei Gutachten vor,[471] nachdem am 13. Dezember 1897 ein Teil des Turmgewölbes eingestürzt war. In seinem Bericht vom 15. November 1900 äußerte Dolmetsch die Ansicht, „daß dem Wiederherstellen jeglichen Zierrats die Sicherstellung der konstruktiven Teile des Unterbaues voranzugehen habe". Dolmetsch konstatierte an den Umfassungswänden des Turmunterteils an der Süd- und insbesondere an der Nordseite „durchgehende Mauerrisse" und ein Abweichen „dieser Mauerteile von der Lothlinie". Diese „Verschiebungen" resultierten seiner Meinung nach aus „dem Nachgeben der Fundamente". Dolmetsch zog als „Vorkehrungen" in Betracht, „dass zunächst die Fundamente in kurzen Abschnitten aufgedeckt und je nach deren Befund, dieselben durch Unterfangung

465 Ebd.

466 LKA, 1. Stadtpfarramt Schorndorf, „Kirchliche Bausachen 1902 ff. II" (Auszug aus dem GR-Protokoll vom 28. 6. 1907).

467 [Ohne Verfasser], Bericht über die Wiederherstellung der Marienkirche zu Reutlingen, o. O. [Reutlingen] 1899, S. 18: „Wird es sich [...] fragen, ob nicht die Vollendung der nicht ausgebauten Chortürme als letzter Schlußstein in [das] Bauprogramm aufzunehmen ist." Vgl. auch Heinrich 2001, S. 34.

468 PfarrA Hausen/Lauchert, „KGR-Protokolle 1899–1906" (Protokoll vom 8. 5. 1904): „Herr Oberbaurat Dolmetsch hat den 17. Apr[il] dem Pfarramt mitgeteilt, es werde im Jahre 1905 der Kirch-

turmaufbau in Mägerkingen vorgenommen werden."

469 PfarrA Schramberg, „Kirchenbau. Beilagen" (Schreiben von Dolmetsch an den Verein für christliche Kunst vom 26./27. 11. 1894).

470 LKA, A 26, 1460 (Schreiben von Johannes Merz „in Betreff des Regulativs für evang[elischen] Kirchenbau von 1861" an Hermann von der Goltz in Berlin vom 1. 2. 1898).

471 DA Rottenburg, Pfarrarchiv Heilig-Kreuz Rottweil, Aktenabgabe 1989, Nr. 84 (Schreiben von Dolmetsch an den Stiftungsrat vom 15. 11. 1900 und vom 25. 1. 1901). Ich danke Werner Wittmann, Rottweil, für den Hinweis auf diese beiden Schriftstücke.

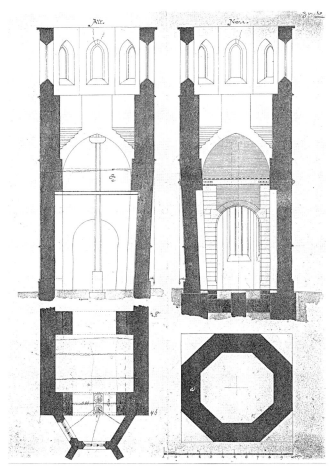

Abb. 51 Oberriexingen, ev. Kirche, Querschnitt durch den Turm
nach Osten, ca. 1897 (Bestand und Projekt).

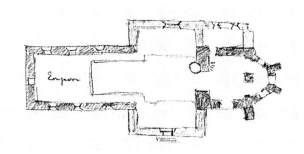

Abb. 50 Oberriexingen, ev. Kirche, Ansicht Südfassade und
Grundriss Empore, 1895 (unausgeführt).

und Erbreiterung verstärkt würden, wobei an der nord-
östl[ichen] Ecke des Turms, wo nach oben die grösste
Ausweichung zu beobachten ist, ein starker Strebepfeiler
als Seitenstütze auszuführen wäre". Als weitere Maßnahme zur Sicherung des Turms schlug er die „Einziehung
eiserner Schlaudern, so wie [die] Einsetzung neuer Mau-
erquader im Innern und Aeussern der gerissenen Mauerteile" vor. Mit Schreiben vom 25. Januar 1901 übersandte
Dolmetsch die „Kostenberechnungen über die technische
Renovierung des Kapellenturms", die sich offenbar nicht
erhalten haben. Einer eingehenden Schilderung der zuvor
genannten Risse schloss Dolmetsch die Forderung an,
„dass eine eingreifende Renovation hier not tut". Eine
solche wurde allerdings erst in den Jahren 1907/08, eine
weitere 1920/21 vorgenommen.

In seinem „Bericht über die Augenscheinnahme der
Stadtkirche zu Oberriexingen" schlug Dolmetsch 1895
vor, „an den vier Ecken des Turmes vier Strebepfeiler

senkrecht zur Süd- und Nordseite an[zu]ordnen" (Abb.
50),[472] da offenbar die Anbringung von Zugankern im
Jahr 1887 die statischen Probleme des Turms nicht zu beheben vermochte. Die Nordseite des Turms neigte sich
weiterhin nach außen, und der Bogen zwischen dem
Turm und dem polygonalen Chor musste von zwei Holz-
stützen gesichert werden (Abb. 51). Der im Juni 1896 gefertigte Kostenvoranschlag betreffend der „Arbeiten am
Turm" sah insbesondere das „Aufmauern der Backsteinpfeiler und -bögen samt Einsetzen von drei Schlaudern
und Wegnehmen des stützenden Holzwerks" sowie die
„Erbreiterung des Fundaments an der nördlichen Turmseite samt Anlage eines Cementtrottoirs mit Kandelpflasterung zur Trockenlegung der Turmfundamente" vor.[473]
Die Maßnahmen zur Trockenlegung der Turmfundamente wurden zwar ausgeführt, die Sicherung des Turms
unterblieb aber aus Kostengründen.

472 LKA, A 29, 3328–4 („Bericht des Baurats Dolmetsch über die Au-
    genscheinnahme der Stadtkirche zu Oberriexingen" vom 22. 10.
    1895).
473 PfarrA Oberriexingen („Kostenberechnung über die Arbeiten am
    Turm" von Dolmetsch vom Juni 1896).

Strebepfeiler und Fialen

Die exponiert liegenden Teile einer Kirche, wie etwa Strebepfeiler und Fialen sowie Maßwerkbrüstungen und Kaffgesimse, waren der Witterung besonders ausgesetzt und von Setzungen des Bauwerks betroffen. Aus diesem Grund waren gerade diese Bauteile in hohem Maße von

Auswechslungen bedroht. An der Stadtkirche in Vaihingen/Enz ließ Dolmetsch beispielsweise „Pfeilerausbesserungen am Aeußeren" vornehmen.[474] In Bezug auf die geplante Kirchenrestaurierung in Lorch schlug Dolmetsch

474 DAamt Vaihingen/Enz, Nr. 832 („Renovation der Stadtkirche. Regiearbeiten", Beilage 478).

Abb. 52 Reutlingen, Marienkirche von Südosten, 1903.

Abb. 53 Reutlingen, Marienkirche, Friese am südlichen Seitenschiff und Obergaden.

Abb. 54 Reutlingen, Marienkirche, Westfassade, nach 1901.

die „Neueinsetzung der verwitterten Gurtgesimse an der Westseite und am Turm", die Ersetzung der „im letzten Jahrzehnt mit Zinkrauten ausgeführten Abdeckungen der oberen Strebepfeilerwasserschläge" durch „Steinabdeckungen" sowie die Entfernung der Putzreste und Freilegung des „graue[n] Naturgestein[s]" des „malerischen Reis[es]" wegen vor.[475] Tatsächlich wurden die „Strebepfeilerabdeckungen und Gurtstücke von Dettenhäuser Sandsteinen zu den Strebepfeilern am Schiff" erneuert, der „Chorgurt aus Lorcher Sandsteinen anstelle de[s] abgewitterten, auszuspitzenden alten Chorgurt[s]" gefertigt sowie ein „neues Hauptgesimseckstück am Chorhauptgesims von Dettenhäuser Sandsteinen" eingesetzt.[476]

Auch an der Reutlinger Marienkirche wurden in großem Umfang Auswechslungen vorgenommen (Abb. 52): „Erneuert ist das ganze Strebewerk mit seinen Fialen und Baldachinen und die meisten Fensterfüllungen."[477] Erstaunlicherweise waren die Auswechslungen an der

Nordfassade trotz der bereits erwähnten „Senkelausweichungen" weniger umfangreich als an der Südfassade. Auf der Nordseite wurden sämtliche Strebebögen – mit Ausnahme des östlichsten – erneuert, die Fialen neu aufgeführt und der sowohl am Seitenschiff als auch am Obergaden verlaufende Fries neu erstellt (Abb. 53). Am ersten Strebepfeiler von Westen wurden Teile des Sockels ausgetauscht,[478] ansonsten blieben die Strebepfeiler unterhalb des Kaffgesimses weitgehend unangetastet. Auf der Südseite wurden hingegen nicht nur große Teile des Strebewerks erneuert, sondern auch die Mauerpartien im Sockelbereich mitsamt den Strebepfeilern. Fotografische Aufnahmen der Nord- und Südseite, die 1903 in der von Eugen Gradmann, Johannes Merz und Heinrich Dolmetsch herausgegebenen „Denkschrift" publiziert wurden, geben anhand der Färbungen des Steinmaterials einen recht genauen Überblick über das Ausmaß der ausgewechselten Quader. Ob sich Dolmetsch in Bezug auf

475 LKA, A 29, 2632–4 („Aeußerung des Oberbaurat Dolmetsch über die Augenscheinnahme der Stadtkirche zu Lorch" im Auftrag des Vereins für christliche Kunst vom 13. 4. 1904).

476 PfarrA Lorch Nord, Nr. 255 („Maß- und Verdienstberechnung über die in der 2ten Bauperiode (im Jahr 1905) ausgeführten Mau-

rer- und Steinhauerarbeiten am Äußern" vom 9. 1. 1906).

477 [Eugen] Gr[admann], Zur Würdigung der Reutlinger Marienkirche und ihrer Wiederherstellung, in: Beilage zum Staatsanzeiger für Württemberg vom 30. 11. 1901, S. 2153.

478 Heinrich 2001, S. 29.

den Steinschnitt bei den vorgenommenen Auswechslungen an den vorgefundenen Befund hielt, lässt sich in Ermangelung aussagekräftigen Bildmaterials aus der Zeit vor der Restaurierung nicht eruieren.

Auch an der Westfassade der Marienkirche nahm Dolmetsch umfangreiche Eingriffe in die Bausubstanz vor. Eine von dem Reutlinger Baurat Johann Georg Rupp geleitete Restaurierungskampagne in den Jahren 1867/68 kaprizierte sich auf die „Wiederherstellung" der durch Blitzeinschlag[479] zerstörten Westrose. Der große Wimperg der Westfassade, die Galeriebrüstung oberhalb des Hauptportals sowie das Stabwerk zwischen den beiden das Hauptportal begrenzenden Strebepfeilern wurden ebenfalls erneuert. Dolmetsch griff in diese Bereiche nicht mehr gestaltend ein, wohl aber wurden auch hier an den Strebepfeilern Auswechslungen durchgeführt. Die wimpergbekrönten Blendnischen, die sich an den Strebepfeilern zu beiden Seiten des Hauptportals befinden, wurden insofern erneuert, als das Maßwerk und die profilierten Mittelpfosten wiederhergestellt wurden (Abb. 54). Die Blendnischen boten Aufstellungsorte für neu angefertigte Skulpturen, auf die im Zusammenhang mit der Frage der malerischen und skulpturalen Ausstattung eingegangen werden soll. Im Zuge der Veränderungen, die an den Strebepfeilern vorgenommen wurden, wurden die bis zum Jahr 1899 vorhandenen Tabernakel entfernt.[480] Die Basen der Gewändedienste der drei Westportale wurden bereits 1898 ausgetauscht: Die ehemals runden Basen der Dienste ließ Dolmetsch in achteckige Basen umwandeln, da ihn offenbar die unterschiedliche Gestaltung der Basen an den drei Portalen in ästhetischer Hinsicht nicht befriedigte (Abb. 55).[481] Die Abtreppungen der Strebepfeilersockel ließ Dolmetsch von zwei auf drei Stufen ergänzen.

Im Zuge der 1893 vorgenommenen Restaurierung der Kirche in Heumaden wurden zwei Strebepfeiler am Chor der Kirche ergänzt (Abb. 56). Erst die Beseitigung der Freitreppe auf der Nordseite des Chors ermöglichte die Neuaufführung eines der beiden fehlenden Strebepfeiler. Die Beschreibung des Ortes Heumaden und seiner Baudenkmale von Pfarrer Fritz aus dem Jahr 1916 liefert keine Begründung für das Fehlen der beiden Strebepfeiler.[482] Ebenso fehlt eine Begründung von Dolmetsch für die Ergänzung der beiden Pfeiler; dass aber ästhetische Gründe – im Sinne einer Ordnung[483] und Vervollständigung des

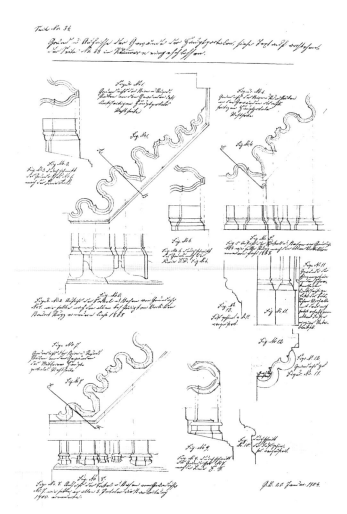

Abb. 55 Friedrich Launer, Reutlingen, Marienkirche, „Grund- und Aufrisse der Gewände der Hauptportalen", 1904.

Bestehenden – den Anstoß bildeten, scheint offenkundig. Vermutlich waren darüber hinaus statische Gründe ausschlaggebend, doch sind keinerlei Schadensbeschreibun-

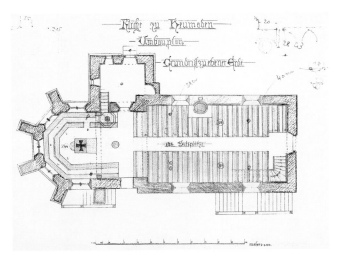

Abb. 56 Heumaden, ev. Kirche, Grundriss Parterre, 1893. Blei- und Buntstift auf Papier, 31,8 cm x 22,4 cm.

479 Ein genaues Datum für den Blitzeinschlag nennt Marienkirche 1903, S. 29 nicht.
480 Heinrich 2001, S. 43.
481 Ebd., S. 41.
482 F[riedrich] Fritz, Bilder aus der Vergangenheit von Heumaden, Heumaden 1916 (Nachdruck Heumaden 1993), S. 6.
483 PfarrA Alt-Heumaden, Nr. 103a (Schreiben von Dolmetsch an den Kirchengemeinderat vom 22. 3. 1893): Dolmetsch spricht im Zusammenhang mit den Fenstern des Schiffs davon, dieselben „in bessere Ordnung" bringen zu wollen.

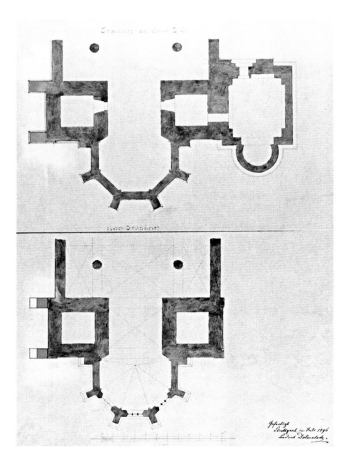

Abb. 57 Murrhardt, ev. Kirche, Grundriss Parterre und Empore, 1896. Lichtpause, koloriert, 32,3 cm × 40,1 cm.

Abb. 58 Langenburg, ev. Kirche, Grundriss Parterre, 1905. Lichtpause, koloriert, ohne Maßangabe.

gen – etwa zur Beobachtung von Rissen im Mauerwerk aufgrund verstärkter Schubkräfte – überliefert.

In Murrhardt lagen im Gegensatz zu Heumaden nachweisbar statische Gründe für die Neuaufführung zweier Strebepfeiler am Südturm im Jahr 1897 vor (Abb. 57). Bereits 1895 zeigten „Risse am Bogen des Choreingangs und am dortigen Gewölbe, wie auch das äußere Ansehen, daß der südliche Thurm, der übrigens sonst gut [war], sich etwas nach außen neig[t]e".[484] Es sollte Abhilfe geschaffen werden „durch Verstärkung des Fundaments, Errichtung von zwei Strebepfeilern am Äußern des Turms und eine Betonierung, die das fernere Eindringen des Wassers am Fuß des Turms unmöglich mach[t]e". Nach Dolmetschs Ansicht sollte „die Bewegung des Turms möglichst bald zum Stillstand" gebracht werden. Aus diesem Grund wollte er die „Abweichungen der Turmmauern von der Senkellinie näher kennen lernen".[485] Die Berechnung der Verstärkungspfeiler sollte „möglichst auf das absolut Notwendige" beschränkt werden, so dass er von einem „Bauverständigen" vor Ort „die betreffenden Senkelmessungen mittelst hoher Leiter vornehmen" lassen wollte.

Das Anfügen von Strebepfeilern an das Schiff der Kirche in Langenburg im Jahr 1906 ermöglichte den Erhalt desselben. Dolmetsch plante zunächst die „Neuaufführung der Längswände", doch musste „wegen Unerschwinglichkeit der Mittel" von diesem Vorhaben Abstand genommen werden.[486] Der Entwurf vom Dezember 1905 reagierte auf diesen Sachverhalt, indem die bestehenden Wände durch Pfeiler gestützt werden sollten (Abb. 58). Vier Strebepfeiler auf der Süd- und drei Stre-

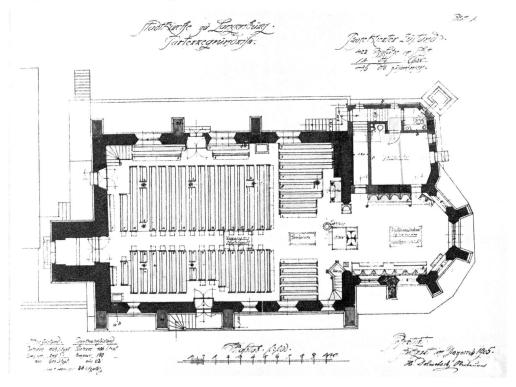

484 PfarrA Murrhardt I, Nr. 60.2 (KGR-Protokoll vom 6. 12. 1895).
485 PfarrA Murrhardt I, Nr. 314.2 (Schreiben von Dolmetsch an den Pfarrer vom 26. 6. 1896).
486 PfarrA Langenburg, „KGR-Protokolle 1889 bis 1905" (Protokoll v. 12. 12. 1905).

bepfeiler auf der Nordseite des Kirchenschiffs stabilisierten das Mauerwerk offenbar in ausreichender Weise.

Zwischen 1886 und 1888 führte Dolmetsch eine „stilgemäße" Wiederherstellung von Chor, Marienkapelle und Sakristei der Schorndorfer Stadtkirche durch.[487] Bereits 1884 äußerte sich Dolmetsch zu der Frage der Restaurierung: „Will man diese Perle kirchlicher Baukunst wieder in ihrem früheren Glanze strahlen sehen, so ist es in der That hoch an der Zeit, sich an die Restauration derselben zu machen, ehe die durch den Zahn der Zeit herbeigeführten Verstümmelungen so weit führen, daß die herrlichen Decorationsmotive völlig unkennbar werden, was für das Gelingen einer späteren Restauration nur schlimme Folgen haben dürfte."[488] Demzufolge legte Dolmetsch mit Schreiben vom 21. August 1885 den „Kostenvoranschlag über die Restauration des Aeußern des Chores und der angrenzenden Kapellen" vor.[489] Der Voranschlag gliederte sich in drei Abteilungen: Die Positionen „Chor mit 8 Strebepfeilern, südliche Kapelle beim Turm [und] nördliche Sacristeikapelle" berechneten sich auf insgesamt 55 000 Mark.[490] Am 17. März 1887 verhandelte der Stiftungsrat über die „Fortsetzung [der] Restaurationsarbeiten" und über die Frage, ob die „Restauration bis zur Bankgurt unter den großen Chorfenstern sich erstreck[en]", die „Weglassung [...] der Baldachine der 4 Chorfenster" erfolgen oder „auf die Herstellung der Kapelle am Thurm verzichtet" werden sollte.[491] Der Stiftungsrat entschied sich für die Ausführung der Chorrestaurierung einschließlich sämtlicher Arbeiten, die sich auf die Herstellung des bauplastischen Schmucks an allen drei in der Kostenberechnung genannten Bauteilen bezogen. So wurden durch Bildhauer Raimund Knaisch die Baldachine an den acht Strebepfeilern des Chors, die Bal-

dachine am Stabwerk der vier Chorfenster, die Wasserspeier, die Kreuzblumen, die Fialenpyramiden und die Arkatur unterhalb des Hauptgesimses ausgeführt. Die tatsächliche Ausführungssumme belief sich auf rund 81 000 Mark.[492]

1908 wurden am Schiff der Schorndorfer Stadtkirche in umfangreicher Weise Ausbesserungen an der Außenhaut vorgenommen. Insbesondere zielten die Maßnahmen auf die Erneuerung verwitterter Kreuzblumen, Fialen und Krabben an den Strebepfeilern ab.[493] Auch die Wasserspeier wurden entsprechend ihrem Erhaltungszustand ausgebessert oder erneuert.[494] Von den alten Wasserspeiern wurden zwei von Bildhauer Karl Lindenberger an die „Staatssammlung vaterländischer Kunst- und Altertumsdenkmale" übergeben, für „weitere einigermassen gut erhaltene Stücke" bekundete das Konservatorium gleichfalls Interesse.[495] Wegen des Verkaufs „der übrigen" Wasserspeier erhob das Konservatorium „keine Einwendung". Die Frage, inwieweit sich Dolmetsch bei derartigen „Ausbesserungen" an noch vorhandenen Bauteilen orientierte, soll im folgenden Kapitel im Abschnitt „Gotikrezeption" erörtert werden.

Türen und Fenster

Eugen Gradmann hob 1911 hervor, dass „die Dorfkirche, abgeschlossen und halbverdeckt hinter der hohen Kirchhofmauer steh[end], keiner gleichmäßigen Fensterreihen, keiner Fassade bedarf".[496] Die Gradmann vorschwebenden Kirchenbauten wiesen häufig besonders an den beiden Schiffseiten unregelmäßige Fenstereinteilungen auf, die zumeist unterschiedlich gestaltet waren. Diese verschiedenartige Gestaltung der Schiffseiten rührte unter

487 StadtA Schorndorf, „Kirchenbau-Rechnung vom 1. April 1886 bis 1. Februar 1890" („Aufsichtskosten"): „Außerdem erhält derselbe [Regierungsbauführer Blümer] Ersatz seiner Auslagen für Zeichenmaterialien und seiner Reisen, die er nach Stuttgart zu Bauinspektor Dolmetsch, der die Oberleitung hatte, machen mußte." Vgl. auch Schahl 1983, Bd. 2, S. 888.

488 StadtA Schorndorf, „Beilagen zur Kirchenbau-Rechnung vom 1. April 1886 bis 1. Februar 1890" (Schreiben von Dolmetsch an das Gemeinschaftliche Amt vom 9. 11. 1884).

489 Ebd. (Schreiben von Dolmetsch an das Gemeinschaftliche Amt vom 21. 8. 1885).

490 Ebd. („Kirche zu Schorndorf. Kostenberechnung über die Restaurationsarbeiten am Chor und an den 2 Kapellen" von Dolmetsch vom August 1885).

491 Ebd. (Auszug aus dem Stiftungsratsprotokoll vom 17. 3. 1887).

492 StadtA Schorndorf, „Kirchenbau-Rechnung vom 1. April 1886 bis 1. Februar 1890" („Baukosten"). Vgl. auch Schahl 1983, Bd. 2, S. 888.

493 Schahl 1983, Bd. 2, S. 891.

494 Ebd., S. 892.

495 LKA, 1. Stadtpfarramt Schorndorf, „Kirchliche Bausachen 1902 ff. I" (Schreiben des Konservatoriums an das Dekanatamt Schorndorf vom 1. 7. 1910).

496 Gradmann 1911, S. 16.

Abb. 59 Münklingen, ev. Kirche, Schiff, Ansicht von Norden.

Abb. 60 Lustnau, ev. Kirche,
Werkmeister Riekert, Ansicht
Südfassade, 1885 (Bestand).
Tusche auf Papier,
71,3 cm × 51,3 cm.

Abb. 61 Lustnau, ev. Kirche,
Ansicht Südfassade, ca. 1887.
Tusche, aquarelliert auf
Papier, 71,1 cm × 52,0 cm.

anderem von den Emporenaufgängen her, die in Analogie zu der asymmetrischen Anlage der Emporen in der Regel nur an einer der beiden Längsseiten angebracht waren. Gradmann fasste diesen Sachverhalt in folgende Worte: „Bei den Dorfkirchen hinter der Mauer störten auch die äußeren, meist bedeckten Treppenaufgänge zu den Emporen nicht, die für die evangelischen Landkirchen be-

zeichnend sind, kunstlos mit Brettern verschalt, aber malerisch."[497] Des Weiteren bildete die bereits angesprochene Ausbildung des Terrains häufig eine Ursache für die unterschiedliche Gestaltung der Fenster- und Türformate, da auf den Seiten, auf denen die Kirchen im Boden

497 Ebd., S. 17.

„steckten", kein Platz für die Anlage großer Fenster- oder Türöffnungen blieb. Zudem waren die Nordseiten der Kirchen gelegentlich nur mit kleinen Öffnungen ausgestattet, während sich die Südseiten verhältnismäßig großflächig öffneten, um Licht in den Innenraum fließen zu lassen. Die Kirchen in Münklingen (Abb. 59) und Kirchberg/Murr stattete Dolmetsch an den Nordseiten großzügig mit regelmäßig angeordneten Fensteröffnungen aus.

Im Gegensatz zu der Auffassung Gradmanns strebte Dolmetsch in zahlreichen Fällen die Vereinheitlichung der Fensterformen an. Schon Christian Friedrich Leins hatte zwischen 1868 und 1877 eine solche Maßnahme an der Stadtkirche in Kirchheim/Teck durchgeführt. 1889/90 ließ Dolmetsch in das Schiff der Kirche in Lustnau fünf neue Fenster „nach dem Muster der vorhandenen" einbrechen (Abb. 60; 61), „um der Kirche genügend Licht zuzuführen".[498] Dabei legte er „absichtlich [...] die Mittelaxen der südlichen Schifffenster auf diejenigen der nördlichen [...], und in der That wird diese Anordnung sehr günstig wirken sowohl beim Blicke vom Chore, als auch von der Westseite aus."[499] Den Vorschlag des Schultheiß, die neu anzulegenden Fenster an der Nordseite „symetrisch zu den an dieser Seite vorhandenen alten Fenstern" anzuordnen, damit „nach außen eine wünschenswerthe Symetrie erzielt werden könnte", lehnte Dolmetsch mit dem Hinweis ab, dass „auch das Innere der Kirche mit[spielte]". Entsprechend Dolmetschs Plan, auf der Süd- und Nordseite jeweils zwei neue Fenster mit Leibungen anzulegen, die analog zu den bereits existierenden Fensterleibungen ausgeführt werden sollten, und „an Stelle des projektierten 5ten Langfenster[s] in der Queraxe des Schiffes gegenüber der südl[ichen] Eingangstüre [...] ein Rosettenfenster auszuführen", wurde schließlich verfahren. Dadurch erzielte er eine „symetrische [...] Gesammtfensteranlage", die „für das Auge wohlthuend" ist und „die Helle im Innern [...] gleichmäßig verteilt".

Diesen Gestaltungsgrundsatz der aufeinander bezogenen Fenster- und Türachsen wandte Dolmetsch sowohl bei Kirchenrestaurierungen als auch bei Neubauten bis nach der Jahrhundertwende häufig an. Ähnlich wie in Lustnau verfuhr Dolmetsch bei dem Neubau des Kirchenschiffs in Roigheim. Zunächst plante er, die Südwand des Schiffs weitgehend beizubehalten und lediglich die West- und Nordwand der Kirche neu aufzuführen. Dies hätte allerdings zur Folge gehabt, dass sich die Achsen der Fensteröffnungen der beiden Langseiten nicht aufeinander bezogen hätten. Dass Dolmetsch schließlich

Abb. 62 Roigheim, ev. Kirche, Ansicht von Süden.

im Jahr 1902 alle drei Seiten des Schiffs vollständig neu erstellen ließ (Abb. 62), mag mit seinem Streben nach einer „symmetrischen Gesamtfensteranlage" zusammenhängen, auch wenn die Schriftquellen zu diesem Punkt keine Aussagen machen.

Im März 1896 legte Dolmetsch ein Projekt für die Restaurierung der Kirche in Roßwag vor. Es beinhaltete unter anderem die Vereinheitlichung der Fensterformen auf der Südseite der Kirche: Entsprechend den beiden bereits vorhandenen Spitzbogenfenstern sollte westlich des Portals ein weiteres Fenster eingebrochen und gleichzeitig die drei unregelmäßig angeordneten Fenster mit geradem Sturz beseitigt werden (vgl. Abb. 25; 26). Alle drei Spitzbogenfenster sollten „mit stilvollen Einfassungen und Maßwerk"[500] versehen werden. Über der Tür sollte ein rundes Fenster eingefügt werden. Aufgrund fehlender finanzieller Mittel mussten diese Maßnahmen allerdings unterbleiben.

Im Hinblick auf die geplante Kirchenrestaurierung in Schornbach war es nach Dolmetschs Meinung „bezüglich der Form der alten Schifffenster [...] sehr zu empfehlen, daß dieselben anläßlich der beabsichtigten Bauerei durchweg einen oberen Spitzbogenabschluß erhalten".[501] Obgleich Dolmetsch die Einfügung eines „neue[n] Südfenster[s]" und die „Umgestaltung der 4 übrigen Fenster in Spitzbogenfenster" in seinen Kostenvoranschlag aufnahm,[502] konnten diese Arbeiten 1892 nicht ausgeführt

498 StadtA Tübingen, C 70/439 (Schreiben von Dolmetsch an das Gemeinschaftliche Amt in Lustnau vom 7. 6. 1887).

499 Ebd. (Schreiben von Dolmetsch an den Schultheiß vom 21. 7. 1888).

500 StA Ludwigsburg, F 209 I, 443 (Gutachten von Dolmetsch „über Augenscheinnahme der Kirche zu Rosswag" an den Verein für

christliche Kunst vom 24. 12. 1894).

501 LKA, A 29, 4071–3 (Schreiben von Dolmetsch an den Verein für christliche Kunst vom 5. 6. 1891).

502 Ebd. (Schreiben von Dolmetsch an das Konsistorium vom 20. 6. 1891).

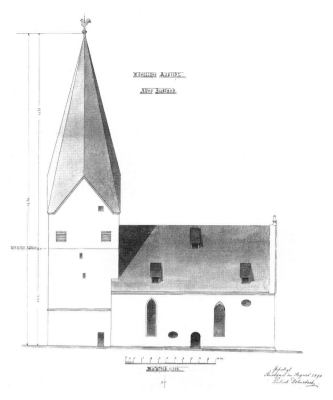

Abb. 63 Uhlbach, ev. Kirche, Ansicht Nordfassade, 1894 (Bestand).

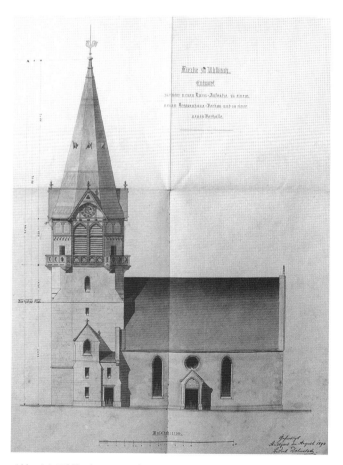

Abb. 64 Uhlbach, ev. Kirche, Ansicht Nordfassade, 1894. Lichtpause, koloriert, 41,0 cm x 55,7 cm.

Abb. 65 Uhlbach, ev. Kirche, Fenster in der Westfassade, zum Teil mit Tonfliesen verblendet.

werden. Die „Fensterarbeiten" wurden zurückgestellt, da Dolmetsch „ganz sicher mit den Mitteln auszureichen" gedachte.[503]

Auch im Fall der Restaurierung der Kirche in Uhlbach plante Dolmetsch eine umfassende Überformung der Fenster- und Türöffnungen. Im Gegensatz zu den beiden vorhergehenden Beispielen wurden diese Arbeiten 1895 in dem von Dolmetsch projektierten Umfang ausgeführt: Der Emporenaufgang auf der Nordseite der Kirche wurde beseitigt, die Kirche erhielt auf der Nordseite ein mit einem Giebel geschmücktes Portal, zwei Spitzbogenfenster sowie ein Rundfenster über dem neu angelegten Eingang

503 Ebd. (Schreiben von Dolmetsch mit Anschluss der „Abrechnungen über die Umbauarbeiten an der Kirche zu Schornbach" an das Konsistorium vom 28. 2. 1893).

(Abb. 63; 64). An der Westseite der Kirche wurde ein großes Spitzbogenfenster eingebrochen, das an die Stelle zweier kleinerer Fenster trat. Was Bauführer Wurster dazu veranlasste, den Westgiebel der Kirche als vor dem Umbau „ganz fensterlos" zu bezeichnen, muss dahingestellt bleiben. Im Zusammenhang mit dem Kirchturmbau in Urach berichtete er über die Schwierigkeiten, die beim Einbrechen des großen Spitzbogenfensters auftraten: „Kaum war die erforderliche Öffnung für das Fenster ausgebrochen, so konnte das darüber befindliche Mauerwerk trotz allen angeordneten Sprießen nicht mehr gehalten werden, und wurde daher abgetragen."[504] Dieses Fenster wurde allerdings nur im oberen Bereich verglast, den unteren Bereich füllen ornamentierte Tonfliesen aus (Abb. 65).

Das Motiv des über einem Portal befindlichen Rundfensters wurde von Dolmetsch häufig verwendet. Neben den beiden bereits genannten Beispielen – Roßwag und Uhlbach – taucht dieses Motiv, das die Architektur eines Querhauses evoziert und damit der Nobilitierung des Eingangs dient, beispielsweise an der Kirche in Frommern auf (Abb. 66). Das 1899 angelegte Portal und das darüber befindliche Rundfenster mit einem einbeschriebenen Fünfpass wurden 1966/68 wieder beseitigt.

Die in nachreformatorischer Zeit eingefügten Ovalfenster, die sich verhältnismäßig häufig an württembergischen Dorfkirchen zur Beleuchtung des Raums ober- oder unterhalb der Emporen finden, plante Dolmetsch zumeist zu entfernen. Im Fall der bereits erwähnten Kirchenrestaurierung in Uhlbach wurde das Ovalfenster im westlichen Bereich der Nordfassade zugemauert. Die „häßlichen ovalen Löcher zu beiden Seiten der Orgel" an der Kirche in Ottmarsheim, die wahrscheinlich im Zuge der Rokoko-Ausstattung 1748/49 eingefügt worden waren, wollte Dolmetsch durch „2 große Schifffenster gleich den andern" ersetzen und „mit einfachen Maßwerken" versehen (Abb. 67; 68).[505] Darüber hinaus sollten die bereits vorhandenen Spitzbogenfenster an beiden Seiten des Kirchenschiffs „wegen ausgiebigerer Erhellung der Emporen [...] entsprechend zu erhöhen" sein. Die im September 1881 gefertigten Pläne entsprechen in sämtlichen Punkten den von Dolmetsch im Auftrag des Vereins für christliche Kunst gemachten Ausführungen. Die geplante Umgestaltung des Ottmarsheimer Kirchenschiffs konnte jedoch wegen fehlender finanzieller Mittel nicht umgesetzt werden. Die beiden Ovalfenster an der Westfassade

der Kirche in Oberfischach stammen wohl aus der Zeit des Wiederaufbaus des Gotteshauses nach seiner Zerstörung im Jahr 1634 (Abb. 69). Auch in diesem Fall wurde zunächst das „Zumauern der beiden ovalen Fensteröffnungen im Westgiebel" in den Kostenvoranschlag aufgenommen.[506] Ob diese Maßnahme schließlich aus Gründen der Sparsamkeit unterblieb, kann aufgrund fehlender Quellen nicht gesagt werden.

Wie dargelegt werden konnte, strebte Dolmetsch lange Zeit die Vereinheitlichung unterschiedlicher Fensterformate an, wobei er zumeist das Ideal gleichmäßiger Reihen mit spitzbogigen Fenstern vor Augen hatte. Wie das Beispiel der Kirchenrestaurierung in Lustnau belegt, wurde dabei zugleich eine symmetrische Anordnung der beiden Längsseiten des Kirchenschiffs ungeachtet der Anlage der Emporen im Innenraum umgesetzt. Gurlitt führt in seinem „Handbuch der Architektur" zu dem Problem der die Fenster durchschneidenden Emporen aus: „Die Empore teilt die Fensterwand und verdeckt die Fenster. Man wird gut tun, sie nicht durch die Fenster selbst durchschneiden zu lassen, aber auch darauf zu sehen haben, daß

Abb. 66 Frommern, ev. Kirche, Portal und Rundfenster in der Südfassade, vor 1966/68.

504 LKA, DAamt Urach, Nr. 606 (Bericht von Bauführer Wurster über die Arbeiten am Uracher Kirchturm, undatiert).
505 PfarrA Ottmarsheim, Nr. 55 (Schreiben von Dolmetsch an das Gemeinschaftliche Amt in Ottmarsheim vom Dezember 1881).
506 PfarrA Oberfischach, „Beilagen zur Kirchenpflege-Rechnung pro 1. April 1893/94" („Bedingungen und Kostenberechnung für die Maurer- und Steinhauerarbeiten" von Dolmetsch vom Februar 1892).

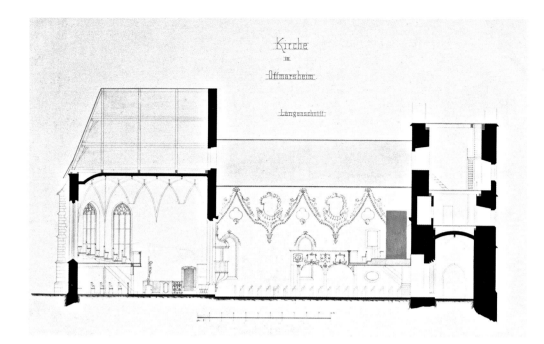

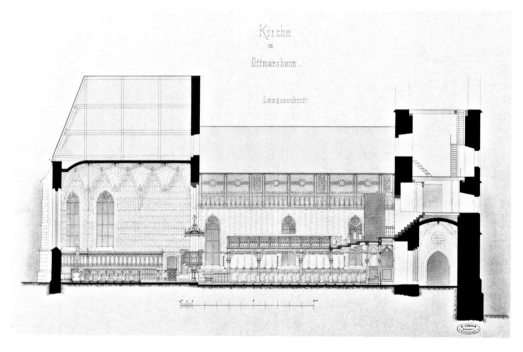

der Schiffraum in voller Größe in der Fassade zum Ausdruck kommt. Denn es handelt sich trotz der Emporen um ein einheitliches Raumgebilde, nicht um ein Stockwerkgebäude."[507] Erstmals berücksichtigte Dolmetsch beim Wiederaufbau der zum Teil abgebrannten Kirche in Möckmühl 1899/1900 die Anlage der Emporen bei der Gestaltung der Fenster. Während die Südseite des Schiffs weitgehend noch die mittelalterliche Substanz aufweist und dementsprechend mit langen durchgehenden Fenstern ausgestattet ist, musste die Nordseite vollständig neu aufgebaut werden. Dolmetsch gestaltete diese Fassade mit Hilfe zweireihig angeordneter Fenster: Die oberen Fenster wurden als zweibahnige Spitzbogenfenster mit Maß-

werk ausgebildet, die unteren Fenster als gedoppelte Öffnungen mit geradem Sturz (Abb. 70). In dieser Anordnung spiegelt sich anschaulich die innere Einteilung der Kirche wider.

Die Architekten Böklen und Feil, die in Bezug auf die bevorstehende Kirchenrestaurierung in Täferrot 1906 ein Gutachten erstellten, brachten diesen Grundsatz zum Ausdruck: Sie bemängelten, dass in dem ursprünglichen Plan Dolmetschs „das Gebälk der Empore die neuen Fenster in unschöner Weise [durchschneidet]; auch er-

---

507 Gurlitt 1906, S. 383–385.

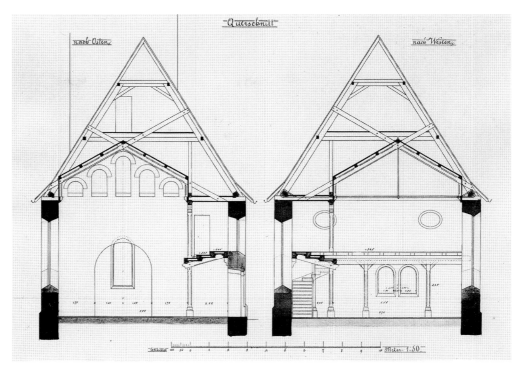

*Abb. 69 Oberfischach,
ev. Kirche, Querschnitt nach
Osten und nach Westen,
ca. 1891. Tusche,
aquarelliert auf Papier,
61,2 cm x 40,2 cm.*

*Abb. 70 Möckmühl,
ev. Kirche, Ansicht von Norden.*

scheint es sehr fraglich, ob es für protestantische Kirchen nicht ehrlicher und daher auch künstlerisch vorzuziehen

ist, den Emporeneinbau im Äußeren klar zum Ausdruck zu bringen".[508] Tatsächlich plante Dolmetsch bereits im Oktober 1905 „auf der Nordseite 2 oder 3 Fensterchen von der Größe des kleinen vorhandenen auf der Westseite zu kuppeln und dementsprechend darunter wieder 2 oder 3 kleine etwa rechteckige auszubrechen", wie Böklen und Feil es in ihrem Gutachten formulieren. Das bestehende Spitzbogenfenster sowie das kleine unmittelbar unterhalb der Traufe sitzende Rundfenster wollte Dolmetsch un-

508 PfarrA Täferrot, „Akten (Briefe, sonstige Mitteilungen, Erlässe u. Auszüge) zur Kirchenerneuerung 1906" („Gutachten betr. die geplanten baulichen Veränderungen an der evang. Kirche zu Täferrot O/A Gmünd" an den Verein für christliche Kunst von Böklen und Feil vom 23. 1. 1906). Das Gutachten ist als Abschrift von Pfarrverweser Dornfeld vorhanden.

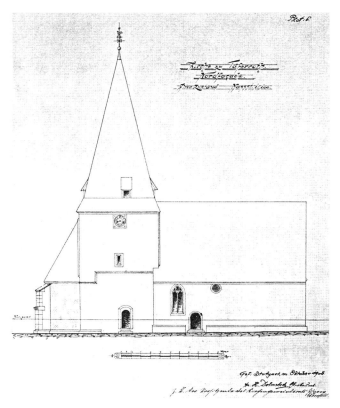

Abb. 73 Oberfischach, ev. Kirche, Treppenturm von Südosten.

Abb. 71 Täferrot, ev. Kirche, Ansicht Nordfassade, 1905 (Bestand). Lichtpause, grau laviert, 33,2 cm × 42,3 cm.

Abb. 72 Täferrot, ev. Kirche, Ansicht Nordfassade, 1905. Lichtpause, koloriert, 33,2 cm × 21,1 cm.

verändert beibehalten. Die Fensteranordnung wurde 1906 in der geplanten Weise ausgeführt (Abb. 71; 72), so dass eine „unsymmetrische Anordnung" entstand, die Eugen Gradmann als „reizvoller" erachtete als „die vom Kirchengemeinderat gewünschte gleichförmige Reihe von drei Langfenstern".[509] Damit setzte Dolmetsch in Täferrot das Gestaltungsmittel der Asymmetrie ein, das er zuvor vehement abgelehnt hatte. Die unterschiedliche Behandlung der beiden Längsseiten einer Kirche vollzog Dolmetsch auch bei Kirchenneubauten: 1904/05 wandte er dieses Mittel bei der Kirche in Unterdeufstetten an,

um die Zweischiffigkeit der Anlage nach außen sichtbar werden zu lassen,[510] und 1906 erhob er bei der Kirche in Metterzimmern die Asymmetrie gar zu dem Gestaltungsmittel, das den gesamten Bau bestimmt.[511]

Die vielfach vorhandenen Emporenaufgänge an den Außenseiten der Kirchen, die von Gradmann als „malerisch" bezeichnet wurden, wurden von Leins als „das Aeussere der [Kirchen] verunstalte[nd]" angesehen.[512] Dieser fügte jedoch hinzu, dass „diese Emporentreppen nichts destoweniger manchmal dazu beigetragen [haben] den Schiffen [...] ein belebteres Ansehen als vorher zu geben". Die Beseitigung der Emporentreppen sah Dolmetsch als eine wesentliche Aufgabe im Hinblick auf die Restaurierung und „Erneuerung" von Kirchen an. Zu diesem Thema äußerte er sich mit den Worten: „Wenn auch derartige Treppenausbauten da und dort bei ländlichen Kirchen noch vielfach zu sehen sind, so bedenke man doch, daß dieselben aus einer aller kirchlichen Baukunst entfremdeten hinter uns liegenden Zeit stammen. Wir heutige Bauverständige müssen uns deshalb mit aller Entschiedenheit gegen solch' barbarische Schöpfungen auflehnen."[513] Die Freitreppen wiesen zudem den praktischen Nachteil auf, dass eine „direkte Verbindung zwischen der Empore und dem unteren Kirchenraume" nicht vorhanden war, „so daß die Männer beim h. Abendmahl von der Empore aus ins Freie treten müssen, um ins Parterre der Kirche zu gelangen, was bei Sturm, Regen und Schnee sehr übel empfunden werden" muss.[514] In vielen Fällen verlegte Dolmetsch dementsprechend die Auf-

509 Ebd. (Schreiben von Gradmann an den Kirchengemeinderat in Täferrot vom 2. 12. 1905).
510 Zu dem Kirchenneubau in Unterdeufstetten von 1904/05 vgl. auch Pietrus 2001, S. 181–187.
511 Zu dem Kirchenneubau in Metterzimmern von 1906 vgl. auch Pietrus 2001, S. 187–195.
512 Leins 1864, S. 26.
513 LKA, A 29, 4071–3 (Schreiben von Dolmetsch an den Verein für christliche Kunst vom 5. 6. 1891).
514 Ebd.

Abb. 74 Reutlingen, Marienkirche, Nordfassade,
1. Seitenschifffenster von Westen.

Abb. 75 Reutlingen, Marienkirche, Nordfassade,
3. Seitenschifffenster von Westen.

gänge zu den Emporen in das Innere der Kirchen, so in Heumaden, Unterjesingen, Hohenmemmingen, Beuren und Kirchberg/Murr. Wenn der Bauherr einen bedeutsamen Platzverlust befürchtete, errichtete Dolmetsch steinerne Treppentürme mit hölzernen Innentreppen, wie etwa 1892 in Schornbach und Oberfischach (Abb. 73).

Die Einsetzung oder Erneuerung des Fenstermaßwerks, die bereits im Zusammenhang mit den Kirchen in Roßwag und Ottmarsheim angesprochen wurde, spielte insbesondere bei der Restaurierung architekturhistorisch herausragender Stadtkirchen eine wichtige Rolle. Im Zuge der Festigung der Fundamente und Instandsetzung der Außenhaut der Reutlinger Marienkirche wurden auch unter Dolmetschs Leitung ab 1894 „Binder, Bänke, Fenstergewände und Kapitele der Seitenschiffenster teil-

weise" ausgetauscht.[515] Neugearbeitet wurde im Dezember 1898 das Fenstermaßwerk des westlichsten Seitenschifffensters auf der Nordseite, das Johann Georg Rupp im Zuge der von ihm geleiteten Restaurierungskampagne an der Westfassade 1867/68 als Dreischneuß über einem Kielbogen hatte gestalten lassen. Dolmetsch formte dieses Maßwerk in drei gestapelte Dreipässe um (Abb. 74). Das dritte Seitenschifffenster von Westen auf der Nordseite der Kirche hatte von Rupp als Maßwerkfüllung einen stehenden Dreipass erhalten, den Dolmetsch im Januar 1899 durch einen stehenden Sechspass ersetzen ließ (Abb. 75). Nach Aussage von Eugen Gradmann wurden durch Rupp sämtliche Maßwerke der Marienkirche mit Ausnahme des südlichen Westvorhallenfensters erneuert: „Neu ist die große Fensterrose und das Stabwerk der Schauseite, die sämtlichen Fenster der Seitenschiffe (mit alleiniger Ausnahme des ersten von Südwest) bis aufs Gewände."[516] Damit dürfte das Maßwerk des südlichen Westvorhallenfensters bis zu seiner Erneuerung durch Dolmetsch im März 1900 bauzeitlich gewesen sein:[517] Das vierbahnige Fenster wurde von zwei liegenden Dreipässen abgeschlossen, die wiederum von einem ebensolchen Dreipass überfangen

---

515 Heinrich 2001, S. 54.

516 Eug[en] Gradmann, Zur Entstehungsgeschichte der Reutlinger Marienkirche, in: Württembergische Vierteljahrshefte für Landesgeschichte 13, 1890, S. 60.

517 Heinrich 2001, S. 54. Vgl. auch die Fotografie der Südseite der Marienkirche bei Heinrich 2001, S. 29.

Abb. 76 *Reutlingen, Marienkirche, Westvorhalle, Fenster in der Südfassade.*

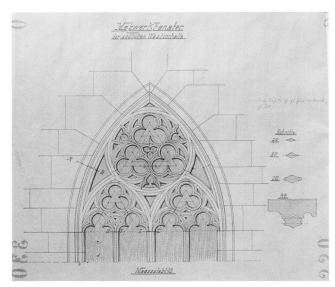

Abb. 77 *Reutlingen, Marienkirche, Entwurf für das Maßwerk des südlichen Westvorhallenfensters (unausgeführt).*

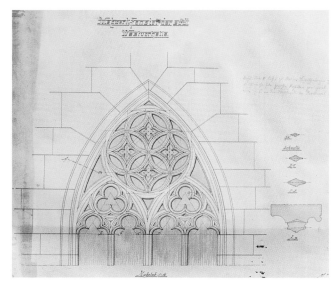

Abb. 78 *Reutlingen, Marienkirche, Entwurf für das Maßwerk des südlichen Westvorhallenfensters (unausgeführt).*

wurden. Während die unteren beiden liegenden Dreipässe in ihrer Anordnung beibehalten wurden, wurde der liegende Dreipass im Bogenscheitel durch einen stehenden Dreipass, umgeben von genasten Spitzbogen und kleinen Dreipässen ersetzt (Abb. 76). Nach Auffassung von Johannes Merz geschah dies „nach ursprünglichen Anhaltspunkten".[518] Der Entwurf hingegen, der von Dolmetsch mit dem Kommentar „diese Rosette ist zu fein im Detail, zu dünn" versehen wurde, tauschte den vorhandenen großen Dreipass gegen drei kleine liegende Dreipässe aus, denen genaste Spitzbogen beigegeben wurden (Abb. 77). Ein weiterer Entwurf zu dem Maßwerk des Westvorhallenfensters, der vier einander durchschneidende Kreise vorsah, wurde von Dolmetsch mit den Worten abgelehnt: „Dieses Motiv läßt zu kleine Lichtöffnungen zurück und ist mehr für große Rosetten geeignet wie zum Beispiel an der Westfaçade in Rottweil" (Abb. 78). Diese Entwurfszeichnungen geben einen Einblick in die Arbeitsweise Dolmetschs: Offensichtlich war ein Mitarbeiter im Stuttgarter Büro — möglicherweise handelte es sich auch um den Bauführer August Stechert — mit der Planung des Fenstermaßwerks betraut. Die handschriftlich den Zeich-

nungen beigefügten Kommentare belegen, dass Dolmetsch kein Baudetail ohne seine vorherige Begutachtung ausführen ließ.

Mit den Kirchenrestaurierungen ging zumeist auch die Erneuerung der Verglasung der Fenster sowie der Türblätter einher. Während die Schifffenster stets eine nichtfigürliche Verglasung erhielten, wurden die Chorfenster — mit nur einer Ausnahme — mit szenischen oder allegorischen Darstellungen gefüllt. Auf die Verglasung der Fenster wird im Zusammenhang mit dem Thema „Ausstattung" noch einzugehen sein.

---

518 Marienkirche 1903, S. 34.

Chor

Zwei häufig von Dolmetsch angewendete Maßnahmen – das Freiräumen bereits vorhandener Chöre und das Hinzufügen von Chorräumen an Kirchenschiffe, die bislang eines solchen entbehrten – sind als Erscheinung *eines* Phänomens zu werten, das in folgenden Worten zum Ausdruck kommt: „Das Chor muß wieder frei werden und hell den ursprünglichen wohl verstandenen Ausblick nach der Erd- und Himmelsgegend des Aufgangs aus der Höhe bekommen, und in den Chor muß der Altar, das Sinnbild und der Anknüpfungspunkt an das mit dem Opfer für die Menschheit sich beschließende Gottmenschliche und mit seinem Genuß von der Menschheit beginnende menschlich-göttliche Leben."[519] Entsprechend bemerkten Johann Matthäus von Mauch, Gustav Adolf Breymann und Joseph von Egle in einem Gutachten „betr[effend] die Herstellung von Chören und Chornischen bei Erbauung evangelischer Kirchen", dass der Chor „sowohl vom historischen als aesthetischen Gesichts-Punkte aus betrachtet einen unentbehrlichen Theil eines christlichen Gotteshauses" bildet.[520] Sie vertreten die Ansicht, dass ein „Gebäude zu gottesdienstlichen Versammlungen", dem dieser Teil fehlt, „so sehr im Widerspruche mit dem selbst bis in die untersten Schichten der Bevölkerung eingedrungenen Gefühle für das historisch Gerechtfertigte [steht], daß demselben [...] allgemein der Charakter einer Kirche abgesprochen wird". Auch Ludwig Friedrich von Gaab hält in seiner Äußerung „in Betreff der Aufstellung von Musterplanen zu evangelischen Kirchen" das „Ansinnen der Oberkirchenbehörde, künftighin bei Neubauten einen Chor oder wenigstens eine Altarnische an dem Schiff der Kirche anzubringen", für gerechtfertigt.[521] In diesem Sinn äußerte sich auch Karl von Grüneisen in seinem „Referat über den evangelischen Kirchenbau", das er 1861 auf der Deutschen evangelischen Kirchenkonferenz in Eisenach hielt: „Eine Kirche ohne Chor ist wie eine Kirche ohne Altar, nichts weiter als ein bloßer Betsaal, und verdient den Namen einer Kirche nicht."[522]

Dieses Bemühen um die Etablierung eines Chors an evangelischen Kirchen ist in den bereits beschriebenen Kontext einzuordnen. Christian Friedrich Leins nimmt in seiner Rede anlässlich der Einweihung des Neubaus der Polytechnischen Schule nochmals Bezug auf die mit dem Begriff „Kameralamtsstil" charakterisierten Kirchenbauten: „Der neueren Zeit war es sogar vorbehalten, die Nothwendigkeit eines Chors für protestantische Kirchen zu bestreiten und manche noch nicht lange erbaute derselben, besonders auf dem Lande, bilden nur ein einfaches Parallelepiped, an dem vor der nackten schmalen Wand der Altar steht, und darüber sich die Kanzel befindet."[523] Hinsichtlich bereits bestehender Kirchenbauten führt er aus: „So stehen noch heutzutage die meisten protestantischen Kirchen Württembergs in ganz unvortheilhafter Weise gegen die katholischen zurück, in denen der Chor in seinem Recht den Hauptaltar zu bergen belassen wurde und die Orgeln in bescheidener Ausdehnung höchstens seitwärts darin angebracht wurden, oder auf der Westseite stehen."[524] Er gelangt zu dem Schluss, dass „das erste Bestreben des Restaurators sein [müsse], den Chor frei zu bekommen".[525]

Damit spricht Leins die von Eugen Gradmann als „altprotestantisch" charakterisierten Kircheneinrichtungen an. Während die Aufstellung der Orgel im Chor auf einer Empore, die den Chor füllte oder überschnitt, von Gradmann als nicht störend empfunden wird (vgl. Abb. 10),[526] konstatiert Dolmetsch in Bezug auf die Kirche in Unterjesingen den „Uebelstand, daß durch eine Empore der Chor unschön und der Raum unter solcher Empore düster wirk[t]".[527] Diese Aussage Dolmetschs lässt sich insofern für die Zeit vor der Jahrhundertwende verallgemeinern, als in vielen Projekten die Maßnahme enthalten ist, die Empore und damit auch die Orgel aus dem Chor zu räumen. So plante Dolmetsch 1881 bei der „Renovation im Innern" der Sersheimer Kirche die „Freilegung des Chors [und] die Versetzung der Orgel auf die westliche Empore".[528] Aus Kostengründen wurde diese Maßnahme jedoch nicht ausgeführt. In Unterjesingen stand, wie bereits erwähnt, die Orgel bis zu der umfassenden Restaurierung der Kirche im Jahr 1894 im Chor (Abb. 79). Im Zuge des Umbaus der Kirche wurde die Orgel auf die Westempore versetzt (Abb. 80). Ähnlich wie in Unterjesingen wurde auch in Bezug auf die Kirche in Beuren kritisiert (Abb. 81): „Die Orgel im Chor verwehrt den Eintritt des Lichts ins Schiff und verhindert den Anblick des schöngewölbten Chors."[529] Noch im April 1902 schlug Dolmetsch im Hinblick auf die Kirchenrestaurierung in Ofterdingen vor, „die alte unschöne Empore im Chor"

519 [Ohne Verfasser], Die kirchliche Kunst in Württemberg, in: Evangelisches Kirchenblatt zunächst für Württemberg 6, 1845, S. 200.
520 LKA, A 26, 1455 (Gutachten der Architekten Mauch, Breymann und Egle vom 8. 9. 1852).
521 Ebd. („Aeußerung in Betreff der Aufstellung von Musterplanen zu evangelischen Kirchen" von Oberbaurat Gaab vom 1. 7. 1853).
522 [Karl von] Grüneisen, Referat über den evangelischen Kirchenbau, in: Allgemeines Kirchenblatt für das evangelische Deutschland 10, 1861, S. 540.
523 Leins 1864, S. 5.

524 Ebd.
525 Ebd., S. 26.
526 Gradmann 1911, S. 22.
527 PfarrA Unterjesingen, Nr. 206.1 (Schreiben von Dolmetsch an den Kirchengemeinderat vom 23. 7. 1892).
528 LKA, K 1, Nr. 211 (Schreiben des Pfarramts Sersheim an den Verein für christliche Kunst vom 25. 2. 1883).
529 LKA, PfarrA Beuren, Nr. 230 (Auszug aus dem KGR-Protokoll vom 14. 2. 1904).

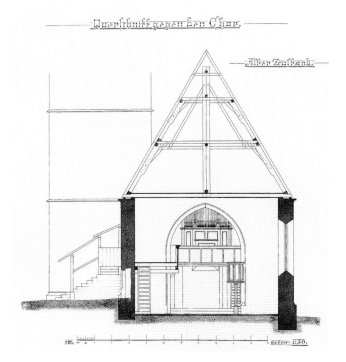

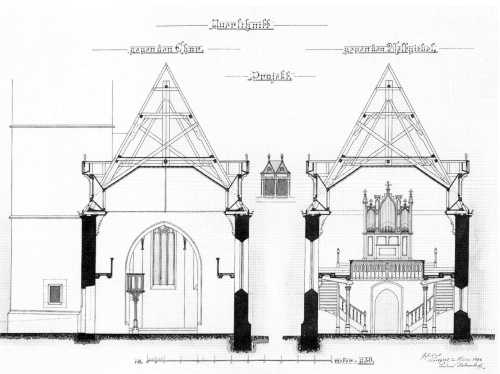

sprach, unterblieb diese Maßnahme schließlich aus Kostengründen.[532] Da eine weiterführende Diskussion über diesen Gegenstand nicht erfolgte, kann die Vermutung geäußert werden, dass Dolmetsch der Freilegung des Chors zu diesem Zeitpunkt schon nicht mehr die Wichtigkeit beimaß wie noch einige Jahre zuvor.

Entgegen Dolmetschs auf das Jahr 1894 zurückgehender Planung, die Orgel der Stadtkirche in Backnang auf die Westempore zu versetzen (Abb. 84), wurde das Instrument im Zuge der Restaurierung der Kirche im Jahr 1895 im Chor belassen (Abb. 85). Dolmetsch begründete seine Absicht mit dem Umstand, „daß die sämtlichen 5 Fenster des Chores hinter dem Prospekt der Orgel liegen würden, wodurch die Helle vom Chor erheblich abgehalten wäre".[533] Trotz dieser Bedenken vertrat der Diözesanausschuss die Ansicht, „gegen die Aufstellung der Orgel auf der bisherigen Stelle im Chor [könne] nichts eingewendet werden", da eine damit einhergehende „Erhöhung und Wölbung der Schiffsdecke" von den Mitgliedern des Kirchengemeinderats „einhellig zurückgewiesen worden" sei.[534] Der „Abbruch der obern 2 Emporen im

Abb. 79 (oben links)
Unterjesingen, ev. Kirche,
Querschnitt nach Osten,
ca. 1892 (Bestand). Tusche,
aquarelliert auf Papier,
40,0 cm x 47,7 cm.

Abb. 80 Unterjesingen,
ev. Kirche, Querschnitt nach
Osten und nach Westen,
1892. Tusche, aquarelliert auf
Papier, 74,0 cm x 47,3 cm.

herauszunehmen, „um den sehr schönen Chor zur Geltung zu bringen" (Abb. 82).[530]

Für die Restaurierung der Kirche in Münklingen legte Dolmetsch 1899 im Auftrag des Vereins für christliche Kunst ein Gutachten vor, von dem nicht bekannt ist, ob es auch die Entfernung der Orgel aus dem Chor beinhaltete (Abb. 83).[531] Obgleich der Vorsitzende des Kirchengemeinderats sich für die „Versetzung der Orgel auf die Empore" – möglicherweise auf Anregung Dolmetschs – aus-

530 PfarrA Ofterdingen, „Kirchenbausachen" („Kostenberechnung über die vorzunehmenden Bauarbeiten" von Dolmetsch vom April 1902).

531 PfarrA Münklingen, „KGR-Protokolle 1896–1922" (Protokoll vom 29. 8. 1899).

532 Ebd. (Protokoll vom 15. 5. 1900).

533 LKA, DAamt Backnang, Nr. 418.2 (Schreiben von Dolmetsch an den Dekan vom 23. 2. 1894).

534 LKA, DAamt Backnang, Nr. 287.23 („Äußerung des Diözesanausschusses über den geplanten Orgelbau und damit zusammenhängende Arbeiten in der Stiftskirche zu Backnang" v. 4. 6. 1894).

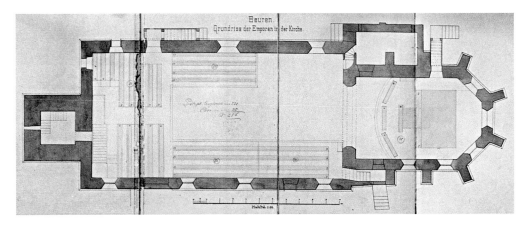

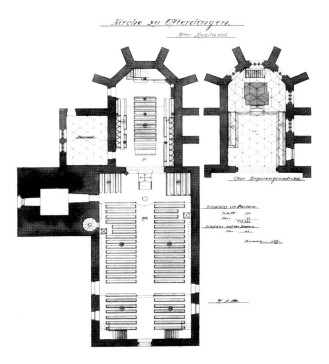

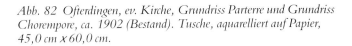

*Abb. 82 Ofterdingen, ev. Kirche, Grundriss Parterre und Grundriss
Chorempore, ca. 1902 (Bestand). Tusche, aquarelliert auf Papier,
45,0 cm × 60,0 cm.*

Chor und [die] Verlängerung des bestehenden kleinen
Fensters auf der Südseite im Chor" wurden hingegen gutgeheißen und dementsprechend ausgeführt.

Das von Dolmetsch für die Restaurierung der Kirche in
Möckmühl 1895 erarbeitete Projekt sah die Belassung der
Orgel im Chor vor (Abb. 86). Diese sollte allerdings von
einer Empore, deren Entfernung vorgesehen war, auf ein
vergleichsweise niedriges Podest versetzt werden. Da sich
kein Erläuterungsschreiben von Dolmetsch erhalten hat,
lassen sich die Gründe für dieses Vorhaben lediglich aus
verschiedenen Indizien ableiten: Obwohl die ehemals fla-

*Abb. 84 Backnang, ev. Kirche, Querschnitt nach Westen, 1894, ▶
Bleistift auf Transparent, 49,6 cm × 61,6 cm.*

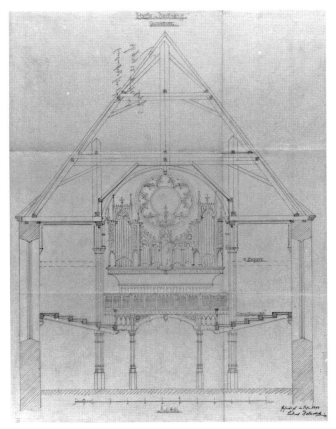

che Schiffdecke aufgesprengt werden sollte, reichte der Raum für die Aufstellung der Orgel auf der Westempore nicht aus, da die Schiffmauern nicht erhöht werden sollten.[535] Erst durch den Brand in der Nacht vom 30. auf den 31. Oktober 1898 wurde die Kirche so schwer in Mitleidenschaft gezogen, dass einer Erhöhung der Schiffmauern und damit einer Versetzung der Orgel auf die Westempore – aus finanzieller Sicht – nichts mehr im Wege stand (vgl. Abb. 23).

Die zuletzt genannten Beispiele belegen, dass Dolmetsch nur dann die Orgel im Chor beließ, wenn ihn konkrete Gründe – in der Regel finanzieller Art – zu dieser Maßnahme zwangen. Diese Aussage gilt jedoch nur für die Zeit vor 1902. Das Umbauprojekt für die Kirche in Schorndorf vom April 1902, das eine Rekonstruktion der spätgotischen Staffelhalle beinhaltete, stellt eines der letzten Projekte Dolmetschs dar, bei dem er eine „Freile-

535 PfarrA Möckmühl, H 3 (KGR-Protokoll vom 5. 11. 1895).

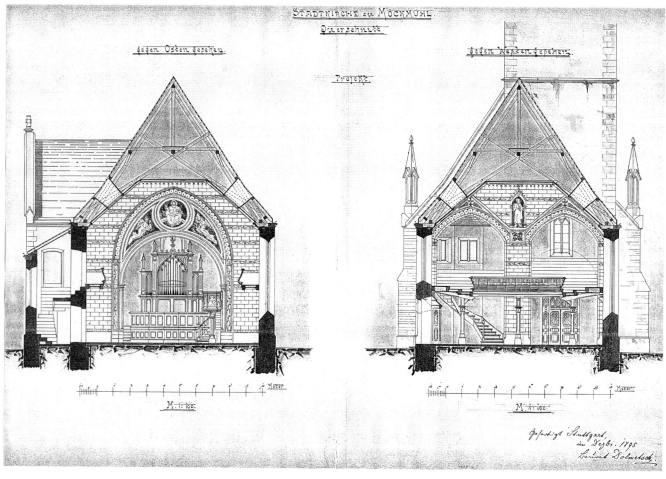

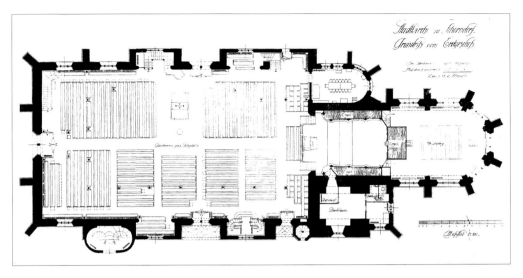

Abb. 87 Schorndorf,
ev. Kirche, Grundriss Parterre,
ca. 1909. Lichtpause,
68,5 cm x 33,0 cm.

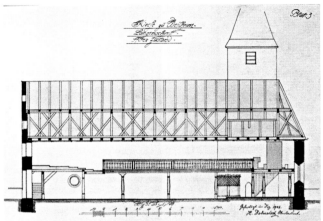

Abb. 88 Weilheim, ev. Kirche, Längsschnitt, 1904 (Bestand).
Lichtpause, koloriert, 32,4 cm x 20,6 cm.

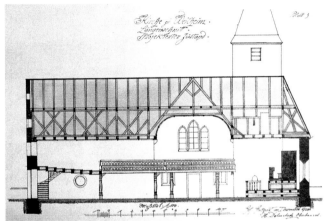

Abb. 89 Weilheim, ev. Kirche, Längsschnitt, 1904
(unausgeführt). Lichtpause, koloriert, 32,5 cm x 21,0 cm.

gung" des Chors in dem zuvor beschriebenen Sinn anstrebte. Der 1909 verwirklichte Plan, der auf einen von
Dolmetsch ausgearbeiteten Wettbewerbsentwurf von
1905 zurückgeht, setzte schließlich das Gegenteil von
dem 1902 angestrebten Grundsatz um: Die Orgel, die zuvor auf der Westempore gestanden hatte, wurde in zwei-
geteilter Form im Chor aufgestellt (Abb. 87).[536] Der aus
finanziellen Gründen nicht ausgeführte Plan vom Dezember 1904 für die Restaurierung der Kirche in Weilheim sah – ähnlich wie schon das Projekt für die Restaurierung der Kirche in Möckmühl – vor, die Orgel im
Chor zu belassen, sie allerdings von der zu beseitigenden
Empore auf ein niedriges Podium zu versetzen (Abb. 88;
89). In der Kirche in Täferrot befand sich vor der Restaurierung eine Empore im Chor, die Orgel hatte ihren Platz

jedoch zu ebener Erde an der Westwand des Kirchenschiffs. Dolmetsch verzichtete in seinem Projekt vom
Oktober 1905 auf die Freiräumung des Chors und stellte
die Orgel auf ein ebendort angebrachtes Podest (Abb. 90).
Im darauf folgenden Jahr wurde die Restaurierung der
Täferroter Kirche entsprechend Dolmetschs Entwurf
vorgenommen.

Auch bei Kirchenneubauten ist der soeben beschriebene Wechsel in der Behandlung von Chorräumen zu beobachten. 1908, im Fall des Neubaus der Stuttgarter Markuskirche, vollzog Dolmetsch in baulicher Konsequenz
die Aufstellung der Orgel im Chor.[537] In einem Entwurf
für den Neubau der Markuskirche in Plauen, der 1907
publiziert wurde, taucht dieses Moment gleichfalls auf.[538]
David Koch sah es im Gegensatz hierzu noch 1907 als

536 [Ohne Verfasser], Die Renovierung der Stadtkirche in Schorndorf, in: Bauzeitung für Württemberg, Baden, Hessen, Elsaß-
Lothringen 7, 1910, Nr. 12, S. 90.
537 G[ustav] Gerok, Die Markuskirche in Stuttgart, in: ChrKbl 51,
1909, H. 2, S. 34 und [Ohne Verfasser], Die neue Markuskirche in
Stuttgart, in: Bauzeitung für Württemberg, Baden, Hessen, Elsaß-

Lothringen 6, 1909, Nr. 15, S. 114. Zu dem Neubau der Markuskirche in Stuttgart von 1906/08 vgl. auch Pietrus 2001, S. 195–203
und Pietrus 2007.
538 H[einrich] Dolmetsch, Beitrag zu weiterer Lösung des modernen
protestantischen Kirchenbauproblems, in: ChrKbl 49, 1907, H. 1,
S. 6. Vgl. auch Pietrus 2001, S. 125.

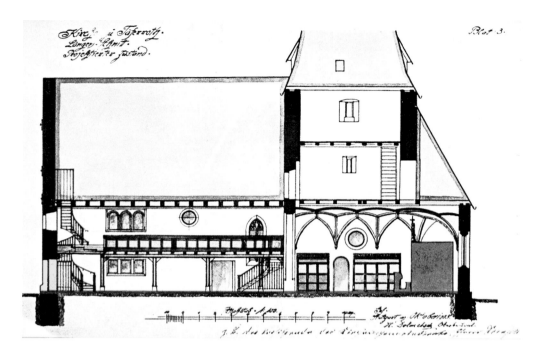

*Abb. 90 Täferrot, ev. Kirche,
Längsschnitt, 1905.
Lichtpause, koloriert,
33,0 cm × 21,0 cm.*

„unprotestantisch" an, der Orgel „eine das ganze Gesichtsfeld beherrschende Stellung einzuräumen".[539] Auch Paul Brathe, Pfarrer in einer thüringischen Landgemeinde, wollte den Chor der Aufstellung des Altars vorbehalten wissen und lehnte dementsprechend die Aufstellung der Orgel „im Angesichte der Gemeinde" mit der Begründung ab, „anderen Symbolen und dem künstlerischen Schmuck überhaupt [werde] seine Hauptstätte genommen".[540] Brathe muss in dem nach 1900 aufflammenden Streit um die Frage nach der Notwendigkeit eines Chorraums für protestantische Kirchen als einer der Protagonisten angesehen werden.

Während das Eisenacher Regulativ die Ausbildung eines architektonisch eigenständigen Chorraums ausdrücklich forderte, mehrten sich um die Jahrhundertwende die Stimmen, die die räumliche Einheit von Chor und Gemeinderaum befürworteten. Brathe erwies sich in diesem Disput als ein Verfechter der „Notwendigkeit des Chorraums", wie er einen Aufsatz 1903 übertitelte: Da sowohl Gott als auch die Gemeinde als „handelnde Subjekte" zu betrachten seien, so sei für die Gemeinde wie auch für das „in Raum und Zeit sich vollziehende Handeln des unräumlichen Gottes" ein eigener Raum notwendig.[541] Diese von Brathe propagierte Zweiteilung wies der Straßburger Professor Julius Smend als unzulässig zurück, da nicht nur Wort und Sakrament, sondern auch Gebet und Lobgesang entweder als „gottgegeben" oder als „Veranstaltung der christlichen Gemeinde" zu sehen seien.[542] Die Einheitlichkeit von Altar- und Gemeinderaum begründete Smend mit der Tatsache, dass die im „Gottesdienste handelnd auftretende Gottheit […] Gegenstand des Glaubens und der frommen Erfahrung" sei.[543] Brathe selbst relativierte seine Aussage dahingehend, dass „der evangelische Altarraum durchaus als ein Teil der Gesamtanlage erscheinen" solle, aber „nicht im Gemeinderaum verschwindend, sondern bevorzugt und bedeutungsvoll als das ‚Haupt' der Anlage herausgehoben, […] als organischer Teil des ganzen Raumes, mit dem Gemeinderaume einheitlich zusammengefaßt".[544]

In der Kirchenbaupraxis des ausgehenden 19. Jahrhunderts stand es außer Frage, dass ein evangelisches Gotteshaus eines eigenständigen Chorraums bedurfte. Die Stadtkirche in Vaihingen/Enz, deren Chor aufgrund „ausgegangener Mittel" oder beginnender Glaubenskämpfe nicht ausgebaut wurde,[545] schien „von außen einer Ruine gleich", da sie im Osten „ohne Chorabschluß" war.[546] Dolmetsch sah es dementsprechend als den „Kernpunkt" seines Plans an, „innerhalb der vorhandenen Kirchenwände einen Ersatz für den früher vorhanden gewesenen oder wenigstens beabsichtigt gewesenen Chor zu

539 David Koch, Vortrag über die künstlerische Ausgestaltung des protestantischen Kirchenraums auf dem Kirchenbautag in Dresden, in: ChrKbl 49, 1907, H. 7, S. 197.

540 Brathe 1906, S. 185.

541 P[aul] Brathe, Die Notwendigkeit des Chorraums, in: Monatsschrift für Gottesdienst und kirchliche Kunst 8, 1903, S. 379.

542 Julius Smend, Woher der Streit um den Chorraum?, in: Monatsschrift für Gottesdienst und kirchliche Kunst 8, 1903, S. 400.

543 Julius Smend, Erklärt sich der Streit um den Chorraum aus dogmatischen Differenzen?, in: Monatsschrift für Gottesdienst und kirchliche Kunst 11, 1906, S. 78.

544 Brathe 1906, S. 155.

545 H[einrich] M[erz], Leid und Freud einer schwäbischen Kirche, in: ChrKbl 35, 1893, H. 1, S. 13.

546 LKA, A 29, 4881–18 (Pfarrbericht von 1884).

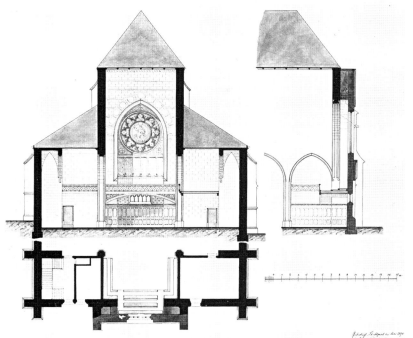

Abb. 91, 92 Vaihingen/Enz, ev. Kirche, Querschnitt nach Osten, Grundriss und Längsschnitt (links) 52,2 cm x 47,4 cm und Ansicht Ostfassade (oben) 37,6 cm x 35,9 cm. Tusche, aquarelliert auf Papier, 1892.

bieten".[547] Durch Anlage eines Kohlenraums auf der Süd- und Anlage einer Sakristei auf der Nordseite der Kirche sollte eine Chornische ausgeschieden werden. Offenbar stellte diese Lösung Dolmetsch nicht zufrieden, denn er fertigte „einen neuen Plan zu einer schöneren Choranlage mit Herstellung einer Nische [...], durch welchen das Ruinenhafte an der Außenseite beseitigt würde".[548] Im Gegensatz zu dem vorangegangenen Plan entwarf Dolmetsch nun einen Choranbau, der um einen Meter über die Flucht der Ostwand heraustreten und mit einer großen Fensterrosette ausgestattet werden sollte (Abb. 91; 92). Im Inneren verlief eine schmale Empore an der Ostwand, die als Verbindung zwischen den über der Sakristei und dem Kohlenraum befindlichen Emporen diente. Sowohl die Topographie als auch die bestehende Bebauung verhinderten einen Ausbau des Chors in umfangreicheren Ausmaßen.

Das Bewusstsein für die Notwendigkeit eines eigenständigen Chorraums, der nach Möglichkeit in architektonisch angemessenen Formen zu gestalten war, belegt auch das Beispiel des Chorneubaus in Lustnau. Der als „stallähnlich"[549] beschriebene alte Chor der Kirche (Abb. 93) wurde 1889 abgebrochen und durch einen neuen,

„der Würde der übrigen Kirche entsprechenden Chor mit massivem, sternförmigem Rippengewölbe"[550] ersetzt (Abb. 94). Die Tatsache, dass die Nordwand des alten Chors den Chorbogen überschnitt, mag in ästhetischer Hinsicht als so störend empfunden worden sein, dass der Stiftungsrat einen Choranbau in gotisierenden Formen ausführen ließ.

Die zu Beginn des 17. Jahrhunderts erbaute Stadtkirche in Göppingen hatte keinen Chor, so dass es Dolmetschs vorrangiges Ziel war, „das scheunenhafte Gepräge der kahlen Giebelwand zu beseitigen".[551] Der Grundriss führt vor Augen, in welcher Weise Dolmetsch die Nordseite – damit die zum Schloss weisende Schmalseite – der Kirche mit einem Chor und zwei anschließenden Treppenhäusern versehen wollte (Abb. 95). Westlich anschließend sollte ein Anbau mit Sakristei, Konfirmandensaal und Abort erstellt werden. Der Plan geht auf einen Vorschlag Dolmetschs zum „Umbau der Stadtkirche in Göppingen" vom Oktober 1894 zurück, der die „Anfügung eines neuen Chors an der nördlichen Schmalseite" vorsah.[552] Alternativ unterbreitete Dolmetsch den Vorschlag, einen Chor an der Westseite der Kirche anzubauen, der notwendigerweise eine Querorientierung des Innenraums mit sich ge-

547 DAamt Vaihingen/Enz, Nr. 830 (Schreiben von Dolmetsch an den Kirchengemeinderat vom 9. 3. 1891).

548 DAamt Vaihingen/Enz, Nr. 829 (Auszug aus dem KGR-Protokoll vom 28. 6. 1892).

549 LKA, A 29, 2680–25 (Pfarrbeschreibung von 1905).

550 StadtA Tübingen, C 70/439 (Schreiben von Dolmetsch an das Ge-

meinschaftliche Amt in Lustnau vom 7. 6. 1887).

551 Dolmetsch 1900, S. 3.

552 LKA, DAamt Göppingen, Nr. 203.1 („Summarischer Kostenvoranschlag für den Umbau der Stadtkirche in Göppingen mit Anfügung eines neuen Chors an der nördlichen Schmalseite" von Dolmetsch vom Oktober 1894).

Abb. 93 Lustnau, ev. Kirche, Werkmeister Riekert, Ansicht Ostfassade und Querschnitt durch den Chor, 1885 (Bestand). Tusche, aquarelliert auf Papier, 71,0 cm x 52,2 cm.

Abb. 94 (unten links) Lustnau, ev. Kirche, Ansicht Ostfassade, ca. 1887. Tusche, aquarelliert auf Papier, 40,0 cm x 51,8 cm.

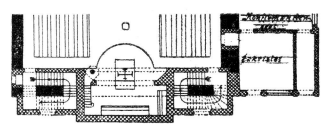

Abb. 95 Göppingen, ev. Stadtkirche Grundriss Parterre, ca. 1894 (unausgeführt).

einer harmonischen Erscheinung gelangen würde".[554] Dass der Choranbau nicht in der von Dolmetsch projektierten Weise ausgeführt wurde, geht möglicherweise auf die Intervention von Landeskonservator Gradmann zurück, der am 19. Dezember 1907 zu einer Beratung hinzugezogen wurde.

Im Zusammenhang mit der Frage nach der Freiräumung des Chors steht die Problematik der Erhöhung des Chorbogens. Während für Dolmetsch vorrangig ästhetische Gründe für die Freilegung des Chors ausschlaggebend waren, betonten Architekten, wie Mauch, Breymann und Egle, historische Gründe und Theologen, wie insbesondere Paul Brathe, liturgische Gründe. Dass für Dolmetsch die beiden letztgenannten Motive durchaus eine – wenn vielleicht auch untergeordnete – Rolle spiel-

bracht hätte.[553] Offensichtlich präferierte Dolmetsch den erstgenannten Plan, da er noch 1898 hervorhob, „daß durch denselben nicht blos dem Innern der Kirche durch die Erreichung eines organisch angegliederten Chores eine wesentliche Verbesserung zufallen würde, sondern daß auch insbesondere die äußere Ansicht der Giebelseite zu

553 Ebd. („Summarischer Kostenvoranschlag für den Umbau der Stadtkirche in Göppingen mit Anfügung eines neuen Chores an der westlichen Langseite" von Dolmetsch vom Oktober 1894).

554 Ebd. (Schreiben von Dolmetsch an den Kirchengemeinderat vom 3. 8. 1898).

Abb. 96 Oberfischach, ev. Kirche, Querschnitt.

Abb. 97 Gaildorf, ev. Kirche, Querschnitt nach Osten, ca. 1869. Tusche auf Transparent, 49,4 cm x 57,6 cm.

ten, vermag nicht ausgeschlossen zu werden. Auch in seinem Vortrag „Ueber Kirchenrestaurationen" mahnte Dolmetsch eine in architektonischer Hinsicht harmonische Vermittlung zwischen Chorraum und Kirchenschiff an. In Bezug auf die Kirchenrestaurierung in Oberfischach begründete Dolmetsch sein Vorgehen, „durch Ausschneidung und Überhöhung der Schiffdecke Chor und Schiff in geordnete Beziehung zu einander zu bringen", explizit als ästhetisch motiviert (Abb. 96).[555]

Erstmals führte Dolmetsch, zu dem Zeitpunkt noch als Bauführer im Büro Leins angestellt, die Erhöhung des Chorbogens im Fall der Kirchenrestaurierung in Gaildorf durch. Die Gaildorfer Stadtkirche wurde durch einen Brand in der Nacht vom 19. auf den 20. Januar 1868 so schwer zerstört, dass „nur das Chor, die Umfassungsmauern und der untere Theil des Thurmes" erhalten blieben.[556] Die „Wiederherstellung des Chordachs" und die „Wiederherstellung der Bedachung des Kirchenschiffs" waren ebenso im Kostenvoranschlag enthalten wie der Anbau „der zwei Treppenthürmchen beiderseits vom Chorbogen und einer neuen Sakristei auf der Südseite".[557] Der Querschnitt mit Blick zum Chor zeigt in gestrichelten Linien den Verlauf des alten Chorbogens an, dem gegenüber der neue Chorbogen höher und schmaler gestaltet wird (Abb. 97).

Bei dem im Juni 1882 ausgearbeiteten Projekt für den Umbau der Kirche in Kochendorf, das nicht zur Ausführung kam, sah Dolmetsch die „Erweiterung des Chorbogens" in Analogie zu der „Herausnahme des alten Kreuzgewölbes im Chor [vor], wo zuerst eine Einschalung der Rippen vorzunehmen ist, welche Rippen nach Entfernung der Gewölbekappen sorgfältig auszuheben und abzunehmen sind, um bei der Erhöhung des Chores zur Wiederverwendung zu kommen".[558] Im Fall des geplanten Kirchenumbaus in Metterzimmern schlug Dolmetsch im Dezember 1900 eine im Gegensatz zu dem Entwurf für die Kirche in Kochendorf „nur" teilweise Anhebung des Chorgewölbes vor, die mit der Erhöhung des Chorbogens einhergehen sollte (Abb. 98). In dem bereits zitierten Vortrag „Ueber Kirchenrestaurationen" führt Dolmetsch Metterzimmern an; als weitere Beispiele für die Erhöhung des Chorbogens nennt er unteren anderen die Kirchen in Laufen/Kocher, Bietigheim und Blaubeuren sowie die Katharinenkirche in Schwäbisch Hall.[559]

Das Bedürfnis nach Ausformulierung eines eigenständigen Altarraums geht bis nach der Jahrhundertwende mit der Erhöhung des Chors gegenüber dem Schiff ein-

---

555 PfarrA Oberfischach, „KGR-Protokolle 1889–1905" (Protokoll vom 13. 2. 1890).
556 LKA, DAamt Gaildorf, Nr. 59 („Urkunde für den Denkstein in dem Fundament des Altares der neuhergestellten Kirche" vom 20. 1. 1870).
557 Ebd. („Zusammenstellung nach Arbeitsgattungen" von Leins vom Juli 1868).
558 PfarrA Kochendorf („Kosten-Voranschlag über die Restauration der Kirche" von Dolmetsch vom Juni 1882).
559 Dolmetsch 1900, S. 3.

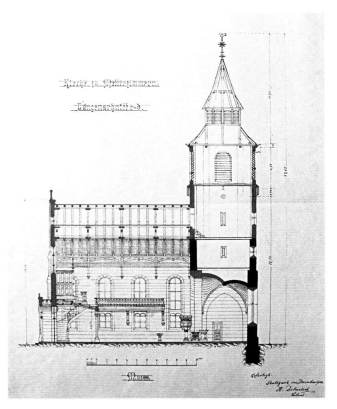

Abb. 98 Metterzimmern, ev. Kirche, Längsschnitt, 1900 (unausgeführt). Lichtpause, koloriert, 32,6 cm x 41,6 cm.

her. Die Erhöhung des Chors „um mehrere Stufen über den Boden des Kirchenschiffes" wurde bereits im Zusammenhang mit dem Eisenacher Regulativ angesprochen. Nur in seltenen Fällen unterblieb eine solche Erhöhung, wie beispielsweise bei der Restaurierung der Kirche in Heumaden laut Vermerk in der Zeichnung (Abb. 99). Sogar bei Kirchenneubauten, die nach der Jahrhundertwende entstehen und keinen eigenständigen Chorraum mehr ausbilden, ist der Wunsch nach Hervor-

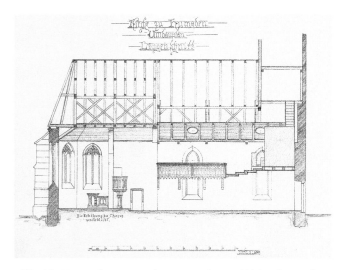

Abb. 99 Heumaden, ev. Kirche, Längsschnitt, 1893, Blei- und Buntstift auf Papier, 31,5 cm x 22,3 cm.

hebung des Altarraums zu spüren. In der Kirche in Wört fügt Dolmetsch dementsprechend 1905 eine Stufe ein, die Chorraum und Schiff gegeneinander abtrennt.[560]

Decke

Die Ausführung gesprengter Decken geht zumeist mit der Erhöhung des Chorbogens einher. Dolmetsch führt in seinem Vortrag „Ueber Kirchenrestaurationen" sowohl akustische als auch ästhetische Gründe für dieses Vorgehen an.[561] Als Beispiel nennt er die Aufsprengung der Schiffdecke der Kirche in Kirchheim/Teck in Form eines „einfache[n], eckig abgeschrägte[n] Holzgewölbe[s]".[562] Dolmetsch beabsichtigt die „Wölbung des Mittelschiffs [...], einmal um den Chor für die Gemeinde wohl sichtbar zu machen, sodann aus Gründen der Schönheit und endlich um der Orgel den ihr unentbehrlichen Raum zu schaffen".

Damit wurden zwei wesentliche Gründe für den Einbau gesprengter Decken angesprochen: Zum einen stellte die „Wölbung" der ehemals flachen Schiffdecken die Voraussetzung für die Versetzung der Orgel auf die Empore dar, zum anderen ging es in ästhetischer Hinsicht um das Zusammenstoßen von Schiff und Chor. In Bezug auf die Kirche in Beuren wird kritisiert (Abb. 100): „Die Decke des Schiffs hängt tief über den Chorbogen herab."[563] Im Gegenzug begründete Dolmetsch im Hinblick auf die bevorstehende Kirchenrestaurierung in Unterjesingen das Aufsprengen der Schiffdecke mit dem Argument, „durch die gewölbeförmige Holzdecke würde das Schiff gegenüber dem so schön in die Höhe gesprengten gewölbten Chore sich ebenbürtig ausnehmen" (vgl. Abb. 80).[564] Auch um das Erscheinungsbild der Decken selbst zeigte sich Dolmetsch bemüht. In einem Gutachten für die Kirchengemeinde in Laufen/Kocher bezeichnete Dolmetsch die horizontale Decke, die „dem ganzen Raume den echt kirchlichen Charakter raubt", als „profan".[565] Damit schließt Dolmetsch unmittelbar an die Äußerungen hinsichtlich der im „Kameralamtsstil" erbauten Kirchen an. Zudem wird offenbar, dass dem Thema „Decke" bei Kirchenrestaurierungen vermehrte Aufmerksamkeit entgegengebracht werden muss, da dieses Bauelement wesentlichen Anteil daran hat, ob ein Gebäude sakral oder profan konnotiert ist.

---

560 Zu dem Kirchenneubau in Wört von 1905 vgl. auch Pietrus 2001, S. 178–181.

561 Dolmetsch 1900, S. 3.

562 LKA, DAamt Kirchheim/Teck, Nr. 618 (KGR-Protokoll vom 8. 12. 1896).

563 LKA, PfarrA Beuren, Nr. 230 (Auszug aus dem KGR-Protokoll vom 14. 2. 1904).

564 PfarrA Unterjesingen, Nr. 206.1 (Schreiben von Dolmetsch an den Kirchengemeinderat vom 23. 7. 1892).

565 LKA, A 29, 2483–1 (Schreiben von Dolmetsch an das Gemeinschaftliche Amt in Laufen/Kocher vom 24. 11. 1884).

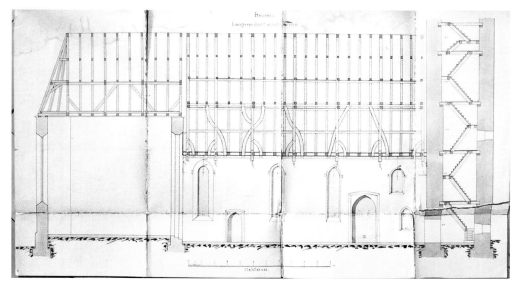

Abb. 100 Beuren, ev. Kirche, Längsschnitt, vor 1904 (Bestand). Tusche, farbig aquarelliert auf Papier, 77,8 cm x 43,3 cm.

Abb. 101 Schwäbisch Hall, Katharinenkirche, Decke, Maßwerkornamente, nach 1961.

Abb. 102 Sulzbach/Kocher, ev. Kirche, Chorbogen, nach 1963.

Dementsprechend strebte Dolmetsch in der weitaus überwiegenden Zahl der Fälle eine Aufsprengung der Decke über dem Kirchenschiff an. Von Dolmetsch eingezogene gesprengte Decken sind beispielsweise in den Kirchen in Oberrot, Uhlbach, Schramberg, Geifertshofen und Herrenalb sowie in einer Reihe der von ihm erstellten Kirchenneubauten vorhanden. Auch die Kirchenschiffneubauten in Lindach und Willmandingen versah er 1903 mit gesprengten Decken. In der Kirche in Beuren zog er 1904 ebenfalls eine derartige Decke ein. Es lassen sich zwei weitere Projekte nachweisen, bei denen Dolmetsch eine Aufsprengung der Schiffdecke beabsichtigte: Um die Jahreswende 1902/03 fertigte Dolmetsch einen Plan für die Restaurierung der Kirche in Temmenhausen[566] und Ende des Jahres 1903 einen Maßnahmenkatalog für die Umgestaltung der Kirche in Täferrot.[567] Beide Projekte enthielten eine Aufsprengung der Schiffdecke, die allerdings nicht ausgeführt wurde. Die bislang dem Jahr 1907 zugeschriebene Aufsprengung der Schiffdecke der Kirche in Illingen fand bereits 1884 statt,[568] so dass tatsächlich davon auszugehen ist, dass Dolmetsch nach 1904 von der Planung und Ausführung gesprengter Schiffdecken Abstand genommen hat.

Im Fall der Kirchenrestaurierung in Roßwag führt Dolmetsch ein weiteres Mal das Argument des „unabweislichen Vorhandenseins einer Empore" für die „als sehr wünschenswert erscheinen[de] Erhöhung resp[ektive] Wölbung" der Decke an.[569] Darüber hinaus haben sich über den in den sechziger Jahren des 20. Jahrhunderts eingebauten Decken in den Kirchen in Illingen und in Laufen/Kocher sowie in der Katharinenkirche in Schwäbisch Hall (Abb. 101) derart aufgesprengte Decken erhalten. In der Kirche in Sulzbach/Kocher fügte Dolmetsch ein Tonnengewölbe ein, das verputzt und mit klassizistisch anmutenden Motiven bemalt wurde (Abb. 102).[570] Mit dieser – für Dolmetsch singulären – Gestaltung einer Decke versucht er den schlichten barocken Formen des Kirchenschiffs Rechnung zu tragen. Auch dieses Gewölbe wurde in den sechziger Jahren des 20. Jahrhunderts durch den Einbau einer Decke den Blicken der Kirchenbesucher entzogen.

Abb. 103 Oberfischach, ev. Kirche, Decke, Reste der Schablonenmalerei.

In denjenigen Fällen, in denen Dolmetsch die Flachdecke des Kirchenschiffs beibehält, ist dies entweder auf fehlende finanzielle Mittel oder auf ein verändertes Verhalten in Bezug auf die überkommene Bausubstanz zurückzuführen: Beispiele für Ersteres stellen die Kirchen in Frommern und Lustnau, ein Beispiel für Letzteres die Kirche in Täferrot dar. Bei der 1898/99 ausgeführten Restaurierung der Kirche in Frommern bedingte ein „Abmangel im Baufonds"[571] die Unmöglichkeit, Arbeiten ausführen zu lassen, die nicht der Substanzerhaltung, sondern der Verschönerung der Kirche dienten. Im Fall der Kirchenrestaurierung in Lustnau entsprach die „Belassung der alten horizontalen Holzdecke" den „ausgesprochenen Wünschen" des Bauherrn.[572] Das Beispiel der Kirchenrestaurierung in Täferrot belegt hingegen anschaulich den von Dolmetsch vollzogenen Wechsel im Umgang mit historischer Bausubstanz: Während der Ende des Jahres 1903 ausgearbeitete Maßnahmenkatalog – wie bereits dargelegt – noch die Aufsprengung der Schiffdecke vorsah, beinhaltete das Projekt vom Oktober 1905 die Beibehaltung der Flachdecke im Schiff (vgl. Abb. 90). Da diese Maßnahme im Einvernehmen mit der bereits beschriebenen asym-

566 LKA, A 29, 388–21 (Randbemerkung zu dem Pfarrbericht von 1904): „OBaurat Dolmetsch hat in seinem Renovationsentwurf ins Auge gefaßt: Erhöhung der Decke des Schiffs […]."

567 Hermann Kissling, Die Kirche in Täferrot, hrsg. von der Evangelischen Kirchengemeinde Täferrot, Dekanat Schwäbisch Gmünd, 1984, S. 38: „Dolmetsch […] erklärt sie [die Kirche] einer Renovation ,sowohl sehr bedürftig wie würdig'. Er macht folgende Vorschläge: […] Innerliche Erhöhung der Decke […]."

568 Hermann Diruf/Christoph Timm, Kunst- und Kulturdenkmale in Pforzheim und im Enzkreis, Stuttgart 1991, S. 145: „1907 erfolgte ein durchgreifender Umbau des Innern durch Heinrich Dolmetsch, der die gotische Balkendecke […] entfernen ließ." Dagegen LKA, K 1, Nr. 83 (Protokoll vom 28. 6. 1886): „Zu den Kosten der Einrichtung einer gewölbten und bemalten hölzernen

Decke in der Kirche zu Illingen an Stelle der früheren wagrechten werden 100 Mark Beitrag gewährt." Vgl. auch zu der Datierung der Umgestaltung der Decke die Ausführungen in den Einzeldarstellungen.

569 StA Ludwigsburg, F 209 I, 443 (Gutachten von Dolmetsch „über Augenscheinnahme der Kirche zu Roßwag" an den Verein für christliche Kunst vom 24. 12. 1894).

570 Vgl. auch die Abbildung bei Pietrus 2005, S. 99.

571 PfarrA Frommern, „KGR-Protokolle 1898–1906" (Protokoll vom 14. 4. und 28. 5. 1898). Zitiert nach Abschrift, da Original im Pfarramt nicht auffindbar.

572 StadtA Tübingen, C 70/439 (Schreiben von Dolmetsch an das Gemeinschaftliche Amt in Lustnau vom 7. 6. 1887).

Abb. 104 Beuren, ev. Kirche, Decke, Schablonenmalerei.

Abb. 105 Lindach, ev. Kirche, Decke, Schablonenmalerei.

metrischen Anordnung der Fenster auf der Nordseite des Schiffs erfolgte, erscheint der Schluss, dass es sich hierbei um eine bewusste Abkehr von überlieferten Restaurierungsprinzipien handelt, zwingend.

Sämtliche bislang behandelten Decken bestehen aus Holz und weisen eine Vielzahl von Ornamenten und Motiven auf; an der Decke in der Kirche in Oberfischach haben sich beispielsweise noch Spuren der Bemalung von 1892 erhalten. Die senkrechten Bereiche der Decke oberhalb der Emporenstützen und der Umfassungsmauern waren mit Pflanzenmotiven, die in eine Rundbogenarkatur einbeschrieben waren, geschmückt (Abb. 103). Im Zentrum der Decke befand sich eine große Rosette, die gleichfalls Blütenmotive enthielt. In der Kirche in Beuren ließ Dolmetsch 1904 an den senkrechten Bereichen der Decke Inschriften anbringen. Auf der Nordseite: „Gehet zu seinen Toren ein mit Danken, zu seinen Vorhöfen mit Loben, danket ihm, lobet seinen Namen! Denn der Herr ist freundlich und seine Gnade währet ewig und seine Wahrheit für und für. Ps. 100,4.5." Auf der Südseite: „Auch ihr, als die lebendigen Steine, bauet euch zum geistlichen Hause und zum heiligen Priestertum, zu opfern geistliche Opfer, die Gott angenehm sind durch Jesum Christum unsern Herrn. 1. Petr. 2,5." Die Ornamente an der Decke in der Beurener Kirche setzen sich aus vegetabilen Motiven zusammen, die einen Fries bil-

den (Abb. 104). Die Decken der Kirchen in Lindach (Abb. 105) und in Geifertshofen wurden mit Palmetten verziert.

Dolmetsch ließ die gesprengten Decken in der überwiegenden Zahl der Fälle mit einem trapezförmigem Querschnitt ausführen, so etwa in den Kirchen in Roßwag, Möckmühl, Roigheim (Abb. 106), Willmandingen (Abb. 107) und Beuren (Abb. 108). Polygonal gebrochene Decken, die in einem stumpfen Winkel zulaufen, finden sich in den Kirchen in Illingen und Uhlbach (Abb. 109). In der Katharinenkirche in Schwäbisch Hall führte er die Decke ebenfalls spitz zulaufend aus, nachdem er in einem Entwurf vom März 1893 die Decke gerade abschließend angenommen hatte. Möglicherweise versprach sich Dolmetsch von dieser Lösung eine Verbesserung der Akustik, da „der einzige Fehler, den man der hiesigen Friedenskirche zum Vorwurf macht, eine schlechte akustische Wirkung" ist.[573] Der Kirchengemeinderat in Schwäbisch Hall hatte nach einer Besichtigung der Stuttgarter Friedenskirche dieselbe ausdrücklich zum Vorbild für den Neubau des Kirchenschiffs bestimmt. Die Kirchenschiffe in Lindach und Herrenalb überwölbte Dolmetsch mit Holzdecken, die in Form eines „Kleeblatts" gebildet sind: Viertelkreisförmige Bogenstücke leiten zu einem rundbogenförmigen Tonnengewölbe über, das in Herrenalb die Form eines Korbbogens annimmt (Abb. 110).[574]

In einigen Fällen bricht Dolmetsch die Decken auf, um Lichtschächte einzufügen, die für eine bessere Belichtung des Kirchenschiffs sorgen sollen. Erstmals schlägt er eine solche Anordnung in Bezug auf die Stiftskirche in Stuttgart vor, bei der er die spätmittelalterlichen Gewölbe „von großen Oeffnungen durchbrochen" wissen will, „welchen mittelst schief aufsteigender hölzerner Schächte von der Dachfläche her Licht zugeführt wird".[575] Diese „Schächte oder Schläuche, nach innen in einfache Roset-

573 KPf Schwäbisch Hall, „Bauakten Umbau Katharinenkirche" (Schreiben von Dolmetsch an den Kirchengemeinderat vom 27. 2. 1894).

574 Vgl. die Innenaufnahme der Kirche in Lindach bei Strobel 2003, S. 361 und die Innenaufnahme der Kirche in Herrenalb bei Pietrus 2005, S. 88.

575 „Schwäbische Kronik" vom 3. 4. 1880.

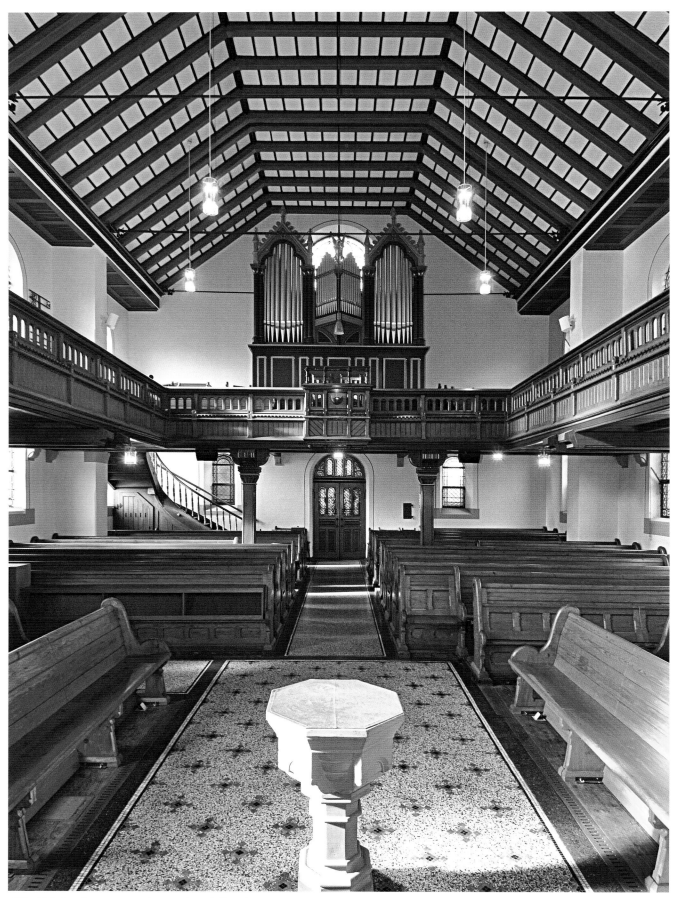

Abb. 106 Roigheim, ev. Kirche, Kirchenschiff nach Westen.

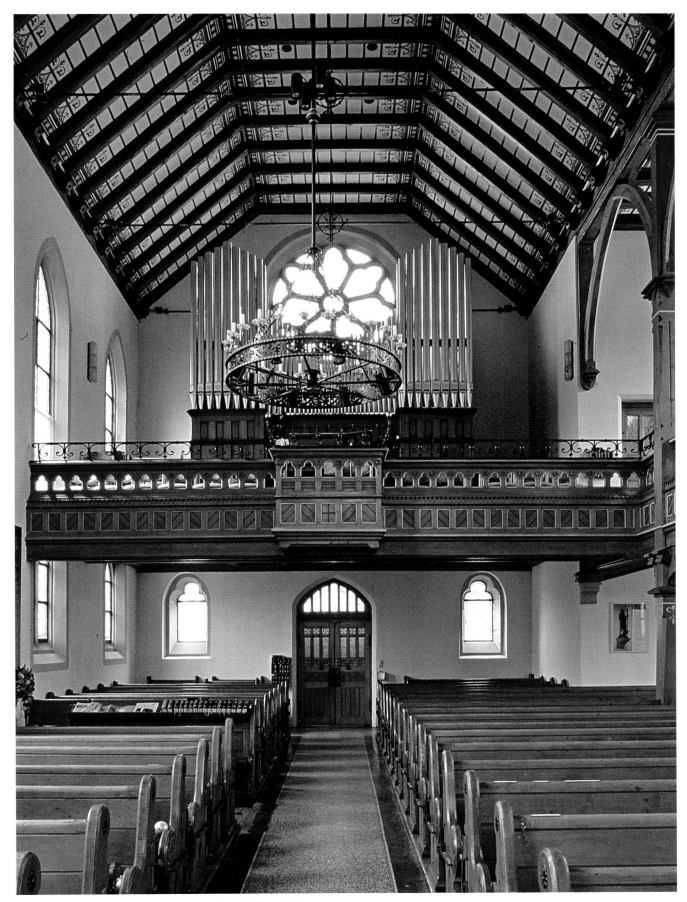

Abb. 107 Willmandingen, ev. Kirche, Kirchenschiff nach Westen.

Abb. 108 Beuren, ev. Kirche, Kirchenschiff nach Westen.

tenfenster, nach außen in viereckige Dachfenster auslaufend", würden nach Dolmetschs Ansicht „das Mittelschiff mit einer hinreichenden Lichtmenge übergießen". Dolmetsch beruft sich bei diesem „Kunstgriff" ausdrücklich auf den „geniale[n] Kirchenbaumeister Leins", der schon 1858/60 bei dem Umbau der Kirche in Vaihingen auf

den Fildern diese Möglichkeit anwandte.[576] 1892 griff Leins die Idee Dolmetschs nochmals auf, doch unterblieb eine Ausführung der Lichtschächte wegen technischer

---

576 Vgl. den Querschnitt der Kirche in Vaihingen auf den Fildern bei Seng 1995, Abb. 169.

Abb. 109 Uhlbach, ev. Kirche, Kirchenschiff nach Westen.

Abb. 110 Bad Herrenalb, ev. Kirche, Kirchenschiff nach Westen.

Abb. 111 Stuttgart, Stiftskirche, Christian Friedrich Leins, Querschnitt (Entwurf für Lichtschächte), ca. 1892 (unausgeführt).

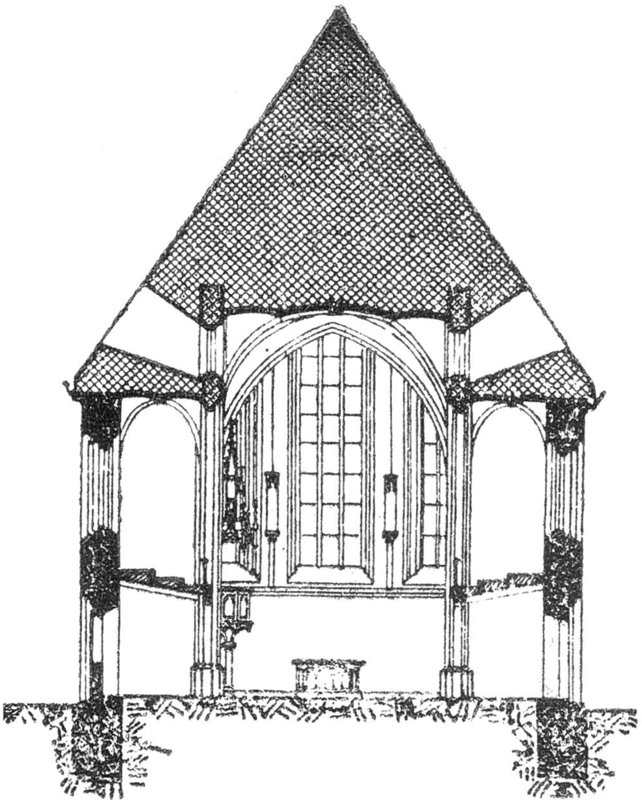

Abb. 112 Göppingen, Oberhofenkirche, Querschnitt nach Osten, ca. 1894 (unausgeführt).

Schwierigkeiten (Abb. 111).[577] 1892 führte Dolmetsch in den Kirchen in Baiersbronn (vgl. Abb. 192) und in Laufen/Kocher (vgl. Abb. 348) solche Lichtschächte aus. Die Planungen für derartige Lichtschächte in der Kirche in Kochendorf aus dem Jahr 1882 (vgl. Abb. 127) und in der Oberhofenkirche in Göppingen aus dem Jahr 1894 (Abb. 112) blieben hingegen nur auf dem Papier bestehen.

Damit greift Dolmetsch zu einer Möglichkeit, Kirchen mit einem „Holzgewölbe" zu versehen, die im 19. Jahrhundert schon andere Architekten wie beispielsweise Georg Gottlob Ungewitter, Christian Friedrich Leins und Gustav Schönermark anwandten. Bei Dorfkirchen präferierte Ungewitter hölzerne Tonnengewölbe in Spitzbogenform,[578] während Leins bei dreischiffigen Kirchen häufig Decken mit stumpfwinkligem Querschnitt einsetzte.[579] Ein Tonnengewölbe führte Leins hingegen

1863 für die aus dem Mittelalter stammende Saalkirche in Grunbach aus.[580] Sowohl bei Neubauten als auch bei Restaurierungen bildeten die hölzernen Gewölbe eine kostengünstige Alternative zu der Erstellung von Steingewölben. Die Möglichkeit, Gewölbe in Rabitzbauweise auszuführen, wurde vergleichsweise selten in Betracht gezogen, da offenbar das im 19. Jahrhundert geltende Prinzip der „Materialgerechtigkeit", auf das in einem folgenden Abschnitt noch eingegangen wird, diesem „Surrogatbauwesen" entgegenstand.

Die Verwendung von Holz zur Deckenbildung in Kirchen ist keineswegs eine Erfindung des 19. Jahrhunderts, sondern war im Mittelalter weit verbreitet. Friedrich Ostendorf widmet in seiner *Geschichte des Dachwerks* 1908 den „sichtbaren und offenen Dachwerken" gar ein eigenes Kapitel.[581] Neben den nach einem Rund-, Spitz-,

577 LKA, K 1, Nr. 83 (Protokoll vom 22. 2. 1892). Die beiden von Seng 1995, S. 612 erwähnten Schreiben von Leins an den Verein für christliche Kunst aus dem Jahr 1892 – eines der beiden mit einem beigegebenen Querschnitt der Stiftskirche – erwiesen sich unter LKA, K 1, Nr. 221 als nicht auffindbar.

578 David-Sirocko 1997, Abb. 35.9 und Abb. 44.12: Die evangelischen Pfarrkirchen in Malsfeld und in Hundelshausen erhielten 1864 bzw. 1866/67 Holzgewölbe in Spitzbogenform.

579 Seng 1995, Abb. 214 und Abb. 239: Die evangelischen Pfarrkir-

chen in Gschwend und in Weingarten wurden 1862/63 bzw. 1879/83 als Staffelhallen mit Holzdecken ausgebildet.

580 Schahl 1983, Bd. 1, S. 776. Vgl. auch PfarrA Grunbach, Mappe „Grunbach O.A. Schorndorf" („Querschnitt nach Osten gesehen" von Leins).

581 Friedrich Ostendorf, Die Geschichte des Dachwerks erläutert an einer großen Anzahl mustergültiger alter Konstruktionen, Leipzig/Berlin 1908 (Reprint Holzminden o. J.), S. 90–164.

Stich- oder Korbbogen beziehungsweise nach einem Polygon gebildeten Holzgewölben behandelt er auch Deckenbildungen nach einem Kleeblattbogen. Der spezifisch englischen Ausbildung eines Sprengwerks mit Bogenstreben, des sogenannten „Hammerbeam-roof", gilt seine Aufmerksamkeit ebenso wie den weniger reich gestalteten Decken in Deutschland und Frankreich. Auch Cornelius Gurlitt unterstreicht 1906 die Bedeutung der Holzgewölbe für die mittelalterliche Kirchenbaukunst in Frankreich. Im Anschluss daran vertritt er die Ansicht, dass „auch im modernen Kirchenbau [...] die Holzdecke keineswegs als Notbehelf aufzufassen" sei.[582]

Noch 1853 sah Ludwig Friedrich von Gaab die Alternative in der Erstellung von Gewölben – womit er Steingewölbe im Auge hatte – oder in der Anbringung von Flachdecken. Seiner Ansicht nach bildete „die Anbringung von Flachdecken bei Kirchen in gothischem Style kein[en] Verstoß", vielmehr sollte diese Form der Deckenbildung zugelassen werden, da die Vorschrift, „bei Kirchen in gothischem Style [...] gewölbte Decken" anbringen zu müssen, dazu führen würde, dass „dieser Styl" wegen „bedeutender (unverhältnismäßiger) Mehrkosten" bei „gewöhnliche[n] Dorfkirche[n]" gar nicht mehr zur Anwendung gelangen könnte.[583] Die von Dolmetsch bevorzugte Möglichkeit, kleinere Kirchen mit gesprengten Holzdecken zu versehen, schien für Gaab nicht in Betracht zu kommen. Drei Beispiele belegen, dass Dolmetsch bei größeren Kirchen, denen er einen hohen kunsthistorischen Wert beimaß, durchaus die Möglichkeit in Erwägung zog, Steingewölbe zu errichten.

Schon Christian Friedrich Leins hatte 1858/59 im Zuge einer großen Restaurierungskampagne die Flachdecke in der Cannstatter Stadtkirche entfernt und durch ein hölzernes Kreuzrippengewölbe ersetzt,[584] das an ein Steingewölbe gemahnen sollte. Im Gegensatz zu den noch vorzustellenden Beispielen, die als Rekonstruktionen eines vermeintlich ursprünglichen Zustands zu verstehen sind, schlug Dolmetsch in Bezug auf die Cannstatter Stadtkirche vor, „die unrichtig konstruierten Gewölbe in den 3 Schiffen, unter Erhöhung des Mittelschiffes, durch flache Decken zu ersetzen".[585] Diese Maßnahme unterblieb jedoch aus finanziellen Gründen.

In Bezug auf die Oberhofenkirche in Göppingen führte Dolmetsch 1894 aus (vgl. Abb. 228): „Zur inneren Voll-

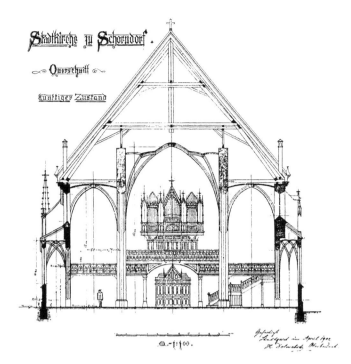

Abb. 113 Schorndorf, ev. Kirche, Querschnitt nach Westen, 1902 (unausgeführt). Lichtpause, koloriert, 42,1 cm × 38,2 cm.

endung dieses in edelstem gotischem Stile angelegten Gotteshauses sollte notwendig angestrebt werden, daß der Deckenabschluß des Schiffes in einer der ursprünglichen Bauidee entsprechenden Weise zur Ausführung gelangt."[586] Eine Lösung, wie sie Dolmetsch für andere Kirchen – „3schiffig mit erhöhtem Mittelschiff und Seitenlicht im Hochwerk und alle 3 Schiffe mit Holzdecken" – durchaus anwandte, erscheint ihm „für diese Kirche nicht würdig genug".[587] Auch für die Kirche in Balingen fertigte Dolmetsch im Mai 1899 einen „Entwurf zum Einbau der Gewölbe", durch die die Kirche „ihre volle Schönheit erhalten" würde (vgl. Abb. 194).[588] Schon Theophil Frey konstatierte 1882, dass „die vorhandenen Gewölbeanfänger bis jetzt umsonst mahnten, das großartig begonnene Werk zu vollenden".[589] Der Kirchengemeinderat war allerdings der Meinung, dass die „Herstellung des Gewölbes im Schiff [...] den Abschluß der Restaurierung" zu bilden habe, so dass schließlich diese Maßnahme „um der sehr hohen Kosten willen zurückgestellt" werden sollte.[590] Die bereits erwähnten Einwände des Balin-

582 Gurlitt 1906, S. 441.
583 LKA, A 26, 1455 („Aeußerung in Betreff der Aufstellung von Musterplanen zu evangelischen Kirchen" von Oberbaurat Gaab vom 1. 7. 1853).
584 Seng 1995, S. 509.
585 LKA, DAamt Cannstatt, Nr. 308a (Bericht über die im Jahr 1904/05 durchgeführte Kirchenrestaurierung von Dekan Oehler vom 3. 11. 1904).
586 LKA, DAamt Göppingen, Nr. 203.3 (Schreiben von Dolmetsch an den Kirchengemeinderat in Göppingen vom 6. 11. 1894).
587 Ebd. (Schreiben von Dolmetsch an den Dekan vom 18. 2. 1894).

588 LKA, DAamt Balingen, 1. Stadtpfarramt, A 1205 („Referat von Baurat Dolmetsch über die Kirchenrestauration hier erstattet in der Kirchengemeinderatssitzung vom 18. Oktober 1898. Notizen aufgeschrieben von Dekan Wiedersheim").
589 LKA, DAamt Balingen, 1. Stadtpfarramt, A 1202 („Bericht über den baulichen Zustand der Stadtkirche zu Balingen und Gutachten über notwendig werdende Renovationsarbeiten in derselben" von Theophil Frey vom Oktober 1882 im Auftrag des Vereins für christliche Kunst).
590 DAamt Balingen, B 85 (KGR-Protokoll vom 18. 10. 1898 und 27. 7. 1899).

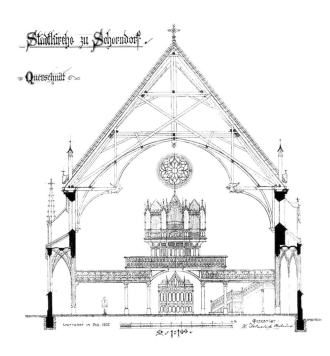

Abb. 114 Schorndorf, ev. Kirche, Querschnitt nach Westen, 1902 (unausgeführt). Lichtpause, koloriert, 30,2 cm x 34,5 cm.

ger Kirchengemeinderats gegen die Durchführung einer Lotterie veranlassten Dolmetsch zu der Frage, ob es „in Amerika oder sonstwo einen Balinger [gebe], der die Abteilung IV [s]einer Berechnung [Herstellen der Mittelschiff- und Seitenschiffgewölbe] stiften würde?"[591]

Im April 1902 erstellte Dolmetsch einen bereits erwähnten Entwurf für die Stadtkirche in Schorndorf (Abb. 113). Zentraler Punkt seines Plans ist die „Einteilung des zur Zeit rechteckigen, unschönen gedrückten Raumes in eine 3schiffige Hallenkirche (mit erhöhtem Mittelschiff, wie es ehemals gewesen war)".[592] Alternativ fertigte er im Dezember 1902 einen Plan, bei dem die „sichtbare Holzdecke gewölbeartig gesprengt" ist (Abb. 114).[593] Den Anlass für die Ausarbeitung dieses neuen Projekts bildete die Kritik des Kirchengemeinderats, „bei Wiederherstellung der dreischiffigen Anlage [sei] durch die Pfeiler vielen

Plätzen der Blick auf die Kanzel und den Altar genommen".[594] Der Kirchengemeinderat wünschte, „der Kirche den Charakter einer Predigtkirche mehr [zu] wahren".[595] Dolmetsch selbst sah es jedoch als Nachteil seines Plans an, dass „die gewaltige Sprengweite der Holzdecke dem Schiffraum trotz aller kirchlichen Detailausbildung den Charakter einer profanen Halle [gibt], welche zu sehr in Gegensatz gerät zu der Schlankheit des herrlichen Chors".[596] Der Kirchengemeinderat gelangte zu dem Schluss, dass „der Eindruck [der gewölbeartig gesprengten Holzdecke] mangels Übereinstimmung von Chor und Langhaus ein unbefriedigender" bliebe und „die ganze Anlage der Kirche [den] 3schiffigen Ausbau" erfordere.[597] Die zuvor geäußerte Kritik wurde durch den Vorschlag Dolmetschs, den Durchmesser der Steinsäulen von 1,00 m auf 0,60 m zu reduzieren, entkräftet, da „ein besserer Blick auf Kanzel und Altar gewonnen" werde.[598] Von der Möglichkeit, den Plan vom April 1902 mit „Rabitzgewölbe[n] und 0,60 m starken Eisenbeton-Säulen" auszuführen,[599] zeigte sich der Kirchengemeinderat – zumal angesichts der verhältnismäßig geringen Kostenersparnis – jedoch nicht begeistert. Die Höhe des Kostenvoranschlags – es handelte sich um rund 200 000 Mark – verhinderte zunächst die Ausführung der dreischiffigen Anlage mit Netzgewölben. Ein von dem Architekten Fritz Schmidt 1904 veröffentlichter Beitrag brachte schließlich einen Umschwung in den „protestantisch-gottesdienstlichen und künstlerischen Standpunkte[n]",[600] so dass ein Umbau der Kirche in dem von Dolmetsch 1902 beabsichtigten Sinn unterblieb. Die Lösung einer „gotische[n] bogenförmige[n] Holzdecke" bezeichnete Dolmetsch selbst rückblickend als „abschreckendes Beispiel".[601] Dieses Urteil überrascht angesichts der im Jahr 1903 ausgeführten Deckenbildungen in Lindach und Herrenalb, die sich formal eng an die geplante Deckengestaltung in Schorndorf anlehnen. Tatsächlich besteht eine enge Verwandtschaft zu englischen Vorbildern, wie zum Beispiel zum „Hammerbeam-roof" der Westminster Hall in London aus dem ausgehenden 14. Jahrhundert.[602]

591 LKA, DAamt Balingen, 1. Stadtpfarramt, A 1205 (Schreiben von Dolmetsch an den Dekan vom 20. 5. 1899).

592 LKA, 1. Stadtpfarramt Schorndorf, „Kirchliche Bausachen 1883–1910" (Einleitung zu der „Summarische[n] Kostenberechnung über die Restaurierungs-Arbeiten. Steingewölbe mit 1,00 m starken Stein-Säulen" von Dolmetsch vom Januar 1902).

593 Ebd. (Schreiben von Dolmetsch an den Kirchengemeinderat vom 13. 2. 1903).

594 DAamt Schorndorf, Nr. 64 (KGR-Protokoll vom 13. 10. 1902).

595 Ebd.

596 LKA, 1. Stadtpfarramt Schorndorf, „Kirchliche Bausachen 1883–1910" (Schreiben von Dolmetsch an den Kirchengemeinderat vom 13. 2. 1903).

597 DAamt Schorndorf, Nr. 64 (KGR-Protokoll vom 16. 2. 1903).

598 Ebd.

599 LKA, 1. Stadtpfarramt Schorndorf, „Kirchliche Bausachen 1883–1910" (Einleitung zu der „Summarische[n] Kostenberechnung über die Restaurierungs-Arbeiten. Rabitzgewölbe mit 0,60 m starken Eisenbeton-Säulen" von Dolmetsch vom Januar 1903).

600 Fritz Schmidt, Zur Frage des Schorndorfer Kirchenbaues. Wieder eine protestantische Restaurationsfrage, in: ChrKbl 46, 1904, H. 8, S. 247.

601 LKA, 1. Stadtpfarramt Schorndorf, „Kirchliche Bausachen 1902 ff. I" (Schreiben von Dolmetsch an den Dekan vom 29. 3. 1905).

602 Vgl. auch Stefan Muthesius, Das englische Vorbild. Eine Studie zu den deutschen Reformbewegungen in Architektur, Wohnbau und Kunstgewerbe im späteren 19. Jahrhundert (= Studien zur Kunst des neunzehnten Jahrhunderts, Bd. 26), München 1974, S. 96–118 zu dem Einfluss Englands auf die deutsche Kunstproduktion zwischen 1880 und 1897.

Emporen

Einen Grund für die Erhöhung der Decken bildete, wie schon erwähnt, die Versetzung der Orgel aus dem Chor auf die Empore. Mit nur einer Ausnahme, der Einfügung einer Südempore in der Kirche in Ötisheim (vgl. Abb. 288), handelte es sich hierbei um die Westempore. Häufig ging damit eine Vergrößerung der Empore einher, „damit mehr Raum für den Kirchenchor gewonnen wird".[603] Insbesondere im Fall der Restaurierung der Cannstatter Stadtkirche 1904/05 bildete dieser Umstand die Hauptmotivation für den Beginn der Bauarbeiten. Organist Gustav Bueß wandte sich mit der Bitte an den Kirchen-

gemeinderat, „im Interesse der zahlreichen Besucher der geräumigen Stadtkirche endlich dem Sängerchor durch Vergrößerung des Podiums bis zu den nächsten steinernen Säulen genügend Raum zu schaffen, daß sich derselbe auch weiterentwickeln kann und nicht zu ewigem Stillstand verurteilt ist".[604] Entsprechend dieser Forderung zog Dolmetsch in seinem Entwurf vom Februar 1904 die Orgelempore so weit in das Kirchenschiff vor, dass die

603 LKA, DAamt Cannstatt, Nr. 308c (Schreiben von Böklen und Feil an Oberbürgermeister Nast vom 28. 3. 1901).
604 Ebd. („Bitte des Organisten Gustav Bueß um Vergrößerung der Orgelempore in der Stadtkirche" vom 12. 12. 1900).

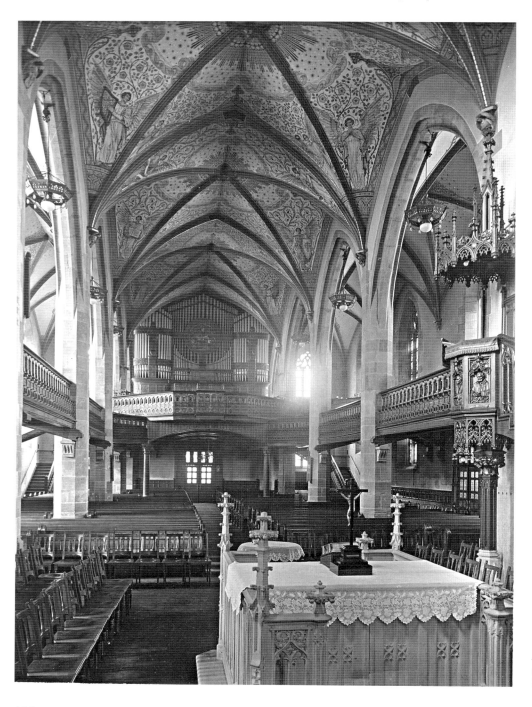

Abb. 115 Bad Cannstatt, ev. Kirche, Innenansicht nach Westen, nach 1905.

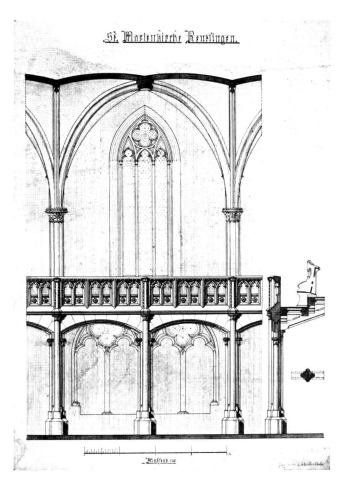

Abb. 116 Reutlingen, Marienkirche, Entwurf für Emporen-
einbauten in den Seitenschiffen, ca. 1893 (unausgeführt). Tusche,
aquarelliert auf Papier, 37,0 cm × 56,1 cm.

Abb. 117 Reutlingen, Marienkirche, Entwurf für Emporen-
einbauten in den Seitenschiffen, ca. 1893 (unausgeführt). Tusche,
aquarelliert auf Papier, 36,7 cm × 55,2 cm.

zwei westlichen Joche beinahe vollständig von ihr ausgefüllt wurden. Die Sängerempore mit dem Dirigenten-
stand ragte – wie ein zeitgenössisches Foto belegt – pfeil-
artig in das Schiff hinein, wobei die Emporenbrüstung der
Sängerempore über der Brüstung der Seitenemporen, die
sich in einer viertelkreisförmigen Biegung in Richtung
Westen erstrecken, zu schweben schien (Abb. 115).

Während im Fall der Cannstatter Stadtkirche offenbar
keine Uneinigkeit über die Frage der Seitenemporen

herrschte, so bildete diese Frage im Fall der Restaurierung
der Reutlinger Marienkirche einen Anlass zu umfangreichen Diskussionen. Der dort beabsichtigte Einbau von
Emporen in den Seitenschiffen schien zunächst keine
Auseinandersetzungen hervorgerufen zu haben, zumal
die Kirche nach dem Brand von 1726 mit Holzemporen
ausgestattet worden war, die in den Seitenschiffen ungefähr die Hälfte der Breite und in den Querschiffen sogar
die gesamte Breite einnahmen.[605] Auch Dolmetsch plante
zunächst den Einbau von Emporen, wobei er weder den
Umfang noch die Machart der Emporen spezifizierte.[606]
Auf einer Sitzung der Baukommission am 2. Mai 1893
stellte Dolmetsch drei unterschiedliche Lösungen für den
Einbau von Emporen vor,[607] obwohl zu diesem Zeitpunkt
die nach dem Brand verputzten Wandarkaden schon wieder freilagen: „Entlang der unteren Südwand und an einem Teil der Nordwand zog sich eine spitzbogige mit
derbem Maßwerk ausgesetzte Nischenreihe hin."[608] Es
sind zwei Pläne überliefert, in denen Dolmetsch seine
Vorstellungen der Emporeneinbauten in den Seitenschiffen konkretisierte (Abb. 116; 117). Die Emporen verdecken einen Teil des wiederherzustellenden Maßwerks der

605 Heinrich 2001, S. 97.

606 LKA, DAamt Reutlingen, D 302 (Schreiben von Dolmetsch an
den Stiftungsrat vom 25. 2. 1890).

607 StadtA Reutlingen, Baubüro der Marienkirche, S 123 (Protokoll
der Sitzung der Baukommission vom 2. 5. 1893): „Die erste [Lö-
sung] sei eine völlige Holz-Empore, bei der nicht nur das Gebälke,
sondern auch die Stützen von Holz seien, während die beiden anderen Vorschläge die Verwendung von Stein bedingen. Die Holz-
Anlage habe den Vorzug, daß die Pfeiler auf die Hälfte reducirt
werden könnten, während bei einer Stein-Construktion bei der
geringen Höhe ein solch großer Bogen nicht gespannt werden
könne, wie auch dieselbe geringe Höhe verbiete, einen regelrech-
ten Spitzbogen oder eine Wölbung anzubringen."

608 E[ugen] Gradmann, Die Stadtkirche zu Reutlingen, in: ChrKbl
34, 1892, H. 11, S. 168.

Wandarkaden, wobei im Fall der hölzernen Emporenstützen der Blick auf die Blendarkaden ein freierer bleiben kann als im Fall der steinernen Stützen. Der Vierpass der Arkaden wird von Dolmetsch als Öffnung ausgebildet, durch die das Tageslicht den Raum unterhalb der Emporen erhellen kann. Wie weit die Emporen in das Schiff der Kirche hineinragen sollten, lässt sich den Entwürfen nicht entnehmen; möglicherweise sollten sie etwa die Hälfte der Breite der Seitenschiffe umfassen. Bereits 1842 wurde allerdings Kritik an der Existenz der Emporen geäußert, „weil sie die Schönheit der Kirche wesentlich beeinträchtigen" und deshalb beseitigt werden sollten.[609] Im selben Sinne äußerte sich 1896 Hermann Finckh, Fabrikant in Reutlingen, indem er sowohl historische als auch ästhetische Gründe anführte: „Die Anbringung von Seiten-Emporen verhindert die Durchführung eines reinen Baustyls, dass somit die beabsichtigte Wiederherstellung der Kirche im Sinne der Erbauer der Kirche vereitelt wird."[610] In einer Sitzung des Stiftungsrats am 30. März 1897 sprachen sich sowohl der Ulmer Münsterbaumeister August Beyer als auch Landeskonservator Eduard Paulus „energisch" gegen den Einbau von Emporen aus.[611] Obwohl Johannes Merz demgegenüber die Position der Reutlinger Geistlichkeit vertrat, stimmte er schließlich gegen den Einbau von Emporen, da „ästhetische Rücksichten für den Wegfall derselben sprechen" würden.[612] Rückblickend fasste Merz nochmals die Argumente der Theologen, die auf eine Beibehaltung der Emporen abzielten, zusammen: „In kirchlichen Kreisen war man zunächst für Beibehaltung der Emporen, aus Gründen, die keineswegs zu unterschätzen waren. Nicht bloß schien es wichtig, die Zahl der Sitzplätze auf der bisherigen Höhe zu erhalten, sondern man versprach sich auch von den Emporen eine Beihilfe zur Erreichung einer günstigen Akustik des ungeheuren Kirchenraums; das Wichtigste vom kirchlichen Gesichtspunkt aus war aber vielleicht, daß nach guter reichsstädtischer Sitte die Männerwelt Reutlingens, zum Teil nach Ständen geordnet, ihre festen altgewohnten Plätze auf diesen Emporen hatte; die Weglassung derselben bedeutete daher einen Bruch mit dem Herkommen, der in der That nicht leicht zu nehmen war."[613]

Die Reutlinger Marienkirche stellt damit eine der wenigen unter Dolmetschs Leitung restaurierten Kirchen

dar, die – mit Ausnahme der Orgelempore – keine Emporeneinbauten aufweist. Auch die Kirche in Frommern besaß vor der von Dolmetsch durchgeführten Restaurierung eine Empore im Chor, diese sollte nach einem Plan von Oberamtsbaumeister Heinz entfernt und „durch entsprechende Erweiterung derjenigen im Langhaus anderweitiger Ersatz geschaffen" werden.[614] In einem Gutachten, das Dolmetsch im Auftrag des Vereins für christliche Kunst 1898 erstellte, kritisierte er in Bezug auf den Plan des Oberamtsbaumeisters, „durch 4reihige Längsemporenansätze [ergebe sich] eine nachteilige Verdunkelung des Raums unter den Emporen".[615] Dolmetsch schlug im Gegenzug vor, „um den Schiffraum hell und luftig zu erhellen […], 2reihige längere Emporen [anzubringen], welche der Kanzel nicht zu nahe kommen". Ein Vorteil „solch' schmale[r] Längsemporen" sei zudem, dass sie „ohne unterstützende Säulen aus[zu]führen [sind], was der unbehinderten Ausnützung des Parterreraumes zu gute kommt". Die Längsemporen gelangten schließlich aus Kostengründen nicht zur Ausführung.

Im Zusammenhang mit der Debatte um den Einbau von Längsemporen in der Reutlinger Marienkirche bietet die Äußerung Dolmetschs hinsichtlich der Kirche in Frommern einige wichtige Hinweise zum Thema „Emporen". Da wohl keine evangelische Kirche Württembergs in der nachreformatorischen Zeit von dem Einbau von Emporen verschont blieb, ist das Vorhandensein von Emporen geradezu als ein „Markenzeichen" dieser Kirchen zu werten.[616] Das Eisenacher Regulativ bemerkte im Gegenzug hierzu: „Emporen, außer der westlichen, müssen, wo sie unvermeidlich sind, an den beiden Langseiten der Kirche so angebracht werden, daß sie den freien Ueberblick der Kirche nicht stören. Auf keinen Fall dürfen sie sich in den Chor hineinziehen."[617] Damit stand das Regulativ in einem eklatanten Widerspruch zu der kirchenbaulichen Praxis seiner Zeit. Insbesondere wurde von Seiten der Theologen auf der Existenz von Emporen beharrt, während – wie der Streit um den Einbau von Emporen in der Reutlinger Marienkirche zeigte – von Seiten der Architekten mitunter die Notwendigkeit von Emporen bestritten wurde. Die Emporen dienten einerseits der Trennung der Geschlechter während des Gottesdienstes und ermöglichten andererseits die Befriedigung

609 LKA, DAamt Reutlingen, D 301 (Auszug aus dem Protokoll des Stiftungsrats vom 19. 10. 1842).
610 Ebd. (Schreiben von Hermann Finckh an den Kirchengemeinderat vom 12. 11. 1896).
611 „Reutlinger General-Anzeiger" vom 31. 3. 1897. Vgl. auch „Gratis-Beilage der Schwarzwälder Kreiszeitung" vom 21. 11. 1901 und Marienkirche 1903, S. 37.
612 „Reutlinger General-Anzeiger" vom 31. 3. 1897.
613 J[ohannes] M[erz], Die Wiederherstellung der Marienkirche in Reutlingen, in: ChrKbl 42, 1900, H. 2, S. 27.
614 PfarrA Frommern („Protokoll über das Ergebniss der baulichen

Untersuchungen der in der Unterhaltung der Kirchengemeinde stehenden Gebäude" von Oberamtsbaumeister Heinz vom September 1894).
615 LKA, A 29, 1341–4 („Aeusserung des Baurats Dolmetsch über den vom Kirchengemeinderat zu Frommern vorgelegten Plan zu den beabsichtigten Umbauarbeiten an dortiger Kirche" vom 24. 5. 1898).
616 So auch Gurlitt 1906, S. 378: „Die Empore ist das eigentliche Merkmal der evangelischen Kirche."
617 Zitiert nach Langmaack 1971, S. 273.

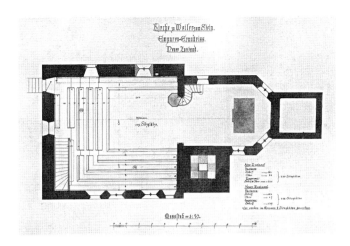

Abb. 118 (oben)
Weiler zum Stein, ev. Kirche,
Grundriss Empore, ca. 1896
(unausgeführt). Tusche,
aquarelliert auf Papier,
62,5 cm x 40,0 cm.

dem das Kirchenschiff auf einer der beiden Längsseiten erweitert wurde und so die Hauptachse des Schiffs nicht mehr mit derjenigen des Chors korrespondierte. Ein Beispiel einer solchen Anlage stellt die Kirche in Weiler zum Stein dar, für deren Restaurierung Dolmetsch 1896 Pläne fertigte. Den Kernpunkt seines Projekts bildete die Versetzung der Kanzel von der Süd- auf die Nordseite der Kirche und die damit einhergehende Verbreiterung der Empore auf der Süd- und die Verschmälerung derjenigen auf der Nordseite (Abb. 118).[619] Dass er selbst auf der Nordseite, auf der die Kanzel aufgestellt werden sollte, eine einreihige Empore anbringen wollte, ist auf Dolmetschs Streben nach einer „organisch durchgeführten

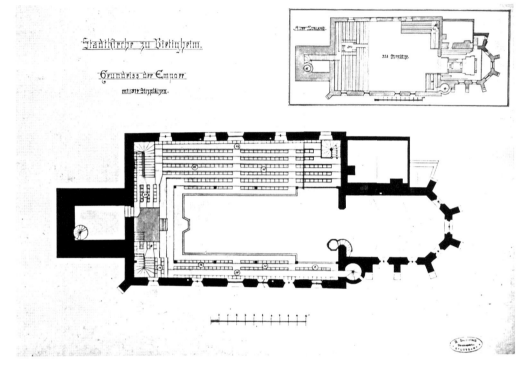

Abb. 119 Bietigheim,
ev. Kirche, Grundriss Empore,
ca. 1887 (Bestand und
Projekt). Tusche,
aquarelliert auf Papier,
59,5 cm x 42,4 cm.

eines gesteigerten Platzbedarfes ohne aufwendige Umbauten. Darüber hinaus steigerten sie die „Hörsamkeit" in den Kirchen, ein Bedürfnis, das als ein zentrales Anliegen des evangelischen Kirchenbaus bezeichnet werden muss.[618]

Wie Dolmetsch in seinem Vortrag „Ueber Kirchenrestaurationen" in Bezug auf die Anordnung von Emporen ausführlich darlegte, rührten asymmetrische Emporenanlagen – wie sie in vielen württembergischen Kirchen zu finden waren – von dem nachträglichen Einbau derselben her. Die Asymmetrie wurde häufig noch gesteigert, in-

zweischiffigen Anlage"[620] zurückzuführen. In Bietigheim schuf Dolmetsch 1892 „eine dreischiffige Anlage mit zwei sehr ungleich breiten Seitenschiffen [...], deren Ungleichheit jedoch bei der angewendeten architektonischen Ausbildung in keiner Weise störend wirk[t]".[621] Auch in diesem Fall ging es Dolmetsch um den Ausgleich der „Unsymmetrie", die davon herrührt, dass Chor und Schiff nicht axial aufeinander bezogen sind (Abb. 119).[622]

In der Kirche in Sulzbach/Kocher zog sich die Emporenanlage L-förmig an einer Längs- und einer Schmalseite des Schiffs entlang, zusätzlich befand sich vor dem

618 Lechler 1883, S. 14: „Das lebendige, gesprochene Wort muß unbedingt hörbar sein." Vgl. auch Mothes 1898, S. 325, der einen engen Zusammenhang zwischen Emporen und „Hörsamkeit" herstellt.

619 PfarrA Weiler zum Stein, „KGR-Protokolle 1889–1904" (Protokoll vom 25. 2. 1896).

620 Dolmetsch 1900, S. 2.

621 Ebd.

622 Erwin Mickler, Die evangelische Stadtkirche Bietigheim. Arbeitskonzept zur Baugeschichte 1400–1974, Manuskript 1991, Anlage (Schreiben von Dolmetsch an das Gemeinschaftliche Amt in Bietigheim vom 9. 2. 1887).

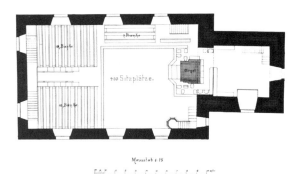

Abb. 120 Sulzbach/Kocher, ev. Kirche, Grundriss Empore, ca. 1891 (Bestand). Tusche, aquarelliert auf Papier, 47,3 cm x 40,7 cm.

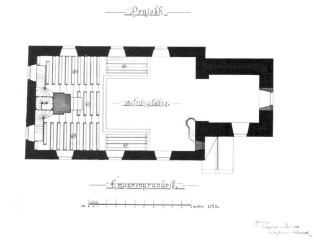

Abb. 121 Sulzbach/Kocher, ev. Kirche, Grundriss Empore, 1891 (unausgeführt). Tusche, aquarelliert auf Papier, 47,3 cm x 40,7 cm.

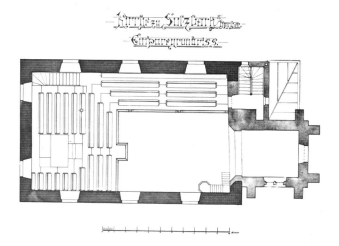

Abb. 122 Sulzbach/Kocher, ev. Kirche, Grundriss Empore, ca. 1892. Tusche, aquarelliert auf Papier, 65,5 cm x 48,7 cm.

Chorbogen eine Empore, auf der die Orgel stand (Abb. 120). Während Dolmetschs Plan vom Juli 1891 vorsah, die asymmetrische Emporenanlage in eine symmetrische umzubilden und die Orgel auf die Westempore zu versetzen (Abb. 121), zielte der ausgeführte Entwurf von 1892 auf eine asymmetrische Anordnung der Emporen ab (Abb. 122). Damit stellt die Kirche in Sulzbach/Kocher eines der ersten Beispiele dar, bei denen Dolmetsch von seinem Streben nach einer symmetrischen Emporenanlage abrückte und stattdessen eine asymmetrische Anlage verwirklichte. Mag dieser Planwechsel zunächst überraschen, so geben die Schriftquellen eindeutig Aufschluss über die Motivation desselben, da „gelegentlich der Erbauung eines neuen Kirchturmes Anlass genommen [wurde], aus Zweckmäßigkeitsrücksichten durch die Stellung des Turmes eine zweischiffige Anlage zu erzielen".[623]

Die Emporenanlage in der Kirche in Beuren stellt wiederum ein typisches Beispiel für Dolmetschs Streben nach Symmetrie dar: Eine verhältnismäßig tiefe Westempore, die als Aufstellungsort für die Orgel dient, leitet in drei Sitzreihen tiefe Längsemporen auf beiden Längsseiten der Kirche über, die vor der Ostwand des Schiffs einen Einschnitt erfahren und als eine Sitzreihe tiefe Empore bis an den Chorbogen herangeführt werden (Abb. 123). Eine Besonderheit stellt die Tatsache dar, dass 1904 die Ausführung dieser Anlage nach einem Plan des Jahres 1895 erfolgte, ohne dass dieser einer wesentlichen Revision unterzogen worden wäre. Die Emporenbrüstung der Beurener Kirche stammt aus der Stadtkirche in Cannstatt,[624] wo sie durch den Neubau der Emporenanlage entbehrlich geworden war.

Sowohl in Weiler zum Stein als auch in Beuren reichen die Emporen auf den Längsseiten der Kirche bis an den Chorbogen heran, das bedeutet, dass die Empore auf der Seite, auf der sich die Kanzel befindet, diese gleichsam „hinterfängt". Damit ist zwar der immer wiederkehrenden Forderung, dass „keine starke Halsdrehung nöthig ist, um auf [die] Kanzel zu blicken",[625] Genüge getan, aber der Prediger ist von diesen Plätzen lediglich von hinten zu sehen. Dolmetsch versucht diesem Übel abzuhelfen, indem er die Empore auf der entsprechenden Seite in ausreichendem Abstand vor der Kanzel abbrechen lässt. In seinem Entwurf für den Neubau des Kirchenschiffs in Metterzimmern vom Dezember 1900, der allerdings nicht zur Ausführung gelangte, wandte Dolmetsch diesen „Kniff" ebenfalls an (Abb. 124). Johannes Merz wies schon 1898

---

623 Dolmetsch 1900, S. 2.

624 LKA, PfarrA Beuren, Nr. 230 („Rechnung für die Ev. Kirchenpflege Beuren OA Nürtingen von der Ev. Kirchenpflege Cannstatt über im Mai 1904 von der Stadtkirche in Cannstatt bezogene 28,35 lfd. met. Emporebrüstungen" vom 20. 1. 1905). Vgl. auch Dietrich Braun, Nikolauskirche Beuren. 800 Jahre erlebte Geschichte, Villingen 1988, S. 69.

625 Mothes 1898, S. 326.

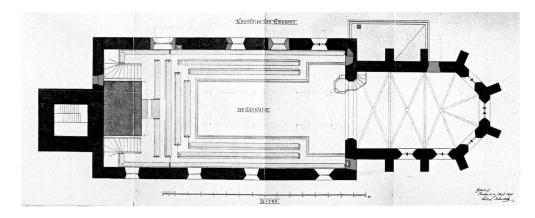

Abb. 123 Beuren, ev. Kirche, Grundriss Empore, 1895. Tusche, farbig aquarelliert auf Papier, 83,7 cm × 33,0 cm.

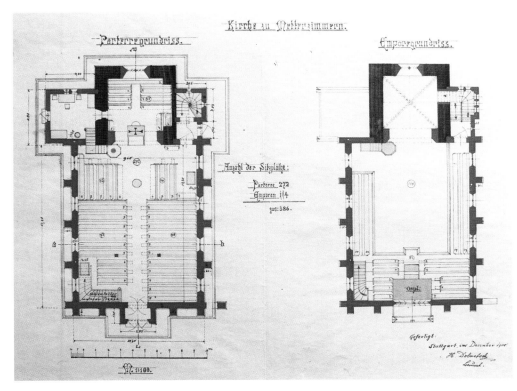

Abb. 124 Metterzimmern, ev. Kirche, Grundriss Parterre und Grundriss Empore, 1900 (unausgeführt). Lichtpause, koloriert, 41,7 cm × 32,5 cm.

auf diese Möglichkeit hin: „Die Emporen sollen nicht bis in die unmittelbare Nähe der Kanzel geführt werden."[626]

Karl Schnaase, zu der damaligen Zeit noch Mitherausgeber des Christlichen Kunstblatts, referierte 1860 über den „Kirchenbau in England", wobei er ausführlich auf die von der *Gesellschaft zur Beförderung der Erweiterung, des Neubaues und der Herstellung von Kirchen und Kapellen in England und Wales* gegebenen Empfehlungen einging. In Be-

zug auf den Einbau von Emporen habe die Gesellschaft angemerkt, „daß sie [die Emporen] als Zugabe der inneren Architektur, nicht als wesentliche Theile derselben erscheinen [sollen], während in Deutschland umgekehrt die Ansicht [besteht], daß sie, um nicht das Bauwerk völlig zu entstellen, mit demselben organisch verbunden sein müssen".[627] Schnaase bezeichnete im Anschluss daran Emporen „zwar als ein Uebel, aber als ein nothwendiges und bleibendes", woraus er die Forderung ableitete, es sei „eine bleibende Einrichtung dafür [zu] beanspruchen".[628] Schnaase berief sich auf einen von August Stüler 1858 publizierten Beitrag, in dem dieser sich gleichfalls zu der Thematik äußerte. Im Gegensatz zu Schnaases relativ allgemein gehaltener Empfehlung riet Stüler dezidiert zu einer „Verminderung des hölzernen Ausbaues" und zu der „Anwendung von Stein oder auch Gußeisen zu den Unterstützungssäulen der Emporen".[629]

---

626 LKA, A 26, 1460 (Schreiben von Johannes Merz „in Betreff des Regulativs für evang[elischen] Kirchenbau von 1861" an Hermann von der Goltz in Berlin vom 1. 2. 1898).

627 K[arl] S[chnaase], Kirchenbau in England, in: ChrKbl [ohne Bandzählung] 1860, H. 15/16, S. 117.

628 Ebd., S. 118.

629 [August] Stüler, Ueber den Bau neuer evangelischer Kirchen in England mit besonderer Rücksicht auf den Kirchenbau unseres Landes, in: Zeitschrift für Bauwesen 8, 1858, Sp. 410.

Abb. 125 Täferrot, ev. Kirche, Kirchenschiff nach Westen.

Auch Karl von Grüneisen gab 1861 die Empfehlung, „die Verwendung des Holzes zum innern Ausbau möglichst zu beschränken".[630] Ganz offensichtlich gingen solche Überlegungen auf die preußische Denkschrift von 1852[631] zurück, an deren Entstehung Stüler – wie auch an der Entstehung des Eisenacher Regulativs – wesentlich mitgewirkt hatte. Auch Leins, der gleichfalls am Zustandekommen des Eisenacher Regulativs beteiligt war, beklagte, „wie sehr die oft nothgedrungene Anfüllung mit Emporen dem innern würdigen Eindruck einer Kirche schadet".[632] Im Gegensatz dazu finden sich in den meisten von Dolmetsch restaurierten oder umgebauten Kirchen vielfältige Holzeinbauten. Nicht nur die Decken wurden – wie schon aus dem vorangegangenen Abschnitt hervorging – in den meisten Fällen aus Holz gestaltet, sondern auch die Emporen. Dabei gestaltete Dolmetsch in der Regel sowohl die Emporenbrüstungen als auch die -stützen aus Holz. Nur selten, wie beispielsweise im Fall des Kir-

chenneubaus in Häslach,[633] wurden die Säulen aus Stein gebildet. Der bereits vorgestellte Vorschlag, die Emporenstützen in der Reutlinger Marienkirche aus Stein zu erstellen, wurde – wie umfassend erörtert – abgelehnt.

Die Emporenbrüstungen gestaltete Dolmetsch ausnahmslos ornamental. Die figürlichen Bilder, die die Emporen in vielen Fällen zierten, ließ Dolmetsch zumeist entfernen. Im Zuge der Kirchenrestaurierung in Unterjesingen im Jahr 1894 wurden die Emporenbilder beseitigt, da dieselben „nach dem Urteil Sachverständiger ganz unbedeutend und nicht wert, erhalten und repariert zu werden",[634] waren. Die Bilder, die Szenen aus dem Alten und Neuen Testament zeigten, wurden von Eduard Paulus begutachtet, der dem Pfarrer in Unterjesingen mitteilte, dass er sich „wegen der Restauration, bezw. des Abbruchs der Empore etc. in [der] Kirche [...] mit Herrn Baurath Dolmetsch ins Vernehmen setzen" werde.[635] In der Stadtkirche in Blaubeuren befanden sich bis zu dem von Dol-

630 [Karl von] Grüneisen, Referat über den evangelischen Kirchenbau, in: Allgemeines Kirchenblatt für das evangelische Deutschland 10, 1861, S. 545.

631 „Denkschrift des Ministers für Handel, Gewerbe und öffentliche Arbeiten und des Ministers der geistlichen, Unterrichts- und Medizinal-Angelegenheiten" von 1852 abgedruckt bei Langmaack 1971, S. 261–265.

632 Leins 1864, S. 26.

633 Zu dem Kirchenneubau in Häslach von 1900 vgl. auch Pietrus 2001, S. 159–162.

634 LKA, A 29, 4800–2 (Pfarrbeschreibung von 1906).

635 PfarrA Unterjesingen, Nr. 206.1 (Schreiben von Paulus an den Pfarrer vom 26. 2. 1894).

Abb. 126 Oberrot, ev. Kirche, Kirchenschiff nach Westen.

Abb. 127 Kochendorf,
ev. Kirche,
Querschnitt nach Osten,
ca. 1882 (unausgeführt).

metsch durchgeführten Umbau im Jahr 1902 an zwei Seiten des Kirchenschiffs Emporen. Die Brüstungen waren mit dreiunddreißig Leinwandbildern aus dem 17. Jahrhundert versehen, die 1902 zum großen Teil in das Spital verbracht wurden. Lediglich vier Bilder fanden Eingang in die „Staatssammlung vaterländischer Kunst- und Altertumsdenkmale" in Stuttgart. 1966 wurden neun Bilder an der neu gestalteten Emporenbrüstung wieder angebracht. Die 1906 durchgeführte Kirchenrestaurierung in Täferrot stellt im Hinblick auf den Umgang Dolmetschs mit den Emporenbrüstungen eine Ausnahme dar. Die vierzehn Holztafeln der Nordempore, die aus dem 16. und 17. Jahrhundert stammen, und die neun Bilder der Westempore, die im 18. Jahrhundert entstanden,[636] behielt Dolmetsch bei der Neugestaltung des Innenraums bei (Abb. 125).

Eine in Dolmetschs Vortrag „Ueber Kirchenrestaurationen" angesprochene Möglichkeit, ein Mehr an Sitzplätzen zu erreichen, ohne die Umfassungswände der Kirche zu verändern, besteht in der Anordnung zweier übereinander liegender Längsemporen, wobei die obere Empore im Dachraum angebracht wird. Erstmals führte

Dolmetsch eine solche Anordnung bei der Restaurierung der Kirche in Gaildorf aus (vgl. Abb. 97), wobei die schriftlichen Quellen zu der Frage schweigen, ob Leins oder Dolmetsch als Urheber dieser Idee anzusehen ist. In Bezug auf den geplanten Kirchenumbau in Wannweil führte Dolmetsch 1887 aus: „Wo solche [zwei übereinander angeordnete Emporen] angewendet werden, ist dies immer ein Notbehelf zu dem sich der Baumeister erst dann entschließt, wenn ihm knappe Geldmittel keine anderen Auswege erlauben."[637] Das Beispiel der Kirchenrestaurierung in Oberrot belegt diese Aussage Dolmetschs anschaulich: Während Dolmetsch in einem frühen Projekt für die Erweiterung der Kirche in Oberrot vorsah,

---

636 Zu Datierung und Ikonographie der Emporenbilder vgl. Hermann Kissling, Die Kirche in Täferrot, hrsg. von der Evangelischen Kirchengemeinde Täferrot, Dekanat Schwäbisch Gmünd, 1984, S. 51–56.

637 LKA, K 1, Nr. 231 (Schreiben von Dolmetsch an Prälat Heinrich Merz „zum Zwecke einer Beurteilung zweier Pläne zum Umbau der Kirche zu Wannweil, von denen der eine durch Herrn Oberbaurat v. Leins dahier, der andere durch Herrn Münsterbaumeister Beyer in Ulm gefertigt wurde" vom 2. 7. 1887).

durch den Anbau eines neuen Langhauses und unter Verwendung des alten Langhauses als Querhaus die Ausrichtung der Kirche um 90° zu drehen (vgl. Abb. 30), beabsichtigte er schließlich, die Kirche in ihren alten Ausmaßen unverändert beizubehalten und durch den Einbau einer zweiten Emporenreihe das notwendige Mehr an Sitzplätzen zu erzielen. Tatsächlich wurde diese Lösung 1887 baulich umgesetzt, wobei der 1833 erhöhte Chorbogen „zurückgebaut" wurde (Abb. 126).[638] Die „Nutznießer" solcher doppelter Emporenanlagen zeigten sich im Gegensatz zu Dolmetschs Anschauung „recht glücklich und dankbar für solche billige Einrichtung".[639] Dolmetsch gelang es durch die beschriebene Planänderung, die Summe des Kostenvoranschlags um beinahe die Hälfte zu reduzieren. Doch nicht nur die Kosten stellten einen Grund für die Ausarbeitung dieser Lösung dar, sondern auch der ausdrückliche Wunsch der Gemeinde: Die „obere Emporenanlage in der Stadtkirche zu Gaildorf" hat sich „im Volke so beliebt gemacht, daß die benachbarte Gemeinde Oberroth für ihren […] Kirchenumbau die Anordnung von 2 Emporen übereinander dem Schreiber dieses zur Bedingung stellte."[640] Auch für den Umbau der Kirche in Kochendorf plante Dolmetsch 1882 den Einbau einer zweiten Empore im Dachraum der Kirche (Abb. 127), der allerdings aus finanziellen Gründen nicht zur Ausführung gelangte. So gelangten doppelstöckige Emporenanlagen trotz der von Verfechtern des Eisenacher Regulativs gemachten Äußerungen – „zwei Emporen übereinander sollten womöglich vermieden werden"[641] – aufgrund ihrer nicht von der Hand zu weisenden praktischen Vorteile durchaus zur Ausführung.

Gestühl

In vielen Fällen stellte die Anschaffung eines neuen Gestühls einen der Hauptgründe für die Ausarbeitung eines umfassenden Restaurierungsplans dar. Insbesondere in Kirchheim/Teck wurde eine „neue Bestuhlung der Frauenstühle" für „dringend notwendig" erachtet, da „dieselben morsch, angefressen und feucht sind".[642] In der Kirche in Frommern schienen die Stühle so „verfault", dass an eine Neuherstellung derselben gedacht wurde.[643] Der Pfarrer in Heumaden konstatierte in Bezug auf das Gestühl im Parterre: „Die Frauenstühle senkten sich gegen die Kirchenwände hin, so daß die Frauen Mühe hatten, aufrecht zu sitzen."[644] Ähnlich äußerte sich der Vorsitzende des Kirchengemeinderats in Beuren: „Das Sitzen auf den Kirchenstühlen ist eine Qual."[645] In Bezug auf den Zustand der Nikolauskirche in Waiblingen hielt ein zeitgenössischer Beobachter fest: „Das Gestühle ist überaus plump und besonders die Frauenstühle sind so eng und unbequem, daß es beschwerlich fällt, in ihnen zu sitzen."[646] Doch nicht nur der schlechte Zustand der Stuhlung, die über die genannten Beispiele hinaus häufig als „defekt"[647] und „abgängig"[648] beschrieben wird, sondern auch die Notwendigkeit einer Vermehrung der Anzahl der Sitzplätze machte – wie schon in Dolmetschs Vortrag „Ueber Kirchenrestaurationen" angesprochen – in vielen Fällen die Herstellung eines neuen Gestühls unausweichlich.

In den Kirchen in Grunbach und Schornbach wurde zunächst nicht an eine vollständige Neuherstellung des Gestühls gedacht, doch zum einen die geplante Erneuerung des Fußbodens[649] und zum anderen „der in die Augen fallende Unterschied zwischen den alten, teilweise sehr unbequemen und unschönen, und den neuen stilgemäßen Bänken"[650] führten schließlich zur Erneuerung der Stuhlung. Die in einer Reihe von Kirchenbauten, beispielsweise in Beuren, Hossingen, Lindach, Roigheim, Untergruppenbach und Willmandingen noch erhaltene von Dolmetsch eingebaute Stuhlung stellt einen weiteren Beleg für die bereits im Zusammenhang mit dem Thema „Bauorganisation" konstatierte „Fließband"-Arbeit dar. Die Form der Bänke ist in einer Vielzahl der Kirchen identisch, lediglich in der Farbgebung unterscheiden sie sich leicht. Insbesondere die Ausbildung der Enddocken ist ein Indiz für das „schablonenhafte" Vorgehen Dolmetschs bei der Gestaltung der Bänke (Abb. 128).

638 Rolf Schweizer, Die St.-Bonifatius-Kirche in Oberrot, in: Gerhard Fritz/Hans Peter Müller/Rolf Schweizer/Andreas Ziegler (Hrsg.), 1200 Jahre Oberrot. Aus der Geschichte der Rottalgemeinden Hausen und Oberrot, Stuttgart 1987, S. 60.

639 LKA, K 1, Nr. 231 (Schreiben von Dolmetsch an Prälat Heinrich Merz „zum Zwecke einer Beurteilung zweier Pläne zum Umbau der Kirche zu Wannweil, von denen der eine durch Herrn Oberbaurat v. Leins dahier, der andere durch Herrn Münsterbaumeister Beyer in Ulm gefertigt wurde" vom 2. 7. 1887).

640 Ebd.

641 LKA, A 26, 1460 (Schreiben von Johannes Merz „in Betreff des Regulativs für evang[elischen] Kirchenbau von 1861" an Hermann von der Goltz in Berlin vom 1. 2. 1898).

642 LKA, DAamt Kirchheim/Teck, Nr. 618 (KGR-Protokoll vom 1. 10. 1891).

643 PfarrA Frommern („Protokoll über das Ergebnis der baulichen Untersuchungen der in der Unterhaltung der Kirchengemeinde stehenden Gebäude" von Oberamtsbaumeister Heinz vom September 1894).

644 F[riedrich] Fritz, Bilder aus der Vergangenheit von Heumaden, Heumaden 1916 (Nachdruck Heumaden 1993), S. 11.

645 LKA, PfarrA Beuren, Nr. 230 (Auszug aus dem KGR-Protokoll vom 14. 2. 1904).

646 „Remstal-Bote" vom 21. 9. 1893.

647 So etwa in PfarrA Münklingen, „KGR-Protokolle 1896–1922" (Protokoll vom 5. 5. 1901).

648 So etwa in PfarrA Roigheim, Nr. 56 (Schreiben des Pfarrers an Baurat Stahl vom 5. 10. 1892).

649 PfarrA Grunbach, „KGR-Protokolle 1889–1926" (Protokoll vom 2. 4. 1905).

650 PfarrA Schornbach, „Bau-Rechnung 1904" („Bitte des Kirchengemeinderats um Genehmigung einer Verschönerung des hiesigen Kirchengebäudes mit einem Gesamtaufwand von ca. 2200 Mark bzw. 1900 Mark" vom 17. 6. 1902).

Abb. 128 Lindach, ev. Kirche, Gestühl, Wangen mit Ausziehsitz.

Abb. 129 Schorndorf, ev. Kirche, Kirchenschiff nach Westen, vor 1909 (Bestand).

In praktischer Hinsicht zeichnen sich die von Dolmetsch hergestellten Bänke durch eine ergonomische Form der Rückenlehne sowie durch eine Reihe von Details aus, die sich unmittelbar aus der Funktion ergaben, wie etwa seitlich angebrachte Ziehsitze und schwenkbare Huthalter. Auch die Stellung der Bänke zueinander entsprach Dolmetschs Vorstellung einer bequemen und angenehmen Art des Sitzens und Stehens. Im Durchschnitt berechnete er „als Bankentfernung" eine Weite von 80 cm, während bei zeitgenössischen Architekten „vielfach Bankentfernungen mit nur 74 bis 77 cm zu beobachten" sind.[651] Hinsichtlich der Aufstellung des Gestühls in der Marienkirche in Reutlingen vertrat Dolmetsch die Ansicht, „unter 85–80 cm könne man nicht herabgehen […], eine Entfernung von 70–63 cm wie bisher mache die Bequemlichkeit der Sitzplätze zu einer Unmöglichkeit".[652] Im Hinblick auf die Sitzplatzbreite entsprach Dolmetsch den Vorgaben der Oberkirchenbehörde. Ein Konsistorialerlass vom 5. September 1899

legte fest, dass „50 laufende Centimeter auf einen Sitzplatz zu rechnen" sind,[653] diesen Wert setzte auch Dolmetsch als „bequem" an.[654] Trotz der für die damalige Zeit großzügigen Bemessung der Bankweiten wurde die Stellung der Bänke in den fünfziger und sechziger Jahren des 20. Jahrhunderts nochmals erweitert.

Wie bereits erläutert, waren die Bänke auf den Emporen den Männern vorbehalten, während im Parterre die Frauen saßen. Die in der Reutlinger Marienkirche bis auf den heutigen Tag an den Bänken angebrachten Schilder „Männerplätze" und „Frauenplätze" bezeugen die ehemals strikte Trennung der Geschlechter während des Gottesdienstes. Obwohl es Ende des 19. Jahrhunderts in der Regel in evangelischen Kirchen im Königreich Württemberg kein Kirchenstuhlrecht mehr gab, legte doch das „Herkommen" eine Art Sitzordnung der Gottesdienstbesucher fest. Die „ledige männliche Jugend", die – wie in Bezug auf die Kirche in Möckmühl berichtet wird – „zu Unaufmerksamkeit und Störung der Gemeindeandacht verleitet" war,[655] hatte ihren Platz gleichfalls auf der Empore. Für die – mit Ausnahme des Turms – neu erbaute Kirche in Hossingen wurde vom Kirchengemeinderat eine Sitzordnung festgelegt, da die Kirche aus Kostengründen ohne Emporen errichtet worden war: „Auf der östlichen Seite des Hauptschiffs sitzen die Frauen, die Frauen eines etwaigen [zur Zeit der Erbauung der Kirche gab es in Hossingen lediglich einen Pfarrverweser] Pfarrers, des Schultheißen und des Schullehrers im ersten Stuhl, auf der westlichen Seite die Männer und die konfirmierte männliche Jugend; dem Gemeinderat wird der 1. Stuhl zugewiesen […] Auf der östlichen Seite des Querschiffs erhalten vorne die Schulmädchen, hinten die ledigen

651 PfarrA Schramberg, „Kirchenbau. Beilagen" (Schreiben von Dolmetsch an den Verein für christliche Kunst vom 26./27. 11. 1894).
652 StadtA Reutlingen, Baubüro der Marienkirche, S 123 (Protokoll der Sitzung der Baukommission vom 2. 5. 1893).

653 Amtsblatt vom 20. 9. 1899, S. 5315.
654 PfarrA Schramberg, „Kirchenbau. Beilagen" (Schreiben von Dolmetsch an den Verein für christliche Kunst vom 26./27. 11. 1894).
655 PfarrA Möckmühl, H 3 (KGR-Protokoll vom 5. 11. 1895).

konfirmierten Töchter ihre Plätze; auf der westlichen Seite sitzen die Schulknaben [...] Dem Kirchengemeinderat wird der Stuhl im Chor hinter dem Altar zugewiesen."[656]

Wie auch für die Anlage der Emporen bildete „die Grundlage für den [...] Stuhlungsplan die künftige Stellung der Kanzel."[657] In Kirchen, in denen Kanzel und Altar verhältnismäßig weit voneinander entfernt angeordnet sind, ergibt sich die Schwierigkeit, das Gestühl so anzuordnen, dass die Gottesdienstbesucher gleichermaßen gut auf Kanzel und Altar schauen können. Dieses Problem war besonders bei der schon mehrfach erwähnten Restaurierung der Stadtkirche in Schorndorf virulent. Dadurch, dass vor der Innenrestaurierung der Kirche 1908/09 die Kanzel in der Mitte der Nordwand und der Altar im Osten vor dem Chor aufgestellt war, waren die Bänke zum Teil quer, zum Teil längs orientiert (Abb. 129). Über die Frage „Längs- oder Queraxe"[658] – so der Titel zu dem Wettbewerbsbeitrag von 1905 von Böklen und Feil – entbrannte 1907 ein heftiger Streit, der in der Lokalpresse öffentlich ausgetragen wurde. Im folgenden Kapitel soll auf diese Auseinandersetzung eingegangen werden.

Auch in Bezug auf die Restaurierung der Kirche in Vaihingen/Enz hob Dolmetsch die enge Abhängigkeit der Aufstellung der Stuhlung von der Platzierung der Kanzel hervor: „Unter keinen Umständen könne sich [Dolmetsch] zur Beibehaltung der bisherigen Aufstellung von Kanzel und Kirchenstühlen hergeben, da bei derselben auf beiden Seiten je ungefähr die 5 vordersten Bankreihen so gestellt seien, daß die, welche darin sitzen, entweder gar nicht oder nur in sehr unbequemer Weise auf die Kanzel sehen können."[659] In Geislingen/Steige betonte der Dekan zu Beginn der Kirchenrestaurierung, „es wäre Zeit für die Aufstellung des neuen Kirchengestühls Sorge zu tragen".[660] Als Ziel wurde die Prämisse formuliert, „daß keiner der Kirchenstühle mehr wie bisher es bei einer nicht kleinen Zahl der Fall ist, dem Altar den Rücken paßt".[661] Damit bildete auch hier die Neuherstellung des Gestühls den Hauptgrund für die Restaurierung der Kirche. Auf beide zuletzt genannten Beispiele soll im Zusammenhang mit der Aufstellung der Prinzipalstücke nochmals eingegangen werden.

Abb. 130 Göppingen, ev. Stadtkirche, Kirchenschiff nach Nordosten (nach G. Hötzer).

Cornelius Gurlitt führte 1906 in seinem „Handbuch der Architektur" zur Frage der Aufstellung des Gestühls in evangelischen Kirchen aus: „Sind Altar und Kanzel getrennt, so entsteht die Frage, ob einem der Vorzug zu geben sei oder ob ein Kompromiß gesucht werden solle [...] Sind Altar und Kanzel nahe aneinander gerückt oder sind sie gar vereint, so wird eine konzentrische Aufstellung der Bänke sich von selbst als empfehlenswert darbieten. Sie gibt am besten den Grundzug der Gemeinde als einer um die Kultstätte vereinten Versammlung wieder."[662] Noch 1898 sprach sich Johannes Merz gegen eine „amphitheatralische" Anordnung der Bänke aus, „um alles an den Hörsaal Erinnernde zu vermeiden".[663] Eine solche Anordnung des Gestühls plante Dolmetsch im Zusammenhang mit seinem für die Markuskirche in Plauen gefertigten Entwurf. Grundlage für dieses Projekt, das nicht verwirklicht wurde, bildete die Überzeugung, „daß der Prediger von allen Plätzen des Schiffes gut zu sehen und zu hören ist".[664] Die Anordnung von Altar, Kanzel und Orgel in der Mittelachse des Kirchenraums sollte dies gewährleisten. Ausgeführt wurde eine solche Anordnung des Gestühls in der Stadtkirche in Göppingen 1909 von Theodor Dolmetsch und Felix Schuster nach den Plänen und Kostenvoranschlägen von Heinrich Dolmetsch (Abb. 130). Letzterer bemerkte in einem Schreiben 1908, dass „die radiale Stellung der Stuhlung mit Rücksicht auf die

656 PfarrA Meßstetten West, „KGR-Protokolle Hossingen 1902–1910" (Protokoll vom 9. 9. 1903).

657 LKA, DAamt Reutlingen, D 302 (Schreiben von Dolmetsch an den Stiftungsrat vom 25. 2. 1890). Vgl. auch Gurlitt 1906, S. 387: „Sie [die Anordnung des Gestühls] regelt sich nach der Aufstellungsweise der Kanzel."

658 LKA, 1. Stadtpfarramt, „Kirchliche Bausachen 1902 ff. I" („Begleitschreiben zum Entwurf mit dem Kennwort ‚Längs- oder Queraxe?'" von Böklen und Feil vom Oktober 1905).

659 DAamt Vaihingen/Enz, Nr. 829 (Auszug aus dem KGR-Protokoll vom 22. 3. 1892).

660 LKA, DAamt Geislingen, Kirchenpflege Nr. 5.1 (Auszug aus dem KGR-Protokoll vom 13. 2. 1891).

661 Ebd. (Auszug aus dem KGR-Protokoll vom 31. 1. 1892).

662 Gurlitt 1906, S. 390 und S. 394.

663 LKA, A 26, 1460 (Schreiben von Johannes Merz „in Betreff des Regulativs für evang[elischen] Kirchenbau von 1861" an Hermann von der Goltz in Berlin vom 1. 2. 1898).

664 H[einrich] Dolmetsch, Beitrag zu weiterer Lösung des modernen protestantischen Kirchenbauproblems, in: ChrKbl 49, 1907, H. 1, S. 5. Vgl. auch Pietrus 2001, S. 126, dort auch Abbildung des Grundrisses und der Innenraumperspektive.

sonstigen geschwungenen Bauformen der Emporen gerade bei dieser Kirche ganz am Platze sein [dürfte]".[665] Ein weiteres Mal plante Dolmetsch eine „moderne Radialanlage" für den Neubau des Kirchenschiffs in Ebingen,[666] die allerdings nicht zur Ausführung kam.

Kanzel, Altar, Taufstein und Orgel

Der Aufstellung der Prinzipalstücke kommt in jedem gottesdienstlichen Gebäude eine herausragende Bedeutung zu. Die Anordnung von Kanzel, Altar, Taufstein und Orgel wurde dementsprechend ausführlich im Eisenacher Regulativ behandelt und auch im Rahmen dieser Arbeit bereits referiert. Die Schwierigkeit, die sich im Hinblick auf dieses Thema ergibt, resultiert aus der Tatsache, dass Dolmetsch zumeist vor das Problem gestellt war, eine aus dem Mittelalter stammende Kirche für den protestantischen Gottesdienst nutzbar zu machen. Die kleineren Dorfkirchen hatten bereits in nachreformatorischer Zeit eine Umwidmung erfahren, die sich in baulichen Gegebenheiten äußerte: Der Einbau von Emporen und die Nutzung des Chorraums für andere Zwecke als die Aufstellung des Altars wurden bereits angesprochen und erörtert. Eine Anpassung der größeren Stadtkirchen an die Erfordernisse des evangelischen Kultus erwies sich hingegen als weitaus schwieriger als im Fall der Dorfkirchen, da diese in den meisten Fällen als einfache Saalkirchen ausgebildet waren. Die ausgeprägte Längsorientierung sowie das Vorhandensein von Säulen im Kirchenschiff – auf dieses Thema wurde schon im Zusammenhang mit der Planung für die Einwölbung der Schorndorfer Stadtkirche eingegangen – erschwerten diese Adaption mitunter erheblich.

Im Zusammenhang mit den Planungen für den Kirchenumbau in Schramberg formulierte Dolmetsch dieses Problem: „Liegen doch die wichtigsten Grundbedingungen für den evangel[ischen] Kirchenbau darin, bei größeren Kirchen die Mehrzahl der Kirchenbesucher in möglichst centraler Lage ohne zu große seitliche Verzweigung in der Nähe der Kanzel und des Altars unterzubringen und den übrigen Teil der Besucher in ein nicht allzu gestrecktes Langhaus zu placieren."[667]

Während in der katholischen Kirche die Tradition besteht, die Orte für Opfer[668] und Taufe zusammenzurü-

cken, findet sich in der evangelischen Kirche das Bestreben, Altar und Kanzel möglichst nahe „beisammen liegen" zu lassen, damit „ein Schauen nach Altar und Kanzel möglich ist".[669] Die Vorzüge dieser Anlage wurden schon von Cornelius Gurlitt geschildert. In Bezug auf die Restaurierung der Stadtkirche in Balingen wird der Plan, „die Kanzel um einen Pfeiler dem Chor näher zu rücken", positiv beurteilt, weil auf diese Weise „die Strecke zwischen Kanzel und Altar kürzer" wird.[670] Auch in Geislingen/Steige wurde ausführlich über die Verlegung der Kanzel von dem zweiten an den ersten Mittelschiffpfeiler von Osten beraten, die schließlich laut Beschluss des Kirchengemeinderats vom 5. Februar 1892 ausgeführt wurde.[671] Dolmetsch hatte es zuvor für „zweckmäßig, ja notwendig erklärt", mit Hilfe einer Interimskanzel zu prüfen, „ob der erste Pfeiler des Schiffs auf der Südseite ebenso oder besser akustisch geeignet ist, als der zweite, an dem seither die Kanzel steht".[672] Für die Verlegung der Kanzel sprachen zwei Gründe: Zum einen setzten „die Chorstühle eine Versetzung der Kanzel an den nächsten Pfeiler dem Chor zu voraus, denn von dem seitherigen Standort aus [wäre] der Geistliche im Chor nicht [zu] vernehmen", und zum anderen könnten „alle [Kirchenstühle] zugleich nach Kanzel und Altar schauen".[673]

In Vaihingen/Enz entbrannte gar eine heftige, öffentlich ausgetragene Auseinandersetzung um das Für und Wider der Versetzung der Kanzel, die Dolmetsch als „einen der Grundgedanken im ganzen Restaurationsplan" ansah.[674] Nach Dolmetschs Ansicht lasse sich nur auf diese Weise „eine schöne Aufstellung der Stuhlung erzielen", die es zudem verhindere, dass von vielen Sitzplätzen aus „entweder gar nicht oder nur in sehr unbequemer Weise auf die Kanzel [zu] sehen" sei. Eine Eingabe der Einwohnerschaft machte darauf aufmerksam, dass, „wenn die Kanzel an den Ort der Probekanzel verlegt wird", der Prediger „von dort aus gar nicht [zu] verstehe[n]" sei.[675] Es wurde darüber hinaus die „Rücksichtslosigkeit" beklagt, mit der der Kirchengemeinderat, insbesondere der Dekan, den Wunsch der Gemeinde, die Kanzel an ihrem angestammten Platz zu belassen, ignorierte. Die Verlegung der Kanzel stehe „sogar der Lehre der Akustik zuwider". Der Dekan entgegnete in einer Stellungnahme, „was den Beschluß selber [...] nach seinem Inhalt und seiner Begründung betrifft", so werde „der Kirchengemeinderat,

---

665 LKA, DAamt Göppingen, Nr. 540 (Schreiben von Dolmetsch an den Kirchengemeinderat vom 14. 5. 1908).

666 Dolmetsch 1900, S. 4. Vgl. auch LKSpA Tübingen, Bestand Ebingen, III A 16 (Schreiben von Dolmetsch an den Pfarrer vom 30. 12. 1892): Dolmetsch „schwebt [...] eine mehr centrale Anlage vor, welche der gegenwärtigen neueren Richtung mehr entsprechen dürfte".

667 PfarrA Schramberg, „Kirchenbau. Beilagen" (Schreiben von Dolmetsch an den Verein für christliche Kunst vom 26./27. 11. 1894).

668 Gurlitt 1906, S. 316: Nach evangelischer Auffassung ist „das

Abendmahl [...] Mahl, nicht Opfer."

669 Dolmetsch 1900, S. 4.

670 DAamt Balingen, B 85 (KGR-Protokoll vom 18. 10. 1898).

671 LKA, DAamt Geislingen, Kirchenpflege Nr. 5.1 (Auszug aus dem KGR-Protokoll vom 5. 2. 1892).

672 Ebd. (Auszug aus dem KGR-Protokoll vom 27. 11. 1891).

673 Ebd. (Auszug aus dem KGR-Protokoll vom 31. 1. 1892).

674 DAamt Vaihingen/Enz, Nr. 829 (Auszug aus dem KGR-Protokoll vom 22. 3. 1892).

675 „Der Enz-Bote" vom 29. 3. 1892.

Abb. 131 Kirchberg/Murr, ev. Kirche, Kirchenschiff mit axialer Kanzel-Altar-Stellung nach Südosten.

wenn er es für angemessen erachtet, eine öffentliche Erklärung darüber abgeben".[676] Die Kanzel wurde schließlich Dolmetschs Intention entsprechend „um einen Pfeiler gegen Osten vorgerückt".[677]

Obgleich für Luther „zu einem vollständigen Hauptgottesdienst an den Tagen des Herrn beide Gnadenmittel, das Wort mit seiner Auslegung [und] das Sacrament mit seiner Spendung [gehörten]",[678] war in Württemberg keine Altarliturgie im Sonntagsgottesdienst gebräuchlich.[679] Dies führte dazu, dass der Altar häufig nicht im Chor zu finden, sondern vor diesem im Schiff aufgestellt war. Das Eisenacher Regulativ wollte – wie schon gesagt – den Altar wieder zurück in den Chorraum bringen. Johannes Merz betonte noch 1898 ausdrücklich, dass dem Altar „eine besondere, auszeichnende Stätte im Kirchengebäude zukommt, welche ihrerseits nicht der Stätte der Predigt untergeordnet sein darf".[680] Dolmetsch hingegen bevorzugte die Aufstellung des Altars auf der „Schwelle" zwischen Chor und Schiff; in solchen Fällen, in denen der Chor – wie im Eisenacher Regulativ gefordert – um einige Stufen gegenüber dem Schiff erhöht war, platzierte er den Altar unmittelbar hinter die Stufen im Chorraum. In Schramberg dachte er „den neuen Chor [...] nicht zur Aufstellung des Altares", vielmehr rückte er denselben vor den Chor, „um [den Altar] der Gemeinde von allen Teilen der Kirche aus sichtbar zu machen".[681] In Geislingen wünschte der Kirchengemeinderat in Analogie zu der Versetzung der Kanzel in Richtung des Chors eine „Verrückung des Altars vom Triumphbogen etwas weiter in das Schiff herein",[682] so dass der Prämisse, Altar und Kanzel möglichst nah beisammen anzuordnen, Folge geleistet werden konnte.

Ähnlich wie in Geislingen bestand in Urach aufgrund der Größenausdehnung der Kirche das Bedürfnis, den Altar vom Chor in das Schiff der Kirche zu versetzen: „In der Amanduskirche zu Urach, für welche durch Egle ein Plan zur Verbesserung des von ihm verschönerten Chors, so auch des Schiffs vor Jahren entworfen wurde, soll der Altar wieder aus dem Chor heraus, und im Schiff ein neues Gestühl errichtet werden [...]."[683] Dolmetsch begrün-

676 „Der Enz-Bote" vom 31. 3. 1892.

677 Beilage zum Staatsanzeiger für Württemberg vom 2. 8. 1893, S. 1301.

678 Grüneisen 1856, S. 18.

679 Seng 1995, S. 367.

680 LKA, A 26, 1460 (Schreiben von Johannes Merz „in Betreff des Regulativs für evang[elischen] Kirchenbau von 1861" an Hermann von der Goltz in Berlin vom 1. 2. 1898).

681 PfarrA Schramberg, „Kirchenbau. Beilagen" (Schreiben von Dolmetsch an den Verein für christliche Kunst vom 26./27. 11. 1894).

682 LKA, DAamt Geislingen, Kirchenpflege Nr. 5.1 (Auszug aus dem KGR-Protokoll vom 31. 1. 1892).

683 LKA, K 1, Nr. 83 (Protokoll vom 1. 3. 1886).

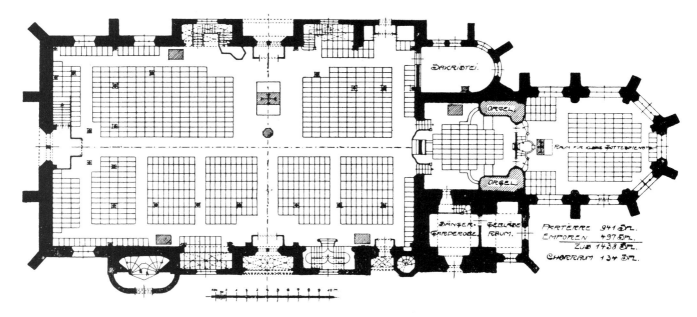

Abb. 132 Schorndorf, ev. Kirche, Grundriss Parterre, 1906.

dete die beabsichtigte Versetzung des Altars mit den Worten: „Die beste Lösung scheint mir diejenige zu sein, die Gemeinde dem Altare und zugleich den Altar der Gemeinde näher zu rücken […] Ich glaube, daß ein Verrücken des Altares nicht umgangen werden kann, schon mit Rücksicht darauf, daß die vorne im Schiffe sitzenden Gemeindeglieder den vor dem Altare stehenden Geistlichen auch sehen können."[684] Die Restaurierung des Inneren der Amanduskirche konnte von Dolmetsch zwar erst zwischen 1898 und 1901 vorgenommen werden, doch fand die schon 1884 formulierte Prämisse Anwendung.

Erst nach der Jahrhundertwende experimentierten Architekten mit der Verschmelzung von Altar und Kanzel zu einem „Kanzelaltar", wie er bereits im 18. Jahrhundert in vielen evangelischen Kirchen anzutreffen war. Noch 1898 wandte sich Paul Brathe in seinem „Entwurf zu einem Kirchbau-Regulativ" vehement gegen eine solche Lösung: „Die Kanzel darf nicht hinter oder über dem Altar […] stehen."[685] Die von Merz angesprochene Gefahr des Untergeordnetseins des Altars unter die Kanzel mag einen wesentlichen Grund für die Ablehnung einer solchen Aufstellung gebildet haben. Tatsächlich brachte Dolmetsch eine axiale Aufstellung von Kanzel und Altar in einem Neubau nur ein Mal zur Anwendung: Im Fall des Kirchenneubaus in Holzbronn von 1908 platzierte er

die Kanzel hinter dem Altar.[686] Ein weiteres Mal entwarf Dolmetsch eine axiale Kanzel-Altar-Stellung für die Markuskirche in Stuttgart; dieses Projekt gelangte jedoch nicht zur Ausführung.[687] In einem Altbau wandte Dolmetsch dieses Prinzip einige Male an. Die ehemals längs orientierte Kirche in Kirchberg/Murr wurde 1905 in der Weise zu einer quer orientierten Kirche umgestaltet, dass die Kanzel in die Mitte der südlichen Längswand rückte und der Altar mittig davor platziert wurde (Abb. 131). In der Stadtkirche in Schorndorf wurde 1909 nach langen Diskussionen die Kanzel in der Mitte der nördlichen Längswand belassen und der Altar von seinem angestammten Platz unter dem Chorbogen entfernt und mittig vor die Kanzel gestellt (vgl. Abb. 87).[688] 1906 hatte Dolmetsch ohne Angabe eines Grundes noch vorgesehen, den Altar „in die Querachse des Schiffes vor die Kanzel seitlich" zu stellen (Abb. 132).[689] Ein Jahr zuvor, 1905, sah Dolmetsch durchaus die Notwendigkeit, in der Schorndorfer Kirche Kanzel und Altar näher aneinander zu rücken, doch trug er sich zu dem Zeitpunkt noch mit dem Gedanken an eine Beibehaltung der Längsausrichtung der Kirche: „Die Kanzel dürfte nicht mehr an der bisherigen vom Chor zu weit entfernten Stelle verbleiben, sie müßte vielmehr weiter gegen den Chor gerückt und nicht mehr an die Außenwand, sondern mehr nach

684 LKA, DAamt Urach, Nr. 606 (Schreiben von Dolmetsch an das Gemeinschaftliche Amt in Urach vom 5. 3. 1884).

685 P[aul] Brathe, Entwurf zu einem Kirchbau-Regulativ, in: ChrKbl 40, 1898, H. 2, S. 27.

686 Vgl. auch Pietrus 2001, S. 207.

687 TUM, Nachlass Heinrich Dolmetsch, Signatur 107.1 und 107.2. Vgl. auch Pietrus 2007, S. 19. Das Projekt ist wahrscheinlich 1902

oder 1903 entstanden.

688 J[ohannes] Merz, Der „Altar" unserer evangelischen Kirchen und die altwürttembergische Liturgie, in: ChrKbl 49, 1907, H. 6, S. 186 bezeichnet die Querachse unter expliziter Nennung der Schorndorfer Stadtkirche als „gerechtfertigt".

689 [Heinrich] Dolmetsch, Stadtkirche zu Schorndorf, in: ChrKbl 48, 1906, H. 9/10, S. 288.

innen aufgestellt werden [...] Die Kanzel [sollte] somit frei im Schiffraum stehen [und] mit schmaler Rückwand versehen [sein], auf welcher alsdann der Schalldeckel ruhen würde."[690] Eine Umorientierung der Kirche – ein Versetzen des Altars in Richtung auf die Kanzel – zog Dolmetsch somit erst in seinem Wettbewerbsbeitrag im Herbst 1905 in Betracht.[691]

In der Stadtkirche in Göppingen wurde 1909 ähnlich wie in der Schorndorfer Stadtkirche eine „zentrale Anlage von Kanzel, Altar und Taufstein, in diesem Fall [jedoch] in der Längsachse des Schiffes, durchgeführt" (vgl. Abb. 130).[692] Einen „Kanzelaltar" oder eine „Kanzelwand" im engeren Sinne, wie sie beispielsweise in der Kreuzkirche in Zürich oder der Johanniskirche in Mannheim erstellt wurden, führte Dolmetsch lediglich in der Kirche in Holzbronn aus. Im Zuge der Restaurierung der Kirche in Tuningen behielt Dolmetsch 1901 die aus dem 18. Jahrhundert stammende Kanzel-Altar-Stellung bei.

Der Taufstein, der nach den Empfehlungen des Eisenacher Regulativs entweder in einer separaten Kapelle oder vor dem Altar aufgestellt werden sollte, wurde von Dolmetsch zumeist – dies trifft insbesondere auf größere Kirchen zu – mittig vor dem Altar platziert. In kleineren Kirchen, zu denen auch eine Reihe von Kirchenneubauten zu zählen ist, findet der Taufstein gelegentlich auch seitlich des Altars seine Aufstellung. Nur in einem Fall, in dem der Amanduskirche in Urach, gedachte Dolmetsch, dem Taufstein eine eigene Kapelle zuzuweisen. Die Idee von Fritz Schmidt, den Chor der Schorndorfer Stadtkirche als „Tauf- und Traukapelle" umzugestalten,[693] wurde von Dolmetsch nicht aufgegriffen. Die von Dolmetsch geschaffene mittige Stellung des Taufsteins vor dem Altar – Gradmann charakterisierte diese Position als „regelmäßig" von den Evangelischen angewendet[694] – ist nur noch in wenigen Fällen überliefert, so etwa in den Kirchen in Roigheim und Täferrot; in den meisten Kirchen wurden in den fünfziger und sechziger Jahren des 20. Jahrhunderts die Taufsteine an die Seite gerückt, um einen Platzgewinn für Kindergottesdienste und Trauungen zu erzielen.

Wie bereits im Zusammenhang mit der Diskussion um die Notwendigkeit eines Chorraums geschildert wurde, sah es Dolmetsch bis nach der Jahrhundertwende häufig

als einen wesentlichen Punkt seines Restaurierungsplans an, die Orgel vom Chorraum auf die Westempore zu versetzen. Im Hinblick auf die bevorstehende Kirchenrestaurierung in Backnang begründete er seine Absicht, die Orgel auf der Westempore aufzustellen, mit dem Umstand, dass „bei der Größe des Chores die Schallwellen einen zu langen Weg bis zu der im Schiffe versammelten Gemeinde machen [müssen], was immer einen schleppenden Gemeindegesang zur Folge hat, während eine im Schiffe selbst untergebrachte Orgel viel vorteilhafter wirken kann" (vgl. Abb. 84).[695] Ein weiteres Argument für die Aufstellung der Orgel auf der Empore führte Dolmetsch in Bezug auf die Kirche in Wannweil an: „Auch die Orgelrevidenten äußern sich günstig über die Wirkung der Orgeltöne, wenn solche von hoch oben herabkommen."[696] Im Zuge des Neubaus des Kirchenschiffs 1890/91 wurde die Orgel auf die zweite Westempore gestellt, die 1968 wieder beseitigt wurde. Nach Ansicht von Johannes Merz sollte die Orgel so aufgestellt sein, „daß der Organist für den Geistlichen von Kanzel und Altar aus sichtbar ist", somit „nicht im Chor oder an Stelle des Chors".[697] Wie bereits erwähnt, lehnte noch 1907 David Koch eine Stellung der Orgel im Angesicht der Gemeinde ab. Diese von den Theologen abgelehnte Position der Orgel wählte Dolmetsch im Fall des Neubaus der Markuskirche in Stuttgart sowie im Fall der Restaurierung der Stadtkirche in Schorndorf. Im letztgenannten Fall muss allerdings die Einschränkung gemacht werden, dass aufgrund der Umorientierung der Kirche die Orgel sich keineswegs im Angesicht der Gemeinde befindet.

Bis in die Zeit um die Jahrhundertwende ist bei Dolmetschs Kirchenrestaurierungen eine Tendenz zu beobachten, sämtliche Ausstattungsgegenstände einer Kirche im Sinne des „Stilpurismus" neu zu gestalten. Nach 1900 lässt sich ein allmählicher Wandel beobachten, der die in der Überarbeitung des Eisenacher Regulativs von 1908 geforderte Schonung „ältere[r] Einrichtungsgegenstände ohne Rücksicht auf die Übereinstimmung des Stils" vorwegnimmt. So entfernte Dolmetsch beispielsweise 1899 den spätgotischen Taufstein aus der Kirche in Frommern,[698] in den Neubau der Kirche in Lehrensteinsfeld hingegen fügte er 1903 den barocken Taufstein wieder

690 LKA, 1. Stadtpfarramt Schorndorf, „Kirchliche Bausachen 1902 ff. I" (Schreiben von Dolmetsch an den Dekan vom 29. 3. 1905).

691 LKA, 1. Stadtpfarramt, „Kirchliche Bausachen 1902 ff. I" („Bericht. Stadtkirche Schorndorf. Konkurrenzentwürfe Motto ‚Ideen'" von Dolmetsch ohne Datum).

692 [Ohne Verfasser], Erneuerung der Stadtkirche in Göppingen, in: Bauzeitung für Württemberg, Baden, Hessen, Elsaß-Lothringen 7, 1910, Nr. 13, S. 99.

693 Fritz Schmidt, Zur Frage des Schorndorfer Kirchenbaues. Wieder eine protestantische Restaurationsfrage, in: ChrKbl 46, 1904, H. 8, S. 249.

694 Gradmann 1911, S. 16.

695 LKA, DAamt Backnang, Nr. 287.23 (Gutachten von Dolmetsch

im Auftrag des Vereins für christliche Kunst vom 10. 7. 1893).

696 LKA, K 1, Nr. 231 (Schreiben von Dolmetsch an Prälat Heinrich Merz „zum Zwecke einer Beurteilung zweier Pläne zum Umbau der Kirche zu Wannweil, von denen der eine durch Herrn Oberbaurat v. Leins dahier, der andere durch Herrn Münsterbaumeister Beyer in Ulm gefertigt wurde" vom 2. 7. 1887).

697 LKA, A 26, 1460 (Schreiben von Johannes Merz „in Betreff des Regulativs für evang[elischen] Kirchenbau von 1861" an Hermann von der Goltz in Berlin vom 1. 2. 1898).

698 Günther Meinhold, Frommern, Dürrwangen und Stockhausen. Streifzüge durch die Geschichte dreier Dörfer. Bd. 1: Von den Anfängen bis ins 19. Jahrhundert, Balingen 1993, S. 124.

ein.[699] Doch auch nach der Jahrhundertwende entwarf Dolmetsch einzelne Ausstattungsstücke. Für die Kirche in Aulendorf lieferte er beispielsweise 1904 eine „Zeichnung zu einem Altar".[700] Die Tatsache, dass Dolmetsch in einer Reihe von Fällen Ausstattungsgegenstände für Kirchen nach seinen Plänen fertigen ließ, ohne offenbar am Bauwerk selbst Restaurierungsmaßnahmen durchzuführen,[701] belegt einmal mehr sein ausgeprägtes kunstgewerbliches Interesse.

Malerische und skulpturale Ausstattung

Da mit Ausnahme der Schablonenmalerei in der Reutlinger Katharinenkirche, einem von Dolmetsch in den Jahren 1887/90 ausgeführten Neubau, in keinem Fall die bauzeitlichen Wandfassungen in Gänze erhalten sind, müssen sich die folgenden Ausführungen im Wesentlichen auf schriftliche Quellen stützen. In den fünfziger und sechziger Jahren des 20. Jahrhunderts wurden in vielen Fällen die aus der Dolmetsch-Zeit stammenden Ausstattungen der Kirchen so rigoros beseitigt, dass häufig keine, gelegentlich noch geringe Reste von Farbfassungen an Wänden und Decken überliefert sind.[702] In einigen Fällen – hier sind insbesondere die Kirchen in Oberrot und Uhlbach zu nennen – wurden die Fassungen so umfassend wiederhergestellt, dass das Erscheinungsbild nun dem „originalen" Zustand entspricht. Auch die beweglichen Ausstattungsgegenstände, wie etwa Altäre, Kanzeln, Taufsteine und Bänke, waren von dieser „Erneuerungswelle" betroffen, wenn auch nicht in so erheblichem Maß.

Im Hinblick auf die Fragestellung der Arbeit ist vor allem die Frage relevant, in welcher Weise Dolmetsch mit der vorgefundenen Ausstattung verfährt. Einige Beispiele wurden bereits im vorangegangenen Abschnitt angeführt. Die Entfernung von beweglichem Ausstattungsgut gehörte bis in die Zeit nach der Jahrhundertwende zu den gängigen Methoden, eine Kirche weitgehend „stilgetreu" einzurichten. Die Veräußerungen von Einrichtungs-

gegenständen und der Versuch der kirchlichen und staatlichen Behörden, diesen entgegen zu wirken, wurden mehrfach angesprochen. Trotzdem fanden solche Verkäufe immer wieder statt, so auch von denjenigen Kirchengemeinden, für die Dolmetsch arbeitete.

Die Gemeinde in Laufen/Kocher wirkte „anläßlich des Kirchenumbaus" auf den Verkauf der „3 Schnitzbilder im Chor, die Hl. Maria, Barbara und Katharina darstellend" hin.[703] Nachdem das Konsistorium „gegen einen Verkauf der 3 alten geschnitzten Standbilder an katholische Nachbargemeinden nichts zu erinnern" und auch der Staat „nach eingehender Prüfung […] von einer Erwerbung der in dortiger Kirche befindlichen Holzfiguren […] abgesehen und demgemäß die anderweitige Veräußerung derselben anheimgegeben" hatte, stand einem Verkauf nichts mehr im Wege.[704] Das Dekanatamt unterstützte die „Anfrage und Bitte des Pfarramts betreffend den Verkauf der drei Schnitzbilder in der Kirche zu Herberg" mit dem „Anfügen, daß im Interesse der Wahrung des evang[elisch]-protestantischen Charakters der Kirche in Laufen die Heiligenbilder unter allen Umständen aus dem Gotteshaus hinausgeschafft werden sollten".[705] Landeskonservator Eduard Paulus glaubte gleichfalls, „daß der Verkauf der Bildwerke an katholische Nachbargemeinden die beste Lösung wäre".[706]

Im Jahr 1887/88 ließ die Kirchengemeinde Besigheim den Hochaltar der Stadtkirche „unter der kunstsinnigen Leitung des Bauinspektors Dolmetsch durch die kunstfertige Hand des Holzbildhauers Edmund Kieser" restaurieren.[707] Der Dekan begründete diese Maßnahme 1886 mit dem Zustand des Hochaltars, „der durch den Zahn der Zeit sowie durch den Unverstand und die Gleichgültigkeit früherer Geschlechter sehr notgelitten hat und allmähligem Zerfall entgegenzugehen droht".[708] In der Überzeugung, „daß mit der Herstellung des Hochaltars die Erneuerung und Schmückung des Chors Hand in Hand gehen müsse",[709] kommt das Prinzip der stilpurifizierenden Wiederherstellung deutlich zum Ausdruck. Tatsächlich wurde der Chor der Kirche 1888 durch Maler

699 PfarrA Lehrensteinsfeld, Nr. 72 („Meßurkunde über die Maler-Arbeiten"). Darin heißt es: „Den alten Taufstein angestrichen, bemalt und mit Gold gefaßt." Nach Julius Fekete, Kunst- und Kulturdenkmale in Stadt und Landkreis Heilbronn, Stuttgart 2002, S. 221 datiert der Taufstein auf das Jahr 1759.

700 HH-Buch vom 16. 9. 1904.

701 LKA, K 1, Nr. 206 (Schreiben des Pfarrers an den Verein für christliche Kunst vom 15. 3. 1887): Die „auf einer sehr schönen, steinernen, mit Bildwerken verzierten Tragsäule ruhende, unschöne, hölzerne, bereits wurmstichig gewordene Kanzelbrüstung" in der Kirche in Plochingen wurde gemäß Dolmetschs Zeichnung ersetzt. Vgl. auch HH-Buch vom 2. 4. 1887.

702 Zu der Frage der Überlieferung der Dolmetsch-Ausstattungen siehe Pietrus 2005.

703 PfarrA Laufen/Kocher, „Zweite Kirchenpflege-Rechnung (einschließend die gesammte Nebenrechnung über den Kirchenumbau im Jahr 1892) pro 1. April 1891/31. März 1894" („Vorbemer-

kungen" zu der Kirchenpflegerechnung ohne Datum).

704 Ebd. (Schreiben des Konsistoriums an das Dekanatamt Gaildorf vom 1. 3. und 12. 4. 1892). Beide Schreiben liegen in Abschrift vor.

705 LKA, A 26, 1470–2 („Anfrage und Bitte des Pfarramts betreffend den Verkauf der drei Schnitzbilder in der Kirche zu Herberg" vom 30. 1. 1892 mit Randbemerkungen von Dekan Leypoldt vom 30. 1. 1892 und von Landeskonservator Paulus vom 26. 2. 1892).

706 Ebd.

707 LKA, K 1, Nr. 178 (Broschüre über den „Hochaltar in Besigheim a. N." ohne Datum) und HH-Buch vom 5. 1. 1889. Vgl. auch eine Fotografie des Altars in TUM, Nachlass Heinrich Dolmetsch, Signatur 27.2.

708 Ebd. (Schreiben des Dekans an den Verein für christliche Kunst vom 30. 9. 1886).

709 Ebd. (Schreiben des Dekans an Prälat Heinrich Merz vom 25. 11. 1886).

Wörnle ausgemalt,[710] doch kann den schriftlichen Quellen nicht entnommen werden, inwieweit Dolmetsch an dieser Maßnahme beteiligt war.[711] Während hinsichtlich der Frage von Veräußerung und Restaurierung von Kunstwerken in den beiden angeführten Beispielen eine Haltung zum Tragen kommt, die tief im 19. Jahrhundert verwurzelt ist, beginnen sich im folgenden Fall zaghafte Veränderungen abzuzeichnen.

In einem Schreiben äußerte sich Dolmetsch 1907 im Auftrag des Vereins für christliche Kunst über die Aufhängung zweier „gemalte[r] Altarflügel" in der von ihm restaurierten Kirche in Beuren. Nach eigenem Bekunden habe er schon 1895 „bei der Besichtigung der Kirche auf dem Dachboden verschiedene Altertumsgegenstände vor[gefunden], worunter auch die beiden in Rede stehenden Altarflügel waren".[712] Er habe geraten, „diese Gegenstände sorgsam aufzubewahren und ja nicht zu verkaufen, da solche bei der Restauration der Kirche als Schmuckteile Verwendung finden werden". Landeskonservator Gradmann und Maler Wennagel teilten nach einer Begutachtung der Gegenstände mit, „daß die in Holz geschnitzte Gruppe Christus mit der Eselin samt gemalten 3 Bildern aufgefrischt werden sollen, während bei den beiden Altarflügeln von einer bloßen Auffrischung nicht die Rede sein könne, denn jeder Versuch würde zu einer völligen Uebermalung führen". Daraufhin wollte Gradmann die beiden „stark beschädigten Bilder in seine Sammlung übernehmen [und] jede Restaurierung derselben vermeiden". Die von Gradmann gebotene Ankaufssumme von 100 Mark erschien dem Kirchengemeinderat jedoch zu gering, so dass die Bilder zunächst im Besitz der Gemeinde verblieben. Da sich aber der Kirchengemeinderat nicht entschließen konnte, die nicht aufgefrischten Bilder in der restaurierten Kirche aufzuhängen und auch Dolmetsch „kein Urteil darüber ab[zu]geben [vermochte], ob es rätlich ist, sie in der Kirche unterzubringen", wurden sie schließlich für den Preis von 200 Mark an den Staat abgegeben.[713]

In Bezug auf die Frage der Wiederherstellung des Kenotaphs von Markgraf Bernhard I. von Baden in der Herrenalber Kirche kommen die gegensätzlichen Haltungen deutlich zum Ausdruck. Nach einem Treffen im Sommer 1902, an dem unter anderen Heinrich Dolmetsch, Eugen Gradmann und Geheimrat Wagner als Mitglied der Direktion der Großherzoglichen Sammlungen für Altertums- und Völkerkunde teilnahmen, wurden in einem Bericht die restauratorischen Zielsetzungen formuliert. Es wurde angestrebt, „1) das Denkmal [...] im jetzigen Zustand zu erhalten, womöglich aber den Inhalt durch Öffnung desselben zu untersuchen, 2) Sprünge, zu gröbliche Cementierungen und sonstige wirklich schadhaft[e] Seiten auszubessern, 3) alle diejenigen fehlenden Ornamentstücke, deren Form unzweifelhaft feststeht, weil sie wiederholt vorhanden sind und demnach unmittelbar copiert werden können, neu in Cement oder einer ähnlichen Masse herstellen und so malen zu lassen, daß sie zur vorhandenen Umgebung stimmen, ohne daß aber letztere durch Farbe berührt würde, 4) fehlende Skulpturstücke, deren Gestalt man nicht mehr kennt, z. B. Köpfe von Steinfiguren und dergl[eichen] nicht zu ergänzen, resp[ektive] nicht durch neue zu ersetzen".[714] Dolmetsch plädierte allerdings für ein Vorgehen, das zu diesem vergleichsweise behutsamen Umgang mit dem Denkmal im Widerspruch stand: „Man solle [...] das Vorhandene ganz in seinem jetzigen Zustand, besonders in seiner jetzigen Farbe, belassen, aber alles Fehlende in Cementmasse ergänzen und die Ergänzungen so bemalen, daß sie mit dem Vorhandenen zusammenstimmen".[715] Demnach wäre nach Dolmetschs Vorstellung – entgegen seiner einleitenden Worte – das Neue vom Alten kaum zu unterscheiden gewesen. Die Ausführung ging auf Anregung von Hofbaumeister Friedrich Ratzel schließlich so weit, dass nicht nur eine Neubemalung des Kenotaphs in „patinierender Manier",[716] sondern auch eine Ergänzung der Fehlstellen vorgenommen wurde. Gradmann äußerte sich nach Abschluss der Arbeiten ablehnend über die Wiederherstellung: „Es [das Grabdenkmal] sieht jetzt aus wie neu; der frühere Zustand war ehrwürdiger und malerischer."[717]

Bei Fragen des Umgangs mit beweglichem Ausstattungsgut wurde – wie soeben gezeigt – der Konservator gelegentlich gehört. Das Beispiel der Kirchenrestaurierung in Unterjesingen, bei der Eduard Paulus sich zu der Frage der Emporenbrüstungen äußerte, wurde bereits erwähnt. Auch in Kirchheim/Teck beschloss der Kirchengemeinderat 1897, „den Landeskonservator Prof. Dr. Paulus vor Inangriffnahme des Kirchenbaus hieherkommen zu lassen, um dessen Urteil und Rat bezüglich der

710 Ebd. (Schreiben des Dekans an Prälat Heinrich Merz vom 8. 9. 1888).

711 Ein Plan in TUM, Nachlass Heinrich Dolmetsch, Signatur 27.1 mit der Beschriftung „Malerei des Chorgewölbes" weist den Stempel „H. Dolmetsch. Bauinspector Stuttgart" auf. Daraus kann gefolgert werden, dass die Vorlagen zu den Malereien tatsächlich von Dolmetsch gefertigt wurden.

712 LKA, A 26, 1470–2 (Schreiben von Dolmetsch an den Vorsitzenden des Vereins für christliche Kunst vom 8. 1. 1907).

713 Zu dem Verkauf der beiden Altarflügel vgl. auch den Briefwechsel zwischen Landeskonservator Gradmann, Pfarrer Pfahler und dem

Konsistorium in StA Ludwigsburg, EL 228 Bü 55.

714 GLA Karlsruhe, Akte 56/179 (Bericht von Geheimrat Wagner vom 29. 9. 1902). Zitiert nach Manfred Kohler, Die Bauten und die Ausstattung des ehemaligen Zisterzienserklosters Herrenalb, Heidelberg 1994 (zugl. Heidelberg, Univ. Diss. 1992), S. 274 f.

715 Ebd.

716 Ebd. (Schreiben von Pfarrer Stöckle an das Geheime Kabinett des Großherzogs vom 18. 11. 1903).

717 E[ugen] Gr[admann], Kloster Herrenalb und seine Grabdenkmäler, in: Aus dem Schwarzwald 14, 1906, S. 104.

Kanzel und der Bilder an den Galvarien zu vernehmen".[718] Die Stellungnahme von Paulus ist allerdings nicht überliefert, so dass nicht eruiert werden kann, ob Paulus den Anstrich der Kanzel in der Kirche in Kirchheim/Teck mit Ölfarben guthieß. Häufiger als zu Fragen des Umgangs mit beweglichem Ausstattungsgut wurde der Konservator in Fällen hinzugezogen, bei denen es sich um die Aufdeckung von Malereien handelte. Doch auch hier wurden die Ratschläge des Vertreters der staatlichen Denkmalpflege keineswegs immer befolgt.

Im Chor der Kirche in Möckmühl traten infolge des Brandes in der Nacht vom 30. auf den 31. Oktober 1898 Malereien zutage, „welche, vor Jahrhunderten zugetüncht, nun durch der Flamme Glut von der Tünche befreit worden waren".[719] In den Gewölbekappen erschienen die vier Evangelistensymbole, von musizierenden und anbetenden Engelfiguren begleitet. An der Ost- und Nordseite des Chors fanden sich Darstellungen aus dem Marienleben, die den Marientod und die Marienkrönung einschlossen. In den Leibungen des Chorfensters waren ein Bischof auf der einen Seite und ein Ritter auf der anderen Seite dargestellt. Obgleich Eugen Gradmann die Bilder bereits am 4. November 1898 besichtigte und ihren „hohen altertümlichen und Kunstwert" anerkannte, um sie „zur Wiederherstellung durch den Staat zu empfehlen",[720] wurden die Malereien an den Wänden des Chors mit einem „altertümlich gehaltenen Teppich, dessen Muster zusammengestellt ist aus Weintrauben und Kornähren, in deren Mitte ein sich öffnender und seine Körner zeigender Granatapfel gemalt ist", übertüncht.[721] Lediglich die Malereien des Kreuzgewölbes wurden durch das Konservatorium wiederhergestellt, so dass ein zeitgenössischer Betrachter bewundernd feststellte, „wie Altes und Neues zusammenstimmt".[722] Das Chorfenster wurde entgegen Dolmetschs Planung vom Januar 1899 nicht als schmales, zweibahniges Fenster, sondern auf Empfehlung des Vereins für christliche Kunst als breites, fünfbahniges Fenster ausgebildet (vgl. Abb. 271). Das „mündlich gestellte Ansinnen" des Landeskonservatoriums, „im Interesse der Erhaltung der Bilder an der östlichen Wand das schmale Fenster zu belassen", wurde vom Kirchengemeinderat missachtet.[723]

Im Chor der Kirche in Ötisheim wurden im Zuge der die Bauarbeiten vorbereitenden „Aufnahme" des Bauwerks „wertvolle Wandgemälde aus dem 14. Jahrhundert aufgefunden".[724] Gemäß dem Konsistorialerlass aus dem Jahr 1883 wandte sich die Kirchengemeinde an das Landeskonservatorium, um über den Fund Mitteilung zu erstatten. Kunstmaler Paul Haaga untersuchte daraufhin die Bilder, denen er in seinem Gutachten „einen hohen archäologischen und künstlerischen Wert" beimaß.[725] Die Darstellungen sind: „1) Im Chorgewölbe die 4 Evangelisten-Symbole (Engel, Ochse, Löwe, Adler). 2) An der Nordwand das Gastmahl des Herodes, darunter die Weisen aus dem Morgenland (sehr schöne, farbenreiche Darstellung). 3) An der Ostwand Schweißtuch Christi, umschwebt von anmutigen Engelgestalten mit Spruchbändern und Symbolen aus der Leidensgeschichte Christi […] 4) An der Südwand Märtyrertod des h. Sebastian, Erzengel Michael (Drachen tötend). Muttergottes als Fürbitterin zur Rechten und kl. kniende Frauengestalt. Die übrigen Wandflächen sind mit reicher Architektur und Pflanzenornamenten geschmückt."[726] Der Kostenvoranschlag von Maler Haaga vom 10. November 1901 „über die Wiederherstellung der alten Wandgemälde" belief sich auf die Summe von 1000 Mark und umfasste folgende Arbeiten: „Aufdeckung, Reinigung und Fixierung der Malschicht, Befestigung loser Teile der Malschicht und des Malgrundes, Auskittung herausgebrochener Stellen und die malerische Ergänzung derselben (in den Lokaltönen)."[727] Eugen Gradmann sprach sich nach einer Besichtigung der Bilder am 28. Juni 1902 für deren Wiederherstellung aus und empfahl die Beantragung eines Staatsbeitrags, wenn auch „die Wiederherstellung der Wandgemälde freilich erst möglich sein [wird], wenn die nötigen Mittel zur Renovation und Erweiterung der ganzen Kirche vorhanden sein werden".[728] Tatsächlich war in Ötisheim die Aufdeckung der Wandgemälde ausschlaggebend für den Erhalt des Kirchengebäudes. Der von Dolmetsch 1899 beabsichtigte Abbruch der Kirche stand nach der Vorlage des Gutachtens von Maler Haaga und der Stellungnahme von Landeskonservator Gradmann nicht mehr zur Diskussion.

In der unter Dolmetschs Leitung 1901 umgebauten Kirche in Böckingen wurden die „alten Wandgemälde, welche beim Abklopfen des Wandverputzes im alten Chor im Erdgeschoß des Turms zum Vorschein kamen", gemäß dem „Antrag des Landeskonservators auf Staatskosten im alten Stil wiederhergestellt".[729] Im Zuge des Umbaus der Kirche 1901 wurde das alte Kirchenschiff

718 LKA, DAamt Kirchheim/Teck, Nr. 618 (KGR-Protokoll vom 11. 5. 1897).
719 [Ernst] Schwarz, Möckmühl und seine Kirche, in: Beiblatt zum Illustrierten Deutschen Familienblatt vom August 1899.
720 PfarrA Möckmühl, J II, 7 (Sammlung von Zeitungsausschnitten ohne Angabe von Quelle und Datum).
721 Ebd.
722 Ebd.
723 PfarrA Möckmühl, H 3 (KGR-Protokoll vom 10. 10. 1899).

724 PfarrA Ötisheim, Nr. 56.1 (KGR-Protokoll vom 9. 12. 1900).
725 Ebd. (KGR-Protokoll vom 16. 12. 1900).
726 Ebd.
727 Ebd. (KGR-Protokoll vom 24. 11. 1901).
728 PfarrA Ötisheim, Nr. 56.2 (KGR-Protokoll vom 3. 8. 1902).
729 [Hermann] Nast, Festschrift zur Einweihung der umgebauten evang[elischen] Kirche in Böckingen den 6. Oktober 1901, Heilbronn 1901, S. 5. Vgl. auch Manfred Tripps, Die evangelische Stadtkirche St. Pankratius zu Böckingen, Halle/Saale 2001, S. 28.

Abb. 133 Böckingen,
ev. Kirche, ehemaliger Turm-
chor, Südwand, nach 1901.

zum Querschiff umfunktioniert, so dass der Turmchor als Raum für die Gemeinde genutzt werden konnte. Während die „Sachverständigen" – gemeint ist sicherlich Landeskonservator Gradmann – die Gemälde im Turmchor „in die zweite Hälfte des 13. Jahrhunderts" setzten, werden sie heute in das zweite Viertel des 14. Jahrhunderts datiert. Das Deckengewölbe zeigt die Evangelistensymbole in Medaillons einbeschrieben auf einem Grund aus Rosenblüten. An der Ostwand des Chors sind die Verkündigung, die Heimsuchung und die Geburt dargestellt, über dem Fenster findet sich eine Darstellung des Schmerzensmannes mit den Leidenswerkzeugen begleitet von Engeln. An der Südwand zeigt sich eine Darstellung der Anbetung, Maria mit dem Jesuskind stehend, dahinter „ein Engel mit einem brennenden Licht, darauf hinweisend, daß Christus das Licht der Welt ist", gegenüber die drei Weisen aus dem Morgenland, ihre Gaben darbietend (Abb. 133). Die Malereien auf der Nordseite waren so stark zerstört, dass 1901 „nichts mehr zu erkennen" war.

Die in der Stadtkirche in Blaubeuren „aufgedeckten Bilder", welche „in sehr verdorbenem Zustand" waren, wurden von Dolmetsch, Landeskonservator Gradmann und Oberkonsistorialrat Merz besichtigt.[730] Das daraufhin vom Landeskonservatorium erstellte Gutachten gelangte zu dem Ergebnis, dass „sämtl[iche] Bilder als der besten Zeit der Ulmer Schule angehörig der Erhaltung empfoh-

len" werden.[731] Als „zweckmäßig" regte das Gutachten an: „Zurückhaltende Restauration der Vorhallenbilder, Auffrischung der Wandnische im Chor, die Kreuzigungsfigur in der Sakristei als Fragment stehen lassen. Bezügl[ich] der Fresken im Schiff werden keine detaillierten Vorschläge gemacht."[732] Die Reaktionen der Mitglieder des Kirchengemeinderats fielen sehr zwiespältig aus: Sie reichten von der Empfehlung, „möglichst viel zu erhalten", bis zur völligen Ablehnung einer Erhaltung, „da eine Kirche nun einmal kein Kunstmuseum" sei. Es gab auch durchaus differenzierende Haltungen gegenüber den mittelalterlichen Bildern; so sei etwa „die kolossale Maria als Patronin aus ästhetischen und kirchlichen Gründen zur Erhaltung nicht geeignet", während „an der Erhaltung der Chornische [kein] Anstoß [zu] nehmen" sei, auch „die Vorhallenbilder werden [...] wenig stören", der „Martinus wird verjüngt auch heute noch als schönes Bild wirken und ist eine Darstellung der christlichen Barmherzigkeit", die „Erhaltung der Kreuzigung an der Südseite [sei] allerdings ein Zugeständnis des heutigen Geschmacks an das Interesse für vergangene Zeiten".[733] Bezüglich des „Miserikordienbild[s] in der Vorhalle" – womit die Pietà gemeint ist – unterbreitete Dolmetsch den Vorschlag, „es abzunehmen und an der Nordwand der Kirche anzubringen". Abschließend wurde beschlossen, „die Vorhalle mit den notwendigen Ausbesserungen [zu] belassen [...], das Miserikordienbild in die Sakristei [zu] verpflanzen, die Chornische, den Martinus, das Henker/Märtyrer[fragment] und die Kreuzigung an der Südwand auf die Vorschläge des Landeskonservatoriums [zu] erhalten [sowie] die Kolossalmaria [zu] photographieren und dann zu[zu]decken". Trotz dieses Beschlusses mehr-

---

730 LKA, DAamt Blaubeuren, Nr. 320.1 (KGR-Protokoll vom 10. 6. 1902).

731 Ebd. (KGR-Protokoll vom 8. 7. 1902).

732 Ebd.

733 Ebd.

ten sich „die Stimmen gegen die Wiederherstellung der Bilder", es war „jedenfalls keine Geneigtheit vorhanden, die Wiederherstellung aus eigenen Mitteln zu bestreiten".[734] Diese Aussage überrascht vor dem Hintergrund des Kostenvoranschlags von Maler Haaga, der sich auf die vergleichsweise geringe Summe von 490 Mark belief.[735] Das Kollegium erklärte schließlich gar, „die Kirchengemeinde [sei] zur Erhaltung der Bilder nur bereit, wenn der Staat die Kosten übernehme".[736] Schließlich beauftragte der Landeskonservator „auf Veranlassung von Oberbaurat Dolmetsch" den Maler Wennagel, „die Bilder zu fixieren und zwar auf Staatskosten".[737] Tatsächlich wurde nur ein Teil der Bilder im Zuge der 1902 durchgeführten Restaurierung der Kirche „fixiert": Die Schutzmantelmadonna – bislang als „Kolossalmaria" bezeichnet – an der Nordseite des Schiffs wurde übertüncht, die Sediliennische – mitunter fälschlicherweise als Tabernakelnische charakterisiert – in der Südwand des Chors blieb erhalten, ebenso das Martinsbild an der Ostseite des Schiffs, die Kreuzigungsdarstellung an der Südwand und die Hinrichtungsszene an der Nordseite. Weitere Fragmente, wie zum Beispiel die Anbetung der Könige an der Langhausnordwand, der heilige Georg, der auferstandene Heiland sowie zwei kniende Ritter wurden hingegen beseitigt.[738]

Auch in der Kirche in Hossingen wurden im November 1902 „unter der Tünche" Gemälde vorgefunden.[739] Am 9. März 1903 besichtigte Eugen Gradmann die Wandgemälde und „schätzt[e] die Zeit der älteren Bilder als etwa 1400 entstanden, die der jüngeren etwa 1600". Bei den älteren Bildern konnte „außer der Figur einer betenden Frau an der Nordwand nicht mehr ermittelt werden, was sie vorstellten".[740] Die jüngeren Bilder zeigten Apostelfiguren und darunter angebracht die Stifterfiguren. An der Südwand der Kirche war „verhältnismäßig gut erhalten" ein Bild, das die Taufe Jesu darstellte.[741] Nach dem „Urteil des Prof. Gradmann [konnte] an eine Erhaltung der Gemälde nicht gedacht werden, da ihre vollständige Freilegung sehr schwierig und kostspielig wäre und der künstlerische Wert der Bilder doch nicht bedeutend genug zu sein" schien.[742] Eine gegenteilige Empfehlung des Konservators hätte vermutlich eine umfangreiche Diskussion in Gang gesetzt, da der vollständige Neubau des Kirchenschiffs zu diesem Zeitpunkt bereits vom Kirchengemeinderat beschlossen war.

Ähnlich wie in Hossingen wurden in Untergruppenbach kurz vor Beginn der Bauarbeiten zur Erstellung eines neuen Kirchenschiffs Malereien aufgefunden. Die am 22. Mai 1903 entdeckten und bald darauf von Kunstmaler Wennagel „im Auftrag des Landes-Konservatoriums für vaterländische Altertümer […] vollendet" aufgedeckten Gemälde im alten Turmchor der Kirche bedeckten das Gewölbe und die oberen Seitenwände.[743] Wennagel erklärte zunächst „die Farben für romanisch aus dem 12. Jahrhundert", nach einer Untersuchung derselben am 30. Mai 1903 hielt Gradmann sie sogar für aus dem 11. Jahrhundert stammend.[744] In einem später angefertigten Schreiben korrigierte der Landeskonservator seine Datierung jedoch auf „frühgotisch 13. Jahrhundert".[745] Die im Januar bzw. Mai 1903 – somit vor der Aufdeckung der Malereien – von Dolmetsch gefertigten Pläne zum Umbau der Kirche sahen vor, in dem alten Turmchor ein Treppenhaus einzubauen, wodurch die Einziehung einer Wand notwendig geworden wäre. Dolmetsch erklärte sich nach einer Besichtigung der „Fresken" am 5. Juni 1903 bereit, „wenn die Farben erhalten bleiben [sollen], den im Turm geplanten Eingang aufzugeben und das nach den Plänen im Turm einzubauende Treppenhaus außen anzubringen".[746] Angesichts des schlechten Erhaltungszustands der Malereien sei eine Sicherung derselben jedoch schwierig und kostenaufwendig. Maler Wennagel veranschlagte die Kosten für eine Reinigung der Farben auf 450 Mark. Nachdem jedoch sowohl der Landeskonservator als auch der Vorsitzende der Vereins für christliche Kunst, Johannes Merz, versichert hatten, dass die Kirchengemeinde angesichts der Haushaltslage auf eine Übernahme der Kosten durch den Staat oder durch den Verein nicht zu hoffen brauchte, beschloss der Bauherr in Anbetracht der zu erwartenden hohen Kosten, auf die Erstellung eines Treppenhauses zu verzichten und den Aufgang wie geplant im Turmchor einzubauen. Gradmann stützte diesen Beschluss, indem er die Überzeugung äußerte, „den Malereien [dürfte] genügend Ehre angetan sein, wenn sie gepaust und eine Farbenskizze von ihnen angefertigt" werde (Abb. 134).[747]

Während für die zuvor angeführten Beispiele die Stellungnahmen des Landeskonservators – mit Ausnahme der Kirche in Böckingen – überliefert sind, existiert eine solche Äußerung im Hinblick auf die Frage, „ob die Male-

---

734 Ebd. (KGR-Protokoll vom 10. 9. 1902).
735 Ebd. (KGR-Protokoll vom 8. 7. 1902).
736 Ebd. (KGR-Protokoll vom 14. 10. 1902).
737 Ebd.
738 Kunst- und Altertumsdenkmale, Donaukreis, Bd. 1, S. 52.
739 PfarrA Meßstetten West, „KGR-Protokolle Hossingen 1902–1910" (Protokoll vom 12. 3. 1903).
740 Herm[ann] Dreher, Hossingen, in: Blätter des Schwäbischen Albvereins 15, 1903, Nr. 10, Sp. 327.
741 PfarrA Meßstetten West, „KGR-Protokolle Hossingen 1902–

1910" (Protokoll vom 12. 3. 1903).
742 Ebd.
743 PfarrA Untergruppenbach, „KGR-Protokolle 1889–1921" (Protokoll vom 10. 6. 1903).
744 Ebd.
745 Ebd.
746 Ebd.
747 Ebd. (Protokoll vom 21. 6. 1903 mit Wortlaut eines Schreibens von Johannes Merz an den Pfarrer vom 19. 6. 1903).

Nach dem Urteil des Landeskonservators befand sich das Bild „in einem Zustand, der seine in eine Kirche passende Auffrischung unmöglich machte und daher mit dem Fortschreiten der Malerarbeiten wieder verschwinden [musste]". Das Bild, das sich an der Südwand der Kirche befand, stammte nach Gradmanns Auffassung aus dem 13. Jahrhundert und war eine „Nachbildung des Cruzifixus in Lucca": Das Bild stellte „Christum am Kreuz dar, rechts und links stehen Palmen. Christus, von dessen Gesicht nichts mehr erhalten ist, trägt eine dreizinkige goldene Krone in frühgotischem Stil. Er ist von der Schulter bis fast zu den Hand- und Fußknöcheln bekleidet mit einem Hemd oder Rock von dunkler Farbe, um die Hüften scheint er einen goldenen Gürtel getragen zu haben".

Abb. 134 Untergruppenbach, ev. Kirche, ehemaliger Turmchor, Malerei im Tonnengewölbe (Farbskizze von Wennagel), durch Einbau eines Treppenhauses 1903/04 nur fragmentarisch erhalten.

Abb. 135 Stöckenburg, ev. Kirche, Innenansicht nach Osten, nach 1906.

reien am Chorbogen [der Stadtkirche in Lorch] wieder aufgefrischt werden sollen oder nicht",[748] offenbar nicht mehr. Ob es sich bei der von Maler Wennagel gestellten Forderung von 60 Mark „für die Wandmalerei" um besagte „Auffrischung" handelte,[749] kann aufgrund des Fehlens schriftlicher Quellen sowie des Nichtvorhandenseins von Malereien am Chorbogen nicht eruiert werden. Dass Wennagel jedoch eine „Wiederherstellung" des an der nördlichen Chorwand befindlichen Wandtabernakels vornahm, ist unzweifelhaft belegt.[750]

Ähnlich wie in Untergruppenbach wurde in Hausen/Lauchert ein „altes Bild", das im Zuge der 1905 durchgeführten Kirchenrestaurierung freigelegt wurde, „für die Sammlung vaterländischer Altertümer abgepaust".[751]

In der Kirche in Stöckenburg wurden alte Deckenmalereien bereits im Jahr 1901 aufgedeckt. Das flache Tonnengewölbe des Kirchenschiffs ist durch Gurte in schmale Querfelder eingeteilt, in der Mitte befindet sich jeweils ein Medaillon, an den Seiten sind in rechteckigen Feldern Historienbilder angeordnet. Den Passionsszenen sind Darstellungen aus dem Alten Testament beigegeben, die allerdings keine streng typologische Zuordnung aufweisen. 1906 wurden die Bilder durch Kunstmaler Wennagel „auf Kosten des Königl[ichen] Landeskonservatoriums für Kunst- und Altertumsdenkmale aufgefrischt, bzw. in sauberer und wieder gut erkennbarer Weise in ursprüngliche Gestalt gebracht" (Abb. 135).[752] Der von Dolmetsch ausgearbeitete Vertrag, der von Wennagel unterschrieben

748 PfarrA Lorch Nord, „KGR-Protokolle 1900–1906" (Protokoll vom 22. 11. 1904).

749 PfarrA Lorch Nord, Nr. 256 (Schreiben von Gradmann an das Pfarramt vom 19. 1. 1907).

750 Ebd. (Schreiben von Gradmann an das Pfarramt vom 4. 9. 1907).

751 LKA, A 29, 1837–2 (Pfarrbeschreibung von 1905).

752 PfarrA Stöckenburg, „Beilagen zur Kirchenpflege-Rechnung pro 1. April 1905 bis 31. März 1907" („Vertrag über die Wiederherstellung alter Deckenbilder im Schiff der Kirche" von Dolmetsch vom 17. September 1906). Vgl. auch Kunst- und Altertumsdenkmale 1907, S. 680.

wurde, machte konkrete Angaben hinsichtlich der Ausführung: „Bezüglich der Art der Ausführung wird verlangt, daß soweit sich die alten Bildwerke erkennen lassen, dieselben in der schonendsten Weise hiernach wiederhergestellt werden. Die erforderlichen Ergänzungen an solchen Stellen der Bilder, wo im Laufe der Zeiten neu begipst werden mußte und dem zufolge einzelne Figuren oder Teile solcher verloren gingen, sind unter Benützung der hiezu geeigneten Vorbilder von Dürer's großen Holzschnitten und seiner kleinen Passion neu hinzuzufügen. Bei der ganzen Arbeit sind die haltbarsten Farben zu verwenden, so daß ein Nachlassen der Farbentöne möglichst vermieden wird."

Die von Dolmetsch veranlassten Gewölbeausmalungen in der Uracher Amanduskirche zeichnen sich nach einem Urteil des Restaurators Hans-Dieter Ingenhoff „durch beachtenswerte Qualität" aus (Abb. 136).[753] Er wies nach, dass sich unter den 1900 angelegten Fassungen zum Teil noch nahezu identische Fassungsmalerei befindet. Die mittelalterlichen Gewölbemalereien wurden somit nicht vollständig entfernt, sondern „übertüncht". Dolmetsch orientierte sich demnach sehr eng am Vorbild des ausgehenden 15. Jahrhunderts. Die schriftlichen Belege stützen die Aussage von Ingenhoff bezüglich Dolmetschs Anspruch, die Malereien qualitätvoll ausführen zu lassen. Dolmetsch, der aufgrund einer mehrwöchigen Auslandsreise nicht in der Lage war, die Ausführung der Malerarbeiten durch den ortsansässigen Unternehmer selbst zu beaufsichtigen, beauftragte seinen Bauführer, Eugen Wörnle hinzuzuziehen.[754] Er begründete seine Sorge mit den Worten: „Außer der Erreichung des künstlerischen Effekts muß jedoch insbesondere auch auf die Einhaltung der vorgeschriebenen Maltechnik und auf die Anwendung der richtigen Farben gesehen werden."[755] Dass die Uracher Gewölbemalereien im Jahr 1900 nach Balingen „übertragen" werden konnten, ist auf die Tatsache zurückzuführen, dass die Malereien in Urach abgepaust wurden.[756]

Das zweite Mittelschiffgewölbe von Osten in der Amanduskirche ist durch figürliche Malereien hervorgehoben: König David sowie die Propheten Jesaja und Micha werden von musizierenden Engeln umgeben. Diese Malereien wurden 1900 von Kunstmaler Wennagel ent

sprechend seinem Kostenvoranschlag restauriert: „Sechs figürliche, freskogemalte Darstellungen in stark natürlicher Größe, mit Spruchbändern verziert, im vorderen Gewölbe des Mittelschiffs; dieselben von der zweiten Leimfarbübermalung reinigen, vier Bilder davon restaurieren, zwei nach altem Muster neu malen in Temperafarben, nach genauen Vorschriften des Baurat Dolmetsch."[757] Dass Eugen Gradmann auch in Urach Einfluss auf die Ausführung der Malerarbeiten und die Restaurierung der genannten Gewölbemalereien nahm, kann in diesem Fall nur vermutet werden. Immerhin kündigte Gradmann im Herbst 1899 den Besuch der „Restaurationskommission des Konservatoriums" in Urach an.[758]

Dass die Mehrzahl der genannten Beispiele, bei denen der Landeskonservator als Person zu fassen ist, aus der Zeit nach der Jahrhundertwende stammen, mag mit zwei Faktoren zusammenhängen. Zum einen wurde der bereits erwähnte Erlass von 1883 bezüglich Veräußerungen von Ausstattungsgegenständen im Jahr 1901 bekräftigt, wodurch sich möglicherweise eine zunehmende Zahl an Kirchengemeinden angesprochen fühlte. Zum anderen scheint die Tatsache, dass der Konservator häufiger als zuvor von der Aufdeckung alter Wandmalereien informiert wurde, mit einem sich wandelnden Bewusstsein für historische Substanz einherzugehen. Es mag erstaunen, dass der Konservator nicht mit aller Vehemenz auf dem Erhalt des Ausstattungsguts bestand, doch ist der Umstand, dass die Bilder mitunter vor ihrer Übermalung eine Dokumentation erfuhren, als ein Schritt zu einer veränderten Auffassung von Denkmalpflege zu werten.

Trotz der Intervention von Paulus und Gradmann wurde zumeist ungeachtet der kunsthistorischen Bedeutung der Malereien eine Übermalung derselben vorgenommen. In welchem Umfang vor der Jahrhundertwende Wandgemälde aufgedeckt wurden, ist nicht überliefert. Es steht zu vermuten, dass auch schon in den achtziger und neunziger Jahren des 19. Jahrhunderts Malereien gefunden wurden, doch wurde ihnen offenbar nicht die Aufmerksamkeit zuteil wie in der Zeit nach der Jahrhundertwende. So konnte Dolmetsch weitgehend frei die Wände der Kirchen mit Fassungen überziehen, die einem zu der damaligen Zeit üblichen Gestaltungsschema entsprachen: Quader- und Teppichmuster, florale Motive,

---

753 Hans-Dieter Ingenhoff, Bemerkungen zur malerischen Ausstattung der Amanduskirche am Ende des 19. Jahrhunderts, in: Friedrich Schmid (Hrsg.), Die Amanduskirche in Bad Urach, Sigmaringen 1990, S. 140.

754 LKA, DAamt Urach, Nr. 606 (Schreiben von Dolmetsch an Bauführer Wurster vom 17. 6. 1900).

755 Ebd.

756 DAamt Balingen, B 85 (KGR-Protokoll vom 25. 5. 1900). Vgl. auch LKA, DAamt Urach, Nr. 606 (Schreiben von Roller an Bauführer Wurster vom 15. 3. 1900 bezüglich „Pausen der Gewölbemalereien").

757 LKA, DAamt Urach, Nr. 606 („Kostenvoranschlag über die Re

stauration von Malereien in der Amanduskirche zu Urach von Kunstmaler Wennagel" vom 6. 2. 1900). Während der Kostenvoranschlag die Summe von 85 Mark auswies, belief sich die endgültige Abrechnung auf 155 Mark. Vgl. LKA, DAamt Urach, Nr. 523 (KGR-Protokoll vom 25. 5. 1900). Nach Hans-Dieter Ingenhoff, Bemerkungen zur malerischen Ausstattung der Amanduskirche am Ende des 19. Jahrhunderts, in: Friedrich Schmid (Hrsg.), Die Amanduskirche in Bad Urach, Sigmaringen 1990, S. 141 handelt es sich nicht um Fresken, sondern um Seccomalereien.

758 LKA, DAamt Urach, Nr. 606 (Schreiben von Gradmann an Bauführer Wurster vom 20. 10. 1899).

Abb. 136 Bad Urach, ev. Kirche, Kirchenschiff nach Osten.

Abb. 137 Böhringen, ev. Kirche, Wandmalerei oberhalb des Chorbogens, 1884/86 nach Entwurf von Heinrich Dolmetsch ausgeführt, 1950 beseitigt.

an hervorgehobenen Stellen allegorische Darstellungen, begleitet von Bibelsprüchen und Psalmen.

In Bezug auf die im Jahr 1891 vorgenommene Restaurierung der Kirche in Neuenstadt ist das von Dolmetsch vorgebrachte Ausstattungskonzept überliefert. Der Kostenvoranschlag für die Anstrich- und Malerarbeiten führt Folgendes aus: „Die Wände erhalten auf ca. 1,10 m Höhe einen dreimaligen Oelfarbanstrich in satten Tönen mit Linienfassung. Die über diesen Sockel angrenzende Wandfläche erhält bis an die Decke Leimfarbanstrich und zwar bis auf die Höhe der zweiten Empore eine Quadrierung mit Rosetten und durchgehenden einfachen Bordürchen, welche durch eine breite Bordüre in verschiedenen Farben abgeschlossen wird. Ueber dieser Bordüre setzt sich eine einfache Quadrierung bis an die Decke fort, unter letzterer läuft eine Abschlußbordüre. In die Fensterleibungen kommen einfache Bordüren, die Fenster und Thüren werden mit bunten Linien eingefaßt. Um den Chorbogen ist ein Perlstab zu schablonieren, auf den Scheitel des ersteren kommt ein Kreuz in einen Kreis zu stehen.“[759] Dieser Ausschreibungstext mag beispielhaft für eine Vielzahl von Kirchen stehen, deren Innenräume

Dolmetsch mit neuen Fassungen versah. Die beiden folgenden Beispiele können hingegen hinsichtlich ihres Reichtums an figürlichen und allegorischen Malereien nicht als repräsentativ angesehen werden.

Für die zwischen 1884 und 1886 von Leins erbaute Kirche in Böhringen entwarf Dolmetsch das Bildprogramm.[760] In einem zeitgenössischen Bericht wird das neu errichtete Gotteshaus als „die schönste Kirche der ganzen Alb“ gerühmt.[761] Die nach Dolmetschs Angaben gefertigten Malereien wurden 1950 übermalt, doch gibt ein Artikel im Christlichen Kunstblatt anschaulich Aufschluss über die nicht mehr vorhandene Ausmalung. Oberhalb des Chorbogens thronte in der Mitte auf dem Buch mit den Sieben Siegeln das Lamm mit der Siegesfahne nach

759 LKA, DAamt Neuenstadt/Kocher, 1. Stadtpfarramt, 282 A (Kostenberechnung von Dolmetsch vom April 1889, September 1890 und Mai 1891).

760 Seng 1995, S. 500–502; Marienkirche 1903, S. 31. Vgl. auch HH-Buch vom 28. 3. 1886 und 1. 1. 1887.

761 [Ohne Verfasser], Sinnbildliche Kirchenmalerei, in: ChrKbl 28, 1886, H. 11, S. 169.

Abb. 138 Degerloch, ev. Kirche, Innenansicht nach Westen, nach 1890.

Offenbarung Joh. 5 (Abb. 137). In vier kreisförmigen Medaillons waren ihm die Evangelistensymbole beigegeben nach Offenbarung Joh. 4,7 sowie vier Kronen „auf dem Rund des Regenbogens", welche „zusammen die Hoffnung auf den nach vollbrachtem Kampfe verheißenen Siegeslohn ausdrück[t]en".[762] Von dem Lamm und den vier Lebewesen ergoss sich der Strom des ewigen Lebens in ein Becken und von dort in sieben Strahlen, den siebenfachen Heiligen Geist nach Jesaja 11,2 versinnbildlichend, zur Erde, wo Hirsche und Tauben sich „an dieser Labsal erquick[t]en". Diese Komposition war umgeben von Eichenlaub, in dem sich Vögel und Eichhörnchen aufhielten. Sie bezog sich auf 1. Mose 13,18: Abraham wohnt im Hain Mamre und erbaut dem Herrn einen Altar. Zu beiden Seiten des Mittelfeldes waren in Medaillons die auf die Darstellung des Lamms verweisenden Sprüche eingeschrieben: „Sei getreu bis an den Tod, so will ich dir die Krone des Lebens geben" (Offenbarung Joh. 2,10) und „Selig sind die zu dem Abendmahl des Lammes berufen sind" (Offenbarung Joh. 19,9). In den Zwickeln links und rechts des Chorbogens fanden sich Darstellungen des Wache haltenden Kranichs inmitten von Glockenblumen und des grimmigen, von Disteln umgebenen Löwen. Die Darstellung des Kranichs wurde von dem Spruch Luk. 12,37 begleitet: „Selig sind die Knechte, die der Herr, so er kommt, wachend findet."

Die Darstellung des Löwen wurde gestützt von dem Spruch Offenbarung Joh. 2,11: „Wer überwindet, dem soll kein Leid geschehen von dem anderen Tode." Die Malerei, die auf den „Frieden hindeutet, der in dem Garten des ewigen Lebens für alle Kreatur herrschen wird", erfuhr eine Rezeption in der evangelisch-lutherischen Kirche in Radevormwald im Bergischen Land. Der Pfarrer der dortigen Gemeinde bat den Vorsitzenden des Vereins für christliche Kunst 1891 „um Muster und Farbenangabe zur Ausmalung seiner Kirche nach dem Vorbild der von Dolmetsch entworfenen sinnbildlichen Bemalung der Wände in der Kirche zu Böhringen" und erhielt daraufhin „von Dolmetsch [...] das Gewünschte".[763]

Auch in der 1890 eingeweihten Degerlocher Kirche wurde die „innere Einrichtung und Ausschmückung [...] nach Entwürfen [Dolmetschs]" gefertigt (Abb. 138).[764] Wie in Böhringen existieren die Malereien heute nicht mehr, doch lieferte das Christliche Kunstblatt noch im Jahr der Einweihung einen ausführlichen Bericht über die „Kunst als Gehilfin der Predigt". Der Titel dieses Beitrags macht bereits deutlich, dass es bei der Ausgestaltung der Kirche darum ging, „Wände und Decken künstlerisch zu beleben nicht durch bloß augenfälliges, übrigens bedeutungsloses Zierwerk, sondern um dem, was das Auge sieht, auch eine erhebende, erbauliche Wirkung zu geben".[765] Insbesondere die hölzerne, durch Gurtbögen untergliederte Decke der Kirche diente als Träger der figürlichen und ornamentalen Malereien, denen die entsprechenden Bibelzitate beigegeben waren. Im Langhaus versinnbildlichten Wasserwellen, Fische, stilisierte Pflanzen, ein Fries von fliegenden Schwalben und eine stilisierte Wolkenborte die Schöpfung, die weniger theologisch als vielmehr als „Natur" aufgefasst wurde. Die Wor-

762 Ebd., S. 171.
763 LKA, K 1, Nr. 83 (Protokoll vom 21. 10. 1891).
764 [Ohne Verfasser], Degerloch, 23. Nov[ember], in: „Schwäbische Kronik" vom 24. 11. 1890.
765 [Ohne Verfasser], Die Kunst als Gehilfin der Predigt, in: ChrKbl 32, 1890, H. 12, S. 179.

Abb. 139 Oberrot,
ev. Kirche, Turmchor,
Nordseite, Sämann,
1887 ausgeführt.

Abb. 140 Oberrot,
ev. Kirche, Turmchor,
Südseite, Widder unter dem
Paradiesbaum,
1887 ausgeführt.

te von Psalm 121,1 – „Ich hebe meine Augen empor zu den Höhen, von welchen mir Hilfe kommt, meine Hilfe kommt vom Herrn, der Himmel und Erde gemacht hat." – verwiesen dabei auf den Erlösungsgedanken. An den Knotenpunkten der Gurtbögen befanden sich die Tierkreiszeichen. Figürliche Sinnbilder (Rabe, Hahn, Hirsch, Adler, Reh und Henne) waren über den Rundbogenfenstern des Langhauses abgebildet. Im Mittelpunkt der Vierung standen die Allegorien der vier christlichen Haupttugenden: Glaube, Liebe, Hoffnung und Geduld. Zwei Engel, von denen der eine Harfe, der andere Pfeife spielte, begleiteten diese Figuren. Die Decken der Querschiffe wurden von den Zeugen des Alten Bundes (im Süden)

und von den Boten des Neuen Bundes (im Norden) eingenommen. Entsprechend dieser typologischen Anordnung befanden sich in den Zwickeln der hölzernen Arkadenbögen auf der Süd- und Nordseite jeweils acht alttestamentliche beziehungsweise neutestamentliche Bilder. In den vier Ecken der Deckenkreuzungen rankten sich üppige Baumzweige mit Blüten und Früchten empor, an denen sich Vögel labten. Im Chorgewölbe erschien der Weltenrichter, umgeben von einem Wolkenkranz und dem endlosen Strom des ewigen Lebens sowie einem Rund von Seraphim. Die Engel Gabriel und Michael standen Christus zur Rechten und zur Linken. Am Chorbogen fanden sich als Brustbilder dargestellt Melchisedek und Aaron, Moses und Johannes der Täufer, David und Salomo sowie im Scheitel des Bogens das Kreuz mit dem Christuszeichen. Dolmetsch folgte mit diesem Programm der christlichen Bildtradition, die bis auf das Mittelalter zurückgeht, indem er die Heilsgeschichte von der Schöpfung bis zur Mahnung an das Jüngste Gericht abbildete. Der Verzicht auf historisch-biblische Szenen und im Gegenzug die Betonung allegorischer Darstellungen kann aus der protestantischen Tradition herrühren erklärt werden. Dolmetsch legte dabei starkes Gewicht auf einen „volkstümlichen" Akzent, der in Gegensatz zum theologischen Aspekt trat: Während Dolmetsch im Zentrum der Vierung die Sonne abgebildet sehen wollte, setzte der Pfarrer die Darstellung der Taube als Abbild des Heiligen Geistes durch.[766]

Während die beiden zuvor genannten Beispiele sich auf Neubauten bezogen, sollen im Folgenden zwei Beispiele angeführt werden, bei denen Dolmetsch eine derartige „sinnbildliche Kirchenmalerei" in einen Altbau einfügte. Die 1887 von ihm umgebaute Kirche in Oberrot ließ er vollständig mit einer einheitlichen Fassung überziehen: Die verputzten Wandflächen erhielten eine Quadermalerei, unterbrochen von mehrfarbigen Dekorbändern, das Holzwerk wurde farbig gefasst. Aufgrund von Verputzschäden fanden bereits 1900 und 1920 teilweise Übermalungen statt. 1955/56 wurde der Innenraum der Kirche weitgehend umgestaltet: Im Schiff wurde eine Zwischendecke eingezogen, Balkenköpfe und Holzprofile mit plastischen Ornamenten wurden beseitigt. 1993/94 wurde die Dolmetsch-Fassung von 1887 in Teilen wiederhergestellt (vgl. Abb. 126).[767] Die Malereien des Tonnengewölbes im Chor zeigen figürliche Darstellungen, die gleichnishaft auf das Jüngste Gericht verweisen. Auf der Nordseite finden sich von Ost nach West die Szenen: Schnitter, Christus als Weingärtner nach Joh. 15,1–2, Sämann (Abb. 139). Auf der Südseite sind von Ost nach West die Darstellungen zu sehen: Schafböcke unter einer Palme, Scheidung der Böcke von den Schafen nach Matth. 25,31–33, Widder unter dem Paradiesbaum (Abb. 140). Sämtliche Bilder erhalten ein „Lokalkolorit" durch den Bezug zum bäuerlichen Leben, das von dem Kreislauf des Säens und Erntens bestimmt ist. Die Tier- und Pflanzenwelt nimmt in allen Darstellungen einen breiten Raum ein: Die Vielfalt der abgebildeten Lebewesen und der Reichtum der dargestellten Pflanzen, die Früchte tragen, lassen die Decke als eine Abbreviation des Kosmos erscheinen.

Die 1895 von Dolmetsch umgebaute Kirche in Uhlbach erfuhr ebenso wie die Kirche in Oberrot eine Überformung, indem die Wände im Inneren mit heller Dispersionsfarbe überstrichen wurden. Seit der neuerlichen Restaurierung der Kirche 1989/90 stellt sie sich wieder als „ein wahres Schatzkästlein sinnvoller Bildnerei" dar (vgl. Abb. 109).[768] Das Gewölbe des Chors weist vier Propheten als Brustbilder mit beigegebenen Spruchbändern auf, die Wände zeigen in „strenger Stilisierung laubhüttenähnliche Ausmalung".[769] Die Füllung der Wandtäfelung im Chor ist mit der Inschrift versehen: „Jesus spricht: Ich bin der Weinstock, ihr seid die Reben. Wer in mir bleibet und ich in ihm, der bringet viel Frucht, denn ohne mich könnt ihr nichts thun." Die geringe Höhe des Chorraums gegenüber derjenigen des Kirchenschiffs würde dem Inneren „ein gedrücktes und daher wenig erfreuliches Aussehen verliehen haben".[770] Daher führte Dolmetsch den Chorbogen „weit über die thatsächliche Höhe des Chores hinauf". Der Chorbogen trägt die Inschrift: „Also hat Gott die Welt geliebt, daß er seinen eingebornen Sohn gab, auf daß alle, die an ihn glauben, nicht verloren werden, sondern das ewige Leben haben." Die Chorbogennische füllt ein Kruzifix, das 1895 nach „kunstverständiger und pietätvoller Wiederherstellung und Bemalung" an diesen Ort gelangte. Das Kreuz wird von einer Mandorla umgeben, die mit Weinreben gefüllt ist. Passionsblumen auf dunklem Grund umgeben den Strahlenkranz. Ursprünglich war die Chorbogennische von drei Medaillons umgeben, deren mittleres das auf dem Buch des Lebens ruhende Lamm zeigte und die beiden seitlichen die Austreibung aus dem Paradies nach Röm. 5,12 und Offenbarung Joh. 7,14. Diese Medaillons sind heute verschwunden, stattdessen wird die östliche Schiffwand mit der von Friesbändern durchbrochenen Quadermalerei bedeckt, die auch die übrigen Wände des Schiffs ziert. Die vierfach gebrochene Decke des Schiffs zeigt in ihrem Scheitel zu beiden Seiten die zwölf Tierkreiszeichen auf einem blauen, mit Sternen übersäten Band. Unter diesem Firmament stehen die zwölf Apostel unter einem gotisch anmutenden Baldachin (Abb. 141). In den Zwischenfeldern finden sich in Medaillons dargestellt die zehn Tugenden: Wahrheit, Gerechtigkeit, Weisheit, Freude und Fleiß auf der Nordseite sowie Glaube, Liebe, Hoffnung, Geduld und Mäßigung auf der Südseite. Die Darstellungen der Tugenden werden begleitet von entsprechenden Bibelzitaten. An den Deckengurten winden sich Weinranken empor.

Die frühen Projekte Dolmetschs aus den achtziger Jahren des 19. Jahrhunderts beschränkten sich zumeist auf Ausmalungen der Kirchen mit gelegentlicher Neuaufstellung der Prinzipalstücke. Die Restaurierungsprojekte, die Dolmetsch am Beginn seiner Tätigkeit als Ausschussmitglied des Vereins für christliche Kunst entwarf, wurden aus Kostengründen in keinem Fall ausgeführt. Die Neu-

766 Ebd., S. 180.
767 LDA, Ortsakten „Oberrot" (Dokumentation zur restauratorischen Untersuchung 1992–1994 von Michael Helget, bes. Kapitel 2.2 und 4.3).
768 [Ohne Verfasser], Die Erneuerung der Kirche zu Uhlbach, in: ChrKbl 38, 1896, H. 4, S. 56.
769 [Ohne Verfasser], Die Erneuerung der Kirche zu Uhlbach, in: ChrKbl 38, 1896, H. 5, S. 68.
770 Ebd., S. 69.

Abb. 141 Uhlbach,
ev. Kirche, Decke (Apostel
und Tugenddarstellungen),
nach 1989/90.

ausmalung der Kirchen stellte hingegen für zahlreiche Gemeinden eine vergleichsweise kostengünstige Möglichkeit dar, die Kirche zu verschönern. Für die Kirche in Sersheim ist belegt, dass 1882 unter Dolmetschs Anleitung eine Bemalung der Wände mit Leimfarbe „in Quadraten und Tapetenmustern" vorgenommen wurde.[771] Die Kirche in Urspring wurde 1883 „unter Leitung des christlichen Kunstvereins innen geschmackvoll ausgemalt".[772] Die Kirche in Stetten im Remstal ließ Dolmetsch 1884 „geschmackvoll" und „stilgemäß" ausmalen.[773] Die Wände des Kirchenschiffs wurden „nach Plänen von Dolmetsch [...] unten mit einem gelb und braunen Tapetenmuster, oben bis an den Plafond mit grünen Eichenblättern" versehen (Abb. 142). In Fellbach stattete Dolmetsch die Kirche 1884 mit Malereien aus, die aus unregelmäßig angeordneten Sternen an der Decke und blauen, rautenförmig angeordneten Mustern auf ockerfarbenem Grund an den Wänden (Abb. 143) bestanden.[774] Auch für die Kirche in Eutendorf schuf Dolmetsch „Malereien".[775] Für die Kirchen in Ohmenhausen und Nebringen fertigte er die Vorlagen für die „Bemalung der Kirche".[776]

In einem Schreiben bezüglich der Kirchenrestaurierung in Stetten empfahl Dolmetsch der Gemeinde den „Zimmermaler" Eugen Wörnle für die Ausführung der Malerarbeit, da „Maler auf dem Lande in der Regel solchen Arbeiten nicht gewachsen" seien.[777] Entgegen der Empfehlung Dolmetschs ließ die Gemeinde die Arbeiten von einem ortsansässigen Handwerker ausführen. Im Zusammenhang mit dem Thema „Bauorganisation" wurde bereits der Aspekt angesprochen, dass Dolmetsch Arbeiten, die eine kunsthandwerkliche Schulung voraussetzten, zumeist von Unternehmern mit besonderer Reputation ausführen ließ. Die Malerarbeiten in der Kirche in Urspring führte Eugen Wörnle zu Dolmetschs und „der Gemeinde größten Zufriedenheit" aus,[778] ein Indiz dafür, dass Dolmetsch bei der Ausstattung von weitab liegenden Dorfkirchen, wie es bei der auf der Hochfläche der Alb zwischen Geislingen und Ulm gelegenen Kirche in Urspring der Fall ist, dieselbe Sorgfalt walten ließ wie bei der Ausschmückung von Stadtkirchen. Bei dem Umbau der Stadtkirche in Tuttlingen wurden die Malerarbeiten entgegen dem „Grundsatz" des Kirchengemeinderats, „die Arbeiten so weit als möglich hiesigen Handwerkern zu übertragen", gleichfalls an Wörnle vergeben.[779] Dolmetsch vermochte seinen Wunschkandidaten für die Ausführung der Malerarbeiten mit der Begründung durchzusetzen, dass die „Bemalung der Decke und Wände [...]

771 LKA, A 29, 4171–10 (Pfarrbericht von 1883).

772 LKA, A 29, 4873–2 (Pfarrbeschreibung von 1905). Vgl. auch HH-Buch vom 1. 3. und 6. 7. 1884.

773 LKA, A 29, 4323–11 (Pfarrbericht von 1886). Vgl. auch HH-Buch vom 7. 1. 1885.

774 Dietrich Hub (Hrsg.), Die Fellbacher Lutherkirche. Dokumentation über die Renovierungen im 20. Jahrhundert, o. O., o. J. [2001], S. 16 f. Vgl. auch HH-Buch vom 26. 12. 1884.

775 HH-Buch vom 19. 9. 1886.

776 Marienkirche 1903, S. 31. Johannes Merz spricht in diesem Zusammenhang von „Innenausbildung" der Kirchen, die Dolmetsch „in selbständiger Weise geleitet" habe. Vgl. auch HH-Buch vom 18. 4. und 11. 8. 1887.

777 PfarrA Stetten, Nr. 105.3 (Schreiben von Dolmetsch an das Gemeinschaftliche Amt in Stetten vom 16. 5. 1884).

778 Ebd.

779 LKA, DAamt Tuttlingen, Nr. 221C (KGR-Protokoll vom 6. 3. 1903).

Abb. 143 Fellbach, ev. Kirche, Westwand mit Schablonenmalerei von 1884 (freigelegt 2001).

Abb. 142 (links) Stetten, ev. Kirche, freigelegter Rest der Schablonenmalerei von 1884.

künstlerische Befähigung verlangt".[780] Auch bei Kirchen-neubauten führte Wörnle häufig die Malerarbeiten aus, so etwa im Fall des Kirchenneubaus in Häslach, bei dem ihm der Kirchengemeinderat auf „warm[e]" Empfehlung Dolmetschs die Arbeiten übertrug.[781]

Theodor Bauerle, ein zwischen 1882 und 1884 an der Akademie in Stuttgart ausgebildeter Kunstmaler, arbeite-te häufig mit Dolmetsch bei der bildlichen Ausgestaltung der Kirchen zusammen. In der Kirche in Oberfischach malte Bauerle „drei Medaillons, ein Lamm mit der Sie-gesfahne und zwei Engelköpfe".[782] Für die Kirche in Vai-hingen/Enz fertigte Bauerle „vier Engelbilder an der De-cke, acht Apostel und alttestamentliche Brustbilder [sowie die] Bemalung der Thurmhalle [und die] Schriften am Altar und der Gedenktafel".[783] In der Kirche in Schram-berg erstellte Bauerle „figürliche Wandbilder im Chor".[784] Für das Chorfenster der Kirche in Hossingen, für das „ei-ne Christusfigur geplant" war, fertigte „Kunstmaler Bau-erle" den Karton.[785] Von den bislang angeführten Beispie-len sind aufgrund von Übermalungen in den fünfziger und sechziger Jahren des 20. Jahrhunderts keine Reste mehr vorhanden. Lediglich die in der Uhlbacher Kirche von Bauerle gefertigten Malereien in Chor und Schiff sind in den späten achtziger Jahren des 20. Jahrhunderts

wieder freigelegt worden. Auch für das Tympanonrelief oberhalb des Nordportals der Kirche erstellte Bauerle die zugrunde liegende Skizze, die Bildhauer Albert Gäckle in Kalkstein umsetzte (Abb. 144). Darüber hinaus war Bau-erle in Uhlbach an der „Wiederherstellung und Bema-lung" des Kruzifixes beteiligt.[786] Bauerle arbeitete auch an Dolmetschs Renommierobjekt der neunziger Jahre, an der Marienkirche in Reutlingen. Dort lieferte er den Ent-wurf für das Tympanonrelief am Aufgang zur Orgelem-pore, das einen Orgelspieler darstellt (Abb. 145).[787] Die Gewölbemalereien in der Reutlinger Marienkirche er-stellte jedoch nicht Theodor Bauerle, sondern der Reut-linger Maler Friedrich Hummel.[788]

Der Bildhauer Karl Lindenberger fertigte für die Marienkirche in Reutlingen die Skulpturen, die an der Westfassade und an den beiden Langhausseiten aufgestellt wurden. An den beiden äußeren Strebepfeilern der West-fassade standen in Höhe der Portalwimperge zwei spät-mittelalterliche Statuen – Petrus am nördlichen und Pau-lus am südlichen Strebepfeiler – unter Baldachinen.[789] Die verwitterten Originale wurden 1901 abgenommen und durch Kopien ersetzt; an der Petrusfigur ergänzte Linden-berger „die freigelockten Haare, die Hände, Schlüssel, Füße und das Gewand an vielen Stellen", an der Paulus-

780 Ebd. (KGR-Protokoll vom 25. 6. 1903).

781 PfarrA Walddorf-Häslach, „KGR-Protokolle (Häslach) 1877–1916" (Protokoll vom 10. 5. 1900).

782 PfarrA Oberfischach, „Beilagen zur Kirchenpflege-Rechnung pro 1. April 1893/94" (Rechnung von Theodor Bauerle vom 28. 1. 1893).

783 DAamt Vaihingen/Enz, Nr. 832 (Rechnung von Theodor Bauerle vom 4. 7. 1893).

784 PfarrA Schramberg, „Kirchenbau. Beilagen" (Abschlagszahlungs-

anweisung vom 4. 6. 1899).

785 PfarrA Meßstetten West, „KGR-Protokolle Hossingen 1902–1910" (Protokoll vom 13. 10. 1903).

786 [Ohne Verfasser], Die Erneuerung der Kirche zu Uhlbach, in: ChrKbl 38, 1896, H. 5, S. 69.

787 Heinrich 2001, S. 94.

788 Ebd., S. 110 und S. 112. Vgl. auch Marienkirche 1903, S. 40.

789 Marienkirche 1903, S. 19.

Abb. 144 Uhlbach, ev. Kirche, Tympanonrelief oberhalb des Nordportals (Begegnung von Jakob und Rahel).

Abb. 145 Reutlingen, Marienkirche, Tympanonrelief am Aufgang zur Orgelempore (Orgelspieler).

statue modellierte er „die durchbrochen gearbeiteten Haar- und Bartpartien, das Gewand fast durchweg, die Hände, Füße und das Evangelium ebenso das Schwert" neu.[790] Die übrigen Bereiche der Westfassade wiesen noch bis zum Ende des 19. Jahrhunderts keine Standbilder auf. Für die Mittelsäule des Hauptportals war zunächst eine Christusfigur geplant, die den Weltenherrscher darstellte.[791] Auf Anregung von Johannes Merz wurde schließlich eine Christusfigur ausgeführt, die auf die Funktion der

Marienkirche als evangelische Predigtkirche verweist (Abb. 146).[792] Für die weiteren an der Westfassade anzubringenden Statuen machte Merz folgenden Vorschlag:

790 StadtA Reutlingen, Baubüro der Marienkirche, S 78 (Steinbildhauerarbeiten. „Kostenberechnung über die Ausführung von Bildhauerarbeiten" vom Januar 1900, Pos. 12 „Westfront").
791 Heinrich 2001, S. 43.
792 LKA, DAamt Reutlingen, D 301 (Schreiben von Johannes Merz an den Dekan vom 30. 3. 1901).

Abb. 146 Reutlingen, Marienkirche, Westfassade, Hauptportal (Christus).

Abb. 147 Reutlingen, Marienkirche, Westfassade, nördlich an das Hauptportal anschließender Strebepfeiler (Elias und Johannes d. T.).

„Die Figuren müssen wegen des Zusammenhangs mit der Architektur eine dekorative Haltung bekommen, die nicht sehr viel individuelle Charakteristik zuläßt. Deßhalb […] sollten die Gestalten weniger von persönlichen Trägern der geschichtlichen Offenbarung […] als von Zeugen Christi, die auf ihn hinweisen", sein. Auf der Nordseite des Hauptportals fanden Moses, David, Elias und Johannes der Täufer Aufstellung, auf der Südseite erhielten Jesaja, Jeremias, Ezechiel und Daniel ihren Platz. Damit wurde eine Trennung in „Propheten der Tat" und „Propheten des Worts" vorgenommen, die tatsächlich an mittelalterliche Vorstellungen anknüpft. Johannes der Täufer hat dabei seinen festen Platz in dieser Reihe (Abb. 147). An den Langhausseiten befanden sich zwölf spätmittelalterliche Apostelfiguren, die Eugen Gradmann als „minder wertvoll" einstufte.[793] Die beiden an die Chortürme anschließenden Strebepfeiler, die bislang nicht ausgebaut waren, erhielten Abschlüsse „in spätgotischem Sinn",[794] indem zwei Baldachinnischen eingefügt wurden, die der Aufstellung zweier neu gefertigter Figuren dienten: 1897 wurden eine Mosesstatue auf der Südseite und eine Jesajastatue auf der Nordseite als Vertreter von Gesetz und Evangelium im Alten Testament platziert.

Die zumeist figürlich gestalteten Chorfenster ließ Dolmetsch in der überwiegenden Zahl der Fälle von der Glasmalereianstalt Gustav van Treeck in München fertigen. Auch das Chorfenster der Kirche in Schwieberdingen – „ein gothisches Chorfenster mit Teppichmuster unter Verwendung des besten Materials" – wurde von van Treeck erstellt.[795] Die Bergpredigt und die Auferstehung bildeten offensichtlich besonders beliebte Themen für das Chorfenster. Die Quellen geben in der Regel allerdings keinen Aufschluss über die Personen, die an der Wahl des Themas beteiligt waren. Zumeist dürfte der Gegenstand des Fensters vom Kirchengemeinderat in Abstimmung mit dem Architekten ermittelt worden sein. In einem Fall, dem der bereits in diesem Kapitel angeführten Kirche in Backnang, ist eine Einflussnahme von Johannes Merz überliefert. In einem anderen Fall, dem der Kirche in Vaihingen/Enz, ist die Zustimmung von Heinrich Merz „zum Entwurf des für die Rosette zu malenden Fensters" belegt.[796] Das von van Treeck ausgeführte Fenster der Chorrosette zeigte „den Herrn der Herrlichkeit […] mitten unter den sieben goldenen Leuchtern, wie er

Abb. 148 Vaihingen/Enz, ev. Kirche, Fenster der Chorrosette vor 1967/68 (Christus mit den sieben goldenen Leuchtern).

die sieben Sterne in der Rechten hält und mit der Linken auf das A und O deutet" (Abb. 148).[797] Im Zuge der neuerlichen Umgestaltung der Kirche 1967/68 wurde auch das Chorfenster ausgewechselt. Im Fall der Umgestaltung der Stadtkirche in Tuttlingen lässt sich das Abrücken von Dolmetschs ursprünglicher Absicht, an den Fenstern „Bilderschmuck" anzubringen, unmittelbar auf das Eingreifen von Johannes Merz zurückführen.[798] Merz plädierte „entschieden" dafür, „auf die figürlichen Glasmalereien an den Fenstern [zu] verzichten", da „die schönen Yelin'schen Gemälde wesentlich an Wert gewinnen würden".[799] Für die Kirche in Schramberg wurde als Thema des Chorfensters die Bergpredigt gewählt (Abb. 149). Dolmetsch führte in einem Brief aus, dass das Thema des Fensters „sich nur aus dem [im Chor] vorgesehenen Bildercyklus erklären läßt".[800] Ohne die vier von Bauerle auszuführenden Bilder „hätte man als einzigen figürlichen Schmuck wohl ohne Zweifel eine weit höhere Begebenheit aus dem Leben Jesu im Chorfenster dargestellt". Hinsichtlich des praktischen Vorgehens erläuterte Dolmetsch, dass er sich „mit van Treeck eingehend in's Be-

793 Marienkirche 1903, S. 20.

794 Ebd., S. 34.

795 PfarrA Schwieberdingen Nord, „Beilagen zur Kirchenpflegerechnung 1892/95" (Rechnung von „Gust. van Treeck" vom 14. 8. 1893).

796 DAamt Vaihingen/Enz, Nr. 829 (Auszug aus dem KGR-Protokoll vom 18. 10. 1892).

797 [Ohne Verfasser], Vaihingen a. E., 27. Juli. Die Erneuerung der hiesigen Stadtkirche, in: Beilage zum Staatsanzeiger für Württemberg vom 2. 8. 1893, S. 1301. Vgl. auch DAamt Vaihingen/Enz, Nr. 833 („Honorarberechnung" von Dolmetsch vom 8. 12. 1898).

Darin führt Dolmetsch die von ihm geleisteten Entwurfsarbeiten auf, wobei er die Chorrosette („von van Treeck gezeich[net]") ausnimmt.

798 LKA, DAamt Tuttlingen, Nr. 221C (KGR-Protokoll vom 11. 6. 1903): Dieser „Bilderschmuck" sollte aus „biblischen Bildern an den oberen [und aus] Wappen an den unteren Fenstern" bestehen.

799 LKA, DAamt Tuttlingen, Nr. 315 (Schreiben von Dolmetsch an den Dekan vom 19. 6. 1903). Vgl. auch LKA, DAamt Tuttlingen, Nr. 221C (KGR-Protokoll vom 25. 6. 1903).

800 PfarrA Schramberg, „Kirchenbau. Beilagen" (Schreiben von Dolmetsch an den Pfarrer vom 7. 4. 1898).

Abb. 149 Schramberg, ev. Kirche, Chorfenster (Bergpredigt).

Abb. 150 Hohenmemmingen, ev. Kirche, Chorfenster (Paulus).

nehmen setzen [werde]".[801] Zuerst sendet van Treeck an Dolmetsch „eine Umrißscizze, welche in der Regel durch [ihn] unter dem Beirat des Vorstands des christl[ichen] Kunstvereins corrigiert wird und erst dann wird die farbige Scizze gefertigt". Das fünfbahnige Glasfenster zeigt Christus predigend, umringt von einer Schar Menschen, die zum Teil antikisierende Gewänder tragen, zum Teil aber auch zeitgenössische Kleidung. Insbesondere durch die am rechten Bildrand sich befindende weibliche Gestalt, die einen „Bollenhut" trägt, ist ein eindeutiger Bezug zur Landschaft, in diesem Fall zum Schwarzwald, ge-

geben. Die Inschrift, die in dem predellaartig gestalteten unteren Bereich des Fensters eingeschrieben ist, ist der Bergpredigt entnommen: „Selig sind die reinen Herzens sind." Auch für die Kirche in Möckmühl wurde die Bergpredigt zum Gegenstand des Chorfensters gewählt.[802] Die Auferstehung fand als Thema des Chorfensters Eingang in die Kirchen in Uhlbach[803] und Oberfischach. In dem letztgenannten Fall geht die Wahl des Themas auf Dolmetsch zurück.[804] Die zwei Chorfenster der Kirche in Hohenmemmingen, gleichfalls laut Inschrift von van Treeck gefertigt, bilden Christus mit aufgeschlagenem Buch und Paulus (Abb. 150) ab. Das Chorfenster der Kirche in Roigheim, das von der Glasmalereianstalt Saile in Stuttgart ausgeführt wurde, zeigt Christus mit ausgebreiteten Armen (Abb. 151). Der Segensgestus wird durch die Inschrift „Meinen Frieden gebe ich euch" unterstützt.

801 Ebd. (Schreiben von Dolmetsch an den Pfarrer vom 23. 5. 1897).

802 PfarrA Möckmühl, Bü G (Rechnung von „Gust. van Treeck. Glasmalerei" über „1 großes spätgoth[isches] Chorfenster und 1 kleines spätgoth[isches] Chorfenster (darstellend die Bergpredigt)" vom 22. 12. 1900).

803 [Ohne Verfasser], Die Erneuerung der Kirche zu Uhlbach, in:

ChrKbl 38, 1896, H. 5, S. 69. Das aus dem Jahr 1895 stammende Chorfenster von van Treeck existiert heute nicht mehr, an seine Stelle trat ein in der Nachkriegszeit gefertigtes Fenster gleichen Themas.

804 PfarrA Oberfischach, „KGR-Protokolle 1889–1905" (Protokoll vom 11. 9. 1892).

Abb. 151 Roigheim, ev. Kirche, Chorfenster (Christus).

Abb. 152 Hohenmemmingen, ev. Kirche, Fenster in der Nordfassade.

Abb. 153 Reutlingen, Marienkirche, Schifffenster in der Nordfassade.

Die Schifffenster der Kirchen wurden im Gegensatz zu den Chorfenstern ausschließlich ornamental gestaltet. Der Theologe Karl Lechler betonte 1883, „eine evangelische Kirche muß hell sein".[805] Um dementsprechend eine ausreichende Menge an Licht in die Kirche fließen zu lassen, stattete Dolmetsch die Schifffenster lediglich an den Rändern mit farbigen Bordüren aus. Sowohl in Oberfischach als auch in Hohenmemmingen (Abb. 152) stammt die Verglasung der Fenster noch durchgehend aus der Zeit der Dolmetsch-Restaurierung. Auch in der Marienkirche in Reutlingen zeigen die Fenster des Schiffs,

„um die Kirche nicht zu sehr zu verdunkeln, keine figürlichen Darstellungen, sondern Grisailmuster" (Abb. 153).[806] Auch bei der Umgestaltung der Stadtkirche in Tuttlingen bildete die Frage der Helligkeit einen Grund für das Abrücken von der Ausführung figürlicher Bilder.

805 Lechler 1883, S. 24.
806 „Reutlinger General-Anzeiger" vom 22. 11. 1901. Vgl. „Gratis-Beilage der Schwarzwälder Kreiszeitung" vom 21. 11. 1901: „Jedes einzelne derselben [der Fenster des Schiffs] ist vom Architekten besonders gezeichnet."

Dolmetsch war darauf bedacht, „bei vorsichtigster Erhaltung von Helle […] eine künstlerische Stimmung" zu erzielen.[807] Er gelangte schließlich zu folgender Lösung: „Das Grundmuster [der] Verglasung ist aus sog[enanntem] Antikglas in malerisch schillernden Tönen und die Bordüre ist aus amerikanischem Opaleszentglas hergestellt, deren Farbwirkungen sowohl von außen, als insbesondere von innen von prächtiger Wirkung sind. Die Leuchtkraft derartiger zusammenschmelzender Farbennüancen kann niemals durch Bemalung des Glases erzielt werden, sondern nur durch den Glasfluß selbst."[808] So konnte die Verglasung zum Bindeglied zwischen der farbigen Behandlung des Innenraums und derjenigen des Außenbaus werden.

Paramente und liturgisches Gerät

Die im vorangegangenen Kapitel bereits erwähnte Beteiligung Dolmetschs an der Ausstellung des Württembergischen Kunstgewerbevereins 1896 mit einem von Albert Feucht gefertigten Antependium aus geschnittenem Leder belegt den hohen kunstgewerblichen Wert, den Dolmetsch dem Thema „Paramentik" beimisst. Die 1904 formulierte Frage von David Koch legt den Schluss nahe, dass dieser Stellenwert nicht allgemeine Gültigkeit besaß: „Wie können wir es erreichen, daß in unseren Kirchen immer mehr wieder der wahre Künstler persönlichen Anteil an der einheitlich künstlerischen Ausschmückung des Innenraumes bekommt und daß das Handwerks- und Geschäftsmäßige immer mehr zurücktritt?"[809] Im selben Zusammenhang äußerte Koch die Überzeugung: „So ist die Farbensymbolik mit den berühmten fünf liturgischen Farben: weiß, rot, grün, violett, schwarz, ein mittelalterlicher Rest, den wir Protestanten ruhig entbehren können."[810]

Im Gegensatz zu David Koch empfahl Heinrich Merz noch 1879 die Aufnahme der Farben und erläuterte ihre Bedeutung: „Weiß für das eigentliche Christfest und den ganzen Weihnachtskreis bis Erscheinungsfest einschließlich, ebenso für Mariä Verkündigung, für Ostern und Sonntag Quasimodogeniti und den ‚weißen Sonntag', an welchem in der ältesten Kirche die Neugetauften in ihren weißen Taufgewändern in der Kirche erschienen sind. Roth für Pfingsten und dessen Oktave, das Trinitatisfest, außerdem für die aus dem Pfingstfest sich ergebenden Kirchenfeste: das Reformationsfest und das Kirchweih-

fest. Grün für die ganze Epiphanien- und Trinitatiszeit. Violett für die ‚geschlossenen Zeiten': Advents- und Passionszeit. Schwarz für die Karwoche, die Buß- und Trauertage."[811] Er schloss den Rat an, „bei all diesen Farben […] keine matten und gebrochenen zu wählen, sondern reine". Darüber hinaus gab er Bibelzitate an, die sich für Altar-, Kanzel- und Taufsteinbekleidung anböten. Auch in Bezug auf die anzubringenden „Sinnbilder" äußerte sich Merz. An die „Altarwand oder Gewandung" gehörte „vor allem das Lamm Gottes mit der Kreuzesfahne, dann der gute Hirte mit dem Schaf auf der Schulter und auch mit je sechs Lämmern zu beiden Seiten, dann Weinlaub und Trauben in Verbindung mit Aehren [sowie] die Marterwerkzeuge, namentlich die Dornenkrone, die Passionsblume mit Lilie".[812] Für die Kanzelbrüstung kamen nach Merz Ansicht „eine entsprechende Darstellung der Bergpredigt oder einer Predigt des Petrus oder Paulus nach der Apostelgeschichte" in Frage, „am geeignetsten [sind] aber von Alters her die vier Evangelisten mit ihren Symbolen: Mensch, Löwe, Stier, Adler und Christus in ihrer Mitte", auch die Darstellung der „evangelischen Kirchenväter" hielt Merz für passend.[813] Für die Kanzelbekleidung empfahl er als Sinnbilder die vier Paradiesströme, den „lebendige[n] Wasserbrunnen in Gestalt eines mehrfachen Springquells" und „ganz besonders die Taube als Bild des heiligen Geistes", zur bildlichen Darstellung eignete sich „in erster Linie die Taufe Jesu durch Johannes".[814]

Zu der Frage des Materials äußerten sich weder Heinrich Merz noch David Koch; bei Dolmetsch ist seit den neunziger Jahren eine ausgeprägte Vorliebe für das Material Leder zu beobachten. Das eingangs genannte Antependium für die Amanduskirche in Urach stellt nur ein Beispiel dar, ein in technischer und stilistischer Hinsicht sehr ähnliches Antependium ließ Dolmetsch 1895 ebenfalls von Feucht für die Kirche in Backnang fertigen (Abb. 154).[815] Die Darstellung folgt Psalm 42,3: „Meine Seele dürstet nach Gott, dem lebendigen Gott." Weitere Lederantependien finden sich in der Markuskirche in Stuttgart[816] und in der Kirche in Metterzimmern, einem von Dolmetsch 1906 errichteten Neubau (Abb. 155). Wie die Inschriften belegen, weisen sich Dolmetsch als „Erfinder" und Feucht als „Hersteller" des Antependiums aus. Für die Kirche in Murrhardt ließ Dolmetsch 1896 Altarseitenteile aus geschnittenem, getriebenem und gepunztem Leder fertigen, die an schmiedeeisernen Gittern be-

807 LKA, DAamt Tuttlingen, Nr. 315 (Schreiben von Dolmetsch an den Dekan vom 19. 6. 1903).
808 Ebd. (Schreiben von Dolmetsch an den Dekan vom 26. 7. 1903).
809 David Koch, Die künstlerische Ausstattung unserer Kirchen. Paramentik, in: ChrKbl 46, 1904, H. 6, S. 169. Vgl. auch David Koch, Die künstlerische Ausstattung unsrer Kirchen. Der moderne Stil in der Paramentik, in: ChrKbl 47, 1905, H. 1, S. 24.
810 David Koch, Die künstlerische Ausstattung unserer Kirchen. Para-

mentik und neue Stilfragen, in: ChrKbl 46, 1904, H. 7, S. 216 f.
811 H[einrich] M[erz], Der Gewandschmuck in der evangelischen Kirche, in: ChrKbl 21, 1879, H. 9, S. 131.
812 Ebd., S. 134.
813 Ebd., S. 135.
814 Ebd., S. 134.
815 Schahl 1983, Bd. 1, S. 223.
816 Vgl. Abbildung in Pietrus 2007, S. 62.

Abb. 154 Backnang, ev. Kirche, Lederantependium.

festigt wurden.[817] Die Lederteile weisen zum einen ein
Kreuz mit ineinander verschlungenem A und Ω und
zum anderen einen stilisierten Granatapfel auf (Abb. 156).
Die Gitter sind mit Weinranken und Ähren geschmückt.
Dolmetsch versicherte, „bei dieser Aufgabe eine Lösung
versucht [zu haben], für welche [er] keinen Vorgang
kenne".[818] Ob er die Gitter mit den Lederfüllungen tatsächlich auf der Kunstgewerbeausstellung zeigte, wie er es
im Mai 1896 plante,[819] kann nicht gesagt werden. Dolmetsch begründete die Wahl des Materials Leder mit der
Solidität desselben: Es handle sich bei den Lederarbeiten
„um eine sehr solide Sache, dafür bürgen alte Lederarbeiten früherer Zeiten", höchstens könne es sich „um ein
Defectwerden der schmalen Lederriemchen handeln, mit
denen die einzelnen Felder an das Eisenwerk geschnürt
sind."[820] Heute dienen diese ehemaligen Altarbegrenzun-
gen als Brüstungen für das Orgelpodest im Westen der
Kirche.

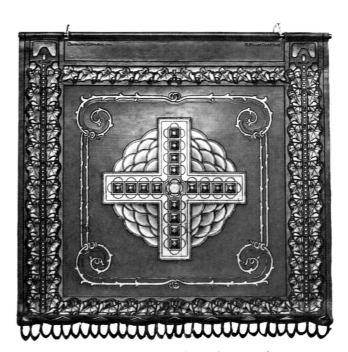

Abb. 155 Metterzimmern, ev. Kirche, Lederantependium.

Auch für die Kirche in Balingen wollte Dolmetsch einen „Behang an der Stirnseite aus gepreßtem Leder" als
Schmuck für den Altar anfertigen.[821] Für die Kirche in
Lorch fertigte Albert Feucht ein Lederantependium, doch
lehnte der Kirchengemeinderat die Anschaffung eines

817 Ebd., S. 583. Vgl. auch Reinhold Hoffmann, Eine Predigt in Farben, in: ChrKbl 39, 1897, H. 6, S. 89.
818 PfarrA Murrhardt I, Nr. 314.2 (Schreiben von Dolmetsch an den
  Pfarrer vom 3. 5. 1896).
819 Ebd.
820 Ebd. (Schreiben von Dolmetsch an den Pfarrer vom 26. 6. 1896).
821 DAamt Balingen, B 85 (KGR-Protokoll vom 18. 10. 1898).

Abb. 156 Murrhardt, ev. Kirche, schmiedeeisernes Altargitter
mit Lederfüllung (heute Brüstungselement an der Westempore).

Abb. 157 Stuttgart, Stiftskirche, Antependium.

solchen als „Luxusausgabe" ab und beschloss, „das jetzt
gelieferte dem Herrn Oberbaurat wieder zur Verfügung
zu stellen".[822] Das Antependium, das nach Dolmetschs
Vorgaben 1897 für die Stiftskirche in Stuttgart gefertigt
wurde, bestand offenbar nicht aus Leder, sondern in tradi-
tioneller Herstellungstechnik aus Stoff (Abb. 157).[823] Es
zeigte in der Mitte das Lamm mit der Fahne einbeschrieben in ein Medaillon mit umgebendem Strahlenkranz.
An den vier Ecken des Antependiums waren die Evangelistensymbole dargestellt, verbunden durch mit Blüten-
motiven verzierte Bordüren.

Entgegen den Empfehlungen von Heinrich Merz, die
für künstlerische Gestaltung der Paramente nur wenig
Freiraum ließen, nutzte Dolmetsch gerade diesen Bereich

als „Plattform" für seine kunstgewerblichen Arbeiten.
Damit erfüllte er die eingangs genannte Forderung von
David Koch nach einer „einheitlich künstlerischen Ausschmückung des Innenraumes", bevor dieser sie überhaupt formulieren konnte. Während die Lederarbeiten
ausschließlich von Albert Feucht gefertigt wurden, wurden die Stickereien in der Mehrzahl der Fälle von Eugenie
Bihler erstellt.[824] Mit Ausnahme der bereits angeführten
liturgischen Geräte, die im Christlichen Kunstblatt von
1888 vorgestellt wurden, sind keine weiteren Vasa sacra
bekannt, für die Dolmetsch die Entwürfe lieferte. Es ist
anzunehmen, dass die Kirchengemeinden in den meisten
Fällen auf Hersteller zurückgriffen, die anhand von Kata-
logen liturgische Geräte zum Verkauf anboten.

822 PfarrA Lorch Nord, „KGR-Protokolle 1900–1906" (Protokoll
vom 13. 12. 1905) und PfarrA Lorch Nord, Nr. 254 (Rechnung
von Albert Feucht vom 14. 4. 1906 über „1 Antependium aus 1a
Rindleder in weicher Ledertreibarbeit ausgeführt" über den Betrag von 459,50 Mark).

823 Reinhold Hoffmann, Eine Predigt in Farben, in: ChrKbl 39, 1897,
H. 6, S. 88. Vgl. auch LKA, K 1, Nr. 221 (Schreiben von Dolmetsch an Johannes Merz vom 22. 12. 1897): Dolmetsch bemerkt,
dass seine „Baarauslagen, welche [ihm] durch die Herstellung
sämtlicher Entwurfs- und Ausführungsarbeiten für die Paramente
der Stiftskirche [entstanden sind], sich auf zus[ammen] 281 Mark
belaufen". Merz führt in seiner Antwort vom 23. 12. 1897 an, dass
„Dolm[etsch] hiezu einen hervorragend tüchtigen Zeichner ver-

wendet" habe.

824 LKA, K 1, Nr. 160 („Vertrag zwischen Frl. Eugenie Bihler in
Reutlingen und Dr. W. Städelin in Stuttgart als Schriftführer des
Vereins für christl[iche] Kunst in der evang[elischen] Kirche Württembergs" vom 31. 12. 1870): „Frl. Bihler verpflichtet sich [...] jedem Auftrag zur Anfertigung kirchlicher Stickereien ihre Kräfte zu
widmen und auf Verlangen sich in die einzelnen Gemeinden zur
Anleitung in der Anfertigung solcher Stickereien zu begeben."
Vgl. auch DAamt Vaihingen/Enz, Nr. 833 (Rechnung von Eugenie Bihler-Uhl über „eine Altardecke von feiner Leinwand mit
rings um Hohlsaum, eine Taufsteindecke von derselben Leinwand
mit Steppsaum" vom 8. 7. 1893).

Material

Die Ausführungen von Karl von Grüneisen in seinem „Referat über den evangelischen Kirchenbau" von 1861 lesen sich wie eine Dogmatik der Angemessenheit des Materials: „Die Würde des Kirchenbaues, wie seine Bestimmung für nicht vorübergehende Zwecke, sondern für die Dauer von Jahrhunderten, erheischt eine entsprechend solide Bauweise und massives Material ohne äußeren Bewurf. Schon aus Rücksicht auf die hohen Unterhaltungskosten abgeputzter Außenseiten ist eine solide Herstellung aus Backstein, Bruchstein oder Quader in angemessener Steinbauweise vorzuziehen. Auch im Inneren sollte dieser Grundsatz befolgt werden, wenn dazu die Mittel irgend ausreichen. Der dadurch auferlegte Zwang zur Einhaltung reiner Constructionsverhältnisse erzeugt alsdann auf naturgemäße Weise den monumentalen Charakter, den eine Kirche durchaus tragen sollte. Stein- und Holzbau sind dabei in ihrer Charakteristik anzuwenden. Dem letzteren sollte nicht durch nachahmende Formen und Anstrich das Ansehen des ersteren zu geben versucht werden. Holzdecken und Holzgewölbe sind daher nicht mit Kalkputz zu verkleiden, sondern unverhüllt als das was sie sind darzustellen."[825]

Erst einige Jahrzehnte später wurde für diese Haltung der Begriff der „Materialgerechtigkeit"[826] geprägt. Er meint, dass die Materialien in der ihnen eigenen Erscheinungsform zum Einsatz gelangen, ohne verputzt, verkleidet oder in einer Weise bemalt zu werden, die ein anderes Material vortäuscht als das tatsächlich vorhandene. Damit verbunden ist die Vorstellung von der Hierarchie der Materialien und der Idee der Echtheit und Wahrheit in der Architektur. Schon 1865 meldete sich im Christlichen Kunstblatt ein Autor aus Dresden zu Wort, indem er sich in Bezug auf die „Materialfrage" gegen den Einsatz von Surrogaten wandte: Er lehnte es ab, „mit einem Scheinmaterial den Eindruck eines ächten erzielen" zu wollen.[827]

Für das Thema der Kirchenrestaurierungen spielen diese Betrachtungen insofern eine untergeordnete Rolle, als Dolmetsch sich zunächst mit dem Material auseinandersetzen musste, das er vorfand. Nach Abschluss der Restaurierung der Reutlinger Marienkirche wurde lobend hervorgehoben: „Das ganze Kircheninnere zeigt in der Farbe den schlicht edlen Ton des Steinmaterials, ge-

hoben durch maßvolle Bemalung der Kapitäle."[828] Im Hinblick auf die von Dolmetsch ausgeführten Kirchenneubauten erhält das Thema seine volle Brisanz, da er aufgrund der bereits beschriebenen Preissteigerungen um 1900 gezwungen war, von dem kostenintensiven Hausteinbau abzurücken und nach günstigeren Alternativen zu suchen. Die von Grüneisen aufgegriffenen Vorbehalte gegen Putzbauten hielten sich noch bis in die Zeit nach der Jahrhundertwende. Etwa zur gleichen Zeit, zur Zeit des Zweiten Kongresses für Protestantischen Kirchenbau 1906 in Dresden, fand die Konstruktionsweise des Stahlbetonbaus Eingang in die Diskussion um den Kirchenbau. Johannes Merz äußerte sich 1906 über die Vorzüge dieser Bauweise: „Derselbe [der Beton-Eisenbau] gestattet die Überdeckung der größten Räume, ohne daß Seitenschub entsteht und macht die Breite des überdeckten Raumes anders als der mittelalterliche Gewölbebau unabhängig von der lichten Höhe derselben [...] Auf dieser Grundlage baut sich ein neues Raumideal auf, das bei einfachstem Grundriß vor allem eine großflächige schlichte Innenwirkung unter Beschränkung der Seitenemporen erstrebt."[829] Wenn auch diese Konstruktionsweise beim Neubau der Markuskirche in Stuttgart zur Anwendung kam, so war sie doch für den Umgang mit Altbauten ohne Belang. Beton und Eisen gelangten jedoch als von einander getrennt einzusetzende Baustoffe durchaus bei Kirchenrestaurierungen zum Einsatz.

In der Zeit um die Jahrhundertwende bevorzugte Dolmetsch für die Errichtung von Kirchenneubauten die in Wasseralfingen aus granulierter Hochofenschlacke hergestellten „Dopfersteine".[830] Auch bei Kirchenrestaurierungen wurden diese Steine eingesetzt, dort vor allem bei Erweiterungen und Vergrößerungen des Kirchengebäudes. In Möckmühl ließ Dolmetsch den Anbau in dem Winkel zwischen Turm und südlichem Seitenschiff sowie das Treppentürmchen nördlich des Turms in Dopfersteinen erstellen. Dass dabei für Dolmetsch nicht der denkmalpflegerische Grundsatz, das Neue vom Alten abzuheben, sondern vor allem der ökonomische Aspekt ausschlaggebend war, belegt die Tatsache, dass die Nordwand des Schiffs, die vollständig neu erstellt wurde, analog zu der bestehenden Südwand als Putzbau aufgerichtet wurde. Den Neubau des Kirchenschiffs in Willmandingen gedachte Dolmetsch zunächst in Dopfersteinen zu erstellen,

825 [Karl von] Grüneisen, Referat über den evangelischen Kirchenbau, in: Allgemeines Kirchenblatt für das evangelische Deutschland 10, 1861, S. 545.

826 Günter Bandmann, Der Wandel der Materialbewertung in der Kunsttheorie des 19. Jahrhunderts, in: Helmut Koopmann/J. Adolf Schmoll gen. Eisenwerth (Hrsg.), Beiträge zur Theorie der Künste im 19. Jahrhundert (= Studien zur Philosophie und Literatur des neunzehnten Jahrhunderts, Bd. 12/1), Frankfurt am Main 1971, S. 138 setzt das Aufkommen des Begriffs „Materialgerechtigkeit" auf die Zeit um 1900 an. Zum Thema „Materialgerechtig-

keit" vgl. auch Borger-Keweloh 1986, S. 153.

827 C. A., Material-Verwirrungen und Verirrungen im Material auf dem Kunstgebiet unserer Tage, in: ChrKbl 7, 1865, H. 8, S. 123.

828 „Gratis-Beilage der Schwarzwälder Kreiszeitung" vom 21. 11. 1901.

829 LKA, A 26, 1462 („Bericht des Oberkonsistorialrat Merz über den II. Kongreß für protestantischen Kirchenbau in Dresden" vom 12. 11. 1906).

830 Vgl. dazu auch Pietrus 2001, S. 224–226. Die Steine tragen ihren Namen nach der Fabrik Franz Dopfer in Wasseralfingen.

da sich die Baukosten gegenüber der Verwendung von Haustein erheblich reduzieren ließen und die Kirche einen „monumentalen Eindruck" machen würde.[831] Aus welchem Grund schließlich von einer Verwendung der Dopfersteine abgesehen und die Kirche aus Backsteinen erbaut wurde, lässt sich den Quellen nicht entnehmen.

Die zunächst ablehnende Haltung gegenüber Putzbauten, die auch in der Äußerung von Grüneisen zum Ausdruck kam, wurde nur allmählich aufgegeben. Noch im 19. Jahrhundert wurde stets die Prämisse verfolgt, Anbauten an bestehende Gebäude in Haustein auszuführen. Der bereits erwähnte denkmalpflegerische Grundsatz konnte dabei selbstverständlich noch nicht zum Tragen kommen, vielmehr wurden die vielfach in Putzbauweise errichteten Bauten als „unecht" angesehen. Eine Rehabilitierung des Putzbaus unternahm Dolmetsch kurz nach der Jahrhundertwende mit den Worten: „Beobachten wir die alten Kirchengebäude Land auf Land ab, so sehen wir, daß diejenigen Kirchen, welche an den Außenflächen Naturstein zeigen, sehr dünn gesät sind. Bei kaum 5 % aller württemb[ergischen] Kirchen wird dies der Fall sein, alle übrigen sind verputzt und zeigen nur an den Ecken Natursteine, gewähren aber heute noch einen guten Anblick [...] Man sollte sich auch dessen nicht verschließen, daß gerade in unserer Neuzeit der Putzbau bei Gebäuden aller Art wieder sehr zu Ehren kommt."[832]

Im Folgenden soll im Einzelnen auf die Materialien eingegangen werden, die Dolmetsch bei Kirchenrestaurierungen einsetzte. Viele von ihnen dienten der Trockenlegung der oftmals feuchten Kirchen. Im Zusammenhang mit dem Abgraben des Erdreichs rings um die Kirchen wurde auf dieses Problem schon mehrfach hingewiesen. Generell lässt sich feststellen, dass Dolmetsch durchaus zeitgemäße Materialien zum Einsatz brachte. Die Verwendung von Stahlbeton wurde bereits angesprochen. Eisen fand darüber hinaus Anwendung als Baustoff für den Dachstuhl der Reutlinger Marienkirche[833] und für den Turmhelm der Uracher Stadtkirche.[834] Auch die Turmpyramide für den Kirchenneubau in Söflingen wurde 1899 aus Eisen erstellt. Weitere Verwendung erfuhr der Baustoff Eisen vor allem für die Erstellung der Zuganker („Schlaudern"). Da Dolmetsch zumeist die alten Dachstühle beließ, die ehemals flachen Decken aber in den Dachraum hinein aufgesprengt werden sollten, mussten zwangsläufig die Kehlbalken beseitigt werden. Um dem Schub der Mauern zu begegnen, wurden die Zuganker eingezogen.

Zement, seit der Erfindung des Romanzements Ende des 18. und des Portlandzements Anfang des 19. Jahrhunderts der Grundstoff für die Herstellung von Beton, fand bei den unter Dolmetschs Leitung durchgeführten Kirchenrestaurierungen vielfach Verwendung. An der Reutlinger Marienkirche gelangte Zementmörtel zum Einsatz für das „Ausgießen der hohlen Stellen" zwischen der äußeren und der inneren Mauerschale, die seit dem Brand von 1726 „vielfach auseinander klafften".[835] Bei der Kirchenrestaurierung in Lorch schlug Dolmetsch vor, die Risse im Mauerwerk „sorgfältig auszuspritzen und mit Portlandzementmörtel auszugießen".[836] An der Stadtkirche in Vaihingen/Enz wurde Portlandzement benutzt, um die „Fensterfelder an der Südseite in den Falzen" zu verkitten.[837] Darüber hinaus verwendete Dolmetsch Zement zur Anlegung der „Kandel". Seine Beschreibung der Entwässerungsanlage der Kirche in Lorch kann auf eine Vielzahl an Kirchen übertragen werden: „Rings um die Kirche ist ein ca. 70 cm breites an den Sockel anschließendes Trottoir auf solider Steinvorlage anzubringen und außen mit einem Zementkandel zu versehen, durch welchen das Wasser erfolgreich vom Kirchplatze zu entfernen ist."[838] In der Kirche in Oberfischach wurde ein Betonboden „unter dem Gestühl im Schiff durchlaufend" angelegt „zur Verhütung des Schwammes".[839] An der Stadtkirche in Tuttlingen ließ Dolmetsch sämtliche Gliederungselemente der Fassaden – die Lisenen des Nordgiebels, die Pflanzenornamente um Türen und Fenster sowie die mit einem Eierstab gefüllten Rundbögen – in Zement ausführen (vgl. Abb. 367).[840] So gelangte bei den unter Dolmetschs Leitung durchgeführten Kirchenrestaurierungen

831 PfarrA Willmandingen, „Ältere Akten zu Fasz. 16: Kirchl. Verwaltung" (Schreiben von Dolmetsch an den Kirchengemeinderat vom 4. 8. 1900).

832 PfarrA Metterzimmern, 16c (Schreiben von Dolmetsch an den Kirchengemeinderat vom 26. 8. 1902).

833 Marienkirche 1903, S. 33: Der eiserne Dachstuhl wurde 1894 aufgesetzt. Vgl. zu dem im Jahr 1860 erstellten eisernen Dachstuhl des Kölner Doms Heiko Steuer, Industrialisierung und Domvollendung, in: Hugo Borger (Hrsg.), Der Kölner Dom im Jahrhundert seiner Vollendung, Bd. 2, Köln 1980, S. 286–293 und Schumacher 1993, S. 390–523.

834 LKA, DAamt Urach, Nr. 606 (Bericht über die Bauarbeiten am Kirchturm vom 25. 8. 1898). Vgl. auch Dolmetsch 1900, S. 4.

835 Marienkirche 1903, S. 33.

836 LKA, A 29, 2632–4 („Aeußerung des Oberbaurat Dolmetsch über die Augenscheinnahme der Stadtkirche zu Lorch" im Auftrag des Vereins für christliche Kunst vom 13. 4. 1904).

837 DAamt Vaihingen/Enz, Nr. 832 („Renovation der Stadtkirche. Regiearbeiten", Beil. Nr. 475).

838 LKA, A 29, 2632–4 („Aeußerung des Oberbaurat Dolmetsch über die Augenscheinnahme der Stadtkirche zu Lorch" im Auftrag des Vereins für christliche Kunst vom 13. 4. 1904).

839 PfarrA Oberfischach, „Beilagen zur Kirchenpflege-Rechnung pro 1. April 1893/94" („Kostenberechnung für das neue Parterre-Gestühl" von Dolmetsch vom Februar 1892).

840 Karl Becker, Die Restaurierung der Evangelischen Stadtkirche in Tuttlingen, in: Denkmalpflege in Baden-Württemberg 6, 1977, H. 1, S. 1. Vgl. auch LKA, DAamt Tuttlingen, Nr. 317 („Vertrag über die Stuckateurarbeiten" vom 8. 4. 1903): „Der Unternehmer obiger Arbeiten [Stuckateurarbeiten] hat die, für die Fassaden der Stadtkirche in Tuttlingen auszuführenden Cementgußteile in tadelloser Weise herzustellen."

Zement bzw. Beton zum Einsatz als Füllstoff im Mauerwerk zur Erhöhung der statischen Sicherheit sowie als Isoliermaterial. Schon 1902 erhob Cornelius Gurlitt das Wort „gegen die Behandlung der Denkmäler mit Zement".[841] Auch der Kölner Dombaumeister Hertel wies 1912 „mit allem Nachdruck" darauf hin, „wie großes Unheil dieser ohne allen Zweifel in sehr vielen Fällen erstklassige Baustoff [Zement] in der Denkmalpflege angerichtet hat und noch heute anrichtet".[842] In diesem Zusammenhang hob er die Ansicht eines Referenten von 1902 hervor, in der Denkmalpflege seien „wohl alle von der Anwendung von Zement abgekommen". Wie Hertel zu Recht anfügte, hatte sich dieser „Referent" – möglicherweise meinte er Cornelius Gurlitt – „leider getäuscht". Oskar Hoßfeld, Oberbaurat in Berlin, rief im Sinne Hertels 1912 zu „größte[r] Zurückhaltung" auch „gegenüber dem Zement allein, d.h. als Mörtel" auf.[843]

Im Zusammenhang mit der geplanten Restaurierung des Kirchenschiffs in Balingen wurde die „Herstellung einer Unterlage" für ein neu zu erstellendes Parterregestühl erörtert. Zu diesem Zweck sei entweder „Beton mit Rippenhölzern darauf oder aber das neue sog. Torgament, eine Masse aus Sägemehl, gemischt mit Flüssigkeiten" zu verwenden.[844] Nach Ansicht des Kirchengemeinderats habe Torgament den Vorteil, „daß es, obgleich sehr hart, doch angebohrt werden kann, so daß die Bänke darauf geschraubt werden können, daß es auch nicht so kalt ist". In finanzieller Hinsicht kämen Beton und Torgament „ungefähr gleich" zu stehen. Da die Restaurierung des Kirchenschiffs zunächst aus finanziellen Gründen zurückgestellt wurde, wurde das neue Gestühl und damit auch die Unterlage unter Dolmetschs Leitung nicht ausgeführt. Hinsichtlich des Kirchenumbaus in Roigheim erläuterte Dolmetsch die Vorzüge eines Torgamentbelags gegenüber einem Betonboden: „Um jeglicher Schwammbildung am Parterrefußboden vorzubeugen, wurde [in der Kostenberechnung] statt der Ripphölzer und des Bödseitenbodens ein Torgamentboden angenommen, welcher ebenso warm ist, wie ein Holzboden."[845] Der Kirchengemeinderat in Urach beschloss, „den unter die Stuhlung kommenden Lignolithfußbodenbelag an die Firma Müller in Stuttgart zu vergeben".[846] Auch in der Marienkirche in Reutlingen wurde Lignolith „in schöner roter Farbe" als Bodenbelag unter den Sitzen gewählt, da dieser „die Vorteile von Stein und Holz verbindet und schalldämpfend wirkt".[847] Sowohl Lignolith als auch Torgament sind Steinholzfußböden, die aus gebrannter und gemahlener Magnesia als Grundstoff, Holzmehl oder Sägespänen als Füllstoff und Chlormagnesiumlauge als Bindemittel bestehen.

Ein von Dolmetsch häufig eingesetztes Material zur Isolierung der Wände ist Falzbaupappe, die aus gepresster Dachpappe besteht. Dolmetsch beschrieb die Vorteile dieses Isoliermittels mit den Worten: „Um einen trockenen Verputz zu erhalten und doch die meist feuchten Außenwände auf beiden Seiten ausdünsten lassen zu können, ist die Anwendung der sogenannten ‚Falzbaupappe' als das sicherste Mittel zu empfehlen".[848] So taucht beispielsweise im Kostenvoranschlag für die Restaurierung der Kirche in Münklingen die „Isolierung der Nebenwände mit der Ranitz'schen Falzbaupappe" auf.[849] Die Dachpappe kann auch in Kombination mit einer Bitumenbeschichtung auftreten, der sogenannten Asphaltdachpappe,[850] wie etwa im Fall der Kirchenrestaurierung in Schramberg. Die isolierende Wirkung des Bitumens setzte Dolmetsch auch im Fall der Kirchenrestaurierung in Urach ein, bei der er eine Sperrschicht in das Mauerwerk einziehen ließ.[851]

Auch Teer und mit Teer beschichtete Materialien verwendete Dolmetsch als Isolierstoffe. So wurde etwa in der Stadtkirche in Cannstatt 1904/05 der Kirchenboden betoniert und „zuerst mit einer Isolierschicht von in Theer eingelegten Korkplatten, zur Warmhaltung und zum Schutz vor Feuchtigkeit, und sodann, sowohl in den Gängen als innerhalb der Stuhlung, mit Linoleum belegt".[852] Die Steine der 1868/69 erbauten Kirche in Mitteltal wurden 1888 „zur Abhaltung der Feuchtigkeit innen mit Theer bestrichen".[853] Offensichtlich war diese Maßnahme allerdings nicht effektiv, da schon zwei Jahre später über eindringende Nässe geklagt wurde.

841 Cornelius Gurlitt, Erhaltung der Baudenkmäler und Versuche mit Steinerhaltungsmitteln, in: Oechelhaeuser 1913, S. 34.

842 [Bernhard] Hertel, Materialien in der Denkmalpflege, in: Oechelhaeuser 1913, S. 69. Hanselmann 1996, S. 282 führt das Beispiel des Wetzlarer Doms an, bei dem das „Experimentieren mit Zement […] erheblichen Schaden anrichtete".

843 [Oskar] Hoßfeld, Technisches aus der Denkmalpflege, in: Oechelhaeuser 1913, S. 66.

844 DAamt Balingen, B 85 (KGR-Protokoll vom 18. 10. 1898).

845 PfarrA Roigheim, Nr. 56 (Schreiben von Dolmetsch an den Kirchengemeinderat vom 29. 12. 1899).

846 LKA, DAamt Urach, Nr. 523 (KGR-Protokoll vom 2. 11. 1900).

847 „Gratis-Beilage der Schwarzwälder Kreiszeitung" vom 21. 11. 1901.

848 PfarrA Roigheim, Nr. 56 (Schreiben von Dolmetsch an den Kirchengemeinderat vom 29. 12. 1899).

849 PfarrA Münklingen, I.9 („Summarische Kostenberechnung" von Dolmetsch vom März 1900, Gipserarbeiten, Pos. 1).

850 PfarrA Schramberg, „Kirchenbau. Beilagen" (Rechnungen der „Asphalt- und Teerprodukten-Fabrik Wilhelm Burck" in Stuttgart vom 9. 7. und 20. 12. 1897).

851 Nach Auskunft von Hans-Rainer Dolgener, Pfarrer im Ruhestand, am 6. 11. 1996 wurde die Bitumenschicht 1986 wieder entfernt.

852 [Ohne Verfasser], Festnummer zur Einweihung der Stadtkirche den 19. März 1905, in: Cannstatter Evangelisches Gemeindeblatt 1905, Nr. 23, S. 8.

853 LKA, A 29, 2872–12 (Pfarrbericht von 1890).

Ein weiteres Material, das häufig zum Zweck der Isolierung eingesetzt wurde, war Kork. Wie bei der Dachpappe konnte die isolierende Wirkung des Baustoffs durch eine Beschichtung mit Asphalt gesteigert werden. In der „Baukostenberechnung" für die Restaurierung der Kirche in Laufen/Kocher war zunächst die „Trockenlegung der nördlichen Schiffwand durch Asphaltkorkplatten" enthalten;[854] schließlich wurde „anstatt Korksteinplatten (zum Trockenlegen der Wände im Schiff) Weissang'scher Verbindungskitt, auf den sämmtlichen Holzdecken aber Asphaltdachpappe und als Überzug ein 2 mal[iger] Auftrag von je 2 cm starken, mageren Schwarzkalkspeis" verwendet.[855] Insbesondere diente Kork der „Wärmezusammenhaltung und Schalldämpfung".[856] Korkplatten, die an den Decken angebracht wurden, finden sich außerdem in Lindach, Hossingen, Lehrensteinsfeld und Metterzimmern. Aus klimatischen, nicht aus akustischen Gründen plante Dolmetsch, die Westwand der Stadtkirche in Lorch „innen mit Korksteinplatten zu verkleiden, so daß äußerste Trockenheit gesichert wäre".[857] Auf das Material Kork wird im Folgenden im Zusammenhang mit dem Thema „Akustik" noch weiter einzugehen sein.

Der bereits erwähnte „Weissang'sche Verbindungskitt" wurde von Dolmetsch bei einer Vielzahl von Kirchenbauten verwendet. Sowohl bei Kirchenrestaurierungen als auch -neubauten diente der Weissang'sche Verbindungskitt der „Trockenlegung feuchter und namentlich salpeterhaltiger Wandflächen" (Abb. 158).[858] Das Material fand beispielsweise Verwendung bei dem Kirchenumbau in Böckingen und der Kirchenrestaurierung in Münklingen.[859] In dem „Kostenvoranschlag der Verputzarbeiten" für die Kirchenrestaurierung in Zazenhausen findet sich eine Gebrauchsanweisung für das Aufbringen des Verbindungskitts: „Vor Inangriffnahme des Anstrichs sind sämtliche Wände von jeglichem alten, noch anstehenden Verputz und Schmutz zu reinigen, sowie die Fugen mit Schwarzkalkmörtel (nicht mit Cement) auszufugen [...] Der Kitt ist in möglichst kleine Stücke zu zerschlagen, in einem eisernen Kessel oder Topf über gelindem Feuer unter beständigem Umrühren zu einem Brei aufzulösen, was ohne irgend welchen Zusatz stattfindet, da der Kitt

Abb. 158 Prospekt der Firma Emil Lichtenauer in Durlach/Baden für Weissang'schen Verbindungskitt.

über der Hitze sich von selbst auflöst. Alsdann ist diesem aufgelösten Kitt rohes Leinöl beizumischen und zwar so, daß auf 1 kg Kitt 1 kg rohes Leinöl kommt. Diese Mischung ist mehrmals gut aufzukochen bis sie durchaus flüssig ist, was daran ersichtlich ist, daß beim Aufkochen sich oben eine dichte Schaumdecke bildet. Hernach ist die Flüssigkeit in heißem Zustande mittelst eines guten Pinsels deckend und gleichmäßig aufzutragen, so daß sich

---

854 PfarrA Laufen/Kocher, „Zweite Kirchenpflege-Rechnung (einschließend die gesammte Nebenrechnung über den Kirchenumbau im Jahr 1892) pro 1. April 1891/31. März 1894" („Kirche auf dem Heerberg zu Laufen a./Kocher. Baukostenberechnung" von Dolmetsch vom Januar 1892).

855 Ebd. (Abrechnung der Maurer- und Steinhauerarbeit ohne Datum, Pos. 26).

856 PfarrA Willmandingen, „Beilagen zur Kirchen-Baurechnung 1903/04" („Vertrag über die Lieferung von gewöhnlichen Korkplatten zur Schiffdecke" mit der Firma Grünzweig und Hartmann in Ludwigshafen am Rhein vom 31. 7. 1903). Vgl. auch Issel 1902, S. 240.

857 LKA, A 29, 2632–4 („Aeußerung des Oberbaurat Dolmetsch über die Augenscheinnahme der Stadtkirche zu Lorch" im Auftrag des Vereins für christliche Kunst vom 13. 4. 1904).

858 LKA, DAamt Schorndorf, Nr. 112 (Prospekt der Firma Emil Lichtenauer in Durlach/Baden über Weissang'schen Verbindungskitt). Vgl. auch Issel 1902, S. 416.

859 KPf Böckingen, „Rechnungs-Beilagen Nr. 1–316" („Kostenvoranschlag" der Gipserarbeiten von Dolmetsch vom November 1900). PfarrA Münklingen, I.9 („Summarische Kostenberechnung" von Dolmetsch vom März 1900, Gipserarbeiten, Pos. 2): „Isolierung der feuchten Innen-Wände mit Weiss'angschen Verbindungskitt (ohne Verputz)."

nirgends Lücken oder Poren an den Flächen zeigen."[860] Da der Kitt, wie aus der Arbeitsanleitung hervorgeht, stets zwischen Mauerwerk und Putz aufgebracht wurde, bedeutete seine Verwendung nach heutigem Ermessen in jedem Fall einen tiefen Eingriff in die bestehende Substanz eines Gebäudes.

Im Fall der Kirchenrestaurierung in Lustnau lehnte Dolmetsch die Verwendung von Wasserglas zur Dichtung der Wände mit der Begründung ab, „es [sei] unmöglich, daß man durch überstreichen einer noch nicht trockenen Putzstelle mit Wasserglaslösung es möglich machen kann, daß der daraufkommende Leimfarbanstrich sich trocken aufträgt und dauerhaft bleibt".[861] Abschließend erklärte Dolmetsch es für „eine Tollheit, auf einen noch nicht ganz trockenen Putz zu malen" und empfahl dem Bauherrn, seinem Rat zu folgen, da er „speziell in Ausmalungen von Kirchen eine sehr weit gehende Erfahrung" habe.

Soweit es sich den Quellen entnehmen lässt, bevorzugte Dolmetsch für die Ausmalung der Kirchen Leimfarben.[862] Für die Restaurierung der Balinger Stadtkirche beabsichtigte er hingegen, „[den] Anstrich und [die] Bemalung der Wände [des Chors] mit Amphibolin und Temperafarben" vorzunehmen.[863] In der Kirche in Stöckenburg führte Eugen Wörnle den Anstrich der Wände in der Sakristei und in der Turmvorhalle mit Amphibolin aus.[864] Während sich Leimfarbe aus in kaltem Wasser aufgelöstem Leim und Glyzerin zusammensetzt, besteht Amphibolin aus mineralischen Substanzen, die ebenfalls mit Wasser angerührt werden.[865] Möglicherweise stellt die Tatsache, dass Leimfarbe preisgünstiger als Amphibolin ist, den Grund für die weitaus häufigere Verwendung des erstgenannten Materials dar. Keim'sche Mineralfarben haben den Vorteil, dass „sie der geputzten Fläche vollständig den Steincharakter bewahren, porös bleiben und sich durch ihr Bindemittel, die Kieselsäure, auf das Innigste mit jedem mineralischen Untergrunde verbinden".[866] Diese Mineralfarben wurden offenbar von Dolmetsch vergleichsweise selten eingesetzt, so etwa zu „Anstrich

und Bemalung der Wände, Gewölbe und Flächen im Mittelschiff, Hochwerk, Chornische, Chorbogen und Wandfläche oberhalb der Orgel" in der Stadtkirche in Vaihingen/Enz.[867] Zimmermaler Eugen Wörnle reiste am 3. Dezember 1892 „zum Zweck der Begutachtung des Wandanstrichs in der Kirche mit Keim'schen Mineralfarben" nach Baiersbronn,[868] woraus der Schluss gezogen werden kann, dass Wörnle die Kirche in Baiersbronn mit Mineralfarben ausmalte.

Häufiger als Mineralfarben fanden Ölfarben Verwendung. In der Uhlbacher Kirche sollte ein „viermaliger Oelfarbanstrich der sämtlichen Wandflächen im Schiff und Chor" erfolgen: „Nachdem die verputzten Wandungen gut abgeschliffen und wo nötig gespachtelt worden sind, sind dieselben zuerst satt mit kochend heißem Leinöl zu streichen. Ist diese Oelung gut aufgetrocknet, so folgen nacheinander zwei weitere Anstriche mit gutdeckender Oelfarbe, wodurch die Wände in ihre bestimmten Töne zu bringen sind. Sind diese beiden Anstriche gut trocken, so ist der vierte und zugleich letzte Ölfarbanstrich, welcher mit gutem reinem Wachs zu mischen ist, aufzubringen; zu gleicher Zeit sind auch die Quadrierung, sämtliche Bordüren, Teppichmuster, Ornamente, Ranken, Blumen etc. zur Ausführung zu bringen."[869]

Die Kupfereindeckungen der Türme der Katharinenkirche in Schwäbisch Hall und der Stadtkirche in Schramberg erhielten eine künstliche Patina durch „das überaus einfache Mittel eines zweimaligen Anstrichs mit Häringsauce".[870] In den meisten Fällen wählte Dolmetsch für die Eindeckung der Kirchtürme jedoch Schiefer. Für die Dächer der Kirchenschiffe verwendete er zunächst Falzziegel,[871] nach der Jahrhundertwende wurden diese allmählich durch Biberschwänze abgelöst, so etwa bei den Kirchenbauten in Untergruppenbach, Lehrensteinsfeld und Holzbronn. Die drei genannten Kirchen sind ausnahmslos Neu- oder Teilneubauten, so dass das Diktum von Oskar Hoßfeld von 1912, „der moderne papierdünne Biberschwanz gehört auf kein Baudenkmal"[872] in diesen Fällen keine Relevanz besitzt. Die überkommenen Quellen ge-

---

860 PfarrA Zazenhausen, Nr. 55b („Bedingungen und Kostenvoranschläge für sämtliche Arbeiten" von Dolmetsch vom 4. 8. 1903. „Kostenvoranschlag der Verputzarbeiten", Pos. 2).

861 StadtA Tübingen, C 70/439 (Schreiben von Dolmetsch an den Schultheiß in Lustnau vom 3. 12. 1888). Vgl. auch Issel 1902, S. 413.

862 LDA, Ortsakten „Oberrot" (Dokumentation zur restauratorischen Untersuchung 1992–1994 von Michael Helget, bes. Kapitel 4.2). Helget charakterisiert die Anstrichtechnik „Leimfarbe" als „labil".

863 LKA, DAamt Balingen, 1. Stadtpfarramt, A 1202 („Stadtkirche zu Balingen. Ausführliche Berechnung zu den sämtlichen Umbauarbeiten" von Dolmetsch vom Mai 1899).

864 PfarrA Stöckenburg, „Beilagen zur Kirchenpflege-Rechnung pro 1. April 1905 bis 31. März 1907" („Meßurkunde und Verdienstberechnung über Maler-Arbeiten" vom 1. 11. 1906).

865 Issel 1902, S. 7 und S. 250.

866 Ebd., S. 228.

867 DAamt Vaihingen/Enz, Nr. 831 („Bedingungen und Kostenberechnung über die Anstrich- und Maler-Arbeiten" von Dolmetsch vom September 1892).

868 GdA Baiersbronn, „Kirchenbaufonds Rechnungs-Beilagen 1887–1893, Nr. 31–Schluß" (Rechnung von „Zimmermaler" Eugen Wörnle vom 15. 3. 1893).

869 PfarrA Uhlbach, Nr. 40 („Kirche zu Uhlbach. Kostenvoranschlag über die Malerarbeiten" von Dolmetsch vom März 1895, Pos. 4).

870 Dolmetsch 1900, S. 4. Es handelt sich hier in der Tat um eine Weiterverwendung von Heringslake.

871 So beispielsweise für die Katharinenkirche in Schwäbisch Hall. KPf Schwäbisch Hall, „Bauakten Umbau Katharinenkirche" (Rechnung von Ganzenmüller und Baumgärtner, „Maschinen-Ziegeleien und Falzziegel-Fabriken" vom 12. 12. 1896).

872 [Oskar] Hoßfeld, Technisches aus der Denkmalpflege, in: Oechelhaeuser 1913, S. 66.

ben – soweit überschaubar – keinen Aufschluss über die Frage, ob Dolmetsch jemals Biberschwänze für die Deckung eines Altbaus verwendete. Ebenso lässt sich die Frage, ob jemals für eine Neueindeckung alte Ziegel verwendet wurden, nicht mit Sicherheit bestätigen, doch lässt die Formulierung in Bezug auf die Kirche in Stöckenburg – „Umdecken des Doppeldaches an der ganzen Kirche mit Chor, Sakristei und Turm" – solches vermuten.[873]

Die Trockenlegung der Kirchen suchte Dolmetsch nicht nur durch das Abgraben des umgebenden Erdreichs und das Einfügen isolierender Materialien zu erreichen, sondern auch durch das Anbringen von Dachrinnen. Diese Maßnahme machte beinahe ausnahmslos bei allen seinen Restaurierungen einen Kernpunkt seines Maßnahmenkatalogs aus. Hoßfeld hingegen bestritt 1912 die „Zweckmäßigkeit" von „Rinnen und Abfallrohren".[874] Nach seiner Ansicht „tragen in vielen Fällen gerade diejenigen Vorkehrungen, die man [den Dächern] zum Schutze gegen die Nässe anbringen zu müssen meint […] Schuld" an dem mangelhaften Zustand derselben. Dachrinnen und Verwahrungen ließ Dolmetsch in der überwiegenden Zahl der Fälle aus Zink erstellen. Bernhard Hertel vertrat 1912 die Meinung, dass Zink, „selbst wenn es in den höchsten Nummern gewählt wird, in den allermeisten Fällen nicht das Material [ist], das für die Arbeiten der Denkmalpflege sich eignet".[875] Bei den „Ankehlungen an Schornstein- und Giebelmauerwerk sollte Metall, das aber Kupfer oder Blei sein müßte, höchstens zu den Abdeckstreifen verarbeitet werden". Offenbar fiel die Entscheidung Dolmetschs zugunsten des von Hertel mit aller Vehemenz abgelehnten Baustoffs Zink aus finanziellen Gründen, da er lediglich an der Marienkirche in Reutlingen Kupfer für die Erstellung der Dachrinnen wählte.[876]

Technischen Neuerungen gegenüber war Dolmetsch durchaus aufgeschlossen. Dies zeigte sich insbesondere an der Einführung elektrischer Beleuchtung in den Kirchen. Eine der letzten Kirchen, die Dolmetsch mit Kerzenbe-

leuchtung ausstattete, war die Kirche in Geifertshofen.[877] Obgleich die Kerzenbeleuchtung „unzweifelhaft" als die „schönste" bezeichnet werden muss,[878] stellte Dolmetsch nach Möglichkeit die Elektrizität in den Dienst der Kirchen. Oskar Hoßfeld betonte 1912 die „schonende Leichtigkeit", mit der sich die elektrische Beleuchtung einführen lässt.[879] Aus heutiger Sicht mag seine Begründung merkwürdig anmuten, da bei diesem Vorgehen unweigerlich Bausubstanz zerstört wurde: „Die Leitungsdrähte können bequem unter Putz oder sonstwie verborgen verlegt werden." Die bauzeitlichen Beleuchtungskörper sind nur noch sehr selten vorhanden: In der Marienkirche in Reutlingen sind sie demontiert und außer Funktion gesetzt, in der Markuskirche in Stuttgart befinden sie sich nur noch in den Nebenräumen. Die Amanduskirche in Urach stellt in dieser Hinsicht eine bemerkenswerte Ausnahme dar. Es existieren noch sechzehn Beleuchtungskörper, die Dolmetsch im Zuge der 1901 abgeschlossenen Restaurierung einfügte. Die Form der Leuchten mit einem länglichen Metallzylinder, an dem eine Opalglaskugel befestigt ist, und einer Vorrichtung zum Herablassen der Leuchten erklärt sich aus ihrer technischen Beschaffenheit. Es handelt sich um Bogenlampen, die ein besonders helles Licht erzeugen, indem zwischen zwei Kohleelektroden ein Lichtbogen entsteht.[880] Im Zuge der Restaurierung der Stadtkirche in Blaubeuren nutzte Dolmetsch darüber hinaus die Elektrizität zur Betreibung eines Wassermotors für die Orgel.[881]

Das Thema „Heizung" spielte bei den von Dolmetsch durchgeführten Kirchenrestaurierungen eine wesentliche Rolle. In vielen Fällen bildete der Wunsch nach Einrichtung einer Heizungsanlage den Ausgangspunkt für die Restaurierung. Mit Ausnahme weniger Kirchen wählte Dolmetsch stets eine lokale Ofenheizung, die zum einen die Aufstellung von Öfen im Kircheninneren und das Ausbrechen von Kaminen in den Umfassungswänden der Kirchen notwendig machte. Je nach Größe des Bauwerks wurden ein bis fünf Öfen – Dolmetsch bevorzugte gusseiserne Öfen aus Wasseralfingen, die mit Koks befeuert

873 PfarrA Stöckenburg, „Beilagen zur Kirchenpflege-Rechnung pro 1. April 1905 bis 31. März 1907" („Kostenberechnung über nachzugenehmigende Bauarbeiten" von Dolmetsch vom Juni 1906, Pos. 8). Vgl. auch LKA, PfarrA Bönnigheim II (Hohenstein), Nr. 153b (Schreiben von Heinrich Merz an den Dekan vom 23. 11. 1891): Demnach hatte Dolmetsch die Verwendung der „alten Dachplatten, die noch gut wären, befürwortet, die Gemeinde habe aber […] Falzziegel haben wollen".

874 [Oskar] Hoßfeld, Technisches aus der Denkmalpflege, in: Oechelhaeuser 1913, S. 59.

875 [Bernhard] Hertel, Materialien in der Denkmalpflege, in: Oechelhaeuser 1913, S. 73.

876 Marienkirche 1903, S. 33: „Dachrinnen und Blitzableitung wurden in der solidesten Weise hergestellt: sämtliche Dachverwahrungen, Rinnen, Abfallröhren und Gauben aus Kupfer […], die Dachgaubenspitzen sowie die Verzierungen der Auffangstangen der Blitzableitung in Kupfer stilgerecht getrieben."

877 Petra Schön/Gerhard Walz/Rudolf Merklein, Sebastianskirche Geifertshofen, o. O. 2003, S. 31 mit Entwurfszeichnung für einen Kerzenleuchter.

878 [Oskar] Hoßfeld, Technisches aus der Denkmalpflege, in: Oechelhaeuser 1913, S. 64. Nach HH-Buch vom 27. 10. 1904 fertigte Dolmetsch für die Kirche in Bieselsberg „Zeichnungen zur Einrichtung einer Beleuchtung". Ob damit Kerzen- oder elektrische Beleuchtung gemeint ist, kann nicht gesagt werden.

879 [Oskar] Hoßfeld, Technisches aus der Denkmalpflege, in: Oechelhaeuser 1913, S. 64.

880 Eva-Maria Kreuz, Kirchenbeleuchtung, in: Horst Lange (Hrsg.), Handbuch für Beleuchtung, Landsberg am Lech ⁵1992 (35. Ergänzungslieferung), S. 4–6. Ich danke Frau Dr. Kreuz für ihre wertvollen Hinweise zu den Bogenlampen.

881 LKA, DAamt Blaubeuren, Nr. 602 (Vertrag über die Lieferung eines Wassermotors von „A. Schmid, Ing. Maschinenfabrik Zürich" vom 28. 10. 1902).

wurden – aufgestellt. Noch 1912 bezeichnete Oskar Hoß-feld die lokale Ofenheizung als „Feindin des Bauwerks", da sie in besonderem Maße zur Verschmutzung der Kirchen beitrage.[882] Die Einrichtung einer Niederdruck-dampfheizung, wie sie Dolmetsch in der Marienkirche in Reutlingen sowie in den Stadtkirchen in Tuttlingen und Göppingen ausführen ließ, erachtete Hoßfeld als weniger vorteilhaft als die Anlage von Luftheizungen. Letztere böten den Vorteil, „die geringsten Eingriffe in die Substanz [zu] verursachen", während Erstere durch „Inkaufnahme künstlerischer Unzuträglichkeiten" den Nachteil brächten, für das „Heizkörper- und Röhrenwerk" tiefgreifende Umgestaltungen vornehmen zu müssen.[883] Insgesamt beurteilte Hoßfeld allerdings die Beheizung als ein „sehr wertvolles Mittel zur Trockenlegung und Trockenhaltung einer Kirche"; auf die Probleme, die durch die Beheizung von Kirchen in Bezug auf das Bauwerk entstehen können, ging er noch nicht ein. Zu der Einrichtung von Gasheizungen, wie sie Dolmetsch beispielsweise in der Katharinenkirche in Schwäbisch Hall ausführen ließ,[884] äußerte sich Hoßfeld allerdings nicht.

Akustik

Im Zusammenhang mit dem Thema „Emporen" wurde bereits auf den Synergieeffekt von Emporen und Akustik hingewiesen. So beklagte Cornelius Gurlitt 1906: „Bei Restaurierungen ist oft beobachtet worden, daß das Herausbrechen von Emporen die Hörsamkeit schädigte."[885] Im gegenteiligen Sinn wurde bei der Restaurierung des Betsaals in Kniebis verfahren, bei der „nach einem Plan von Dolmetsch eine Empore angebracht [wurde], welche […] den Vorteil brachte, daß der übergroße Hohlraum, der ein widerwärtiges Hallen zufolge hatte, eingeschränkt wurde".[886] Auch die Debatte um den Einbau von Emporen in die Reutlinger Marienkirche wurde wesentlich von dem Aspekt getragen, die Emporen böten eine „Beihilfe zur Erreichung einer günstigen Akustik". Dieses Argument wurde insbesondere von theologischer Seite vorgebracht, analog zu der bereits referierten Auffassung Karl

Lechlers, „das lebendige, gesprochene Wort muß unbedingt hörbar sein".[887] Als Konsequenz formulierte Lechler die Forderung, der Architekt „hat für die vollkommenste Hörbarkeit des göttlichen Worts mit seinem ganzen künstlerischen Vermögen einzustehen".[888] Auch Dolmetsch erachtete als den „Hauptzweck" einer evangelischen Kirche den Aspekt des Hörens. Dass er diesen als noch wichtiger einstufte als den Aspekt des Sehens, belegt sein Argument hinsichtlich der Rekonstruktion einer dreischiffigen Hallenkirche in Schorndorf, „daß alle diese Kirchen [mit Säulenreihen] trotzdem den Hauptzweck, nämlich den des Hörens, erfüllen".[889]

Mit „Hören" ist in der Zeit um 1900 vorrangig das gesprochene Wort gemeint. Besonders große und vielgliedrige Kirchenräume wiesen dabei das Problem einer „halligen" Akustik auf, was im Extremfall bis zu Echos führen konnte. Diese für die Wortverständlichkeit nachteiligen Effekte galt es durch geeignete Maßnahmen, wie etwa durch Schallabsorption, zu reduzieren. Das Thema „Musik" spielte im Gegensatz zu heute – es sei nur auf die umfassende Diskussion um die Verbesserung der Akustik in der Stuttgarter Stiftskirche hingewiesen[890] – eine untergeordnete Rolle. Lediglich für die Uhlbacher Kirche ist der Umstand bezeugt, dass die Orgel „zugleich für Konzertzwecke ausgestattet" sein soll.[891] In einem Nachruf rühmte Johannes Merz das Verdienst Dolmetschs um die Belange der Akustik. Im Gegenzug kritisierte er die Haltung eines „hervorragenden Meister[s] jener Periode angesichts eines Deckenentwurfs für eine Kirche".[892] Merz habe diesen „Meister" gefragt, wie es sich mit der Akustik verhalte, woraufhin dieser geantwortet habe: „Akustik? Wird sich finden!" Möglicherweise muss Joseph von Egle mit dieser Anekdote in Verbindung gebracht werden, denn Merz erwähnte in diesem Kontext die „Restauration" der Frauenkirche in Esslingen, die ihm „für den evangelischen Gottesdienst so gut wie unbenützbar" erschien.

Diese Anekdote wirft ein Schlaglicht auf das Thema „Akustik": Zum einen zeigt es die Bedeutung dieses Themas für den evangelischen Kirchenbau auf, und zum anderen hebt es Dolmetsch von zeitgenössischen Archi-

882 [Oskar] Hoßfeld, Technisches aus der Denkmalpflege, in: Oechelhaeuser 1913, S. 63.

883 Ebd., S. 62 f. Vgl. auch LKA, DAamt Tuttlingen, Nr. 313 („Vertrag über die Herstellung einer Niederdruck-Dampfheizungs-Anlage in der Kirche" zwischen dem Kirchengemeinderat Tuttlingen und dem Eisenwerk Kaiserslautern vom 2. 6. 1903).

884 [Ohne Verfasser], Der Bau der St. Katharinenkirche (Zur bevorstehenden Kircheneinweihung), in: Haller Tagblatt vom 13. 3. 1898.

885 Gurlitt 1906, S. 381.

886 LKA, A 29, 272–14 (Pfarrbericht von 1894).

887 Lechler 1883, S. 14.

888 Ebd., S. 15.

889 LKA, 1. Stadtpfarramt Schorndorf, „Kirchliche Bausachen 1883–

1910" (Schreiben von Dolmetsch an den Kirchengemeinderat vom 13. 2. 1903).

890 Gertrud Clostermann/Volker Osteneck, Die Stuttgarter Stiftskirche: Ein Kulturdenkmal von besonderer Bedeutung, in: Schwäbische Heimat 49, 1998, H. 3, S. 332 referieren die gottesdienstlichen Belange, die laut § 11.1. DSchG Baden-Württemberg von der oberen Kirchenbehörde geltend gemacht werden können und von den Denkmalschutzbehörden vorrangig beachtet werden müssen: An erster Stelle dieser gottesdienstlichen Belange wurde die Kirchenmusik angeführt.

891 [Ohne Verfasser], Die Erneuerung der Kirche zu Uhlbach, in: ChRKbl 38, 1896, H. 5, S. 72.

892 [Johannes] Merz, Die praktischen Aufgaben des evangelischen Kirchenbaus, in: Beilage zur Deutschen Reichspost vom 5. 8. 1908.

tekten ab. Dass das Thema in der zweiten Hälfte des 19. Jahrhunderts besonders virulent war, belegt die Klage eines Theologen, dass zwar „tastend und kostend die Gesetze des evangelischen Kirchenbaues gesucht" worden seien, die „praktische Gesetzgeberin, die Akustik" aber häufig ignoriert worden sei.[893] Auch Dolmetsch klagte noch 1907 rückblickend, „daß selbst an den bedeutendsten Bauwerken der Neuzeit die praktische Benützbarkeit großer Räume in Bezug auf tadellose Hörsamkeit oft sehr mangelhaft ausfällt oder gar ganz mißglückt".[894]

Eine solche Einschätzung mag vor dem Hintergrund des Forschungsstandes zum Thema „Akustik" verwundern, da vor allem Karl Ferdinand Langhans, August Orth, Aurel Sturmhoefel und Wallace Sabine sich umfassend zur Problematik von Schallverhältnissen in großen Räumen geäußert hatten. Langhans legte seine „Bemerkungen über Katakustik" bereits 1810 dar und veröffentlichte 1860 ein weiteres Mal seine Anschauungen zu diesem Thema, die im Wesentlichen auf seiner Schrift von 1810 fußen.[895] August Orth untersuchte im Gegensatz zu Langhans die Thematik der Akustik nicht im Hinblick auf die Erbauung von Theatern, sondern auf die Erstellung von Kirchenbauten.[896] 1880 ließ sich Orth ein Verfahren patentieren, das „Vorrichtungen an Wänden, Decken und Sitzbänken zur Beförderung der Akustik" beinhaltete.[897] In diesem Zusammenhang führte er den Begriff der „Deflexion" ein, womit er eine bewusst eingesetzte „Reflexion" der Schallwellen meint. Diese Ablenkungen suchte Orth mittels Neigung der Wände zu erreichen, die zudem abgetreppt sein konnten, um die Schallwellen zu zerstreuen. 1884 fasste Orth seine Erkenntnisse im *Handbuch der Architektur* zusammen.[898] Aurel Sturmhoefel stellte 1897 im Hinblick auf Kirchen fest, dass „das Rechteck als Grundrißform bezüglich der Schallentwicklung erheblich

über allen Centralformen" steht.[899] 1904 stützte Sturmhoefel seine Untersuchungen zur „Akustik der Säle" ausschließlich auf Profanbauten und ließ Sakralbauten außer Acht. Er stellte dabei allerdings eine grundlegende Beobachtung an, die sich später bei Dolmetsch wieder finden wird: Alle „reinen Rundformen" sind allen „langgestreckten oblongen Sälen gegenüber akustisch von geringerem Werte".[900] Der amerikanische Physiker Wallace Sabine publizierte seine Betrachtungen zu „Architectural Acoustics" bereits im Jahr 1900.[901] Er führte die Nachhallformel ein, die die Nachhallzeit in Relation zu dem Volumen eines Raumes, seiner Oberfläche und der Schallabsorption setzt. Auf das Thema „Kork", das für Dolmetsch eine herausragende Rolle spielt, geht keiner der vier genannten Autoren ein.

Im Zusammenhang mit dem Thema „Material" wurde bereits die schalldämpfende Wirkung von Kork angesprochen. Nach der Jahrhundertwende hielt dieses Material in den meisten von Dolmetsch restaurierten oder neu erbauten Kirchen Einzug. Zunächst verwendete er Korksteinplatten der Firma Grünzweig und Hartmann, die „aus Korkabfallstücken (erbsen- bis bohnengroßen) mit einem Bindemittel aus Luftmörtel und Thon hergestellt" wurden.[902] Das Gewölbe der Reutlinger Marienkirche versah er mit einem Mosaik aus Korksteindreiecken, um die Akustik, die sich durch den Wegfall der Emporen zu verschlechtern drohte, zu verbessern (Abb. 159).[903] Dolmetsch verfuhr im Fall der Restaurierung der Marienkirche experimentell: Mit Korkplatten angestellte Versuche ergaben, dass dieselben, an Wänden und Decke angebracht, die „Schallwirkung" vollständig aufhoben.[904] Dabei stellte er fest, dass sich die schalldämpfende Wirkung nahezu in derselben Stärke wie durch Korkplatten auch durch Korksteine erzielen ließ. Die Anbringung der

893 W. Rothert, Der evangelische Kirchenbau und die Akustik, in: ChRKbl [ohne Bandzählung] 1874, H. 10, S. 148. Rothert bezeichnete auf S. 145 die evangelische Kirche als die „Kirche des reinen Wortes". Vgl. auch die Ausführungen von Mothes 1898, S. 200 f. zu diesem Beitrag.

894 Dolmetsch 1907, S. 147.

895 C[arl Ferdinand] Langhans, Ueber Theater oder Bemerkungen über Katakustik in Beziehung auf Theater, Berlin 1810 und C[arl] F[erdinand] Langhans, Das Victoria-Theater in Berlin, in: Zeitschrift für Bauwesen 10, 1860, Sp. 315–342.

896 [Ohne Verfasser], Mittheilungen aus gehaltenen Vorträgen. Versammlung am 31. October 1863 [Vortrag von August Orth über die Verhältnisse der Akustik in baulicher Beziehung], in: Zeitschrift für Bauwesen 14, 1864, Sp. 296–298 und A[ugust] Orth, Die Akustik großer Räume mit speciellem Bezug auf Kirchen, in: Zeitschrift für Bauwesen 22, 1872, Sp. 189–222.

897 Landesgewerbeamt Baden-Württemberg, Patentschrift Nr. 12135: Patentiert im Deutschen Reich vom 28. 5. 1880.

898 August Orth, Anlagen zur Erzielung einer guten Akustik, in: Josef Durm/Hermann Ende/Eduard Schmitt/ Heinrich Wagner (Hrsg.), Die Hochbau-Constructionen (= Handbuch der Architektur, Teil 3, Bd. 6), Darmstadt 1884, S. 31–47.

899 A[urel] Sturmhoefel, Centralbau oder Langhaus? Eine Erörterung

der Schallverhältnisse in Kirchen, Berlin 1897, S. 37. – H. Steindorff, Bemerkungen über Erzielung einer möglichst guten Akustik der Kirche und über die zweckmäßigste Größe der Kirche im Verhältnis zu den Baukosten, in: J. Volkert, Das Kirchengebäude, seine Restaurierung und sein gottesdienstlicher Schmuck, Nürnberg 1898, S. 65–69 beruft sich explizit auf die Arbeiten von Sturmhoefel.

900 Aurel Sturmhoefel, Akustik der Säle insbesondere der Konzertsäle, Festhallen und Rundbauten, in: Josef Durm/Hermann Ende/Eduard Schmitt (Hrsg.), Entwerfen, Anlage und Einrichtung der Gebäude (= Handbuch der Architektur, Teil 4, Halbbd. 1), Stuttgart 1904, S. 355.

901 Wallace C[lement] Sabine, Architectural Acoustics, in: The American Architect and Building News 1900, S. 3–5, S.19–22, S. 35–37, S. 43–45, S. 59–61, S. 75–76 und S. 83–84. Dieser Aufsatz wurde in Deutschland bereits von Gurlitt 1906, S. 520 rezipiert. Ich danke Klaus Loderer, Backnang, für seinen Hinweis auf Sabine.

902 Issel 1902, S. 240.

903 Heinrich 2001, S. 110. Vgl. auch LKA, DAamt Reutlingen, D 302 (Schreiben von Dolmetsch an den Dekan vom 24. 10. 1900): Dolmetsch erwähnt den „Gedanke[n] des Korksteinputzes", der in ihm „zur Reife gelangte".

904 Marienkirche 1903, S. 40.

Abb. 159 Reutlingen, Marienkirche, südliches Seitenschiffgewölbe, 1. Joch von Westen (Korksteine).

Korksteine geschah in folgender Weise: „Um ein leichtes Sichanschmiegen der Korksteinverkleidung an die Gewölbeflächen zu ermöglichen, wurden die Korksteinplatten – gewählt wurden solche von 2 cm Dicke – in kleine Einheiten (Dreiecke von ca. 5 cm allweg) zerschnitten, der Verputz in kleinen Flächen aufgetragen und in denselben solange er noch weich war, die Dreiecke in der Weise eingedrückt, daß zwischen ihnen ringsum schmale vertiefte Fugen blieben."[905] Zeitgenössische Beobachter bescheinigten diesen Maßnahmen in Bezug auf die Akustik der Marienkirche „ein über Erwartung günstiges" Ergebnis.[906] Auch die Decke des Festsaals des 1903 eingeweihten Heims des Christlichen Vereins Junger Männer in Stutt-

gart wurde „der besseren Akustik wegen mit Korkplatten verkleidet".[907]

Aufgrund einer „Beschreibung über die Anwendung von Korksteinmosaik und Korksteinfliesen zur Verkleidung von Decken und Wänden in großen Räumen zwecks Erzielung einer guten Akustik" ist der Versuch Dolmetschs belegt, einen Patentanspruch auf „Verkleidung von Raumflächen mit sichtbar bleibendem Korksteinmaterial in Form von mosaikartigen Mustern und Fliesen sowie auf die bei obigen Verkleidungsarten durchzuführende Bildung vertiefter Fugen" zu erlangen.[908] Dolmetsch begründete diesen Anspruch mit den bislang bekannten Möglichkeiten zur Bekämpfung der „lästig auftretenden Schallwirkungen", die „erfahrungsgemäß nur einen schwachen Schutz gegen Schallverbreitung" bieten. Insbesondere das Aufspannen von Netzen und das Bespannen von Decken und Wänden mit Stoff gewährt nach Dolmetschs Ansicht weder die notwendige „Solidität" noch ein befriedigendes Ergebnis in ästhetischer Hinsicht. Auch die von August Orth vorgeschlagenen „mehr oder weniger rauhen Putzflächen" und die „für gewölbte Decken reliefierte[n] hohle[n] Gipsplatten" erachtete Dolmetsch als unzulänglich. Es ist nicht überliefert, ob Dolmetsch diesen Patentanspruch im Folgenden umformulierte, weil er aufgrund weiter gehender Erfahrungen ein anderes Verfahren für sinnvoller hielt, oder weil er mit dem soeben beschriebenen Vorschlag auf Ablehnung stieß.

Dolmetschs Bemühungen kulminierten 1905 in der Erteilung eines Patents für die Erfindung einer „Wandverkleidung aus Kork zur Beseitigung gebeugter Schallwellen (Echos) in großen Räumen".[909] Diese Wandverkleidung aus Kork stellt Dolmetsch in zwei Ausführungsweisen vor. In Vorschlag I werden die Korkstücke a mittels eines Bindemittels b auf ein Leinwand- oder Drahtgeflecht c aufgebracht und so eine Korktapete gebildet, die mittels eines Bindemittels d auf dem Wandputz e oder unmittelbar am Mauerwerk f befestigt wird (Abb. 160). In Vorschlag II wird die Korkhaut wellenförmig angeordnet, so dass zwischen ihr und dem Mauerwerk noch Lufträume g entstehen, die die Wirkung erhöhen (Abb. 161). Die Verkleidung zeichnete sich laut Patentschrift durch eine „leichte, rasche Anwendbarkeit, Billigkeit und Feuersicherheit" aus.

905 Ebd.
906 Ebd.
907 [Ohne Verfasser], Das Vereinshaus des christlichen Vereins junger Männer in Stuttgart, in: Württembergische Bauzeitung 1, 1904, Nr. 6, S. 43. Der Festsaal fiel 1962/64 einem Umbau des Gebäudes aufgrund seiner Umnutzung in ein Krankenhaus zum Opfer.
908 LKA, K 1, Nr. 120 („Beschreibung über die Anwendung von Korksteinmosaik & Korksteinfliesen zur Verkleidung von Decken und Wänden in großen Räumen zwecks Erzielung einer guten

Akustik" von Dolmetsch ohne Datum). Die Unterzeichnung des Schriftstücks mit „H. Dolmetsch Oberbaurat" liefert einen Terminus post quem.
909 Landesgewerbeamt Baden-Württemberg, Patentschrift Nr. 178813: Patentiert im Deutschen Reich vom 1. 8. 1905 an. Eine Abschrift dieser Patentschrift befindet sich in LKA, K 1, Nr. 120. Vgl. auch die Erläuterungen zu dem Korküberzug „Auris" in Dolmetsch 1907, S. 220 f.

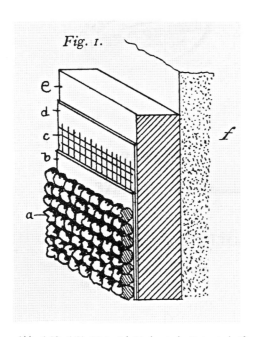
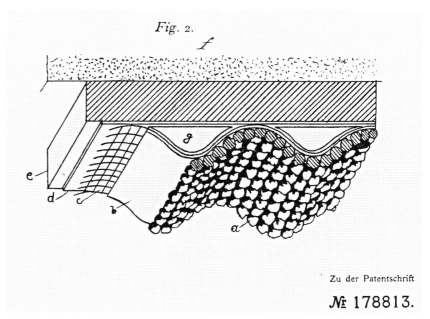

Zu der Patentschrift

№ 178813.

Abb. 160, 161 Heinrich Dolmetsch, Patentschrift „Wandverkleidung aus Kork zur Beseitigung gebeugter Schallwellen (Echos) in großen Räumen".

Der Korküberzug „Auris", wie dieses Verfahren in der Folge genannt wurde, gelangte in der Markuskirche in Stuttgart und in der Stadtkirche in Schorndorf zur Anwendung. In der Markuskirche, einem 1908 eingeweihten Neubau, wurden die Wände mit einem Überzug aus Korkschrotung versehen: „An den nachgiebigen weichen Korkteilchen werden die auftreffenden Schallwellen abgetötet, so dass sie nicht mehr zurückfluten und im Kirchenraum Unheil anrichten können."[910] Das patentierte Verfahren wurde in der Markuskirche zum ersten Mal angewandt und bewährte sich laut zeitgenössischem Urteil „glänzend [...] trotz der akustisch schädlichen Form des Tonnengewölbes und der an sich ungünstigen, weil stark gespannten und daher auch stark schallbrechenden Eisenbetonkonstruktion". Auch in der unter der Leitung von Theodor Dolmetsch und Felix Schuster umgestalteten Schorndorfer Stadtkirche wurden die Wände und das Gewölbe des Chors „zur Vermeidung schädlicher Schallreflexe mit dem Korküberzug ‚Auris' überzogen".[911] Die Korkverkleidung wurde zusammen mit der „Fassung des

Chorgewölbes" von Hofdekorationsmaler Wörnle ausgeführt.

Bereits im ersten Kapitel der Arbeit wurde Dolmetschs weit über die Landesgrenzen hinaus reichender Ruf auf dem Gebiet der Akustik erwähnt. Dieser lässt sich anhand zweier Gutachten für die Gemeinde der Thomaskirche in Berlin[912] und für die Gemeinde der Lutherkirche in Dortmund[913] nachvollziehen. In letzterem Fall geschah die Vermittlung durch die beiden erwähnten zeitgenössischen Publikationen in der *Bauzeitung für Württemberg, Baden, Hessen und Elsaß-Lothringen* über den Korküberzug „Auris". Obgleich der Gemeinde der Lutherkirche in Dortmund die von Theodor Dolmetsch veranschlagten Kosten von 17 200 Mark zu hoch erschienen, erteilten sie ihm schließlich den Auftrag zur Ausführung des Aurisbelags. Baurat Siebold vom Provinzialkirchlichen Bauamt für Westfalen hatte in einem Gutachten „die von Seiten des Herrn Architekt[en] Dolmetsch vorgeschlagene Verbesserung der Akustik" als „durchaus zweckmässig" erachtet.[914] Offenbar übernahm Theodor Dolmetsch das

910 [Ohne Verfasser], Die neue Markuskirche in Stuttgart, in: Bauzeitung für Württemberg, Baden, Hessen, Elsaß-Lothringen 6, 1909, Nr. 15, S. 117.

911 [Ohne Verfasser], Die Renovierung der Stadtkirche in Schorndorf, in: Bauzeitung für Württemberg, Baden, Hessen, Elsaß-Lothringen 7, 1910, Nr. 12, S. 92.

912 HH-Buch vom 7. 10. 1904: „Erhalte bar von der Thomas-Gemeinde in Berlin für eine Reise dahin und für 1 schriftliches Gutachten wegen der Akustik 200 Mark." Vgl. auch Dolmetsch 1907, S. 151.

913 Evangelische Kirche von Westfalen, Landeskirchliches Archiv Bielefeld, 2 (alt), 1419 (Auszug aus dem KGR-Protokoll vom 3. 8.

1912): Zur Verbesserung der Akustik in der Lutherkirche empfahl Theodor Dolmetsch in einem Gutachten vom 8. 6. 1911 die „Behandlung der Wände mit dem ‚Aurisbelag' und die Anbringung eines Schalldeckels". Ob Heinrich Dolmetsch für die Reinoldikirche in Dortmund ebenfalls ein Gutachten im Hinblick auf die Verbesserung der Akustik fertigte, kann aufgrund fehlender Schriftquellen nicht gesagt werden. Die Existenz von Plänen in TUM, Nachlass Heinrich Dolmetsch, Signatur 74.1 bis 74.7, im Januar 1904 von dem Architekten Ernst Marx erstellt, legt eine solche Vermutung jedoch nahe.

914 Ebd. (Abschrift des Gutachtens von Baurat Siebold „betr. Akustik der Lutherkirche zu Dortmund" vom 9. 8. 1912).

von seinem Vater entwickelte Verfahren ohne weitergehende Modifizierungen.

In seinen „Betrachtungen über Akustik und Vorschläge zu deren Verbesserung in großen Kirchenräumen" geht Dolmetsch nicht nur auf die Erfindung des Korküberzugs „Auris", sondern vor allem auf die Form des Raumes und der Decke sowie die Anordnung der Kanzel und der Orgel ein. Damit schließt er unmittelbar an die erwähnten Ausführungen von Langhans, Orth und Sturmhoefel an, die er eingangs explizit nennt.[915] Interessanterweise erwähnt er Sabine nicht, der in der zeitgenössischen Diskussion eine wichtige Rolle spielte. Wie schon Sturmhoefel erachtet auch Dolmetsch „die kreisförmige und quadratische Form, wie auch alle anderen regelmäßigen Figuren, die sich in einen Kreis einbeschreiben lassen", als „ungünstig".[916] Grundrisse in Form eines länglichen Rechtecks wirken „weit besser" als die zuvor genannten.[917] Dabei erweist es sich als vorteilhaft, die Seitenwände von der Längsachse des Raums zu entfernen, da um so „weniger schädlich" die Reflexion auftritt. „Halbkreisförmige, ovale oder hufeisenförmige Grundrisse oder rechteckige Grundrisse, bei denen von der Mitte einer Langseite aus gesprochen wird", fallen insbesondere dann „mit Erfolg gut akustisch" aus, wenn die Sitzreihen „mit entsprechender Steigung angeordnet" sind. Diesen Bautypus, der vor allem bei Theatern und Parlamentssälen in Erscheinung tritt, will Dolmetsch für den Bau evangelischer Kirchen nutzen. Sein bereits mehrfach angesprochener Entwurf für die Markuskirche in Plauen ist als ein Versuch zu werten, die aus diesen Beobachtungen abgeleiteten Erkenntnisse auf den Sakralbau zu übertragen. Für das Thema „Kirchenrestaurierungen" spielen diese Überlegungen eine untergeordnete Rolle, doch spiegelt sich in seinen Versuchen, eine bestehende Kirche um ein Querhaus zu erweitern, nicht nur das Bedürfnis nach Erweiterung des Gebäudes, sondern auch der Wunsch, den Kirchenbau „hörsam" werden zu lassen. Die „Akustik der Decken" bildet für Dolmetsch einen zentralen Aspekt in seinen „Betrachtungen". In Anlehnung an Orth hält er „die Decke in Form eines Segmentbogens oder Stichbogens" für die „ungünstigste unter den Deckenformen".[918]

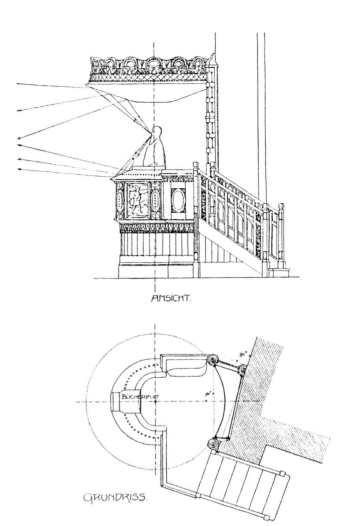

ANSICHT.

GRUNDRISS.

Abb. 162 Stuttgart, Markuskirche, Ansicht und Grundriss von Kanzel und Schalldeckel.

Als „wesentlich günstiger" bezeichnet er horizontale Decken und „Tonnengewölbformen"; letztere Aussage steht mit der im Hinblick auf die Stuttgarter Markuskirche getroffenen Feststellung, die Form des Tonnengewölbes sei „akustisch schädlich", im offensichtlichen Widerspruch. Allerdings konstatiert auch Orth, dass „für Tonnengewölbe sich das Verhältniß der Entfernungen günstiger [stellt], als bei geraden Decken".[919] Bei Kuppelgewölben können insbesondere Tamboure, die glatt und ohne Vorsprünge sind, nachteilig auf die Akustik wirken. Erstaunlicherweise geht Dolmetsch auf die zahlreich von ihm ausgeführten gesprengten Holzdecken nicht ein. Dass diese eine durchaus günstige Wirkung auf die Akustik haben können, wurde schon im Zusammenhang mit dem Thema „Decke" hervorgehoben. Insbesondere das Material Holz erweist sich nach Orth als sehr vorteilhaft.[920] Das Thema „Emporen" wird von Dolmetsch nicht angeschnitten, wohl aber die Frage der Aufstellung von Kanzel und Orgel. Dabei unterstreicht Dolmetsch die bereits angestellte Beobachtung, dass in Bezug auf die „Hörbarkeit"

915 Dolmetsch 1907, S. 148.

916 Ebd., S. 206.

917 [Ohne Verfasser], Mittheilungen aus gehaltenen Vorträgen. Versammlung am 31. October 1863 [Vortrag von August Orth über die Verhältnisse der Akustik in baulicher Beziehung], in: Zeitschrift für Bauwesen 14, 1864, Sp. 297: „Die rechteckigen Räume werden für sehr akustisch gehalten; sie haben dies jedoch vorzüglich dem Material der Decken zu verdanken."

918 Dolmetsch 1907, S. 151.

919 [Ohne Verfasser], Mittheilungen aus gehaltenen Vorträgen. Versammlung am 31. October 1863 [Vortrag von August Orth über die Verhältnisse der Akustik in baulicher Beziehung], in: Zeitschrift für Bauwesen 14, 1864, Sp. 297.

920 Ebd.: „Eine Holzdecke ist fast durchweg günstig."

der menschlichen Stimme der Vorzug gegeben werden muss, die Orgel kommt erst „in zweiter Linie" in Betracht.[921] Ob die Kanzel in der Mittelachse des Gebäudes – eine Frage, die zu der damaligen Zeit heftig diskutiert wurde – oder an der Ecke des Chorbogens zu stehen habe, hänge „lediglich von der Stellung der Emporen" ab.[922] In akustischer Hinsicht präferiert er weder die eine noch die andere Aufstellung; die Höhe der Kanzel sei hingegen für die Akustik von entscheidender Bedeutung: „Die tiefe Stellung der Kanzel ist besonders deshalb vorteilhaft, weil erfahrungsgemäß der Ton aus den unteren, dichteren Luftschichten sich besser nach den oberen, dünneren fortpflanzt, wie umgekehrt." Der Ausprägung des Schalldeckels widmet Dolmetsch dabei besondere Aufmerksamkeit; er fügt seinen Ausführungen eine Illustration bei, die sich auf die Gestaltung von Kanzel und Schalldeckel in der Markuskirche in Stuttgart bezieht (Abb. 162).

Während Dolmetsch seine „Betrachtungen über Akustik" wesentlich auf praktische Anschauungen und empirische Versuche stützt, geht Orth durchaus wissenschaftlich vor. Ausführliche Berechnungen, wie sie Orth anstellt,[923] sucht man bei Dolmetsch vergebens. Seine beschriebenen Versuche mit Korkplatten bezeugen, dass er stets von der im Bauwesen gemachten Erfahrung ausging. Auch seine Begründung für die niedrige Aufstellung der Kanzel in Kirchenräumen stellt einen Beleg für seine sich grundsätzlich von derjenigen Orths unterscheidende Vorgehensweise dar: „Wenn man einen hohen Kirchturm ersteigt, wird man dort oben mit Leichtigkeit das Hahnengeschrei oder sonstigen nicht ungewöhnlich lauten Lärm von ziemlich entfernt gelegenen Häuserquartieren so deutlich vernehmen können, wie wenn diese Tonquellen sich ganz nahe an der Kirche befänden."[924]

921 Dolmetsch 1907, S. 212.

922 Ebd., S. 208.

923 A[ugust] Orth, Die Akustik großer Räume mit speciellem Bezug auf Kirchen, in: Zeitschrift für Bauwesen 22, 1872, Sp. 199 f. und Sp. 208 f.

924 Dolmetsch 1907, S. 208.

Einordnungen

Im vorangegangenen Kapitel wurden die Einzelaspekte der von Dolmetsch vorgenommenen Kirchenrestaurierungen erörtert. Dabei traten unterschiedliche Beweggründe zutage, die bautechnisch, pragmatisch, liturgisch oder ästhetisch motiviert waren. Selten war eine Maßnahme monokausal bedingt, in den meisten Fällen wurden die Arbeiten durch eine Mehrzahl von Argumenten begründet. Bautechnische und pragmatische Begründungen gingen zumeist mit ästhetischen Motiven einher. Während Erstere häufig den Anlass für eine Restaurierung bildeten, schienen Letztere zumindest für den Architekten, weniger für den Bauherrn im Vordergrund gestanden zu haben. Insbesondere bei der Freilegung der Chöre wurden immer wieder ästhetische Gründe angeführt. Mitunter wurden die Maßnahmen auch historisch begründet, wobei stets das Prinzip der Einheitlichkeit maßgebend war. Diese Aussage trifft nicht nur auf Maßnahmen zu, die stilistisch gemeinhin dem „Historismus" zugeordnet werden, sondern auch auf ein großes Umbauprojekt, das dem „Jugendstil" zugerechnet wird: Bei der Umgestaltung der Tuttlinger Stadtkirche im Jahr 1903 hob der Bauherr im Sinne Dolmetschs darauf ab, „etwas Ganzes […], nicht etwas Halbes" ausführen zu wollen.[925]

Dieses Streben nach Einheitlichkeit kann als eine Reaktion einerseits auf den Zerfall der Einheit von Kunst und Leben und andererseits auf die Aufsplitterung in unterschiedliche Systeme verstanden werden. Zu Recht bezeichnet Werner Hofmann das 19. Jahrhundert als „das entzweite Jahrhundert".[926] Schon Hans Sedlmayr beschreibt in seinem Buch „Verlust der Mitte" das Phänomen der „Zerspaltung der Künste".[927] Nach Ansicht von

Beat Wyss hat „die Forderung nach Stilreinheit, die bei Restaurierungen immer wieder erhoben wird, etwas Lebensfeindliches".[928] Er hat dabei den Grundsatz vor Augen, sämtliche Zeitschichten eines Kunstdenkmals in ihren spezifischen Erscheinungsformen zu erhalten und diese nicht künstlerisch zu überformen.

Für Dolmetsch bedeuteten Restaurierungen stets Aufgaben, die den künstlerischen Bereich betrafen. Die überaus wichtige Rolle, die dem Kunstgewerbe in diesem Zusammenhang zukommt, wurde bereits herausgestellt. Erst nach der Jahrhundertwende beginnen bei Dolmetsch ästhetische Gründe in den Hintergrund zu treten. Damit deutet sich ein allmählicher Wandel an, den Georg Dehio in seiner Rede über „Denkmalschutz und Denkmalpflege" 1905 einforderte: „Es handelt sich um eine grundsätzliche, nie zu überbrückende Verschiedenheit in der Auffassung vom Wesen des Denkmals. Dem Künstler ist es immer Künstlerwerk, dem Historiker ein Produkt aus Kunst und Geschichte."[929] Dehio schloss an diese Feststellung sein berühmtes Gebot des „konservieren, nicht restaurieren" an, das auf ein Zurückdrängen der künstlerischen Einflussnahme durch den Architekten abhob.

Erstaunlicherweise hob der Braunschweiger Regierungsbaumeister Alexander Former 1912 in Bezug auf die Restaurierung der Schorndorfer Stadtkirche hervor: „Die künstlerische Auffassung siegte noch rechtzeitig über die geschichtliche."[930] Damit ist gemeint, dass die Umgestaltung des Inneren der Kirche in modernen Bauformen erfolgte, die Rekonstruktion eines vermeintlich ursprünglichen Zustandes aber unterblieb. Tatsächlich kam bei der Restaurierung der Schorndorfer Stadtkirche die ge-

925 LKA, DAamt Tuttlingen, Nr. 221C (KGR-Protokoll vom 19. 1. 1903).

926 Werner Hofmann, Das irdische Paradies. Motive und Ideen des 19. Jahrhunderts, München ³1991, S. 254. Vgl. auch Otto Gerhard Oexle, Meineckes Historismus. Über Kontext und Folgen einer Definition, in: Otto Gerhard Oexle/Jörn Rüsen (Hrsg.), Historismus in den Kulturwissenschaften. Geschichtskonzepte, historische Einschätzungen, Grundlagenprobleme (= Beiträge zur Geschichtskultur, Bd. 12), Köln/Weimar/Wien 1996, S. 155.

927 Hans Sedlmayr, Verlust der Mitte. Die bildende Kunst des 19. und 20. Jahrhunderts als Symptom und Symbol der Zeit, Salzburg ¹⁰1983, S. 79.

928 Beat Wyss, Jenseits des Kunstwollens. Anmerkungen zum Historismus, in: Eduard Hüttinger (Hrsg.), Beiträge zu Kunst und

Kunstgeschichte um 1900 (= Schweizerisches Institut für Kunstwissenschaft, Jahrbuch 1984–1986), Zürich 1986, S. 31. Zur Problematik der Stilreinheit vgl. auch Wolfgang Götz, Stileinheit oder Stilreinheit? Alternativen zur Stilbildung in der Baukunst des mittleren 19. Jahrhunderts, in: Werner Hager/Norbert Knopp (Hrsg.), Beiträge zum Problem des Stilpluralismus (= Studien zur Kunst des 19. Jahrhunderts, Bd. 38), München 1977, S. 49–57.

929 Georg Dehio, Denkmalschutz und Denkmalpflege im neunzehnten Jahrhundert, in: Georg Dehio, Kunsthistorische Aufsätze, München/Berlin 1914, S. 280. Wiederabgedruckt in: Marion Wohlleben (Hrsg.), Georg Dehio – Alois Riegl. Konservieren, nicht restaurieren. Streitschriften zur Denkmalpflege um 1900, Braunschweig/Wiesbaden 1988, S. 102.

930 Former 1912, S. 28.

schichtliche Haltung zum Zuge, bei der die unterschiedlichen Zeitstellungen des Bauwerks und seiner Ausstattung berücksichtigt wurden. Das Prinzip der Stilreinheit hingegen, das eng mit der ästhetischen Sichtweise verknüpft ist, wurde überwunden.

Im Folgenden soll auf Dolmetschs Selbstbild und die Einschätzung seiner Arbeit durch Zeitgenossen eingegangen werden. Zudem wird die Rolle des Kunstgewerbes und der Gotik in Bezug auf seine Kirchenrestaurierungen untersucht. Ausführungen zum Denkmalbegriff leiten schließlich zu der bereits in der Einleitung formulierten Fragestellung über, inwieweit Dolmetsch die Prinzipien der modernen Denkmalpflege bei seinen späten Restaurierungsprojekten berücksichtigte. Die Restaurierung der Schorndorfer Stadtkirche spielt dabei eine wesentliche Rolle.

Selbstverständnis und Fremdeinschätzung

Der Topos des Genies, das ungeachtet schlechter Prüfungsergebnisse eine herausragende Künstlerpersönlichkeit wird, trifft auf Dolmetsch nicht zu. Vielmehr zeichnete er von sich selbst das Bild des schwer arbeitenden Architekten: „In der Zeit, wo andere Abends in Gesellschaft sich vergnügen, bin ich stets noch zu Hause thätig, um sowohl nach oft ziemlich prosaischer Tagesarbeit meinem künstlerischen Schaffensdrange Genüge zu leisten, als auch hiedurch dasjenige zu erringen, was zur Ernährung meiner Familie erforderlich ist. In solchen Dingen sind die Naturen verschieden, die einen suchen die höchste Befriedigung darin gemächlich nur soviel zu arbeiten als eben sein muß, die andern sind noch glücklich, wenn sie ihre Schaffenslust auch außer dem Alltagsberufe üben können."[931] Weiter führte er aus: „An technische und artistische Lehrer wird stets die Aufgabe gestellt, daß sie möglichst in Fühlung mit der Praxis bleiben, damit sie immer mit der nötigen Frische ihre Jugend belehren können, ähnlich ist es doch auch bei meiner Stellung, wo man es nicht allein mit der Jugend, sondern auch mit gereifteren Menschen zu thun hat, um wie viel mehr hat man da zu kämpfen, um auf der Höhe zu bleiben?" Dieses Bild

lässt sich um ein Detail ergänzen, das Dolmetsch als einen Menschen charakterisiert, der mit der einen Hand weiter zeichnen konnte, wenn die andere müde war.[932]

Dolmetsch selbst schätzte offenbar die Ausführung der Restaurierung der Gaildorfer Kirche, „die durch das vielfache Detail und die mannigfachen Verzierungsarbeiten [ihm] reicher Anlaß zur Uebung war",[933] als besonders lehrreich ein. Das Beispiel des Wiederaufbaus der teilweise abgebrannten Stadtkirche in Gaildorf belegt, dass Dolmetsch bei diesem Projekt Maßnahmen durchführte, die bei den von ihm unter eigener Leitung ausgeführten Restaurierungen immer wieder auftauchen: Die Erhöhung des Chorbogens und die Anlage einer doppelstöckigen Emporenanlage seien hier nochmals genannt. Sowohl Leins als auch Landauer bescheinigten Dolmetsch – wie bereits im ersten Kapitel erwähnt – Stärken im dekorativen Bereich.

Die Tatsache, dass Dolmetsch sich über einen verhältnismäßig langen Zeitraum hinweg an den Gestaltungsprinzipien von Leins[934] orientierte und sich erst nach 1900 allmählich von diesen Vorgaben löste, ließen einen Zeitgenossen zu dem Urteil gelangen: „Er [Dolmetsch] hat sich durch die bewährten alten, künstlerischen Muster leiten lassen und hat doch bewiesen, daß er auch die berechtigten neuen Grundsätze gerade für evangelischen Kirchenbau in sich hat lebendig werden lassen."[935] Gerade die Berücksichtigung des Funktionalen, die – wie im vorangegangenen Kapitel dargelegt werden konnte – immer wieder bei Dolmetsch zu beobachten war, wurde auch von Johannes Merz gerühmt: „Dem Zweck des Gebäudes ging er mit praktischem Sinn und mit der liebenden Sorgfalt des treuen Kirchenbesuchers nach und das war es, was ihn bei Pfarrern und Gemeinden so beliebt machte und immer wieder zu seiner Berufung führte."[936] Schon Heinrich Merz hatte diesen Aspekt zu Recht hervorgehoben, indem er dem Konsistorium das von Dolmetsch hinsichtlich der Kirchenrestaurierung in Schornbach angefertigte Gutachten „mit dem Bemerken" überreichte, dass „bei dem heutigen Stand des Kirchenbau-Verständnisses kirchlicher Stil und praktische Zweckmäßigkeit gleichermaßen in's Auge gefaßt werden muß und daß die Vorschläge des Bauinspektors Dolmetsch in beiden Beziehungen nur empfohlen werden können".[937]

---

931 Privatbesitz Ruth † und Ilse Dolmetsch („Aeußerung des Bauinspektors Dolmetsch betreffs der neben seinem Amte als Bibliothekar von ihm betriebenen Privatthätigkeit" an die Direktion der Zentralstelle für Gewerbe und Handel vom 21. 11. 1887).

932 Dieses Detail erwähnte Ruth Dolmetsch † in einem Gespräch am 12. 11. 1997.

933 Privatbesitz Ruth † und Ilse Dolmetsch („Bitte des Baumeisters Heinrich Dolmetsch um gnädige Verleihung des Titels und Ranges eines Bauinspectors" vom 31. 8. 1877).

934 Seng 1995, S. 715: „Das Freiräumen der Chöre, das Ausnutzen des Dachstuhles für die Deckenkonstruktion und einen geordneten

gleichmäßigen Einbau von Emporen sowie ein planmäßiges Aufstellen des Gestühls bildeten die Hauptgestaltungsprinzipien bei den zahlreichen Restaurierungen von Kirchen im Inneren, abgesehen von baulichen Instandsetzungen."

935 Gauger 1908, S. 5 f.

936 [Johannes] Merz, Die praktischen Aufgaben des evangelischen Kirchenbaus, in: Beilage zur Deutschen Reichspost vom 5. 8. 1908.

937 LKA, A 29, 4071–3 (Randbemerkung von Heinrich Merz vom 9.6.1891 zu dem von Dolmetsch erstellten Gutachten in Bezug auf die Kirchenrestaurierung in Schornbach vom 5. 6. 1891).

Die schriftlichen Quellen – insbesondere die Pfarr-berichte und mitunter auch die Pfarrbeschreibungen – geben recht genau Auskunft über die Reaktion des Bauherrn auf die Baumaßnahmen. Nicht nur die Vorsit-zenden des Vereins für christliche Kunst, Heinrich und Johannes Merz, zeigten sich mit den Entwürfen Dol-metschs einverstanden, auch die jeweiligen Pfarrer und Dekane äußerten sich in der überwiegenden Zahl der Fälle zufrieden über die von Dolmetsch durchgeführte Restaurierung ihrer Kirchen. So wird beispielsweise die Kirche in Hohenstein als „in wohl gelungener Weise um-gebaut" bezeichnet.[938] In Bezug auf die Kirche in Wann-weil wird festgehalten, dass „im ganzen die Kirche […] einen weihevoll erhebenden und zugleich gemütlichen Eindruck" mache.[939] Lediglich in Bezug auf die Kirchen-restaurierung in Schwieberdingen wurde Kritik an den von Dolmetsch durchgeführten Arbeiten geübt: „Die Kirche ist sehr unschön renoviert, was um das an sich schöne Gebäude schade ist."[940]

Die Restaurierung der Marienkirche in Reutlingen, zu Recht als das „größte Bauprojekt"[941] Dolmetschs mit Aus-nahme der Markuskirche in Stuttgart bezeichnet, stieß bei den Zeitgenossen auf überwiegend positive Resonanz. Einzig Friedrich Launer, Reutlinger Bildhauer und Mit-glied der Kirchenbaukommission von 1892 bis 1893, übte Kritik angesichts der immensen Kostensteigerung und der von Dolmetsch angestrebten Stilreinheit.[942] Andere Stimmen, die sich gegen die Restaurierung erhoben, hat-ten vorwiegend die prekäre finanzielle Situation vor Au-gen.[943] Dolmetsch selbst sprach in seiner Einweihungsrede am 24. November 1901 von „bittere[n] Erfahrungen" und davon, dass es befriedigender gewesen wäre, „wenn unsere Werke nicht an den öffentlichen Gassen entstehen müßten und man uns gleichsam während der Entstehung über den Rücken hereinschauen würde, was vielfach zur Folge hat, daß unsere Schöpfungen mit Kämpfen verbun-den sind".[944]

So positiv sich die meisten seiner Zeitgenossen über die von Dolmetsch durchgeführten Restaurierungen äußer-ten, so negativ wurden diese in den fünfziger und sechzi-ger Jahren des 20. Jahrhunderts beurteilt. In einer Zeit, in der die Werke des 19. Jahrhunderts eine allgemeine Ab-lehnung erfuhren, äußerten sich auch Vertreter der insti-tutionellen Denkmalpflege im Sinne einer Entfernung dieser im 19. Jahrhundert hinzugefügten Elemente: „Da es ja unser gemeinsames Bestreben ist, bei Renovierun-gen auf den alten Zustand hinzuarbeiten, sollte man die inzwischen brüchig gewordenen Zutaten des 19. Jahr-hunderts doch weglassen."[945] Beispielhaft für die Gering-schätzung der Baukunst des 19. Jahrhunderts mag hier Julius Baum angeführt werden, der den katholischen Kir-chenneubauten jener Zeit „Trostlosigkeit" bescheinigt, wobei er die „Neuschöpfungen" von Joseph von Egle und Joseph Cades „zum Besten" zählt.[946] Diesen katholischen Gotteshäusern haben seiner Ansicht nach evangelische Architekten, wie Heinrich Dolmetsch und Theophil Frey, „wenig Gleichwertiges an die Seite zu stellen". Vor allem das Denkmalschutzjahr 1975 führte zu einer all-mählichen Revision der Einstellung gegenüber der Kunst des 19. Jahrhunderts, so dass es in der Folge zu „erhalten-den Wiederherstellung[en] der Dolmetsch-Fassungen"[947] kommen konnte, wie beispielsweise in Bezug auf die Farbfassungen der Kirchen in Oberrot und Uhlbach.

Professionalität

In Bezug auf die Organisation des Bauwesens kann Dol-metsch nur mit Einschränkungen ein professionelles Vor-gehen bescheinigt werden. Die Ausschreibung der einzel-nen Gewerke erfolgte – wie bereits in dem Abschnitt „Bauorganisation" erwähnt – in der Regel sukzessive, so dass eine oftmals sehr geringe Bauzeit von wenigen Mo-naten eingehalten werden konnte; die Umgestaltung der Stadtkirche in Tuttlingen wurde beispielsweise innerhalb von sechseinhalb Monaten durchgeführt. In organisatori-scher Hinsicht verfuhr Dolmetsch somit in den meisten Fällen durchaus professionell. Eine Ausnahme bildet die Kirchenrestaurierung in Schramberg, bei der Dolmetsch Versäumnisse während des Bauverlaufs vorgeworfen wur-den. Die Restaurierung der Marienkirche in Reutlingen stellt eine weitere Ausnahme dar, denn die Fertigstellung der Bauarbeiten bis zum Jahr 1900 wurde von dem Bau-herrn immer wieder angemahnt, doch konnte dies entge-gen Dolmetschs Versicherungen nicht eingehalten wer-den.[948] Die Aussage des Reutlinger Bildhauers Friedrich

938 LKA, A 29, 589–15 (Pfarrbericht von 1893).
939 LKA, A 29, 5018–21 (Pfarrbericht von 1921).
940 LKA, A 29, 4156–21 (Pfarrbericht von 1906).
941 Heinrich 2001, S. 122.
942 Kronberger 2001, S. 299 und S. 302.
943 Ebd., S. 298.
944 „Gratis-Beilage der Schwarzwälder Kreiszeitung" vom 26. 11. 1901.
945 LDA, Ortsakten „Bad Cannstatt" (Schreiben von Hauptkonserva-tor Walter Supper an Architekt Heim vom 2. 5. 1960).

946 Julius Baum, Der Materialismus des bürgerlichen Zeitalters, in: Werner Fleischhauer / Julius Baum / Stina Kobell (Hrsg.), Die schwäbische Kunst im 19. und 20. Jahrhundert, Stuttgart 1952, S. 135.
947 [Gertrud] Clostermann, Die Uhlbacher Kirche als Kulturdenk-mal, in: Kirchengemeinderat Uhlbach (Hrsg.), Festschrift Andre-askirche Stuttgart-Uhlbach, o. O., o. J. [1990], S. 22.
948 Egmont Fehleisen, Chronica der Stadt Reutlingen in Freud und Leid, im Festtags- und Werktagskleid (von 1874 bis 1900), Reut-lingen 1900, S. 377.

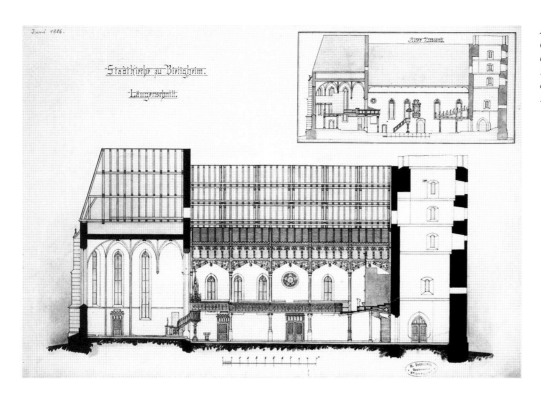

Abb. 163 Bietigheim, ev. Kirche, Längsschnitt, ca. 1887 (Bestand und Projekt). Tusche, aquarelliert auf Papier, 59,9 cm x 42,4 cm.

Launer mag eine Begründung liefern: Er warf Dolmetsch rückblickend vor, dass dieser bei Vorstellung des Bauplans „für das Unternehmen noch gar nicht genügend vorbereitet" war.[949]

In technischer Hinsicht erfuhr ein Restaurierungsprojekt vergleichsweise selten Kritik, so etwa im Fall des Kirchturmbaus in Sulzbach/Kocher, bei dem offensichtlich die Fundamentierung des Turms nicht ausreichend war. Gravierende Ausführungsmängel traten nach Abschluss der Kirchenrestaurierung in Bietigheim zutage. Im Sommer 1899, sieben Jahre nach Einweihung der umgebauten Kirche, stürzte ein eiserner Keil von der Mitte des Chorbogens herab. Zudem zeigten sich südlich des Bogens Risse im Mauerwerk. Dolmetsch gelangte in seinem eingeforderten Gutachten zu dem Schluss, dass der eiserne Keil von dem Unternehmer, der den Chorbogen erhöht habe, eingefügt worden sei, da derselbe den letzten Gewölbestein zu klein bemessen habe. Die Risse rührten seiner Meinung nach von einer Senkung des Grundes her.[950] Die Stellungnahme eines „neutralen" Architekten, Theophil Frey, kam hingegen zu dem Ergebnis, dass nicht die Setzung des Fundaments, sondern die von außen wahrnehmbare Ausbiegung der Südwand die Ursache für die Risse darstellte.[951] Der Grund für die Ausbiegung der Wand war in Schubkräften zu suchen, die auf das Mauerwerk wirkten, da Dolmetsch bei der Herausnahme der Flachdecke und damit auch des Dachbalkens Zuganker einziehen musste, diese aber nicht entsprechend den Achsen der Bundgespärre einfügte (Abb. 163).

Ob das bereits erwähnte Urteil des Schorndorfer Gemeinderats, die „Turmrestauration" sei „mißglückt", auf technische Mängel oder ästhetische Unzulänglichkeiten anspielte, kann nicht gesagt werden. Das Lob des Stiftungsrats in Schorndorf, Dolmetsch habe „die Restaurationsarbeiten an dem Chor der Kirche in ganz ausgezeichneter Weise ausgeführt", zielte hingegen eindeutig auf ästhetische Gegebenheiten ab.[952] Die von Dolmetsch angewandten Maßnahmen zur Trockenlegung der Kirchen scheinen in den meisten Fällen den gewünschten Erfolg gebracht zu haben, da nur selten nach Abschluss der Bauarbeiten Klage über anhaltende Feuchtigkeit geführt wurde. In Bezug auf die Kirche in Roigheim wurde beispielsweise beklagt, dass die Sakristei feucht sei und „der Chor beim Neubau seine Feuchtigkeit nicht verloren" habe.[953]

Die Wirksamkeit der von Dolmetsch verwendeten Materialien und der von ihm eingesetzten Maßnahmen zur Beseitigung der Feuchtigkeit in den Kirchengebäuden – Anlegen einer Entwässerungsrinne rings um die Kirche sowie einer Dachrinne an den Traufseiten, Einsetzen von Falzbaupappe, Einfügen eines Anstrichs mit Weissang'schem Verbindungskitt – kann im Rahmen dieser Arbeit kaum einer Beurteilung unterzogen werden. Derartige

949 StadtA Reutlingen, Nachlass Friedrich Launer, „Erstes Buch", S. 39.

950 Erwin Mickler, Die evangelische Stadtkirche Bietigheim. Arbeitskonzept zur Baugeschichte 1400–1974, Manuskript 1991, S. 197 f. (KGR-Protokoll vom 29. 12. 1899).

951 Ebd., S. 199 (KGR-Protokoll vom 9. 3. 1900).

952 StadtA Schorndorf, „Beilagen zur Kirchenbau-Rechnung vom 1. April 1886 bis 1. Februar 1890" (Auszug aus dem Stiftungsratsprotokoll vom 21. 2. 1889).

953 LKA, A 29, 3828–2 (Pfarrbeschreibung von 1905).

Fragestellungen, die auf technische, konstruktive und bauphysikalische Aspekte abheben, wurden im Rahmen des Sonderforschungsbereichs 315 der Universität Karlsruhe untersucht.[954] Dieser Sonderforschungsbereich, der seit 1985 besteht, betreibt wissenschaftliche Grundlagenforschung auf dem Gebiet des Erhaltens historisch bedeutsamer Bauwerke, wobei den Themen „Historisches Mauerwerk" sowie „Historische Eisen- und Holzkonstruktionen" besonderes Interesse entgegengebracht wird.

Trotz der Kostenberechnungen, die Dolmetsch stets vor Inangriffnahme eines Bauvorhabens erstellte, hielt er den Kostenrahmen in nur wenigen Fällen ein. Zwei Beispiele für die Nichtüberschreitung der Voranschlagssumme stellen die Kirchenrestaurierung in Lustnau und der Umbau der Katharinenkirche in Schwäbisch Hall dar, in der überwiegenden Zahl der Fälle überstieg die Bausumme die Höhe des Kostenvoranschlags um rund 10 %. Dies kann nur zu einem Teil mit der Ausführung nachträglich genehmigter Arbeiten begründet werden, zu einem größeren Teil rührt diese Kostenüberschreitung von einer unzureichenden Bestandsaufnahme her. Im Zusammenhang mit der Restaurierung der Reutlinger Marienkirche kann sogar von einer „Kostenexplosion" gesprochen werden.[955] Die Übernahme einer Kosten-„Garantie", die Fabrikant Louis Gminder anregte, wurde in einer Sitzung der Baukommission am 21. November 1892 von „Stadtschultheiß Benz und noch einige[n] Mitglieder[n]" abgelehnt.[956] Die Restaurierung der Marienkirche, die von Dolmetsch ursprünglich auf 600 000 Mark veranschlagt wurde, kostete schließlich 1 072 456 Mark.[957] Friedrich Launer bemerkte dazu am 9. Juni 1903 in seinen Aufzeichnungen sarkastisch: „Dank und nichts als Dank schulden die Reutlinger Baurat Dolmetsch, warum nicht auch noch über die geleerte Kirchenbaukasse."[958] Ein Grund für diese außerordentlich große Überschreitung des Kostenvoranschlags mag in der Unerfahrenheit Dolmetschs in der Ausführung so umfangreicher Restaurierungsvorhaben zu suchen sein. 1890, zu dem Zeitpunkt, an dem er seine erste Stellungnahme zur Restaurierung

der Marienkirche abgab, hatte Dolmetsch lediglich den Neubau der Katharinenkirche in Reutlingen sowie einige „Verschönerungen" von Kirchen ausgeführt. Erst nach 1892 begann sein Büro zu „boomen" und wuchs dementsprechend die Zahl seiner Aufträge.

Vor Beginn einer Baumaßnahme ließ Dolmetsch nicht nur Kostenberechnungen erstellen, sondern auch Bestandspläne des jeweiligen Bauwerks. Da diese Zeichnungen allerdings nur von einem Teil der Baumaßnahmen erhalten sind, kann nicht gesagt werden, ob dieses Vorgehen obligatorisch war. Soweit die Quellenlage eine Aussage zu diesem Sachverhalt überhaupt erlaubt, wurden die Zeichnungen nicht von Mitarbeitern aus Dolmetschs Büro angefertigt, sondern von den jeweils zuständigen Oberamtsbaumeistern bzw. Geometern. Von der Stadtkirche in Vaihingen/Enz fertigte beispielsweise „Werkmeister" Hoffmann 1881/82 die Bestandspläne, Jahre bevor Dolmetsch mit der Restaurierung der Kirche beauftragt wurde (Abb. 164). Offenbar arbeitete Dolmetsch mit diesen Plänen, denn sie befinden sich heute in seinem in München verwahrten Nachlass. Die Pläne des Altzustandes besitzen zwar durchaus den Charakter einer Bauaufnahme, sind aber weder verformungsgerecht noch mit der notwendigen Detailtreue aufgenommen, so dass sie nach heutigem Verständnis eine niedrige Genauigkeitsstufe repräsentieren.[959] Dieses Verfahren der Bauaufnahme wandte auch Leins an, doch ist es sicherlich verfehlt, daraus „eine relativ moderne Auffassung von Denkmalpflege" abzuleiten,[960] da Zeichnungen, die dem Anspruch nach als Bauaufnahmen – im Sinne von Vorbereitungen für geplante Baumaßnahmen – bezeichnet werden können, bereits aus dem 18. Jahrhundert überliefert sind.

In einem Fall ist durch schriftliche Quellen bezeugt, dass Dolmetsch vor Beginn der Bauarbeiten eine Bestandsaufnahme des Bauwerks anfertigen ließ, um auf dieser Grundlage den Kostenvoranschlag zu erstellen. Es handelt sich um die Restaurierung des Chors der Schorndorfer Stadtkirche, bei der Dolmetsch als „die erste Arbeit eine genaue Detail-Aufnahme des jetzigen Zustandes" für notwendig erachtete. Zu diesem Zweck plante er,

954 Beispielsweise Jutta Schäfer/Hubert K. Hilsdorf, Struktur und mechanische Eigenschaften von Kalkmörteln, in: Dokumentationsstelle des SFB 315 (Bearb.), Erhalten historisch bedeutsamer Bauwerke. Baugefüge, Konstruktionen, Werkstoffe. Jahrbuch 1991, Berlin 1993, S. 65–76, und Joachim Kleinmanns, „Temperierung" – eine substanzschonende Methode zur Verminderung feuchtebedingter Bauschäden in historischen Bauwerken, in: Dokumentationsstelle des SFB 315 (Bearb.), Erhalten historisch bedeutsamer Bauwerke. Baugefüge, Konstruktionen, Werkstoffe. Jahrbuch 1996, Berlin 1999, S. 101–109.
955 Kronberger 2001, S. 299.
956 Ebd., S. 298.
957 Zum Kostenvoranschlag vgl. LKA, DAamt Reutlingen, D 301

(„Restauration der Kirche" ohne Datum) und StadtA Reutlingen, Baubüro der Marienkirche, S 123 (Kostenberechnung „1893"). Zu den tatsächlich erzielten Kosten vgl. Marienkirche 1903, S. 46. Nach Heinrich 2001, S. 23 lag der Kostenvoranschlag von Dolmetsch vom Mai 1890 „bei 600 000 bis 640 000 Mark".
958 StadtA Reutlingen, Nachlass Friedrich Launer, „Erstes Buch", S. 38.
959 Günter Eckstein, Empfehlungen für Baudokumentationen (= Landesdenkmalamt Baden-Württemberg, Arbeitsheft 7), Stuttgart 1999, S. 17 unterscheidet vier Genauigkeitsstufen. Die niedrigste Stufe entspricht einem nicht verformungsgerechten Aufmaß im Maßstab 1:100.
960 Seng 1995, S. 704.

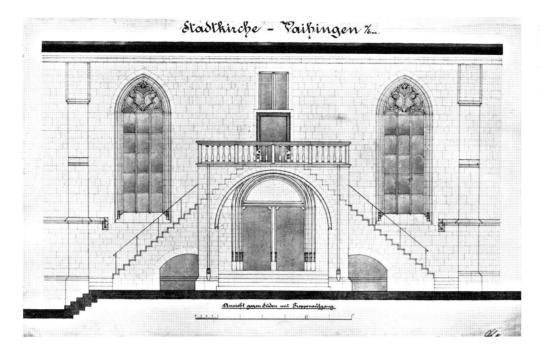

Abb. 164 Vaihingen/Enz,
ev. Kirche,
Werkmeister Hoffmann,
Ansicht Südfassade,
1881/82 (Bestand). Tusche,
aquarelliert auf Papier,
91,7 cm x 57,0 cm.

„2 Gehilfen ab[zu]senden, so daß dann nachher die Kostenberechnung angefertigt" werden könnte.[961] Allerdings bewahrte ihn diese Maßnahme nicht davor, eine Erhöhung der Kosten von 55 000 Mark, wie zunächst geplant, auf über 80 000 Mark zu verursachen.

Bezeichnend für Dolmetschs Vorgehensweise bei Restaurierungsprojekten ist die Tatsache, dass er stets Gutachten fertigte, die auf einer „Augenscheinnahme" fußten anstatt auf einer Schadensanalyse. Die im Vorfeld einer Baumaßnahme erstellten Gutachten gingen – soweit es sich den überlieferten Quellen entnehmen lässt – ausnahmslos auf den Verein für christliche Kunst zurück. Diese überschrieb Dolmetsch häufig mit „Über die Augenscheinnahme der Kirche",[962] so dass der Eindruck, er sei mit seinen Beobachtungen an der Oberfläche geblieben und nicht in die Tiefe des Bauwerks eingedrungen, kaum von der Hand zu weisen ist. So kam es, dass mitunter erst während des Bauverlaufs Schäden zutage traten, deren Behebung einen erheblichen Kostenaufwand verursachte. Beim Neubau des Kirchenschiffs in Hossingen musste der Turm „an der Ostseite [um] 1 m, an der West-

seite [um] 2 m weiter abgebrochen werden" als ursprünglich vorgesehen war, da die Bausubstanz sich als unerwartet schlecht erwies.[963] Nach der Inangriffnahme der Bauarbeiten an der Kirche in Lorch wurden „viel mehr Schäden aufgedeckt als vor dem Beginn anzunehmen war", so dass „schon die Fundamentierungsarbeiten […] bei der durchgängigen Schlechtigkeit der Grundmauern eine ungeahnte Überschreitung des Kostenvoranschlags gebracht" haben.[964] Auch an der Marienkirche in Reutlingen erwiesen sich die „Schäden des Hochwerks", insbesondere „an dem Haupt- und den Chortürmen, besonders dem südlichen, ungeahnt groß", am „Hochwerk und Seitenschiff der Nordseite des Kirchenschiffs spotteten sie jeder Beschreibung".[965] Diese Schäden wurden erst nach Anfertigung des Kostenvoranschlags anhand der Erstellung eines Maschinengerüsts festgestellt. Eine Voruntersuchung zur Dokumentation der Schäden war im Kostenvoranschlag nicht enthalten. Der Reutlinger Bildhauer Launer warf Dolmetsch rückblickend vor, bei Vorstellung des Restaurierungskonzepts für die Marienkirche „für das Unternehmen noch nicht genügend vorbereitet"

961 StadtA Schorndorf, „Beilagen zur Kirchenbau-Rechnung vom 1. April 1886 bis 1. Februar 1890" (Schreiben von Dolmetsch an den „Ausschuß des Kirchenbau-Vereins zu Schorndorf" vom 29. 1. 1885). Vgl. auch ebd. (Rechnung von Gustav Blümer ohne Datum mit Bescheinigung der „Richtigkeit der oben verrechneten Zeit" von Dolmetsch vom 12. 11. 1885): „Der Unterzeichnete verwendete in den Monaten Juni, Juli & August bei der Aufnahme des Chors der Kirche zu Schorndorf zum Zweck einer umfassenden Restauration an Zeit […]."

962 So etwa StA Ludwigsburg, F 209 I, 443 (Gutachten von Dolmetsch „über Augenscheinnahme der Kirche zu Rosswag" an den Verein für christliche Kunst vom 24. 12. 1894), LKA, A 29, 3328–4

(„Bericht des Baurats Dolmetsch über die Augenscheinnahme der Stadtkirche zu Oberriexingen" vom 22. 10. 1895), PfarrA Lehrensteinsfeld, Nr. 72 („Äußerung des Baurats Dolmetsch über die Augenscheinnahme der Kirche zu Lehren-Steinsfeld" vom 18. 12. 1900) und LKA, A 29, 2632–4 („Aeußerung des Oberbaurat Dolmetsch über die Augenscheinnahme der Stadtkirche zu Lorch" im Auftrag des Vereins für christliche Kunst vom 13. 4. 1904).

963 PfarrA Meßstetten West, „KGR-Protokolle Hossingen 1902–1910" (Protokoll vom 26. 5. 1903).

964 PfarrA Lorch Nord, Nr. 254 (Aufruf zu einer „Hauskollekte für die Kirchen-Renovierung" ohne Datum).

965 Marienkirche 1903, S. 33.

gewesen zu sein, „ja nicht einmal sich die Sache genau angesehen" zu haben.[966]

Auch in Ötisheim wurden Klagen über die unzureichende Untersuchung der Bausubstanz vor Beginn der Bauarbeiten laut. Der Kirchengemeinderat bedauerte, „daß von Seiten der Bauleitung in Stuttgart die Untersuchung der Kirche vor Beginn des Baus nicht in genügender Weise vorgenommen worden ist. Sonst hätte der Zustand des alten Dachs der Kirche, des Kirchturmdachs, des Mauerwerks, der Aufgänge zur Kirche, des Giebels und der Maßwerkfenster […] herausgestellt und der Voranschlag dadurch ein ganz anderer werden müssen".[967] Obwohl zu diesem Zeitpunkt bereits Theodor Dolmetsch und Felix Schuster den Bau übernommen hatten, richtete sich die Kritik auf Heinrich Dolmetsch, da es in seiner Hand lag, eine Untersuchung des Bestands durchzuführen.

Den von Dolmetsch gefertigten Kostenvoranschlägen haftet ein gewisser Schematismus an, was sowohl die summarischen Kostenberechnungen im Vorfeld einer Baumaßnahme betrifft als auch die Einzelberechnungen für die verschiedenen Gewerke. Eine Befunduntersuchung scheint Dolmetsch in keinem Fall vorgenommen zu haben; angesichts der Reichhaltigkeit des Quellenmaterials ist davon auszugehen, dass ansonsten eine solche überliefert wäre. Damit bildet Dolmetschs Vorgehen im Vergleich zu zeitgleich agierenden Architekten zwar durchaus keinen Einzelfall, doch muss festgehalten werden, dass in der zweiten Hälfte des 19. Jahrhunderts vereinzelt Befunduntersuchungen und Schadensanalysen durchgeführt wurden.

Der Architekt Max Meckel, zunächst als „Privatarchitekt" in Frankfurt am Main und schließlich als Erzbischöflicher Baudirektor in Freiburg im Breisgau tätig, ließ im Zusammenhang mit der Restaurierung der katholischen Kirche St. Martin in Lorch am Rhein „Befunduntersuchungen am Bauwerk" vornehmen.[968] Offenbar bezogen sich diese „Befunduntersuchungen" auf die Ermittlung „unwiderlegliche[r] Spuren der alten einfachen Bemalung (Hervorheben der Steinkonstruktion durch aufgemalte rothe Quader)",[969] die Meckel entgegen dem Widerstand des Kirchenvorstands zur Grundlage seiner Farbfassungen machte. Im Vergleich zu der vorangegangenen Restaurierung des Chors der Kirche, die 1876/77 unter Leitung des Bauinspektors Schnitzler stattfand, galt die 1878/79 durchgeführte Restaurierung des Kirchen-

schiffs unter der Ägide von Meckel als ein Akt der Emanzipation, da „die Schiffe streng historisch im Sinne des Mittelalters wieder her[gestellt]" wurden.[970] Die Feststellung, dass für Meckel nicht „romantisch-ästhetische Vorstellungen ausschlaggebend", sondern „die empirisch gewonnenen Erkenntnisse über den vermeintlichen mittelalterlichen Originalzustand von entscheidender Bedeutung für sein Restaurierungskonzept" waren,[971] ist angesichts dieses Sachverhalts zutreffend. Meckel ordnet sich damit in die Entwicklungslinie der Architektur- und Restaurierungsgeschichte des 19. Jahrhunderts ein, nach der mit fortschreitender Kenntnis der Baudenkmale ein zunehmend dogmatisches Kopieren und Rezipieren der Vorbilder einhergeht.[972]

Ebenso wenig wie Befunduntersuchungen erstellte Dolmetsch offenbar eine Schadensanalyse vor Beginn einer Restaurierungsmaßnahme. Auf die Folgen, die besonders im finanziellen Bereich gravierend ausfallen konnten, wurde bereits eingegangen. Da die Forschung auf Fragestellungen dieser Art – wie genau wurden im ausgehenden 19. Jahrhundert Restaurierungen vorbereitet? – kaum eingegangen ist, sind bisher lediglich von Joseph von Egle Schadensanalysen bekannt. Die im April 1886 durchgeführte Schadensanalyse an der Heilig-Kreuz-Kirche in Schwäbisch Gmünd erbrachte das Ergebnis, dass das Regenwasser durch die schadhaften Bodenplatten der Traufgalerie dringen und so die obersten Deckschichten der Seitenmauern durchfeuchten konnte.[973] Darüber hinaus fertigte Egle einen Kostenvoranschlag für die Restaurierung der Langhausfassaden, der sich von dem vorangegangenen Voranschlag des Stadtbaumeisters Stegmaier dadurch unterschied, dass sowohl die Materialkosten als auch die Beträge für Anlieferung und Bearbeitung des Steinmaterials um etwa 50 % höher veranschlagt wurden.[974] Beide Maßnahmen – die Schadensanalyse und die Überarbeitung der Kostenberechnung – führten dazu, dass der Kostenrahmen eingehalten und die Bauzeit gegenüber der Planung um zwei auf drei Jahre reduziert werden konnte.[975]

Etwa zeitgleich mit der zwischen 1887 und 1890 durchgeführten Restaurierung der Langhausfassaden an der Heilig-Kreuz-Kirche leitete Joseph von Egle von 1883 bis 1889 die Außenrestaurierung der Frauenkirche in Esslingen. Es wurden in so großem Umfang an der Frauenkirche Steine ausgetauscht, dass „kaum ein Teil der an exponierter Lage eingebauten Bauornamentik unbe-

966 StadtA Reutlingen, Nachlass Friedrich Launer, „Erstes Buch", S. 39.

967 PfarrA Ötisheim, Nr. 56.2 (KGR-Protokoll vom 21. 8. 1908).

968 Wolf-Holzäpfel 2000, S. 89 erwähnt „Befunduntersuchungen" in Bezug auf die Kirche St. Martin in Lorch am Rhein, unterlässt aber bedauerlicherweise eine Spezifizierung derselben.

969 Paul Wallot, Ueber die Restauration der Kirche zu Lorch a./Rh., in DBZ 12, 1878, Nr. 85, S. 433.

970 Ebd.

971 Wolf-Holzäpfel 2000, S. 89.

972 Diese Entwicklung hat schon Bringmann 1968, S. 22 und S. 36 als den Übergang von der „romantischen Phase des Historismus" zur „dogmatischen Phase des Historismus" beschrieben.

973 Timpe 2001, S. 36.

974 Ebd., S. 35.

975 Ebd., S. 42.

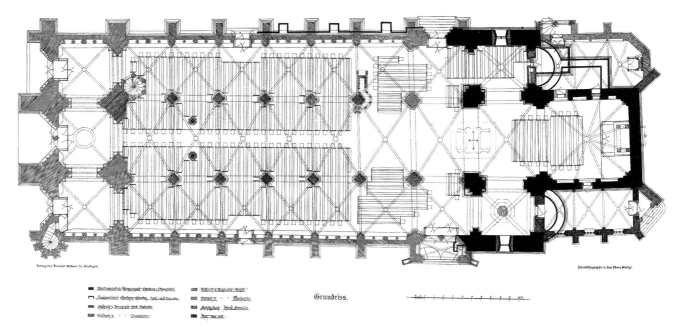

Grundriss.

Abb. 165 Reutlingen, Marienkirche, Grundriss.

rührt" blieb.[976] Das Erscheinungsbild der Kirche veränderte sich dabei allerdings kaum, da mit Ausnahme der Erneuerung der Strebepfeileraufsätze an der Langhaussüdfassade und der Ergänzung an der Chorgalerie keine gestalterischen Eingriffe vorgenommen wurden. Aufgrund des Austauschs des hölzernen Dachstuhls durch einen eisernen und der damit verbundenen vollständigen Erneuerung der Dachhaut wurde in diesem Bereich das Erscheinungsbild der Kirche durchaus verändert. Trotzdem kann Joseph von Egle als „Koryphäe für Kirchenrestaurierungen in Württemberg"[977] bezeichnet werden, da er – gemessen an zeitgleich arbeitenden Architekten – mit großer Sorgfalt und Umsicht vorging.

Die Publikation, die nach Beendigung der Arbeiten 1898 erschien, diente allerdings weniger der Dokumentation der von Egle vorgenommenen Arbeiten als vielmehr der Illustration der Baugeschichte der Frauenkirche. Ein großformatiger Tafelband begleitet einen Textband, dem ein Vorspann mit einer Beschreibung des chronologischen Verlaufs der Restaurierungsarbeiten vorgeschaltet ist. Egle glaubte es dabei „den Freunden der mittelalterlichen Baukunst schuldig zu sein, die gebotene Gelegenheit zu einer genauen Massaufnahme für eine eingehende Darstellung des berühmten Bauwerks auszunützen".[978] Die vorliegenden 27 Tafeln sind „in möglichst grossem Massstab dargestellt und zwar in 1/40 der natürlichen Grösse für Ansichten, Schnitte und Grundrisse des Turmes, in 1/15 der natürlichen Grösse für einzelne grosse Bauteile und in 1/5 bis 1/2 der natürlichen Grösse für Ein

zelheiten wie Laubwerke, Gesimsprofile und dergl[eichen]", lediglich die Ansichten, Schnitte und Grundrisse vom Kirchenschiff und Chor sind „bloss in 1/100, beziehungsweise 1/200 der natürlichen Grösse dargestellt". Egle hebt hervor, dass „mit Rücksicht auf das ungleiche Schwinden des Druckpapiers auf alle Tafeln […] zwei Massstäbe, der eine in der Höhenrichtung, der andere nach der Breite gezeichnet" wurden. Abschließend betont er, dass „die eingezeichneten Lager- und Stossfugen auf einer ebenso gewissenhaften Aufnahme wie die Umrisse der Bauformen [beruhen]". Mit unverhohlenem Stolz fügt er hinzu, dass „in den geometrischen Zeichnungen kein Strich sei, der sich nicht am Bau befinde".[979]

Wie ein Vergleich der von Karl Mayer 1898 gezeichneten Pläne der Frauenkirche mit den vom Vermessungsbüro Fischer 1998 photogrammetrisch angefertigten Plänen zeigt,[980] ist der Fugenverlauf in der Tat erstaunlich exakt wiedergegeben. Obgleich die Fugen 1898 nicht als Doppellinie dargestellt wurden, können die Pläne den Rang einer Bauaufnahme beanspruchen. Die von Albert Bihlmaier aufgenommene Südseite der Kirche, die lediglich im Maßstab 1:100 abgebildet ist, kann hinsichtlich der

976 Knapp 1998, S. 220.
977 Timpe 2001, S. 42.
978 J[oseph] von Egle, Die Frauenkirche in Esslingen. Ein Meisterwerk der Gotik des fünfzehnten Jahrhunderts, Stuttgart 1898, S. 2.
979 Ebd., S. 3.
980 Vgl. LDA, Referat 35, Planarchiv, Film-Nr. 0034/72–0034/139.

Genauigkeit nicht an die Pläne der Westfassade im Maßstab 1:40 heranreichen. Der Fugenverlauf insbesondere im Bereich der Fensterleibungen ist nicht immer exakt dargestellt, auch fehlen an zahlreichen Stellen die kleinen Füllsteine. Doch nicht nur aufgrund der hohen Genauigkeitsstufe geht die Publikation weit über andere zeitgenössische Werke hinaus, auch die zahlreichen Details, wie Fialen, Profile, Kreuzblumen und Kapitele sowie die Aufnahme von Steinmetzeichen und Inschriften dokumentieren den wissenschaftlichen Anspruch von Egles.

Die 1903 publizierte „Denkschrift", die anlässlich der Wiedereinweihung der Marienkirche in Reutlingen herausgegeben wurde,[981] unterscheidet sich in einigen Punkten wesentlich von der Publikation Joseph von Egles. Auffallend ist zunächst, dass die Reutlinger Schrift reichhaltig mit Fotografien ausgestattet ist, die sich in der Esslinger Schrift nicht finden. Die Fotografien führen insbesondere die unter Dolmetschs Leitung durchgeführten Umgestaltungen vor Augen, so dass sich allein aus dieser Tatsache eine Schwerpunktsetzung ablesen lässt. Die Abbildungen der Profile der unterschiedlichen Bauglieder und Steinmetzeichen nehmen jeweils lediglich eine Tafel ein, an Ausführlichkeit steht damit die Reutlinger Publikation weit hinter der Esslinger zurück. Auch bezüglich der während der Bauarbeiten aufgefundenen Fundamente bleibt die „Denkschrift" vage. Im Grundriss sind zwar die Fundamente der an die Chortürme anschließenden Apsiden und der im Norden befindlichen Sakristei sowie des nördlichen Seitenschiffs eingezeichnet, doch muss diese Dokumentation nach heutigen Maßstäben als außerordentlich dürftig bezeichnet werden (Abb. 165). Die Beschreibung dieser Fundamente, die Eugen Gradmann im Rahmen seines Überblicks über die Baugeschichte der Marienkirche gibt, liefert nur geringfügig über die zeichnerische Dokumentation hinausgehende Informationen.[982] Auch die „Schwarzwälder Kreiszeitung" bringt demgegenüber nicht wesentlich Neues: „Bei den Grabungen, die hiezu [zu Erbreiterung der Fundamente und Erneuerung und Erbreiterung des Sockelgemäuers an der Wand des nördlichen Seitenschiffs] erforderlich waren, wurde die für die Geschichte der Marienkirche hochinteressante Entdeckung gemacht,

daß sich an dieser Stelle etwa 1 Meter unter der jetzigen Bodenfläche die Reste der romanischen Kirchenanlage ungefähr in der Ausdehnung des jetzigen Kirchengebäudes befinden. Insbesondere ließen sich die Reste des Nordportals (neben der bisherigen Sakristei) in romanischem Stil völlig sicher feststellen; sie sind auch jetzt noch für den Kundigen an dem untersten Teil der Thüreinfassung zu erkennen."[983] Der Umgang mit den während der Bauarbeiten zutage tretenden Fundamenten zeigt, dass es Dolmetsch bei der Restaurierung der Marienkirche mehr um die Umsetzung eines künstlerischen Prinzips als um die Erforschung eines Bauwerks ging.

Künstlerische Prinzipien

Dolmetsch selbst benennt als seine künstlerischen Zielsetzungen: Solidität, Zweckmäßigkeit und Ebenmaß. Damit schließt er unmittelbar an die drei kanonischen Prinzipien der Architektur von *firmitas*, *utilitas* und *venustas* an. Dolmetsch wendet den Begriff „Solidität" in doppeltem Sinn an: Zum einen versteht er darunter Dauerhaftigkeit des Materials und Festigkeit der Bauweise, zum anderen beschreibt er mit diesem Begriff die Handwerklichkeit der Ausführung. Bei der Ausstattung des von ihm errichteten Kirchenneubaus in Großdeinbach wendet er sich gegen die Anschaffung „unsolide[r] Fabrikware".[984] Der Begriff „Zweckmäßigkeit" hebt vor allem – wie im vorangegangenen Kapitel umfassend dargestellt – auf die Anpassung eines Kirchengebäudes an die praktischen und liturgischen Erfordernisse ab.[985] Der Begriff „Ebenmaß" umfasst sowohl die stilistische Angleichung eines neu hinzuzufügenden Bauteils an einen bestehenden Komplex als auch die Wahrung der Proportionen. In Bezug auf den neu zu erstellenden Chorraum an der Kirche in Schramberg riet Dolmetsch, „den Chor so auszubilden, daß er zu der übrigen Bauanlage in gutem Ebenmaße erscheint".[986]

Im Zusammenhang mit der Frage nach Dolmetschs „Freiräumen" wurde bereits das Leitmotiv eines „einheitlichen Gesamtplans" angesprochen. Bei der Restaurierung der Kirche in Laufen/Kocher strebte er 1884 dementsprechend eine „Vervollständigung des Ganzen" an;[987]

981 Vgl. zu der Herausgabe von Marienkirche 1903 den Briefwechsel zwischen Dolmetsch und Gradmann in LKA, DAamt Reutlingen, D 301.

982 Marienkirche 1903, S. 8: „In der gleichen Flucht wie diese Wandansätze [für die Schildbögen der Kreuzarme] erstrecken sich Grundmauern eines Schiffes, die aus früherer Zeit herrühren als das jetzt bestehende Schiff." Auch Kronberger 2001, S. 283 stellt die ungenügende Dokumentation von „Detailinformationen zum Aussehen der Kirche vor 1893" fest.

983 „Gratis-Beilage der Schwarzwälder Kreiszeitung" vom 21. 11. 1901.

984 PfarrA Großdeinbach, „Kirchenbau-Schriftverkehr 1899–1900" (Schreiben von Dolmetsch an den Pfarrer vom 27. 2. 1900). Zu

dem Kirchenneubau in Großdeinbach von 1900 vgl. auch Pietrus 2001, S. 154–158.

985 LKA, A 29, 2483–1 (Schreiben von Dolmetsch an das Gemeinschaftliche Amt in Laufen/Kocher vom 24. 11. 1884): Dolmetsch schließt in diesem Gutachten seine Beobachtungen mit dem Hinweis, „die ganze Kirche nach all' den obigen Vorschlägen gut restaurirt, würde in Bezug auf Dauerhaftigkeit [und] Zweckmäßigkeit den Anforderungen entsprechen, die man heut zu Tage an ein würdiges Gotteshaus zu stellen pflegt."

986 PfarrA Schramberg, „Kirchenbau. Beilagen" (Schreiben von Dolmetsch an den Verein für christliche Kunst vom 19. 3. 1895).

987 LKA, A 29, 2483–1 (Schreiben von Dolmetsch an das Gemeinschaftliche Amt in Laufen/Kocher vom 24. 11. 1884).

für die Kirche in Ottmarsheim verfolgte er 1881 „Bestrebungen nach einer stylvollen und harmonischen Durchführung des Ganzen“.[988] Auch in der Diskussion um den Neubau des Schiffs der Katharinenkirche in Schwäbisch Hall sprach er sich 1893 gegen einen Baustufenplan und für ein „einheitliches Ganzes […] von Anfang an“ aus.[989] Noch 1903 erweist sich Dolmetsch als ein Anhänger der Stilreinheit: Für den Neubau des Kirchenschiffs in Hossingen lehnte er die Verwendung der Link'schen Interimsorgel ab, da das „Renaissancegehäuse der Interimsorgel nicht in die im mittelalterlichen Stil gehaltene neue Kirche“ passe.[990] Das Streben Dolmetschs nach Einheitlichkeit des Erscheinungsbilds einer Kirche äußerte sich somit zum einen in einer möglichst weitgehenden Stilreinheit und zum anderen in dem Umstand, dass Dolmetsch in der überwiegenden Zahl der Fälle alle Ausstattungsgegenstände und Baudetails selbst entwirft. In welchem Umfang an diesem Prozess Mitarbeiter seines Büros beteiligt sind, lässt sich nicht ermitteln. Anhand von Begleitschreiben und Bemerkungen in seinen Honorarrechnungen ist allerdings der Nachweis möglich, dass Dolmetsch mit nur wenigen Ausnahmen die Zeichnungen für die „Decorationsarbeiten“ selbst fertigt. In Bezug auf den „Umbau der Stadtkirche zu Geislingen“ berechnete Dolmetsch einen „Zuschlag für Decorationsarbeiten“, bei dem lediglich „Glaserarbeit, Altar und Taufstein [sowie] Orgelgehäuse“, nicht aber „Decorationsmalerei“ in Betracht kamen, „weil der Maler Wörnle die Details selbst zeichnete“.[991] Dolmetsch berechnete darüber hinaus einen „Zuschlag für die Decoration nebst gutem Hirten über dem Südportal“. Auch im Zusammenhang mit den von ihm erbrachten „architectonischen Leistungen bei der Erneuerung der evangelischen Stadtkirche“ in Backnang berechnete Dolmetsch ein Honorar von 812 Mark für das „Orgelgehäuse (Entwurf, Details etc.)“ sowie für „Malerarbeiten“.[992] Hinsichtlich der Fertigung von Orgelgehäusen erläutert Dolmetsch sein Vorgehen folgendermaßen: „Hiebei wird bezüglich des Orgelwerkes unter Anhörung des Rats eines Orgelrevidenten auf Grund der eingelaufenen Offerte der zweckmäßigste Orgelbauer ausgewählt und ihm das Orgelwerk ohne Gehäuse übertragen. Mittlerweile fertigt der Architekt die Gehäusezeichnung und leitet auf Grund derselben eine Concurrenz unter bewährten Schreinern ein, wobei stets der

Orgelbauer auch zur Teilnahme aufgefordert wird. Die Holzbildhauerei wird hiebei oftmals ausgeschlossen, weil solche Kunstarbeit besser direkt an einen renomierten Bildhauer übertragen wird. Auf diese Weise ist eine Konkurrenz möglich und wird der Orgelbauer in den meisten Fällen seine Ansprüche so stellen, daß er die Gehäusearbeit erhält, denn hierauf legt er besonderen Stolz.“[993] Dolmetschs Anspruch, die Zeichnungen für die einzelnen Ausstattungsstücke „nicht musterkartenartig“ herzustellen, wie bereits im Zusammenhang mit dem Thema „Bauorganisation“ erwähnt wurde, lässt sich somit auf sämtliche Details übertragen.

Die „Bemalung der Emporbrüstung“ in der Kirche in Hohenmemmingen erfolgte gleichfalls „nach Zeichnung des Herrn Baurat“.[994] Die Übersendung der „Zeichnungen zu einer neuen Kanzel mit Schalldeckel“ für die Kirche in Schramberg belegt ein weiteres Mal,[995] dass die Entwürfe für die einzelnen Ausstattungsstücke in Dolmetschs Stuttgarter Büro gefertigt wurden. Lediglich die Vorlagen für die Malereien wurden von den jeweiligen Kunsthandwerkern, die die Arbeiten ausführten, gefertigt. Das bereits angeführte Beispiel der „Decorationsmalerei“ für die Kirche in Geislingen stellt nur einen Beleg dar. Die von „Kunstmaler Bauerle“ erstellten Kartons für die Ausführung der Malereien in den Kirchen in Schramberg[996] – „zu deren Angabe ein spezielles künstlerisches Verständnis erforderlich ist“ – und Hossingen[997] bilden zwei weitere Hinweise. Es steht zu vermuten, dass dieses für die Kirchen in Geislingen, Schramberg und Hossingen belegte Vorgehen auch bei vielen weiteren Baumaßnahmen angewandt wurde. In Bezug auf die Glasmalereien geben die Quellen keine Auskunft, ob die Entwürfe von Dolmetsch oder von der Glasmalereiwerkstatt gefertigt wurden. Obgleich sich in Dolmetschs Nachlass acht Entwürfe zu Glasfenstern befinden, liegt die Vermutung nahe, dass insbesondere Gustav van Treeck die entsprechenden Vorlagen selbst fertigte.

Trotz der vielfältigen Bemühungen von Seiten der Architekten und der staatlichen Institutionen, wie vor allem der Zentralstelle für Gewerbe und Handel, dem Kunstgewerbe eine herausgehobene Stellung zu verschaffen, bezeichnete David Koch noch 1908 das „kirchliche Kunstgewerbe“ als einen „Acker, der noch ungepflügt ist“. Er plädierte dafür, dass die Entwürfe im „kunstgewerblichen

988 PfarrA Ottmarsheim, Nr. 55 (Schreiben von Dolmetsch an das Gemeinschaftliche Amt in Ottmarsheim vom Dezember 1881).

989 KPf Schwäbisch Hall, „Bauakten Umbau Katharinenkirche“ (Schreiben von Dolmetsch an den Pfarrer vom 20. 1. 1893).

990 PfarrA Meßstetten West, „KGR-Protokolle Hossingen 1902–1910“ (Protokoll vom 2. 8. 1903).

991 LKA, DAamt Geislingen, Kirchenpflege Nr. 5.1 („Berechnung des Architectenhonorars“ von Dolmetsch vom 24. 8. 1893).

992 LKA, DAamt Backnang, Nr. 287.23 („Berechnung des Architektenhonorars“ von Dolmetsch vom 18. 2. 1896).

993 LKA, DAamt Backnang, Nr. 418.2 (Schreiben von Dolmetsch an den Dekan vom 11. 1. 1894).

994 LKA, A 29, 2105–3 (Schreiben von Pfarrer Pfister an das Konsistorium vom 10. 9. 1895).

995 PfarrA Schramberg, „Kirchenbau. Beilagen“ (Schreiben von Dolmetsch an den Kirchengemeinderat ohne Datum).

996 PfarrA Schramberg, „Kirchenbau. Beilagen“ (Schreiben von Dolmetsch an den Pfarrer vom 7. 4. 1898).

997 PfarrA Meßstetten West, „KGR-Protokolle Hossingen 1902–1910“ (Protokoll vom 13. 10. 1903).

Teil (Vasa sacra, Paramente)" demselben Künstler übertragen werden, der auch die Baupläne liefert, damit „geschlossene Einheiten im Innenraum der Kirche" entste-
hen.⁹⁹⁸ Cornelius Gurlitt beklagte 1906 in Bezug auf das
kirchliche Kunstgewerbe, dass es bei Kirchenbauten „die
Regel [sei], daß für die Dinge, die zur letzten Vervoll-
kommnung im Schmucke des Gebäudes gehörten, kein
Geld mehr übrigbleibe", und dass die Auftraggeber „auf
den Kauf von Dutzendwaren in den Kunstinstituten oder
auf Schenkungen einzelner wohltätiger Gemeindemit-
glieder angewiesen" seien.⁹⁹⁹ Nach Gurlitts Ansicht könne
„an geschenkte Dinge nicht mit strengerem kritischem
oder ästhetischem Urteil heran[ge]treten" werden. Dolmetsch dagegen legte sowohl großen Wert auf den eigenhändigen Entwurf der Paramente und der liturgischen
Geräte als auch auf die Ausführung von Ausstattungsgegenständen durch bewährte Kunsthandwerker. Auch
bei den Stiftungen versuchte Dolmetsch durch das Erstellen von Listen mit geeigneten Gegenständen eine Sicherung von Qualitätsstandards durchzuführen.

Gurlitt konstatierte 1906: „Da [...] die Außenarchitek-
tur meist mehr Geld verzehrt als vorhanden oder doch als
beabsichtigt ist, zwingen die Verhältnisse dann zur äu-
ßersten Sparsamkeit im Innern."¹⁰⁰⁰ Dolmetsch versuchte
diesem Vorgang entgegenzuwirken, indem er bei Kirchenneubauten durch die Vereinfachung der Bauorna-
mente und die Ersetzung des kostenintensiven Hausteins
durch Dopfersteine oder durch Stahlbeton Einsparungen

am Außenbau vornahm, im Inneren aber die gleiche
Sorgfalt hinsichtlich der Ausstattung walten ließ wie bei
vor der Jahrhundertwende realisierten Projekten. Schon
1892 vertrat Dolmetsch hinsichtlich des Kirchenbauprojekts für Ebingen die Ansicht, „auf äußere architectoni-
sche Pracht" zugunsten des „Effect[s] im Innern" verzichten zu wollen.¹⁰⁰¹ Dieses Vorgehen brachte ihm den
Ruf ein, „nicht nach der Schablone zu arbeiten, sondern
bei jedem Bau etwas Eigenartiges zu schaffen".¹⁰⁰² Dieses
Urteil trifft zwar prinzipiell zu, bewertet aber die Singula-
rität der von Dolmetsch hervorgebrachten kunstgewerblichen Erzeugnisse zu hoch, wie die bereits angeführten
„Fließband-Arbeiten" belegen.

Bei der Ausstattung macht Dolmetsch bis nach der
Jahrhundertwende keinen wesentlichen Unterschied im
Umgang mit einem Neubau oder einem Altbau. Die Aufsprengung der Decken in den Dachraum, die Bedeutung
des Kunsthandwerks für die Ausstattung der Kirche sowie
die Anordnung von Gestühl, Kanzel, Altar und Taufstein
sind Kategorien, an denen sich ermessen lässt, dass Dolmetsch bei Restaurierungen oft im Sinne eines Neubaus
denkt.¹⁰⁰³ Auf den Wandel, der sich hinsichtlich dieser
Auffassung nach der Jahrhundertwende bei Dolmetsch
abzuzeichnen beginnt, soll im Folgenden eingegangen
werden.

Die von Dolmetsch angestrebte Stilreinheit äußerte
sich insbesondere in seiner Maxime hinsichtlich der Restaurierung der Reutlinger Marienkirche: Das Ziel ist,
„das Innere der Kirche stilgemäß herzustellen, insbesondere Alles, was dem Stil der Kirche zuwider ist, zu entfernen und das Innere dem Äußeren entsprechend herzustellen".¹⁰⁰⁴ Dabei ist zu beobachten, dass Dolmetsch für
die unterschiedlichen Zeitstellungen der einzelnen Bauteile durchaus ein Bewusstsein besitzt: Ergänzungen und
Auswechslungen erfolgten zumeist durch Kopieren der
Architekturelemente und Ornamente der jeweiligen
Bauteile. So wurden beispielsweise Ergänzungen am
Langhaus in der Formensprache des späten 13. Jahrhunderts und an der Westfassade in derjenigen des 14. Jahrhunderts vorgenommen, entsprechend der Entstehung
dieser Bauteile.¹⁰⁰⁵ In seiner Rede anlässlich der Einweihung der Marienkirche führte er bei der Schlüsselüberga-
be aus: „Es ist der Gang vieler Jahrhunderte, welcher
hier an uns vorüberrauscht und von denen jede einzelne
Zeitperiode in ihrer eigenen Sprache deutlich zu uns
redet."¹⁰⁰⁶

Der Begriff „Gesamtkunstwerk", der jüngst von Jörg
Heinrich auf die Restaurierung der Reutlinger Marienkirche angewandt wurde,¹⁰⁰⁷ erscheint nicht ganz angemessen. Wenn als Definition für ein Gesamtkunstwerk
das Kriterium ausreichend ist, dass sämtliche Ausstattungselemente von demselben Künstler nach einem einheitlichen Konzept entworfen werden,¹⁰⁰⁸ so ist die Anwendung des Begriffs auf Dolmetschs Restaurierungen

998 [David Koch], Unser Ziel: Kunst für die deutsche Christenheit!,
in: ChrKbl 50, 1908, H. 1, S. 7.

999 [Cornelius] Gurlitt, Das kirchliche Kunstgewerbe, in: [Ohne Her-
ausgeber], Zweiter Kongreß für Protestantischen Kirchenbau
5. bis 7. September 1906 in Dresden, Dresden o. J. [1906], S. 69.

1000 Ebd., S. 70.

1001 LKSpA Tübingen, Bestand Ebingen, III A 16 (Schreiben von Dolmetsch an den Pfarrer vom 30. 12. 1892).

1002 Gauger 1908, S. 6.

1003 Diese Formulierung gebrauchte Otto Wölbert in seinem Referat
über „Fachliche Anforderungen an Leistungsbeschreibungen für
restauratorische Maßnahmen" auf der vom Landesdenkmalamt
Baden-Württemberg ausgerichteten Tagung „Qualitätssicherung
in der Restaurierung – Möglichkeiten und Grenzen" am 19. 3.
2002.

1004 StadtA Reutlingen, Baubüro der Marienkirche, S 123 (Kostenberechnung „1893"). Vgl. Kronberger 2001, S. 295.

1005 Diese Angaben folgen der gemeinhin vorgenommenen Datierung
der genannten Bauteile, so auch in Marienkirche 1903, S. 10 und
S. 14. Vgl. dagegen Ellen Pietrus, Die Reutlinger Marienkirche –
Einige Anmerkungen zum Baubeginn, in: Reutlinger Geschichtsblätter N.F. 37, 1998, S. 137–163.

1006 Gratis-Beilage der Schwarzwälder Kreiszeitung" vom 26. 11.
1901.

1007 Heinrich 2001, S. 122 bezeichnet die „Herstellung eines Gesamtkunstwerks" als „eines der wichtigsten Prinzipien in der Gestaltung des Innenraumes" der Reutlinger Marienkirche.

1008 Hubel 1993, S. 95 benennt als Kriterium für ein Gesamtkunstwerk das Vorhandensein einer „leitenden Künstlerpersönlichkeit,
welche die Arbeiten nach einem übergeordneten künstlerischen
Konzept miteinander koordiniert".

durchaus berechtigt. Der Philosoph Odo Marquard geht hingegen weiter: Es erscheint „nützlich, als besonderes Kennzeichen des Gesamtkunstwerks nicht allein die multimediale Verbindung aller Künste in einem einzigen Kunstwerk gelten zu lassen, sondern vor allem auch noch eine andere Verbindung: die von Kunst und Wirklichkeit; denn zum Gesamtkunstwerk gehört die Tendenz zur Tilgung der Grenze zwischen ästhetischem Gebilde und Realität."[1009] Diese Definition auf Dolmetschs Restaurierung angewendet, zeigt sogleich, dass weder die Verbindung aller Künste in vollem Umfang eingelöst noch die Grenze zwischen Kunstwerk und Realität aufgehoben wurde. Die weltanschauliche „Tiefenwirkung", die von einem Gesamtkunstwerk in diesem Sinne auszugehen hat, ist bei der Restaurierung der Reutlinger Marienkirche in keiner Weise angestrebt worden.

Gotikrezeption

Dolmetsch, zu Recht als ein „Exponent der Neugotik" bezeichnet,[1010] verfolgte wie viele andere zeitgenössische Architekten bis nach der Jahrhundertwende das Primat der Gotik. Dabei scheint Dolmetsch sich weniger programmatisch an den Empfehlungen des Eisenacher Regulativs orientiert, als vielmehr in der Gotik den Sakralbaustil schlechthin gesehen zu haben. Dieses Phänomen beschrieb auch Alfred Lichtwark, Direktor der Hamburger Kunsthalle, 1899: „Daß eine moderne protestantische Kirche im gotischen Stil zu erbauen ist, gehört [...] zu den Dogmen des romantischen Baugefühls".[1011] Wie bereits erwähnt, fruchteten auch die Bemühungen Lechlers und Merz' wenig, die Renaissance als Kirchenbaustil zu etablieren.

Es sind in diesem Zusammenhang zwei Beispiele zu erwähnen, bei denen Dolmetsch von dem Primat der Gotik abrückte. Zum einen handelt es sich um den teilweisen Neubau der Kirche in Wannweil, bei dem die aus der Zeit um 1100 stammende Fassade in den Entwurf integriert wurde. Dolmetsch machte es sich dabei „zur Aufgabe [...], die notwendigen neuen Zuthaten an der Westfaçade dem ursprünglichen, im gotischen Stil erdachten Leins'schen Entwurfe entgegen in frühromanischem Stile auszubilden".[1012] In der Tat orientieren sich die „Zuthaten" – insbesondere die Portale und die Fensterformen – an der Romanik (Abb. 166). Zum anderen erklärte Dolmetsch in Bezug auf die beabsichtigte Umgestaltung der Stadtkirche in Tuttlingen, „der Stil wäre Renaissance entsprechend der Ausgestaltung der südlichen Kanzelwand".[1013] Diese Aussage überrascht angesichts der Tatsache, dass die Kanzelwand selbst aus der Zeit des Klassizismus stammt und die flankierenden Gemälde Ende des 19. Jahrhunderts von Rudolf Yelin hinzugefügt wurden. Die Adaption von Motiven aus der römischen Antike gepaart mit

Abb. 166 Wannweil, ev. Kirche, Ansicht von Südwesten.

floralen Ornamenten, die sich allerdings nicht wie im Jugendstil frei entwickeln, sondern stets an eine fest umrissene Fläche gebunden sind, weist stilistisch weit über die mittelalterliche Formensprache hinaus (Abb. 167). Ein derartiges Vorgehen war im Jahr 1901 durchaus möglich, zwanzig Jahre zuvor, 1881, schien die Vorherrschaft der Gotik noch übermächtig, wie das Beispiel der geplanten Umgestaltung der aus der Rokoko-Zeit stammenden Ausstattung des Kirchenschiffs in Ottmarsheim belegt (vgl. Abb. 67; 68).

Im Gegensatz zu den großen Wiederherstellungsunternehmungen im 19. Jahrhundert – beispielsweise der Restaurierung des Bamberger Doms, dem Weiterbau des

1009 Odo Marquard, Gesamtkunstwerk und Identitätssystem. Überlegungen im Anschluß an Hegels Schellingkritik, in: Harald Szeemann (Hrsg.), Der Hang zum Gesamtkunstwerk. Europäische Utopien seit 1800, Aarau/Frankfurt am Main 1983, S. 40.

1010 Norbert Bongartz, „Neuer Stil" und Jugendstil. Zur Restaurierung der evangelischen Markuskirche in Stuttgart, in: Denkmalpflege in Baden-Württemberg 7, 1978, H. 1, S. 5.

1011 Alfred Lichtwark, Palastfenster und Flügelthür, Berlin 1899, S. 46. Vgl. auch Böker 1985, S. 290.

1012 StA Sigmaringen, Wü 65/27, Nr. 578, Bd. 1 (Schreiben von Dolmetsch an den Landeskonservator Eduard Paulus vom 17. 7. 1890).

1013 LKA, DAamt Tuttlingen, Nr. 221C (KGR-Protokoll vom 14. 9. 1901).

Abb. 167 Tuttlingen, ev. Kirche, Kirchenschiff nach Süden.

Kölner Doms sowie dem Ausbau der Wartburg – scheint bei den von Dolmetsch durchgeführten Restaurierungsmaßnahmen weder eine national-ideologische noch eine romantisch-verklärende Implikation vorzuliegen. Mit Ausnahme des Restaurierungsprojekts in Reutlingen lässt sich an keinem Beispiel eine semantische Aufladung der Gotik feststellen. Insbesondere im Hinblick auf die West-

Abb. 168 Reutlingen, Marienkirche,
Wandarkaden im Seitenschiff, nach Freilegung 1894.

fassade der Marienkirche wurde schon Ende des 19. Jahrhunderts auf den architekturgeschichtlichen Zusammenhang mit Straßburg hingewiesen: Der „hervorragende Kenner der Kunstgeschichte Oberstudienrat Dr. Paulus" sprach die „Ahnung" aus, „es möchte wohl von der nahen und befreundeten Reichsstadt Straßburg ein Hauch von Erwin von Steinbachs Geist über den Schwarzwald herübergeweht sein."[1014]

Im Zusammenhang mit dem Thema „Emporen" wurden bereits die Wandnischen erwähnt, die nach dem Brand im Jahr 1726 zugeputzt und 1890 bzw. 1892 von Eugen Gradmann beschrieben wurden.[1015] Nachdem die Arkaden freigelegt worden waren (Abb. 168), erfolgte die Einsetzung des Maßwerks zwischen 1895 und 1897 (Abb. 169). Jörg Heinrich konstatiert zu Recht, dass das Maßwerk der Wandarkaden in der Westvorhalle der Marienkirche (Abb. 170) mit Ausnahme des Steinschnitts im

<hr>

1014 [Ohne Verfasser], Bericht über die Wiederherstellung der Marienkirche zu Reutlingen, o. O. [Reutlingen] 1899, S. 9.

1015 Eug[en] Gradmann, Zur Entstehungsgeschichte der Reutlinger Marienkirche, in: Württembergische Vierteljahrshefte für Landesgeschichte 13, 1890, S. 69 und E[ugen] Gradmann, Die Stadtkirche zu Reutlingen, in: ChrKbl 34, 1892, H. 11, S. 168.

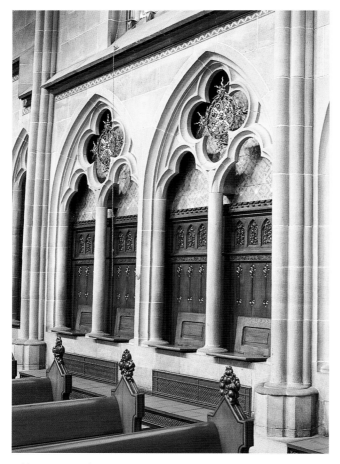

Abb. 169 Reutlingen, Marienkirche,
Wandarkaden im Seitenschiff mit eingesetztem Maßwerk.

Abb. 170 Reutlingen, Marienkirche,
Wandarkaden in der Westvorhalle, Nordseite.

oberen Bereich des Spitzbogens demjenigen der rekonstruierten Wandarkaden in den Seitenschiffen entspricht.[1016] Es liegt nahe zu vermuten, dass Dolmetsch sich hinsichtlich der Rekonstruktion der Wandarkaden an dem Vorbild, das ihm der Bau selbst bot, orientierte. Auch in den Seitenschiffen des Straßburger Langhauses finden sich Arkaden, doch weisen diese eine von dem Reutlinger Maßwerk abweichende Gestaltung auf.[1017] Die formale Nähe des Triforiums des Straßburger Langhauses ist hingegen unabweisbar. So scheint es, als sei das Triforium des Straßburger Langhauses in Reutlingen – das Reutlinger Langhaus besitzt kein Triforium – gleichsam auf den Boden geholt worden. Sollte die These, dass Dolmetsch die Reutlinger Marienkirche formal dem Straßburger Münster angleichen wollte, das Richtige treffen, so wäre zu fragen, welches Ziel er dabei verfolgte: Es erscheint unwahrscheinlich, dass politisch-nationalistische Beweggründe den Ausschlag gaben, vielmehr erhebt sich der Verdacht, als wenn gleichsam im Nachhinein das Wort von Eduard Paulus eine Legitimierung erfahren sollte.

Die Rekonstruktion der Bündelpfeiler in der Marienkirche, die durch den Brand 1726 so stark in Mitleidenschaft gezogen worden waren, dass die Stümpfe achteckig ummantelt wurden, bildete bei der Wiederherstellung des Inneren einen der Hauptaspekte. Gradmann schlug 1890 vor, „zur Ergänzung der ursprünglichen Form für die Schiffpfeiler [...] die Wanddienste [zu] verwerten", wie sie sich im Lichtgaden allenthalben erhalten haben".[1018] In der Sitzung der Baukommission am 2. Mai 1893 stellte Dolmetsch drei unterschiedliche Pfeilermodelle zur Diskussion. Aufgrund einer von dem Reutlinger Bildhauer Launer gefertigten Zeichnung ist das Aussehen zweier nicht zur Ausführung gelangter Pfeilermodelle bekannt (Abb. 171): „Abbildung der Modelle für die neuen Kirchensäulen wie selbe Baurath Dolmetsch in Stuttgart anfertigen lies, ausgestellt in der Kirchenbausitzung am 2. Mai 1903 [Launer meint sicherlich 1893] in der Sakristei der Marienkirche hier. Aufgenommen von Friedrich Launer in der nunmehr eröffneten Sammlung im Spitalgebäude am 16. Juli 1903, wovon No. 1 u[nd] No. 3 vorhanden sind, No. 2 fehlt." Aus diesem Grund gibt Launer in seiner Zeichnung anstatt des Modells Nr. 2 die ausgeführte Säule wieder, die allerdings mit diesem identisch ist.[1019] Dolmetsch sprach sich in der erwähnten Sitzung der Baukommission für die Ausführung des Modells Nr. 2 aus, „wonach an den zugestutzten Säulen 3 größere Dienste 2 kleine und 1 großer in angenehmer Abwechslung von Schmalheit und Breite, immer im Verhältnis zu der etwas derben Behandlung der Bögen angebracht werden" sollten.[1020] Zudem sei diese Lösung zu bevorzugen, „weil ähnliche Vorgänge auch sonst in der Kirche z. B. an dem Braut-Portal sich wahrnehmen lassen" (Abb. 172). Damit spielt Dolmetsch wahrscheinlich auf die Ausbildung der Sockel an, die am Brautportal wie beim Pfeilermodell Nr. 2 nur einfach abgetreppt sind, während die Modelle Nr. 1 und Nr. 3 dreifach abgestuft sind. Im Übrigen unterscheiden sich die Modelle Nr. 1 und Nr. 3 vor allem von dem zur Ausführung gelangten Modell Nr. 2 durch die Einfügung einer Kämpferplatte bei den von den Mittelschiffgewölben herabgeführten Diensten. Heinrich Merz und August Beyer erhoben in der Sitzung der Baukommission am 2. Mai 1893 Einwände gegen die zuletzt genannten Lösungen und rieten Dolmetsch, „die Hohlkehlen der Säulen einfach durchlaufen zu lassen".[1021] Als Grundlage für die Rekonstruktion des Pfeilersockels diente ein Baufragment, das bei der Entfernung der barocken Ummantelung zutage getreten war.[1022] Dieses Fragment ist wie die anderen während der acht Jahre dauernden Bauzeit aufgefundenen Bauteile in das Spendhaus gebracht worden, doch wurde diese Sammlung zu einem unbekannten Zeitpunkt aufgelöst, so dass über den Verbleib der meisten Stücke nichts bekannt ist.[1023] Ein weiteres Fragment, das gleich nach seiner Entdeckung als „einziger Stein, der über die Profilierung der Säulen Auskunft gibt" bewertet wurde, scheint gleichfalls verschollen zu sein.[1024] Dieser Stein veranlasste schon Eugen Gradmann 1903 zu dem Urteil, dass die Schaftstücke, die „nachträglich" gefunden wurden, die „Rekonstruktion bestätigten".[1025] Gradmann sprach von einer „frei[en]" Rekonstruktion des Pfeilermodells „aus seinen Funktionen und nach Wanddiensten, die sich da und dort am Bau erhalten hatten", lediglich die Plinthen waren unter dem Plattenboden „in der ursprünglichen Form" vorhanden. Tatsächlich wurde nur die dritte Säule von Westen auf der Südseite des Schiffs „nach dem ursprünglichen Entwurf von Dolmetsch" gefertigt, die übrigen sind „nach den vorgefundenen Resten" hergestellt.[1026] Welche Rolle die Zeichnung von

1016 Heinrich 2001, S. 74.
1017 Schon in Marienkirche 1903, S. 35 wurde auf die Ähnlichkeit mit Straßburg hingewiesen.
1018 Eug[en] Gradmann, Zur Entstehungsgeschichte der Reutlinger Marienkirche, in: Württembergische Vierteljahrshefte für Landesgeschichte 13, 1890, S. 69.
1019 Heinrich 2001, S. 63.
1020 StadtA Reutlingen, Baubüro der Marienkirche, S. 123 (Protokoll der Sitzung der Baukommission vom 2. 5. 1893).
1021 Ebd.

1022 Heinrich 2001, S. 66.
1023 Ebd., S. 14.
1024 Ebd., S. 63. Der überwiegende Teil der Sammlung selbst scheint verschollen zu sein, ein kleiner Teil der Originalfragmente und der Gipsabgüsse befindet sich heute im Reutlinger Heimatmuseum. Es existiert allerdings noch ein Verzeichnis der Fragmente.
1025 Marienkirche 1903, S. 11.
1026 Ebd., S. 36. Vgl. auch „Reutlinger General-Anzeiger" vom 22. 11. 1901.

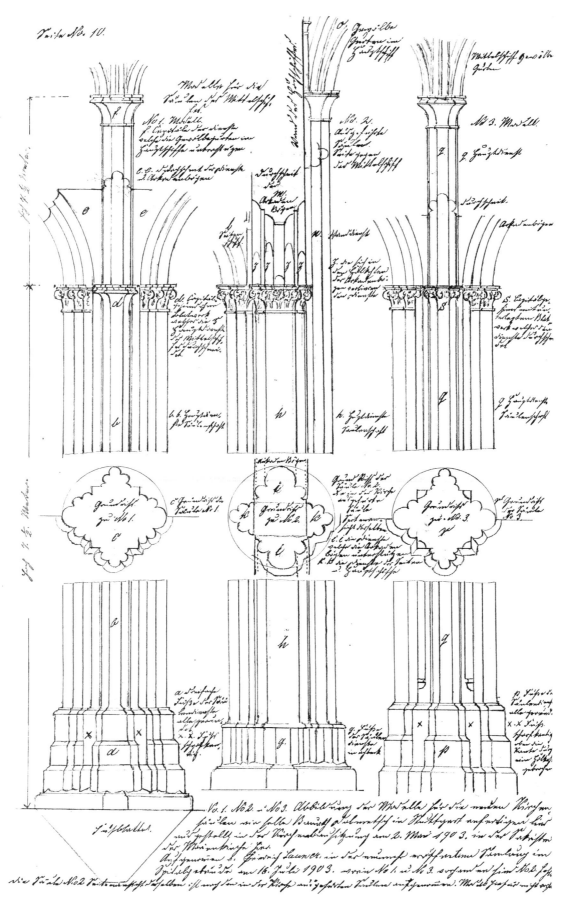

Abb. 171 Friedrich Launer, Reutlingen, Marienkirche, Zeichnung der von Dolmetsch 1893 zur Diskussion gestellten Pfeilermodelle.

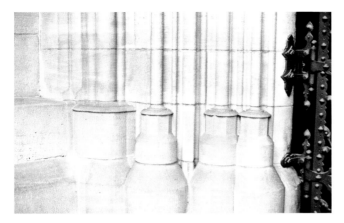

Abb. 172 Reutlingen, Marienkirche, Südfassade, Brautportal, Gewände.

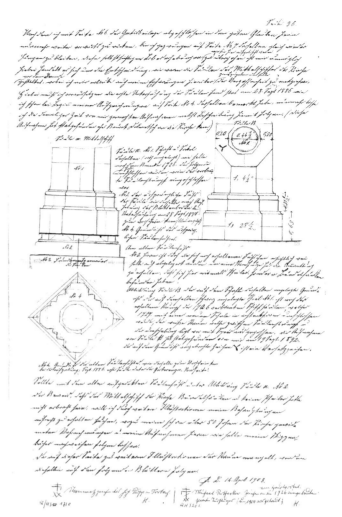

Abb. 173 Friedrich Launer, Reutlingen, Marienkirche, Ansicht und Grundriss der Sockel der Mittelschiffpfeiler, wie sie bei einer Bauuntersuchung 1886 aufgedeckt wurden (links), Ansicht und Schnitt der Sockel der Mittelschiffpfeiler, wie sie nach dem Brand 1726 hergestellt wurden (rechts).

Friedrich Launer bei diesem Prozess spielte, die dieser bereits 1886 im Zuge einer Bauuntersuchung von einem Pfeiler auf der Nordseite der Kirche fertigte (Abb. 173),[1027] kann nicht gesagt werden.

Eine tiefgreifende Veränderung am Außenbau nahm Dolmetsch im Bereich des bereits erwähnten Brautportals vor. Dieses Portal öffnet sich auf der Südseite der Kirche in Höhe des Querhauses. Eine Lithographie, die vor dem Umbau des Brautportals 1897/98 angefertigt wurde, gibt Aufschluss über das Aussehen desselben vor der Umgestaltung (Abb. 174): Eine gewölbte Vorhalle ist zwischen die begrenzenden Strebepfeiler, die in Höhe des Portals nach außen gestellt sind, eingespannt. Eine pultdachartige Bedeckung aus Stein geht ohne Absatz in die Wand über, in der ein mit einem Dreipass gefülltes Rosettenfenster sitzt. Die von Dolmetsch durchgeführten Veränderungen bezogen sich vor allem auf die Strebepfeiler und den oberen Abschluss des Portals (Abb. 175): Die Strebepfeiler wurden „gerade" gerückt, über dem Portalbogen eine Maßwerkbrüstung eingefügt, die Rosette vergrößert und analog zu dem westlichen Strebepfeiler der östliche mit einem Baldachinaufsatz versehen. An dem westlichen Strebepfeiler befindet sich eine Apostelstatue des ausgehenden 15. Jahrhunderts, an dem östlichen Strebepfeiler wurde eine von Karl Lindenberger gefertigte Mosesstatue eingesetzt. Nach Meinung eines zeitgenössischen Berichts handelte es sich „neben konstruktiven Verstärkun-

gen um den Ausbau des oberen unvollendet gewesenen Abschlusses, wobei der Baumeister in Verbindung mit den beiden seitlichen Strebepfeilern und der darüber befindlichen südlichen Querhaus-Rosette eine Lösung durchführt[e], welche nun mit den übrigen Teilen der angrenzenden Umgebung in harmonischem Einklang steht".[1028] Gradmann ließ durch seine Formulierung – „die Vorhalle der sog[enannten] Brautthür an der Südseite glaubte der Baumeister ausbauen zu sollen" – verhaltene Kritik an dem Ausbau anklingen.[1029]

Jörg Heinrich benennt als „Restaurierungsprinzip" von Dolmetsch das Kopieren „zu ergänzende[r] Architekturteile oder Ornamente von anderen Teilen der Kirche".[1030] Die bereits erwähnten Beispiele der Wandarkaden in der Westvorhalle und des Brautportalgewändes belegen diese Aussage anschaulich. Dolmetschs Vorgehen konnte dabei durchaus eklektizistisch sein: Als Vorbilder für die von Lindenberger 1901 gefertigten Figuren der

1027 Heinrich 2001, S. 66. Nach Marienkirche 1903, S. 35 war es Dolmetschs Verdienst, erkannt zu haben, dass es sich bei den „Freipfeilern" um Bündelsäulen und nicht um Pfeiler handelte. Laut Kronberger 2001, S. 293 wies Launer diese Zuschreibung mit dem Hinweis zurück, er habe dies schon 1886 erkannt.

1028 [Ohne Verfasser], Bericht über die Wiederherstellung der Marienkirche zu Reutlingen, o. O. [Reutlingen] 1899, S. 16.

1029 [Eugen] Gr[admann], Zur Würdigung der Reutlinger Marienkirche und ihrer Wiederherstellung, in: Beilage zum Staatsanzeiger für Württemberg vom 30. 11. 1901, S. 2153.

1030 Heinrich 2001, S. 121.

Abb. 174 Reutlingen, Marienkirche, Südfassade, Brautportal, vor 1893.

Abb. 175 Reutlingen, Marienkirche, Südfassade, Brautportal, nach 1901.

Westfassade führt Heinrich Skulpturen des Straßburger Westportals, des Mosesbrunnens in Dijon sowie des Nürnberger Sebaldgrabs an.[1031] Bei den architektonischen Details war Dolmetsch bemüht, die Neuanfertigung – wie in Bezug auf das Maßwerk des südlichen Westvorhallenfensters der Marienkirche bereits erwähnt – „nach ursprünglichen Anhaltspunkten" oder „nach erhaltenen Resten" vornehmen zu lassen. Letzteres bezieht sich auf die Arkadenbögen im Inneren der Marienkirche, die „neu hergestellt werden" konnten, weil nach „Entfernung der Säulen-Kapitäle" festgestellt wurde, dass die „ohne Verband eingesetzten Arkadenbögen keinen Halt mehr hatten und notwendig entfernt werden mußten".[1032] Zu Recht konstatiert Jörg Heinrich, dass dieses Vorgehen nicht eine Rekonstruktion nach Befund, sondern eine von gotischen Vorbildern ausgehende Neuschöpfung darstellt.[1033]

Dolmetschs Arbeitsweise lässt sich als künstlerisch-assoziativ charakterisieren, wie die bereits angeführten Kommentare zu den Entwürfen des südlichen Westvorhallenfensters belegen. Dabei zeigt Dolmetsch ein ausgeprägtes Bewusstsein für die stilistischen Unterschiede der einzelnen Bauwerke: Ein Motiv, das für den Kapellenturm in Rottweil geeignet erscheint, ist nicht ohne Wei-

teres für die Marienkirche in Reutlingen adäquat. Der Grund für eine derartige Unterscheidung ist aber wiederum eher im ästhetisch-praktischen als im historisch-wissenschaftlichen Bereich zu suchen, denn Dolmetsch bringt dieses Argument in Verbindung mit der Thematik des Lichteinfalls. Bei Auswechslungen, wie beispielsweise von Sockelelementen oder Fialen, hielt sich Dolmetsch weitgehend an den vorgefundenen Bestand. In Bezug auf die Erneuerung der Wasserspeier am Chor der Schorndorfer Stadtkirche erhob er dezidiert diesen Anspruch: Die Wasserspeier „zu beiden Seiten der Strebepfeiler" waren „genau nach dem Muster der alten neu herzustellen".[1034]

1031 Ebd., S. 49: Lindenberger „kombinierte einzelne Motive mittelalterlicher Skulptur zu eigenständigen Figuren". Welcher Anteil Dolmetsch bei diesem Vorgang zukommt, kann aufgrund fehlender Schriftquellen nicht gesagt werden.

1032 Marienkirche 1903, S. 36.

1033 Heinrich 2001, S. 56.

1034 StadtA Schorndorf, „Beilagen zur Kirchenbau-Rechnung vom 1. April 1886 bis 1. Februar 1890" („Kirche zu Schorndorf. Kostenberechnung über die Restaurationsarbeiten am Chor und an den 2 Kapellen" von Dolmetsch vom August 1885).

*Abb. 176 Schorndorf, ev. Kirche, Südfassade,
Zwillingswendeltreppe, vor 1908.*

*Abb. 177 Schorndorf, ev. Kirche, Südfassade,
Zwillingswendeltreppe, nach 1908.*

Der von Dolmetsch 1884 geäußerte Grundsatz klingt
wie ein Glaubensbekenntnis des Historismus: „Die Restauration eines solch wichtigen Monumentes [des Chors
der Schorndorfer Stadtkirche] legt nach meiner Anschauung dem leitenden Baumeister hohe Pflichten auf, er hat
sich von seiner individuellen Gefühlsweise loszulösen und
vor allem darnach zu trachten, daß er sich ganz und gar in
den Geist derjenigen Zeit, aus welcher das Bauobjekt
kommt, mit hingebender Liebe hineinlebt. Nur hiedurch
kann eine Restauration erreicht werden, welche den
Stengel der reinen Ursprünglichkeit an sich trägt."[1035]

Im Zuge der Außenrestaurierung des Schiffs der
Schorndorfer Stadtkirche ließ Dolmetsch auch die aus
dem Jahr 1579 stammende Zwillingswendeltreppe an der
Südseite erneuern. Die in dem Giebel befindlichen Del-
phine wurden durch Kopien, die von Karl Lindenberger
gefertigt wurden,[1036] ersetzt (Abb. 176; 177). Die Maß-
werkgalerie wurde gleichfalls vollständig neu hergestellt,

wobei die Seitenteile in Anlehnung an den Mittelteil abgeändert wurden. Damit wich Dolmetsch zwar vom Vorbild ab, doch folgte er dem bereits beschriebenen Prinzip,
bei Ausbesserungen und Abänderungen sich am Bau
selbst zu orientieren. Die Vermittlung der Gotik erfolgte
somit über das Studium der Bauwerke selbst, die Rolle
der *neu*gotischen Architektur scheint dabei als gering eingeschätzt werden zu können.

Dolmetsch steht mit seinem beschriebenen Vorgehen
in der Tradition des 19. Jahrhunderts: Das „Bauen nach
ursprünglichem Plan", das heißt nach wiederaufgefunde-
nen Originalrissen der Bauwerke, stellte für zahlreiche
Domvollendungen im 19. Jahrhundert einen wichtigen
Aspekt dar.[1037] Dolmetsch schloss an diesen Grundsatz an,
auch wenn er ihn freier interpretierte: Seine Äußerung in
Bezug auf den Turmaufbau der Stadtkirche in Urach, bei
dem er die „angedeuteten Verbesserungen […] im Geiste
des ersten Baumeisters" anbringen wollte, lässt sich hier
einreihen. Sein Anspruch, den alten Plan zu verwirklichen, der in diesem Fall rein ideell existiert, deutet eher
auf ein romantisches als auf ein dogmatisches Verständnis
mittelalterlicher Baugeschichte hin. In ähnlichem Sinn
äußerte sich Dolmetsch hinsichtlich der Restaurierung
der Reutlinger Marienkirche, bei der er „den Bau in allen

1035 Ebd. (Schreiben von Dolmetsch an das Gemeinschaftliche Amt
vom 9. 11. 1884).
1036 Schahl 1983, Bd. 2, S. 891.
1037 Borger-Keweloh 1986, S. 87. Dies galt insbesondere für Köln,
Ulm, Frankfurt und Regensburg. Vgl. auch Seeger 1997, S. 300.

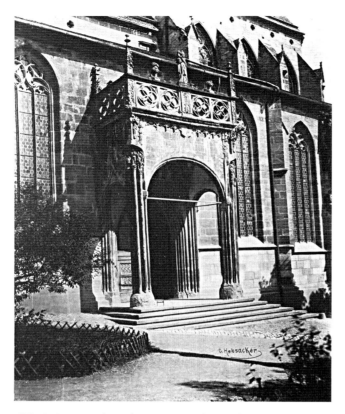

Abb. 178 Rottweil, Heilig-Kreuz-Kirche, Südfassade, Portalvorhalle, vor 1900.

Abb. 179 Rottweil, Heilig-Kreuz-Kirche, Südfassade, Portalvorhalle, nach 1900.

seinen Teilen als ein einheitliches, im Geiste der ersten Erbauer durchgeführtes Kunstwerk erscheinen lassen" wollte.[1038] Von diesem Vorsatz rückte Dolmetsch im Laufe der Restaurierungsarbeiten insofern ab, als er – wie bereits erwähnt – durchaus zwischen den unterschiedlichen Bauphasen zu unterscheiden wusste. In seiner Beurteilung zweier Pläne zum Umbau der Kirche in Wannweil ging Dolmetsch noch einen Schritt weiter: Er unterstellte, „daß die Baumeister des Mittelalters bei gleichem Bauprogramme es ebenso gemacht hätten".[1039] Damit suchte Dolmetsch nicht nur die Legitimation durch die Vergangenheit, sondern interpretierte darüber hinaus die Prinzipien der mittelalterlichen Baumeister im Hinblick auf den protestantischen Kirchenbau.

Dem Anspruch der formalen Authentizität, den Dolmetsch im Gegensatz zu vielen seiner Berufsgenossen nur bedingt einlöste, steht das Ideal der technischen Authentizität gegenüber. Joseph von Egle ließ beispielsweise bei der Restaurierung der Außenfassaden der Heilig-Kreuz-Kirche in Schwäbisch Gmünd die Steine in der Bauhütte

vorwiegend mit traditionellem Handwerkszeug bearbeiten.[1040] Wie die Bearbeitungsspuren insbesondere der neu eingesetzten Quader an der Reutlinger Marienkirche zeigen, setzte Dolmetsch gleichfalls herkömmliches Werkzeug ein.[1041] Seine Ausbildung als Steinmetz spielte hierbei sicherlich eine wichtige Rolle. Bei der Erneuerung der Südportalvorhalle an der Heilig-Kreuz-Kirche in Rottweil lehnte sich Dolmetsch enger an den mittelalterlichen Bestand an, als er dies in Reutlingen tat. Allerdings wich er auch hier in einigen Details von dem Vorbild ab. Anstelle von Segmentbögen setzte Dolmetsch an der Vorderseite einen Korbbogen und an den Schmalseiten Rundbögen ein (Abb. 178; 179). Die Maßwerkbrüstung bestand bis 1899 aus aneinandergereihten Kreiselementen, denen jeweils vier kleinere Kreise einbeschrieben waren. Dolmetsch nahm das Kreismotiv zwar wieder auf, doch ordnete er die Kreise sich überschneidend an und fügte zudem genaste Rauten hinzu. Er begründete die Abweichungen vom Vorbild mit der „Stilmengerei", die die alte Vorhalle aufgewiesen habe, und damit, „daß sich

1038 LKA, DAamt Reutlingen, D 302 (Schreiben von Dolmetsch an den Stiftungsrat vom 25. 2. 1890).

1039 LKA, K 1, Nr. 231 (Schreiben von Dolmetsch an Prälat Heinrich Merz „zum Zwecke einer Beurteilung zweier Pläne zum Umbau der Kirche zu Wannweil, von denen der eine durch Herrn Oberbaurat v. Leins dahier, der andere durch Herrn Münsterbaumeister Beyer in Ulm gefertigt wurde" vom 2. 7. 1887).

1040 Timpe 2001, S. 42.

1041 Vgl. Borger-Keweloh 1986, S. 154 zur Steinbearbeitung beim Kölner Dom: „Bei Ergänzungen, die ganz direkt die Wirkung der historischen Bauteile betrafen, wollte man [...] die mittelalterliche Handwerkstradition aufgreifen. Mißglückte Versuche zu rationellerem Vorgehen, etwa bei der Steinbearbeitung mit Maschinen in Köln, dürften diese Haltung verstärkt haben."

nur bei geläuterter Formenausbildung ein befriedigendes Gesamtresultat erzielen" ließe.[1042] Trotzdem kann die Neuaufführung der Vorhalle als Rekonstruktion angesprochen werden.[1043] Im Gegensatz zu Dolmetsch orientierte sich beispielsweise Friedrich von Schmidt bei der Neuherstellung der Vorhalle im Zuge der Erneuerung der Klosterneuburger Stiftskirche zwischen 1883 und 1887 nicht am Bau selbst, sondern übernahm das Vorbild der Ulmer Stadtkirche.[1044] Diese formale Authentizität wird 1920 von Johannes Merz als „blutlose[s] Schema der durch Kunstgelehrte rekonstruierten Schulgotik" diffamiert.[1045]

Das Selbstverständnis Dolmetschs, der sich in der Tradition der mittelalterlichen Baumeister sah, belegt auch eine Büste am Portal der Heilig-Kreuz-Kirche in Rottweil (Abb. 180). Die Identität Dolmetschs ist durch die unabweisbare Porträtähnlichkeit bezeugt (Abb. 181). In der Rechten hält er einen Stechzirkel; die Linke, die sonst häufig einen Richtscheit präsentiert,[1046] ist frei. Das umgebende Astwerk verweist stilistisch auf die Spätgotik des Langhauses der Heilig-Kreuz-Kirche. Damit beweist Dolmetsch auch in diesem Fall, dass er ein Gespür für die unterschiedlichen Ausprägungen eines Stils besitzt.

Die Gotik, 1883 von Karl Lechler als „ein unbesiegbares Hinderniß für die Entwicklung einer evangelischen Baukunst" bezeichnet,[1047] war bis nach der Jahrhundertwende auch für Dolmetsch der „Leitstil", wie sein Regotisierungsprojekt aus dem Jahr 1902 für die Stadtkirche in Schorndorf belegt. Der Umbau der Stadtkirche in Tuttlingen 1903 stellt in dieser Hinsicht eine Ausnahme dar. Die Romanik spielte bei Dolmetsch stets eine untergeordnete Rolle; das bereits erwähnte Beispiel der Kirchenerweiterung in Wannweil darf über diese Tatsache nicht hinwegtäuschen. Mit der Leitbildfunktion der mittelalterlichen Stile geht im 19. Jahrhundert die Ablehnung des „Zopfstils" einher. 1892 fand beispielsweise unter Dolmetschs Leitung in der Kirche in Gingen die „Ersetzung des nimmer passenden Altars im Zopfstil" statt.[1048] Die Rehabilitierung des „Zopfstils" begann bekanntlicherweise 1889 mit der „Geschichte des Barockstiles und des

Abb. 180 Rottweil, Heilig-Kreuz-Kirche, Südfassade, Portalvorhalle, Bildnis von Heinrich Dolmetsch.

Abb. 181 Heinrich Dolmetsch (Fotografie).

1042 DA Rottenburg, Pfarrarchiv Heilig-Kreuz Rottweil, Nr. 73 (Schreiben von Dolmetsch an den Pfarrer vom 16. 10. 1898).

1043 Stefan King/Werner Wittmann, Heiligkreuz zu Rottweil. Forschungslage und Bildquellen (Bauhistorische Dokumentation anläßlich der Restaurierungsarbeiten am Außenbau), Manuskript 2002, S. 34. Ich danke Stefan King, Freiburg, für die Zurverfügungstellung des Manuskripts. Dehio 1997, S. 603 spricht im Zusammenhang mit der Erneuerung der Vorhalle von „Nachschöpfung".

1044 Seeger 1997, S. 300.

1045 [Johannes] Merz, Der evangelische Kirchenbau in Württemberg, o. O., o. J. [1920], S. 6 führt diese Diffamierung im Zusammenhang mit der 1853/55 erbauten Kirche in Berg an.

1046 Vgl. Kurt Gerstenberg, Die deutschen Baumeisterbildnisse des Mittelalters, Berlin 1966, S. 205 und S. 214.

1047 Lechler 1883, S. 54.

1048 PfarrA Gingen, B 41 (KGR-Protokoll vom 13. 9. 1891).

Rococo in Deutschland" von Cornelius Gurlitt,[1049] doch sollte es noch bis nach der Jahrhundertwende dauern, bis die Architekten sich auch in der Praxis von den historischen Vorbildern zu lösen begannen. Die Propagierung eines „Neuen Stils" durch einen Pfarrer im Christlichen Kunstblatt von 1906 wurde bereits angesprochen. 1905 gesteht auch Dolmetsch, dass er sich „von dem schnellen Wechsel der Geschmacksrichtungen der Neuzeit hingerissen" fühlt.[1050] Der Stil seiner Kirchenneubauten in Metterzimmern und in Stuttgart ist als Versuch zu werten, sich diesen „Geschmacksrichtungen der Neuzeit" anzupassen.

Denkmalbegriff

Während von Wussow, Geheimer Oberregierungsrat im Ministerium der geistlichen Angelegenheiten, schon 1885 betonte, dass „das Denkmal dem Begriff nach nicht zu definieren" ist,[1051] waren Vertreter der staatlichen Denkmalpflege stets bemüht, einen Denkmalbegriff festzulegen, um gesetzliche Handhabungen greifen lassen zu können. Eugen Gradmann konstatierte dementsprechend 1912: „Als ein Altertum gilt im allgemeinen, was mindestens 60 Jahre alt ist."[1052] Auch eine weiter gehende Festlegung des Denkmalbegriffs nach geschichtlichen und künstlerischen Kriterien erachtete Wussow aus praktischen und politischen Gründen als problematisch.[1053] Dessen ungeachtet liegt bis heute ein derartiger Kriterienkatalog jeder Definitionsbestimmung zugrunde. Hier bildet auch Eugen Gradmann keine Ausnahme: „Wichtiger als das Alter ist die Bedeutung, über die im Zweifelsfall der Konservator gehört werden sollte, und die eine geschichtliche oder kulturgeschichtliche, eine kunstgeschichtliche oder künstlerische sein kann."[1054] Dabei ist sich Gradmann offenbar der Schwierigkeit bewusst, das „Künstlerische" zu definieren, da er hinzufügt: „Künstlerische Bedeutung hat, was den künstlerisch Empfindenden anspricht."[1055] Aus diesem Grund wollte schon Alois Riegl 1903 dieses Kriterium zur Bestimmung eines Denkmals getilgt wissen.[1056]

Die Festlegung der Zeitgrenze durch Gradmann auf 60 Jahre ist als verhältnismäßig fortschrittlich zu werten, da er damit Objekte aus der Mitte des 19. Jahrhunderts bereits als denkmalwürdig anerkennt. Auch für die im 19. Jahrhundert eingesetzten Konservatoren wie beispielsweise Konrad Dietrich Haßler und Ferdinand von Quast galten als „Altertümer" nicht nur Bauwerke des Mittelalters, sondern auch – allerdings nur im Einzelfall – Werke des 18. und 19. Jahrhunderts.[1057] Der von Quast ausgearbeitete Fragebogen zur Erfassung der Altertumsdenkmale wurde von Haßler mit geringfügigen Abänderungen verwendet. In seinem Begleitschreiben vom März 1859, das er den von ihm verschickten Fragebögen hinzufügte, spezifizierte Haßler die aufzunehmenden Denkmale: „Die Verzeichnisse […] sollen alle in Württemberg befindlichen Denkmäler der Kunst und des Alterthums umfassen von den ältesten Zeiten der Römer-, Alemannen- und Frankenherrschaft an durch das ganze Mittelalter herunter bis zur Zeit der Renaissance und des Rococo (XVI. und XVII. Jahrhundert) einschließlich. Die Zopfzeit (XVIII. Jahrhundert) und Werke des laufenden Jahrhunderts bleiben ausgeschlossen, es müßten denn einzelne vorhanden sein, welche irgendein besonderes Interesse darbieten."[1058]

Auffallend ist angesichts der großen Zahl an Restaurierungen, die Dolmetsch durchführte, dass er Objekte in seine Tätigkeit mit einbezog, die keinesfalls aus dem Mittelalter stammten, sondern mitunter auch aus dem 18. oder 19. Jahrhundert. Schon als Verwalter der Gipsmodellsammlung der Zentralstelle für Gewerbe und Handel und als Autor des „Ornamentenschatzes" dehnte Dolmetsch den Gegenstand seines Interesses bis ins 18. Jahrhundert aus. Ein Beispiel dieser „Ausdehnung" stellt die Kirche in Korb dar, der Dolmetsch bescheinigte, „wohl das einzige kirchliche Bauwerk Württembergs aus der ersten Hälfte dieses [des 19.] Jahrhunderts" zu sein, „an welchem eine echt künstlerische Formenbehandlung durchgeführt ist" (Abb. 182).[1059] In diesem Fall bildet also nicht das Alter des Bauwerks, sondern die „künstlerische Formenbehandlung" den Hinweis für eine Beschäftigung

---

1049 Cornelius Gurlitt, Geschichte des Barockstiles und des Rococo in Deutschland (= Geschichte der neueren Baukunst, Bd. 5, Abteilung 2, Teil 2), Stuttgart 1889.

1050 LKA, 1. Stadtpfarramt Schorndorf, „Kirchliche Bausachen 1902 ff. I" (Schreiben von Dolmetsch an den Dekan vom 29. 3. 1905).

1051 A. von Wussow, Die Erhaltung der Denkmäler in den Kulturstaaten der Gegenwart, Berlin 1885, S. 1.

1052 Gradmann 1912 I, S. 5. In dem 1972 in Kraft getretenen Denkmalschutzgesetz des Landes Baden-Württemberg ist hingegen keine Zeitgrenze enthalten. Eine Einschränkung, wie sie in den Denkmalschutzgesetzen der Länder Bayern, Niedersachsen, Rheinland-Pfalz, Sachsen-Anhalt und Schleswig-Holstein durch die Formulierung „aus vergangener Zeit" vorgenommen wird, existiert demnach in Baden-Württemberg nicht.

1053 Wohlleben 1989, S. 84.

1054 Gradmann 1912 I, S. 5.

1055 Ebd.

1056 Alois Riegl, Der moderne Denkmalkultus, sein Wesen und seine Entstehung, in: Alois Riegl, Gesammelte Aufsätze, Augsburg/Wien 1929, S. 148. Wiederabgedruckt in: Marion Wohlleben (Hrsg.), Georg Dehio – Alois Riegl. Konservieren, nicht restaurieren. Streitschriften zur Denkmalpflege um 1900, Braunschweig/Wiesbaden 1988, S. 46: „Gibt es keinen ewigen Kunstwert, sondern bloß einen relativen, modernen, so ist der Kunstwert eines Denkmals kein Erinnerungswert mehr, sondern ein Gegenwartswert […]; aus dem Begriffe des ‚Denkmals' ist er auszuscheiden."

1057 Buch 1983, S. 44.

1058 Zitiert nach Strobel 1980, S. 267.

1059 PfarrA Korb, Nr. 156.2 (Schreiben von Dolmetsch an den Verein für christliche Kunst vom 13. 9. 1892).

Abb. 182 Korb, ev. Kirche, Innenansicht nach Osten, 1832 (Bestand). Titelvignette der Festschrift zur Grundsteinlegung und Einweihung der von Karl Marcell Heigelin errichteten Kirche.

Dolmetschs mit diesem Bauwerk. Es darf allerdings nicht übersehen werden, dass Dolmetsch sein Tun nicht an den Vorgaben des Konservators ausrichtete, sondern an den Bedürfnissen der Kirchengemeinden. Somit waren für die Legitimation seiner Eingriffe keine Denkmaldefinitionen, sondern ausschließlich praktische Erwägungen entscheidend. So mag auch die Vielzahl an Dorfkirchen, mit denen Dolmetsch zu tun hatte, zunächst schlicht auf die Tatsache zurückzuführen sein, dass das Gebot der Notwendigkeit Vorrang hatte. Das zeitliche Zusammenfallen einer großen Zahl seiner Restaurierungsunternehmungen mit einer Aufwertung der Dorfkirche als Kulturobjekt ist allerdings evident.

1911 widmete Eugen Gradmann dem Thema „Dorfkirche" eine eigene kleine Schrift, die schon mehrfach im Rahmen dieser Arbeit zitiert wurde. Schon 1900 äußerte sich Oskar Hoßfeld zu der Problematik eines zu eng gefassten Denkmalbegriffs: Es liegt seiner Ansicht nach „die Gefahr vor", dass der „Denkmälerbegriff" zu eng begrenzt wird, „daß als pflegebedürftig und erhaltenswerth nur diejenigen Gegenstände erscheinen, welche geschichtliche Bedeutung haben oder durch ihre Kunst- und Schmuckformen anziehen, sei es, daß bei diesen der

stilgeschichtliche oder der künstlerisch-formale Werth im Vordergrunde steht".[1060] Er will den Denkmalbegriff sowohl auf eine „gefährdete Landschaft" als auch auf ein „bedrohtes Ortsbild" angewendet wissen, so dass beiden der Schutz durch die Denkmalpflege zugute kommen kann. In diesem Zusammenhang erwähnt er auch die Dorfkirchen, über die oft „leichten Herzens [...] der Stab gebrochen wird". 1906 trug Hoßfeld dieses Thema auf dem „Tag für Denkmalpflege" in Braunschweig vor, bei dem er die Behandlung des Heimatschutzes ins Zentrum seiner Ausführungen stellte: „Man vergißt, daß Dörfer selten wichtigere Geschichte, daß Dorfkirchen und Bauernhäuser selten kunst- oder stilgeschichtliche Bedeutung haben; daß es ganz andere Momente sind, die sie vorwiegend schützens- und erhaltenswert machen. Dies sind die Fragen allgemein künstlerischer und ethischer Art, die Erhaltung des typischen und schönen Gepräges der Landschaft, des Ortsbildes, des Malerischen und landschaftlich Schönen überhaupt."[1061] Aus diesen Feststellungen leitet Hoßfeld die Anweisung ab, „die Wiederherstellung soll nicht bäurisch, wohl aber bäuerlich werden, denn für die Bauern ist doch die Dorfkirche in erster Linie da, und nicht für den Genuß oder gar für die Liebhaberei des feiner Gebildeten".

Oskar Hoßfeld veröffentlichte 1905 sein Buch über „Stadt- und Landkirchen", wobei er jedoch ausschließlich auf den Neubau von Kirchen einging. Eine Prämisse kann allerdings durchaus auf den Umgang mit Altbauten übertragen werden: „Eine Dorfkirche darf nicht wie eine Stadtkirche aussehen."[1062] Dieses Thema wurde auch auf

1060 [Oskar] H[oßfel]d, Unsere Dorfkirchen, in: Die Denkmalpflege 2, 1900, Nr. 6, S. 41. Vgl. auch Wohlleben 1989, S. 32.
1061 O[skar] Hoßfeld, Denkmalpflege auf dem Lande, in: Die Denkmalpflege 8, 1906, Nr. 13, S. 99 f. Vgl. auch Oechelhaeuser 1910, S. 488–498.
1062 Hoßfeld 1905, S. 1.

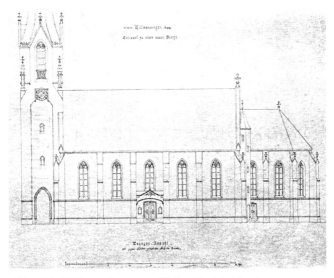

Abb. 183 *Willmandingen, ev. Kirche, Karl Beisbarth,*
Ansicht Südfassade, 1861 (unausgeführt). Tusche auf Papier,
55,3 cm × 36,2 cm.

dem Zweiten Kongress für Protestantischen Kirchenbau 1906 umfassend behandelt. Paul Clemen wies ähnlich wie Hoßfeld auf den Unterschied von Stadt- und Landkirchen hin: „Man muß sich hüten, bei Dorfkirchen mit den städtischen Begriffen von protestantischer Raumgestaltung zu stark zu arbeiten [...] Sie sollen vor allem auch äußerlich ihren Zweck zeigen: bekennen und gern und mit Stolz bekennen, daß sie Dorfkirchen sind."[1063] Otto March hob in demselben Zusammenhang in Bezug auf den ländlichen Kirchenbau hervor, „daß die Dorfkirche als einzige höhere Kunstschule des einfachen Mannes mit entsprechenden selbständigen Kunstformen erfinderisch zu gestalten ist, besonders auch im Innern, das auch ohne eigentlichen höheren Kunstwert künstlerisch charakteristisch wirken muß".[1064] Cornelius Gurlitt widmete in seinem *Handbuch der Architektur* dem Thema „Dorfkirchen" sogar ein eigenes Kapitel.[1065] Schon 1897 hatte er darauf hingewiesen, dass „Bauernkirchen für die Bauern da [sind] und deren Geschmack entsprechen, nicht wie verkümmerte Kathedralen aussehen" sollen.[1066]

Dass bis in die achtziger Jahre des 19. Jahrhunderts hinein noch kein Bewusstsein für diese Problematik vorhanden war, belegen die Entwürfe von Karl Beisbarth von 1861 für den Neubau einer Kirche in Willmandingen

(Abb. 183) und von Robert Reinhardt von 1885 für den Neubau einer Kirche in Lindach (vgl. Abb. 311). Beide Projekte orientieren sich noch stark – wenn auch in unterschiedlicher Ausprägung – an dem Ideal der „Kathedralgotik"; der Neubau der Kirchenschiffe 1903 durch Dolmetsch – im einen Fall unter Einbeziehung des Turms der Kirche und im anderen Fall unter Verwendung des alten Chors als Sakristei – ist hingegen von dem zuvor beschriebenen Wandel geprägt: Zweischiffige, asymmetrische Kirchenschiffe, um die sich die Annexbauten malerisch gruppieren, und Fachwerkaufsätze der Türme markieren die Abkehr von dem Primat der Gotik bei Dorfkirchen (vgl. Abb. 35; 314). Die Würdigung der von Dolmetsch 1893 restaurierten Kirche in Heumaden markiert bereits den Beginn eines sich wandelnden Verständnisses: „Die Kirche ist, abgesehen von dem alten, häßlichen Turm, der stehen blieb, in ihrer restaurierten Gestalt das Ideal einer schönen, kleinen Dorfkirche."[1067]

1900 plädierte Oskar Hoßfeld – wie bereits erwähnt – für die Erweiterung des Denkmalbegriffs. Sowohl hinsichtlich der Gattungen (Dorfkirchen) als auch hinsichtlich der Epochen („Zopfstil") erfolgte nach 1900 eine sukzessive Vermehrung der Gegenstände, mit denen sich die Denkmalpflege zu beschäftigen hatte. Auch im Zusammenhang mit dem Denkmalschutzjahr 1975 wurde von einem „erweiterten Denkmalbegriff" gesprochen, dieses Mal traten Objekte der Industriekultur und des „Historismus" ins Blickfeld des Interesses. Georg Mörsch merkt zu Recht an, dass es sich bei der „Behauptung vom erweiterten Denkmalbegriff" um ein Missverständnis handelt, da es lediglich um die Anwendung des gültigen Denkmalbegriffs auf „sehr viele zusätzliche Artefakte" ging.[1068] Die Ausführungen von Willibald Sauerländer zielen in eine andere Richtung: Er stellt die Frage, „ob wir es gegenwärtig [1975] nicht eher mit einer qualitativen Veränderung, Erschütterung und Gefährdung des überkommenen Denkmalbegriffes zu tun haben als mit einer rein quantitativ aufzufassenden Erweiterung".[1069] Er macht dabei vor allem einen Unterschied im Hinblick auf die Motivationen aus: Während sich seiner Ansicht nach die Erweiterung des Denkmalbegriffs in der Zeit um 1900 wesentlich auf neue Erkenntnisse der Geschichtswissenschaft zurückführen lässt, ist sie Mitte der siebziger Jahre des 20. Jahrhunderts durch die fortschreitende Zerstö-

1063 [Paul] Clemen, Kirche und Kunst, in: Zweiter Kongreß für Protestantischen Kirchenbau 5. bis 7. September 1906 in Dresden, Dresden o. J. [1906], S. 28.

1064 O[tto] March, Gestaltung und Ausstattung des Raumes, in: Zweiter Kongreß für Protestantischen Kirchenbau 5. bis 7. September 1906 in Dresden, Dresden o. J. [1906], S. 42.

1065 Gurlitt 1906, S. 507–518. Vgl. dazu auch Wolf-Holzäpfel 2000, S. 236. M[ax] Meckel, Einfache Kirchenbauten, in: Zeitschrift für christliche Kunst 3, 1890, Nr. 7, Sp. 215–224 und Nr. 8, Sp. 253–260 gibt Empfehlungen für den Bau von Dorfkirchen.

1066 C[ornelius] Gurlitt, Restaurierung von Baudenkmälern, in: DBZ 32, 1898, Nr. 1, S. 8.

1067 LKA, A 29, 2011–18 (Pfarrbericht von 1899).

1068 Georg Mörsch, Zur Differenzierbarkeit des Denkmalbegriffs, in: Wilfried Lipp (Hrsg.), Denkmal – Werte – Gesellschaft. Zur Pluralität des Denkmalbegriffs, Frankfurt am Main/New York 1993, S. 166.

1069 Willibald Sauerländer, Erweiterung des Denkmalbegriffs?, in: Deutsche Kunst und Denkmalpflege 33, 1975, H. 1/2, S. 118.

rung der Städte und der Umwelt bedingt.[1070] Er verkennt dabei, dass eben dieser Aspekt der Zerstörung von Beginn an und besonders in der Zeit um 1900 eine bedeutende Antriebsfeder für die Entstehung der Denkmalpflege war. Im Gegenzug gewinnt der von ihm stark betonte Aspekt des Patriotismus ein gewisses Übergewicht.

Sauerländer charakterisiert den „traditionellen" Denkmalbegriff als einen „dokumentarischen"; er versteht darunter die sich um 1900 konstituierende Auffassung eines Denkmals als „Urkunde", die nach Möglichkeit unverfälscht zu erhalten und somit dem Zugriff von Architekten, die sie reinigen und vollenden wollen, zu entziehen sei.[1071] Der „historistische" Denkmalbegriff sei hingegen von einer „erzieherische[n] Botschaft" bestimmt gewesen, die Eingriffe und Veränderungen am Denkmal legitimierte.[1072] Nach Ansicht von Georg Dehio konnte die Denkmalpflege im 19. Jahrhundert keinen anderen Verlauf nehmen, „weil die öffentliche Meinung, in Unklarheit über das wahre Wesen des Denkmals, dem Irrtum verfiel, es handle sich hier um eine Aufgabe für Künstler, während sie doch wesentlich im Bereich des historisch-kritischen Denkens liegt".[1073] Während Riegl und Dehio tatsächlich auf einen *Wandel* des Denkmalbegriffs – das Denkmal als „Quelle" – abzielten, ging es Hoßfeld lediglich um die *Erweiterung* der Gegenstände, mit denen sich die Denkmalpflege befassen sollte. So scheint es im Sinne Mörschs verfehlt, in Bezug auf die Beschäftigung Dolmetschs mit Dorfkirchen von einer Aufweitung des Denkmalbegriffs sprechen zu wollen.

„Restaurationswesen" versus Denkmalpflege

Georg Dehio bemerkte in seiner vielbeachteten „Kaiserrede" von 1905: „Der Historismus des 19. Jahrhunderts hat außer seiner echten Tochter, der Denkmalpflege, auch ein illegitimes Kind gezeugt, das Restaurationswesen."[1074] Vor 1903 war Dolmetsch uneingeschränkt ein Vertreter des von Dehio kritisierten „Restaurationswesens", also einer Form der „vorwissenschaftlichen Denkmalpflege", die sich „im Bunde mit der historistischen

Architektur befand".[1075] Das beinhaltet vor allem das Streben nach einer „organischen" Ganzheit, die sich in der Praxis als Anpassung an den im jeweiligen Bauwerk vorgefundenen Stil äußert. Er brachte dies mit folgenden Worten zum Ausdruck: „Bei Kirchenbauten muß eines gewissenhaften Baumeisters erstes Streben darauf gerichtet sein die vorhandenen Bauteile möglichst zu erhalten und mit den neuen Anbauten organisch zu verbinden."[1076] Wie diesem Zitat auch zu entnehmen ist, erhob Dolmetsch durchaus den Anspruch, die Bausubstanz sorgfältig zu konservieren. Tatsächlich aber waren bei Dolmetschs Restaurierungen Zerstörungen des Baubestandes bis hin zum Abriss und radikale Purifizierung des Kircheninneren an der Tagesordnung.

Diese Diskrepanz zwischen Anspruch und Wirklichkeit bei Dolmetschs Restaurierungsmaßnahmen kann das Beispiel des zwischen 1896 und 1898 durchgeführten Kirchenumbaus in Schramberg illustrieren. Hier war Dolmetsch nach eigenem Bekunden „bestrebt [...], an der Stelle, wo der neue Chor anstößt, die vorhandene Umfassungsmauer möglichst zu schonen".[1077] Dementsprechend entwarf Dolmetsch zunächst einen Choranbau, der sich durch drei in die Umfassungsmauer der bestehenden Kirche eingebrochene Arkaden zum Innenraum öffnete. Der schließlich ausgeführte Plan sah hingegen vor, die Mauerblöcke mit den anschließenden Strebepfeilern, die als Arkadenstützen dienen sollten, zu beseitigen.

Erste Spuren der modernen Denkmalpflege finden sich in Bezug auf Dolmetschs Restaurierungsprojekte bezeichnenderweise nicht in den Plänen des Architekten, sondern in dem Widerstand, der ihm entgegenschlägt. Die gravierenden Mängel des Kirchengebäudes in Lehrensteinsfeld ließen Dolmetsch 1900 zu dem Schluss gelangen, dass er „unter keinen Umständen es wagen würde, diese Kirche zu restaurieren".[1078] In einer Stellungnahme von 1903 versuchte dagegen Eugen Gradmann den Erhalt der Kirche durchzusetzen: „Die alte Kirche, deren Bauformen 4–5 verschiedene Perioden eines halben Jahrtausends anzeigen, ist innen und außen ein so malerisches und kulturgeschichtlich interessantes Gebäude, daß seine Preisgabe vom Standpunkt der Denkmalpflege ernstlich

1070 Ebd.
1071 Ebd., S. 122 und S. 124. Hanselmann 1996, S. 361 bemerkt zu dieser Problematik: „Kennzeichnend für die Zeit um 1900 war nicht nur der Wandel der Prinzipien im Umgang mit dem Denkmal, sondern auch ein erweitertes Denkmalverständnis."
1072 Ebd., S. 121.
1073 Georg Dehio, Denkmalschutz und Denkmalpflege im neunzehnten Jahrhundert, in: Georg Dehio, Kunsthistorische Aufsätze, München/Berlin 1914, S. 279. Wiederabgedruckt in: Marion Wohlleben (Hrsg.), Georg Dehio – Alois Riegl. Konservieren, nicht restaurieren. Streitschriften zur Denkmalpflege um 1900, Braunschweig/Wiesbaden 1988, S. 101.
1074 Ebd., S. 274.

1075 Willibald Sauerländer, Erweiterung des Denkmalbegriffs?, in: Deutsche Kunst und Denkmalpflege 33, 1975, H. 1/2, S. 123. In ähnlichem Sinn spricht auch Hubel 1993, S. 85 von einer „Symbiose von Denkmalpflege und Historismus".
1076 StA Ludwigsburg, F 214 II, 555 (Schreiben von Dolmetsch an das Gemeinschaftliche Amt in Großdeinbach vom 24. 11. 1884 in Abschrift vom 9. 12. 1887).
1077 PfarrA Schramberg, „Kirchenbau. Beilagen" (Schreiben von Dolmetsch an den Verein für christliche Kunst vom 19. 3. 1895).
1078 PfarrA Lehrensteinsfeld, Nr. 72 („Aeußerung des Baurats Dolmetsch über die Augenscheinnahme der Kirche zu Lehren-Steinsfeld" vom 18. 12. 1900).

bedauert werden müßte […] Die Holzeinbauten und die liturgische Ausstattung aus der Barockzeit, Taufstein, Kanzel, Cruzifix, Betkämmerchen, Emporen und die bemalten Kirchenbänke harmonieren trefflich miteinander und geben ein kirchliches Innenbild von intimem Reiz."[1079] Der Einspruch des Landeskonservators blieb jedoch erfolglos, denn schon im August 1903 konnte der Neubau eingeweiht werden. Von der alten Kirche existiert lediglich die Ruine des ehemals kreuzrippengewölbten Chorturms.

Ebenfalls 1903 legte Dolmetsch für die Kirche in Temmenhausen einen „Renovationsentwurf" vor, der auf eine umfassende Umgestaltung der Kirche im Inneren abzielte.[1080] Die Aufsprengung der Decke und die Versetzung der Orgel vom Chor auf die Westempore bildeten die Hauptbestandteile des Plans. Dass Bausubstanz und Ausstattung der Kirche dennoch erhalten blieben, ist dem Widerspruch des Kirchengemeinderats gegen die von Dolmetsch beabsichtigten Maßnahmen zu verdanken. Der Ulmer Münsterbaumeister Karl Bauer, der anstelle von Dolmetsch die Restaurierung der Kirche 1908 vornahm, versicherte, „es werde [ihm] die Hauptsache sein, nach den Regeln einer wirklichen Denkmalpflege das Alte möglichst zu erhalten, die künstlerische Stimmung des Gebäudes im Innern und Äußern nicht anzutasten durch unnötige Eingriffe, das Neue aber harmonisch zum Alten zu stimmen".[1081] Auch in dieser Äußerung klingt noch sehr stark der historistische Grundsatz einer „organischen" Ergänzung der Bausubstanz nach. Das Ergebnis stellte Landeskonservator Gradmann durchaus zufrieden, der die restaurierte Kirche 1909 als ein „entzückendes Beispiel altulmischen Kirchenschmucks" beschrieb.[1082]

Es ist schwierig nachzuvollziehen, inwieweit Dolmetsch die Theoriediskussion über Prinzipien der Denkmalpflege im Detail zur Kenntnis genommen hat. Geradezu auffällig ist es, dass Dolmetsch an den entsprechenden Kongressen und Tagungen nach Lage der Quellen nie teilgenommen hat. Den ersten Hinweis auf eine Wahrnehmung der Debatte liefert eine Aussage von 1904 über die geplante Restaurierung der Kirche in Lorch: „Der schön gewölbte Chor mit seinen herrlichen mit Maßwerken besetzten Fenstern erfordert zur Renovierung besonders sachkundige Hände, wenn etwas stilvolles und zweckentsprechendes erreicht werden soll. Man darf hie-

bei wohl bedenken, welch scharfe Kritik gegenwärtig über Restaurationsarbeiten an monumentalen Bauwerken geübt wird, zumal an einem von so vielen Menschen besuchten Orte, in dessen unmittelbarer Nähe auf Bergeshöhe eines der bedeutsamsten Baumonumente des Landes [Kloster Lorch] so manchen Kenner anzieht. Auch im Innern des Schiffs ist die Verschönerung eine heikle Sache, man kann da schon z. B. bei Erneuerung eines Treppengeländers etwas verderben, wenn man nicht dem Charakter der vorhandenen Renaissanceempore treu bleibt."[1083] Dieses Zitat belegt nicht nur eine Kenntnisnahme der Diskussion, sondern dokumentiert auch eine tief gehende Verunsicherung Dolmetschs. Es zeigt eine wachsende Sensibilisierung gegenüber Denkmalen des 18. Jahrhunderts – Dolmetsch ging mit der Bezeichnung „Renaissance" relativ großzügig um – und dokumentiert doch eine fortwährende Beharrung Dolmetschs auf dem Primat der Stilreinheit. Dieses konnte inzwischen als obsolet gelten. Cornelius Gurlitt wandte sich schon auf einer Sitzung des Dresdener Architektenvereins am 30. November 1897 dagegen: „Will man die Ehrwürdigkeit des Alters wirken lassen, so müßte man bestrebt sein, die Zeugen der Geschichte des Baues zu erhalten, selbst auf Kosten der einheitlichen stilistischen Wirkung."[1084] In der Praxis erkennt man spätestens bei der 1905 durchgeführten Restaurierung der Nikolauskirche in Waiblingen die wachsende Bereitschaft Dolmetschs, den unterschiedlichen Bauphasen eines Bauwerks und seinen stilistischen Ausprägungen Rechnung zu tragen: „Bei der ganzen Renovation ist in Beziehung auf das Äußere der Kirche [auf] den gotischen Charakter der Gebäudeanlage, im Innern auf die der Barockzeit angehörige bisherige Ausstattung Rücksicht genommen worden."[1085]

Aber auch die früher vorgenommene Restaurierung der Reutlinger Marienkirche, die als seine prominenteste gelten kann, wurde in der um 1900 einsetzenden Diskussion über die „Grundsätze für die Wiederherstellung alter Baudenkmäler"[1086] gewürdigt. In den Augen der Zeitgenossen zeichnete die Restaurierung der Stadtkirche aus, „daß es bei jener Kirche um eine Wiederherstellung im engeren Sinne – d. h. im wesentlichen nur um die Ausbesserung oder Erneuerung der beschädigten Theile eines s. Z. schon zum künstlerischen Abschluß gelangten Werkes – sich handelt, nicht aber, wie bei so vielen in letzter

---

1079 PfarrA Lehrensteinsfeld, Nr. 64 (Schreiben des „Königl[ichen] Konservatorium[s] der vaterländischen Kunst- und Altertumsdenkmäler an das K. evang. Pfarramt Lehrensteinsfeld" vom 31. 3. 1903).

1080 LKA, A 29, 388–21 (Pfarrbericht von 1904).

1081 LKA, A 29, 388–22 (Pfarrbericht von 1908).

1082 [Eugen] Gr[admann], Wiederherstellung einer Dorfkirche, in: Staatsanzeiger für Württemberg vom 26. 5. 1909, S. 903.

1083 LKA, A 29, 2632–4 („Aeußerung des Oberbaurat Dolmetsch über die Augenscheinnahme der Stadtkirche zu Lorch" im Auftrag des Vereins für christliche Kunst vom 13. 4. 1904).

1084 C[ornelius] Gurlitt, Restaurierung von Baudenkmälern, in: DBZ 32, 1898, Nr. 1, S. 7.

1085 DAamt Waiblingen, III A 16c (Text des am 21. 12. 1904 im neuen Altar der Nikolauskirche niedergelegten Urkunde).

1086 Oechelhaeuser 1910, S. 46–58.

Zeit betriebenen Unternehmungen ähnlicher Art, um die Fortführung und künstlerische Ergänzung eines von seinen Schöpfern unvollendet hinterlassenen Baues".[1087] Diese Alternative war tatsächlich so nie gegeben, denn – wie die Ausführungen im Abschnitt „Gotikrezeption" zeigten – beide Verfahren, das Ergänzen in Anlehnung an das mittelalterliche Vorbild und das Erneuern nach künstlerischen Gesichtspunkten, fanden Anwendung. So ist auch die Einschätzung, dass die Restaurierung der Marienkirche einer „archäologischen Rekonstruktion" gleichkomme,[1088] verfehlt. Zum einen erweist sich das Bauen nach einem vermeintlichen Vorbild als nicht immer so eng, wie Dolmetsch und seine Zeitgenossen glaubten, zum anderen ist die mittelalterliche Bausubstanz in einem weit größeren Umfang erhalten, als diese Aussage suggeriert.

Noch 1903 hielt Dolmetsch an seinem Grundsatz fest, die Restaurierung mittelalterlicher Bauwerke könne ausschließlich im Anschluss an vergangene Bauperioden erfolgen. Die 1902 geplante Rückführung der Schorndorfer Stadtkirche auf die Gotik ist ein Beispiel dafür. So vertrat er 1903 die Ansicht, „alte bestehende Kirchen von baugeschichtlichem Wert im Sinne des 20. Jahrhunderts stilgemäß zu renovieren ist unvereinbar".[1089] Wie im Zusammenhang mit dem Thema „Decke" erörtert wurde, führte Dolmetsch noch 1903 und 1904 die Aufsprengung ehemals flacher Decken aus. Die Akzeptanz des „Zopfstils", die sich bei Dolmetsch 1904 abzuzeichnen beginnt, kann als ein allmähliches Abrücken von überlieferten Prinzipien gewertet werden. 1905 glaubte Dolmetsch angesichts des „schnellen Wechsel[s] der Geschmacksrichtungen" den Standpunkt teilen zu können, „die Ausgestaltung des Inneren [des Schorndorfer] Kirchenschiffs in nicht gotischem Sinne durchzuführen".[1090] Den Anstoß für den Wechsel seiner Anschauungen bildete ein Artikel des Gurlittschülers Fritz Schmidt „zur Frage des Schorndorfer Kirchenbaues", in dem dieser die Überzeugung äußerte, „daß eine Wiederherstellung der ursprünglichen Anlage vom protestantisch-gottesdienstlichen und künstlerischen Standpunkte aus ein Ding der Unmöglichkeit ist".[1091] Er plädierte für die Beibehaltung der überkommenen Raumsituation und schlug vor, den „lastenden Charakter" der Decke zu mindern, indem ihr „eine leichtere Ausbildung und helle Farben" zu verleihen seien.[1092] Al-

lem „neu Hinzugefügten" sollten seiner Meinung nach „schlichte, moderne Formen" gegeben werden.

Im Herbst 1905 lud die Kirchengemeinde daraufhin vier Architekten zu einem Wettbewerb ein, der die schwierige Frage „Längs- oder Querachse" lösen sollte. Das Preisgericht, dem Theodor Fischer, Robert Reinhardt, Eugen Gradmann, Johannes Merz, David Koch sowie Dekan Gmelin und Baurat Kamerer aus Schorndorf angehörten, sprach sich am 15. November 1905 für keinen der vorgelegten Entwürfe bindend aus.[1093] Es hob allerdings hinsichtlich einer von Dolmetsch vorgeschlagenen Lösung lobend hervor, „in der weitestgehenden Weise den Bestand [ge]schont" und damit die Vorgaben des Ausschreibungsprogramms befolgt zu haben. Der Kirchengemeinderat beschloss daraufhin am 15. Juni 1906, die Kirche „in der Querachse" zu restaurieren, die Orgel im Chor „zu beiden Seiten der Längswände" aufzustellen und den Altar vor der Kanzel zu platzieren. Eine am 28. Mai 1907 abgehaltene Bürgerversammlung entfachte eine heftige Diskussion, die in der Lokalpresse zwischen 1907 und 1909 ausgetragen wurde. In dieser Debatte kulminierten die unterschiedlichen Positionen hinsichtlich der „Hauptfrage", ob das „schöne Baudenkmal in seinem edlen gotischen Kirchenbaustil ausgebaut oder mit dem sogen[annten] modernen Stil vermischt werden" soll.[1094] Die Stilfrage war dabei auf das Engste mit der Frage der Orientierung der Kirche verbunden. Die Befürworter des Ausbaus der Kirche in Form einer spätgotischen Staffelhalle beriefen sich auf vor allem auf das Prinzip der Stilreinheit.[1095] Zugleich vertraten sie die Ansicht, dass der Altar „notwendigerweise vor den Chor" gehörte. Die Verfechter des Projekts „Querachse" brachten insbesondere drei Gründe vor.[1096] Zunächst spreche ein „eminent praktischer Grund, gute Akustik", für die Wahl der Querachse. Sodann liege ein „weiterer, ebenfalls praktischer Grund für die Querachse" in der Anordnung der Sitzplätze, die „sämtlich um die Kanzel als den Standort des Redners gruppiert" werden könnten. Schließlich spreche ein „geschichtlich-archäologischer Grund" für die Querachse: Nach einer teilweisen Zerstörung der Kirche im Dreißigjährigen Krieg kam es zu einer Umgestaltung durch Josef Furttenbach. Seitdem repräsentierte die Kirche „den ursprünglichen, spezifisch württembergischen Typus einer evangelischen Kirche" in „einfachem Barockstil", den

1087 [Ohne Verfasser], Die Wiederherstellung der Marienkirche zu Reutlingen, in: DBZ 34, 1900, Nr. 4, S. 21.

1088 Herbert Brunner/Alexander von Reitzenstein, Baden-Württemberg. Kunstdenkmäler und Museen (= Reclams Kunstführer Deutschland, Bd. 2), Stuttgart 1985, S. 542.

1089 LKA, 1. Stadtpfarramt Schorndorf, „Kirchliche Bausachen 1883–1910" (Schreiben von Dolmetsch an den Kirchengemeinderat vom 13. 2. 1903).

1090 LKA, 1. Stadtpfarramt Schorndorf, „Kirchliche Bausachen 1902 ff. I" (Schreiben von Dolmetsch an den Dekan vom 29. 3. 1905).

1091 Fritz Schmidt, Zur Frage des Schorndorfer Kirchenbaues. Wieder eine protestantische Restaurationsfrage, in: ChrKbl 46, 1904, H. 8, S. 247.

1092 Ebd., S. 248.

1093 LKA, 1. Stadtpfarramt, „Kirchliche Bausachen 1902 ff. I" („Äußerung des Preisgerichts über die zur Vorbereitung der Kirchenrestauration eingeforderten 4 Vorentwürfe" vom 15. 11. 1905).

1094 „Schorndorfer Anzeiger" vom 14. 6. 1907.

1095 „Schorndorfer Anzeiger" vom 29. 6. 1907 und 24. 8. 1907.

1096 „Schorndorfer Anzeiger" vom 19. 6. 1907.

es zu erhalten gelte. Die maßgeblichen Gremien blieben jedoch bei ihrem gefassten Beschluss, so dass die Debatte auf den ausgeführten Plan ohne Einfluss blieb.

Cornelius Gurlitt nahm schon 1906 in seinem *Handbuch der Architektur* Stellung zu der Frage des Schorndorfer Kirchenbaus. Zunächst beschrieb er in großen Zügen den Entwicklungsgang des Bauwerks: „Die Kirche zu Schorndorf war ursprünglich eine gotische, dreischiffige Hallenkirche mit einschiffigem Chor. Sie brannte 1634 aus und wurde darauf für den evangelischen Gottesdienst eingerichtet, d. h. man entfernte die störenden Schiffpfeiler, überspannte das Schiff mit einer flachen Decke und baute Emporen ein. Die Wirkung des nun entstandenen Baues war eigenartig. Der stilgerechte Restaurator wollte wieder die Pfeiler einbauen, den ‚ursprünglichen Zustand herstellen‘, d. h. um der Stileinheit willen der Gemeinde statt der evangelischen eine solche Kirche herrichten, wie sie in katholischen Zeiten gebraucht worden war."[1097] Gurlitt schloss mit der Bemerkung, dass Schmidts „Einspruch die Gefahr der Verballhornung des geschichtlich Gewordenen aus falschem historischen Geist heraus" beseitigte. Der von Dolmetsch vollzogene radikale Wechsel in Bezug auf seine Haltung gegenüber der Restaurierung der Schorndorfer Stadtkirche lässt sich somit unzweifelhaft auf Anregungen von außen zurückführen (Abb. 184). Offenbar wusste Dolmetsch die neuen Impulse geschickt aufzunehmen und zu verarbeiten, da er den Auftrag, die Schorndorfer Kirche umzugestalten, schließlich erhielt.

Es lässt sich aber nicht ausschließen, dass auch ökonomische Gründe für den Wandel seines Standpunktes ausschlaggebend gewesen sein könnten. Der beachtliche Anstieg der Zahl seiner Mitarbeiter in den ersten Jahren nach der Jahrhundertwende wurde bereits angesprochen. Offensichtlich gingen beinahe zur selben Zeit aber seine Geschäfte schlechter: „In dem laufenden Jahre [1905] bin ich ausnahmsweise nicht mit umfangreichen Bauausführungen betraut."[1098] Es bestand somit der Druck, wollte er sein Büro in der bisherigen Größe beibehalten, vermehrt Akquisition zu betreiben und dabei auf die Wünsche der maßgeblichen Institutionen verstärkt einzugehen.

Am exemplarischen Fall Schorndorf lässt sich demonstrieren, dass die Durchsetzung neuer Paradigmen weniger den gesetzlichen Möglichkeiten des Landeskonservators zuzuschreiben ist.[1099] Vielmehr handelt es sich um ein komplexes Geflecht aus der Rezeption einer wissenschaftlichen Debatte in der öffentlichen Meinung, der entsprechenden Beeinflussung der entscheidenden Institutionen, insbesondere des Kirchengemeinderats, und der nicht zuletzt ökonomischen Abhängigkeit des Architekten Dolmetsch von diesen Faktoren. Die Mitwirkung der institutionalisierten Denkmalpflege vollzog sich gewissermaßen durch die Hintertür, weil Landeskonservator Gradmann als Mitglied des Preisgerichts erheblichen Einfluss nehmen konnte. Zugleich verdeutlicht das Beispiel Schorndorf, dass die Umsetzung der theoretischen Prinzipien in die Praxis als Prozess verstanden werden muss, der nur zum Teil von staatlichen Vorgaben bestimmt wurde und vielmehr einem Bewusstseinswandel unterlag, der maßgeblich von den beteiligten Personen abhängig war.

Unter den zahlreichen Kirchenrestaurierungen Dolmetschs nimmt der Fall Schorndorf eine zentrale Stellung ein. Jedenfalls gestalteten sich Dolmetschs Eingriffe nach 1905 bei Weitem nicht mehr so rigoros wie in der Zeit davor. In Langenburg nahm er 1906 von der anfänglich beabsichtigten Neuaufführung der Wände des Kirchenschiffs Abstand und sicherte stattdessen die Längswände durch das Anfügen von Strebepfeilern. Die Emporenstützen und -brüstungen sowie das Tonnengewölbe im Schiff wurden zwar neu hergestellt, allerdings unter Verwendung des historischen Materials bzw. unter Beibehaltung der tradierten Form. Damit waren Dolmetschs Eingriffe in Langenburg nach heutigen Maßstäben immer noch tiefgreifend, doch stellten sie gemessen an den im 19. Jahrhundert vorgenommenen Maßnahmen eine weit weniger umfassende Umgestaltung dar. Eugen Gradmann bezeichnete diese Restaurierung 1912 „als [ein] Musterbeispiel im Sinne moderner Denkmalpflege".[1100]

Die „Dorfkirche in Stöckenburg [wurde] nach Programm des Konservatoriums […] restauriert".[1101] Tatsächlich lässt sich der Erhalt der Emporen im Chor und Schiff der Kirche – Letztere wurde bei der Umgestaltung des Kirchenschiffs im Jahr 1968 entfernt – unmittelbar auf die Einflussnahme Eugen Gradmanns zurückführen. Insbesondere die „Erhaltung [der] Herrschaftsempore des Chors der Kirche" ist nach Gradmanns Ansicht „von grundsätzlicher Bedeutung".[1102] Schon die Zustimmung zu einer „Zurücksetzung zweck[s] Fluchten der Empore

---

1097 Gurlitt 1906, S. 547 f. Vgl. auch Former 1912, S. 28.

1098 LKA, 1. Stadtpfarramt Schorndorf, „Kirchliche Bausachen 1902 ff. I" (Schreiben von Dolmetsch an den Dekan vom 29. 3. 1905).

1099 Gertrud Kauffmann, Eugen Gradmann, in: Zeitschrift für württembergische Landesgeschichte N. F. 1, 1937, S. 239: „Seine [Gradmanns] amtliche Stellung war eine vorwiegend beratende, ohne hinreichende gesetzliche Handhaben, die erst allmählich erkämpft werden mußten." Vgl. auch [Ohne Verfasser], Kleine Mitteilungen [Bericht über den Vortrag von Eugen Gradmann über Denkmalpflege und Heimatschutz], in: Bauzeitung für Württem-

berg, Baden, Hessen, Elsaß-Lothringen 4, 1907, Nr. 1, S. 7: „Wir stehen […] erst am Anfang der richtigen Denkmalpflege, während uns England und Frankreich darin längst voraus sind. Der Denkmalschutz will keine Wiederherstellung; je weniger wir davon merken, desto besser."

1100 Gradmann 1912 II, S. 19.

1101 Ebd.

1102 PfarrA Stöckenburg, „PfGR-Protokolle 1883–1889/KGR-Protokolle 1889–1917" (Protokoll vom 25. 5. 1906).

Abb. 184 Schorndorf, ev. Kirche, Kirchenschiff nach Nordosten.

ist ein Zugeständnis, das der Konservator gegen Künstler und Archaeologen zu rechtfertigen Schwierigkeit haben wird". Gradmann warf der Kirchengemeinde vor, dass die Gründe für den Wunsch nach Beseitigung der Empore nicht „praktischer Art, denen die Denkmalspflege sich unterwerfen müßte", sondern ästhetischer Natur waren. Diese Gründe, die „auch der bauleitende Architekt nicht teilt[e]", bezeichnete er als „irrig". Da Dolmetsch noch 1902 die Herausnahme sämtlicher Emporen aus der Stöckenburger Kirche geplant hatte, scheint der Architekt seine Meinung 1906 offensichtlich revidiert zu haben. Diese Wendung zu einem schonenderen Umgang mit den Ausstattungsgegenständen ist in diesem Fall offensichtlich auf den Einfluss des Landeskonservators zurückzuführen. Die Ablehnung ästhetischer Argumente

kommt auch hinsichtlich der Kanzel zum Tragen, für deren Bildwerke Gradmann von einer „vermeintlichen Verschönerung" abriet.

In Täferrot behielt Dolmetsch 1906 die Flachdecke im Kirchenschiff entgegen seiner ursprünglichen Planung bei, auch die Bilder der Emporenbrüstungen sowie das spätgotische Chorgestühl, das bereits laut Inschrift 1683 neu gefasst worden war, wurden bei der Neugestaltung des Innenraums integriert (vgl. Abb. 125). Das Chorgestühl wurde 1906 um eine Vierergruppe an der Nordseite des Chors ergänzt, so dass es seither einen weitgehend geschlossenen Eindruck macht. Sowohl in Bezug auf die Fensteranordnung auf der Nordseite der Kirche als auch in Bezug auf die Kirchhofmauer erklärte sich der Konservator „mit den Vorschlägen des Herrn Oberbaurats Dolmetsch einverstanden".[1103] Beide Vorschläge – die asymmetrische Anordnung der Fenster und der Erhalt der Kirchhofmauer – wurden wie beschrieben umgesetzt.[1104] Der Pfarrverweser Dornfeld beschreibt Dolmetschs Vorgehensweise wie folgt: „Grundsatz bei der Renovation ist, den äußeren Karakter der schönen, altehrwürdigen Kirche, die sich in wirklich künstlerischer Weise in das ganze Dorfbild einfügt und ihm seinen eigenartigen Karakter

1103 PfarrA Täferrot, „Akten (Briefe, sonstige Mitteilungen, Erlässe u. Auszüge) zur Kirchenerneuerung 1906" (Schreiben von Gradmann an den Kirchengemeinderat in Täferrot vom 2. 12. 1905).

1104 Deshalb erscheint Gradmanns Äußerung in Kunst- und Altertumsdenkmale 1907, S. 469 über diese Restaurierung umso überraschender: „Die ev[angelische] Pfarrkirche, im erhöhten und ummauerten Friedhof stehend, ist von unverständigen Händen um ihr altes Gepräge gebracht worden."

gibt, unverändert zu lassen. Aeußerlich werden daher nur ein paar neue Fensteröffnungen, die dringendes Bedürfnis sind, angebracht, die massigen Eckquader, Gesimse und Gurten, Fenster- und Türleibungen wieder sichtbar gemacht und abgeschafft und ein neuer Verputz angebracht; außerdem wird die ganze Kirche etwas freier gelegt. Das Innere der Kirche wird dagegen beinahe ganz erneuert und gegen bisher wesentlich verschönert werden, insofern neue Stuhlung, Bemalung, Fußboden und zum Teil auch neue Decke und Empore angebracht werden, und die Kirche heizbar gemacht wird."[1105]

Während in Ötisheim, wie die Ausführungen zur Ausstattung der Kirchen bereits darlegten, die Auffindung der Wandmalereien den Chor und das Kirchenschiff vor dem Abbruch bewahrte, wurde bei den Planungen zum Neubau des Schiffs der Katharinenkirche in Schwäbisch Hall keine Rücksicht auf die Wandgemälde genommen: „Auch das auf der Nordseite des Kirchenschiffs gegen den Chor hin befindliche ältere Wandgemälde – die Kreuzigung darstellend – kann beim Abbruch der Kirche nicht erhalten bleiben."[1106] Immerhin beschloss der Kirchengemeinderat, „den hiesigen Maler Schmidt zu beauftragen, Vorschläge zu machen, in welcher Weise (ob durch Oelbild oder durch ein Bild mit Wasserfarbe) eine Copie des Gemäldes hergestellt werden sollte".

Trotz aller sich abzeichnenden Wandlungen hinsichtlich des Umgangs mit historischer Bausubstanz bleibt für die Zeit um 1900 festzuhalten, dass die Qualitätsstandards in Bezug auf die Oberflächenbehandlungen – gemessen an den heutigen Grundsätzen – zumeist nicht den Erhalt der Substanz als höchste Prämisse hatten. Diese Beobachtung mag angesichts der Tatsache, dass sogar ein Jahrhundert später immer wieder unsachgemäße Freilegungen von Wandmalereien zu Zerstörung derselben führen,[1107] banal erscheinen. Dem Umstand, dass um die Jahrhundertwende von Ergänzungen, wenn auch „in den Lokaltönen" (Ötisheim), und von Auffrischungen (Blaubeuren) von Wandmalereien von Seiten der institutionellen Denkmalpflege nicht prinzipiell Abstand genommen wurde, gebührt jedoch Aufmerksamkeit. Die Restaurierung von Ausstattungsgegenständen vor Ort gehört heute zu den grundlegenden Prinzipien in der Denkmalpflege. Dass dieser Grundsatz Ende des 19. und Anfang des 20.

Jahrhunderts noch nicht Gültigkeit hatte, belegen zwei Beispiele: Der unter Dolmetschs Leitung restaurierte Hochaltar der Stadtkirche in Besigheim wurde nach Fertigstellung der Arbeit in der Kirche wieder aufgestellt,[1108] ebenso wurde der Martinsaltar, der seinen Platz im Chor der Stöckenburger Kirche hat, zum Zweck der „Wiederherstellung" aus der Kirche entfernt.[1109] Ähnliches wie im Hinblick auf den Umgang mit den Malereien lässt sich für den Umgang mit den Mauerflächen konstatieren. In den von Dolmetsch gefertigten Kostenvoranschlägen sowie in den von den Unternehmern erstellten Abrechnungen finden sich vergleichsweise häufig die Angaben „Nachschaffen" und „Nacharbeiten", die sich auf eine Bearbeitung der Steinoberflächen beziehen.[1110] Im Gegensatz zu Dolmetsch strich Egle sämtliche Positionen, die ein „Überarbeiten" von Maßwerk und Mauerflächen enthielten, aus dem von Franz Stegmaier gefertigten Kostenvoranschlag für die Restaurierung der Langhausfassaden der Heilig-Kreuz-Kirche in Schwäbisch Gmünd.[1111] Angesichts dieser Feststellungen und der Tatsache, dass Dolmetsch bei nahezu allen Restaurierungsunternehmungen – soweit es sich anhand der schriftlichen Quellen überblicken lässt – das Abschlagen des alten Putzes und das Auftragen eines neuen Putzes vorsah, muss Dolmetsch – gemessen an Egle – ein mangelndes konservatorisches Einfühlungsvermögen bescheinigt werden.

In dieser Hinsicht erweist sich Dolmetsch mindestens bis in das Jahr 1905 als ein „Kind" des 19. Jahrhunderts. Noch 1900 schlug Dolmetsch in Bezug auf die Innenrestauration der Michaelskirche in Schwäbisch Hall und der Heilig-Kreuz-Kirche in Rottweil vor, die Wände steinsichtig anzulegen. Diese Steinsichtigkeit sollte allerdings mit einer farbigen Fassung der Fugen, der Schlusssteine und der Rippenkreuzungen sowie mit der Anbringung von Bordüren einhergehen. Dolmetsch begründete diesen Plan gegenüber dem Kirchenstiftungsrat in Rottweil historisch: „Eine genaue Besichtigung der Innenflächen der Wände hat ergeben, daß dieselben früher in sichtbarem Hausteinwerk gehalten waren, welches später übertüncht wurde. Es wäre sehr zu wünschen, wenn anläßlich der inneren Renovation dieser Anstrich wieder entfernt und die naturfarbigen Steinflächen wieder zum Vorschein gebracht würden."[1112] Eine ähnliche Ansicht

---

1105 Th[eodor] D[ornfeld], Täferrot mit seiner Kirche, in: Rems-Zeitung vom 13. 7. 1906.

1106 PfarrA Schwäbisch Hall Katharinenkirche, „KGR-Protokolle 1889–1902" (Protokoll vom 8. 1. 1896).

1107 Dörthe Jakobs, Wandmalerei in Baden-Württemberg: Beispiele aus städtischen Bürgerhäusern, in: Annegret Möhlenkamp/Ulrich Kuder/Uwe Albrecht (Hrsg.), Geschichte in Schichten. Wand- und Deckenmalerei im städtischen Wohnbau des Mittelalters und der frühen Neuzeit (= Denkmalpflege in Lübeck, Bd. 4), Lübeck 2002, S. 151.

1108 LKA, K 1, Nr. 178 (Schreiben des Pfarrers an den Verein für christliche Kunst vom 1. 7. 1887).

1109 PfarrA Stöckenburg, „PfGR-Protokolle 1883–1889/KGR-Protokolle 1889–1917" (Protokoll vom 20. 9. 1908).

1110 So beispielsweise PfarrA Alt-Heumaden, Nr. 103a („Taglohnliste der Maurer- und Steinhauerarbeit") und PfarrA Lorch Nord, Nr. 254 („Bedingungen und Kostenvoranschläge über die Grab-, Betonierungs-, Maurer- und Steinhauerarbeiten am Äussern der Kirche").

1111 Timpe 2001, S. 35.

1112 DA Rottenburg, Pfarrarchiv Heilig-Kreuz Rottweil, Nr. 73 (Schreiben von Dolmetsch an den Kirchenstiftungsrat in Rottweil vom 18. 11. 1900).

vertrat er vor dem Kirchengemeinderat in Schwäbisch Hall: „Hinsichtl[ich] der Malerarbeiten legt Baurat Dolmetsch dar, daß die Steine an den Wänden früher ohne Anstrich gewesen seien, da die Naturfarbe der Steine ganz passend gewesen sei, im Lauf der Zeit sei aber ein Anstrich darauf gelegt worden."[1113] Da es allerdings unwahrscheinlich sei, dass die Steine „wieder ohne Anstrich belassen werden können [...], so sei Neubemalung vorzunehmen". Dabei handle es sich „aber nicht um reiche Bemalung", sondern um eine Neufassung im oben angeführten Sinn. Während eine derartige Neufassung der Wände in Rottweil unterblieb, wurde sie 1900/01 in Schwäbisch Hall ausgeführt. Dieser Umgang mit den Oberflächen, der stets mit dem Verlust historischer Putze einherging, wurde kurze Zeit darauf von den Vertretern einer radikal veränderten Haltung gegenüber der Denkmalpflege angeprangert.

Dementsprechend scheint auch der von Alois Riegl 1903 eingeführte Terminus des „Alterswertes", der auf die „ungetrübte Wahrnehmung" des „naturgesetzlichen Werdens und Vergehens" abhebt,[1114] in Dolmetschs Kirchenrestaurierungen kein Pendant gehabt zu haben. Nach Riegls Ansicht gelangt der „Alterswert" durch die „mehr optisch als haptisch sinnfällige Wirkung der Zersetzung der Oberfläche (Auswitterung, Patina), ferner der abgewetzten Ecken und Kanten zur Geltung".[1115] Für Dolmetsch war demgegenüber die „Altersfarbe" nicht Kriterium für die Feststellung eines Denkmals, sondern stellte zumindest 1902 noch einen potentiellen Hinderungsgrund dar: „Je weniger an diesen [den alten Kirchengebäuden] repariert worden ist, desto besser sehen sie trotz

ihrer Altersfarbe aus."[1116] Dem Äußeren der Kirche in Kirchheim/Teck wird 1924 im Sinne Riegls bescheinigt, „den Altersreiz durch Restaurationen eingebüßt" zu haben.[1117]

Der in der Theorie vollzogene Paradigmenwechsel hat somit in Dolmetschs Restaurierungspraxis seit circa 1905 durchaus seinen Niederschlag gefunden, allerdings einen verspäteten und unvollkommenen. Zudem ist ein Wandel seines Standpunkts unzweifelhaft auf Druck von außen zurückzuführen. Anders formuliert: Er hielt so lange an seinen Grundsätzen fest, bis er spürte, dass seine Anschauungen nicht mehr zeitgemäß waren. In einer Äußerung von Dolmetsch aus dem Jahr 1904 kommt klar zum Ausdruck, dass er nicht „Motor" der Bewegung war, die die Grundsätze des „Gewachsenen" in der Denkmalpflege durchsetzen wollte, sondern durchaus widerwillig als „Spiegel" fungierte: „Derselbe [Theodor Fischer] hat vorgeschlagen, das alte Geringel von vorhandener Stuhlung [im Münster zu Ulm] in seiner Unbequemlichkeit zu belassen, weil es alle Vorzüge von etwas ‚Gewachsenem' habe und in seiner Unregelmäßigkeit und Mannigfaltigkeit von einem Reiz sei, den keine systematische Neuarbeit erreichen könne. Demnach soll nur geflickt werden und nur allzu schlechtes und unbequemes Gestühl durch zweckmäßigeres ersetzt werden, wobei aber nicht auf den alten Münsterstil zurückgegriffen werden soll, sondern unbedenklich in der Manier der Gegenwart vorgegangen werden soll [...] Unsere bisherige Kunstweise in der Architektur, die doch auch von etwas ‚Gewachsenem' zeugt, wird nun von Eindringlingen bevormundet, oder gar ausgerodet!"[1118]

1113 DAamt Schwäbisch Hall, „Ev. Gesamtkirchengemeinde. Beilagen zur Kirchenpflegrechnung 1900/1901" (Auszug aus dem KGR-Protokoll vom 10. 8. 1900).

1114 Alois Riegl, Der moderne Denkmalskultus, sein Wesen und seine Entstehung, in: Alois Riegl, Gesammelte Aufsätze, Augsburg/Wien 1929, S. 162.

1115 Ebd., S. 161.

1116 PfarrA Metterzimmern, 16c (Schreiben von Dolmetsch an den Kirchengemeinderat vom 26. 8. 1902).

1117 Kunst- und Altertumsdenkmale 1924, S. 23.

1118 LKA, DAamt Balingen, 1. Stadtpfarramt, A 1208 (Schreiben von Dolmetsch an den Dekan vom 28. 11. 1904).

Fazit

Die Analyse der Kirchenrestaurierungen Heinrichs Dolmetschs erlaubt vielfältige Einblicke in das Bauen als Planungs- und Entwurfsprozess im ausgehenden 19. und beginnenden 20. Jahrhundert. Schon rein quantitativ kann Dolmetschs Wirken eine gewisse Repräsentativität beanspruchen: Seine ausgeführten und geplanten Projekte betreffen circa 10 % der protestantischen Kirchen Württembergs. Zahlreiche Innenräume wurden in späteren Zeiten substantiell zwar in Mitleidenschaft gezogen, so dass es heute nur noch vergleichsweise wenige Kirchen gibt, die die Dolmetschfassung weitgehend überliefert haben, doch beanspruchen diese häufig inzwischen selbst Denkmaleigenschaft. So wurde beispielsweise für die Kirche in Geifertshofen in dem Gutachten zur Eintragung in das Denkmalbuch ausdrücklich die Dolmetschschicht als denkmalwürdig eingestuft: „Sie [die Kirche] ist durch ihre geschichtliche Bedeutung, ihre historische Bausubstanz und ihre Umgestaltung durch Dolmetsch als ein Baudenkmal von besonderer Bedeutung anzusehen."[1119] Wenn Dolmetsch seine Restaurierungen gegen die neuen Tendenzen der Denkmalpflege mit den Worten verteidigt, auch seine „Kunstweise" zeuge von etwas „Gewachsenem", dann wird er postum durch die heutige Denkmalpflege bestätigt.

Im Umgang mit historischer Bausubstanz erweist sich Dolmetsch in vieler Hinsicht als ein Kind seiner Zeit, das das Erhaltungsinteresse als zentralen Aspekt betont, im Umgang mit den Denkmalen jedoch zu mitunter rigorosen Umgestaltungen neigt. Allerdings erhob Dolmetsch durchaus zu Recht den Anspruch, sich bei Auswechslungen und Ergänzungen sehr sorgfältig am vorgefundenen Bestand ausgerichtet zu haben. Der „Umschwung" im Umgang mit historischer Bausubstanz vollzieht sich bei Dolmetsch nicht im Sinne eines von Georg Dehio oder Cornelius Gurlitt vollzogenen Paradigmenwechsels oder in Form einer aktiven Rezeption der theoretischen Diskussion um 1900, sondern als eine erzwungene – auch in ökonomischer Hinsicht – und vorsichtige Hinwendung zu der Geschichtlichkeit eines Bauwerks, im Speziellen auch eines Denkmals.

Anhand des Sonderfalls Kirchenrestaurierungen lässt sich die Prozesshaftigkeit des Bauens darstellen. Aufgrund einer reichhaltigen Quellenlage – sowohl schriftlicher als auch zeichnerischer Natur – können die Bedingungen architektonischer Gestaltung klar zutage treten. Am „Fall" Dolmetsch lässt sich auch demonstrieren, wie stark der Architekt bei der Vergabe und Ausführung der Aufträge durch eine Verflechtung in ein Netz von Institutionen und Personen begünstigt und beeinflusst wurde. Mit Ausnahme eines Auftrags gehen *alle* ausgeführten Kirchenbauprojekte Dolmetschs auf die Vermittlung durch den Verein für christliche Kunst in der evangelischen Kirche Württembergs zurück. Der „Boom", den Dolmetschs Büro ab Ende der achtziger Jahre erfuhr, ist maßgeblich auf das 1887 verabschiedete Kirchengemeindegesetz zurückzuführen, das die Trennung der kirchlichen Vermögen von den bürgerlichen regelte.

In mehrerlei Hinsicht erweist sich Dolmetsch als ein Mann der Praxis. Zum einen führte er keine bauhistorischen Untersuchungen wie beispielsweise Joseph von Egle oder Conrad Wilhelm Hase durch, zum anderen zeichnet seine Arbeit eine bemerkenswerte Ideologielosigkeit aus, die jegliche semantische Aufladung der Gotik, wie etwa bei Georg Gottlob Ungewitter, verhinderte. In konservatorischer Hinsicht bleibt Dolmetsch trotz allen Bemühens um Trockenlegung der Kirchenmauern gegenüber anderen zeitgleich arbeitenden Architekten zurück, die in der Behandlung der Steinoberflächen und der Putze größere Sorgfalt an den Tag legten.

Auf dem Gebiet des künstlerischen Entwurfs erweisen sich Dolmetschs Qualitäten als Architekt eher als begrenzt, dies haben auch schon Zeitgenossen, wie beispielsweise Theodor Fischer, erkannt.[1120] Während Dolmetsch bei seinen architektonischen Entwürfen mit Ausnahme der Entwürfe für die Markuskirchen in Stuttgart und Plauen gern auf Standardlösungen setzt, löst er seinen Anspruch, Entwürfe für Ausstattungsgegenstände „nicht musterkartenartig" erstellen zu wollen, geradezu mustergültig ein. Zweifellos liegt Dolmetschs Stärke im kunstgewerblichen Bereich, die Hinzuziehung von Kunsthandwerkern bei der Ausführung der einzelnen Kirchenbauprojekte – auch unter schwierigen finanziellen Bedingungen – kann als Beleg angeführt werden. Dass Dolmetsch besonderes Augenmerk auf die Ausstattung

---

1119 LDA, Ortsakten „Geifertshofen" (Gutachten zur Eintragung gemäß § 12 DSchG von 1983).
1120 Pietrus 2007, S. 36.

eines Kirchenbaus legte, ist auch bei seinem Hauptwerk, dem Neubau der Markuskirche in Stuttgart, zu beobachten.[1121]

Der funktionale Aspekt, insbesondere der für einen protestantischen Gottesdienstraum wichtige des Hörens und des Sehens, wurde in besonderer Weise von Dolmetsch berücksichtigt. Darüber hinaus stellte die Verbesserung der Akustik für Dolmetsch ein zentrales Anliegen dar, aber auch die Anlage der Emporen, der Eingänge, der Emporentreppen und der Nebenräume sowie die Anordnung des Gestühls und der Prinzipalstücke wurden ausgesprochen zweckmäßig organisiert. Zudem geht Dolmetsch auch bei Kleinigkeiten, wie Sitzplatzbreiten oder Huthaken, intensiv auf die Bedürfnisse des Nutzers ein. In Bezug auf die Stellung des Altars in der Amanduskirche in Urach setzt Dolmetsch sogar die praktischen Erfordernisse über die ästhetischen: „Die bisherige Benützung [des] Altares ergab […], daß sich seine Stellung im Chore in akustischer Beziehung als unvorteilhaft erweist", die Forderung nach einem Versetzen des Altars in das Schiff erscheint auch Dolmetsch, „so schön die jetzige Stellung im Chore ist, im Hinblick auf den Zweck dieses protestantischen Altares als […] berechtigt".[1122] Zeitgenossen Dolmetschs bestätigen mehrfach diese Qualitäten, so spricht etwa der Kirchengemeinderat in Böckingen sehr zutreffend von „nachhaltige[r] Zweckmäßigkeit".[1123] Heute noch betonen zahlreiche Pfarrerinnen und Pfarrer, wie gut die von Dolmetsch restaurierten Kirchen „funktionieren".

1121 Ebd., S. 88.
1122 LKA, DAamt Urach, Nr. 606 (Schreiben von Dolmetsch an den Ausschuss des Vereins für christliche Kunst vom 1. 3. 1886).
1123 KPf Böckingen, „KGR-Protokolle 1889–1902" (Protokoll vom 20. 10. 1897).

Einzeldarstellungen

Vorbemerkung

Die Einzeldarstellungen umfassen 105 Kirchenbauten, an denen Dolmetsch Restaurierungs- oder Erweiterungsmaßnahmen vornahm oder plante. Es wurden ausschließlich solche Projekte aufgenommen, bei denen Dolmetsch Teile von einem früheren Bau in seinen Entwurf einbezog. Vollständige Neubauten fanden ebenso wie Entwürfe, die sich auf bewegliches Ausstattungsgut beziehen und die unbewegliche Substanz unangetastet lassen, keine Aufnahme. Maßnahmen, die Dolmetsch in Zusammenarbeit mit Christian Friedrich Leins ausführte, wurden nur dann mit einbezogen, wenn Dolmetsch nachweislich Planungsänderungen einbrachte und diese auf eigene Rechnung verwirklichte. Projekte, die nach dem plötzlichen Tod von Heinrich Dolmetsch von seinem Sohn Theodor in Gemeinschaft mit Felix Schuster realisiert wurden, erfuhren dann eine Aufnahme, wenn die Ausführung sich an der Planung von Heinrich Dolmetsch orientierte.

Es wurde eine große Zahl an Untersuchungsobjekten ausgewählt, um eine breite Materialbasis für den Hauptteil bereitzustellen. Die Beispiele decken sämtliche Bereiche ab: In geographischer Hinsicht verteilen sich die Objekte über das gesamte Gebiet des ehemaligen Königreichs Württemberg; in Bezug auf die Größe der Kirchengebäude reicht das Spektrum von großen Stadtkirchen bis zu kleinen Dorfkirchen; die Objekte entstammen der Zeitspanne vom Mittelalter bis hin zum 18. und frühen 19. Jahrhundert; schließlich finden sich Maßnahmen sehr unterschiedlichen Umfangs in den Einzeldarstellungen.

Neben den aufgenommenen Projekten liegen Hinweise auf weitere Kirchenbauten vor, an denen Dolmetsch Baumaßnahmen durchführte oder durchzuführen gedachte. Diesen Hinweisen wurde wegen des Verdachts auf Geringfügigkeit der Maßnahmen nicht nachgegangen: Bondorf, ev. Pfarrkirche (Dehio 1993, S. 92 und Adolf Schahl, Die Bau-
und Kunstgeschichte der evangelischen Remigiuskirche in Bondorf, o. O. 1974, S. 19 f.), Gaildorf-Eutendorf, ev. Pfarrkirche (Kunst- und Altertumsdenkmale 1907, S. 204 und HH-Buch vom 19. 9. 1886), Löwenstein-Lichtenstern, ehem. Klosterkirche (Julius Fekete, Kunst- und Kulturdenkmale in Stadt- und Landkreis Heilbronn, Stuttgart 1991, S. 232), Obersontheim-Mittelfischach, ev. Pfarrkirche (Dolmetsch 1900, S. 2), Mundelsheim, ev. Pfarrkirche (HH-Buch vom 17. 1. 1894), Neuhausen ob Eck, ev. Pfarrkirche (HH-Buch vom 13. 1. 1887 und Dolmetsch 1900, S. 2), Satteldorf, ev. Pfarrkirche (Dolmetsch 1900, S. 2), Maulbronn-Schmie, ev. Pfarrkirche (LKA, K 1, Nr. 83 (Protokoll vom 21. 10. 1891) und HH-Buch vom 21. 6. 1891), Bretzfeld-Schwabbach, ev. Pfarrkirche (Dolmetsch 1900, S. 2), Tübingen, ev. Pfarrkirche St. Jakob (HH-Buch vom 23. 12. 1885, 23. 3. 1886, 12. 1. und 6. 12. 1887), Weissach, ev. Pfarrkirche (Dolmetsch 1900, S. 3), Walheim, ev. Pfarrkirche (HH-Buch vom Januar 1886), Zaberfeld, ev. Pfarrkirche (HH-Buch vom 25. 3. 1891), Balingen-Zillhausen, ev. Pfarrkirche (TUM, Nachlass Heinrich Dolmetsch, Signatur 73.1, 73.2, 73.3, 3 Pläne „Alter Zustand").

Es wird lediglich nach ausgeführten Projekten und unausgeführten Entwürfen und Gutachten unterschieden, eine Differenzierung nach dem Umfang der von Dolmetsch getätigten Eingriffe wird nicht vorgenommen. Die Ordnung der Projekte erfolgt innerhalb dieser zwei Kategorien alphabetisch entsprechend der politischen Verwaltungszugehörigkeit der Gemeinden. In den Einzeldarstellungen werden die jeweils verfügbaren Informationen zu Motivation, Planung und Ausführung der einzelnen Maßnahmen bereitgestellt. Die Darstellungen stützen sich vor allem auf die zum Teil umfangreich vorhandenen schriftlichen und zeichnerischen Primärquellen. Aufgrund mitunter sehr weitreichender Umgestaltungen in den fünfziger und sechziger Jahren des 20. Jahrhunderts, die häufig eine Reduzierung der von Dolmetsch realisierten Ausstattungen bewirkten, können die Bauwerke selbst als Quellen nur bedingt herangezogen werden.

Jeder Projektbeschreibung werden kurze Angaben zur Baugeschichte der jeweiligen Kirche vorangestellt. Diese Angaben stützen sich vorwiegend auf die von Eduard Paulus begründeten Kunst- und Altertumsdenkmale im Königreich Württemberg, auf die Neubearbeitungen des Dehio-Handbuchs für das Land Baden-Württemberg sowie auf die gedruckten Oberamtsbeschreibungen und die handschriftlichen Pfarrbeschreibungen. In vielen Fällen konnten zudem Sonderdrucke und Festschriften herangezogen werden, die einen geschichtlichen Abriss der Gemeinden und Kirchengemeinden zum Gegenstand haben. Gelegentlich wurden Baudaten um ein (i), das auf eine inschriftliche Datierung, ein (d), das auf eine dendrochronologischen Datierung, oder ein (a), das auf eine archivalische Datierung hinweist, ergänzt. Am Ende einer Projektbeschreibung wird in knapper Form auf die Veränderungen eingegangen, die die Kirchenbauten nach Abschluss der von Dolmetsch durchgeführten Arbeiten erfuhren.

Nicht immer konnten alle baugeschichtlichen Fragen zweifelsfrei geklärt werden. Sowohl in Bezug auf die von Dolmetsch vorgenommenen Maßnahmen als auch hinsichtlich der vor der Mitte des 19. Jahrhunderts durchgeführten Arbeiten mussten in Einzelfällen Fragen offenbleiben. Einander widersprechende Angaben in der Literatur wurden – soweit sie ältere Baumaßnahmen betreffen – nicht aufgelöst.

Die Quellenlage ist für die einzelnen Objekte durchaus unterschiedlich. Die Kirchengemeinderatsprotokolle sind in der überwiegenden Zahl der Fälle vorhanden. Kostenvoranschläge und Rechnungsbeilagen – in der Regel geordnet nach den einzelnen Gewerken – sind häufig erhalten. Die Korrespondenz zwischen Architekt und Bauherr bzw. zwischen Bauführer und Auftraggeber ist keineswegs in allen Fällen überliefert, gerade sie erweist sich allerdings als sehr aussagekräftig. Die Gutachten, die Dolmetsch in der Regel am Beginn eines Planungsprozesses im Auftrag des Vereins für christliche Kunst erstellte, sind teilweise erhalten. Sie können sich in unterschiedlichen Beständen befinden: Sie liegen in den Akten des Vereins für christliche Kunst, die 1998 dem Landeskirchlichen Archiv Stuttgart einverleibt wurden, in den Ortsakten des Landeskirchlichen Archivs oder in Ausnahmefällen auch in den Oberamtsakten, die in den Staatsarchiven verwahrt werden.

Kostenvoranschläge, Abrechnungen und Briefwechsel befinden sich in der Regel in den jeweiligen Pfarr- und Dekanatsarchiven, wobei Letztere zum überwiegenden Teil zentral im Landeskirchlichen Archiv verwaltet werden. In den Gemeinde- bzw. Stadtarchiven finden sich Bausachen nur dann, wenn die Baulast bei der bürgerlichen Gemeinde lag, was in der Regel nur bei Turmbauten und den dazugehörigen Bauteilen, wie beispielsweise Uhrtafeln, der Fall war. Die Korrespondenz zwischen den einzelnen Pfarrern bzw. Dekanen und dem Konsistorium, die sich in den Ortsakten des Landeskirchlichen Archivs unter dem Bestand „Kirchengemeinde" findet, kann hinsichtlich der Begründung einzelner Maßnahmen sehr ergiebig sein.

Sofern Zeichnungen zu den einzelnen Projekten vorhanden sind, liegen sie entweder in den Pfarr- bzw. Dekanatsarchiven oder in Dolmetschs Nachlass, der sich im Architekturmuseum der Technischen Universität München befindet. Während die in München verwahrten Pläne häufig undatiert und unsigniert sind, weisen die in den Pfarr- und Dekanatsarchiven liegenden Pläne stets Datum und Unterschrift auf. Dieser Umstand rührt aus der Tatsache her, dass Erstere vielfach nicht realisierte Entwurfsvarianten oder Duplikate genehmigter Projekte dokumentieren, während Letztere den Planungen entsprechen, die den maßgeblichen Entscheidungsträgern vorlagen.

Sofern Zeichnungen Dolmetschs Unterschrift aufweisen oder sich in seinem Nachlass befinden und eindeutig einem Projekt zuzuordnen sind, werden sie als von ihm stammend behandelt. Pläne, die den Altbestand dokumentieren, wurden zumeist von den jeweils zuständigen Oberamtsbaumeistern angefertigt. Gelegentlich stellt Dolmetsch in einem Plan den überlieferten und den projektierten Zustand einer Kirche einander unmittelbar gegenüber, auf diese Weise wird der Umfang der geplanten Maßnahmen sogleich augenfällig. Das Verfahren, in Rot die neu auszuführenden und in Gelb die abzutragenden Bauteile darzustellen, wandte Dolmetsch häufig an. Das Fehlen derartiger Einträge lässt allerdings nicht den zwingenden Schluss zu, dass Dolmetsch auf Eingriffe in die bestehende Bausubstanz gänzlich verzichten wollte.

Die Tatsache, dass nicht alle Pfarrarchive verzeichnet sind, erschwerte das Auffinden der Kirchenbausachen mitunter erheblich. Bei den unverzeichneten Archivbeständen konnten mangels einer Inventarnummer die betreffenden Büschel nur mit einer allgemein gehaltenen Angabe ihres Inhalts aufgenommen werden. In den Einzeldarstellungen wurde auf die Einfügung von Fußnoten verzichtet. Stattdessen sind die Quellen – schriftliche wie zeichnerische – am Schluss einer Objektbeschreibung summarisch aufgeführt. Aus diesem Grund wurde auch – abweichend von der Zitierweise im Hauptteil – auf die Einzelaufführung der Schriftstücke verzichtet, stattdessen werden die Bezeichnungen der Bestände im Gesamten genannt. Bei der Transkription der Quellen wurde die Orthographie beibehalten, es wurden lediglich Abkürzungen um der Lesbarkeit willen aufgelöst. Unterstreichungen im Text folgen immer Hervorhebungen im Original.

Die Grundrisse sind nicht grundsätzlich genordet, sondern so abgebildet, wie sie gezeichnet wurden. Um eine bessere Vergleichbarkeit unmittelbar gegenübergestellter Pläne zu erreichen, wurde in einigen Fällen eine Drehung der Pläne vorgenommen. Sämtliche Baupläne, bei denen kein Verfasser genannt wird, stammen von Heinrich Dolmetsch bzw. aus seinem Büro. Nur bei den kunstgewerblichen Entwürfen wird der Name Dolmetschs aufgeführt. In den meisten Fällen werden die Maße der Pläne angegeben. Bei solchen Plänen, die nicht im Original vorlagen oder Publikationen entnommen wurden, werden keine Angaben zu Technik und Maßen gemacht. Der Abbildungsmaßstab der Pläne ist nicht einheitlich. Sofern das Entstehungsjahr der Baupläne aufgrund einer Datierung bekannt ist, wird es angegeben. In denjenigen Fällen, in denen der Entstehungszeitpunkt nur aufgrund der schriftlichen Quellen näherungsweise ermittelt werden konnte, wurde die Jahresangabe um ein „ca." ergänzt.

Ausgeführte Restaurierungsmaßnahmen

Backnang, ev. Stadtkirche (ehemalige Stiftskirche St. Pankratius)

Rems-Murr-Kreis, ehemals Oberamtsstadt (Neckarkreis)

Die Augustinerchorherrenstiftskirche wurde im frühen 12. Jahrhundert als eine Chorseitenturmkirche errichtet; von dieser sind noch die jeweils vier unteren Stockwerke der Türme erhalten. Die Turmspitzen wurden durch Brand 1693 zerstört und nicht wieder aufgebaut. Ein „Entwurf zu den Türmen der Kirche" von Oberamtsbaumeister Hämmerle, der den Ausbau derselben in neuromanischem Stil vorsah, kam nicht zur Ausführung. Der Brand von 1693 zog auch das Schiff so stark in Mitleidenschaft, dass es 1697 neu gebaut wurde. Bereits 1504 – nach der Umwandlung des Augustinerchorherrenstifts in ein weltliches Kollegiatstift – wurde der Chor neu errichtet; er erhielt ebenso wie das zwischen die beiden Türme gespannte Joch ein Sterngewölbe.

Am 10. Juli 1893 legt Dolmetsch sein Gutachten „zum Zweck der Neuherstellung einer Orgel" vor, das er im Auftrag des Vereins für christliche Kunst gefertigt hat. (Die bis dahin in der Kirche befindliche Orgel stammte aus dem Jahr 1702.) Obwohl, wie er selbst einräumt, noch keine ausreichenden Mittel vorhanden sind, zieht Dolmetsch einen „einheitliche[n] Gesamtplan" in Betracht, denn nur ein solcher würde gewährleisten, dass trotz einer stufenweisen Ausführung der Arbeiten letztlich ein einheitliches Gesamtbild entsteht. Die Hauptfrage bei der vorzunehmenden Restaurierung der Kirche formuliert Dolmetsch folgendermaßen: „Wird die Orgel auch später im Chor verbleiben und wird dieselbe alsdann in der Mitte an ihrem jetzigen Platze oder seitlich in 2 getrennten Teilen entweder beim Halbachteckabschluß oder weiter vorne im Chor auf seitlichen Borkirchen ihre Aufstellung erhalten, oder

dürfte es nicht zweckmäßiger sein, diese Orgel später auf die künftige neue westliche Borkirche zu stellen?" Er hält es für wesentlich sinnvoller, die Orgel auf einer westlichen Empore aufzustellen, da „bei der Größe des Chores die Schallwellen einen zu langen Weg bis zu der im Schiffe versammelten Gemeinde machen [müssen], was immer einen schleppenden Gemeindegesang zur Folge hat, während eine im Schiffe selbst untergebrachte Orgel viel vorteilhafter wirken kann". Dies brächte es mit sich, dass „die Breite des Schiffes […] mittelst durchgehender, den Dachstuhl teilweise tragender Holzpfosten in 3 Teile geteilt" würde, damit „die mittlere Decke in sichtbarer Holzkonstruktion mittelst Durchbrechung der jetzigen Dachbalkenlage zu einem höheren Mittelschiffe gestaltet" werden könne, während „die Decken der Seitenschiffe in der Höhe der jetzigen Schiffdecke" blieben. Zudem schlägt er vor, „über der Orgel […] ein hübsches Rosettenfenster an[zu]ordnen, welches dem Innern der Kirche Licht zuführen würde und zugleich dem Aeußern des nackten Westgiebels verschönernd zu statten käme". Dolmetsch macht keine Aussage zu der Frage, was er mit dem 1848/49 eingefügten Ovalfenster zu tun gedenkt.

In einem Schreiben vom 23. Februar 1894 geht Dolmetsch nochmals auf die bereits von ihm behandelten Grundsätze bei der Restaurierung der Backnanger Stadtkirche ein; möglicherweise ist der mit „1894" datierte Querschnitt in diesem Zusammenhang entstanden (vgl. Abb. 84). Er veranschaulicht die schon skizzierten Gestaltungsmerkmale, die er in seinem erwähnten Brief wiederholt nachdrücklich vertritt. Die Aufstellung der Orgel auf einer Westempore sei derjenigen im Chor vorzuziehen, da zum einen „die sämtlichen 5 Fenster des Chores hinter dem Prospekt der Orgel liegen würden, wodurch die Helle vom Chor erheblich abgehalten wäre", und zum anderen „die durch die 5 Fenster herbeige-

führten sehr starken Temparaturdifferenzen dem Orgelwerke fortwährenden Schaden zufügen würden". Beide Nachteile könnten vermieden werden, „wenn die neue Orgel gleich von Anfang an auf der Westseite des Schiffs aufgestellt würde". Allerdings denkt sich Dolmetsch aus finanziellen Gründen die „Umbildung des westlichen Teils der Kirche in 3 Schiffe auf 2 Arkadenlängen" beschränkt, die „als Vorbild für den späteren Umbau der ganzen Kirche dienen" könnte.

Am 11. März 1894 berät der Kirchengemeinderat über den von Dolmetsch vorgelegten Vorschlag, die Orgel auf einer Westempore aufzustellen, nachdem Dolmetsch in einem Schreiben vom 9. März von einer Verminderung der Breite des Orgelprospekts abgeraten hatte, da dies notwendigerweise eine Vermehrung der Tiefe bedingen würde, was bei etwaiger späterer Versetzung der Orgel große Schwierigkeiten bereiten würde. Mit Ausnahme des Dekans spricht sich das Kollegium einhellig für die „Aufstellung der Orgel auf der bisherigen Empore im Chor (unter der notwendigen Verstärkung derselben)" aus. In Verbindung mit dieser Maßnahme „sollen teils um ihr [der Orgel] eine würdige Umgebung zu bereiten, teils in Ersetzung dessen, daß schon längst ein Weißnen der Kirche notwendig ist", folgende Arbeiten ausgeführt werden: „Oelfarbanstrich der Emporenbrüstungen und Pfosten, Gipsung und Bemalung des Chor- und Vierungsgewölbes, Anstrich der Wände in Chor und Schiff mit Bemalung der Schiffdecke und der Emporendecken." Zudem wird beschlossen, die zwei oberen Emporen im Chor abzubrechen, um „mehr Licht für den Chor, eine freie Ansicht des Orgelprospekts, außerdem mehr Raum für den Kirchenchor zu gewinnen". Der damit einhergehende Verlust an Sitzplätzen soll „durch die Verlängerung der 2 Emporen auf der Nordseite des Langhauses bis zum Anschluß an den Turm hinter der Kanzel" ausgeglichen werden. Schließlich erklärt der Kirchengemeinderat seine Absicht, „im Chor alles, was den Lichtzutritt irgend stört, zu beseitigen" und deshalb „die noch an 3 Stühlen im Chor und in der anschließenden Vierung erhaltenen Gitterbrüstungen" zu entfernen.

Die daraufhin von Dolmetsch ausgearbeiteten Kostenvoranschläge weichen um 2000 Mark voneinander ab, was sich aus dem Umstand erklären lässt, dass die erste Kostenberechnung noch „das große südliche Fenster" – laut Begleitschreiben vom 6. April 1894 – berücksichtigt, während dieser Posten bei dem Voranschlag vom Mai 1894 wegfällt. Dieser beläuft sich auf die Summe von 8500 Mark, wobei sowohl das Orgelwerk als auch das Orgelgehäuse nicht berücksichtigt sind, und umfasst die Verbreiterung der Querempore im Chor, die Entfernung der beiden seitlichen oberen Emporen im Chor samt den dortigen Treppen, die Herabführung des kleinen seitlichen Fensters an der Südseite des Chors auf die gleiche Höhe wie die übrigen Chorfenster sowie die Verlängerung der nördlichen unteren und oberen Schiffempore bis zur östlichen Querwand.

Zu Beginn des Jahres 1895 sind die Vorarbeiten so weit vorangeschritten, dass Dolmetsch am 7. Februar in der Lage ist, dem Dekan den endgültigen Kostenvoranschlag nebst Baubedingungen zu übersenden. Doch schon in der Sitzung am 24. März 1895 beschließt der Kirchengemeinderat, den Umfang der auszuführenden Baumaßnahmen zu erweitern, da „im Laufe des letzten Winters sich das schon länger fühlbar gewordene Bedürfnis einer Verbesserung der bestehenden Kirchenheizung immer dringender nahe gelegt" hat. So sollen nach dem von Oberamtsbaumeister Hämmerle am 8. März 1895 gefertigten „Kostenvoranschlag betreffend die bessere Heizbarmachung der hiesigen Stiftskirche" zwei zusätzliche Wasseralfinger Öfen im Chor bzw. Schiff aufgestellt werden. Des Weiteren sollen „die Nordemporen zugänglich gemacht werden von Osten her durch Durchbrechen der westlichen Turmwand mittelst einer Thüre, so daß ein Ausgang auf die bereits im Nordturm vorhandenen und nur zu verbessernden Treppen gewonnen wird". Sodann soll „unten durch die Ostwand des Turms eine Thüre gebrochen werden in den Vor-

raum der Sakristei hinein, aus dem man ins Freie gelangt".

Eine weitere Nachbesserung beschließt das Kollegium am 26. Mai 1895 auf der Grundlage eines „Ergänzenden Kostenvoranschlag[s]" von Hämmerle vom 20. Mai desselben Jahres. Danach sollen „keine der Kirchthüren neu gemacht, sondern die 4 alten Thüren außen so angeschlagen [werden], daß sie vollständig rücklegbar sind, an ihnen, wie an den Windfängen Lichtöffnungen angebracht, die Staffel an der Westthüre nach beiden Seiten um 1 m verbreitert und die Treppe im Nordturm so angelegt, daß der Zugang zur Kanzel von dem zur Empore ganz geschieden ist".

Sämtliche genannten Arbeiten werden im Laufe des Sommers zur Ausführung gebracht, so dass die Einweihung am 20. Oktober 1895 stattfinden kann (vgl. Abb. 85). Die Gesamtbausumme beträgt schließlich annähernd 25 500 Mark, wovon rund 2100 Mark auf ein Glasgemälde entfallen, das nach einem Vorschlag von Heinrich Merz das „Kommen des Herrn" darstellt. Glasfenster, Orgel, Chorempore sowie Bemalung des Chorgewölbes – Letztere vorgenommen durch Eugen Wörnle – sind der umfassenden Innenrestaurierung von 1929 zum Opfer gefallen, so dass die beiden einzigen Zeugen der unter Dolmetschs Leitung 1895 durchgeführten Umgestaltung das verlängerte südliche Chorfenster und ein ledernes Altarantependium sind (vgl. Abb. 154).

Der Verfasser eines Beitrags zum „Kirchweihfest in Backnang" im „Murrthal-Bote[n]" vom 21. Oktober 1895 äußert sich sehr lobend über das Ergebnis der Restaurierung, insbesondere sei „die Renovation des prächtigen Chorgewölbes [...] stilvoll aus- und durchgeführt" worden.

Quellen: LKA, DAamt Backnang, Nr. 287.23 (Kirchenbaulastenablösungskasse 1895/96), darin u. a. ein Gutachten von Dolmetsch vom 10. 7. 1893. LKA, DAamt Backnang, Nr. 418.2 (Kirchenrestauration 1892/95), darin u. a. 3 Bleistiftpläne, sämtlich datiert und signiert „Gefertigt Stuttgart im Jahre 1894. Baurat Dolmetsch". Der bei Schahl 1983, Bd. 1, S. 212 erwähnte „Riß über die Arbeiten des Umbaus im Chor" vom Mai 1894, signiert mit „Baurat Dolmetsch", war bei der Recherche im LKA am 30. 11. 1999 nicht auffindbar.

Literatur: Schahl 1983, Bd. 1, S. 210 f. und S. 223. Adolf Schahl, Die Stiftskirche St. Pankratius in Backnang, München/ Zürich 1976, S. 7. „Murrthal-Bote" vom 21. 10. 1895.

Bad Cannstatt *siehe Stuttgart*

Bad Herrenalb, ev. Pfarrkirche (ehem. Klosterkirche St. Maria)
OA Neuenbürg, heute Kreis Calw

Das heutige Kirchenschiff geht auf das Jahr 1739 zurück, da schwedische Truppen die ehemalige Klosterkirche 1643 zerstört hatten. Der netzgewölbte Chor stammt noch aus dem Jahr 1478 (i). Von der in der zweiten Hälfte des 12. Jahrhunderts erbauten Klosterkirche ist lediglich das Paradies in Teilen erhalten; Mauerreste der romanischen Chorseitenkapellen sind in den spätgotisch umgebauten Nebenchören enthalten.

Wie aus einem Schreiben des Diözesanausschusses an das Konsistorium vom 17. November 1902 hervorgeht, steht „die Notwendigkeit der baulichen Verbesserung der Herrenalber Kirche [...] außer Zweifel". Der Pfarrbericht des Jahres 1898 führt hingegen aus, dass die Kirche „sich in gutem, wenn auch nicht sehr schönem baulichen Zustand" befände. Dementsprechend präzisiert der Dekan in seiner Randbemerkung die Feststellung, indem er bemerkt, „die Kirche in Herrenalb bedarf einer Verschönerung". Der Visitationsbericht, der dem Pfarrbericht von 1898 angefügt ist, nennt eine „neue Beplattung des Bodens" als erwünscht. Weitere Details werden nicht angeführt.

Der Chor der Herrenalber Kirche wies vor dem Umbau entlang der Außenwände ein Chorgestühl auf, der Altar befand sich im Chor (Abb. 185). Das Gestühl im Schiff der Kirche wurde durch einen Mittelgang und durch einen Quergang, der auf das Nordportal ausgerichtet war, getrennt. Die Orgel hatte ihren Standort auf der Westempore, in der nordöstlichen Ecke des Schiffs befand sich eine weitere Empore, deren Zugang über die Grabkapelle ermöglicht wurde. Die Kanzel stand am südlichen Chorbogenpfeiler. Das Kirchenschiff war gemäß einer Bestandszeichnung, die sich in Dolmetschs Nachlass befindet, flach gedeckt (Abb. 186). Kohler, S. 117 vertritt hingegen die Ansicht, das Schiff sei bereits vor 1903 mit

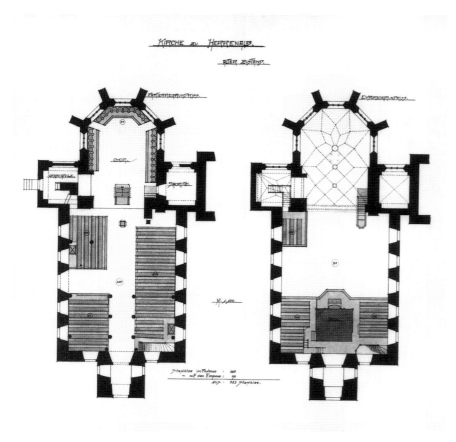

Abb. 185 Bad Herrenalb, ev. Kirche, Grundriss Parterre und Empore, vor 1903 (Bestand). Tusche, aquarelliert auf Papier, 51,5 cm x 48,7 cm.

Die Planungsphase, die sich in Herrenalb innerhalb eines Jahres vollzog, muss als ungewöhnlich kurz eingestuft werden. Das Kirchengemeinderatsprotokoll vom 16. Januar 1902 teilt mit, „daß zunächst der chr[istliche] Kunstverein gebeten wird um Sendung eines Technikers zur Beratung und Begutachtung". Wie dem Protokoll vom 11. März desselben Jahres zu entnehmen ist, „versammelt sich [der Kirchengemeinderat] in der Kirche, um in Anwesenheit des Oberbaurat Dolmetsch die Kirche zu besichtigen und der Kirchenrestaurierung näher zu treten". Am 29. Juni 1902 wird berichtet, dass „Oberbaurat Dolmetsch am Werk [ist], einen Gesamtvoranschlag zu machen". Dieser Kostenvoranschlag beläuft sich zunächst auf 41 000 Mark, doch kann er aufgrund einer „Besprechung des Geistlichen mit dem Architekten" auf 25 000 Mark reduziert werden, wie das Kirchengemeinderatsprotokoll vom 14. November 1902 verlautbart. Bereits am 19. Dezember erteilt die Kreisregierung und am 20. Dezember das Konsistorium die Genehmigung zur Ausführung des auf 25 000 Mark veranschlagten Bauwesens.

Nach Beginn der Bauarbeiten stellt der Kirchengemeinderat am 4. April 1903

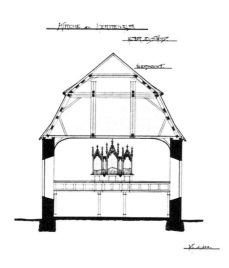

Abb. 186 Bad Herrenalb, ev. Kirche, Querschnitt nach Westen, vor 1903 (Bestand). Tusche, aquarelliert auf Papier, 35,9 cm x 38,4 cm.

einer „in Form eines Dreipasses gewölbte[n] Holzdecke" versehen gewesen. Als Beleg führt er eine Fotografie an, die die Decke des Kirchenschiffs als eine Holzdecke zeigt, der schmale Leisten aufgelegt sind (Abb. 187). Es ist denkbar, dass die

im Querschnitt angegebenen Hohlkehlen entlang der Längswände des Schiffs in der Fotografie den Eindruck erwecken, als würden sie den Ansatz eines Gewölbes bilden. Die Dreipass-Analogie muss jedoch als spekulativ zurückgewiesen werden.

Dolmetschs Plan zielt insbesondere auf die Umgestaltung des Inneren ab, das Äußere bleibt unangetastet. Die Decke des Schiffs soll „kleeblattförmig" in den Dachraum hinein aufgesprengt werden (Abb. 188), so dass dieselbe auf dem Niveau des Scheitelpunkts des Chorgewölbes endet. Für die Umsetzung dieser Maßnahme sind Eingriffe in den Dachstuhl des 18. Jahrhunderts notwendig, doch soll das Mansarddach in seiner Erscheinungsform beibehalten werden. Die Empore auf der Nordseite des Kirchenschiffs soll beseitigt und nur diejenige auf der Westseite beibehalten werden. Über weitere Einzelheiten geben die erhaltenen Zeichnungen keinen Aufschluss; Kostenvoranschläge, die zur Klärung dieser Frage hinzugezogen werden könnten, scheinen nicht überliefert zu sein.

Abb. 187 Bad Herrenalb, ev. Kirche, Innenansicht nach Nordwesten, vor 1903.

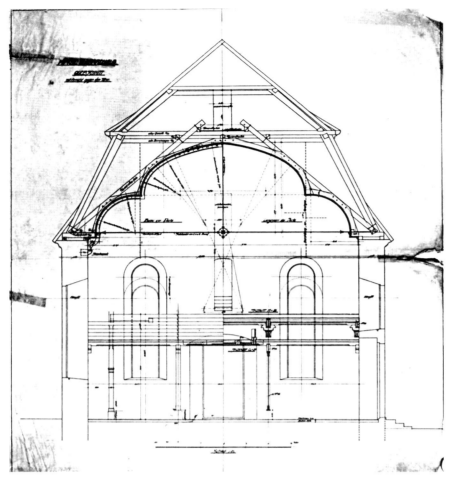

Abb. 188 Bad Herrenalb, ev. Kirche, Querschnitt nach Westen, ca. 1902. Tusche auf Transparent, 79,3 cm x 89,5 cm.

fest: „Das Gestühl im Schiff ist so demoliert, daß man wohl ein ganz neues wird machen müssen." Darüber hinaus erklärt sich das Kollegium mit der Anschaffung eines neuen Gestühls für die Empore einverstanden. Ob die Herstellung eines neuen Fußbodens und neuer Schifffensterverglasung von Beginn an im Voranschlag enthalten waren oder gleichfalls erst nachträglich genehmigt wurden, lässt sich anhand der relativ spärlich überlieferten Quellen nicht feststellen. Die Einweihung der im Inneren umgestalteten Kirche konnte am 6. September 1903 stattfinden; die Kosten beliefen sich laut Pfarrbeschreibung von 1905 auf 48 000 Mark.

Obgleich die Bausumme annähernd das Doppelte der Voranschlagssumme betrug, bemerkte der Pfarrbericht von 1906: „Das Innere der Herrenalber Kirche ist jetzt trefflich hergestellt." Die Dolmetsch-Fassung der Herrenalber Kirche wurde bei der erneuten Renovierung des Kircheninneren im Jahr 1977/78 bei-

behalten (vgl. Abb. 110). Zwei Inschriften an der Ostseite des Chorbogens belegen die Urheberschaft Dolmetschs und Wörnles für die Umgestaltung der Kirche: „Erneuert im Jahre 1903 durch Heinrich Dolmetsch Oberbaurat" und „Bemalt von Eugen Woernle Kgl. Hofdekorationsmaler Stuttgart". Nach Kohler, S. 75 nahm Wörnle die Ausmalung des spätgotischen Chors offenbar nicht nach Befund vor, da sich bei Untersuchungen durch den Restaurator Hans-Dieter Ingenhoff keine älteren Malereireste nachweisen ließen.

Quellen: LKA, A 29, 1968-3 (Kirchengemeinde 1890–1923). LKA, A 29, 1971-2 (Pfarrbeschreibung von 1905), A 29, 1971-19 (Pfarrbericht von 1898) und A 29, 1971-21 (Pfarrbericht von 1906). PfarrA Herrenalb, „KGR-Protokolle 1890–1914". PfarrA Herrenalb, III A 16a und 16b (Bausachen 1902–1903). TUM, Nachlass Heinrich Dolmetsch, Signatur 69.1, 69.2, 69.3, 69.4, 4 Tuschepläne „Alter Zustand", undatiert und

unsigniert; Signatur 69.5, 69.6, 69.7, 69.8, 4 Tuschepläne Projekt, undatiert und unsigniert; Signatur 69.9, 1 Lichtpausplan (Dublette). Die von Kohler, S. 119 erwähnten „Planzeichnungen" Dolmetschs konnten laut Mitteilung von Herwig John vom 10. 10. 2000 in GLA Karlsruhe, Akte 56/179 nicht ermittelt werden.

Literatur: Dehio 1993, S. 29. DBZ 42, 1908, Nr. 63, S. 432. Manfred Kohler, Die Bauten und die Ausstattung des ehemaligen Zisterzienserklosters Herrenalb, Heidelberg 1994 (zugl. Heidelberg, Univ. Diss. 1992), S. 119 und S. 274. Eugen Gradmann, Die ehemalige Klosterkirche zu Herrenalb, in: Bauzeitung für Württemberg, Baden, Hessen, Elsaß-Lothringen 2, 1905, S. 401. E[ugen] Gr[admann], Kloster Herrenalb und seine Grabdenkmäler, in: Aus dem Schwarzwald 14, 1906, S. 101. E[ugen] Gradmann, Das Fürstengrabmal in der ehemaligen Klosterkirche in Herrenalb, in: Die Denkmalpflege 8, 1906, H. 8, S. 57. [Karl] Stöckle, Bau- und Kunstdenkmäler der Herrenalber Kirche, in: Beilage zum Staatsanzeiger für Württemberg vom 16. 2. 1904, S. 251.

Bad Urach, ev. Stadtkirche (ehem. Stiftskirche St. Amandus)
Kreis Reutlingen, ehemals Oberamtsstadt (Schwarzwaldkreis)

Die dreischiffige Basilika mit ihrem netzgewölbten Chor und dem Westturm – 1481 (i) – ist ein kompletter Neubau des gräflichen Oberwerkmeisters Peter von Koblenz; sein Meisterschild findet sich im Schlussstein am Chorhaupt. Von dem für die Mitte des 12. Jahrhunderts bezeugten Vorgängerbau wurden keine Teile in den spätgotischen Neubau einbezogen. Die Kirche ist in Planung und Ausführung einheitlich, lediglich die Taufkapelle im Süden entspringt einer bauzeitlichen Planänderung.

Bereits 1859 wird Joseph von Egle mit der Erneuerung des Chors beauftragt, die sich aus finanziellen Gründen auf das Einsetzen zusätzlicher Gewölberippen im Chor in den Jahren 1862–1864 beschränken muss. Wie dem „Gutachten über das Kreuzgewölb[e] bei dem oberen südlichen Eingang neben der Taufkapelle" vom 4. Oktober 1883 zu entnehmen ist, zeigen „das Kreuzgewölbe und namentlich ein Theil der Rippen […] schon längere Zeit bedenkliche Risse". Am 5. März 1884 äußert sich Dolmetsch zur Aufstellung neuer Kirchenstühle und zum Versetzen des Altars sowie zur „Restauration des defecten Kreuzgewölbes bei der südöstlichen Ecke des Langhauses". In Bezug auf Letzteres schlägt er vor, „die herabgesessenen Gewölberippen durch einen Zimmermann sorgfältig unterschaalen zu lassen und dann links und rechts von den betreffenden Rippen kleine Oeffnungen in das Gewölbe zu schlagen, durch welche alsdann Stränge gezogen würden, mit Hilfe deren man die Hebung der gesunkenen Rippen von oben aus bewerkstelligen kann". Anschließend seien, „womöglich wieder von oben, die entstandenen offenen Fugen mit bestem Portlandcement aus[zugießen] und nöthigenfalls vorher einige Eisenteile in die offenen Fugen [zu spannen]". Auf diese Weise, hofft Dolmetsch, werde das Gewölbe „wieder eine bedeutende Dauerhaftigkeit erhalten".

Am 1. März 1886 fertigt Dolmetsch im Auftrag des Vereins für christliche Kunst eine „Kostenberechnung über Herstellung einer neuen Stuhlung, Versetzen des Altars, Entfernen der Emporen und Erstellung zweier neuer Westemporen in der Amanduskirche". Die Planungen werden nun auf die gesamte Kirche ausgedehnt: Der Altar soll vom Chor in das Schiff versetzt, die Stuhlung im Parterre neu hergestellt und ein neuer Plättchenboden im Chor verlegt werden. Die Stellung des Altars im Chor, die erst von Egle 1859 geschaffen wurde, ist nach Dolmetschs Ansicht „in akustischer Beziehung […] unvorteilhaft". Die Kanzel will Dolmetsch hingegen in ihrer bisherigen Stellung beibehalten. Dies bedingt allerdings eine Neuaufstellung der Bänke, da künftig nur noch 76 anstatt 186 Kirchenbesucher der Kanzel den Rücken zukehren sollen. Zudem sollen zwei neue Westemporen angelegt sowie Kamine und Windfänge ausgeführt werden. Die veranschlagten Kosten belaufen sich nach Dolmetschs Berechnung auf insgesamt 26 900 Mark.

Am 3. März 1886 übersendet Heinrich Merz „Plan und Überschlag für eine neue Bestuhlung der Amanduskirche" dem Stadtpfarramt in Urach. Er schließt die Bemerkung an, dass sich die von Dolmetsch „vorgeschlagene Einrichtung […] als die zweckmäßigste empfiehlt [und]

daß die völlige Befreiung des südlichen Seitenschiffes nicht bloß von der grundhäßlichen gegenwärtigen, sondern von jeder Empore der Kirche nur zum Vorteil gereichen kann". Aus finanziellen Gründen kann „einstweilen [nur] das Nötigste, nämlich die Versetzung des Altars an den hörsameren Platz stattfinden […], alles Übrige [muss] auf Sammlung weiterer Mittel warten".

Tatsächlich ziehen sich die Verhandlungen aufgrund des gesetzlich verfügten Ausscheidens des Kirchenvermögens zwischen bürgerlicher und kirchlicher Gemeinde über Jahre hin, so dass an eine Ausführung umfangreicher Baumaßnahmen nicht zu denken ist. Nach Ehrlich, S. 40 wird Dolmetsch 1893 als technischer Gutachter bestellt und berechnet das erforderliche „Kirchenbaukapital" auf 79 341 Mark. Im August 1896 fertigt Dolmetsch eine „Baukostenzusammenstellung der für die Renovation der Kirche erforderlichen Arbeiten unter Bezugnahme der in der summarischen Kostenberechnung vom Juli 1894 enthaltenen Beschreibungen". Die Arbeiten umfassen die „Erstellung einer neuen Orgelempore", „Orgelbauarbeiten", die „Verglasung sämtlicher Fenster", die „Erneuerung der inneren Vergipsung", den „Anstrich und einfachste Bemalung der sämtlichen Wandflächen und Gewölbe", die „Herstellung einer neuen Stuhlung sammt Boden, Windfänge und Thüren", das „Versetzen des Altars", die „Neuanschaffung von Öfen" und schließlich „verschiedene Arbeiten am Äußern und Innern". Des Weiteren schlägt Dolmetsch eine Reihe von Arbeiten vor, „welche zur vollständigen Renovierung des Bauwerks gehören, welche aber auch erst später ausgeführt werden können": Er nennt die „Wiederherstellung des Sockels, der Fensterbankgurt sowie der Strebepfeilerabdeckungen", die Anbringung einer „Kastenrinne auf die Dächer des Mittelschiffs", die „Gipsung und Bemalung der Sakristei und des Archivs" sowie die Herstellung von „Schneefanggitter[n]" und „Dachläden". Die Gesamtbaukosten „für die vollständige Renovierung des ganzen Bauwerks" betragen nach Dolmetschs Berechnung rund 135 000 Mark. In seinem Begleitschreiben vom 4. September 1896, das lediglich in einer Abschrift von Dekan Lang erhalten ist, begründet Dolmetsch die „Differenz, welche zwischen der frü

heren Berechnung des Baukapitals und den neueren Baukostenvoranschlägen besteht". Zum einen habe eine „noch gründlichere Untersuchung" des Bauwerks ergeben, dass „insbesondere am Turm und den Umfassungswänden des Kirchenschiffs viel größere Schäden" vorhanden seien „als man früher vermutete". Zum anderen hätten die „Lohnverhältnisse infolge der sozialistischen Umtriebe der Arbeiter sich wesentlich erhöht".

Bereits am 10. April 1896 hatte der Kirchengemeinderat beschlossen, „mit der Reparatur des Turms der Amanduskirche, die sich nach dem Gutachten des Herrn Baurats Dolmetsch wegen des überaus schlechten Zustandes eines der östlichen Pfeiler des Achtecksstockwerks zwischen den Glockenhausfenstern als dringend notwendig erwies", zu beginnen. Das Kollegium erachtet die Angelegenheit als so dringend, dass am 24. Juli 1896 der Beschluss gefasst wird, „das Bauwesen am Kirchturm sofort in Angriff zu nehmen, weil Gefahr im Verzuge" sei, wie aus einem Bericht über die Bauarbeiten am Kirchturm vom 25. August 1898 hervorgeht. Zunächst beschränkt sich der Plan darauf, „den vorhandenen Steinbau, der bis zum Glockenhausstockwerk [geht] und über demselben mit einer Galerie ab[schließt], durch eine einfache Pyramide auszubauen". Am 27. Oktober 1896 wird allerdings der Beschluss gefasst, das Glockenhausstockwerk vollständig abzubrechen, da dasselbe „in so schlechtem Zustande sich be[findet]", wie eine nähere Untersuchung des Turms ergibt. Im „Interesse der Sparsamkeit" will das Kollegium es „bei einer Reparatur des unteren Achteckteils bewenden" lassen.

Dolmetsch fertigt daraufhin im Februar 1897 einen „Entwurf zu einem neuen Turmaufsatz für die Stadtkirche zu Urach" (vgl. Abb. 46). Er sieht vor, gemäß den Beschlüssen des Kirchengemeinderats das Stockwerk mit den Schallöffnungen abzubrechen und in leicht veränderter Form neu aufzurichten. Zudem soll die Turmspitze etwa um 18 m erhöht werden: Ein Geschoss mit einer Blendbogengliederung, das von einer Maßwerkbalustrade abgeschlossen wird, soll dem Turm hinzugefügt werden. Auch das Treppentürmchen soll mit einem neuen Abschluss versehen werden. Nachdem eine Bürgerversammlung sich für den Ausbau des Turms nach dem von

Dolmetsch vorgelegten Plan ausgesprochen hatte, beschließt der Kirchengemeinderat am 26. Mai 1897, diesen zur Ausführung zu bringen. Wenige Tage später, am 31. Mai, wird der Beschluss dahingehend ergänzt, „daß auch der Übergang vom Achteck ins Viereck abgebrochen werden" soll, „falls die Mehrkosten gegenüber einer bloßen Restauration 10 000 Mark nicht übersteigen". Da Dol-

metsch versichert, dass dies nicht der Fall sein werde, wird der Turm vom 14. Juni bis zum 6. Juli 1897 „vollends bis aufs Viereck herab abgebrochen" und im Laufe des folgenden Jahres neu aufgerichtet.

Zur selben Zeit wird auch am Schiff der Kirche gearbeitet. Bereits im März 1896 arbeitet Dolmetsch einen Grundriss der Kirche mit „neue[r] Stuhlung zu ebener Erde" aus (Abb. 189): Dieser beinhal-

tet die Aufstellung des Altars im Schiff der Kirche. Die Kanzel befindet sich am vierten Mittelschiffpfeiler von Osten auf der Nordseite des Schiffs. Wie dem bereits erwähnten Schreiben Dolmetschs vom 1. März 1886 zu entnehmen ist, plante Egle 1859, die Kanzel an eine südliche Mittelschiffsäule zu versetzen, deren Nähe zu dem südöstlichen Schiffeingang Dolmetsch jedoch „ungünstig" erschien.

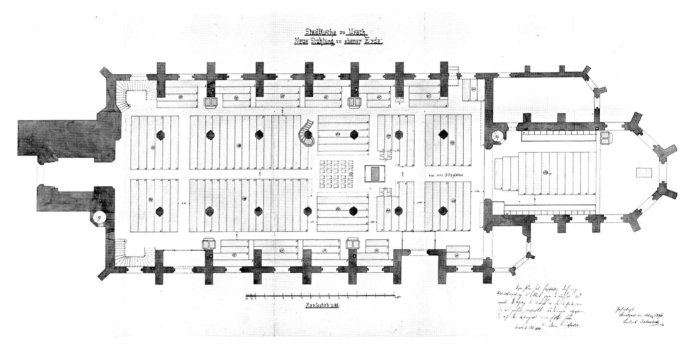

Abb. 189 Bad Urach, ev. Kirche, Grundriss Parterre, 1896 (unausgeführt). Tusche, aquarelliert auf Papier, 95,5 cm ✗ 47,5 cm.

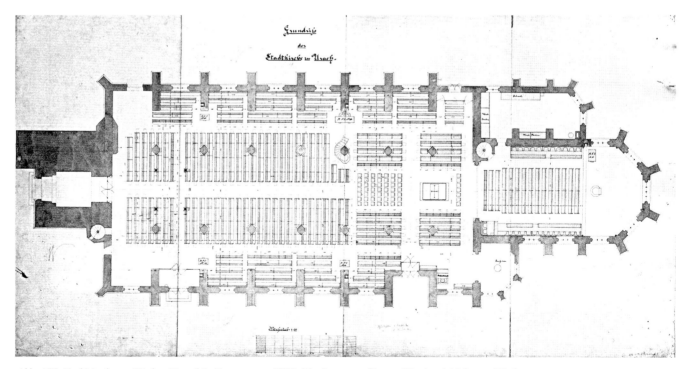

Abb. 190 Bad Urach, ev. Kirche, Grundriss Parterre, ca. 1898. Tusche, aquarelliert auf Papier, 146,8 cm ✗ 77,6 cm.

Dolmetsch belässt die Kanzel dementsprechend an ihrem alten Aufstellungsort. Das Kirchengemeinderatsprotokoll vom 13. März 1896 fasst die Grundzüge des Plans zusammen: „Der Altar [soll] mehr in die Nähe der Kanzel gerückt werden (zwischen die 2. und 3. Säule vom Chor an gerechnet). Dabei ergeben sich (den Chor eingerechnet) in der ganzen Kirche 1575 Sitzplätze statt bisheriger 1423. Die Sitze im Chor sollen mit beweglicher Rücklehne versehen werden; vor dem Altar sollen bewegliche Stühle aufgestellt werden, so daß für Konfirmation etc. ein ziemlich großer freier Raum vor dem Altar gewonnen wird. Die südliche Empore soll entfernt, eine nördliche zunächst nicht errichtet werden, sondern nur eine bis zur zweiten Säule vorgehende Orgelempore auf der Thurmseite, die in der Mitte um 1 m höher ist als auf beiden Seiten." Obwohl das Kollegium die Vorschläge einstimmig annimmt, wird am 20. Dezember 1897 beschlossen, „noch akustische Proben" anstellen zu lassen. Am 14. Januar 1898 wird Dolmetsch ausdrücklich ersucht, „noch einen Plan vorzulegen, nach welchem die Kanzel auf ihrem bisherigen Platz verbleiben und der Altar an seine alte Stelle unmittelbar vor dem Chor versetzt würde". Am 26. Januar desselben Jahres wird der Beschluss gefasst, „eine Probekanzel am 3. Pfeiler vom Chor gerechnet und zwar auf der Südseite der Kirche errichten zu lassen".

Am 20. Februar 1898 berät der Kirchengemeinderat über drei von Dolmetsch vorgelegte Projekte bezüglich der Aufstellung von Kanzel und Altar. Sowohl Projekt I, „wornach die Kanzel an ihrer bisherigen Stelle belassen und der Altar unmittelbar vor den Chor gestellt werden soll", als auch Projekt II, „wornach die Kanzel an der bisherigen Stelle belassen und der Altar in die Mitte des Schiffs gestellt werden soll", werden abgelehnt. Projekt III hingegen, das auf eine „Versetzung der Kanzel an den 3. Pfeiler vor dem Chor und Stellung des Altars vor den Chor" abzielt, wird angenommen. Der in Dolmetschs Nachlass erhaltene „Grundriß der Stadtkirche zu Urach", der hinsichtlich der Stellung von Kanzel und Altar diesem dritten Projekt entspricht, dürfte in sehr großer zeitlicher Nähe zu dem Beschluss des Kirchengemeinderats entstanden sein (Abb. 190). Er zeigt die Kanzel an ihrem angestammten Platz auf der Nordseite des Kirchen-

schiffs; ein Antrag von Mitgliedern des Kirchengemeinderats, die Kanzel „mit Rücksicht auf eine etwa später zu errichtende Empore [auf der Nordseite]" auf die Südseite zu stellen, wird in der genannten Sitzung von der Mehrheit des Kollegiums abgelehnt.

Die Innenrestaurierung der Amanduskirche umfasst die Erneuerung des Gestühls, die Entfernung der Emporen mit Ausnahme der Westempore, die Ausmalung der gesamten Kirche, die Neuherstellung des Fußbodens und das Einsetzen neuer Verglasungen in die Fenster (vgl. Abb. 136). Oberhalb des Chorbogens wird von Theodor Bauerle das Bild des Weltenrichters, umgeben von den sieben goldenen Leuchtern und schwebenden Engeln, geschaffen. Das Chorfenster von der Glasmalereianstalt van Treeck zeigt das Abendmahl und die Kreuzigung. Die spätmittelalterliche Kanzel wird entsprechend dem Beschluss des Kirchengemeinderats an den dritten Pfeiler von Osten gestellt, an dem sie sich noch heute befindet. Abgesehen von der erwähnten Ausführung des neuen Turmaufsatzes werden am Außenbau folgende Arbeiten vorgenommen: Die Dächer werden neu gedeckt, den Strebepfeilern auf der Südseite werden Baldachine für Apostelstatuen aufgesetzt, die Eingänge erhalten neue Türen. Die Einweihung der umgestalteten Kirche wird am 27. Oktober 1901 begangen. Laut „Zusammenstellung des gesammten Bauaufwandes für die Restauration der Amanduskirche samt Turm" des Kirchenpflegers vom 19. April 1902 belaufen sich die zwischen 1896 und 1901 aufgewendeten Mittel auf 318 000 Mark. Die Kosten für den Kirchturmbau betragen nach einer Auflistung, die Bauführer Wurster am 25. Januar 1900 dem Kirchengemeinderat vorlegt, 97 170 Mark. Das Erscheinungsbild der Amanduskirche wird bis heute wesentlich von der von Dolmetsch vorgenommenen Restaurierung geprägt.

Quellen: LKA, DAamt Urach, Nr. 523 (KGR-Protokolle 1889–1898). LKA, DAamt Urach, Nr. 523 (KGR-Protokolle 1899–1902). LKA, DAamt Urach, Nr. 585 (Kirchengemeinde. Amanduskirche. Bausachen. Ausscheidung des Ortskirchenvermögens 1895–1902), darin u. a. 1 Tuscheplan „Neue Stuhlung zu ebener Erde", datiert und signiert „Gefertigt Stuttgart im März 1896. Baurat Dol-

metsch". LKA, DAamt Urach, Nr. 606 (Stadtkirche Urach. Bauwesen. Kirchenheizungsprozeß. Restauration des Eberhard-Stuhles 1850–1907). TUM, Nachlass Heinrich Dolmetsch, Signatur 19.3, 1 „Entwurf zu einem neuen Turmaufsatz für die Stadtkirche zu Urach", datiert und signiert „Stuttgart im Febr. 1897. Baurat Dolmetsch"; Signatur 19.1, 19.2, 19.4, 19.5, 19.6, 19.7, 6 Tuschepläne, undatiert und unsigniert; Signatur 19.8, 19.9, 2 Bleistiftpläne zu den Turmfenstern, undatiert und unsigniert; Signatur 19.10, 1 „Programm zur Einweihung der erneuerten Amanduskirche in Urach. 27. Okt. 1901".

Literatur: Dehio 1997, S. 38. DBZ 42, 1908, Nr. 63, S. 432. Klaus Ehrlich, Chronik der Amanduskirche 1500–1990, in: Friedrich Schmid (Hrsg.), Die Amanduskirche in Bad Urach, Sigmaringen 1990, S. 40. Hans-Dieter Ingenhoff, Bemerkungen zur malerischen Ausstattung der Amanduskirche am Ende des 19. Jahrhunderts, in: Friedrich Schmid (Hrsg.), Die Amanduskirche in Bad Urach, Sigmaringen 1990, S. 136 und S. 140 f. Günter Kolb, Benediktinische Reform und Klostergebäude. Kloster Blaubeuren als ein Beispiel spätgotischer Erneuerung im Zuge der Benediktinischen Reformbewegung des 15. Jahrhunderts, in: Blätter für württembergische Kirchengeschichte 86, 1986, S. 262.

Baiersbronn, ev. Pfarrkirche (St. Maria)
Kreis Freudenstadt, ehemals OA Freudenstadt

Als im Jahr 1791 das Dorf Baiersbronn in Flammen stand, brannte auch die Kirche ab. Doch erst 1802 konnte der Neubau eingeweiht werden, der schon 1810 „wegen der großen Seelenzahl viel zu klein" war, wie Lorenz/Kuhn, S. 183 vermerken. Bei dem Neubau wurden die vier unteren Stockwerke des Turms der Vorgängerkirche beibehalten. 1865 wurde der Turm mit einem schlanken, spitz auslaufenden Helm versehen sowie drei neue Glocken und eine Uhr angeschafft.

Der Pfarrbericht des Jahres 1894 nennt rückblickend einen Grund für die umfangreiche Restaurierung der Kirche im Jahr 1892: „Die Kirche in Baiersbronn-Dorf ist auf Grund eines höheren Orts genehmigten Bauplans, der von Baurat Dolmetsch entworfen und ausgeführt

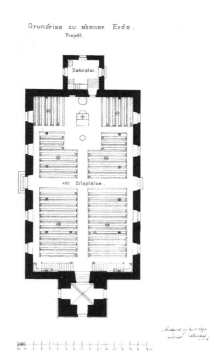

Abb. 191 Baiersbronn, ev. Kirche, Grundriss Parterre, 1892. Tusche, aquarelliert auf Papier, 34,6 cm x 52,0 cm.

wurde, im Innern vollständig neu geworden. Die Decke, welche sehr niedrig war und dumpfe Luft verursachte, ist in das Dach eingesprengt worden. Neues Gestühl, neuer Altar, neuer Taufstein wurde angebracht und die Kanzel entsprechend restauriert." Die Anzahl der Sitzplätze, die die Pfarrbeschreibung von 1905 nennt, beträgt 948 und stimmt darin mit einem „Plan zur künftigen Vergrösserung der Kirche" überein, der allerdings – soweit es die Schlüsse aus den Schriftquellen und eine Innenansicht der Kirche vor dem Umbau im Jahr 1970 erlauben – nicht in die Tat umgesetzt worden ist. Mehr Glauben ist dem Pfarrbericht des Jahres 1892 zu schenken, der von einer „Vermehrung der Sitzplätze um 101" spricht und sich damit mit den Angaben in der Planmappe von Dolmetsch („Anzahl der Sitzplätze bisher 659, Umbauplan 760") deckt. So scheint dem Autor der Pfarrbeschreibung von 1905 ein Irrtum unterlaufen zu sein, der möglicherweise aus dem schon nicht mehr geringen zeitlichen Abstand zwischen der Renovierung und dem Abfassen des Berichts herrührt.

Im April 1892 fertigt Dolmetsch die Pläne zur Restaurierung der Baiersbronner Kirche. Da sich kein Erläuterungsschreiben erhalten hat, müssen die in

Aussicht genommenen Maßnahmen allein aus den Zeichnungen abgelesen werden. Wie der „Grundriss zu ebener Erde" dokumentiert, beschränkt sich Dolmetsch in seinem „Projekt" auf die innere Umgestaltung der Kirche (Abb. 191), wobei dies allerdings grundlegend geschehen soll. Eingriffe in die Bausubstanz plant er nicht, denn die Umfassungswände und der Dachstuhl der Kirche seien „so gut, daß ein Neubau gar nicht notwendig sei", wie das Gemeinderatsprotokoll vom 10. Mai 1892 bemerkt. Der Gemeinderat, dem die Verwaltung des Kirchenbaufonds obliegt, hatte einen vollständigen Neubau des Gotteshauses „in nicht allzuferner Zeit (in ca. 25 Jahren)" ins Auge gefasst. Dolmetsch plädiert hingegen für eine Weiterverwendung des bestehenden Baus und kommt dem Wunsch des Gemeinderats nach Vergrößerung der Kirche entgegen, indem er einen Baustufenplan vorschlägt. Es sei sinnvoll, „die bereits vorgesehene jetzige Restauration so auszuführen, daß sie der späteren Vergrößerung vorarbeite

und man dann nicht wieder alles zusammenreiße, was man jetzt aufgewendet habe." Bei dieser vorgesehenen Vergrößerung sollen die Längswände des Schiffs und die Westwand samt Turm erhalten bleiben, während die Ostwand mit der daran anschließenden Sakristei abgerissen und durch einen querhausartigen Anbau mit Chor, Sakristei und zwei Treppen-

häusern ersetzt werden soll (vgl. Abb. 32). Durch diese Umbaumaßnahme würde die Kirche einen sakraleren Charakter erhalten, dessen sie in den Augen der Zeitgenossen anscheinend entbehrt, denn noch in der Pfarrbeschreibung von 1905 wird konstatiert, dass die Kirche „stillos" sei und keinen Chor habe.

Dolmetsch beabsichtigt, die Flachdecke aufzusprengen und den obergadenartigen Bereich oberhalb der Emporen mit Rundfenstern zu versehen, die durch Lichtschächte mit der Dachfläche verbunden werden (Abb. 192). Damit trägt er dem in dem Pfarrbericht des Jahres 1894 genannten Kritikpunkt Rechnung. Durch die Anbringung von Dachgauben will er dem Innenraum ein Mehr an Licht zuführen. Die Orgel behält ihren Platz auf der Westempore bei, erhält aber einen neuen, in gotisierenden Formen gehaltenen Prospekt. Auch die axiale Aufstellung der Prinzipalstücke wird übernommen, sie selbst werden ebenfalls durch neue ersetzt. Am 27. Juni 1892 erfolgt die Angebotseröffnung in Anwesenheit von

Dolmetsch, und noch im selben Jahr, am 11. Dezember 1892, kann die feierliche Wiedereinweihung der restaurierten Kirche vorgenommen werden.

In der Formulierung der Pfarrbeschreibung aus dem Jahr 1905 klingt ein gewisser Stolz über die umgestaltete Kirche an: „1892 wurde das Innere der Kirche gründlich erneuert. Gestühl, Empore,

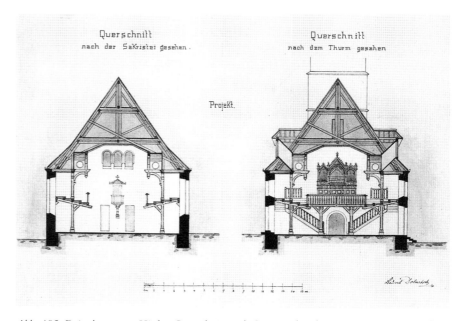

Abb. 192 Baiersbronn, ev. Kirche, Querschnitt nach Osten und nach Westen, ca. 1892. Tusche, aquarelliert auf Papier, 52,0 cm x 34,7 cm.

Abb. 193 Baiersbronn, ev. Kirche, Kirchenschiff nach Westen, vor 1970.

holzgetäfelte Decke, neue Kanzel, neuer Altar, neue Orgel, Ausmalung Anbau einer schönen Sakristei nach Norden […] mit einem Gesamtaufwand von ca. 30 000 Mark, so daß die Kirche sich nun von außen und von innen stattlich darstellt." Auch ohne die Anfügung eines Quer- und eines Altarhauses, denn diese Planung ist – vermutlich aus Kostengründen – nicht ausgeführt worden, ist es Dolmetsch nach dem Urteil der Zeitgenossen gelungen, der Baiersbronner Kirche einen sakraleren Charakter zu verleihen. Wie die Innenraumansicht zeigt, ist die Umgestaltung exakt nach Dolmetschs Entwürfen vorgenommen worden (Abb. 193). In der Wahl der Stilelemente tritt das Gotisierende zugunsten eines an den Hübsch'schen Rundbogenstil gemahnenden Stils zurück.

Die erneute Umgestaltung des Innenraums im Jahr 1970 hat sämtliche Spuren der Dolmetsch-Ausstattung beseitigt, so dass sich heute am Bau keine Hinweise mehr auf die Restaurierung der Kirche im Jahr 1892 finden.

Quellen: LKA, A 29, 272-2 (Pfarrbeschreibung von 1905), A 29, 272-13 (Pfarrbericht von 1892) und A 29, 272-14 (Pfarrbericht von 1894). GdA Baiersbronn, „Gemeinderats-Protocoll 1892–1896". GdA Baiersbronn, „Kirchenbaufonds Rechnungs-Beilagen 1887–1893, Nr. 1–30". GdA Baiersbronn, „Kirchenbaufonds Rechnungs-Beilagen 1887–

1893, Nr. 31–Schluß". PfarrA Baiersbronn, Nr. IX 9 („Protokoll des Gesamt-Kirchengemeinderats Baiersbronn 1890–1924"). TUM, Nachlass Heinrich Dolmetsch, Signatur 36.1, 36.2, 36.3, 36.4, 36.5, 36.6, 36.7, 36.8, 36.9, 36.10, 36.11, 1 Mappe mit 11 Tuscheplänen, davon 5 Pläne „Alter Zustand", 5 Pläne „Projekt" und 1 „Plan zur künftigen Vergrösserung der Kirche", der „Grundriss zu ebener Erde. Projekt" datiert und signiert mit „Stuttgart, im April 1892. Baurat Dolmetsch".

Literatur: Dolmetsch 1900, S. 3. Sönke Lorenz/Axel Kuhn, Baiersbronn. Vom Königsforst zum Luftkurort, Stuttgart 1992, S. 183.

Baiersbronn-Mitteltal, ev. Christuskirche

Gemeinde Baiersbronn, Kreis Freudenstadt, ehemals OA Freudenstadt

Die Kirche in Mitteltal wurde in den Jahren 1868/69 als vollständiger Neubau „nach den Plänen von Professor Bäumer" errichtet, wie die Pfarrbeschreibung von 1905 aussagt. Der Bau besteht aus – für die Region typischen – Buntsandsteinen und weist massenbetonte, romanische Formen auf. Der Einbau von Emporen ist durch die zweizonige Fensteranordnung am Außenbau ablesbar.

Am 3. August 1892 berät der Gesamtkirchengemeinderat von Baiersbronn

über die Frage der Kirchenheizung der drei ihm obliegenden Kirchen Baiersbronn, Mitteltal und Kniebis. Am Schluss der Sitzung wird die Anschaffung von insgesamt fünf Öfen beschlossen. Da Dolmetsch bereits mit den Planungen für die Kirchenrestaurierung in Baiersbronn betraut ist, liegt es nahe, ihm auch die Ausarbeitung des Kostenvoranschlags für die Heizbarmachung der Mitteltaler Kirche zu übertragen. Die Kostenberechnung für die einzelnen Gewerke erfolgt im September 1892. Die Gesamtsumme beläuft sich ohne die Berücksichtigung des Architektenhonorars und der Bauführungskosten auf 1600 Mark.

Zur Ausführung kommen das Ausbrechen zweier Kamine in den Längswänden der Kirche, die Anbringung von Ofenrohren und von Zinkverwahrungen an den Kaminen, die Gipsung der Ofennischen und der beschädigten Stellen des alten Verputzes, das Einsetzen von Windstangen und Lüftungsflügeln sowie schließlich das Aufstellen zweier Öfen. Eine Verteuerung der Maßnahme rührt unter anderem von der im Voranschlag nicht vorgesehenen Ausführung von Glaserarbeiten her. Offensichtlich – wie den Kostenzetteln zu entnehmen ist – werden die Fenster lediglich ausgebessert, indem farbige Rauten und gemalte Bögen im Chorfenster sowie Bordüren in den Scheiben unterhalb der Empore eingesetzt werden. Die endgültige Kostenzusammenstellung, die Dolmetsch im November 1893 vornimmt, weist eine Summe von annähernd 2300 Mark aus.

Quellen: LKA, A 29, 2872-2 (Pfarrbeschreibung von 1905). GdA Baiersbronn, „Kirchenbaufonds Rechnungs-Beilagen 1887–1893. Nr. 31–Schluß". PfarrA Baiersbronn, Nr. IX 9 („Protokoll des Gesamt-Kirchengemeinderats Baiersbronn 1890–1924").

Balingen, ev. Stadtkirche (St. Nikolaus)

Kreisstadt (Regierungsbezirk Tübingen), ehemals Oberamtsstadt (Schwarzwaldkreis)

Der Baubeginn der Balinger Stadtkirche fand laut Inschrift am Chorhaupt im Jahr 1443 statt. Die Planung der Chorturmfassade wird Hänslin Jörg zugeschrieben, die Vollendung des netzgewölbten Chors einem seiner Söhne, möglicherweise Aberlin Jörg. Der ganz im Osten befind-

211

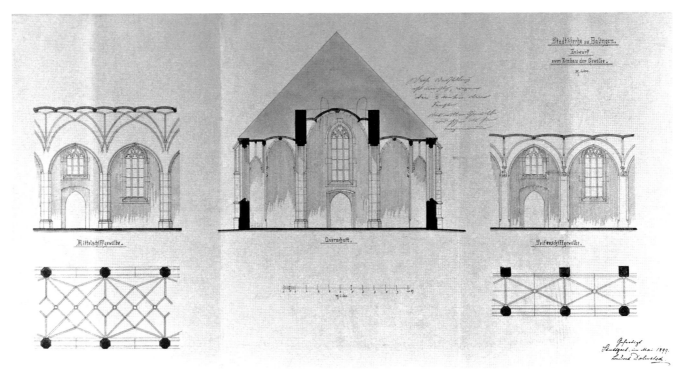

Abb. 194 Balingen, ev. Kirche, Längsschnitt durch das Mittelschiffgewölbe, Querschnitt durch das Schiff und Längsschnitt durch das Seitenschiffgewölbe, 1899 (unausgeführt). Lichtpause, koloriert, 62,4 cm × 33,0 cm.

liche Schlussstein des Chorgewölbes trägt das Wappen der Baumeisterfamilie Jörg. Das dreischiffige, mit Einsatzkapellen versehene Schiff wurde von Franz von Tübingen entworfen, dessen Meisterschild sich im Gewölbe einer der südlichen Einsatzkapellen findet. Das Südportal war 1510 (i) fertiggestellt; die Gewölbe der drei Schiffe blieben zunächst unvollendet. Erst 1913/14 wurden ausgehend von den spätmittelalterlichen Rippenanfängern die Gewölbe von Böklen und Feil eingezogen.

Das Pfarrgemeinderatsprotokoll vom 2. Februar 1882 hält fest, dass „vom christlichen Kunstverein ein Sachverständiger zu erbitten [sei], der sich gutachtlich über die nothwendigsten Restaurationen in [der] Kirche zu äußern hätte". Theophil Frey besichtigt im Auftrag des Vereins für christliche Kunst das Bauwerk und legt im Oktober 1882 seinen „Bericht über den baulichen Zustand der Stadtkirche zu Balingen und Gutachten über notwendig werdende Renovationsarbeiten in derselben" vor. Nach einer historischen Würdigung der Kirche benennt er die seines Erachtens dringend erforderlichen Maßnahmen: „In erster Linie [ist] ein neuer <u>Plattenboden</u> in den Gängen zu rechnen, neue <u>Böden</u> unter den Bänken und neue <u>Bänke</u> im Parterre.

Auch die Versetzung der Kanzel, die der Orgelempore zu nahe gerückt ist, dürfte ins Auge zu fassen sein. Die Thüren schließen mangelhaft, und sind die Kirchenbesucher fortwährender Zugluft ausgesetzt. Auch die Sakristei verlangt Abhülfe, da dieselbe sehr feucht ist." Zu der Frage einer möglichen Einwölbung bemerkt er, dass „die vorhandenen Gewölbeanfänger bis jetzt umsonst mahnten, das großartig begonnene Werk zu vollenden". Allerdings räumt er den zuvor genannten Instandsetzungsmaßnahmen gegenüber der Wölbung aus finanziellen Gründen den Vorrang ein.

Es ist nicht überliefert, wie der Pfarrgemeinderat auf die von Frey vorgelegten Pläne reagiert hat; es steht aber zu vermuten, das der Mangel an finanziellen Mitteln eine Ausführung der genannten Maßnahmen vorerst verhindert hat. Der Gedanke an eine umfassende Restaurierung der Stadtkirche wird allerdings nicht aufgegeben, so dass Dolmetsch vom Dekan eingeladen wird, in der Sitzung des nunmehr gebildeten Kirchengemeinderats am 18. Oktober 1898 seine Ansichten in der betreffenden Angelegenheit darzulegen. In seinem ausführlichen Referat hebt Dolmetsch hervor, „daß vom Standpunkt des Architekten zu wünschen wäre, die Kirche würde von oben herab

restauriert; zuerst das Gewölbe, dann die Emporen, dann das Parterre". Er räumt zugleich ein, dass die „Mittel für das Gewölbe nicht vorhanden sind" und somit eine Ausführung desselben „das Hinausrücken des Nötigsten, die Erneuerung des Gestühls, in unabsehbare Ferne zur Folge haben würde". Dolmetsch schlägt daher einen Baustufenplan vor, der zunächst die „Erneuerung des Gestühls im Parterre", ferner die „Erneuerung der Emporen", dann die „Herrichtung des Chors" und schließlich die „Herstellung des Gewölbes im Schiff" vorsieht. Nach eingehender Beratung über Dolmetschs Vorschläge kommt das Kollegium zu folgendem Schluss: „Das dringendste ist die Gestühlserneuerung; sehr wünschenswert wäre die Chorerneuerung, aber nur zu erreichen, wenn hiefür Stifter sich erwärmen. Zu einer Erneuerung der Emporen haben wir noch kein Geld. Die Schiffwölbung vollends muß weit zurückgestellt werden." Dolmetsch wird abschließend „um Ausarbeitung eines Kostenvoranschlags zur Restaurierung der Kirche in den vier Gruppen: Parterre – (Orgel-)Emporen – Chor – Gewölbe" gebeten.

Über die im Mai 1899 gefertigte Kostenberechnung, die sich auf eine „Gesamt-Bausumme" in Höhe von 80 000

Mark beläuft, berät der Kirchengemeinderat in seiner Sitzung am 21. Juni, ohne aber – angesichts der hohen Kosten – einen Beschluss in dieser Sache zu fassen. Die Bausumme ergibt sich aus der Aufstellung von vier Abteilungen: „1) Neue Stuhlung im Chor, Gipsung und Bemalung der Wände und des Gewölbes daselbst – Vorhang zum Abschluß des Chors. 2) Neue Stuhlung im Schiff. Abbruch und Entfernen der Längsemporen. Versetzen der Kanzel um einen Pfeiler gegen den Chor. Gipsung und einfachste Bemalung der Wände. 3) Neue Orgelempore mit neuer Stuhlung. Änderungen und Verbesserungen an der Orgel. 4) Herstellung der Mittelschiff- und Seitenschiffgewölbe. Bemalung an den sämmtlichen Gewölben und Wänden. Neue Verglasung sämmtlicher Fenster." Die aus dem ebenfalls im Mai 1899 angefertigten Plansatz einzig erhaltene Zeichnung zeigt, in welcher Weise sich Dolmetsch die Ausführung der Gewölbe denkt (Abb. 194): Während das Mittelschiff mit einem Netzgewölbe versehen werden soll, erhalten die Seitenschiffe einfache Kreuzrippengewölbe. Wie der beigefügte Kommentar bemerkt, ist die Zeichnung allerdings „unrichtig", da sich im Westgiebel zwei Fenster befinden, die von dem geplanten Gewölbe durchschnitten worden wären.

Am 27. Juli 1899 verhandelt der Kirchengemeinderat nochmals über die „Frage der Kirchenrestauration". Das Protokoll hält fest, dass „die Renovation des Schiffs um der sehr hohen Kosten willen zurückgestellt werden" muß. Dagegen wird „vorläufig" beschlossen, „einen würdigen Anfang der Gesamtrenovation mit einer Herstellung des Chors nach dem Voranschlag mit einem Kostenaufwand von 5300 Mark zu machen". Der hergestellte Chor soll künftig zur „Abhaltung von Bibelstunden, Vorbereitungspredigten (bei kleineren Abendmahlen), Feiertagspredigten und Christenlehren" genutzt werden. Der endgültige Beschluss, „die Restauration und neue Bestuhlung des Chors der Stadtkirche nach dem Plan von Baurat Dolmetsch in Angriff zu nehmen", wird am 29. September 1899 gefasst.

Im Mai des Jahres 1900 werden die Angebote für die einzelnen Gewerke eingeholt, so dass mit den Bauarbeiten bereits Ende desselben Monats begonnen werden kann. Noch vor Beginn der Arbeiten

äußert sich Werkmeister Roller, dem die Bauleitung vor Ort obliegt, in einem Schreiben an den Dekan vom 4. Mai zu der Frage des Verputzes der Chorwände: „Wenn an denjenigen Stellen der Wände, welche bisher verputzt sind, auch ein solches Quadergemäuer unter dem Verputz sich befindet, wie es an den nicht verputzten Teilen sichtbar ist, so würde es Herr Baurat für schöner halten, wenn man den alten Verputz und die Übertünchung der Steine entfernt und die ganze Chorwand durch einige Steinhauer bezw. Maurer abflächen läßt […], so daß der natürliche Stein überall blosgelegt ist." Nach Aufstellung des Gerüstes im Chor stellt sich allerdings heraus, dass das Quadermauerwerk in der Höhe von 1 m aufhört und durch Bruchsteingemäuer ersetzt wird, wie das Kirchengemeinderatsprotokoll vom 25. Mai 1900 mitteilt. Aus diesem Grund müsse „die Wand abgespitzt und mit einem neuen Schwarzkalkmörtel versehen" werden. Gleichzeitig berichtet das Protokoll von der Aufdeckung „alte[r] ornamentale[r] Malereien (Ranken- und Blätterwerk)" im Gewölbe des Chors. Am Schluss der Beratung über die Frage, wie mit diesen Malereien umzugehen sei, wird festgehalten, dass „dieselben nicht besonders wertvoll [seien] und zudem nur zum teil erhalten, so daß sie nur schwer wiederhergestellt werden könnten; außerdem wäre ihre Bloßlegung mit großen Kosten verknüpft". Deshalb sei „in Aussicht genommen, von der Bloßlegung Abstand zu nehmen und die wertvolleren Malereien aus der Uracher Kirche hieher zu übertragen". Die Bemalung des Chorgewölbes wird dementsprechend nach dem Vorbild der etwa zeitgleich gefertigten Malereien in der Uracher Amanduskirche vorgenommen. Kommerzienrat Behr, ein Balinger Fabrikant, stiftet drei Glasgemälde für die Ausschmückung des Chors.

Die Einweihung des restaurierten Chors findet noch im selben Jahr, am 25. Dezember 1900, statt. Der Dekan hebt im Rahmen des Festgottesdienstes hervor, dass „auch die Wünsche in Betreff vollständiger Neurestaurierung [der] altehrwürdigen Stadtkirche in nicht zu ferner Zeit ihrer Verwirklichung entgegengehen" mögen. Zunächst wird unter Dolmetschs Leitung ein neues Gestühl zwischen Chorbogen und Kreuz im Herbst 1901 errichtet sowie die Sakristei mit neuen Fenstern und neuem Mobiliar

im Sommer 1902 versehen. Obwohl – wie der vorhandenen Korrespondenz zwischen Dolmetsch und dem Dekan zu entnehmen ist – noch im Jahr 1904 über die Fortführung der Restaurierung verhandelt wird, verläuft die Angelegenheit „im Sande". Vermutlich sind hierfür finanzielle Engpässe verantwortlich zu machen, denn erst ein gemeinsames Gutachten von Ludwig Eisenlohr und Martin Elsaesser vom 11. März 1911 steht am Beginn der Innenrestaurierung des Langhauses. Obgleich die beiden Architekten die Meinung vertreten, dass „im Innern nach der ästhetischen Seite keine besondere Veranlassung vor[liege], tiefgreifende Renovationsarbeiten auszuführen", werden Böklen und Feil mit den Planungen zur Umgestaltung der Stadtkirche betraut. Diese legen ihre Entwürfe – mit Einschluss der Planungen zu den Gewölben – im Januar 1912 vor, die bis zum Frühjahr 1914 ohne wesentliche Änderungen zur Ausführung gelangen.

Quellen: LKA, DAamt Balingen, 1. Stadtpfarramt, A 1202 (Renovierung der Stadtkirche), darin u. a. 1 Lichtpause, koloriert, „Entwurf zum Einbau der Gewölbe", datiert und signiert „Gefertigt Stuttgart, im Mai 1899. Baurat Dolmetsch". LKA, DAamt Balingen, 1. Stadtpfarramt, A 1203 (Beleuchtung der Stadtkirche). LKA, DAamt Balingen, 1. Stadtpfarramt, A 1204 (Einrichtung einer Heizung in der Stadtkirche). LKA, DAamt Balingen, 1. Stadtpfarramt, A 1205 (Renovierung des Chors der Stadtkirche). LKA, DAamt Balingen, B 84 (PfGR-Protokolle 1882–1889). DAamt Balingen, B 85 (KGR-Protokolle 1889–1902). TUM, Nachlass Heinrich Dolmetsch, Signatur 57.1, 1 Tuscheplan „Geräte- Paramente- u. Kleider-Kasten", undatiert und unsigniert.

Literatur: DBZ 42, 1908, Nr. 63, S. 432. Evangelische Kirchengemeinde Stadtkirche Balingen (Hrsg.), Stadtkirche Balingen, [Balingen] 1990, S. 37 f. Eugen Gröner, Die Fenster der Balinger Stadtkirche, in: Heimatkundliche Blätter Balingen 33, 1986, Nr. 12, S. 573. Eugen Gröner, Von der Nikolaus-Kapelle zur Stadtkirche in Balingen, in: Heimatkundliche Blätter Balingen 43, 1996, Nr. 2, S. 1014.

Balingen-Frommern, ev. Pfarrkirche (St. Gallus)

Stadt Balingen, Zollernalbkreis, ehemals OA Balingen

Das heutige Kirchenschiff und der Polygonalchor stammen aus der zweiten Hälfte des 15. Jahrhunderts; möglicherweise ist ihre Erbauung mit der Jahreszahl 1475 in Verbindung zu bringen, die sich als Inschrift auf einer der drei Glocken findet. Von dem Vorgängerbau wurde das an der Westseite befindliche Kleeblattportal in den Erweiterungsbau integriert. Der Turm, der ehemals auf der Nordseite des Chors gestanden hatte, wurde 1729 wegen Baufälligkeit abgebrochen und als Ersatz ein neuer Turm vor die Westfassade gesetzt. Ebenfalls 1729 erhielt der Chor eine flache Gipsdecke, die ringsum mit einer Hohlkehle versehen war.

Am 10. November 1892 unterzieht Dolmetsch die Kirche im Auftrag des Vereins für christliche Kunst einer „Begutachtung in Sachen der Kirchenheizung". Er konstatiert jedoch tiefgreifende Mängel an der baulichen Substanz, wie das Kirchengemeinderatsprotokoll vom 22. Februar 1893 festhält: „Herr Baurat wundert sich, daß ‚im Hinblick auf die zwischen den feuchten Außenwänden und der schlechten Holzstuhlung ungehindert fortwuchernde Schwammkultur nicht schon längst von Seiten der Gesundheitspolizei Verordnungen zur Beseitigung solch' ungesunder Verhältnisse erlassen' worden sind." Dolmetsch habe „auf Befragen" die „mündliche Erklärung" abgegeben, „daß eine gründliche Restauration [der] Kirche immerhin 6–8000 Mark kosten" würde. Daraufhin stellt der Vorsitzende des Kirchengemeinderats den Antrag, „jetzt einmal Pläne und Kostenvoranschläge ausarbeiten zu lassen, da man [...] zu wissen nötig habe, wie viel Geld aufzuwenden sein werde, um erst dann weitere Schritte in dieser Sache thun zu können". Das Kollegium lehnt aber diesen Antrag mit dem Hinweis auf die unzureichende Höhe des „Restaurationsfond[s]" ab. Am 30. Mai 1893 wie auch am 16. Dezember 1894 und am 9. Februar 1895 erklärt sich der Kirchengemeinderat mit dem Antrag des Vorsitzenden, „Plan und Kostenvoranschlag durch Baurat Dolmetsch fertigen zu lassen", erneut nicht einverstanden.

Am 11. Februar 1895 beschließt das Kollegium „nach nochmaliger Beratung

Abb. 195 Frommern, ev. Kirche, Innenansicht nach Osten, nach 1899.

über [die] Kirchenrestauration", einen „Plan und Kostenvoranschlag durch Oberamtsbaumeister Heinz in Balingen fertigen zu lassen". Dieser hatte bereits am 20. September 1894 das Kirchengebäude einer „Bauvisitation" unterzogen und eine Reihe von Mängeln festgestellt: „Das Terrain um die Kirche liegt viel höher als die Böden in derselben und ist hiedurch das Gemäuer teilweise schadhaft geworden und der Verputz abgefallen; eine Abhebung des ersteren und eine zweckentsprechende Ausbesserung des letzteren ist daher geboten. Um aber gründlich zu helfen, sind auch noch die teilweise fehlenden Dachrinnen und Abfallröhren anzubringen und das Wasser von allen diesen Leitungen in Cementröhren weiterzuführen. Wenn nun so geholfen ist, so wäre[n] die verfaulten [...]

Stühle sammt ihren Böden neu herzustellen und bei diesem Anlasse die vorhandene Empore im Chor zu entfernen und durch entsprechende Erweiterung derjenigen im Langhaus anderweitiger Ersatz [zu] schaffen, [zudem] die beiden unpassenden Fenster auf der südwestlichen Langseite den übrigen gleich herzustellen und sodann das ganze Innere mit entsprechenden Farben zu versehen. Die Schutzbleche auf dem ersten Sockel-Absatz am Thurm sind wieder in dauerhafter Weise anzustreichen. Gründliche Ausbesserungen am Dach und an der äusseren Verblendung sind vorzunehmen. Das ganze Innere des Thurms ist durch die in demselben sich einnistenden Tauben in ekelerregender Weise beschmutzt. Um nun diesem Einnisten vorzubeugen, ist das Dachgebälk desselben zu vertäfern, eine

214

Öffnung mit Deckel zum Aufsteigen in den Thurm auszusparen und so dann das ganze Innere gründlich zu reinigen."

Die beschriebenen Mängel erscheinen dem Kirchengemeinderat offensichtlich als so schwerwiegend, dass schon bald darauf begonnen wird, „die Umgebung der Kirche ab[zu]graben, das Dach der Kirche aus[zu]bessern, an der Südseite der Kirche eine Dachrinne an[zu]bringen und den ganzen äußeren Sockel der Kirche, der bisher im Boden verdeckt lag, aus[zu]bessern und mit einem Cementspritzwurf [zu] überziehen", wie das Kirchengemeinderatsprotokoll vom 30. Mai 1895 mitteilt. Erst am 29. Juli 1897 berät das Kollegium über den Voranschlag von Oberamtsbaumeister Heinz, der sich auf die Summe von 9000 Mark beläuft. Da die Mittel zur Ausführung dieses Voranschlages nicht reichen, macht der Vorsitzende den Vorschlag, „zunächst nur einmal [die] Emporen- und Gestühlsherstellung, [das] Versetzen von Altar, Taufstein und Kanzel, [die] Fenster- und Thür-Erweiterung [sowie den] Careauplattenboden im Gesamtvoranschlag von ca. 6000 Mark ausführen zu lassen". Doch auch dieser Plan wird vom Kirchengemeinderat abgelehnt.

Am 26. März 1898 beschließt das Kollegium nach Intervention des Konsistoriums, die Kirchenrestaurierung nach dem Plan des Oberamtsbaumeisters ausführen zu lassen, wobei zunächst die „Bemalung" aufgeschoben werden soll. Am 28. März 1898 wendet sich der Pfarrer mit der Bitte an das Konsistorium, „den Plan und Kostenvoranschlag durch Herrn Baurat Dolmetsch prüfen und ergänzen zu lassen". Obgleich Dolmetsch seine „Aeusserung über den vom Kirchengemeinderat zu Frommern vorgelegten Plan zu den beabsichtigten Umbauarbeiten an [der] Kirche" erst am 24. Mai 1898 erstellt, beschließt das Kollegium schon am 23. April 1898, „Baurat Dolmetsch mit der Oberleitung zu beauftragen". Dolmetsch vertritt in seinem Gutachten die Meinung, dass die Ausführung der Restaurierung „auf Grund dieses Voranschlags […] bittere Enttäuschungen zur Folge haben" müsste, da „ein Herabdrücken solcher Berechnungen später stets Ueberschreitungen zur Folge" habe. Er empfiehlt hingegen seine eigenen „Vorschläge mit 13 000 Mark Kostenvoranschlagssumme zur Ausführung", die auf „speziellen Erfahrungen" fußen. In

architektonischer Hinsicht kritisiert Dolmetsch an dem Plan des Oberamtsbaumeisters insbesondere die „vierreihige[n] Längsemporenansätze", die eine „nachteilige Verdunkelung des Raums unter den Emporen […] ergeben". Außerdem „kämen die beiden Emporenarme so nahe einander gegenüber, daß man von einer Empore zur andern sich beinahe die Arme reichen könnte". Dolmetsch schlägt, „um den Schiffraum hell und luftig" zu gestalten, vor, „zweireihige längere Emporen" anzubringen, „welche der Kanzel nicht zu nahe" kommen. Es ließe sich hierdurch noch ein weiterer Vorteil erzielen, der darin bestehe, „daß man solch' schmale Längsemporen ohne unterstützende Säulen ausführen kann, was der unbehinderten Ausnützung des Parterreraumes zu gute kommt". Von einer Aufschiebung der „Bemalung der Decke im Schiff und im Chor und sämtlicher Nebenwände" rät Dolmetsch ab, da bei einer nachträglichen Ausführung dieser Arbeiten das Innere der Kirche wieder eingerüstet wie auch „die neue Kirchenstuhlung entweder stark notleiden würde oder mit erheblichem Aufwand geschützt werden müßte", was schließlich eine Verteuerung ergäbe.

Am 11. Juni 1898 erachtet der Kirchengemeinderat die „Kirchenrestauration [als] absolut notwendig dringend und unaufschiebbar" und beschließt am 19. Juni 1898 die Ausführung nach dem Dolmetsch'schen Plan vornehmen zu lassen. Am 5. Oktober 1898 ergeht die Baugenehmigung der Kreisregierung, so dass mit den Arbeiten noch im Herbst desselben Jahres begonnen werden kann. Die Einweihung der restaurierten Kirche findet am 5. November 1899 statt (Abb. 195).

Die Längsemporen gelangten gemäß Dolmetschs Anregung vom 24. Mai 1898 aus Gründen der Kostenersparnis nicht zur Ausführung. Die Anzahl der Sitzplätze verringerte sich jedoch nicht, da die zweite Emporentreppe nicht errichtet wurde und dadurch auf der Querempore neue Sitzplätze gewonnen werden konnten. Die Ausstattung der Kirche wurde vollständig neu erstellt: Altar, Taufstein, Kanzel, Gestühl im Schiff wie auch im Chor, Terrazzoboden und ein Glasgemälde im Chor, das den segnenden Christus darstellt, wurden neu angeschafft. Die Flachdecke und die Wände im Schiff wurden entsprechend Dol-

metschs Vorschlag neu bemalt; die Chordecke wurde erneuert, was laut Kirchengemeinderatsprotokoll vom 15. Juni 1899 einen Mehraufwand von 2000 Mark verursachte.

Am Außenbau wurden lediglich auf der Südseite der Kirche einschneidende Veränderungen vorgenommen (vgl. Abb. 66): Eine neue doppelflügelige Tür mit einem darüber befindlichen Rosettenfenster wurde eingebrochen und die Maßwerke der beiden flankierenden Spitzbogenfenster erneuert. Außerdem war die „Notwendigkeit der Restauration des Chores" dringend erforderlich, da die Mauer am Chor große Risse aufwies und dadurch zu weichen begann, wie das Kirchengemeinderatsprotokoll vom 3. Januar 1899 mitteilt. Rings um das Gebäude wurde laut Protokoll vom 7. Mai 1899 ein Zementtrottoir angelegt. Die vier Chorpfeiler wurden unterfangen und mit „neuen Abdeckungen aus weißem Haustein" versehen, wie dem Protokoll vom 15. Juni 1899 zu entnehmen ist.

Eine umfassende Umgestaltung der Kirche in den Jahren 1966–1968 beseitigte sämtliche Zutaten der Dolmetsch-Zeit: Das Portal auf der Südseite wurde neu hergestellt, wobei das Rosettenfenster entfernt wurde; auch die Bemalung der Wände und alle Ausstattungsgegenstände fielen der Renovierung zum Opfer. Lediglich ein Altargitter blieb als Geländer in einem Obergeschos des Turms erhalten.

Quellen: LKA, A 29, 1341-4 (Kirchengemeinde 1888–1923), darin u. a. Gutachten von Dolmetsch vom 24. 5. 1898. PfarrA Frommern, „KGR-Protokolle 1889–1898". PfarrA Frommern, „KGR-Protokolle 1898–1906" (Original am Tag der Recherche am 18. 5. 2000 nicht auffindbar, Auszüge in Abschrift vorhanden). PfarrA Frommern, „Protokoll über das Ergebniss der baulichen Untersuchungen der in der Unterhaltung der Kirchengemeinde stehenden Gebäude" vom September 1894.

Literatur: Werner Knoch, Frommern und seine St. Gallus-Kirche. Aufzeichnungen aus 1200 Jahren Geschichte eines schwäbischen Albdorfes, o. O., o. J. [1968], S. 23. Günther Meinhold, Frommern, Dürrwangen und Stockhausen. Streifzüge durch die Geschichte dreier Dörfer. Bd. 1: Von den Anfängen bis ins 19. Jahrhundert, Balingen 1993, S. 536.

Balingen-Ostdorf, ev. Pfarrkirche (St. Medardus)

Stadt Balingen, Zollernalbkreis, ehemals OA Balingen

Die alte Kirche in Ostdorf wurde laut Pfarrbeschreibung von 1905 „wegen ihres baufälligen Zustandes" im Jahr 1832 abgebrochen und unter Beibehaltung von Turm und Chor neu erbaut. 1843 erhielt der Turm einen neuen Aufsatz mitsamt Glockenstuhl, 1861 wurde derselbe nochmals erhöht. Im Sommer 1905 wurde die Orgel durch Orgelbaumeister Weigle in Echterdingen „unter Benützung des Gehäuses der alten" neu erbaut (Abb. 196). Der Aufwand betrug rund 6000 Mark, „allerlei Nebenausgaben inbegriffen". Die Pfarrbeschreibung verschweigt allerdings diesbezügliche Einzelheiten.

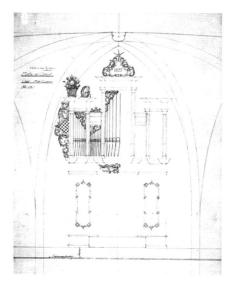

Abb. 196 Ostdorf, ev. Kirche, Orgelprospekt (Bestand), vor 1905, Bleistift auf Papier, 44,9 cm x 61,5 cm.

Dem Pfarrbericht des Jahres 1907 lässt sich zwar entnehmen, dass „die neue Orgel [...] sehr gut" sei, doch wird weder Dolmetsch erwähnt noch auf Details der im Jahr 1905 durchgeführten Maßnahmen eingegangen. Der Randbemerkung – „am Chordach wurde eine Rinne empfohlen" – lässt sich entnehmen, dass nicht alle als wünschenswert erachteten Arbeiten ausgeführt wurden. Den einzigen Hinweis auf die Urheberschaft Dolmetschs liefert die Honorarzahlung von 198,20 Mark.

Quellen: LKA, A 29, 3519-3 (Pfarrbeschreibung von 1905) und A 29, 3519-22 (Pfarrbericht von 1907). HH-Buch vom 20. 12. 1904. TUM, Nachlass Heinrich Dolmetsch, Signatur 76.1, „Kirche zu Ostdorf. Orgel. Alter Zustand", undatiert und unsigniert.

Besigheim-Ottmarsheim, ev. Pfarrkirche (St. Hippolyt)

Stadt Besigheim, Kreis Ludwigsburg, ehemals OA Marbach

Die einschiffige Saalkirche besitzt im Westen einen spitzbehelmten Turm (1502) und im Osten einen spätgotischen Chor mit einem Netzgewölbe. Die Sakristei, ein mit einem Kreuzrippengewölbe versehener Raum an der Südseite des Chors, mag noch älter sein als der Chor selbst. Das Schiff erhielt unter dem Patronat des Herrn von Liebenstein 1748/49 eine Rokoko-Ausstattung, die vor allem die hufeisenförmig angeordnete Empore und das Gewölbe umfasst.

Im Herbst 1881 fertigt Dolmetsch im Auftrag des Vereins für christliche Kunst einen Kostenvoranschlag und sechs Zeichnungen für die „Restauration der Kirche in Ottmarsheim". In seinem Erläuterungsschreiben vom Dezember 1881 legt er die Grundzüge seines Projekts schriftlich dar. Ausgangspunkte für den Entwurf sind einerseits die starke Feuchtigkeit der Mauern von Chor und Schiff und andererseits die als unumgänglich erachtete „Entfernung der häßlichen Chorempore" und eine damit verbundene „Neueintheilung der Stuhlung im Chore" (vgl. Abb. 67; 68). Zudem soll dem Mangel abgeholfen werden, „durch welchen die bisherigen Kirchenbesucher im Chore den Geistlichen auf der Kanzel gar nicht sehen und kaum verstehen können", indem die Kanzel von ihrem angestammten Platz westlich des Chorbogens in denselben hinein versetzt werden soll. Dafür müsse der Bogen sowohl verbreitert als auch erhöht werden. Diese Maßnahme hätte außerdem den willkommenen Effekt, dass „die seitherige nur für katholische Kirchen berechtigte starke Trennung von Chor und Schiff beseitigt" würde. Die Ausweitung der geplanten restauratorischen Tätigkeiten auf die gesamte Kirche resultiert aus der Ansicht, dass „das Stuhlwerk, die Emporen, Fenster, Treppen, Stuckdecke etc. in einem Zustande [sind], welcher nach einer Restauration des Chores höchst unbefriedigend auf den fühlenden Beschauer einwirken müßte". Die Zielsetzung des gesamten Projekts liegt in „einer stylvollen und harmonischen Durchführung des Ganzen" begründet. Um solch eine Wirkung zu erreichen, gedenkt Dolmetsch, „eine an die Dachconstruction unmittelbar anschließende Holzdecke mit Quergurten" in das Kirchenschiff einzuziehen (Abb. 197; 198). Diese Decke soll „mit wenigen Ornamenten stylvoll belebt" werden, im Übrigen bliebe das Holzwerk in seiner Naturfarbe belassen. Derartige Deckenbildungen „wirken bei ihrer naturwahren ächten Erscheinung wirklich monumental". Des Weiteren soll der „häßliche Treppenausbau an der nördlichen Langseite" beseitigt und die „häßlichen ovalen Löcher zu beiden Seiten der Orgel" durch Spitzbogenfenster mit Maßwerk ersetzt werden.

Es kann nicht mit Sicherheit gesagt werden, welche Gründe dafür verantwortlich waren, dass die geplante Kirchenrestaurierung nicht ausgeführt wurde, mit großer Wahrscheinlichkeit aber werden in nicht ausreichendem Umfang vorhandene finanzielle Mittel den Ausschlag gegeben haben. Im Laufe der folgenden Jahre werden immer wieder kleinere Summen für notwendige Instandhaltungsmaßnahmen aufgewendet, so zum Beispiel für die Renovierung des Kirchturms. Gleichzeitig werden aber die Verbesserung des Kirchengestühls und der Fenster weiterhin als Desiderat angesehen. Trotzdem wird im Kirchengemeinderatsprotokoll vom 8. Juli 1891 festgehalten: „Aus diesen Thatsachen ergiebt sich, daß das Kirchengebäude in gutem Stande erhalten bezw. nicht unwesentlich verbessert und daß dadurch naturgemäß die Wahrscheinlichkeit eines erforderlichen Neubaus in größere Ferne sich gerückt hat." Das Ziel einer umfassenden Kirchenrestaurierung hat die Kirchengemeinde somit nicht aus den Augen verloren; im Kirchengemeinderatsprotokoll vom 23. Mai 1892 werden nochmals die als erforderlich angesehenen Maßnahmen genannt: „Erneuerung des Gestühls, Entfernung des für die Akustik hinderlichen Bogens zwischen Chor und Schiff, Herstellung von neuen bezw. größeren Fenstern zu besserer Erhellung der Kirche."

Im März 1900 legt Dolmetsch einen neuerlichen Kostenvoranschlag dem Kirchengemeinderat zur Begutachtung vor. Dieser bezieht sich ausschließlich auf den Chor. Dass das Schiff nun nicht mehr in die Planungen einbezogen wird, mag sei-

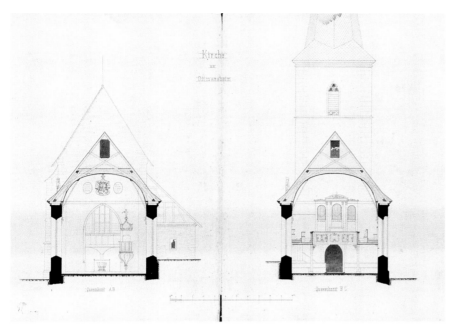

Abb. 197 Ottmarsheim, ev. Kirche, Querschnitt nach Osten und nach Westen, vor 1881 (Bestand). Tusche, farbig aquarelliert auf Papier, 87,0 cm x 60,4 cm.

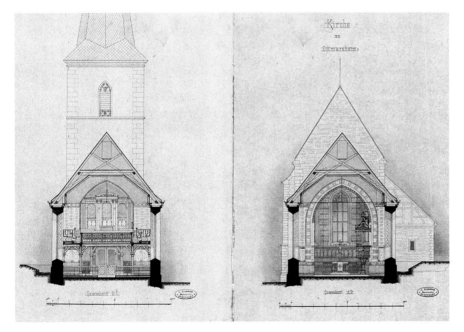

Abb. 198 Ottmarsheim, ev. Kirche, Querschnitt nach Westen und nach Osten, 1881 (unausgeführt). Tusche, farbig aquarelliert auf Papier, 87,3 cm x 60,2 cm.

nen Grund in dem Fehlen ausreichender Mittel haben. Inwieweit dies möglicherweise auch auf Dolmetschs veränderte Haltung gegenüber der Kunst des 18. Jahrhunderts zurückzuführen ist, kann nicht gesagt werden. Standen bei dem Projekt des Jahres 1881 abgesehen von der geplanten Trockenlegung der Kirche ästhetische Gesichtspunkte als Prinzipien für die Restaurierung im Vordergrund, so treten diese bei dem

Plan von 1900 zugunsten substanzerhaltender Maßnahmen zurück. Vor allem will Dolmetsch am Chor Dachrinnen und Ablaufrohre anbringen, da die Grundmauern stets feucht seien. Aus demselben Grund denkt er, ein Trottoir mit Kandel um den Chor herumzuführen. Als bautechnische Mängel sind der defekte Anschluss des Schiffdachs an die Chor- und Turmmauern sowie die „äußerst mangelhafte" Verglasung der Chor-

fenster hervorzuheben. Ästhetisch sei die in die Chorfenster „sehr ungünstig" hineinschneidende Empore nicht zufriedenstellend. Als Abhilfe schlägt er vor, einen neuen Anschluss des Schiffdachs „unter Verwendung von Zink und Blei" und neue Chorfenster herzustellen, zudem soll der Chor eine neue „würdigere" Stuhlung erhalten. Die Verbreiterung des Chorbogens, die notwendig sei, „um […] den Chor mit seiner neuen Verglasung und neuen Stuhlung recht zur Geltung kommen zu lassen", soll aus Kostengründen unterbleiben.

Andere, in die Bausubstanz eingreifende Maßnahmen – wie etwa die Vereinheitlichung der Fensterformen – werden gleichfalls nicht durchgeführt, der Chor hingegen wird einheitlich ausgestattet: Altar und Kanzel werden neu erstellt, nur die schmiedeeisernen Altargitter finden Wiederverwendung, ein neuer Terrazzoboden „mit einem hübschen Muster" wird in den Chor gelegt, der Taufstein wird in das Schiff gerückt, die Empore wird aus dem Chor entfernt, und die Bemalung des Chors geschieht in „würdiger Weise". Schließlich werden Windfänge und neue Türen angebracht, „um wirksam heizen zu können". Die Beseitigung des „geradezu häßlichen und baufälligen Aufgang[s]" an der Nordseite stellt den einzigen Eingriff in das äußere Erscheinungsbild der Kirche dar. Die genannten Arbeiten wurden im Laufe des Jahres 1902 ausgeführt. Die Bausumme belief sich laut Dolmetschs „Berechnung des Architektenhonorars" vom 28. Juli 1902 auf 10 000 Mark und entsprach damit genau der Summe des Kostenvoranschlags vom März 1900.

Die von Dolmetsch geschaffene Ausstattung des Chors ist in großen Teilen noch erhalten: Kanzel, Altar und Taufstein sowie das Chorgestühl und die Verglasung der vier Chorfenster stammen aus dem Jahr 1902. Die Farbfassung des Chors wurde jedoch bei einer erneuten Restaurierung beseitigt.

Quellen: PfarrA Ottmarsheim, Nr. 14 (PfGR-Protokolle 1851–1887). PfarrA Ottmarsheim, Nr. 15 (PfGR-Protokolle 1887–1889/KGR-Protokolle 1889– 1898). PfarrA Ottmarsheim, Nr. 16 (KGR-Protokolle 1898–1925). PfarrA Ottmarsheim, Nr. 55 (Stiftungswesen. Bausachen [1727] 1771–1902). PfarrA Ottmarsheim, Mappe mit 6 Tuscheplänen, aquarelliert, datiert und signiert

„Gefertigt im September 1881. H. Dolmetsch Bauinspector".

Literatur: Dolmetsch 1900, S. 2. Dehio 1993, S. 617. Markus Otto, Die Pfarrkirche St. Hippolyt, in: Ludwigsburger Geschichtsblätter 18, 1966, S. 79 f.

Beuren, ev. Pfarrkirche (St. Nikolaus)
Kreis Esslingen, ehemals OA Nürtingen

Die unteren zwei Stockwerke des Turms und die Südwand des Kirchenschiffs stammen zum größten Teil noch aus romanischer Zeit. Bei der Erweiterung der Kirche nach Norden und dem Anbau eines kreuzrippengewölbten Chors blieben diese Partien erhalten. Die drei Schlusssteine im Chorgewölbe zeigen Sonne, Mond und einen Stern. Auf der Südseite des Westturms befindet sich eine Ölberg-Darstellung aus der Zeit kurz nach 1500.

In dem Pfarrbericht des Jahres 1881 wird vermerkt, dass für eine bevorstehende Kirchenvergrößerung ein Baufonds gesammelt wird, offenbar sind aber keine nennenswerten Schäden am Bauwerk zu verzeichnen. Noch 1891 heißt es, dass „das Kirchengebäude sich im allgemeinen in gutem Stand" befindet, lediglich der Turm solle „in näherer Zukunft neu vergipst werden". Der Pfarrbericht des Jahres 1895 gibt genauere Auskünfte über die Motivation zur geplanten Kirchenrestauration: „Da die früheren Neuherstellungen und Reparaturen immer geringer, immer weniger stilgemäß und zweckmäßig ausfielen, so wurde in der Erkenntnis, daß ein größerer Umbau nötig werde, seit ca. 5 Jahrzehnten fast jede kleinere Reparatur unterlassen, und stattdessen allmählich ein Kirchenbaufond angesammelt."

Im April 1895 legt Dolmetsch einen ersten Plan zum Kirchenumbau mitsamt „Summarische[r] Kostenberechnung der vorzunehmenden Bauarbeiten", die sich auf 34 800 Mark beläuft, vor. Dolmetsch zielt mit seinem Projekt vor allem auf eine umfassende Umgestaltung des Inneren der Kirche ab. Die Chorempore soll beseitigt und die Orgel von dieser auf die gegenüberliegende Empore im Westen verlegt werden (vgl. Abb. 81); die Flachdecke soll durch eine trapezförmig in den Dachraum aufgesprengte Decke ersetzt werden (Abb. 199); die Emporen im Mittelschiff sollen sich regelmäßig in Hufeisenform um die Kirchenwände ziehen (vgl. Abb. 123); und schließlich sollen die Prinzipalstücke neu angefertigt und ihre Aufstellung gegenüber dem vorherigen Zustand verändert werden. Doch auch am Äußeren will Dolmetsch zum Teil umfangreiche Eingriffe in die Bausubstanz vornehmen, die sich insbesondere auf die Nordfassade des Kirchenschiffs beziehen. Hier soll das zweibahnige, mit Maßwerk versehene Spitzbogenfenster in der Nordostecke unverändert beibehalten werden, während die unregelmäßige Fensteranordnung der übrigen Fassade zugunsten zweier hoher, schmaler Spitzbogenfenster und eines Portals mit darüber befindlichem Rundfenster aufgegeben werden soll. Die beiden auf der Nordseite des Schiffs bzw. des Chors vorhandenen Emporenaufgänge sollen entfernt und durch zwei im Innenraum an der Westseite liegende Treppen ersetzt werden. Die Sakristei, die sich in dem nordöstlichen Winkel zwischen Schiff und dem Chor befindet, erhält zwei neue Fenster und einen Ofen. Der Zugang zur Kanzel soll zwar weiterhin von der Sakristei aus erfolgen, doch wird die Kanzeltreppe nicht mehr durch das Kirchenschiff, sondern durch den Chor geführt. Die Südfassade und der Chor sowie der Turm bleiben bei der geplanten Restaurierung unangetastet.

Über die Anzahl der in Aussicht genommenen Sitzplätze gehen die Angaben insofern auseinander, als in den Plänen die Zahl „618" auftaucht und in dem gleichzeitigen Kostenvoranschlag von „661" die Rede ist. Da sich im alten Zustand der Kirche 684 Sitzplätze dort befunden haben, ist mit einem Verlust von 23 Plätzen zu rechnen. Über diesen Sachverhalt bricht im Jahr 1904, als es an die konkrete Planung zur Restaurierung der Kirche geht, ein Streit zwischen dem Konsistorium und dem Kirchengemeinderat aus. Am 7. März des Jahres genehmigt das Konsistorium den „Umbau der Kirche nach den Plänen von Oberbaurat Dolmetsch mit dem Aufwand von rund 39 000 Mark", doch wird in dem Erlass gleichzeitig angeordnet, „es solle auf Festhaltung, wenn nicht Vermehrung der Sitzplätze Bedacht genommen werden." Bereits am 29. Februar 1904 hatte Dolmetsch dem Konsistorium den Vorschlag unterbreitet, die Anzahl der Sitzplätze auf 687 zu steigern, indem er „eine der beiden inneren westlichen Emporentreppen nach außen verlegt[e], wo sich in der nordwestlichen Ecke beim Turm dieser Aufstieg als bedeckte Freitreppe in passender Weise anbringen läßt." In seiner Sitzung am 17. März nimmt der Kirchengemeinderat zu diesem Problem Stellung und äußert sich dahingehend, dass die Kosten des zusätzlichen Außenaufgangs in Höhe von 2800 Mark von der Gemeinde nicht aufzubringen seien und zudem „die Zahl der Kirchengenossen seit lang[em] ständig zurückgegangen ist." Das Kollegium verständigt sich darauf, das Konsistorium zu bitten, „von der Anbringung des Aufgangs zu den Emporen von außen her Abgang zu nehmen und die Ausführung des seitherigen Umbauplans vornehmen zu dürfen". Trotz dieser Erklärung schlägt Dolmetsch dem Konsistorium am 28. März den Kompromiss vor, dass „die Möglichkeit nicht ausgeschlossen [sei], in späteren Zeiten entweder durch die Ausführung von einer

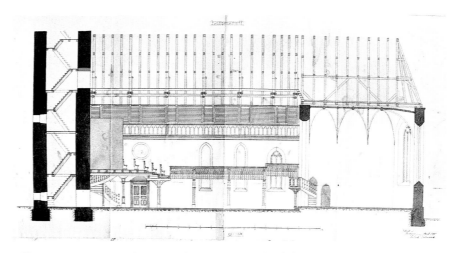

Abb. 199 Beuren, ev. Kirche, Längsschnitt, 1895. Tusche, farbig aquarelliert auf Papier, 83,5 cm x 43,5 cm.

oder zwei Außentreppen oder durch weitere Beanspruchung des Chorraums durch Einsetzung einer Empore weitere Vermehrung der Sitzplätze erreichen zu können". Dieser Vorschlag muss vor dem Hintergrund seiner Planungen vom April 1895 Erstaunen hervorrufen, doch ist er als eine Notlösung zu verstehen, falls sich keine andere Möglichkeit mehr eröffnen sollte. Tatsächlich begnügt sich das Konsistorium in seinem Erlass vom 30. März mit der Äußerung Dolmetschs und sieht von weiteren Maßregelungen gegenüber dem Beurener Kirchengemeinderat ab.

Dass die Kirchenrestaurierung erst neun Jahre nach der Erstellung des ersten Entwurfs in Angriff genommen werden kann, ist auf das Fehlen der finanziellen Mittel zurückzuführen, wie der Kirchengemeinderat am 3. Februar 1904 festhält. Da aber „mit Rücksicht darauf, daß die Arbeitslöhne wie die Materialpreise im Lauf der Zeit nicht billiger werden und

daß zur Zeit günstige Gelegenheit vorhanden ist, das fehlende Geld zu mäßigem Zinsfuß zu erhalten", beschließt der Kirchengemeinderat, „mit dem Bauwesen sofort zu beginnen". Der bereits im April 1895 vorgelegte Plan wird „im großen ganzen gut" geheißen, „nur vielleicht im einzelnen kleinere Vereinfachungen gewünscht", die allerdings nicht explizit ausgeführt werden. Am 14. Februar berät das Kollegium abschließend über den Plan zur Restaurierung der Kirche und hält in diesem Zusammenhang nochmals die am Gebäude aufgetretenen Mängel fest: „So schön die Kirche, von außen betrachtet, mit ihrem gothischen Chor und neurestauriertem Ölberg [die Restaurierung des Ölbergs ist im April 1899 durch Bildhauer Schnabel aus Stuttgart vorgenommen worden] sich ausnimmt, so sehr fühlt man sich beim Eintritt ins Innere enttäuscht. Die Decke des Schiffs hängt tief über den Chorbogen herab. Das Sit-

zen auf den Kirchenstühlen ist eine Qual. Die Wände sind feucht und schmutzig. Der Boden ist schlecht und die Türen schließen nicht. Die Orgel im Chor verwehrt den Eintritt des Lichts ins Schiff und verhindert den Anblick des schöngewölbten Chors." Die Mitglieder des Kirchengemeinderats geben ihrer Hoffnung Ausdruck, dass „das gesamte Bauwerk nach seiner Restauration eine Dauerhaftigkeit besitzen [werde], welche derjenigen eines Neubaus kaum nachstehen wird."

Im Folgenden wird die Ausführung der Bauarbeiten entsprechend dem im Februar 1904 revidierten Kostenvoranschlag von Dolmetsch mit aller Kraft vorangetrieben, so dass noch im selben Jahr, am 30. Oktober, die Einweihung stattfinden kann. Die Überarbeitung der Kostenberechnung bezieht sich lediglich auf die Berücksichtigung der veränderten Arbeitslöhne und Materialpreise, während die im April 1895 formulierten Grundzüge der Restaurierung unverändert aufrecht erhalten werden. Sogar die projektierte Umgestaltung der Nordfassade wird gemäß den Plänen ausgeführt. Ebenso wird der Innenraum der Kirche nach dem Plan des Jahres 1895 umfassend gotisierend gestaltet: Kanzel, Altar und Taufstein werden neu hergestellt, der Chor erhält ein stilgemäß ausgearbeitetes Gestühl, das Gewölbe wird mit einem aufgemalten Sternenhimmel versehen, und der Chorbogen wird mit einem umlaufenden floralen Muster geschmückt (Abb. 200).

Die aus dem Jahr 1839 stammende Orgel wird vom Chor auf die Westempore versetzt, wobei das in gotischen Formen gehaltene Gehäuse beibehalten wird. Entweder aus Gründen der Sparsamkeit oder aus dem Anspruch einer möglichst großen Stilreinheit heraus beschließt Dolmetsch, „die in der Stadtkirche in Cannstatt entbehrlichen Chorwandstühle sowie die Emporenbrüstungen zu verwerten", wie es im Kirchengemeinderatsprotokoll vom 31. Mai 1904 heißt. Braun, S. 69 schreibt dazu: „Dieser [der Kirchengemeinderat] wehrte sich und wollte eine Empore in dem Zeitgeist des Jugendstils haben." Diese Aussage lässt sich anhand des vorliegenden Quellenmaterials nicht verifizieren, fest steht lediglich, dass annähernd dreißig laufende Meter Emporenbrüstungen sowie die alte Chorstuhlung in der Stadtkirche Cann-

Abb. 200 Beuren, ev. Kirche, Innenansicht nach Osten, nach 1904.

statt ausgebaut und in der Nikolauskirche
wieder eingesetzt worden sind, wie die
Rechnung der Kirchenpflege Cannstatt
vom 20. Januar 1905 belegt.

Noch heute stellt die Nikolauskirche in
Beuren eines der wenigen Beispiele dar,
bei denen mit Ausnahme der Ausmalung
die Dolmetsch-Ausstattung weitgehend
erhalten ist (vgl. Abb. 108). Anstelle der
floralen Ornamentik an der Ostwand des
Kirchenschiffs sind heute mittelalterliche
Wandmalereien zu sehen, die 1960 freigelegt wurden. Im selben Jahr wurde
auch die Wandtäfelung aus dem Chor
entfernt.

Quellen: LKA, A 29, 431-3 (Kirchengemeinde Beuren 1888–1923). LKA, A 29,
435-11 (Pfarrbericht von 1881), A 29,
435-16 (Pfarrbericht von 1891) und A 29,
435-18 (Pfarrbericht von 1895). LKA,
PfarrA Beuren, Nr. 28 (PfGR-Protokol-
le/KGR-Protokolle 1851–1890). LKA,
PfarrA Beuren, Nr. 29 (KGR-Protokolle
1890–1924). LKA, PfarrA Beuren, Nr.
230 (Kircheninstandsetzung 1904/06).
PfarrA Beuren, 8 Tuschepläne, alter Zustand, undatiert und unsigniert, sowie 4
Tuschepläne, laviert, datiert und signiert
„Gefertigt Stuttgart im April 1895. Baurat Dolmetsch". TUM, Nachlass Heinrich Dolmetsch, Signatur 46.1, 46.2,
46.3, 3 Tuschepläne, undatiert und unsigniert (mit den entsprechenden in
PfarrA Beuren identisch).

Literatur: Dehio 1993, S. 76. Land
Baden-Württemberg, Bd. 3, S. 216.
Dietrich Braun, Nikolauskirche Beuren.
800 Jahre erlebte Geschichte, Villingen
1988, S. 68–72. Dietrich Braun, Heimatbuch Beuren. Von den urweltlichen Zeugen unserer Gemarkung bis zum Jahr
2002, o. O., o. J. [2002], S. 226.

Bietigheim-Bissingen, Bietigheim, ev. Stadtkirche
Kreis Ludwigsburg,
ehemals OA Besigheim

Der kreuzrippengewölbte Chor und das
ehemals einschiffige Langhaus stammen
aus der Zeit um 1400. Nach dem Einsturz
eines sich nördlich der Kirche befindenden Wachturms 1547 wurde das Kirchenschiff um etwa 4 m nach Norden erweitert, so dass sich eine asymmetrische
Anlage ergab. Der Westturm weist sowohl im Norden – über dem Eingang
findet sich das Stadtwappen – als auch im
Süden ein Portal auf.

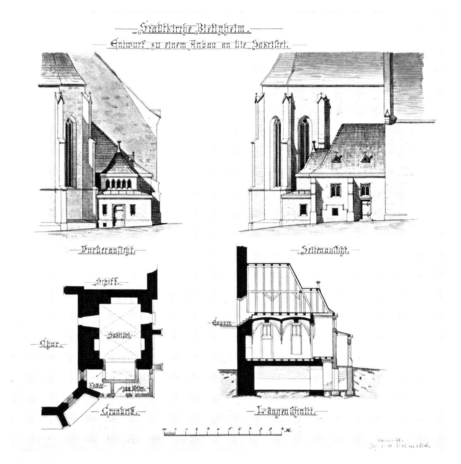

*Abb. 201 Bietigheim, ev. Kirche, Entwurf zu einem Sakristeianbau, ca. 1889. Tusche,
aquarelliert auf Papier, 43,2 cm x 44,1 cm.*

Die Pfarrberichte geben umfassend
Auskunft über den Zustand des Kirchengebäudes in der zweiten Hälfte des
19. Jahrhunderts. Der Pfarrbericht von
1883 teilt mit: „Die Stadtkirche ist hin-
reichend geräumig, nicht sehr akustisch,
weil das Schiff unverhältnißmäßig breit
und ein Theil der Frauenstühle durch
die Empore für die Männer überbaut ist.
Die Kirche ist dunkel, weil rings von
Häusern eingeschlossen, und weil die
Orgel in den Chor eingebaut ist. Wegen
des Mangels an Licht und Sonne ist das
Innere kalt und die Luft ungesund." Der
Visitator hält darüber hinaus fest: „Die
Stadtkirche ist geräumig, sonst aber im
Innern in jeder Beziehung häßlich und
verwahrlost, kalt und zugig." 1885 führt
er gar aus: „Die Stadtkirche ist im Innern
nach jeder Hinsicht in einem ganz trauri-
gen, unwürdigen, auch gesundheits-
schädlichen Stand." Der Pfarrbericht des
Jahres 1891 geht noch weiter, indem er
konstatiert: Die Kirche „zeigt […] innen
das Bild großen Zerfalls." Offenbar
befindet sich auch die Orgel in einem

schlechten Zustand, denn 1885 heißt es:
„Die Orgel, die nur auf kurze Zeit noch
geflickt werden kann, muß durch eine
neue ersetzt und diese dann in den
Hintergrund des Hauptschiffs an oder in
eine Öffnung des Turms hinein gestellt
[werden]."

Aus Anlass der Erneuerung der Peters-
kirche findet 1881 eine Besprechung in
Bietigheim statt, an der auch Leins und
Dolmetsch teilnehmen. Bei dieser Gelegenheit wird eine Besichtigung der Stadtkirche durch Dolmetsch in Aussicht
genommen. In einem Schreiben vom
19. Januar 1882 teilt Dolmetsch mit, dass
er sich „inzwischen verschiedene Gedanken über die richtigste Restauration […]
dieser absonderlichen Kirchenanlage […]
gemacht" habe. Am 15. August 1882
schickt Dolmetsch die ihm von Pfarrer
Mayer überlassene Skizze – wahrscheinlich handelt es sich dabei um eine Ansicht
der Stadtkirche – zurück. Gleichzeitig
teilt er mit, dass er einen Bericht an das
Gemeinschaftliche Amt Bietigheim abgesandt habe.

Am 25. April 1885 erfolgt die Wahl einer Kirchenbaukommission im Stiftungsrat. In ihrer ersten Sitzung am 30. April beschäftigt sich die Kommission mit einem von Baumeister Gräßle vorgelegten Plan sowie mit einer von Dolmetsch gefertigten Skizze. (Es ist nicht überliefert, welche Maßnahmen diese Skizze hinsichtlich der geplanten Restaurierung der Kirche beinhaltete.) Die Kirchenbaukommission wendet sich daraufhin an den Verein für christliche Kunst mit der Bitte, „einen Techniker mit der eingehenden Untersuchung der Kirche zu beauftragen und von diesem einen passenden Plan und einen Voranschlag zu erbitten". Da „Herr Bauinspektor Dolmetsch schon in der Sache tätig gewesen" sei, so solle auf diesen „besonders aufmerksam gemacht werden". Tatsächlich wird Dolmetsch von den Bietigheimer Kollegien „mit Entwerfung eines Plans und Kostenüberschlags beauftragt", wie der Pfarrbericht von 1885 berichtet.

Mit Schreiben vom 9. Februar 1887 übersendet Dolmetsch die „Pläne zum Umbau des Inneren der Stadtkirche zu Bietigheim". Dem Entwurf liegt der Gedanke zugrunde, „die für das Gesamtaussehen des Inneren so störend wirkende Axenverschiebung zwischen Schiff, Chor und Turm möglichst verschwinden zu lassen, indem man den circa 16 m im Lichten breiten Schiffraum durch Freipfosten in 3 einzelne Schiffe teilt und zwar so, daß die Längenaxe des 8,5 m breiten Mittelschiffs mit derjenigen des Chores zusammenfällt, während die beiden Seitenschiffe ungleiche Breiten erhielten, welche Unsymmetrie in ausgeführtem Zustande durch die eingebauten Emporen und die angewendete obere Architektur weniger auffallen würde als in der Zeichnung". Als weiteren wichtigen Aspekt hebt Dolmetsch die Freilegung des Chors hervor, der – „von Emporen befreit" – einen „besonders würdigen Eindruck" machen würde. Der Altar soll

im „Vordergrund" des Chors und der Taufstein „davor im Schiffe" aufgestellt werden. Zur Platzierung der Kanzel ist „die gegen die schmale Längsempore gelegene Chorbogenseite bestimmt". Vor jedem der Eingänge sollen im Inneren des Schiffs zum Schutz „gegen Zugluft" Windfänge angebracht werden. Der „häßliche Choreingang beim Sakristeianschluß" soll beseitigt werden. Die „Aenderungen an den Schifffenstern" dienen einer „zweckmäßigere[n] Lichtzufuhr". Die von Dolmetsch für die Ausführung dieses Plans veranschlagten Kosten belaufen sich auf 35 700 Mark (einschließlich „Anbringung von Dachrinnen und Trockenlegung der Umfassungswände durch Cementtrottoirs").

Es ist vor allem auf den Einspruch der bürgerlichen Kollegien zurückzuführen, dass der Plan zunächst nicht zur Umsetzung gelangen kann. Insbesondere dem Stadtschultheiß erscheinen die Kosten für die Restaurierung der Stadtkirche als zu

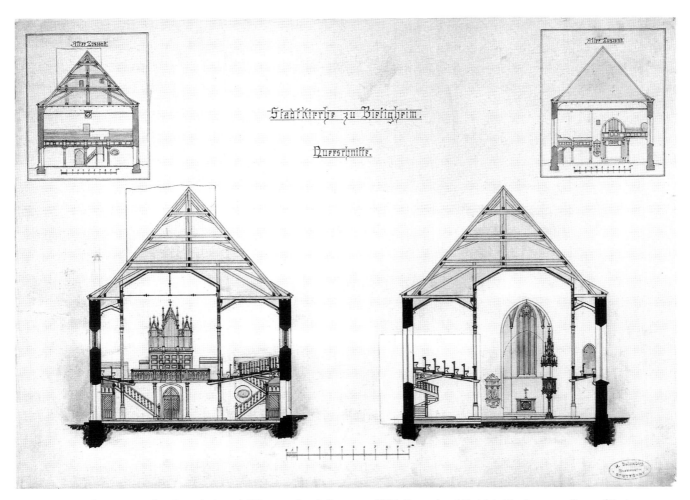

Abb. 202 Bietigheim, ev. Kirche, Querschnitt nach Westen und nach Osten, ca. 1887 (Bestand und Projekt). Tusche, aquarelliert auf Papier, 59,5 cm x 42,4 cm.

Abb. 203 Bietigheim, ev. Kirche, Innenansicht nach Westen, vor 1972.

hoch. Am 2. Dezember 1887 beschließt der Stiftungsrat, den von Dolmetsch aufgestellten Kostenvoranschlag durch die Werkmeister Bälz und Bengel prüfen zu lassen. Sie billigen in ihrem Gutachten die Einteilung der Sitzplätze im Parterre und auf den Emporen, bemängeln aber das Fehlen von Angaben über die Heizung. Vor allem in Bezug auf die Maurerarbeiten erachten sie die vorliegende Berechnung als zu niedrig. Obwohl der Stadtschultheiß angesichts der finanziellen Lage seinen Widerstand aufrechterhält und dieArbeiten einem anderen Baumeister übertragen sehen will, beschließt die Kirchenbaukommission am 28. Januar 1889, an Dolmetsch festzuhalten.

Die Kommission richtet an Dolmetsch die Bitte, den Voranschlag zu berichtigen und zudem die Kosten für eine neue Orgel, eine Heizungsanlage und eine neue Bedachung zu berücksichtigen. Der revidierte Plan trifft am 16. März 1889 in Bietigheim ein. Er findet trotz der Voranschlagssumme von 75 000 Mark die „freudige Anerkennung, auch der Sachverständigen Bälz und Bengel". Als Kritikpunkt nennt die Kommission die beabsichtigte Verkleinerung der Sakristei und wünscht, davon Abstand zu nehmen, „einmal, weil in derselben je und je vier bis sechs Taufgesellschaften auf den Schluß des Gottesdienstes warten und sodann, weil für den zukünftigen Kirchengemeinderat die Sakristei als das geeignete Sitzungslokal erscheint".

Der in Dolmetschs Nachlass befindliche „Entwurf zu einem Anbau an die Sakristei" ist mit großer Wahrscheinlichkeit im Zusammenhang mit der zitierten Äußerung der Kirchenbaukommission zu sehen (Abb. 201): Die Sakristei, die im nordöstlichen Winkel zwischen Chor und Schiff angebracht ist, soll auf der Ostseite um einen Anbau mit Kammer und Kellertreppe erweitert werden. Der von Dolmetsch als „häßlich" bezeichnete Choreingang wird dabei entfernt. Ob die weiteren, in Dolmetschs Nachlass existierenden Zeichnungen der Bietigheimer Stadtkirche dem ersten oder zweiten Entwurf zuzurechnen sind, lässt sich nicht mit Sicherheit entscheiden. Den von Dolmetsch bereits 1887 angestrebten Ausgleich der „Axenverschiebung" durch die Anlage zweier unterschiedlich breiter Längsemporen führen die Pläne anschaulich vor Augen (vgl. Abb. 119). Auch die Versetzung der Orgel von der zu entfernenden Chorempore auf die Westempore ist Bestandteil des Entwurfs (Abb. 202). Die Anzahl der Sitzplätze (626 Plätze im Parterre und 374 Plätze auf der Empore) stimmt hingegen nicht mit den Angaben in Dolmetschs Schreiben vom 9. Februar 1887 überein: Demnach enthält sein „Restaurationsplan" insgesamt 1049 anstatt 1000 Plätze, so dass die Vermutung naheliegt, dass die vorhandenen Zeichnungen dem Projekt von 1889 zuzuweisen sind.

Das Konsistorium erteilt seine Genehmigung am 11. April 1889, die Stadtkirche nach dem „auf 76 300 Mark berechneten Kostenvoranschlag einem Umbau zu unterwerfen". Am 19. September 1889 beschließt der neu gewählte Kirchengemeinderat, „unter der Voraussetzung der Zustimmung des Stiftungsrats Bauinspektor Dolmetsch zu beauftragen, die Detailzeichnungen für die Ausführung der Restauration im Laufe des Winters auszuarbeiten", um im darauffolgenden Sommer die Arbeiten zum Abschluss bringen zu können. Am 16. Dezember 1890 stellt der Kirchengemeinderat jedoch mit Bedauern fest, dass die gewünschten Pläne noch nicht eingetroffen sind. Am 6. Februar 1891 erläutert Dolmetsch seine Zeichnungen dem Kollegium, das am 24. Februar desselben Jahres deren Ausführung beschließt.

Mit der Ausführung der Bauarbeiten wird am 26. April 1891 begonnen, die Einweihung der umgebauten Kirche findet am 27. März 1892 statt. Laut Pfarrbericht von 1896 betragen die Kosten des Umbaus 102 270 Mark. Da die Rechnungsbeilagen nicht mehr zu existieren scheinen, kann nicht mit Sicherheit festgestellt werden, welche Faktoren für die Kostenüberschreitung verantwortlich zu machen sind: Entweder setzte Dolmetsch – wie oben angedeutet – zahlreiche Positionen in der Ausschreibung zu niedrig an, oder die Ausstattung der Kirche fiel erheblich aufwendiger aus als ursprünglich geplant. Die dreischiffige Einteilung des Innenraums entspricht Dolmetschs Entwurfsgedanken von 1887 (Abb. 203): Das nördliche Seitenschiff wird deutlich breiter als das südliche gestaltet, so dass eine axiale Ausrichtung des Mittelschiffs auf den Chor erfolgt. Da das Mittelschiff höher als die beiden Seitenschiffe gebildet wird, entsteht der Eindruck einer Staffelhalle. Entsprechend der Erhöhung des Mittelschiffs in den Dachraum hinein wird auch der Chorbogen erhöht. Die Ausstattung der Kirche – Emporen, Gestühl, Fußboden, Verglasung der Fenster, Kanzel, Altar und Taufstein sowie die Orgel – wird vollständig neu hergestellt. Im Chor werden drei figürlich gehaltene Fenster der Glasmalereianstalt van Treeck eingesetzt: In der Mitte findet ein Bild des wiederkommenden Christus seinen Platz (Offenbarung Joh. 22,20), das linke Fenster erhält eine Darstellung der Auferweckung der Tochter des Jairus (Mark. 5,35), das rechte Fenster schließlich bildet Christus und den sinkenden Petrus ab (Matth. 14,30). Auch das Äußere der Kirche wird weitreichend umgestaltet, wobei die Gestaltung der Südfassade gegenüber dem durch die Zeichnungen dokumentierten Entwurf eine Abänderung erfährt. Während der Plan vorsah, anstelle des kleinen gotischen Fensters und des darüber befindlichen Rundfensters ein fünftes Spitzbogenfenster in Analogie zu den bereits vorhandenen Fenstern auszuführen, wird die Vierzahl belassen, jedoch das östliche Fenster ein Stück in Richtung Chor „verschoben". Sämtliche Fenster werden nach unten verlängert, so dass vermehrt Tageslicht in das Schiff einströmen kann. Das Portal behält seinen Platz in der Mitte der Südfassade und wird durch die Einfügung eines Rosettenfensters akzentuiert. Auch die Nordfassade des Schiffs wird regelmäßiger gestaltet als in dem vorgefundenen Zustand. In diesem Fall folgt die Veränderung dem Plan. Zu welchem Zeitpunkt die jeweils im Osten der Süd- und Nordfassade angeordneten Portale zugemauert wurden, kann nicht gesagt werden. In Dolmetschs Plan erscheinen sie noch geöffnet.

Das Innere der Kirche wurde 1972 vollständig umgestaltet: Die Dreischiffigkeit wurde zugunsten eines stützenfreien Saalraums aufgegeben, mit Ausnahme des Kanzelkorbs haben sich keine Reste der Ausstattung aus den Jahren 1891/92 erhalten. Die Fensterrosen an der Süd- und Nordfassade zeugen allerdings noch von der unter Dolmetschs Leitung durchgeführten Umgestaltung. Das Treppentürmchen in der Südostecke zwischen Chor und Schiff wurde ebenfalls 1972 beseitigt.

Quellen: LKA, A 29, 483-9 (Pfarrbericht von 1883), A 29, 483-10 (Pfarrbericht von 1885), A 29, 483-11 (Pfarrbericht von 1887), A 29, 483-12 (Pfarrbericht von 1889), A 29, 483-13 (Pfarrbericht von 1891), A 29, 483-14 (Pfarrbericht von 1893) und A 29, 483-15 (Pfarrbericht von 1896). PfarrA Bietigheim, Briefe von Dolmetsch am Tag der Recherche am 27. 11. 2002 nicht nachweisbar (sämtliche Zitate dem Manuskript von Mickler entnommen). PfarrA Bietigheim, „KGR-Protokolle 1889–1893". PfarrA Bietigheim, „KGR-Protokolle 1893–1903". PfarrA Bietigheim, „KGR-Protokolle 1904–1922". TUM, Nachlass Heinrich Dolmetsch, Signatur 26.1, 26.2, 26.3, 26.4, 4 Tuschepläne „Stadtkirche zu Bietigheim" (Projekt), undatiert, mit Stempel „H. Dolmetsch. Bauinspector. Stuttgart" versehen; Signatur 26.5, 1 Tuscheplan „Stadtkirche Bietigheim. Entwurf zu einem Anbau an die Sakristei", undatiert und unsigniert.

Literatur: Dehio 1993, S. 78. DBZ 42, 1908, Nr. 63, S. 432. Erwin Mickler, Die evangelische Stadtkirche Bietigheim. Arbeitskonzept zur Baugeschichte 1400–1974, Manuskript 1991, S. 161–206.

Bissingen/Teck, ev. Pfarrkirche (St. Maria)
Kreis Esslingen, ehemals OA Kirchheim

Die einschiffige Saalkirche weist einen eingezogenen Chor mit 3/8-Schluss und einer flachen Holztonne auf. In der Nordostecke zwischen Chor und Schiff befindet sich der Turm. Das Kirchenschiff erhielt im Jahr 1824 einen weiträumigen Anbau auf der Südseite. Aus demselben Jahr stammen auch die Emporeneinbauten, wobei diejenige im Chor erst 1955 ausgebaut worden ist.

Am 26. Oktober 1884 besucht Dolmetsch im Auftrag des Vereins für christliche Kunst die Kirchengemeinde in Bissingen, um diese „betreffs der beabsichtigten Restauration des dortigen Kirchturms zu beraten". Das Projekt für die Erneuerung des Turmaufsatzes geht auf das Jahr 1859 zurück, in dem Baumeister Blessing einen Plan für einen steinernen durchbrochenen Turmhelm über oktogonalem Grundriss zeichnete. Aus welchen Gründen dieses Vorhaben unausgeführt blieb, ist unbekannt. In seinem Bericht vom 3. November 1884 konstatiert Dolmetsch, dass „die in Bruchstein ausgeführten 3 untern Stockwerke des gegen außen verputzten Turmes […] im besten Zustande [sind], während das oberste, als Glockenstube dienende, und mit einem Satteldach abgedeckte Riegelstockwerk als baufällig zu erklären ist". Seiner Ansicht nach muss der vorhandene Turmaufsatz durch einen neuen ersetzt werden, da „das Holzwerk dieses Riegelgemäuers […] teilweise derart verfault [ist], daß mit Rücksicht auf die in jener Gegend häufig auftretenden heftigen Stürme es dringend angezeigt erscheinen dürfte, im kommenden Frühjahre diesen gefahrdrohenden Bauteil zu beseitigen". Gegen eine Schieferbedachung des Turmes sprächen die jährlich notwendig werdenden Reparaturen, so dass der „Aufbau eines in Haustein ausgeführten und mit Pyramidendach abge-

schlossenen Stockwerks" ratsam sei, zumal die Gemeinde Bissingen mit der „Nachbarschaft von vorzüglichstem Sandstein-Material gesegnet" sei. Nicht zuletzt rechtfertigt Dolmetsch die Wahl des kostenaufwendigen massiven Turmhelms – die Kosten beliefen sich laut seinem Voranschlag auf 18 500 Mark – mit ästhetischen Argumenten (vgl. Abb. 38): „Ein stylvoll durchgeführter, für viele Jahrhunderte erbauter Kirchturm entspricht nicht nur allein der Würde des Gotteshauses, sondern er bildet auch ein charakteristisches Wahrzeichen für die Erscheinung eines ganzen Dorfes, ja sogar einer ganzen Gegend."

Am 14. August 1885 unterbreitet Dolmetsch dem Gemeinschaftlichen Amt den Vorschlag, den Glockenstuhl aus Eisen zu fertigen und denselben auf ein Eisengebälk mit ausbetonierten Zwischenräumen zu stellen. Diese Konstruktion brächte den Vorteil „größter Dauerhaftigkeit" mit sich, außerdem seien keine Schallläden vonnöten, so dass es „ganz hübsch [aussieht], wenn das Glockenhaus eine luftige Durchsicht gewährt und man die fröhlich tönenden Glocken schwingen sieht." Am 19. August beschließt der Gemeinderat, Dolmetschs Vorschlag trotz eines Mehraufwandes von 600 Mark auszuführen. Im Laufe des Sommers 1885 werden die Arbeiten an die einzelnen Unternehmer vergeben und bis zum darauffolgenden Sommer vollendet.

Quellen: GdA Bissingen/Teck, Bestand Bissingen, BA 626 (Unterhaltung des Kirchengebäudes), darin u. a. Briefe von Dolmetsch und 1 Tuscheplan, aquarelliert, „Kirche zu Bissingen u/T. Projekt für einen neuen Thurmaufbau", mit Stempel „H. Dolmetsch. Bauinspector. Stuttgart" versehen. GdA Bissingen/Teck, Bestand Bissingen, BR 314 („Rechnung über den Aufwand auf den Umbau u. die Erhöhung des Kirchthurms und auf die Reparatur des damit zusammenhängenden Kirchengebäudes 1885/86" samt Beilagen). TUM, Nachlass Heinrich Dolmetsch, Signatur 20.1, 1 Tuscheplan, aquarelliert, „Kirche zu Bissingen u/T. Thurmbauprojekt", undatiert und unsigniert (mit dem Plan in GdA Bissingen/Teck identisch).

223

Blaubeuren, ev. Stadtkirche (St. Maria)

Alb-Donau-Kreis, ehemals Oberamts-stadt (Donaukreis)

Die Stadtkirche wurde 1343 erstmals urkundlich erwähnt; 1363 wurde sie dem Kloster Blaubeuren einverleibt. Aus dieser Zeit stammen möglicherweise das Langhaus und der Turmunterbau. Der langgestreckte Chor mit seinem Netzgewölbe wurde wahrscheinlich im ausgehenden 15. Jahrhundert errichtet; die Angaben schwanken zwischen 1493 und 1497. Ebenso wie der Chor weist auch die Sakristei ein Netzgewölbe auf.

Das Kirchengemeinderatsprotokoll vom 4. Juni 1897 teilt die „Äußerungen des Bauraths Dolmetsch bei Besichtigung der Kirche" mit. Folgende Maßnahmen werden als unabdingbar erachtet: „Die Auffüllung des Bodens ist notwendig. Die Bühne soll in den Kirchenraum hereingezogen werden etwa mit Anbringung von Oberlicht. Der Dachstuhl bleibt wie er ist. Auch ein Rundfenster zwischen den beiden Teilen wie 2teilige Orgel an der Westseite ließe sich anbringen. Eine große, aber zu überwindende Schwierigkeit bietet der Umstand, daß die Balken, auf welchen die Streben ruhen, bei der Wölbung weiter auseinander gerückt werden müssen." Da ohne „summarischen Kostenanschlag" der finanzielle Aufwand für die Restaurierung der Stadtkirche nicht festgestellt werden kann, wird Werkmeister Weil mit der Fertigung einer Bestandsaufnahme des Bauwerks betraut, mit deren Hilfe Dolmetsch die Kostenberechnung vornehmen soll. Am 15. März 1898 berichtet das Kirchengemeinderatsprotokoll, dass „Werkmeister Weil seine Messungen für die Kirchenrestauration gemacht und die Zeichnungen dem Baurath Dolmetsch übergeben" habe.

Am 7. Februar 1899 verhandelt der Kirchengemeindrat über die von Dolmetsch gefertigten „Pläne zur Restauration der Kirche", die möglicherweise mit den in Dolmetschs Nachlass existierenden Plänen gleichzusetzen sind. Es ist allerdings auch denkbar, dass die erhaltenen Zeichnungen mit den Plänen zu identifizieren sind, über die der Kirchengemeinderat in seiner Sitzung am 23. November 1901 berät und die schließlich die Grundlage für die Restaurierung bilden. Die Pläne dokumentieren, dass Dol-

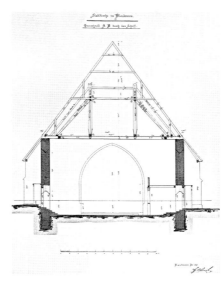

Abb. 204 Blaubeuren, ev. Kirche, H. Weil, Querschnitt nach Osten, 1897 (Bestand). Tusche, aquarelliert auf Papier, 50,1 cm x 69,7 cm.

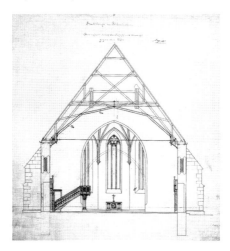

Abb. 205 Blaubeuren, ev. Kirche, Querschnitt nach Osten, ca. 1901. Tusche auf Papier, 51,5 cm x 61,0 cm.

metsch das Hauptaugenmerk bei der Restaurierung der Stadtkirche auf eine umfassende Neugestaltung des Inneren legt: Die bemalte Flachdecke soll durch eine in den Dachraum aufgesprengte Holzdecke ersetzt, der Chorbogen soll erhöht und das Fußbodenniveau soll um drei Stufen heraufgesetzt werden (Abb. 204; 205), außerdem soll die Empore auf der Südseite entfernt und die Empore im Westen vergrößert werden, um Platz für die Orgel und Raum für die im Süden wegfallenden Sitzplätze zu schaffen. Sämtliche Ausstattungsgegenstände wie etwa Emporenbrüstungen, Orgelgehäuse, Kanzel, Altar, Taufstein, Türen und Fenster sollen stilistisch einheitlich neu

erstellt werden, so dass der Gesamteindruck eines in sich geschlossenen Ganzen entsteht.

Dementsprechend sollen die zwei kleinen Ovalfenster auf den Längsseiten des Schiffes beseitigt und jeweils eine Maßwerkrosette über den beiden Portalen im Süden und Norden eingefügt werden (Abb. 206; 207). Auch die Westfassade der Kirche plant Dolmetsch in großzügiger Weise umzugestalten: Die drei kleinen Spitzbogenfenster und die mit einem Vierpass besetzte Rose sollen zu einem großen, sechsbahnigen Spitzbogenfenster zusammengefasst werden, zudem sollen die beiden seitlichen zweibahnigen Fenster verlängert und so die darunter befindlichen Türen beseitigt werden (Abb. 208; 209).

Der Kirchengemeinderat erklärt in der bereits erwähnten Sitzung vom 7. Februar 1899 „seine Zustimmung zu den vorliegenden Plänen im Allgemeinen vorbehaltlich etwaiger Verhandlungen über Detailfragen mit Baurath Dolmetsch". Zu der Frage des Dachstuhls wird vermerkt, dass Dolmetsch „ausdrücklich [auf denselben] aufmerksam gemacht worden [sei]"; er habe ihn „für gut erklärt, es könne sich nur um Auswechslung einzelner Balken handeln". Im Übrigen wird über Einzelheiten nicht verhandelt, sondern die Frage der Finanzierbarkeit der geplanten Restaurierung in den Vordergrund gestellt. Das Kollegium kommt zu dem Ergebnis, dass „die Mittel zur Kirchenrestauration vorhanden" sind, trotzdem wird aus Furcht vor möglichen Kostenüberschreitungen – der Voranschlag beläuft sich auf 72 300 Mark – der definitive Beschluss vorerst aufgeschoben.

Am 14. März 1899 behandelt der Kirchengemeinderat in Anwesenheit von Dolmetsch ein weiteres Mal das Thema der Kirchenbauangelegenheit insbesondere unter dem Gesichtspunkt der Berechnung des Baukapitals. Das Kollegium gelangt nach ausführlicher Diskussion zu der Überzeugung, die erforderliche Bausumme durch eine Mischfinanzierung aufbringen zu können und beschließt, die Genehmigung der höheren Behörden einzuholen. Trotz dieses Beschlusses wird der Verein für christliche Kunst um ein Gutachten zu den Dolmetsch'schen Plänen ersucht, das Theophil Frey abgibt: Er äußert sich über den vorgelegten Plan „in durchaus günstigem Sinn", wie das Kirchengemeinderatsprotokoll vom 12. Juli

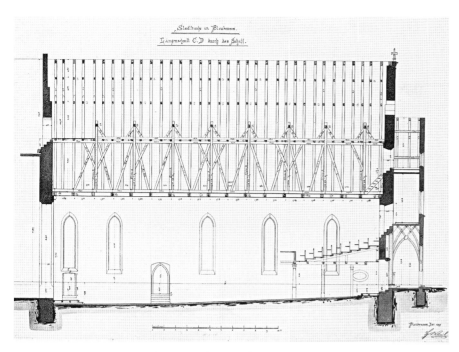

Abb. 206 Blaubeuren, ev. Kirche, H. Weil, Längsschnitt, 1897 (Bestand). Tusche, aquarelliert auf Papier, 81,2 cm x 57,5 cm.

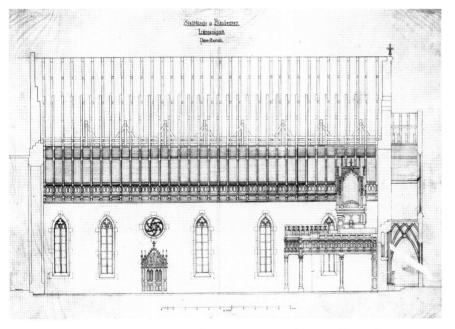

Abb. 207 Blaubeuren, ev. Kirche, Längsschnitt, ca. 1901. Tusche, aquarelliert auf Transparent, 75,0 cm x 57,4 cm.

1899 festhält. Eine abermalige Verzögerung der Bauausführung ergibt sich aus dem Umstand, dass Dolmetsch eine erneute Kostenberechnung vorlegt, „wonach in Folge von Preissteigerungen" sich die Anschlagssumme auf 81 000 Mark erhöht. Der Kirchengemeinderat beschließt daraufhin am 27. Februar 1900, „im Jahr 1900 nicht zu bauen". Nach nochmaliger Beratung entscheidet das Kollegium in

seiner Sitzung am 7. August 1900, im Jahr „1901 die Arbeiten auszuschreiben und bei günstigem Ausfall der Angebote 1902 zu bauen".

Tatsächlich wird in diesem Sinne verfahren, obwohl Dolmetsch mehrmals gemahnt werden muss, die Pläne zur Kirchenrestaurierung zu liefern. Am 23. November 1901 endlich kann der Kirchengemeinderat die Pläne genehmi-

gen, so dass bereits im Dezember desselben Jahres die Arbeiten an die einzelnen Unternehmer vergeben werden können. Der Fortgang der Arbeiten geschieht weitgehend fristgerecht, und am 21. Dezember 1902 kann die Einweihung der restaurierten Kirche stattfinden (Abb. 210). Tatsächlich wird das Fußbodenniveau in der gesamten Kirche um etwa 80 cm erhöht, und anstelle des eingangs ins Auge gefassten Rundfensters in der Westfassade wird ein großes Spitzbogenfenster eingesetzt.

Da der Vergleich der vorhandenen Zeichnungen mit dem ausgeführten Bau deutlich eine weitreichende Übereinstimmung beider zeigt, ist es durchaus denkbar, dass die Pläne erst im Herbst 1901 und nicht schon Anfang 1899 entstanden sind. Die Datierungsfrage lässt sich nicht unzweifelhaft klären, weil der Briefwechsel zwischen Dolmetsch und dem Bauherrn verloren gegangen zu sein scheint und in den Sitzungen des Kirchengemeinderats in keinem Fall über architektonische Fragen verhandelt wird. Die „Kostenzusammenstellung des Umbaus" von Dolmetsch vom 28. Oktober 1903 weist eine Summe von annähernd 102 500 Mark aus, was belegt, dass über die bisher genannten Maßnahmen hinaus weitere Arbeiten zur Ausführung gelangt sind. Die Randbemerkungen von Dolmetsch geben zwei Gründe für die Kostenüberschreitung an: Zum einen war „das Mauerwerk schlechter als vorauszusehen war", und zum anderen mussten „infolge unerwartet schlechten Zustandes der Balkenenden viel mehr Balkenstiche neu eingezogen werden", als Dolmetsch zu Beginn des Jahres 1899 angenommen hatte. Eine zusätzliche Verteuerung der Restaurierung rührt von der „durchgreifenden Restauration" der Sakristei her, die am 10. Juni 1902 beschlossen wird.

In den Sitzungen des Kirchengemeinderats wird – wie bereits erwähnt – nicht über grundsätzliche architektonische Fragen diskutiert, wohl aber über Detailfragen der Ausstattung wie zum Beispiel über die Art und Weise der Beleuchtungseinrichtung, die Konstruktion der Bänke im Schiff sowie das Material der Vorhallenbedachung: Das Kollegium entscheidet sich – zum Teil gegen den Rat des Architekten – für Spiritusglühlichtlampen, gegen bewegliche Rückenlehnen bei den Bänken im Schiff und für Kupferbedachung der Vorhalle. Eine um-

Abb. 208 Blaubeuren, ev. Kirche, H. Weil, Ansicht Westfassade, 1898 (Bestand). Tusche, aquarelliert auf Papier, 44,5 cm × 64,1 cm.

Abb. 209 Blaubeuren, ev. Kirche, Ansicht Westfassade, ca. 1901. Tusche, aquarelliert auf Transparent, 41,6 cm × 57,1 cm.

fangreiche Debatte entspinnt sich hingegen über die Frage, wie mit den im Zuge der Bauarbeiten aufgedeckten spätmittelalterlichen Bildern zu verfahren sei. Obgleich das Landeskonservatorium in einem Gutachten, dessen Wortlaut auszugsweise im Kirchengemeinderatsprotokoll vom 8. Juli 1902 wiedergegeben ist, „sämtliche Bilder […] der Erhaltung empfiehlt", wird schließlich ein Teil der Gemälde übertüncht – wie beispielsweise die „Kolossalmaria" – und ein Teil der Bilder sogar vollständig – etwa die Anbetung der Könige an der Langhausnordwand, der heilige Georg, der auferstandene Heiland sowie zwei kniende Ritter – beseitigt.

Im Zuge der umfassenden Innenrestaurierung der Stadtkirche 1966, bei der die meisten Ausstattungsgegenstände aus dem Jahr 1902 entfernt wurden, wurde das Bild der Schutzmantelmadonna – in den Quellen stets als „Kolossalmaria" bezeichnet – freigelegt, die übrigen, kurze Zeit nach der von Dolmetsch vorgenommenen Restaurierung noch beschriebenen Fragmente müssen als verloren angesehen werden. Die ehemals über dem Westportal befindliche Pietà – 1902 aus dem Grund versetzt, weil Dolmetsch über dem Eingang ein Fenster anlegen wollte und „das Maßwerk schon fertig" war – findet sich im Kreuzgang des Klosters.

Quellen: LKA, DAamt Blaubeuren, Nr. 320.1 (KGR-Protokolle 1889–1900). LKA, DAamt Blaubeuren, Nr. 320.2

(KGR-Protokolle 1900–1906). LKA, DAamt Blaubeuren, Nr. 408 (Ansichten der Blaubeurer Stadtkirche 1965/66). LKA, DAamt Blaubeuren, Nr. 602 (Sonderrechnung 1902/03). TUM, Nachlass Heinrich Dolmetsch, Signatur 56.1, 56.2, 56.3, 56.4, 56.5, 56.6, 56.7, 56.8, 56.9, 56.10, 56.11, 11 Tuschepläne „Stadtkirche in Blaubeuren" (Bestandsaufnahme), datiert „Nov. 1897", „Dec. 1897" bzw. „Jan. 1898", signiert „H. Weil"; Signatur 56.12, 56.13, 56.14, 56.15, 4 Tuschepläne („Neuer Zustand"), undatiert und unsigniert.

Abb. 210 Blaubeuren, ev. Kirche, Innenansicht nach Osten, nach 1902.

Literatur: Dehio 1997, S. 106. DBZ 42, 1908, Nr. 63, S. 432. Johannes Wilhelm, Die Bau- und Kunstgeschichte des Klosters und der Stadt Blaubeuren (mit Ausnahme des Chores der Klosterkirche), in: Hansmartin Decker-Hauff/Immo Eberl (Hrsg.), Blaubeuren. Die Entwicklung einer Siedlung in Südwestdeutschland, Sigmaringen 1986, S. 742.

Böckingen *siehe Heilbronn*

Bönnigheim-Hohenstein, ev. Filialkirche
Stadt Bönnigheim, Kreis Ludwigsburg, ehemals OA Besigheim

Die Ostpartie der kleinen Chorturmkirche geht noch auf das späte Mittelalter zurück, wie etwa das Kreuzrippengewölbe in der Sakristei mit seinem Schlussstein in der Form eines maskenhaften Christuskopfes. Die Pfarrbeschreibung von 1905 teilt als Erbauungsdatum des Gotteshauses das Jahr „1601" mit, was sich auf das Schiff der Kirche beziehen muss.

Eine Restaurierung des in einem „armseligen Zustand" befindlichen Kirchengebäudes war „einst durch den Ausbruch des Krieges im Jahr 1870 verhindert" worden, wie der Pfarrbericht von 1883 hervorhebt. Der Pfarrbericht des Jahres 1887 präzisiert die Charakterisierung des Gebäudes als eines „ziemlich armseligen Kirchleins", indem er kundtut, dass „vor allem" die „Feuchtigkeit möglichst gehoben werden muß". Zudem sei eine Erweiterung der Kirche notwendig, wie aus einer Randbemerkung hervorgeht. Weiter heißt es in dem Pfarrbericht von 1889, dass der von Baumeister Beuttenmüller angefertigte „Bauplan" sich in Höhe von 10 000 Mark belaufe. Oberamtsbaumeister Klink aus Besigheim habe eine zweite Kostenberechnung vorgenommen, die die Summe von 12 500 Mark ergeben habe.

Das von Beuttenmüller am 6. März 1885 angefertigte „Gutachten über die projectirte Kirchen-Restauration zu Hohenstein" sieht insbesondere die „Trockenlegung des Kirchleins" vor: „Zu diesem Zweck ist der Fußboden über das Straßen-Niveau zu erhöhen und das Terrain auf der West- und Nord-Seite abzuheben. In Folge des Höherlegens vom Kirchenboden muß die untere Empore erhöht, die obere aber aus Mangel an Höhe ganz entfernt werden." Des Weiteren hebt Beuttenmüller auf die Gestaltung einer „würdigen Ausstattung" ab, die durch die Räumung des Chors und die Schaffung eines Raums für das Gestühl und die Orgelempore, „welcher nur durch Verlängerung der Kirche gewonnen werden kann", erzielt werden könne.

Am 22. September 1890 beschließen der Stiftungsrat und der Kirchengemeinderat von Hohenstein in einer gemeinsamen Sitzung, „die Ausführung des Kirchumbaus, Fertigung der Bauzeichnungen und Bauleitung dem Werkmeister Klink in Besigheim zu übertragen" und die von ihm gefertigten Zeichnungen „Baurat Stahl in Stuttgart zur Einsicht vor[zu]legen und denselben [zu] bitten, wenn nötig, nach dem Kirchbau zu sehen". Tatsächlich nimmt aber Dolmetsch die Prüfung des von Beuttenmüller gefertigten Baurisses vor, wie der Pfarrer in einem Schreiben an das Konsistorium vom 4. Januar 1891 berichtet. Bereits in einem Schreiben des Konsistoriums an das Dekanatamt Besigheim vom 5. Dezember 1890 heißt es, dass nach Intervention des Vereins für christliche Kunst „Bauinspektor Dolmetsch bereit sei, für die gewünschten Zeichnungen zu sorgen". Offensichtlich nimmt Dolmetsch diese Zusicherung wieder zurück, denn der Dekan teilt in einem Brief an das Konsistorium vom 9. Januar 1891 mit, dass Dolmetsch „es entschieden abgelehnt [habe], die Bauzeichnungen anzufertigen und die Ausführung des Baus einem anderen zu überlassen". Gleichzeitig erklärt auch Klink in einem Schreiben vom 4. Januar 1891, dass er „nicht in der Lage [sei], die Leitung der Kirchenrestauration in Hohenstein, welche im Lauf dieses Jahres vorgenommen werden soll, zu übernehmen". Das Protokoll des Stiftungsrates vom 12. Januar 1891 hält dagegen fest: „Es hatten sich verschiedene Schwierigkeiten betreffs der Ausführung des Baus ergeben. Es wird jetzt Herr Werkmeister Klink unter Oberaufsicht von Herrn Bauinspektor Dolmetsch die Arbeit ausführen, welch letzterer auch die weiteren Zeichnungen machen wird unter der von Herrn Prälat Merz zugesicherten Voraussetzung, daß der Gemeinde eine Überschreitung des Überschlags in keiner Weise zugemutet werden dürfe."

Tatsächlich wird in diesem Sinne verfahren, wie die Kostenvoranschläge und die Rechnungsbeilagen der einzelnen

Abb. 211 Hohenstein, ev. Kirche, Ansicht von Südwesten.

Gewerke belegen. Auch die Pfarrbeschreibung von 1905 vermerkt, dass „die Oberleitung Baurat Dolmetsch [hatte], die Leitung Oberamtsbaumeister Klink in Besigheim". Da zwar die Kostenberechnungen für die verschiedenen Gewerke von Dolmetsch gefertigt sind, sämtliche Pläne aber fehlen, so kann nicht eindeutig bestimmt werden, welcher Anteil Dolmetsch an dem Entwurfsprozess zugeschrieben werden kann. Im Wesentlichen entspricht der ausgeführte Bau den Grundzügen, die schon 1885 aufgezeigt worden sind (Abb. 211): Das Kirchenschiff erhält auf seiner westlichen Seite einen Anbau, der die Orgelempore beherbergt; der Fußboden des Kirchenschiffs wird höher gelegt; das Terrain, das auf der Nordseite der Kirche bis zur Empore hinaufreichte, wird abgetragen; die beiden übereinander angeordneten Emporen an

den Langseiten des Schiffs werden entfernt; die Choreinbauten werden beseitigt. Weitere Maßnahmen, die im Zuge der Restaurierungsarbeiten durchgeführt werden, sind vor allem die Neueinfassung sämtlicher Fenster- und Türöffnungen im Chor und Schiff der Kirche, die Anbringung einer hölzernen, trapezförmigen Decke im Schiff und eines hölzernen Tonnengewölbes im Chor, die Neuherstellung von Kanzel, Altar und Taufstein und schließlich die Anlage einer Entwässerungsrinne aus Kalksteinen an der nördlichen, südlichen und westlichen Seite der Kirche. In einem Punkt weicht die Ausführung von Dolmetschs Kostenvoranschlag vom März 1891 ab: Über der neu geschaffenen Vorhalle im Westen wird kein steinernes Gewölbe ausgeführt, sondern die Holzdecke des Schiffs bis an den Westgiebel herangeführt und durch

227

an den Nord- und Südgiebel des Anbaus angefügte Stichkappen in querhausartiger Manier aufgebrochen.

Nach Dolmetschs „Gesamt-Baukostenzusammenstellung" vom Juli 1893 beliefen sich die Kosten für den Umbau der Hohensteiner Kirche auf rund 18 500 Mark und überschritten damit den Voranschlag um etwa 5700 Mark. Am 23. November 1891 antwortet Merz dem Dekan auf seinen Beschwerdebrief bezüglich der Überschreitung der Kosten. Er habe von Dolmetsch vernommen, „daß die Gemeinde selbst sehr wesentlich beteiligt sei an der Überschreitung des Voranschlags". So habe zum Beispiel die Gemeinde die Verwendung von Falzziegeln beschlossen, obwohl Dolmetsch die alten Dachplatten noch für gut erachtet habe. Auch habe sie die „teurere Schieferbedeckung des Turms" gegen die Meinung von Dolmetsch durchgesetzt. Schließlich habe der Voranschlag nicht vorgesehen, „daß der Dachstuhl neu zu machen sei". Merz führt aus, dass „erst bei genauerer Untersuchung des abgedeckten Dachstuhls" die abgefaulten Zapfen und Zapfenlöcher zutage getreten seien, „also der Dachstuhl ganz neu gemacht werden muß[te]". In einem Schreiben vom 4. Oktober 1893 beklagt sich der Pfarrer beim Dekan über die Tatsache, dass der Verein für christliche Kunst nur 100 Mark zu den Kosten des Umbaus beizutragen gewillt sei; „das ist schmerzlich wenig, wenn [er] bedenke, daß der christliche Kunstverein [ihm] den Herrn Baurat aufgedrängt" habe.

Angesichts dieser Klage mag es verwundern, wenn derselbe Pfarrer in seinem Pfarrbericht des Jahres 1893 die am 28. Februar 1892 eingeweihte Kirche als „in wohl gelungener Weise umgebaut" bezeichnet. In der Pfarrbeschreibung von 1905 wird die Restaurierung mit folgenden Worten gewürdigt: „Die ganze Kirche macht nun in ihrem einfachen frühgotischen Stil und ihrer anspruchslosen aber soliden, charaktervollen und selbstbewußten Haltung einen geschlossenen wohltuenden Eindruck, doppelt nötig hart an der vielbenützten Landstraße."

Von der Dolmetsch-Ausstattung sind noch die Decken im Schiff und im Chor, die Langhausfenster und das Ostfenster im Chor, die Kanzel und die Windfangtür des Westportals vorhanden. Der Turm weist noch die Schieferbedeckung auf, die auf ausdrücklichen Wunsch der

Gemeinde angebracht worden ist. Über dem Haupteingang findet sich noch im Giebelfeld über der Tür die Jahreszahl „1892".

Quellen: LKA, A 29, 585-4 (Kirchengemeinde 1888–1923). LKA, A 29, 589-2 (Pfarrbeschreibung von 1905), A 29, 589-10 (Pfarrbericht von 1883), A 29, 589-12 (Pfarrbericht von 1887), A 29, 589-13 (Pfarrbericht von 1889) und A 29, 589-15 (Pfarrbericht von 1893). LKA, PfarrA Bönnigheim II (Hohenstein), Nr. 112 (KGR-Protokolle 1889–1906). LKA, PfarrA Bönnigheim II (Hohenstein), Nr. 153b (Kirchenrenovierung 1885–1896). LKA, PfarrA Bönnigheim II (Hohenstein), Nr. 153c (Kostenberechnung 1891–1895). LKA, PfarrA Bönnigheim II (Hohenstein), Nr. 153d (Baukosten 1892–1894).
Literatur: Markus Otto, Die evangelische Pfarrkirche von Hohenstein, in: Hie gut Württemberg. Beilage der Ludwigsburger Kreiszeitung vom 24. 12. 1988.

Brettach *siehe Langenbrettach*

Bühlerzell–Geifertshofen, ev. Pfarrkirche

Gemeinde Bühlerzell, Kreis Schwäbisch Hall, ehemals OA Gaildorf

Die im Kern mittelalterliche Chorturmkirche, von der noch die Nord- und Westwand in großen Partien erhalten sind, wurde durch einen Brand im Jahr 1626 teilweise zerstört. Aus der Zeit des Wiederaufbaus nach dem Unglück stammen die Südseite des Kirchenschiffs und das Fachwerkgeschoss des Turms. Im Jahr 1846 wurde eine neue Orgel angeschafft.

Bereits in der Oberamtsbeschreibung aus dem Jahr 1852 wird bemerkt, dass die Kirche „nicht sehr geräumig" sei. Nach Merklein/Stühler-Turba/Walz, S. 50 führt das Oberamt 1893 Klage über die schlechte Luft in der Kirche. Am 7. November 1895 beschließt der Kirchengemeinderat, das Gebäude mit einem Aufwand von 3000 Mark renovieren und die Pläne hierfür von Dolmetsch anfertigen zu lassen. Im Mai 1896 arbeitet Dolmetsch das erste Projekt aus. Die erhaltenen Zeichnungen führen einen Umbauplan vor Augen, der das äußere Erscheinungsbild des Bauwerks unangetastet lässt. Sowohl die beiden Emporenaufgänge als auch der Sakristeianbau auf der Nordseite der Kirche sollen unverändert

beibehalten werden (Abb. 212). Das auf dieser Seite gelegene Portal plant Dolmetsch zuzumauern und in der im Inneren entstehenden Nische einen Ofen aufzustellen. Das Innere hingegen soll weitreichend umgestaltet werden. Die den Innenraum abschließende Flachdecke soll einer vierfach gebrochenen, aufgesprengten Holzdecke Platz machen (Abb. 213; 214). Die Anordnung der Emporen, die sich im Chor sowie im Westen und Norden befinden, soll in gewohnter Weise erhalten bleiben, jedoch sollen neue Brüstungen angebracht werden. Schließlich gedenkt Dolmetsch, an der Innenseite der Westwand eine auf die Empore und in den Dachraum führende Treppe anzuordnen. Am 14. Juni 1896 beschließt der Kirchengemeinderat, den Etat für die Ausführung des vorliegenden Planes auf 6000 Mark aufzustocken und „alle Schritte zur alsbaldigen Ausführung der Arbeit zu thun, damit noch im Laufe des Sommers die Arbeit vollendet werden kann". Jedoch verweigert das Konsistorium zunächst seine Zustimmung zum beabsichtigten Bauwesen, da erst ein neu zu ernennender Pfarrer die Angelegenheit zu prüfen habe.

Auch die bürgerliche Gemeinde gibt ihr Missfallen an dem bestehenden Plan

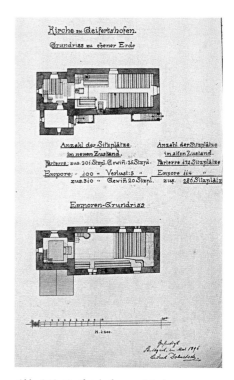

Abb. 212 Geifertshofen, ev. Kirche, Grundriss Parterre und Empore, 1896 (unausgeführt). Tusche, farbig aquarelliert auf Papier, 21,0 cm x 33,2 cm.

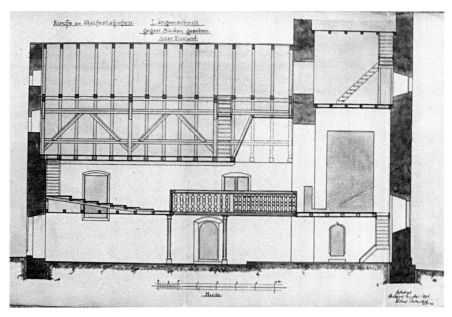

Abb. 213 Geifertshofen, ev. Kirche, Längsschnitt, 1896 (Bestand). Tusche, farbig aquarelliert auf Papier, 49,0 cm x 33,0 cm.

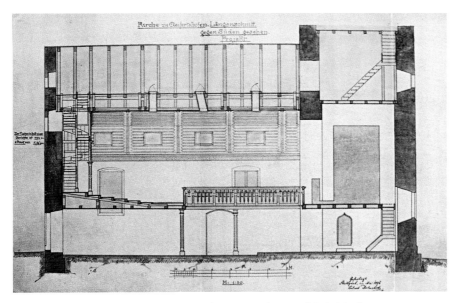

Abb. 214 Geifertshofen, ev. Kirche, Längsschnitt, 1896 (unausgeführt). Tusche, farbig aquarelliert auf Papier, 48,8 cm x 32,9 cm.

kund, weil dieser „in mehrfacher Beziehung unzulänglich und dem Wunsche der Gemeinde nach einem wahrhaft würdigen Gotteshaus nicht entsprechend sei". Letzteres sei angesichts der katholischen Umgebung von besonderer Bedeutung. Als der „störendste Mißstand" wird die „Dumpfheit und Dunkelheit des Kirchengebäudes" angesehen, dem „durch Entfernung der Orgel aus dem Chor, durch Wegräumung der die Nordseite verunzierenden Aufgänge und durch Erstellung eines Aufgangs in die Emporen, der im Innern der Kirche sich befände",

abzuhelfen sei. Der Kirchengemeinderat schließt sich in seiner Sitzung am 20. März 1898 der Auffassung der bürgerlichen Kollegien an und fällt den Beschluss, „eine Erweiterung des seitherigen Planes [zu] erstreben".

Ein von Dolmetsch am 25. Mai 1898 vorgelegter schriftlicher Plan, der sich auf eine Bausumme von 15 500 Mark beläuft, soll in einer überarbeiteten Fassung bereits 20 000 Mark betragen. Im Juli 1898 fertigt Dolmetsch die Baupläne, die gegenüber dem ersten Projekt einen umfassenden Eingriff in die Bausubstanz

vorsehen (vgl. Abb. 24): Auf der Nordseite soll ein großes Querhaus errichtet werden, die bereits existierenden Fenster im Kirchenschiff sollen nach unten verlängert werden, der Chor soll im Osten ein neues Fenster erhalten, über dem Südportal soll ein Rundfenster in das Mauerwerk eingebrochen werden, auch soll die in die Sakristei führende Tür erneuert werden. Der Innenraum soll in ähnlicher Weise wie bei dem vorangegangenen Projekt umgestaltet werden (Abb. 215): Eine aufgesprengte Decke soll das bestehende Kirchenschiff und das neu zu errichtende Querhaus überspannen. Die Orgel soll von der Chorempore, die nun verschwinden soll, auf die westliche Empore verlegt werden. Am 20. November 1898 beschließt der Kirchengemeinderat, das Konsistorium um die Genehmigung zur Ausführung der Pläne zu ersuchen, die allerdings mit der Begründung versagt wird, dass die finanziellen Mittel nicht ausreichen würden. Am 14. Februar 1899 fasst der Kirchengemeinderat den Entschluss, „die Kirchenbauangelegenheit bis auf weiteres als ruhend anzusehen".

Die Frage der Kirchenrestaurierung kommt erst wieder zur Sprache, als sich der Zustand des Bauwerks als dramatisch verschlechtert darstellt. Am 31. Oktober 1901 formulieren die Mitglieder des Kirchengemeinderats ein Bittgesuch an das Konsistorium mit folgendem Wortlaut: „Wie der hohen Oberkirchenbehörde bekannt, ist ein gründlicher Umbau des hiesigen dumpfen, finsteren und sehr baufälligen Kirchengebäudes seit vielen Jahren als ein dringendes Bedürfnis erkannt worden. Und gerade in der jüngsten Zeit sind an dem Gebäude Defekte zutage getreten, die einen längeren Aufschub der Renovation nicht wohl mehr als rätlich erscheinen lassen. Die Decke über der Kanzel und die Vergipsung in der Nähe der Kanzeltreppe drohen mit dem Einsturz. Während des Hauptgottesdienstes am vergangenen Osterfest ist, zur großen Störung der Gemeinde, ein Stück der Vergipsung abgebrochen und auf einige Anwesende heruntergestürzt. Die elende Beschaffenheit unseres Kirchengebäudes ist umso unerträglicher, als die Gemeinde rings von katholischen Nachbarorten umgeben ist, die sämtlich wahre Prachtbauten zu Gotteshäusern haben." Am 28. März 1902 endlich wird in der Versammlung des Kirchengemeinderats die Genehmigung der Kreisregierung

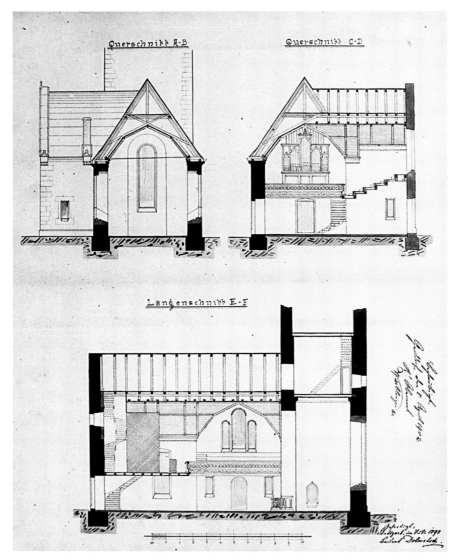

Abb. 215 Geifertshofen, ev. Kirche, Querschnitt nach Osten und Westen, Längsschnitt, 1898.
Lichtpause, koloriert, 32,9 cm × 62,8 cm.

richtete Dachstuhl über dem alten Kirchenschiff aus zum Teil zweitverwendeten Materialien enthalten ist. Ebenso schließt diese Summe die Aufstellung einer neuen Orgel mit ein, die am 20. Juli 1902 beschlossen worden war. Erst im folgenden Jahr, am 14. Juni 1903, kann die Einweihung der umgebauten Kirche stattfinden.

Die aus der Zeit des Dolmetsch-Umbaus stammenden Ausstattungsgegenstände, wie Emporen, Decke, Gestühl, Kanzel, Altar, Chorfenster und Türen, sind noch im Wesentlichen erhalten. Die Schifffenster wurden 1962 erneuert, eine Übermalung der Wände erfolgte bereits 1959. In den Jahren 1985/86 wurden die Malereien im Chor und im Schiff weitgehend rekonstruiert.

Quellen: PfarrA Geifertshofen, „Beilagen zur Kirchen-Bau-Rechnung 1902/03". PfarrA Geifertshofen, „KGR-Protokolle 1889–1904". PfarrA Geifertshofen, 5 Tuschepläne, aquarelliert, datiert und signiert „Gefertigt Stuttgart, im Mai

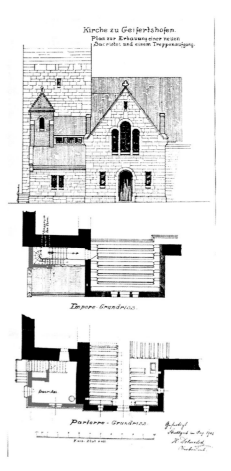

Abb. 216 Geifertshofen, ev. Kirche, Ansicht und Grundrisse zu einem neuen Sakristeianbau, 1902. Lichtpause, koloriert, 21,0 cm × 45,8 cm.

und des Konsistoriums bekannt gegeben, „wonach die Kirche [...] nach einem Plan des Oberbaurats Dolmetsch in Stuttgart mit einem auf 28700 Mark berechneten Gesamtaufwand baulich verbessert und erweitert werden soll".

Am 21. Mai 1902 erfolgt die Eröffnung der Angebote. Die Arbeiten werden in der Folge gemäß der Kostenberechnung von Dolmetsch vom Juli 1901 ausgeführt. Eine Abänderung gegenüber den Plänen vom Juli 1898 erfolgt lediglich im Hinblick auf die Sakristei und den Zugang zum Turm sowie zu den Emporen (Abb. 216). Zu Beginn der Bauarbeiten wird das Terrain um die Kirche geebnet und der Boden teilweise abgetragen. Dabei werden die Fundamente der Sakristei partiell bloßgelegt und „ganz schlecht erfunden". Dieser Umstand und die Erwägung, dass

„das Kirchendach vor Erschütterungen durch den Zugang zum Turm und durch den Abgang von demselben bewahrt bleiben und daß das Sichumhertreiben der mit dem Läuten beauftragten Schüler auf der Empore verhindert werden sollte", bringen den Kirchengemeinderat am 27. August 1902 zu der Überzeugung, dass die Sakristei neu errichtet und ein Treppentürmchen zusätzlich aufgeführt werden müsse. Der Mehraufwand wird auf 2900 Mark veranschlagt. Eine weitere, wenn auch relativ geringfügige Nachbesserung in Höhe von 380 Mark erfolgt aufgrund eines Beschlusses des Kirchengemeinderats vom 7. September 1902, wonach der Westgiebel mit Steinplatten abgedeckt werden soll. Schließlich erhöhen sich die Kosten des Umbaus auf etwa 36000 Mark, worin auch der neu aufge-

230

1896. Baurat Dolmetsch"; 3 Tusche-pläne, aquarelliert, datiert und signiert „Gefertigt Stuttgart, im Juli 1898. Baurat Dolmetsch"; 1 Situationsplan für das Baugesuch vom 14. 7. 1898, 1 „Plan zur Erbauung einer neuen Sacristei und einem Treppenaufgang", datiert und signiert „Gefertigt Stuttgart, im Aug. 1902. H. Dolmetsch Oberbaurat". TUM, Nachlass Heinrich Dolmetsch, Signatur 53.1, 53.2, 53.3, 3 Tuschepläne, undatiert und unsigniert (identisch mit den entsprechenden Plänen vom Mai 1896 in PfarrA Geifertshofen); Signatur 53.4, 53.5, 53.6, 3 Tuschepläne, undatiert und unsigniert (identisch mit den entsprechenden Plänen vom Juli 1898 in PfarrA Geifertshofen).

Literatur: Dehio 1993, S. 251. Dolmetsch 1900, S. 3. Roland Biser (Hrsg.), Der Kreis Schwäbisch Hall, Stuttgart/Aalen 1987, S. 187. Rudolf Merklein/Horst Stühler-Turba/Gerhard Walz, 900 Jahre Geifertshofen. Heimatgeschichte(n), Geifertshofen o. J. [1985], S. 50–53. Petra Schön/Gerhard Walz/Rudolf Merklein, Sebastianskirche Geifertshofen, o. O. 2003, S. 8–11 und S. 19–27.

Cannstatt *siehe Stuttgart*

Degerloch *siehe Stuttgart*

Ditzingen-Heimerdingen, ev. Pfarrkirche (St. Peter und Paul)

Stadt Ditzingen, Kreis Ludwigsburg, ehemals OA Leonberg

Nach einem Brand im Jahr 1776, bei dem die alte Kirche vollständig zerstört wurde, wurde ein Neubau notwendig. 1777 (i) wurde der Neubau, eine Chorturmkirche mit großem, saalartigem Schiff, von Friedrich Wilhelm Götz erstellt. Aus der Vorgängerkirche konnte lediglich der Taufstein gerettet werden, der in der neuen Kirche seine Aufstellung fand.

Am 22. März 1903 besichtigt Dolmetsch im Auftrag des Vereins für christliche Kunst die Kirche in Heimerdingen. Wie das Kirchengemeinderatsprotokoll vom 6. Mai 1903 mitteilt, spricht sich Dolmetsch im Anschluss an seinen Besuch „für eine stilgerechte (Stil: Übergang vom Rokoko zu Louis XVI. resp. Empire) Neubemalung des Innern der Kirche, die etwa 2000 Mark kosten werde", aus. Ob sich Dolmetsch auch zu wei-

teren, vom Kirchengemeinderat als notwendig erachteten Arbeiten „an und in der Kirche" äußert, kann mangels schriftlicher Quellen nicht gesagt werden. Die beabsichtigten Maßnahmen umfassen lediglich geringfügige Ausbesserungsarbeiten wie zum Beispiel die Verkittung der „Fenster gegen Westen mit Portlandcement", die Anbringung „eine[r] Dachrinne mit Ablaufrohr" auf der Südseite des Kirchendachs, die „Renovation des schadhaften Trottoirs an der Nordseite der Kirche" sowie die Ausbesserung des „defekt[en] Ofen[s] in der Sakristei".

In der Sitzung des Kirchengemeinderats am 25. Mai 1904 werden die bei der „Jahresbauschau der Kirche" beobachteten Mängel und die entsprechenden Verbesserungsvorschläge dargelegt: „1) Der erste Frauenstuhl auf der rechten und linken Seite soll durch Herausnahme eines Balkens erweitert werden. 2) Am Aufgang zur Bühne (hinter der Orgel) soll ein Brett angebracht werden, um ein Ausgleiten auf der Bühnentreppe zu verhüten. 3) Das über der Uhr angebrachte Bretterdachlein soll repariert werden zum Schutz gegen Staub. 4) Von der Steintreppe auf der Nordseite der Kirche bis zur Nordostseite derselben soll ein Betontrottoir angebracht werden. 5) Am oberen Eingang zum Kirchplatz […] soll ein einfaches eisernes Tor (mit Drahtgitter) angebracht werden." Schließlich wird noch festgehalten, dass „die Bemalung des Innern der Kirche für nächstes Jahr in Aussicht genommen werden" soll.

Am 2. November 1904 wird der Beschluss gefasst, „durch Oberbaurat Dolmetsch zunächst einen Kostenvoranschlag für eine stilgerechte Renovation der Kirche fertigen zu lassen". Offensichtlich ist die geringe Bedeutung der vorhandenen Mängel dafür verantwortlich zu machen, dass Dolmetsch sich bei der Ausarbeitung seines Kostenvoranschlags auf die vom Kirchengemeinderat gewünschte „stilgerechte" Ausmalung der Kirche beschränkt. Am 27. Februar 1905 erklärt sich das Kollegium mit der von Dolmetsch vorgelegten Skizze, deren Ausführung sich auf 2650 Mark belaufen werde, „einverstanden". Das Gesuch an das Konsistorium, das Bauvorhaben zu genehmigen, wird von der Begründung begleitet, dass Oberamtsbaumeister Arnold bereits am 18. März 1902 in einem „Protokoll über die Vornahme der Untersuchung des baulichen Zustandes

der Kirche" die Erklärung abgegeben habe, „im Innern [seien] die Seitenwände und die Decke im Anstrich sehr der Erneuerung bedürftig", zudem sei „der Anstrich verschossen [und] durch Einregnen vom Dach aus verwaschen".

Im Laufe der Monate Mai und Juni wird das Innere der Kirche einer Restaurierung unterzogen, die laut Schreiben von Pfarrer Schöck an das Konsistorium vom 10. November 1905 „in recht befriedigender Weise" ausfällt. Die Malerarbeiten, die den Hauptteil der Restaurierung ausmachen, werden von Hofdekorationsmaler Wörnle ausgeführt. Außerdem werden durch den Kunstmaler Bauerle zwei „künstlerische" Ölgemälde angebracht, die „den Ersatz zweier in Leimfarbe gemalter wertloser Wandbilder" bilden, wie einem Brief des Pfarrers an den Verein für christliche Kunst vom 27. April 1905 zu entnehmen ist. In demselben Schreiben äußert der Pfarrer zudem seine Ansicht, dass „dieselben [die bereits in Angriff genommenen Arbeiten] nicht zur würdigen Ausstattung der Kirche genügen". Notwendig sei „auch die Anschaffung einer Kirchenbeleuchtung", und die Ausstattung der Kirche „mit Gedecken [sei] mangelhaft". Beide Maßnahmen können im Zuge der Renovierung aufgrund von Stiftungen in die Tat umgesetzt werden, wie der Pfarrbericht des Jahres 1905 mitteilt. Auch kleinere Arbeiten wie die Anbringung von „Verschlägen an den Treppenaufgängen im Innern", einer Dachrinne an der Südseite sowie von „Schuhputzern an allen Eingängen" werden 1905 durchgeführt. Nur das „schadhafte Trottoir (samt Tritte) auf der Nordseite der Kirche" wird erst im Jahr 1906 ausgebessert, wie das „Bauschau-Protokoll" vom 20. Oktober 1906 festhält.

Von der 1905 unter Dolmetschs Leitung durchgeführten „stilvollen Bemalung" der Kirche sind keinerlei Reste erhalten. Auch lässt sich aufgrund des Fehlens jeglicher zeitgenössischer Bildquellen kein Aufschluss über das Aussehen dieser Ausmalung erlangen.

Quellen: LKA, A 29, 1910-6 (Kirchengemeinde 1888–1923). LKA, A 29, 1913-20 (Pfarrbericht von 1905). LKA, K 1, Nr. 189 (Verein für christliche Kunst. Ortsakten Heimerdingen). PfarrA Heimerdingen, KGR-Protokolle 1860–1907. PfarrA Heimerdingen, III A 16c, 2 Tuschepläne, aquarelliert, datiert 1777,

signiert „Verfertigt KirchenrathsBau-
meister Goez".

Fellbach, ev. Pfarrkirche (St. Gallus)
Rems-Murr-Kreis,
ehemals OA Cannstatt

Die Pfarrkirche, die seit 1927 den Namen
Lutherkirche trägt, geht auf das 15. Jahrhundert zurück. 1519 wurde der Turm
erbaut, 1524 der Chor errichtet. 1779
erfuhr die Kirche eine umfangreiche bauliche Veränderung: Das Kirchenschiff
wurde an beiden Längsseiten erweitert.
Ein Jahrhundert später – im Jahr 1879 –
begann laut Pfarrbeschreibung von 1905
eine „durchgehende Restauration (Anstrich, Vertäferung der Emporen)", die
1884 fortgesetzt wurde.

Obgleich sich die Kirche „in einem
ziemlich guten Stand" befindet, wie der
Pfarrbericht des Jahres 1878 mitteilt, soll
laut Pfarrbericht von 1884 „die Kirche
[…] angestrichen werden". Tatsächlich
wird die Kirche im Inneren 1884 „nach
Dolmetsch mit schönen Tapetenmustern
ausgemalt", wie der Pfarrbericht von
1886 festhält (vgl. Abb. 143). Des Weiteren wird 1884 „nach den Plänen von
Baurat Dolmetsch" die Kirchenrestaurierung vollendet, indem Orgel, Kanzel,
Altar und Taufstein erneuert werden. Ob
es sich dabei um eine Neuanschaffung der
genannten Ausstattungsgegenstände oder
lediglich um eine Neufassung der vorhandenen Prinzipalstücke handelte, kann
aufgrund fehlender Schriftquellen nicht
gesagt werden. Erneute Restaurierungen
in den Jahren 1934, 1971 und 2001 griffen jeweils stark in das Erscheinungsbild
der Kirche ein, so dass sich auf die von
Dolmetsch durchgeführten Maßnahmen
keine Hinweise mehr finden.
Quellen: HH-Buch vom 26. 12. 1884.
LKA, A 29, 1240-2 (Pfarrbeschreibung
von 1905), A 29, 1240-8 (Pfarrbericht
von 1878), A 29, 1240-11 (Pfarrbericht
von 1884), A 29, 1240-12 (Pfarrbericht
von 1886) und A 29, 1240-13 (Pfarrbericht von 1888).
Literatur: Dietrich Hub (Hrsg.), Die
Fellbacher Lutherkirche. Dokumentation
über die Renovierungen im 20. Jahrhundert, o. O., o. J. [2001], S. 16 f.

Feuerbach *siehe Stuttgart*

Fleinheim *siehe Nattheim*

Freudenstadt-Kniebis, ev. Filialkirche
Stadt Freudenstadt, ehemals
OA Freudenstadt

Seitdem im Jahr 1799 die alte Klosterkirche der Filialkirchengemeinde Kniebis
abgebrannt war, entbehrte die Gemeinde
ein Gotteshaus. Erst im Oktober 1867
konnte ein neu errichteter Betsaal eingeweiht werden. Die Pfarrbeschreibung aus
dem Jahr 1905 charakterisiert die kleine
Kirche folgendermaßen: „Die Kirche ist
ein großer [sic!], unverhältnismäßig
hoher, viereckiger Raum mit massiven
Mauern, freundlich gelegen, aber den
Stürmen und Schlagregen sehr ausgesetzt,
daher ziemlich feucht." Im Zuge der für
die Kirche in Baiersbronn in Angriff genommenen Restaurierung berät der Gesamtkirchengemeinderat am 3. August
1892 über die Heizbarmachung der drei
Kirchen in Baiersbronn, Kniebis und
Mitteltal. Es wird die Aufstellung eines
Ofens in dem Betsaal beschlossen. Zudem genügt der Gemeinde das in dem
Gotteshaus aufgestellte Harmonium
nicht mehr, so dass der Vorsatz bekundet
wird, die in der Kirche in Baiersbronn
überflüssige Orgel fortan in Kniebis zu
verwenden. Für diesen Zweck und zur
Verbesserung der „Hörsamkeit" soll eine

Empore eingebaut werden, für die Dolmetsch die Pläne und Kostenvoranschläge
ausarbeiten soll.

Die Vertragsunterzeichnung für die
Maurer- und Steinhauer-, die Zimmer-
und Schreiner- sowie die Schlosser- und
Flaschnerarbeiten findet am 15. September 1892 statt. Im Folgenden wird in die
an das Schulhaus anschließende Längswand der Kirche ein Kamin eingebrochen, ein Ofen eingerichtet und an der
dem Hang zugewandten Schmalseite eine
Empore eingebaut. Anfänglich nicht vorgesehene Arbeiten kommen noch zur
Ausführung, so etwa die Verlegung eines
neuen Plattenbodens in den Gängen und
der Anstrich der Kirchenwände „mit
hellblauer Kalkfarbe" und der Fenster-
umrahmungen „mit rötlicher Kalkfarbe"
sowie die Schablonierung der Emporenbrüstungen.

Die erhaltenen Bauzeichnungen – insbesondere der „Längenschnitt" – führen
anhand der rot eingetragenen Partien vor
Augen, dass Dolmetsch nicht nur die
Empore neu erstellen, sondern auch die
Decke erhöhen will, da die aus Baiersbronn zu übernehmende Orgel anderenfalls keinen Platz finden würde (Abb.
217). Es lässt sich den Quellen nicht entnehmen, ob die Decke tatsächlich nach
Dolmetschs Plan aufgesprengt wird, es

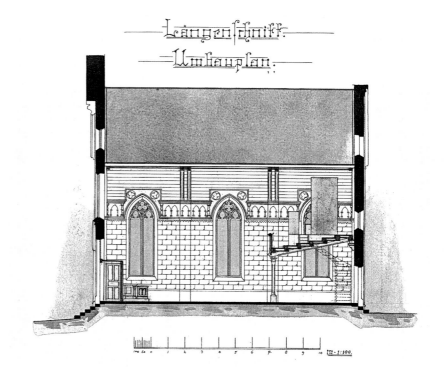

*Abb. 217 Kniebis, ev. Kirche, Längsschnitt, ca. 1892. Tusche, farbig aquarelliert auf Papier,
30,9 cm x 24,0 cm.*

steht aber zu vermuten, dass dies geschehen ist, da die übrigen Maßnahmen in der vorgesehenen Weise ausgeführt werden: Die Empore wird auf der Hangseite eingebaut, die Orgel dort aufgestellt, der Altar derart in den Raum gerückt, dass die Altarwand zugleich als Windfang dient, und die Wände der Kirche werden mit Quadermalerei versehen.

Der Pfarrbericht des Jahres 1894 äußert sich positiv über die 1892 durchgeführte Restaurierung der Kirche: „Zur Aufstellung der Orgel in Kniebis [...] wurde nach einem Plan von Dolmetsch eine Empore angebracht, welche nicht nur eine willkommene Raumvermehrung bot, sondern auch den Vorteil brachte, daß der übergroße Hohlraum, der ein widerwärtiges Hallen zurfolge hatte, eingeschränkt wurde." Von den unter Dolmetschs Leitung durchgeführten Maßnahmen sind keine sichtbaren Spuren mehr vorhanden, da die Kirche in den sechziger Jahren des 20. Jahrhunderts grundlegend umgebaut wurde; vor allem wurden Empore und Altar gegeneinander vertauscht. Dies mag seinen Grund in dem schon 1905 konstatierten Missstand gehabt haben: „Die innere Einrichtung ist sehr ungünstig, die Stellung von Kanzel und Altar unliturgisch, die Anordnung des Gestühls unzweckmäßig."

Quellen: LKA, A 29, 272-2 (Pfarrbeschreibung von 1905) und A 29, 272-14 (Pfarrbericht von 1894). GdA Baiersbronn, „Kirchenbaufonds Rechnungs-Beilagen 1887–1893. Nr. 31-Schluß". PfarrA Baiersbronn, Nr. IX 9 („Protokoll des Gesamt-Kirchengemeinderats Baiersbronn 1890–1924"). TUM, Nachlass Heinrich Dolmetsch, Signatur 35.1, 35.2, 35.3, 35.4, 35.5, 5 Tuschepläne, aquarelliert, undatiert und unsigniert, alle bezeichnet mit „Umbauplan".

Friolzheim, ev. Pfarrkirche
Enzkreis, ehemals OA Leonberg

Im Jahr 1522 (i) wurde ein neues Kirchenschiff an die Chorturmkirche angefügt, wobei der sehr viel ältere kreuzrippengewölbte Chor bestehen blieb. 1967/68 wurde das Schiff nach Westen erweitert, das profilierte spätgotische Portal wurde dabei auf die neue Westfassade versetzt.

Der Pfarrbericht des Jahres 1886 teilt die Mängel mit, die sich am Kirchengebäude vorfinden: „Fenster sind sehr

schadhaft, Verblendung ist zerfallen; Taufstein und Altar sind mangelhaft; Kirchengestühle zum Teil neu, ohne einheitlichen Stil; Altarbekleidung und Kanzel- wie Taufstein-Bekleidung für alle Tage des Jahres rot. Der Platz um den Altar könnte erweitert werden." Abschließend wird hinzugefügt, dass „nur eine allgemeine Renovation wirklich die Ansprüche, die man an ein Gotteshaus zu machen hat, befriedigen" könne. Aus diesem Grund nimmt die Kirchengemeinde Kontakt zu dem Verein für christliche Kunst auf und erhält am 29. März 1887 von Prälat Merz die Mitteilung, dass Dolmetsch „sogleich nach Ostern sich nach Friolzheim begeben und zuvor den Tag seiner Ankunft anzeigen" werde. Am 2. Juni 1887 beklagt sich Pfarrer Schwarz jedoch in einem Schreiben an Merz über das Ausbleiben von Dolmetsch, der „angesichts einer Amtsreise in's Ausland noch viele Geschäfte zuvor erledigen müsse". Obwohl der Pfarrer an Merz die Frage richtet, ob nicht „der christliche Kunstverein über einen andern Architekten noch verfügte, welcher in allernächster Zeit [die Gemeinde] beraten könnte", äußert er den Wunsch, dass es der Gemeinde „am liebsten wäre, wenn Herr Bauinspektor Dolmetsch doch noch Zeit fände, spätestens in der angegebenen Woche" nach Friolzheim zu einer Beratung zu kommen.

Offensichtlich fand diese Beratung statt, denn das Haushaltsbuch von Dolmetsch verzeichnet eine Zahlung von 369 Mark „für die Restauration der Kirche in Friolzheim". Zusammen mit der Aussage der Pfarrbeschreibung von 1905, dass „im Jahr 1888 die Kirche im Innern gründlich renoviert" wurde, lässt sich zweifelsfrei sagen, dass Dolmetsch es war, der die besagte Restaurierung vornahm. Der Pfarrbericht von 1890 bemerkt dazu Folgendes: „In der Kirche ist alles im schönsten Stand. Nur ein Mangel, daß die Orgelempore nicht von dem Chorbogen entfernt wurde [...] Jetzt ist die Kirche vollständig ausgemalt, die Decke mit reicher Symbolik ein wirkliches Kunstwerk in Zeichnung. Taufstein und Altar sind neu; drei Bekleidungen vorhanden in grün, rot, schwarz; Gefässe auch neu, dazu Altarbibel, Altarkrucifix."

Wie dem Pfarrbericht von 1890 zu entnehmen ist, wurden einige Ausstattungsstücke des vorherigen Zustands bei der Restaurierung übernommen: Die Orgel

stand auf einer Empore im Osten, die den niedrigen Chorbogen überschnitt, an der Südseite der Kirche zog sich eine Empore entlang, und die Kanzel lag der Empore gegenüber an der Nordwand. Die Wände wurden mit einer dunklen Quadermalerei auf hellem Grund versehen. Auf jedem der angedeuteten Steine befand sich mittig ein abstrahiertes Blütenmotiv. Unmittelbar unterhalb der Decke verlief ein Band mit floralen Ornamenten. In der nordöstlichen Ecke des Kirchenraums wurde 1888 ein Ofen aufgestellt.

Wie aus einem Schreiben von Pfarrer Schwarz an Prälat Merz vom 31. März 1888 hervorgeht, wurde der Taufstein von Bildhauer Beutel aus Friolzheim gefertigt. Schwarz hält ihn für „ganz recht, nur vermisse [er] die gotischen Formen". Seinem Brief fügt er eine Skizze des Taufsteins mit einem knappen Kommentar bei, aus dem seine verhaltene Kritik – der Taufstein ist seiner Meinung nach „romanisch" – nochmals anklingt.

Über weitere von Dolmetsch durchgeführte Maßnahmen lassen sich keine Aussagen treffen, da sowohl jegliche schriftlichen Quellen fehlen als auch sämtliche Spuren der Restaurierung der Jahre 1967/68 – mit Ausnahme des in der Vorhalle der Kirche aufgestellten Taufsteins – zum Opfer gefallen sind.

Quellen: LKA, A 29, 1340-2 (Pfarrbeschreibung von 1905), A 29, 1340-14 (Pfarrbericht von 1886) und A 29, 1340-16 (Pfarrbericht von 1890). LKA, K 1, Nr. 184 (Verein für christliche Kunst. Ortsakten Friolzheim). PfarrA Friolzheim, 25d (Verein für christliche Kunst). HH-Buch vom 27. 4. 1889.

Frommern *siehe Balingen*

Geifertshofen *siehe Bühlerzell*

Geislingen/Steige, ev. Stadtkirche (Unserer Lieben Frauen)
Kreis Göppingen, ehemals Oberamtsstadt (Donaukreis)

Die Grundsteinlegung zu der querhauslosen, dreischiffigen Pfeilerbasilika erfolgte im Jahr 1424, wie eine über dem Nordportal angebrachte Inschrift unterhalb des Gründungsreliefs bezeugt. 1467 wurde die Vorhalle vor dem Südportal von Hans von Windsheim errichtet. Erst in den Jahren 1856 bis 1858 erfolgte die Einwölbung der drei Schiffe des Langhauses. Der Turm, der zur Hälfte in das Schiff eingebaut ist, wurde 1861 erneuert, im Zuge dessen wurde die Turmhaube mit den vier Giebeln und dem hohen Zeltdach aufgesetzt. Die Kanzel mit Beschlagwerk und mächtigem Schalldeckel stammt aus dem Jahr 1621.

In der Sitzung des Kirchengemeinderats am 13. Februar 1891 bringt der Dekan zur Sprache, „es wäre Zeit für die Aufstellung des neuen Kirchengestühls Sorge zu tragen. Bei dieser Gelegenheit sollte womöglich die Kanzel verlegt werden, an den nächsten Pfeiler gegen den Chor hin". Am 6. März 1891 nimmt Dolmetsch im Auftrag des Vereins für christliche Kunst die Kirche in Augenschein und gibt ein „eingehendes Gutachten" ab, das sich offensichtlich nicht erhalten hat. Am 3. April 1891 verhandelt der Kirchengemeinderat über dieses Gutachten: „Danach sollte nicht bloß ein Plan über das neue Kirchengestühl, sondern über die ganze Restauration der Kirche angefertigt werden, welche sich […] auf die Versetzung der Kanzel, die Einmauerung von Kaminen in die mittleren Pfeiler des Schiffs für die Öfen und die Vollendung der Thurmhalle mit Reduzierung der zwei Emporen auf eine erstreckt."

Im Verlauf der weiteren Beratungen wird ausführlich über die Frage diskutiert, ob die Kanzel an den ersten Mittelschiffpfeiler von Osten verlegt werden sollte. Von dem bisherigen Standort der Kanzel an dem zweiten Pfeiler von Osten sei die Stimme des Predigers im Chor kaum zu hören, Versuche mit einer Probekanzel hätten aber ergeben, dass bei einer Versetzung „die Stimme des Predigers […] ungehindert in den Chor eindringen" kann. Auch würde bei einer Verlegung die Kanzel keinen Schaden nehmen, wie befürchtet worden ist, sondern im Gegenteil der Ab- und neuerliche Wiederaufbau eine Überarbeitung erleichtern, da „bei dieser Gelegenheit die vom Holzwurm angefressenen Stellen untersucht und mit Erdöl getränkt werden können". Zudem würde eine Versetzung der Kanzel unumgänglich werden, wenn der Kirchenboden im Schiff erhöht werden würde. Beim Betreten der Kirche durch das nördliche Portal führt eine Stufe in die Kirche hinab, ein großer Teil der Frauenstühle liegt nochmals eine Stufe tiefer. „Eine Folge davon ist die Feuchtigkeit der Kirche und die auffallend zahlreiche Erscheinung, daß Frauen im Gottesdienst ohnmächtig werden", wie der Kirchengemeinderat im Anschluss an eine

Besichtigung der Kirche in Anwesenheit von Dolmetsch am 31. Januar 1892 bemerkt. Am 5. Februar 1892 schließlich werden die Verlegung der Kanzel und die Erhöhung des Kirchenbodens „im Interesse der Gesundheit der Kirche" beschlossen. Sowohl über die Verringerung der Anzahl der Emporen im Westen von zwei auf eine als auch über die Verschiebung des Altars in das Schiff hinein besteht zu keinem Zeitpunkt Zweifel.

Nachdem Dolmetsch im Mai 1892 seinen Kostenvoranschlag gefertigt hat, berät der Kirchengemeinderat am 28. Mai 1892 über die von ihm vorgeschlagenen Maßnahmen (Abb. 218; 219): „In Aussicht genommen ist die Neuherstellung der Stuhlung zu ebener Erde mit einem Mehr von 261 Sitzplätzen, einer neuen Orgelempore und Wiederinstandsetzung der Wände und Decken durch Gipsung und einfache stilgemäße Bemalung. Vorgesehen ist die Versetzung der Kanzel an den nächsten Pfeiler gegen Osten, die Anbringung des Altaraufsatzes an den Pfeiler gegenüber der Kanzel, die Verschiebung des Altars um etwas gegen das Schiff, die Erstellung des Taufsteines vor dem Altar, die Erhöhung des Fußbodens im Schiff, die Erbauung von Kaminen behufs guten Rauchabzugs, die Öff-

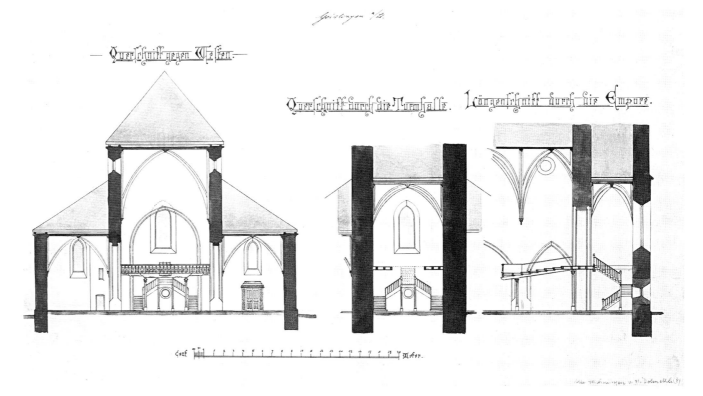

Abb. 218 Geislingen, ev. Kirche, Querschnitt nach Westen, Querschnitt durch die Turmhalle, Längsschnitt, ca. 1892. Tusche, aquarelliert auf Papier, 69,5 cm x 41,7 cm.

234

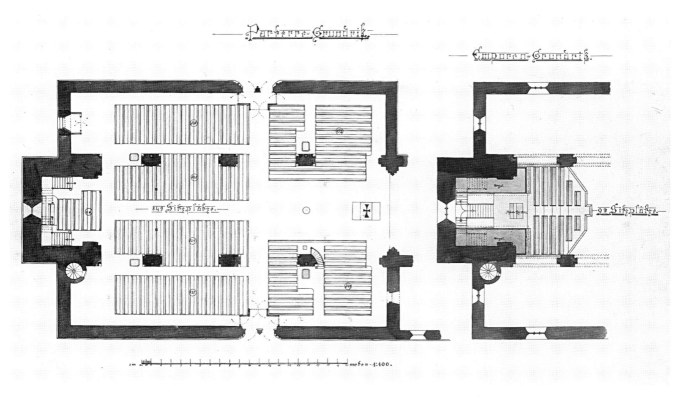

Abb. 219 Geislingen, ev. Kirche, Grundriss Parterre und Orgelempore, ca. 1892. Tusche, aquarelliert auf Papier, 69,9 cm ✗ 43,2 cm.

nung eines Thores an der westlichen Seite des nördlichen Schiffs, Bestuhlung des Chors, Erbreiterung des Sakristeieingangs und Verteilung der Orgel, so daß das westliche Fenster frei wird." Die veranschlagte Bausumme beträgt 60 800 Mark und übersteigt damit erheblich die zur Verfügung stehenden Mittel. Da der Plan aber ansonsten den Beifall des Kirchengemeinderats findet, beschließt dieser, Dolmetsch um Vorschläge zu bitten, auf welche Weise etwa 20 000 Mark eingespart werden könnten.

Daraufhin überarbeitet Dolmetsch seine Kostenberechnung in der Weise, dass alle Maßnahmen, die sich auf die Restaurierung des Chors beziehen, zunächst nicht ausgeführt werden sollen. Dementsprechend beschließt der Kirchengemeinderat am 17. Juni 1892, „die Wiederherstellung des Chors und des Altars auf spätere Zeit zu verschieben, wenn die nötigen Mittel hiezu angesammelt sind." Trotzdem lässt Dolmetsch durch seinen Bauführer in der Sitzung des Kirchengemeinderats am 28. Juli 1892 die Frage anregen, „ob nicht doch der Chor wenigstens in der Gipser- und Malerarbeit fertiggestellt werden sollte, während das Gestühl und der Boden unausgeführt bliebe. Der Grund dafür ist, daß die Kirche ohne den Chor einen unschönen und unferti-

gen Eindruck machen würde [...] und der weitere Grund, daß die Gipser- und Malerarbeit später erst vorgenommen, das Schiff der Kirche wieder sehr verunreinigen würde, zumal der Chor keinen eigenen Ausgang hat." Nachdem Dolmetsch diesbezüglich eine erneute Kostenberechnung angestellt hat, verhandelt das Kollegium am 4. August 1892 in Anwesenheit von Dolmetsch abermals über

diese Frage: „Es hat sich herausgestellt, daß ein großes Stück der Mauerwand durch Feuchtigkeit ganz verderbt und jetzt mit dem Schiff jedenfalls herzustellen ist. Auch die Epitaphien des Chors und einzelne Stücke der Chorstühle bedürfen dringend der Ausbesserung. Ebenso muß die Vorhalle an der südlichen Seite des Schiffs notwendig ausgebessert werden." In diesem Sinne be-

Abb. 220 Geislingen, ev. Kirche, Innenansicht nach Osten, vor 1892.

Abb. 221 Geislingen, ev. Kirche, Innenansicht nach Osten, nach 1892.

schließt der Kirchengemeinderat, „die [...] Arbeiten zugleich mit dem Schiff der Kirche auszuführen" (Abb. 220; 221).

Am 19. August 1892 wird noch einmal die Frage behandelt, ob der Altar beibehalten werden könne, wie es ursprünglich die Absicht des Kirchengemeinderats gewesen ist. Da es sich „beim Abbrechen zeigte [...], daß er nur aus Schutt und Backsteinen bestand", stimmt das Gremium der Anschaffung eines neuen Altars zu. Obwohl die Restaurierungsarbeiten schon weit fortgeschritten sind, legt Dolmetsch in der Sitzung des Kirchengemeinderats am 30. November 1892 eine Zeichnung vor, in der er für die Südseite der Sakristei ein Doppelfenster vorsieht. Die zwei oberen Fenster sollten „nachgeschafft" werden. Da „diese drei Fenster nicht bloß einzeln unsymmetrisch gebaut sind, sondern noch unter sich schief stehen", beschließt das Kollegium „mit Rücksicht darauf, daß diese Fenster gerade auf der am meisten gesehenen Seite der Kirche liegen", die geplanten Änderungen vornehmen zu lassen.

Am 18. Dezember 1892 wurde die Kirche eingeweiht. Die Maßnahmen wurden in dem besprochenen Umfang ausgeführt, wozu auch die Versetzung der Kanzel um einen Pfeiler nach Osten und die Verringerung der Zahl der Emporen von zwei auf eine gehörte. Die Bausumme betrug schließlich etwas über 64 000 Mark.

Zwischen 1973 und 1976 fand eine erneute Restaurierung des Innenraums statt, bei der Altar, Taufstein, Gestühl und Fußboden erneuert wurden. Die Quadermalerei an den Wänden des Schiffs wurde vollständig überfasst. Die Chorfenster wurden nach einem Entwurf von Hans Gottfried von Stockhausen neu gestaltet. Lediglich die aus dem Jahr 1892 stammenden Seitenschiffenster wurden beibehalten.

Quellen: LKA, DAamt Geislingen, Kirchenpflege Nr. 5.1 („Beilagen zur Renovations-Kosten-Rechnung der evang. Stadt-Kirche 1892/93"). PfarrA Geislingen II, Fotografien der Kirche vor und nach der von Dolmetsch durchgeführten Umgestaltung. TUM, Nachlass Heinrich Dolmetsch, Signatur 32.1, 32.2, 32.3, 32.4, 32.5, 32.6, 32.7, 7 Tuschepläne, lediglich 1 Plan datiert „Geislingen, Juli 1892", sämtliche Pläne unsigniert; Signatur 32.8, 32.12, 2 Pläne „Süd-Portal"

bzw. „Nordportal", undatiert und unsigniert; Signatur 32.9, 32.10, 32.11, 3 Bleistiftpläne „Chorabschlussgitter" bzw. „Grabplatten", undatiert und unsigniert.
Literatur: Kunst- und Altertumsdenkmale 1914, S. 29. DBZ 42, 1908, Nr. 63, S. 432.

Gerlingen, ev. Pfarrkirche (St. Peter)
Kreis Ludwigsburg, ehemals OA Leonberg

Der spätgotische, netzgewölbte Chor der Kirche barg noch im Jahr 1886 die Orgel, wie der Längsschnitt dokumentiert (Abb. 222). An der West- und Nordwand des Schiffs, dessen Decke tiefer lag als diejenige des Chors, befanden sich Emporen. Die Brüstungen waren laut Pfarrbeschreibung von 1905 „mit Bildern über das Leben Jesu aus den Jahren 1679/80 geschmückt". Der Altar stammte aus dem Jahr 1865, der Taufstein befand sich bis zu diesem Jahr hinter dem Altar. 1886 wurde die Kirche „im Innern [...] sauber renoviert".

Der Pfarrbericht des Jahres 1884 teilt mit, dass „das Kirchengebäude, obwohl alt und ohne kirchlichen Stil, dem Bedürfnis genüg[e]". Trotzdem wird offenbar eine Restaurierung für notwendig erachtet, die laut Randbemerkung zum Pfarrbericht von 1888 „befriedigend" ausfällt. Dem Pfarrbericht ist zu entnehmen, dass „außen ein neuer Aufgang zur Orgel hergestellt worden" sei. Außerdem haben „Taufstein, Altar und Kanzel [eine]

neue Bekleidung erhalten". Aus der Schlussbemerkung – „die Kirche hat wesentlich gewonnen" – lässt sich schließen, dass 1886 noch weitere Arbeiten ausgeführt worden sein müssen, denn die beiden genannten Maßnahmen allein können den Verfasser kaum zu diesem Urteil bewogen haben.

Auch der Pfarrbericht von 1890, der immerhin mitteilt, dass „die Kirche [...] vor einigen Jahren im Innern gänzlich erneuert" worden sei, nennt keine weiteren Einzelheiten. Dass Dolmetsch mit dieser „Erneuerung" in Verbindung zu bringen ist, lässt sich lediglich aus einer Honorarzahlung in Höhe von 149,90 Mark folgern.

Quellen: LKA, A 29, 1480-3 (Pfarrbeschreibung von 1905), A 29, 1480-13 (Pfarrbericht von 1884), A 29, 1480-14 (Pfarrbericht von 1888) und A 29, 1480-15 (Pfarrbericht von 1890). HH-Buch vom 3. 4. 1887. TUM, Nachlass Heinrich Dolmetsch, Signatur 21.1, 21.2, 21.3, 21.4, 4 Tuschepläne, datiert und signiert „Aufgenommen u. gezeichnet. Gerlingen, im Juli 1886. Alb. Grotz. Bauführer".

Giengen/Brenz-Hohenmemmingen, ev. Pfarrkirche (St. Martin)
Stadt Giengen/Brenz, Kreis Heidenheim, ehemals OA Heidenheim

Die unteren Geschosse des Turms sind die ältesten noch existierenden Bauteile der Kirche; im Spätmittelalter wurde ein

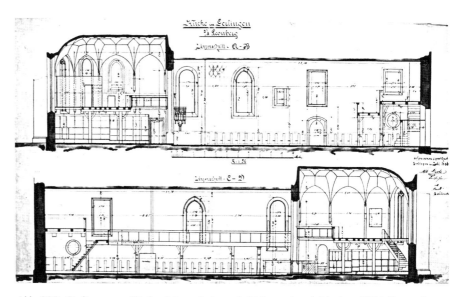

Abb. 222 Gerlingen, ev. Kirche, Längsschnitt nach Süden und nach Norden, 1886 (Bestand). Tusche, aquarelliert auf Papier, 80,3 cm × 48,2 cm.

Kirchenschiff im Anschluss an den Turm errichtet, von dem noch die Südwand erhalten ist. Die Nordwand des Schiffs wurde in nachreformatorischer Zeit nach Norden verschoben, so dass sich der Turm heute nicht in der Mittelachse des Kirchenschiffs befindet. Kanzel – 1698 (i) – und Emporenbrüstungen stammen noch aus dem 17. Jahrhundert.

Obgleich die Oberamtsbeschreibung aus dem Jahr 1844 das Innere der Kirche noch als „hell" und „freundlich" apostrophiert, besteht im Jahr 1894 der Wunsch, das Kirchengebäude „wenigstens von außen" zu restaurieren. Der Pfarrbericht aus demselben Jahr teilt mit, dass „Baurat Dollmetsch zugesagt [hat] die Oberleitung zu übernehmen". Den Anlass für die beabsichtigte Außenrestaurierung der Kirche liefert die Aufhebung des Kirchhofs im Jahr 1876. Bereits am 25. Mai 1892 hatte der Kirchengemeinderat beschlossen, „es sollen die Umfassungsmauern des alten Gottesackers als baufällig abgetragen werden, so wie auch der an dieselbe anschließende Eckthurm". Im Zuge dieser Maßnahmen soll außerdem – „da die Kirche kellerartig in der Erde steckt" – der Boden des „die Kirche umgebenden Gottesackers so weit abgehoben werden, daß die Kirche zu ebener Erde betreten werden kann".

In seiner Sitzung am 23. Februar 1894 berät das Kollegium nochmals ausführlich über die Frage der durchzuführenden Restaurierungsmaßnahmen an und in der Kirche. Die kirchlichen und bürgerlichen Kollegien einigen sich „dahin, daß der alte Kirchhof nach dem Niveau des Kirchenbodens abgehoben" werde. Die dadurch „bloßgelegte Kirchenmauer soll durch Cement genügend geschützt werden (Sockel)", zudem sollen ein Trottoir rings um das Gebäude sowie Dachrinnen angebracht werden. Der neu entstandene Kirchhof soll sodann mit einem Drahtzaun umgeben und „ein lebendiges Tannenhag hergestellt [werden] zur Umfriedigung eines inneren Raumes". Die Böschung soll „mit Gesträuch […] angepflanzt" und die Anlage von „breite[n] Kieswege[n]" vorgenommen werden. Das Abgraben des Kirchhofs bringt es mit sich, dass „die ohnedies schon baufällige Doppeltreppe [auf der Nordseite der Kirche] wegfallen" werde, dafür wäre „ein ander[er] Zugang auf die Empore zu machen". Ebenso soll „eine neue Orgeltreppe" erstellt und eine neue Sakristei

errichtet werden; über die beiden letztgenannten Maßnahmen soll der Oberamtsbaumeister einen Kostenvoranschlag ausarbeiten.

Entgegen diesem Beschluss vom 23. Februar 1894 wendet sich der Pfarrer am 18. Mai desselben Jahres an das Konsistorium mit der Bitte „um gütige Zusendung eines Kirchenbaumeisters […], damit derselbe sein Gutachten über den […] Kirchenbau abgeben möge". In dem Zusatz des Dekans wird ausdrücklich „Baurat Dollmetsch" als derjenige Techniker genannt, der nach dem Wunsch der Kirchenbehörde nach Hohenmemmingen zu entsenden sei. Am 5. Juni beschließt der Kirchengemeinderat, „Herrn Baurat [Dollmetsch] die Oberleitung der Arbeiten und Reparaturen an der Kirche zu übertragen", nachdem dieser die Kirche „gründlich untersucht und inspiziert" hat. Er wird aufgefordert, „einen Techniker baldigst [zu] schicken, welcher einen Bauplan und Kostenüberschlag fertigen" soll. Am 7. Juli berät das Kollegium über das Resultat von Dolmetschs Prüfung, wonach „die Kirche im Interesse ihrer Erhaltung einer dringenden Notreparatur bedarf", und über die von ihm vorgeschlagenen Maßnahmen zur Sanierung des Bauwerks. Zunächst wird festgestellt, dass „die Grundmauer sehr defekt" sei, „ausgewaschen vom Regen", auch „die hölzerne Doppeltreppe [sei] sehr defekt und lebensgefährlich", schließlich sei „die Sakristei sehr defekt mit einem notdürftigen Gang auf die Kanzel". Dolmetsch bringt daraufhin folgende Arbeiten in Vorschlag: „1) Zementierung der Grundmauer zur Verstärkung der Fundamente nebst Unterfangung der Kircheneingänge. 2) Verlegung der Außentreppe ins Innere der Kirche […] 3) Anbringung einer neuen Thüre auf der Westseite beim runden Fenster. 4) Neubau der Sakristei. 5) Versetzung der Kanzel an ihren früheren Platz. 6) Anbringung einer neuen auch den Kirchgängern offenen Thüre am Bogen im Chor südlich. 7) Sonstige kleine Veränderungen am Thurm. 8) Anstrich des Gestühls und Bemalung der Wände." Der letzte Punkt solle nur dann zur Ausführung gelangen, „wenn die Mittel reichen", im Übrigen sei alles „bloß Notwerk". Der Kirchengemeinderat erklärt sich, abgesehen von der Verlegung der Kanzel, mit den vorgeschlagenen Arbeiten einverstanden und beauftragt Dolmetsch mit der Ausarbei-

tung der Pläne, die am 23. Juli 1894 vorliegen.

Das Kollegium heißt den Bauplan im Wesentlichen gut „mit Ausnahme der vorgeschlagenen Veränderung auf der östlichen Orgelempore". Es wird außerdem der Wunsch ausgesprochen, dass „der alte Zugang zur kleinen Orgelempore verbleiben" möge. Nach Ansicht des Kirchengemeinderats sei „sehr zu bedauern, daß beim Bauplan nicht auch eine Dachrinne ist sowie eine Ausschmückung der Kirche durch Malen der Wände und Anstrich des rohen Gestühls; sowie auch schöne Fenster". Aus dieser Aussage kann der Schluss gezogen werden, dass Dolmetsch eine Beschränkung auf reine Instandsetzungsmaßnahmen anstrebt, während Arbeiten, die vorwiegend der Verschönerung des Kirchengebäudes dienen, nur unter der Bedingung finanzieller Deckung zur Ausführung gelangen sollen. Am 25. September 1894 beschließt der Kirchengemeinderat, wegen „ungünstige[r] Witterung für Zementarbeiten" den Kirchenbau auf das folgende Jahr zu verschieben. Zur Frage des Sakristeineubaus äußert sich das Kollegium dahingehend, dass die ursprünglich vorgesehene „massive stilvolle und teure Sakristei" durch einen „einfach[en] und billig[en]" Entwurf ersetzt werde.

Dolmetsch entspricht in seinem dem Kirchengemeinderat am 12. Februar 1895 vorgelegten zweiten Entwurf in allen Punkten den Wünschen des Auftraggebers; dennoch bemängelt das Kollegium, dass nicht „billiger gebaut würde". Zudem wird überraschenderweise festgestellt, dass „Herr Baurat Dolmetsch von seinem Plan nicht abgeht", trotzdem beschließt der Kirchengemeinderat, „allein da die Bauzeit so nahe ist", nach dem vorliegenden Plan zu bauen. Der Voranschlag beläuft sich nun auf 7300 Mark und ist damit etwa doppelt so hoch wie anfänglich vom Bauherrn beabsichtigt. Nachdem das Konsistorium am 23. März 1895 die Baugenehmigung erteilt hat, wird mit den Arbeiten fortgefahren, die im Frühjahr des vorangegangenen Jahres mit dem Abgraben des Kirchhofs und dem Stützen der Freitreppe auf der Nordseite der Kirche begonnen worden waren.

Erst nach Wiederaufnahme der Bauarbeiten stellt sich heraus, „daß das Gestühl viel defekter ist als […] vermutet", so dass der Kirchengemeinderat am 4. Juli 1895 beschließt, „das Gestühl sammt dem

237

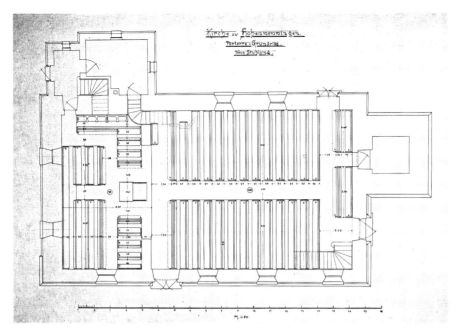

Abb. 223 Hohenmemmingen, ev. Kirche, Grundriss Parterre, ca. 1894. Tusche auf Papier, 65,0 cm x 43,6 cm.

Bretterboden neu [zu] machen". Der in Dolmetschs Nachlass überlieferte „Parterre-Grundriß" mit neuer Stuhlung ist somit mit großer Wahrscheinlichkeit im Sommer des Jahres 1895 entstanden (Abb. 223). Auch in weiteren Punkten kann die Zeichnung mit den am 4. Juli 1895 gefassten Beschlüssen in Übereinstimmung gebracht werden: Der Gang soll in der Mitte des Kirchenschiffs angelegt, die Kindersitze im Chor zu beiden Seiten des Altars angebracht, der Zugang zur Orgelempore von dem Vorraum der Sakristei her erschlossen und „an Stelle der alten Treppe, welche abgebrochen würde, [...] ein Fenster symmetrisch mit den andern dreien" erstellt werden. Die Sakristei erscheint in dem Plan wunschgemäß als einfacher, rechteckiger Raum, an den sich nach Osten leicht zurückspringend ein Vorraum anschließt. Der Zugang zur Kanzel erfolgt von der Sakristei aus, wobei allerdings die Kanzel selbst an ihrem Platz bestehen bleibt. Das Portal an der Westseite wird neu angelegt, und der Zugang zur Männerempore in der nordwestlichen Ecke des Schiffs angebracht.

Sämtliche Arbeiten gelangen im Laufe des Jahres 1895 zur Ausführung, so dass am 17. November die Einweihung der restaurierten Kirche stattfinden kann. Es werden sogar – wie der Kirchengemeinderat es am 23. Juli 1894 gewünscht hatte – zwei figürliche Glasfenster im Chor

eingefügt, die von der Glasmalereiwerkstatt van Treeck in München gefertigt werden (vgl. Abb. 150). Welches der vier Fenster auf der Nordseite das neu erstellte ist, kann weder anhand der Zeichnung noch des Baus selbst eruiert werden, da sogar die Fenstergewände verputzt sind. Die Form der Sakristei wird 1969 erneut verändert und mit dem Vorraum unter ein einheitliches Pultdach gebracht. Von den „im Kirchenbaujahr 1895 unter der Tünche zum Vorschein [gekommenen] Spuren von farbigen Malereien, Bischofsbildern, Wappen mit Adler[n] und Lilienornamenten" ist nichts mehr zu sehen, denn „die Bilder wurden wieder übertüncht als unvollkommen und schlecht erhalten, teilweis[e] auch minderwertig", wie die Pfarrbeschreibung des Jahres 1905 mitteilt. Dieselbe Quelle nennt auch die Höhe der Baukosten, die 1895 erzielt wurde: 16 000 Mark.

Quellen: LKA, A 29, 2105-3 (Kirchengemeinde 1888–1923). LKA, A 29, 2109-2 (Pfarrbeschreibung von 1905), A 29, 2109-15 (Pfarrbericht von 1894) und A 29, 2109-16 (Pfarrbericht von 1896). PfarrA Hohenmemmingen, Nr. 21 (KGR-Protokolle 1889–1923). TUM, Nachlass Heinrich Dolmetsch, Signatur 43.1, 1 Tuscheplan „Parterre-Grundriss. Neue Stuhlung", undatiert und unsigniert.

Gingen, ev. Pfarrkirche (St. Quirinus, Naborus, Nazarius, Basilius)
Kreis Göppingen, ehemals OA Geislingen

Den ältesten Bauteil der heutigen Anlage bildet der Turm bis auf die Höhe des Giebelansatzes. Der 5/8-Schluss mit Sterngewölbe wurde erst im 15. Jahrhundert an den Chorturm angebaut. Das Kirchenschiff, bis heute mit einer Flachdecke versehen, wurde 1512 (i) verbreitert. Der Giebel der Sakristei, die sich im südöstlichen Winkel zwischen Turm und Schiff befindet, weist eine spätmittelalterliche Fachwerkkonstruktion auf. Ein einzigartiges Dokument stellt der Inschriftenstein aus dem Jahr 984 dar, eine Kopie befindet sich über dem Nordportal, das Original im Inneren der Kirche.

Das Protokoll des Kirchengemeinderats vom 20. Juli 1890 teilt mit, dass Dolmetsch die Kirche im Auftrag des Vereins für christliche Kunst besichtigt habe. Die Ausarbeitung der Pläne und Kostenvoranschläge wird für den kommenden Winter in Aussicht gestellt. Diese liegen bald vor, so dass der Kirchengemeinderat bereits am 2. November 1890 über dieselben beraten kann. Das Protokoll listet eine Reihe von Mängeln auf: „Seit Menschengedenken ist nichts Wesentliches an ihr [der Kirche] geschehen. Die Fenster sind von ganz verschiedener Konstruktion und Verglasung, die Thüren verwittert, das Gestühl abgängig, der Fußboden ohne Dielen tiefer als die Gänge, die Wände vom Alter schmutzig weiß und unschön [...], so daß schon lange an eine Wiederherstellung gedacht [...] wurde." Offensichtlich legt Dolmetsch zwei Vorschläge zur vorzunehmenden Restaurierung der Kirche vor, einen „einfacheren [Entwurf], dem keine Zeichnung beigegeben wurde" und einen „etwas reicheren mit Plan, worin eine Veränderung der Emporen und Verlegung der Kanzel vorgesehen ist." Der Kirchengemeinderat beschließt, den Letzteren ausführen zu lassen, „da er verhältnismäßig wenig höher kommt und viel mehr sich empfiehlt." Genauere Gründe lassen sich den Protokollen nicht entnehmen. Der Kostenvoranschlag beläuft sich auf 12 200 Mark, von denen der Gemeinderat laut Beschluss vom 27. Oktober 1890 einen Beitrag von 5000 Mark zu zahlen bereit ist.

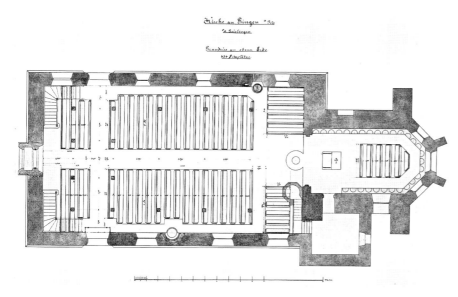

Abb. 224 Gingen, ev. Kirche, Grundriss Parterre, ca. 1890. Tusche, aquarelliert auf Papier, 77,1 cm × 48,8 cm.

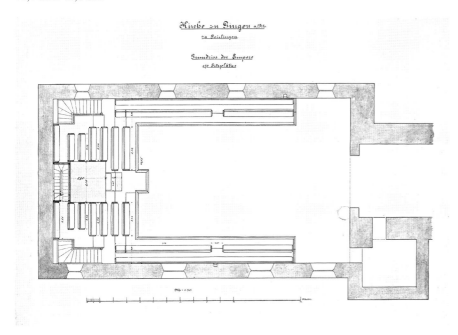

Abb. 225 Gingen, ev. Kirche, Grundriss Empore, ca. 1890. Tusche, aquarelliert auf Papier, 66,0 cm × 51,5 cm.

Die beiden in Dolmetschs Nachlass erhaltenen Pläne entsprechen möglicherweise den im Kirchengemeinderatsprotokoll vom 2. November 1890 erwähnten „2 Zeichnungen des Herrn Bauinsp[ektor] Dolmetsch" (Abb. 224; 225), denn der Emporengrundriss zeigt eine gegenüber dem heutigen Zustand veränderte Anordnung der Emporen. Sie sollen nach Dolmetschs Plan symmetrisch angelegt werden, wobei im Westen eine breite Empore die Orgel aufnehmen und im Norden und Süden jeweils eine schmale Empore mit nur zwei Sitzreihen angebracht werden soll. In dieser Weise wurden die Emporen nicht verändert, sie wurden hingegen L-förmig belassen unter Wiederverwendung mindestens einer alten Stütze – 1760 (i) – und Anbringung neuer Brüstungen, die allerdings in den sechziger Jahren des 20. Jahrhunderts beseitigt wurden. Des Weiteren ist den beiden Plänen zu entnehmen, dass Dolmetsch an eine Veränderung des zweiten Fensters von Osten in der Südfassade und an eine Neugestaltung des Westportals dachte. Tatsächlich wurden sowohl das besagte Fenster als auch das Hauptportal

neu angelegt. Weitere geplante Eingriffe in die Bausubstanz sind in den Plänen nicht vermerkt, so dass sich nicht mehr feststellen lässt, ob Dolmetsch auch die Veränderung der beiden westlichen Fenster auf der Nordseite beabsichtigte oder ob diese Maßnahmen auf spätere Planungen zurückzuführen sind. Die Kanzel wurde von dem nördlichen an den südlichen Chorbogenpfeiler verlegt, wie es in dem Parterregrundriss vorgesehen ist.

Sehr wahrscheinlich hat die nicht durchgeführte Neuorganisation der Emporen ihre Ursache in dem Mangel an finanziellen Mitteln. In der Kirchengemeinderatssitzung vom 19. Juni 1891 wird nämlich beklagt, dass „die Kostenberechnung den von den Aufsichtsbehörden genehmigten Voranschlag von ca. 12 200 Mark um 3470 Mark [überschreitet], ohne daß der genehmigte Bauplan eine Veränderung erfahren hätte". Am 1. Juli 1891 beschließt das Kollegium, „den Altar resp[ektive] Chor in seiner derzeitigen Einrichtung einstweilen zu belassen, [und] die Arbeiten am Äußeren der Kirche aufzuschieben, was einen Kostenbetrag von etwas über 1500 Mark ausmacht". Trotz dieses Beschlusses wird am 13. September 1891 nochmals über den Umfang der Kirchenrestaurierung beraten. Ursprünglich umfasste der Bauplan nur das Innere der Kirche. Ein erweiterter Plan sah dann aber zusätzlich die „innere Herstellung des Chores (Erhöhung des ausgetretenen Fußbodens, Ersetzung des nimmer passenden Altars im Zopfstil)", die Anschaffung zweier Öfen zur Heizbarmachung, die äußere Verblendung der Kirche, die „Herrichtung der Giebelseite sowie eines um die Kirche gehenden Pflasters zur Abhaltung der Feuchtigkeit" vor. Nachdem der Kirchengemeindrat bereits seine Absicht geäußert hatte, diese Arbeiten außer Betracht zu lassen, wird nun der Beschluss gefasst, „die bürgerlichen Kollegien mit dem freundlichen Antrag anzugehen, die völlige Herstellung [der] Ortskirche durch einen weiteren hinreichenden Beitrag zu ermöglichen".

Abgesehen von den schon erwähnten Maßnahmen konnten schließlich auch die am 13. September 1891 für notwendig erachteten Arbeiten durchgeführt werden. Schließlich wurde auch ein neuer Altar aufgestellt, ein neuer hölzerner Kanzeldeckel angefertigt sowie der alte, frei über dem Taufstein schwebende

Steindeckel beseitigt. Eine neue Orgel wurde angeschafft, deren Kosten in Höhe von 4000 Mark am 20. September 1891 vom Konsistorium genehmigt wurden. Die Einweihung der restaurierten Kirche fand am 13. März 1892 statt. Der Bearbeiter des Inventarbandes der Kunst- und Altertumsdenkmale bemerkte zu der Restaurierung rückblickend: „Das Innere, 1891, gleich dem Inneren der Geislinger Kirche, ‚gereinigt‘, bot vorher eines der wertvollsten Beispiele altevangelischer Kircheneinrichtung."

Quellen: PfarrA Gingen, A 30 (Kirchenumbau 1892). PfarrA Gingen, B 41 (PfGR-Protokolle 1876–1889/KGR-Protokolle 1889–1898). GdA Gingen, A 831 (Akten 1892). TUM, Nachlass Heinrich Dolmetsch, Signatur 31.1, 31.2, 2 Grundrisse, undatiert und unsigniert; Signatur 31.3, 1 Tuscheplan zu einem Chorstuhl, ebenfalls undatiert und unsigniert.

Literatur: Kunst- und Altertumsdenkmale 1914, S. 124.

Göppingen, ev. Stadtkirche
Kreisstadt (Regierungsbezirk Stuttgart), ehemals Oberamtsstadt (Donaukreis)

Die in den Jahren 1618/19 von Heinrich Schickhardt errichtete Kirche behielt den Turm des Vorgängerbaus bei. Dieser wurde im Jahr 1838 abgebrochen und in neuromanischen Formen 1845 (i) neu aufgebaut.

Im Oktober 1894 fertigt Dolmetsch zwei Alternativentwürfe zum Umbau der Kirche. Sein vorrangiges Interesse gilt dem Anbau eines Chors, da der Schickhardt'sche Bau eines solchen entbehrt. Da die Zeichnungen zu diesen beiden Projekten nicht überliefert sind, müssen Dolmetschs beabsichtigte Maßnahmen aus den vorhandenen Kostenvoranschlägen vom Oktober 1894 und einem erläuternden Brief vom 3. August 1898 rekonstruiert werden. Der sich auf eine Gesamtsumme von 80 000 Mark belaufende Vorschlag I sieht vor, den Chor an der westlichen Längsseite der Kirche zu errichten. Anhand der Schriftquellen lässt sich kein Aufschluss über die Frage erlangen, wie sich Dolmetsch die architektonische Gestaltung der Anbauten auf der Westseite – Chor, Sakristei und Konfirmandensaal – denkt. Über Vorschlag II hingegen, dessen Voranschlagssumme 141 087 Mark beträgt, ist anhand des Kos-

tenvoranschlags ein etwas genaueres Bild zu gewinnen: „Die bestehende Sakristei soll entfernt und ein neuer Anbau, enthaltend Sakristei, Confirmandensaal und Abort erstellt werden; die Nordseite erhält einen Chor nebst 2 Treppenhäusern, die alten Giebel sollen umgestaltet werden; die Westseite erhält 4 neue Fenster." Außerdem sollen „zum Zweck einer besseren Beleuchtung der Kirche die vorhandenen Fenster erbreitert und mit Cathedralglas neu verglast werden". Zudem soll der Turm umgebaut werden. Im Inneren der Kirche sollen „die bestehenden Emporen herausgenommen und die Kirche mit einer neuen Empore, neuer Stuhlung und einer neuen Holzdecke versehen werden". Da Dolmetsch in einem Schreiben vom 8. November 1894 auf die von ihm umgebauten Kirchen in Geislingen, Bietigheim und Vaihingen/Enz verweist, liegt die Vermutung nahe, dass er auch in diesem Fall eine gesprengte Decke auszuführen dachte. Der Anbau des Chors an der nördlichen Giebelseite würde das dort befindliche Portal mitsamt dem Rundfenster und den beiden seitlichen großen Fenstern verdecken. Um das Portal, ein „prächtige[r] Zeuge vergangener Tage", nicht zu zerstören, plant Dolmetsch, es vor die neu zu errichtende Sakristei zu versetzen: „Das fragliche Portal vor der Sakristei aufgebaut, [stände] in wohlthuender Harmonie zur Giebelansicht."

Der in Dolmetschs Vortrag „Ueber Kirchenrestaurationen" vorgestellte Grundriss der Göppinger Stadtkirche lässt sich inhaltlich mit dem im Oktober 1894 gefertigten Vorschlag II zur Deckung bringen (vgl. Abb. 95). Vermutlich blieben beide Vorschläge aus dem Jahr 1894 wegen mangelnder finanzieller Mittel unausgeführt. Das Fehlen von Nebenräumen wurde vom Kirchengemeinderat als ein größerer Übelstand angesehen als das Nichtvorhandensein eines Chors. In seiner Sitzung am 12. Mai 1896 stellt das Kollegium fest, dass die alte Sakristei baufällig sei und „ein Raum für die Abhaltung der Kinderlehren in geheizter Sakristei nicht lange mehr entbehrt werden kann". Im März 1899 arbeitet Dolmetsch eine „Summarische Kostenberechnung über den Neubau eines Konfirmandensaales und einer Sakristei" aus, die sich auf 23 120 Mark beläuft. Dies muss bereits der zweite Voranschlag gewesen sein, denn in seinem

oben erwähnten Brief vom 3. August 1898 nimmt Dolmetsch Bezug auf einen Eingabeplan vom März 1898. Obwohl die Anbauten auf der westlichen Seite des Kirchengebäudes entstehen sollen und somit das Renaissanceportal nicht verdeckt würde, schlägt Dolmetsch abermals seine Versetzung vor. Zum einen verweist er auf seinen „Gesamtplan" vom Oktober 1894, an dessen Ausführung er immer noch denkt, und zum anderen ließe sich beim Anblick der Giebelseite „an dieser Stelle eine Ueberhäufung empfinden, welche die Kahlheit der übrigen Façadenteile noch mehr hervortreten läßt". Aus diesen Gründen schlägt er die Errichtung eines schlichteren Portals an der fraglichen Stelle vor, so dass „die unsymetrische Lage der […] Thüröffnung bei der einfacheren Gestalt weniger auffällt, als bei der reichen jetzigen Form". In seiner Sitzung am 9. August 1898 spricht sich der Kirchengemeinderat zwar für die „Versetzung des Portalüberbaus an den Sakristeianbau" aus, will aber Dolmetsch ersuchen, „das während der Interimszeit an der nördlichen Giebelseite verbleibende Thor mit einer etwas reicheren nicht so völlig schmucklosen Fassung zu versehen".

1899 wird mit dem Bau eines Konfirmandensaals und einer Sakristei nach Dolmetschs Plan begonnen. Am 21. März 1900 liegt die „Provisorische Zusammenstellung sämtlicher Bauarbeiten" vor. Die Kosten betragen ohne Architektenhonorar und Bauführungskosten rund 23 850 Mark. Wie der „Vertrag über die Lieferung eines Orgelgehäuses" vom 28. Januar 1899 belegt, wird außerdem eine neue Orgel angeschafft. Die Malerarbeiten an den Wänden des Konfirmandensaales und der Sakristei werden erst im Oktober 1900 ausgeführt. Aus welchen Gründen das von Dolmetsch angestrebte und vom Kirchengemeinderat unterstützte Versetzen des an der Giebelseite befindlichen Portals schließlich doch unterblieb, kann nicht gesagt werden.

Trotz der Durchführung dieser als dringend erachteten Baumaßnahmen blieb das Bedürfnis der Gemeinde nach einer „gründlichen Restauration" der Kirche bestehen. Bereits am 12. Mai 1896 hatte der Kirchengemeinderat festgestellt, „daß nichts gebaut werden kann, ohne daß in erster Linie der zweite Oberhofenturm gebaut ist, zugleich mit Rücksicht darauf, daß eine Kirche stets zur Benüt-

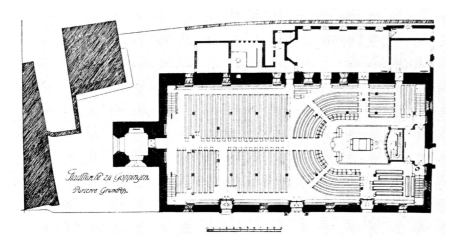

Abb. 226 Göppingen, ev. Stadtkirche, Grundriss Parterre, ca. 1908.

zung verfügbar bleiben muß, also beide Bauten nicht gleichzeitig in Angriff genommen werden können". Nachdem der Umbau der Oberhofenkirche vorgenommen worden war, stand der Restaurierung der Stadtkirche nichts mehr im Wege.

Am 19. Dezember 1907 findet eine Beratung zwischen dem Kirchengemeinderat und Dolmetsch unter Hinzuziehung des Landeskonservators Gradmann statt. Da sich ein Protokollbericht über diese Sitzung nicht erhalten hat, kann nicht mit Eindeutigkeit gesagt werden, auf wessen Initiative das Abrücken vom Gesamtplan des Jahres 1894 zurückgeht. In seiner „Gesamtkostenberechnung der vorzunehmenden Bauarbeiten" vom Mai 1908 schlägt Dolmetsch einen reduzierten Plan vor: „Die Kirche soll im Schiff und auf den Emporen mit neuen Stuhlungen versehen werden, da die alte, äusserst unbequeme Stuhlung auch teilweise sehr schlecht ist. Unter der Stuhlung, sowie in den Gängen sind neue Böden vorzusehen. Um der Kirche im Innern ein lichteres, freundlicheres Aussehen zu geben, sind Decken, Wände und alles Holzwerk neu anzustreichen und teilweise in einfacher Weise zu bemalen. Die Verglasung der Fenster soll neu werden, wobei auf mehr Lichtzuführung Bedacht zu nehmen ist. Der Altar und Taufstein sollen in die mittlere Längsachse der Kirche gerückt werden, wobei durch Ausführung eines Verschlags in den Grössenausdehnungen der Kanzelumgebung unterhalb der letzteren eine direkte Rückwand geschaffen wird. Innerhalb dieses Verschlags werden die Kanzeltreppe und die Treppe zur zweiten Empore

gelegt werden. Der Verputz im Innern muß zum größten Teil neu werden. In die Umfassungswände sind neue Kamine einzubauen." Das von Dolmetsch dem Kostenvoranschlag beigefügte Schreiben vom 14. Mai 1908 gibt weitere Erläuterungen zu seinem Entwurf. Hervorzuheben ist insbesondere die axiale Aufstellung von Kanzel und Altar sowie die auf den Vorschlag des Landeskonservators zurückgehende Anlage einer Kanzelwand. Auch die radiale Stellung der Stuhlung, die „mit Rücksicht auf die sonstigen geschwungenen Bauformen der Empore gerade bei dieser Kirche ganz am Platze" sei, bildet im Hinblick auf die geänderten liturgischen Bedürfnisse einen wichtigen Gesichtspunkt.

Am 16. Mai 1908 beschließt der Kirchengemeinderat, die Restaurierung der Stadtkirche nach dem Plan von Dolmetsch mit einem Aufwand von 74 000 Mark auszuführen (Abb. 226). In der Summe enthalten ist auch die Anbringung „neuzeitiger Beleuchtungseinrichtungen", sogenannter Luxferprismen, im Betrag von 2000 Mark. Über die im Voranschlag genannten Maßnahmen hinausgehend, wird am 19. November 1908 die Anlage einer Niederdruckdampfheizung beschlossen. Nach dem Tod von Heinrich Dolmetsch am 25. Juli 1908 führt sein Sohn Theodor in Zusammenarbeit mit Felix Schuster die Restaurierung der Stadtkirche zu Ende. Die Ausführung der Arbeiten beginnt im Frühjahr 1909, am 7. November 1909 findet die Einweihung der umgestalteten Kirche statt (vgl. Abb. 130).
Quellen: LKA, DAamt Göppingen, Nr. 203.1 (Stadtkirche 1894–1941), darin

u. a. „Summarischer Kostenvoranschlag für den Umbau der Stadtkirche in Göppingen. Vorschlag I. Mit Anfügung eines neuen Chores an der westlichen Langseite" vom Oktober 1894 sowie „Summarischer Kostenvoranschlag für den Umbau der Stadtkirche in Göppingen. Vorschlag II. Mit Anfügung eines neuen Chors an der nördlichen Schmalseite" vom Oktober 1894, „Summarische Kostenberechnung über den Neubau eines Konfirmandensaales & einer Sakristei" von Dolmetsch vom März 1899. LKA, DAmt Göppingen, Nr. 540 (Kirchenpflege Göppingen. Sonderrechnung über den Umbau der Stadtkirche 1909/10), darin u. a. „Stadtkirche zu Göppingen. Gesamtkostenberechnung der vorzunehmenden Bauarbeiten" vom Mai 1908. TUM, Nachlass Heinrich Dolmetsch, Signatur 81.1, Bleistiftzeichnung von Taufstein und Altar, aquarelliert, undatiert und unsigniert. Privatbesitz Architekturbüro Greiner, Rapp und Partner, Schorndorf, 3 Lichtpauspläne, koloriert, datiert und signiert „Gefertigt Stuttgart, 7. Mai 1908. H. Dolmetsch Oberbaurat"; 1 Tuscheplan „Nördl[icher] Giebel der Stadtkirche", datiert „Göppingen, den 10. Mai 1888", signiert „Rummel".
Literatur: Dolmetsch 1900, S. 3. Dehio 1993, S. 265. DBZ 42, 1908, Nr. 63, S. 432. [Ohne Verfasser], Erneuerung der Stadtkirche in Göppingen, in: Bauzeitung für Württemberg, Baden, Hessen, Elsaß-Lothringen 7, 1910, Nr. 13, S. 99–101. Kunst- und Altertumsdenkmale 1924, S. 22.

Göppingen, ev. Oberhofenkirche (ehem. Stiftskirche St. Martin und Maria)
Kreisstadt (Regierungsbezirk Stuttgart), ehemals Oberamtsstadt (Donaukreis)

Wie der südlich des Westportals eingelassene Grundstein bezeugt, erfolgte der Baubeginn für die Oberhofenkirche im Jahr 1436. Grabungen ergaben, dass die Kirche vier Vorgängerbauten hatte. Von dem jüngsten, der etwa zwischen 1220 und 1240 entstanden war, wurden die beiden Chorflankentürme in den Neubau übernommen. 1448 wandelte Graf Ulrich V. von Württemberg als Patron der Pfarrkirche diese in ein Chorherrenstift um. 1562 zerstörte ein Brand infolge eines Blitzschlags den Bau in weiten Teilen. Der spätgotische, netzgewölbte Chor

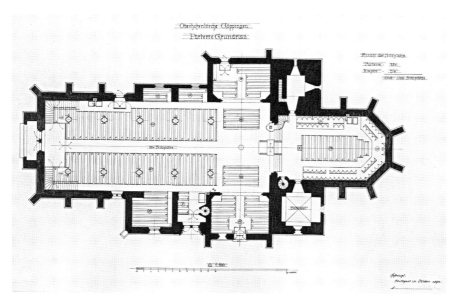

Abb. 227 Göppingen, Oberhofenkirche, Grundriss Parterre, 1894 (unausgeführt). Tusche auf Transparent, 66,0 cm x 39,2 cm.

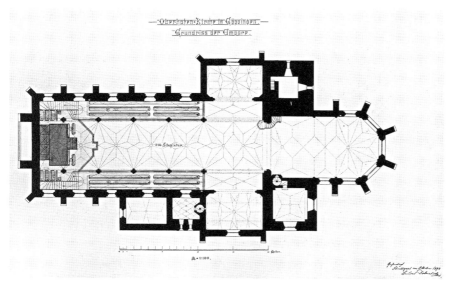

Abb. 228 Göppingen, Oberhofenkirche, Grundriss Empore, 1894 (unausgeführt). Tusche, aquarelliert auf Papier, 67,9 cm x 39,9 cm.

blieb erhalten, während das Schiff stark in Mitleidenschaft gezogen wurde. 1580 wurde eine flache Holzdecke eingebaut, die 1685 überarbeitet wurde. Die Gewölbeansätze im Schiff weisen darauf hin, dass ein Gewölbe ehemals geplant war; die drei östlichen Joche sind weiter und höher als die drei westlichen.

Das Vorhandensein dieser Gewölbeansätze veranlasst Dolmetsch, die vorhandene Flachdecke durch ein steinernes Sterngewölbe ersetzen zu wollen, wie es die Pläne vom Oktober 1894 dokumentieren (Abb. 227; 228). In einem erläuternden Schreiben vom 6. November 1894 be-

merkt Dolmetsch dazu: „Zur inneren Vollendung dieses in edelstem gotischem Stile angelegten Gotteshauses sollte notwendig angestrebt werden, daß der Deckenabschluss des Schiffes in einer der ursprünglichen Bauidee entsprechenden Weise zur Ausführung gelangt." Ursprünglich hatte sich Dolmetsch mit dem Gedanken befasst, die Kirche dreischiffig anzulegen und alle drei Schiffe mit einer Holzdecke zu überspannen, wobei das Mittelschiff die beiden Seitenschiffe überragen sollte, wie seinem Brief vom 18. Februar 1894 zu entnehmen ist. Diese Lösung sei aber für eine Kirche, die „vom

architektonischen Standpunkte aus doch so bedeutend" sei, „nicht würdig genug". So gelangt er zu dem Schluss, dass „sich das schon ursprünglich als 3schiffige Halle gedeckte Langhaus mittelst auf Steinsäulen ruhenden Rippengewölben in zweckmäßiger und stilvoller Weise überdecken ließe". Dabei plant er, das Mittelschiff gegenüber den Seitenschiffen um 2,5 m zu überhöhen, um so Platz zu schaffen für die Anordnung von acht Rundfenstern, „welch' letztere durch Holzschläuche mit den in den äußeren Dachflächen liegenden Glasfalzziegelflächen in Verbindung stehen". Auf diese Weise hofft er, dem „Mangel an Licht in der Mitte des Langhauses" Abhilfe schaffen zu können (vgl. Abb. 112). Bemerkenswert ist der Umstand, dass Dolmetsch zwar durchaus auf die unterschiedliche Breite der Joche und Höhe der Gewölbeansätze abhebt, dies aber nicht in seine Planungen einbezieht. Vielmehr fühlt er sich womöglich in seiner Freiheit als entwerfender Architekt eingeschränkt: „Für die Detailausbildung sind dieselben gute Vorbilder, bezüglich der Axenweiten und Höhen muß man aber bei dem weiteren Ausbau in selbständiger Weise vorgehen." In diesem frühen Planungsstadium erachtet Dolmetsch die Wölbung des Langhauses als „in viel höherem Grade wünschenswert" als den Ausbau des südlichen Turms und des südlichen Querschiffs.

Bereits 1884 waren nach Entwürfen des Ulmer Münsterbaumeisters August Beyer der nördliche Turm und der nördliche Querhausarm ausgebaut worden. Am Anfang des 19. Jahrhunderts hatte die Kirche als Lazarett und Pferdestall, der Südturm als Telegraphenstation gedient. Im Jahr 1853 wurde der Oberhofenverein ins Leben gerufen, der es sich zum Ziel gesetzt hatte, „die gothisch angelegte Oberhoven Kirche nach und nach stylgemäß auszubauen". Ein Bericht vom 11. Februar 1884 listet eine Vielzahl von Unterhaltungsmaßnahmen auf, die seit der Gründung des Oberhofenvereins durchgeführt wurden, so wurden zum Beispiel die Fenstergewände der Langhausfenster, von denen drei zugemauert waren, restauriert, sämtliche Strebepfeiler ausgebessert und mit neuen Fialen und Kreuzblumen versehen, der „häßliche ganz heruntergekommene Anbau" am südlichen Turm, der teilweise ein Fenster des Chors verdeckte, entfernt sowie eine

242

neue Eingangstür in die Sakristei „nebst gothischem Oberlicht" erstellt.

Es ist nicht überliefert, in welcher Weise der Kirchengemeinderat bzw. der Oberhofenverein über den Vorschlag von Dolmetsch verhandelte, das Langhaus der Kirche neu einzuwölben. Obwohl Dolmetsch diese Maßnahme für wesentlicher befunden hatte als die Wiederherstellung des Äußeren, beschließen beide Gremien im März 1898, Letzteres durchführen zu lassen, ohne dass von der beabsichtigten Wölbung die Rede ist. Am 16. März fällt der Oberhofenverein einstimmig den Beschluss, den südlichen Kapellenanbau auszuführen, da das Geld für die „gesammten Bauarbeiten" nicht vorhanden sei. Der Kirchengemeinderat erklärt sich am 21. März bereit, auf eigene Rechnung „die Ausführung der Pyramide des südlichen Turms, die Verbesserungen am Chorgiebel und an den unteren Stockwerken des südlichen Turms, die Herstellung des südlichen Querschiffgiebels zwischen Turm und Seitenkapelle" zu übernehmen (Abb. 229; 230). Außerdem soll am Südturm eine Uhr mit drei Zifferblättern angebracht werden. Im Laufe des Jahres 1899 werden diese Maßnahmen ausgeführt. Die Bausumme beträgt 72 400 Mark und liegt damit 1800 Mark über dem Kostenvoranschlag.

Noch während die Bauarbeiten im Gang sind, ergibt eine Inaugenscheinnahme der Oberhofenkirche durch Dolmetsch, dass neuerliche Schäden festzustellen seien, wie er in einem Brief vom 21. August 1900 bemerkt: Die Abdeckungsquader des Westgiebels seien „sehr schlecht" und die Fialen sowie das Giebelkreuz müssten „ganz neu bearbeitet werden", ferner zeigten „die unteren Stockwerke des nördlichen Chorturms bedeutende Risse, deren gründliche Beseitigung sich nur durch Einsetzen neuer Quader erreichen" ließe. „Im Interesse der Solidität und guten Instandhaltung des ganzen Bauwesens" empfehle sich die baldmögliche Ausbesserung der besagten Mängel. Zudem schlägt Dolmetsch vor, das „nun in seiner ursprünglichen Schönheit dastehende Portal des Kapellenanbaus" mit Figuren zu versehen. Er denkt dabei an die Aufstellung einer Christusfigur im Tympanon, von zwölf Apostelstatuen in den Portalleibungen, schließlich einer Moses- und Johannesfigur in den oberen Wandnischen. Am 28. August 1900 befindet der Kirchengemein-

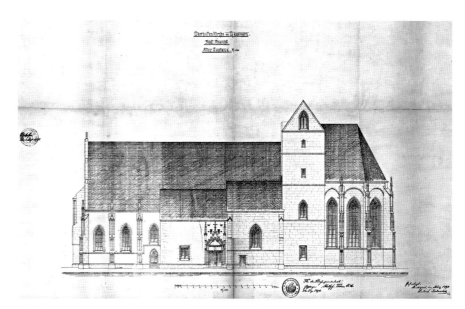

Abb. 229 Göppingen, Oberhofenkirche, Ansicht Südfassade, 1898 (Bestand). Lichtpause, koloriert, 85,6 cm x 57,5 cm.

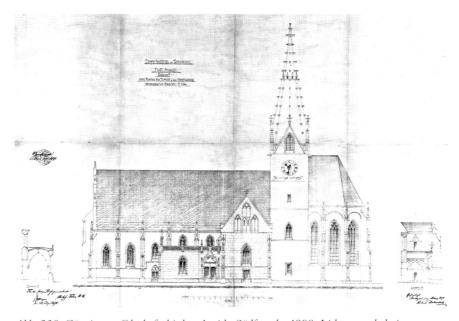

Abb. 230 Göppingen, Oberhofenkirche, Ansicht Südfassade, 1898. Lichtpause, koloriert, 86,7 cm x 58,9 cm.

derat, dass wegen fehlender finanzieller Mittel auf die „Beschaffung der 15 Statuetten vorerst zu verzichten" sei, die „beantragte Renovierung des Westgiebels und Ausbesserung der Risse am nördlichen Chorturm als notwendige Arbeiten" aber im nächsten Frühjahr auszuführen seien. Die Arbeiten am Westgiebel werden tatsächlich im folgenden Jahr plangemäß vorgenommen.

Dass Dolmetsch sowohl den Gedanken an eine Wölbung des Kirchenschiffs als auch an eine Neubestuhlung des Parterres nicht aufgegeben hat, zeigt sein Kosten-

voranschlag vom Februar 1901, in dem er „die Trockenlegung der Kirche, sowie […] die Herstellung eines neuen Gestühls, eines neuen Bodenbelags, einer neuen Thüre und eines Windfangs und endlich […] die Betonierung der Fundamente zu den künftigen inneren Schiffpfeilern" ins Auge fasst. Nachdem der Kirchengemeinderat bereits am 29. November 1900 beschlossen hatte, „es solle die Herstellung des neuen Gestühls in der Oberhofenkirche und die Heizung daselbst schon im Jahr 1901 ausgeführt werden", genehmigt derselbe am 12. März

1901 die Ausführung der von Dolmetsch vorgeschlagenen Arbeiten mit einem Aufwand von 21 050 Mark. Am 2. Juli 1901 wird die Vergabe der Arbeiten beschlossen, woraufhin eine neue Bestuhlung im Parterre der Kirche und auf den Emporen angefertigt sowie das Innere heizbar gemacht wird. Da jegliche Rechnungsbeilagen und Kostenzusammenstellungen zu diesen Maßnahmen fehlen, lässt sich nicht mehr feststellen, ob auch die am 12. März 1901 beschlossene „Fundamentierung der künftigen Säulen des Mittelschiffs" und die „Herstellung der Thüre am südlichen Querschiffgiebel" ausgeführt worden sind, oder ob dieser Plan schließlich aus finanziellen oder gar denkmalpflegerischen Gründen aufgegeben worden ist.

Quellen: LKA, DAamt Göppingen, Nr. 203.3 (Oberhofenkirche, Bausachen 1855–1938), darin u. a. 2 Lichtpauspläne, datiert und signiert „Gefertigt, Stuttgart, im März 1898. Baurat Dolmetsch". LKA, DAamt Göppingen, Nr. 651 (Protokollbuch des Oberhofenvereins 1884–1901). TUM, Nachlass Heinrich Dolmetsch, Signatur 42.1, 42.2, 42.3, 42.4, 42.5, 42.6, 6 Tuschepläne (1 Plan, signiert „Gef. B. Rummel", 2 Pläne, signiert und datiert „A. Beyer. Ulm, April 1883", 2 Grundrisspläne, signiert und datiert „Gefertigt Stuttgart im Oktober 1894. Baurat Dolmetsch", 1 „Entwurf zum Ausbau des Südl. Turmes u. zur Verschönerung der südl. angebauten Kapellen", unsigniert und undatiert); Signatur 42.7, 42.8, 2 Fotografien des Südportals „Alter Zustand".

Literatur: Dehio 1993, S. 266. Kunst- und Altertumsdenkmale 1924, S. 27. DBZ 42, 1908, Nr. 63, S. 432.

Grunbach *siehe Remshalden*

Hausen/Lauchert *siehe Trochtelfingen*

Heilbronn-Böckingen, ev. Stadtkirche (St. Pankratius)
Stadt Heilbronn, ehemals OA Heilbronn

Die alte Kirche in Böckingen war eine Chorturmkirche mit einem einfachen saalartigen Schiff (Abb. 231). An dem Treppentürmchen, das nachträglich an die südwestliche Ecke der Kirche angebaut wurde, findet sich die Jahreszahl „1610". Am selben Ort muss zuvor eine

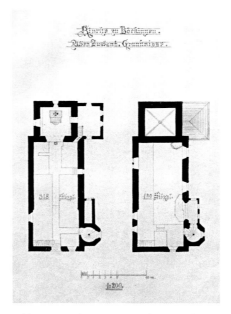

Abb. 231 Böckingen, ev. Kirche, Grundriss Parterre und Empore, ca. 1886 (Bestand). Tusche, farbig aquarelliert auf Papier, 20,4 cm x 32,3 cm.

ältere Kirche existiert haben, denn bei den Umbauarbeiten im Jahr 1900 wurde ein Grabstein unter dem alten Boden aufgefunden, der aus dem Jahr 1288 stammt. Tatsächlich nennt eine Stiftungsurkunde aus dem Jahr 1291 bereits eine Kirche, die mit „St. Pankraz zu Beckengen" bezeichnet ist.

Das Pfarrgemeinderatsprotokoll vom 18. Dezember 1881 teilt mit, dass „die Gemeinde Böckingen in starkem Wachstum begriffen" sei: 1875 zählt die Gemeinde 2627, 1880 bereits 3062 evangelische Mitglieder. Aus diesem Grund wird „der Mangel an Raum in der Kirche mit ihren 458 Sitzplätzen […] immer mehr fühlbar". Wie die „Festschrift zur Einweihung der umgebauten evangelischen Kirche" berichtet, besichtigt Dolmetsch die Kirche in Böckingen erstmals am 17. März 1884, „um Vorschläge über Vergrößerung derselben zu machen". Die ausgearbeiteten Pläne legt er 1886 – das genaue Datum ist nicht überliefert – dem Stiftungsrat zur Begutachtung vor.

Dolmetsch sieht vor, die bestehende Kirche um ein Querhaus zu erweitern, wobei dieses in der Breite eine Ausdehnung erhalten soll, dass der Eindruck einer quer orientierten Predigtkirche entsteht (vgl. Abb. 28). Der Chor soll in seiner Funktion, den Altar zu beherbergen, belassen werden. Die Substanz will er allerdings nicht unangetastet lassen: Das

Chorfenster soll erheblich verbreitert und verlängert werden, der Chorbogen soll ebenfalls verbreitert werden, um den Altar weiter in Richtung Schiff zu rücken. Der Taufstein kommt mittig vor dem Altar im Schiff zu stehen. Die Anordnung der Bänke erfolgt sowohl in Längs- als auch in Querrichtung mit Ausrichtung auf Altar und Taufstein hin.

Der Kirchenraum soll mit einer aufwendig gestalteten hölzernen Deckenkonstruktion „überwölbt" werden, die auf dünnen Stützen ruht (Abb. 232). Sie evoziert eine Dreischiffigkeit sowohl von „Längs-" als auch von „Querschiff", die mit der Grundrissdisposition nur schwer in Einklang zu bringen ist. Dolmetschs Ziel ist offenbar, einen kreuzförmigen Raum, der sich weitgehend einem Zentralraum annähert, mit möglichst wenig sichtbehindernden Einbauten zu überdecken.

Sowohl im Grund- als auch im Aufriss strebt Dolmetsch eine sich an der alten Kirche orientierende Achsensymmetrie an, die nur von der Sakristei im südöstlichen Winkel zwischen Chor und „Querschiff" durchbrochen wird. Der Wunsch, eine symmetrische Anlage zu schaffen, geht so weit, dass Dolmetsch sogar dem aus dem Jahr 1610 stammenden Treppentürmchen ein Pendant auf der Nordseite geben will (Abb. 233; 234). Weitere Details, wie etwa die Emporenaufgänge an der Ostseite und die triangulären Eingänge auf der Nord- und Südseite, unterstützen diesen Eindruck. Bei der Stilwahl greift Dolmetsch auf Formen

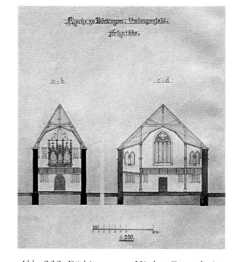

Abb. 232 Böckingen, ev. Kirche, Querschnitt nach Westen und Längsschnitt, ca. 1886 (unausgeführt). Tusche, farbig aquarelliert auf Papier, 20,2 cm x 32,3 cm.

Abb. 233 Böckingen, ev. Kirche, Ansicht Westfassade und Ostfassade, ca. 1886 (Bestand). Tusche, farbig aquarelliert auf Papier, 20,4 cm × 32,2 cm.

Abb. 234 Böckingen, ev. Kirche, Westfassade, ca. 1886 (unausgeführt). Tusche, farbig aquarelliert auf Papier, 20,3 cm × 32,3 cm.

der Frühgotik zurück, die er – insbesondere im Innenraum – mit Motiven der Renaissance mischt: Das Orgelgehäuse ist reich mit Fialen verziert, während in den Bogenzwickeln der „Querschiff"arkaden tondoartige Ornamente auftauchen. Die Stilwahl leitet Dolmetsch damit einerseits aus dem gotischen Erscheinungsbild des Chores ab und trägt andererseits dem

Bautyp „quer orientierte Predigtkirche" Rechnung.

An eine Ausführung des Bauplans, die von Dolmetsch laut „Festschrift zur Einweihung der umgebauten evangelischen Kirche", S. 11 auf 95 000 Mark berechnet wird, kann vonseiten des Stiftungsrats nicht gedacht werden, da der Baufonds im Jahr 1886 nicht einmal 3000 Mark beträgt. So beschließt der Kirchengemeinderat am 23. Oktober 1891, einen Betsaal, dessen Kosten sich auf etwa 20 000 Mark belaufen würden, zu bauen und für diesen Zweck einen Bauplatz zu kaufen. Doch schon am 15. Dezember 1892 nimmt das Kollegium „die früheren Beschlüsse betreffs Erbauung eines Betsaals" zurück und beschließt, „die gegenwärtige Kirche unverändert stehen zu lassen und lieber in thunlichster Bälde auf dem angekauften Platz eine neue Kirche zu bauen", weil „in der ganzen Gemeinde eine tiefgehende Mißstimmung gegen den beabsichtigten Betsaalbau vorhanden" ist. Am 17. Februar 1896 kommt Dolmetsch „zur Beratung wegen des Kirchenbauplatzes" nach Böckingen. Es stellt sich heraus, dass der im Jahr 1892 angekaufte Bauplatz „viel zu nah bei der alten Kirche gelegen" ist, der Kauf eines anderen Platzes aber mindestens 10 000 Mark kosten würde. Aus diesem Grund beschließt der Kirchengemeinderat am 10. Mai 1896, „zunächst die Vergrößerung der alten Kirche noch einmal in Erwägung zu ziehen und einen Voranschlag ausarbeiten zu lassen". Bereits am 30. Juni 1896 berät das Kollegium über den von Dolmetsch vorgelegten „vorläufigen Überschlag über Vergrößerung der Kirche". Dieser sieht vor, „gegen Norden in der Richtung des Gottesackers ein Langschiff von 10 m und gegen Süden ein[en] chorartige[n] Anbau von 6 m" anzufügen. Die Kosten würden, „wenn der Turm beiseite gelassen wird", 65 000 Mark betragen, so dass der Beschluss gefasst wird, „Baurat Dolmetsch zu beauftragen, einen genaueren Plan mit Kostenberechnung […] ausfertigen zu lassen". Am 13. September 1896 liegt „der von Baurat Dolmetsch vorläufig ausgearbeitete Grundriß für Umbauung der Kirche dem Kirchengemeinderat zur Einsichtnahme" vor. Das Kollegium einigt sich dahin, „daß die alte Kirche umgebaut und vergrößert werden soll".

Nach einem neuerlichen Überschlag stellen sich die Baukosten jedoch höher

dar als zunächst von Dolmetsch in Aussicht gestellt, wie das Kirchengemeinderatsprotokoll vom 21. März 1897 mitteilt: Der Umbau der Kirche beliefe sich auf 70 000 Mark, der Aufbau des Turmes auf 23 500 Mark, „zusammen auf 93 500 Mark einschließlich der Architektenkosten". Die Zahl der Sitzplätze ist bei dem neuen Plan „nur wenig kleiner als bei dem früheren Plan, 1034 gegen 1064". Der „neue Plan [hat] den Vorteil, daß bei demselben die Zahl der weiblichen Sitzplätze in größerem Maß überwiegt als bei dem alten (alter Plan unten 596, Empore 468 Sitzplätze, neuer Plan unten 659, oben 375 Sitzplätze), was bei der leidigen Unkirchlichkeit der hiesigen Männerwelt in der That geeignet ist". In architektonischer Hinsicht wird dem neuen Plan zugute gehalten, dass „die Ansicht des Baus eine viel gefälligere [ist] als bei dem alten Plan". So wird beschlossen, „das Gesuch um Erlaubnis zum Umbau der hiesigen Kirche nach dem neuen Plan von Baurat Dolmetsch – kleinere als zweckmäßig sich ergebende etwaige Änderungen vorbehalten – dem Konsistorium und durch dieses der Kreisregierung vorzulegen".

In seiner Antwort vom 13. Mai 1897 äußert das Konsistorium seine Bedenken gegenüber der geplanten Erweiterung der Kirche, worauf sich eine lang anhaltende Diskussion um Für und Wider des Dolmetsch'schen Projekts ergibt. Gegen die Ausführung des vorliegenden Bauplanes spricht nach Ansicht der Kirchenbehörde „die Lage der jetzigen Kirche, sofern die von der Nähe des Rangierbahnhofs kommenden Störungen, auch wenn die Bahnverwaltung thunlichste Rücksicht nimmt, doch immer sich lästig geltend machen und wohl kaum ganz zu vermeiden sein werden". Zudem wird „eben diese Bahnnähe die Ausdehnung des Orts auf der betreffenden Seite der Kirche dauernd hindern und nach entfernteren Richtungen lenken". Das starke Wachsen der Bevölkerung und ihr „räumliche[s] Abrücken von der jetzigen Ortskirche" macht nach Auffassung des Konsistoriums „die Beschaffung eines zweiten Gottesdienstraums in nicht zu ferner Zeit nötig". In Anbetracht der beschränkten finanziellen Mittel der Gemeinde rät das Konsistorium zu dem Bau „einer nicht monumentalen, aber doch auf Jahrzehnte hinaus dem Bedürfnis genügenden und auch baulich würdigen Kirche" in der Art der Leonhardskirche in Reutlingen. In der Sitzung des Kirchengemeinderats am 3. Juni 1897 bringt der Dekan hingegen „starke Bedenken" gegen die Errichtung einer Fachwerkkirche vor. Diese richten sich vor allem gegen die „nach der Ansicht erfahrener Baumeister" zu erwartenden „unverhältnismäßig große[n] Reparaturkosten". Das Kollegium schließt sich den Einwänden des Dekans an und befürwortet die Erstellung eines Gutachtens, „ob es nicht möglich wäre, um denselben Preis, den der Umbau der Kirche kosten würde, oder vielleicht noch billiger eine zweite massive Kirche zu bauen".

Am 25. Juli 1897 erörtert der Kirchengemeinderat ein weiteres Mal die Bauplatzfrage und kommt zu dem Schluss, „an das Konsistorium die Bitte zu richten, zu der nach dem vorliegenden neuen Plan von Baurat Dolmetsch beabsichtigten Erweiterung der Kirche seine Zustimmung zu geben". Ausschlaggebend für dieses Ansinnen ist die Überlegung, dass die Kirche „doch immer wieder so ziemlich in der Mitte" bleibt, wenn „der Ort sowohl nach Norden als nach Süden sich ausdehnt", da „nun die Kirche auf der östlichen Langseite so ziemlich in der Mitte liegt". In Bezug auf die befürchteten Belästigungen durch den Rangierbahnhof will der Kirchengemeinderat der „Note der Generaldirektion der Staatseisenbahnen", bei der „Dienstbesorgung auf die Gottesdienste in der nahe gelegenen Kirche Rücksicht [zu] nehmen, soweit dies irgend ausführbar ist", Vertrauen schenken. In dem Gutachten des Vereins für christliche Kunst, das in seinem Wortlaut in dem Kirchengemeinderatsprotokoll vom 22. Oktober 1897 wiedergegeben ist, spricht sich Merz für die Ausführung des Dolmetsch'schen Plans aus, da „das Projekt sowohl nach seiner ganzen Anlage als nach seinen einzelnen Teilen als wohl durchdacht und zweckmäßig zu bezeichnen ist". Insbesondere hebt er den „Grundgedanke[n], soviel wie möglich vom vorhandenen Kirchengebäude zu benützen und das Vorhandene nach Art eines Querschiffs dem Neubau einzugliedern" als „nach Lage der Verhältnisse gewiß glücklich durchgeführt" hervor. Trotz „möglichster Sparsamkeit" ergibt sich nach Merz' Ansicht „immer noch ein würdiges Bild". Der Kirchengemeinderat spricht sich im Anschluss an die Bekanntgabe dieses Gutachtens ein weiteres Mal gegen die

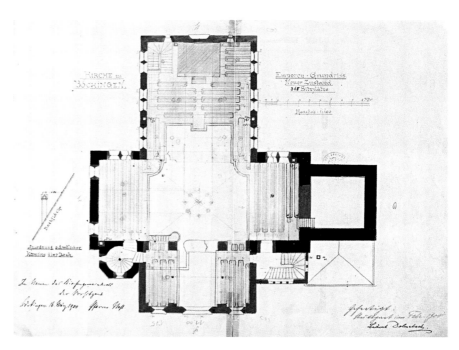

Abb. 235 Böckingen, ev. Kirche, Grundriss Empore, 1900. Lichtpause, koloriert, 41,7 cm × 32,9 cm.

Errichtung einer Fachwerkkirche aus, diesmal mit dem Hinweis auf den Bau eines Betsaals „ganz aus Stein" durch die Methodisten. Es wäre zu befürchten, dass ein Fachwerkbau sich gegenüber „der stattlicheren Methodistenkapelle gar zu kläglich ausnehmen" würde, dass er sogar „dem allgemeinen Gespött verfiele".

Am 29. November 1899 beschließt der Kirchengemeinderat endlich, „im Frühjahr 1900 [...] mit dem Kirchenbau zu beginnen, und zwar so, daß zugleich auch die Erhöhung des Turms gemäß dem Bauplan ausgeführt wird". Durch Erlass des Konsistoriums vom 8. September 1898 erfolgte die Genehmigung, „die Kirche in Böckingen nach den von Baurat Dolmetsch im Januar 1897 entworfenen Plänen und Kostenvoranschlägen mit einem Aufwand von 93 500 Mark einschließlich der Architektenkosten umzubauen". Inwieweit diese Pläne mit den im Februar 1900 gefertigten Zeichnungen inhaltlich übereinstimmen, kann nicht eruiert werden. Festzustellen ist lediglich, dass das Grundkonzept – Verwendung des alten Kirchenschiffs als Querschiff der neuen Kirche – bereits im Sommer 1896 fixiert worden war.

Gegenüber dem Plan aus dem Jahr 1886 erscheint das Projekt, das schließlich zur Ausführung gelangte, konventionell in dem Sinne, dass ein längs gerichteter Kirchenraum von einem Querschiff

durchstoßen wird (Abb. 235). Das Untergeschoss des ehemaligen Turmchores wird mit Bankreihen versehen und zusammen mit dem östlichen Querschiffflügel durch Rollläden vom Hauptschiff abtrennbar gemacht. Auf der Südseite wird ein neuer Chor angefügt, der allerdings nicht den Altar, sondern wiederum Bänke aufnimmt. Den Innenraum „überwölbt" Dolmetsch mit einer gesprengten Holzdecke, so dass dieser weitgehend stützenfrei bleibt. Lediglich unter den Emporen in den „Kreuzschiffarmen" finden sich hölzerne Stützen. Die Orgel findet ihre Aufstellung auf der nördlichen Empore gegenüber von Altar und Taufstein. Im Gegensatz zu dem Entwurf von 1886 strebt Dolmetsch nun keine streng achsensymmetrische Anordnung mehr an. So erhält auch der aus dem Jahr 1610 stammende Treppenturm in der Südwestecke zwischen Querschiff und Chor kein Pendant auf der Nordseite (Abb. 236). In den Winkel zwischen alter Sakristei und neuem Chor setzt Dolmetsch ein Treppenhaus, das die Südseite bewusst asymmetrisch gestaltet erscheinen lässt. Möglicherweise trägt dieser Umstand zu dem Eindruck bei, den der Kirchengemeinderat am 21. März 1897 als „viel gefälliger" beschrieb.

Der Bau wurde im Laufe der Jahre 1900/01 nach den im Februar 1900 ausgearbeiteten Plänen ausgeführt. Die Ein-

Abb. 236 Böckingen, ev. Kirche, Ansicht von Südwesten.

weihung konnte am 6. Oktober 1901 stattfinden. Die Baukosten betrugen entgegen dem ursprünglichen Kostenvoranschlag rund 130 000 Mark. Nach Aussage der „Festschrift zur Einweihung der umgebauten evangelischen Kirche", S. 13 ist die Ursache hierfür „wenigstens zum Teil" in der „Anschaffung neuer Glocken, einer neuen Uhr, sowie [der] Einrichtung der Gasbeleuchtung" zu suchen, die in dem Voranschlag nicht vorgesehen war. Die „Festschrift", S. 14 würdigt die neu erstellte Kirche „mit ihrem stattlichen Turm und mit ihrem in der Sonne weithin leuchtenden Dach" als „ansprechend" und „anheimelnd". Besonders wird hervorgehoben, dass „die einfachen gotischen Formen an Thüren, Fenstern, Brüstungen, Kanzel, Altar und Orgel aufs Beste zusammenstimmen".

Das Innere der Böckinger Kirche wurde in den Jahren 1959/60 so weit umgestaltet, dass zwar die Einbauten wie Bän-ke, Decke und Emporenbrüstungen erhalten blieben, aber die Malereien übertüncht und die Zierelemente entfernt wurden. Im Jahr 1988 wurde die graublaue Fassung der Decke durch eine Farbigkeit ersetzt, die den noch vorhandenen Holzeinbauten Rechnung trägt. Der Fußboden erhielt wieder einen Fliesenbelag, der sich in seiner Aufteilung an dem Vorbild des Jahres 1901 orientiert.

Quellen: KPf Böckingen, „PfGR-Protokolle 1877–1889". KPf Böckingen, „KGR-Protokolle 1889–1902". KPf Böckingen, „Rechnungs-Beilagen Nr. 1-316". KPf Böckingen, Mappe mit 11 Tuschepläne „Kirche zu Böckingen. Umbauprojekt", mit Stempel „H. Dolmetsch. Bauinspector. Stuttgart" versehen, sowie 1 „Situationsplan zum Umbau der Kirche", datiert und signiert „Gefertigt Böckingen, 19. März 1900. Geometer Braun" und 6 Lichtauspläne, koloriert, sämtlich datiert und signiert „Gefertigt

Stuttgart, im Februar 1900. Baurat Dolmetsch". BRamt Heilbronn, Kirchsteige 10, „Bausache der Kirchengemeinde Böckingen wegen Vergrößerung der Kirche" (inliegend 7 Lichtauspläne, zum Teil koloriert, sämtlich datiert und signiert „Gefertigt Stuttgart, im Februar 1900. Baurat Dolmetsch", mit den Plänen in KPf Böckingen identisch, darüber hinaus 1 „Nördl. Ansicht" vorhanden, außerdem 1 Situationsplan, ebenfalls mit demjenigen in KPf Böckingen identisch).

Literatur: Dolmetsch 1900, S. 4. Land Baden-Württemberg, Bd. 4, S. 16. DBZ 42, 1908, Nr. 63, S. 432. [Hermann] Nast, Festschrift zur Einweihung der umgebauten evang[elischen] Kirche in Böckingen den 6. Oktober 1901, Heilbronn 1901. Julius Fekete, Kunst- und Kulturdenkmale in Stadt- und Landkreis Heilbronn, Stuttgart, 1991, S. 64. Manfred Tripps, Die evangelische Stadtkirche St. Pankratius zu Böckingen, Halle/Saale 2001, S. 20–22. Landesamt für Denkmalpflege Baden-Württemberg (Hrsg.), Denkmaltopographie Baden-Württemberg. Stadtkreis Heilbronn (Bd. I.5), Esslingen/Stuttgart 2007, S. 167–169.

Heimerdingen *siehe Ditzingen*

Herrenalb *siehe Bad Herrenalb*

Heumaden *siehe Stuttgart*

Hohenmemmingen *siehe Giengen/Brenz*

Hohenstein *siehe Bönnigheim*

Hossingen *siehe Meßstetten*

Illingen, ev. Pfarrkirche (St. Cyriakus)
Enzkreis, ehemals OA Maulbronn

Die einschiffige Chorturmkirche mit der netzgewölbten Chornische wurde in den Jahren um 1488 (i) errichtet. Bereits für das Jahr 774 ist für Illingen die Existenz einer „basilica" überliefert. Dieses Datum findet sich in einer Schenkungsurkunde der Klosters Lorsch.

In der Pfarrbeschreibung aus dem Jahr 1905 heißt es, dass „das Schiff der Kirche früher von einer flachen, von 2 geschnitzten, auf steinernen gothischen Basen stehenden Holzpfeilern gestützten Balkendecke überspannt" war. Einer

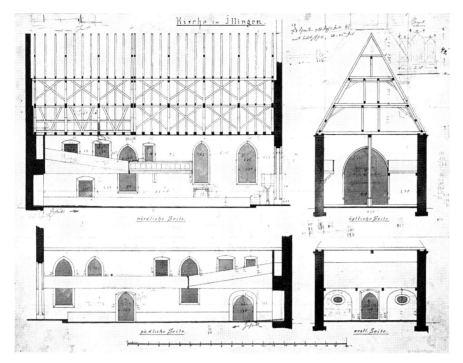

Abb. 237 Illingen, ev. Kirche, Längs- und Querschnitte, vor 1884 (Bestand). Tusche, aquarelliert auf Papier, 42,7 cm x 33,1 cm.

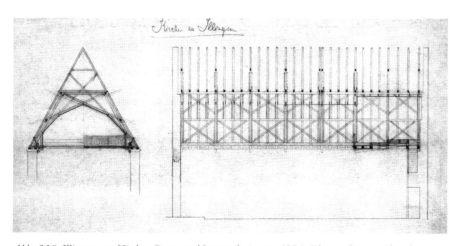

Abb. 238 Illingen, ev. Kirche, Quer- und Längsschnitt, ca. 1884, Blei- und Buntstift auf Papier, 43,0 cm x 22,3 cm.

dieser beiden Holzpfeiler ist auf dem Querschnitt, den Oberamtsbaumeister Pfaefflin vor dem 1884 erfolgten Umbau angefertigt hat, zu sehen (Abb. 237). Er steht nahezu mittig vor dem Chorbogen, und es ist anzunehmen, dass er für die Gottesdienstbesucher außerordentlich störend gewirkt haben mag. Eine undatierte und unsignierte Bleistiftzeichnung aus dem Nachlass von Dolmetsch zeigt einen Dachstuhl mit einer mehrfach gebrochenen Holzdecke (Abb. 238). Genau diese gesprengte Decke führt eine alte Fotografie der Illinger Kirche aus der Zeit vor der neuerlichen Restaurierung im

Jahr 1970 vor Augen (Abb. 239). Der Pfarrbericht des Jahres 1885 beschreibt den durch die Fotografie dokumentierten Zustand folgendermaßen: „Das Kirchengebäude hat im letzten Jahr durch Beseitigung des Kirchenbodens und Herstellung einer Bogenverschalung, sowie durch Versetzung der neuerdings reparaturbedürftigen Orgel aus dem Chor auf die gegenüberliegende zweite Empore eine erhebliche Verschönerung erfahren." Auch in der handschriftlichen „Chronik der Gemeinde Illingen", die 1912 von Pfarrer Rieckert begonnen wurde, wird auf diese Maßnahme Bezug genommen,

ohne dass jedoch der Name des leitenden Architekten genannt würde. Die Übereinstimmung der alten Ansicht vom Innenraum der Kirche mit der überlieferten Zeichnung sowie ein Eintrag im Haushaltsbuch vom 7. Juli 1886 lassen den eindeutigen Schluss zu, dass die besagte Restaurierung des Jahres 1884 unter der Ägide von Dolmetsch stattgefunden hat.

Die am 6. August 1883 vom Konsistorium mit einem Aufwand von 5000 Mark genehmigte „Erneuerung" der Kirche wird in dem Pfarrbericht des Jahres 1887 heftig kritisiert: „Die Gemeinde hat eine bedeutende Summe auf die Restauration der Kirche verwendet; leider hat die Erhöhung des Kirchenraums in akustischer Hinsicht sehr ungünstig gewirkt. Auch wurde in Folge einer fast unbegreiflichen Nachlässigkeit des Oberamtsbaumeisters zwischen dem hübsch ausgeführten hölzernen Plafond und dem Ziegeldach gar kein Raum gelassen, so daß man dem Dach von innen gar nicht beikommen kann. Die Folge ist, daß es auf die Frauenstühle herunterregnet." Diese Tatsache ist nur aus dem Umstand heraus zu erklären, dass Dolmetsch zwar die Entwürfe geliefert hat, der Oberamtsbaumeister aber die Bauleitung innegehabt hat.

Im Jahr 1906 trägt sich der Kirchengemeinderat mit dem Gedanken an eine „Durchführung der restlichen Arbeiten des Generalplans, der seinerzeit angefertigt wurde", wie dem Kirchengemeinderatsprotokoll vom 7. Mai 1906 zu entnehmen ist. Es steht zu vermuten, dass Dolmetsch als der Urheber dieses hier erwähnten „Generalplans" angesehen werden muss, doch liegen weder Zeichnungen noch Erläuterungsschreiben zu einem solchen vor. Am 5. Dezember 1906 verhandelt nämlich das Kollegium über die Frage, ob die Freitreppe an der südwestlichen Ecke der Kirche gemäß den „Dolmetsch'en Rissen" entfernt werden solle. Es wird der Entschluss gefasst, die Freitreppe beizubehalten, „da man an die verschiedenen Eventualitäten zu denken habe, bei denen es ratsam sei, rasch aus der Kirche ins Freie zu kommen". Nach dem Beschluss des Kirchengemeinderats vom 7. Mai 1906 wird die Emporkirche (Gestühl und Boden) im Laufe des folgenden Jahres erneuert – aus finanziellen Gründen hatte sich das Kollegium für eine vorläufige Beschränkung auf diese Maßnahme ausgesprochen –

Abb. 239 Illingen, ev. Kirche, Innenansicht nach Westen, nach 1884.

und am 17. Mai 1907 der Nachteil dieser Veränderung festgestellt: Der Geistliche sei „nicht mehr überall in der Kirche" zu sehen und „auch zum Teil nicht mehr so gut" zu verstehen. So wird darüber beraten, ob ein Höhersetzen der bestehenden Kanzel ausreichen würde, oder ob „man besser daran täte, sie jetzt gleich an den von Oberbaurat Dolmetsch für dieselbe vorgesehenen Platz" zu stellen. Angesichts dieses Problems wird auch über die Frage diskutiert, ob das „Projekt des Oberbaurats" anzunehmen sei, „direkt von der Sakristei aus mittelst des Durchbruchs der die Sakristei vom Innern der Kirche trennenden Zwischenwand" einen Aufstieg zur Kanzel zu schaffen. Der Kirchengemeinderat stimmt diesem Vorschlag zu, will aber die alte Kanzel – wieder aus Kostengründen – beibehalten.

Da keine Rechnungsbeilagen mehr existieren, ist nur schwer zu entscheiden, ob die in den Jahren 1906 und 1907 ausgeführten Arbeiten als unter der Leitung Dolmetschs entstanden einzustufen sind. Da der Kirchengemeinderat aber nach eigenem Bekunden stets den „Generalplan" vor Augen hat, so muss schließlich Dolmetsch als der „geistige Vater" der Restaurierungsmaßnahmen angesehen werden. Die Entfernung der Außentreppe wurde laut Kirchengemeinderatsbeschluss vom 5. Dezember 1906 allerdings abgelehnt, so dass diese Maßnahme wahrscheinlich einer späteren Zeit zugeschrieben werden muss.

Im Zuge der im Jahr 1970 durchgeführten Restaurierung der Kirche wurden die obere Westempore und die beiden Seitenemporen entfernt. Die gesprengte Decke wurde den Blicken der Gottesdienstbesucher entzogen, indem eine Zwischendecke eingezogen wurde. Außerdem wurden Kanzel, Altar und Taufstein erneuert.

Quellen: LKA, A 29, 2186-2 (Pfarrbeschreibung von 1905) und A 29, 2186-11 (Pfarrbericht von 1885). PfarrA Illingen, „Chronik der Gemeinde Illingen". PfarrA Illingen, „PfGR-Protokolle 1861–1889". PfarrA Illingen, „KGR-Protokolle 1906–1921". HH-Buch vom 7. 7. 1886. TUM, Nachlass Heinrich Dolmetsch, Signatur 16.1, 16.2, 16.3, 16.4, 4 Bleistiftpläne, undatiert, ein Blatt signiert „Bauinsp. Dolmetsch"; Signatur 16.5, 1 Tuscheplan, undatiert, mit Stempel versehen „Pfaefflin. Oberamtsbaumeister. Maulbronn".

Literatur: Dolmetsch 1900, S. 2. W[erner] Klatte, Kirchenrenovierung in Illingen, in: Bauzeitung für Württemberg, Baden, Hessen, Elsaß-Lothringen 4, 1907, Nr. 28, S. 221. Ev. Kirchengemeinde Illingen (Hrsg.), Festschrift. 500 Jahre Cyriakuskirche Illingen 1488–1988, o. O. 1988, S. 15. Hermann Diruf/Christoph Timm, Kunst- und Kulturdenkmale in Pforzheim und im Enzkreis, Stuttgart 1991, S. 145.

Kernen/Remstal-Rommelshausen, ev. Pfarrkirche (St. Mauritius)
Gemeinde Kernen/Remstal, Rems-Murr-Kreis, ehemals OA Cannstatt

Der Neubau des Kirchenschiffs erfolgte in den Jahren 1843/44, wobei der aus dem 14. Jahrhundert stammende Turmchor in eine Sakristei umgewandelt wurde. Schahl, S. 425 bezweifelt die von Walter, S. 229 postulierte Urheberschaft des Stuttgarter Hofbaumeisters Ludwig Friedrich von Gaab in Bezug auf die Baupläne des Kirchenneubaus in Rommelshausen und führt stattdessen Stadtbaumeister Föhr als Verfasser der Pläne an.

Laut Vorbemerkung zu der Kirchenpflegrechnung für die Jahre 1901 bis 1904 beschließt der Kirchengemeinderat am 24. April 1903, „eine neue Heizeinrichtung und ein Oberlicht für die Kanzel und für Erhellung des Kanzelzugangs herzustellen und den Oberbaurat Dolmetsch in Stuttgart mit Fertigung des Bauplans und Kostenvoranschlags zu betrauen". Nach dem von Dolmetsch gefertigten Voranschlag sollen sich die Kosten für die vorzunehmenden Arbeiten auf rund 2000 Mark belaufen, doch betragen sie schließlich nur 1450 Mark. Wie die Pfarrbeschreibung von 1905 ausführt, führt Dolmetsch einen „Lichtschacht" durch das südliche Kirchendach, der 1954 allerdings wieder beseitigt wird. Die beiden von Dolmetsch angelegten Spitz-

249

bogenfenster in der südlichen Hochwand des östlichen Mittelschiffjochs wurden gleichfalls wieder geschlossen. Dolmetsch lässt 1903 außerdem „an der südlichen und nördlichen äußeren Umfassungswand je ein[en] Kamin errichte[n]", so dass sich „der Rauchabzug sowie die ganze Heizung ohne Anstand vollzieht", wie die Pfarrbeschreibung bemerkt.

Der Pfarrbericht von 1906 führt aus, dass „die schon in der vorigen Berichtszeit geplante durchgängige Neubemalung der Kirche nebst Orgelreparatur im Lauf des gegenwärtigen Jahres vorgenommen werden" soll. In einer Randbemerkung wird jedoch darauf hingewiesen, dass „wegen unerwartet hohen Kostenvoranschlags (von Oberbaurat Dolmetsch)" die Ausführung dieser Arbeiten „wieder vertagt" wurde. Zugleich wird noch bemerkt, dass die Orgelreparatur, „die erst nach der Neubemalung vorgenommen werden kann, dringender" sei. Laut Vorbemerkung zu der Kirchenpflegrechnung für die Jahre 1907 bis 1909 fasst der Kirchengemeinderat am 6. Mai 1908 den Beschluss, „im Innern der Kirche und am Turm Verbesserungen nach den Vorschlägen des Oberbaurat Dolmetsch in Stuttgart und der Orgelfirma Link in Giengen a/Br vornehmen zu lassen". Die Kostenberechnung verzeichnet die Summe von 5200 Mark. Die Ausmalung der Kirche wird im Lauf des Sommers 1908 laut Abschlagszahlungsanweisung vom 31. Oktober desselben Jahres von Eugen Wörnle ausgeführt.

Am 28. August 1908 beschließt der Kirchengemeinderat darüber hinaus, „auch den Turmhelm, einschließlich des Turmknopfs und des Turmhahns nach den Vorschlägen der Baufirma Th. Dolmetsch und F. Schuster in Stuttgart zu renovieren". Daraufhin wird der Turmhahn vergoldet, die Blitzableitung am Turm erneuert und der Turm neu vergipst. Die Kosten für die im Jahr 1908 vorgenommenen Arbeiten – einschließlich der Orgelreparatur – betragen laut Kostenzusammenstellung vom 14. Dezember 1908 rund 6000 Mark. Von der noch nach „Vorschlägen" Dolmetschs vorgenommenen Ausmalung der Kirche und den übrigen von seinem Sohn und dessen Partner zu Ende geführten Arbeiten – etwa dem Einbau eines Windfangs an das westliche Hauptportal – haben sich keine Spuren am Bau erhalten.

Quellen: LKA, A 29, 3829-20 (Pfarr-

bericht von 1906) und A 29, 3839-21 (Pfarrbericht von 1910). PfarrA Rommelshausen, „Kirchenpflegrechnung pro 1901/04". PfarrA Rommelshausen, „Kirchenpflegrechnung pro 1907/09".
Literatur: Schahl 1983, Bd. 1, S. 425. Heinz Erich Walter (Hrsg.), Das Ortsbuch von Rommelshausen im Remstal, Ludwigsburg 1973, S. 230. Jürgen Hepperle, Die Evangelische Mauritius-Kirche zu Kernen-Rommelshausen, o. O., o. J. [1994], S. 6.

Kernen/Remstal-Stetten, ev. Pfarrkirche (St. Maria, St. Veit)
Gemeinde Kernen/Remstal, Rems-Murr-Kreis, ehemals OA Cannstatt

Das Schiff der Pfarrkirche ist ein Neubau des Jahres 1698; ein Teil der nördlichen Langhauswand des Vorgängerbaus wurde in die Erweiterung einbezogen. Auch der Turm – 1471 (i) – an der westlichen Schmalseite der Kirche wurde beim Umbau übernommen. 1828 wurde das hohe Zeltdach durch ein flaches Pyramidendach und ein zusätzliches Geschoss mit klassizistischen Bogenöffnungen ersetzt.

Der Pfarrbericht des Jahres 1882 teilt mit, dass „eine Renovation der Kirche notwendig" sei, verschweigt aber jegliche Einzelheiten in Bezug auf die etwaigen baulichen Mängel. Die Randbemerkung des darauffolgenden Pfarrberichts gibt immerhin zwei Details kund: „Holzwerk und Anstrich in der Kirche [sind] der Restauration sehr bedürftig". Die Kir-

chengemeinde nimmt Kontakt zum Verein für christliche Kunst auf, der einen Techniker in der Angelegenheit der Kirchenrestaurierung nach Stetten entsendet. Am 16. Mai 1884 übergibt Dolmetsch dem Gemeinschaftlichen Amt eine von ihm entworfene Farbenskizze und den entsprechenden „Gesammt-Kostenvoranschlag", der sich laut Auskunft des Pfarrberichts von 1884 auf die Summe von 2500 Mark beläuft. In seinem Begleitschreiben empfiehlt Dolmetsch der Gemeinde den „Zimmermaler" Eugen Wörnle für die Ausführung der Malerarbeit, da „Maler auf dem Lande in der Regel solchen Arbeiten nicht gewachsen" seien. Trotz dieser Intervention führt schließlich ein ortsansässiger Unternehmer die fragliche Arbeit aus, wie in einer Beilage zur Pfarrbeschreibung von 1905 festgehalten wird. Die Randbemerkung des Pfarrberichts von 1886 charakterisiert das gelb-braune Tapetenmuster im unteren Wandbereich und die grünen Eichenblätter im oberen Teil als „geschmackvoll" und „stilgemäß" (Abb. 240).

Die erwähnte Beilage zur Pfarrbeschreibung von 1905 teilt weiterhin Folgendes mit: „Der Plafond, die Wandungen sowie die Brüstungen an Emporen sind durchaus bemalt, die Kirchenstühle durch Anstreichen und Anderes in ordentlichen Stand gesetzt, das Thumb'sche Epitaphium mit einem neuen Rahmen nach dem Muster des bisherigen versehen worden. An der Kanzel sowie am Tauf-

Abb. 240 Stetten, ev. Kirche, Innenansicht nach Süden, nach 1884.

stein und Altar ist die dick aufgetragene Tünche, welche die Skulpturen fast gänzlich zudeckte, entfernt und letztere angemessen bemalt [worden]. Der Altar aber mit einem schmiedeisernen, reich verzierten Geländer versehen und das hohe Kruzifix, welches bisher zwischen Altar und Kanzel stand, an die Wand gebracht worden. Auch die Sakristei ist in entsprechender Weise gemalt worden." Darüber hinaus sind zwei Öfen in der Kirche aufgestellt worden, die das Innere „genügend erwärmen".

Sämtliche im Jahr 1884 durchgeführten Arbeiten kamen letztlich auf 3500 Mark zu stehen und lagen damit um ein Erhebliches höher als ursprünglich veranschlagt. Schon 1951 wurde die Schablonenmalerei von 1884 überstrichen, doch 1985 wurde von der Dolmetsch-Fassung ein kleines Stück in der südwestlichen Ecke des Innenraums freigelegt (vgl. Abb. 142).

Quellen: LKA, A 29, 4323-2 (Pfarrbeschreibung von 1905), A 29, 4323-9 (Pfarrbericht von 1882), A 29, 4323-10 (Pfarrbericht von 1884) und A 29, 4323-11 (Pfarrbericht von 1886). PfarrA Stetten, Nr. 102.1 (Pfarrbeschreibungen von 1829 und von 1905). PfarrA Stetten, Nr. 105.3 (Bausachen Kirche 1883–1965). PfarrA Stetten, Nr. 106.4 (Erneuerung der Heizung in der Kirche 1884–1961).

Literatur: Schahl 1983, Bd. 1, S. 441. Andreas Stiene/Karl Wilhelm, Alte Steine – Neues Leben. Geschichte und Geschichten der Evangelischen Dorfkirche in Stetten im Remstal (hrsg. von der Ev. Kirchengemeinde Stetten im Remstal), o. O. 1998, S. 64.

Kirchberg/Murr, ev. Pfarrkirche (St. Lukas)
Rems-Murr-Kreis, ehemals OA Marbach

Der Turm der alten Chorturmkirche erwies sich im 18. Jahrhundert als baufällig, so dass 1779 (i) ein neuer Turm unter gleichzeitiger Verlängerung des Schiffs nach Osten aufgeführt wurde. Ebenfalls 1779 wurde die Sakristei auf der Südseite des Schiffs neu erbaut.

Bei dem Umbau der Kirche Ende des 18. Jahrhunderts wurde die Decke des östlichen Schiffteils gegenüber dem westlichen erhöht, so dass die Orgel auf der Empore vor dem Turm Platz finden konnte (Abb. 241). Der Altarbereich wurde gleichfalls um eine Stufe erhöht,

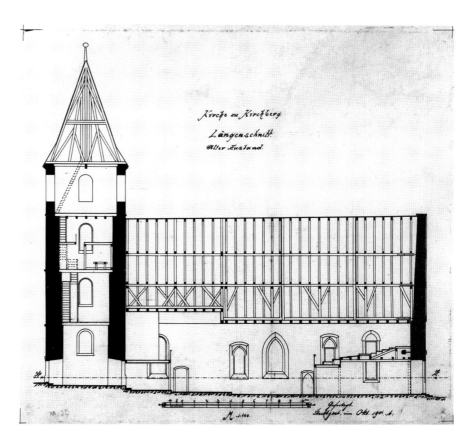

Abb. 241 Kirchberg/Murr, ev. Kirche, Längsschnitt, 1901 (Bestand). Tusche auf Transparent, 37,2 cm x 34,1 cm.

unterhalb der Orgelempore nochmals um zwei Stufen. Der Altar wurde in der Nähe der Kanzel aufgestellt, die sich an der südlichen Schiffswand befand (Abb. 242). Die Emporen an der Nord- und Westseite des Schiffs wurden beibehalten. Von Norden führten drei Zugänge unmittelbar auf die Empore, von Süden lediglich einer. Die Nordseite der Kirche, die etwa zu einem Drittel im Boden steckte, wies außer den drei Türen nur noch drei kleine Fensteröffnungen auf, die unregelmäßig über die Wandfläche verteilt waren. Die Fensteröffnungen der Südseite waren zwar größer als diejenigen der Nordseite, aber ebenso unregelmäßig angeordnet.

Der Umbauplan, den Dolmetsch im Oktober 1901 fertigt, zielt auf eine Umorientierung der Kirche ab: Kanzel, Altar und Taufstein sollen an der Mitte der südlichen Längswand aufgestellt werden, die Orgel in einem querhausartigen Anbau gegenüber der Kanzel (Abb. 243). Gegenüber diesem Annexbau soll die Sakristei neu erstellt werden, von der aus der Aufgang auf die Kanzel erfolgen kann. Auf der Nordseite des Schiffs wird das Terrain so weit abgegraben, dass vier große Spitzbogenfenster angelegt werden

können (vgl. Abb. 20). Dementsprechend sollen auch auf der Südseite vier Fensteröffnungen eingebrochen werden, die sich symmetrisch um den Sakristeianbau gruppieren. Sowohl das neue Querhaus, das die Orgel aufnimmt, als auch die Westfassade sollen mit einem Rosettenfenster versehen werden. Sämtliche Emporenaufgänge werden vom Äußeren in das Innere der Kirche verlegt: Da die Empore auf der Nordseite wegfällt, sind zwei Treppen notwendig, von denen die eine an der Westwand angefügt und die andere im Turm eingebaut werden soll. Die Decke des Schiffs soll in den Dachraum gesprengt werden, wie es offensichtlich – den Putzspuren an der westlichen Giebelwand nach zu schließen – vor dem Umbau 1779 schon einmal der Fall gewesen war.

Dolmetsch sucht mit den beschriebenen Maßnahmen dem „herabgekommenen und unwürdigen Zustand" der Kirche, „welche seit undenklichen Zeiten keiner Renovation unterzogen worden ist", abzuhelfen, wie es in dem Kirchengemeinderatsprotokoll vom 25. April 1904 heißt. Bereits 1863 trug sich die Kirchengemeinde mit dem Gedanken an

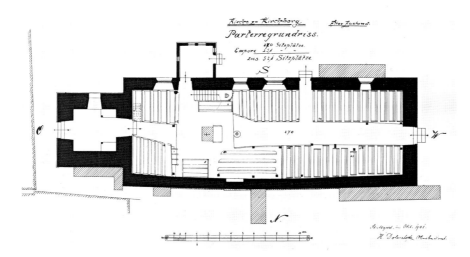

Abb. 242 Kirchberg/Murr, ev. Kirche, Grundriss Parterre, 1901 (Bestand). Tusche auf Papier, 43,1 cm x 20,7 cm.

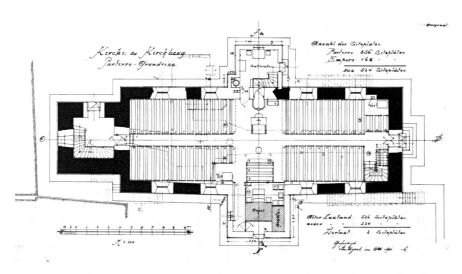

Abb. 243 Kirchberg/Murr, ev. Kirche, Grundriss Parterre, 1901 (unausgeführt). Tusche auf Transparent, 43,0 cm x 22,4 cm.

eine Restaurierung der Kirche. Obwohl drei Pläne unterschiedlichen Umfangs vorgelegt wurden, versagte das Konsistorium seine Genehmigung. Auch der von Dolmetsch 1901 ausgearbeitete Plan konnte nicht zur Ausführung gelangen, weil die Oberkirchenbehörde von der Gemeinde den Bau eines neuen Schulhauses verlangte und die zeitgleiche Realisierung zweier umfangreicher Projekte aus finanziellen Gründen unmöglich erschien, wie dem Kirchengemeinderatsprotokoll vom 24. April 1903 zu entnehmen ist.

Im April 1904 legt Dolmetsch ein weiteres Projekt vor, das das Prinzip der Querorientierung der Kirche beibehält, aber – vermutlich aus Kostengründen – auf den Anbau eines Querhauses für die

Aufstellung der Orgel verzichtet (Abb. 244). Die Orgel soll auf ihrem angestammten Platz auf der vor dem Turm befindlichen Empore stehen. Um dem Instrument mehr Raum zu verschaffen, soll wie im vorangegangenen Projekt die Decke des Schiffs in den Dachraum gesprengt werden. Der Neubau der Sakristei auf der Südseite des Schiffs soll gleichfalls unterbleiben, jedoch soll die bestehende Sakristei von 1779 abgebrochen und die Tür in der südlichen Längswand zugemauert werden. Obgleich die überlieferten Pläne zu dieser Frage keine Aussage machen, steht doch zu vermuten, dass die Sakristei im Erdgeschoss des Turms eingerichtet werden soll. Der Treppenaufgang, der in dem Projekt von 1901 dort eingebaut werden sollte, ist

nun entbehrlich, da die östliche Empore über die nördliche zugänglich ist. Die Empore auf der nördlichen Längsseite des Schiffs soll vermutlich für die Sitzplatzreduzierung im Parterre einen Ausgleich schaffen. Die Neuanlage der Fenster auf der südlichen Längsseite des Schiffs soll nicht mehr erfolgen. In einer Entwurfsvariante verzichtet Dolmetsch auf die Aufsprengung der Decke und beschränkt sich darauf, die Flachdecke im Schiff auf ein einheitliches Niveau anzuheben.

Wie dem Kirchengemeinderatsprotokoll vom 25. April 1904 zu entnehmen ist, beläuft sich der Kostenvoranschlag für dieses Projekt auf 28 500 Mark. Ohne Ausführung der gesprengten Decke und mit Beschränkung auf eine teilweise Anhebung der Decke belaufen sich die Kosten auf 23 800 Mark. Da die Gemeinde nur mit Hilfe einer Landeskirchenkollekte in der Lage ist, die Mittel für die Restaurierung ihres Gotteshauses aufzubringen, sind die Möglichkeiten so beschränkt, dass schließlich der Plan ohne Aufsprengung der Decke zur Ausführung kommt. Auch die übrigen Maßnahmen werden entsprechend Dolmetschs Plänen vollzogen: Kanzel, Altar und Taufstein werden axial zueinander in der Mitte der Südwand angeordnet (vgl. Abb. 131). Das Gestühl wird neu erstellt, ebenso die Emporen, die sich an der West-, Nord- und Ostwand des Schiffs entlangziehen. Lediglich eine Emporenstütze wird vom alten Bestand übernommen. Die Flachdecke wird im westlichen Teil des Schiffs auf die Höhe des östlichen Teils gebracht. Die Fenster auf der Süd- und Westseite des Schiffs werden in ihrer seitherigen Form beibehalten, lediglich auf der Nordseite wird der Boden abgegraben und vier große, segmentbogenförmig schließende Fenster eingebrochen. Sämtliche Eingangstüren und der Fußboden im Inneren werden neu gefertigt. Die Arbeiten werden innerhalb eines halben Jahres durchgeführt, so dass die Einweihung der restaurierten Kirche am 29. Oktober 1905 stattfinden kann.

1961 wurde eine erneute Restaurierung der Kirche vorgenommen, bei der die Prinzipalstücke erhalten blieben, aber die Emporen mit neuen Brüstungen versehen wurden. 1962 folgte eine Außenerneuerung mit einer Überarbeitung der Hausteinteile.

Quellen: PfarrA Kirchberg/Murr, Mappe „Kirchenbau 1905", darin u. a. ein un-

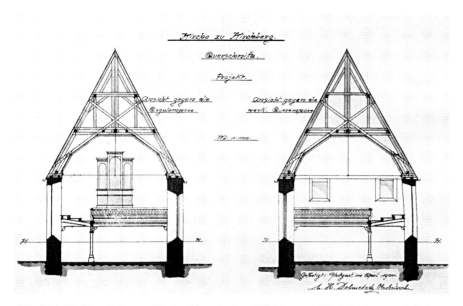

Abb. 244 Kirchberg/Murr, ev. Kirche, Querschnitte, 1904 (unausgeführt). Lichtpause, koloriert, 32,4 cm x 20,9 cm.

datierter Bericht über die Pläne von 1863. PfarrA Kirchberg/Murr, „PfGR-Protokolle 1871–1902/KGR-Protokolle 1902–1908". TUM, Nachlass Heinrich Dolmetsch, Signatur 67.1, 67.2, 67.3, 67.4, 67.5, 67.6, 67.7, 67.8, 67.9, 67.10, 67.11, 67.12, 12 Tuschepläne „Alter Zustand", überwiegend datiert „Gefertigt: Stuttgart, im Okt. 1901", teilweise si-gniert „H. Dolmetsch, Oberbaurat"; Signatur 67.13, 67.14, 67.15, 67.16, 67.17, 67.18, 67.19, 67.20, 8 Tuschepläne „Projekt" mit querhausartigen Anbauten, datiert „Gefertigt: Stuttgart, im Okt. 1901", unsigniert; Signatur 67.21, 67.22, 67.23, 67.24, 67.25, 67.26, 67.27, 67.28, 67.29, 67.30, 10 Tuschepläne „Projekt" unter Verzicht auf die querhausartigen Anbauten und unter Beibehaltung der unregelmäßigen Fensterformate, teilweise mit Aufsprengung der Schiffdecke, teilweise mit Anhebung der Schiffdecke im westlichen Teil, teilweise datiert „Gefertigt: Stuttgart, im April 1904", teilweise unsigniert, teilweise signiert „H. Dolmetsch, Oberbaurat"; Signatur 67.31, 67.32, 67.33, 67.34, 67.35, Skizzen zur Umgestaltung der Westfassade und zur Gestaltung der Portale, undatiert und unsigniert.
Literatur: Schahl 1983, Bd. 1, S. 489. Dehio 1993, S. 420. Helmut Sorg, Streiflichter aus der Geschichte von Kirchberg an der Murr, Remshalden-Buoch 1993, S. 50–54.

Kirchheim/Teck, ev. Stadtkirche (St. Martin)
Kreis Esslingen, ehemals Oberamtsstadt (Donaukreis)

Das Erbauungsdatum der dreischiffigen Staffelhalle ist unbekannt, möglicherweise bezieht sich die für das Jahr 1408 überlieferte Altarweihe auf den Neubau der Martinskirche. Vom Vorgängerbau ist der mächtige Westturm in die Anlage einbezogen worden. 1690 brannte die Kirche während des großen Stadtbrandes aus.

Eine erste umfangreiche Restaurierung nimmt Christian Friedrich Leins zwischen 1868 und 1877 vor. Seine Maßnahmen beinhalten vor allem die Vereinheitlichung sämtlicher Fenster- und Türöffnungen des Langhauses, lediglich das Portal auf der Südseite bleibt unberührt. Die Chorfenster hingegen werden nicht verändert, nur die Gewände lässt er überarbeiten. Die dicken Mauern des Turms werden durchbrochen und ein Westportal eingefügt. Dieser neu geschaffene Zugang bringt es mit sich, dass die Gestühlanordnung völlig neu gestaltet wird. Die nach dem Brand eingezogene Flachdecke behält Leins bei.

Das Kirchengemeinderatsprotokoll vom 1. Oktober 1891 teilt die Ergebnisse einer von Dolmetsch durchgeführten Untersuchung der Kirche mit: Für „dringend notwendig [hält er] eine neue Bestuhlung der Frauenstühle, da dieselben morsch, angefressen und feucht sind. Zu-

gleich ist aber die Construktion der Emporen so unzweckmäßig und ungesund, daß ihre gründliche Erneuerung not thut". Da das vorhandene Geld für eine vollständige Erneuerung der Stuhlung im Parterre und auf der Empore nicht ausreicht, beschließt der Kirchengemeinderat, Dolmetschs Vorschlag zu folgen und zunächst nur die Stuhlung auf der Südseite der Kirche – sowohl oben als auch unten – herstellen zu lassen.

Aus welchen Gründen erst am 9. Mai 1893 wieder über dieses Thema verhandelt wird, lässt sich anhand der Protokolle nicht nachvollziehen. Jedenfalls beschließt das Kollegium, nicht Dolmetsch, sondern Oberamtsbaumeister Schönig den Auftrag zu erteilen, einen Kostenvoranschlag für die Neubestuhlung auszuarbeiten, denn Dolmetsch habe nicht die gewünschte Vermehrung der Sitzplätze angestrebt, stattdessen eine Verminderung derselben vorgeschlagen. Die Kostenberechnung des Oberamtsbaumeisters, die sich auf 22 100 Mark beläuft, wird in der Sitzung am 23. August 1893 besprochen. Da die Mittel für die geplante neue Stuhlung nicht aufgebracht werden können, wird der Beschluss gefasst, die „Reparatur" aufzuschieben. In der Verhandlung am 8. Oktober 1895 wird die Befürchtung geäußert, dass, „wenn man einmal anfange, einzureißen, bei dem alten Bau noch manches hinzukommen werde, auf das man bis jetzt gar nicht gerechnet habe". Abermals wird ein Aufschub der Bauarbeiten beschlossen. Auch die Frage, ob man die Bestuhlung mit zwei oder mit drei Bankreihen ausführen wolle, wird „vorläufig" unentschieden gelassen.

Am 8. Oktober 1896 berät der Kirchengemeinderat wiederum über das Thema der Kirchenrestaurierung. Obwohl sich der von Oberamtsbaumeister Schönig vorgelegte Kostenvoranschlag noch einmal um 4000 Mark erhöht hat, beschließt das Kollegium, seinen Plan zur Ausführung kommen zu lassen. Erst ein Beschwerdebrief des Stadtbaumeisters Schmid veranlasst den Kirchengemeinderat, ein Gutachten von Dolmetsch hinsichtlich des Schönig'schen Plans einzuholen. Dieses Gutachten ist zwar nicht erhalten, es führt aber schließlich dazu, dass der Kirchengemeinderat den Entschluss fasst, die Arbeiten unter der Leitung von Dolmetsch ausführen zu lassen.

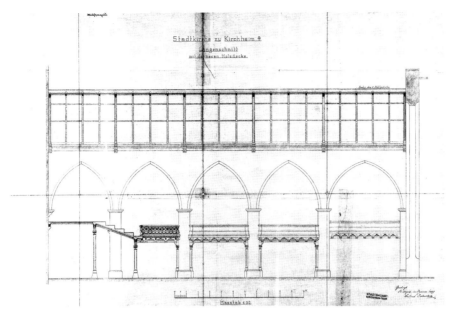

Abb. 245 Kirchheim/Teck, ev. Kirche, Längsschnitt, 1897. Lichtpause, koloriert ohne Maßangabe.

In der Sitzung am 8. Dezember 1896 trägt Dolmetsch auf der Grundlage des von ihm erstellten Gutachtens die Prinzipien seiner Kirchenrestaurierung vor. Als wichtigster Bestandteil der in Aussicht stehenden Maßnahmen müsse die Wölbung der Mittelschiffdecke angesehen werden. Da eine Instandsetzung des Plafonds ohnehin unausweichlich sei, empfehle es sich, vornehmlich „aus Gründen der Schönheit", aber auch „um den Chor für die Gemeinde wohl sichtbar zu machen" und „endlich um der Orgel den ihr unentbehrlichen Raum zu schaffen", die Decke aufzusprengen. Dolmetsch schlägt „ein einfaches, eckig abgeschrägtes Holzgewölbe vor, das zum Schutz gegen Frost und Hitze mit Dachpappe überzogen werden müßte". Für die Seitenschiffe denkt er sich „eine entsprechende Verkleidung des Plafonds mit Holz". Des Weiteren soll der Aufgang zur Kanzel nicht mehr von der Sakristei, sondern vom Chor aus erfolgen, die Orgel auf der Westempore zurückgesetzt werden, um dem Kirchenchor mehr Platz zu verschaffen, und die Anzahl der Sitzplätze vermehrt werden, indem Schieber an den Stirnseiten der Bänke angebracht werden. Eine Veränderung sollen auch die Emporenbrüstungen erfahren, da es zum einen „die Symmetrie verlangte, daß dann [bei Beibehaltung] die ganze Brüstung wie die alte mit Bildern bemalt werde", und zum anderen „ein derartiger Schmuck ein in der Kunst überwundener Standpunkt

sei". Schließlich beabsichtigt Dolmetsch, eine Gasbeleuchtung in der Kirche zu installieren, und mit Hilfe von Wasseralfinger Öfen das Innere heizbar zu machen.

Im Januar 1897 fertigt Dolmetsch den Längsschnitt, der die geplante Holzdecke

in Form eines mehrfach gebrochenen Polygons zeigt (Abb. 245). Im darauffolgenden Monat entstehen der entsprechende Querschnitt (Abb. 246) und ein Parterregrundriss, in dem die neue Bestuhlung eingezeichnet ist. Obwohl der Kirchengemeinderat sich in seiner Sitzung am 13. Januar 1897 für die Wölbung des Mittelschiffs, aber gegen die Vertäfelung der Seitenschiffe ausgesprochen hat, taucht Letztere als eigenständige Position wieder in Dolmetschs Kostenvoranschlag vom Februar desselben Jahres auf. Am 15. Februar 1897 berät das Kollegium über Dolmetschs Kostenberechnung und beschließt trotz des hohen Mittelaufwands von 48 900 Mark, nach seinem Plan die Kirchenrestaurierung vorzunehmen.

Erst nach dem Beginn der Bauarbeiten, am 7. Juni 1898, debattiert der Kirchengemeinderat nochmals über die Frage der Vertäfelung der Seitenschiffe. Dolmetsch konstatiert in der Sitzung, dass die „Decken in einem so schlechten Zustand [seien], daß die Gypsung heruntergehauen und erneuert werden müsse". Aus diesem Grund schlägt er vor, die „Decken mit 2 cm dicken Brettern zu vertäfern",

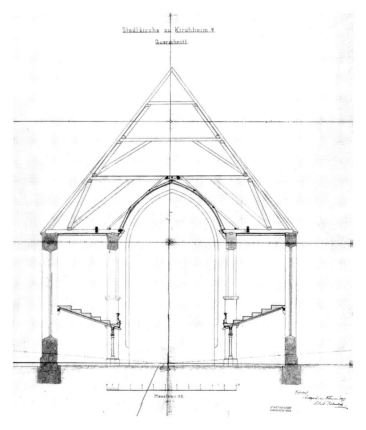

Abb. 246 Kirchheim/Teck, ev. Kirche, Querschnitt, 1897. Lichtpause, koloriert, ohne Maßangabe.

Abb. 247 Kirchheim/Teck, ev. Kirche, Innenansicht nach Osten, nach 1898.

wobei die alte Gipsdecke darunter belassen werden könnte. Das Kollegium beschließt, auch diese Arbeiten ausführen zu lassen. Die Einweihung der restaurierten Kirche findet noch vor Weihnachten 1898 statt (Abb. 247), obgleich noch nicht sämtliche Bauarbeiten vollendet sind. Die Frage, ob die Windfangtüren ausgewechselt werden sollten, hatte der Kirchengemeinderat seinerzeit zurückgestellt, doch nun im Winter wird das Thema virulent. Es wird der Beschluss gefasst, „die alten Windfangthüren wieder zu verwenden und einzelne Teile derselben zu verglasen, damit in den Raum zwischen Außen- und Innenthüre mehr Licht eindringen kann".

Am 3. Dezember 1902 übersendet Dolmetsch dem Dekan seine Stellungnahme bezüglich „des vorgelegten Entwurfs zu einem zweiten gemalten Figurenfenster" im Chor der Kirche. Er bezeichnet es „als die beste Lösung [...],

wenn anstelle der projectirten mit großen Architekturformen umrahmten beiden großen Kompositionen ein Cyklus von kleinen Bildern über das ganze Fenster ausgebreitet würde". Er begründet diesen Vorschlag folgendermaßen: „Bei dieser alten Art von Fensterdecoration wirkt die gesammte Fensterfläche als ein bunter Teppich, während die großen Figurencompositionen oft mit wenig Glück Staffeleigemälde nachahmen." Obgleich Dolmetsch am 16. Dezember 1902 wunschgemäß drei Fotografien der Chorfenster der Heidenheimer Kirche, die von der Glasmalereianstalt van Treeck gefertigt wurden, dem Dekan zukommen lässt, kann aufgrund fehlender schriftlicher Quellen nicht gesagt werden, ob die Ratschläge des Architekten befolgt wurden. Mit Sicherheit nahm Dolmetsch hingegen im Jahr 1903 „Aenderungen" an der Stadtkirche vor, wie aus einem Schreiben seines Sohnes an den Dekan

vom 5. Februar 1910 hervorgeht. Die Arbeiten bezogen sich vor allem auf die Sakristei, in der eine Trennwand eingefügt und neues Fenstereisenwerk eingesetzt wurde.

Bei der Restaurierung des Jahres 1898 beanspruchten die Schreinerarbeiten den weitaus größten Posten, vor allem für die Erstellung eines neuen Gestühls und neuer Emporenbrüstungen. In die bauliche Substanz nahm Dolmetsch keine Eingriffe vor. Er beließ den Leins'schen Zustand der Kirche bis auf die vergleichsweise geringfügige Ausnahme, dass er einen zusätzlichen Eingang an der südlichen Ostseite des Langhauses einfügte. Die seitlichen Anbauten des Turms, die ihn „eingepackt" erscheinen ließen, wurden erst bei der Restaurierung des Jahres 1964 entfernt. Zu diesem Zeitpunkt wurde auch das von Leins eingebrochene Westportal wieder geschlossen. Da Dolmetsch wenig für die statische Sicherung des Holzgewölbes getan hatte – er verstärkte lediglich die Mittelschiffpfeiler in Längsrichtung jeweils durch eine kleine Vorlage –, traten in den sechziger Jahren des 20. Jahrhunderts so starke statische Probleme auf, dass die Säulen vollständig ausgewechselt werden mussten.

Quellen: LKA, DAamt Kirchheim/Teck, Nr. 618 (KGR-Protokolle 1889–1899). LKA, DAamt Kirchheim/Teck, Nr. 717a (Hauptkirche: Restauration 1897–1899), Nr. 717b (Hauptkirche: Verbesserung der Sakristei mit Plänen 1902–1910), Nr. 717c (Hauptkirche: Chorfenster 1902–1904). LKA, DAamt Kirchheim/Teck, Nr. 808b (Martinskirche III A 16), darin u. a. 1 Lichtpause „Stadtkirche zu Kirchheim u/T. Längenschnitt mit der neuen Holzdecke", datiert und signiert „Gefertigt Stuttgart, im Januar 1897. Baurat Dolmetsch", 1 Lichtpause „Stadtkirche zu Kirchheim u/T. Querschnitt", datiert und signiert „Gefertigt Stuttgart, im Februar 1897. Baurat Dolmetsch", 1 Lichtpause „Stadtkirche zu Kirchheim u/T. Parterregrundriß. 1130 Sitzplätze. Gesamtanzahl der Sitzplätze (Parterre und Empore) 1719 für Erwachsene und 149 für Kinder", datiert und signiert „Gefertigt Stuttgart, im Februar 1897. Baurat Dolmetsch". TUM, Nachlass Heinrich Dolmetsch, Signatur 51.2, 51.3, 51.4, 51.5, 51.6, 51.7, 51.8, 51.9, 51.10, 51.11, 51.12, 51.13, 51.14, 51.15, 1 Mappe „Vorschlag zu Verbesserung der Raumeintheilung im Innern und zu Herbei-

führung einer grösseren Regelmässigkeit im Aeussern" mit 14 Tuscheplänen, undatiert und unsigniert (anhand der Beschriftung Christian Friedrich Leins zuschreibbar); Signatur 51.1, 1 „Grundriss zu ebener Erde", datiert und signiert „Gefertigt Oberamtsbaumeister Schönig Kirchheim u.T. im Sept. 1893".
Literatur: Dolmetsch 1900, S. 3. Kunst- und Altertumsdenkmale 1924, S. 20 und S. 29. DBZ 42, 1908, Nr. 63, S. 432.

Kniebis *siehe Freudenstadt*

Korb, ev. Pfarrkirche (St. Wolfgang und St. Katharina)
Rems-Murr-Kreis, ehemals OA Waiblingen

Bereits für das Jahr 1482 ist die Pfarrei in Korb bezeugt. Das untere Geschoss des Turms stammt noch aus dem 14. Jahrhundert, der obere Teil wurde erst im Jahr 1709 aufgesetzt. Das Kirchenschiff wurde in den Jahren 1831/32 nach Plänen von Karl Marcell Heigelin neu errichtet, wobei der ehemalige Turmchor zur Vorhalle für die neue Kirche umfunktioniert wurde. 1963 wurde im Zuge von Umbauarbeiten an der Kirche ein spätgotisches Spitzbogenfenster im unteren Geschoss des Turms freigelegt.

Die Konstruktionsweise der Heigelin'schen Kirche mit einem auf Säulen ruhenden offenen Dachstuhl, wie sie das Frontispiz der Einweihungsschrift von 1832 zeigt (vgl. Abb. 182), erwies sich als unter technischen Gesichtspunkten völlig unzureichend. Bereits in einem Schreiben vom 12. Januar 1857 des Dekan Bührer an das Konsistorium wird vermerkt, dass 4000 Stück Schindeln angeschafft worden seien, um das Dach neu eindecken zu lassen, da fortwährend der Regen eindringe. Doch schon der Pfarrbericht des Jahres 1870 beklagt abermals das Eindringen des Regens und kommt zu dem Schluss, dass „das aus diesem Grund schon vermürbte Sparrenwerk einen baldigen Neubau nöthig [macht], zu welchem auch schon seit Sommer 1867 vorsorglich ein Kirchenbaufonds angelegt ist". Seitdem wird in den regelmäßig zu erstellenden Pfarrberichten das undichte, zu flache Dach der Kirche, das den Regen in das Innere eindringen lässt, und die Luft in dem Gebäude, die „Winters sehr kalt und zugig, Sommers drückend heiß und schwül" ist, bemängelt. Zudem wird

1884 kritisiert, dass das Bauwerk zwar „dem Bedürfniß" entspreche, aber „einen unschönen, wenig würdigen Eindruck" mache. Die Klagen über den Zustand der Kirche reißen durchaus nicht ab, sie mehren sich im Laufe der Jahre eher noch. Eine Randbemerkung zu dem Pfarrbericht des Jahres 1890 stellt fest, dass „die geweißten Wände der Kirche zum Teil von Staub und Schmutz" starren. Noch deutlicher werden die Worte des Kommentators zu dem Pfarrbericht des Jahres 1896: „Der ganze bauliche Zustand der Kirche ist ein heruntergekommener, der Bewurf vielfach abgefallen, viele Bänke längs der südlichen Kirchenwand ohne Rückenschutz, im Westen am Turm keine Rinne […] Auf der Empore im Westen fand sich unter den Bänken zwischen den Fußbrettern roher Boden mit Moder, Unrat, Papierfetzen." Schließlich wird beklagt, dass „die Orgel in einem sehr defekten Zustand" sich befindet.

Konkrete Pläne, die soeben beschriebenen Mängel am Kirchenbau zu beheben, gehen bereits auf die Jahre 1882/83 zurück. Das Protokoll des Pfarrgemeinderats bemerkt am 29. Mai 1882: „Was den Kirchbau betrifft, so ist der Pfarrgemeinderath der Ansicht, lieber eine gründliche Reparatur zu seiner Zeit vorzunehmen, als sich mit einer wieder ungenügenden Veränderung zu begnügen." Demzufolge wird ein Sachverständiger des Vereins für christliche Kunst nach Korb gesandt, wie Ernst, S. 264 zu Recht feststellt. Das Gutachten, das Dolmetsch nach seinem Besuch in Korb im Juni 1883 erstellt hat, scheint verloren gegangen zu sein; es ist aber anzunehmen, dass die für den Kirchenumbau vorgesehenen Maßnahmen den Kostenrahmen gesprengt hätten, denn das Pfarrgemeinderatsprotokoll vermerkt am 20. Juli 1883 lapidar: „Der Kirchbau ist bis auf weiteres vertagt." Ein zweites, am 13. September 1892 angefertigtes Gutachten von Dolmetsch hebt als einen „Grundfehler, welcher der baulichen Gestaltung des Kirchenschiffes anhaftet", die „viel zu schwache Dachneigung" hervor. Der daraus resultierende Missstand, das Eindringen des Regenwassers, ist aber – nach Meinung Dolmetschs – „mit Erfolg" durch die bereits vorgenommene Eindeckung des Dachs mit Falzziegeln behoben worden. So beschränken sich seine Verbesserungsvorschläge auf die „Erneue-

rung des Anstrichs", wobei darauf zu achten sei, dass „die ursprüngliche künstlerische Form" gewahrt werde, auf die Einziehung einer „einfache[n] Bogenstellung" zwischen „den bis zur Decke reichenden kahlen Mittelschiffsäulen", durch die „die ganze Kirche an Zierlichkeit wesentlich gewinnen würde", und schließlich auf die Neuherstellung einer „neue[n] würdigere[n] Emporenbrüstung". Er trägt damit vor allem seiner Auffassung Rechnung, dass die Kirche in Korb „wohl das einzige kirchliche Bauwerk Württembergs aus der ersten Hälfte dieses [des 19.] Jahrhunderts" sei, „an welchem eine echt künstlerische Formenbehandlung durchgeführt ist". Weiterhin schlägt er eine Versetzung der Kanzel aus der für sie eigens erstellten Nische an die Nordseite des Nischenbogens vor, da „der Prediger [aus der Kanzelnische heraus] nur mit Anstrengung sich der ganzen Gemeinde verständlich machen" könne und damit einhergehend die „passendere Aufstellung" des Altars in der Nische selbst. Eine ungefähre Schätzung der für die Durchführung der „genannten Verbesserungen und Verschönerungen" aufzubringenden Kosten ergäbe eine Summe von „3–4000 Mark".

Trotz „angelegentlichster Befürwortung" des Vorstands des Vereins für christliche Kunst, Heinrich Merz, wie das Kirchengemeinderatsprotokoll vom 21. September 1892 festhält, arbeitet Dolmetsch im Folgenden einen sehr viel weiter reichenden Plan zur Restaurierung der Kirche aus. Diese Planungsänderung geht – nach den Worten Dolmetschs in seinem Erläuterungsschreiben vom 21. März 1893 – auf das „sehnliche Verlangen der Kirchengemeinde" zurück. Danach wünscht sich die Bauherrin insbesondere, dass „die Kirche mit Rücksicht auf die sehr stark angewachsene Gemeinde durch Emporen vergrößert" werde, und dass dieselbe „auch nach außen ein Aussehen erhalte, welches dem Charakter eines Gotteshauses" entspreche. Beide Ziele sucht Dolmetsch durch die Höherführung der Umfassungswände um 3,20 m und eine steilere Dachneigung zu erreichen: „Hiedurch lassen sich Längsemporen einfügen, welche sowohl unter sich, als auch über sich den Einlaß von genügender Lichtfülle gestatten. Die dreischiffige Kirchendecke ist so angeordnet, daß zwischen ihr und den Dachschrägen ein leerer Dachbodenraum ent-

256

steht, welcher bei den eintretenden Dachreparaturen jederzeit eine sichere Controlle erlaubt [...] Das Äußere wird, selbst bei der Beibehaltung der bisherigen Formenschlichtheit allein durch die Erhöhung des Mauerwerks und der Fenster das erwünschte kirchliche Aussehen erhalten." Die Ausführung dieser Maßnahmen würde sich immerhin schon auf 34 750 Mark stellen.

Gleichzeitig mit seinem Erläuterungsschreiben verfasst Dolmetsch am 21. März 1893 einen Brief an den Pfarrer, in dem er ihm vorschlägt, „an die schräge Unterfläche der Sparren sog[enannte] Gipsdielen zu schrauben und unten zu vergipsen", „wenn alle Stränge brechen", was so viel heißen soll, wie „wenn die finanziellen Mittel nicht ausreichen". Obwohl Dolmetsch nochmals die Ausführung der Restaurierung gemäß seinem Gutachten vom 13. September vorangegangenen Jahres empfiehlt, äußert der Kirchengemeinderat weitere Wünsche in Bezug auf den Umbau der Kirche. Diese beziehen sich vor allem auf die Beibehaltung des bisherigen Eingangs und auf die Ausführung von Längsemporen, doch warnt Dolmetsch in seinem Schreiben vom 19. Januar 1894 den Pfarrer, dass, wenn er sich vor Augen führe, „was eigentlich von der alten Kirche übrig bleib[e]", es ihm „jetzt schon sehr bange [werde] um die Kosten". Trotzdem kommt Dolmetsch dem Wunsch des Kirchengemeinderats entgegen, indem er einen weiteren Plan entwirft, der insbesondere den Abbruch der alten Sakristei und den Neubau eines Chors vorsieht. In seinem Erläuterungsschreiben vom 12. Februar 1894 begründet er diese Maßnahmen folgendermaßen: „Dieser Chorraum läßt sich in einfachster Weise durch Einbau in den Schiffraum erreichen. Letzterer wird hiedurch um eine Arkadenaxe kürzer, was bei der ungewöhnlich langen Ausdehnung des Kirchenraumes ohne nachteilige Wirkung ausgeführt werden kann [...] Der Hauptvorteil liegt jedoch bei diesem Vorschlage in der Möglichkeit einer reichlicheren Lichtzuführung in die Kirche von Osten her." Zudem will er „das unter der Querempore gelegene Drittel des Schiffraumes mittelst Rollläden vom übrigen Schiffraum abschließen [...] können", um dieses für Bibelstunden und Konfirmandenunterricht nutzbar zu machen. Als wesentlich aber sieht er die „Erhö-

hung des ganzen Kirchenraumes, welche vor allem durch den Einbau von Emporen erforderlich ist, während andererseits die steilere Neigung des neueren Dachstuhles sowohl eine weit größere Wasserdichtheit, als auch eine wärmere Deckenbildung sichert". Entgegen seinem Gutachten vom 13. September 1892 äußert er nun die Ansicht, dass „in nicht zu ferner Zeit [...] der Dachstuhl ohnedies erneuert werden" müsste.

Fand der erste von Dolmetsch ausgearbeitete Plan zum Umbau der Kirche in Korb bereits den „ungeteilten Beifall des Kollegiums", wie das Protokoll des Kirchengemeinderats vom 23. März 1893 notiert, so werden am 13. Februar 1894 „die Vorteile der verbesserten [...] Pläne als sehr wesentliche, auch praktisch sehr bedeutsame anerkannt". Obwohl sich der neue Kostenvoranschlag auf 44 000 Mark beläuft, erklärt sich der Kirchengemeinderat mit diesem einverstanden und betreibt nachfolgend entschieden das Genehmigungsverfahren zum Umbau der Kirche. Die Finanzierung des Projekts erweist sich allerdings als außerordentlich schwierig. So zieht zum Beispiel die bürgerliche Gemeinde, nachdem sie bereits einen Beitrag von 5000 Mark zu den Kosten der Kirchenrestaurierung zugesagt hatte, ihren Beschluss am 17. September 1894 wieder zurück und empfiehlt der Kirchengemeinde, „den Kirchenbau bis auf weiteres zu verschieben bis inzwischen ein größerer Baufond[s] angesammelt sein wird". Die fortwährenden Bitten des Pfarrers an das Konsistorium um Gewährung einer Landeskollekte werden erst 1896 positiv beschieden, doch auch die durch die Kollekte aufge-

brachte Summe von 13 500 Mark vermag nicht die Genehmigung der Kreisregierung zum Bau zu erwirken.

Eine Überarbeitung des zuletzt erstellten Kostenvoranschlags durch Dolmetsch vom 11. Januar 1900 erbringt die „überraschende Höhe" der Bausumme von 66 250 Mark, wodurch „eine ganz neue Sachlage geschaffen ist", wie das Protokoll des Kirchengemeinderats vom 16. Januar kommentiert. Das Kollegium beschließt, Dolmetsch aufzufordern, einen neuen, einfacheren Plan zum Kirchenumbau auszuarbeiten. Am 10. Juni 1901 wird dieser in Anwesenheit von Dolmetsch einer Beratung unterzogen. Der Kirchengemeinderat kommt zu dem Entschluss, dass „die Kirche in ihrer seitherigen Grundform mit dem Anbau der Sakristei belassen werden" und „von Längsemporen mit Rücksicht auf den Kostenaufwand zunächst Abstand genommen werden" soll. Die Mitglieder des Kollegiums tragen sich aber weiterhin mit dem Gedanken an eine spätere Einfügung von Längsemporen, denn sie halten fest, dass „sobald das Bedürfnis und die Mittel dazu vorhanden sind, die nötige Vorsorge insbesondere durch Anbringung der erforderlichen Konsolen getroffen werden" soll. Der im Juli 1901 angefertigte Kostenvoranschlag sieht eine Bausumme von 64 250 Mark vor, wobei 4750 Mark für die Nichtausführung der Längsemporen in Abzug gebracht werden müssen. Eine nochmalige Revision der Kostenberechnung unter Berücksichtigung weiterer „Vereinfachung bezw. Weglassung verschiedener Arbeiten" – so zum Beispiel der Verzicht auf den Turmverputz, die Vereinfachung der Schiff-

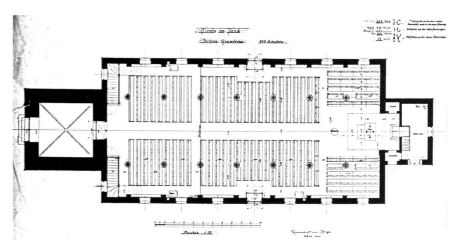

Abb. 248 Korb, ev. Kirche, Grundriss Parterre, ca. 1901. Tusche, aquarelliert auf Papier, 91,0 cm x 49,2 cm.

decke und der Emporenstuhlung – ergibt die endgültige Voranschlagssumme von 57 120 Mark. Am 17. Oktober 1901 erteilt die Kreisregierung und am 19. Oktober das Konsistorium die Genehmigung zum Umbau der Kirche.

Es gibt zwei erhaltene Plansätze, die sich vor allem durch die Art der Beschriftung voneinander unterscheiden. Da sämtliche Pläne undatiert sind, ist eine zeitliche Zuordnung nicht zweifelsfrei möglich. Es ist lediglich auszuschließen, dass sie dem Projekt von 1894 zuzuordnen sind, da sie alle die Beibehaltung des Heigelin'schen Sakristei- und Choranbaus beinhalten (Abb. 248). Die axiale Kanzel-Altar-Stellung soll ebenfalls beibehalten werden. Beide Plansätze dokumentieren zudem die geplante Erhöhung der Umfassungsmauern des Kirchenschiffs um etwa ein Drittel. Die gestrichelte Linie in der überlieferten Giebelansicht deutet die ehemals vorhandene Dachneigung des Heigelin'schen Baus an (vgl. Abb. 22). Die Einfügung eines Rundfensters in der östlichen Giebelwand wird ermöglicht durch die Erhö-

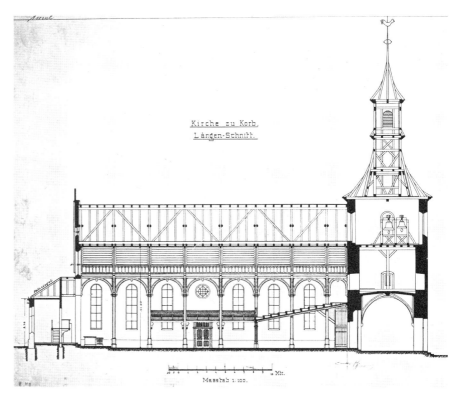

Abb. 250 Korb, ev. Kirche, Längsschnitt, ca. 1893 oder ca. 1901. Tusche, aquarelliert auf Transparent, 53,5 cm x 41,3 cm.

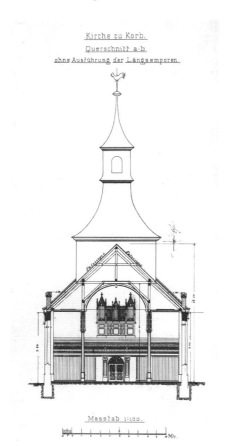

Abb. 249 Korb, ev. Kirche, Querschnitt nach Westen, ca. 1901. Tusche auf Transparent, 38,0 cm x 55,9 cm.

hung der Umfassungsmauern und die Ausbildung der Decke über dem Mittelschiff in „Sargdeckelform". Über den Seitenschiffen sollen die Decken horizontal verlaufen. Der eine der beiden Plansätze führt die beiden vom Kirchengemeinderat diskutierten Varianten vor Augen: Der Querschnitt zeigt die Variante ohne Ausführung der Längsemporen (Abb. 249), der Längsschnitt dokumentiert die Variante mit Ausführung der Längsemporen (Abb. 250). Zwischen Schiffdecke und Dachhaut soll ein Luftraum verbleiben, um die Zugänglichkeit des Dachstuhls für Revisionsarbeiten zu gewährleisten. Der andere der beiden Plansätze hält lediglich die Variante mit Erhöhung der Schiffwände und ohne Realisierung der Längsemporen fest. Die Westempore reicht über die Tiefe von drei Interkolumnien in das Kirchenschiff hinein, der Raum unterhalb der Empore soll durch einen Vorhang vom übrigen Kirchenschiff abtrennbar sein. Die Orgel soll ihren Standort auf der Westempore erhalten.

Tatsächlich wurde der Kirchenumbau im Laufe des Jahres 1902 nach dem reduzierten Voranschlag vom 6. September 1901 ausgeführt, so dass die Einweihung am 23. November 1902 stattfinden

konnte. Die bis zum Jahr 1963 sichtbaren Konsolen für die nicht mehr erfolgte Einfügung der Längsemporen sind heute verschwunden. Die von Dolmetsch konstruierte Decke in „Sargdeckelform" hingegen ist immer noch über der 1963 eingezogenen segmentbogenförmigen Decke erhalten, wobei die senkrecht verlaufenden Absätze über den Stützen weiterhin im Innenraum in Erscheinung treten. Die unter Dolmetschs Leitung erfolgte Erhöhung des Kirchenschiffs ist 1963 nicht rückgängig gemacht worden, doch wurde das im Ostgiebel befindliche Rundfenster vermauert.

Quellen: LKA, A 29, 2410-4 (Erweiterung der Kirche und Schule in Korb 1824–1857). LKA, A 29, 2413-6 (Pfarrbericht von 1870), A 29, 2413-13 (Pfarrbericht von 1884), A 29, 2413-16 (Pfarrbericht von 1890) und A 29, 2413-19 (Pfarrbericht von 1896). DAamt Waiblingen, Nr. 461 (Kirchliche Vermögensverwaltung 1890–1932). PfarrA Korb, Nr. 54.1 (PfGR-Protokolle 1851–1884). PfarrA Korb, Nr. 55.1 (KGR-Protokolle 1889–1902). PfarrA Korb, Nr. 156.2 (Bausachen betr. Kirche 1856–1914). TUM, Nachlass Heinrich Dolmetsch, Signatur 14.1, 14.2, 14.3, 14.4, 14.6, 14.7, 14.8, 14.9, 14.10, 14.11, 10 Tuschepläne,

7 auf Transparent, 3 auf Papier gezeichnet, sämtliche Pläne undatiert und unsigniert; Signatur 14.5, 1 Lichtpausplan (identisch mit 14.4).

Literatur: Schahl 1983, Bd. 1, S. 506. Gottlob Ernst, Korb-Steinreinach. Die Geschichte und Chronik zweier Weinbausiedlungen, Korb 1970, S. 264 f.

Kornwestheim, ev. Pfarrkirche (St. Martin)
Kreis Ludwigsburg, ehemals OA Ludwigsburg

Im Jahr 1516 erweiterte Hans Ulmer den spätromanischen Saalbau um einen aufwendig gestalteten, netzgewölbten Chor und einen im Norden anschließenden Turm. Der Pfarrbericht des Jahres 1891 führt zur Baugeschichte weiter aus: „Bei einem Neubau des Schiffs im letzten [18.] Jahrhundert […] wurde dasselbe verunstaltet durch Hereinrückung der südlichen Wand (so daß das Schiff jetzt im Verhältnis zu seiner Länge zu schmal ist und der Chorbogen nicht mehr die Mitte des Schiffs einnimmt) und durch die zu niedere Decke, welche nicht bis zu der Höhe der Chordecke hinaufreicht."

Diese Beschreibung nennt hiermit den Übelstand, der als besonders störend empfunden wird, doch wird er – aus Kostengründen – erst im Jahr 1967 durch Erweiterung des Saals nach Süden behoben. Einen weiteren Grund für die Instandsetzung der Kirche führt das Kirchengemeinderatsprotokoll vom 8. Februar 1891 an: „An dem Thurm haben sich in diesem Winter Defekte herausgestellt, welche eine baldige Abhilfe erfordern." Auch die Aufstellung der Prinzipalstücke fällt nicht zur Zufriedenheit des Kirchengemeinderats aus, wie dem Protokoll vom 19. März 1890 zu entnehmen ist: „Die jetzige Stellung und Einrichtung von Altar und Taufstein, mit einem Geländer zwischen beiden, welche ebenso ungewöhnlich, als unschön und unpassend ist, soll abgeändert, der Altar etwas zurückverlegt werden. Die Chortritte, welche unschön und ungleich sind, sollen durch neue ersetzt, der Taufstein gegen das Schiff der Kirche vorgerückt werden, so daß der Geistliche bei der Taufhandlung sich davor aufstellen kann. Der in seiner Grundform schön, aber roh gearbeitete Taufstein soll überarbeitet werden."

Abb. 251 Kornwestheim, ev. Kirche, Ansicht Nordfassade, ca. 1891. Tusche, farbig aquarelliert auf Papier, 47,3 cm x 55,1 cm.

Dolmetsch wird vom Kirchengemeinderat beauftragt, Pläne für die Instandsetzung der Kirche zu fertigen. Sein Plan für die Herstellung eines neuen Turmhelms datiert auf Oktober 1891; er sieht vor, die welsche Haube des Turmes durch eine hohe, mit farbigen Falzziegeln versehene Spitze zu ersetzen (Abb. 251). Die vier unteren Stockwerke des Turmes sollen dabei unangetastet bleiben. Noch im Herbst des Jahres 1891 wird mit den Bauarbeiten begonnen, doch stürzt in der Nacht vom 7. auf den 8. Dezember das Gerüst samt bereits aufgerichteter Turmpyramide durch einen Sturm um. Die Arbeiten zur Neuaufrichtung des Turmhelms werden im Frühjahr 1892 fortgesetzt und können im August desselben Jahres zu Ende geführt werden.

Die Pläne zur Umgestaltung des Kirchenschiffs stammen vom Mai 1892 (Abb. 252; 253). Dolmetsch legt bei der Planung besonderen Wert auf die Behebung des im Pfarrbericht von 1891 hervorgehobenen Missstandes, dass die Decke im Schiff zu niedrig sei. Der Querschnitt zeigt dementsprechend das Schiff von einer kielbogenförmigen Decke überwölbt. Auf die Beseitigung des anderen erwähnten Missstandes – die Asymmetrie des Kirchenschiffs – muss er aufgrund der finanziellen Lage der Kirchengemeinde verzichten. So sollen die Außenmauern des Kirchenschiffs erhalten bleiben; fraglich ist jedoch, was Dolmetsch mit der auf der Nordseite des Kirchenschiffs befindlichen Türöffnung zu tun gedenkt. Möglicherweise ist sie im Zuge der Umbaumaßnahmen des Jahres 1892 zugemauert worden. Erstaunlicherweise tauchen die beiden das nördliche „Seitenschiff" erhellenden Spitzbogenfenster in dem vorliegenden Parterregrundriss nicht auf. Es ist aber kaum denkbar, dass die fraglichen Fenster zu einem anderen Zeitpunkt als dem besagten eingesetzt worden sein können.

259

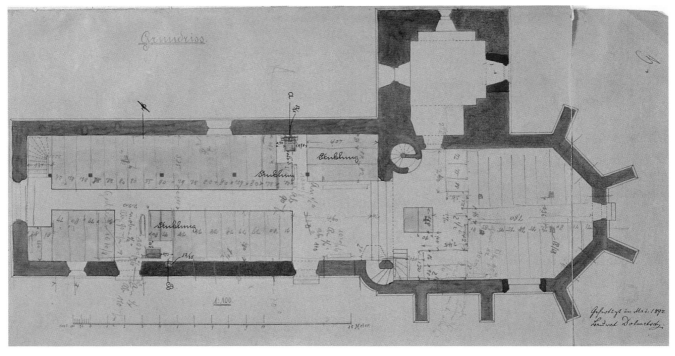

Abb. 252 Kornwestheim, ev. Kirche, Grundriss Parterre, 1892. Lichtpause, koloriert, 38,6 cm x 21,0 cm.

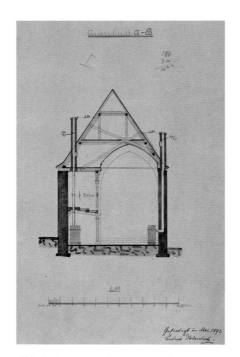

Abb. 253 Kornwestheim, ev. Kirche, Querschnitt nach Osten, 1892. Lichtpause, koloriert, 21,0 cm x 32,4 cm.

Obwohl Dolmetsch alternativ eine trapezförmig gebrochene Deckenkonstruktion erwogen hat (Abb. 254), ist die Entscheidung schließlich zugunsten der kielbogenförmigen Decke gefallen (Abb. 255). Ob dabei ästhetische oder vielmehr akustische Gründe den Ausschlag gegeben haben, ist nicht überliefert. Auch ist

nicht bekannt, weshalb eine Empore im Chor errichtet worden ist, obwohl Dolmetsch – wie die perspektivische Innenansicht der Kornwestheimer Kirche zeigt – geplant hat, den Chor frei zu lassen. Die Aufstellung der Prinzipalstücke ist gemäß Dolmetschs Entwurf ausgeführt worden: Der Altar steht im Chor, mittig vor demselben findet der Taufstein seinen Platz, die Kanzel befindet sich an der südlichen Längsseite des Kirchenschiffs unmittelbar vor dem Chorbogen. Zudem wird die gesamte Kirche im Inneren mit einem neuen Anstrich versehen, und die vier Chorfenster erhalten eine neue Verglasung. Die Kosten für sämtliche in den Jahren 1891/92 durchgeführten Baumaßnahmen betragen 31 000 Mark.

Im Zuge der Erweiterung des Kirchenschiffs nach Süden im Jahr 1967 wurde der Innenraum vollständig umgestaltet, so dass heute keinerlei Spuren der Dolmetsch-Ausstattung mehr erhalten sind. Einzig die Kirchturmspitze mit dem Wetterhahn stammt noch aus dem Jahr 1892 sowie die in die Sakristei führende Außentür.

Quellen: LKA, A 29, 2416-2 (Kirchengemeinde 1888–1922). LKA, A 29, 2418-17 (Pfarrbericht von 1889) und A 29, 2418-18 (Pfarrbericht von 1891). LKA, PfarrA Kornwestheim, Nr. 10 (KGR-Protokolle 1889–1914) LKA, PfarrA Kornwestheim, Nr. 108b (Glo-

Abb. 254 Kornwestheim, ev. Kirche, Innenansicht nach Osten, ca. 1892 (unausgeführt). Tusche, grau-braun aquarelliert auf Papier, 25,9 cm x 35,5 cm.

cken und Läuteanlage. Turm und Turmuhr 1834. 1891–1950), darin u. a. Mappe „Baugesuch der Kirchengemeinde Kornwestheim O/A Ludwigsburg betr. die Heizbarmachung der Kirche und Erneuerung des Thurmhelms" mit 5 Plänen, datiert und signiert „Gefertigt Stuttgart, im Oktober 1891. Bauinsp. Dolmetsch" bzw. „Gefertigt im Mai 1892. Baurat Dolmetsch". TUM, Nachlass Heinrich

Abb. 255 Kornwestheim, ev. Kirche, Innenansicht nach Osten, nach 1892.

Dolmetsch, Signatur 33.1, 33.2, 33.3, 33.4, 33.5, 33.6, 6 Tuschepläne, undatiert und unsigniert.

Laufen *siehe Sulzbach-Laufen*

Langenbrettach-Brettach, ev. Pfarrkirche (St. Petrus und Paulus)
Kreis Heilbronn, ehemals OA Neckarsulm

Das Kirchenschiff der im Kern romanischen Chorturmkirche wurde 1578 mit zweiseitiger Empore erneuert.

Laut Bericht des Pfarrers Hohbach wurde unter Dolmetschs Leitung 1886 eine Innenrenovierung der Kirche durchgeführt: „Im Juni und Juli 1886 wurde nach Vorschlägen von Herrn Bauinspektor Dolmetsch im Innern der Kirche ein Anstrich der Wände und der Decke und des Gestühls im Schiff sowie der Emporenbrüstung der Orgel, der Kanzel, des Taufsteins und Altars vorgenommen, der vergitterte Pfarrstuhl […] entfernt, das

Geläute aus dem Chor über das Chor verlegt, im Turm eine neue Treppe angebracht […] Außerdem wurde im Chor ein (romanisches) Fenster von Kathedralglas mit gemalten Arabesken eingesetzt […]Die unschönen Engel neben dem schönen Cruzifixus hätte man gern entfernt, schonte ihrer aber für diesmal."

Bereits 1922 wurde die Kirche im Inneren einfarbig gefasst. Im Zuge einer erneuten Innenrenovierung im Jahr 1955 wurden Malereien an den Wänden wieder freigelegt, so dass die Spuren der unter Dolmetschs Leitung vorgenommenen farbigen Fassung der Kirche getilgt wurden.

Literatur: Artur Georg Klein, Geschichte der Brettacher Kirche, o. O. 1959, S. 14 f.

Langenburg, ev. Pfarrkirche (ehem. Wallfahrtskapelle zum Hl. Blut)
Kreis Schwäbisch Hall, ehemals OA Gerabronn

Die ehemalige Heilig-Blut-Kapelle, seit 1556 Pfarrkirche, erfuhr im 17. Jahrhundert einschneidende Veränderungen: 1610 wurde das Kirchenschiff gegen Westen verlängert und 1680 gegen Norden erweitert. Das hölzerne Tonnengewölbe im Schiff stammt ebenfalls aus dem Jahr 1680. Auf der Nordseite des niedrigen netzgewölbten Chors wurde 1708 eine Fürstenloge eingebaut, die 1763 erneuert wurde.

Am 29. November 1898 besichtigt Dolmetsch „auf Veranlassung Seiner Durchlaucht des Fürsten und im Auftrag des Vereins für Christliche Kunst" die Kirche in Langenburg, wie dem Kirchengemeinderatsprotokoll vom 20. Dezember 1898 zu entnehmen ist. Das von ihm am 7. Januar 1900 erstellte Gutachten scheint nicht erhalten zu sein, doch beinhaltete es wahrscheinlich als Hauptpunkt der „Kirchenrestauration" die „Neuaufführung der Längswände", die in dem Kirchengemeinderatsprotokoll vom 12. Dezember 1905 erwähnt ist. Am 15. Oktober 1900 berät das Kollegium über die „vorliegenden Pläne" von Dolmetsch, die eine „durchgreifende Verbesserung des Gebäudes" vorsehen. Insbesondere werden die „schlechte Beschaffenheit der Längswände der Kirche", die sich in ihrer „Ausweichung" deutlich macht, und die „Senkung der Chorwand" hervorgehoben. Auch der Zustand der Orgel wird bemängelt, doch sieht es der Kirchengemeinderat als „verkehrt [an], eine neue Orgel <u>vor</u> einer künftigen Restauration aufzustellen", zudem sei es „höchst zweifelhaft, ob aus baupolizeilichen Gründen überhaupt die Errichtung der Orgel auf der gegenwärtigen […] Empore gestattet würde". Abschließend äußert das Kollegium seine Absicht, „einen Baufonds auf dem Wege kirchlicher Umlagen anzusammeln".

Am 3. Dezember 1903 nimmt Dolmetsch die Kirche in Langenburg „sofort nach Wahrnehmung des neu entstandenen ersten Schadens im Chor" ein weiteres Mal „in Augenschein", wie es in dem Kirchengemeinderatsprotokoll vom 20. Dezember 1903 heißt. Am 21. Januar 1904 wird der Beschluss gefasst, „das

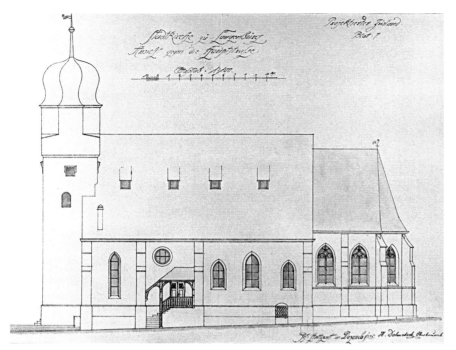

Abb. 256 Langenburg, ev. Kirche, Ansicht Südfassade, 1905. Lichtpause, koloriert, ohne Maßangabe.

Ministerium des Innern zu bitten, es möge die Gewährung einer Kirchenbaulotterie im Hinblick auf die vorhandene Notlage thunlichst beschleunigen". Nachdem der Kirchengemeinde mitgeteilt worden ist, es bestehe „begründete Aussicht" für die Genehmigung einer Kirchenbaulotterie, wird Dolmetsch laut Kirchengemeinderatsprotokoll vom 18. Februar 1904 „um Revision der Pläne und des Voranschlags nach dem jetzigen Stand" ersucht. Der im April von Dolmetsch ausgearbeitete Plan sieht eine Bausumme von 91400 Mark vor, da „die im Anfang in Aussicht genommene Summe von 62500 Mark zur Deckung der wirklichen Kosten [...] mit Rücksicht auf weitere zu Tage getretene Schäden [...] bei weitem nicht ausreicht", wie das Kirchengemeinderatsprotokoll vom 24. Juli 1904 mitteilt. Über die von Dolmetsch beabsichtigten Maßnahmen lassen sich keine Aussagen machen, da weder Zeichnungen noch Kostenvoranschläge erhalten zu sein scheinen.

Sowohl am 24. Juli als auch am 31. Juli 1904 wird der „bedrohliche bauliche Stand des Chors" konstatiert, so dass der Kirchengemeinderat beschließt, „noch in diesem Jahr [die] Chorfundamente [zu] unterfangen". Nachdem „infolge der Verstärkung der teilweise schadhaft gewesenen Chorfundamente weitere Senkungen als ausgeschlossen betrachtet werden

dürfen", und da das Kirchengebäude auf Felsgrund steht, kann von „einer Neuaufführung der Schiffwände Abstand genommen" werden, wie aus einem Schreiben des Pfarrers an das Konsistorium vom 5. Januar 1906 hervorgeht. Aus diesem Grund fertigt Dolmetsch einen „neuen Umbauplan für die Kirchenrestauration", der am 12. Dezember 1905 dem Kirchengemeinderat zur Beschlussfassung vorliegt.

Der Plan vom Dezember 1905 sieht vor, die Schiffswände in ihren Ausmaßen beizubehalten und an beiden Längsseiten Strebepfeiler anzusetzen (vgl. Abb. 58), so dass die „erforderliche Sicherheit des Baus" gewährleistet ist, wie es in dem bereits zitierten Brief des Pfarrers an das Konsistorium vom 5. Januar 1906 heißt. Das Portal auf der Südseite der Kirche soll eine neue hölzerne Zugangstreppe erhalten; oberhalb des Vordachs soll ein Rundfenster ausgebrochen werden (Abb. 256). Sämtliche Zugänge des Kirchenschiffs sollen mit Windfängen versehen werden. Die Sakristei, die sich in der Nordostecke zwischen Chor und Schiff befindet, soll mit Ausnahme der Ostwand neu aufgeführt werden, so dass die Nordwand über die Flucht des Kirchenschiffs hinausragt. Ein Zugang von der Nordseite erschließt die Sakristei wie auch die darüberliegende Fürstenloge. Ein weiterer Zugang zu beiden Räumen wird vom Chor aus geschaf-

fen. Die unterschiedlichen Fensterformen und -größen auf der Nord- und Südseite des Schiffs sollen unverändert beibehalten werden; die maßwerklosen Spitzbogenfenster an der zur Straße zeigenden Längsfront sollen gleichfalls in dieser schlichten Form bestehen bleiben. Einzig das Rundfenster über dem Südportal soll – wie schon erwähnt – neu geschaffen werden.

Das Innere des Schiffs und des Chors soll in seinen Grundzügen unangetastet bleiben: Das aus dem Jahr 1680 stammende Tonnengewölbe im Schiff soll unverändert beibehalten werden (Abb. 257); der Chor soll mit Ausnahme des Einbrechens einer Tür auf der Nordseite keinerlei Eingriffe in die Bausubstanz erfahren, lediglich das Grabdenkmal des Grafen Ernst Eberhard Friedrich († 1671) soll aus dem Chor an die nördliche Seite des Chorbogens gerückt und das Grabmal des Grafen Philipp Ernst von Hohenlohe-Langenburg und seiner Gemahlin Anna Maria im Chor seiner ursprünglichen Bestimmung gemäß als Tumba aufgestellt werden (Abb. 258); die Emporen sollen unter Wiederverwendung der Emporensäulen und -brüstungen neu hergestellt werden. Der Fußboden im Schiff und im Chor sowie das Gestühl im Schiff sollen hingegen erneuert werden.

Der Kirchengemeinderat beschließt am 12. Dezember 1905, die „Restauration der Kirche" nach den Dolmetsch'schen

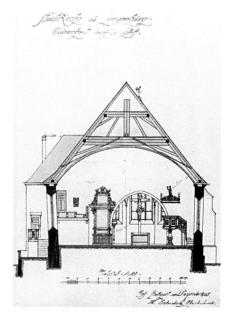

Abb. 257 Langenburg, ev. Kirche, Querschnitt nach Osten, 1905. Lichtpause, koloriert, ohne Maßangabe.

Abb. 258 Langenburg, ev. Kirche, Innenansicht nach Osten, vor 1905.

Plänen zur Ausführung bringen zu lassen. Die Kosten sollen sich auf 67 500 Mark belaufen, wovon 16 000 Mark auf Fürst Hermann zu Hohenlohe-Langenburg entfallen und 25 000 Mark durch die am 4. Juli 1905 veranstaltete Kirchenbaulotterie aufgebracht werden sollen. Die Bauarbeiten werden im Februar 1906 an die Unternehmer vergeben, so dass im März mit der Ausführung der bezeichneten Maßnahmen begonnen werden kann. Die Einweihung der restaurierten Kirche findet am 16. Dezember 1906 statt. Laut Schreiben des Pfarrverwesers Hoffmann an das Konsistorium vom 24. Juni 1909 beträgt der Gesamtaufwand der Restaurierung schließlich annähernd 99 200 Mark. Die erhebliche Verteuerung der „Restauration" ergibt sich zum einen laut Kirchengemeinderatsprotokoll vom 9. Juli 1906 durch die ursprünglich nicht vorgesehene „völlige Erneuerung des hölzernen Tonnengewölbes" aufgrund seiner Schadhaftigkeit und zum anderen durch die „Erweiterung des ursprünglichen Plans der künstlerischen Ausschmückung des Chors" gemäß eines Schreibens des Pfarrers an das Konsistorium vom 18. Juli 1907. Entgegen der anfänglich geäußerten Absicht des Kirchengemeinderats wird die Orgel nicht vollständig erneuert, sondern „das bisherige Gehäuse der alten Orgel [...] erhalten und unter allerdings erheblichen Kosten restauriert und erweitert", wie aus einem Brief des Pfarrers an das Konsistorium vom 18. April 1906 hervorgeht. Auch diese Maßnahme mag zu der enormen Kostensteigerung beigetragen haben.

Von der unter Dolmetschs Leitung 1906 durchgeführten Restaurierung der Kirche haben sich die Verglasung der Schiff- und der Chorfenster, das Gestühl sowie die Decke im Schiff, die bei einer späteren Restaurierungsmaßnahme mit einer neuen Farbfassung versehen wurde, erhalten. Die Sakristei und der Aufgang zum Südportal wurden nach Dolmetschs Plänen neu gestaltet.

Quellen: LKA, A 29, 2474-5 (Kirchengemeinde 1890–1923). PfarrA Langenburg, „KGR-Protokolle 1889–1905". PfarrA Langenburg, „KGR-Protokolle 1906–1926". PfarrA Langenburg, Mappe „Stadtkirche zu Langenburg. Umbau-Pläne", darin enthalten 10 Lichtpauspläne, datiert und signiert „Gefertigt Stuttgart im Dezember 1905. H. Dolmetsch Oberbaurat".

Literatur: ChrKbl 53, 1911, H. 11/12, S. 389.

Lindach *siehe Schwäbisch Gmünd*

Lonsee-Ursprung, ev. Pfarrkirche

Gemeinde Lonsee, Alb-Donau-Kreis, ehemals OA Ulm

Die Kirche in Ursprung war im Laufe der Zeit, nicht zuletzt aufgrund der Erschütterungen durch die an dem Gotteshaus vorbeiführende Bahnlinie, so baufällig geworden, dass sie in den Jahren 1858 bis 1860 durch einen Neubau des Münsterbaumeisters Ferdinand Thrän ersetzt wurde. Bis zu einer umfangreichen Instandsetzung im Jahr 1969 bot sich die Kirche als ein steinsichtiger Backsteinbau in neugotischem Stilgewand – insbesondere mit kleinen Fialen über den Strebepfeilern – dar.

Aus welchem Grund der Pfarrgemeinderat 1883 eine Restaurierung der Kirche als notwendig erachtete, kann nicht gesagt werden. Die Protokolle des Kollegiums machen zu dieser Frage keine Aussage, auch sind weder Briefe noch Kostenvoranschläge oder Rechnungsbeilagen erhalten, anhand derer sich Aufschluss über die Motivation zu dieser Maßnahme erlangen ließe. Lediglich in der Pfarrbeschreibung aus dem Jahr 1905 findet sich folgende Angabe: „Im Jahre 1883 wurde die Kirche unter Leitung des christlichen Kunstvereins innen geschmackvoll ausgemalt und auch außen verschiedene Restaurationen und Verbesserungen vorgenommen mit einem Gesamtaufwand von 4000 Mark." Dass diese Restaurierung unter der Ägide von Dolmetsch durchgeführt worden ist, lässt sich dem Haushaltsbuch des Architekten entnehmen, in dem zwei Zahlungen verzeichnet sind. Zudem bemerkt Dolmetsch in einem Brief an das Gemeinschaftliche Amt in Stetten vom 16. Mai 1884, dass der „Zimmermaler" Eugen Wörnle „im vorigen Jahre die Kirche zu Ursprung zu [seiner] und der Gemeinde größten Zufriedenheit ausgeführt" habe.

Aufgrund der durchgreifenden Baumaßnahmen des Jahres 1969 – Abbruch des Chorpolygons und Versetzung des Altars vom Chor in das Schiff, Zumaue-

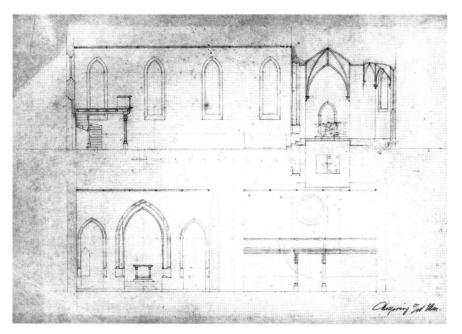

Abb. 259 Ursprung, ev. Kirche, Längsschnitt und Querschnitt nach Osten und nach Westen, ca. 1883. Bleistift auf Papier, 64,0 cm × 47,4 cm.

rung der rechts und links neben dem Chorbogen befindlichen Durchgänge, Verringerung der Anzahl der Stufen vor dem Altar von vier auf zwei, Verputzen des gesamten Außenbaus, Beseitigung der Fialen – lässt sich am Baubestand nicht mehr ablesen, auf welche „Verbesserungen" die Pfarrbeschreibung von 1905 anspielt. Auch der erhaltene Plan kann für die Beantwortung dieser Frage nicht herangezogen werden, da es nicht eindeutig festzustellen ist, ob er den Zustand vor oder nach der Restaurierung darstellt (Abb. 259). Zudem zeigt er nur das Innere der Kirche und vermag so keine Anhaltspunkte über das Äußere zu vermitteln.

Quellen: PfarrA Ursprung, „Pfarrbeschreibung von 1905". PfarrA Stetten, Nr. 105.3 (Bausachen Kirche 1883–1965). HH-Buch vom 1. 3. und 6. 7. 1884. TUM, Nachlass Heinrich Dolmetsch, Signatur 12.1, 1 Bleistiftplan, undatiert und unsigniert; Signatur 12.2, 1 Plan „Kirche zu Ursprung. Altar in 1/10 nat. Grösse".

Lorch, ev. Pfarrkirche (St. Maria)
Ostalbkreis, ehemals OA Welzheim

Von der bereits im 12. Jahrhundert gegründeten Stiftskirche an der Stelle der heutigen Pfarrkirche sind keine Reste mehr erhalten. Um 1474 (Altarweihe)

wird das Gebäude mit einem netzgewölbten Chor und einem Langhaussaal neu erstellt. 1728 (i) werden die Emporen im Inneren der Kirche erweitert und ein neuer Zugang zu denselben auf der Nordseite geschaffen. 1837 (i) wird das Portal auf der Südseite der Kirche neu angelegt, die vier Fenster auf dieser Seite vergrößert und mit neuen Einfassungen versehen sowie eine neue Sakristei im Winkel zwischen Schiff und Chor errichtet.

Dolmetsch besichtigt die Lorcher Stadtkirche erstmals am 12. April 1904, um den Kirchengemeinderat „in Betreff der wesentlichen Punkte der Kirchenverschönerung" zu beraten, wie das Protokoll desselben Tages mitteilt. In seiner bereits am 13. April 1904 erstellten „Aeußerung über die Augenscheinnahme der Stadtkirche" hält Dolmetsch für das „Dringendste, was an dieser Kirche zu geschehen hätte, die Trockenlegung der Umfassungswände und die Verstärkung resp. Unterfangung der Fundamente an denjenigen Stellen, wo sich Mauerrisse zeigen". Die Risse seien „sorgfältig auszuspritzen und mit Portlandzementmörtel auszugießen". Rings um die Kirche sei „ein ca. 70 cm breites an den Sockel anzuschließendes Trottoir auf solider Steinvorlage anzubringen und außen mit einem Zementkandel zu versehen, durch welchen das Wasser erfolgreich vom Kirchplatze zu entfernen" sei. Des Weite-

ren sollten Dolmetschs Ansicht nach folgende Arbeiten am Äußeren der Kirche zur Ausführung gelangen: „Neueinsetzung der verwitterten Gurtgesimse an der Westseite und am Turm", Ersetzung der „im letzten Jahrzehnt mit Zinkrauten ausgeführten Abdeckungen der oberen Strebpfeilerwasserschläge" durch „Steinabdeckungen" sowie Entfernung der Putzreste und Freilegung des „graue[n] Naturgestein[s]" des „malerischen Reiz[es]" wegen. Wenn diese Maßnahmen durchgeführt würden, erhielte „die Kirche von außen ein einheitliches Gepräge [...], welches der Bedeutung der ganzen Bauanlage entspricht". Die „in früherer Zeit eingebrochenen vier Fenster an der Südseite des Schiffs" sind nach Dolmetschs Auffassung „unschön groß" und „geben fast eine Ueberfülle von Licht", doch empfiehlt er nicht explizit die Herstellung der fehlenden Steinpfosten und Maßwerke. Schließlich soll auf der Nordseite der Kirche die Emporentreppe neu errichtet werden, da diese sich „in sehr abgenütztem Zustande befindet". Im Gegensatz zu dem im Dezember 1903 gefertigten Kostenvoranschlag des Oberamtsbaumeisters Kinkel, der die Herstellung einer „unbedeckten Granittreppe mit Eisengeländer" vorsieht, schlägt Dolmetsch vor, den „Treppenunterbau samt Tritten von Stein [...] mit einem auf Holzpfosten ruhenden Holzdachwerk mit Ziegelbedeckung" zu erstellen, weil „der Anblick einer Steintreppe ein zu nüchterner für eine alte Kirche" wäre. Was das Innere der Kirche anbelangt, so betrachtet der Kirchengemeinderat die Frage der „künftigen Unterbringung des Kirchenchors" als „brennend". Dolmetsch schlägt diesbezüglich vor, den Kirchenchor „vor der auf der westlichen Querempore stehenden Orgel in der Weise unterzubringen, daß man die hinter der Orgel untergebrachten Blasbälge auf den Dachboden verlegt". Diese Verlegung brächte den Vorteil, dass „die Orgel um ca. 1,80 m zurückgerückt werden [könnte], wodurch vor der Orgel genügender Platz für den Kirchenchor gewonnen würde, ohne an der Emporenbrüstung irgend eine Aenderung vornehmen zu müssen". Das „kleine Rundfenster hinter der Orgel könnte im Interesse der letzteren zugemauert werden und die Wand wäre innen mit Korksteinplatten zu verkleiden, so daß äußerste Trockenheit gesichert wäre". Die „noch von der früheren Orgel-aufstellung herrührende Chorempore" wäre nach Dolmetschs Meinung zu beseitigen, „um die schönen Chorfenster frei zu bekommen und die in die Wände eingelassenen schönen Grabplatten wieder ans Tageslicht zu bringen". Im Übrigen will er das Gestühl im Schiff, die Aufstellung von Altar und Taufstein sowie „die mit Ölfarbe im Steinton angestrichene Holzverkleidung um den Altar" beibehalten, lediglich die Bestuhlung im Chor soll erneuert und auf der Nordseite des Schiffs ein Ofen aufgestellt werden. Die Neuverglasung der Schifffenster wäre nach Dolmetschs Ansicht „aus Sparsamkeitsrücksichten […] noch hinaus[zu]-schieben".

Bereits am 10. Mai 1904 beschließt der Kirchengemeinderat, „die Kirchenrenovierung dem vorgelegten sachverständigen Gutachten gemäß vorzunehmen [und] Oberbaurat Dolmetsch mit der Oberleitung zu betrauen". In der Sitzung des Kirchengemeinderats am 30. Juni 1904 liegen die „Pläne und Voranschläge des Oberbaurats Dolmetsch" vor, nach denen die auf 26 000 Mark berechnete Kirchenrestaurierung vorgenommen werden soll. Mit den Restaurierungsarbeiten an der Kirche wird am 1. August 1904 begonnen, doch schon bald werden „viel mehr Schäden aufgedeckt als vor dem Beginn [der Renovierungsarbeiten] anzunehmen war", wie einem Aufruf zur „Hauskollekte für die Kirchen-Renovierung" zu entnehmen ist. Insbesondere die „durchgängige Schlechtigkeit der Grundmauern", der „lebensgefährlich[e] Zustand des Chorgewölbes", die Beschaffenheit der Fenster an der Südseite, die „mit ihrem häßlichen Holzrahmen der Kirche gewiß nicht zur Zierde dienen", und die Herstellung eines „neuen bequemen Gestühls in der ganzen Kirche" als das „in gesundheitlicher Hinsicht am dringendsten gefühlte Bedürfnis" tragen zu einem vermehrten Kostenaufwand bei.

In der Sitzung des Kirchengemeinderats am 10. Januar 1905 muss sich Dolmetsch wegen der „enorme[n] Überschreitung der Baukosten" – während der Kostenvoranschlag vom Juli 1904 allein für die Maurer- und Steinhauerarbeiten eine Summe von 8400 Mark vorsieht, beträgt die tatsächliche Ausführungssumme bis zum Ende des Jahres 1904 immerhin 23 500 Mark – verantworten. Zum einen

macht er die betrügerische Führung der Rapportzettel durch den Unternehmer wie auch die zu leichtgläubige Prüfung derselben durch den Bauführer für diese immense Überschreitung verantwortlich, zum anderen „aber hat es sich gezeigt, daß an manchen Stellen das alte Mauerwerk nicht solid genug war", so dass er seinen Grundsatz, dass „nur ergänzt werden solle", nicht aufrecht erhalten konnte. Wie einem Schreiben des Pfarramts an das Konsistorium vom 27. März 1905 zu entnehmen ist, rührt der „Mehraufwand bei den Grab- und Betonierungsarbeiten davon her, daß die Fundamente in einem nicht vorauszusehenden schlechten Zustand sich vorfanden". Der Verfasser führt weiter aus, dass „der Mehraufwand für Maurer- und Steinhauerarbeiten sich aus der schlechten Beschaffenheit des Mauerwerks" erklärt. Am Chor war „das Mauerwerk an verschiedenen Stellen so zerrissen, daß an größeren Flächen das Mauerwerk bis ins Herz hinein ausgebrochen und mit neuem hartem Material wieder ausgemauert werden" musste. Die „südliche Schiffwand bestand […] aus fast durchweg weichem Stubensandstein und im Innern war sie teils nur mit weichen Sandsteinbrocken ausgefüllt, die lose und durchweg ohne Mörtel eingebracht" waren.

Ungeachtet dieses Mehraufwands beschließt der Kirchengemeinderat am 10. Januar 1905 entgegen Dolmetschs Gutachten vom 13. April 1904, ein neues Gestühl zur Ausführung bringen zu lassen. In weiteren Punkten nimmt er eine Änderung gegenüber dem ursprünglichen Bauplan vor: „Die Nordtreppe auf der Außenseite bleibt weg, dafür Innentreppe. An Stelle der dortigen Außentüre ein Rundbogenfenster und darunter eine weitere Lichtöffnung. Am Westtor neue Türe mit Windfang. Im Chor fällt die Nordempore. Die Ostempore wird auf 1 m 20 gesenkt. Neuer Boden in den Haupt- und Quergängen, besonders um den Altar." Entsprechend diesen Vorstellungen des Kirchengemeinderats fertigt Dolmetsch am 23. März 1905 sowohl zwei Grundrisspläne für die Aufstellung des neuen Gestühls als auch einen „Kostenvoranschlag über die sämtlichen Bauarbeiten am Äußern und Innern" (Abb. 260). Die Orgel und das Gebläse behalten ihre angestammten Plätze auf der Westempore, da die Chorempore erhalten bleibt, um als Standort für den Sänger-

chor zu dienen (Abb. 261). Der Altar wird nicht in den Chor gerückt, sondern bleibt im Kirchenschiff stehen. Die Emporenstützen und -brüstungen bleiben gleichfalls unverändert, allerdings wird der Zugang zu den Emporen vom Äußeren in das Innere der Kirche verlegt. Der westliche Eingang erhält einen schützenden Windfang vorgelagert. Schließlich werden die vier Fenster auf der Südseite des Schiffs mit Pfosten und Maßwerk versehen.

Obwohl Dolmetsch die Pläne gemäß den Wünschen des Kirchengemeinderats erstellt, entbrennt in der Sitzung des Kollegiums am 30. März 1905 angesichts der hohen Baukosten – betrugen die im Jahr 1904 aufgewendeten Kosten bereits 29 100 Mark, so sind nach Dolmetschs Berechnungen noch einmal 23 000 Mark für die Arbeiten im Inneren der Kirche sowie 8900 Mark für Architekten- und Bauführungskosten zu veranschlagen – ein Streit um die weitere Ausführung der Bauarbeiten. Es stehen drei Möglichkeiten zur Diskussion: „a) Vollendung des Äußeren. b) Vollendung des Äußeren und teilweise Erneuerung des Innern. c) Durchführung des gesamten Baues nach dem Voranschlag." Da es sich um eine teilweise Erneuerung des Inneren „nicht handeln könne" – man wisse „im Innern nicht wo anfangen und aufhören" – und die „Vollendung des Äußeren allein niemand befriedigen" würde, beschließt der Kirchengemeinderat, das Bauwesen nach dem Voranschlag von Dolmetsch vom 23. März 1905 auszuführen.

Noch zweimal, am 16. Juni 1905 und am 22. Juni 1905, debattieren die Mitglieder des Kirchengemeinderats um das „Für und Wider des Weiterbauen[s]". Doch in beiden Fällen spricht sich „die weitaus überwiegende Zahl der Mitglieder des KGR für Fertigstellung der Kirche noch in diesem Jahr" aus, zumal Dolmetsch versichert, dass die Anfertigung des neuen Gestühls „in so verhältnismäßig kurzer Zeit" möglich sei. Auch der Hinweis von Dolmetsch auf eine Vermehrung der Bauführungskosten durch eine Verschiebung der Arbeiten auf das kommende Frühjahr erscheint dem Kollegium als ein überzeugendes Argument für die Fortführung des Bauwesens. Tatsächlich kann die Einweihung der restaurierten Kirche am 26. November 1905 begangen werden. Die Baukosten überschritten ein weiteres Mal den Voran-

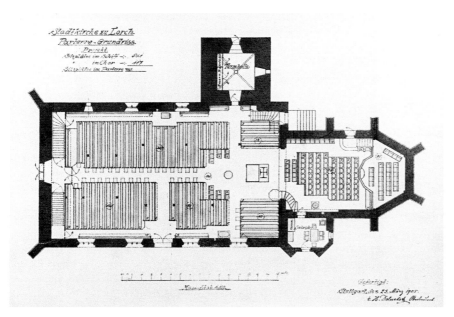

Abb. 260 Lorch, ev. Kirche, Grundriss Parterre, 1905. Lichtpause, koloriert, 52,5 cm × 33,0 cm.

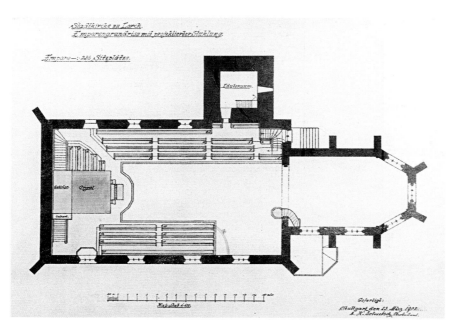

Abb. 261 Lorch, ev. Kirche, Grundriss Empore, 1905. Lichtpause, koloriert, 52,5 cm × 33,0 cm.

schlag; die Zusammenstellung von Dolmetsch vom 9. Mai 1906 über die Arbeiten der ersten und zweiten Bauperiode weist eine Summe von rund 72 000 Mark aus.

Die Arbeiten wurden im Jahr 1905 laut Dolmetschs Voranschlag vom 23. März 1905 ausgeführt und überstiegen damit den Umfang der am 13. April 1904 beabsichtigten Maßnahmen erheblich. Unter anderem wurden die Schifffenster vollständig neu verglast und die drei Chor-

fenster mit Glasmalereien von Gustav van Treeck versehen. Dolmetschs Vorschlag, die von Oberamtsbaumeister Kinkel projektierten „großen Fenster an der Westseite des Schiffs" nicht auszuführen, da die Kirche im Inneren hell genug sei, wurde gefolgt, ebenso der Empfehlung, eine „kreisförmige Lichtöffnung [ohne Maßwerk] in der Höhe des Dachbodens an Stelle des unschönen Aufzugloches" anzubringen sowie das kleine Rundfenster hinter der Orgel zuzumauern. Der

weitaus größte Anteil an der Bausumme entfällt auf die Maurer- und Steinhauerarbeiten, die sich – abgesehen von den bereits beschriebenen Veränderungen hinsichtlich der Fensteröffnungen – vor allem auf Maßnahmen zur Fundamentverstärkung und Trockenlegung der Kirche erstreckten. Von den Ausstattungsgegenständen aus der Dolmetsch-Zeit haben sich das Gestühl, die Verglasung in Schiff und Chor, die Emporenaufgänge, der Windfang vor dem Westportal sowie das Kanzeltreppengeländer erhalten.

Quellen: LKA, A 29, 2632-4 (Kirchengemeinde 1888–1923), darin u. a. Gutachten von Dolmetsch vom 13. 4. 1904. PfarrA Lorch Nord, „KGR-Protokolle 1900–1906". PfarrA Lorch Nord, Nr. 254 (Beilagen zur Kirchenpfleg-Rechnung. Kirchenbauwesen 1904/06). PfarrA Lorch Nord, Nr. 255 (Abrechnung von Oberbaurat Dolmetsch über die Kirchenerneuerung. Beilagen zur Kirchenpfleg-Rechnung 1904/06). PfarrA Lorch Nord, Nr. 256 (Abrechnung von Oberbaurat Dolmetsch über die Kirchenerneuerung II. Beilagen zur Kirchenpfleg-Rechnung 1904/06), darin u. a. 2 Grundrisspläne, datiert und signiert „Gefertigt Stuttgart, den 23. März 1905. H. Dolmetsch Oberbaurat". TUM, Nachlass Heinrich Dolmetsch, Signatur 77.1, „Grundriss des Ziehsitzes", undatiert und unsigniert.
Literatur: Hermann Kissling, Die evangelische Stadtkirche Lorch, hrsg. von der Ev. Kirchengemeinde Lorch, Lorch 1969, S. 14.

Lustnau *siehe Tübingen*

Meßstetten-Hossingen, ev. Filialkirche (St. Nikolaus)
Stadt Meßstetten, Zollernalbkreis, ehemals OA Balingen

Die kleine Filialkirche entstand 1668 aus der Vergrößerung einer gotischen Kapelle, von der heute nur noch die fünf unteren Stockwerke des Turmes erhalten sind (Abb. 262).

Am 6. Februar 1889 bezeichnet der Pfarrer in einem Schreiben an den Verein für christliche Kunst die Kirche als „in sehr üblem Zustand" befindlich und „einer Verbesserung dringend bedürftig". Eineinhalb Jahre später, am 16. September 1890, hebt er in einem abermaligen Brief an den Verein für christliche Kunst

Abb. 262 Hossingen, ev. Kirche, Ansicht von Nordosten, vor 1903.

hervor, dass „die Kirche sich in einem sehr dürftigen, armseligen Zustand befindet". Gleichzeitig teilt er mit, dass „im letzten Spätjahr die Besichtigung der Kirche durch Herrn Baurat Stahl vorgenommen worden" sei. Die von Stahl gefertigten Skizzen seien „nahezu" fertig. Aus den Quellen geht allerdings weder hervor, welche Maßnahmen diese „Skizzen" umfasst haben, noch aus welchen Gründen sich die Kirchengemeinde schließlich von Stahl abwendet.

Das Bauvisitationsprotokoll von Oberamtsbaumeister Heinz vom 6. August 1896 hält noch einmal fest, dass das „Bauwerk in baulicher Beziehung wesentliche Mängel aufweist, insofern ein Teil der Kirche in den Berg eingebaut und daher sehr feucht und ungesund ist, insofern weiter im Dachstuhl eine Bundstrebe samt der Stuhlschwelle abgefault und das Decke[n]täfer, das an den abgefaulten Balken [angebracht ist] und weil selbst in Fäulnis übergegangen, keinen Halt mehr hat [und] herabzustürzen droht, und schließlich deßhalb, weil der obere Stock des Thurms, in welchem sich die Glocken befinden, nach zwei Seiten hin aus dem Senkel gewichen ist und immer noch mehr weicht, so daß schließlich ein Unglück nicht ausgeschlossen ist". Der Kirchengemeinderat beschließt am 2. August 1898 infolgedessen den Neubau der Hossinger Kirche, da „die feuchte im Boden steckende kalte ungesunde und für eine Einwohnerschaft von 400 Seelen

zu kleine Kirche in einem dermaßen heruntergekommenen Zustand sich befindet, daß sie nicht mehr repariert werden kann". Ferner wird beschlossen, „den christlichen Kunstverein um gütige Fertigung eines Bauplans und eines Kostenüberschlags durch Bauinspektor Frey oder durch Baurat Dolmetsch zu bitten".

Ausschlaggebend für die Wahl von Dolmetsch als Baumeister der neu zu errichtenden Kirche ist schließlich eine von Bauführer Staehle übersandte Fotografie der Gögginger Kirche, die den Mitgliedern des Kirchengemeinderats „gut" gefällt, wie das Kirchengemeinderatsprotokoll vom 8. September 1898 mitteilt. Das von Dolmetsch am 5. Januar 1899 gefertigte Gutachten scheint nicht erhalten zu sein; aus dem Kirchengemeinderatsprotokoll vom 22. Januar 1899 geht diesbezüglich lediglich hervor, dass Dolmetsch vorgeschlagen habe, „die bisherige Baustelle bei einem Neubau zu verlassen". Der Vorstand des Vereins für christliche Kunst habe in einem Schreiben vom 7. Januar 1899 an das Dekanatamt diesem Vorschlag zugestimmt.

Wie einem Brief von Dolmetsch an den Dekan in Balingen vom 8. Januar 1899 zu entnehmen ist, stehen drei Bauplätze für den Neubau der Kirche zur Diskussion. Dolmetsch präferiert denjenigen, der „inmitten des Ortes an der Kreuzung 2er Straßen liegt". Er begründet seine Wahl mit dem Argument, dass „derselbe außer seiner zentralen Lage auch wegen der geschickten Terrainhöhe wohl geeignet [sei]", er liege „nemlich um ca. 1 Meter höher als die Straßen, was nicht blos die zu erbauende Kirche besser zur Erscheinung bring[e], sondern auch für das Gebäude sehr gesund" sei. Er fügt hinzu, dass „am wenigsten geeignet die bisherige Baustelle [sei], welche infolge des erforderlichen Zukaufs von einer Wiese und dem Backhaus nebst Erstellung von Stützmauern mit Treppen ebenso theuer käme, wie die Erwerbung einer der beiden andern Plätze". Der Kirchengemeinderat spricht sich hingegen am 22. Januar 1899 für die Beibehaltung des alten Bauplatzes aus, da die von Dolmetsch vorgeschlagenen neuen Bauplätze „nicht in Mitten des Ortes liegen, von dort aus die Uhr nicht gleichermaßen von allen gesehen und die Glocken ebenso nicht von allen gehört werden" könnten. Da aus diesem frühen Planungsstadium keinerlei Bauzeichnungen erhalten sind,

lässt sich nicht nachvollziehen, an welcher Stelle die Kirche hätte erbaut werden sollen. Auch lässt sich der Widerspruch nicht lösen, dass Dolmetsch den Bauplatz als „inmitten des Ortes" gelegen bezeichnet, während das Kollegium gerade den Aspekt beanstandet, dass der Platz „nicht in Mitten des Ortes" liegt.

Den ersten Bauplan fertigt Dolmetsch im Mai 1900. Über das Aussehen dieses geplanten Baus ist lediglich bekannt, dass er „in gotischem Stil mit Empore und 288 Sitzplätzen" erfolgen sollte, wie einem Brief von Pfarrverweser Dreher an den Verein für christliche Kunst vom 9. November 1904 zu entnehmen ist. Der Kostenvoranschlag beläuft sich laut Kirchengemeinderatsprotokoll vom 31. Mai 1900 auf die Summe von 64700 Mark und übersteigt damit die zur Verfügung stehenden Mittel um ein Vielfaches. Der Kirchengemeinderat ist deshalb der Ansicht, dass „begreiflicherweise noch keine weiteren Schritte in der Sache [zu] thun" seien.

Am 4. Mai 1900 erfolgt auf Anordnung des Oberamts Balingen die Schließung der Kirche. Das Kollegium sieht sich daraufhin in seiner Sitzung am 26. Juli 1900 veranlasst, auf der Errichtung eines Neubaus zu beharren, obwohl Werkmeister Glanz in einem Gutachten vom 25. Juli mitgeteilt habe, dass „eine Renovation der Kirche mit 12000 Mark möglich wäre". Doch auch von einem Betsaal, der mit einem weitaus geringeren Kostenaufwand zu erstellen wäre als eine neue Kirche, möchte der Kirchengemeinderat „nichts wissen". So wird beschlossen, „abzuwarten" und auf die finanzielle „Unterstützung des Konsistoriums und Beiträge von anderer Seite" zu hoffen. Ein zweiter Bauplan von Dolmetsch, „nach dem die Kirche im schiefen Winkel zum Turm unter Beibehaltung von dessen noch gutem unteren Teil erbaut" werden soll, reduziert die Kosten auf 50200 Mark, wie das Kirchengemeinderatsprotokoll vom 22. Mai 1902 rückblickend mitteilt. Am 12. Dezember 1900 fasst der Kirchengemeinderat „notgedrungen" den Beschluss, „den alten Bauplatz zu verlassen und den außerhalb des Dorfes liegenden ‚Scheibenbühl', den Platz des Wasserwerks, als Bauplatz zu bestimmen".

Im April 1901 fertigt Dolmetsch einen dritten Bauplan „in romanischem Stil, ohne Empore, mit 253 Sitzplätzen", wie das bereits erwähnte Schreiben vom 9. November 1904 mitteilt. Der Kostenvoranschlag beläuft sich nunmehr auf 48 850 Mark. Die Weglassung der Empore beruht auf dem Bemühen, die Kirche „möglichst billig herstellen zu können", wie Werkmeister Roller in einem Schreiben an den Dekan in Balingen vom 16. Januar 1901 bemerkt. Nach einer gemeinsamen Beratung von Kirchengemeinderat, Bürgerausschuss und Gemeinderat am 17. Juli 1901 erfolgt die „Gutheißung" der von Dolmetsch ausgearbeiteten Pläne, trotzdem bleibt der Wunsch des Kollegiums, die neue Kirche auf dem alten Bauplatz zu errichten, bestehen. Dies führt sogar zu einer „gutächtliche[n] Äußerung" von Dolmetsch über die Frage, inwieweit das „Scheibenbühlprojekt" auch „auf dem alten Platze ausführbar" sei, wie dem Kirchengemeinderatsprotokoll vom 22. Mai 1902 zu entnehmen ist. Anlass für dieses Gutachten ist zum einen eine Petition „eine[r] schöne[n] Anzahl Bürger", in der „dringend gebeten" wird, „die Kirche möchte im Orte belassen werden", und zum anderen die Einwilligung des „Kirchennachbars Scherle", den an das Kirchenareal angrenzenden Garten zu einem günstigen Preis der Kirchengemeinde zu überlassen. Der Ablehnung des „Scheibenbühl" durch die Bürgerschaft mit dem Argument, der Platz sei „allen Winden und Stürmen das ganze Jahr über ausgesetzt", ferner sei „im Winter, namentlich bei Eis, der steile Weg hinauf für alte Leute gefährlich", schließt sich der Gemeinderat in einer Äußerung vom 6. November 1901 an.

Ein vierter von Dolmetsch im Februar 1902 ausgearbeiteter Bauplan sieht die Errichtung der Kirche „an der Stelle des unterhalb der alten Kirche gelegenen Backhauses" vor. Eine durch Werkmeister Roller vorgenommene Untersuchung erbringt jedoch das Ergebnis, dass „der Turm zum größeren Teil auf einen zugedeckten früheren Weiher zu stehen" käme, so dass die „hohe[n] Fundierungskosten" die Ausführung dieses Projekts erheblich verteuern würden, wie das Kirchengemeinderatsprotokoll vom 22. Mai 1902 bemerkt. Die bereits erwähnte „gutächtliche Äußerung" von Dolmetsch beinhaltet hingegen die Erstellung des Langschiffs „östlich vom alten Turm", wobei der Chor „gegen Süden" ausgerichtet werden soll. Der in dem „Schei-

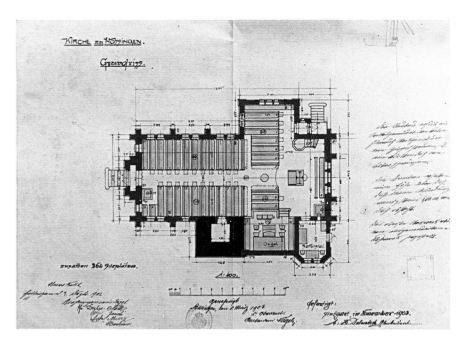

Abb. 263 Hossingen, ev. Kirche, Grundriss, 1902. Lichtpause, koloriert, ohne Maßangabe.

benbühlprojekt" vorgesehene neue Turm an der Nordostecke des Schiffs soll zugunsten der Beibehaltung des alten Turmunterteils an der Westseite wegfallen. Der Turmstumpf, „dessen Gemäuer noch sehr stark und gut erhalten ist und nur mit Schlaudern zu verstärken wäre", würde „einen dauerhaften Zementbest[r]ich zu erhalten haben". In dem zwischen dem alten Turm und dem westlichen Querschiff entstehenden Zwischenraum soll „zweckmäßig" eine Sakristei eingebaut werden, „infolgedessen der im Scheibenbühlplan als Sakristei benützte Querschiffraum ganz zum Kirchenraum gezogen werden kann, wodurch die Gesamtsitzplatzanzahl um 12 vermehrt" werden kann. Die beiden oberen Stockwerke des Turmes sind „abzutragen und neu zu konstruieren".

Die im Oktober bzw. November 1902 gefertigten Zeichnungen entsprechen in allen Punkten dem genannten Gutachten mit Ausnahme der Platzierung der Sakristei: Sie kommt nun in dem südwestlichen Winkel zwischen Querschiff und Chor zu liegen anstatt unmittelbar an den Turm anzuschließen (Abb. 263). Dem Bestreben, die Kirche „möglichst billig her[zu]stellen", kommt Dolmetsch in der Tat dadurch nach, dass er keinerlei Emporen plant, und die Orgel auf ein vierstufiges Podest im westlichen Querschiff stellt.

Die Traufwände der Kirche gestaltet Dolmetsch auffallend niedrig, auch dies

eine Maßnahme, um den Bau „möglichst billig her[zu]stellen", wie Roller in dem bereits genannten Brief vom 16. Januar 1901 vorwegnimmt. Eine hölzerne, spitz zulaufende Decke „überwölbt" sowohl das Langschiff als auch die beiden Querhausarme (vgl. Abb. 21). Der mit einem halbrunden Bogen verzierte Binderbalken im Inneren korrespondiert mit der Blendbogengliederung der Hauptfassade. Hervorstechendes Merkmal des Bauwerks ist die Verwendung von naturroten Backsteinen in Kombination mit hellen Putzflächen (Abb. 264). Ein Fries von aneinandergereihten Kreisen, ebenfalls aus Backsteinen bestehend, läuft an sämtlichen Traufwänden um die Kirche. Derselbe Fries kehrt an den Giebelseiten oberhalb der Rundfenster wieder. Kleine, fialenartige Aufsätze bekrönen die Ecken der Giebelseiten. Sowohl die großen Rundfenster an der Nord-, West- und Ostfassade als auch sämtliche Rundbogenfenster entbehren – vermutlich aus Kostengründen – jeglichen Maßwerk.

Inwieweit die im Oktober bzw. November 1902 gefertigten Zeichnungen mit den im April 1901 „in romanischem Stil" ausgearbeiteten Plänen übereinstimmen, lässt sich mangels Quellen nicht feststellen. Mit dem Entwurf zu der Hossinger Kirche von 1902 entfernt sich Dolmetsch relativ stark von einem dogmatisch aufgefassten Stilzitat, versteht aber nach eigenem Bekunden – wie das Kirchengemeinderatsprotokoll vom

Abb. 264 Hossingen, ev. Kirche, Ansicht Ostfassade.

Abb. 265 Hossingen, ev. Kirche, Kirchenschiff nach Süden.

2. August 1903 überliefert – den Stil der Kirche als „mittelalterlich". Er lehnt nämlich das Angebot der katholischen Kirchengemeinde in Ludwigshafen am Rhein, die von Link gefertigte Interimsorgel für Hossingen zu übernehmen, mit dem Begründen ab, das „Renaissancegehäuse der Orgel passe nicht in die im mittelalterlichen Stil gehaltene neue Kirche".

Der Bau wird im Laufe des Jahres 1903 fertiggestellt: Der Beginn der Abbrucharbeiten der alten Kirche erfolgt am 10. März, die Einweihung der neuen Kirche am 20. Dezember. Die endgültig ermittelte Bausumme von rund 54 060 Mark überschreitet die Voranschlagssumme immerhin um beinahe 5000 Mark. Für diese Überschreitung muss zum großen Teil die unerwartet schlechte Bausubstanz des Turmes verantwortlich gemacht werden, der „an der Ostseite [um] 1 m, an der Westseite [um] 2 m weiter abgebrochen werden" muss, als ursprünglich vorgesehen war.

Die Ausstattung der Hossinger Kirche aus dem Jahr 1903 ist mit Ausnahme der

Ausmalung, die laut Kirchengemeinderatsprotokoll vom 18. Oktober 1903 Eugen Wörnle vornahm, und des Fußbodens vollständig erhalten (Abb. 265). Erste Veränderungen an der Kirche erfolgten im Jahr 1948: Die Orgel wurde auf eine neu erstellte Westempore versetzt, und das oberste Geschoss des Turms, das Dolmetsch in Fachwerk aufführen ließ, wurde durch Beton ersetzt. Weitere Umbaumaßnahmen fanden 1963/64 statt: Die Fialen an den Ecken der Giebelseiten wurden entfernt, weil sich an diesen Stellen übermäßig viel Schnee im Winter ansammeln konnte, und das Satteldach des westlichen Querschiffs wurde aus demselben Grund in ein Pultdach, das sich an den Turm anlehnt, verwandelt.

Quellen: LKA, DAamt Balingen, 1. Stadtpfarramt, A 1205 (Renovierung des Chors der Stadtkirche). LKA, A 29, 2816-2 (Kirchengemeinde 1889–1923). LKA, K 1, Nr. 191 (Verein für christliche Kunst. Ortsakten Hossingen). PfarrA Meßstetten West, „KGR-Protokolle Hossingen 1885–1902". PfarrA Meßstetten West, „KGR-Protokolle Hossingen

1902–1910". PfarrA Meßstetten West, 7 kolorierte Lichtpauspläne, datiert „Oktober 1902" bzw. „November 1902", sämtlich signiert „H. Dolmetsch. Oberbaurat" sowie 1 „Situationsplan", datiert und signiert „Gefertigt Stuttgart, im November 1902. H. Dolmetsch. Oberbaurat". HH-Buch vom 7. 8. 1903, 22. 6. und 29. 9. 1904.
Literatur: DBZ 42, 1908, Nr. 63, S. 432. Adolf Klek, Hossinger Kirchen- und Ortsgeschichte (hrsg. von der Ev. Kirchengemeinde Hossingen, Landkreis Balingen), o. O. 1963, S. 10 und S. 13. Herm[ann] Dreher, Hossingen, in: Blätter des Schwäbischen Albvereins 15, 1903, Nr. 10, Sp. 327.

Mitteltal *siehe Baiersbronn*

Möckmühl, ev. Stadtkirche (St. Bonifatius)

Kreis Heilbronn, ehemals OA Neckarsulm

Von dem aus gotischer Zeit stammenden Kirchenbau sind lediglich der Rechteckchor und die Südwand des Schiffs erhalten. Vermutlich bezieht sich die am Turm befindliche Inschrift „1513" nicht auf den Neubau desselben, sondern nur auf einen Ausbau oder eine Restaurierung, da der Turm sich nicht in der Achse der gotischen Kirche befindet und sich wahrscheinlich auf den jüngeren der beiden Vorgängerbauten bezieht. Im Jahr 1973 durchgeführte Grabungen ergaben, dass die Kirche zwei Vorgängerbauten hatte, die beide wiederum im Laufe der Jahrhunderte verändert wurden. Möglicherweise lässt sich die älteste Kirche sogar mit der bereits für das Jahr 815 überlieferten „ecclesia" in Verbindung bringen.

Die Pläne, die Kirche zu „verschönern", gehen auf das Jahr 1884 zurück, in dem „Privatier Ziller" aus Vaihingen an der Enz der Kirchengemeinde die Summe von 300 Mark stiftete, wie es in den „Vorbemerkungen" zu der Kirchenbaurechnung 1899/1901 heißt. Am 21. Mai 1891 besichtigt Baurat Stahl im Auftrag des Vereins für christliche Kunst die Kirche in Möckmühl, um ein Gutachten abgeben zu können, das auf eine „Restauration" des Bauwerks abzielt. Anstelle eines solchen Gutachtens liefert er im Februar 1893 einen „weit über die Verschönerung

hinausgehenden Plan". Da dies ohne zuvor erteilten Auftrag erfolgte, und „zudem der Plan nicht gefiel", wird Stahl nach langwierigen Verhandlungen mit einer geringfügigen Summe abgefunden. Dolmetsch, der sich bereits in dem Streit um die Höhe der Abfindungssumme als Vermittler betätigte, erhält den Auftrag, die Kirche in Augenschein zu nehmen.

Am 5. November 1895 unternimmt der Kirchengemeinderat gemeinsam mit Dolmetsch eine Besichtigung des Gotteshauses (Abb. 266), woraufhin dieser seine „Baugedanken" mündlich in der Sitzung desselben Tages vorträgt. Im Protokoll werden folgende Punkte festgehalten: „Das Resultat der Besichtigung ist einerseits, daß die Kirche nirgends eigentlich baufällig ist, daß jedoch einzelne Durchzugsbalken im Dachraum vom Wurm stark angefressen sind, so daß eine Erneuerung derselben mit der Zeit notwendig wird, andererseits, daß folgende Neuerungen anzustreben sind:

1) Im Interesse der Gesundheit ist ein neuer Kirchenboden herzustellen, welcher in Cementguß ausgeführt und mit Plättchen überdeckt die Feuchtigkeit gründlich beseitige.

2) Ebenfalls im Interesse der Gesundheit und zugleich um Licht zu gewinnen, sollte der Kirchenraum unter dem Turm zu ebener Erde mit Lichtöffnungen versehen werden, da derselbe feucht und dunkel ist.

3) Im Interesse der ledigen männlichen Jugend, welche auf der ebnen Empore

nicht auf die Kanzel sieht und so der Predigt zu folgen gehindert ist […] und wie sie dort ganz aus den Augen der Gemeinde ist und so aus doppeltem Grunde zu Unaufmerksamkeit und Störung der Gemeindeandacht verleitet ist, sollte diese oberste Empore ganz entfernt werden.

4) Die Decke der Kirche ist in einem so schlechten Zustande, daß eine bloße Erneuerung durch Anstrich von Herrn Architekten Dolmetsch als unzureichend bezeichnet wird, und hiefür vielmehr eine neue Überdeckung anzustreben ist, umsomehr als die Durchzüge über der Decke stark wurmstichig sind." Das Kollegium kommt im Einvernehmen mit Dolmetsch zu dem Schluss, dass „eine bloße Verschönerung mittelst Anstricharbeiten nicht genügt […], sondern daß gründlich baulich restauriert (nicht bloß repariert) werden muß".

Dolmetsch schlägt ausgehend von seinen Beobachtungen zwei unterschiedliche Baupläne vor, die nicht als Zeichnungen, sondern lediglich durch das bereits genannte Kirchengemeinderatsprotokoll vom 5. November 1895 überliefert sind. Es muss aber festgehalten werden, dass die im Dezember 1895 angefertigten Baupläne sich inhaltlich mit dem zweiten der im November vorgestellten Projekte decken, so dass davon ausgegangen werden kann, dass der Kirchengemeinderat seine Zustimmung diesem zweiten Plan erteilte und dem ersten, sich an dem Stahl'schen Plan orientierenden Entwurf seine Missbilligung entgegenbrachte. Dieser erste, vom Kirchengemeinderat abgelehnte Plan sah den Abbruch der nördlichen Schiffwand und das versetzte Wiederaufbauen derselben vor, so dass das neue Kirchenschiff sich axial auf den Turm bezogen hätte. So sah auch Stahls Vorschlag aus, doch könnten „die beiden Ecktürme des Stahl'schen Entwurfs gespart werden, die allein je 3000 Mark kosten würden". Im Gegensatz zu Stahl dachte Dolmetsch, die nördliche Seite als „Nebenschiff" auszugestalten, so dass sich „eine unsymmetrische 2schiffige Kirche" ergeben hätte. So wäre der Chor nicht so sehr „auf die Seite gedrückt erschiene[n]" wie im Stahl'schen Projekt. Auch das von Stahl vorgeschlagene Erhöhen der Umfassungswände erschien Dolmetsch nicht günstig, da „damit eine weitere Herabdrückung des Chors" einhergegangen wäre. Der zweite Plan berücksichtigt in stärkerem Maße als der erste

Abb. 266 Möckmühl, ev. Kirche, Innenansicht nach Osten, vor 1899.

271

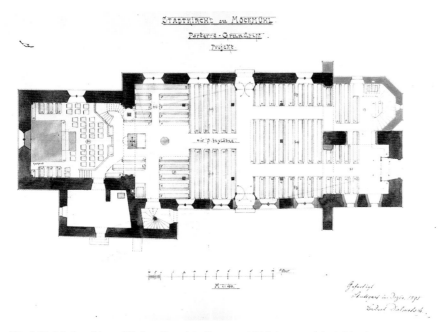

Abb. 267 Möckmühl, ev. Kirche, Grundriss Parterre, 1895 (unausgeführt). Tusche, farbig aquarelliert auf Papier, 41,8 × 32,8 cm.

19. Januar 1896 vermerkt, wird die Bauausführung „wegen unzureichender Mittel [...] auf unbestimmte Zeit" verschoben. Erst der Brand der Kirche in der Nacht vom 30. auf den 31. Oktober 1898 schafft eine neue Situation. Am 4. November 1898 kommt Dolmetsch erneut nach Möckmühl, um die teilzerstörte Kirche anzusehen, und bereits am 6. November beschließt der Kirchengemeinderat auf der Grundlage des von Dolmetsch mündlich abgegebenen Gutachtens den Wiederaufbau der Kirche. Die im Januar 1899 ausgearbeiteten Pläne entsprechen in allen Punkten den Beschlüssen des Kollegiums vom November des vorangegangenen Jahres: Die „Schiffmauern [sollen] auf die Höhe der Chormauer erhöht", und die „nördliche Schiffseite [soll] ganz neu erstellt" werden. Diese Absicht überrascht insofern, als sich der Kirchengemeinderat eindeutig gegen diese beiden, schon im Stahl'schen Entwurf

die bestehende Bausubstanz. Die Umfassungsmauern sollen insofern unangetastet bleiben, als sie in Höhe und Breite nicht verändert werden sollen (Abb. 267). Eingriffe in das Mauerwerk sollen im Bereich der Nordfassade erfolgen, da dort die Fensteranordnung entsprechend der bestehenden auf der Südseite – vier lange, zweibahnige Spitzbogenfenster – gestaltet werden soll. Auch die Fenster- und Türöffnungen der Sakristei und des anschließenden Treppenhauses sollen derart umgewandelt werden, dass der Sakristeianbau nach außen durch ein großflächiges dreibahniges Maßwerkfenster in Erscheinung tritt. Da die Umfassungswände des Kirchenschiffs nicht erhöht werden sollen, bleibt auch der Chorbogen in seiner bisherigen Form bestehen, es wird aber die ehemals vorhandene Flachdecke durch eine in den Dachraum aufgesprengte Decke ersetzt (vgl. Abb. 86). Trotzdem reicht die Höhe des Kirchenschiffs nicht aus, um die Orgel auf die Westempore zu verlegen, so dass sie im Chor bleiben soll, jedoch von der in Wegfall kommenden Empore „auf ein Podium herabgesetzt" würde. Der auf der Südseite des Turms vorgesehene Anbau und die gleichzeitige Öffnung des Turmerdgeschosses zum Schiff hin würden sich im Inneren als zwei gleich große Bogenstellungen darbieten, so dass die Tatsache verschleiert würde, dass sich Chor und Turm nicht in einer Achse befinden.

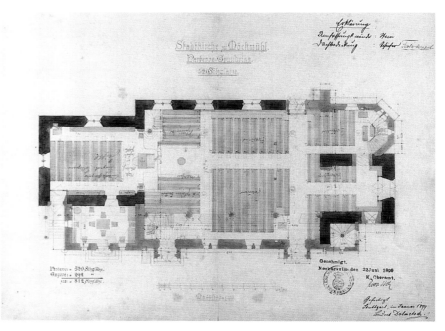

Abb. 268 Möckmühl, ev. Kirche, Grundriss Parterre, 1899. Lichtpause, koloriert, 41,7 × 33,0 cm.

Diese Maßnahme muss als die für die Wirkung des Innenraums gewinnbringendste angesehen werden. Um dem Schiff mehr Licht zuzuführen, beabsichtigt Dolmetsch, in den schrägen Flächen der Decke ovale Öffnungen anzubringen, die durch Lichtschächte mit der Dachhaut verbunden werden sollen.

Obwohl die Umbaupläne dem Kirchengemeinderat „ungemein einleuchtend" erscheinen, wie das Protokoll vom

vorgesehenen Maßnahmen ausgesprochen hatte. Infolge des Brandes hat sich die Situation jedoch grundlegend verändert, da der Dachstuhl heruntergebrannt und die Nordseite stark in Mitleidenschaft gezogen worden ist. Trotzdem „begrüßt man es mit Freude und Dank, daß die Umfassungsmauern und der Turm wesentlich erhalten werden können". Aufgrund der starken Hitzeentwicklung durch das Feuer sind im Chor

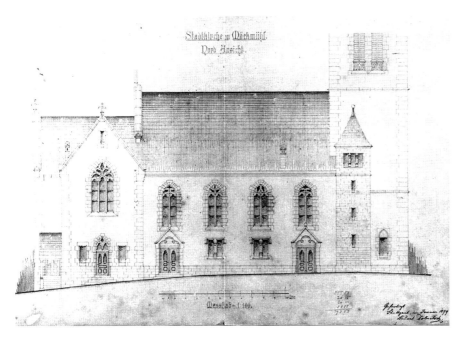

Abb. 269 Möckmühl, ev. Kirche, Ansicht Nordfassade, 1899. Lichtpause, 41,6 × 33,0 cm.

vollständig neu erstellt, wobei sie nach außen gerückt und mit Fenstern versehen wurde, die in zwei Reihen übereinander angeordnet sind (Abb. 269). In diesem Punkt weicht Dolmetsch von der Planung der Nordfassade vom Jahr 1895 ab, um die zweischiffige Anlage des Kirchenraums, bei dem sich eine breite Empore auf der Nordseite befindet, nach außen kenntlich zu machen. Zwar ist auch auf der Südseite eine schmale Empore vorhanden, doch korrespondiert hier nicht die Ausbildung eines eigenständigen Schiffs mit der Anlage der Empore. Auch wurde im Gegensatz zu dem Entwurf von 1895 die Sakristei komplett neu aufgeführt, über der sich eine weitere, sich zum Chor hin öffnende Empore befindet. In den Winkel zwischen nördlichem Seitenschiff und Turm fügt Dolmetsch ein Treppentürmchen ein. Der Anbau auf der südlichen Turmseite erfolgt in Analogie zu den 1895er Planungen (Abb. 270),

Malereien aus dem frühen 15. Jahrhundert zutage getreten, die auf Staatskosten restauriert werden sollen. Ausdrücklich wendet sich das Kollegium gegen die von einigen Mitgliedern der Gemeinde vertretene Ansicht, „die Reste der Kirche niederzureissen und eine gesamt neue Kirche zu bauen". Dieser im Protokoll vom 6. November 1898 geäußerten Überzeugung des Kirchengemeinderats entspricht Dolmetsch, indem er den Chor der Kirche beibehält (Abb. 268).

Da nach dem Brand der Kirche dringender Bedarf nach einem Wiederaufbau besteht, geht im Folgenden das Genehmigungsverfahren zügig vonstatten. Der im Januar 1899 zusammen mit den Zeichnungen ausgearbeitete, sich auf 140 000 Mark belaufende Kostenvoranschlag wird bereits am 25. Januar vom Gemeinderat und am 29. Januar vom Kirchengemeinderat gebilligt. Am 11. April 1899 werden die Bauarbeiten vergeben, am 16. Dezember 1900 kann die Einweihung der wiederhergestellten Kirche gefeiert werden. Die Gesamtkosten betragen schließlich 153 200 Mark.

Die Kirche wurde entsprechend Dolmetschs Plänen vom Januar 1899 ausgeführt; eine Ausnahme bildet das Chorfenster, das als schmales, zweibahniges Fenster geplant war, aber als breites, fünfbahniges Fenster ausgebildet wurde. Diese Änderung beruht auf einem Beschluss des Kirchengemeinderats vom 10. Okt-

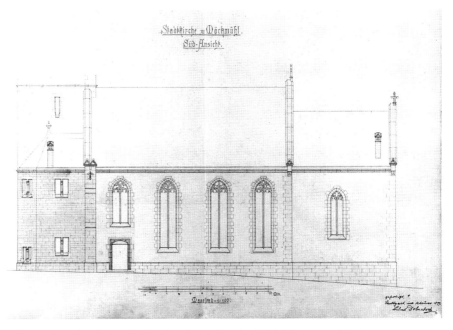

Abb. 270 Möckmühl, ev. Kirche, Ansicht Südfassade, 1899. Lichtpause, koloriert, 41,7 × 32,8 cm.

ober 1899, wonach dieser glaubt, „es der Gemeinde schuldig zu sein, festzuhalten an dem vom Christlichen Kunstverein in dessen Gutachten empfohlenen und auch schon beschlossenen breiteren Chorfenster, im Gegensatz gegen das von Seiten des Landeskonservatoriums an uns mündlich gestellten Ansinnens, im Interesse der Erhaltung der Bilder an der östlichen Wand das schmale Fenster zu belassen". Im Übrigen wurde die Nordseite

wobei die aus dieser Anlage resultierende günstige Wirkung für den Innenraum noch dadurch gesteigert wird, dass die in den Raum ragende Mauer des Turms durch die Aufstellung der Orgel auf der davor befindlichen Empore kaschiert wird. Das Verlegen der Orgel vom Chor auf die Westempore wurde letztlich durch den Umstand ermöglicht, dass die Umfassungsmauern des Schiffs um etwa 2 m erhöht wurden.

Abb. 271 Möckmühl, ev. Kirche, Innenansicht nach Osten, nach 1900.

In einem zeitgenössischen Artikel zur Einweihung der Kirche wird lobend hervorgehoben, dass sich beim Bau „nach außen […] eine malerische Gruppierung" ergeben habe, „nach innen aber […] eine symmetrische Ausgleichung". Abschließend wird konstatiert: „Der Gesamteindruck der Kirche im Innern wie im Aeußern ist ein derartiger, daß sich die Gemeinde Möckmühl nur Glück wünschen kann zu dem wohlgelungenen Werk, und daß jeder Besucher der Stadt Möckmühl nur überrascht sein wird, wenn er sieht, was alles Herrliches hier an Stelle des Alten geschaffen worden ist." Dolmetschs Entschluss vom 12. Novem-

ber 1893, dass die Kirche, „wenn [sie] umgebaut wird, […] eher mittelalterlich als Renaissance werden" wird, hat sicherlich großen Anteil an der vorteilhaften Wirkung des Gebäudes in den Augen der Zeitgenossen gehabt.

Die Kirche wurde 1973/74 einer erneuten Restaurierung unterzogen, die zwar Teile der Dolmetsch-Ausstattung beibehielt, das Erscheinungsbild im Inneren aber wesentlich „versachlichte". Die Decke büßte ihre farbigen Fassungen ein, der Mittelgang im Parterre wurde beseitigt, und der Chor mit Ausnahme der beiden Glasgemälde seiner Wandmalereien aus dem Jahr 1900 beraubt (Abb. 271).

Quellen: PfarrA Möckmühl, H 3 (KGR-Protokolle 1893–1901). PfarrA Möckmühl, Bü G (Kirchenbau-Rechnung 1899/1902). PfarrA Möckmühl, Bü B (Kirchenrestauration 1892–1894). PfarrA Möckmühl, J II, 7 (Zeitungsausschnitte). StadtA Möckmühl, C II (Fotografien vom Innenraum der Kirche nach 1900). PfarrA Möckmühl, 7 Tuschepläne, aquarelliert, datiert und signiert „Gefertigt, Stuttgart im Dezbr. 1895. Baurat Dolmetsch" sowie 11 Lichtpauspläne, aquarelliert, datiert und signiert „Gefertigt, Stuttgart im Januar 1899. Baurat Dolmetsch" und 1 Lageplan, datiert und signiert „Gefertigt: Möckmühl, den 1. Februar 1899. Geometer Schmehl. Die neuen Anbauten ergänzt von Baurat Dolmetsch, Stuttgart, den 6. Febr. 1899". TUM, Nachlass Heinrich Dolmetsch, Signatur 64.1, 1 Programm zur Einweihung der Kirche „16. Dez. 1900".
Literatur: Dolmetsch 1900, S. 3. Ev. Kirchengemeinderat Möckmühl (Hrsg.), Die Stadtkirche von Möckmühl. Ihre Geschichte in zwölf Jahrhunderten (815 bis 1974), o. O. 1974, S. 73. Erich Strohhäcker, Möckmühl. Bild einer Stadt, Möckmühl 1979, S. 204. Julius Fekete, Kunst- und Kulturdenkmale in Stadt- und Landkreis Heilbronn, Stuttgart 1991, S. 236.

Möglingen, ev. Pfarrkirche (St. Pankratius)
Kreis Ludwigsburg, ehemals OA Ludwigsburg

Der Westturm weist in seinen unteren Geschossen noch Bauteile aus dem 13. Jahrhundert auf; 1598 (i) wurde der Turm aufgestockt. Der sterngewölbte Chor stammt ebenso wie das Schiff aus dem ausgehenden 15. Jahrhundert. Im Zuge einer umfangreichen Restaurierung der Kirche in den Jahren 1970–1972 wurden die Decke des Schiffs und der Chorbogen erhöht.

Am 18. März 1893 ersucht Pfarrer Bellon den Verein für christliche Kunst um „Beihilfe und Beratung", da die Gemeinde eine „gründliche Reparatur" der Kirche beabsichtige und eine „einheitliche und architektonisch entsprechende Baurestauration" anstrebe. Das von Dolmetsch am 8. Juni 1893 erstellte Gutachten zielt auf die „Erstellung neuer Parterrestühle und neuer Emporenstühle", die „Neuanlage der Emporen", die „Entfernung der Chorempore", die „Versetzung

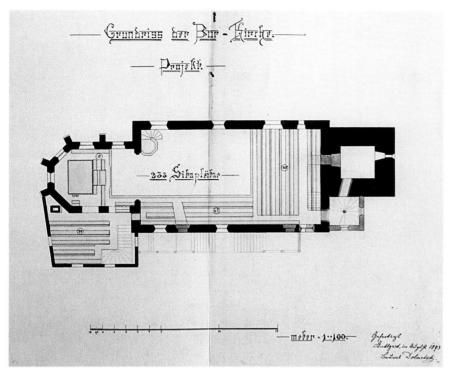

Abb. 272 Möglingen, ev. Kirche, Grundriss Empore, 1893 (unausgeführt). Tusche, farbig aquarelliert auf Papier, 41,2 cm x 33,0 cm.

der dortigen Orgel auf die Westempore" sowie die „Erhöhung der Schiffdecke durch bogenförmige Gestaltung" ab. Am Außenbau erachtet Dolmetsch vor allem die „Trockenlegung der Kirche" und die „Entfernung der sehr schadhaften Holztreppen [an] der Nordseite des Schiffs" für notwendig. Als Ersatz für die wegfallenden Holztreppen plant er an der Nordseite „gegen Westen [den] Anbau eines massiven einfachen Treppenturms in der Ecke beim Hauptturm und gegen Osten [den] Einbau einer einfachen Holztreppe in dem Sakristeianbau". Des Weiteren schlägt er die „Verbesserung und Verschönerung der Wandflächen, der Fenster, der Thüren und des Fußbodens", die „Verbesserung der bisherigen Zugänge" und die „Heizbarmachung der Kirche" vor.

Die im August 1893 von Dolmetsch angefertigten Pläne entsprechen in einem wesentlichen Punkt nicht dem im Gutachten vom 8. Juni 1893 aufgeführten Maßnahmenkatalog. Im Gegensatz zu der ursprünglich von Dolmetsch beabsichtig-

ten Entfernung der Chorempore und der damit verbundenen Versetzung der Orgel auf die Westempore sieht Dolmetsch nun vor, die Anordnung der Emporen in ihrer bisherigen Form zu belassen und dementsprechend den Standort der Orgel im Chor beizubehalten (Abb. 272). Die geplante Entfernung der „sehr schadhaften Holztreppen" an der Nordseite des Kirchenschiffs und die Errichtung eines steinernen Treppentürmchens im Winkel zwischen Schiff und Turm sowie der Einbau einer Treppe im Sakristeianbau entsprechen hingegen den von Dolmetsch geäußerten Vorstellungen (Abb. 273). Da der „Kostenvoranschlag über die vorzunehmenden Bauarbeiten" vom August 1893 lediglich eine Summe von 5075 Mark ausweist, muss davon ausgegangen werden, dass Dolmetsch die im Gutachten aufgeführte „Verbesserung und Verschönerung der Wandflächen, der Fenster, der Thüren und des Fußbodens", die „Verbesserung der bisherigen Zugänge" und die „Heizbarmachung der Kirche" nicht berücksichtigt.

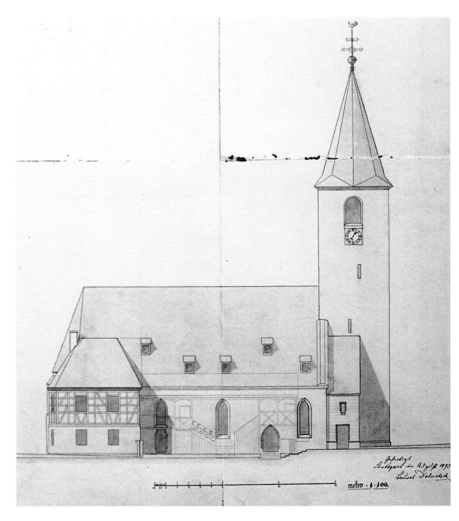

Abb. 273 Möglingen, ev. Kirche, Ansicht Nordfassade, 1893 (unausgeführt). Tusche, farbig aquarelliert auf Papier, 41,3 cm x 55,0 cm.

Mit dieser Reduktion seines ursprünglichen Plans kommt Dolmetsch dem Wunsch des Pfarrers nach, der in einem Brief an das Konsistorium vom 3. Juli 1893 sich dahingehend äußerte, dass „die Reparatur sich, entsprechend dem [...] Gutachten des Herrn Baurats, mit Ausschluß der darin vorgesehenen Neuanlage der Emporen, Entfernung der Chorempore, Versetzung der Orgel, Erhöhung der Schiffdecke, Erneuerung der Parterre- und Emporstühle, wozu zur Zeit noch keine Mittel zur Verfügung stehen, erstrecken [soll] auf: Entfernung der Holztreppen am Äußern der Nordseite des Schiffs mit Ersatz in der Art der im Gutachten angegebenen Treppen, Verbesserung und Verschönerung der Wandflächen, Fenster, Thüren, der Stuhlung und des ganzen Innern der Kirche durch passenden Anstrich, Verbesserung von Kanzel, Altar und Taufstein und des Fußbodens um dieselben [und] Verbesserung der bisherigen Zugänge". Aus welchen Gründen Dolmetsch diesem Maßnahmenkatalog nicht in vollem Umfang Rechnung trägt, kann mangels schriftlicher Quellen nicht gesagt werden.

Am 16. Oktober 1893 äußert der Kirchengemeinderat zwei „Anstände" in Bezug auf die ihm vorliegenden Pläne. Es handelt sich zum einen um das Fehlen eines „Zugang[s] zu der Empore von der in die Sakristei zu liegen kommende[n] Treppe aus" und zum anderen um die Möglichkeit einer Verlegung des „Zugang[s] in die Bühne und in den Turm aus dem Schiff der Kirche [...] in den projektierten Treppenturm". Der erstgenannte Kritikpunkt überrascht insofern, als eine Erschließung der Empore von der Sakristeitreppe aus gewährleistet ist. Laut Kirchengemeinderatsprotokoll vom 28. Februar 1894 überarbeitet Dolmetsch die Pläne „nach dem Wunsch des Kirchengemeinderats", so dass der Beschluss gefasst wird, „unter Vorlegung der Pläne und des Kostenvoranschlags [...] das Konsistorium um Genehmigung der Vornahme der Kirchenreparatur zu ersuchen". Das Konsistorium versagt jedoch seine Zustimmung am 14. März 1894 mit dem Hinweis, „daß durch das vorliegende Bauprojekt der unwürdige in rohem Fachbau ausgeführte Anbau an die Kirche, welcher derselben das Ansehen eines größeren landwirtschaftlichen Gebäudes [gebe], nicht beseitigt oder nur auch wesentlich abgeändert" werde. Dieser Einwand mag dafür ausschlaggebend sein, dass Dolmetsch im Juni 1894 ein völlig neues Projekt ausarbeitet.

In dem „Umbau-Plan" konzentriert sich Dolmetsch auf die Beseitigung der hölzernen Emporentreppen und die Neuaufführung zweier steinerner Treppenhäuser sowie auf den Neubau der Sakristei. Dabei soll die Sakristei ihren Platz im nordöstlichen Winkel zwischen Schiff und Chor behalten (Abb. 274). In der nordwestlichen Ecke zwischen Schiff und Turm soll zusätzlich ein „Saal für Bibelstunden" eingefügt werden. Die beiden Treppenhäuser ragen relativ weit über die Flucht der Schiffswände vor. In einer Entwurfsvariante zeigt Dolmetsch die Möglichkeit auf, die Sakristei im nord-

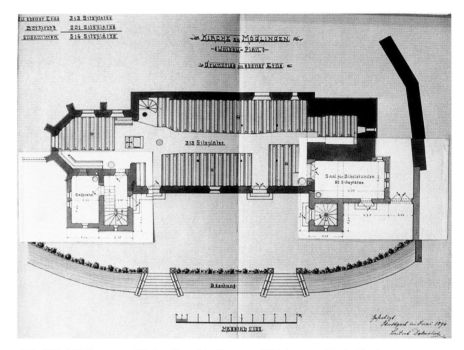

Abb. 274 Möglingen, ev. Kirche, Grundriss Parterre, 1894 (unausgeführt). Tusche, farbig aquarelliert auf Papier, 41,7 cm × 33,1 cm.

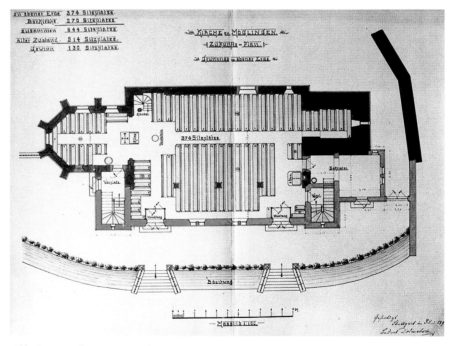

Abb. 275 Möglingen, ev. Kirche, Grundriss Parterre, 1894 (unausgeführt). Tusche, farbig aquarelliert auf Papier, 41,8 cm × 33,0 cm.

westlichen Winkel zwischen Schiff und Turm anzulegen, wodurch der Saal in Wegfall kommt.

Aus dem gleichzeitig mit dem „Umbau-Plan" erstellten „Zukunfts-Plan" wird ersichtlich, weshalb die Treppenhäuser so weit über die Flucht der Schiffswände hervortreten: „Durch diese [...] Bauteile ist es möglich gemacht, bei einem späteren gründlichen inneren Umbau eine Vergrößerung der Kirche dadurch zu erzielen, daß man [...] mit der bisherigen nördlichen Längswand um ca. 3,30 m nach außen rückt und so eine bedeutend größere Grundfläche erzielt", wie Dolmetsch in der „Vorbemerkung" zu der „Kostenberechnung über den Anbau zweier Treppenhäuser nebst Sakristei" vom Juni 1894 erläutert (Abb. 275). Eine Abänderung erfährt der „Zukunfts-Plan" gegenüber dem „Umbau-Plan" – entsprechend der bereits erwähnten Entwurfsvariante – in Bezug auf die Anordnung der Sakristei: Liegt sie bei dem Letzteren in der Nähe des Chors, so rückt sie bei dem Ersteren neben den Turm. Ein Motiv für diese Abänderung mag in dem Bestreben Dolmetschs zu suchen sein, den Chor freizulegen, wie er in der genannten „Vorbemerkung" schreibt. Dem Wunsch des Kirchengemeinderats, den Zugang in den Dachraum und in den Turm vom Schiff der Kirche in den Treppenturm zu verlegen, kommt Dolmetsch nach, indem er „vom Treppenhaus in der Turmecke eine neu auszubrechende Thüre in den Turm zum Läuteraum" führt, wie die „Vorbemerkung" mitteilt. Durch den Abbruch der alten Sakristei, über der sich eine Empore befindet, entsteht ein Verlust von 50 Sitzplätzen, den Dolmetsch dadurch auszugleichen sucht, dass „die bisher vom Kirchenraum abgetrennte Turmhalle mit Sitzbänken ausgestellt" und die Chorempore „ein Stück weit in das neue Treppenhaus eingebaut" wird. Das Gestühl im Parterre und auf der Empore soll „mit ganz wenigen Umänderungen" beibehalten werden. Ob Dolmetsch erst in dem „Zukunfts-Plan" die Decke des Kirchenschiffs aufsprengen und den Chorbogen erhöhen will (Abb. 276) oder ob er diese Maßnahmen schon in dem „Umbau-Plan" vorsieht, kann in Ermangelung eines Querschnitts zu dem „Umbau-Plan" nicht eruiert werden. Auch der erhaltene Kostenvoranschlag vom Juni 1894 lässt sich für die Beantwortung dieser Frage nicht heranziehen.

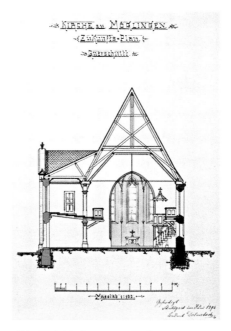

Abb. 276 Möglingen, ev. Kirche, Querschnitt nach Osten, 1894 (unausgeführt). Tusche, farbig aquarelliert auf Papier, 21,0 cm x 32,9 cm.

Am 27. August 1894 berät der Kirchengemeinderat über die im Juni angefertigten Entwürfe. Er kommt zu dem Schluss, dass „die Interimspläne durch Entfernung des Anbaus einen Verlust an Sitzplätzen bringen, den man durchaus nicht bei dem schon vorher beschränkten Raum der Kirche gutheißen kann und der durch die in dem Turm angebrachten Sitze nicht zur Hälfte ersetzt" wird. Er führt weiter aus, dass „der Zukunftsplan zwar den ganzen Beifall des Kollegiums gefunden hat, daß aber verfügbare Mittel zur Ausführung eines solchen bedeutenderen Umbaus – nach Dolmetschs Kostenberechnung werden 16 900 Mark für die Umsetzung des Plans veranschlagt – zur Zeit nicht vorhanden" sind.

In den Jahren 1894 und 1895 werden die beiden hölzernen Freitreppen an der Nordseite der Kirche durch neue ersetzt, weil sie – wie schon Dolmetsch in der „Vorbemerkung" zu der Kostenberechnung vom Juni 1894 bemerkte – „sehr baufällig" waren. Damit wird aber der „Umbau-Plan" Dolmetschs vom Juni 1894, der den Neubau zweier steinerner Treppenhäuser vorsah, obsolet.

In einem Entwurf vom Februar 1898 richtet Dolmetsch seine Aufmerksamkeit auf den Neubau der Sakristei an ihrem bisherigen Standort. Er folgt hierin dem Wunsch des Kollegiums nach einem Ver-

bleib der Sakristei „an Ort und Stelle", wie dem Kirchengemeinderatsprotokoll vom 17. Juni 1896 zu entnehmen ist. Auch dem gleichzeitig geäußerten Bedürfnis nach einer Beibehaltung der über der Sakristei befindlichen Empore entspricht er, indem er den „Sakristei-Neubau" als einen zweigeschossigen, sich nach außen querhausartig präsentierenden Anbau formuliert (Abb. 277). Nach innen, zum Chor hin, öffnet sich die Empore in zwei hohen Spitzbogenarkaden und erhält dadurch eine direkte Verbindung zu der Orgelempore. Der in dem ersten Entwurf vom August 1893 vorgesehene Durchbruch von der Sakristei- zur Schiffempore soll nun nicht mehr zur Ausführung gelangen.

Am 28. März 1898 äußert sich der Kirchengemeinderat „erfreut über die saubere und ansprechende Art des Bauprojekts", bemängelt allerdings, dass „in dem Voranschlag über Erneuerung des Plattenbodens nichts aufgenommen ist". Der Boden sollte in der Art ausgeführt werden, dass „der Raum um den Altar in edlerer Weise als die Gänge behandelt wird und so, daß alles kirchlich stilgemäß ist, wobei für die Gänge ein Zementbeton in Betracht kommen dürfte". Nachdem Dolmetsch den Kostenvoranschlag gemäß dem Wunsch des Kirchengemeinderats überarbeitet hat, beschließt das Kollegium am 9. Mai 1898, den Neubau der Sakristei und die Erneuerung des Fußbodens in der Kirche nach Dolmetschs Plänen ausführen zu lassen. Wie dem Kirchengemeinderatsprotokoll vom 24. September 1898 zu entnehmen ist, wird außerdem das Innere der Kirche bemalt, so dass „das alte Gestühl im Parterre einen so gar unpassenden Eindruck macht". Da aber eine Neuherstellung der Stuhlung aus finanziellen Gründen unmöglich erscheint, werden „wenigstens die Seitendocken der Stühle und die oberen Bücherbretter mit einem Eichenholzfarbanstrich [...] versehen". Die Einweihung der restaurierten Kirche findet noch 1898 statt. Die Kosten belaufen sich schließlich laut Pfarrbericht von 1902 auf 6600 Mark und liegen damit rund 1000 Mark höher als veranschlagt.

Im Zuge der neuerlichen Restaurierung der Kirche 1970–1972 wurde der Giebel des Sakristeianbaus abgetragen und durch ein flaches Walmdach ersetzt. Das ehemals gestaffelte Spitzbogenfenster an der Nordseite der Sakristei erhielt gerade Fensterstürze. Ausmalung und Fußboden aus dem Jahr 1898 wurden beseitigt; stattdessen wurden an der Nord-,

Ost- und Südwand des Kirchenschiffs Malereien aus dem 15. Jahrhundert freigelegt. Die 1894/95 erneuerten Freitrep

pen an der Nordseite der Kirche wurden entfernt.

Quellen: LKA, A 29, 2884-4 (Kirchengemeinde 1888–1901), darin u. a. Gutachten von Dolmetsch vom 8. 6. 1893. LKA, A 29, 2886-19 (Pfarrbericht von 1898) und A 29, 2886-20 (Pfarrbericht von 1902). PfarrA Möglingen Süd, „PfGR-Protokolle 1851–1889/KGR-Protokolle 1889–1894". PfarrA Möglingen Süd, „KGR-Protokolle 1895–1911". PfarrA Möglingen Süd, Mappe „Kirchenbauwesen. Korrespondenz 1893/99". PfarrA Möglingen Süd, „Kostenvoranschlag über die vorzunehmenden Bauarbeiten" vom August 1893. PfarrA Möglingen Süd, „Summarische Kostenberechnung über den Anbau zweier Treppenhäuser nebst Sakristei" vom Juni 1894. PfarrA Möglingen Süd, Mappe „Pläne der Kirche (alt)", darin u. a. 2 Tuschepläne, datiert und signiert „Ludwigsburg, den 8. Okt. 1883. Schmohl Amtsbaumeister", 5 Tuschepläne, datiert und signiert „Gefertigt Stuttgart, im August 1893. Baurat Dolmetsch", 3 Tuschepläne, bezeichnet „Umbau-Plan", datiert und signiert „Gefertigt Stuttgart, im Juni 1894. Baurat Dolmetsch", 4 Tuschepläne, bezeichnet „Zukunfts-Plan", datiert und signiert „Gefertigt Stuttgart, im Juni 1894. Baurat Dolmetsch", 5 Lichtpauspläne, z. T. als Fragment vorliegend, koloriert, datiert und signiert „Gefertigt Stuttgart, im Febr. 1898. Baurat Dolmetsch" bzw. „Gefertigt Stuttgart, im Septbr. 1898 für Herrn Baurat Dolmetsch. Stähle", 1 „Lageplan mit neuer Sakristei", mit Stempel versehen „K. Württ. Oberamt Ludwigsburg. Genehmigt Ludwigsburg, den 18. Okt. 1898".

Literatur: Dolmetsch 1900, S. 3.

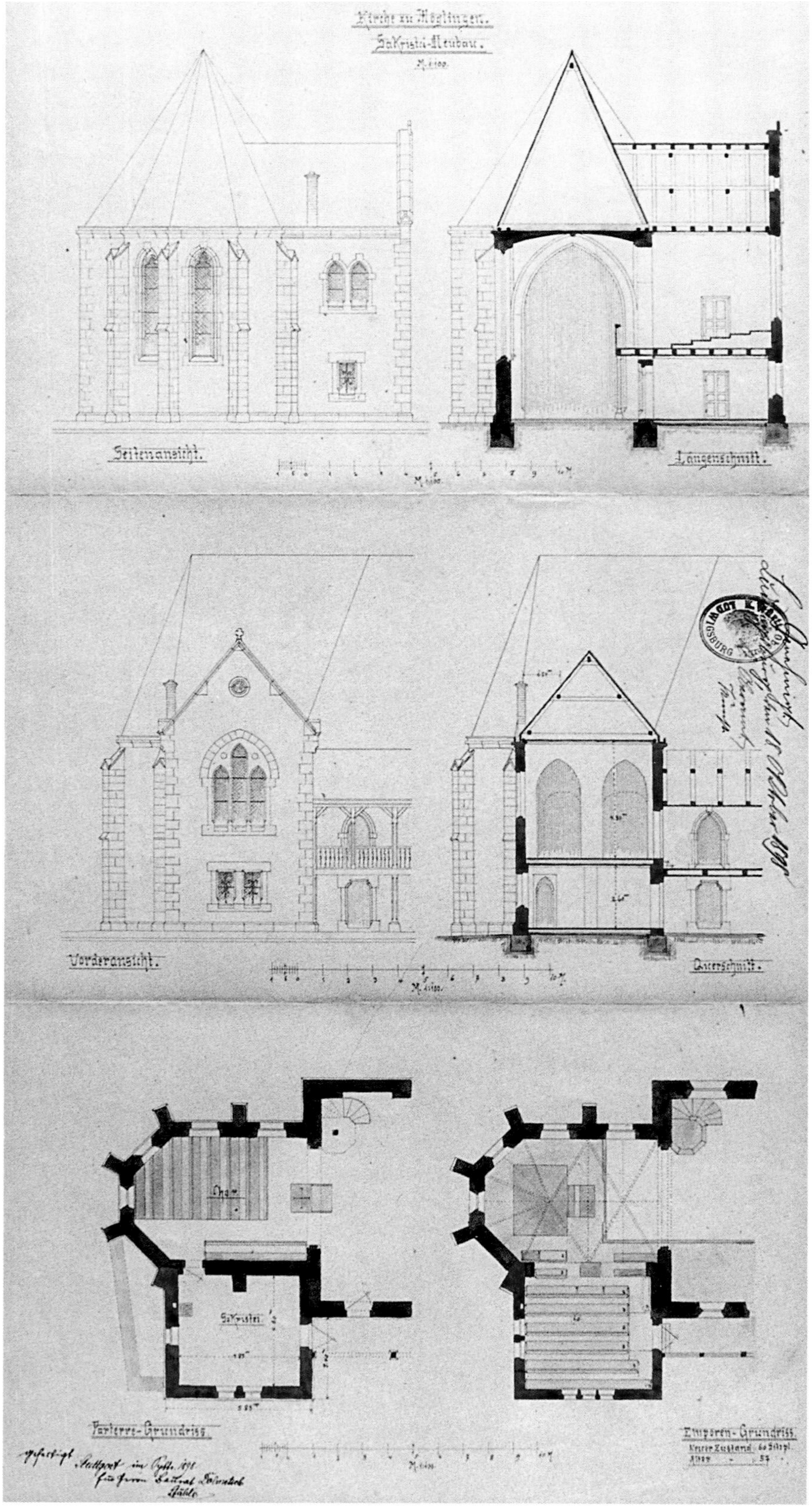

Münklingen *siehe Weil der Stadt*

Murrhardt, ev. Stadtkirche (ehem. Klosterkirche St. Maria, St. Trinitatis, St. Januarius)
Rems-Murr-Kreis, ehemals OA Backnang

Das dreischiffige Langhaus der ehemaligen Klosterkirche wurde 1434 (i) neu erbaut. Das Westquerhaus und der rechteckige Westchor wurden vom Vorgängerbau übernommen, ebenso auch die Osttürme und der um die Mitte des 14. Jahrhunderts errichtete Ostchor. Auch die im

Abb. 277 Möglingen, ev. Kirche, Ansichten, Querschnitte und Grundrisse, 1898. Lichtpause, koloriert, 33,0 cm × 62,6 cm.

13. Jahrhundert an den nördlichen Chorturm angebaute Walterichskapelle blieb beim Neubau des Langhauses erhalten. 1808 wurde das Kloster aufgehoben.

Christian Friedrich Leins unterbreitete drei Vorschläge zur Vergrößerung der Kirche, der jüngste dieser Entwürfe stammt aus dem Jahr 1872: Der erste sieht vor, das Langhaus als kreuzgewölbte Basilika mit Ostquerhaus unter Beibehaltung des Ostchors und der Türme neu zu errichten; der zweite zielt auf eine Erweiterung des Westquerhauses als zweischiffige kreuzgewölbte Halle; der dritte strebt ebenfalls eine Vergrößerung des Westquerhauses unter Verkürzung des Westchors an, doch soll in diesem Fall das Querhaus von einem großen Sterngewölbe überspannt werden. Keine der Leins'schen Planungen wurde ausgeführt, vielmehr fand unter der Leitung von Oberamtsbaumeister Hämmerle eine „stylgemäße Wiederherstellung der Fenster und Türen", der Neubau der Emporen – wobei im Gegensatz zu dem ersten Entwurf von Leins, der im Langhaus eine doppelstöckige Emporenanlage einfügen wollte, die Emporen im Hauptschiff gänzlich entfernt wurden – und eine umfassende Neuausstattung des Inneren statt. Der „Bericht über die Untersuchung und Prüfung der im Jahr 1889 an der Stadtkirche zu Murrhardt vorgenommenen Bauarbeiten" von Architekt Elsässer vom 7. April 1890 hält fest, dass in dem besagten Jahr Ausbesserungsarbeiten an den Dächern und am Verputz der Kirche erfolgten.

Am 14. März 1895 äußert der Kirchengemeinderat seine „Geneigt[heit], aus den reichen Mitteln des Baufonds etwas zur Ausschmückung der Kirche zu thun", wobei drei „Projekte" zur Auswahl stehen: Die Ausführung „gemalte[r] Fenster", die „innere Bemalung der Kirche" oder die Herstellung „steinerne[r] Turmhelme". Um das Kollegium in dieser Angelegenheit zu beraten, besichtigt Dolmetsch am 19. November 1895 im Auftrag des Vereins für christliche Kunst die Stadtkirche in Murrhardt. Er befürwortet das letztgenannte Projekt mit der Begründung, dass „die Türme nicht schön" seien, wie dem Kirchengemeinderatsprotokoll vom 6. Dezember 1895 zu entnehmen ist. Er schlägt vor, „zwei schöne romanische steinerne Turmhelme aufzusetzen", deren Kosten sich auf rund 36 000 Mark belaufen würden. Darüber

hinaus zeigen „Risse am Bogen des Choreingangs und am dortigen Gewölbe, wie auch das äußere Ansehen, daß der südliche Thurm, der übrigens sonst gut [sei], sich etwas nach außen neige". Abhilfe solle geschaffen „werden durch Verstärkung des Fundaments, Errichtung von zwei Strebepfeilern am Äußern des Turms und eine Betonierung, die das fernere Eindringen des Wassers am Fuß des Turms unmöglich mache".

„Was sonst das Äußere angeht", hat Dolmetsch daran noch den „roten Verputz der Kirche" auszusetzen; dieser sollte „mehr Steinfarbe sein, ferner sollten die Quader der Eckpfeiler nicht überstrichen sein". Im Inneren hingegen „sei die Kirche doch eigentlich schön, obwohl die Glasfenster gering seien", allerdings erscheine ihm „Ausmalung und Glasgemälde gegenüber der Abänderung der Türme als der größere Luxus". Seiner Ansicht nach sei im Inneren lediglich die „Verbesserung des Anstrichs der Bänke, an welchen die Maserierung fehle, sodann an Stelle des geringen gußeisernen Geländers am Altar ein schönes schmiedeisernes, bessere Bedeckung des Altars und besserer Fußteppich" notwendig. Abschließend äußert der Kirchengemeinderat das Ansinnen, „Baurat Dolmetsch [zu] ersuchen, die Pläne und Zeichnungen für die Laternen, die Verbesserungen am südlichen Turm, das Altargitter [und] den Ausbau der beiden Türme zu liefern". Während „die Verbesserungen am südlichen Turm, Fundamentverstärkung […], Errichtung zweier Strebepfeiler und Betonierung" schon im Jahr 1896 vorgenommen werden sollen, rechnet das Kollegium in Bezug auf den „Ausbau der zwei Türme" damit, „den Bau in etwa fünf Jahren beginnen zu können".

Bereits am 15. Januar 1896 übersendet Dolmetsch dem Pfarrer „die Zeichnungen zu der Laterne für das Aeußere [der] Kirche". Kurze Zeit später, am 27. Januar, teilt er mit, dass er „am Entwurf zu [den] beiden Türmen arbeite, Hand in Hand mit den Strebepfeilern". Dabei komme er „immer mehr zu der Ueberzeugung, daß die Stilreinheit derselben durch die nur an eine Seite kommenden Altane erheblich geschädigt werden" würde. Aus diesem Grunde will er „die Aufstellung der Musikanten etwas tiefer zwischen beiden Türmen" anordnen, so dass der „in der That erforderliche Verbindungsraum zwischen beiden Türmen nach außen

durch eine lichte Arkatur zum Ausdruck" gebracht werden könne. Auf diese Weise würden „die Musiker in einer geschützten nach vorne offenen Lage stehen, die gewiß zum Ablasen noch hoch genug liegen" würde. Darüber hinaus würde „die horizontale Arkatur mit ihrem dunklen Hintergrunde und den beiden weit überragenden seitlichen Türmen viel imposanter wirken" als in dem bisherigen Plan. Er erblicke in seinen „flüchtigen Scizzen […] eine wohlthuende Harmonie zwischen diesen Oberteilen, der Walderichskapelle und dem gotischen Chor".

Die im Juli 1896 von Dolmetsch gefertigten Pläne zum Umbau der Türme entsprechen den im Januar geäußerten grundsätzlichen Entwurfsgedanken (vgl. Abb. 44; 45). Die Türme werden mit steil aufragenden Helmen versehen, wobei die Giebel mit einer rundbogigen Blendarkatur verziert werden. Das Glockengeschoss weist eine Lisenengliederung mit abschließendem Rundbogenfries auf, der dem mittelalterlichen Vorbild am Südturm nachempfunden ist. Die Schallöffnungen erscheinen als gekuppelte „Fenster" mit dazwischengestellten Säulchen, die mit kleinen Würfelkapitellen versehen sind. Über dem Dach des Chors erstreckt sich zwischen die beiden Türme eingespannt ein mit einer Rundbogenarkatur versehener Verbindungsgang (Abb. 278). Auf der Südseite des Südturms werden zwei Strebepfeiler angesetzt (vgl. Abb. 57). Der Chor und die Walterichskapelle bleiben unangetastet.

Aus finanziellen Gründen unterblieb die Ausführung der von Dolmetsch geplanten neuromanischen Turmhelme. Im Sommer 1897 wurden aber unter Dolmetschs Leitung die beiden Strebepfeiler am Südturm aufgemauert und die Fundamentverstärkung vorgenommen. Außerdem wurden zwei „stilgemäße" Laternen an der Südseite der Kirche aufgestellt und die Rasenfläche vor der Kirche mit einer neuen Umzäunung begrenzt. Die Sakristeitreppe erhielt neue Tritte, da die alten sehr ungleichmäßig waren. Schließlich wurden für den Altar zwei schmiedeeiserne Geländer und ein ledernes Antependium nach Dolmetschs Entwurf angefertigt (vgl. Abb. 156).

Quellen: PfarrA Murrhardt I, Nr. 60.1 (KGR-Protokolle 1889–1895). PfarrA Murrhardt I, Nr. 60.2 (KGR-Protokolle

Abb. 278 Murrhardt, ev. Kirche, Querschnitt durch die Türme, 1896 (unausgeführt). Lichtpause, koloriert, 32,3 cm x 41,8 cm.

1895–1905). PfarrA Murrhardt I, Nr. 255 (Kirchengebäude. Bausachen Kirche. Kirchenstühle 1606–1896), darin u. a. 2 identische Mappen mit jeweils 6 Lichtpausplänen „Stadtkirche zu Murrhardt. Umbau-Pläne der Türme", datiert und signiert „Gefertigt Stuttgart im Juli 1896. Baurat Dolmetsch", 4 Mappen mit Plänen von Christian Friedrich Leins, davon eine beschriftet mit „Stadtkirche zu Murrhardt mit dem neuesten Vorschlag zur Erweiterung von Herrn Oberbaurath v. Leins 1872". PfarrA Murrhardt I, Nr. 314.1-3 (Bausachen Kirchen I. 1893–1966). TUM, Nachlass Heinrich Dolmetsch, Signatur 50.1, 50.2, 50.3, 50.5, 50.6, 5 Tuschepläne, undatiert und unsigniert; Signatur 50.4, 1 Lichtpausplan, aquarelliert, „Querschnitt durch die Tür-

me gegen Osten gesehen. Alter Zustand", ebenfalls undatiert und unsigniert.

Literatur: Schahl 1983, Bd. 1, S. 565. Adolf Schahl, Die neuere Geschichte der kirchlichen Baudenkmale von Murrhardt in archivalischer Sicht, in: Württembergisch Franken 60, 1976, S. 229 f.

Nattheim-Fleinheim, ev. Pfarrkirche (Petruskirche)

Gemeinde Nattheim, Kreis Heidenheim, ehemals OA Heidenheim

Die Petruskirche wurde 1763 unter Einbeziehung des aus dem 14. Jahrhundert stammenden Chorturms neu errichtet. Reste mittelalterlicher Wandmalerei sind im Untergeschoss des Turms noch vor-

handen, das Gewölbe des Chors ist allerdings zerstört.

Über etwaige Mängel an der Kirche schweigen sich die Quellen weitgehend aus. Das Pfarrgemeinderatsprotokoll vom 29. Juli 1883 teilt lediglich mit, dass eine „Reparatur der schadhaften Kirchen-Emporwand an der Orgel" notwendig sei. Der Pfarrbericht des Jahres 1889 bemerkt, dass „dem Kirchengebäude eine Ausbesserung und Verschönerung wohl anstände". Am 15. Mai 1891 kommt Dolmetsch nach Fleinheim, „um den beiden Vorständen des Stiftungsrats mit geeigneten, aus dem Augenschein geschätzten Ratschlägen an die Hand zu gehen", wie dem Kirchengemeinderatsprotokoll vom 22. Mai 1891 zu entnehmen ist. Über die von Dolmetsch vorgeschlagenen Maßnahmen zur Restaurierung der Kirche macht das genannte Protokoll allerdings keine Angaben.

Im Laufe des Jahres 1891 wird das Kirchengebäude „vollständig renoviert", wie der Pfarrbericht von 1893 rückblickend konstatiert. Die Kosten belaufen sich auf rund 2800 Mark, wovon etwa 800 Mark für die Neubemalung der Wände und der Decke durch Eugen Wörnle aufgewendet werden. Wie aus seiner Rechnung vom 10. November 1891 hervorgeht, werden außerdem „sämtliche Stuhlung und Thüren und Fenster mit Oelfarbe gestrichen […], Altar, Taufstein und Orgel in einfacher Weise bemalt [und] Emporenbrüstungen, Kanzel und Schalldeckel etwas reicher bemalt". Weiterhin werden Ausbesserungen an der Verglasung der Schifffenster und an den Gesimsen des Turms vorgenommen.

Würde nicht eine Notiz von Dekan Landenberger vom 18. Mai 1894 existieren, in der er bemerkt, dass „Baurat Dolmetsch schon früher die Kirche in Fleinheim sehr zweckgemäß restauriert" habe, so müssten Zweifel an der Urheberschaft Dolmetschs in Bezug auf die Fleinheimer Kirchenrestaurierung angemeldet werden, da bei den Kirchenpflegerechnungen nicht eine Zahlung an Dolmetsch verzeichnet ist.

Quellen: LKA, A 29, 1269-16 (Pfarrbericht von 1889) und A 29, 1269-18 (Pfarrbericht von 1893). LKA, A 29, 2105-3 (Kirchengemeinde 1888–1923), darin u. a. Schreiben des Pfarrers in Hohenmemmingen an das Konsistorium vom 18. 5. 1894 mit Randnotiz des Dekans. LKA, K 1, Nr. 184 (Verein für christliche Kunst. Ortsakten Fleinheim). PfarrA Fleinheim, Nr. 10.3 (KGR-Protokolle 1851–1896). PfarrA Fleinheim, Nr. 124.2 (Rechnungen der Kirchenpflege mit Beilagen).

Neuenstadt/Kocher, ev. Pfarrkirche (St. Kilian)
Kreis Heilbronn, ehemals OA Neckarsulm

Die im Kern aus dem Spätmittelalter stammende Kirche wurde zwischen 1593 und 1596 umgebaut. Das Chorgewölbe wurde in den fünfziger Jahren des 20. Jahrhunderts in expressionistisch anmutender Manier wiederhergestellt, nachdem es im Zweiten Weltkrieg beschädigt worden war. Das Kirchenschiff ist flach gedeckt und weist auf der Nordseite drei übereinanderliegende Emporen auf. Die West- und Südseite werden von nur jeweils einer Empore eingenommen.

Den Anlass für die Kirchenrestaurierung bildet offenbar der Wunsch nach einer „Neustuhlung des Kirchenschiffs". Wie das Kirchengemeinderatsprotokoll vom 15. Oktober 1889 vermerkt, seien „neue Stühle im Schiff und Chor [als] Bedürfnis" anerkannt. Darüber hinaus sei die Herstellung einer neuen Kanzel „wünschenswert". Bereits im April 1889 hat Dolmetsch eine erste Kostenberechnung angefertigt, über die allerdings keine Einzelheiten bekannt sind. Am Ostermontag des darauffolgenden Jahres kommt Dolmetsch im Auftrag des Vereins für christliche Kunst nach Neuenstadt, „um das Projekt für die Restaurierung der Kirche mit dem Kirchengemeinderat zu besprechen", wie dem Protokoll vom 18. April 1890 zu entnehmen ist. Eine „Neustuhlung im Schiff und Chor der Kirche" und die „Entfernung der Emporkirchen im Chor" seien „unbedingt notwendig".

Im September 1890 arbeitet Dolmetsch eine zweite Kostenberechnung aus, auf deren Grundlage der Kirchengemeinderat am 1. Oktober 1890 beschließt, die „Arbeiten für die Kirchenrestauration" am 10. Oktober zu vergeben. Diese Kostenberechnung erfährt eine weitere Revision im Mai 1891. Die „Hauptzusammenstellung" über die vorzunehmenden Arbeiten an der Kirche in Neuenstadt, in die alle drei Kostenberechnungen eingeflossen sind, beläuft sich auf rund 8020 Mark. Diese umfasst die Her-

stellung eines neuen Gestühls im Schiff und im Chor der Kirche, die Anbringung von Windfängen, die Ausmalung des Schiffs sowie die „Bemalung" des Chorgewölbes und der Schiffdecke, die Herstellung eines Altars „von besonders schönen roten und weißen Werksteinen" und das „Überschaffen [der] alte[n] Wandgipsung im Innern der Kirche". Für die Erneuerung der Schifffensterverglasung wird ein „besonderer Voranschlag" erstellt. Am Äußeren sollen „Dachrinnen in Kastenform" angebracht werden. Die Übersicht enthält entgegen der Äußerung des Kirchengemeinderats vom 15. Oktober 1889 keine Position, die sich auf die Fertigung einer neuen Kanzel bezieht. Darüber hinaus finden sich in der Zusammenstellung keine Angaben zu etwaigen Veränderungen an den Emporen. Lediglich das „Abbrechen der alten Treppe zur Frauenempore", das „Ergänzen des Emporenfußbodens und der Deckentäferung unter der I. Empore" sowie die „Ergänzungen am Gestühl der Frauenempore" deuten darauf hin, dass es sich hinsichtlich der Emporen um vergleichsweise geringfügige Ausbesserungen handeln soll.

In einem „Nachtrag zur Maurer- und Steinhauerarbeit" vom Mai 1891 schlägt Dolmetsch die „Errichtung einer Vorhalle vor dem Westportale" vor. Die Voranschlagssumme beläuft sich auf 1260 Mark. In einem Schreiben an den Dekan vom 1. Juni 1891 erläutert Dolmetsch seine beiden Vorschläge zur Gestaltung dieser Vorhalle. In Plan A befindet sich der Eingang an der Vorderseite der Vorhalle, die Stufen sind in der Vorhalle selbst angelegt und „somit dem Wetter nicht ausgesetzt". In Plan B öffnet sich die Vorhalle „seitlich beiderseits", zwei Freitreppen [führen] zum äußeren Terrain,„. Während in Entwurf A der Vorbau 3,25 m vor die Kirche tritt, ragt er in Entwurf B nur 2,15 m vor die Fassade. In beiden Fällen hält es Dolmetsch für unerlässlich, „die beiden seitlichen Halbkreisfenster an der Westwand gotisch um[zu]gestalten". Im „Interesse des Fuhrverkehrs" gibt Dolmetsch Plan B den Vorzug, der Kirchengemeinderat entscheidet sich in seiner Sitzung am 7. Juni 1891 für die „Erstellung der Vorhalle nach einem der beiden Pläne". Tatsächlich wird die Vorhalle gemäß Dolmetschs Votum in Form eines von zwei Seiten zu betretenden Vorbaus ausgeführt.

Wie aus einem Schreiben von Heinrich Merz an das Stadtpfarramt in Neuenstadt vom 1. November 1891 hervorgeht, wurden nicht nur Altar, Kanzel und Taufstein erneuert, sondern auch das „Stuhlwerk" und die „Borkirche", zudem wurde die Kirche mit „neuen Farben geschmückt". Die „Kostenzusammenstellung über die ausgeführten Bauarbeiten an der Schloßkirche zu Neuenstadt/Kocher" vom Juni 1892 führt unter anderem den „Umbau der alten Empore" und „Holz für die neue Empore" auf, so dass im Zusammenspiel mit der zuvor zitierten Äußerung von Merz angenommen werden kann, dass Dolmetsch an den vorhandenen Emporen weit umfangreichere Arbeiten vornehmen ließ als anfänglich geplant. In einem Schreiben an den Dekan vom 13. Juni 1891 gibt Dolmetsch zu bekennen, dass die „Emporenangelegenheit [ihm] keine Ruhe" lässt. Er rät dazu, die Emporen zu entfernen und zugleich die Kirche „gegen das Schloß hin" zu erweitern. Auch wenn dieser umfassende Eingriff in die Bausubstanz in der vorgeschlagenen Art unterblieb, so stellte Dolmetschs Äußerung offenbar einen Anreiz für umfangreiche „Ausbesserungen" dar.

Drei der vier Chorfenster wurden mit Glasmalereien versehen, die von van Treeck in München gefertigt wurden. Am 10. April 1891 teilte Dolmetsch mit, dass „als darzustellende Sujets" von Heinrich Merz „links die ‚Geburt', in der Mitte ‚Auferstehung' und rechts ‚Pfingsten'" vorgeschlagen wurden. Die schriftlichen Quellen geben keinen Aufschluss darüber, ob die Wahl der Themen im Merz'schen Sinne erfolgte. Bei einer erneuten Restaurierung der Kirche wurden die im Jahr 1891 eingesetzten Chorfenster wieder beseitigt. Die Einweihung der Kirche fand am 22. November 1891 statt. Laut „Kostenzusammenstellung über die ausgeführten Bauarbeiten" vom Juni 1892 betrug die aufgewendete Summe rund 23 500 Mark und überstieg damit die ursprünglich veranschlagte Summe um mehr als das Doppelte.

Die im Jahr 1891 erstellte Vorhalle an der Westseite der Kirche ist noch vorhanden. Auch Kanzel, Altar und Gestühlwangen stammen aus der Zeit der Dolmetsch-Restaurierung. Die doppelflügelige Tür an der Westseite des Schiffs mit dem darüber befindlichen Fenster, das gemäß Dolmetschs Vorschlag vom 1. Juni 1891 einen „Engel mit ausgebreitetem

Spruchband [...] mit den Worten ‚der Herr behüte euch' in Glasmalerei" zeigt, ist ebenfalls noch erhalten.

Quellen: DAamt Neuenstadt/Kocher, 1. Stadtpfarramt, 263 B (PfGR-Protokolle 1886–1889/KGR-Protokolle 1889–1906). LKA, DAamt Neuenstadt/Kocher, 1. Stadtpfarramt, 282 A (Kirchenerneuerung 1891). HH-Buch vom 5. 11. 1892.

Oberfischach siehe Obersontheim

Oberriexingen, ev. Pfarrkirche (St. Georg)
Kreis Ludwigsburg, ehemals OA Vaihingen

Der 3/8-Schluss des Turmchors wurde 1439 (i) neu erbaut. Der Turm selbst stammt möglicherweise noch aus dem 13. Jahrhundert. Nach einem Brand 1693 wurde das Schiff neu errichtet, das im 18. Jahrhundert zusätzlich verlängert wurde. Eine Bauaufnahme der Kirche findet sich bei Leins 1864, Taf. IV, Fig. 1 und 2.

Im März 1862 legt Christian Friedrich Leins einen „Kostenvoranschlag über die neue Herstellung der Kircheneinrichtung" sowie über die Maßnahmen zur statischen Sicherung des aus der „Lothrechten gewichenen" Turms vor. Die Ausführung dieser Arbeiten unterbleibt jedoch aus finanziellen Gründen, wie einem gemeinsamen Schreiben des Oberamtmanns und des Dekans an die Kreisregierung vom 26. Juli 1865 zu entnehmen ist. 1887 wird laut Pfarrbeschreibung von 1905 der „massive dicke Turm [...] durch Anbringung von 19 eisernen Schlaudern repariert".

Diese Reparatur führt allerdings zu keinem dauerhaften Ergebnis, denn schon am 22. Oktober 1895 schlägt Dolmetsch in seinem „Bericht über die Augenscheinnahme der Stadtkirche zu Oberriexingen" vor, dem anhaltenden „Uebelstand [...] durch teilweises Unterfangen der Fundamente, hauptsächlich aber durch Erbreiterung derselben nach außen" abzuhelfen. Zudem hält er es für notwendig, dass „an den vier Ecken des Turmes vier Strebepfeiler senkrecht zur Süd- und Nordseite angeordnet" werden. Diese Strebepfeiler würden es ermöglichen, „an den beiden an das Schiff angrenzenden Pfeilern eine etwaige spätere Erbreiterung der Kirche durch eine Querschiffanlage" zu berücksichtigen

(vgl. Abb. 50). Damit ließe sich auch der ästhetische Missstand der Kirche, der in dem „ungewöhnlich schmalen Schiffe" begründet liege, beseitigen. Ein weiterer Mangel besteht darin, dass das Gebäude „innen, besonders an der Nordseite, etwas feucht ist", wie der Pfarrbericht des Jahres 1895 festhält. Dolmetsch bezeichnet das Mauerwerk gar als „durch und durch feucht", so dass „im Innern keinerlei Putz sich erhalten kann ohne abzublättern". Um hier eine „gesunde Abhilfe" zu schaffen, denkt Dolmetsch an eine „möglichste Tieferlegung des äußeren Terrains", an die „Anordnung eines schmalen bekandelten Isoliergrabens, welcher oben mit Steinplatten und einzelnen durchbrochenen Eisengittern abgedeckt ist", an die „Erstellung guter Dachrinnen" und die „Abführung des Dachwassers ferne von den Grundmauern". Diese Maßnahmen sollen im Inneren der Kirche von der Entfernung „des alten schlechten Wandputzes und [der] Anwendung eines erprobten Isoliermittels, auf welchem sich alsdann der Putz dauerhaft erhält", begleitet werden.

Der Anlass für dieses Gutachten besteht jedoch nicht, wie zu vermuten wäre, in dem Wunsch nach Beseitigung der zuvor beschriebenen Mängel, sondern in der Absicht, „eines der Schiff- oder Chorfenster mit einer bemalten Verglasung zu schmücken". Dolmetschs Ansicht nach kommen nur zwei Fenster für die Platzierung eines solchen Glasgemäldes in Betracht: Zum einen würde sich das „mit [einem] Halbkreisbogen geschlossene Schifffenster neben der Kanzel" anbieten, zum anderen wäre das „südliche mit Maßwerk gefüllte Fenster unter dem Turm" in Erwägung zu ziehen. Dolmetsch präferiert Letzteres, obwohl das Turmfenster nur „für einen geringen Teil der Kirchenbesucher" sichtbar ist, weil das „besagte Schifffenster [...] bei einer späteren gründlichen Renovation der Kirche entweder durch eine symetrische Anordnung von zwei Längsemporen verdeckt [...], oder durch ein die Kirche vergrößerndes Querschiff ganz in Wegfall kommen" würde.

Am 27. November 1895 beschließt der Kirchengemeinderat, „die Trockenlegung der nördlichen Langseite und die Turmverstärkung nach Dolmetschs Vorschlag auszuführen und denselben um Ausarbeitung von Plan und Vorschlag zu bitten, dagegen von einer Gesamtrenova-

tion aus Mangel an Mitteln abzusehen". Dementsprechend weist der Kostenvoranschlag von Dolmetsch vom Juni 1896 für die „Arbeiten am Turm" eine Summe von 7000 Mark, hingegen für die „Arbeiten am Schiff" lediglich den Betrag von 700 Mark aus. Die „Arbeiten am Turm" umfassen das „Abbrechen der Orgel im Chor und Wiederaufstellen derselben auf der westlichen Empore", das „Ausgraben für die Fundamentbögen und betonieren derselben", das „Aufmauern der Backsteinpfeiler und -bögen samt Einsetzen von drei Schlaudern und Wegnehmen des stützenden Holzwerks", das „Abbrechen der Orgelempore", die „Erbreiterung des Fundaments an der nördlichen Turmseite samt Anlage eines Cementtrottoirs mit Kandelpflasterung zur Trockenlegung der Turmfundamente", das „Ausbessern der Maßwerkfenster", das „Herstellen des Holzgewölbes im Turm und Chor", den „Verputz der Backsteinmauern und der alten Turmwände [sowie] Kittanstrich mit Weissang'schem Verbindungskitt bis auf 2 m Höhe", die „Bemalung der gegipsten Wände incl. Bogenleibung gegen das Schiff" und schließlich das „Einsetzen von zwei neuen Chorfensterverglasungen". Im Gegensatz hierzu zielen die „Arbeiten am Schiff" lediglich auf die „Trockenlegung des Schiffs durch Abgrabung des nördlichen Terrains bis unter Schiffbodenhöhe samt Anlage eines Cementtrottoirs mit Kandel" und auf die „Anbringung einer Kastenrinne an der nördlichen Seite des Schiffs".

Der in Dolmetschs Nachlass befindliche „Querschnitt gegen den Chor gesehen" ist mit großer Wahrscheinlichkeit im Zusammenhang mit dem im Juni 1896 erstellten Kostenvoranschlag entstanden (Abb. 279). Er ist als eine Bauaufnahme zu werten, denn er zeigt die nach außen kippende Nordseite des Turms und das „stützende Holzwerk" im Inneren. Ob Dolmetsch mit dem „Aufmauern der Backsteinpfeiler und -bögen" die Anlage von vier Strebepfeilern, wie sie die dem Gutachten vom 22. Oktober 1895 beigegebene Skizze zeigt, im Sinn hat, oder ob er vielmehr an die „Anbringung eines Strebebogens" denkt, wie es in einem Schreiben des Pfarrers an das Dekanatamt vom 6. Februar 1897 heißt, kann nicht eruiert werden. Es bleibt sogar unklar, was mit der „Anbringung eines Strebebogens" gemeint ist: Es kann sich sowohl um die Anlage eines einzelnen

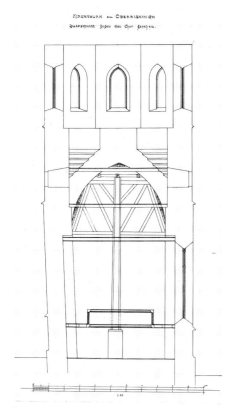

Abb. 279 Oberriexingen, ev. Kirche, Querschnitt durch den Turm nach Osten, ca. 1896 (Bestand). Tusche auf Papier, 36,7 cm x 64,5 cm.

Bogens an der Nord- oder Ostseite des Chorturms handeln als auch um die Aufmauerung eines „Triumphbogens" im Inneren des Chors in der Art, wie sie Hugo Beytenmüller vorschlägt (vgl. Abb. 51).

Entgegen dem Beschluss vom 27. November 1895 äußert der Kirchengemeinderat am 25. April 1897 die Absicht, „von Oberamtsbaumeister Förnzler einen Kostenvoranschlag über Trockenlegung der nördlichen Kirchenseite einzuverlangen und die Umdeckung des Daches, die Reinigung der Turmabsätze von Gras und die Auszementierung der schadhaften Stellen" vorzunehmen. Das Protokoll vom 20. Juni 1897 berichtet, dass „der von Oberamtsbaumeister Förnzler erbetene Kostenvoranschlag über die Trockenlegung der nördlichen Kirchenseite nunmehr eingelaufen" sei. Er sieht vor, „außerhalb der Schiffmauer eine 26,00 m lange, 0,60 m weite und ca. 1,30 m tiefe Dohle" anzulegen, wobei „die Dohle von Beton, die Wände von Backsteinen und die Bedeckung aus weißem Werkstein" herzustellen seien. Der Kostenvoran-

schlag wird daraufhin gemäß Beschluss des Kirchengemeinderats vom 20. Juni 1897 Dolmetsch „zur Einsichtnahme" zugesandt. Am 1. August 1897 erklärt das Kollegium seine Absicht, „zunächst ans Umdecken des Daches zu gehen", da der „Baurat Dolmetsch zur Begutachtung zugesandte Kostenvoranschlag des Oberamtsbaumeisters Förnzler über Trockenlegung der Kirche noch nicht zurückgekommen" sei. Die Umdeckung des Kirchendachs erfolgt tatsächlich noch im Laufe des Sommers 1897.

In seiner Sitzung am 26. Dezember 1897 bespricht der Kirchengemeinderat die nun vorliegende Stellungnahme von Dolmetsch bezüglich des Förnzler'schen Kostenvoranschlags. Nach Dolmetschs Auffassung „empfehle sich die Anbringung einer Dohle oder eines Schachtes an der nördlichen Kirchenmauer zur Trockenlegung des Schiffes nicht". Er mache „dagegen den Vorschlag, nach Abgrabung des Bodens das ganze Fundament mit einer zementartigen, die Feuchtigkeit gänzlich abschließende[n] Masse zu bestreichen", diese Maßnahme käme zudem „noch billiger als der Förnzler'sche Vorschlag". Tatsächlich wird im Herbst 1898 wird mit der Trockenlegung der Kirche begonnen, „indem an der Nordseite des Turmes ein 19 m langer Betonkandel angelegt" wird, wie es in einem Schreiben des Pfarrers an das Dekanatamt vom 4. November 1898 heißt. Die Maßnahmen werden erst im Herbst des übernächsten Jahres aufgrund eines erneuten „Kostenvoranschlag[s] über Herstellung eines Betontrottoirs" von Dolmetsch vom September 1900 fortgesetzt. Wie einem Brief des Pfarrers an das Dekanatamt vom 17. Oktober 1900 zu entnehmen ist, ist „die Turmanlage mit einem breiten Betonkandel umgeben [und] mit Abflußröhren und Wasserableitungen versehen" worden. Die geplante „Schachtanlage an der Nordseite des Schiffes" soll noch in Angriff genommen werden. Damit weicht Dolmetsch von seiner in Bezug auf den Förnzler'schen Kostenvoranschlag gegebenen Empfehlung ab und befürwortet stattdessen die Anlage eines Kandels, die sich prinzipiell nicht von der einer Dohle unterscheidet.

Die Umsetzung der im Jahr 1896 von Dolmetsch vorgelegten Planungen zur statischen Sicherung des Turms unterbleibt trotz des Beschlusses des Kirchengemeinderats vom 27. November 1895

aus finanziellen Gründen vollständig. Erst 1910 wird im Zuge einer umfangreichen Restaurierung der Kirche die Fundamentverstärkung des Turms vorgenommen. Aus dieser Zeit stammt mit großer Wahrscheinlichkeit auch die welsche Haube des Turms.

Quellen: LKA, A 29, 3328-3 (Restauration der Kirche 1864–1866), darin u. a. Gutachten von Dolmetsch vom 22. 10. 1895. LKA, A 29, 3328-4 (Kirchengemeinde 1891–1914). LKA, A 29, 3331-2 (Pfarrbeschreibung von 1905) und A 29, 3331-21 (Pfarrbericht von 1895). PfarrA Oberriexingen, „KGR-Protokolle 1872–1900". PfarrA Oberriexingen, „Kirche zu Oberriexingen. Kostenberechnung über die Arbeiten am Turm. Summarische Kostenberechnung über die Arbeiten am Schiff", datiert und si-gniert „Berechnet Stuttgart, im Juni 1896. Baurat Dolmetsch". TUM, Nachlass Heinrich Dolmetsch, Signatur 44.1, 44.2, 1 Bleistift- und 1 Tuscheplan „Kirchthurm zu Oberriexingen", beide undatiert und unsigniert.

Literatur: Markus Otto, Kulturhistorische Denkmäler des Kreises Ludwigsburg. Die evangelische Georgskirche in Oberriexingen, in: Hie gut Württemberg. Beilage der Ludwigsburger Kreiszeitung vom 3. 10. 1981.

Oberrot, ev. Pfarrkirche (St. Bonifatius)
Kreis Schwäbisch Hall, ehemals OA Gaildorf

Die Kirche von Oberrot wird erstmals 787 urkundlich erwähnt. Der heutige Turmchor war ursprünglich ein wahrscheinlich aus ottonischer Zeit stammender Wehrturm. Das Kirchenschiff wurde 1513 (i) nach Westen verlängert, wobei sowohl auf der Süd- als auch auf der Nordseite des Schiffs jeweils ein Fenster eingefügt wurde.

In einem Bericht des Oberamts vom 21. Juni 1886, „betreffend den Kirchen-Umbau in Oberroth", wird bemerkt, dass die Kirche „für die vielen Kirchengemeinde-Genossen zu klein [ist] und in einem sehr mangelhaften Zustand" sich befindet. Auch die alte Orgel sei seit einem Jahr bereits „unbrauchbar". Dolmetsch versucht dem Übelstand dadurch abzuhelfen, dass er der Kirche sowohl auf der Nord- als auch auf der Südseite Anbauten hinzufügt (vgl. Abb. 30). Die überdachte

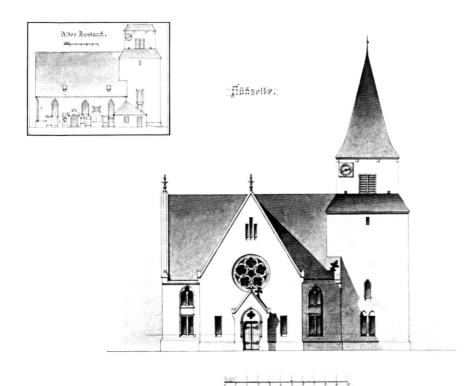

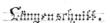

Abb. 280 Oberrot, ev. Kirche, Ansicht Südfassade, ca. 1886 (Bestand und unausgeführtes Projekt). Tusche, aquarelliert auf Papier, 47,8 cm x 35,9 cm.

Außentreppe auf der Nordseite soll beseitigt und stattdessen ein rechteckiger Chorraum errichtet werden. Auf der Südseite soll ein Anbau mit Rosette im Giebel das Kirchenschiff bilden, so dass das alte Langhaus zum Querschiff umfunktioniert wird (Abb. 280). Die Sakristei in der Südostecke zwischen Turm und Schiff soll entfernt und in das Erdgeschoss des Turms verlegt werden. Der Altar erhält seinen neuen Standort in dem zu errichtenden Chor auf der Nordseite der Kirche. Die Kanzel wird am westlichen Chorbogenpfeiler platziert. Die neue Orgel soll auf der Empore im Osten unterhalb des ehemaligen Chorbogens zu stehen kommen (Abb. 281). Das Turmdach soll erhöht werden, der Turm selbst jedoch unangetastet bleiben. Die veranschlagten Kosten für dieses Projekt belaufen sich auf etwa 30 000 Mark.

Da dieser Vorschlag zwar das Gefallen der Stiftungskollegien findet, aber die fi-

Abb. 281 Oberrot, ev. Kirche, Längsschnitt, ca. 1886 (Bestand und unausgeführtes Projekt). Tusche, aquarelliert auf Papier, 28,5 cm x 35,9 cm.

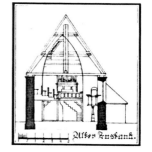

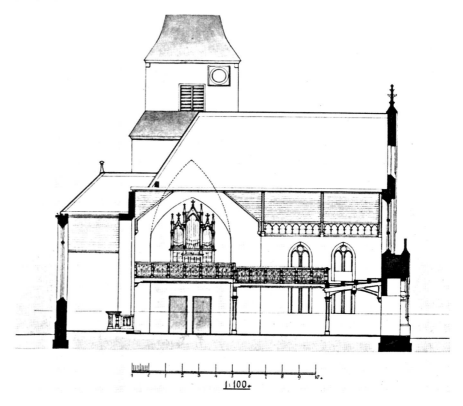

renanlage nach dem Vorbild der Gaildorfer Emporenanlage zur Bedingung für
den Umbau. Um ausreichend Raum für
die Emporen zu schaffen, wird die Decke
in den Dachraum hinein aufgesprengt.
Die drei mittelalterlichen Spitzbogenfenster sowie das kleine Rechteckfenster
auf der Südseite bleiben in ihrer ursprünglichen Form erhalten. Die bislang
nahezu fensterlose Nordseite erhält in
Analogie zu der gegenüberliegenden
Fassade drei neue Öffnungen. Die Sakristei behält ihren angestammten Platz, wird
aber neu aufgerichtet.

Im Laufe des Jahres 1887 wird der Umbau der Oberroter Kirche durchgeführt.
Der Innenraum wird mit einer doppelstöckigen Emporenanlage ausgestattet
(vgl. Abb. 126), wobei demselben durch
die Anlage von Lichtschächten im Dachraum zusätzliches Tageslicht zugeführt
wird. Der Chor wird mit einer hölzernen
Spitztonne versehen, die mit biblischen
Darstellungen geschmückt wird (vgl.
Abb. 139; 140). Die Nordseite erhält drei

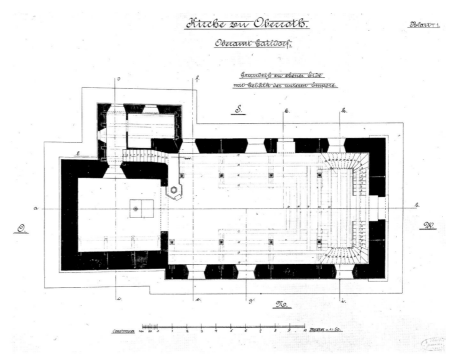

*Abb. 282 Oberrot, ev. Kirche, Grundriss Parterre mit Emporengebälk, ca. 1887.
Tusche auf Papier, 65,7 cm x 48,7 cm.*

*Abb. 283 Oberrot, ev. Kirche, Querschnitt nach Osten durch Schiff und Turm, ca. 1887.
Tusche, aquarelliert auf Papier, 65,6 cm x 65,4 cm.*

große Spitzbogenfenster. Ob auch, wie
der Gemeindebrief anlässlich der Wiedereinweihung der Bonifatiuskirche, S. 16
mitteilt, die Turmspitze 1887 erneuert
wurde, kann mangels schriftlicher Quellen nicht gesagt werden (Abb. 284). In
den beiden Projekten, die durch die in
Dolmetschs Nachlass befindlichen Zeichnungen dokumentiert sind, ist eine
Veränderung des Turmabschlusses nicht
enthalten. Demnach wäre eine derartige
Veränderung, sollte sie unter Dolmetschs
Leitung ausgeführt worden sein, auf eine
verhältnismäßig kurzfristige Entscheidung des Architekten oder des Bauherrn
zurückzuführen.

1955/56 wurde das Innere der Kirche
abermals umgestaltet: Im Schiff wurde eine Zwischendecke eingezogen, die Farbfassungen des Holzwerks und der Wände
wurden beseitigt. 1993/94 wurde die
Dolmetsch-Fassung von 1887, die bereits
1900 und 1920 übermalt worden war, in
Teilen wiederhergestellt. Der Turm erhielt in den sechziger Jahren des 20. Jahrhunderts einen neuen Abschluss, der mit
seinem charakteristischen Knick an den
Turmhelm, den bereits Dolmetsch vorfand, gemahnt.
Quellen: LKA, A 29, 3335-3 (Restauration der Kirche 1886–1887). TUM,
Nachlass Heinrich Dolmetsch, Signatur
22.1, 22.2, 22.3, 22.4, 22.5, 22.6, 22.7,

Abb. 284 Oberrot, ev. Kirche, Ansicht von Nordwesten, nach 1887.

22.8, Mappe mit 8 Tuscheplänen, aquarelliert, undatiert, der erste Plan („Situationsplan") mit Stempel „H. Dolmetsch. Bauinspector. Stuttgart" versehen; Signatur 22.9, 22.10, 22.11, 22.12, 4 Tuschepläne, ebenfalls aquarelliert und mit Stempel „H. Dolmetsch. Bauinspector. Stuttgart" versehen, Projekt unvollständig dokumentiert, da Blattzählung nicht kontinuierlich.

Literatur: Rolf Schweizer, Die St.-Bonifatius-Kirche in Oberrot, in: Gerhard Fritz/Hans Peter Müller/Rolf Schweizer/ Andreas Ziegler (Hrsg.), 1200 Jahre Oberrot. Aus der Geschichte der Rottalgemeinden Hausen und Oberrot, Stuttgart 1987, S. 59 f. Evangelische Kirchengemeinde Oberrot (Hrsg.), Wiedereinweihung der Bonifatius-Kirche (= Sonderausgabe des Gemeindebriefs), o. O., o. J. [1994], S. 16 f. und S. 28 f.

Obersontheim-Oberfischach, ev. Pfarrkirche (St. Kilian)
Gemeinde Obersontheim, Kreis Schwäbisch Hall, ehemals OA Gaildorf

Der Turmchor der Kirche in Oberfischach weist ein Netzgewölbe auf, in dessen Schlussstein der Kirchenpatron zu sehen ist. Das Schiff wurde 1636 neu aufgebaut, nachdem es zwei Jahre zuvor durch kaiserliche Truppen nach der Schlacht bei Nördlingen zerstört worden war. 1860 wurde dem Turm ein weiteres steinernes Geschoss aufgesetzt, das mit einem Rundbogenfries abschließt.

Nachdem Dolmetsch die Kirche in Oberfischach im Auftrag des Vereins für christliche Kunst besichtigt hat, berät der Kirchengemeinderat am 13. Februar 1890 über die von Dolmetsch vorgelegten Vorschläge „zur geplanten Renovierung der Kirche". Der Plan sieht vor, „durch Ausschneidung und Überhöhung der Schiffdecke Chor und Schiff in geordnete Beziehung zu einander zu bringen, wobei die Kanzel an den nördlichen Chorbogenpfeiler, die Orgel auf die Westempore verlegt, die Südseite aber mit einer Empore versehen" werden soll. Ferner soll „auf der Nordseite im Schiff der Kirche ein weiterer Ausgang gegenüber der hinteren Türe der Südseite [angelegt werden], sodaß das untere Gestühl durch einen Kreuzgang geschnitten" würde. Der „Abstieg von Orgel und Empore [soll] durch eine in der südwestlichen Ecke befindliche Treppe bewirkt" werden. Schließlich soll „zur Beheizung der Kirche an der nördlichen Wand des Hauptschiffs in der Nähe der Kanzel ein Ofen […] mit einem in die Mauer eingehauenen Kamin" aufgestellt werden. Anstelle des im 17. Jahrhundert „aufgemalten unbedeutenden katholischen St. Kilianbildes" soll ein „passende[s] evangelisches Bild" hergestellt werden, für das der Verein für christliche Kunst einen „entsprechenden Geldbeitrag" zugesagt habe. Die Kosten werden von Dolmetsch auf „zusammen rund 12 000 Mark" geschätzt.

Die von Dolmetsch gemachten Vorschläge zur Restaurierung der Kirche finden „im ganzen die klare Anerkennung und ungeteilte Billigung" des Kirchengemeinderats. Trotzdem bringt das Kollegium Bedenken gegen den geplanten Ausgang auf der nördlichen Seite vor: Zum einen würde „die gleichzeitige Öffnung zweier einander gerade gegenüberliegende[r] Thüren einen empfindlichen und gefährlichen Luftzug verursachen", zum anderen würde es beim „Ausgang der hinteren (südlichen) Thüre eine Stockung geben, wenn die von oben kommenden mit den aus den untern Stühlen austretenden zusammentreffen" würden. Um diesem Missstand abzuhelfen, schlägt der Kirchengemeinderat vor, auf der Ostseite der Empore eine Türöffnung auszubrechen, „von der aus eine Freitreppe oder ein bedecktes Treppenhaus oder Schneckengang die Besucher der Empore ins Freie führen" könnte. Dies brächte zudem den Vorteil mit sich, dass „die durch den Zwischengang im Schiff verlorenen Plätze wiederhergestellt" würden.

Wie die in Dolmetschs Nachlass überlieferten Pläne dokumentieren, berücksichtigt dieser in seinem Entwurf die Änderungsvorschläge des Kirchengemeinderats. Im südöstlichen Winkel zwischen Chor und Schiff fügt Dolmetsch ein Treppenhaus ein, in dem sich eine Wendeltreppe als Aufgang zur Empore und zum Glockenraum befindet (Abb. 285). Der ursprünglich geplante Ausgang auf der Nordseite wird weggelassen, so dass die Bankreihen auf dieser Seite nur von dem Ofen unterbrochen werden. In einem Punkt entspricht Dolmetsch nicht dem Wunsch des Kirchengemeinderats, der sich am 13. Februar 1890 dafür ausgesprochen hatte, die südliche Empore mit vier Sitzreihen zu versehen: Dolmetsch plant lediglich drei Reihen Bänke, da er offensichtlich die vom Kirchengemeinderat in Kauf genommene Verengung der Sitzreihen nicht gutheißen kann. Außerdem beabsichtigt er, die Schifffenster auf der Nord- und Südseite zu verlängern, dagegen zwei kleine Öffnungen rechts und links der Orgel zuzumauern und ein Doppelfenster unter der Orgelempore einzufügen. Die beiden im Westgiebel sich befindenden Ovalfenster sollen unangetastet bleiben (vgl. Abb. 69). Das Chorfenster hingegen soll erheblich vergrößert werden. Der Chorbogen soll in seiner alten Größe belassen werden; die nach Osten zeigende Giebelwand, die sich durch die Aufsprengung der Decke in den Dachraum wesentlich erhöht, soll durch fünf gestaffelte Nischen aufgelockert werden.

Am 30. Mai 1890 berät der Kirchengemeinderat über die von Dolmetsch eingereichte Kostenberechnung, die sich auf 13 420 Mark beläuft „inclusive neues Gestühl". Obwohl das Kollegium mit den Grundzügen des Dolmetsch'schen Plans einverstanden ist, wird die Ansicht geäußert, „daß an den gemachten Vorschlägen manche Aenderungen gemacht und Ersparnisse erzielt werden könnten". Als maßgebend für das weitere Vorgehen erachtet der Kirchengemeinderat „nicht nur die Rücksicht auf die vorhandenen resp. verfügbaren Mittel, sondern auch die thunlichste Erhaltung des Bestehenden und das Streben nach Einfachheit und Schlichtheit".

Da – laut Kirchengemeinderatsprotokoll vom 29. Juli 1890 – die „Kirchenrenovation […] infolge Erkrankung des Zeichners" im Jahr 1890 nicht mehr ausgeführt werden kann, wird „die ganze Sache auf nächstes Frühjahr verschoben".

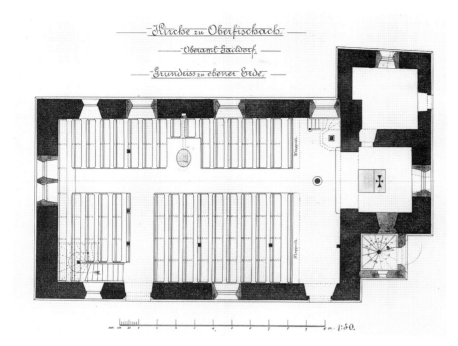

Abb. 285 Oberfischach, ev. Kirche, Grundriss Parterre, ca. 1891. Tusche, aquarelliert auf Papier, 60,8 cm x 39,1 cm.

Doch auch 1891 kommt es noch nicht zur Ausführung des Bauvorhabens, weil die Genehmigung der Kreisregierung erst am 17. Juni 1891 und die des Konsistoriums am 19. Juni desselben Jahres erfolgt. Am 21. Februar 1892 findet die Vergabe der Arbeiten an die einzelnen Unternehmer statt, und am 4. Dezember 1892 kann die feierliche Einweihung der umgebauten Kirche begangen werden.

Die Restaurierung wurde gemäß Dolmetschs Plänen vorgenommen, die möglicherweise erst nach Ausarbeitung der Kostenvoranschläge im Februar 1892 gefertigt wurden. Die Kostenberechnungen für die einzelnen Gewerke enthalten einige Positionen, die keine Entsprechung in den Plänen haben und tatsächlich nicht ausgeführt wurden. So unterblieben die in den Kostenberechnungen vorgesehene Zumauerung der beiden ovalen Fenster im Westgiebel, der Einbau eines Windfangs auf der Südseite des Kirchenschiffs, die vollständige Neuherstellung des Parterregestühls sowie die Ausführung der Treppe von der Orgelempore zum Dachboden. Andere Ausstattungsstücke wurden aus Sparsamkeitsgründen von vornherein nicht zur Neuherstellung bestimmt, obgleich „nach einem einheitlichen Plan gebaut werden" sollte, wie das Kirchengemeinderatsprotokoll vom 13. Februar 1890 konstatierte: Es handelte sich hierbei um die Kanzel, den Taufstein und den Plattenboden. Dagegen standen die Bemalung der Wände, der Decke, der Emporenbrüstungen und des Chorgewölbes sowie die Neuverglasung sämtlicher Schifffenster und des Chorfensters niemals zur Disposition. Trotz des Strebens des Kirchengemeinderats nach einer „thunlichste[n] Erhaltung des Bestehenden" überstieg die Bausumme den Kostenvoranschlag um annähernd 1000 Mark.

Neben der Schablonenmalerei, von der sich auf den hölzernen Einbauten noch schwache Reste erhalten haben (vgl. Abb. 103), und dem Altar sind von den unter Dolmetschs Leitung 1892 durchgeführten Maßnahmen wesentliche Teile vorhanden: Decke, Stuhlwangen, Emporenpfosten, Schiff- und Chorfenster sowie Treppenhaus (vgl. Abb. 73).

Quellen: PfarrA Oberfischach, „KGR-Protokolle 1889–1905". PfarrA Oberfischach, „Beilagen zur Kirchenpflege-Rechnung pro 1. April 1892/93". PfarrA Oberfischach, „Beilagen zur Kirchenpflege-Rechnung pro 1. April 1893/94". TUM, Nachlass Heinrich Dolmetsch, Signatur 37.1, 37.2, 37.3, 37.4, 37.5, 5 Tuschepläne, aquarelliert, undatiert und unsigniert.
Literatur: Dolmetsch 1900, S. 2. Karl Bernlöhr, 700 Jahre Pfarrei Oberfischach 1285–1985, o. O., o. J. [1985], S. 35 f.

Öhringen-Ohrnberg, ev. Pfarrkirche
Stadt Öhringen, Hohenlohekreis, ehemals OA Öhringen

Der Chor der aus romanischer Zeit stammenden Chorturmkirche wurde 1371 (i) umgebaut. 1601/02 erfolgten unter Baumeister Georg Kern Umbauten, wobei das Kirchenschiff in nordsüdliche Richtung umorientiert wurde. Der Turm erhielt 1701 ein Fachwerkgeschoss mit achteckigem Zelthelm. 1727 wurde das Schiff erhöht und bekam eine neue Decke. Der ehemalige Turmchor ist heute Sakristei.

Am 5. März 1900 beschließt der Kirchengemeinderat Ohrnberg, „das baufällige, des religiösen Eindrucks nahezu gänzlich mangelnden Kirchengebäude in der von Baurat Dolmetsch nach dem Kostenvoranschlag vom Juli 1899 und Februar 1900 vorgeschlagenen Weise mit einem Gesamtaufwand von ca. 5000 Mark in Stand zu setzen", was durch Konsistorialerlass vom 10. April 1900 genehmigt wird. Nach Abschluss der Rechnungslegung wird bemerkt, dass „leider der Zustand des Gebäudes über alle Voraussetzung hinweg schlecht [war], so daß ein Aufwand von 8840 Mark erforderlich war".

Die Restaurierungsmaßnahmen beziehen sich vornehmlich auf das Einsetzen neuer Fenster und Türen auf der Westseite der Kirche sowie auf die Erneuerung des Inneren, wobei allerdings die Emporen, die Decke und die Prinzipalstücke beibehalten werden. Es wird ein neuer Plättchenboden erstellt, das Podium und das Geländer des Altars erneuert, die Kanzeltreppe verlegt, die Wände „hübsch bemalt" – wie der Pfarrbericht des Jahres 1901 festhält – und eine Heizungsanlage eingerichtet. Auch werden Ausbesserungsarbeiten am Turm und am Schiffdach vorgenommen.
Quellen: LKA, A 29, 3473-19 (Pfarrbericht von 1901). PfarrA Ohrnberg, Altregistratur (Rechnungsbeilagen 1899–1902), darin u. a. Kostenvoranschläge von Dolmetsch vom Februar 1900 bzw. August 1900.

Ohrnberg *siehe Öhringen*

Ostdorf *siehe Balingen*

Ötisheim, ev. Pfarrkirche (St. Michael)

Enzkreis, ehemals OA Maulbronn

Die einschiffige Chorturmkirche erlitt 1460 aufgrund von Plünderungen durch Graf Ulrich von Württemberg erhebliche Schäden. 1562 (i) wurden Bauarbeiten am Turm vorgenommen, möglicherweise fand im Zuge dieser Maßnahmen auch die Erweiterung des Kirchenschiffs nach Westen statt. 1723 wurde der Innenraum weitgehend umgestaltet: Vor dem Chorbogen wurde eine Empore eingezogen, auf der die Orgel ihren Platz fand, die Decke wurde in Form eines Tonnengewölbes gebildet.

Am 26. Oktober 1898 besichtigt Dolmetsch im Auftrag des Vereins für christliche Kunst die Kirche in Ötisheim. In seinem Gutachten vom 13. Januar 1899 kommt Dolmetsch zu dem Schluss, „daß die so notwendige Vergrößerung infolge des sehr beschränkten Hügelplateaus, auf welchem die Kirche steht, nicht empfehlenswert ist, da bei jeder Ausdehnung infolge der sehr tief gelegenen Nachbargrundstücke ein ungewöhnlich großer Aufwand für den notwendig werdenden hohen Unterbau erforderlich würde". Aus diesem Grund empfiehlt Dolmetsch einen Neubau der Kirche, „bei welchem das alte Steinmaterial insbesondere dasjenige des Turmes zweckmäßige Verwendung finden könnte". Als Bauplatz schlägt er den „obere[n] Teil des Friedhofes" vor, „welcher an der Hauptstraße eine zentrale und gesunde Lage bietet". Dolmetsch ist sich darüber im Klaren, dass angesichts der finanziellen Verhältnisse der Gemeinde „in nächster Zeit an die Verwirklichung dieses Baugedankens" nicht herangegangen werden kann.

Am 19. Februar 1899 teilt der Vorsitzende dem Kirchengemeinderat das Gutachten mit, ohne dass sich eine Diskussion über die Frage des von Dolmetsch beabsichtigten Abbruchs der Kirche anschließt. Ob der Beschluss des Kirchengemeinderats vom 18. Juni 1899, Oberamtsbaumeister Schießwohl mit einer „summarischen Schätzung des mutmaßlichen Aufwands bei der geplanten Verbesserung der Kirche" zu beauftragen, unmittelbar auf den Konsistorialerlass vom 28. Februar 1899 zurückgeht, wonach „die Verbesserung beziehungsweise Erneuerung des Kirchengebäudes in Ötisheim als das dringlichere […] Bauwesen [gegenüber demjenigen in Corres] sich darstellt", kann nicht gesagt werden. Der gewünschte „Grundrißplan des Innern der Kirche samt Kostenvoranschlag" liegt in der Sitzung des Kirchengemeinderats am 11. November 1899 vor. Das Kollegium ist damit „im allgemeinen einverstanden, nur hätten die meisten Mitglieder des Kirchengemeinderats die Anbringung eines Aufgangs zur Empore im Innern der Kirche gewünscht, hauptsächlich wegen der Abendmahlsfeiern, bei welchen die männlichen Teilnehmer, um zum Altare zu gelangen, zuerst die Kirche verlassen müssen, um durch die südliche Kirchenthüre wieder hereinzukommen". Der vom Kollegium am 28. Mai 1899 geäußerte Wunsch, „insbesondere soll die Orgel aus dem Chor und auf die Schmalseite des Schiffes gestellt und bei der Veränderung darauf gesehen werden, daß mehr Platz gewonnen wird", ist vermutlich berücksichtigt worden, da eine Klage in dieser Hinsicht nicht zu hören ist. Abschließend formuliert der Kirchengemeinderat die Bitte, „es möge der beiliegende Plan zur gütigen Begutachtung dem Verein für christl[iche] Kunst in der evang[elischen] Kirche Württembergs vorgelegt werden, da Herr Baurat Dolmetsch […] die Kirche genau kennt".

Am 5. März 1900 bekräftigt das Kollegium seine Absicht, „daß sobald wie möglich etwas geschehen soll, um dem unwürdigen Zustand [des] Gotteshauses abzuhelfen". Dabei macht der Kirchengemeinderat die Frage, „ob eine größere oder kleinere Reparatur vorgenommen werden soll", von dem von Dolmetsch abzugebenden Gutachten abhängig. Das Kirchengemeinderatsprotokoll vom 4. Juni 1900 teilt mit, dass Dolmetsch „den von Oberamtsbaumeister Schießwohl ausgearbeiteten Plan nicht für zweckmäßig" hält, „da durch denselben doch die entsprechende Zahl von Sitzplätzen nicht erreicht werde". Das Kollegium nimmt das Angebot Dolmetschs, „einen neuen Plan für die Verbesserung und Erweiterung der Kirche" auszuarbeiten, an.

In der Woche vom 20. bis zum 26. November 1900 fertigen „Werkmeister Roller und dessen Gehilfe Gaiser […] im Auftrag von Baurat Dolmetsch […] eine genaue Aufnahme von der Kirche". Im Zuge dieser Arbeiten werden im Chor „wertvolle Wandgemälde aus dem 14. Jahrhundert aufgefunden", wie das Kirchengemeinderatsprotokoll vom 9. Dezember 1900 berichtet. Das Kollegium wendet sich unverzüglich an das Konservatorium mit der Bitte um „Sendung des Herrn Kunstmalers Haaga um ein Gutachten über den Wert der Bilder". Das Gutachten, dessen Wortlaut in der Sitzung des Kirchengemeinderats am 16. Dezember 1900 mitgeteilt wird, kommt zu dem Schluss, dass „die Gemälde […] einen hohen archäologischen und künstlerischen Wert" besitzen. Abschließend gibt Haaga folgende Empfehlung: „Durch Entfernung derselben – der im Chor eingebaute[n] häßliche[n] Empore – würden die Bilder wieder zur vollen Geltung gebracht werden können und der Chor wieder ein würdiges Ansehen gewinnen." Dolmetsch soll über den Inhalt dieses Gutachtens informiert werden, dabei will der Pfarrer die Bitte anschließen, „bei Anfertigung des Plans zur Wiederherstellung des Innern der Kirche vor allem in Bezug auf die Entfernung der Orgel aus dem Chor auf diese Bilder hinzuweisen".

Erst nachdem der Kirchengemeinderat am 20. April 1901 ein „Mahnschreiben" an Dolmetsch wegen der „baldige[n] Fertigung des Plans" verabschiedet hat, liegt dem Kollegium am 30. Juli desselben Jahres der Entwurf vor. Dieser zielt, wie dem im Kirchengemeinderatsprotokoll wiedergegebenen Schreiben von Dolmetsch vom 27. Juli zu entnehmen ist, auf die Erweiterung der Kirche auf der Südseite durch ein Querschiff ab, „um die verlangte Sitzplatzanzahl von 500 zu erreichen". Dabei hat Dolmetsch nach eigenem Bekunden „eine Ausführung zu Grunde gelegt, welche so einfach als nur möglich gehalten ist, welche aber immerhin noch eines Gotteshauses würdig ist". Der Kostenvoranschlag beläuft sich auf die Summe von 56 900 Mark: Für die „Renovation und Erweiterung der Kirche" berechnet Dolmetsch 41 900 Mark, für die „Arbeiten am Turm" 15 000 Mark.

Eine mit einem Spendenaufruf versehene Postkarte dokumentiert einen Plan von „Baurath Dolmetsch" (Abb. 286), der sich mit dem genannten Projekt vom Juli 1901 in Verbindung bringen lässt. Dieser Plan geht im Gegensatz zu der ursprünglichen Absicht von dem Erhalt des alten Kirchengebäudes aus. Auf der Südseite des Kirchenschiffs befindet sich ein großes Querhaus, dessen Fassade mit ei-

Abb. 286 Ötisheim, ev. Kirche, Spendenaufruf mit Projektdarstellung, ca. 1901 (unausgeführt).

nem Rosettenfenster geschmückt ist. Der Turm wird um ein hohes Glockengeschoss aufgestockt und mit einem spitzen Helm bekrönt. Der Plan „zur Verbesserung und Erweiterung der Kirche" findet die „volle Zustimmung des Kirchengemeinderats, welcher aber […] auf einen so hohen Kostenvoranschlag weder gefasst noch vorbereitet war", wie das Protokoll vom 30. Juli 1901 mitteilt. Aus diesem Grund gelangt das Kollegium zu der Überzeugung, zunächst „keinen bindenden Beschluß zu fassen, obwohl die Renovation der Kirche […] nicht länger hinausgeschoben werden sollte". Der Vorsitzende will Dolmetsch „für die schönen zweckentsprechenden Pläne für die Renovation der Kirche" seinen Dank aussprechen.

Die folgenden Jahre vergehen mit der Ansammlung eines Kirchenbaufonds sowie der Vornahme kleinerer Ausbesserungsarbeiten am Kirchengebäude, wie etwa der Umdeckung des Kirchendachs und der Ausbesserung der Kirchhofmauer. Der Wechsel von Pfarrer Sauberschwarz zu Pfarrer Schlaich im Jahr 1906 bringt offenbar neuen Schwung in die Kirchenbauangelegenheit, denn am 17. Juni 1906 verhandelt der Kirchengemeinderat erstmals nach langer Zeit über die „Kirchenrenovation". Einleitend wird konstatiert, „daß der Zustand der Kirche, so wie er jetzt ist, nicht bleiben kann". Die Hauptpunkte von Dol-

metschs Plan aus dem Jahr 1901 werden zusammenfassend aufgeführt: „Erhöhung der Sitzplätze von 436 auf 500, vor allem durch Anbau eines Querschiffs gegen Süden, Versetzung der Orgel auf die Westempore, Erneuerung der Empore, des Gestühls, der Türen und Zugänge, des Dachbelags, des Fußbodens und der Sakristei [sowie] von Kanzel, Altar und Taufstein, endlich Einsetzung neuer Fenster [und] Erhöhung des Turms um 11 Meter." Obgleich der Plan weiterhin als „schön und zweckmäßig" bezeichnet wird, soll Dolmetsch gebeten werden, den Plan zu „vereinfachen", da die veranschlagten Kosten nicht akzeptabel erscheinen.

Bereits am 14. Oktober 1906 liegen der gewünschte Voranschlag und die Zeichnungen „des neuen Projekts der Renovation [der] Kirche" vor. Am 27. Oktober desselben Jahres beschließt der Kirchengemeinderat, „daß Oberbaurat Dolmetsch auf Grund der vorgelegten Zeichnungen und des vorgelegten Kostenvoranschlags den Plan zur Verbesserung und Erweiterung [der] Kirche ausarbeite mit Hinzufügung der zwei Punkte: 1) daß die Wiederherstellung der westlichen Stützmauer der Kirche in den Voranschlag auf-

genommen [und], 2) daß die Verlängerung der Kirche gegen Westen soweit irgend [möglich] nach Süden ausgeführt [werde]". Die im November 1907 von Dolmetsch ausgearbeiteten Pläne lassen sich auf diesen Beschluss zurückführen.

Im Gegensatz zu seinem Projekt vom Juli 1901 und zum ausdrücklichen Wunsch des Kirchengemeinderats fügt Dolmetsch nicht auf der Süd-, sondern auf der Nordseite des Schiffs einen Anbau an. Dieser Anbau erhält nicht mehr den Charakter eines Querhauses, vielmehr wird derselbe durch die zweireihige Fensteranordnung als Seitenschiff gekennzeichnet (Abb. 287). Nach Westen schließt sich ein Treppenhaus an, das den Zugang zur Empore ermöglicht. Der gesamte Anbau im Norden wird von einer Empore eingenommen, auch im Westen befindet sich eine tiefe Empore (Abb. 288). Die Orgel steht allerdings nicht – wie im vorangegangenen Projekt geplant – auf der Westempore, sondern auf einer Empore an der Südseite des Schiffs, der Nordempore genau gegenüber (Abb. 289). Der Altar steht im Kirchenschiff vor dem Chorbogen, vor diesem wird mittig der Taufstein platziert. Die Kanzel befindet sich am nördlichen Chorbogenpfeiler

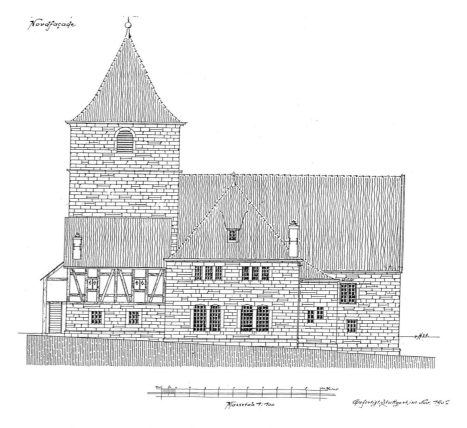

Abb. 287 Ötisheim, ev. Kirche, Ansicht Nordfassade, 1907.

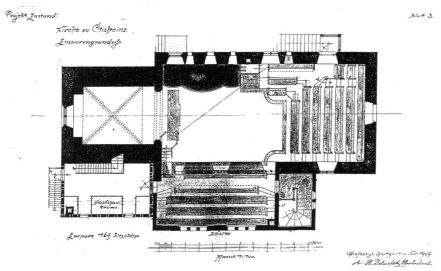

Kirche zu Ötisheim.
Emporengrundriß

*Abb. 288 Ötisheim, ev. Kirche,
Grundriss Empore, 1907.*

Nach dem Tod von Heinrich Dolmetsch führen sein Sohn Theodor und
Felix Schuster das Bauprojekt durch. Am
26. August 1908 erörtert der Kirchengemeinderat in Anwesenheit von Theodor Dolmetsch nochmals das Thema der
Turmerhöhung. Während Dolmetsch
„eine Erhöhung um ca. 2 m […] mit Beibehaltung der bisherigen Art des Dachs"
als ausreichend ansieht, spricht der Kirchengemeinderat den Wunsch aus, „Architekt Dolmetsch möge der Stimmung
der Bürgerschaft um möglichste Erhöhung des Turms so weit irgend möglich
Rechnung tragen". Der im September
1908 von Dolmetsch und Schuster gefertigte Plan zur Erhöhung des Turms geht

in der Nähe der Nordempore. Der Aufgang zur Kanzel erfolgt vom Geräteraum
aus, der zugleich als Tisch- und Stuhllager
dient und unmittelbar an die Sakristei anschließt. Über der Sakristei wird der Lagerraum für Holzkohlen angeordnet,
nach außen tritt dieser Anbau mit einem
Fachwerkobergeschoss in Erscheinung.
An der Ostseite befindet sich der überdachte Aufgang zu diesem Lagerraum.
Entgegen der Äußerung des Kirchengemeinderats vom 8. März 1903, „auf
den <u>Turmausbau</u>" nicht verzichten zu
können, „da die bürgerl[ichen] Kollegien
sonst überhaupt nicht ihre Zustimmung
zu dem beabsichtigten Bauwesen geben"
werden, unterlässt Dolmetsch eine
Turmaufstockung.

Nachdem der Kirchengemeinderat am
5. Februar 1908 den „gefährliche[n] Zustand der Kirche" konstatiert hat, geht das
Genehmigungsverfahren verhältnismäßig
rasch vonstatten. Am 21. Februar desselben Jahres beschließt das Kollegium, „in
diesem Jahr den Umbau durchzuführen
[und] die Bauleitung […] Oberbaurat
Dolmetsch, der die Pläne sowie den Voranschlag ausgearbeitet hat, [zu] übertragen". Die Kostenberechnung beläuft sich
auf die Summe von 45 000 Mark. Gleichzeitig mit der Bekanntgabe des Konsistorialerlasses vom 23. April 1908, wonach
das Baugesuch genehmigt wird, findet am
2. Mai 1908 die Vergabe der ersten Bauarbeiten statt.

*Abb. 289 Ötisheim, ev. Kirche, Querschnitt
nach Osten, 1907.*

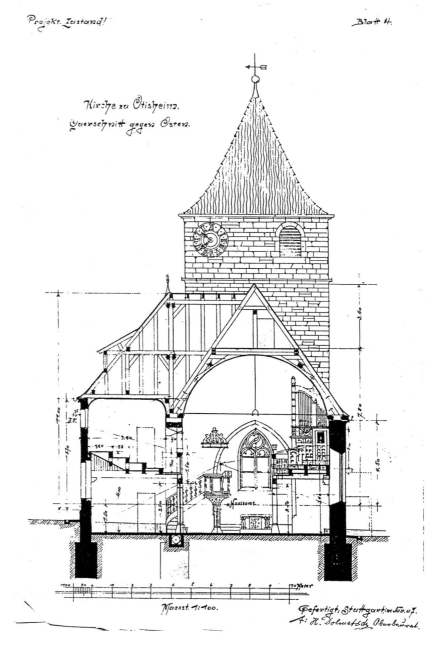

Kirche zu Ötisheim.
Querschnitt gegen Osten.

Abb. 290 Ötisheim, ev. Kirche, Dolmetsch und Schuster, Ansicht Ostfassade und Querschnitt durch den Turm, 1908. Lichtpause, koloriert, 41,4 cm × 44,7 cm.

von einem Kompromiss aus: Die Aufstockung soll 2,50 m betragen, wobei sich die Form des Turmshelms eng an die des bisherigen Dachs anlehnt (Abb. 290). Als Material für die Aufstockung soll Bruchsteingemäuer – „gleich dem alten" – dienen. Die Kosten für die Turmerhöhung werden auf 5500 Mark veranschlagt.

Bis zum Beginn des Jahres 1909 – die Einweihung findet am 21. Februar statt – führen Dolmetsch und Schuster die Restaurierung der Kirche nach den Plänen von Heinrich Dolmetsch fort. Die Turmerhöhung und die Verlegung des Außenaufgangs von der Ostseite der Sakristei an die Nordseite stellen die beiden einzigen Abweichungen der Ausführung gegenüber den Plänen vom November 1907 dar.

1963 wurde eine Innenrestaurierung der Kirche durchgeführt, bei der die Farbfassung der Wände überstrichen, die Orgel von der Süd- auf die Westempore versetzt und ein Teil der Dolmetsch-Ausstattung (insbesondere Kanzel und Altar) entfernt wurde. 1987 fand erneut eine Umgestaltung des Innenraums statt: Durch die Anbringung eines Frieses am Ansatz des Tonnengewölbes sowie durch die Rekonstruktion der Kanzel wurde versucht, den Innenraum dem Erscheinungsbild des Jahres 1908 anzunähern.

Quellen: PfarrA Ötisheim, Nr. 56.1 (KGR-Protokolle 1889–1901). PfarrA Ötisheim, Nr. 56.2 (KGR-Protokolle 1902–1922). PfarrA Ötisheim, Nr. 161 (Kirche Corres (vor allem „Betsaalbau") 1897–1960). PfarrA Ötisheim, Nr. 204

(Rechnungen. Kirchenumbau Ötisheim 1907–1909). Die Mappe „Kirche zu Ötisheim. Eingabspläne betr. Umbau & Wiederherstellung der Kirche. Inhalt 9 Blatt" enthielt am 5. 11. 2002 keine Zeichnungen. 8 Pläne, sämtlich datiert und signiert „Gefertigt: Stuttgart im Nov. 1907. H. Dolmetsch Oberbaurat", als Kopien vorhanden, der Situationsplan allerdings nicht vorhanden. TUM, Nachlass Heinrich Dolmetsch, Signatur 80.1, Plan „Sakristei-Einrichtung", datiert „Stuttgart, 22. April 1908", unsigniert; Signatur 80.2, Fotografie der Kirche mit Blick zum Chor nach der Einweihung 1909.

Literatur: Hermann Diruf/Christoph Timm, Kunst- und Kulturdenkmale in Pforzheim und im Enzkreis, Stuttgart 1991, S. 283. Mathias Köhler, Evangelische Kirchen in Ötisheim, München/Zürich 1992, S. 8.

Ottmarsheim *siehe Besigheim*

Remshalden-Grunbach, ev. Pfarrkirche (St. Dionysius)
Gemeinde Remshalden, Rems-Murr-Kreis, ehemals OA Schorndorf

Die Chorseitenturmkirche stammt aus dem Jahr 1481 (i). Nachdem das Kirchenschiff bereits im 18. Jahrhundert verschiedenartige Umbauten erfahren hatte, veränderte Christian Friedrich Leins 1863 das Gebäude umfassend. Er ließ die an der Südseite befindlichen Treppenhäuser entfernen und schuf unter Einsetzung eines zweiten Portals neue Emporenaufgänge im Inneren der Kirche. Die sehr unterschiedlichen Fensterformen und -größen wurden vereinheitlicht, indem sämtliche Öffnungen im gotischen Stil ausgeführt wurden. Über dem Südeingang wurde eine Maßwerkrosette angebracht. Die Flachdecke des Schiffs wurde durch eine Gipstonne ersetzt und der Chorbogen erhöht. Die Orgel wurde von der Chorempore, die abgetragen wurde, auf die neu geschaffene Westempore versetzt. Der von Leins im Jahr 1861 vorgeschlagene Baustufenplan zur Erlangung von 902 Sitzplätzen wurde allerdings nicht ausgeführt, da vermutlich die finanziellen Mittel zu beschränkt waren. Der Plan von Leins sah zunächst einen in seinen Ausmaßen dem Turm entsprechenden querschiffartigen Anbau im Süden vor und schließlich die Erweiterung der

Empore auf der Nordseite, damit einhergehend die Versetzung der Kanzel in den Chorbogen hinein und die Veränderung des Zugangs in den Turm über einen neu zu schaffenden Treppenturm in der Ecke zwischen Chor und Schiff, da nun Erd- und Obergeschoss des Turms dem Kirchenschiff zugeteilt und bestuhlt werden sollten.

Das Kirchengemeinderatsprotokoll vom 6. September 1903 gibt Aufschluss über die Motivation zur Instandsetzung der Kirche: „Die hiesige Kirche bedarf in ihrem Innern einer Restauration vor allem eines Neuanstrichs der Wände." Gleichzeitig wird berichtet, dass Dolmetsch die Kirche bereits besichtigt habe, und das Kollegium sich mit dem Gedanken an eine „umfassendere Restauration" trage, da immerhin über einen Betrag von etwa 2000 Mark verfügt werden könne. Im Kirchengemeinderatsprotokoll vom 4. März 1904 wird vermerkt, dass eine „umfassendere Kirchenrenovation in Aussicht" stehe, „für welche das Gutachten eines Technikers erwartet" werde. Am 10. Mai 1904 wird berichtet, dass Dolmetsch die Kirche abermals besichtigt habe und einen „Voranschlag über die Kosten einer Renovation hauptsächlich im Innern der Kirche" fertigen werde. Am 26. Oktober 1904 beschließt der Kirchengemeinderat, die Kirche mit einem Aufwand von 6500 Mark nach dem Kostenvoranschlag von Dolmetsch vom Juni desselben Jahres zu restaurieren. Neben dem Neuanstrich des Innenraums sind vor allem substanzerhaltende Maßnahmen wie zum Beispiel „Instandsetzung der Dacheindeckung durch teilweises Umdecken der Dachflächen, Reinigung der Dachplatten von Moos, Ersetzen der defekten Schneeschutzbretter durch Schneeschutzgitter von verzinktem Eisen […], Instandsetzen nebst Ergänzen des Ölfarbanstrichs der Dachrinnen, Abfallröhren und der Blechverwahrungen am Dach, Ergänzen der schadhaften Giebelaufmauerung durch Einsetzen neuer Steine, Schließen der offenen Fugen daselbst samt dem übrigen Gemäuer und den vorstehenden Steingesimsen der Kirche, sowie Ergänzen durch Neufassung bezw. Erneuerung der Bleiverglasungen der Butzenscheibenfenster" geplant.

Am 2. April 1905 verhandelt der Kirchengemeinderat über die Frage des für die Kirche in Aussicht genommenen Terrazzobodens. „Da die Stuhlung im Par-

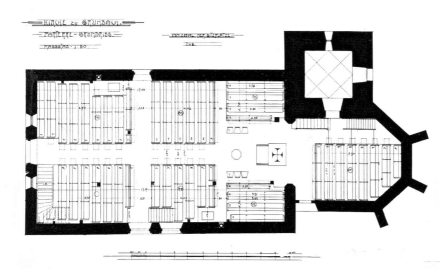

Abb. 291 Grunbach, Grundriss Parterre, ca. 1905. Tusche auf Transparent, 68,5 cm x 43,5 cm.

terre durchweg in einem solch geringen Zustand sei, daß über kurz oder lang doch eine Neubestuhlung im Schiff und Chor der Kirche unumgänglich sein werde", empfehle es sich nicht, den Terrazzo- boden zu dem beabsichtigten Zeitpunkt auszuführen, wenn nicht bald darauf Aus- besserungsarbeiten an demselben not- wendig werden sollten. Es sei ratsam, ent- weder den alten Fußboden zu belassen und lediglich mit einem 1,5 cm dicken Zementglattstrich zu überziehen oder gleichzeitig mit dem Terrazzoboden eine neue Stuhlung auszuführen. Doch erst in der Sitzung am 27. Juni 1905, nachdem die Restaurierungsarbeiten an der Kirche bereits begonnen worden sind, beschließt der Kirchengemeinderat die Herstellung eines neuen Gestühls (Abb. 291).

So belaufen sich schließlich die Ge- samtkosten der Restaurierung nicht wie ursprünglich geplant auf 6500 Mark, son- dern auf die stattliche Summe von rund 16 200 Mark. Außer den schon angespro- chenen Maßnahmen wird eine neue Tür vom Turm auf die Kirchenbühne sowie eine Verbreiterung der Westempore aus- geführt. Die Einweihung der wiederher- gestellten Kirche findet am 5. November 1905 statt.

Quellen: PfarrA Grunbach, „KGR-Pro- tokolle 1889–1926". PfarrA Grunbach, Mappe „Grunbach O.A. Schorndorf" mit 15 Tuscheplänen (6 Pläne „Alter Zustand", 9 Pläne „Neuer Zustand"), „Zustand der Kirche im Jahre 1861 mit 667 Sitzplätzen. Erforderniss 902 als 2/3 der Seelenzahl von 1353" von Christian Friedrich Leins. TUM, Nachlass Hein-

rich Dolmetsch, Signatur 71.1, 71.2, 2 Tuschepläne, undatiert und unsigniert. **Literatur:** Schahl 1983, Bd. 1, S. 777.

Reutlingen, ev. Stadtkirche (St. Maria)

Kreisstadt (Regierungsbezirk Tübingen), ehemals Oberamtsstadt (Schwarzwald- kreis)

Der Baubeginn der Marienkapelle, die erst 1533 zur Pfarrkirche erhoben wurde, erfolgte um 1250, vielleicht schon ein oder zwei Jahrzehnte früher. Der recht- eckig schließende Chor und die Erdge- schosse der beiden Chorflankentürme reichen noch in diese Zeit zurück. Um 1270 wurden die romanischen Ostteile der Kirche in gotischen Formen weiter- gebaut. Spätestens ab 1270 wurde das Kirchenschiff von an der Kathedralgotik der Straßburger Hütte geschulten Bau- leuten errichtet. Der Westbau mit der Einturmfassade wurde bis 1343 (a) voll- endet. Die nördliche Sakristei (Marien- kapelle) wurde um 1350/60, die südliche Sakristei bereits gleichzeitig mit dem Ausbau der Ostteile erbaut. Der Stadt- brand von 1726 zog auch die Marienkir- che schwer in Mitleidenschaft, so dass et- wa die Kerne der Bündelpfeiler achteckig ummantelt wurden (Abb. 292). Zwi- schen 1841 und 1844 nahm der Reut- linger Bauinspektor Johann Georg Rupp eine Restaurierung des Inneren der Marienkirche vor: Dabei wurden in den Seitenschiffgewölben die Schlusssteine ausgetauscht, die Maßwerke der Chor- fenster ausgebessert und in den Seiten-

schifffenstern neue Maßwerke eingesetzt. In den Jahren 1867 und 1868 wurde unter Rupps Leitung das Maßwerk der Westro- se, das verloren gegangen war, erneuert und die Brüstung oberhalb des Westpor- tals ausgetauscht.

Trotz dieser Ausbesserungsarbeiten be- schrieb Heinrich Merz am 7. März 1893 den Zustand der Kirche folgendermaßen: „Unbestritten ist die Kirche das bedeu- tendste Bauwerk aus frühgotischer Zeit in Württemberg, ein ganz eigenartiges Kunstdenkmal hohen Wertes […] Einen nie völlig ersetzbaren Schaden hat sie ge- nommen durch den furchtbaren Stadt- brand […] Das von der Glut Zerstörte wurde mit fremdem Beistand wiederher- gestellt, der Schaden verdeckt, das Zu- grundgegangene durch neues, nicht stil- gemäßes ersetzt […] Am augenfälligsten ist dies an Kanzel, Orgel, Borkirche und Gestühl […] Im Innern macht das nach dem Brande ärmlich und ungeschickt hergestellte Gestühl den Eindruck des wirklich Unwürdigen."

Nach Marienkirche 1903, S. 31 gibt das Stadtbauamt Reutlingen am 3. August 1886 den Anstoß, aufgrund der Repara- turbedürftigkeit der Marienkirche einen Restaurierungsplan erstellen zu lassen. Am 3. November 1886 beschließt der Stiftungsrat im Einvernehmen mit dem Bürgerausschuss, Dolmetsch zu ersuchen, „über die Frage der Restauration der Hauptkirche nach Rücksprache mit Oberbaurat von Leins den Kollegien ein Gutachten zu erstatten", wie aus der „Gratis-Beilage der Schwarzwälder Kreiszeitung" vom 21. November 1901 hervorgeht. Ein Bericht der Schwarzwäl- der Kreiszeitung vom 3. November 1886 teilt darüber hinaus die Gründe für die beabsichtigte Kirchenrestaurierung mit: Es bestehe die Notwendigkeit, „daß die Restauration der ornamentalen und constructiven Teile [der] Kirche, welche teils durch Verwitterung, teils durch den Brand notgelitten hätten, nicht mehr länger verschoben werden" solle. Die Restaurierung müsse „gründlich nach einheitlichem Plane eines hervorragen- den Gothikers kunstgerecht und styl- gemäß vorgenommen werden, um das herrliche Baudenkmal in seiner ganzen ursprünglichen Schönheit wieder herzu- stellen, was durch stückweise Renovation niemals möglich" sei. Dabei stehe die „Restauration des Innern und Aeußern, namentlich der constructiven Teile, im engsten Zusammenhang". Was das Innere der Kirche betrifft, so sei insbesondere die Herstellung einer neuen Stuhlung „längst als Bedürfnis erkannt".

Wie Friedrich Launer, „Erstes Buch", S. 4 mitteilt, nehmen Eugen Gradmann und Stadtvikar Karl Müller eine erste Bauuntersuchung am 28. Dezember 1886 vor. Dabei richten sie ihre Aufmerksamkeit auf das „Aufsuchen der Steinmetzzeichen" und die „Untersuchung im innern der Kirche", insbesondere auf die „Untersuchung der Schiffssäulen [und] der Arkaden". Die Ergebnisse dieser bauhistorischen Untersuchung publiziert Gradmann in den Württembergischen Vierteljahrsheften für Landesgeschichte im Jahr 1890. In diesem Zusammenhang bemerkt er unter anderem, dass die achteckigen Pfeiler im Schiff „schon beim ersten Anblick störend" wirken. Eine „Ergänzung der ursprünglichen Form" der Schiffpfeiler, für die die Wanddienste verwertet werden könnten, zieht er offenbar in Erwägung.

Laut Friedrich Launer, „Zweites Buch", S. 21 kommen Dolmetsch und Leins am 8. August 1887 „zur Untersuchung der Marienkirche" nach Reutlingen. Doch erst am 25. Februar 1890 legt Dolmetsch in einem Schreiben an den Stiftungsrat seine Vorschläge für die „Restauration" der Marienkirche dar. Dabei unterscheidet er drei Gruppen, die in der von ihm aufgeführten Reihenfolge zur Ausführung zu bringen sind. Die erste Gruppe umfasst: „Wiederinstandsetzung der Umfassungswände, soweit es sich um deren Construktion handelt. Es betrifft dies insbesondere die nördliche niedere Schiffwand, welche oben mehr oder weniger das Bestreben zeigt, sich nach außen zu neigen, denn unter dem Einfluß des Regen- und Schneewassers ist wohl schon früher das die Fundamente umgebende Erdreich derart durchweicht worden, dass infolgedessen Bewegungen in den Außenmauern und den hiemit verbundenen Strebepfeilern eintraten. Diesen Setzungen und Ausweichungen folgten nun auch die über die Seitenschiffe gespannten Strebebögen, welche dazu bestimmt sind, die senkrechte Stellung der Hochwerkwände über den Mittelschiffarkaden zu sichern. Ein teilweises Ausweichen dieser Hochwerkwand war daher unausbleiblich, weil einerseits das massive Mittelschiffgewölbe, andererseits der darüber befindliche, sehr mangelhaft konstruierte Dachstuhl einen seitlichen Schub bewirkten. Diesen Arbeiten hätte eine provisorische Versteifung und Verstärkung sämmtlicher Dachstühle vorauszugehen." Die zweite Gruppe bezieht sich auf die Restaurierung des Inneren: „Umgestaltung der Mittelschiff- und Außenwandpfeiler, sowie der Seitenschiffgewölbe. Anschließend hieran käme der Einbau der Emporen und deren Zugänge, sodann die Säuberung und der Aufputz der Decken und Wände und die Neuerstellung des gesamten Stuhlwerks, der Kanzel und Orgel, die nötigen Arbeiten an den Fensterverglasungen, die Herstellung neuer Thüren und Windfänge, sowie die Einrichtung einer Centralheizung, zu welcher eine Dampfheizung empfohlen werden kann […] Der Heizraum läßt sich unter der Sakristei gewinnen, welcher Anbau eher eine Unterkellerung zuläßt als der südliche, mehrere Risse zeigende Taufkapellenbau. Die Rauchabführung ließe sich durch ein, aus der nördlichen Chormauer ausgehauenes Kamin bewirken." Die dritte Gruppe beinhaltet: „Wiederherstellung der architektonischen und ornamentalen Teile des

Abb. 292 Reutlingen, Marienkirche, Innenansicht nach Osten, vor 1893.

293

Aeußern, sowie die Neubedachung des ganzen Bauwerkes und der Ausbau der beiden Chortürme." Die Kosten für die Ausführung der genannten Maßnahmen veranschlagt Dolmetsch auf 500 000 bis 600 000 Mark. Er denkt sich die Ausführung so, „daß während der ganzen Bauzeit stets die Hälfte der Kirche zum Gottesdienste benützt werden könnte".

Am 9. Mai 1890 beschließt der Stiftungsrat, „zur Frage der Verlegung der Kanzel akustische Proben mit einer Interimskanzel an den verschiedenen Säulen zu machen". Dieser Beschluss geht auf den Vorschlag Dolmetschs vom 25. Februar 1890 zurück, „die Kanzel an dem dicken Freipfeiler anzubringen, welcher zunächst des nord-östl[ichen] Schiffeingangs liegt". Damit will Dolmetsch die Kanzel um drei Pfeiler nach Osten versetzen. Sollte jedoch von der von Dolmetsch präferierten Stelle aus „die Stimme des Predigers nicht ausreichen, um von den entferntesten Sitzplätzen aus noch deutlich vernommen werden zu können, so dürfte vielleicht der zweite Freipfeiler auf derselben Seite [Nordseite] bessere Erfolge gewähren". Im Anschluss rät Dolmetsch zu Versuchen mit einer „einfach zusammengezimmerte[n], mit Futterstoff umhängte[n] Kanzel". Abschließend bemerkt er: „Je weiter die Stellung der Kanzel sich dem Chore nähern kann, desto günstiger können die Sitzplätze in Beziehung zum Altare gebracht werden."

Der Stiftungsrat befindet am 23. Mai 1890 über die von Dolmetsch dargelegten Pläne. Offenbar schließt sich keine Diskussion über die Vorschläge an. Es wird lediglich der Beschluss gefasst, die „Pläne dem Verein für christliche Kunst und anderen Sachverständigen zur Begutachtung vorzulegen". In einem öffentlichen Vortrag legt Dolmetsch am 18. Dezember 1890 die Grundzüge der von ihm geplanten Restaurierungsmaßnahmen dar, wie aus einem Bericht der Schwarzwälder Kreiszeitung vom darauffolgenden Tag hervorgeht. Im Wesentlichen lassen sich seine Aussagen auf das bereits genannte Schreiben vom 25. Februar 1890 zurückführen. Der einzige bislang unerwähnte Aspekt, der sich in diesem Vortrag findet, bezieht sich auf die Verlegung des Heiligen Grabes. Es stand noch bis 1897 an der Nordseite der Westvorhalle und sollte nach Dolmetschs Ansicht an die Ostwand der nördlichen Chorturmhalle versetzt werden, wo „dieses Kunstwerk ein würdiges Seitenstück zum Taufstein bilden und auch eine bessere Beleuchtung erhalten" werde.

Am 6. November 1891 wird ein Kirchenbauverein gegründet, dessen Hauptzweck in der Geldbeschaffung durch die Abhaltung von Sammlungen und Veranstaltung von Lotterien besteht. Im Stiftungsrat, dem bis zur Beendigung der Restaurierung die Verwaltung der Finanzen obliegen soll, werden am 17. August 1892 die Mitglieder einer Kirchenbaukommission gewählt. Ihr gehören insgesamt zwanzig Personen an, darunter befinden sich auch Heinrich Merz, Eduard Paulus, August Beyer, Christian Friedrich Leins und Heinrich Dolmetsch sowie Dekan Herzog, Oberbürgermeister Benz und Bildhauer Launer. Die erste Sitzung der Kommission, in der Dolmetsch „neue Pläne" präsentiert, findet am 20. September 1892 statt. Nach Friedrich Launer, „Erstes Buch", S. 39 geht Dolmetsch in dieser Sitzung auf folgende Gegenstände ein: „Verlegung der Kanzel, Erneuerung der Schiffssäulen, Verlegung des Heil[igen] Grabes, neue Emporen, Eingang von außen in die nördliche Sakristei, Abtheilung der Kirche bei Vornahme der Restauration im innern der <u>Länge</u> nach [sowie] eiserne Dachstühle." In Bezug auf die Abtrennung der Kirche äußert sich Beyer im entgegengesetzten Sinn: „Wenn man eine Abtheilung im innern der Kirche vornehmen wolle, habe dieselbe nicht der Länge nach, sondern Quer durch die Mitte zu erfolgen, das heißt vom Brautportal aus gegen das demselben gegenüberliegende Nordportal." Dolmetsch vertritt die Ansicht, dass es „freilich besser [wäre], wenn man eine Nothkirche errichten würde". Oberbürgermeister Benz erhebt allerdings Bedenken „der Kosten wegen". Die Verlegung des Heiligen Grabes in der von Dolmetsch geplanten Weise wird durch die nicht ausreichende Höhe der Chorturmhalle unmöglich gemacht, wie eine Messung ergibt. Darüber hinaus wird die Frage der Emporen „angeregt": Beyer bemerkt zu dem Gegenstand, „wenn in die Kirche Emporen in Stein eingebaut werden, solle man die vermauerten Wandarkaden nicht öffnen, sondern geschlossen lassen, es sehe nicht gut aus, wenn dreifache Säulenstellung hinter einander entstehen würde, im Hauptschiffe die Schiffsäulen, hinter diesen die Säulen welche die Emporen tragen und unter selben durch nochmals Säulen welche sich in den Arkaden befinden".

Obwohl auf der Sitzung der Baukommission am 2. Mai 1893 die Frage der Emporen abermals erörtert wird, fällt der Stiftungsrat erst am 30. März 1897 eine Entscheidung. Es werden die Gründe für und gegen den Einbau von Emporen abschließend erwogen: „Gründe gegen die Emporen: Emporen seien nicht gerade stilwidrig, aber sie werden doch das Innere verunzieren. Durch die Emporen werden die Arkaden verdeckt und den Plätzen unter den Emporen das Licht geraubt. Auch sei der geringe Gewinn an Plätzen (ca. 200–300) zu teuer bezahlt. Gründe für die Emporen: Akustische Frage: Ist die Akustik auch ohne Emporen brauchbar? Männerplatzfrage: Giebt es genügend passende Männerplätze ohne Emporen? Überhaupt Platzfrage: Soll man auf soviele Plätze verzichten? Also die ästhetischen Gründe mehr gegen, die kirchlich-praktischen mehr für Emporen." Trotzdem spricht sich der Stiftungsrat gegen den Einbau von Längsemporen in der Marienkirche aus.

Zu weit weniger kontrovers geführten Debatten als die Frage des Emporeneinbaus führt die bereits von Eugen Gradmann angeregte „Ergänzung der ursprünglichen Form" der Mittelschiffsäulen als Bündelpfeiler (vgl. Abb. 165): Die Dienste, die die Scheidbögen abfangen, sind deutlich stärker ausgebildet als die Dienste, die die Gurtbögen stützen (vgl. Abb. 171). Der endgültige Aufstellungsort der Kanzel ist entsprechend Dolmetschs Vorschlag aus dem Jahr 1890 der zweite nördliche Bündelpfeiler. Die 1893 angestellte Überlegung, die Kanzel am dritten nördlichen Pfeiler aufzustellen, wurde wieder verworfen, „weil die [akustischen] Versuche nicht günstig" ausgefallen waren, wie das Protokoll der Sitzung der Kirchenbaukommission vom 2. Mai 1893 feststellt.

1893 wird mit den Arbeiten an der Marienkirche begonnen. Die Erstellung eines eisernen Dachstuhls, das Ausgießen der hohlen Stellen im Mauerwerk der Seitenschiff- und Obergadenwände, insbesondere auf der Nordseite, mit Zementmörtel, die Erneuerung sämtlicher Fialen am Obergaden und der Dachgesimse an den Seitenschiffen sowie die teilweise Neuherstellung der Fenstermaßwerke in den Langhauswänden sind Teil der Arbeiten, die bis 1895 ausgeführt

werden. Das Brautportal an der Südfassade der Kirche wurde in den Jahren
1897/98 umgestaltet (vgl. Abb. 174; 175).
Die Umgestaltung des Innenraums geht
mit der Neuherstellung der Bündelpfeiler, der Öffnung der Wandarkaden in den
Seitenschiffen, der Anfertigung eines
neuen Gestühls und einer neuen Kanzel
mit Schalldeckel sowie mit der Versetzung des Heiligen Grabes an die Ostwand
des Chors einher. Den von Friedrich
Launer zwischen 1875 und 1878 geschaffenen Altar lässt Dolmetsch unter dem
Chorbogen wieder aufstellen. Auch die
1865 von dem württembergischen
Königspaar gestifteten Glasgemälde in der
Ostseite des Chors behält Dolmetsch bei.
Die Schifffenster erhalten eine neue Verglasung (vgl. Abb. 153), die Gewölbe aller
drei Schiffe werden mit Korksteinmosaik
ausgestattet (vgl. Abb. 159), die Gewöl-
bezwickel werden mit sinnbildlichen
Malereien versehen. Im Chor werden die
neu gefertigten Statuen von Luther, Me-
lanchthon, Alber und Jos Weiß, dem
Reutlinger Bürgermeister, der die Stadt
auf dem Augsburger Reichstag vertrat,
aufgestellt.

Die Einweihung der restaurierten Marienkirche fand am 24. November 1901
statt (Abb. 293). Die Kosten betrugen
entgegen Dolmetschs anfänglicher Schätzung schließlich über 1 000 000 Mark. Zu
einem von Dolmetsch angeregten Ausbau
der beiden Chortürme kam es nicht
mehr. Die Dolmetsch-Ausstattung der
Reutlinger Marienkirche ist nahezu vollständig erhalten. Lediglich die Beleuchtungskörper wurden durch neue ersetzt.
Quellen: StadtA Reutlingen, Baubüro
der Marienkirche, S 60 (Bauprogramme,
Kostenberechnung 1889–1900). StadtA
Reutlingen, Baubüro der Marienkirche,
S 61 (Baurechnungen I 1893–1896).
StadtA Reutlingen, Baubüro der Marienkirche, S 62 (Baurechnungen II
1893–1902). StadtA Reutlingen, Baubüro der Marienkirche, S 63 (Tagebuch
zur Rechnung 1893–1897). StadtA
Reutlingen, Baubüro der Marienkirche,
S 64 (Laufende Arbeiten 1902). StadtA
Reutlingen, Baubüro der Marienkirche,
S 65 (Rechnungsbeilagen 1893–1902).
StadtA Reutlingen, Baubüro der Marien-
kirche, S 66 (Verschiedenes 1896–1902).
StadtA Reutlingen, Baubüro der Marienkirche, S 67 (Vergebung der Arbeiten
1825–1902). StadtA Reutlingen, Baubüro der Marienkirche, S 68 (Chortürme,

Abb. 293 Reutlingen, Marienkirche, Kirchenschiff nach Osten.

Gewölbe 1894–1901). StadtA Reutlingen, Baubüro der Marienkirche, S 69
(Steine, Platten 1894–1902). StadtA
Reutlingen, Baubüro der Marienkirche,
S 70 (Asbestplatten, Zement, Ziegel
1893–1901). StadtA Reutlingen, Baubüro der Marienkirche, S 71 (Pflasterar-
beiten, Bodenbelag 1901–1902). StadtA
Reutlingen, Baubüro der Marienkirche,
S 72 (Eisenkonstruktionsarbeiten
1893–1900). StadtA Reutlingen, Baubüro der Marienkirche, S 73 (Schlosserarbeiten 1894–1902). StadtA Reutlingen,
Baubüro der Marienkirche, S 74 (Schreinerarbeiten 1899–1902). StadtA Reutlin-

gen, Baubüro der Marienkirche, S 75
(Glaserarbeiten 1898–1902). StadtA
Reutlingen, Baubüro der Marienkirche,
S 76 (Flaschnerarbeiten 1894–1901).
StadtA Reutlingen, Baubüro der Marienkirche, S 77 (Malerarbeiten 1899–1902).
StadtA Reutlingen, Baubüro der Marienkirche, S 78 (Bildhauerarbeiten
1897–1902). StadtA Reutlingen, Baubüro der Marienkirche, S 79 (Glocken, Orgel 1898–1902). StadtA Reutlingen, Baubüro der Marienkirche, S 80 (Bestuhlung
1900–1902). StadtA Reutlingen, Baubüro der Marienkirche, S 81 (Beleuchtungs-
und Motoranlage 1899–1902). StadtA

Reutlingen, Baubüro der Marienkirche, S 82 (Zentralheizung 1899–1902). StadtA Reutlingen, Baubüro der Marienkirche, S 83 (Sonstige Arbeiten 1901). StadtA Reutlingen, Baubüro der Marienkirche, S 84 (Zaun, Gerüste, Schuppen 1893–1900). StadtA Reutlingen, Baubüro der Marienkirche, S 85 (Messbücher (allgemein) 1897–1902). StadtA Reutlingen, Baubüro der Marienkirche, S 86 (Messbuch für Flaschnerarbeiten 1895/96). StadtA Reutlingen, Baubüro der Marienkirche, S 87 (Messbuch für Maurer- und Steinhauerarbeiten 1893–1897). StadtA Reutlingen, Baubüro der Marienkirche, S 88 (Messbuch für Schlosserarbeiten 1893). StadtA Reutlingen, Baubüro der Marienkirche, S 89 (Messbuch für Schreinerarbeiten). StadtA Reutlingen, Baubüro der Marienkirche, S 90 (Messbuch für Zimmerarbeiten 1893). StadtA Reutlingen, Baubüro der Marienkirche, S 91 (Polierbücher 1893–1902). StadtA Reutlingen, Baubüro der Marienkirche, S 92 (Rapporte 1893–1901). StadtA Reutlingen, Baubüro der Marienkirche, S 93 (Steinhauer, Akkordbuch 1893). StadtA Reutlingen, Baubüro der Marienkirche, S 121 (Tagebücher 1893–1902). StadtA Reutlingen, Baubüro der Marienkirche, S 122 (Monatliche Nachweise (Bauberichte) 1893–1901). StadtA Reutlingen, Baubüro der Marienkirche, S 123 (Bauberichte, Rechenschaftsberichte 1891–1898). StadtA Reutlingen, Baubüro der Marienkirche, S 124 (Baugeschichte 1895–1900). StadtA Reutlingen, Baubüro der Marienkirche, S 125 (Zeitungsausschnitte I 1893–1895). StadtA Reutlingen, Baubüro der Marienkirche, S 126 (Zeitungsausschnitte II 1892–1902). StadtA Reutlingen, Baubüro der Marienkirche, S 127 (Notizen 1893–1901). StadtA Reutlingen, Baubüro der Marienkirche, S 128 (Schablonenbuch 1893–1902). StadtA Reutlingen, Baubüro der Marienkirche, S 129 (Konzepte 1893–1902). StadtA Reutlingen, Baubüro der Marienkirche, S 130 (Skizzen, Aufnahmen 1893–1902). StadtA Reutlingen, Nachlass Friedrich Launer, „Erstes Buch" (1902–1903 [1906]). StadtA Reutlingen, Nachlass Friedrich Launer, „Zweites Buch" (1903–1904). StadtA Reutlingen, Nachlass Friedrich Launer, „Drittes Buch" (1904–1906). LKA, DAamt Reutlingen, D 301 (Renovierung Marienkirche 1860–1960). LKA, DAamt Reut-

lingen, D 302 (Renovierung Marienkirche 1890–1960). StA Sigmaringen, Wü 65/27, Nr. 559, Bd. 1 (Oberamt Reutlingen 1893–1899). StA Sigmaringen, Wü 65/27, Nr. 587, Bd. 1 (Oberamt Reutlingen 1893–1899). DAamt Reutlingen, Baupläne der Marienkirche. Nach einem Verzeichnis von Hermann Kinzler lagern im Südturm der Marienkirche etwa 850 Pläne, die zum überwiegenden Teil Ausführungszeichnungen im Maßstab 1:1, 1:10 oder 1:20 sind. Einige Plannummern existieren mehrfach, endgültige Inventarnummern wurden bislang nicht vergeben. TUM, Nachlass Heinrich Dolmetsch, Signatur 66.10, 66.11, 66.12, 66.13, 66.14, 66.15, 6 Tuschepläne, undatiert und unsigniert (Kanzel-, Schalldeckel- und Emporenentwürfe); Signatur 66.16, 66.17, 2 Blätter „Programm zur Einweihung der erneuerten Marienkirche zu Reutlingen. Anno domini 24. Nov. 1901". Privatbesitz Architekturbüro Greiner, Rapp und Partner, Schorndorf, diverse Baupläne der Marienkirche, zum Teil nur fragmentarisch erhalten, überwiegend Bestandspläne der Kirche vor der Umgestaltung.

Literatur: Gradmann/Meckseper 1970, S. 292. Land Baden-Württemberg, Bd. 7, S. 68. Dehio 1997, S. 576. Jörg Heinrich, Die Restaurierung und Neuausstattung der Marienkirche zu Reutlingen im 19. Jahrhundert, Magisterarbeit TU Berlin 1997, eine leicht gekürzte Fassung publiziert als Heinrich 2001. Kronberger 2001, S. 281–303. Marienkirche 1903. [Eugen] Gr[admann], Zur Würdigung der Reutlinger Marienkirche und ihrer Wiederherstellung, in: Beilage zum Staatsanzeiger für Württemberg vom 30. 11. 1901, S. 2153. J[ohannes] M[erz], Die Wiederherstellung der Marienkirche in Reutlingen, in: ChrKbl 42, 1900, H. 2, S. 23–27 und H. 3, S. 38–44. „Gratis-Beilage der Schwarzwälder Kreiszeitung" vom 21. 11. 1901 und vom 26. 11. 1901. Egmont Fehleisen, Chronica der Stadt Reutlingen in Freud und Leid, im Festtags- und Werktagskleid (von 1874–1900), Reutlingen 1900. [Ohne Verfasser], Bericht über die Wiederherstellung der Marienkirche zu Reutlingen, o. O. [Reutlingen] 1899. E[ugen] Gradmann, Die Stadtkirche zu Reutlingen, in: ChrKbl 34, 1892, H. 11, S. 161–171. Eug[en] Gradmann, Zur Entstehungsgeschichte der Reutlinger Marienkirche, in: Württembergische Vierteljahrshefte für

Landesgeschichte 13, 1890, S. 47–69. DBZ 34, 1900, H. 4, S. 21–24 und H. 6, S. 33–37. DBZ 42, 1908, Nr. 63, S. 432. R[udolf] Pfleiderer, Ein wiederhergestelltes Kleinod schwäbischer Baukunst, in: Monatsschrift für Gottesdienst und kirchliche Kunst 9, 1904, H. 6, S. 191–194.

Roigheim, ev. Pfarrkirche
*Kreis Heilbronn,
ehemals OA Neckarsulm*

Die kleine gotische Kirche besitzt einen Rechteckchor und einen nördlich an diesen anschließenden Turm. Sowohl das untere Stockwerk des Turms als auch der Chor weisen Kreuzrippengewölbe auf, die auf mit Köpfen versehenen Konsolen ruhen.

In der Oberamtsbeschreibung aus dem Jahr 1881 wird die Roigheimer Kirche als ein „unansehnlicher Bau" bezeichnet. Der Pfarrbericht des Jahres 1882 beschreibt die Kirche wie folgt: „Die Kirche ist sehr alt, eng, nieder, dunkel, schmucklos, feucht und für die Bevölkerungszahl um die Hälfte zu klein." Der Verfasser kommt zu dem Schluss, dass „eine Renovation kaum möglich [sei], es wird sich um einen Neubau handeln." Erste konkrete Überlegungen zur Restaurierung der Kirche werden im Jahr 1891 angestellt, denn am 20. Mai des Jahres besichtigt Baurat Stahl im Auftrag des Vereins für christliche Kunst das Gebäude. In seinem erst am 29. September 1892 angefertigten Bericht erläutert er den baulichen Zustand der Kirche und legt die als notwendig erachteten Maßnahmen dar. Da eine Vergrößerung des Gotteshauses vorrangig ist, schlägt er eine „Verlängerung des Schiffs in westliche Richtung" vor. Besonderes Augenmerk richtet er auf die Trockenlegung des Gebäudes: „Der untere Theil des westlichen und nördlichen Schiffmauerwerks ist <u>feucht</u> und <u>grün</u>, weil die Kirche an diesen Stellen im Boden steckt; doch läßt sich durch Abgrabung abhelfen […] Rinnen und Ablaufröhren sind zwar vorhanden, aber weder Trottoir noch Kandeln, um das Wasser an dem Mauerwerk abzuleiten." Bei der Umgestaltung des Äußeren beschränkt er sich auf die Herabführung der Fenster, „um die unter der Empore befindlichen Sitzplätze besser zu erhellen". Einschneidender würde der Umbau des Inneren erfolgen, da „vom gesammten Gestühl,

Schiff- und Chorboden und der Orgel kaum mehr etwas wieder verwende[t] werden könne." Lediglich „Kanzel, Altar, Taufstein sind noch reparaturfähig".

In einem Brief vom 5. Oktober 1892 an Stahl geht der Pfarrer weniger auf die Planungen des Architekten ein als vielmehr auf die an dem Kirchenbau zu beobachtenden Mängel. Besonders zu beklagen ist seiner Meinung nach „der untere Teil [der Kirche]", der „nicht bloß feucht, sondern auch dunkel [ist]", so dass es „notwendig" sei, „mehr Licht [zu] bekommen". Da das Ziegeldach der Kirche und die Verwahrungen am Turm ausgebessert worden seien, habe das Äußere „ein freundlicheres Aussehen" erhalten, das Innere hingegen befinde sich in einem unbefriedigenden Zustand, den er folgendermaßen beschreibt: „Vom inneren Einbau ist [...] die Orgel und das Gestühle ganz abgängig; dagegen dürfte Kanzel, Altar und Taufstein beibehalten werden können. Am meisten wird die Kirche durch die Emporen verunstaltet, von denen die Hauptempore, welche auf der nördlichen Seite angebracht ist, nicht einmal rechtwinklig ist, sondern verschiedene, unschöne Ecken aufweist. Auch das Pflaster in den Gängen, bestehend aus Ziegelsteinen, die an verschiedenen Stellen zerbröckelt sind und durch Zementeinguß ausgebessert sind, ist sehr unschön und das Auge verletzend. Unter den Frauenstühlen ist der pure Erdboden, der nur notdürftig durch gelegte Fußbretter verdeckt ist." Als sehr störend empfindet er, dass nicht in ausreichender Zahl Sitzplätze für die Gottesdienstbesucher vorhanden sind, so dass „ein ungutes Gedränge und in Folge dessen nicht selten auch allerlei Störungen" zu verzeichnen seien. Seines Erachtens „sollte jedenfalls an eine Verlängerung der Langseiten und dadurch entstehende Vergrößerung der Kirche gedacht werden". Ein Effekt sei auch, dass „sich die Orgel vom Chor an die Westseite verlegen [ließe]".

Obwohl Architekt und Bauherr somit in der inhaltlichen Formulierung ihrer Ziele im Wesentlichen übereinstimmen, sagt sich der Kirchengemeinderat überraschenderweise von Stahl los und ist dagegen bestrebt, Dolmetsch nach Roigheim kommen zu lassen. Am 5. November 1895 – demselben Tag, an dem Dolmetsch auch die Kirche in Möckmühl in Augenschein nimmt – besucht er zum ersten Mal Roigheim. Im Anschluss an

die Besichtigung erklärt er dem Kirchengemeinderat, „die [...] Kirche bedürfe einer grundsätzlichen, ziemlich kostspieligen Reparatur", wie es das Protokoll vom 7. November 1895 vermerkt. Das Kollegium erteilt Dolmetsch trotzdem den Auftrag, einen Bauplan auszuarbeiten. In einem Schreiben vom 16. Januar 1896 teilt Dolmetsch dem Pfarrer mit, dass „ein großer Fehler an [der] Kirche darin lieg[e], daß die Schiffmauern zu nieder sind, da ist eine Erhöhung unabweislich, die aber auch wieder verteuert". Am 13. Juli desselben Jahres übersendet er dem Kirchengemeinderat den Plan nebst summarischer Kostenberechnung mit der Bemerkung, „daß sehr viel Arbeit erforderlich ist, um eine solch kleine und heruntergekommene Kirche um so vieles zu erweitern, daß ca. 200 Sitzplätze mehr erreicht werden als bisher". Er versucht die veranschlagte Bausumme zu rechtfertigen und schließt mit den Worten, dass „Luxus ausgeschlossen worden [ist]", so dass er „getrost sagen [könne], einfacher kann man ein Gotteshaus nicht gestalten, wenn es den Character der Würde noch an sich tragen soll". Trotz der unerwartet hohen Kosten – während sich die mündlich gegebene Schätzung auf 35 000 Mark belief, nennt der Voranschlag vom Juli 1896 eine Summe von 45 000 Mark – findet der Plan in der Sitzung am 19. Juli 1896 den „ungeteilten Beifall" des Kollegiums.

Der von Dolmetsch am 25. März 1899 in seinem im Württembergischen Verein für Baukunde gehaltenen Vortrag vorgestellte Plan ist mit dem im Juli 1896 gefertigten Entwurf zu identifizieren (Abb. 294). Er sieht vor, Chor, Sakristei sowie West- und Südwand des alten Kirchenschiffs zu übernehmen, die Nordwand hingegen soweit nach außen zu verschieben, dass sie über die Flucht der Sakristei hervorragt. Das gesamte nördliche „Seitenschiff" soll von einer Empore eingenommen werden, deren Zugang von zwei Treppen auf der Nordseite gewährleistet werden soll. Damit stellt sich Dolmetsch gegen den Vorschlag von Stahl, der eine „Verlängerung des Schiffs in westliche Richtung" vorsah.

War schon an eine Restaurierung der Kirche mit einhergehender Vergrößerung nach dem Plan von Stahl wegen des zu geringen Baufonds nicht zu denken, so sprengen die Vorschläge von Dolmetsch jeden finanziellen Rahmen. Obwohl eine vom Konsistorium genehmigte und am

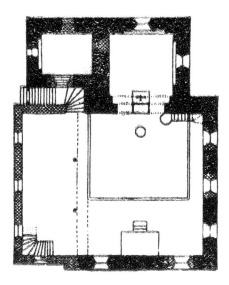

Abb. 294 Roigheim, ev. Kirche, Grundriss Empore, ca. 1896 (unausgeführt).

7. Oktober 1900 durchgeführte Landeskollekte eine Summe von annähernd 13 500 Mark erbracht hat, fehlen der Kirchengemeinde weiterhin die Mittel zum Umbau der Kirche, so dass das Kollegium am 7. Februar 1901 beschließt, Dolmetsch um die Anfertigung eines neuen Plans „unter möglichster Reduzierung der Baukosten" zu ersuchen. Am 29. Dezember 1899 nämlich hatte Dolmetsch die Mitteilung gemacht, dass aufgrund einer beträchtlichen Preissteigerung sowohl der Arbeitslöhne als auch der Baumaterialien sich die Baukosten auf 56 000 Mark erhöhen würden. Der überarbeitete, auf die Summe von 52 000 Mark reduzierte Plan vom Februar 1901 wird am 24. April desselben Jahres vom Konsistorium genehmigt und am 5. Mai vom Kirchengemeinderat zur Ausführung in dem darauffolgenden Jahr bestimmt.

In seinem dem Kostenvoranschlag beigefügten Begleitschreiben vom 4. Februar 1901 bemerkt Dolmetsch, dass er, „um dem Grundriß eine zweckmäßigere und bessere Gestalt zu geben, [...] nicht wie bisher, die Kirche nur auf einer Seite, sondern auf zwei Seiten vergrößert" habe. Dies trifft auf den in Dolmetschs Nachlass erhaltenen Emporengrundriss zu (Abb. 295): Im Gegensatz zu dem vorangegangenen Plan sieht dieser nun die Beibehaltung von Chor, Sakristei und südlicher Schiffwand vor, während die West- und Nordwand neu aufgeführt werden sollen. Diese Maßnahme führt zu einer ausgewogenen Anordnung der Emporen auf beiden Seiten des Kirchen-

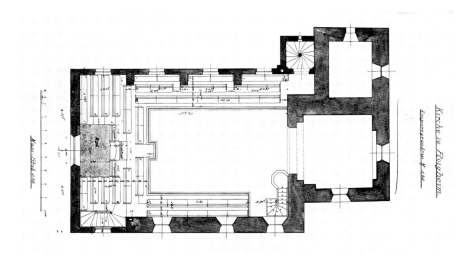

Abb. 295 Roigheim, ev. Kirche, Grundriss Empore, ca. 1901 (unausgeführt). Tusche, aquarelliert auf Papier, 42,4 cm x 73,2 cm.

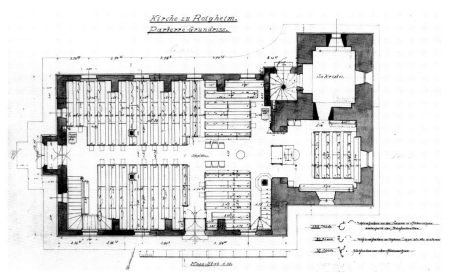

Abb. 296 Roigheim, ev. Kirche, Grundriss Parterre, ca. 1902. Tusche, aquarelliert auf Papier, 68,0 cm x 49,2 cm.

schiffs; in dem anderen Fall wäre ein tiefes „Seitenschiff" ausgebildet worden, das den Blick der Gottesdienstbesucher auf die Kanzel mit Sicherheit erschwert hätte.

Im Gegensatz hierzu zeigt der ebenfalls in Dolmetschs Nachlass erhaltene Parterregrundriss das Schiff als einen kompletten Neubau, bei dem alle drei Umfassungswände neu aufgeführt werden sollen (Abb. 296). Nun befinden sich die Schifffenster der Nord- und Südwand in einer Achse, was bei der vorangegangenen Variante noch nicht der Fall war. Dieser Umstand mag als ein Missstand angesehen worden sein, den es zu beheben galt. Tatsächlich sind bei der Bauausführung keinerlei Reste von der Südwand erhalten und die Fenster axial zueinander ange-

ordnet worden. In den schriftlichen Quellen finden sich keine Hinweise auf diesen grundlegenden Wandel im Entwurfsprozess; über Detailfragen wie etwa die Wahl der Dachdeckung oder der Beleuchtungsmittel wird in den Sitzungen des Kirchengemeinderats hingegen ausführlich diskutiert. Der schließlich erfolgte vollständige Abbruch der alten Südwand mag für die Erhöhung der Bausumme von den veranschlagten 52 000 Mark auf knapp 58 500 Mark verantwortlich zu machen sein.

Auch über die Anordnung des Treppentürmchens im Winkel zwischen der Nordwand des Kirchenschiffs und dem Turm wird in den Kirchengemeinderatssitzungen nicht verhandelt. Hier fiel die

Entscheidung, ohne dass die Gründe durch die schriftlichen Quellen zu belegen wären, zugunsten der durch den Parterregrundriss dokumentierten Entwurfsvariante. Eine dritte, unausgeführte Alternative zeigt ein Plan mit den Ansichten von Osten und Westen (Abb. 297): In diesem Fall wäre das Treppentürmchen in beinahe querhausartiger Manier über die Flucht des Schiffs, sogar des Turms herausgezogen worden. Auch dokumentiert dieses Blatt eine eindeutige Orientierung an den Formen der Gotik – wenn auch in ihrer schlichtesten Ausformulierung gemäß Dolmetschs Diktum vom 4. Februar 1901, wonach „ein einfaches, aber würdiges Gotteshaus" erstellt werden sollte – und einen damit einhergehenden Anschluss an den Baustil des Chors. Abermals sind keine Gründe überliefert, weshalb Dolmetsch einen Stilwechsel vornimmt und den Bau – zumindest was das Äußere anbelangt – in einfachen Formen ausführen lässt, die dem Rundbogenstil entlehnt sind. Im Inneren verwendet er nebeneinander der Romanik verwandte Formen – bei Altar und Taufstein – ebenso wie der Gotik entliehene Motive – bei Kanzel und Orgel – und schafft so ein nach seinen Begriffen „würdiges Gotteshaus". Die

Abb. 297 Roigheim, ev. Kirche, Ansicht Ostfassade und Ansicht Westfassade, ca. 1902 (unausgeführt). Tusche, aquarelliert auf Papier, 20,8 cm x 33,0 cm.

Pfarrbeschreibung von 1905 kommt zu folgendem Urteil über die Kirche (vgl. Abb. 62): „Bei dem Umbau 1902 wurde abgesehen vom Chor [...] die ganze übrige Kirche weggerissen und von Grund aus neu gebaut nach dem Plan des Herrn Oberbaurat Dolmetsch. Damit sind nun auch die Klagen über die alte Kirche, daß es an Licht, Luft und Raum fehle, verschwunden." Allerdings ist „die Sakristei [weiterhin] feucht, wie auch der Chor beim Neubau seine Feuchtigkeit nicht verloren hat".

Die am 16. November 1902 eingeweihte Kirche in Roigheim stellt eines der relativ wenigen Beispiele dar, bei dem mit Ausnahme der Ausmalung und der Beleuchtungskörper die Ausstattung aus der Dolmetsch-Zeit nahezu unverändert erhalten ist. Gestühl und Decke haben zwar ihre ursprüngliche Farbigkeit eingebüßt, doch existieren noch die Fensterverglasungen, die Emporen und der Fußboden aus dem Jahr 1902, sogar die axiale Aufstellung von Altar und Taufstein ist unverändert erhalten.

Quellen: LKA, A 29, 3828-11 (Pfarrbericht von 1882). PfarrA Roigheim, „KGR-Protokolle 1878–1914". PfarrA Roigheim, Nr. 56 (Bauwesen). PfarrA Roigheim, Nr. 57 (Kirchliches Leben), darin u. a. 2 Lichtauspläne, undatiert und unsigniert. TUM, Nachlass Heinrich Dolmetsch, Signatur 54.1, 54.2, 54.3, 3 Tuschepläne („Neuer Zustand"), undatiert und unsigniert (der Parterre-Grundriss identisch mit dem entsprechenden in PfarrA Roigheim).
Literatur: Dolmetsch 1900, S. 3. Julius Fekete, Kunst- und Kulturdenkmale in Stadt- und Landkreis Heilbronn, Stuttgart 1991, S. 288.

Rommelshausen *siehe Kernen/ Remstal*

Roßwag *siehe Vaihingen/Enz*

Rottweil, kath. Münster Hl. Kreuz
Kreisstadt (Regierungsbezirk Freiburg), ehemals Oberamtsstadt (Schwarzwaldkreis)

Die Ursprünge der Pfarrkirche gehen zurück auf einen dreischiffigen Bau des 13. Jahrhunderts, von dem noch das Westportal und der Turm erhalten sind. Der Chor wurde im 14. Jahrhundert neu

aufgerichtet. Der Turmausbau erfolgte in der ersten Hälfte des 15. Jahrhunderts. Das Langhaus wurde zwischen 1491 und 1534 als Staffelhalle mit Einsatzkapellen neu erbaut, wobei der Turm in das südliche Seitenschiff „eingestellt" wurde. Auf der Nordseite des Chors befindet sich die zweigeschossige Sakristei, auf der Südseite schließt eine netzgewölbte Kapelle an.

Den Anlass für die Neuaufführung der Südportalvorhalle der Heilig-Kreuz-Kirche bildet der schlechte bauliche Zustand des „baldachinartige[n] Vorbau[s]", wie er in einem Gutachten des Stadtbaumeisters Haug vom 4. Juli 1899 beschrieben wird: „Im Laufe der Jahrhunderte wurde derselbe von Wind und Wetter so nachteilig beeinflußt, daß von den ursprünglichen Formen nur noch Spuren zu finden sind, und es muß der gänzliche Verfall dieses einst so kunst- und wertvollen Baudenkmals in nicht ferner Zeit in sichere Aussicht genommen werden."

Bereits am 3. März 1898 äußerte der Kirchenstiftungsrat in Rottweil die Absicht, die Vorhalle zu erneuern und „bei Prof. Beyer in Ulm schriftlich anzufragen, ob derselbe [...] bereit sei, einen Bauplan nebst Voranschlag zu fertigen. Nachdem Beyer erklärt hatte, nicht in der Lage zu sein, „den Auftrag betreffend des Südportals der Heiligkreuzkirche zu übernehmen", wandte sich der Stiftungsrat an Hofbaudirektor Egle. In seinem Schreiben vom 16. März 1898 lehnte Egle jedoch aus gesundheitlichen Gründen die „Oberleitung des Bauvorhabens" ab. Da er gebeten worden war, bei Nichtübernahme der Bauarbeiten einen der drei vom Kirchenstiftungsrat genannten Architekten – Cades, Pohlhammer und Dolmetsch – zu empfehlen, sprach er sich, allerdings nur „in zweiter Linie", für Dolmetsch aus. Seine Wahl hätte Beyer gegolten, der jedoch, offenbar ohne Egles Wissen, den Auftrag bereits abgelehnt hatte. Die „konfessionelle Seite" kam „bei dem fraglichen Portal" nach Egles Ansicht „fast gar nicht in Betracht": Was „hiebei konfessionell ist", wie zum Beispiel die Wahl von Heiligenbildern oder von Tympanonreliefs, läge doch in der Zuständigkeit des Pfarrers.

Wie aus einem undatierten Briefentwurf von Pfarrer Ruckgaber hervorgeht, verursachte die Tatsache, dass Dolmetsch nicht katholisch war, doch ein leichtes Unbehagen. Die Empfehlung Egles wog allerdings so schwer, dass die Wahl des

Kirchenstiftungsrats auf Dolmetsch fiel. Zudem sah der Pfarrer als „entscheidend für die Tüchtigkeit eines Künstlers zur Restauration von gotischen Baudenkmalen [die] innige Vertrautheit mit den gotischen Formen" an, die Dolmetsch an der Marienkirche in Reutlingen unter Beweis gestellt hatte. In einem Schreiben vom 16. April 1899 übersendet Dolmetsch unter Hinweis auf die „Geschwisterschaft", welche zwischen diesem Bauwerke [der Reutlinger Marienkirche] und [der] Kapellenkirche besteht", dem Pfarrer den vom Kirchenbauverein in Reutlingen herausgegebenen Bericht über die Wiederherstellung der Marienkirche.

Dolmetsch kündigt am 24. Mai 1898 einen ersten Besuch in Rottweil an und bekundet sein „eifrigstes Bestreben [...], durch gewissenhaftes und liebevolles Eingehen auf die Kunstformen [der] Heiligkreuzkirche eine Restauration der fraglichen Vorhalle zu erzielen, welche diesem ehrwürdigen Gotteshause zur Zierde, Gott aber zur Ehre gereichen soll". Ein erster Kostenvoranschlag, der sich offenbar nicht erhalten hat, beläuft sich auf die Summe von 18 050 Mark, wie aus Dolmetschs Honorarberechnung vom 1. Februar 1901 hervorgeht. Auf Wunsch des Kirchenstiftungsrats nimmt Dolmetsch eine „Aenderung in der Verteilung zwischen Bildhauer- und Steinhauerarbeiten" vor, wie sich seinem Schreiben vom 16. April 1899 entnehmen lässt. Die „Summarische Kostenberechnung über die Neuherstellung des südl[ichen] Portal-Vorbaues" vom Juli 1899 enthält eine Bausumme von 21 300 Mark.

Am 3. August 1899 beschließt der Kirchenstiftungsrat „in der Annahme, daß der Voranschlag nicht überschritten wird", die Vorhalle nach Dolmetschs Plan neu aufführen zu lassen. Das Bischöfliche Ordinariat in Rottenburg erteilt seine Genehmigung am 25. Dezember 1899. Am 2. Februar 1900 sendet Dolmetsch die „Unterlagen für die bevorstehende Ausschreibung der Arbeiten zur Erstellung der neuen Vorhalle an der Heiligkreuzkirche" nach Rottweil. Die Arbeiten werden im Laufe des Jahres 1900 ausgeführt. Bei dem in Dolmetschs Nachlass befindlichen Plan vom Juli 1900 handelt es sich nicht um eine Ausführungszeichnung, sondern – wie King/Wittmann, S. 34 zu Recht anmerken – um eine Entwurfsvorstellung für die Bauherrschaft (Abb. 298).

Abb. 298 Rottweil, Heilig-Kreuz-Kirche, Südportalvorhalle, Ansicht von Süden und von Osten, Grundriss, 1900. Tusche auf Papier, 55,4 cm x 86,8 cm.

Bei der Neuaufführung der Vorhalle orientiert sich Dolmetsch eng an dem vorgefundenen Bestand. Damit greift er – vermutlich unbewusst – die Überzeugung Egles auf: „Bei dem in Rede stehenden Portal sind die Architekturformen und die Konstruktionen die Hauptsache und in dieser Hinsicht wird man sogar wohl das Meiste an dem alten Portal selbst als vorbildlich vorfinden." So nimmt Dolmetsch die Grundform der Vorhalle wieder auf, doch verändert er die Gestalt der Bögen und der Maßwerk-

brüstung (vgl. Abb. 178; 179). Der Spitzbogenfries, der möglicherweise im Zuge von Ausbesserungen am Portal in der zweiten Hälfte des 18. Jahrhunderts verändert wurde, wird von Dolmetsch in eine regelmäßige Form gebracht. Der Kielbogen, der sich nur noch schematisch abzeichnete, wird herausgearbeitet und über die Brüstung emporgeführt. An die Stelle der Madonnenfigur tritt eine große Kreuzblume. Die Skulpturen in den Eckbaldachinen werden neu gefertigt, ebenso das Relief mit der Schweißtuch-Darstel-

lung im Scheitelpunkt des Bogens, das als eine Zutat Dolmetschs gewertet werden muss.

Am 18. November 1900 legt Dolmetsch in einem „Gutachten" seine Vorstellungen „über eine verbessernde Ausgestaltung der Heiligkreuzkirche zu Rottweil" dar. Er hält es für wünschenswert, „wenn anläßlich der inneren Renovation [der] Anstrich wieder entfernt und die naturfarbigen Steinflächen wieder zum Vorschein gebracht würden". Die Fugen sollten „hiebei mit weißer und teils auch mit brauner Farbe" nachgezogen, die Gewölberippen gereinigt, die Gewölbekappen „gebrochen weiß abgetönt" und die Schlusssteine „bunt gefaßt" werden. Zudem schlägt er eine „neue stilvolle Fensterverglasung", die „Neugestaltung der Sitzbänke unter Benützung der schönen geschnitzten Enddocken aus der Barrockzeit" sowie die „Herstellung eines neuen Fußbodenbelags unter der Stuhlung und in den Gängen" vor. Besondere Aufmerksamkeit widmet er der Frage, wie dem Schiff mehr Tageslicht zugeführt werden könnte, insbesondere im Bereich der „3 westlichen Hochwerkjoche" tritt eine „bedauerliche Dunkelheit" auf, die durch den „Orgeleinbau von der Westseite her verschlimmert wird". Die fünf nach Osten gelegenen Schiffjoche sind nach Dolmetschs Auffassung „infolge des reichlichen Lichteinfalls von den Seitenschiffen her noch genügend erhellt". Das Dach des nördlichen Seitenschiffs schließt unmittelbar an das Dach des Mittelschiffs an, so dass kein Obergaden ausgebildet wird. Auf der Südseite ist das Dach des Seitenschiffs zwar flacher geneigt als auf der Nordseite, doch finden in der Hochwerkwand lediglich Windaugen Platz. Dolmetsch schlägt nun vor, das Dach des nördlichen Seitenschiffs so weit abzusenken, „daß die Hochwerkwand am Aeußern mehrere Meter hoch zum Vorschein käme", um den „Durchbruch von 2 Fensterrosen im 2ten und 3ten Joch zu erreichen". Durch diese Maßnahme ließe sich vor der Orgel „eine Helligkeit erzielen […], welche derjenigen im übrigen Schiffraume gleich käme". Da Dolmetsch zudem die unterschiedliche Neigung der Seitenschiffdächer als „unschön" empfindet, rät er dazu, auch das Dach über der südwestlichen Kapelle abzusenken. Auf diese Weise würde sich „für die westliche Giebelfaçade eine dem Auge

wohlthuende symetrische Anordnung
ergeben".

Es ist nicht überliefert, wie der Kirchenstiftungsrat die Vorschläge Dolmetschs aufnahm, doch blieb das Problem
der Lichtzufuhr im westlichen Teil des
Kirchenschiffs wie auch das der asymmetrischen Giebelgestaltung virulent. 1912
wurde über der südwestlichen Kapelle
anstelle des Pultdachs ein Satteldach errichtet, das sich an der Giebelseite störend
bemerkbar gemacht hätte. Aus diesem
Grund blieb der Giebel als „Schauwand"
bestehen, der nun durch die Verlängerung des Mittelschiffs nach Westen eine
Unterbrechung erhielt, so dass die unterschiedliche Ausformung der Seitenschiffe
an der Westseite nicht mehr als so störend
wahrgenommen wurde.

Quellen: DA Rottenburg, Pfarrarchiv
Heilig-Kreuz Rottweil, Nr. 73 (Heiligkreuzkirche. Bausachen). DA Rottenburg, Pfarrarchiv Heilig-Kreuz Rottweil,
„Kirchenpflegerechnungen 1900/1901".
TUM, Nachlass Heinrich Dolmetsch,
Signatur 63.1, 1 Tuscheplan, datiert, aber
unsigniert „Suedportal der Heiligkreuzkirche in Rottweil. Stuttgart im Juli
1900"; Signatur 63.2, 63.3, 2 Fotografien, mit Stempel „C. Hebsacker. Photo-
graph. Rottweil" versehen.

Literatur: Dehio 1997, S. 603. Willi
Stähle, Steinbildwerke der Kunstsamm-
lung Lorenzkapelle Rottweil (= Veröf-
fentlichungen des Stadtarchivs Rottweil,
Bd. 3), Rottweil 1974, S. 197. Stefan
King/Werner Wittmann, Heiligkreuz zu
Rottweil. Forschungslage und Bildquel-
len (Bauhistorische Dokumentation an-
lässlich der Restaurierungsarbeiten am
Außenbau), Manuskript 2002, S. 32–35.

Schornbach *siehe Schorndorf*

Schorndorf, ev. Stadtkirche (St. Maria)
*Rems-Murr-Kreis, ehemals Oberamts-
stadt (Jagstkreis)*

Die Baudaten für die Neuerrichtung des
Langhauses der Schorndorfer Stadtkirche
sind nicht bekannt; die Inschrift „1477"
an der Westfassade liefert lediglich einen
Terminus ante quem, da sie als eine Grab-
inschrift zu deuten ist. Als Erbauungsdatum des Chors nennt ein Chronist die
Jahreszahl „1501" und das Jahr „1511" als
den Zeitpunkt der Ausmalung desselben.
Die nördlich an den Chor anschließende

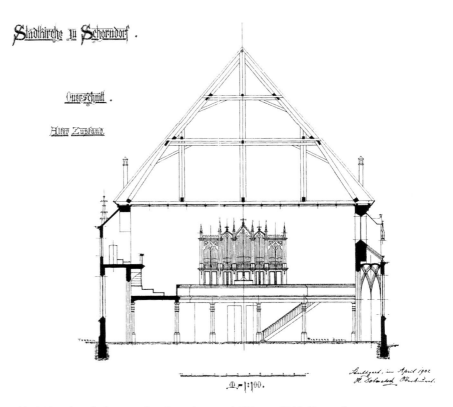

*Abb. 299 Schorndorf, ev. Kirche, Querschnitt nach Westen, 1902 (Bestand).
Lichtpause, 37,4 cm x 42,1 cm.*

Marienkapelle wurde entweder gleichzeitig oder etwas früher als der Chor errichtet, da ihr halbrunder Abschluss in die
Nordwand des Chors einbindet. Die
Wölbung der Kapelle fand erst zu Beginn
des 16. Jahrhunderts statt. Schahl 1983,
Bd. 2, S. 878 geht davon aus, dass das
Langhaus mit den Einsatzkapellen auf eine einheitliche Planung zurückzuführen
ist „und zwar als Hallenkirche, deren
Gewölbe allerdings […] nie ausgeführt
wurden". Bei dem Brand, der durch die
Belagerung im Jahr 1634 ausgelöst wurde, gingen nicht nur die Täferdecke des
Langhauses, sondern auch die Mittelschiffpfeiler verloren. Im Zuge des Wiederaufbaus der Kirche unter der Leitung
des Ulmer Stadtbaumeisters Furttenbach
im Jahr 1658 wurde der Innenraum auf
die an der nördlichen Langseite befindliche Kanzel ausgerichtet. Diese Querorientierung wurde – mit Ausnahme der
Zeit von 1739 bis 1767 – bis zu der umfassenden Neugestaltung durch Paul
Heim in den Jahren 1958/59 beibehalten,
wobei jedoch 1767 und 1909 die Einfügung neuer Emporen das Aussehen der
Kirche jedes Mal grundlegend veränderte.

Am Beginn einer langen Reihe von
Instandhaltungsarbeiten und umfangreichen Umbaumaßnahmen des 19. und

frühen 20. Jahrhunderts steht ein Projekt
des Cannstatter Stadtbaumeisters de Pay.
Er schlägt in einem seinem Kostenvoranschlag beigefügten Schreiben vom
25. April 1847 vor, anstelle der Flachdecke (Abb. 299) ein aus Bohlen konstru-
iertes Gewölbe, das auf hölzernen Säulen
ruht, in die Kirche einzubauen. Gleichzeitig plant er, sowohl den Chor als auch
die Seitenkapelle von Emporen freizuräu-
men, „was nur die beste Wirkung her-
vorbringen kann". Gleichsam als Glaubensbekenntnis des Historismus mutet
die Aussage von de Pay an, er „habe [sich]
bei diesem Plane [die] schöne Kirche in
ihrem frühern vollendeten, oder doch in
dem Zustande zu denken bemüht, wie sie
wohl ihr alter Baumeister im Auge gehabt
haben mochte". Aus Kostengründen
muss die Ausführung des de Pay'schen
Vorschlags unterbleiben, stattdessen wird
eine „sparsame" Restaurierung – wie sie
von Schahl 1983, Bd. 2, S. 888 apostrophiert wird – unter Leitung des Schorndorfer Stadtbaumeisters Schmidt vorgenommen. Sie beschränkt sich auf die
Herausnahme der Empore vor dem Chor,
was in einem Artikel der „Schwäbischen
Kronik" vom 29. August 1849 mit den
Worten gewürdigt wird: „Durch die Entfernung einer erst im vorigen Jahrhundert

eingesezten, den Ausblick in den Chor hemmenden Empore tritt derselbe nun mit ungemeinem Lichteffekt wieder in seinem ursprünglichen Verhältniß zum Ganzen hervor, welches in Verbindung mit dem Farbenton, den es erhalten hat, nun einen ebenso wohlthuenden als erhebenden Eindruck macht."

Im Jahr 1859 wird eine Folge von Restaurierungsarbeiten in Gang gesetzt, die sich auf die Auswechslung schadhafter Bauteile beschränken. Aufschluss über die im Einzelnen durchgeführten Maßnahmen gibt ein nicht genauer bezeichneter Bericht vom Februar 1884: „In den Jahren 1859/60 wurden die 2 mittleren Strebepfeiler an der Stadtseite ergänzt und theilweise neu hergestellt, das Maßwerk des Chorumgangs zum großen Theil neu hergestellt, sowie das Dachgesims einheitlich durchgeführt. In den Jahren 1863/64 wurden [...] die 2 äußeren, westlichen Strebepfeiler nahezu neu erstellt [und] mit Baldachin und vorgesetztem Rundsäulchen in wirksamer Form ausgeführt. Im Jahre 1871 [wurde] eine Ausbesserung der an der Nordseite befindlichen Strebepfeiler, deren Details zum Theil sehr Noth gelitten hatten, vor[genommen]. Im Jahr 1881 [wurde] die bestehende häßliche Brüstungsmauer längs der nördlichen und westlichen Seite entfernt und durch eine Treppenanlage nebst einfachem eisernem Geländer zum großen Vortheil des äußeren Aussehens der Kirche ersetzt." Der Verfasser dieser Beschreibung schließt mit den Worten: „Weitere Restaurationsarbeiten bleiben dem im November 1883 gegründeten Kirchenbauverein reichlich in Aussicht gestellt."

Der aus Anlass des Luther-Jahres ins Leben gerufene Kirchenbauverein beauftragt Dolmetsch, Vorschläge für die Restaurierung von Chor, Marienkapelle und Sakristei auszuarbeiten. Nach Schahl 1983, Bd. 2, S. 888 legt Dolmetsch „verschiedene Vorschläge" vor, „von denen einer die Weglassung der Baldachine der Chorstrebepfeiler und der Baldachine der 4 Chorfenster" vorsieht. Der Kirchenbauverein beschließt jedoch, auch diese wiederherzustellen. Die einschneidendste Veränderung, die von Dolmetsch in den Jahren 1886 bis 1888 vorgenommen wird, ist die Entfernung der 1761 eingezogenen Zwischendecke in der Marienkapelle. In den folgenden Jahren werden einige kleinere Maßnahmen zur Bau-

unterhaltung durchgeführt, deren Leitung bei dem Stadtbaumeister Maier liegt: 1894 werden der Sockel und der Brüstungsgurt an der südlichen Umfassungsmauer vom Chor und Turm erneuert, 1897 wird die Heizeinrichtung im Kirchenschiff verbessert, indem in die Außenwand mehrere Kamine eingebrochen und die vorhandenen fünf Öfen durch drei neue ersetzt werden, sowie der Chor heizbar gemacht, und schließlich wird 1901 die elektrische Beleuchtung in der Kirche eingerichtet.

Die Restaurierung des Turms erscheint notwendig, nachdem „infolge Gewittersturms ein Schallochladen auf die Straße herabgeworfen wurde", wie es im Kirchengemeinderatsprotokoll vom 24. Juli 1900 heißt. Bereits am 14. Juni desselben Jahres hat Dolmetsch „die Kirche in genauen Augenschein genommen [und] dabei den Turm derselben als ziemlich schadhaft erkannt und auf die Notwendigkeit der Wiederherstellung des Treppentürmchens bis zum ersten Gurtgesims des Turms" hingewiesen, wie das Kirchengemeinderatsprotokoll vom 5. Juli 1900 festhält. In der Sitzung vom 29. November 1900 teilt der Vorsitzende des Kirchengemeinderats mit, dass Dolmetsch „sich für die Inangriffnahme der Reparatur des Turms ausgesprochen und sein baldiges Kommen zwecks Einleitung der nötigen Aufnahmen in Aussicht gestellt" habe. Die Pläne zum „Ausbau des Thurmes" vom Juni 1901 tragen dem im November des Vorjahres gefällten Entschluss Rechnung, indem sie auf die Erhöhung des Turmhelms, die „Gotisierung" der Balustrade sowie der Fenster des obersten Turmgeschosses und endlich auf die Emporführung des Treppenturms bis auf die Höhe der ersten drei Stockwerke des Hauptturms abzielen (vgl. Abb. 48; 49). Dolmetsch begründet die geplanten Maßnahmen in seinem Begleitschreiben vom 4. Juni 1901 folgendermaßen: „Bei einer genauen Untersuchung des 6ten Turmgeschosses hat sich ergeben, daß dasselbe in einem sehr schlechten Zustande sich befindet. Das ohnehin schwache Mauerwerk ist im Inneren durch den früheren Brand beinahe durchweg auf 10 bis 15 cm Tiefe abgeblättert, auch haben große Senkelausweichungen, insbesondere an der westlichen Seite stattgefunden, infolge derer die einzelnen Steine aus ihrem Gefüge sich lösten und jetzt in ganz ungenügender

Weise durch eiserne Klammern zusammengehalten sind [...] Es ist [...] entschieden dazu zu raten, das 6te Turmgeschoß ganz abzubrechen und für dasselbe ein neues Stockwerk in spätgotischem Stil, unter Anwendung der alten noch brauchbaren Steine, zu erbauen." Er schließt seine Ausführungen mit dem Wunsch, dass „der auf solche Weise renovierte Turm sich in würdiger Weise dem schönen Chor anschließen und der ganzen Stadt zur Zierde gereichen" möge. Gleichzeitig mit dem Ausbau des Turms soll die Wiederherstellung des Brautportals, das sich ebenfalls auf der Südseite der Kirche befindet, durchgeführt werden, nachdem schon zwei Jahre zuvor – nach Aussage des Kirchengemeinderatsprotokolls vom 24. November 1898 – die „Wiederherstellung des sogenannten Brauttores für die nächste Zeit in Aussicht genommen" werden sollte. Am 24. Juli 1902 bestimmt der Kirchengemeinderat folgende Arbeiten zur Ausführung: „1) Entfernung der Zwischengebälke zwischen dem Glockenboden und dem 6. Stockwerk. 2) Erstellung einer eisernen Wendeltreppe zum Umgang. 3) Anbringung von eisernen Schalläden an den 8 Fenstern des 6. Stockwerks. 4) Herstellung eines Ganges vom Austritt des Treppentürmchens in den Kirchturm bis zur Wendeltreppe. 5) Verschalung des Glockenstuhls und -bodens mit Zinkblech und Ableitungsrohre durch die Turmmauer." Bis zum Frühjahr des Jahres 1903 werden die Arbeiten in der vorgesehenen Weise zur Ausführung gebracht, wobei sämtliche bauplastischen Elemente – wie zum Beispiel Wasserspeier, Kreuzblumen und Krabben – erneuert werden. Das Fenster über dem Brautportal wird vollständig neu hergestellt. Laut Schreiben des Dekans an das Konsistorium vom 21. März 1903 belaufen sich die Kosten für die „Restaurationsarbeiten an Turm und Brauttor der Stadtkirche" auf rund 55 000 Mark gegenüber der Voranschlagssumme von 53 100 Mark.

In der Sitzung des Kirchengemeinderats vom 7. Februar 1902 wird beschlossen, dass Dolmetsch „noch einmal aufgefordert werden [soll]", die bereits auf Juli letzten Jahres versprochenen Pläne für eine Gesamtrestauration der Kirche vorzulegen so bald als möglich". Dolmetsch kommt dieser Aufforderung nach und fertigt im April 1902 einen Plansatz, der insbesondere die Restaurierung des Kirchenschiffs im Auge hat. Kernpunkt seines Projekts bildet die Anlage einer dreischiffigen Hallenkirche „mit erhöhtem Mittelschiff, wie es ehemals gewesen war", wie Dolmetsch in der Einleitung zu seinem Kostenvoranschlag vom Januar 1902 kommentiert (vgl. Abb. 113). Die Aufstellung der Prinzipalstücke geschieht nach den vom Eisenacher Regulativ vorgesehenen Leitlinien: Der Altar kommt vor dem Chorbogen zu stehen, mittig davor wird der Taufstein aufgestellt, die Kanzel erhält ihren Platz an einem der Mittelschiffpfeiler nahe dem Chor, und die Orgel wird auf der Westempore aufgerichtet (Abb. 300). Mit diesem Vorschlag schließt Dolmetsch an das Projekt von de Pay an, mit dem Unterschied allerdings, dass de Pay die Gewölbe und die Säulen aus Holz erstellen wollte, Dolmetsch hingegen sowohl für die Gewölbe als auch für die Säulen Stein vorsieht. Der Kostenvoranschlag berechnet sich auf 197 000 Mark, diese Summe würde sich auf 201 500 Mark erhöhen, wenn „das Einbringen einer großen Rosette in die Westfassade" zusätzlich berücksichtigt würde. Eine leichte Minderung der Kosten auf 194 500 Mark ließe sich erreichen, indem der Durchmesser der Steinsäulen von 1,00 m auf 0,60 m reduziert würde, wie die „Umgearbeitete Summarische Kostenberechnung" vom 24. Januar 1902 ausweist. Zum Abschluss einer ersten Beratung des Kirchengemeinderats über die von Dolmetsch vorgelegten Pläne am 15. April 1902 wird lediglich das „Interesse" an dem Projekt bekundet. Am 13. Oktober 1902 verhandelt der Kirchengemeinderat erneut über das Thema der Langhausrestaurierung und konstatiert, dass „sich gegen die Ausführung dieses Plans Bedenken erhoben [haben], einmal wegen der Höhe der Kosten, sodann weil bei Wiederherstellung der dreischiffigen Anlage durch die Pfeiler vielen Plätzen der Blick auf die Kanzel und den Altar genommen wäre". Dolmetsch erläutert daraufhin, „wie die Decke des Schiffs durch ein Holzgewölbe stilvoller gestaltet werden könnte, ohne daß Pfeiler eingebaut würden". Auch in diesem Fall „würden die Seitenemporen entfernt und die Orgelempore vergrößert". Der Kirchengemeinderat äußert die Ansicht, dass „dieser Plan, der weniger Kosten verursachen und der Kirche den Charakter einer Predigtkirche mehr wahren würde, eher

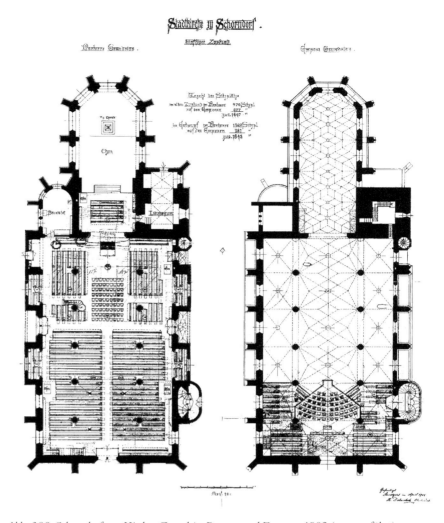

Abb. 300 Schorndorf, ev. Kirche, Grundriss Parterre und Empore, 1902 (unausgeführt). Lichtpause, koloriert, 66,3 cm x 78,4 cm.

die Aussicht bietet, die Gesamterneuerung des Kirchen-Innern bald in Angriff nehmen zu können".

Dolmetsch kommt den Wünschen des Kirchengemeinderats nach, indem er im Dezember 1902 ein Projekt ausarbeitet, bei dem die „sichtbare Holzdecke gewölbeartig gesprengt" ist, wie er in seinem Erläuterungsschreiben vom 13. Februar 1903 bemerkt. Die Deckenkonstruktion des Kirchenschiffs soll ähnlich wie in der Westminster Hall in London in der Art eines „Hammerbeam-roofs" ausgeführt werden (vgl. Abb. 114). Doch genau dieser Umstand lässt Dolmetsch zu folgender Kritik kommen: „Die gewaltige Sprengweite der Holzdecke gibt dem Schiffraum trotz aller kirchlichen Detailausbildung den Charakter einer profanen Halle, welche zu sehr in Gegensatz gerät zu der Schlankheit des herrlichen Chors." Er kommt zu dem Schluss, dass „mit Rücksicht auf die hervorragende Gestaltung

des Chors [...] das Schiff nur als 3schiffige Anlage durchgeführt [zu] denken" ist. Obwohl sich die Baukosten bei Ausführung der Holzdecke auf „nur" 165 000 Mark stellen würden, „empfehle [es sich] bei der Restauration des Schiffs von einschiffiger Anlage abzusehen und die dreischiffige ins Auge zu fassen". Dementsprechend entwickelt Dolmetsch einen Alternativvorschlag zu der kostenaufwendigen Variante mit Steingewölbe und -säulen, indem er zeitgemäße Materialien zum Einsatz kommen lassen will: „Im Sinne des früheren ersten Projekts sind hier dünne 60 cm starke Säulen aufgeführt, aber nicht von Stein wie dort, sondern aus armierten Betonpfeilern (System ‚Hennebique'). Die Gewölbe würden von Rabitz, die Gewölberippen in Cement gezogen." Den Kostenaufwand für dieses Projekt veranschlagt er auf 185 000 Mark. Auch auf den zweiten vom Kirchengemeinderat am 13. Oktober

1902 vorgebrachten Kritikpunkt geht Dolmetsch ein, indem er den Einwand, die Pfeiler würden bei einer dreischiffigen Anlage den Blick auf Kanzel und Altar zu sehr verstellen, mit dem Argument entkräftet, dass „alle [dreischiffigen] Kirchen trotzdem den Hauptzweck, nämlich den des Hörens, erfüllen".

Am 16. Februar 1903 berät der Kirchengemeinderat über die Frage der „Renovierung des Innern der Stadtkirche". Nachdem nochmals sämtliche Argumente erörtert worden sind, gelangt das Kollegium zu der Überzeugung, dass bei Ausführung der Deckenkonstruktion in der Art des „Hammerbeam-roofs" „mangels Übereinstimmung von Chor und Langhaus der Eindruck ein unbefriedigender bliebe". So fordere „die ganze Anlage der Kirche 3schiffigen Ausbau". Die Stimmung geht abschließend dahin, den Vorschlag von Dolmetsch zu präferieren, die Säulen aus „beste[n] Heilbronner Sandstein[n]" aufzuführen, da sich so „der Durchmesser der Pfeiler auf 60 cm ermäßigen" ließe. Trotzdem schreckt der Kirchengemeinderat angesichts der immer noch als sehr hoch zu veranschlagenden Kosten vor einer Entscheidung zurück und erwägt die Frage, „ob nicht die Renovierung […] stufenweise durchgeführt werden könnte". Dolmetsch empfiehlt aber „dringend […], die ganze Restauration auf einmal zu beendigen".

So gerät die Angelegenheit ins Stocken, bis eine Publikation des Architekten Fritz Schmidt, eines Schülers von Cornelius Gurlitt, im Christlichen Kunstblatt vom August 1904 die „Frage des Schorndorfer Kirchenbaues" entschieden in eine andere Richtung drängt. Schmidts Ausführungen kulminieren in der Aussage, „daß eine Wiederherstellung der ursprünglichen Anlage vom protestantisch-gottesdienstlichen und künstlerischen Standpunkte aus ein Ding der Unmöglichkeit ist". Er plädiert für eine „Beibehaltung der jetzigen Anlage" in dem Bewusstsein, „daß sie bei ihren überwiegenden praktischen Vorteilen gegenüber dem Hallenprojekt künstlerisch einen Kompromiß darstellt, freilich einen ehrlichen und selbstbewußten". Er schlägt somit vor, die Flachdecke zu belassen, ihr aber eine hellere Farbigkeit zu verleihen, damit sie ihren „lastenden Charakter" verliert. Die Kanzel soll ihre Aufstellung in der Mitte der nördlichen Längsseite behalten, und

dementsprechend sollen auch die Emporen in ihrer Ausrichtung auf den Ort der Predigt belassen werden. Die 1849 erfolgte Öffnung des Chorbogens soll wieder rückgängig gemacht werden, indem ein „lettnerartige[r] Abschluß des Hauptraumes" geschaffen und der Chor in eine Taufkapelle umgewandelt werden soll. Auf diese Weise würde der Chor nicht mehr als „überflüssiges Anhängsel" erscheinen. Abschließend regt Schmidt die Ausschreibung eines „Skizzenwettbewerb[s]" an, denn „ohne schwerfälligen Ballast von genauesten Konstruktions- und Kostenberechnungen könnten mit verhältnismäßig geringen Mitteln eine Menge interessanter und künstlerischer Lösungen erhalten werden".

Bevor es zu der Ausschreibung eines solchen Wettbewerbs kommt, holt der Kirchengemeinderat vom Verein für christliche Kunst das Gutachten eines Sachverständigen ein. In seiner Sitzung am 3. März 1905 berät das Kollegium über das von Böklen und Feil abgegebene Gutachten, dessen Kernaussage ist: „Dabei [bei der Restaurierung] sind zwei Gesichtspunkte miteinander zu verbinden, der künstlerische (bedeutendes Baudenkmal aus katholischer Zeit) und der praktische (Herrichtung für den protestantischen Gottesdienst). Bei der Restauration des Kircheninnern ist der erstere Gesichtspunkt dem zweiten unterzuordnen, weshalb auf eine dreischiffige Kirche zu verzichten ist." Zu einzelnen Fragen, die die Ausstattung der Kirche betreffen, äußern sich Böklen und Feil wie folgt: Es sei eine „möglichst hohe Sitzplatzanzahl" zu erstreben, so dass „die Benützung des Chors […] unbedingt notwendig sein dürfte", vom künstlerischen Gesichtspunkt aus sei die Freilegung der fünf Kapellen im Langhaus zu wünschen, selbst wenn eine Anzahl von Sitzplätzen auf den Emporen verlorenginge, bei einer Einbeziehung des Chors sei die Stellung der Kanzel so zu verändern, dass sie „einiges vor dem Chorbogen" zu stehen käme, der Altar könnte seine Stellung beibehalten, da bei Versetzung der Kanzel dem „Übelstand" abgeholfen wäre, dass Altar und Kanzel weit voneinander entfernt seien, schließlich würde eine „kassetierte Decke […] vorteilhaft wirken", die „aus ästhetischen Gründen" um 1–2 m hinaufzurücken und durch Hohlkehlen mit den Wänden zu verbinden wäre.

Am 5. Mai 1905 entschließt sich der Kirchengemeinderat, die Angelegenheit der Kirchenrestaurierung zu forcieren, da „die von OA Baumeister Moser bzw. von den Architekten Böklen und Feil vorgenommene Besichtigung des Kirchengebäudes [hat] erkennen lassen, daß das Mauerwerk teilweise sehr schadhaft ist". Zudem sei „das Innere der Kirche geradezu häßlich und in manchen Beziehungen sehr verwahrlost, besonders die Böden". Die Zusammensetzung eines Preisgerichts aus Theodor Fischer, Oberkonsistorialrat Merz, Robert Reinhardt, Eugen Gradmann, Baurat Kamerer aus Schorndorf, David Koch und Dekan Gmelin wird beschlossen. Es sollen sechs Architekten zur Abgabe eines Wettbewerbsbeitrags aufgefordert werden: Dolmetsch, Böklen und Feil, Schmohl und Staehelin, Theodor Veil aus München sowie zwei weitere Baumeister aus Schorndorf. Aus welchem Grund nicht auch Konrad Dollinger zum Wettbewerb eingeladen worden ist, wie Gradmann in einem Schreiben vom 13. Juni 1905 vorgeschlagen hat, ist nicht bekannt. Das von Theodor Fischer entworfene und in der Sitzung am 5. September 1905 vorgestellte Ausschreibungsprogramm sieht vor allem vor, Aufschluss darüber zu erlangen, „in welcher Weise mit tunlichster Schonung der aus evangelischer Zeit stammenden, wenn auch nicht ganz konsequent […] durchgeführten Einrichtung die Mängel des gegenwärtigen Zustands beseitigt werden könnten". Es wird weiterhin ausgeführt, dass „diese Mängel im Wesentlichen in der räumlichen Trennung von Altar und Kanzel und der dadurch notwendig gewordenen Anordnung von Wendebänken" bestehen (vgl. Abb. 129). Außerdem seien „eine große Anzahl ästhetischer Mängel zu beseitigen, so u. a. die üble Färbung der Decke und der Emporenbrüstung, die Gestaltung der Nischen hinter der oberen Südempore, das Orgelgehäuse etc."

Das Protokoll des Kirchengemeinderats vom 10. November 1905 hält fest, dass „nur die 4 zum Wettbewerb aufgeforderten Architekten Skizzen eingesandt haben, während die nur zugelassenen beiden Architekten Schloz und Marquardt mitgeteilt haben, daß sie an der Ausarbeitung von Skizzen verhindert gewesen seien". Sowohl die Zeichnungen als auch die entsprechenden Erläuterungsschreiben der vier genannten Architekten sind überliefert, so dass über die jeweiligen Projekte ein recht genaues Bild zu erhalten ist. Theodor Veil vertritt den Gedanken, „den Raum nach der ursprünglichen Grundrißanlage wieder nach der Längsachse zu richten", wie er in seinem Bericht vom 7. Dezember 1905 kundtut. Er führt weiter aus: „Jedenfalls ist dieser Gedanke dem ganzen ursprünglichen Organismus des Baudenkmals entsprechend logisch und daher auch wohl künstlerisch der richtigste." Er räumt zwar ein, dass auch für ihn der „zunächstliegende Gedanke" war, „den Raum nach der Querachse zu richten und die Orgel in den vorderen Teil des Chores einzubauen", wenn er „rein praktisch das Bedürfnis der evangelischen Predigtkirche und das Bestreben möglichster Erhaltung der aus evangelischer Zeit stammenden Einrichtung in Betracht zog". Trotzdem kommt er zu dem Schluss, dass für ihn die Schwierigkeit der Aufgabe besonders reizvoll war, eine Predigtkirche in der Längsrichtung „in möglichst praktischer und künstlerischer Weise" zu gestalten. Die beiden von Veil angefertigten Aquarelle führen einen längsgerichteten, mit einer großen Tonne überwölbten Raum vor Augen, der auf beiden Längsseiten mit zwei übereinanderliegenden Emporen versehen ist. Die Kanzel befindet sich am nördlichen Chorbogenpfeiler; die Orgel steht auf der Westempore, wobei sie so gestaltet wird, dass sie den Blick auf die Rosette nicht verstellt. Auch Böklen und Feil ringen mit der Frage „Längs- oder Queraxe", ohne einer der beiden Alternativen explizit eine Präferenz zuzuweisen. Lediglich die Aussage vom Oktober 1905, dass „das Projekt [Querorientierung] eine ungezwungene malerische Anordnung zur Geltung [bringt], wie sie unter Berücksichtigung der geschichtlichen Entwicklung inbesondere hinsichtlich der Aufstellung der Kanzel und unter Anpassung an die Erfordernisse des protestantischen Gottesdienstes sich unmittelbar ergeben hat", lässt eine Tendenz zugunsten dieses Vorschlags erkennen. Der Entwurf zu Variante A zeigt die Kanzel an ihrem alten Standort an der nördlichen Längswand stehend und die Orgel ihr gegenüber auf der Südempore aufgestellt. Wie Böklen und Feil bereits in ihrem Gutachten im Frühjahr 1905 ausgeführt haben, wäre es im Sinne des Predigtraums konsequent, die Emporen vor dem Chorbogen herumzuführen,

doch wäre es hingegen im Hinblick auf die Anzahl der Sitzplätze vonnöten, den Chor in den Innenraum einzubeziehen. So planen sie, auch den Chor mit einem Gestühl zu versehen. Altar und Taufstein sollen „in die Nähe" der Kanzel gerückt werden. Der Entwurf zu Variante B führt hingegen einen längs orientierten Raum vor Augen, wobei die Prinzipalstücke in konventioneller Weise – der Altar bleibt vor dem Chorbogen stehen, die Kanzel erhält ihren Platz an dem „Eckpfeiler eines bogenartigen Einbaues, in welchem die Emporentreppe sowie die Kanzeltreppe untergebracht sind" – angeordnet sind. Der Wettbewerbsbeitrag von Schmohl und Staehelin verfolgt stringent die Ausformulierung des Innenraums als Predigtkirche, indem die Kanzel an der nördlichen Längsseite stehen bleibt, die Orgel ihr gegenüber auf der südlichen Längsempore zu stehen kommt, und der Chor durch einen „durchsichtigen Abschluß vom Schiff" getrennt wird. In dem Begleitschreiben heißt es, dass „die Wirkung des Chores hiedurch nur erhöht werden" kann. Im Chor können 140 Sitzplätze untergebracht werden, die „bei kleineren Versammlungen benützt werden" können. Auch Schmohl und Staehelin bemängeln, ebenso wie Böklen und Feil, die „räumliche Trennung von Altar und Kanzel", dementsprechend gedenken sie, den Altar vor der Kanzel aufzustellen. Dolmetsch reicht im Gegensatz zu den übrigen Wettbewerbsteilnehmern sechs Vorschläge ein, die er unter dem Motto „Ideen" subsumiert. Er bringt „zweierlei Grundanlagen und zwar als 3 Zentralanlagen und 3 Längsanlagen" in die Diskussion ein, wobei er bei allen drei „Zentralanlagen" die Kanzel an ihrem bisherigen Platz belässt und bei allen drei „Längsanlagen" die alte Kanzel an den Chorbogen versetzt. Im Übrigen variiert er in beiden Fällen die Anordnung des Altars, des Taufsteins, der Orgel und der Emporen. Die Wölbung der Decke sieht er fakultativ sowohl für die „Zentral"- als auch für die „Längsanlage" vor. Er spezifiziert allerdings nicht, in welcher Weise er sich eine mögliche Wölbung vorstellt, und lässt damit offen, ob er an eine Ausführung der Decke im Sinne eines seiner beiden 1902 gemachten Vorschläge denkt. Eine Aufstellung der Orgel im Chor hält er in beiden Fällen – bei der „Zentral"- und bei der „Längsanlage" – für denkbar. Anhand von drei Bleistiftzeichnungen veranschaulicht Dolmetsch,

wie er sich im Fall einer „Zentralanlage" den Abschluss des Chors gegenüber dem Schiff vorstellt: Die Variationsbreite reicht von einer templonartigen Anlage bis hin zu einem spätbarock anmutenden, filigranen Gitter.

Das Preisgericht spricht sich in seiner „Äußerung" vom 15. November 1905 zwar nicht explizit zugunsten eines der Dolmetsch'schen Entwürfe aus, hebt aber mit Blick auf das Projekt einer „Zentralanlage", bei der die Kanzel am bisherigen Standort beibehalten wird und die Emporen „durchweg erhalten" bleiben, als positiv hervor: „Bei der Vielheit der Ideen fällt am angenehmsten die Lösung No III auf, welche in der weitestgehenden Weise den Bestand schont und, eine künstlerische Durchbildung vorausgesetzt, wohl eine befriedigende Lösung des Problems erwarten lassen könnte. Bemerkenswert ist die Anbringung der Orgel in den südlichen Nischen der zweiten Empore." In seiner Sitzung am 15. Dezember berät der Kirchengemeinderat über die von den vier Architekten eingereichten Entwürfe und beschließt, versuchsweise eine Probekanzel am Chorbogen zu errichten, um „einer Strömung in der Gemeinde, die Kirche nach der Längsachse zu restaurieren, Rechnung [zu] tragen". Am 19. Januar 1906 werden die Ergebnisse, die die Aufstellung der Probekanzel ergeben haben, vorgetragen: „Die Aufstellung der Probekanzel hat sich nach den damit gemachten Erfahrungen bewährt, sofern die Akustik im ganzen Schiffraum eine gute geblieben ist; vom Chor dagegen hat sich nur die vordere Hälfte mit Rücksicht auf die Verständlichkeit des Predigers als für Bestuhlung geeignet erwiesen." Trotz dieser Erfahrungen erbringt eine Abstimmung innerhalb des Kollegiums am 23. April 1906 das Resultat, dass fünf Mitglieder für die Längsachse und nur vier Mitglieder für die Querachse votieren. Zudem wird bekanntgegeben, dass Dolmetsch den Vertrag unterschrieben zurückgesandt hat.

Da bei der ersten Abstimmung die Zahl der Kirchengemeinderatsmitglieder unvollständig war, wird ein zweites Mal am 15. Juni 1906 in Anwesenheit von Dolmetsch und Oberkonsistorialrat Merz über die Frage der Kirchenrestaurierung verhandelt. Im Zentrum der ausführlichen und kontrovers geführten Debatte stehen drei Punkte: „1) Ob Längs- oder Querachse? 2) Die Frage der Aufstellung der Orgel. 3) Die Frage der Aufstellung des Altars." Dolmetsch äußert sich zu der Frage der Orientierung in dieser Sitzung nicht, da er eine Stellungnahme bereits am 2. Juni in Form eines Briefs abgegeben hat. Er bekräftigt seine Absicht, „die Belassung der Kanzel am alten Platz [zu] unterstützen", da bei „Aufstellung derselben an dem Wandpfeiler zwischen dem Chorbogen und der Bogenöffnung der Sakristei […] die akustische Wirkung eine wesentlich andere sein [wird], als bei der vorgenommenen Probe, wo die Eckempore neben der Kanzel stand". Merz würdigt den Innenraum der Kirche als „sehr interessant" und „von protestantischen Prinzipien ausgehend". Eine Aufstellung der Kanzel am Chorbogen sei „entschieden weniger günstig, da ein Teil der Zuhörer seitwärts und rückwärts sich befindet". Zudem mache eine Versetzung der Kanzel die Einwölbung durch eine Tonne „aus ästhetischen Gründen" notwendig. Dies wiederum führe zu Verhältnissen, von denen nicht vorherzusagen sei, ob sie sich günstig auf die Akustik auswirken würden. Für eine Aufstellung der Orgel im Chor spricht sich die Mehrzahl der Redner aus, insbesondere Orgelbauer Walcker aus Ludwigsburg, der auf das Vorbild der englischen Kirchen verweist, denn dort sei „die Klangwirkung wunderbar schön". Merz führt zusätzlich ein ästhetisches Argument für die Aufstellung der Orgel im Chor an: „Der Chor [würde] architektonisch ungemein gewinnen, während er bei Besetzung mit bloßem Gestühl immer leer und hohl erscheinen würde." Dolmetsch schließlich geht gegen die Befürchtung des Pfarrers, dass „störende Schallreflexe die Deutlichkeit und die künstlerische Wirkung der Orgel beeinträchtigen" könnten, an, indem er auf die Möglichkeit von Korkinkrustationen hinweist. Die Aufstellung des Altars vor der Kanzel sei „für den praktischen Gebrauch […] die günstigste", zum einen „wegen der Zugänglichkeit von allen Teilen der Kirche beim Abendmahl", zum anderen „weil der Geistliche beim Sprechen eine Wand hinter sich hat, nicht mehr den hohlen Chor". Diese von Merz vorgebrachten Argumente rufen im Kollegium keinen Widerspruch hervor, so dass der Beschluss dahingehend gefällt wird, dass „1) die Kirche in der Querachse restau-

riert werden, 2) die Orgel vorne im Chor zu beiden Seiten der Längswände aufgestellt werden [sowie] 3) der Altar seine Stelle vor der Kanzel" erhalten soll.

Nachdem die wesentlichen Streitfragen in Bezug auf die Innenrestaurierung der Kirche geklärt werden konnten, fertigt Dolmetsch im Dezember 1906 eine „Summarische Kostenberechnung", die sich auf „die überraschend hohe Bausumme von 246 000 Mark" beläuft, wie das Kirchengemeinderatsprotokoll vom 29. April 1907 missbilligend festhält. Dolmetsch ist sich dieses Umstands durchaus bewusst, wie aus seinem Erläuterungsschreiben vom 5. Januar 1907 hervorgeht. Er begründet „die unerwartete Höhe des Gesamtbetrags" mit einer starken Preissteigerung, die in den vergangenen Jahren stattgefunden habe. „In der Voraussicht, daß Reduzierungen am Gesamtbetrag in Vorschlag gebracht werden sollen", habe er bereits folgende Ideen zu unterbreiten: „1) Weglassung der Steinergänzungen am Äußeren der Kirche, soweit dieselben Fenster- und Türumrahmungen nicht berühren. 2) Weglassung der Wiederherstellung der nördlichen und südlichen Portalvorhalle. 3) Weglassung der Renovierung des südlichen Treppenhauses und der Erstellung des Parterrezuganges daselbst. 4) Verzicht auf die Zentralheizung und Beibehaltung, bezw. Ergänzung der Ofenheizung. 5) Erstellung des Podiums im Chor jedoch unter vorläufigem Verzicht auf die neue Orgel, dagegen Beibehaltung der alten Orgel und des bisherigen Rosettenfensters unter Weglassung der projektierten oberen Westemporen. 6) Belassung der alten Schiffdecke und Verzicht auf die projektierte Kasettendecke mit den großen Längskehlen. 7) Belassung des Daches in seiner jetzigen Gestalt, und Weglassung der westlichen Giebelergänzung." Dass Dolmetsch die aufgezählten „Weglassungen" nur höchst ungern vorzunehmen bereit ist, geht aus seiner Erklärung vom 10. Januar 1907 hervor: „Um die Kirche so zu gestalten, daß das Innere derselben nach der Fertigstellung ein wirklich harmonisches, abgeschlossenes Bild zeigt […], ist es absolut wünschenswert, daß die Vorschläge – neue Orgel, neue Schiffdecke, Renovierung des südlichen Treppenhauses – schon jetzt mit zur Ausführung gelangen."

Ebenfalls im Januar 1907 arbeitet Dolmetsch drei Vorschläge für den Ausbau

der auf der Südseite der Kirche befindlichen Kapellen aus. Er kommentiert diese Vorschläge in seinem Brief vom 5. Januar 1907 folgendermaßen: „Vorschlag I lehnt sich an den jetzigen Zustand an und zwar mit Pultdach ins Hauptschiffdach übergehend und 2 großen Dachläden, die genügend Licht fürs Innere durchfallen lassen (Abb. 301). Vorschlag II zeigt eine moderne Lösung in massivem Aufbau mit ovalen Fenstern und abgewalmten Satteldächern. Vorschlag III ist in gothischem Stil gedacht, im Aufbau aber dem Vorschlag II gleich." Zur Ausführung empfiehlt er den „einfachsten und an das alte am meisten anklingenden billigen Vorschlag I". Schließlich befürwortet er in Bezug auf die äußere Gestaltung des Bauwerks die Bildung zweier kleiner Fenster auf der Westseite und die Abänderung der „oberen kleinen Rosette [in] ein großes Fenster", um dem Innenraum mehr Licht zuzuführen.

Der zweite, reduzierte Kostenvoranschlag, den Dolmetsch im März 1907 ausarbeitet, berechnet sich auf 192 000 Mark. Der Kirchengemeinderat nimmt in seiner Sitzung am 26. März „diesen neuen, umgeänderten Kostenvoranschlag im ganzen hiemit zur Ausführung an", behält sich aber „volle Freiheit in der Entscheidung der Einzelfragen (wie z. B. der Decke) vor". Die von Dolmetsch in Vorschlag gebrachten Korkinkrustationen für die Chorwände werden von Orgelbauer Walcker „nicht für günstig" erachtet, „weil der Orgelton dadurch zu sehr gedämpft werden könnte". Das Kollegium schließt sich dieser Meinung an und erklärt seinen Verzicht auf die Korkinkrustationen. In einem Schreiben vom 18. April 1907 weist Dolmetsch diesen Beschluss unter Hinweis darauf, dass er „Orgelbauer Walcker das Urteil nicht überlassen" könne, entschieden zurück. Abschließend wird dieses Thema in der Sitzung des Kirchengemeinderats vom 31. Mai 1907 besprochen, in der der Vorsitzende mitteilt, „es habe einer der ersten Sachverständigen ihm erklärt, daß, wenn der Chorbogen erbreitert, ein Holzboden gelegt und ein gewisses Maß von Korkinkrustation angewendet werde, durchaus nichts für die Wirkung der Orgel zu befürchten sei".

Obwohl in den für die Restaurierung der Stadtkirche maßgeblichen Fragen entsprechende Beschlüsse gefasst worden sind, verzögert sich die Ausführung der

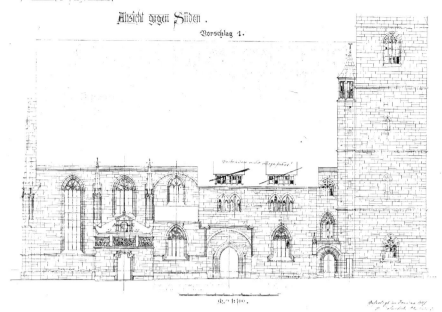

Abb. 301 Schorndorf, ev. Kirche, Ansicht Südfassade, 1907. Lichtpause, 48,2 cm x 39,3 cm.

Arbeiten durch die Abhaltung einer Bürgerversammlung am 28. Mai 1907 um ein weiteres Jahr. Es entbrennt ein langwieriger Streit um die Frage, ob es klug gewesen sei, die Bürgerversammlung erst nach der Beschlussfassung durch den Kirchengemeinderat abzuhalten. In der Sitzung am 31. Mai erklären Vertreter der bürgerlichen Kollegien ihren Unmut über die Sachlage: Sie fühlen sich übergangen und unzureichend über die geplanten Maßnahmen informiert, zudem befürchten sie, dass Dolmetsch „das, was vom Kirchengemeinderat vom Voranschlag gestrichen worden sei, während des Baues wieder hereinzubringen [werde] wissen". Dies führt sogar zu einer als „Resolution" bezeichneten Eingabe von 170 Bürgern der Stadt. Der darin bekundete Widerspruch gegen die beabsichtigte Form der Kirchenrestaurierung veranlasst das Konsistorium, „noch weitere sachverständige Äußerungen zu der Angelegenheit zu erbitten".

Theodor Fischer bemerkt in seinem Gutachten vom 31. Januar 1908: „Die praktischen Schwierigkeiten, die sich bei Durchführung der Längsachse der Gestaltung des ganzen als Predigtkirche entgegenstellen (wozu vor allem auch die viel größeren Kosten gehören) sowie die Pietät gegen den auf Furtenbach zurückzuführenden Versuch, einen für das Bedürfnis des protestantischen Gottesdienstes geeigneten Innenraum zu schaffen, lassen

es als das richtige erscheinen, die bisherige Inneneinrichtung der Kirche beizubehalten bezw. weiter durchzuführen [...] Wird die Querachsenanlage beibehalten oder vielmehr erst konsequent ausgebildet, so ist das Hauptgewicht der Renovation nicht mehr in baulichen Umänderungen und Neuschöpfungen zu suchen, sondern in pietätvoller Behandlung des Vorhandenen und in der koloristisch-dekorativen Durchbildung des Raums." Damit wendet er sich insbesondere gegen die in der Gemeinde herrschende Strömung, die die Restaurierung in gotischem Stil durchgeführt sehen will. In die gleiche Richtung weist ein zweites Gutachten, ebenfalls vom 31. Januar 1908, das von Johannes Merz und Eugen Gradmann unterzeichnet ist: „Vom Standpunkt der Denkmalpflege aus empfiehlt sich die Verbesserung des gegenwärtigen Zustands in der Richtung, daß an dem vorhandenen Baukörper einschließlich des Innenbaus (Emporen, Kanzelstellung, flache Decke) möglichst festgehalten werde [...] Eine derartige Wiederherstellung wird sich auch mit weit geringeren Kosten durchführen lassen, als eine Wiederherstellung der Kirche in ihrem mittelalterlichen Bestand, die eine völlige Neuschaffung der Säulen und Gewölbe vielleicht auch der Strebepfeiler u. s. w. erfordern würde." Dolmetsch erklärt in einem Schreiben vom 1. Februar 1908, dass „mit den Positionen, welche in dem

der Beschlussfassung des Kirchengemeinderats zu Grunde gelegten Voranschlag enthalten sind, sich eine befriedigende Erneuerung der Stadtkirche in Schorndorf durchführen" lasse. Im Anschluss an diese Äußerungen hält es das Konsistorium am 4. Februar 1908 für „sehr erwünscht, daß nach der nunmehr herrschend gewordenen Anschauung es für die Innenrestauration einer Kirche als berechtigt gilt, den einfacheren Formen sich anzupassen, die sich auch bei mittelalterlichen Kirchenbauten hinsichtlich des Einbaus für protestantischen Gottesdienst herausgebildet haben, so daß also auch bei der Kirche in Schorndorf sich die Herstellung an die seitherige Gestaltung des Einbaus anschließen kann". Damit ist der Weg für die umfassende Restaurierung der Kirche frei.

Einhergehend mit der Innenrestaurierung des Langhauses wird auch eine Wiederherstellung des Äußeren vorgenommen: Entgegen Dolmetschs Planungen vom Dezember 1902 wird zwar die Westrose in ihrer überlieferten Form belassen, es werden aber zu beiden Seiten des Hauptportals Rundbogenfenster eingesetzt, um den Raum unter den Emporen besser zu beleuchten. Diese Maßnahme hatte Gradmann bereits in seiner Stellungnahme vom 4. April 1907 gutgeheißen. Die südlichen Kapellen werden gemäß Dolmetschs „Vorschlag I" vom Januar 1907 mit einem Pultdach versehen, das in das Hauptschiffdach übergeht, doch bleiben die großen Dachläden unausgeführt. Im Übrigen werden verwitterte Kreuzblumen, Fialen und Krabben an den Strebepfeilern ausgebessert, fehlende Maßwerke der Fenster der Seitenkapellen und des westlichen Südfensters neu eingesetzt sowie Fenstergewände und -stäbe erneuert. Das Hauptgesims erhält ein einheitliches Profil. Auch die Zwillingswendeltreppe an der Südseite der Kirche wird restauriert (vgl. Abb. 176; 177).

Am 24. September 1908, zwei Monate nach dem Tod von Heinrich Dolmetsch, findet die Vertragsunterzeichnung mit Theodor Dolmetsch und Felix Schuster statt. Sie führen die Innenrestaurierung im Sinne des Verstorbenen fort und bekräftigen in einem Schreiben vom 15. Dezember 1908, „1) die Orgel nach dem Vorschlag des verstorbenen Oberbaurat Dolmetsch im Chor aufzustellen, 2) den Chorbogen zu erweitern und

korbbogenförmig zu gestalten [und]
3) eine Niederdruckdampfheizung in der
Kirche einzurichten". Dabei haben sie
„doch auch das größte Interesse daran,
daß der Innenraum einen abgeschlossenen fertigen Eindruck macht", wie sie
anlässlich der Debatte um die Ausmalung
der Kirche durch Kunstmaler Pfennig am
28. Oktober 1909 bemerken. Die Entwurfszeichnungen von Dolmetsch und
Schuster zeigen eine klare Ausrichtung
auf die Kanzel, die in der Mitte der Nordwand belassen wird; Altar und Taufstein,
die seit 1849 vor dem Chorbogen standen, rücken vor die Kanzel (vgl. Abb. 87).
Das Gestühl wird rechtwinklig angeordnet; die Gründe für die Ablehnung der
von Heinrich Dolmetsch 1905 vorgeschlagenen radialen Gruppierung der
Bänke sind nicht überliefert. Die aus dem
Jahr 1767 stammenden Emporen können
beibehalten werden. Mit dieser Anordnung wird die Bedeutung des Schiffs, das
„unstreitig der Hauptraum" ist, unter-
strichen, wie Dolmetsch und Schuster in
einem Brief vom 2. November 1908 betonen. Folgerichtig wird der Chor vom
Schiff durch die Sängertribüne abgetrennt. Die Aufstellung der Orgel erfolgt
zu beiden Seiten des Chors, so dass der
Blick in denselben unverstellt bleibt. Der
Chorbogen wird korbbogenförmig umgestaltet, zudem wird er sowohl erweitert
als auch erhöht (Abb. 302). Die Flachdecke im Schiff wird beibehalten, erhält
aber eine neue Täfelung. Durch die Entfernung der Orgel von der Westseite wird
die Fensterrose im Giebel wieder freigelegt, zu deren beiden Seiten als Wand-
schmuck zwei große, gerahmte Wandbilder angebracht werden.

Die Arbeiten werden im Laufe des Jahres 1909 in der geplanten Weise ausgeführt, so dass die Einweihung der restaurierten Kirche am 14. November 1909
stattfinden kann (vgl. Abb. 184). Zeitgenössische Beschreibungen – wie etwa die
Bauzeitung für Württemberg, Baden,
Hessen, Elsaß-Lothringen – würdigen
die Restaurierung als ein Beispiel für den
„Umschwung in den Anschauungen über
die Erneuerung alter Baudenkmale", als
eine Bevorzugung des Künstlerischen vor
dem Archäologischen. Auch Eugen
Gradmann fällt ein positives Urteil über
die vorgenommene Restaurierung:
„Dem Künstlerischen und dem Protestantischen freie Bahn gegeben zu haben,
unter hartem Widerstand, ist ein histori-

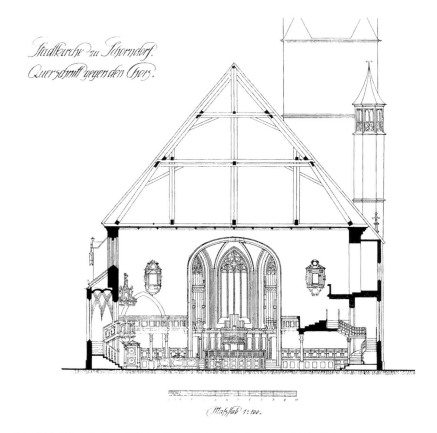

Abb. 302 Schorndorf, ev. Kirche, Querschnitt nach Osten, ca. 1909. Lichtpause,
41,9 cm x 39,2 cm.

sches Verdienst des Kirchengemeinderats
von Schorndorf."

In den Jahren 1958/59 wurde die
Querorientierung zugunsten einer
Längsorientierung wieder aufgegeben:
Die Kanzel wurde an den – nun wieder
spitzbogenförmigen – Chorbogen versetzt, Altar und Taufstein erhielten ihren
Standort mittig vor dem Chorbogen, die
Orgel wurde auf die Westempore zurückverlegt, und das Gestühl wurde wieder
zum Chor hin ausgerichtet. Paul Heim
unterbreitete drei Vorschläge zur Restaurierung der Schorndorfer Kirche:
Wiederherstellung der Dreischiffigkeit,
Deckenlösung mit Längstonne oder Beibehaltung der Kassettendecke. Er bemerkte dazu: „Vom Architektonischen
her ist es zu bedauern, daß die geplante
Rekonstruktion im 19. Jahrhundert nicht
zur Ausführung kam." Sogar ein Vertreter der institutionellen Denkmalpflege
sprach sich für die Wiederherstellung der
Dreischiffigkeit aus, die allerdings nicht
verwirklicht wurde.

Quellen: LKA, A 29, 4079-6 (Kirchengemeinde 1891–1922). LKA, DAamt
Schorndorf, Nr. 64 (KGR-Protokolle
1894–1904). LKA, DAamt Schorndorf,

Nr. 65 (KGR-Protokolle 1904–1919).
LKA, DAamt Schorndorf, Nr. 159
(Kirchliches Vermögen: Haushalt,
Kirchensteuer, Bausachen 1867–1945).
LKA, 1. Stadtpfarramt Schorndorf,
„Kirchliche Bausachen 1883–1910".
LKA, 1. Stadtpfarramt Schorndorf,
„Kirchliche Bausachen 1902 ff. I". LKA,
1. Stadtpfarramt Schorndorf, „Kirchliche
Bausachen 1902 ff. II". StadtA Schorn-
dorf, „Kirchenbau-Rechnung vom 1.
April 1886 bis 1. Februar 1890". StadtA
Schorndorf, „Beilagen zur Kirchenbau-
Rechnung vom 1. April 1886 bis 1. Fe-
bruar 1890". KPf Schorndorf, 3 Tusche-
pläne zum Ausbau des Turms, datiert und
signiert „Gefertigt im Juni 1901. H. Dolmetsch Baurat'; 9 Tuschepläne zur Umgestaltung des Langhauses (Staffelhallen-
projekt mit Netzrippengewölben im
Mittelschiff und Kreuzgewölben in den
Seitenschiffen), datiert und signiert „Gefertigt Stuttgart im April 1902. H. Dolmetsch Oberbaurat"; 5 Tuschepläne zur
Umgestaltung des Langhauses (Aufsprengung der Decke in der Art eines „Hammerbeam-roof"), mit Ausnahme eines
Plans alle datiert und signiert „Stuttgart
im Dez. 1902. H. Dolmetsch Oberbau-

rat"; 4 Tuschepläne zur Umgestaltung der Südfassade, datiert und signiert „Gefertigt Stuttgart im Januar 1907. H. Dolmetsch Oberbaurat"; 5 Tuschepläne zur Umgestaltung des Langhauses, undatiert und unsigniert (höchstwahrscheinlich den Planungen von Theodor Dolmetsch und Felix Schuster von 1909 zuzuordnen); 1 „Plan zum Baugesuch der Ev. Kirchengemeinde Schorndorf betr. baulicher Änderungen zur Erstellung einer Dampfheizung", genehmigt „Schorndorf, den 26. März 1909"; 2 Pläne, bezeichnet „Kennwort Längs- oder Queraxe?" (Verfasser Böklen und Feil 1905); 5 Pläne, bezeichnet „Form und Farbe" (Verfasser Schmohl und Staehelin 1905); 3 Pläne, bezeichnet „Motto Raum" (Verfasser Theodor Veil 1905); 6 Pläne, undatiert und unsigniert (Verfasser Heinrich Dolmetsch 1905); verschiedene Lichtpausen, undatiert und unsigniert, darunter zahlreiche Dubletten, z. T. von Paul Heim bzw. Peter Haag stammend. TUM, Nachlass Heinrich Dolmetsch, Signatur 24.1, 24.2, 24.3, 24.4, 24.5, 5 Fotografien des Inneren der Stadtkirche nach der Einweihung 1909.

Literatur: Schahl 1983, Bd. 2, S. 888–892. DBZ 42, 1908, Nr. 63, S. 432. Former 1912, S. 28. Adolf Schahl, Die Bau- und Kunstgeschichte der Stadtkirche in Schorndorf, in: Schorndorfer Schriften, Bd. 5, Schorndorf 1977 (= 500 Jahre Stadtkirche Schorndorf 1477–1977), S. 19. [Eugen] Gradmann, Die evangelische Stadtkirche in Schorndorf, in: Beilage zum Staatsanzeiger für Württemberg vom 21. 12. 1909, S. 2149. Fritz Schmidt, Zur Frage des Schorndorfer Kirchenbaues. Wieder eine protestantische Restaurationsfrage, in: ChrKbl 46, 1904, H. 8, S. 246–251. [Heinrich] Dolmetsch, Stadtkirche zu Schorndorf, in: ChrKbl 48, 1906, H. 9/10, S. 288 f. [Ohne Verfasser], Die Erneuerung der evangelischen Stadtkirche in Schorndorf, in: ChrKbl 53, 1911, H. 3, S. 91–94 und H. 7, S. 237. [Ohne Verfasser], Die Renovierung der Stadtkirche in Schorndorf, in: Bauzeitung für Württemberg, Baden, Hessen, Elsaß-Lothringen 7, 1910, Nr. 12, S. 89–95 und Nr. 13, S. 97–101. „Schorndorfer Anzeiger" vom 14. 6., 18. 6., 19. 6., 21. 6., 29. 6., 6. 8., 24. 8. und 14. 9. 1907, 18. 4. 1908 sowie 2. 2. 1909.

Schorndorf-Schornbach, ev. Pfarrkirche (St. Barbara, St. Katharina)

Stadt Schorndorf, Rems-Murr-Kreis, ehemals OA Schorndorf

Die Chorturmanlage wurde 1472 errichtet. Das Langhaus wurde 1722 umgebaut und der Turm 1732 (i) erhöht. Am 5. Juni 1891 legt Dolmetsch sein Gutachten dem Verein für christliche Kunst vor, nachdem Werkmeister Schmidt aus Schorndorf einen Plan zur Erweiterung der Kirche vorgelegt hatte, der dem Kirchengemeinderat aber missfiel. Anlass für die Erweiterungspläne war die Eingemeindung von Buhlbronn nach Schornbach und das damit verbundene Anwachsen der Kirchengemeinde.

Dem von Schmidt vorgeschlagenen Weglassen des Mittelgangs auf der Empore, um eine Erweiterung der Sitzplatzanzahl zu erreichen, widerspricht das Oberamt am 9. Mai 1891 mit der Begründung, die Sicherheit und Ordnung sei dadurch gefährdet. Unter Berücksichtigung dieses Einwands gelingt es Dolmetsch doch, eine Vermehrung von 25 Sitzplätzen gegenüber dem Schmidt'schen Plan zu erlangen. Besonderes Augenmerk richtet Dolmetsch auf die Art des Emporenzugangs. Während Schmidt eine steinerne Freitreppe vorgeschlagen hat, die von einem hölzernen Schutzdach bedeckt werden sollte, kommt Dolmetsch zu dem Ergebnis, dass nur ein massives Treppen-

haus mit einer innenliegenden Treppe aus Holz den nötigen Komfort gewähren würde. Der Anbau eines derartigen Treppenhauses hätte zudem den Vorteil, dass die alte Dachbodentreppe entfernt werden könnte und so ein Mehr an Sitzplätzen auf der Querempore erzielt werden würde. Außerdem strebt Dolmetsch die Anschaffung einer neuen Parterrestuhlung an, deren Enddocken in „einer einfachen aber stilgerechteren Form" auszuführen seien. Schließlich beabsichtigt er, ein neues Südfenster einzufügen und den übrigen vier Fenstern „durchweg einen oberen Spitzbogenabschluß" zu geben, wie aus seinem Kostenvoranschlag vom 20. Juni 1891 hervorgeht.

Da das Konsistorium am 30. Juni 1891 die „Berücksichtigung der unzulänglichen Mittel" anmahnt, kommt es 1892 zu einer reduzierten Form der Restaurierung: Die Stuhlung im Parterre wird nicht vollständig, sondern nur in Teilen erneuert, die Umgestaltung der Schifffenster unterbleibt aus Kostengründen ganz. Lediglich der Treppenturm an der Nordseite des Langhauses wird ausgeführt. Die Kosten betragen insgesamt knapp 4000 Mark. Der von Dolmetsch am 28. Februar 1893 konstatierte „große Übelstand […], welcher durch die äußeren Terrainverhältnisse an der Nordseite dem Bauwerke fortwährenden Schaden zufügt", wird laut Pfarrbericht von 1897 noch im selben Jahr beseitigt: „1893 ist auf der Nordseite zum Schutz der

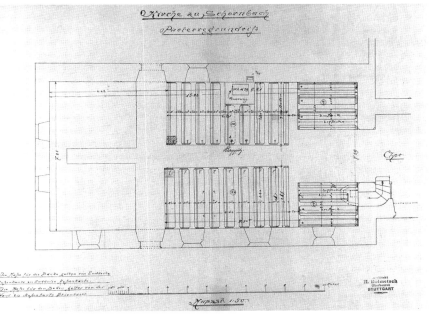

Abb. 303 Schornbach, ev. Kirche, Grundriss Parterre, ca. 1904. Lichtpause, 48,0 cm x 34,2 cm.

309

Grundmauer gegen Feuchtigkeit und Regenwasser ein breiter Zementkandel angelegt worden (mit 128 Mark).“

Am 17. Juni 1902 ergeht die Bitte des Kirchengemeinderats an das Konsistorium und die Kreisregierung, die Fortführung der Kirchenrestaurierung zu genehmigen. Angestrebt werden die vollständige Erneuerung der Stuhlung im Schiff, da „der in die Augen fallende Unterschied zwischen den alten, teilweise sehr unbequemen und unschönen, und den neuen stilgemäßen Bänken“ als sehr unvorteilhaft empfunden wird. Zudem „sollte der in unwürdigem Zustand befindliche Altar samt Umgebung eine schönere, seiner Bestimmung entsprechende Gestalt erhalten“. Im Laufe des Jahres 1904 werden die genannten Arbeiten unter der Leitung von Dolmetsch ausgeführt (Abb. 303): Die Parterrestuhlung wird komplett hergestellt, Schiffdecke und Wände erhalten einen neuen Anstrich aus Leimfarben, in den Gängen wird ein Betonboden mit Zementglattstrich und im Chor ein Plättchenboden ausgeführt. Außerdem wird ein Ofen im Kirchenschiff aufgestellt und ein Kamin angebracht.

Quellen: LKA, A 29, 4071-3 (Kirchengemeinde Schornbach 1891–1922). LKA, A 29, 4073-18 (Pfarrbericht von 1897). PfarrA Schornbach, „Bau-Rechnung 1904“, darin u. a. 1 Parterregrundriss, undatiert, mit Stempel „Architekt H. Dolmetsch. Oberbaurat. Stuttgart“ versehen.
Literatur: Schahl 1983, Bd. 2, S. 1021.

Schramberg, ev. Stadtkirche
Kreis Rottweil, ehemals OA Oberndorf

Schramberg hatte um 1820 nur 25 evangelische Einwohner, so dass die Gemeinde erst in der zweiten Hälfte des 19. Jahrhunderts ein Gotteshaus erhielt. Es wurde von 1872 bis 1874 von Baurat Herzog mit 318 Sitzplätzen errichtet (Abb. 304). Doch da die Gemeinde aufgrund der prosperierenden Uhrenindustrie schnell wuchs, wurde schon zwanzig Jahre darauf eine Erweiterung der Kirche ins Auge gefasst.

Eine „Vergleichende Zusammenstellung der Grundrisse der vorliegenden Projekte“ von Karl Mayer vom Januar 1895 zeigt in einer Übersicht die bis zu diesem Zeitpunkt angefertigten Entwürfe für die „Vergrösserung der evang[eli-

Abb. 304 Schramberg, ev. Kirche, Ansicht von Nordwesten, vor 1897.

schen] Kirche in Schramberg“ (Abb. 305). Insgesamt haben bis zum Januar 1895 vier Architekten sechs Umbauprojekte vorgelegt, in fünf von ihnen wird die Ost-West-Orientierung der Kirche beibehalten, während im letzten das bereits bestehende Gebäude zum Querschiff uminterpretiert und in Nord-Süd-Richtung ein neues Langhaus angeschlossen wird. Dieser letzte Entwurf stammt ebenso wie das vorletzte Projekt von Dolmetsch. Zu diesem in der Übersicht mit „Vorschlag A“ bezeichneten Entwurf bemerkt Dolmetsch in seinem am 26./27. November 1894 dem Verein für christliche Kunst eingereichen Gutachten, er habe „die über die Langschiffseiten hervorragenden Querschiffflügel 3schiffig angenommen, wodurch ermöglicht [werde], die Ausladung der Flügel thunlichst zu reduzieren, um so mit Sicherheit eine leichte Gehörsamkeit an den Enden der Flügel zu erreichen“. Dieses Entwurfskonzept, den Raum an der Schnittstelle der Kreuzarme aufzuweiten, liegt auch den beiden Projekten von Konrad Dollinger aus den Jahren 1893 bzw. 1894 zugrunde, wobei in dessen zweitem Projekt dieser Gedanke zu einer beinahe zentralbauartigen Anlage gesteigert ist. Im Gegensatz hierzu verfolgen Karl von Leibbrand und Karl Mayer in ihren Entwürfen die Idee einer kreuzförmigen Anlage, bei der die Kreuzarme lediglich einschiffig, aber verhältnismäßig lang sind, was den Anforderungen des evangelischen Gottesdienstes an ein Kirchengebäude nicht entgegenkommt.

Allen diesen Projekten ist jedoch der „Uebelstand gemeinsam, daß zur Ausführung dieses Baugedankens ein tiefer Ausschnitt aus dem östlich angrenzenden Hügelterrain erforderlich ist, was den Bau ziemlich verteuert und ihn auch weniger hell und gesund werden läßt“, wie Dolmetsch in seinem schon erwähnten Gutachten feststellt. Aus diesem Grund bringt er „Vorschlag B“ in die Diskussion ein, bei dem – wie bereits gesagt – das Hauptschiff eine Drehung um 90° erfährt, so dass „die ganze Länge der Kirche in mächtiger Ausdehnung sich von der tiefer liegenden Stadt aus gesehen imposant darstellen“ würde. Die „Bedeutung der evangelischen Gemeinde [wird] durch einen entsprechenden Kirchturm nach außen zur Geltung kommen müssen“, weshalb Dolmetsch an der Nordseite des Langhauses einen solchen errichtet wissen will. Die drei Haupteingänge in die Kirche befinden sich auf der der Stadt zugewandten Westseite des Gebäudes, während die gegen den Berg gelegene Ostseite keine Portale aufweist. Im Süden gibt es einen weiteren Eingang, der „mittelst eines in den Chorraum eingebauten Verbindungsgangs“ in die Sakristei westlich und in einen Nebenraum östlich des Chors führt. Den Altar plant Dolmetsch nicht im Chor, sondern vor demselben aufzustellen, „um letzteren der Gemeinde von allen Teilen der Kirche aus sichtbar zu machen“. Die Kanzel soll an dem westlichen Chorbogenpfeiler zu stehen kommen, damit sie „so von der östlichen besonders tiefen Empore aus günstig gesehen werden“ kann. Auf die Emporen führen drei Treppen, die in der Vorhalle, in der alten Sakristei sowie in der nordwestlichen Ecke des Querhauses untergebracht sind. Die Orgel erhält ihren Standort auf der nördlichen, dem Altar gegenüberliegenden Empore. Unterhalb der östlichen Querhausempore soll „mittelst Rollläden ein Saal abgeschlossen“ werden, „welcher zu Bibelstunden, Confirmandenunterricht und dergl[eichen] mit besonderer Beheizung benützt, ebenso aber auch zu dem Hauptgottesdienst herangezogen werden kann“.

In einem Brief an den Verein für christliche Kunst vom 19. März 1895 erläutert Dolmetsch nochmals die von ihm gedachte Chorlösung und fügt eine „perspektivische Ansicht des Aeußeren zur gef. Uebermittelung an den

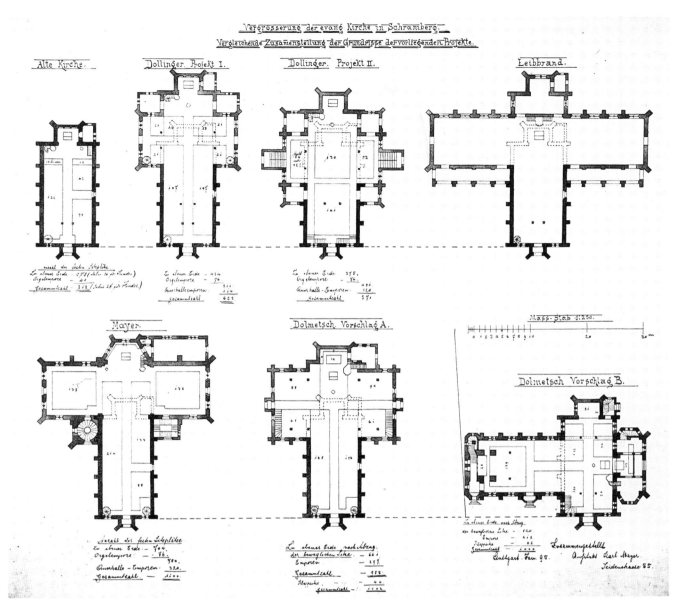

Abb. 305 Schramberg, ev. Kirche, „Vergleichende Zusammenstellung der Grundrisse der vorliegenden Projekte" von Karl Mayer, 1895. Tusche auf Papier, 49,0 cm x 43,0 cm.

evangel[ischen] Kirchengemeinderat in Schramberg" bei, die mit großer Wahrscheinlichkeit der in Dolmetschs Nachlass erhaltenen Zeichnung entsprochen haben dürfte (Abb. 306). Um „an der Stelle, wo der neue Chor anstößt, die vorhandene Umfassungswand möglichst zu schonen", ist der Chorbogen als „ein größerer Durchbruch" durch die Südwand der bestehenden Kirche geplant, dessen Breite „durch die äußeren Strebepfeiler gegeben" ist. Würde der Chor aber „in dieser geringen Breite" ausgeführt, so stünde er „zu der übrigen Bauanlage in [keinem] guten Ebenmaße", was Dolmetsch veranlasst, dem Chor die bereits erwähnten Nebenräume anzufügen. Der mittlere

Teil des Chors soll „nach oben mit [einem] Spitzbogengewölbe abgeschlossen [werden] und würde so eine mit breitem Mittelfenster ausgestattete hübsche Chornische abgeben", die „für den davorstehenden Altar einen stimmungsvollen Abschluß bieten" würde. Die „beiden seitlichen, durch einen Gang zusammenhängenden oberen Räume wären durch offene Arkaden mit der Chornische verbunden, so daß diese seitlichen Räume als besondere Bogen sich hübsch ausnehmen" würden. Auch im unteren Geschoss sollen die beiden sich rechts und links vom Chor befindenden Räume durch einen Gang verbunden werden, der im Chor selbst einen unschönen Ein-

schnitt verursachen würde. „Gegen die Schiffseite hin sind diese beiden Räume durch die bestehenden Fenster geöffnet", so dass „in diesen Räumen infolge der benachbarten Lage von Kanzel und Altar ganz vorzüglich [zu] hören" sein würde. Die zweigeschossige Anlage der Sakristei wie auch der Eingang in den Chor von Süden sind auf dem „Plan zur Erweiterung der evang[elischen] Stadtkirche zu Schramberg" gut zu erkennen.

In einem Schreiben vom 14. November 1894 an den Pfarrer in Schramberg nimmt Oberkonsistorialrat Merz Stellung zu den von Leibbrand und Mayer ausgearbeiteten Entwürfen. Gegen das Projekt von Leibbrand führt er das Argument an,

Abb. 306 Schramberg, ev. Kirche, Ansicht von Südwesten (Projekt), ca. 1895. Tusche, farbig aquarelliert auf Papier, 32,8 cm × 49,0 cm.

Anzahl Kirchgänger unverrichteter Dinge wieder umkehren muß". Da „bei einer derartigen Vergrößerung, durch die ein kirchliches Gebäude mit 900–1000 Sitzplätzen erstellt werden soll, ein Kostenaufwand von ca. 150 000 Mark werde zu machen sein", bittet das Kollegium die Oberkirchenbehörde um die Gewährung einer Landeskirchenkollekte. Obwohl eine solche genehmigt wird, erscheint dem Kirchengemeinderat am 26. Januar 1896 „die Inanspruchnahme des ganzen Bauwesens mit einer Kostensumme von 142 000 Mark zu gewagt". Nachdem sich auch eine am 20. Januar abgehaltene Gemeindeversammlung für eine Vergrößerung der Kirche nach dem Dolmetsch'schen Plan ausgesprochen hat, beschließt das Kollegium, „den Bau des Langschiffes unter Weglassung des Chors und des Turmoberteils alsbald in Angriff zu nehmen".

Dolmetsch arbeitet daraufhin im Februar 1896 die Pläne aus, die schließlich mit Modifikationen dem Umbau der Kirche zugrunde gelegt werden. Sie unterscheiden sich von dem vorgestellten „Projekt B" vor allem in der Ausbildung des Choranbaus und der Gestaltung der Vorhalle (vgl. Abb. 31). Bereits in einem Brief vom 6. Juli 1895 hat Dolmetsch die ursprünglich beabsichtigten Nebenräume des Chors als „erzwungen" bezeichnet, dementsprechend entwirft er nun den Chor als einen einfachen rechteckigen „Kasten", der sich durch drei Arkadenbögen zum Schiff hin öffnet. Die Abstände der Bögen sind durch die Strebepfeiler des alten Baus vorgegeben. Die alte Sakristei in der südöstlichen Ecke des nunmehrigen Querschiffs wird abgerissen; die neue Sakristei soll wie im ersten Entwurf in der südwestlichen Ecke zwischen Querhaus und neuem Chor entstehen, doch nun als eingeschossiger Baukörper. Der analog zu der Sakristei auf der Ostseite geplante Nebenraum fällt weg, stattdessen soll in diesem Winkel ein kleines Treppenhaus erstellt werden. Auch die Einbindung des Turms, der laut Schreiben vom 6. Juli 1895 „in organischere Stellung zu den äußeren Schiffmauern gebracht" werden soll, geschieht nun, indem der Turm leicht gegenüber der Flucht der Nordfassade vorspringt, und das Treppentürmchen in malerischer Weise dem Hauptturm angegliedert wird (Abb. 307). Die ehemals projektierte Vorhalle, die sich über die gesamte Nord-

dass die Anbringung von Arkaden beweise, „daß etwas nicht in Ordnung ist, was verdeckt werden soll, übrigens kosten Arkaden auch Geld". Er kommt zu dem Schluss, dass es „ein Unglück [wäre], wenn der Kirchenbau in der von Direktor Leibbrand vorgeschlagenen Weise zu Stande käme". In Bezug auf den Entwurf von Mayer bringt er keinerlei architektonische Einwände vor, wohl aber die Tatsache, dass jener „dem Vernehmen nach <u>Katholik</u>" sei. Seiner Meinung nach sollte „die Gemeinde Schramberg jedenfalls Vorkehr treffen, daß ihr Kirchenbau in evangelische Hände kommt". Während

Merz somit sowohl von der Ausführung des Leibbrand'schen als auch von der des Mayer'schen Plans abrät, empfiehlt er in einem Brief vom 28. November 1894 der Kirchengemeinde in Schramberg, „der Ausarbeitung weiterer Pläne das Projekt B des Baurat Dolmetsch zu Grunde zu legen".

In seiner Sitzung am 21. April 1895 beschließt der Kirchengemeinderat eine Eingabe an das Konsistorium zu richten, in der darauf hingewiesen wird, dass die Kirche „sich schon lange als zu klein erweist", insbesondere „an den Festtagen ist der Zudrang so groß, dass eine größere

Abb. 307 Schramberg, ev. Kirche, Ansicht Nordfassade, 1896. Lichtpause, koloriert, 36,7 cm × 46,7 cm.

fassade hinzog, wird auf einen kleinen, flurähnlichen Raum mit separatem Eingang reduziert.

Obwohl Dolmetsch in einem Schreiben an den Pfarrer vom 10. Januar 1896 den Vorschlag desselben begrüßt, „zuerst das ganze Langschiff zur Ausführung zu bringen", setzt er sich in seinem Entwurf vom Februar 1896 über den Beschluss des Kirchengemeinderats hinweg, „den Bau des Langschiffes unter Weglassung des Chors und des Turmoberteils" zur Ausführung bringen zu wollen. Tatsächlich wird bei der Vergabe der Grab-, Betonier-, Maurer- und Steinhauerarbeiten am 12. Mai 1896 in diesem Sinne verfahren. Trotzdem legt Dolmetsch einen „einfacheren [auf 10 300 Mark veranschlagten] Plan zum Ausbau des Kirchturms" vor, den der Kirchengemeinderat in seiner Sitzung am 31. Mai 1896 zur Ausführung bestimmt. Dieses „Projekt zum Ausbau des begonnenen Hauptturmes an der Stadtkirche zu Schramberg" unterscheidet sich von dem vorangegangenen Entwurf hinsichtlich der Turmspitze, die nun von einer Kreuzblume und einem schmiedeeisernen Kreuz anstelle der in fünf Reihen konzentrisch angeordneten Krabben bekrönt wird, sowie der Fialen an den Turmecken (Abb. 308). Die Ausführung erfolgt schließlich in einer abermals vereinfachten Form, wobei die Fialen wegfallen und das Glockengeschoss an den vier Ecken durch kleine Rundsäulchen abgeschlossen wird.

Am 16. November 1896 berät der Kirchengemeinderat über einen „vereinfachten Plan zu einem Choranbau an der Südseite der Kirche, der auf 10 000 Mark zu stehen käme". Der Entwurf sieht im Gegensatz zum Plan vom Februar 1896 vor, die beiden mittleren Strebepfeiler der Südfassade zu beseitigen und so den Chorbogen aufzuweiten, da die beiden seitlichen, den Chorbogen flankierenden Arkaden nicht ausgeführt werden sollen (Abb. 309). Damit steht der Entwurf vom November 1896 auch im Widerspruch zu Dolmetschs Diktum vom 19. März 1895, die „vorhandene Umfassungswand möglichst zu schonen". Die alte Sakristei plant Dolmetsch wie in seinem bereits vorgestellten „Vorschlag B" zu einem Treppenhaus umzufunktionieren und in dem Winkel zwischen Chor und Querschiff eine neue, eingeschossige Sakristei anzubauen. Von außen betrachtet nimmt sich der der Planung entsprechend ausgeführte Choranbau gegenüber dem Entwurf vom Februar 1896 wesentlich schlichter und zurückhaltender aus. Die

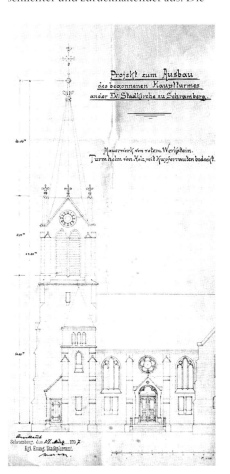

Abb. 308 Schramberg, ev. Kirche, Ansicht Westfassade (Projekt zum Ausbau des Turms), 1897. Lichtpause, 20,9 cm × 46,1 cm.

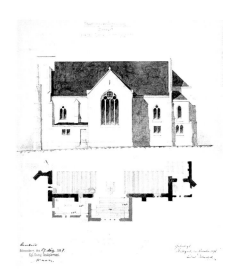

Abb. 309 Schramberg, ev. Kirche, Ansicht Südfassade und Grundriss (Projekt zum Anbau eines Chors), 1896. Lichtpause, koloriert, 33,0 cm × 41,8 cm.

Kosten für den geplanten Umbau berechneten sich nach einer Mitteilung von Dolmetsch vom 3. November 1896 auf 9800 Mark.

Innerhalb von zwei Jahren wird der Kirchenbau plangemäß – mit Ausnahme der bereits erwähnten Änderungen – ausgeführt. Die Einweihung kann am 29. Juni 1898 erfolgen. Obwohl der Kirchengemeinderat am 9. Mai 1897 beschlossen hatte, „die figürliche Ausmalung des Chors zurück[zu]stellen", erstellt Kunstmaler Theodor Bauerle „figürliche Wandbilder im Chor", wie eine Abschlagszahlungsanweisung vom 4. Juni 1899 belegt. Möglicherweise hat der Einwand von Dolmetsch vom 7. April 1898, „daß sich nur aus dem vorgesehenen Bildercyklus erklären läßt, warum im Chorfenster gerade die Bergpredigt erscheint" (vgl. Abb. 149), zu einer Umbesinnung geführt. Er fügt hinzu, dass „ohne diese [Wand]bilder […] als einziger figürlicher Schmuck wohl ohne Zweifel eine weit höhere Begebenheit aus dem Leben Jesu im Chorfenster dargestellt" worden wäre.

Die bis zur neuerlichen Umgestaltung der Kirche im Jahr 1967 im Chor sichtbaren Wandbilder sind mit großer Wahrscheinlichkeit mit den von Bauerle angefertigten zu identifizieren. Die ursprüngliche axiale Aufstellung von Altar und Taufstein war bereits zu einem früheren Zeitpunkt aufgegeben worden, die Bestuhlung im Chor wurde erst 1967 preisgegeben (Abb. 310). Von der Dolmetsch-

Abb. 310 Schramberg, ev. Kirche, Innenansicht nach Süden, vor 1967.

Ausstattung sind lediglich die Kanzel und das Chorfenster unverändert erhalten. Die Decke und die Emporen stammen zwar noch aus dem Jahr 1898, doch hat Erstere ihre Farbigkeit eingebüßt, und bei Letzteren sind die mit Vierpässen versehenen Füllungen der Brüstungen entfernt und durch unverzierte Bretter ersetzt worden. Fußboden, Altar, Taufstein und Gestühl sind Zutaten aus der Zeit der Restaurierung durch den Architekten Wizgall.

Quellen: PfarrA Schramberg, „KGR-Protokolle 1867–1907". PfarrA Schramberg, „Kirchenbau. Beilagen". PfarrA Schramberg, Fotosatz, mit Stempel „Aufnahme Manfred Elsässer" versehen. Pfarr A Schramberg, Mappe mit 8 kolorierten Lichtpausplänen, sämtlich datiert und signiert „Gefertigt Stuttgart, im Februar 1896. Baurat Dolmetsch" sowie 1 Situationsplan, beschriftet „Copirt nach einem von Geometer Breitling in Schramberg gefertigten Plan vom 18. Aug. 1892 von Baurat Dolmetsch im Februar 1896", außerdem 1 „Entwurf zu einem Chor und einer Sakristei", datiert und signiert „Gefertigt Stuttgart, im November 1896. Baurat Dolmetsch"; 1 „Projekt zum Ausbau des begonnenen Hauptthurmes an der Ev. Stadtkirche zu Schramberg", undatiert und unsigniert, aber mit Stempel versehen „Anerkannt Schramberg, den 27. März 1897" und 1 „Skizze zum Turm-Ausbau", undatiert und unsigniert. TUM, Nachlass Heinrich Dolmetsch, Signatur 52.1, 1 Situationsplan, datiert und signiert „Gefertigt Schramberg, den 18. August 1892. G. Breitling"; Signatur 52.2, 1 „Vergleichende Zusammenstellung der Grundrisse der vorliegenden Projekte", undatiert, signiert „Zusammengestellt Architekt Karl Mayer"; Signatur 52.4, 52.6, 2 Tuschepläne, undatiert und unsigniert; Signatur 52.3, 52.5, 52.7, 3 Pläne undatiert, signiert „H. Dolmetsch".

Literatur: Dolmetsch 1900, S. 4. Dehio 1997, S. 653. DBZ 42, 1908, Nr. 63, S. 432. Ev. Kirchengemeinde Schramberg (Hrsg.), 100 Jahre Evangelische Stadtkirche Schramberg. o. O., o. J. [1998], S. 9.

Schwäbisch Gmünd-Lindach, ev. Pfarrkirche (St. Nikolaus)
Stadt Schwäbisch Gmünd, Ostalbkreis, ehemals OA Gmünd

Gemäß einer im Jahr 1903 aufgefundenen Bleiplatte erfolgte der Bau des netzgewölbten Chors 1524. Über die Inschrift dieser Platte informiert ein Schreiben des Landeskonservators Gradmann an den Pfarrer vom 7. Oktober 1903; die Platte selbst ist während des Umbaus wieder eingemauert worden. Das Langhaus bestand aus Buckelquadermauerwerk und wies auf der Südseite eine unregelmäßige Fensteranordnung auf. Nach Strobel 2003, S. 357 war es um 1200 erbaut worden, ein 1882 gefertigtes Aquarell zeigt die Kirche in ihrem damaligen Zustand.

Die alte Kirche, die laut Mitteilung von Pfarrer Bentel an das Konsistorium vom 16. Januar 1903 „nur wenig mehr als 200 Personen faßte", gewährte zwar 1829 – zur Zeit der Pfarrbeschreibung – „noch Raum für die Gemeinde, könnte aber in der Folge leicht zu klein werden". Am 4. November 1861 teilt ein „Oberamtlicher Bericht betreffend die Bitte des Stiftungsraths Lindach um einen Staatsbeitrag zur Erbauung einer neuen Kirche" mit, dass das Gotteshaus „für das vorhandene Bedürfniß längst nicht mehr genügend" sei, allerdings sei „eine Erweiterung desselben unthunlich", so dass „daher nichts Anderes übrig [bleibe] als ein Neubau". Doch sowohl ein im Dezember 1864 gewährter Staatsbeitrag als auch eine im April 1867 veranstaltete Kirchenkollekte vermögen nicht annähernd die zum Bau notwendige Summe zusammenzubringen. Erst rund zwanzig Jahre später glaubt die Kirchengemeinde, die zu diesem Zeitpunkt immer noch zu der Parochie Täferrot gehört, einem Architekten den Auftrag für die Ausarbeitung eines Kirchenbauplans erteilen zu können. Im Mai 1885 legt Robert Reinhardt, Professor am Polytechnikum in Stuttgart, sein Projekt für die Vergrößerung der Lindacher Kirche vor.

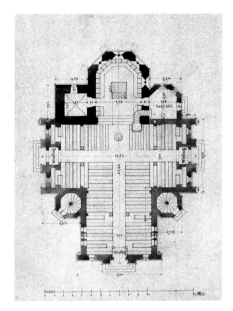

Abb. 311 Lindach, ev. Kirche,
Robert Reinhardt, Grundriss Parterre, 1885
(unausgeführt). Tusche, farbig aquarelliert auf
Transparent, 30,8 cm x 44,6 cm.

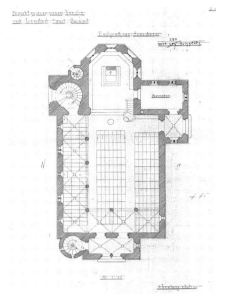

Abb. 312 Lindach, ev. Kirche,
Conradin Walther, Grundriss Parterre, 1894
(unausgeführt). Lichtpause,
32,0 cm x 42,7 cm.

Obwohl Pfarrer Moser in einem Schreiben an das Oberamt vom 29. September 1863 die Ansicht geäußert hatte, dass „der bisherige Kirchenplatz, der für die erweiterte Kirche nicht mehr den ausreichenden Raum darbietet, verlassen und ein anderer freierer Platz, der mehr Luft und Licht und weniger Feuersgefahr darbietet, angewiesen" werden solle, plant Reinhardt, den Chor mit dem anschließenden Turm zu erhalten und die Ost-West-Ausrichtung der Kirche durch das neu zu erbauende Schiff wiederaufzunehmen (Abb. 311). An den alten Chor soll sich nach Reinhardts Vorstellung ein kreuzförmiges Kirchenschiff anschließen, bei dem der westliche Kreuzarm etwa doppelt so lang wie die beiden querhausartigen Arme ausgebildet sein soll. Die Baukörper – Treppentürmchen, Vorhallen an den Querhausarmen und Sakristei – werden in malerischer Weise gestaffelt, so dass sich ein vielfältiges Erscheinungsbild ergibt. Die frühgotischen Formelemente werden um Maßwerkrosetten und fialenhafte Bekrönungen an den Gebäudeecken bereichert. Lediglich der alte Turmstumpf, der mit einer neuen hohen Spitze versehen werden soll, passt sich nicht in die starre Symmetrie des Grundrisses ein.

Die Gründe, aus denen die Ausführung des Reinhardt'schen Entwurfs unterbleiben musste, sind nicht überliefert, mit großer Wahrscheinlichkeit sind aber unzureichende finanzielle Mittel dafür verantwortlich zu machen, denn auch das nächste Projekt scheitert am Geldmangel. Im Juni bzw. Juli 1894 fertigt Conradin Walther, Professor an der Kunstgewerbeschule in Nürnberg, einen Entwurf für den „Neubau" der Kirche in Lindach. Ebenso wie Reinhardt will auch Walther Chor und Turm der Kirche in ihren Funktionen belassen und fügt nach Westen ein neues Kirchenschiff an (Abb. 312), das sich durch eine sehr viel schlichtere Formensprache als dasjenige des Reinhardt'schen Entwurfs auszeichnet. Das saalartige, flach gedeckte Kirchenschiff erhält auf der West- und Nordseite eine Empore, die sich nach außen durch eine zweigeschossige Fensteranordnung abzeichnet. Trotz der Anfügung einer Vorhalle im Westen und einer Sakristei im Süden wirkt der Baukörper sehr viel blockhafter als der des Reinhardt'schen Entwurfs. Dieser Eindruck wird durch die relativ kleinen Fensteröffnungen verstärkt.

Am 21. September 1894 beschließt der Kirchengemeinderat nach „eingehender Prüfung" des Walther'schen Projekts „diesen Plan nebst Kosten-Überschlag anzunehmen", doch kommt es aufgrund eines durch das Konsistorium veranlassten Gutachtens des Bautechnikers Gebhardt vom 16. November 1894 zu einer

Auseinandersetzung um die zu erwartende Höhe der Baukosten. Während Walther von einer Bausumme von 53 000 Mark ausgegangen war, erfordere nach der Schätzung von Gebhardt die Ausführung des vorliegenden Entwurfs einen Aufwand von „mindestens 70 000 Mark". So beschließt der Kirchengemeinderat am 11. März 1895 angesichts fehlender Planungssicherheit, den „Bau noch weitere Jahre hinaus[zuschieben], bis der Baufond sich auf die entsprechende Summe vergrößert haben wird". Das Konsistorium verweigert am 23. Januar 1896 erwartungsgemäß seine Genehmigung zu dem geplanten Bauvorhaben, spricht sich aber gleichzeitig für die Abhaltung einer „Probe-Submission" ohne rechtsverbindlichen Charakter aus.

Gemäß der Beschlüsse des Kirchengemeinderats vom 19. Februar und 24. März 1896 wird der Walther'sche Vorschlag, „die Pläne in größerem Maßstab 1:50 nat. Gr., sowie die Einzelheiten: Portale, Empore, Kanzel etc. in 1:10 nat. Gr. zu liefern", angenommen. Obwohl die Vorarbeiten zur Ausführung des Projekts in die Wege geleitet worden sind, verzögert sich der Bau abermals wegen unzureichender Mittel. Auch ein Bittgesuch des Kirchengemeinderats an das Konsistorium vom 19. Juni 1898, das ausdrücklich betont, dass „der Bau schlechterdings nicht mehr aufzuschieben [sei], wenn nicht das kirchliche Leben nothleiden soll", vermag an der Situation vorerst nichts zu ändern. Am 11. Januar 1899 teilt Dolmetsch dem Pfarrer mit, dass „ihm der Kirchbau in Großdeinbach übertragen sei", und unterbreitet den Vorschlag, „mit Großdeinbach denselben Bauführer zum Kirchbau an[zu]stellen". Am 16. Oktober 1899 findet eine „vorläufige Besprechung über das Vorhaben des Kirchbaues" zwischen dem Kollegium und Dolmetsch statt. Letzterer weist „insonderheit darauf hin, daß ein so schöner Chor, wie ihn die bisherige Kirche habe, kaum wiederherzustellen sei, und daß es schade wäre, wenn derselbe abgebrochen würde". Am Schluss der Sitzung beauftragt der Kirchengemeinderat Dolmetsch, „eine genaue Berechnung über die Kosten der Ausführung des Walther'schen Plans" vorzunehmen.

Am 26. Februar 1900 berät das Kollegium über den von Dolmetsch auf 86 000 Mark berechneten Kostenvoranschlag, dem das Projekt von Walther zugrunde

liegt. Der Kirchengemeinderat beschließt, „sofort mit dem Bau beginnen
zu wollen, wenn der Gemeinde eine Landeskirchenkollekte oder die Abhaltung
einer Lotterie bewilligt würde, andern-
falls den Bau hinauszuschieben". Trotz
der Zusage einer halben Landeskirchenkollekte durch das Konsistorium wird das
Bauvorhaben abermals vertagt, bis in der
Sitzung am 2. April 1902 von einem
Mitglied des Kirchengemeinderats der
Vorschlag gemacht wird, „den Platz, auf
welchem die Kirche steht, als Bauplatz
beizubehalten, dagegen, da der von Prof.
Walther in Nürnberg gefertigte Plan zu
wenig Sitzplätze vorgesehen [habe], eine
neue Kirche zu bauen, beziehungsweise
eine Erweiterung des vorgesehenen
Raumes vorzunehmen, und zunächst mit
Oberbaurat Dolmetsch in Beziehung zu
treten".

Dieser Vorschlag muss insofern Über-
raschung hervorrufen, als die Frage des
Bauplatzes weder in dem Reinhardt-
schen Projekt noch in dem Walther'schen
Entwurf zur Diskussion stand, da beide
an der Stelle der alten Kirche unter Einbeziehung des Chors und des Turms zu
bauen gedachten. Offensichtlich hatte
sich aber in der Gemeinde die Auffassung
durchgesetzt, einen neuen Bauplatz aus-
wählen zu müssen, wie schon die Äußerung von Pfarrer Moser vom 29. September 1863 zeigt. Umso erfreuter ist die Gemeinde über den nun von Dolmetsch
ausgearbeiteten Entwurf, der die Kirche
am alten Platz belässt – was der Pfarrer in
einem Brief an das Konsistorium vom
30. Juli 1902 als den „hauptsächliche[n]
Wunsch der Gemeinde" bezeichnet –
und trotzdem eine Vermehrung auf 500
Sitzplätze erreicht, ohne dass sich die veranschlagte Bausumme von 86 000 Mark
erhöht. Letzteres gedenkt Dolmetsch
durch den Einsatz von Dopfersteinen
anstelle von Werksteinen, die bei dem
Walther'schen Projekt durchgehend
Verwendung finden sollten, zu erzielen.
Aus welchen Gründen sich Dolmetsch
schließlich doch für Backsteinmauerwerk
mit Verputz entscheidet und lediglich die
Fenster- und Türeinfassungen in Haustein ausgeführt denkt, muss mangels
schriftlicher Quellen offenbleiben.

Dolmetsch gelingt es im Gegensatz zu
seinen Vorgängern, die Kirche erheblich
zu vergrößern und dabei mit dem vorhandenen Platz auszukommen, indem er
das Schiff um 90° dreht und den alten

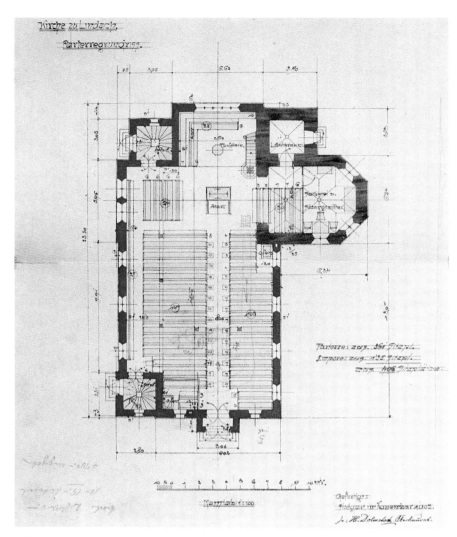

*Abb. 313 Lindach, ev. Kirche, Grundriss Parterre, 1902. Lichtpause, koloriert,
ohne Maßangabe.*

Chor als Nebenraum nutzt (Abb. 313).
Der hintere Bereich des alten Chors soll
als Sakristei und Sitzungszimmer dienen
und gegenüber dem vorderen Teil, der
mit Kirchenbänken versehen werden soll,
durch „eine etwa 2,50 m hohe verglaste
Holzwand" abgetrennt werden, wie
Dolmetschs Erläuterungsschreiben vom
10. Januar 1903 zu entnehmen ist. Die
alte Turmhalle soll „auch ferner als Läuteraum dienen können", während in den
beiden neu zu errichtenden Türmchen
die Emporenaufgänge untergebracht
werden sollen. Die durch den Erhalt des
alten Chors und durch die Änderung der
Längsrichtung des Kirchenschiffs vorge-
gebene Asymmetrie macht sich Dolmetsch insofern zunutze, als er sich gegen
die Ausbildung eines Querschiffs entscheidet und die Unregelmäßigkeit der
Anlage durch die Errichtung der beiden
Treppentürmchen auf der westlichen

Längsseite betont. Dies führt zu einer lo-
ckeren Staffelung der Baukörper, die sich
von derjenigen des Reinhardt'schen Entwurfs durch einen malerischen Gesamteindruck unterscheidet (Abb. 314). Die
asymmetrische Gestaltung des Äußeren
korrespondiert im Inneren mit einer
zweischiffigen Anlage, wobei das Hauptschiff mit einem kleeblattförmigen Holzgewölbe und das Seitenschiff mit einer
geraden Decke versehen ist (Abb. 315).
Dementsprechend ist auch der Dachstuhl
als eine Sparrendachkonstruktion, die nur
auf der Westseite einen überdimensio-
nierten Aufschiebling aufweist, ausgebildet. In Bezug auf die innere Organisation
der Kirche ist hervorzuheben, dass der
Taufstein hinter dem Altar zu stehen
kommen soll, so dass der Altar selbst verhältnismäßig weit in das Schiff hineinge-
rückt wird. Die „innere Ausstattung der
Kirche" denkt Dolmetsch sich „in einfa-

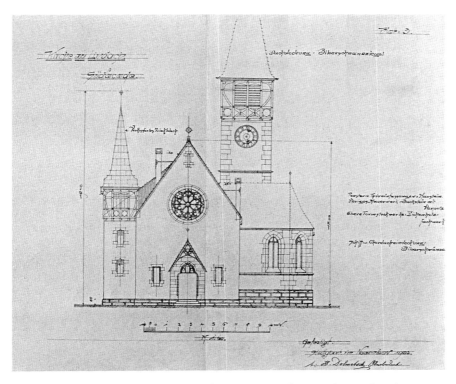

Abb. 314 Lindach, ev. Kirche, Ansicht Südfassade, 1902. Lichtpause, ohne Maßangabe.

2580-1 (Kirchen-Neubau 1861–1902).
LKA, A 29, 2581-1 (Pfarrbeschreibung
von 1829). PfarrA Lindach, Mappe „Bau-
Akten 1903". PfarrA Lindach, „KGR-
Protokolle 1889–1930". PfarrA Lindach,
1 Satz Lichtpauspläne, teilweise koloriert,
datiert „November 1902" bzw. „Dezember 1902", signiert „H. Dolmetsch.
Oberbaurat". PfarrA Lindach, Mappe
„Projekt zu einer neuen Kirche nach
Lindach", Pläne unterschiedlich datiert
„Nürnberg, 30. Juni 1894", „Nürnberg,
2. Juli 1894", „Nürnberg, 4. Juli 1894"
bzw. „Nürnberg, 5. Juli 1894", unsigniert. PfarrA Lindach, Mappe „Neubau
der Kirche zu Lindach", datiert und
signiert „Gefertigt Rob. Reinhardt
Architekt. Prof. am Kgl. Polytechnicum.
Stuttgart im Juni 1885". TUM, Nachlass
Heinrich Dolmetsch, Signatur 60.1, 60.2,
60.3, 60.4, 60.5, 60.6, 60.7, 60.8, 60.9,
Mappe mit 9 Lichtpausplänen, beschriftet
„Projekt zu einer neuen Kirche nach Lindach O/Amt Gmünd" (mit den entsprechenden Plänen in PfarrA Lindach von

cher, aber stilgerechter Weise durchgeführt".

Bereits am 15. Januar 1903 beschließt
der Kirchengemeinderat, „die sofortige
Ausführung des [im November 1902 ge-
fertigten] Plans dem Oberbaurat Dolmetsch zu übertragen"; die Kosten betragen „laut Voranschlag insgesamt 84 500
Mark". Das Konsistorium erteilt am
21. Februar 1903 seine Zustimmung zum
Bau, und am 29. April desselben Jahres
findet die Genehmigung durch das Oberamt Gmünd statt, so dass die Bauarbeiten
zügig voranschreiten können. Noch im
Jahr 1903, am 15. Dezember, kann die
Kirche eingeweiht werden.

Die Dolmetsch-Ausstattung der Lindacher Kirche ist noch in weiten Teilen
erhalten. Verändert wurde die Aufstellung des Taufsteins, der heute im alten
Chor steht. Die diesen unterteilende
Trennwand wurde herausgenommen
und schließt nun das Kirchenschiff nach
Süden hin ab. Die Farbfassungen der
Decke wurden, nachdem sie übermalt
worden waren, wiederhergestellt (vgl.
Abb. 105).
Quellen: LKA, A 29, 2579-3 (Kirchengemeinde 1890–1921). LKA, A 29,

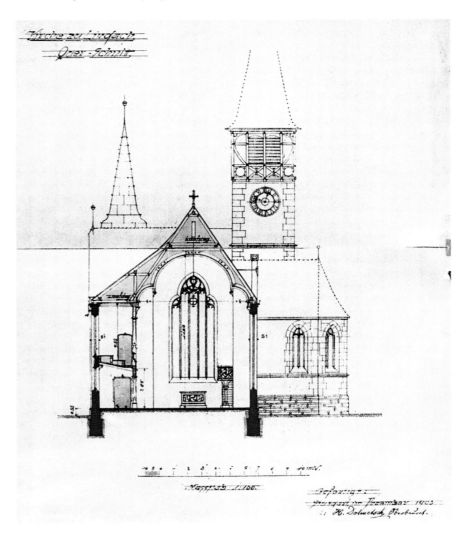

*Abb. 315 Lindach, ev. Kirche, Querschnitt
nach Norden, 1902. Lichtpause, koloriert,
ohne Maßangabe.*

317

1894 identisch); Signatur 60.10, 60.11,
2 Bleistiftpläne, datiert „Nürnberg,
23. Nov. 1896" bzw. „Nürnberg, 3. Dez.
1896", mit Stempel „Prof. Conradin
Walther. Architekt. Nürnberg" versehen.
Literatur: Dehio 1993, S. 468. Kunst-
und Altertumsdenkmale 1907, S. 446.
Land Baden-Württemberg, Bd. 4, S. 778.
Strobel 2003, S. 357–367. Richard Strobel, Landkirchen in den Ortsteilen von
Schwäbisch Gmünd um 1900. Kirchenbau und -erweiterungen zwischen Historismus und „Moderne": Materialien aus
einem Band „Die Kunstdenkmäler in
Baden-Württemberg", in: Denkmalpflege in Baden-Württemberg 34, 2005,
S. 77 f.

Schwäbisch Hall, ev. Stadtkirche (St. Michael)

Kreisstadt (Regierungsbezirk Stuttgart), ehemals Oberamtsstadt (Jagstkreis)

Der Vorgängerbau der heutigen Kirche
wurde 1156 geweiht. Aus romanischer
Zeit stammen nur noch die vier unteren
Geschosse des Westturms, dessen Erdgeschoss als offene Vorhalle ausgebildet ist.
Anstelle der romanischen Basilika wurde
zwischen 1427 und 1456 eine dreischiffige Hallenkirche errichtet. Der Chorneu-
bau, der das Hallenschema fortführt,
wurde 1495 begonnen und 1516 (d) vollendet. Der Turm erhielt in der zweiten
Hälfte des 16. Jahrhunderts einen Aufsatz
in Renaissanceformen.

Am 9. Dezember 1893 teilt Dolmetsch
in einem Schreiben dem Pfarrer der
Katharinengemeinde in Schwäbisch Hall
mit, dass er „auch an die Michaelisge-
meinde […] demnächst eine Sendung
abgehen lassen" werde. Aus Dolmetschs
„Berechnung des Architektenhonorars"
vom 28. Januar 1902 geht hervor, dass er
im Jahr 1893 einen Plan fertigte, der sich
auf „die Westfaßade und das Innere der
Kirche" bezog, detailliertere Angaben
unterbleiben allerdings.

Erst am 7. Juli 1899 übersendet Dolmetsch einen „Plan über eine neue Stuh-
lungseinrichtung in der St. Michaelskirche nebst Kostenberechnung". Darin
nimmt er Bezug auf einen vorangegangenen Entwurf, der weder durch Zeichnungen noch durch Kostenvoranschläge
dokumentiert ist. Der im Juli 1899 gefertigte „Grundriss zu ebener Erde" ist unmittelbar mit dem vorhandenen Erläuterungsschreiben in Verbindung zu bringen

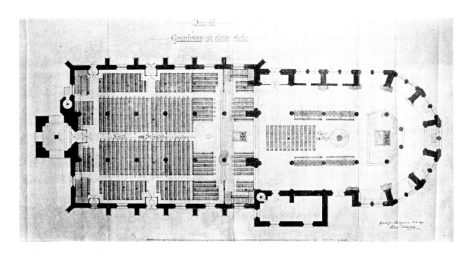

Abb. 316 Schwäbisch Hall, Michaelskirche, Grundriss Parterre, 1899. Lichtpause, koloriert, 91,6 cm x 43,3 cm.

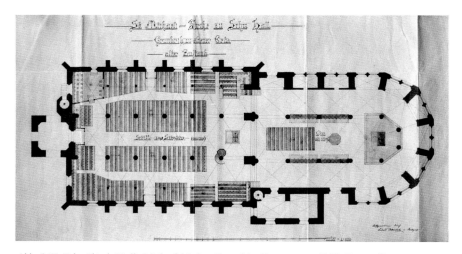

Abb. 317 Schwäbisch Hall, Michaelskirche, Grundriss Parterre, ca. 1899 (Bestand). Lichtpause, koloriert, 88,0 cm x 44,4 cm.

(Abb. 316). Ob auch die beiden Pläne,
die den alten Zustand der Kirche vor Augen
führen, zu diesem oder einem früheren
Zeitpunkt entstanden sind, kann nicht
gesagt werden (Abb. 317). Dolmetschs
Projekt zielt insbesondere auf die Herstellung eines neuen Gestühls im Schiff
der Kirche – sowohl im Parterre als auch
auf den Emporen – ab. An den Außenwänden entlang ist ein Gang vorgesehen,
„so daß die Kirchenbesucher nicht direkt
an der Mauer sitzen müssen und eine ra-
schere Entleerung der Kirche bezweckt
wird". Im ersten Joch von Westen legt
Dolmetsch auf der Nord- und auf der
Südseite des Schiffs einen zusätzlichen
Eingang an. Dies führt zu einem Abbruch
des sogenannten Ratsstübchens, das sich
in der nordwestlichen Ecke des Schiffs
befindet. Auf die Anlage eines dritten
Portals an der südlichen Längsseite verzichtet Dolmetsch „dem Wunsche des

Kirchengemeinderats zufolge". Offenbar
plante Dolmetsch darüber hinaus einen
„Durchbruch der an den großen
nördl[ichen] Windfang grenzenden Mauer". Doch auch dieser soll unterbleiben,
da der „Ausgang im Chor zu benützen"
sei. Die „mittlere Stuhlung im Chor" soll
ebenfalls neu hergestellt werden, „und
zwar in einer von [Dolmetsch] erfunde-
nen Konstruktion, welche bezweckt, bei
möglichster Raumausnützung die Bank-
lehnen bewegen zu können, so daß diese
Bänke zum Sitzen gegen Osten oder gegen Westen gebraucht werden können".
Die „Neuanlage der Emporen" beinhaltet die Verbreiterung der Längsemporen,
die nur zwei Bankreihen tief waren, die
Orgelempore hingegen ist „im Interesse
der Erhaltung des alten Orgelzustandes
erhalten geblieben". Letzteres geht auf
den Wunsch des Bauherrn zurück. Durch
die Neuherstellung der Stuhlung und der

Längsemporen, die drei Stufen niedriger liegen werden als die Orgelempore, schafft Dolmetsch eine Vermehrung der Sitzplätze von 1489 Plätzen auf 1893. Die Gesamtsumme der vorgesehenen Arbeiten berechnet Dolmetsch auf 40 000 Mark.

Bereits am 27. Juli 1899 heißt der Kirchengemeinderat Dolmetschs Projekt gut und genehmigt dessen Ausführung. Die Fertigung der Kostenvoranschläge für die Ausschreibung der einzelnen Gewerke nimmt Dolmetsch im Januar 1900 vor. Nach Beginn der Bauarbeiten schlägt Dolmetsch in der Sitzung des Kirchengemeinderats am 10. August 1900 die Neubemalung des Schiffs und des Chors sowie die Neuverglasung der Fenster im Schiff vor. Eine „bloße Reparatur der Fenster durch Neuverbleiung unter Benützung der alten vorhandenen Gläser empfehle sich <u>nicht</u>, die Scheiben seien zu dünn, lassen keine stärkere Verbleiung zu, wie eine solche doch notwendig wäre, in etwa 20 Jahren stünde man doch wieder vor der Notwendigkeit einer Erneuerung". Aus diesem Grund sei eine Neuverglasung der Schifffenster vorzunehmen, die 7900 Mark kosten würde. Die Chorfenster bedürfen „nicht notwendig einer Erneuerung wie die Fenster im Schiff", da sie, „obwohl älter, doch besser" seien. Trotzdem zieht Dolmetsch eine Neuverglasung der Chorfenster in Betracht, die auf 17 000 Mark zu stehen käme. Hinsichtlich der Neubemalung der Schiffwände handle es sich „nicht um <u>reiche</u> Bemalung", sondern darum, Fugenlinien zu ziehen und „hie und da" eine Bordüre anzubringen. Die Gewölbe im Schiff seien hingegen „dem alten Zustand entsprechend wieder herzustellen, wobei farbige Fassungen an den Kreuzungen anzubringen und die Rippen in einen Ton zu legen seien". Eine Neubemalung des Chors hält Dolmetsch darüber hinaus für „sehr wünschenswert", da, wenn der Chor in der „bisherigen Farblosigkeit" bliebe, ein „Mißverhältnis zwischen Schiff und Chor ziemlich stark zu Tage treten" würde. Für die Neufassung des Schiffs veranschlagt Dolmetsch 8300 Mark, für diejenige des Chors 8000 Mark. Der Kirchengemeinderat beschließt nach einer Abwägung der Prioritäten, die Neuverglasung der Schifffenster und die Neubemalung des Schiffs vornehmen zu lassen. Über die Frage der Neubemalung des Chors wird eine Abstimmung abgehalten, die zugunsten der Neufassung ausfällt.

Weitere nachträglich genehmigte Arbeiten beziehen sich auf die Herstellung einer neuen Orgelbrüstung (Kirchengemeinderatsprotokoll vom 14. Dezember 1900), die „durchgreifende" Reinigung der Orgel (Kirchengemeinderatsprotokoll vom 29. März 1901), die Erneuerung der Chorstühle, die Anfertigung eines schmiedeeisernen Altargeländers und die Ausbesserung der Kanzelbrüstung (Kirchengemeinderatsprotokoll vom 30. Juli 1901). Die „Renovation der Chorstuhlung" beinhaltet auch die Neufertigung der Füllungen, wie aus einer Rechnung des Bildhauers vom 18. Februar 1902 hervorgeht. An der Kanzelbrüstung werden fünf neue Baldachine laut Rechnung von Lindenberger und Rühle vom 16. September 1901 angebracht. Bezüglich der Verwendung der Holzdecke aus dem Ratsstübchen hatte das Kollegium bereits am 1. Februar 1900 beschlossen, dieselbe „nicht nach auswärts gelangen zu lassen, sondern an geeignetem Ort in [Schwäbisch Hall] unterzubringen". Die Baukosten betrugen schließlich laut „Baukostenzusammenstellung" vom Januar 1902 annähernd 75 000 Mark.

Obgleich sich die Summe für die Maurer- und Steinhauerarbeiten von den im Januar 1900 veranschlagten 2000 Mark auf rund 5800 Mark erhöhte, ist nicht davon auszugehen, dass Dolmetsch am Äußeren der Michaelskirche Arbeiten vornehmen ließ. Somit beschränkten sich die Restaurierungsmaßnahmen mit großer Wahrscheinlichkeit auf das Innere. Sämtliche unter Dolmetschs Leitung angefertigten Ausstattungselemente, wie das Gestühl, die Emporen, die Schifffensterverglasung sowie die Ausmalung des Schiffs und des Chors sind bis heute erhalten.

Quellen: DAamt Schwäbisch Hall, „Ev. Gesamtkirchengemeinde. Beilagen zur Kirchenpflegrechnung 1900/1901". DAamt Schwäbisch Hall, „Ev. Gesamtkirchengemeinde. Beilagen zur Kirchenpfleg-Rechnung 1901/1902". KPf Schwäbisch Hall, St. Michael I, 2 Lichtpauspläne „Alter Zustand", undatiert, signiert „Aufgenommen durch Baurat Dolmetsch in Stuttgart"; 1 Lichtpausplan „Projekt", datiert und signiert „Gefertigt, Stuttgart im Juli 1899. Baurat Dolmetsch".

Literatur: Dolmetsch 1900, S. 4. Hans Werner Hönes, Die Baugeschichte, in:

Historischer Verein für Württembergisch Franken (Hrsg.), St. Michael in Schwäbisch Hall, Künzelsau 2006, S. 112.

Schwäbisch Hall, ev. Pfarrkirche (St. Katharina)
Kreisstadt (Regierungsbezirk Stuttgart), ehemals Oberamtstadt (Jagstkreis)

Die früheste urkundliche Erwähnung der Katharinenkirche stammt aus dem Jahr 1363 – das immer wieder anzutreffende Datum „1343" geht auf einen Irrtum der Oberamtsbeschreibung von 1847 zurück – und bezieht sich auf eine Altarweihe. Der Turm, der einen querrechteckigen Grundriss aufweist, ist hinsichtlich des aufgehenden Mauerwerks der älteste Bauteil der Kirche: Eine Datierung in die erste Hälfte des 13. Jahrhunderts darf als gesichert gelten. Grabungen haben ergeben, dass ein Vorgängerbau existierte, der nicht sicher datiert werden kann. Der Chor ist ein Neubau des Hochmittelalters, wahrscheinlich ist das Datum „1363" auf dieses Ereignis zu beziehen. Das Schiff der Kirche war ein einschiffiger Saalbau, der auf der Südseite eine Reihe von Öffnungen besaß und auf der Nordseite weitgehend geschlossen war.

Wie dem Kirchengemeinderatsprotokoll vom 9. Oktober 1891 zu entnehmen ist, genügt die Kirche „mit ihren ca. 450 Sitzplätzen schon lange nicht mehr den Bedürfnissen der 2700 Seelen zählenden Gemeinde". Zudem sei die Luft in der Kirche „Sommers oft so schwül, daß manche Besucher das Gotteshaus wieder während des Gottesdienstes verlassen müssen". Durch den Einbau der Orgel in den Chor sei der Kirche „das beste Licht genommen", auch wirke „die falsche Stellung der Orgel störend auf den Kirchengesang ein". Der Kirchengemeinderat äußert abschließend die Absicht, die Kirche „bis zu einem Bestand von ca. 800 Sitzplätzen" zu erweitern und aus diesem Grund „mit einem Sachverständigen (etwa Herrn Bauinspektor Dolmetsch in Stuttgart) in Verhandlung zu treten". Tatsächlich kommt Dolmetsch laut Kirchengemeinderatsprotokoll vom 19. Oktober 1891 am 15. November desselben Jahres nach Schwäbisch Hall, um die Kirchengemeinde zu beraten.

Im März 1892 legt Dolmetsch zwei sehr unterschiedliche Projekte dem Kollegium zur Begutachtung vor. Der erste Entwurf zielt auf eine zweischiffige Anla-

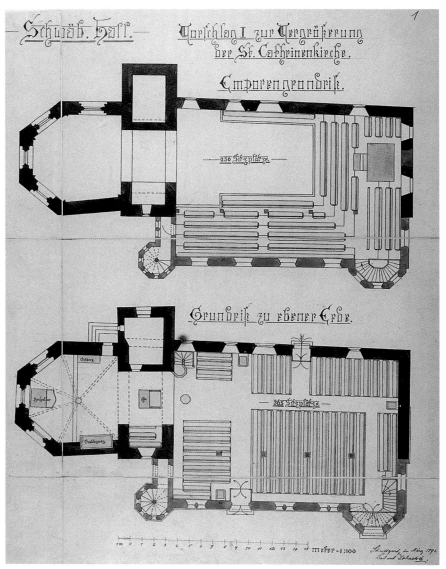

von der Brüstung der Orgelempore „um die freie Stellung und beherrschende Wirkung" gebracht werde. Ein neuer Altar soll in der „Vierung" aufgestellt werden. Die ehemals flache Decke des Schiffs soll in Form eines Tonnengewölbes aufgesprengt werden (Abb. 319). Der zweite Entwurf beinhaltet eine völlige Neuaufführung des Kirchenschiffs, lediglich der Chor der alten Kirche soll erhalten bleiben. Das Schiff wird in Form eines Zentralbaus gestaltet (Abb. 320): Ein lateinisches Kreuz wird in den vier Ecken von runden Treppenhaustürmen ergänzt, so dass annähernd eine dem Kreis angelehnte Grundform entsteht. Der Stil lehnt sich in diesem Fall an den Rundbogenstil an und entspricht damit weit mehr dem Leitbild „Zentralbau", als es die Gotik täte. Auch in diesem Entwurf wird das Schiff von einem Holzgewölbe überspannt und die Orgel auf der Westempore aufgestellt (Abb. 321).

Dolmetsch spricht sich in seinem Begleitschreiben vom 25. April 1892 für die Ausführung des zweiten Projekts aus, da „das Ganze [das erste Projekt] doch einen sehr ländlichen Character erhalten" würde, „weil das alte Schiff eben zu nieder ist und sich unter Beibehaltung desselben kein würdiger Raum erreichen läßt, wie ein solcher in einer Stadt wie Hall verlangt wird". Offenbar haben ihn ausschließlich Kostengründe zur Ausarbeitung dieses Entwurfs bewogen, denn er veranschlagt die Kosten für den ersten

Abb. 318 Schwäbisch Hall, Katharinenkirche, Grundriss Empore und Grundriss Parterre, 1892 (unausgeführt). Tusche, farbig aquarelliert auf Papier, ohne Maßangabe.

ge unter Beibehaltung des Chors, des Turms sowie der Süd- und Westwand der Kirche ab (Abb. 318). Der herauszurückenden Nordwand der Kirche sollen zwei Treppenhäuser angefügt werden, die den Zugang zur Empore ermöglichen. Die Orgel soll vom Chor auf die Westempore versetzt werden, da der spätmittelalterliche Hochaltar nach der von Heinrich Merz 1851 in der „Zeitschrift des historischen Vereins für das wirtembergische Franken" geäußerten Ansicht

Abb. 319 Schwäbisch Hall, Katharinenkirche, Querschnitt nach Osten, 1892 (unausgeführt). Tusche, farbig aquarelliert auf Papier, ohne Maßangabe.

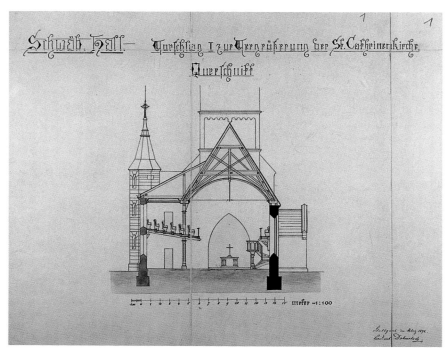

Plan auf 80 000 Mark, diejenigen für den zweiten Plan hingegen auf 290 000 Mark. Nach Dolmetschs Bekunden raten allerdings auch Heinrich Merz und Christian Friedrich Leins von der Ausführung der zweischiffig projektierten Anlage ab.

Der Kirchengemeinderat geht in seiner Sitzung am 27. April 1892 nur am Rande auf das erste von Dolmetsch vorgelegte Projekt ein, das zweite Projekt lehnt er mit dem Hinweis auf die „unverhältnismäßigen Kosten" und der „viel zu hoch gegriffen[en]" Anzahl der Sitzplätze ab. Dolmetsch soll ersucht werden, ein neues Projekt mit etwa 800 Sitzplätzen auszuarbeiten. Einen entsprechenden Plan legt er im Januar 1893 vor. Grundlage dieses dritten Entwurfs ist der Anbau eines Querhauses und eines Chors im Westen, womit eine Umorientierung der Kirche einhergeht (Abb. 322). Das Schiff soll für diesen Zweck um ca. 3 m reduziert werden, wie aus dem Kirchengemeinderatsprotokoll vom 9. Januar 1893 hervorgeht. Der alte Chor soll durch eine Glaswand gegenüber dem Schiff abgeschlossen werden und der Aufstellung des mittelalterlichen Flügelaltars und der Grablegung sowie eines gepolsterten Chorgestühls dienen: So könnte dieser Raum „für Abendbibelstunde [und] Trauungen benützt werden". Der neue Hauptaltar soll in der Apsis im Westen seine Aufstellungen finden, die Orgel wird diesem gegenüber auf einer Empore vor der Abtrennung platziert. Die Erschließung der Kir-

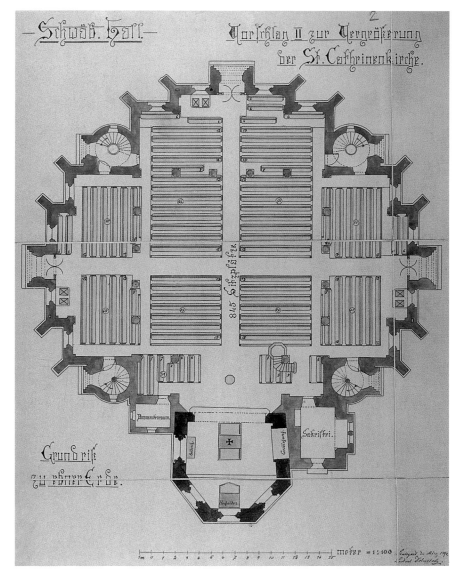

Abb. 320 Schwäbisch Hall, Katharinenkirche, Grundriss Parterre, 1892 (unausgeführt). Tusche, farbig aquarelliert auf Papier, ohne Maßangabe.

che erfolgt nun über zwei Eingänge an den Stirnseiten des neuen Querhauses, das alte Portal auf der Nordseite des Schiffs soll zugemauert werden.

Wie der Kirchengemeinderat am 9. Januar 1893 festhält, entspricht die angenommene Zahl der Sitzplätze – Dolmetsch geht von 820 Plätzen aus – den Vorstellungen des Kollegiums. Nach einer Zählung der Gottesdienstbesucher am Himmelfahrtsfest des Jahres 1892 und der Ermittlung der Zahl der Taufen zwi-

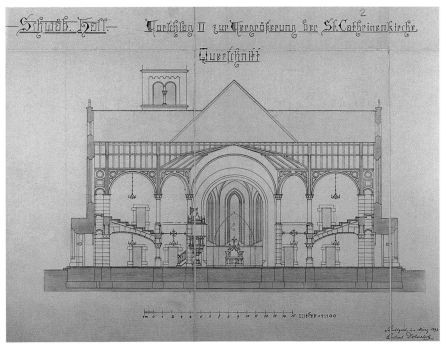

Abb. 321 Schwäbisch Hall, Katharinenkirche, Querschnitt nach Osten, 1892 (unausgeführt). Tusche, farbig aquarelliert auf Papier, ohne Maßangabe.

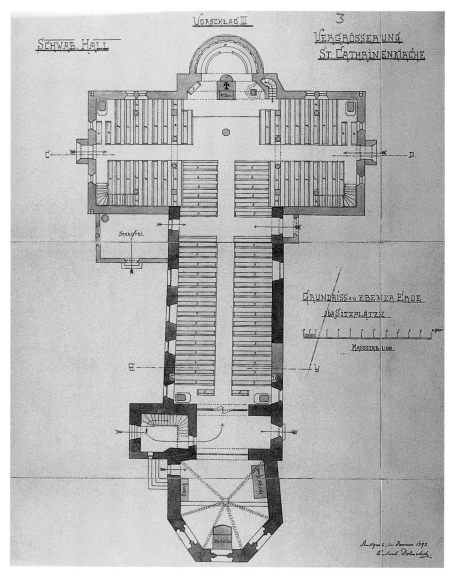

SCHWAB. HALL

VORSCHLAG III   3

VERGRÖSSERUNG
ST. CATHARINENKIRCHE

GRUNDRISS zu EBENER ERDE
362 SITZPLÄTZE
MASSSTAB 1:100

Abb. 322 Schwäbisch Hall, Katharinenkirche, Grundriss Parterre, 1893 (unausgeführt). Tusche, farbig aquarelliert auf Papier, ohne Maßangabe.

schen 1877 und 1891 erklärte der Kirchengemeinderat am 31. Mai 1892 seine Überzeugung, „daß mit einer auf 800 Sitzplätze vergrößerten Kirche allen Bedürfnissen der Gemeinde für die nächsten Jahrzehnte vollkommen Rechnung getragen wäre". Zudem findet der Vorschlag Dolmetschs, einen „Baustufenplan" ausführen zu können, beim Kirchengemeinderat am 9. Januar 1893 positive Resonanz: „Dieses Projekt, bei welchem eine Niederlegung der Mauern des alten Schiffs und eine Erweiterung der Kirche für eine spätere Zeit in Aussicht genommen werden könnte, hätte [zudem] den großen Vorzug, daß die Gemeinde während der Bauzeit ihre Gottesdienste nicht in ein anderes Lokal verlegen müßte." Abschließend erklärt das Kollegium die

„Geneigtheit, dem dritten Vorschlag näher zu treten".

In einem Schreiben vom 20. Januar 1893 erachtet Dolmetsch hingegen seinen „Baustufenplan" aus praktischen und ästhetischen Gründen für überarbeitenswert: „Wenn man doch einmal das Schiff so umbaut, daß die Betonunterlage, die Holz- und Steinböden, die Stuhlung, Decke, Wandgipsung, Bemalung und Fensterverglasung ganz neu werden und man noch die alten Mauern vielfach durchbrechen müßte, so muß ich doch sagen, daß am verkehrten Orte gespart würde, wenn man nicht zugleich die beiden Schiffwände neu machen würde, zumal mir durch nähere Untersuchung eine Reue darüber gekommen ist, daß ich Ihnen bezüglich des guten Aussehens am

Zusammenstoß vom alten Schiff und neuen Querhaus zu viel versprochen habe." Laut Kirchengemeinderatsprotokoll vom 31. Januar 1893 würde bei Ausführung dieses Plans ein „Mehraufwand von ca. 15–18 000 Mark in Aussicht" stehen, doch wird die Tatsache, dass „hiedurch nicht nur der ganze Bau in gleiche Höhe kommen und einen einheitlichen Charakter erhalten [würde], sondern auch das alte Schiff, das doch so schmal ist, sich breiter machen" ließe, als begrüßenswert angesehen.

Am 5. Februar 1893 besichtigt der Kirchengemeinderat „unter Leitung von Baurat Dolmetsch" die von Leins und Dolmetsch erbaute Kirche in Degerloch sowie die von Dollinger errichtete Friedenskirche in Stuttgart. In der anschließenden Beratung des Kollegiums am 10. Februar desselben Jahres wird hervorgehoben, dass die Degerlocher Kirche zwar „eine sehr gute Akustik [habe] und leicht zu heizen [sei], die unter den Emporen befindlichen Räume, in welchen Frauenstühle stehen, [seien] etwas gedrückt und vielleicht auch nicht immer hell genug". Als ein „wesentlicher Übelstand" wird darüber hinaus der Umstand angesehen, „daß von den meisten Männerstühlen auf der rechten Seite der Kirche die Kanzel nicht gesehen werden" könne. Die „nur einschiffige, hohe und lichte mit hohen Emporen versehene Friedenskirche" wirke dagegen „um so angenehmer". Da der Kirchengemeinderat befürchtet, „bei der mäßigen Höhe der Kirchendecke [könne] die Kirche [in Hall] schließlich unter den stattlichen Emporen etwas gedrückt und dunkel erscheinen", wird beschlossen, „Baurat Dolmetsch zu ersuchen einen dem Muster der Friedenskirche sich anschließenden weiteren Bauplan fertigen zu wollen". Zugleich sucht der Kirchengemeinderat den Anschluss an die Tradition, indem er den Wunsch äußert, „bei diesem Plan soll der alte Chor wie seither für den Gottesdienst hereingezogen und die Sitzplätze in der alten Richtung nach Osten belassen werden".

Dolmetsch fertigt daraufhin im März 1893 einen vierten Entwurf, in dem er wunschgemäß den Chor der Kirche als solchen beibehält, den Turm und das Schiff jedoch abreißt. An den Chor schließt sich ein dreischiffiger Kirchenraum an, der im Westen von einem gegen das Schiff abschließbaren Saal sowie zu

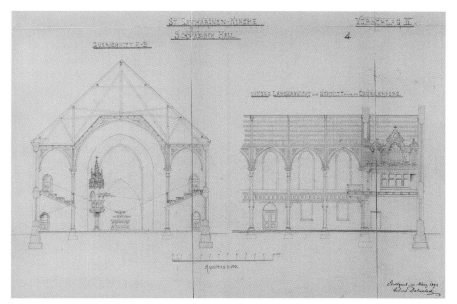

dert werden müßte und der Thurm durch seine Versetzung [auf die Nordseite des Chors] in Wahrheit ein neuer Thurm werden würde, in dem wir nicht mehr das alte Wahrzeichen unserer Katharinen-Gemeinde finden könnten". Im Übrigen erscheint dem Kirchengemeinderat die von Dolmetsch veranschlagte Bausumme von 240 000 Mark als zu hoch.

Der von Dolmetsch im April 1893 ausgearbeitete fünfte Plan berücksichtigt die Wünsche des Kirchengemeinderats, indem er die Grundkonzeption des vorangegangenen Entwurfs übernimmt und nicht nur den Chor der alten Kirche, sondern auch den Turm beibehält (Abb. 324). Eine Veränderung erfährt lediglich die Stellung der Sakristei, die von der Nord- auf die Südseite des Chors rückt,

Abb. 323 Schwäbisch Hall, Katharinenkirche, Querschnitt nach Osten und Längsschnitt, 1893 (unausgeführt). Lichtpause, koloriert, ohne Maßangabe.

beiden Seiten angrenzenden Treppenhäusern abgeschlossen wird. Zwei weitere Emporenzugänge befinden sich im Norden und Süden des Chors. Die Seitenschiffe, die gegenüber dem Mittelschiff verhältnismäßig schmal gestaltet sind, werden vollständig von den Emporen eingenommen (Abb. 323). Die Orgel befindet sich wiederum auf der Westempore. Dolmetsch übernimmt in diesem Entwurf tatsächlich das Grundprinzip der Friedenskirche, in der der Innenraum als dreischiffige Hallenkirche ausgebildet und die Decke des Mittelschiffs gegenüber den Seitenschiffen durch eine Aufsprengung in den Dachraum erhöht ist, doch verändert Dolmetsch die Proportionen dahin gehend, dass die Seitenschiffe im Vergleich zum Mittelschiff mehr Gewicht erhalten.

In der Sitzung des Kirchengemeinderats am 24. März 1893 erläutert Dolmetsch seinen neuen Bauplan, der von den anwesenden Mitgliedern als eine „schöne Hauptlösung der baulichen Aufgabe" gewürdigt wird. Bedenken äußert das Kollegium jedoch darüber, „daß die von Alters her gegebene und den Angehörigen von Sct. Katharina lieb gewordene Stellung von Chor und Thurm geän-

Abb. 324 Schwäbisch Hall, Katharinenkirche, Grundriss Parterre, 1893 (unausgeführt). Lichtpause, koloriert, ohne Maßangabe.

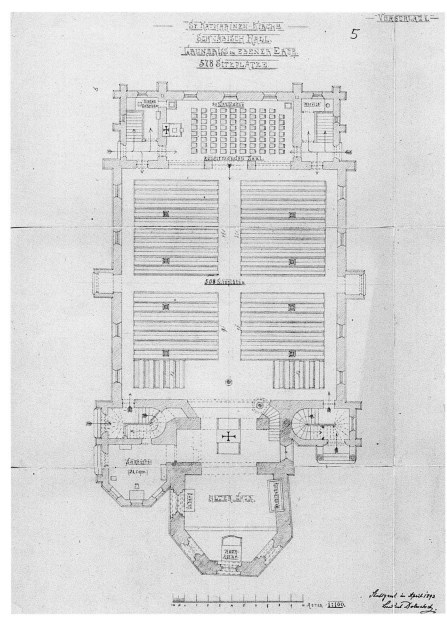

„was für [den Pfarrer] gewiß angenehm sein wird", wie Dolmetsch in einem Schreiben vom 19. April 1893 äußert. Durch die Beibehaltung des Turms an der bisherigen Stelle lässt sich die veranschlagte Bausumme auf 220 000 Mark reduzieren, „nur die beiden Bogenöffnungen, welche die Verbindung mit dem Chor herstellen, [seien] zu erhöhen, was sich [nach Dolmetschs Ansicht] ohne Bedenken ausführen" ließe. Damit wäre der „volle Einblick [vom Schiff] in den Chor" ermöglicht und somit eine Forderung erfüllt, die bislang den Erhalt des Turms unmöglich erscheinen ließ.

Obgleich der Kirchengemeinderat am 18. April [sic!] desselben Jahres seine Zustimmung zu diesem zuletzt vorgelegten Entwurf erklärt, „da derselbe allen Wünschen gerecht zu werden verspricht", arbeitet Dolmetsch im Dezember 1893 ein sechstes Projekt aus. In einem Schreiben vom 9. Dezember 1893 bekennt Dolmetsch, ihm sei der Gedanke gekommen, wie er „die östlichen Choranbauten besser lösen [könne], als dies in dem schon fertig gezeichneten Project der Fall war". Der polygonal schließenden Sakristei auf der Südseite wird ein entsprechender Raum auf der Nordseite des Chors gegenübergestellt (vgl. Abb. 40). Die Treppenhäuser behalten zwar ihre Lage in Bezug auf den Turm bei, die Anordnung der Eingänge wird allerdings verändert, auch erhalten sie separate Vorräume. Die Kanzel wird vom nördlichen an den südlichen Turmpfeiler versetzt, Altar und Taufstein behalten ihre Stellung innerhalb der Kirche bei (Abb. 325).

In seinem Begleitschreiben vom 21. Dezember 1893 legt Dolmetsch dar, „daß jetzt zu beiden Seiten kapellenartige Anbauten geplant sind, wodurch nicht blos in Grund- und Aufriß eine erwünschtere wohlthuendere Massenverteilung bewirkt wird, sondern auch durch Gewinnung eines der Sakristei gegenüber sich ergebenden disponiblen Raumes eine erwünschte Gelegenheit zur Aufbewahrung von Paramenten, Schrannen [und] Stühlen sich ergibt". In Bezug auf die „stilistische Durchbildung des Bauwerks" bemerkt Dolmetsch, dass er „durch Anwendung frühgotischer Formen eine angenehm wirkende Verschmelzung zwischen der Spätgotik des alten Chores und den romanischen Formen des Turmunterteils zu erreichen" suche. In der Tat ergibt sich eine einheit-

lich und geschlossen wirkende Anlage der Ostteile der Kirche.

Einen siebten Plan fertigt Dolmetsch im Januar 1894, der sich von dem vorangegangenen Entwurf vor allem durch die Ausmaße des Kirchenschiffs unterschei-

det; die Anlage der Sakristei und der Treppenhäuser sowie des Konfirmandensaals behält Dolmetsch bei (Abb. 326). Bereits am 5. Januar 1894 äußert er sich in einem Schreiben an den Kirchengemeinderat über seine Absichten bezüg-

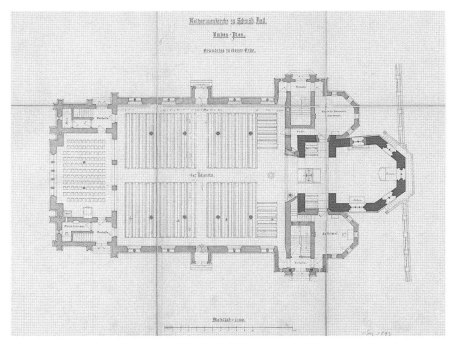

Abb. 325 Schwäbisch Hall, Katharinenkirche, Grundriss Parterre, 1893 (unausgeführt). Lichtpause, koloriert, ohne Maßangabe.

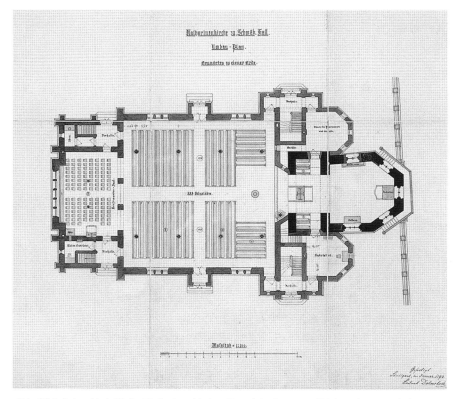

Abb. 326 Schwäbisch Hall, Katharinenkirche, Grundriss Parterre, 1894. Lichtpause, koloriert, ohne Maßangabe.

lich der Neuanfertigung zweier Grundrisse. Die vorgenommene „Abkürzung des Schiffraumes" bewirkt eine Reduzierung der Zahl der Sitzplätze von 983 auf 808, somit auf eine Zahl, die „von Anfang an annähernd gewünscht war". Bei der Abkürzung des Schiffs „sind an Stelle der 7 [sic!] Längsarkadenfelder nur 3 solche Felder getreten, denen an beiden Enden noch 2 schmale Bogenfelder zugestellt sind". Auf diese Weise wird „den 3 großen Arkadenfeldern eine bedeutendere Weite gegeben […] und gleichzeitig der Anschluß der vor die östl[ichen] Treppenhäuser vortretenden Vorhallen in eine organische Verbindung mit dem Innern der Kirche gebracht".

In einem Schreiben vom 27. Februar 1894 an Baurat Ruff, der bereits im Jahr 1880 einen Plan zur Erweiterung der Katharinenkirche geliefert hatte, erläutert Dolmetsch nochmals ausführlich seine Beweggründe bezüglich der Verkürzung des Kirchenschiffs: „Einerseits wollte ich mit dem Bauwerk möglichst wenig in den Berg hinein geraten und andererseits die Vorteile beibehalten, welche eine breite Anlage in Bezug auf Entfernung der Kanzel von der nächst gelegenen Längsempore darbietet […] Je kleiner dieses Maß [die Entfernung des Mittelpunkts der Kanzel von der Emporenbrüstung] ist, desto weniger ist es möglich, den Vorteil des freien Blicks nach der Kanzel zu erhalten." Dolmetschs Erläuterung erscheint als eine Reaktion auf das „Referat" von Baurat Ruff vom 12. Januar 1894, das in der Sitzung des Kirchengemeinderats am 13. Januar 1894 verlesen wird. In diesem Referat kritisiert Ruff insbesondere die Proportionen des Schiffs: Wegen „der großen Breite der Kirche", die sich vor allem auf das Äußere unvorteilhaft auswirken würde, trägt er „Bedenken". Die „große Breite des Westgiebels" erscheint ihm „plump", so dass er für eine Verschmälerung und damit verbunden für eine Verlängerung des Schiffs plädiert. Der Kirchengemeinderat schließt sich am 13. Januar 1894 dieser Ansicht an und äußert seine Befürchtung, dass „dem projektierten Bau etwas Schweres" anhaften würde. In seinem Schreiben vom 27. Februar 1894 räumt Dolmetsch allerdings ein, dass „der Vorzug größerer Helligkeit freilich dem schmäleren Bau zugesprochen werden" muss, so dass schließlich das Kirchenschiff gemäß dem Beschluss des Kirchenge-

meindrats vom 5. März 1894 im „Verhältniß von Länge und Breite (20 m zu 16 m)" – entgegen Dolmetschs Vorschlag, der die Maße 18 m auf 18 m vorsah – ausgeführt wird.

„Statt der projektierten kostspieligen 2theiligen Orgel" hält der Kirchengemeinderat am 13. Januar 1894 „ein einfaches Projekt [für] wünschenswert". Die große Fensterrose an der Westfassade, die die Zweiteilung der Orgel bedingt, ist nach Ruffs Äußerung vom 12. Januar 1894 jedoch als „Gegenentlastung" für die Fensterreihe des Konfirmandensaals notwendig. Das mit Maßwerk versehene Rosettenfenster im Westen des Kirchenschiffs wird schließlich ebenso nach Dolmetschs Plan vom Dezember 1893 ausgeführt wie die Form der Decke, die oben spitz zuläuft und nicht wie im Entwurf vom März 1893 gerade abschließt. Ein Grund für die Änderung der Form der Decke mag in der „schlechte[n] akusche[n] Wirkung" zu sehen sein, die Dolmetsch der Stuttgarter Friedenskirche in seinem Schreiben vom 27. Februar 1894 bescheinigt. Am 13. Januar 1894 äußert der Kirchengemeinderat zudem die Ansicht, „für den Orgelchor sollte wenn möglich für genügendes seitliches Licht gesorgt werden, da das von hinten her einfallende Licht an trüben Tagen nicht ausreichen könnte". Dolmetsch wirkt diesem Vorschlag am 27. Februar 1894 mit dem Argument entgegen, da „die Rosette offen und hell verglast gedacht ist, so liegt es außer allem Zweifel, dass deren Helle im Verein mit der Helle im Schiff eine mehr als zureichende Lichtverbreitung sichern" werde. Zudem würde durch die Anordnung seitlicher Fenster die Orgel „großen Temperaturschwankungen" ausgesetzt sein. Der Kirchengemeindrat beschließt am 5. März 1894, „von der Einführung von Seitenlicht auf der Orgelempore Umgang zu nehmen".

Im Sommer und Herbst 1894 ist Dolmetsch mit der Ausarbeitung der Kostenvoranschläge für die einzelnen Gewerke beschäftigt, doch legt er erst nach mehrfacher Mahnung die Zeichnungen und Voranschläge sowie die Ausschreibungsunterlagen am 12. Dezember 1894 vor. In einem Schreiben vom 22. September 1894 bekennt Dolmetsch seine „Verlegenheit", sich „in [s]einer Zeitschätzung abermals getäuscht" zu haben. Da die Vorarbeiten nun als abgeschlossen gelten

können, glaubt der Kirchengemeinderat „mit den Abbrucharbeiten […] Mitte Februar" beginnen zu können. Der Baubeginn verzögert sich aber nochmals um ein Jahr, da zum einen der Zeitplan zu knapp kalkuliert ist, wie der Kirchengemeinderat schon am 18. Dezember 1894 erkennt, und zum anderen ein Gutachten von Bauinspektor Holch, das am 18. Mai 1895 diskutiert wird, den Bauplan nochmals grundlegend in Frage stellt. Aus welchem Grund der Bauherr erneut ein Gutachten einholt, geht aus den Quellen allerdings nicht hervor.

Das Gutachten von Bauinspektor Holch „geht von dem Gesichtspunkt aus, daß die seitherige schlichte Choranlage und der alte romanische Thurm mit dem Renaissance-Aufbau keine weiteren Zuthaten und Aufbauten" brauche. Zudem werde „zusammen mit dem Friedhof ein so malerisches und harmonisches Gesamtbild geboten, daß es eine Sünde wäre, ohne zwingende Gründe daran zu ändern". Durch das „von Herrn Baurat Dolmetsch aufgestellte Projekt aber (Ausbau des Thurms und die Anbauten zum Chor) würde dem Bauwerk die so wohlthuende Einfachheit genommen und ein unruhiger Eindruck hervorgerufen". Der Kirchengemeinderat betont am 18. Mai 1895 jedoch nochmals den Mangel an Sitzplätzen sowie die unzureichenden klimatischen Verhältnisse in der Kirche, so dass er sich „nicht in erster Linie von dem malerischen Gesichtspunkt, den die äußere Kirche bietet, sondern von dem Gedanken, einen genügend geräumigen für Luft und Licht zugänglichen [und] behaglichen Innenraum zu schaffen", leiten lassen will. Aus diesem Grund lehnt das Kollegium abschließend den Vorschlag von Bauinspektor Holch ab.

Eine erneute Diskussion ergibt sich über die Frage, ob die Außenmauern des Chors abgegraben werden sollten, wie es Dolmetsch beabsichtigt. Eine von zwei Darmstädter Architekten, Oberbaurat Wagner und Oberbaurat Weltzier, abgegebene Stellungnahme hält es für „nicht wünschenswert […], das Fundament des Chors in der Straßenflucht bloßzulegen" und schließt mit der Empfehlung, der „Sicherung [des Bauwerks] willen auf die gerade Straßenflucht [zu] verzichten". Im Übrigen werden die von Dolmetsch gefertigten Pläne „für gelungen" erachtet und insbesondere der „gewählte Styl" anerkannt, wie dem Kirchengemeinderats-

Abb. 327 Schwäbisch Hall, Katharinenkirche, Innenansicht nach Osten, nach 1898.

protokoll vom 12. Juni 1895 zu entnehmen ist. Am 21. Juni 1895 beschließt der
Kirchengemeinderat endgültig die Ausführung des von Dolmetsch vorgelegten
Bauplans einschließlich der „Erhöhung"
und des Ausbaus des Turms. Die Kosten
für „den ganzen Umbau" werden auf
250 000 Mark veranschlagt, eine „Überschreitung des Überschlags [dürfe] unter
keinen Umständen eintreten".

Im September 1895 wird mit den
Grabarbeiten begonnen, der Abbruch des
Kirchenschiffs erfolgt im Februar und
März 1896. Nach einer Bauzeit von rund
zwei Jahren kann die Einweihung der
umgebauten Katharinenkirche am
13. März 1898 stattfinden (Abb. 327).
Der Ausbau des Turms erfolgt nach einem „neuen Entwurf" von Dolmetsch,

den der Kirchengemeinderat am
24. März 1896 gutheißt, da derselbe
„schöner und künstlerischer abschließt als
der seitherige Plan" und „den gleichen
Preis kosten wird" (vgl. Abb. 41). In Bezug auf die Fundamente des Chors fasst
der Kirchengemeinderat am 21. April
1897 den Beschluss, den Chor „samt den
umgebenden Anbauten annähernd bis
zum Niveau der Straße" freizulegen. Es
sind ausschließlich ästhetische Gründe,
die das Kollegium zu diesem Schritt bewegen: „Die nunmehr frei von der Straße
aus aufsteigende Kirche wird nun auf den
Beschauer ohne die Biegung einen um so
packenderen Eindruck machen, als auch
der Chor selber um ca. 80 cm erhöht
werden wird." Die Kosten für den Umbau der Kirche bleiben mit 247 000 Mark

um rund 3000 Mark gegenüber dem Voranschlag zurück.

Im Jahr 1961 wurde die Katharinenkirche erneut einem Umbau unterzogen:
Ein segmentbogenförmiges Tonnengewölbe wurde im Kirchenschiff eingezogen, über dem die aus dem Jahr 1898
stammende Decke erhalten blieb (vgl.
Abb. 101). Die Farbigkeit des Innenraums wurde vollständig verändert, so
dass ein nüchtern-kühler Eindruck entstand. Von der Dolmetsch-Ausstattung
wurde lediglich das Gestühl im Schiff der
Kirche beibehalten.

Quellen: KPf Schwäbisch Hall, „Bau-
akten Umbau Katharinenkirche". PfarrA
Schwäbisch Hall Katharinenkirche,
„KGR-Protokolle 1889–1902". KPf
Schwäbisch Hall, St. Katharina II,
2 Tuschepläne „Vorschlag I", datiert und
signiert „Stuttgart, im März 1892. Baurat
Dolmetsch"; 3 Tuschepläne „Vorschlag
II", datiert und signiert „Stuttgart, im
März 1892. Baurat Dolmetsch";
4 Tuschepläne „Vorschlag III", datiert
und signiert „Stuttgart, im Januar 1893.
Baurat Dolmetsch"; 3 Lichtpauspläne
„Vorschlag IV", datiert und signiert
„Stuttgart, im März 1893. Baurat Dol-
metsch"; 1 Lichtpausplan „Vorschlag V",
datiert und signiert „Stuttgart, im April
1893. Baurat Dolmetsch"; 6 Lichtpaus-
pläne „Umbau-Plan", datiert und signiert
„Gefertigt, Stuttgart im Dezbr. 1893.
Baurat Dolmetsch"; 2 Lichtpauspläne
„Umbau-Plan", datiert und signiert „Ge-
fertigt, Stuttgart im Januar 1894. Baurat
Dolmetsch"; 6 Tuschepläne, bezeichnet
„Skizze von Ruff. Eisenbahnbetriebsbau-
inspektor 1880".

Literatur: Dolmetsch 1900, S. 3. Dehio
1993, S. 684. Kunst- und Altertumsdenkmale 1907, S. 514. DBZ 42, 1908,
Nr. 63, S. 432. [Ohne Verfasser], Die
Katharinenkirche in Schw[äbisch] Hall,
in: ChRKbl 40, 1898, H. 8, S. 113–117
und H. 9, S. 136–140. „Haller Tagblatt"
vom 13. 3. und 15. 3. 1898. Albrecht Be-
dal/Isabella Fehle (Hrsg.), Hausgeschich-
ten. Bauen und Wohnen im alten Hall
und seiner Katharinenvorstadt (= Katalo-
ge des Hällisch-Fränkischen Museums
Schwäbisch Hall, Bd. 8), Sigmaringen
1994, S. 275. Ellen Pietrus, Ästhetik,
Pragmatismus und Historie im Wider-
streit. Umbau der Katharinenkirche
durch Heinrich Dolmetsch, in: Evangelische Kirchengemeinde St. Katharina
Schwäbisch Hall (Hrsg.), Von der Idylle

zur Stadtkirche. 100 Jahre Dolmetschbau St. Katharina in Schwäbisch Hall, o. O., o. J. [1998], S. 76–112.

Schwieberdingen, ev. Pfarrkirche (St. Georg)
Kreis Ludwigsburg, ehemals OA Ludwigsburg

Die stattliche einschiffige Saalkirche wurde 1495 (i) nach Osten durch den netzgewölbten, das Schiff überragenden Chor erweitert. Ein Schlussstein trägt das Meisterzeichen des Peter von Koblenz. Der Westturm weist in seinem unteren Geschoss ein reiches Netzgewölbe und einen Durchgang in Nord-Süd-Richtung auf. Das oberste Stockwerk des Turms stammt aus der Zeit nach 1796.

Am 4. Mai 1892 kommt Dolmetsch im Auftrag des Vereins für christliche Kunst nach Schwieberdingen, um den Kirchengemeinderat in der Frage der geplanten Kirchenrestaurierung zu beraten. Er erachtet „das Abgraben der Erde auf der nördlichen, östlichen und teilweise auch auf der südlichen Seite der [Kirche], wo sie zu tief im Boden steckt und deshalb feuchte Wände hat, die Neuherstellung der Kirchenfenster auf der Nord-, Ost- und Südseite mit Ausbesserung des schadhaften und Wiedereinsetzung des fehlenden Maßwerks, die gründliche Ausbesserung des Plattenbodens im Schiff der Kirche und die Errichtung eines neuen Kamins in der Sakristei" als „dringend notwendige Reparaturen", wie das Kirchengemeinderatsprotokoll vom 8. Mai 1892 mitteilt.

Der Kostenvoranschlag, den Dolmetsch im Juli 1892 fertigt, beläuft sich auf eine Gesamtsumme von 8425 Mark, obwohl der Kirchengemeinde nur 3324 Mark zur Verfügung stehen. Am 7. August 1892 verhandelt das Kollegium über den Voranschlag und befindet, dass aus Kostengründen „zunächst" nur folgende Arbeiten ausgeführt werden können: „Herstellung neuer Fenster auf der südlichen Seite des Schiffes der Kirche, im Chor und in der Sakristei; Betonierung des Bodens im Schiff der Kirche; Legung eines tannenen Fußbodens in der Sakristei; Anbringung eines Kamins und Setzung eines anderen Ofens in der Sakristei; Ausbesserung der schadhaften Staffeltritte und Thürbänke an der Kirche, Thurmhalle und den Kirchentreppen." Nachdem Dolmetsch seinen Kos-

tenvoranschlag in einer überarbeiteten Fassung erneut zur Begutachtung vorgelegt hat, beschließen der Kirchengemeinderat und der Gemeinderat in einer gemeinsamen Sitzung am 27. August 1892, die Herstellung neuer Schifffenster, die Anfertigung eines neuen Fußbodens in der Sakristei sowie die Anbringung eines neuen Kamins in der Nordwand der Sakristei so bald als möglich zur Ausführung kommen zu lassen. Die Einrichtung einer Heizung, die Dolmetsch im Voranschlag vorgesehen hat, soll „auf spätere Zeit verschoben werden". Es werden drei Wasseralfinger Mantel-Regulierfüllöfen im Jahr 1894 angeschafft. Mit dem Abgraben des Erdreichs hinter der Sakristei und dem Chor der Kirche wird bereits im Herbst des Jahres 1892 begonnen, doch müssen die Arbeiten wegen ungünstiger Witterung im Laufe des Winters eingestellt werden.

Am 26. Februar 1893 trägt Bauführer Stechert das Anliegen von Dolmetsch vor, die Sakristeifenster entgegen dem Beschluss des Kirchengemeinderats vom 27. August 1892 neu herzustellen, da diese „so schadhaft" seien, „daß eine gründliche und für längere Zeit genügende Ausbesserung derselben nicht mehr möglich" sei. Das Kollegium genehmigt die Ausführung dieser Maßnahme. Des Weiteren soll die auf den Boden des Kirchendachs führende hölzerne Treppe, die sich an der Nordseite des Chors befindet, beseitigt werden, da sie ein Chorfenster so sehr verdeckt, „daß eine Neuherstellung [des Fensters] schwierig ist und wenig Wert hat". Bis zum November 1893 werden die Fenster des Schiffs, der Sakristei und des Chors mit Kathedralglas versehen, wobei das Chorhauptfenster mit einem Teppichmuster ausgeführt wird, denn die geplante Ausführung dieses Fensters mit dem gemalten Wappen des Grafen von Leutrum mus aus Kostengründen unterbleiben. Zudem werden an zwei Schifffenstern die Maßwerke ausgebessert.

In der Kirchengemeinderatssitzung vom 30. April 1893 wird berichtet, dass „auch der Boden nördlich dem Schiff der Kirche großenteils abgegraben werden muß, um das Gemäuer vor dem Eindringen der aus dem Boden kommenden Feuchtigkeit zu schützen." Die Kosten sämtlicher Grabarbeiten werden von der bürgerlichen Gemeinde übernommen. Die von Dolmetsch beabsichtigte Anfer-

tigung eines neuen Fußbodens in der Kirche wird wegen fehlender finanzieller Mittel nicht ausgeführt. Erst im Jahr 1907 erhält die Kirche einen neuen Plättchenboden. Ebenso kommen der Fußboden in der Sakristei, die Wandgipsung im Inneren der Kirche sowie die „Tritte und Thürbänke von gesunden weißen besonders ausgesuchten harten Sandsteinen" nicht zur Ausführung, so dass die Summe der zur Verfügung stehenden Mittel nicht überschritten wird. Da sich die unter Dolmetschs Leitung durchgeführte Kirchenrestaurierung weitgehend auf die Ausbesserung schadhafter Teile und nur in beschränktem Umfang auf gestalterische Maßnahmen erstreckt, überrascht das Urteil, das sich in einer Randbemerkung zu dem Pfarrbericht des Jahres 1906 findet: „Die Kirche ist sehr unschön renoviert, was um das an sich schöne Gebäude schade ist, aber da das Baukapital klein und das Bedürfnis jetzt nicht dringend ist, so kann an eine erneute Renovation nicht gedacht werden."

Quellen: LKA, A 29, 4156-21 (Pfarrbericht von 1906). PfarrA Schwieberdingen Süd, „PfGR-Protokolle 1852–1892/ KGR-Protokolle 1892–1921". PfarrA Schwieberdingen Nord, „Beilagen zur Kirchenpflegerechnung 1892/95", darin u. a. Kostenvoranschlag von Dometsch vom Juli 1892.

Literatur: Gudrun Vogt, Zur Geschichte der Georgskirche in Schwieberdingen, in: Evangelische Kirchengemeinde Schwieberdingen (Hrsg.), Zur Geschichte der Georgskirche in Schwieberdingen. Kirche und Kirchgänger im Wandel der Zeit, o. O. 1998, S. 83.

Sersheim, ev. Pfarrkirche (St. Peter)
Kreis Ludwigsburg, ehemals OA Vaihingen

Die Chorturmanlage geht in ihren Ursprüngen auf das 13. Jahrhundert zurück. Das Untergeschoss des Turms stammt noch aus dieser Zeit, das Obergeschoss mit der welschen Haube entstand 1777. Die Mauern des Kirchenschiffs wurden 1753 niedergelegt, auf den Fundamenten desselben wurde das neue Kirchenschiff errichtet, wobei das Schiff nach Norden verbreitert wurde.

In dem Pfarrbericht des Jahres 1883 heißt es, dass Dolmetsch im Sommer 1881 im Auftrag des Vereins für christli-

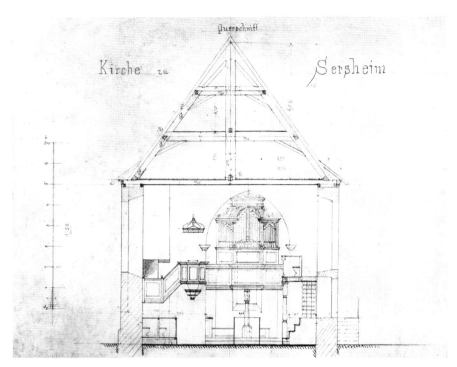

Abb. 328 Sersheim, ev. Kirche, Querschnitt nach Westen, ca. 1881 (Bestand), Bleistift auf Papier, 50,5 cm x 41,1 cm.

che Kunst nach Sersheim gereist ist, „um den Zustand der Kirche in Augenschein zu nehmen". Er habe ein Gutachten abgegeben, das auf einen „gründlichen Umbau der Kirche im Innern" abzielte: Es sollte die Orgel aus dem Chor entfernt, die Emporen verändert und ein hölzernes Tonnengewölbe im Schiff eingesetzt werden. Dieser Vorschlag wurde allerdings von den Behörden abgelehnt. Es steht zu vermuten, dass finanzielle Gründe für die Abweisung des Plans ausschlaggebend waren, denn es wurde lediglich eine „weniger durchgreifende Verschönerung" mit einem Gesamtaufwand von 3000 Mark bewilligt. Die ausgeführten Maßnahmen beschränkten sich auf die Gipsung der Kirche und der Sakristei im Inneren, die Bemalung der Wände, insbesondere des Chorbogens und des Chorgewölbes, mit Leimfarbe „in Quadraten und Tapetenmustern", das Versehen der getäfelten Holzdecke des Schiffs, der Brüstungen an den Emporen und an den Kirchenstühlen um den Altar, der Kanzel, der Orgel und des Treppengeländers mit einem Ölanstrich, das Aufstellen eines neuen Altars „von weißem Sandstein mit schmiedeisernem Geländer", die Veränderung der Kanzel und des Schalldeckels und schließlich die Versetzung mehrerer Grabmäler und die Legung eines neuen Plattenbodens.

Der Querschnitt zeigt das Kirchenschiff von einer Flachdecke abgeschlossen und die Orgel im Chor stehend (Abb. 328). Der Pfarrer teilt in einem Schreiben an den Verein für christliche Kunst vom 25. Februar 1883 mit, dass „die bürgerlichen Collegien […] den Antrag des Herrn Bauinspektor Dolmetsch vom 14. Juli 1881 auf Freilegung des Chors, Versetzung der Orgel auf die westliche Empore, Umgestaltung des Schiffraumes, Ersetzung der horizontalen Täferdecke durch ein hölzernes Tonnengewölbe" abgelehnt haben. Es ist wahrscheinlich, dass es sich bei dem vorliegenden Schnitt um eine Bestandsaufnahme des alten Zustandes, nicht um eine Entwurfszeichnung im Sinne eines reduzierten Plans handelt.

Quellen: LKA, A 29, 4168-3 (Verschönerung der Kirche 1882) und A 29, 4171-10 (Pfarrbericht von 1883). LKA, K 1, Nr. 211 (Verein für christliche Kunst. Ortsakten Sersheim). PfarrA Sersheim, Mappe „Kirchenbaufonds-Rechnung von 1881/83". TUM, Nachlass Heinrich Dolmetsch, Signatur 11.1, 11.2, 11.3, 11.4, 11.5, 5 Bleistiftpläne, undatiert und unsigniert.

Literatur: Dolmetsch 1900, S. 2.

Sonnenbühl-Willmandingen, ev. Pfarrkirche (St. Gallus)

Gemeinde Sonnenbühl, Kreis Reutlingen, ehemals OA Reutlingen

Bereits in der Pfarrbeschreibung aus dem Jahr 1828 wird die Galluskirche als „eine jämmerliche Reliquie katholischer Zeiten" bezeichnet, und auch die Pfarrberichte der folgenden Jahre charakterisieren das Gotteshaus immer wieder als „klein und häßlich" und als „in einem ganz beklagenswürdigen Zustande" befindlich. Die Zeichnungen, die Karl Beisbarth im Juni 1860 vom alten Zustand der Kirche anfertigt, zeigen eine kleine Chorturmkirche, deren Rechteckchor von einem Kreuzrippengewölbe überspannt wird. In dem Turmchor befinden sich Fresken aus der ersten Hälfte des 13. Jahrhunderts, die allerdings erst 1969 aufgedeckt wurden. Nördlich an den Chor schloss sich eine im Grundriss rechteckige Sakristei an. Das Kirchenschiff wies auf der Südseite eine Vielzahl von Fenstern unterschiedlicher Größe und Form auf (Abb. 329), die wohl überwiegend aus nachreformatorischer Zeit gestammt haben dürften. Die Nordseite des Schiffs hingegen besaß nur zwei Fensteröffnungen, über deren Gestalt keine Aussagen getroffen werden können. An der Westseite war dem Schiff ein Fachwerkanbau vorgelagert, der eine auf die Empore führende Treppe aufnahm.

Abb. 329 Willmandingen, ev. Kirche, Karl Beisbarth, Ansicht Südfassade, 1860 (Bestand). Tusche, farbig aquarelliert auf Papier, 23,0 cm x 32,6 cm.

Bereits im Jahr 1850 trägt sich die Kirchengemeinde mit dem Gedanken zum Bau einer neuen Kirche, denn in einem Schreiben an das Dekanatamt in Reutlingen vom 12. Dezember des Jahres wird erwähnt, dass für einen Kirchenbaufonds gesammelt werde. Doch erst zehn Jahre später kommt die Angelegenheit wieder zur Sprache. In einem Bericht des Pfarrgemeinderats an das Konsistorium vom 25. Mai 1860 wird Folgendes bemerkt: „Da die hiesige Kirche nach Raum und Beschaffenheit den Bedürfnißen längst nicht mehr genügt, so beabsichtigt die Gemeinde, eine neue Kirche bauen zu lassen […] Zuvor aber sind Schritte geschehen, sich an den Verein für christliche Kunst zu wenden, um sich wegen Herstellung eines würdigen Gotteshauses Rath zu erbitten und einen Bauriß und Kostenüberschlag entwerfen zu lassen." Tatsächlich existieren Pläne, die im März 1861 von Karl Beisbarth ausgearbeitet wurden und auf die Errichtung einer im gotischen Stil gehaltenen „Kathedrale" abzielen (vgl. Abb. 183). Obwohl zu diesem Projekt keine schriftlichen Unterlagen erhalten sind, ist zu vermuten, dass aufgrund der Unangemessenheit der architektonischen Formen und damit einhergehend der Nichtfinanzierbarkeit des geplanten Neubaus die Ausführung scheitern musste.

Auch die nächsten beiden Pläne zum Umbau der Galluskirche, beide von Leins angefertigt, kamen nicht zur Ausführung, weil – wie es im Pfarrbericht des Jahres 1888 heißt – der Baufonds eine noch nicht ausreichende Höhe erreicht hatte. Es sind zwei vollständige Plansätze von Leins erhalten, wobei er in beiden Projekten auf die Beibehaltung des Chorturms und der daran anschließenden Sakristei abzielt. In dem ersten Projekt will er zudem einen großen Teil der Nordwand des Schiffs und einen kleinen Teil der Westwand erhalten (Abb. 330). Die Südwand gedenkt er jedoch mit der Begründung niederzulegen, dass „die Mittellinie des Chors in der unteren Thurmhalle nicht mit der Mittellinie des Schiffs zusammentrifft" und bei einer Erweiterung „diese Unregelmäßigkeit aufzuheben" sei, wie er in einem Schreiben vom 1. Juli 1886 darlegt. Die „westliche Giebelwand [sei] in so gutem Stande, daß ein Abbruch derselben […] einen empfindlichen Verlust herbeiführen würde", so dass seine Absicht, dieselbe teilweise

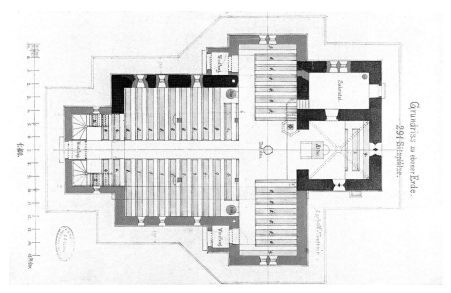

Abb. 330 Willmandingen, ev. Kirche, Christian Friedrich Leins, Grundriss Parterre, ca. 1886 (unausgeführt). Tusche, farbig aquarelliert auf Papier, 20,7 cm x 32,7 cm.

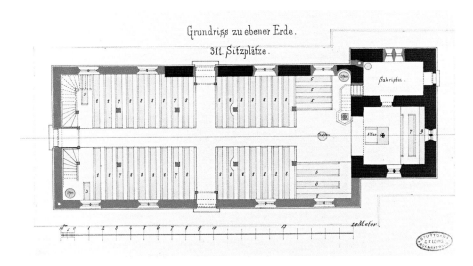

Abb. 331 Willmandingen, ev. Kirche, Christian Friedrich Leins, Grundriss Parterre, ca. 1887 (unausgeführt). Tusche, farbig aquarelliert auf Papier, 33,0 cm x 21,0 cm.

durch eine neu zu erbauende Vorhalle zu ersetzen, überrascht. Die als notwendig erachtete Zahl von etwas mehr als 500 Sitzplätzen sucht er durch die Anfügung eines Querhauses zu erlangen, zudem „gewinn[e] bei dieser Gestalt das Innere gleichwie das Äußere des Baues eine lebendigere Form". Die Ausarbeitung eines zweiten Projekts wird erforderlich, weil das Oberamt „die Form des Kreuzes in der Grundanlage beanstandet" hat, wie Leins in einem Brief vom 20. Januar 1887 bemerkt. Eine Schonung der westlichen Giebelwand sei nun nicht mehr möglich, da die Breite des Schiffs durch die abermalige Beibehaltung der Nordwand festgelegt und eine Vergrößerung des Innenraums nur durch die Verlängerung des

Gebäudes nach Westen zu erreichen sei (Abb. 331). Leins merkt abschließend an, dass „bei der langgestreckten Form des Schiffs […] es nachtheilig wirken [würde], daß die Kanzel keine so günstige Stellung erhalten kann als es bei der Kreuzform der Fall wäre".

Während Leins in seinem ersten Projekt noch den Fachwerkaufbau des Turms beibehalten will, strebt er in seinem zweiten Projekt den Ausbau des Turms in Stein an. Dem für den Neubau des Kirchenschiffs gewählten Stil entsprechend, soll der Turmaufsatz die Formen der Frühgotik aufweisen. Zu der Frage der Stilwahl hält Leins bereits am 1. Juli 1886 fest: „Den Styl des Bauwesens anlangend, so ist in den Fenstern des beizubehalten-

329

den Chors und dem dasselbe überdeckenden spitzbogigen Kreuzgewölbe und dem Chorbogen derselbe vorgezeichnet und sind auch die neuen Fenster, sowie die Formen im Innern im Spitzbogen gehalten, jedoch in der allerschlichtesten Art, was schon durch die anzustrebende Sparsamkeit geboten war." Jedoch erwies sich – wie eingangs bemerkt – das Bestreben von Leins, „einfach" und „sparsam" zu bauen als nicht effektiv genug, so dass die Ausführung seiner Pläne unterbleiben musste.

Die Kirchengemeinde hält trotz der schwierigen finanziellen Lage an ihrem Vorhaben zum Umbau des Gotteshauses fest. Im Juli 1898 wird Bauinspektor Landauer mit der Überarbeitung der von Leins gefertigten Kostenvoranschläge beauftragt, um die in der Zwischenzeit erfolgte Preissteigerung abschätzen zu können. Obwohl das Geld für die Kirchenrestaurierung immer noch nicht ausreicht, wird die Angelegenheit forciert, da sich der Zustand der Bauwerks verschlechtert hat, wie der Pfarrbericht desselben Jahres feststellt: „Der Umbau der uralten Kirche ist nicht länger verschiebbar. Das Dach ist schadhaft, der Turm baufällig, wenn auch – wie es scheint – noch keine unmittelbare Gefahr droht." Zwei Jahre später – im Jahr 1900 – liegt die Kirchenbausache in den „bewährte[n] Hände[n]" von Dolmetsch, wie es in einer Randbemerkung zu einem Schreiben des Dekanatamts an das Konsistorium vom 12. März 1900 heißt. Der erste von Dolmetsch ausgearbeitete Kostenvoranschlag vom Mai 1900 hat sich zwar erhalten, doch fehlen die dazugehörigen Pläne, und auch aus seinem erläuternden Schreiben vom 4. August 1900 gehen nicht so viele Einzelheiten hervor, dass es möglich wäre, sich ein genaues Bild von dem Dolmetsch'schen Plan zu machen. Es kann lediglich festgehalten werden, dass Dolmetsch im Gegensatz zu Leins eine freiere, sich nicht so eng an die bestehende Bausubstanz anschließende Lösung vorschlägt, denn er konstatiert Folgendes in seinem Brief: „Da die Lösung in dem Projekt vom Jahr 1886 jetzt nicht mehr ganz zeitgemäß ist und es sehr fraglich wäre, ob die nördliche Wand ihrer schlechten Beschaffenheit wegen überhaupt noch stehen bleiben könnte, so hielt ich es für vorteilhafter, von der alten Grundrißanlage ganz abzusehen und eine Lösung anzustreben, wie sie den heutigen Verhältnissen mehr entspricht und sich als praktischer und idealer erweisen wird." Die Aussage von Dolmetsch, die Nordwand befinde sich in einem sehr schlechten Zustand, überrascht vor dem Hintergrund einer Feststellung des Oberamtsbaumeisters aus dem Jahr 1899, „das […] Kirchengebäude [befinde sich] keineswegs in baufälligem Zustand", so jedenfalls gibt es ein Bericht des Kirchengemeinderats an das Konsistorium vom 4. März 1900 wieder. Obgleich Dolmetsch bestrebt ist, die Kosten für den Kirchenbau gering zu halten und aus diesem Grund die Verwendung von Tuff- oder gar Dopfersteinen empfiehlt, beläuft sich die veranschlagte Summe auf 71 000 bzw. 74 000 Mark. Auf die Errichtung eines steinernen Turmaufsatzes will er aus Kostengründen verzichten, doch den Turm

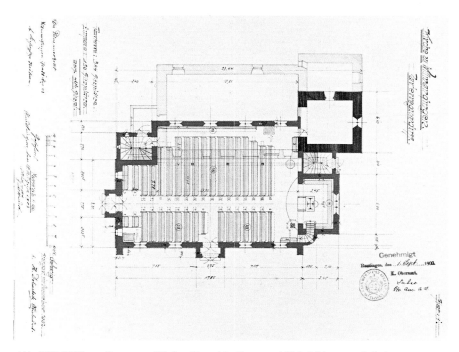

Abb. 332 Willmandingen, ev. Kirche, Grundriss Parterre, 1902. Lichtpause, koloriert, 32,9 cm x 42,0 cm.

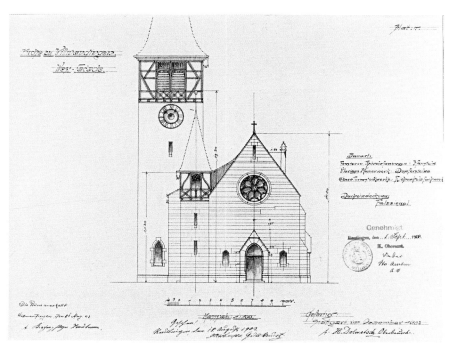

Abb. 333 Willmandingen, ev. Kirche, Ansicht Westfassade, 1902. Lichtpause, koloriert, 42,0 cm x 32,7 cm.

330

um etwa 6 m erhöhen, um dann den alten Fachwerkabschluss wieder aufzusetzen.

Wieder gerät das Unternehmen ins Stocken, bis Dolmetsch sich in einem ausführlichen Schreiben an den Pfarrer vom 18. November 1902 abermals dazu äußert. Er macht vor allem Vorschläge, auf welche Weise die Kosten für den Umbau gesenkt werden könnten. Zunächst gedenkt er, die Anzahl der Sitzplätze auf rund 430 zu reduzieren, was einem Anteil von 2/3 der Bevölkerungszahl der Gemeinde entsprechen würde. Des Weiteren plant er, „das Projekt ganz umzuarbeiten", um die Kosten für eine Notkirche, die den Voranschlag vom Mai 1900 nochmals erhöhen würden, einzusparen. Die im Dezember 1902 bzw. Januar 1903 ausgearbeiteten Zeichnungen veranschaulichen seinen wesentlichen Entwurfsgedanken: Von der alten Kirche übernimmt er lediglich den Chorturm in den Neubau, beraubt ihn aber im Gegensatz zu Leins seiner Funktion, indem er ihn zur Sakristei umwandelt, und errichtet im Übrigen die Kirche komplett neu, wobei er das Kirchenschiff um einiges gegenüber dem früheren nach Süden versetzt.

Zwischen dem ehemaligen Chorturm und dem neu zu erstellenden Chor fügt er ein Treppenhaus ein, ein weiteres Treppentürmchen kommt an der Westseite der Kirche im Anschluss an das Seitenschiff zu stehen (Abb. 332). Dolmetsch entscheidet sich für einen gestaffelten, relativ frei gruppierten Baukörper, der sich nicht einer strengen Achsensymmetrie unterwirft, wie es noch bei den beiden Leins'schen Entwürfen der Fall war. Insbesondere die Westfassade gewährt den Anblick eines malerisch abgestuften Baukomplexes (Abb. 333). In Hinsicht auf den Baustil allerdings schließt sich Dolmetsch der Überzeugung von Leins an, die Frühgotik entspreche einerseits dem durch die Bauformen des Chorturms vorgegebenen Stil und ermögliche andererseits die Errichtung eines würdigen Gotteshauses mit sparsamen Mitteln. So sollen nur die Fenstergewände und Türeinfassungen in Haustein, sämtliche Wände hingegen in Dopfersteinen ausgeführt werden. Auf die Erhöhung des Kirchturms mag er jedoch nicht verzichten, da „dadurch […] der Turm zum Schiff der Kirche in ein schönes und richtiges Verhältnis und er selbst zur vollen Geltung kommen [wird], ohne daß der

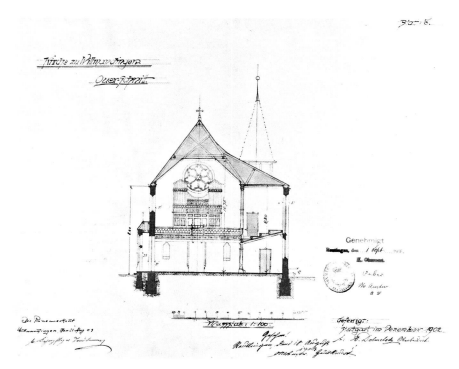

Abb. 334 Willmandingen, ev. Kirche, Querschnitt nach Westen, 1902. Lichtpause, koloriert, 41,4 cm x 32,8 cm.

Gesamteindruck der Ortschaft ein anderer würde", wie er schon am 4. August 1900 erklärt hat. Trotzdem errechnet sich die Bausumme in seinem neuen Kostenvoranschlag vom Januar 1903 auf 76 400 Mark; sie wird sich schließlich auf knapp 80 400 Mark erhöhen.

Am 11. März 1903 beschließt der Kirchengemeinderat, die Pläne von Dolmetsch zur Ausführung kommen zu lassen, denen am 14. April durch die Kreisregierung und am 15. April durch das Konsistorium die Genehmigung erteilt wird. In einem Brief vom 2. März 1903 teilt Dolmetsch dem Pfarrer mit, dass die Kostenvoranschläge und die Bedingungen für die Vergabe der Bauarbeiten fertiggestellt seien, und dass er im Gegensatz zu seinen ursprünglichen Überlegungen zu dem Schluss gekommen sei, „von teilweiser Erbauung der Kirche ab[zu]sehen und das ganze Bauwerk miteinander [zu] errichten". Auf die Errichtung einer Interimskirche könne aufgrund der Versetzung und vollständigen Neuaufrichtung des Gebäudes verzichtet werden. Tatsächlich kann nach der Zustimmung der Aufsichtsbehörden das Bauwesen so zügig vorangehen, dass noch im selben Jahr, am 13. Dezember 1903, die Einweihung stattfinden kann.

Bemerkenswert ist, dass Dolmetsch für den Neubau der Galluskirche zwar die

von ihm für Kirchenbauten im ländlichen Raum bevorzugte Zweischiffigkeit anwendet (Abb. 334), diese aber nicht nach außen sichtbar werden lässt. Nicht nur für die Nordseite, auf der sich das Seitenschiff und damit die Empore befindet, wählt er eine zweizonige Fensteranordnung, sondern auch für die Südseite, die von Emporen frei ist (vgl. Abb. 35). Der Bau ist – mit einer Ausnahme – entsprechend Dolmetschs Planung errichtet worden: Anstelle der zunächst projektierten Dopfersteine fanden Backsteine Verwendung. Anhand der schriftlichen Quellen sind Dolmetschs Beweggründe für diesen Materialwechsel nicht nachvollziehbar. In Anlehnung an das Fachwerkobergeschoss des Hauptturms erhielt auch das neu errichtete Treppentürmchen an der Nordwestecke des Schiffs einen Fachwerkaufsatz. Das Fachwerk des Hauptturms wurde 1953 durch massives Mauerwerk ersetzt, das zu Beginn der achtziger Jahre des 20. Jahrhunderts eine Verblendung erhielt, um sich dem ursprünglichen Erscheinungsbild anzunähern.

Die Ausstattung der Kirche aus dem Jahr 1903 ist in allen wesentlichen Teilen erhalten (vgl. Abb. 107). Die 1956 überfassten Malereien an den Decken wurden im Zuge einer umfassenden Renovierung der Kirche zwischen 1978 und 1982 wiederhergestellt. Auf eine Rekonstruktion der Malereien am Chorbogen und an den Chorwänden wurde verzichtet.

Quellen: LKA, A 29, 5226-3 (Verschiedenes. Kirchenbauwesen. 1850. 1860). LKA, A 29, 5228-1 (Pfarrbeschreibung von 1828), A 29, 5228-7 (Pfarrbericht von 1874), A 29, 5228-13 (Pfarrbericht von 1888) und A 29, 5228-16 (Pfarrbericht von 1898). PfarrA Willmandingen, „Ältere Akten zu Fasz. 16: Kirchl. Verwaltung". PfarrA Willmandingen, „Beilagen zur Kirchen-Baurechnung 1903/04", darin u. a. 2 identische Mappen „Kirche zu Willmandingen. Projekt II zum Umbau der dortigen Kirche", datiert „Gefertigt, Stuttgart im Dezember 1902" bzw. „Gefertigt, Stuttgart im Januar 1903", signiert „H. Dolmetsch Oberbaurat"; 1 Mappe „Willmandingen. O.A. Reutlingen. Neue Kirche. Erster Entwurf", undatiert, mit Stempel „C.F. Leins. Oberbaurath. Stuttgart" versehen, eingeheftet 2 Pläne des alten Zustands der Kirche, datiert und signiert „Aufg. d. 27ten Juni 1860. C. Beisbarth"; 1 Mappe „Willmandingen. O.A. Reutlingen. Neue Kirche. Zweiter Entwurf", undatiert, mit Stempel „C.F. Leins. Oberbaurath. Stuttgart" versehen; 1 Mappe „Willmandingen. O.A. Reutlingen. Neuer Thurm-Aufbau. I. Projekt", undatiert und unsigniert, 1 Mappe „Willmandingen. O.A. Reutlingen. Neuer Thurm-Aufbau. II. Projekt", undatiert, mit Stempel „C.F. Leins. Oberbaurath. Stuttgart" versehen.
Literatur: Dehio 1997, S. 845. Land Baden-Württemberg, Bd. 7, S. 75. Bruno Kadauke, Wandmalerei vom 13. Jahrhundert bis um 1500 in den Regionen Neckar-Alb, Ulm-Biberach und Bodensee-Oberschwaben, Reutlingen 1991, S. 13. Landesarchivdirektion Baden-Württemberg in Verbindung mit dem Landkreis Reutlingen (Hrsg.), Der Landkreis Reutlingen, Bd. 2 (= Kreisbeschreibungen des Landes Baden-Württemberg), Sigmaringen 1997, S. 719.

Stetten *siehe Kernen/Remstal*

Stöckenburg *siehe Vellberg*

Stuttgart-Bad Cannstatt, ev. Stadtkirche (St. Cosmas und Damian)
Stadt Stuttgart, ehemals Oberamtsstadt (Neckarkreis)

Der Chor der Stadtkirche ist im Jahr 1471 (i) vollendet worden. Einer der drei Schlusssteine des Chors trägt das Wappen des Baumeisters Aberlin Jörg, der wahrscheinlich auch den Plan zum Langhaus lieferte. Dieses war – nach Zeugnis von Johann Friedrich Sattler von 1752 – im Jahr 1506 fertiggestellt. Von den zwei geplanten Chortürmen wurde nur der nördliche verwirklicht, der 1612/13 durch Heinrich Schickhardt umgestaltet und um zwei Stockwerke erhöht wurde. Grabungen zu Beginn des 20. Jahrhunderts

ergaben, dass der spätgotische Chor zwei Vorgänger hatte, von denen der ältere in das ausgehende 12. Jahrhundert, der jüngere in das frühe 14. Jahrhundert zu datieren ist.

Im Jahr 1791 wurden die mittelalterlichen Gewölbe durch eine Flachdecke ersetzt, da die Befürchtung bestand, sie könnten einstürzen (Abb. 335). Leins entfernte im Zuge einer großen Restaurierungskampagne in den Jahren 1858 und 1859 diese Flachdecke wieder und versah alle drei Schiffe mit hölzernen, ungebusten Kreuzrippengewölben (Abb. 336). Auch die Westfassade der Kirche wurde ergänzt; so fügte er in der Mittelachse der Fassade eine Maßwerkrosette und darüberliegend ein Spitzbogenfenster ein und setzte auf die Strebepfeiler sechs

Abb. 335 Bad Cannstatt, ev. Kirche, Innenansicht nach Osten, 1841.

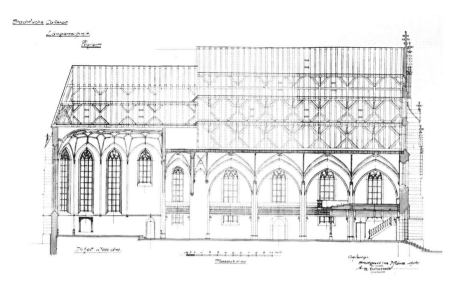

Abb. 336 Bad Cannstatt, ev. Kirche, Längsschnitt, 1904. Lichtpause, koloriert, 60,1 cm x 34,2 cm.

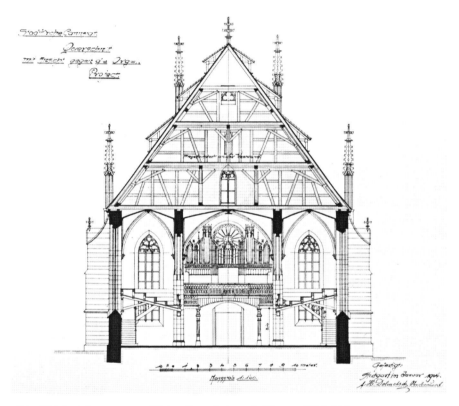

Abb. 337 Bad Cannstatt, ev. Kirche, Querschnitt nach Westen, 1904. Lichtpause, koloriert, 41,4 cm x 32,5 cm.

hochaufragende Fialen auf (Abb. 337). Während der Dekan in einem Bericht an das Konsistorium vom 27. Februar 1884 diese Restaurierung als „eine der ersten und gelungensten im Land" lobend hervorhob, äußerten sich Mitglieder der Kirchengemeinde in einem Bericht an das Landesdenkmalamt vom 11. März 1959 sehr abwertend über die Form der von Leins erstellten Gewölbe: „Die von Dol-

metsch [sic!] eingezogenen Gewölbe sind – besonders im Mittelschiff – formal sehr unbefriedigend. Rippen und Kappen sind zu flach gespannt. Die Bogenlinien sind über den Anfängern unschön abgeknickt." In ähnlicher Weise muss schon Dolmetsch die Form der Gewölbe empfunden haben, denn er legte nach den Ausführungen des Cannstatter Evangelischen Gemeindeblatts, S. 5 einen Vor-

schlag vor, der darauf abzielte, „die bei der Restaurierung von 1858 und 1859 in verputzter Holzkonstruktion hergestellten Schein-Gewölbe in den drei Schiffen, unter Erhöhung des Mittelschiffes durch flache Decken zu ersetzen". Dieser Vorschlag wurde vom Kirchengemeinderat abgelehnt, doch sind die Gründe hierfür in Ermangelung der Kirchengemeinderatsprotokolle nicht nachvollziehbar.

Bevor aber am 17. Februar 1904 der Kirchengemeinderat den Plan und Kostenvoranschlag von Dolmetsch genehmigte, legten zwei weitere Architekten jeweils einen Vorschlag zur Restaurierung der Cannstatter Stadtkirche vor. Nach den Worten des Cannstatter Evangelischen Gemeindeblatts, S. 4 wurden „schon seit Jahren Klagen über ihre [der Stadtkirche] unwürdige Beschaffenheit laut." Ein weiterer Beweggrund für die geplante Instandsetzung der Kirche findet sich in der „Bitte des Organisten Bueß um Vergrößerung der Orgelempore in der Stadtkirche" vom 12. Dezember 1900: „Nachdem nunmehr für die verhältnismäßig kleine Lutherkirche ein Sängerpodium geschaffen wurde, das bequem 150 Sänger faßt, glaube ich keine Fehlbitte zu thun, wenn ich den verehrlichen Kirchengemeinderat aufs neue dringend bitte, im Interesse der zahlreichen Besucher der geräumigen Stadtkirche endlich dem Sängerchor durch Vergrößerung des Podiums bis zu den nächsten steinernen Säulen genügend Raum zu schaffen, daß sich derselbe auch weiterentwickeln kann und nicht zu ewigem Stillstand verurteilt ist." Das Kirchengemeinderatsprotokoll vom 16. April 1901 fasst schließlich die zu „hebende[n] Übelstände" wie folgt zusammen: „1) Wände und Gewölbe sollten längst neu geweißt und bemalt werden. 2) Das Gestühl ist teilweise unbequem und häßlich. 3) Der Platz bei Kanzel und Taufstein ist zu dunkel und sollte ein weiteres Fenster bekommen. 4) Altar und Taufstein sind vom Schiff zu weit entfernt. Was dort geredet wird, ist in einem großen Teil der Kirche kaum verständlich. 5) Die Emporen sind zu wenig ansteigend. 6) Die Verglasung der Fenster ist schlecht. 7) Die Orgelempore ist für einen größeren Chor zu beschränkt."

Am 4. Januar 1901 ergeht der Auftrag an Böklen und Feil, die schon die Entwürfe für den Neubau der Lutherkirche lieferten, ein Restaurierungskonzept für die Stadtkirche auszuarbeiten. In ihrem den Plänen beigefügten Erläuterungsschreiben vom 28. März 1901 nehmen Böklen und Feil in allen wesentlichen Punkten Bezug auf die Wünsche des Kirchengemeinderats, wobei sie der Restaurierung des Inneren Vorrang einräumen gegenüber einer möglichen Sanierung des Äußeren, die sie von einer vorhergehenden Untersuchung des Mauerwerks „auf seine Güte" abhängig machen. Sie führen zur Innenrestaurierung aus: „Durchaus unzweckmäßig und unbequem ist die Stuhlung im Parterre und auf den Emporen. Letztere sind schlecht und sollten samt Treppen erneuert werden. Die alte Emporenbrüstung kann dabei Verwendung finden. Ferner ist die Orgelempore zu vergrößern, damit mehr Raum für den Kirchenchor gewonnen wird […] Die östlichen Emporentreppen sollten zweckmäßiger angelegt werden. Wir haben die nördliche davon in den Turm gelegt und in Verbindung damit einen neuen bequemen Sakristeieingang sowie einen Abort geschaffen. Altar und Taufstein wurden mehr nach vorne gerückt, damit die daselbst vorzunehmenden Handlungen vom Schiff der Kirche besser gesehen werden können. Um dem neuen Altarplatz mehr Licht zuzuführen ist es nötig, in der Südwand des Chors ein neues Fenster auszubrechen und einzusetzen. Sämtliche Fenster im Schiff der Kirche sind neu zu verglasen […]." Für die Ausführung dieser Maßnahmen veranschlagen Böklen und Feil eine Summe von 77 000 Mark, worin bereits 10 000 Mark für die Anlage einer Niederdruckdampfheizung vorgesehen sind. Theophil Frey, der am 17. Mai 1901 ein Gutachten über den Kostenvoranschlag von Böklen und Feil fertigt, kommt zu dem Ergebnis, dass „die in Vorschlag gebrachten Änderungen als praktisch und den kirchlichen Anforderungen entsprechend bezeichnet werden" können.

Trotz dieser positiven Bewertung des Entwurfs von Böklen und Feil verweigert der Gemeinderat in seiner Sitzung am 27. Juni 1901 nach kontroverser Diskussion seine Zustimmung zu der Ausführung des Plans vor allem aus finanziellen Gründen. Auch sehen einige Mitglieder des Gremiums die Notwendigkeit einer umfassenden Restaurierung nicht ein. Obgleich die bürgerlichen Kollegien die Umsetzung des bereits vorliegenden

Projektes abgelehnt haben, kommt es im April 1902 zu der Ausarbeitung eines neuerlichen Plans durch Stiftungsbaumeister Albert Grotz. Wie den Bauzeichnungen zu entnehmen ist, geht es ihm insbesondere um den Einbau neuer Emporen, um die Vergrößerung der Sängerempore sowie um die Neuorganisation der Aufgänge zu den Emporen und zur Kanzel. Der Kostenvoranschlag vom April 1902 weist die vergleichsweise niedrige Summe von 44 000 Mark aus. Bemerkenswert ist das im Zusammenhang mit diesem Entwurf angefertigte Farbkonzept für die Ausmalung der Kirche von „Architekt Gustav Kärcher, eine in Kirchenmalereien hervorragend tüchtige Kraft", wie Grotz in einem Anhang zu seiner Kostenberechnung vom April 1902 bemerkt. Der Erläuterungsbericht führt über das Projekt aus: „Die Konstruktionsglieder sind in roten Werksteinen mit weißen Fugen und schwarzen Begrenzungslinien gedacht. Die Gewölbe im Mittel- und Seitenschiff hell mit bemalten Zwickeln, Schluss- und Consolsteinen farbig teilweise Gold Anwendung. Die 2 kleinen Gewölbe zwischen Mittelschiff und Chor farbiger Grund, sodaß der Chor vom Mittelschiff aus gesehen hell erscheint und zu schöner Harmonie kommt."

Über die Gründe, aus denen der Plan von Grotz nicht zur Ausführung gelangt ist, kann keine Aussage getroffen werden, da sich die Kirchengemeinderatsprotokolle – wie bereits erwähnt – als nicht auffindbar erwiesen haben. Ebenso wenig ist bekannt, weshalb letztlich Dolmetsch den Auftrag erhalten hat, Pläne für die Restaurierung der Stadtkirche auszuarbeiten. Dieser Umstand erscheint vor dem Hintergrund der Diskussion um die Finanzierbarkeit der Restaurierung umso erstaunlicher, als der von Dolmetsch im Februar 1904 gefertigte Kostenvoranschlag in Höhe von 156 500 Mark um ein Vielfaches höher liegt als der von Grotz erstellte.

Wie schon seine Vorgänger richtet Dolmetsch sein Hauptaugenmerk auf die Anlage einer neuen Empore mit einer vergrößerten Sängerempore (Abb. 338). Die Anregung des Organisten Bueß und der Architekten Böklen und Feil, die Emporenbrüstungen wiederzuverwenden, nimmt er nicht auf; sie werden vielmehr an die Kirchengemeinden in Beuren und Schanbach veräußert. Obwohl

anfänglich nicht vorgesehen, wird auch die Orgel neu hergestellt. An der Nord- und Südseite der Kirche werden zwei neue Eingänge angelegt, die direkt auf die an der Westseite befindlichen Emporentreppen zuführen (Abb. 339). Zwei weitere Zugänge zu den Emporen werden in Form neuer Treppenhäuser geschaffen, die sich in dem südöstlichen Winkel zwischen dem Schiff und dem Chor bzw. an der nordwestlichen Ecke des Turmes befinden.

Nicht verwirklicht wird hingegen die Terrasse oberhalb der alten Sakristei. Die Sakristei selbst verlegt Dolmetsch von dem Anbau in das Erdgeschoss des Turmes. In der ehemaligen Sakristei wird ein Sitzungsraum eingerichtet. Zwischen dem neu erstellten und dem im Zuge des Turmumbaus unter Schickhardts Leitung erbauten achteckigen Treppentürmchen – 1613 (i) – wird ein eingeschossiger Vorbau eingefügt, der den Abort aufnimmt.

Nach der Aussage des Cannstatter Evangelischen Gemeindeblatts, S. 6 werden „die Mauerflächen des Turms gereinigt und die vielen verwitterten Steine an denselben durch neue ersetzt, das Innere durch teilweise Vergrößerung der Lichtöffnungen heller gemacht". Zudem wird das Kupferdach des Turms ausgebessert, das Dach des Langhauses und des Chors umgedeckt. Schließlich werden „am Äußeren der Kirche sämtliche Hausteine von dem Zementbewurf, mit welchem sie vor 45 Jahren [1860] überstrichen wurden, mit vieler Mühe und Kosten wieder gereinigt, [und] die aus unbehauenen Steinen bestehenden Flächen werden mit einem sogenannten Kammputz verblendet". Sämtliche Fenster des Langhauses werden neu verglast; bei einem Fenster auf der Südseite des Chores wird im oberen Teil „das dunkle Ornament durch helle Butzenscheiben ersetzt". Um dem Chor mehr Licht zuzuführen, wird – wie schon Böklen und Feil vorgeschlagen haben – auf der Südseite ein zusätzliches Fenster eingebrochen. Die zwei von Dolmetsch projektierten Fenster auf der Nordseite des Chores werden aufgrund der Nichtausführung der Terrasse überflüssig.

Im Inneren der Kirche wird das Fußbodenniveau um 44 cm abgesenkt, nachdem Dekan Oehler den Hinweis in alten Kirchenbüchern gefunden hat, dass die Höhe des Kirchenbodens ehemals tiefer gelegen habe. Bei dem Abbruch der Ge-

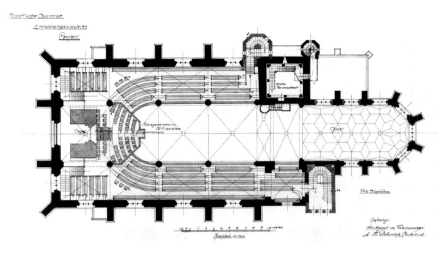

Abb. 338 Bad Cannstatt, ev. Kirche, Grundriss Empore, 1904. Lichtpause, koloriert, 61,5 cm × 32,5 cm.

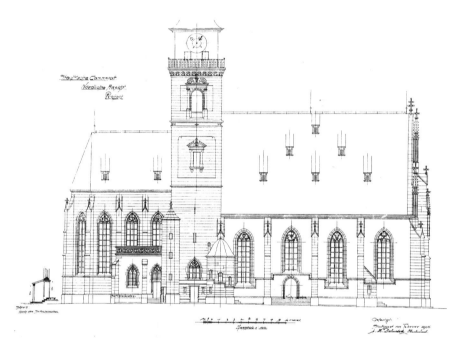

Abb. 339 Bad Cannstatt, ev. Kirche, Ansicht Nordfassade, 1904. Lichtpause, 61,4 cm × 43,3 cm.

wölbe im Jahr 1791 sei der Schutt in der Kirche liegen gelassen worden, um so einen Schutz vor Überschwemmungen zu liefern. Auf Veranlassung des Dekans werden Untersuchungen in der Kirche angestellt, die die auf der urkundlichen Überlieferung basierende Annahme bestätigen. Nach Dolmetschs Kostenberechnung vom 6. Juni 1904 beträgt der Mehraufwand für die Durchführung dieser Maßnahme 3000 Mark, doch rechtfertigt er die Kostensteigerung mit der Bemerkung, „daß es für die ästhetische Wirkung des Innern der Kirche wesentliche Vorzüge bieten würde, wenn der Kirchenboden um 2–3 Stufen d. i. 30–45 cm

tiefer gelegt würde, als bisher". Er führt weiter aus: „Die Emporen würden hiedurch um die Tieferlegung des Bodens nach unten rücken, wodurch sich zwischen Emporen und Gewölben eine stattlichere Höhe erzielen ließe. Mit der Tieferlegung des Bodens ist sodann auch die weitere Verlängerung von 7 Fenstern verbunden. Sämtliche Türbänke sind tiefer zu legen und die Türleibungen zu ergänzen, sowie die Pfeilersockel und Wandsockel auszubessern." Die Absenkung des Bodenniveaus bringt es mit sich, dass das Niveau des die Kirche umgebenden Platzes ebenfalls verringert werden muss.

Die Einweihung der Kirche findet am 19. März 1905 statt. Die tatsächliche Überschreitung der Kosten fällt schließlich wesentlich höher aus, als die veranschlagte Tieferlegung des Fußbodens ausmacht. Der Bauaufwand beträgt schließlich 210 455 Mark (vgl. Abb. 115). In einem Schreiben vom 28. Februar 1906 bittet der Dekan den Landeskonservator um einen „Beitrag zu den durch die kostspielige Wiederherstellung des früheren Zustands und durch die Konservierung aufgefundener Altertümer bedeutend erhöhten Kosten [des] Restaurationswerks". Zu den im Zuge der Instandsetzungsarbeiten entdeckten „Altertümer[n]" zählen etwa zwei „mit alter Malerei versehene Nischen an der Innen- und Außenseite der südlichen Wand des Langhauses", „das wohl 400 Jahre alte Gemälde im Korbbogen des Westportals (eine Kreuztragung darstellend)", „die beim Ausgraben des Chors aufgefundenen Fundamente einer romanischen Apsis und eines Chors im Übergangsstil" sowie „viele in dem Schutt [aufgefundene] kunstvoll gearbeitete Steine von den Rippen des 1791 abgebrochenen Gewölbes [und] Reste einer früheren steinernen Kanzel". In seiner Antwort vom 6. April 1906 äußert sich Gradmann allerdings ablehnend in Bezug auf das Gesuch des Cannstatter Kirchengemeinderats, da „der auf Altertümer entfallende Betrag im Vergleich zu den Gesamtkosten ein fast lächerlich geringer" sei.

Nachdem die Stadtkirche im Zweiten Weltkrieg beschädigt worden war, wurde der Bau unter der Leitung von Paul Heim zwischen 1959 und 1963 wiederhergestellt. Er ließ die Leins'schen Gewölbe bestehen, veränderte jedoch die wie abgeknickt erscheinenden Gewölbeansätze. Im Inneren wurden sämtliche von Dolmetsch erstellten Einbauten beseitigt. Am Äußeren wurden die Treppenhäuser von Dolmetsch „rückgebaut", das heißt, Heim entfernte das mit einer welschen Haube versehene Treppentürmchen auf der Nordseite und reduzierte das Treppenhaus auf der Südseite um das Stockwerk mit den drei Vorhangbogenfenstern. An der Westfassade behielt er die von Leins geschaffene Fensteranordnung bei, obwohl er in einem Brief an das Landesdenkmalamt vom 4. Mai 1960 durchaus die Überlegung anstellte, die rechteckigen Giebelfenster in der Form wiederherzustellen, wie sie vor dem Umbau 1858/59 bestanden hatten. Lediglich die von Leins aufgesetzten Fialen wurden abgerissen.

Quellen: LDA, Ortsakten „Bad Cannstatt – ev. Stadtkirche". LKA, A 26, 1457 (Kirchengebäude 1884). LKA, DAamt Cannstatt, Nr. 308a (Stadtkirche. Bauarbeiten 1880–1951). LKA, DAamt Cannstatt, Nr. 308c (Stadtkirche. Renovierung, Pläne 1901–1904), darin u. a. 2 Tuschepläne „Jetziger Zustand", datiert und signiert „Aufgenommen & gezeichnet Cannstatt-Stuttgart im März 1901. Böklen u. Feil. Architekten"; 2 Tuschepläne „Renovation", datiert und signiert „Stuttgart im März 1901. Böklen u. Feil. Architekten"; Mappe, beschriftet „Cannstatt. Kostenvoranschlag zur Renovation der evangel. Stadtkirche 1902. Mit 5 Blatt Zeichnungen von Stiftungsbaumeister Grotz"; Mappe, beschriftet „Stadtkirche zu Cannstatt. Eingabspläne. Inhalt: 7 Blatt", versehen mit Stempel „Architekt H. Dolmetsch. Oberbaurat. Stuttgart", die Pläne sämtlich signiert mit „H. Dolmetsch. Oberbaurat", aber unterschiedlich datiert mit „Januar 1904", „Februar 1904" bzw. „März 1904". TUM, Nachlass Heinrich Dolmetsch, Signatur 75.1, 1 Plan „Stadtkirche zu Cannstatt", undatiert, mit Stempel „Eugen Woernle. Kgl. Hofdekorationsmaler. Stuttgart" versehen.

Literatur: Dehio 1993, S. 24. DBZ 42, 1908, Nr. 63, S. 432. [Ohne Verfasser], Festnummer zur Einweihung der Stadtkirche den 19. März 1905, in: Cannstatter Evangelisches Gemeindeblatt Nr. 23 (März 1905). Regine Schneider, Die spätgotische Stadtkirche zu Bad Cannstatt, Magisterarbeit Universität Stuttgart 1991, S. 25.

Stuttgart-Degerloch, ev. Pfarrkirche
Stadt Stuttgart, ehemals Stuttgart Amt

Die alte Kirche in Degerloch wurde im Jahr 1468 errichtet, nachdem Graf Ulrich der Vielgeliebte den Ort Degerloch von seinem Filialverband mit Möhringen befreit und eine eigene Pfarrei eingerichtet hatte. Bis zum Neubau der Kirche fand sich über der Kirchentür auf der Nordseite die Jahreszahl „1621", aus der auf eine Erweiterung des Gebäudes in der ersten Hälfte des 17. Jahrhunderts zu schließen ist. 1829 erhielt der Turm ein neues Glockenhaus.

Die „Bitte der Stiftungskollegien und des Pfarrgemeinderats in Degerloch um Verwilligung einer Kollekte in den evangelischen Kirchen des Landes" vom 13. Dezember 1888 nennt die Gründe für den beabsichtigten „Neubau mit teilweiser Benützung der alten Kirche": Zum einen ist die bestehende Kirche „viel zu klein für [die] immer größer werdende Bevölkerung von nun 2359 Einwohnern", zum anderen ist das Gebäude „so unschön und unansehnlich, daß es in dem sonst schönen Dorfe, zumal in unmittelbarer Nähe der Hauptstadt, nachgerade eine immer größere Schande wird, ein solch unwürdiges Gotteshaus zu haben". Eine Erhöhung der Zahl der Sitzplätze von derzeit 500 auf 900 bis 1000 wird als notwendig angesehen. Der von „Oberbaurat Dr. von Leins entworfene ganz einfache Plan", um dessen Genehmigung die Stiftungskollegien der Gemeinde Degerloch am 13. Dezember 1888 bitten, stellt sich auf die Summe von 99 800 Mark.

Der „Bericht des Gem[einschaftlichen] Amts Oberamts Stuttgart betr[effend] die Erbauung einer neuen Kirche für die Gemeinde Degerloch" vom 15. Dezember 1888 führt darüber hinaus aus, dass „die Herstellung eines würdigen Gotteshauses ein seit Jahrzehnten gefühltes Bedürfnis" sei. Bereits der Pfarrbericht des Jahres 1827 empfand die Kirche als „viel zu klein", wie aus dem „Gedenkblatt" zur „Feier der Grundsteinlegung der Kirche zu Degerloch" am 19. Mai 1889 hervorgeht.

Offenbar ist die „Beibehaltung eines Teils des Turms und des alten Schiffs" auf den Wunsch des Bauherrn zurückzuführen (Abb. 340), wie sich der zuvor genannten Quelle entnehmen lässt. Dolmetsch bemerkt in einem Schreiben an den Pfarrer der Katharinengemeinde in

Schwäbisch Hall vom 20. Januar 1893 rückblickend zu dieser Problematik: „In Degerloch wollte man an den Schiffmauern sparen, man wollte in die alten Mauern die neuen Fenstersteine einsetzen, als man aber an die praktische Ausführung kam, so sah man sich während der Arbeit genötigt, die Schiffmauern bis auf ganz niedere Stumpen abzutragen und das einzige, was die Degerlocher noch heute beklagen, ist das, daß die Mauern nicht ganz niedergerissen worden sind, um bei diesem Anlasse ein etwas weiteres Schiff zu erhalten."

Auch der Verfasser eines Beitrags im „Christlichen Kunstblatt" gibt klar zu erkennen, dass es nicht denkmalpflegerische Gründe waren, die den Unterteil des Turms und die Grundmauern des Schiffs vor dem vollständigen Abriss bewahrt haben, sondern dieses aus „Sparsamkeitsrücksichten" geschah. Dies führte dazu, dass in der Tat das Langhaus im Verhältnis zu den Querschiffen „etwas schmal" ist, wie in der „Schwäbischen Kronik" anlässlich der Einweihung der Kirche am 23. November 1890 bemerkt wurde.

Aufgrund der Schmalheit des Schiffs sind die Emporeneinbauten an den Längsseiten verhältnismäßig schmal gehalten, während sie in den Querschiffen annähernd die gesamte Tiefe des Raums ausfüllen. Da der Turm im Westen in seinen Grundmauern beibehalten wurde, erfolgte die Erweiterung der Kirche nach Osten. Der Chor ist entsprechend dem Stil der Kirche als halbrunde Apsis gebildet, die im Inneren eine Rundbogengliederung mit darüber befindlichen Rundbogenfenstern aufweist. Die Decke des Schiffs und der beiden Querhausarme besteht aus einer Holzkonstruktion, deren Binderbalken als Rundbögen ausgebildet sind, während die Decke selbst vierfach gebrochen ist (vgl. Abb. 138).

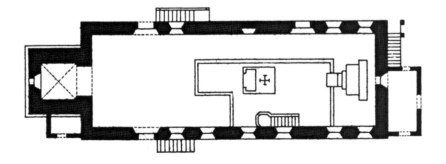

Abb. 340 Degerloch, ev. Kirche, Grundriss Empore, vor 1889 (Bestand).

Der bereits erwähnte Bericht in der „Schwäbischen Kronik" anlässlich der Einweihung der Kirche gibt Aufschluss über die Frage nach dem Anteil Dolmetschs am Entwurfs- und Planungsprozess: Während Leins den Entwurf zum Umbau der Kirche lieferte, wurde die „innere Einrichtung und Ausschmückung der Kirche [...] nach den Entwürfen" von Dolmetsch ausgeführt. Das Bildprogramm, zu dem ein Zeitgenosse im Christlichen Kunstblatt anmerkte, „ob in dieser Kirche nicht mit Malereien zu viel geleistet sei", lässt sich als ein heilsgeschichtlich-typologisches charakterisieren. Bei der Umgestaltung der Kirche im Jahr 1961 wurden die Malereien an Decken und Wänden beseitigt. Auch die Emporen, die sich im Schiff der Kirche befanden, wurden entfernt. Lediglich die „Großform" – einschließlich der Deckenkonstruktion – wurde beibehalten.

Quellen: LKA, A 29, 832-2 (Degerloch Kirche 1888–1890). LKA, A 29, 832-4 (Kirchengemeinde 1888–1921). TUM, Nachlass Heinrich Dolmetsch, Signatur 30.1, 1 „Situationsplan", undatiert, mit Stempel „H. Dolmetsch. Bauinspector. Stuttgart" versehen; Signatur 30.2, 1 perspektivische Ansicht einer Kanzel mit Lutherbüste, undatiert und unsigniert.
Literatur: Kunst- und Altertumsdenkmale 1889, S. 456. Dehio 1993, S. 130. Seng 1995, S. 339 und S. 520. Wörner/Lipfer 1991, S. 166. [Ohne Verfasser], Degerloch, 23. Nov[ember], in: „Schwäbische Kronik" vom 24. 11. 1890. ChrKbl 32, 1890, H. 9, S. 132. [Ohne Verfasser], Die Kunst als Gehilfin der Predigt, in: ChrKbl 32, 1890, H. 12, S. 176–186. [Ohne Verfasser], Die Kunst als Gehilfin der Predigt, in: ChrKbl 33, 1891, H. 4, S. 49–52. Karl Wais, Die Michaelskirche in Degerloch. Ein Gang durch die Kirche und ihre Geschichte, Degerloch 1970, S. 12. Siegfried Schoch (Hrsg.), Bilder aus Degerlochs Vergangenheit. Zu Papier gebracht im Jahre 1926 von Friedrich Keidel, Stuttgart 1986, S. 75.

Stuttgart-Feuerbach, ev. Pfarrkirche
Stadt Stuttgart, ehemals Stuttgart Amt

Im Jahr 1789 erfolgte ein Neubau der Kirche unter Beibehaltung des alten Turms. Laut Pfarrbeschreibung von 1923 existierten an derselben Stelle bereits eine

Abb. 341 Feuerbach, ev. Kirche, Entwurf zu einem Altar, ca. 1884. Tusche, Aquarell und Bleistift auf Papier, 36,4 cm x 21,2 cm.

„kleine gotische [und] später eine Renaissancekirche". Reste dieser Vorgängerbauten wurden 1907 im Zuge einer umfangreichen Restaurierung der Kirche aufgedeckt.

Der Pfarrbericht des Jahres 1886 teilt mit, dass die Kirche 1884 „mit einem Stiftungsaufwand von 2000 Mark [...] unter Leitung des Bauinspektor Dolmetsch [...] renoviert worden" sei. In einer Randbemerkung wird festgehalten, dass die Kirche „in sehr ansprechender Weise neu gemalt" worden sei. Ob auch der Altar nach einem von Dolmetsch gefertigten Entwurf hergestellt wurde (Abb. 341), lässt sich nicht mehr feststellen, da das Innere der Kirche 1907 durch die Architekten Schmohl und Staehelin einer umfassenden Restaurierung unterzogen wurde.

Quellen: LKA, A 29, 1247-2 (Pfarrbeschreibung von 1923), A 29, 1247-12 (Pfarrbericht von 1886). HH-Buch vom Februar 1885. TUM, Nachlass Heinrich Dolmetsch, Signatur 15.1, 1 Tuscheplan, aquarelliert, undatiert und unsigniert.

Stuttgart-Heumaden, ev. Pfarrkirche (St. Ottilia)
Stadt Stuttgart, ehemals Stuttgart Amt

Der eingezogene Chor der kleinen, einschiffigen Saalkirche stammt aus dem Ende des 15. Jahrhunderts. Zu welchem Zeitpunkt das Kirchenschiff an den Chor angefügt worden ist, ist unbekannt. Für die Jahre 1666/67 sind die Erhöhung des Kirchturms und die Anschaffung einer neuen Glocke überliefert.

Den Wortlaut einer handschriftlichen Ortschronik aus dem Jahr 1841 gibt Pfarrer Fritz in seinen 1916 erschienenen „Bildern aus der Vergangenheit" wieder: „Die Kirche hatte nur vier Fenster im

Chor und ein Fenster im Schiff; außerdem noch kleine Öffnungen mit Fenstern, teils rund, teils länglich, teils quatratisch. Die Orgel war auf der Empore im Chor und verdeckte die vier Chorfenster. An der Stelle des fünften nördlichen Chorfensters war die Eingangstüre auf die Orgel mit hoher Steintreppe. Die Kanzel, einer Holzkiste ähnlich, stand auf massiv steinernem Unterbau links von der Kanzeltüre [...]. Die Decke der Kirche war eben und im Schiff niedriger als im Chor. Die Frauenstühle senkten sich gegen die Kirchenwände hin, sodaß die Frauen Mühe hatten, aufrecht zu sitzen. Der Boden war uneben, die Wände waren mit grünem Schimmel bedeckt, weil die nördliche Wand zur Hälfte im Boden stak." Schließlich wird festgehalten, dass „stets Wasser durch die Wand in die Kirche" eindrang, und die Orgel oft „während des Gebets wimmerte und schwieg während des Gesangs." Dieser Bericht deckt sich inhaltlich mit den dem Dolmetsch'schen Umbauplan beigegebenen Zeichnungen des alten Zustands der Kirche (Abb. 342).

In seinem Erläuterungsschreiben vom 22. März 1893 teilt Dolmetsch dem Kirchengemeinderat die Gründe für die von ihm beabsichtigten Maßnahmen mit. Die unterschiedlichen Fensteröffnungen auf beiden Längsseiten des Kirchenschiffs will er „in bessere Ordnung" bringen, „da deren jetzige Anordnung dem Kirchlein einen jämmerlichen Ausdruck verleiht". Die beiden auf der Nordseite der Kirche befindlichen Freitreppen, die die Aufgänge zu den Emporen bilden, sollen entfernt werden, weil sie „dem Gebäude viel Feuchtigkeit zuführen". Der Altarraum, in dem bislang die Orgel ihre Aufstellung gefunden hatte, soll vom Kirchenschiff durch einen Bogen abgegrenzt

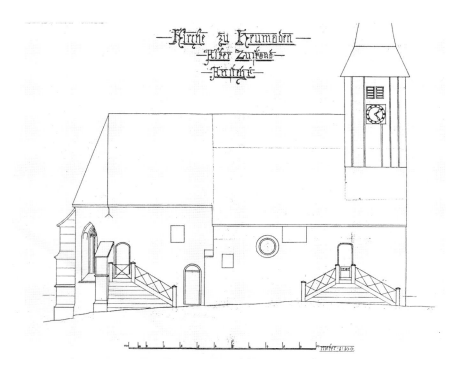

Abb. 342 Heumaden, ev. Kirche, Ansicht Nordfassade, vor 1893 (Bestand). Tusche auf Papier, 31,8 cm x 22,1 cm.

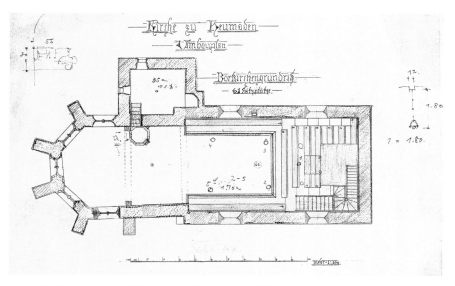

Abb. 343 Heumaden, ev. Kirche, Grundriss Empore, 1893. Blei- und Buntstift auf Papier, 31,7 cm x 22,5 cm.

werden, „um den Chor im Innern als ein einheitliches Ganzes wirken zu lassen". Dicht an diesen Bogen soll die Kanzel gerückt werden, die sich zuvor auf Höhe der westlichen Sakristeiwand befunden hatte, da „bei dieser Kanzelstellung nemlich sämtliche Besucher des Schiffs bequemer nach dem Geistlichen" sehen können. Die „Ueberschlägliche Kostenberechnung" vom März 1893 beläuft sich auf 16 500 Mark. Bald darauf erfolgt die genauere Berechnung für die einzelnen

Gewerke, und bereits kurz vor Weihnachten desselben Jahres kann die Einweihung der restaurierten Kirche stattfinden. Die Arbeiten sind bis auf eine Ausnahme in dem Umfang ausgeführt worden, wie sie Dolmetsch im März 1893 anhand seiner Pläne dem Bauherrn dargelegt hatte. Das Kirchenschiff erhält auf beiden Längsseiten anstelle der unterschiedlichen Fensteröffnungen jeweils zwei Spitzbogenfenster, die Außenaufgänge werden beseitigt (Abb. 343). An der Stelle, an der

sich die Freitreppe befunden hatte, die zu der Orgelempore im Chor führte, wird ein Spitzbogenfenster eingesetzt. Das Portal, das auf der Nordseite der Kirche in den Chorraum führt, bleibt erhalten, über diesem wird aber ein Rundfenster eingebrochen. Die zwei fehlenden Strebepfeiler am Chor – der erste und der dritte von Norden – werden nach dem Vorbild der vorhandenen ergänzt. Sowohl das Kirchenschiff als auch der Chorraum werden mit einem Holz-„Gewölbe" versehen. Lediglich die „Erhöhung des Chores unterbleibt", wie im „Längenschnitt" zum „Umbauplan" vermerkt ist. Die Chorempore wird zugunsten einer neuen, hufeisenförmig angelegten Empore im Schiff entfernt. Die Orgel erhält ihren neuen Standort auf der westlichen Empore. Die Kanzel wird – wie bereits erwähnt – ein Stück in Richtung Chor zurückversetzt. Um das Bauwerk vor weiteren Feuchtigkeitsschäden zu bewahren, wird das Erdreich auf der Nordseite abgegraben und ein gepflastertes Trottoir angelegt. Im Ganzen betragen die aufgewendeten Kosten knapp 17 000 Mark und liegen damit nur um ein Weniges höher als die im Voranschlag berechneten. Der Turm der Kirche bleibt bei der Restaurierung unangetastet. In einer Randbemerkung zu dem Pfarrbericht des Jahres 1899 findet sich ein bemerkenswertes Urteil zu der 1893 durchgeführten Restaurierung: „Die Kirche ist, abgesehen von dem alten, häßlichen Turm, der stehen blieb, in ihrer restaurierten Gestalt das Ideal einer schönen, kleinen Dorfkirche."

Quellen: LKA, A 29, 2011-16 (Pfarrbericht von 1893) und A 29, 2011-18 (Pfarrbericht von 1899). PfarrA Alt-Heumaden, Nr. 103a (Kirchengebäude 1779–1967), darin u. a. 1 Mappe mit Bauplänen, datiert und signiert „Gefertigt Stuttgart im März 1893. Baurat Dolmetsch", davon 5 Tuschepläne „Alter Zustand" und 4 Bleistiftpläne, koloriert „Umbauplan", außerdem 1 „Ueberschlägliche Kostenberechnung" vom März 1893. TUM, Nachlass Heinrich Dolmetsch, Signatur 39.1, 39.2, 39.3, 39.4, 4 Tuschepläne, aquarelliert, undatiert und unsigniert (mit den entsprechenden Plänen in PfarrA Alt-Heumaden identisch).

Literatur: F[riedrich] Fritz, Bilder aus der Vergangenheit von Heumaden, Heumaden 1916 (Nachdruck Heumaden 1993), S. 11.

Stuttgart-Uhlbach,
ev. Pfarrkirche (St. Andreas)
Stadt Stuttgart, ehemals OA Cannstatt

Anstelle einer 1386 erbauten Kapelle wurde 1490 eine kleine Saalkirche mit kreuzrippengewölbtem Turmchor errichtet. Der Turm trug einen hohen, spitzen Helm; auf der Nordseite des Schiffs befand sich ein Außenaufgang zur Empore. Die Mauern des Schiffs waren von Fenstern unterschiedlicher Formate – im Norden befanden sich zwei Spitzbogen- und zwei Ovalfenster, an der Westseite existierten zwei Rundbogenfenster und eine Fensteröffnung mit geradem Sturz – durchbrochen (vgl. Abb. 63).

Ein Bericht über die „Erneuerung" der Kirche in Uhlbach, der 1896 im Christlichen Kunstblatt erschien, beschreibt den Zustand der Kirche vor ihrer Umgestaltung rückblickend mit den Worten: „Der Turm, schon lange schief, zeigte sich im Gebälk durchaus morsch, Eingänge und Stuhlung konnten in ihrem alten Zustand unmöglich länger belassen werden." Das Kirchengemeinderatsprotokoll vom 20. Oktober 1893 vermerkt lapidar, dass „eine erhebliche Renovation der Kirche in baldige Aussicht genommen werden muß, welche die Kräfte der Kirchengemeinde stark in Anspruch nehmen wird".

Wie sich dem Kirchengemeinderatsprotokoll vom 29. Mai 1894 entnehmen lässt, trägt sich die Gemeinde zunächst mit dem Gedanken, die „Restauration der Kirche im Innern an der Hand des von Oberamtsbaumeister Keppler gefertigten Kostenvoranschlags" vorzunehmen. Am 20. Juli 1894 wird hingegen der Beschluss gefasst, „die Bauarbeiten an der Kirche ganz nach den von Baurat Dolmetsch gemachten Voranschlägen" ausführen zu lassen. Dieser Wandel lässt sich auf eine Note des Konsistoriums vom 14. Juni 1894 zurückführen, in der auf eine „gutächtliche Äußerung" der von Keppler vorgelegten Vorschläge gedrungen wird. Das von Dolmetsch ausgearbeitete Gutachten scheint nicht überliefert zu sein; einer Note des Konsistoriums an die Kreisregierung „betr[effend] bauliche Verbesserungen im Innern der Kirche zu Uhlbach" vom 28. Juni 1894 lässt sich entnehmen, dass Dolmetsch „mehrfach sehr beachtenswerte Verbesserungen des Keppler'schen Vorschlags nahegelegt" habe. Demnach gehen Dolmetschs Vorschläge über die von Keppler beabsichtig-

ten Maßnahmen, „welche namentlich in neuer Ordnung und Herstellung des Gestühls und einfacher Ausbesserung der Wandflächen bestehen soll", hinaus.

Nach Beginn der Bauarbeiten – das Gestühl, die Emporen, die Kanzel und die Fensterscheiben sind bereits entfernt worden – stiftet Kommerzienrat Benger einen Betrag von 10000 Mark „zur Kirchenrestauration", wie aus einem Schreiben des Pfarrers an das Konsistorium vom 24. August 1894 hervorgeht. Der Stifter knüpft an seinen Beitrag eine Reihe von Bedingungen: Unter anderem sollen die „auf Kosten des Stifters auszuführenden Arbeiten der Leitung von Baurat Dolmetsch […] unterstellt werden", außerdem soll „mit dem Schiff der Kirche zugleich der im höchsten Grad baufällige Kirchturm restauriert werden". Oberamtsbaumeister Keppler tritt daraufhin „freiwillig die ganze Leitung des Kirchenbaus" an Dolmetsch ab.

Im August 1894 fertigt Dolmetsch die Pläne und Kostenvoranschläge zum Umbau der Uhlbacher Kirche. Sämtliche Fenster- und Türöffnungen der Kirche sollen verändert werden (Abb. 344); insbesondere auf der Nordseite des Schiffs sollen zwei lange, schmale Spitzbogenfenster eingebrochen werden, die ein neu anzulegendes Portal flankieren. Über dem Eingang soll ein Rundfenster einge-

setzt werden. Der Emporenaufgang, der sich auf dieser Seite befand, soll entfernt werden. Des Weiteren soll auf der Nordseite des Chors eine Vorhalle angebaut werden, die ein Treppenhaus aufnimmt. Weitere Emporenaufgänge plant Dolmetsch an der Westseite des Schiffs im Inneren der Kirche. Die Empore zieht sich an drei Seiten des Schiffs entlang, so dass eine symmetrische Anlage entsteht. Die Orgel befindet sich auf der Empore an der Westseite, die Kanzel findet ihren Platz am südlichen Chorbogenpfeiler. Der Altar wird im Turmchor aufgestellt, umgeben von Bänken, die entlang der Wand platziert werden. Das Gestühl im Schiff wird durch einen Mittelgang und einen Quergang, der auf das Nordportal zuführt, geteilt.

Ebenfalls im August 1894 erarbeitet Dolmetsch einen „Entwurf zu einem neuen Turm-Aufsatze", der eine Abtragung des ehemaligen spitzen Turmhelms und einen Neuaufbau in Fachwerk vorsieht (vgl. Abb. 64). Die „Summarische Kostenberechnung über die Herstellung eines neuen Turmhelms", die einen Betrag von 17700 Mark ausweist, beinhaltet folgende Arbeiten: „1) Erhöhung des massiven Gemäuers bis über den Dachfirst des Schiffs. 2) Abschluß des massiven Turmteils durch ein eisernes Gebälk mit Betonausfüllung. 3) Erstellung eines, teils

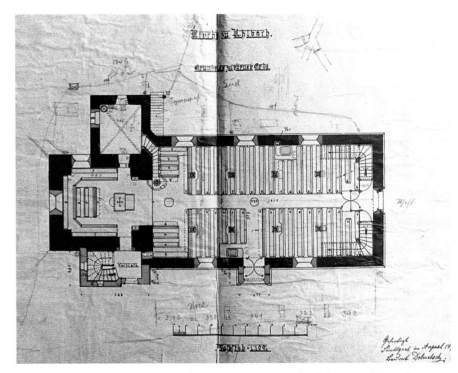

Abb. 344 Uhlbach, ev. Kirche, Grundriss Parterre, 1894. Tusche, farbig aquarelliert auf Transparent, 40,8 cm x 32,9 cm.

aus Stein, teils aus Eichenholz konstruierten Stockwerks zur Aufnahme der Glocken. 4) Dachabschluß durch eine mit 4 Giebeln versehene hölzerne Pyramide, welche mit glasierten Falzziegeln und kupfernen Dachverwahrungen abgedeckt wird. Ferner ist Blitzableitung von der Turmspitze aus vorgesehen." Obgleich Dolmetsch darüber hinaus zwei kostengünstigere Pläne vorlegt, von denen sich offenbar keine Zeichnungen erhalten haben, entschließt sich der Kirchengemeinderat für die Ausführung dieses aufwendigen Projekts. Wieder lässt sich die Entscheidung des Kirchengemeinderats auf die Einflussnahme von Kommerzienrat Benger zurückführen, der „eine weitere Stiftung von 6000 Mark zusagt unter der Bedingung, daß der Kirchturm um den Preis von 17 700 Mark umgebaut werde", wie dem bereits erwähnten Schreiben des Pfarrers an das Konsistorium vom 24. August 1894 zu entnehmen ist. Zudem lehnt „der technische Leiter" – somit Dolmetsch – die Übernahme einer Garantie im Falle der Ausführung des preiswertesten Plans, der sich auf 10 000 Mark beläuft, ab.

Nach dem Beschluss des Kirchengemeinderats vom 10. August 1894, „mit dem Schiff der Kirche auch den Turm um den Preis von 17 700 Mark zu restaurieren", schreiten die Bauarbeiten so zügig voran, dass die Einweihung der Kirche am 27. Oktober 1895 stattfinden kann. Der Plan Dolmetschs vom August 1894 wird vollständig umgesetzt, so dass ein zeitgenössischer Bericht im Christlichen Kunstblatt ein überschwengliches Lob beinhaltet: „Baurat Dolmetsch […] hat es in den letzten Jahren verstanden […], etwas künstlerisch Harmonisches und kirchlich Würdiges zu schaffen; doppelt mit Freuden ist es aber zu begrüßen, daß es in diesem Falle möglich war, einen ausgedehnten, jedoch in Material und Ausführung das einer Dorfkirche Ziemende nicht überschreitenden künstlerischen Schmuck hinzuzufügen."

In der Nachkriegszeit wurden die Wände der Kirche im Inneren mit heller Dispersionsfarbe überstrichen, die Ausstattung blieb jedoch mit Ausnahme des Chorfensters erhalten. 1989/90 wurde die Farbfassung aus der Zeit der Dolmetsch-Restaurierung wiederhergestellt (vgl. Abb. 109), wobei es sich weniger um eine Rekonstruktion als vielmehr um eine Ergänzung des noch Vorhandenen handelte.

Gertrud Clostermann spricht dementsprechend anlässlich der Wiedereinweihung der Uhlbacher Kirche 1990 von einer „Rekomplettierung".

Quellen: LKA, A 29, 4705-4 (Kirchengemeinde 1888–1911 [1915]). PfarrA Uhlbach, Nr. 30 (Kirchl. Vermögensverwaltung. Bausachen 1895–1901. Friedhof. Orgel. Stiftungen. Kirchenstühle). PfarrA Uhlbach, Nr. 39 (Beilagen zur Kirchenpflege-Rechnung pro 1. April 1892/95. I. Teil). PfarrA Uhlbach, Nr. 40 (Beilagen zur Kirchenpflege-Rechnung pro 1. April 1892/95. II. Teil). PfarrA Uhlbach, Mappe „Plan über Umbau-Arbeiten an der Kirche zu Uhlbach", fragmentiert, 4 Entwurfszeichnungen enthalten, datiert und signiert „Gefertigt Stuttgart im August 1894. Baurat Dolmetsch"; 1 Plan des alten Zustands nur noch in Kopie vorhanden, das Original bei der Recherche am 25. 9. 2001 nicht auffindbar, gleichfalls datiert und signiert „Gefertigt Stuttgart im August 1894. Baurat Dolmetsch". TUM, Nachlass Heinrich Dolmetsch, Signatur 40.1, 40.2, 2 Tuschepläne, undatiert und unsigniert („Entwurf zu einem neuen Turm-Aufsatze" mit dem entsprechenden in PfarrA Uhlbach identisch).

Literatur: Dehio 1993, S. 789. Wörner/Lupfer 1991, S. 160. [Gertrud] Clostermann, Die Uhlbacher Kirche als Kulturdenkmal, in: Kirchengemeinderat Uhlbach (Hrsg.), Festschrift Andreaskirche Stuttgart-Uhlbach, o. O., o. J. [1990], S. 22 f. Ulrich Gohl, Gesichter ihrer Zeit. Unbekannte Stuttgarter Bau- und Kulturdenkmale, Tübingen/Stuttgart 1992, S. 23 f. [Ohne Verfasser], Die Erneuerung der Kirche zu Uhlbach, in: ChRKbl 38, 1896, H. 4, S. 56 f. und H. 5, S. 68–73. „Schwäbische Kronik" vom 30. 10. 1895.

Stuttgart-Zazenhausen, ev. Pfarrkirche (St. Nazarius)
Stadt Stuttgart, ehemals OA Cannstatt

Bereits für das Jahr 789 ist an der Stelle der jetzigen Kirche eine Kapelle zum Hl. Nazarius bezeugt. 1582 (i) wurde die Kirche in Form eines einfachen Saales ohne Choranbau neu errichtet.

Wie die von Karl Beisbarth im Jahr 1865 gefertigten Pläne der Kirche dokumentieren, befanden sich sowohl auf der West- als auch auf der Nordseite des Schiffs Emporen (Abb. 345). Die Brüs-

tungen wurden laut Inschrift im Jahr 1865 „renovirt". Der Altar stand auf einem einstufigen Podest im Osten, die Orgel hatte ihren Platz auf der gegenüberliegenden Westempore. Die Kanzel befand sich auf der Südseite des Schiffs.

Weder an der Aufstellung der Prinzipalstücke noch an der Anordnung der Emporen beabsichtigt Dolmetsch Änderungen vorzunehmen, auch der Standort der Orgel soll beibehalten werden (Abb. 346). Wie die „Vorbemerkung" zu der „Kostenberechnung über die vorzunehmenden Bauarbeiten" vom Juni 1900 mitteilt, erstrecken sich die Maßnahmen auf „die Anbringung einer Dachrinne auf der Nordseite, die Neuherstellung des Verputzes im Innern, [die] Neubemalung der Wände, Decken und Emporen, [die Ausbesserung der] Emporendeckenvertäferung, [die] Herstellung eines Terrazzobodens in den Gängen, [das] Ausbrechen einer Fensteröffnung auf der Nordseite, [das] Ausbrechen eines Kamins in der nördlichen Wand, [die Erneuerung der] Chorfensterverglasung, [die] Errichtung eines Zugangs von der Orgelempore zum Dachraum [sowie] auf kleinere Reparaturen an Fenster und Thürbänken". Die Ausführung dieser Arbeiten würde sich auf eine Bausumme von 4700 Mark belaufen, bei „Nichtausführung der Emporendeckenvertäferung und Chorfensterverglasung ließen sich [allerdings] 700 Mark ersparen". Den Ausbruch einer zusätzlichen Fensteröffnung auf der Nordseite des Schiffs stellt Dolmetsch hingegen nicht zur Disposition, da ihm offensichtlich der Raum unter der Empore zu dunkel erscheint. Schon Beisbarth hatte 1865 die Anordnung eines weiteren Fensters auf dieser Seite in seinem Plan angedeutet, doch hatte er die Öffnung weiter westlich platziert als Dolmetsch.

„Auf Grund des vorliegenden Kostenüberschlags" rückt die Ausführung der „bevorstehenden Kirchenrestauration […]" in weite Ferne", wie dem Kirchengemeinderatsprotokoll vom 24. Juni 1900 zu entnehmen ist. Trotz der begrenzten finanziellen Möglichkeiten der Gemeinde weist der neuerliche Kostenvoranschlag von Dolmetsch vom 4. August 1903 dieselben Maßnahmen aus wie die vorangegangene Berechnung, sogar die Vertäfelung der Emporendecken und die Neuverglasung der Chorfenster sind wieder aufgenommen worden. Noch im selben Jahr werden die Restaurierungs-

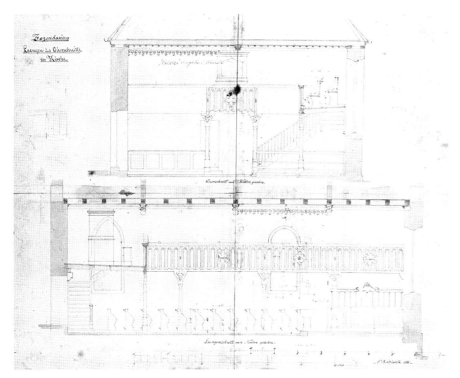

Abb. 345 Zazenhausen, ev. Kirche, Karl Beisbarth, Querschnitt nach Westen und Längsschnitt, 1865. Tusche, aquarelliert auf Papier, 60,8 cm x 46,7 cm.

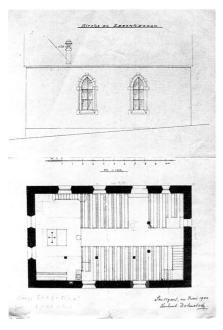

Abb. 346 Zazenhausen, ev. Kirche, Ansicht Nordfassade und Grundriss Parterre, 1900. Tusche, farbig aquarelliert auf Papier, 21,0 cm x 32,6 cm.

arbeiten im vorgesehenen Umfang ausgeführt, so dass am 29. November 1903 die Einweihung der Kirche stattfinden kann. Dekan Oehler bezeichnet anlässlich einer Kirchenvisitation den Zustand des Kirchengebäudes als „gut" und das Innere als „einfach, aber würdig", wie das Kirchen-

gemeinderatsprotokoll vom 15. Mai 1904 festhält.

Im Zuge einer Umgestaltung der Kirche im Jahr 1958 wurden die Emporenbrüstungen, das Gestühl, der Fußboden sowie Altar, Taufstein und Kanzel neu hergestellt, so dass von der Restaurierung des Jahres 1903 lediglich die Verglasung sämtlicher Fenster und die Bemalung der Schiffdecke, die laut Kostenvoranschlag vom 4. August 1903 „unter Einhaltung der alten Motive" erfolgte, erhalten sind.
Quellen: PfarrA Zazenhausen, „KGR-Protokolle 1900–1913". PfarrA Zazenhausen, Nr. 55b (Kirchenbau und Orgel 1889–1944). PfarrA Zazenhausen, „Baugesuch zur Erhöhung des Turmhelmes" von Otto Jung, darin u. a. 2 Tuschepläne, datiert und signiert „Stuttgart, im Juni 1900. Baurat Dolmetsch". TUM, Nachlass Heinrich Dolmetsch, Signatur 65.9, 65.10, 2 Tuschepläne, datiert und signiert „Stuttgart, im Juni 1900. Baurat Dolmetsch"; Signatur 65.1, 65.2, 65.3, 3 Tuschepläne, datiert und signiert „C. Beisbarth 1865" bzw. versehen mit „CB"; Signatur 65.4, 65.5, 65.6, 65.7, 65.8, 5 Tuschepläne, undatiert, aber zum Teil signiert mit „Schmid"; Signatur 65.11, 1 „Skizze für die Treppe von der Empore z[um] Dachraum", undatiert und unsigniert.

Sulzbach *siehe Sulzbach-Laufen*

Sulzbach-Laufen, Laufen, ev. Pfarrkirche (St. Maria auf dem Heerberg)
Gemeinde Sulzbach-Laufen, Kreis Schwäbisch Hall, ehemals OA Gaildorf

Die ehemalige Wallfahrtskirche stammt aus dem späten 15. Jahrhundert. Sie besitzt einen dreiseitig geschlossenen Chor und einen im unteren Geschoss als Kapelle ausgebauten Nordturm sowie eine weitere, sich zum Chor durch einen Spitzbogen öffnende Nebenkapelle auf der Südseite. Erst nach Abbruch der Talkirche St. Peter in Laufen im Jahr 1819 wurde die Heerbergskirche zur Pfarrkirche erhoben. Sie blieb aber noch bis 1867 eine Filialkirche von Sulzbach/Kocher. Nach der zum 500-jährigen Bestehen der Heerbergskirche erschienenen Festschrift, S. 24 wurde 1870 eine neue Kirchturmspitze aufgesetzt, für die die Pläne von Leins gefertigt wurden.

Bereits im Sommer 1884 besucht Dolmetsch im Auftrag des Vereins für christliche Kunst zum ersten Mal die Kirche in Laufen. Sein am 24. November 1884 gefertigtes Gutachten erachtet vor allem „das Innere des Schiffs" als „einer Renovation bedürftig". Insbesondere raube „die profane horizontale Decke dem ganzen Raume den echt kirchlichen Charakter". Durch die Umgestaltung der flachen Decke zu „einer gebogenen sichtbaren Holzdecke", die „den untersten Dachraum zu dem eigentlichen Schiffraume hereinzieht", würde das Innere der Kirche einen „mehr erbaulichen Charakter" erhalten. Auch sei „die Herstellung regelmäßigerer und praktischerer Emporen" sowie „eine Umgestaltung der Stuhlung im Parterre des Schiffes" ein „weiteres Bedürfniß". Die von ihm beabsichtigten, aber an dieser Stelle nicht genauer ausformulierten „Aenderungen der Schifffenster" seien für „die Erscheinung des Innern und Äußern des Schiffes […] sehr zu empfehlen". Außerdem gedenkt er, das Dach der südlich an den Chor anschließenden Kapelle „in der früher von Herrn Oberbaurath v. Leins bestimmten Form" umzugestalten. Schließlich sollte „zur Vervollständigung des Ganzen […] die Gypsung und Bemalung in der ganzen Kirche" erfolgen. Besonderes Augenmerk richtet er auch auf die „möglichste Trockenlegung der sämmtlichen Umfas-

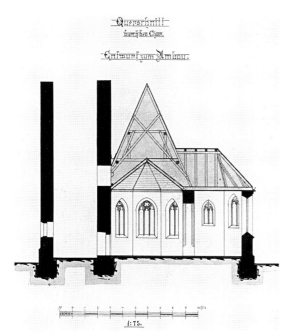

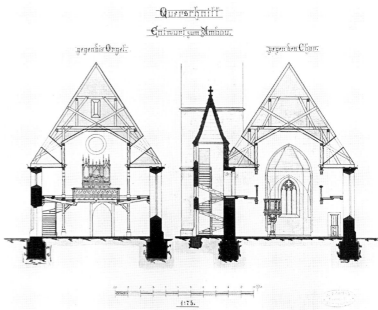

Abb. 347 Laufen/Kocher, ev. Kirche, Querschnitt durch den Chor, ca. 1892. Tusche, aquarelliert auf Papier, 45,0 cm x 40,0 cm.

Abb. 348 Laufen/Kocher, ev. Kirche, Querschnitt nach Westen und nach Osten, ca. 1892. Tusche, aquarelliert auf Papier, 45,0 cm x 40,0 cm.

sungswände" der Kirche, die er durch „die Herstellung von Dachrinnen" und „stellenweise Abgrabung des äußeren Terrains" erreichen will. Die Kosten für die Durchführung der beschriebenen Maßnahmen würden sich auf 11 500 Mark belaufen.

In seiner Sitzung am 1. Januar 1885 beschließt der Pfarrgemeinderat angesichts „der unerwartet hohen Kostensumme für die Restauration der Kirche", das Konsistorium um die Gewährung einer Kirchenkollekte zu bitten. In seinem Bittschreiben nennt er die Gründe für die beabsichtigte Instandsetzung: „Die sehr alte Kirche hat […] einen in edlen gotischen Verhältnissen gehaltenen, auch mit gotischen Fenstern gezierten, jedoch durch eine horizontale Holzdecke verunstalteten Chor und Kapellenbau, dagegen ein häßliches, finsteres, kaltes, niederes Schiff mit ein paar viereckigen Fensterlöchern, das auf den Namen einer Kirche keinen Anspruch erheben kann. Die Renovation derselben wird nachgerade dadurch besonders dringend, daß das Grundgemäuer vom Wetter allmählich zu sehr angegriffen wird."

Vorerst ist aber die Ausführung der geplanten Kirchenrestauration unmöglich, da der Kirchenbaufonds zu diesem Zeitpunkt nur etwa 2200 Mark beträgt. Auch der „aufgrund Allerhöchster Entschließung vom 8. Juni 1869 aus Anlaß der Er-

werbung des Zeitblom'schen Hochaltars für die Staatsaltertümersammlung" zugesagte Beitrag von 20 % zu den Kosten der

Kirchenrestaurierung kann das finanzielle Defizit nicht auffangen. Letztlich kann sogar Dolmetschs Argument, dass das Ar-

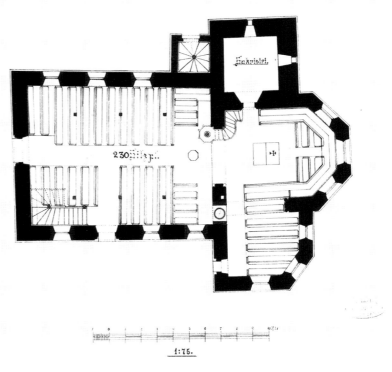

Abb. 349 Laufen/Kocher, ev. Kirche, Grundriss Parterre, ca. 1892. Tusche auf Papier, 45,0 cm x 40,0 cm.

342

chitektenhonorar und die Bauführungskosten sich erheblich reduzieren ließen,
wenn die Restaurierungen in Laufen und
Sulzbach gleichzeitig ausgeführt würden,
nicht überzeugen. So muss die als „dringend" notwendig erachtete Kirchenrenovierung aufgeschoben werden, bis Dolmetsch ein zweites Mal am 22. September
1888 in Laufen eintrifft, um die Vorarbeiten für einen „ungefähren" Kostenvoranschlag vorzunehmen, der laut Vorbemerkung zu der Kirchenpflegerechnung auf
„rund 19 000 Mark" lauten wird. Doch
wieder kommen die Bemühungen um eine baldige Ausführung der Arbeiten zum
Erliegen.

Erst ein weiteres Bittgesuch des Kirchengemeinderats an das Konsistorium,
dessen Wortlaut im Sitzungsprotokoll
vom 19. Februar 1891 festgehalten ist,
bringt die Angelegenheit wieder in Gang:
„Die Notwendigkeit des Bauwesens ist
schon seit 20 Jahren [...] konstatiert worden, und zwar besonders aus gesundheitlichen Gründen, weil die Kirche in ihrem
seitherigen Zustand sehr feucht ist und
der Trockenlegung dringend bedarf.
Ferner leidet durch Schadhaftigkeit des
Dachs und der Fenster das Gebäude selbst
Schaden." Obwohl am 24. März 1891 das
Konsistorium endlich seine Genehmigung zu der geplanten Restaurierung
gewährt, dauert es „infolge von Arbeits-
überhäufung des Architekten und Mangel an geeigneten Bauführern" wiederum
beinahe ein Jahr, bis die Arbeiten am
29. Januar 1892 an die Unternehmer vergeben werden können.

Teile des Plansatzes zu dem „Entwurf
zum Umbau" der Heerbergskirche mögen bereits 1884 oder 1888 entstanden
sein, denn zwei Pläne heben auf die Umgestaltung des Kapellendachs ab, die von
Dolmetsch in seinem Gutachten angesprochen wurde: Das Dach der südlich an
den Chor anschließenden Kapelle soll mit
dem Dach des Chors auf eine einheitliche
Firsthöhe gebracht werden. Der „Querschnitt durch den Chor" hingegen zeigt
das fragliche Dach in seiner hergebrach-
ten Form, die schließlich beibehalten
wird (Abb. 347). Die übrigen in der
Mappe enthaltenen Pläne führen das
Umbauprojekt in der Weise vor Augen,
die im Laufe des Jahres 1892 zur Ausführung gelangt ist. Möglicherweise sind
diese Zeichnungen zusammen mit dem
im Januar 1892 ausgearbeiteten Kostenvoranschlag entstanden. Die ehemals

Abb. 350 Laufen/Kocher, ev. Kirche, Ansicht Nordfassade, ca. 1892. Tusche auf Papier.

flache Schiffdecke wird aufgesprengt,
wobei die Konstruktion des spätmittelalterlichen Dachstuhls, die Dolmetsch
erhält, zu dem Umstand führt, dass zum
einen die senkrechten Partien der Decke
Platz genug bieten für die Anbringung
von kleinen Spitzbogenfenstern und zum
anderen in Verbindung mit den Emporen
eine „Dreischiffigkeit" des Innenraums
angedeutet wird (Abb. 348). Um den
Blick in den nun mit einem „Holzgewölbe" versehenen Chor aufzuweiten, wird
der Chorbogen erhöht. Dabei wird das
spätgotische Profil des Bogens exakt
weitergeführt, wie die noch heute erhaltenen Reste bezeugen. Die neu angefertigte Kanzel findet ihren Platz an dem
nördlichen Chorbogenpfeiler. Der Altar
wird innerhalb des Chors weiter in Richtung Kirchenschiff gerückt, so dass nun
auch der Taufstein deutlich vor der Chor-
stufe zum Stehen kommt (Abb. 349). Der
Aufgang zu der Empore erfolgt über eine
in der südwestlichen Ecke des Schiffs angebrachte Treppe, die den vordem auf der

Nordseite befindlichen Außenaufgang
überflüssig macht. Nicht nur die Nord-,
sondern auch die Südfassade des Schiffs
wird vollständig neu gestaltet: Auf der
Nordseite werden drei in gleichmäßigen
Abständen angelegte Spitzbogenfenster
eingebrochen sowie ein Treppentürmchen in der Nordostecke zwischen Turm
und Schiff angefügt (Abb. 350), die Südseite behält ihr Portal mit den Wappen
des Schenken Konrad († 1482) und seiner
Gemahlin, der Gräfin Klara von Mont-
fort, und das in der östlichen Ecke sitzende Spitzbogenfenster bei und wird um
zwei weitere ebensolche Fenster und eine
Rosette über dem Portal ergänzt.

Am 4. Dezember 1892 kann die
Wiedereinweihung der restaurierten
Kirche stattfinden, die im Jahr 1969 eine
abermalige durchgreifende Veränderung
erfuhr. Von der Dolmetsch-Ausstattung
sind lediglich die drei Chorfenster erhalten, von denen das mittlere die
Kreuzigung Christi zeigt und die beiden
seitlichen mit einem „Teppichmuster"

versehen sind. Heute weist das Kirchenschiff wieder eine Flachdecke auf, über
der im Dachraum noch die aus dem Jahr
1892 stammende Decke erhalten ist. An
der westlichen und östlichen Giebelwand
sind Reste der Dolmetsch'schen Quadermalerei – sie zeigt eine rote Quadrierung
auf weißem Grund – überliefert.

Quellen: LKA, A 29, 2483-1 (Kirche auf
dem Heerberg [Verkauf von Gemälden,
Restauration] 1819–1888). LKA, A 29,
2486-15 (Pfarrbericht von 1894). PfarrA
Laufen/Kocher, „Zweite Kirchenpflege-
Rechnung (einschließend die gesammte
Nebenrechnung über den Kirchenumbau
im Jahr 1892) pro 1. April 1891/31. März
1894". PfarrA Laufen/Kocher, „PfGR-
Protokolle 1857–1889/KGR-Protokolle
1889–1894". TUM, Nachlass Heinrich
Dolmetsch, Signatur 18.1, 18.2, 18.3,
18.4, 18.5, 18.6, 18.7, 18.8, 18.9, 18.10,
18.11, 18.12, 18.13, 18.14, Mappe „Kir-
che auf dem Herrberg zu Lauffen a.K.
Umbauprojekt", Titelblatt mit Stempel
„H. Dolmetsch. Bauinspector. Stuttgart"
versehen, darin enthalten 8 Pläne „Alter
Bestand" und 6 Pläne „Entwurf zum
Umbau".

Literatur: Stephan Keck/Haucke
Schmitt, 500 Jahre Heerbergskirche – eine Festschrift, hrsg. von der Ev. Kirchengemeinde Laufen. o. O., o. J. [1987],
S. 24 und 28.

Sulzbach-Laufen, Sulzbach, ev. Pfarrkirche (St. Michael)

*Gemeinde Sulzbach-Laufen, Kreis
Schwäbisch Hall, ehemals OA Gaildorf*

Das spätgotische Schiff der romanischen
Chorturmanlage wurde 1754 durch einen
Neubau ersetzt. Ein „Plan der Kirche im
jetzigen Zustande" zeigt die Kirche in
einer Ansicht von Süden (Abb. 351). Das
Kirchenschiff und das Erdgeschoss des
Turms weisen barocke Fenster- und Tür-
rahmungen auf, das Obergeschoss des
Turms besteht im Gegensatz dazu aus
einem mit senkrechten Brettern verklei-
deten Aufsatz, in den drei kleine Fensteröffnungen eingeschnitten sind. Dieser
Plan ist nicht datiert, es ist aber denkbar,
dass er im Zuge eines bereits für das Jahr
1882 belegten Projekts für den Neubau
des Kirchturms entstanden ist. Der
Name des Architekten, der „Kostenvoranschlag und Bauriß für den projektirten
Kirchthurmbau" fertigte, ist nicht überliefert.

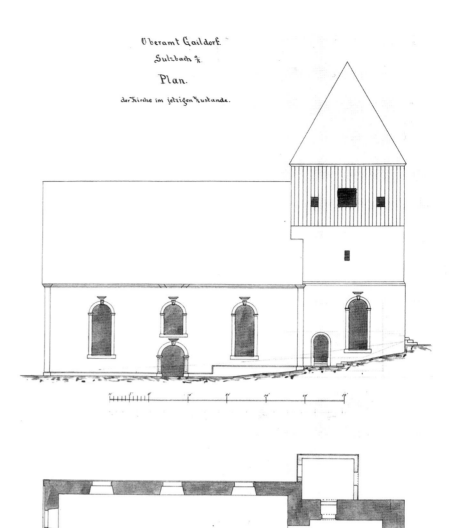

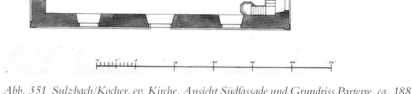

*Abb. 351 Sulzbach/Kocher, ev. Kirche, Ansicht Südfassade und Grundriss Parterre, ca. 1882
(Bestand). Tusche, aquarelliert auf Papier, 33,9 cm x 51,5 cm.*

Wahrscheinlich ist das Fehlen finanzieller Mittel für den Aufschub der Baumaßnahme verantwortlich zu machen, es
bleibt aber weiterhin „die längst als Bedürfnis erkannte Restauration [der] Kirche mit Turmaufbau" vorrangiges Desiderat, wie einem „Bericht betreffend die
Restauration der Kirche mit Turmaufbau
zu Sulzbach a. K." vom 5. September
1888 zu entnehmen ist. Dieses Schreiben
gibt auch Aufschluss über die Tatsache,
dass bereits ein Plan und Kostenvoranschlag in Höhe von 8000 Mark für die

Restaurierung der Kirche von Dolmetsch
gefertigt worden ist. Es ist anzunehmen,
dass der erhaltene Plan über das „Projekt
zur Erbauung eines neuen Thurmaufsatzes" diesem frühen Entwurfsstadium zuzurechnen ist (Abb. 352). Die Zeichnung
belegt, dass Dolmetsch das Kirchenschiff
und die beiden unteren Geschosse des
Turms unangetastet lassen will, allerdings
setzen die fialenartig an den vier Ecken
des Turms aufstrebenden Spitzen bereits
knapp oberhalb des ersten Stockwerks an.
Die Schallöffnungen der Glockenstube

Abb. 352 Sulzbach/Kocher, ev. Kirche, Ansicht Südfassade, ca. 1888 (unausgeführt). Tusche, aquarelliert auf Papier, 33,1 cm ✗ 43,1 cm.

weisen die Form eines mit einem Rundbogen überfangenen Doppelfensters auf. Dolmetsch greift damit auf romanische Formen zurück, die in ihrer Schlichtheit im Sinne des Hübsch'schen Rundbogenstils gleichermaßen „Renaissance" wie „Barock" zu evozieren vermögen.

Ein Brief des Pfarrers an das Dekanatamt vom 9. November 1892 nennt rückblickend zwei Motive für die Ausweitung des Bauprojekts: Zum einen sei die „hinten befindliche, dem Einsturz drohende Sakristei in einen besonderen Anbau nach vorn zu verlegen", zum anderen solle „durch Abgraben der Turm freier gestellt und die Feuchtigkeit abgewehrt werden". Dies führt zu einer Ausarbeitung eines neuerlichen Plans im Juli 1891, der durch die überlieferten Bauzeichnungen dokumentiert ist. Dolmetsch sieht vor, das

Erdreich, das an der Ostseite des Turms direkt bis an das Mauerwerk in Höhe der Chorempore heranreicht, abzutragen, das Chorfenster wesentlich zu vergrößern (vgl. Abb. 18; 19), die Sakristei von der Nordseite – der dem Pfarrhaus abgewandten Seite – auf die Südseite des Turms zu verlegen, die Empore aus dem Chor zu entfernen und die Orgel auf die Westempore zu versetzen (vgl. Abb. 120; 121). Die Fenster- und Türöffnungen des Schiffs bleiben unberührt, ebenso die Flachdecke des Schiffs. Die – offenbar nicht erhaltene – Kostenberechnung weist eine Summe von 20 600 Mark aus.

Nachdem am 14. November 1891 die Kreisregierung und am 17. November das Konsistorium das Bauwesen genehmigt haben, wird am 7. März 1892 mit den Grabarbeiten an der Kirche begonnen.

Dabei „zeigte [es] sich, daß der Grund des Thurms nicht tief und fest genug [war], auch entstanden Risse im Mauerwerk des Thurms", wie das Kirchengemeinderatsprotokoll vom 20. März 1892 bemerkt. Weiter heißt es: „Die genaue Untersuchung, welche von dem sofort berufenen und von Herrn Baurat Dolmetsch hieher beorderten Techniker vorgenommen wurde, ergab das Resultat, daß der vorhandene untere Teil des Thurms nicht fest genug ist, um den schweren Oberbau zu tragen, daß vielmehr der Thurm vollständig abgebrochen und mit genügend fester Grundlage neu aufgebaut werden muß." Der Kirchengemeinderat beschließt im Anschluss an diese Feststellung, „mit dem Abbrechen des noch stehenden Teils des Thurms und mit dem vollständigen Neuaufbau desselben sich einverstanden zu erklären" und Dolmetsch mit der Fertigung eines neuen Plans und Kostenvoranschlags zu betrauen.

Das zweite von Dolmetsch für die Kirche in Sulzbach erstellte Projekt beinhaltet den kompletten Neubau des Turmchors mit anschließender Sakristei (vgl. Abb. 122). Damit einhergehend strebt Dolmetsch eine vollständige Umgestaltung des Innenraums der Kirche an. Der Pfarrer betont in seinem bereits zitierten Schreiben vom 9. November 1892, „daß die Veränderungen im Innern der Kirche bis zu einem ganz kleinen Teil, bloß durch die <u>Art</u> und <u>Weise</u> erforderlich geworden sind, <u>wie</u> der Turm gebaut wurde". Die im Plan auffallende Hinausrückung des Turmchors aus der Mittelachse des Kirchenschiffs und damit verbunden die nur auf zwei Seiten des Schiffs umlaufende Empore haben ihren Grund in dem Bestreben, „Raum zu gewinnen für einen Aufgang von außen zu der Empore und für die Sakristei". Damit präferiert Dolmetsch eine Lösung, die er in vielen anderen Fällen nicht nur ablehnt, sondern darüber hinaus mit aufwendigen Mitteln zu verhindern bzw. zu beseitigen sucht. Aus dem erwähnten Schreiben des Pfarrers geht hervor, dass „in Folge dieser Verschiebung des Turms es nach dem Ausspruch des Techniker[s] <u>absolut notwendig</u> [war], daß die <u>flache Decke</u> im <u>Schiff</u> wegzunehmen und durch eine <u>gewölbte</u> Decke zu ersetzen" sei. In seiner Sitzung am 19. Juni 1892 verhandelt der Kirchengemeinderat über diesen Gegenstand und „erklärt [sein] Einverständnis",

345

ohne dass in irgendeiner Form eine Diskussion über die von Dolmetsch vorgeschlagene Lösung stattgefunden hätte. Tatsächlich wird der Plan, dessen veranschlagte Bausumme sich auf 38 000 Mark beläuft, im Laufe der kommenden Monate ohne Änderungen ausgeführt. Die Einweihung der umgebauten Kirche kann am 12. März 1893 begangen werden. Die endgültige Kostenberechnung ergibt schließlich eine Bausumme von annähernd 47 000 Mark, zu der der Kirchengemeinde ein Staatsbeitrag in Höhe von 4500 Mark gewährt wird. Gründe für die Überschreitung des Kostenvoranschlags mögen die durch ein Schreiben des Dekanatsamts an das Konsistorium vom 26. April 1892 belegte „Hauptausbesserung der Orgel" sowie die Einsetzung fünf neuer Fenster an der West- und Nordseite der Kirche gemäß Beschluss des Kirchengemeinderats vom 5. März 1893 sein.

Nach einer umfassenden Restaurierung der Kirche im Jahr 1963 sind von der Dolmetsch-Ausstattung keinerlei Elemente im Kirchenraum erhalten geblieben; lediglich das hölzerne, mit vegetabilen Motiven bemalte Tonnengewölbe existiert noch über der nachträglich eingezogenen segmentbogenförmigen Decke (vgl. Abb. 102).

Quellen: LKA, A 29, 4512-3 (Kirchturmbau 1882). LKA, A 29, 4512-4 (Kirchengemeinde 1888–1919). PfarrA Sulzbach/Kocher, Nr. 52 (KGR-Protokolle 1889–1907). TUM, Nachlass Heinrich Dolmetsch, Signatur 29.3, 29.4, 29.5, 29.6, 29.7, 29.8, 29.9, 1 Mappe mit 7 Tuscheplänen, aquarelliert (4 Pläne alter Zustand, 3 Pläne „Projekt", diese datiert und signiert „Gefertigt im Juli 1891. Bauinspector Dolmetsch"); Signatur 29.10, 29.11, 2 weitere Pläne, undatiert und unsigniert; Signatur 29.1, 1 „Plan der Kirche im jetzigen Zustande"; Signatur 29.2, 1 Plan „Kirche zu Sulzbach a/Kocher. Projekt zur Erbauung eines neuen Thurmaufsatzes", versehen mit Stempel „H. Dolmetsch. Bauinspector. Stuttgart".

Täferrot, ev. Pfarrkirche (St. Afra)
Ostalbkreis, ehemals OA Gmünd

Ob der Chorturm mit dem niedrigen, spätgotischen Netzgewölbe der Kirche in seinem Ursprung aus romanischer oder erst aus späterer Zeit stammt, muss dahingestellt bleiben. Das Langhaus jedenfalls wurde im ausgehenden 15. Jahrhundert neu errichtet, wie die Jahreszahl – 1491 (i) – über dem Südportal bezeugt. Ein großer Teil der Ausstattungsgegenstände ist noch aus nachreformatorischer Zeit erhalten, so etwa das Chorgestühl, die Brüstungsbilder der Emporen, die Kanzel und die Kassettendecke.

Zu Beginn des 20. Jahrhunderts wird eine Instandsetzung der Kirche angestrebt, wie dem Kirchengemeinderatsprotokoll vom 4. Dezember 1905 – laut Kissling, S. 38, da sich das Original als unauffindbar erweist – zu entnehmen ist (Abb. 353): „Die Kirchenrenovierung ist unaufschiebbar, da die neue Orgel auf ihrem gegenwärtigen ungünstigen Platz je länger je mehr notleidet, die Bänke in der Kirche äußerst unbequem und auch ziemlich verwahrlost sind, der Fußboden in der Kirche auf größeren Strecken verfault ist, so daß der bloße Erdboden hervorschaut, der innere, unschöne Verputz an vielen Stellen herabbröckelt, auf der Nordseite viel zu wenig Licht vorhanden ist und die wertvollen alten Gemälde an den Chorstühlen und den Emporenfüllungen in Gefahr sind noch mehr Schaden zu leiden als es bisher schon geschehen ist." Bereits am 30. November 1903 ist Dolmetsch zum ersten Mal auf die Bitte des Pfarrverwesers Dornfeld hin in Täferrot gewesen, um die Kirche in Augen-

schein zu nehmen, wie Kissling, S. 38 mitteilt. Dolmetsch schlägt daraufhin einen umfangreichen Maßnahmenkatalog vor, der „die äußerliche Freilegung der Kirche und deshalb Abgrabung des alten Kirchhofes, die innerliche Erhöhung der Decke, die Aufstellung der Orgel auf einer Empore, die Freilegung des Chors und deshalb Entfernung der dortigen Empore, die gründliche, stilgemäße Renovation der alten Gemälde an der Männerempore und Kanzel und der alten Schnitzereien an den Chorstühlen, eine neue Stuhlung, eine neue Bemalung der ganzen Kirche, beziehungsweise Aufdeckung und Renovation der übertünchten Wandgemälde, neues Maßwerk in die Fenster, wo dieselben ausgebrochen sind und überhaupt Anbringung einiger neuer Kirchenfenster, einen neuen Fußboden, [schließlich] eventuell, wenn es die Mittel erlauben, Erhöhung des Kirchturms, da derselbe im Verhältnis zum Kirchendach ziemlich zu niedrig ist und der Turmhelm direkt auf dem Kirchendach aufsitzt, was der ganzen Kirche ein gedrücktes Aussehen gibt", vorsieht.

Die beiden vom November 1904 bzw. Oktober 1905 stammenden Plansätze weichen in zwei wesentlichen Punkten von dem soeben zitierten Maßnahmenkatalog ab. Zum einen dokumentieren die Schnitte, dass Dolmetsch beabsichtigt, die flache Kassettendecke im Schiff beizubehalten (vgl. Abb. 90), und zum ande-

Abb. 353 Täferrot, ev. Kirche, Innenansicht nach Osten, vor 1906.

ren taucht in keinem Plan eine Aufstockung des Kirchturms auf. Daraus muss geschlossen werden, dass in einem früheren Entwurfsstadium, von dem keine Zeichnungen überliefert zu sein scheinen, eine noch weiter gehende Restaurierung der Kirche geplant war. Aus welchen Gründen schließlich sowohl von einer Erhöhung der Schiffdecke als auch von der Aufsetzung einer neuen Kirchturmspitze abgesehen worden ist, lässt sich nicht mehr feststellen. Kissling, S. 39 weist Pfarrverweser Dornfeld eine maßgebliche Rolle bei diesem Entscheidungsprozess zu.

Die überlieferten Quellen stützen diese Einschätzung, denn bei dem um die Frage der Erhaltung bzw. des Abbruchs der alten Kirchhofmauer entbrannten Streit ist es auf die Fürsprache von Dornfeld zurückzuführen, dass die Mauer schließlich bestehen blieb (vgl. Abb. 16). Offensichtlich beabsichtigte eine Mehrzahl der Kirchengemeinderatsmitglieder den Abriss der besagten Mauer, und auch der Gemeinderat spricht sich am 24. Februar 1906 dahingehend aus, „daß die Kirche an Schönheit und Größe viel mehr gewonnen hätte, wenn die Umfassungsmauern und dementsprechend auch die Fenster des Schiffs um ca. 1 Meter erhöht worden wären". Am 16. Mai 1906 setzt sich Dornfeld in einem Schreiben an das Bezirksbauamt in Gmünd „vor allem aus ästhetischen Gründen" für die „Beibehaltung und Wiederherstellung" der alten Kirchhofmauer ein. Bauinspektor Peter schließt sich in seiner Erwiderung vom 18. Mai der Intention des Pfarrverwesers mit folgenden Worten an: „Ein ganz besonderer Schmuck für die Kirche in Täferrot ist die Friedhofmauer. Sie ist mit dem Organismus derselben so eng verwachsen, daß ihr Verlust jedem Altertums- und Kunstfreund und jedem Menschen, der fühlt, gewiß bedauerlich wäre. Bedauerlich – nicht nur ästhetisch – auch finanziell wäre der Abbruch der ehrwürdigen Mauern." Abschließend rät er „dringend aus baulichen, ästhetischen, finanziellen und rechtlichen Gründen – vor allem aber aus menschlichen Rücksichten und Empfindungen – ja die alte Friedhofmauer zu belassen und alle Restauration auf das Innere der Kirche zu verwenden". Bereits am 2. Dezember 1905 hatte auch Landeskonservator Gradmann in dieser Frage Stellung bezogen: „Der Abbruch der Kirchhofmauer wäre im Interesse der malerischen Gesamterscheinung der Kirche sehr zu bedauern und kaum zu verstehen in einer Zeit, wo solche monumentale Einfriedigungen des Kirchenplatzes bei Neubauten von Dorfkirchen eigens geschaffen werden." Tatsächlich gelingt es, den Abriss der alten Kirchhofmauer zu verhindern. Dolmetschs Anteil daran kann nicht eindeutig bestimmt werden; in der „Urkunde zur Erneuerung der evangelischen Kirche in Täferrot im Altar der Kirche niedergelegt im Jahr des Heils 1906" heißt es, dass „es Pfarrv[erweser] Dornfeld unterstützt von H. Oberbaurat Dolmetsch und Landeskonservator Prof. Dr. Gradmann durch[setzte], daß sich die Renovation in der Hauptsache auf das Innere der Kirche beschränkte".

Dieser Streit ist nicht der einzige Punkt bei der geplanten Kirchenrestaurierung, bei dem es zu ausführlichen Diskussionen kommt. Der Disput um den Standort der Orgel und die Anordnung der Fenster im Schiff ist ausführlich dokumentiert. Die im Jahr 1894 angeschaffte neue Orgel mit ihrem neugotischen Prospekt fand ihrer Größe wegen keinen Platz auf der Chorempore, sondern musste in der Südwestecke des Kirchenschiffs zu ebener Erde aufgestellt werden (Abb. 354). Nachdem das Vorhaben, die Schiffdecke aufzusprengen, aufgegeben worden war, war es unmöglich geworden, die Orgel auf der Empore aufzustellen, da es an der hierfür notwendigen Raumhöhe fehlte. So fasste Dolmetsch den Entschluss, der Orgel im Chor zu ebener Erde ihren Standort zu geben, wie es die Umbaupläne vom November 1904 bzw. Oktober 1905 zeigen. In seiner Sitzung am 24. Februar 1906 gibt der Gemeinderat seine Enttäuschung über diese Absicht kund: „Dadurch, daß die Orgel nun in dem Chorraum aber ebenfalls auf dem Boden aufgestellt wird, ist dem schon längst gefühlten Bedürfnis der besseren Aufstellung der Orgel keineswegs Rechnung getragen." Trotzdem findet die Orgel ihren Platz im Chor, so wie es auch die Architekten Böklen und Feil in einem im Auftrag des Vereins für christliche Kunst gefertigten Gutachten vom 23. Januar 1906 empfohlen hatten: „Die Herausnahme der Empore im Chor und die Verlegung der Orgel in den so gewonnenen nun auch freundlichen und hellen Chorraum, wobei die alte Emporenbrüstung wieder an ihre ursprüngliche Stelle auf der Westseite gebracht werden kann" sei „sehr zu begrüßen".

Ein weiterer Aspekt bei der Kirchenrestaurierung, der lange Zeit umstritten ist, ist die Frage der Fensteranordnung auf der West- und Nordseite des Schiffs. Der Umstand, auf den Böklen und Feil in ihrem Gutachten mit der Formulierung eines „freundlichen und hellen Chorraums" anspielen, bezieht sich auf die Einsetzung eines zusätzlichen Rundfensters auf der Nordseite des Chors (vgl. Abb. 71; 72). Das Fenster ist nach Dolmetschs Plänen ausgeführt worden. Die Nordseite des Kirchenschiffs besaß ursprünglich lediglich ein hohes Spitzbogenfenster, eine Tür und ein fast direkt unterhalb der Traufe sitzendes Rundfenster. Schon in dem eingangs genannten Kirchengemeinderatsprotokoll vom 4. Dezember 1905 wird der Mangel an Licht auf der Nordseite des Kirchenraums beklagt. Nach dem bereits zitierten Gutachten von Landeskonservator Gradmann vom 2. Dezember 1905 wünschte der Kirchengemeinderat eine „gleichförmige Reihe von drei Langfenstern", um die Nordseite besser zu erhellen. Dolmetsch hingegen hätte eine „unsymmetrische Anordnung" vorgesehen, die in der Tat in seinen Plänen vom November 1904 bzw. Oktober 1905 auftaucht: Zwei Reihen von jeweils drei rundbogigen bzw. mit einem geraden Sturz abschließenden Fenstern nehmen Bezug auf die hinter der Fassade befindliche Empore. Merkwürdigerweise schlagen genau diese Fensteranordnung Böklen und Feil in ihrem Gutachten vom 23. Januar 1906 vor: „Auf der Nordseite tritt das Bedürfnis nach Anordnung von neuen Lichtquellen mit Recht auf. Während der Architekt [Dolmetsch] zu diesem Behuf nur ein hohes gotisches Fenster vorschlägt, möchte der K.G.Rat davon 2 ausgebrochen wissen. Bei beiden Vorschlägen durchschneidet das Gebälk der Empore die neuen Fenster in unschöner Weise; auch erscheint es sehr fraglich, ob es für protestantische Kirchen nicht ehrlicher und daher auch künstlerisch vorzuziehen ist, den Emporeneinbau im Äußeren klar zum Ausdruck zu bringen. Bei dem einen vorhandenen hohen gotischen Fenster auf dieser Seite hat der Architekt in glücklicher Weise die Klippe dadurch zu umgehen gewußt, daß er eine Emporentreppe davor anlegte, welche das Fenster nicht durchschneidet." Sie beenden ihre Aus-

347

führungen mit dem Rat, „den Versuch zu machen, auf der Nordseite 2 oder 3 Fensterchen von der Größe des kleinen vorhandenen auf der Westseite zu kuppeln und dementsprechend darunter wieder 2 oder 3 kleine etwa rechteckige auszubrechen; dann wird das Innere hell sein und das Äußere ein[en] malerischen Reiz gewinnen". Nach Aussage dieses Gutachtens scheint die Fensteranordnung auf der Nordseite des Schiffs auf die Anregung von Böklen und Feil zurückzugehen. Demnach müssten die bereits auf November 1904 bzw. Oktober 1905 datierenden Pläne nachträglich geändert worden sein.

Gemäß den Angaben der beiden vorliegenden Gutachten von Böklen und Feil sowie von Gradmann plante Dolmetsch ursprünglich, an der Westseite „ein 2tes kleines Rundbogen-Fenster zur gleichmäßigeren Verteilung des Lichtes auf der Empore ausbrechen und dadurch in die schmucklose Mauerfläche einen gewissen Rythmus [zu] bringen" (Abb. 355). Die geplante Wiederfreilegung des zugemauerten Westportals würde diesem Vorhaben nicht im Wege stehen. Allerdings hätte dies das Schließen des zweiten, größeren Rundbogenfensters zur Folge, dem Böklen und Feil aber „nicht das Wort reden" können. Gradmann nimmt in dieser Frage eine gegenteilige Position ein: „Für die Westseite wäre eine Rosette an der vom Kirchengemeinderat gewünschten Stelle das Gegebene, wenn nicht in solcher Nähe die aus der Mittelachse gerückte Pforte stünde […] Mit dieser unsymetrischen Pforte stimmen die 2 Rundbogenfensterchen des Architekten besser zusammen." In einer Erwiderung, die Dolmetsch am 21. März 1906 gegenüber dem Verein für christliche Kunst abgibt, äußert er sich zu den von Gradmann bzw. Böklen und Feil gemachten Vorschlägen: „Von außen ist die große Öffnung über der, aus der Axe gerückten Eingangstüre sehr unschön […] Bei Ausführung dieser Rosette würde die Mauermasse zwischen der unteren Türe stärker, wodurch der Unterschied, der zwischen den Mittelaxen beider Öffnungen besteht, weniger störend wirken kann, als wenn die obere große Öffnung bestehen bleiben wird." In Bezug auf das Problem der Fensterdisposition auf der Nordseite schließt er sich dem Vorschlag von Böklen und Feil an: „Während durch das gothische Fenster der monumentale Ausdruck der Kirche gehoben wird, bieten die kleineren Fenstergruppen mehr malerischen Reitz." Er würde sich „gern entschließen zu dieser Anordnung zu greifen", da „die Empore hier nach außen zum Ausdruck gebracht wird". Die Stellungnahme des Kirchengemeinderats ist in Ermangelung der Protokolle nicht überliefert, es ist aber davon auszugehen, dass sie positiv ausgefallen ist, da die Anordnung der Öffnungen schließlich entsprechend Dolmetschs Erwiderung ausgeführt worden ist.

Ein auf der Nordseite der Kirche geplantes Treppenhaus, das mit einem Fachwerkaufsatz versehen werden sollte, kommt nicht zur Ausführung. Kenntnis von diesem Plan vermitteln eine Zeichnung vom November 1904, die die Aufschrift „Ungültig!" trägt (Abb. 356), und ein Schreiben von Dolmetsch an den Pfarrverweser vom 10. Oktober 1905: „Im Projekt wurde das früher angenommene Treppenhäuschen weglassen, und der Zugang zur Bühne, bzw. Läuteraum, im Eck der Quer- und Längsempore angeordnet."

Am 6. bzw. 8. März 1906 genehmigen die Kreisregierung bzw. das Konsistorium die Ausführung des Bauplans mit einem veranschlagten Kostenaufwand von 26 800 Mark. Die schließlich aufgewendeten Mittel betragen annähernd 28 500 Mark, wie eine Kostenzusammenstellung von Dolmetsch vom 6. Juli 1907 bekundet. Außer den bereits geschilderten Maßnahmen wird die Empore im Schiff um 30 cm herabgesetzt (vgl. Abb. 125) und die Brüstung der Chorempore an ihren ursprünglichen Platz im Westen zurückverlegt. Das Gestühl und der Fußboden im Schiff werden vollständig erneuert und sämtliche Eingänge mit neuen Türen versehen. Zudem wird das Chorgestühl, das wohl um 1500 gefertigt und im Jahr 1683 ergänzt wurde, restauriert und eine neue Vierergruppe hinzugefügt, wodurch erst die Geschlossenheit und Parallelität des Gestühls entsteht. Die Einweihung der restaurierten Kirche findet am 11. Oktober 1906 statt.
Quellen: PfarrA Täferrot, „Akten (Briefe, sonstige Mitteilungen, Erlässe u. Auszüge) zur Kirchenerneuerung 1906". PfarrA Täferrot, „Rechnungs-Akten

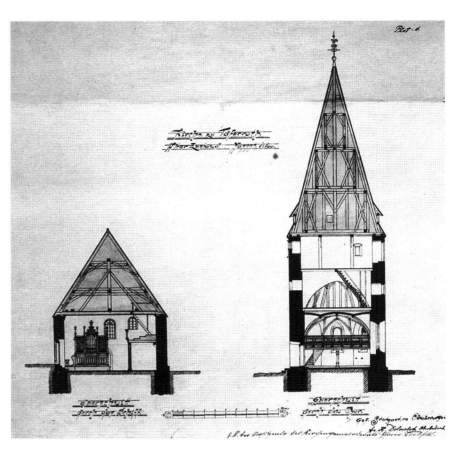

Abb. 354 Täferrot, ev. Kirche, Querschnitt nach Westen und nach Osten, 1905 (Bestand). Lichtpause, grau laviert, 42,1 cm x 42,2 cm.

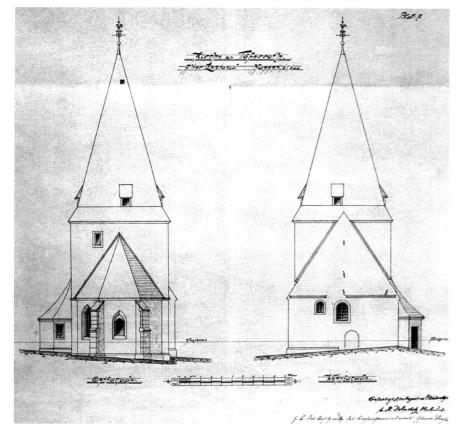

Abb. 355 Täferrot, ev. Kirche, Ansicht Ostfassade und Ansicht Westfassade, 1905 (Bestand). Lichtpause, grau laviert, 42,1 cm x 42,3 cm.

über Kirchengemeindepflege pro 1. April 1906/08". PfarrA Täferrot, Mappe „Pläne zur Wiederherstellung und Verschönerung der Kirche", darin 6 Pläne „Alter Zustand", undatiert und unsigniert;

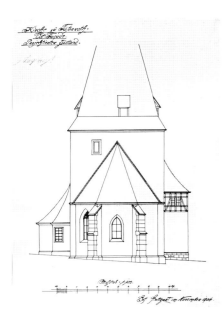

Abb. 356 Täferrot, ev. Kirche, Ansicht Ostfassade, 1904 (unausgeführt). Tusche auf Transparent, 35,0 cm x 23,2 cm.

2 Plansätze „Projektierter Zustand" mit jeweils 7 kolorierten Lichtpausen, durchgehend signiert mit „H. Dolmetsch Oberbaurat", aber unterschiedlich datiert, vornehmlich mit „Gefertigt Stuttgart im November 1904" bzw. „Gefertigt Stuttgart im Oktober 1905". Die beiden Plansätze des geplanten Zustands dokumentieren dasselbe Projekt. Der bei Kissling, S. 14 abgebildete Längsschnitt des alten Zustands erwies sich bei der Recherche am 23. 7. 1998 in PfarrA Täferrot als nicht auffindbar. TUM, Nachlass Heinrich Dolmetsch, Signatur 72.1, 72.2, 72.3, 3 Tuschepläne des alten Zustands (der Parterre- und der Emporengrundriss mit den entsprechenden in PfarrA Täferrot identisch), undatiert und unsigniert; Signatur 72.4, 1 Aufriss der Ostfassade des projektierten Zustands, datiert „Gefertigt Stuttgart im November 1904", unsigniert; Signatur 72.5, 1 Fotografie der Kirche in Täferrot, auf der Rückseite mit Stempel „Th. Dolmetsch & Prof. F. Schuster. Architekten" versehen.

Literatur: Gradmann 1911, S. 9. Hermann Kissling, Die Kirche in Täferrot, hrsg. von der Evangelischen Kirchenge-

meinde Täferrot, Dekanat Schwäbisch Gmünd, 1984, S. 38. Th[eodor] D[ornfeld], Täferrot mit seiner Kirche, in: Rems-Zeitung vom 13. 7. 1906.

Trochtelfingen-Hausen/ Lauchert, ev. Pfarrkirche
Stadt Trochtelfingen, Kreis Reutlingen, ehemals OA Reutlingen

Über die kleine Chorturmkirche in Hausen ist lediglich bekannt, dass sie in den Jahren 1790/91 „durch Freigraben in den Felsen um 4 Schuh erhöht und an der Südseite um 12 Schuh verlängert" wurde, wie aus der Pfarrbeschreibung von 1905 hervorgeht.

Wie einer Kostenberechnung von Oberamtsbaumeister Gutekunst vom 2. März 1899 zu entnehmen ist, bedurfte das Kirchengebäude Ende des 19. Jahrhunderts einiger Ausbesserungen: Erneuerung der „Verblendung am Thurm […], Ausbesserung und Ergänzung der Kirchenzugangstreppen, Ausbesserung der vorhandenen Dachrinne, Anbringung weiterer Dachrinnen und Abdohlung, Anstrich im Äußeren, desgleichen Ausbesserung der Holzdecke im Kirchenhaus und Anstrich im Inneren, Ausbesserung des Daches mit Dacheindeckung und Ergänzung der schadhaften Dachplatten durch Falzziegel, theilweise Erneuerung des schadhaften Plattenbodens in der Kirche, Ausbesserung der Fenster" sowie Anbringung eines Kamins. Für sämtliche vorzunehmenden Arbeiten veranschlagt der Oberamtsbaumeister eine Summe von 2500 Mark.

Dass die Ausbesserung des Kirchendachs als vorrangig einzustufen ist, geht aus einem Brief von Pfarrer Lechenmaier an das Schultheißenamt vom 2. Juni 1899 hervor, in dem er mitteilt, es habe „vor kurzem während des Gottesdienstes vor dem Taufstein stark hereingeregnet", zudem seien „die Balken auf dem Dachboden zum Theil ganz grün vor Feuchtigkeit und Moos". Tatsächlich werden im Frühjahr 1900 Ausbesserungsarbeiten am Kirchturm- und Schiffdach vorgenommen, so dass die Dächer „nun wieder vorläufig regendicht" sind, wie Pfarrer Schnapper in einem Schreiben an Architekt Stechert vom 2. April 1902 bemerkt.

Dieser nahm die Kirche in Hausen „im Auftrag des Baurat Dolmetsch […] in Augenschein", wie Johannes Merz in einem Brief an den Pfarrer vom 10. April

1900 konstatiert. Bereits im Mai 1900 fertigte Stechert ein Gutachten über den baulichen Zustand der Kirche in Hausen an, das offensichtlich nicht erhalten ist. Im Frühjahr 1902 lässt Pfarrer Schnapper die Kirche an der Nordseite „ausgraben" und folgt hierin dem Stechert'schen Vorschlag. In dem schon erwähnten Brief vom 2. April 1902 fragt Schnapper, was er „nun mit der blosgelegten Nordseite anfangen solle". Er erhält am 6. Mai desselben Jahres die Antwort, dass „Herr Oberbaurat empfiehlt, wenn [die Gemeinde] eine richtige Beseitigung der Feuchtigkeit anstrebe, die ganze innere Wandfläche vom Fußboden bis unter die Emporenbalken mit Falzbaupappe zu bekleiden". Das „Abnehmen der Holzverkleidung [könne] auch erst im nächsten Jahre geschehen", da die Ausführung der „äußeren Arbeiten" Priorität habe.

Offenbar werden aber in den folgenden zwei Jahren keine weiteren Arbeiten an dem Kirchengebäude vorgenommen, denn im Frühjahr 1904 ergeht die Bitte des Kollegiums an Dolmetsch, nach Hausen zu kommen, „um [die Gemeinde] betreffend die inwendige Reparatur und Verschönerung der Kirche zu beraten", wie dem Kirchengemeinderatsprotokoll vom 31. März des Jahres zu entnehmen ist. Eine Randnotiz zum genannten Protokoll besagt, dass „Herr Oberbaurat im Jahre 1904 nicht kam, sondern seinen Techniker Kant schickte". Erst zu Beginn des Jahres 1905 liegt „ein Reparaturplan und eine Kostenberechung" von Dolmetsch vor. Laut Kirchengemeinderatsprotokoll vom 12. Februar „beträgt die Gesamtbausumme nach genannter Rechnung 1000 Mark". Die Reduzierung des veranschlagten Aufwands gegenüber der Kostenschätzung vom März 1899 rührt vor allem daher, dass die Ausbesserung der Dächer und die Trockenlegung der Nordseite der Kirche bereits durchgeführt wurde. So kann sich der nun vorliegende Plan auf „die Behandlung der rissigen Holzdecke" sowie auf die Abnahme der Holzverkleidung an der Westseite der Kirche konzentrieren, wie das Kirchengemeinderatsprotokoll vom 12. August 1905 festhält.

Das Protokoll teilt weiterhin mit, dass „die teilweise Senkung der hölzernen Kirchendecke daher kommt, daß der Raum zwischen Boden und Decke zum Teil mit zerbrochenen Ziegeln und dergleichen Schutt ausgefüllt" ist, so dass „an einigen Stellen die Decke ganz von den Balken losgedrückt ist und durch Herabsturz derselben ein großes Unglück geschehen" kann. Nach Dolmetschs Ansicht „bietet das Ausspachteln der Holzdecke keine Gewähr für Haltbarkeit und späteres Freibleiben der Decke von Rissen, weil zwischen dem neuen Holz der Spähne und dem alten der Decke doch wieder Fugen sich bilden" würden. Aus diesem Grund rät er, „die Fugen in der Decke mit einem Kitt, dessen Zusammensetzung der Maler kennt, ausfüllen zu lassen". Des Weiteren zeigte sich nach dem Entfernen der Holzverkleidung an der Westseite der Kirche nicht nur Feuchtigkeit, sondern auch, dass „sogar ein Teil der Kirchenmauer ein[ge]fallen war". Dolmetsch erteilt den Rat, „die ganze Holzverkleidung der Westwand wegzureißen, die Wand mit Zement zu bestechen und mit einem Isolieranstrich zu versehen und dann zu bemalen". Schließlich sollen die „höchst unbequemen Sitzbänke der Frauen dadurch etwas bequemer gemacht [werden], daß die Sitzbretter etwas vorgeschoben werden und durch Herausnehmen von 1–2 Kirchenstühlen mehr Raum geschaffen wird".

So wurde die in der Sitzung des Kirchengemeinderats am 8. Mai 1904 formulierte Frage, „ob Gipsdecke oder Belassung der Holzdecke" zugunsten Letzterer entschieden. Auch in der strittigen Frage, ob der alte Holzofen durch einen Koksofen zu ersetzen sei, folgt das Kollegium Dolmetschs Vorschlag vom 25. April 1905. Aller Wahrscheinlichkeit nach sind auch die zuvor erwähnten Maßnahmen Dolmetschs Vorgaben gemäß durchgeführt worden, obwohl sich keine Rechnungsbeilagen erhalten haben. Zudem wurden weitere kleinere Arbeiten wie etwa das Anbringen einer Dachrinne an der Südseite der Sakristei, wie das Kirchengemeinderatsprotokoll vom 24. September 1905 mitteilt, ausgeführt. Die Einweihung der „im Innern verschönert[en], restauriert[en] und ausgemalt[en]" Kirche – nach einem Schreiben von Pfarrer Schnapper an Oberkonsistorialrat Merz vom 17. September 1905 – konnte am 15. Oktober 1905 begangen werden.

Quellen: LKA, A 29, 1837-2 (Pfarrbeschreibung von 1905). LKA, K 1, Nr. 188 (Verein für christliche Kunst. Ortsakten Hausen an der Lauchert). PfarrA Hausen/Lauchert, „KGR-Protokolle 1899–1906". PfarrA Hausen/Lauchert, 16c (Kirchliche Vermögensverwaltung. Bausachen), darin u. a. 1 Bestandsaufnahme, datiert und signiert „Aufgenommen & Berechnet, Hausen o/L, den 25. Sept. 1899. Katastergeometer Mühl".

Tübingen-Lustnau, ev. Pfarrkirche (Hl. Kreuz, St. Maria, St. Martin, St. Fridolin, St. Katharina, St. Barbara)
Stadt Tübingen, ehemals OA Tübingen

Die bestehende Anlage geht im Wesentlichen auf einen 1496 erfolgten Neubau des Kirchenschiffs zurück, wie eine Inschrift im Scheitel des Chorbogens belegt. Dabei wurde der Chor eines früheren Kirchengebäudes, dessen Fundamente während einer umfassenden Restaurierung 1967/68 ergraben wurden, in den neuen Komplex übernommen. In der Westwand eingebaut sind ältere Teile eines ehemaligen Anbaus, von dem noch das altertümlich wirkende Doppelfenster über dem Westportal herrührt. Der Turm, der zusammen mit dem Kirchenschiff errichtet worden ist, wurde in den Jahren 1862/63 durch den Tübinger Bauinspektor Jahn mit einem neuen Aufsatz versehen.

Der alte, in der Pfarrbeschreibung von 1905 rückblickend als „baufällig" und „stallähnlich" beschriebene Chor scheint den Ansprüchen der Kirchengemeinde nicht mehr genügt zu haben (Abb. 357), so dass Dolmetsch im Jahr 1887 einen Plan für den Neubau des Chors vorlegt. In seinem erläuternden Schreiben vom 7. Juni 1887 bemerkt er zu dieser Maßnahme, dass er das „Hauptgewicht auf die Herstellung eines neuen, der Würde der übrigen Kirche entsprechenden Chores mit massivem, sternförmigem Rippengewölbe gelegt [habe], wobei es [ihm] nach reiflicher Ueberlegung nicht rätlich schien, einzelne Teile der alten schiefwinklig laufenden Umfassungsmauern stehen zu lassen". Zusammen mit diesem Brief übersendet Dolmetsch den bürgerlichen Kollegien die ausgefertigten Pläne und Kostenvoranschläge. Es muss als sehr wahrscheinlich angesehen werden, dass der vollständig erhaltene Plansatz mit den hier genannten Zeichnungen identisch ist, da die inhaltlichen Übereinstimmungen zwischen den Plänen und dem Erläuterungsschreiben sehr groß sind.

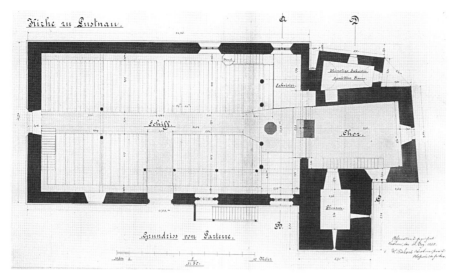

Abb. 357 Lustnau, ev. Kirche, Werkmeister Riekert, Grundriss Parterre, 1885 (Bestand). Tusche, aquarelliert auf Papier, 71,5 cm × 42,0 cm.

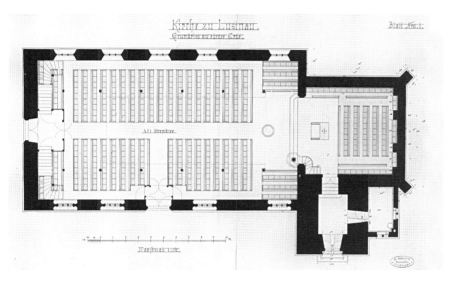

Abb. 358 Lustnau, ev. Kirche, Grundriss Parterre, ca. 1887. Tusche, aquarelliert auf Papier, 71,4 cm × 42,0 cm.

Der Chor wird im Laufe des Jahres 1889 gemäß Dolmetschs Vorschlag ausgeführt: Die Ostwand des im Grundriss quadratischen Altarhauses (Abb. 358) gliedert sich im Sockelbereich in drei segmentbogenförmige Blendnischen und in der oberen Zone entsprechend in drei Spitzbogenfenster, von denen das mittlere dreibahnig ausgebildet ist und die beiden seitlichen zweibahnig gestaltet sind (vgl. Abb. 94). Das Netzgewölbe ruht auf in den vier Ecken angebrachten Konsolen, deren Profile spätgotischen Vorbildern nachempfunden sind. An der Nord- und Südwand findet ein hölzernes Chorgestühl Aufstellung. Der neu errichtete Chor ist axial genau auf das bestehende

Kirchenschiff ausgerichtet, so dass die Nordwand des Chors nicht den Triumphbogen überschneidet, wie es bei dem alten Chor der Fall war. Dieser Missstand mag das ausschlaggebende Motiv gewesen sein, weshalb der Stiftungsrat den Neubau des Altarhauses beschlossen hatte. Mit dem Abbruch des alten Chors fiel auch eine nördlich an diesen anschließende „sehr alte tonnengewölbte Kapelle", wie sie von der Oberamtsbeschreibung aus dem Jahr 1867 charakterisiert wird, dem geplanten Neubau zum Opfer. In ihr war ehemals die Sakristei untergebracht, die sich aber unmittelbar vor ihrem Abriss schon nicht mehr dort, sondern in einem vom Kirchenschiff abge-

trennten Winkel befand. Dolmetsch fügt die neue Sakristei in die südöstliche Ecke zwischen Chor und Turm ein, wie es dem Wunsch des Bauherrn nach Dolmetschs Schreiben vom 7. Juni 1887 entspricht.

Dolmetschs Planungen beschränken sich aber nicht auf den Neubau des Chors und der Sakristei, sondern umfassen auch eine durchgreifende Restaurierung des Schiffs. Die „alte horizontale Holzdecke" belässt er zwar „ausgesprochenen Wünschen gemäß" in ihrer bisherigen Form, verändert aber die Anordnung der Emporen und der Prinzipalstücke. Die Emporen befinden sich nun nicht mehr nur an der West- und an der Südseite, sondern zusätzlich auch an der Nordseite des Schiffs. Der alte hölzerne Aufgang zu den Emporen auf der Südseite der Kirche (vgl. Abb. 60) wird beseitigt und stattdessen im Inneren an der Westseite zwei Treppenaufgänge neu geschaffen. Die Kanzel rückt von der Nordseite des Schiffs an den südlichen Chorbogenpfeiler, der Altar wird weiter in den Chorraum zurückgesetzt, nur der aus dem Spätmittelalter stammende Taufstein behält seinen Platz mittig vor den Altarstufen. Nach Dolmetschs Ansicht „ist es notwendig, in den beiden Langhausmauern zusammen fünf neue Fenster nach dem Muster der vorhandenen durchzubrechen" (vgl. Abb. 61), um der „Kirche genügend Licht zuzuführen". Tatsächlich werden nach seinem Plan auf der Südseite die beiden westlichen Fenster und auf der Nordseite die drei westlichen Fenster in gotischen Stilformen ergänzt. Dolmetschs Idee, auf der Nordseite – entsprechend der Ausführung auf der Südseite – ein Rundfenster einbauen zu lassen, um für spätere Zeiten die Möglichkeit zu eröffnen, „in der Mitte der hinteren Langwand einen Ausgang zu ebener Erde durchzubrechen", ist zwar umgesetzt worden, die Anlage eines Portals ist jedoch – vermutlich aus Kostengründen – unterblieben.

In einem Brief von Dolmetsch an den Schultheiß vom 21. Juli 1887 finden sich weitere Begründungen für die Anordnung der Schifffenster: Er habe „die Mittelaxen der südlichen Schifffenster auf diejenigen der nördlichen absichtlich gelegt […], und in der That wird diese Anordnung sehr günstig wirken sowohl beim Blicke vom Chore, als auch von der Westseite aus". Weiter stellt er fest, dass „ein Abweichen hievon sehr störend wirken [würde], wenn sich auch nicht in Abrede ziehen lässt, daß nach […] Vorschlage [des Schultheißen], wonach die zwei neuen Fenster an der Nordseite symetrisch zu den an dieser Seite vorhandenen alten Fenstern gelegt würden, nach außen eine wünschenswerthe Symetrie erzielt werden könnte, so spielt doch auch das Innere der Kirche mit, und jeder tüchtige Architekt wird suchen, auf die Erfüllung aller Rücksichten zugleich hinzuwirken". Nochmals vertritt Dolmetsch die Ansicht, dass es „für das Auge wohlthuend" sei, wenn „die Gesammtfensteranlage eine symetrische" sei. Auch würde „die Helle im Innern […] gleichmäßig verteilt und wenn so gegenüber dem südlichen Eingang unter der Empore es nicht genügend hell würde […], so wäre an dieser Stelle ohne viele Mühe und Kosten eine kleine Lichtöffnung zu erreichen".

Im Juli 1888 wurde mit der Ausführung der Arbeiten nach den Plänen von Dolmetsch begonnen, doch konnte die Kirche nicht vor Weihnachten desselben Jahres bezogen werden, wie es dem Wunsch des Stiftungsrats und des Schultheißen entsprochen hätte, da es Probleme mit der Ausmalung des Kirchenraums gab. Der Putz trocknete aufgrund der fortgeschrittenen Jahreszeit nicht schnell genug, so dass Dolmetsch am 3. Dezember 1888 feststellt, „daß es eine Tollheit sei, auf einen noch nicht ganz trockenen Putz zu malen", da „nütz[e] aller Wasserglasanstrich nichts". Sogar am 30. Oktober 1889 erwähnt Dolmetsch in einem Brief an den Schultheiß noch feuchte Stellen im Chor. So zieht sich die Vollendung der Bauarbeiten bis zum Oktober des folgenden Jahres hin. Der Kostenvoranschlag belief sich auf 37 000 Mark, und tatsächlich wurde diese Summe nicht überschritten, wenn die Pfarrbeschreibung von 1905 diesbezüglich als zuverlässige Quelle angesehen werden kann.

Bei der in den Jahren 1967/68 durchgeführten Restaurierung der Kirche wurden wesentliche Teile der Dolmetsch-Ausstattung beseitigt: Das im Chor aufgestellte Gestühl wurde entfernt, Kanzel und Altar wurden erneuert, die Emporen, die sich an drei Seiten des Kirchenschiffs entlangzogen, wurden durch eine auf die westliche Schmalseite beschränkte Empore ersetzt.

Quellen: LKA, A 29, 2680-25 (Pfarrbeschreibung von 1905). StadtA Tübingen, C 70/439 (Umbau und Renovierung des Kirchengebäudes und der Innenausstattung 1814. 1862–1891). BRamt Tübingen, 3 Tuschepläne, datiert und signiert „Gef. 28. Juli. Oberamtsbaumeister Wurster". TUM, Nachlass Heinrich Dolmetsch, Signatur 28.1, 28.2, 28.3, 28.4, 28.5, 28.6, 28.7, 28.8, 28.9, 28.10, 28.11, 28.12, 28.13, 28.14, 28.15, 28.16, 28.17, Mappe mit 17 Tuscheplänen (8 Pläne „Neuer Zustand", mit Stempel „H. Dolmetsch. Bauinspector. Stuttgart" versehen; 9 Pläne „Alter Zustand"), datiert und signiert, „Aufgenommen u. gezeichnet. Lustnau, den 10. Dez. 1885. W. Riekert, Werkmeister u. Wasserbautechniker".

Literatur: Dehio 1997, S. 428. Barbara Scholkmann, Tübingen-Lustnau. Evangelische Pfarrkirche. Ergebnisse einer archäologischen Notuntersuchung, in: Forschungen und Berichte der Archäologie des Mittelalters in Baden-Württemberg 8, Stuttgart 1983, S. 271.

Tübingen-Unterjesingen, ev. Pfarrkirche (St. Barbara)
Stadt Tübingen, ehemals OA Herrenberg

Der Chor der einschiffigen Saalkirche wurde im Jahr 1477 erbaut, wie eine Inschrift am südöstlichen Strebepfeiler belegt. Einer der drei figürlich angelegten Schlusssteine des Netzgewölbes zeigt die Hl. Barbara als Patronin der Kirche. Das Schiff besaß ehemals eine flache Holzdecke mit Blumenbemalung. Der Schlussstein des Südportals trägt die Jahreszahl 1484.

In der Pfarrbeschreibung aus dem Jahr 1906 findet sich eine Aufzählung von Mängeln, die den Anlass gaben für die 1894 vorgenommene Restaurierung: „Die Kirche gieng allmählich namentlich im Innern ihrem Verfall entgegen. Der Fußboden und die Treppen waren ganz ausgelaufen. Die Decke des Schiffs war am Herunterfallen. Die Bänke waren wahre Marterbänke. Die Thüren bekamen große Risse und ließen ungestört den Wind durchstreichen. Eine gründliche Restauration war dringende Notwendigkeit geworden." Bereits am 2. November 1884 war anlässlich des 400-jährigen Jubiläums der Kirche ein Kirchenrestaurationsfonds gegründet worden.

Mit Schreiben vom 23. Juli 1892 legt Dolmetsch dem Kirchengemeinderat seinen sich auf 24 880 Mark belaufenden Kostenvoranschlag mitsamt Plänen vor. Der von Dolmetsch gefertigte „Plan zur inneren Renovation" der Kirche zielt vor allem „aus ästhetischen Gründen" darauf ab, den Chor von der noch vorhandenen Empore zu befreien und das Schiff mit einer „gewölbeförmige[n] Holzdecke" zu versehen, damit „das Schiff gegenüber dem so schön in die Höhe gesprengten gewölbten Chore sich ebenbürtig ausnehme" (vgl. Abb. 79; 80). Damit das Kirchenschiff durch den Einbau von Emporen an beiden Längsseiten der Schiffwände nicht zu sehr verdüstert werde, plant Dolmetsch, dem Dach Gauben aufzusetzen. Die Orgel soll von der Chor- auf die neue, verbreiterte Westempore versetzt werden (Abb. 359; 360). Der Zugang zu den Emporen soll künftig nicht mehr über die an der Nordseite des Schiffs befindliche Außentreppe, die abgebrochen werden soll, erfolgen, sondern über zwei im Inneren an der Westseite symmetrisch angelegte Treppen. Während die drei Spitzbogenfenster auf der Südseite unverändert erhalten bleiben, sollen in der Nordseite „sowohl im Interesse des Aeußeren, als insbesondere im Interesse besserer Innenbeleuchtung mehrere kleine Fensterdurchbrüche" vorgenommen werden: Der alte Zugang zu der Nordempore wird zugemauert, das darüber befindliche Rechteckfenster wird in ein Rundfenster umgewandelt, das Rundbogenfenster, das der Westempore Licht liefert, wird ebenfalls in ein Rundfenster abgeändert, und schließlich wird unterhalb der Empore noch ein kleines Spitzbogenfenster eingefügt.

Soweit entspricht die Ausführung Dolmetschs Plänen vom Sommer 1892. Im Längsschnitt zeichnet Dolmetsch noch die „zugemauerte alte Türöffnung" als wieder freigelegt ein, damit „sich das Schiff sammt Chor in zweckentsprechender Weise rasch entleeren" könne. Der Grundriss des Parterres zeigt an dieser Stelle eine Nische, in der einer der beiden Öfen zu stehen kommt (Abb. 361). Tatsächlich ist diese Tür nicht wieder geöffnet worden. Stattdessen wurde noch ein zusätzliches großes Spitzbogenfenster in der Nordwand eingebaut. Auch in Bezug auf die Stellung der Kanzel machen die Pläne keine einheitliche Aussage. Zunächst beabsichtigt Dolmetsch, die Kanzel an dem nördlichen Chorbogenpfeiler anzubringen, denn so stünde sie in der Nähe der Sakristei, die er in der Turm-

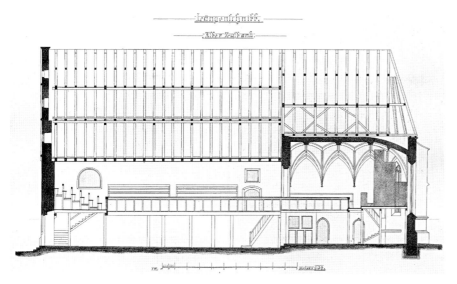

Abb. 359 Unterjesingen, ev. Kirche, Längsschnitt, ca. 1892 (Bestand). Tusche, aquarelliert auf Papier, 74,0 cm x 47,9 cm.

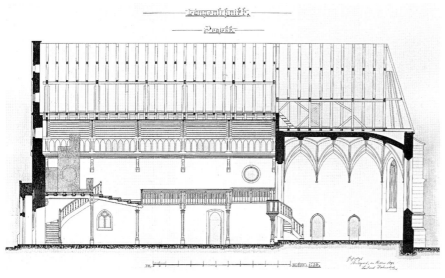

Abb. 360 Unterjesingen, ev. Kirche, Längsschnitt, 1892. Tusche, aquarelliert auf Papier, 74,7 cm x 47,7 cm.

Änderungen ausgeführt, obwohl der Kirchengemeinderat am 2. Oktober 1892 den Entwurf für zu kostenaufwendig befunden hatte. Dolmetsch wurde um Fertigung eines einfacheren Plans gebeten, den er im Mai 1893 vorlegte. Diesen nunmehr 16 000 Mark betragenden Bauplan genehmigte die Kreisregierung am 2. Dezember und das Konsistorium am 6. Dezember 1893. Schließlich betrugen die Gesamtbaukosten annähernd 21 000 Mark. Die Verteuerung rührte unter anderem von dem „zu beobachtende[n] Aufschwung [her], welcher sich in der Gesinnung des Kirchengemeinderats dadurch bestätigt, daß von Fall zu Fall bessere und würdigere Ausführungsweisen für den Kirchenbau gewählt werden", wie Dolmetsch in einem Brief vom 20. Mai 1894 bemerkt. Diese Aussage bezieht sich vornehmlich auf die Ausführung des Fußbodens mit Flechtmusterplättchen, wie sie „im Mittelalter (z. B. Bebenhausen) meist zur Anwendung" gekommen sind, auf die Fensterverglasungen im Chor, Schiff und in der Sakristei, und schließlich auf die „bunte Bemalung der plastischen Brustbilder unten am Chorgewölbe". Dieses Streben nach einer einheitlichen Ausstattung spiegelt sich in der Feststellung der Pfarrbeschreibung des Jahres 1906: „Das Frühgotische ist [...] bei der Restauration bis in die kleinsten Teile durchgeführt."

Im Zuge einer neuerlichen Restaurierung 1964/65 wurden sämtliche von Dolmetsch durchgeführten Maßnahmen wieder zurückgenommen: Das Schiff erhielt eine Flachdecke, die Orgel wurde im Chor aufgestellt, die Seitenemporen

halle einrichten will, welche zuvor als Läuteraum gedient hat. Letztlich behält die Kanzel aus unbekannten Gründen ihren Platz an dem südlichen Chorbogenpfeiler. Die alte Wendeltreppe in der nordöstlichen Ecke zwischen Turm und Chor wird wieder in Benutzung genommen, um den Aufgang in das erste Turmstockwerk, von dem aus das Läuten der Glocken erfolgen soll, zu ermöglichen.

Die im Sommer 1892 vorgeschlagenen Maßnahmen wurden im Laufe des Jahres 1894 mit Ausnahme der genannten

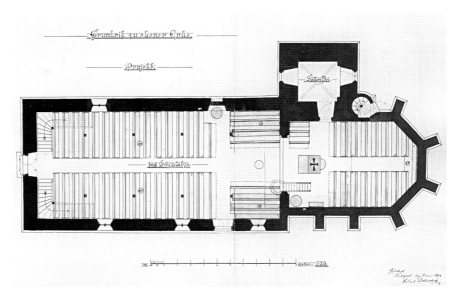

Abb. 361 Unterjesingen, ev. Kirche, Grundriss Parterre, 1892. Tusche, aquarelliert auf Papier, 74,0 cm x 47,7 cm.

353

wurden entfernt, und die Quadermalerei wurde übertüncht.

Quellen: LKA, A 29, 4800-2 (Pfarrbeschreibung von 1906). PfarrA Unterjesingen, 206.1 (Kirchenumbau-Rechnung 1894–1895). TUM, Nachlass Heinrich Dolmetsch, Signatur 38.1, 38.2, 38.3, 38.4, 38.5, 38.6, 38.7, 38.8, Mappe mit vollständigem Plansatz (4 Pläne „Alter Zustand", 4 Pläne „Projekt"), datiert und signiert „Gefertigt Stuttgart im Sommer 1892. Baurat Dolmetsch".

Literatur: Dehio 1997, S. 793. Evangelische Kirchengemeinde Unterjesingen (Hrsg.), Die Kirche zu Unterjesingen 1484–1984, o. O. 1984, S. 37 und S. 53. Pietrus 2005, S. 92 f. mit Abbildungen der Kirche vor und nach den Restaurierungsmaßnahmen 1964/65.

Tuningen, ev. Pfarrkirche (St. Gallus)

Schwarzwald-Baar-Kreis, ehemals OA Tuttlingen

Der Turm der Tuninger Kirche stammt aus dem Jahr 1686 (i) und stellt damit den ältesten Bauteil des Gotteshauses dar. Das Kirchenschiff wurde zwischen 1728 und 1731 neu erbaut, nachdem sich Klagen über die „gefährliche Baufälligkeit und Kleinteiligkeit der alten Kirche" erhoben hatten. Als Architekt ist der Tuninger Maurer Michael Fritsche überliefert. Kanzel und Altargeländer – 1729 (i) – sind noch als bauzeitliche Ausstattungsstücke erhalten und wahren seit dem 18. Jahrhundert das „Altar-Kanzel-Prinzip".

Der Pfarrbericht des Jahres 1875 bescheinigt der Kirche zwar eine „zweckmäßige Beschaffenheit", doch sei die „bauliche Unterhaltung sehr mittelmäßig, so daß in Bälde eine umfaßende Reparation des Dachstuhls ausgeführt werden muß". 1877 werden dementsprechend im Innenraum vier achteckige Stützen eingezogen, die die flache Kassettendecke stabilisieren sollen. So konstatiert der Pfarrbericht desselben Jahres, „die Gefahr, daß der Dachstuhl herunterbrechen könnte, ist 1877 durch eine umfaßende Reparatur beseitigt" worden. Doch ist die Effektivität dieser Maßnahme nicht von langer Dauer, denn schon 1898 wird Oberamtsbaumeister Lusser beauftragt, Pläne und Kostenvoranschläge zur Fertigung eines neuen Dachstuhls auszuarbeiten. In der Kirchengemeinde-ratssitzung vom 21. Februar 1898 wird über die vorliegenden Pläne beraten, wobei Lusser „als das entschieden dauerhafteste und solideste Projekt die Erstellung eines schmiedeisernen Dachstuhls" befürwortet, „dessen Bedeckung mit schwarz glacierten Falzziegeln" erfolgen sollte. Nach seiner Berechnung käme ein eiserner Dachstuhl „nur um wenige hundert Mark höher zu stehen" als ein hölzerner.

Über den sich auf 13 800 Mark belaufenden „Kostenvoranschlag betreffend die Erneuerung des Dachstuhls der Kirche" berät des Kollegium am 26. Januar 1899. Die Pläne werden „im Ganzen gutgeheißen", trotzdem sollen die Zeichnungen „der hohen Oberkirchenbehörde mit der Bitte vorgelegt werden, dieselben durch ihren Techniker prüfen zu lassen sowie durch den christlichen Kunstverein mit der Bitte um Begutachtung". Am 4. März 1899 arbeitet Dolmetsch sein Gutachten aus, das sich in Form einer Abschrift des Kirchengemeinderatsprotokolls vom 11. März 1899 erhalten hat. Laut Dolmetschs Berechnung beträgt die Kostendifferenz zwischen einer reinen Holzkonstruktion und einer Eisenkonstruktion nicht nur „wenige hundert Mark", sondern annähernd 4400 Mark, so dass er zu der Errichtung eines hölzernen Dachstuhls rät, zumal dieser „unter normalen Verhältnissen doch immerhin 2– 300 Jahre Dauer" habe. Den Vorschlag von Lusser, die tragenden Konstruktionsteile des Dachstuhls, wie Dachbinder, Pfetten, Windverbände und Deckenunterzüge aus Eisen, die Sparren und das Deckengebälk hingegen aus Holz zu erstellen, weist Dolmetsch mit dem Argument zurück, dass „dieselbe [die Dachkonstruktion] an [zu] schwerem Gewicht" leide. Der vom Oberamtsbaumeister geplante 12 cm dicke Gipsanstrich in den Balkenfachen, der als Isolierschicht dienen soll, tue in dieser Hinsicht ein Übriges. Dolmetsch präferiert im Gegensatz zu Lusser als Isoliermaterial eine Lage Dachpappen in Verbindung mit zwei Strohspeisschichten oder gar eine Lage Korksteinplatten, „was noch leichter und isolierender wäre". Die von Lusser beabsichtigte horizontale Schiffdecke lehnt Dolmetsch aus ästhetischen Gründen ab und schlägt stattdessen „eine gewölbeartig in die Höhe gesprengte Deckenform" vor, die „diesem gottesdienstlichen Raum vorteilhaft zu statten käme". Des Weiteren würde „eine solche mit tannenen schmalen Brettern hergestellte gesprengte Decke ein leichtes und schönes Aussehen erhalten und würde akustisch ebenfalls gut ausfallen". Zu der Frage der inneren Einrichtung der Kirche bemerkt Dolmetsch nichts, offensichtlich steht die Querorientierung nicht zur Disposition.

Nach einer gemeinsamen Besichtigung des Bauwerks durch Dolmetsch und Lusser am 28. März 1899 reicht Dolmetsch mit Schreiben vom 10. Mai 1899 seine „summarische Kostenberechnung über bauliche Verbesserungen am Äußern und Innern der Kirche" ein. In seiner Sitzung am 14. Mai desselben Jahres berät der Kirchengemeinderat über die von Dolmetsch in Vorschlag gebrachten Maßnahmen: „1) Herstellung einer neuen Parterrestuhlung und Anbringung von Windfangthüren. 2) Neue Empore mit neuer Stuhlung. 3) Neuer hölzerner Dachstuhl mit gesprengter Schiffdecke. 4) Aufbau des Schiffgiebels nebst den an dieser Giebelmauer aufzuführenden Aenderungen an Fenstern und des Eingangsportals. 5) Heizbarmachung der Kirche nebst Gipsung und Bemalung der Innenwände." Da die Berechnung für die Ausführung sämtlicher Maßnahmen den hohen Betrag von 35 200 Mark ergibt, empfiehlt er, „von oben herab zu bauen und zwar zuerst das Dach mit Decke und Giebel und etwa die Heizbarmachung", wenn die Mittel für eine gleichzeitige Ausführung der Arbeiten nicht ausreichen würden, „dann später in einer zweiten Bauperiode die Emporen mit Emporenstuhlung". Trotzdem plädiert Dolmetsch für eine Gesamterneuerung, da nur so „in Aussicht zu nehmen [wäre], daß die Kirche im Innern den Eindruck einer vollständigen neuen Kirche machen würde".

In einer gemeinschaftlichen Sitzung der kirchlichen und bürgerlichen Kollegien vom 16. Mai 1899 stimmen beide Gremien dem vorliegenden Bauprojekt zu, entschließen sich aber für eine einstweilige Zurückstellung der Parterre- und Emporenstuhlung sowie der Windfänge. Zudem soll an Dolmetsch die Anfrage gerichtet werden, „ob nicht unter Benutzung der alten Treppe, der alten Fenster und Weglassung des projektierten untern kleinen Fensters einige tausend Mark erspart werden könnten". In seiner Antwort vom 17. Mai 1899 erklärt sich Dolmetsch mit einer stufenweisen Ausführung der Arbeiten einverstanden, betont aber mit Nachdruck, dass „aus Anlaß des Giebelaufbaus und der hiemit in Verbindung stehenden Fenster-Rosette die übrigen Fenster samt Eingangsthüre an dieser Seite in einen harmonischen Einklang zu bringen" seien. Bereits am 19. Mai 1899 beschließt der Kirchengemeinderat in Verbindung mit dem Gemeinderat in Reaktion auf das erwähnte Schreiben, Dolmetsch zu bitten, „wenn möglich nochmals [nach Tuningen] zu kommen, um die fragliche Angelegenheit des Ostgiebels, die Verblendung der Langseiten und der Ausbesserung des Turmes persönlich in Augenschein zu nehmen".

Nachdem am 8. September 1899 die Besichtigung durch Dolmetsch vorgenommen worden ist, beschließt der Kirchengemeinderat am selben Tag, die Neuerstellung des Dachstuhls und „die innere Ausstattung der Kirche und des Thurms" gleichzeitig vornehmen zu lassen. Außerdem sollen weiterhin folgende Arbeiten zur Ausführung gelangen: Neuherstellung der Fenster, Verblendung der Kirche und des Turms, Erneuerung des Blitzableiters sowie Abbruch und Wiederaufbau der Orgel. Der Gesamtaufwand wird auf 37 800 Mark veranschlagt. Eine neue Situation ergibt sich, als Dolmetsch seinen überarbeiteten Kostenvoranschlag mit Begleitschreiben vom 9. Dezember 1899 dem Kirchengemeinderat zur Behandlung vorlegt. Am 29. Dezember desselben Jahres beschließt das Kollegium angesichts der sich nunmehr auf 52 500 Mark belaufenden Kosten, „sich mit dem Konsistorium und dem Verein für christliche Kunst ins Benehmen [zu setzen], um durch dessen Vermittlung auf eine Herabminderung des von Baurat Dolmetsch für das Kirchenbauwesen in Thuningen berechneten Aufwands hinzuwirken".

Nach einer Besprechung des Dekans mit Dolmetsch am 15. Januar 1900 berät der Kirchengemeinderat am 17. Januar zunächst allein, am 19. Januar nochmals in Gemeinschaft mit dem Gemeinderat und dem Bürgerausschuss über die Kirchenbaufrage. Es wird beschlossen, folgende „Arbeiten, welche bei der Renovation der Kirche in Thuningen nicht sofort ausgeführt werden müssen", wegfallen zu lassen: „1) Torgament- und Terrazzoböden im Parterre samt Beton-Unterlage. 2) Stuhlung samt Anstrich im Parterre. 3) Äußere Thüren samt Anschlagen.

4) Fensterverglasung samt Eisenwerk.
5) Bemalung der geputzten Flächen.
6) Altar." Auch die Verblendung des Turms und der Längsseiten der Kirche soll nicht zur Ausführung gelangen. Auf der Grundlage dieser Beschlüsse fertigt Dolmetsch wiederum einen Kostenvoranschlag, der am 26. Januar 1900 dem Kirchengemeinderat zur Begutachtung vorliegt. Er beläuft sich nun auf 42 300 Mark und findet sogleich die Zustimmung des Kirchengemeinderats, doch erfolgt diejenige der Kreisregierung erst am 16. Oktober desselben Jahres.

Am 19. Dezember 1900 legt Dolmetsch „die zur Verakkordierung nötigen Zeichnungen und Kostenvoranschläge" dem Kirchengemeinderat vor. In seinem Begleitschreiben vom 28. November 1900 erläutert er, dass „die im summarischen Kosten-Voranschlag vorgesehenen Summen so reichlich bemessen [waren], daß es möglich war, mit einer kleinen Überschreitung von 150 Mark auch noch die in der früheren Kostenberechnung nicht vorgesehenen äußeren Thüren und Windfänge auszuführen". Das Kollegium genehmigt diese Überschreitung, so dass kurz darauf die Vergabe der Arbeiten an die einzelnen Unternehmer erfolgen kann. „Nachdem [aber] der Hauptteil der Stuhlung der Kirche abgebrochen ist und sich herausgestellt hat, daß die Verwendung der alten untern Stuhlung mit Schwierigkeiten verbunden ist, außerdem mit nicht geringen Kosten", so schlägt Dolmetsch vor, die Parterrestuhlung in Anlehnung an die neu zu erstellende Emporenstuhlung „auch neu zu machen", wie das Kirchengemeinderatsprotokoll vom 10. April 1901 berichtet. Allerdings sollen aus Kostengründen die Bänke in möglichst einfacher Form – ohne eingelassene Ziehbänke – ausgeführt werden. Weiterhin stellt sich bei Ausführung der Bauarbeiten heraus, dass „betreffend der Arbeiten am Turm […] größere Schäden zu Tage gekommen [seien] als bisher angenommen wurde", wie das Protokoll des Kirchengemeinderats vom 27. Juli 1901 festhält. Diese beiden letztgenannten Maßnahmen verursachen schließlich eine so hohe Kostenüberschreitung, dass die Bausumme annähernd 52 300 Mark beträgt. Die Einweihung der restaurierten Kirche findet am 17. Dezember 1901 statt. Über den Umfang der im Jahr 1901 durchgeführten Maßnahmen informiert der Pfarrbericht von 1903, der als Quelle

unerlässlich ist, da der neuerliche Umbau der Tuninger Kirche im Jahr 1966 nahezu sämtliche Spuren der Dolmetsch-Restaurierung beseitigte: „Die Kirche ist im Jahre 1901 einer gründlichen Renovation unterzogen worden. Sie erhielt einen neuen hölzernen Dachstuhl mit gesprengter Schiffdecke. Das östliche Ende des Dachstuhls wurde zum Giebel umgebaut, ein Portal hier angebaut und die Fenster an diesem Giebel geändert. Die Emporen wurden völlig erneuert, ebenso die Stuhlung. In den Gängen wurde ein Terrazzoboden (Mosaik) gelegt. Die innern Wände wurden vergipst und ausgemalt. Zwei Wasseralfinger Öfen spenden nun die nötige Wärme. Das Äußere der Kirche sammt Turm wurde neu verblendet. Der Turm erhielt ein neues Dach mit glacierten Falzziegeln und einem neuen Turmhelm. Ebenso wurden die Kaminaufsätze und die Blitzableitung neu hergestellt. Die alten Fenster wurden durch neue mit buntem Glas ersetzt. An die Ausgänge sind jetzt Windfangtüren [angebracht]." Der Ostgiebel wurde entgegen Dolmetschs ursprünglicher Planung nicht mit einer Rosette, sondern mit einem dreibahnigen Rundbogenfenster mit Sechspass ausgestattet.

Quellen: LKA, A 29, 4676-4 (Kirchengemeinde 1890–1923). LKA, A 29, 4678-2 (Pfarrbeschreibung von 1908), A 29, 4678-6 (Pfarrbericht von 1875), A 29, 4678-7 (Pfarrbericht von 1877), A 29, 4678-17 (Pfarrbericht von 1899) und A 29, 4678-18 (Pfarrbericht von 1903). PfarrA Tuningen, „KGR-Protokolle 1851–1898". PfarrA Tuningen, „KGR-Protokolle 1898–1904". TUM, Nachlass Heinrich Dolmetsch, Signatur 104.1, Bleistiftzeichnung des alten Zustandes der Kirche (Ansicht Ostseite und Längsschnitt), undatiert und unsigniert.
Literatur: Günter A. Ulmer/Erich Klamert, Das kirchliche Leben in Tuningen, in: Gemeinde Tuningen (Hrsg.), Heimatchronik Tuningen, o. O., o. J. [1997], S. 190.

Tuttlingen, ev. Stadtkirche
Kreisstadt (Regierungsbezirk Freiburg), ehemals Oberamtsstadt (Schwarzwaldkreis)

Nach einem Stadtbrand im Jahr 1803, bei dem die alte Kirche zerstört wurde, wurde zunächst eine primitive Bretterkirche errichtet. 1816/17 wurde diese durch eine

Abb. 362 Tuttlingen, ev. Kirche, Innenansicht nach Süden, nach 1894 und vor 1903.

schmucklose Saalkirche mit zwei übereinanderliegenden Emporen entlang der Längswände ersetzt. Offenbar fühlten sich die Tuttlinger immer mehr durch das karge Aussehen ihrer Kirche gestört, so dass 1868 der Turm auf das Doppelte erhöht wurde. 1893/94 wurden nach Entwürfen Rudolf Yelins Wandgemälde an der Kanzelwand ausgeführt (Abb. 362).

Am 14. Mai 1901 beschließt der Kirchengemeinderat, „sich von <u>Baurat Dolmetsch</u>, wenn er etwa aus Anlaß des Tuninger Kirchenbaus nach Tuttlingen kommt, ein Gutachten betr[effend] eine etwaige <u>Reparatur der Kirche</u> geben zu lassen". Das Kirchengemeinderatsprotokoll nennt als geplante Maßnahme lediglich die Ausbesserung der Dachrinnen, über Schäden wird nichts berichtet.

Die von Dolmetsch gefertigten Zeichnungen liefern ein genaues Bild der Kirche vor ihrem Umbau. Das Kirchenschiff, ein in Nord-Süd-Richtung orientierter dreischiffiger Bau, wird von einem mächtigen Walmdach überdeckt. Die Nordfassade wird von Kolossalpilastern gegliedert, zwischen die drei Portale eingespannt sind (Abb. 363). Auch an der Längsseite befinden sich drei Eingänge, die Fenster sind entsprechend der inneren Einteilung der Kirche in drei Zonen unterteilt (Abb. 364), wobei schmale lisenenartige Begrenzungen die Fenster zu senkrechten Streifen zusammenfassen. Der Turm erhebt sich an der Südseite des Schiffs und tritt nur schwach vor die

Flucht der Fassade. Die Seitenschiffe sind gegenüber dem Mittelschiff verhältnismäßig schmal ausgebildet (Abb. 365), zwischen den Säulen sind die Emporen in zwei Reihen übereinander eingespannt. Auf der Südseite des Schiffs befindet sich die Kanzelwand, die – wie eingangs bereits erwähnt – von Rudolf Yelin künstlerisch gestaltet wurde. Auf der Nordseite steht die Orgel auf der unteren der beiden Emporen, von zwei Säulen leicht verdeckt. Die Flachdecke des Schiffs wird von den mit Palmwedeln geschmückten Kapitellen der Säulen getragen.

Am 14. September 1901 berät das Kollegium über die von Dolmetsch gemachten „Vorschläge zur Renovation" der Kirche. Das Kirchengemeinderatsprotokoll gibt umfassend Auskunft über diese „Vorschläge". Die „kleinlichen Einbauten [sollten] entfernt werden", um die Kirche „in einen würdigen Zustand [zu] bringen", insbesondere zielt Dolmetsch auf die Entfernung der oberen Emporen ab, „damit Licht und Luft hereinkommt". Die Fensterbrüstung zwischen der ersten und zweiten Empore sollte gleichfalls entfernt werden, „dadurch würde auch das Äußere der Kirche ein besseres Aussehen gewinnen; sie würde monumentaler aussehen". Weitere Sitzplätze „zum Ersatz der zweiten Empore [sollten] geschaffen werden durch Erbreiterung der unteren Längsemporen und der Orgelempore [sowie] durch Anbringung von Schiebsitzen im Schiff der Kir

che". Auf der ersten Empore sollte eine „durchgehende Reihe von Klappsitzen angebracht" werden, um den „Ausfall von Sitzplätzen" gering zu halten. Die „Fassade-Erneuerung" bildet darüber hinaus einen zentralen Punkt in Dolmetschs Plan. Dieselbe ist „keine praktische, sondern eine rein ästhetische Sache", als das „wichtigste" sieht Dolmetsch die „Umwandlung der […] Dachwalme in ein Giebeldach" an. Die Front sollte „auch sonst durch Putz oder Einsetzung von Steinen verschönert" werden, „je nach Anlage der Orgel könnte eine Rosette angebracht werden". Des Weiteren empfiehlt Dolmetsch die „gründlich[e]" Erneuerung der Decke, da diese „sehr rissig" ist, die Neuherstellung der Emporenbrüstungen, die Anbringung von Windfängen und Doppeltüren, die „namentlich für den Winter praktisch" sind, die Erneuerung der Fensterverglasung und des Dachs, das „da und dort reparaturbedürftig" ist, das Lackieren der Stuhlung, das Einhauen von Kaminen in die Umfassungswände der Kirche und schließlich die Neuanlage der Staffeln außerhalb der Kirche. Im Anschluss an die Bekanntgabe dieser Vorschläge beschließt der Kirchengemeinderat, „Baurat Dolmetsch mit der Ausarbeitung von Plan und Überschlag zu beauftragen".

Dolmetsch verspricht, wie das Kirchengemeinderatsprotokoll vom 10. Oktober 1902 mitteilt, „für den Fall, daß die obere Empore beseitigt [wird], an Stelle der bisherigen Zahl von Sitzplätzen, welche 1768 betrug, die Zahl von 2034 zu schaffen". Mit Schreiben vom

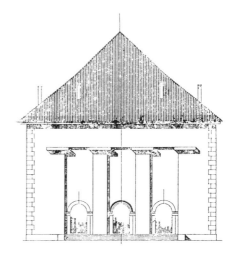

Abb. 363 Tuttlingen, ev. Kirche, Ansicht Nordfassade, ca. 1902 (Bestand).

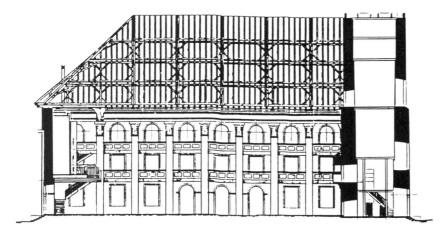

Abb. 364 *Tuttlingen, ev. Kirche, Längsschnitt, ca. 1902 (Bestand).*

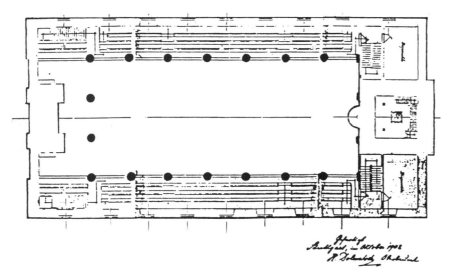

Abb. 365 *Tuttlingen, ev. Kirche, Grundriss Empore, ca. 1902 (Bestand).*

20. Oktober 1902 übersendet Dolmetsch die gewünschten Pläne und Kostenvoranschläge „über die Renovation" der Stadtkirche. Die Kosten belaufen sich auf die hohe Summe von 126 000 Mark. Dolmetsch unterscheidet fünf Maßnahmen: „1) Nordgiebel von [der] Dachtraufe aufwärts, einschl[ießlich] der 5 Figuren. 2) Verputz- und Stuckarbeiten. 3) Verglasungen, Kamine etc. 4) Orgelempore. 5) Orgel." In der „Kostenberechnung über die vorzunehmenden Bauarbeiten" vom September 1902 führt Dolmetsch 22 Positionen auf, die sich in „Arbeiten im Innern" und „Arbeiten am Äussern" gliedern. Bei Ersteren steht die Herausnahme der zweiten und die Erstellung einer neuen Empore im Mittelpunkt, bei Letzteren ist die Aufführung eines Giebels an der Nordfassade zentraler Bestandteil des Plans. Damit und auch mit der Ausformulierung der darüber hinaus-

gehenden Bestandteile des Projekts schließt Dolmetsch unmittelbar an seine ein Jahr zuvor gemachten Vorschläge an.

Am 5. Dezember 1902 berät der Kirchengemeinderat über den von Dolmetsch vorgelegten Plan sowie über zwei Varianten desselben. Angesichts der Höhe der Voranschlagssumme erörtert das Kollegium die Frage, ob der „ganze Plan vollständig" oder mit Abstrichen ausgeführt werden soll. Die Kosten für die Ausführung des Plans „mit Belassung der oberen Empore auf beiden Langseiten" berechnen sich auf 96 500 Mark. Der Voranschlag „für eine sich abgesehen von der Einrückung der Staffeln und der Durchbrechung der Fenster aufs Innere beschränkende, nur das hier Notwendige ins Auge fassende Restauration […] beläuft sich auf 71 000 Mark". Mit „Einrückung der Staffeln" ist die Verlegung der Stufen von der Außenseite der Nordfassa-

de in die Windfänge gemeint, wie aus der Kostenberechnung hervorgeht. Derselben Quelle lässt sich entnehmen, dass der Herausnahme der Brüstungen zwischen den Fenstern der ersten und zweiten Empore ästhetische Motive zugrunde liegen: Dolmetsch strebt die Erstellung „schlankwirkende[r] Fenster" an. Der Kirchengemeinderat scheint mit der Ausführung dieser beiden letztgenannten Maßnahmen einverstanden zu sein, da die Vorschläge Dolmetschs ohne Diskussion angenommen werden. Auch die Änderung der Nordseite der Kirche „nach dem Plan von Oberbaurat Dolmetsch" erfährt weitgehend Zustimmung unter den Mitgliedern des Kollegiums. Einzig die beabsichtigte Entfernung der oberen Empore stößt auf den Widerspruch einzelner Mitglieder, da „weniger radical geändert" werden sollte. Auch kann sich der Kirchengemeinderat nur schwer mit dem Gedanken anfreunden, „Klappsitze" als Ersatz für die Sitzplätze, „welche durch Beseitigung der oberen Empore in Wegfall kämen", anbringen zu lassen. Eine Entscheidung über den Umfang der Kirchenrestaurierung wird schließlich vertagt.

Am 19. Januar 1903 berät das Kollegium erneut über das „Umbauprojekt für die Kirche", das von Dolmetsch persönlich erläutert wird. Bei der anschließenden Diskussion steht wiederum die Frage der Herausnahme der oberen Empore und die damit in Verbindung stehende Frage nach der Anbringung von Zieh- und Klappsitzen im Vordergrund. Der Kirchengemeinderat kommt zu dem Schluss, dass „entweder beide Emporen gelassen werden [müssen] wie sie sind, oder auch die zweite Empore mit großen Kosten umgebaut werden [müsste]". Ein Mitglied des Kollegiums äußert die Ansicht, dass „man nur aus Gewohnheit an der zweiten Empore hänge". Ein anderes Mitglied spricht die Meinung aus, dass „man wohl etwas Ganzes beschließen sollte, nicht etwas Halbes". In Bezug auf den Zeitpunkt des Umbaus versichert Dolmetsch, „die Ausführung […] ließe sich in einem Bausommer vollziehen". Der Kirchengemeinderat bezweifelt allerdings, dass „die nötigen Genehmigungen so schnell eintreffen würden". Abermals wird die „definitive Beschlußfassung" verschoben.

Am 23. Januar 1903 endlich verhandelt das Kollegium abschließend über die

357

Restaurierung der Stadtkirche. Nochmals wird über die finanzielle Lage der Kirchengemeinde beraten. Da das „Neubaukapital" bereits auf 105 200 Mark angewachsen ist, der Orgelbaufonds 5700 Mark enthält und schließlich für die an der Nordfassade aufzustellenden Statuen Stiftungen in Höhe von 10 000 Mark zu erwarten sind, beschließt der Kirchengemeinderat, „daß der Umbau <u>heuer</u> schon ausgeführt werden soll".

Die von Dolmetsch ausgearbeiteten drei Entwürfe zur Gestaltung des Nordgiebels werden im Kollegium – soweit es sich den Protokollen entnehmen lässt – nicht diskutiert. Bereits zu Anfang der Umbauplanungen vertrat Dolmetsch laut Kirchengemeinderatsprotokoll vom 14. September 1901 die Meinung, „der Stil wäre Renaissance entsprechend der Ausgestaltung der südlichen Kanzelwand". An die Renaissance gemahnen jedoch lediglich die strenge horizontale und vertikale Gliederung des Giebels: Vier mächtige „Lisenen" führen die bereits vorhandene Pilastergliederung der Fassade im Giebel fort, die Querteilung erfolgt durch ein „Gesims", das in zwei der Entwürfe als profilierter Gurt und in dem dritten Entwurf als breites, mit floralen Ornamenten geschmücktes Band gestaltet ist (Abb. 366). Anstelle von Basen und Kapitellen setzt Dolmetsch kreisförmige Motive ein, die sich an den „Knotenstellen" der horizontalen und vertikalen Gliederungselemente befinden. Diese Motive erinnern eher an die „Beschlagornamentik" der deutschen als an das an die Antike sich anlehnende System der italienischen Renaissance. In allen drei Entwürfen befindet sich im Mittelfeld des Giebels eine stehende Figur; die Schriftquellen geben Aufschluss darüber, dass es sich um eine Christusfigur handelt. Die „Lisenen" enden oberhalb des Ortgangs das eine Mal als spitzbehelmte Türmchen, das zweite Mal als kaminartige Aufsätze und das dritte Mal in Form von Blütenknospen. In jedem der Entwürfe räumt Dolmetsch der Blüten- und Knospenornamentik, die sich stark in der Fläche ausbreitet, einen breiten Raum ein.

Tatsächlich werden sämtliche Umbauarbeiten gemäß Dolmetschs Versicherung innerhalb von sechseinhalb Monaten ausgeführt, so dass die Einweihung am 1. November 1903 stattfinden kann. Die Kosten betrugen laut „Gesamtbaukosten-

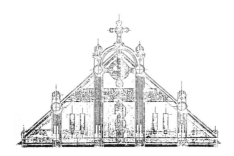

Abb. 366 Tuttlingen, ev. Kirche, Ansicht Nordgiebel, ca. 1902 (unausgeführt).

Abb. 367 Tuttlingen, ev. Kirche, Ansicht von Nordwesten.

Empore herausgenommen werden kann. Die Fenster der beiden Längsseiten werden somit als durchgehende Rundbogenfenster gestaltet, lediglich die Fenster, die den Raum unter der Empore belichten, behalten ihre geraden Stürze (Abb. 367). Sämtliche Tür- und Fensterrahmungen werden mit vegetabilen Ornamenten aus Zement eingefasst, die in Rot- und Gelbtönen auf gelbgrauem Untergrund gehalten werden. Die Umgestaltung der Nordfassade erfolgt gemäß Dolmetschs

Zusammenstellung" vom Mai 1904 rund 154 800 Mark. Die deutliche Überschreitung des Voranschlags rührt vor allem von der Ausführung nachträglich genehmigter Arbeiten her, wie etwa der Einrichtung einer Niederdruckdampfheizung und dem dadurch notwendig gewordenen Verlegen eines Tonplattenbodens im Schiff der Kirche. Die obere Empore wird entsprechend Dolmetschs ursprünglicher Absicht entfernt, so dass die Fensterbrüstung zwischen der ersten und zweiten

Entwurf, der das Aufsetzen von vier Giebeltürmchen vorsah. Sowohl die große Christusfigur im Giebel als auch die vier Apostelstatuen, die auf den Pilastern Aufstellung fanden, wurden aus Savonière-Sandstein gefertigt. Der gesamte Innenraum wurde farbig gefasst, wobei insbesondere die Decke mit Fruchtbändern und der oberhalb der Säulen umlaufende Fries mit Lorbeergirlanden verziert wurde (vgl. Abb. 167). Die Kanzel erhielt angesichts ihres „Charakter[s] der Dürftigkeit" – wie das Kirchengemeinderatsprotokoll vom 3. September 1903 bemerkt – Bronzeverzierungen in Form von Kränzen mit einbeschriebenen Symbolen. Eine Abänderung der „Kapitäle der Schiffsäulen", wie sie Dolmetsch in seiner Kostenberechnung vom September 1902 vorsah, beinhaltete eine Verkürzung der Kapitelle.

In den Jahren 1974 bis 1976 erfuhren die Fassaden der Stadtkirche eine umfassende Restaurierung, die sich vor allem auf die Sicherung der Zementgussteile und deren Farbfassungen sowie auf die Rekonstruktion der Giebeltürmchen an der Nordfassade bezog. Eine in den Jahren 1977 und 1978 vorgenommene Innenerneuerung hob auf die Verkürzung des Kirchenschiffs und damit einhergehend auf die Abtrennung eines Foyers sowie auf die Wiederherstellung der Farbfassung von 1903 ab.

Quellen: LKA, DAamt Tuttlingen, Nr. 313 (Kirchengebäude 1803–1953). LKA, DAamt Tuttlingen, Nr. 315 (Kirchenumbau 1903). LKA, DAamt Tuttlingen, Nr. 316 (Kirchenumbau 1903). LKA, DAamt Tuttlingen, Nr. 317 (Kirchenumbau 1903). LKA, DAamt Tuttlingen, Nr. 221C (KGR-Protokolle 1899–1904). Die in Evangelische Stadtkirche Tuttlingen, S. 10–12 und S. 25 abgebildeten Pläne von Dolmetsch sind laut Mitteilung vom 27. 12. 2002 in DAamt Tuttlingen nicht auffindbar.
Literatur: Dehio 1997, S. 732. Gradmann/Meckseper 1970, S. 364. Karl Becker, Die Restaurierung der Evangelischen Stadtkirche in Tuttlingen, in: Denkmalpflege in Baden-Württemberg 6, 1977, H. 1, S. 1–5. Evang[elische] Kirchengemeinde Tuttlingen (Hrsg.), Evangelische Stadtkirche Tuttlingen, o. O. 1987, S. 24–35.

Uhlbach *siehe Stuttgart*

Untergruppenbach, ev. Pfarrkirche (St. Johannes)
Kreis Heilbronn, ehemals OA Heilbronn

Das Schiff der mittelalterlichen Chorturmkirche wurde in den Jahren 1830/31 um zwei querhausartige Anbauten erweitert, so dass ein kreuzförmiger Grundriss entstand. Eine „Zeichnung zur Vergrößerung der Orgelbühne" aus dem Jahr 1868 informiert über das Aussehen der Kirche vor ihrem Abbruch 1903

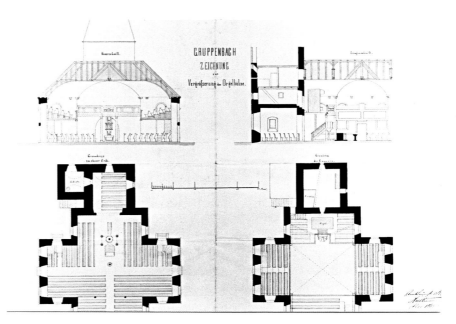

Abb. 368 Untergruppenbach, ev. Kirche, Oberamtsbaumeister in Heilbronn, Querschnitt, Längsschnitt, Grundriss Parterre und Grundriss Empore, 1868 (Bestand mit Projekt zur Vergrößerung der Orgelempore). Tusche, farbig aquarelliert auf Papier, 63,2 cm x 41,2 cm.

(Abb. 368): In allen vier Kreuzarmen befanden sich Emporen, wobei die im Osten gelegene Empore zum großen Teil von der Orgel eingenommen wurde; Kanzel und Altar waren axial, unmittelbar vor der Orgelempore, zueinander aufgestellt. Was die „architektonische Anordnung" betrifft, so entbehrte die Kirche „aller Stylistik", wie einem Bericht des Oberamtsbaumeisters vom 25. November 1868 zu entnehmen ist.

Bereits im Jahr 1864 wurden erste Überlegungen zur Erweiterung der Kirche angestellt. In einer „Bitte des Pfarramts um Verwendung bei der Domänendirection zum Zweck baldiger Ausführung des schon im November vorigen Jahres beschlossenen Kirchenbaus in Gruppenbach" vom 28. Juni 1865 werden gegenüber dem Konsistorium die Klagen über den Zustand des Gebäudes vorgebracht: Die Gemeinde müsse sich „mit einem unanständig engen Kirchlein begnügen", in welchem „sich statt gegen 1200 nicht ganz 600 Sitzplätze befinden"; die „Schulkinder [könnten] nur abwechslungsweise die Kirche besuchen", und „die erwachsenen Jünglinge [seien] in eine Ecke zusammengedrängt, in welcher Stille und Ordnung in keiner Weise erhalten werden" könnten. Vermutlich waren finanzielle Gründe dafür ausschlaggebend, dass die geplante Erweiterung der Kirche nicht ausgeführt werden konnte.

Dolmetsch unterzieht die Kirche in Untergruppenbach erstmals einer Besichtigung am 15. August 1893 im Auftrag des Vereins für christliche Kunst. Anlass für diese Inaugenscheinnahme ist nicht ein eventueller mangelhafter Zustand des Gebäudes, sondern die Absicht nach einer Vergrößerung der Kirche. Noch 1900 – laut Bauvisitationsprotokoll von Oberamtsbaumeister Eckert vom 9. Januar 1900 – wird der Kirche ein „ziemlich gute[r] bauliche[r] Zustand" bescheinigt. In seinem Gutachten äußert sich Dolmetsch dahingehend, dass „mit 80 000 Mark die Kirche soweit [zu] vergrößern [sei], daß sie 1100 Sitzplätze fasse", wie das Kirchengemeinderatsprotokoll vom 27. August 1893 bemerkt. Dolmetsch wird daraufhin „mit der Ausarbeitung eines Planes und einer Kostenberechnung für die Erweiterung der Kirche" beauftragt.

Über diesen ersten, im Februar 1895 vorgelegten „Plan zur Vergrößerung der Kirche" ist lediglich bekannt, dass sich der Voranschlag im Gegensatz zu der im Gutachten geschätzten Bausumme auf 120 000 Mark beläuft. Nach Ansicht des Kollegiums – laut Kirchengemeinderatsprotokoll vom 1. November 1896 – ist „eine, wenn auch in bescheidenen Grenzen gehaltene Restaurierung der Kirche kaum zu umgehen, da besonders das Innere derselben in mancher Beziehung der Verbesserung und Verschönerung bedarf, weil im Hinblick auf den in Aussicht ste-

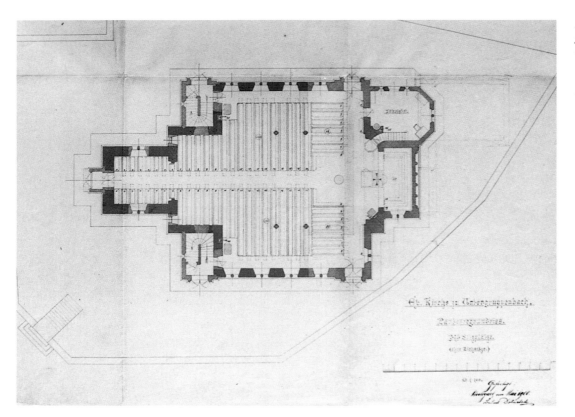

Abb. 369 Unter-
gruppenbach,
ev. Kirche,
Grundriss Parterre,
1900 (unausgeführt).
Lichtpause, koloriert,
54,7 cm x 45,4 cm.

henden Umbau schon lange jede gründliche Restaurierung unterlassen wurde".
Um das zur Verfügung stehende Baukapital nicht zu vermindern und dadurch
den „Neubau" weiter als notwenig hinauszuschieben, beschließt der Kirchengemeinderat, eine Verbilligung des Baus
durch eine Reduzierung der Zahl der
Sitzplätze zu erreichen. So wird Dolmetsch beauftragt, „eine Skizze für eine
etwas kleinere und einfachere Kirche
zu entwerfen, so daß der Voranschlag
womöglich 100 000 Mark nicht überschreitet".

Das Kirchengemeinderatsprotokoll
vom 12. November 1899 konstatiert, dass
„der von Baurat Dolmetsch auf Anfang
des Sommers in Aussicht gestellte verein-
fachte Plan noch nicht erschienen" ist.
Obwohl die Mittel zu einer „einem Neubau gleichkommende[n] Erweiterung der
Kirche" vorhanden sind, pocht der Kirchengemeinderat auf möglichste Sparsamkeit bei der Ausführung des Baus,
damit durch eine eventuelle Kostenüberschreitung „für das kirchliche Leben der
Gemeinde [keine] nachteilige[n] Folgen"
sich ergeben. So wird die Überlegung angestellt, „da das Kirchengebäude durchaus gesund und in gutem Stande ist",
durch „verhältnismäßig geringe Veränderungen etwa vielleicht Verlängerung des

Mittelschiffs […] und je nachdem auch
Verlängerung der beiden Seitenschiffe in
gleicher Richtung und durch entsprechende Verlängerung der Emporen die
nötige Anzahl von Sitzplätzen" zu gewinnen. Zudem soll das Innere der Kirche
„verbessert und verschönert" werden:
„Legung eines neuen Fußbodens, Erneuerung des Gestühls und der Emporen,
bessere Einrichtung der Heizung, Verschönerung der Wände, neue Kanzel und
neuer Taufstein und Altar nebst neuer
Bekleidung." Schließlich beabsichtigt das
Kollegium, „zur Herstellung der Symmetrie" den Kirchturm zu erhöhen.

Im Mai 1900 fertigt Dolmetsch einen
zweiten Plan zum Umbau der Kirche in
Untergruppenbach. In Übereinstimmung mit den im Kirchengemeinderatsprotokoll vom 12. November 1899 formulierten Gedanken sollen sowohl das
Mittelschiff als auch die beiden Querschiffe in „gleicher Richtung" verlängert
werden (Abb. 369). Die Kirche soll im
Westen einen rechteckigen Choranbau
erhalten, der ehemalige Chorturm hingegen soll in seinem Untergeschoss Sitzreihen aufnehmen. In dem südwestlichen
Winkel zwischen Chor und Schiff soll eine neue Sakristei errichtet werden (erst
1878 war im Anschluss an die Südseite
des Turms eine neue Sakristei erstellt

worden). In den östlichen Winkeln zwischen dem „Hauptschiff" und den beiden
„Seitenschiffen" sollen neue Treppenhäuser entstehen, die den Zugang zu den
Emporen sichern sollen. Der Turm der
Kirche soll – dem Wunsch des Kirchengemeinderats entsprechend – erhöht und

Abb. 370 Untergruppenbach, ev. Kirche,
Ansicht Ostfassade, 1900 (unausgeführt).
Lichtpause, 31,2 cm x 45,4 cm.

mit einer neuen Spitze versehen werden (Abb. 370). Aufgrund der Umorientierung der Kirche erhält der alte Chorturm nun die Funktion eines „Westturms", der sich in imposanter Weise über dem Ort erhebt. Der Stil der Kirche lehnt sich an die Entstehungszeit der unteren Geschosse des Chorturms an: Der Rundbogen als stiltragendes Element trägt unter anderem dazu bei, die Unterschiede zwischen alter und neuer Bausubstanz unkenntlich zu machen. Aufgrund des Einsatzes des romanischen Stils und der starken Betonung der Symmetrie erzielt Dolmetsch eine einheitliche und geschlossene Wirkung des Kirchengebäudes.

In den schriftlichen Quellen findet sich keine Stellungnahme des Kirchengemeinderats zu diesem Entwurf, doch geht aus dem Kirchengemeinderatsprotokoll vom 18. Januar 1903 hervor, dass „wegen ziemlich weitem Hinausragens an der Böschung [die] Westseite des Kirchenprojekts" beanstandet und zudem eine „Überschreitung des Voranschlags" befürchtet wird. Am 2. September 1902 stellt Dolmetsch eine neuerliche Kostenberechnung auf, die das Ergebnis erbringt, dass sich die Bausumme „in Berücksichtigung der heutigen Verhältnisse" auf 110 200 Mark erhöhe. Aus diesem Grunde rät er entschieden von einer „Erweiterung der Kirche zum Zweck der Unterbringung der Kinder in einer Art Kinderschule" ab, da die Verwirklichung solch eines Vorhabens „mit sehr großen Kosten verknüpft" sei. Stattdessen schlägt er vor, „den Raum unter der Längsempore bei der Sakristei durch Rolläden von dem Mittelschiff der Kirche abzutrennen, damit derselbe als Kinderschule und bei Gottesdiensten als Kirchenraum benützt werden" könne. Zudem sei eine „Vereinfachung der im romanischen Stil gedachten Kirche […] nicht mehr möglich, denn es [sei] jeglicher Luxus vermieden und die Kirche in den einfachsten Verhältnissen projektiert" worden.

Wie das Kirchengemeinderatsprotokoll vom 7. September 1902 mitteilt, trägt Pfarrer Fischer an Dolmetsch die Bitte heran, „den Bau so zu fördern, daß die Vergebung der Maurer- und Steinhauerarbeiten bis 1. Februar 1903 vorgenommen werden können". Am 16. Februar 1903 fällt der Kirchengemeinderat die Entscheidung, die „gemäß Beschluss vom 18. Januar des Jahres neugefertigten Kirchenumbaupläne von Oberbaurat Dol-

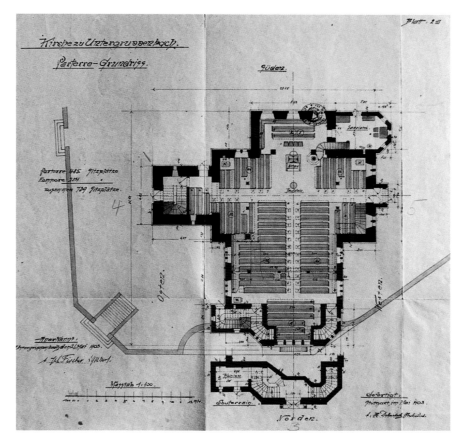

Abb. 371 Untergruppenbach, ev. Kirche, Grundriss Parterre, 1903. Lichtpause, koloriert, 47,6 cm x 47,7 cm.

metsch" zur Ausführung zu bestimmen, „da durch dieselben eine Kostenvoranschlagsüberschreitung ausgeschlossen [sei], die Treppenaufgänge auf die Emporen günstiger [seien], ebenso die Zugänge von unten, außerdem die Pläne einen sehr günstigen Eindruck machen" würden.

Im Gegensatz zu dem vorangegangenen Entwurf sieht Dolmetsch nun eine Erweiterung der Kirche nach Norden vor, so dass „von der Kirche außen Turm und Seitenwände stehen bleiben können", wie das Kirchengemeinderatsprotokoll vom 18. Januar 1903 bemerkt. Tatsächlich bleiben drei Kreuzarme der alten Kirche erhalten, wobei in dem südlichen der Chor untergebracht werden soll (Abb. 371). Auf der Ostseite wird die Schiffwand etwas weiter als auf der Westseite nach außen gerückt, so dass ein insgesamt asymmetrischer Grundriss entsteht. Diese Asymmetrie wird sowohl durch die Anfügung eines Treppenhauses sowie eines Kohlenkellers auf der Ostseite als auch durch den Anbau einer Sakristei in dem südwestlichen Winkel zwischen Schiff und neuem Chor betont. Diese

Asymmetrie des Grundrisses korrespondiert im Außenbau mit einer Staffelung unterschiedlicher Baukörper, so dass ein vielgestaltiges, aufgelockertes Bild entsteht (Abb. 372). Dolmetsch bemüht in diesem Entwurf zudem Anleihen aus dem Heimatschutzstil, die sich in dem Auftreten von Fachwerk im obersten Turmstockwerk wie auch in dem Treppenhausanbau auf der Ostseite äußern.

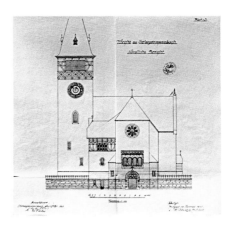

Abb. 372 Untergruppenbach, ev. Kirche, Ansicht Nordfassade, 1903. Lichtpause, koloriert, 41,6 cm x 41,3 cm.

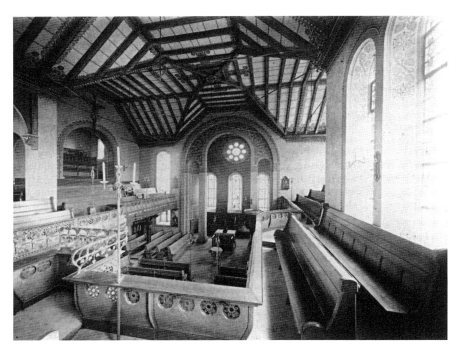

Abb. 373 Untergruppenbach, ev. Kirche, Innenansicht nach Süden, nach 1904.

Der mit Ausnahme der Fenster- und Türeinfassungen als Putzbau gestaltete Kirchenbau steht damit in größtem Gegensatz zu dem in Hausteinen ausgeführt zu denkenden Entwurf vom Mai 1900. Abermals setzt Dolmetsch den Rundbogen als stiltragendes Element ein, doch löst er sich gleichzeitig weitgehend von der Romanik als Baustil. An dessen Stelle treten freiere, floralere Ornamente, wie etwa in den Zwickelfüllungen der Emporenarkaden. Die Decke weist sowohl in der Ost-West-Richtung als auch in der Nord-Süd-Ausdehnung einen trapezförmigen Querschnitt auf (vgl. Abb. 37), wodurch der Innenraum einen freizügigen Charakter erhält.

Am 14. April 1903 wurde mit dem Abbruch der alten Kirche begonnen, die Einweihung der nach Dolmetschs Plänen errichteten Kirche konnte am 20. März 1904 begangen werden (Abb. 373; 374). Die Kosten beliefen sich schließlich auf rund 114 000 Mark und überschritten damit entgegen den Erwartungen den Voranschlag.

Das äußere Erscheinungsbild des Gotteshauses wurde bereits 1925 verändert, als das Fachwerkgeschoss des Turms mit Schiefer verkleidet wurde. Die in den Jahren 1961/62 vorgenommene Umgestaltung der Kirche beließ wichtige Elemente der aus der Dolmetsch-Zeit stammenden Ausstattung, wie etwa die mit Korkplatten versehene Decke, das Ge-

stühl, die Kanzel und die Eingangstüren. Seit einer erneuten Restaurierung der Kirche in den Jahren 1986/87 präsentiert sich der Innenraum in einer modifizierten Farbgebung. Außerdem wurde das 1962 geschlossene Rundfenster im Chor wieder geöffnet.

Quellen: PfarrA Untergruppenbach, „KGR-Protokolle 1889–1921". PfarrA Untergruppenbach, „Akten zur Baugeschichte des Kirchengebäudes". KPf

Abb. 374 Untergruppenbach, ev. Kirche, Ansicht von Nordosten, nach 1904.

Untergruppenbach, Mappe „Kirche zu Untergruppenbach. Umbaupläne", sämtlich datiert und signiert „Gefertigt Stuttgart, im Mai 1900. Baurat Dolmetsch". KPf Untergruppenbach, Mappe „Plan zum Umbau der Kirche in Untergruppenbach", darin 8 kolorierte Lichtpauspläne, datiert „Gefertigt Stuttgart, im Januar 1903" bzw. „Gefertigt Stuttgart, im Mai 1903", sämtlich signiert „H. Dolmetsch Oberbaurat"; außerdem 1 „Lage-Plan", datiert und signiert „Gefertigt Böckingen 2. Februar 1903. Geometer Braun". GdA Untergruppenbach, A 143, darin u. a. 1 „Zeichnung zur Vergrößerung der Orgelbühne", datiert und signiert „Amtsbaumstr. Mante Heilbronn Nov. 1868".

Literatur: Dolmetsch 1900, S. 3. DBZ 42, 1908, Nr. 63, S. 432. Julius Fekete, Kunst- und Kulturdenkmale in Stadt- und Landkreis Heilbronn, Stuttgart 1991, S. 301. Dorle und Friedrich Eisenmann, Die Johanneskirche, in: Wilfried Sehm (Bearb.), Untergruppenbach. Heimatbuch der Gemeinde Untergruppenbach, Stuttgart 1992, S. 618. Theophil Steudle, 800 Jahre Johanneskirche Untergruppenbach. Jugendstilkirche wird renoviert, in: Schwäbische Heimat 1989, S. 343.

Unterjesingen *siehe Tübingen*

Urach *siehe Bad Urach*

Ursprung *siehe Lonsee*

Vaihingen/Enz, ev. Pfarrkirche (St. Maria)
Kreis Ludwigsburg, ehemals Oberamtsstadt (Neckarkreis)

In einer Urkunde aus dem Jahr 1339 – früher ist fälschlicherweise das Datum „1239" gelesen worden – wird die Kirche als eine Marienkapelle erstmals erwähnt. Ein romanischer Saalbau mit halbrunder Apsis ging der 1513 (i) errichteten dreischiffigen Basilika voraus, von der noch der Obergaden erhalten ist. Nach dem Stadtbrand von 1618 wurden die Seitenschiffe in spätgotischer Manier neu hergestellt, der Turm wurde um ein Fachwerkgeschoss erhöht. Dem Südportal wurde 1619 (i) durch Heinrich Schickhardt eine doppelläufige Freitreppe, die auf die Emporen führte, vorgebaut. 1693 zerstörte abermals ein Brand die Kirche, so dass „das ganze Innere seither an die schwere

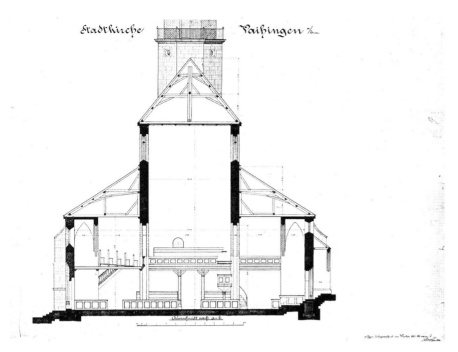

Abb. 375 Vaihingen/Enz, ev. Kirche, Werkmeister Hoffmann, Querschnitt nach Westen, 1881/82 (Bestand). Tusche, aquarelliert auf Papier, 97,1 cm x 66,2 cm.

Not und ärmliche Kunst jener Zeit" erinnerte, wie das Christliche Kunstblatt 1893 noch zu berichten weiß (Abb. 375).

Im Pfarrbericht des Jahres 1884 findet sich dementsprechend die Mitteilung, dass die Kirche „im Innern schmucklos und mancherlei defekt" sei. Den einzigen Schmuck des Gotteshauses stellt ein anlässlich der Lutherfeier 1883 gestiftetes Glasgemälde dar, das „gegenüber vom Haupteingang" angebracht ist und den segnenden Christus zeigt. Der Pfarrbericht hält weiter fest, dass „noch zwei übereinander gebaute Emporen, die obere für die Orgel, die untere für den Vorsänger mit den schulpflichtigen und konfirmirten Söhnen" sich in der Kirche befinden. Aus einem Bericht von Dolmetsch vom 9. März 1891 – auf den noch einzugehen sein wird – geht hervor, dass diese doppelstöckige Emporenanlage im Osten zu finden ist. Von außen sehe die Kirche auf dieser Seite „einer Ruine gleich", weil sie „ohne Chorabschluß" ist. Im Christlichen Kunstblatt von 1893 findet sich zudem der Hinweis, dass „die Anschlußsteine für den Chorbogen an der äußeren Ostmauer der Kirche zwecklos hervor[ragen] und der hohe Chorbogen mit Brockstein zugemauert" ist. Auch die Freitreppe auf der Südseite wird – wie der Pfarrbericht von 1884 festhält – als ein ästhetischer Makel empfunden, da sie „imposant", aber „stilwidrig" sei,

außerdem sei sie „neuestens ganz baufällig" geworden (vgl. Abb. 164).

Das Kirchenvisitationsprotokoll vom 7. September 1890 führt darüber hinaus weitere „Defekte der Kirche im Äußern (Notwendigkeit von Sockelerneuerung, Reinigung und Ausschieferung des Umfassungsgemäuers, Neuverglasung von 5 Fenstern an der Südseite und 4 Fenstern an der Nordseite) und im Innern (Reini-

gung der Wände und Decken vom Staub, Ausbesserung der Böden unter der Stuhlung im Parterre und auf den Emporen)" an. Es teilt außerdem mit, dass „Werkmeister Hoffmann […] in einem Gutachten vom 20. August die Kosten der Arbeiten, welche zur Erhaltung der Stadtkirche absolut notwendig sind und in nächster Zeit zur Ausführung gelangen sollten, zu 12820 Mark berechnet" habe.

Am 22. Dezember 1890 bittet der Dekan in einem Schreiben den Verein für christliche Kunst „um gütige Abordnung eines Bauverständigen zu[r] Beratung in Sachen der für das nächste Jahr geplanten Kirchenrestauration". Als dringliche Aufgaben „außer der Abstellung eigentlich baulicher Schäden" nennt der Dekan die „Bemalung der Wände und Decke", die „Neuverglasung der Fenster, zum Teil auch Erneuerung des Maßwerks" sowie die „Neubestuhlung". Dolmetsch erklärt hingegen in seinem den „summarischen Kostenberechnungen" beigefügten Erläuterungsschreiben vom 9. März 1891 als „den Kernpunkt [seines] Planes […] das zum Ausdruck gebrachte Streben, innerhalb der vorhandenen Kirchenwände einen Ersatz für den früher vorhanden gewesenen oder wenigstens beabsichtigt gewesenen Chor zu bieten".

Der in Dolmetschs Nachlass befindliche undatierte Grundriss der „Stadtkirche zu Vaihingen" lässt sich in allen wesentlichen Punkten mit dem erwähnten

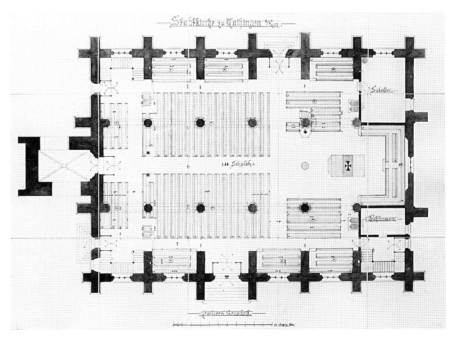

Abb. 376 Vaihingen/Enz, ev. Kirche, Grundriss Parterre, ca. 1891 (unausgeführt). Tusche, aquarelliert auf Papier, 99,7 cm x 72,6 cm.

Erläuterungsschreiben zur Deckung bringen (Abb. 376): Analog zu dem schon bestehenden Sakristeieinbau auf der Nordseite soll auf der Südseite ein Kohlenraum ausgebildet werden, „so daß am östlichen Ende des Mittelschiffes eine breite Nische zur Aufnahme des Doppelaltars entstünde". Des Weiteren sollen die beiden seitlichen Eingänge an der Westseite „in die Mittelaxen der Seitengänge gerückt [werden], wodurch die ganze Anlage an Klarheit und Bequemlichkeit wesentlich gewinnt". Die „Neuherstellung der alten Außenthüren ist durch die notwendige Anordnung von Windfängen bedingt". Eine „teilweise Auffüllung auf den Parterreboden" ist beabsichtigt, „um die vielfach in der Kirche vorkommenden lästigen Höhendifferenzen der Bodenfläche zu beseitigen". Eine Abweichung des vorhandenen Plans von dem schriftlichen Bericht besteht in der Anordnung der Emporenzugänge: Die im Erläuterungsbericht erwähnte Emporentreppe, die sich bislang in der Sakristei befand, soll in die „Strebepfeiler-Nische zwischen dem nördlichen Kirchenportal und der Sakristei derartig eingestellt [werden], daß sie oben durch den an die Sakristei anstoßenden Strebepfeiler hindurch zur Empore über [der] Sakristei führt". Auch der Kostenvoranschlag vom März 1891 nimmt die „Beseitigung der Treppe aus der Sakristei" auf. Der Plan zeigt hingegen weder eine Emporentreppe in der Sakristei noch in der genannten Strebepfeilernische, sondern zwei Aufgänge an der westlichen Innenwand der Kirche. Diese sollen die an der Südseite nicht mehr vorhandene Freitreppe ersetzen. Erstaunlicherweise machen weder der Erläuterungsbericht noch der Kostenvoranschlag Aussagen zu der Frage des Umgangs mit der auf der Südseite befindlichen Freitreppe.

Der erwähnte Kostenvoranschlag vom März 1891 weist im Gegensatz zu der von Hoffmann vorgenommenen Berechnung die hohe Summe von 84 500 Mark aus. Die Versetzung der Orgel auf eine neu zu erstellende Empore an der Westseite, die Erhöhung des Bodenniveaus im Parterre, die Erneuerung der Fenstermaßwerke auf der Süd- und Nordseite der Kirche sowie die Anbringung einer Dachrinne, die Hoffmann als nicht notwendig erachtete, tragen wesentlich zu der Verteuerung der von Dolmetsch geplanten Maßnahmen gegenüber den vom Oberamtsbaumeister

ins Auge gefassten Arbeiten bei. Zudem will Dolmetsch, wie dem Kostenvoranschlag zu entnehmen ist, das Innere der Kirche einheitlich umgestalten: Altar, Taufstein, Kanzel mitsamt Schalldeckel, Gestühl und Fußboden sollen vollständig neu erstellt werden.

Der im März 1891 ausgearbeitete Kostenvoranschlag übersteigt erheblich die zur Verfügung stehenden Mittel, so dass Dolmetsch im April 1891 eine weitere Kostenberechnung anstellt, die sich dem Willen des Stiftungsrats und Bürgerausschusses gemäß auf rund 13 000 Mark beschränkt. Der „Kernpunkt" des von Dolmetsch vorgelegten Plans – die Einfügung eines Kohlenraums und die dadurch entstehende Chornische – wird beibehalten, doch kommen eine Reihe von Arbeiten in Wegfall, die die Schmucklosigkeit des Inneren beseitigen sollten, wie etwa die Neuherstellung der Stuhlung, die Versetzung der Orgel auf eine neue Westempore und die Neuanfertigung der Prinzipalstücke. Lediglich die Maßnahmen, die Dolmetsch offensichtlich als der Substanzerhaltung dienend einstuft, sollen zur Ausführung gelangen: „Verbesserungen am Mauerwerk der hinteren Langseite", Einsetzen neuen „Maßwerk[s] für die Fenster im nördlichen Seitenschiff und an der Ostseite", Anfertigen neuer „Fensterschenkel für die Fenster des nördlichen Seitenschiffs", „Dichtung der Fugen an den Umgangsplatten des Turms mit Blei", „Herstellung des wasserdichten Dachanschlusses an die Giebel und Turmmauern" sowie „Ausbesserung des Sockelgemäuers zwischen, unter und neben dem Triumphbogen an der Ostseite". Überraschenderweise wird auch die Anbringung von Dachrinnen gestrichen, stattdessen wird die „Neuverglasung sämtlicher Fenster mit Bleiverglasung von Cathedralglas in einfachen Dessins" in den Voranschlag aufgenommen.

Obwohl – wie das Kirchengemeinderatsprotokoll vom 10. April 1891 bemerkt – vonseiten der „stiftischen und bürgerlichen Kollegien und des Kirchengemeinderats [...] keinerlei Geneigtheit zu weiteren Verwilligungen zum Zweck einer umfassenderen Restauration der Kirche, als ursprünglich geplant, vorhanden ist", wird bereits im Juni 1891 mit der Vergabe der Bauarbeiten an die Unternehmer begonnen. Die Kreisregierung in Ludwigsburg bewilligt im Einvernehmen

mit dem Konsistorium zunächst 18 000 Mark „behufs Restauration der Stadtkirche", wie das Kirchengemeinderatsprotokoll vom 9. Juni 1891 mitteilt.

Am 22. März 1892 berät der Kirchengemeinderat „in Gegenwart des anwesenden Baurats Dolmetsch die Hauptpunkte des Restaurationsplans der Kirche, die noch nicht erledigt sind". Auf Vorschlag Dolmetschs wird beschlossen, „sowohl unter der Stuhlung als auch unter den Platten in den Gängen wegen der Bodenfeuchtigkeit betonieren zu lassen". Des Weiteren soll die Orgel „auf die vorhandene westliche Empore gestellt werden", wobei zu hoffen ist, dass „zwischen ihr und der Brüstung noch ein ziemlicher Raum sich ergeben wird, auf dem der Kirchenchor und für gewöhnlich die Schüler Platz finden können". Dolmetsch macht darauf aufmerksam, dass „an beiden Seitenwänden zunächst dem Turm sich Risse zeigen". Für die Ausweichung des Turms nach Westen macht er ein Güllenloch „an dem westlichen Turmpfeiler im Hofe des Nachbars [...], unter dem das Steinwerk am Turm notleide", verantwortlich. Aus diesem Grunde dringt er auf eine Verlegung des Güllenlochs. Die Empore über der Sakristei soll erhalten bleiben, aber „in bessern Stand gesetzt werden". Die in dem „ursprünglichen Restaurationsplan" vorgesehene Treppe, die von der Kirche auf die Empore über der Sakristei führen sollte, soll nun nicht ausgeführt werden. Stattdessen soll die Empore wie bisher „durch die Thüre, welche zugleich in die Sakristei führt, zugänglich gemacht werden". Schließlich sollen „Altar und Taufstein [...] umgearbeitet werden, so daß möglichst viel von dem bisherigen Material noch zur Verwendung kommt". Über die „Rückversetzung des Altars" wird zwar längere Zeit geredet, doch wird ein diesbezüglicher Beschluss aufgeschoben, bis „einmal der in Aussicht genommene Chor hergestellt sei". Nach kontroverser Diskussion spricht sich der Kirchengemeinderat dafür aus, „die Kanzel zu versetzen und eine neue Kanzel zu beschaffen".

Diesem Beschluss folgt ein öffentlich ausgetragener Streit um das Für und Wider der Verlegung der Kanzel von dem dritten an den zweiten Langhauspfeiler von Osten. Dolmetsch befürwortete in der Sitzung des Kirchengemeinderats am 22. März 1892 die Versetzung der Kanzel entschieden mit dem Argument, „unter keinen Umständen könne [es] sich [um] Beibehaltung der bisherigen Aufstellung von Kanzel und Kirchenstühlen [handeln], da bei derselben auf beiden Seiten je ungefähr die fünf vordersten Bankreihen so aufgestellt seien, daß die, welche darin sitzen, entweder gar nicht oder nur in sehr unbequemer Weise auf die Kanzel sehen können". Würde die bisherige Stellung der Kanzel beibehalten, „so müßten – wie Dolmetsch ausführte – sämtliche Stühle von der Sakristei an bis zur Kanzel und ebenso auf der gegenüberliegenden Seite im Mittelschiff so gedreht werden, daß [die Gottesdienstbesucher] den Blick gegen den Mittelgang" haben. Dann „könnten die, welche in den der Kanzelseite gegenüberliegenden Bänken sitzen, auf die Kanzel sehen, dagegen zum Altar hin nur mit starker Drehung nach rechts, ebenso die der Kanzel zunächst Sitzenden, denen der Blick zur Kanzel ganz unmöglich gemacht wäre, zum Altar nur mit Wendung nach links". Somit bilde – nach Dolmetschs Worten – die Versetzung der Kanzel „einen der Grundgedanken im ganzen Restaurationsplan und nur auf diese Weise lasse sich eine schöne Aufstellung der Stuhlung erzielen". Ein Teil der Einwohnerschaft hingegen beklagt in der Ausgabe des „Enz-Boten" vom 29. März 1892, dass, wenn die Kanzel verlegt werde, „von dort aus der Prediger gar nicht [zu] verstehe[n]" sei. Obwohl vonseiten der Bürger der Vorwurf erhoben wird, durch eine Verlegung der Kanzel mache der Kirchengemeinderat „vielen den Besuch des Gottesdienstes unmöglich", wird schließlich die Kanzel um einen Pfeiler nach Osten gerückt.

Während der laufenden Bauarbeiten fertigt Dolmetsch im Mai 1892 einen „neuen Plan zu einer schöneren Choranlage mit Herstellung einer Nische, durch welche das Ruinenhafte an der Außenseite beseitigt würde" (vgl. Abb. 91; 92). Am 28. Juni 1892 beschließt der Kirchengemeinderat, „sich mit der Ausführung der vorgelegten Choranlage zu befassen". Im Gegensatz zu dem zuvor ausgearbeiteten Entwurf will Dolmetsch nun die Ostwand der Kirche um etwa 1 m nach außen schieben, wodurch der geöffnete Chorbogen den Blick freigibt auf eine Nische, die von einem großen Rosettenfenster erhellt wird. Die räumliche Staffelung von Chorbogen und Abschlusswand

verursacht eine optische Tiefenwirkung, die in dem vorangegangenen Entwurf nicht erzielt wurde. Der Einbau einer Empore in die Chornische, die sich zu beiden Seiten fortsetzt, mindert diesen Eindruck nicht.

Am Außenbau gelingt es Dolmetsch, das große Rosettenfenster und das kleine fünfteilige Maßwerkfenster, das den Raum unter der Chorempore beleuchtet, durch die Verdoppelung der Giebelform optisch zusammenzubinden. So entsteht der Eindruck eines eigenständigen Choranbaus, der zwischen die verlängerten Strebepfeiler eingespannt ist. Die neu angelegte Doppeltür südlich des Chors, die sich bereits in dem vorhergehenden Plan findet, führt in den Kohlenraum bzw. in das neue Treppenhaus.

Dolmetschs Entwurf vom Mai 1892 wird exakt umgesetzt (Abb. 377). Eine Abweichung findet lediglich hinsichtlich der formalen Gestaltung der Emporenbrüstung statt. Am 18. Oktober 1892 berät der Kirchengemeinderat ein letztes Mal über eine Erweiterung des Bauplans: Entgegen dem Beschluss vom 22. März 1892, wonach die Orgel auf die „vorhan-

dene westliche Empore gestellt werden" soll, soll nun die Orgelempore eine neue Stuhlung und eine neue Brüstung erhalten, „damit die Emporen im ganzen einen günstigen, dem im übrigen schön restaurierten Gotteshaus entsprechenden Eindruck machen". Die Mehrkosten versucht der Kirchengemeinderat gering zu halten, indem „ die Brüstung im Chor einfacher als ursprünglich beabsichtigt […] gehalten" würde. Trotzdem beträgt die endgültige Bausumme rund 112 000 Mark. Die Einweihung der restaurierten Kirche findet am 6. August 1893 statt. Die Lösung der „Hauptaufgabe, den alten, von seiner Vermauerung befreiten Chorbogen in seiner schönen ursprünglichen Gliederung zu retten", wird von Feil, S. 231 als gelungen betrachtet.

Die 1881/82 von Oberamtsbaumeister Hoffmann aufgenommene doppelläufige Freitreppe wurde erst 1965/66 abgebrochen; an die Stelle der Tür trat ein Rosettenfenster. Das Innere der Kirche wurde 1967/68 so weitgehend umgestaltet, dass von der Dolmetsch-Fassung nur das Gestühl und der Taufstein erhalten blieben. Insbesondere der Chorbereich war von

Abb. 377 Vaihingen/Enz, ev. Kirche, Innenansicht nach Osten, vor 1967/68.

der Umgestaltung betroffen: Das fünfteilige Maßwerkfenster in der Ostwand wurde zugemauert, die Empore entfernt und der Altar auf ein zweistufiges Podest gestellt.

Quellen: LKA, A 29, 4881-18 (Pfarrbericht von 1884) und A 29, 4881-23 (Pfarrbericht von 1908). DAamt Vaihingen, Nr. 829 (Auszüge aus dem KGR-Protokoll von den die Stadtkirchen-Restauration betreffenden Einträgen aus den Jahren 1890–1894). DAamt Vaihingen, Nr. 830 (Rechnungsbeilagen Nr. 1–111). DAamt Vaihingen, Nr. 831 (Rechnungsbeilagen Nr. 112–344). DAamt Vaihingen, Nr. 832 (Rechnungsbeilagen Nr. 345–613). DAamt Vaihingen, Nr. 833 (Rechnungsbeilagen Nr. 614–882). DAamt Vaihingen, Nr. 834 (Restaurierung der Stadtkirche 1891–1899). TUM, Nachlass Heinrich Dolmetsch, Signatur 34.1, 34.2, 34.3, 3 Tuschepläne, datiert und signiert „Aufgen. und gezeichnet im Winter 1881/82 von Hoffmann"; Signatur 34.7, 34.8, 2 Tuschepläne, datiert und signiert „Gefertigt, Stuttgart im Mai 1892. Baurat Dolmetsch"; Signatur 34.5, 1 „Situationsplan" der Stadtkirche; Signatur 34.9, 1 perspektivische Ansicht der Stadtkirche; Signatur 34.4, 1 „Parterre-Grundriß", undatiert und unsigniert; Signatur 34.6, 1 „Grundriß des Chorgestühls", undatiert und unsigniert; Signatur 34.10, 1 Entwurf zum „Altar. Vorderansicht. Seitenansicht. Grundriss".

Literatur: Dolmetsch 1900, S. 3. Dehio 1993, S. 800. ChrKbl 35, 1893, H. 1, S. 14. Beilage zum Staatsanzeiger für Württemberg vom 2. 8. 1893, S. 1301. Wilhelm Feil, Geschichte der Oberamtsstadt Vaihingen a. d. Enz im Rahmen der Landesgeschichte (Nachdruck der Originalausgabe von 1933–35), Vaihingen/Enz 1979, S. 230 f. Günter Eckstein, Sanierung und Restaurierung des Turmes der Stadtkirche in Vaihingen an der Enz, in: Denkmalpflege in Baden-Württemberg 25, 1996, H. 3, S. 195. Günter Eckstein, Zum Abschluss der Arbeiten an der evangelischen Stadtkirche in Vaihingen an der Enz. Die Deformationsbeobachtungen von Mai 2000, in: Denkmalpflege in Baden-Württemberg 30, 2001, H. 1, S. 48. Hartmut Leins, Die Evangelische Stadtkirche in Vaihingen an der Enz, o. O. 1997, S. 22.

Vaihingen/Enz-Roßwag, ev. Pfarrkirche (St. Martin)
Stadt Vaihingen/Enz, Kreis Ludwigsburg, ehemals OA Vaihingen

Der Westturm der einschiffigen Saalkirche stammt aus der Zeit nach 1300, der spätgotische Chor mit Netzgewölbe wurde, wie eine Inschrift an einer Chorstrebe belegt, 1497 neu errichtet.

Das am 24. Dezember 1894 dem Verein für christliche Kunst von Dolmetsch vorgelegte Gutachten charakterisiert die Kirche zu Roßwag als ein „stilvolle[s] Werk" aus dem Ende des 15. Jahrhunderts, „das alle Beachtung auf sorgfältige Erhaltung verdient". Gleichzeitig bescheinigt es dem Inneren der Kirche einen „stark herunter gekommene[n]" Zustand. Hauptziel der vorzunehmenden Restaurierung ist die Erstellung eines „zweckmäßige[n] und schöne[n] Gotteshauses" unter Berücksichtigung der Trockenlegung der Außenmauern und einer Heizbarmachung der Kirche. Besondere Aufmerksamkeit richtet Dolmetsch auf die „Erhöhung resp. Wölbung" der horizontalen Schiffdecke, was ihm als „sehr wünschenswert" erscheint. Auf die architektonischen Einzelheiten dieses „einheitlichen, mit spezieller Sachkenntnis durchgearbeiteten Planes" geht er nicht ein, mit Ausnahme der Erwähnung je eines neuen Fensters „mit stilvollen Einfassungen und Maßwerk" auf der Südseite des Chors und der Nordseite des Schiffs.

Die zu der geplanten Restaurierung der Roßwager Kirche überlieferten Pläne vom März 1896 dokumentieren bereits eine erweiterte Überarbeitung des ursprünglichen Projekts. Der Zugang zu der Empore soll nun nicht mehr über eine an der Nordseite befindliche Außentreppe und eine vom Kirchenschiff zu betretende innenliegende Treppe erfolgen, sondern über zwei an der Nord- bzw. Südseite des Turms entlanglaufende Treppen (Abb. 378). Die Aufteilung, dass die eine der beiden Treppen vom Innenraum, die andere von außen her erreicht werden kann, soll allerdings beibehalten werden. Die in der Nordostecke zwischen Schiff und Chor befindliche Sakristei beabsichtigt Dolmetsch zu erhöhen, ihr gegenüber soll als Pendant ein „Querschiff" errichtet werden. Die zum Teil recht unregelmäßige Verteilung der Fenster in der Fassade soll insofern vereinheitlicht werden, als die Fenstergrößen nun nicht mehr variieren und sämtliche Fenster Maßwerk erhalten, wobei dasjenige der Fenster im Chor reicher ausfällt als das der Fenster im Schiff (vgl. Abb. 25; 26). Ein für Dolmetschs Fassadengestaltung beliebtes Motiv taucht auch in seinen Planungen für die Roßwager Kirche auf: Ein unmittelbar über dem Portal sitzendes Rundfenster hebt den Eingang hervor.

Schon die Ausführung des ersten, in Zeichnungen nicht überlieferten Projekts hätte die finanziellen Möglichkeiten der

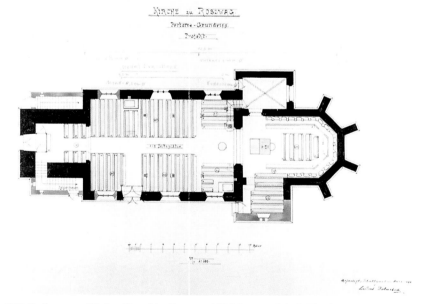

Abb. 378 Roßwag, ev. Kirche, Grundriss Parterre, 1896 (unausgeführt). Tusche, farbig aquarelliert auf Papier, ohne Maßangabe.

Kirchengemeinde in Roßwag bei Weitem überstiegen. So war an die Verwirklichung dieses zweiten Vorschlags nicht zu denken. Die Kirchengemeinde trug sich mit dem Gedanken, zunächst die dringend notwendigen Maßnahmen auszuführen, so etwa die Ausbesserung des Turmdachs, die Erneuerung des Bodens und des Gestühls im Schiff sowie die Anschaffung eines neuen Altars, „da die Unzufriedenheit mit dem Zustand der Kirche immer lauter" wurde, wie das Kirchengemeinderatsprotokoll vom 6. März 1898 bemerkt.

Aufgrund der Intervention des Dekans wurde schließlich doch eine umfassendere Restaurierung durchgeführt, die zwar den Eingriff in die bauliche Substanz unterließ – Vereinheitlichung der Fenster und Anfügung des „Querschiffs" unterblieben – und doch auf eine einheitliche Gestaltung des Innenraums unter Einbeziehung der Emporen abzielte. Die Aufsprengung der ehemaligen Flachdecke macht aus dem Kirchenschiff „eine kleine, geschmackvoll bemalte hochgewölbte Halle, die nach Stil und Bauverhältnissen dem auf der Ostseite befindlichen Chore korrespondiert". Der Triumphbogen wurde erhöht, um „einen freien Einblick in den herrlichen gotischen Chor" zu gestatten. Kanzel und Altar wurden neu erstellt, während der alte Taufstein beibehalten wurde. Die zwei in den Kirchenraum führenden Portale erhielten neue Türblätter, und sämtliche Fenster wurden neu verglast. Windfänge wurden angebracht, ein Ofen aufgestellt sowie das Kirchengestühl erneuert. Die Wände des Chors wurden mit Quadermalerei versehen, wobei in der Mitte eines jeden Quaders ein „anmutig belebender Stern" aufgebracht wurde. Die Gesamtkosten beliefen sich auf etwa 20 000 Mark. Der Verfasser eines Artikels im „Staatsanzeiger" zur Wiedereinweihung der Roßwager Kirche am 26. November 1900 bescheinigt dieser, „zu ihrer ursprünglichen Schönheit und Stilreinheit zurückgeführt worden" zu sein, nachdem sie sich „durch Dürftigkeit, Verkommenheit und Geschmacklosigkeit ihres Innern vor andern ausgezeichnet hat[te]".

Von der im Jahr 1900 durchgeführten Umgestaltung der Kirche sind große Teile der Dolmetsch-Ausstattung erhalten: Decke, Emporen, Gestühl, Kanzel, Altar, Taufstein und Chorfenster sind noch, allerdings mit geringfügigen Veränderungen, vorhanden. Der Taufstein wurde von der Mitte an die Seite gerückt und die Ziehsitze der Parterrestuhlung entfernt. Die Wände büßten ihre farbige Fassung jedoch vollständig ein.

Quellen: StA Ludwigsburg F 209 I, 443 (Oberamt Vaihingen. Roßwag, Akten das Bauwesen an der Kirche betr.), darin u. a. Gutachten von Dolmetsch vom 24. 12. 1894. PfarrA Roßwag, „KGR-Protokolle 1894–1900". PfarrA Roßwag, 4 Tuschepläne, aquarelliert („Projekt"), datiert und signiert „Gefertigt, Stuttgart im März 1896. Baurat Dolmetsch". TUM, Nachlass Heinrich Dolmetsch, Signatur 47.1, 47.2, 47.3, 47.4, 47.5, 47.6, 47.7, 47.8, 47.9, 47.10, 47.11, 47.12, 47.13, 47.14, 14 Tuschepläne, zum Teil aquarelliert, undatiert und unsigniert.
Literatur: Dolmetsch 1900, S. 4. Dehio 1993, S. 646. Beilage zum Staatsanzeiger für Württemberg vom 26. 11. 1900, S. 2121.

Vellberg-Stöckenburg, ev. Pfarrkirche (St. Martin)
Stadt Vellberg, Kreis Schwäbisch Hall, ehemals OA Hall

Die Kirche in Stöckenburg, in einer Schenkungsurkunde des Jahres 822 erstmals erwähnt, erhielt ihr heutiges Erscheinungsbild im Wesentlichen im 15. und 16. Jahrhundert: Teile des polygonalen Chors mit 5/8-Schluss wurden vor 1435 (i) errichtet, das Gewölbe enthält im Schlussstein das Wappen der Herren von Vellberg und die Jahreszahl 1577. Ende des 18. oder zu Beginn des 19. Jahrhunderts wurde das Kirchenschiff nach Westen verlängert, 1968 wurde dieser westliche Teil der Kirche vom Schiff abgetrennt und ein Saal eingerichtet.

In einem Schreiben des Pfarramts an das Ministerium des Kirchen- und Schulwesens, das im Anschluss an das Kirchengemeinderatsprotokoll vom 4. Oktober 1897 wiedergegeben ist, wird ein von Dolmetsch abgegebenes „Gutachten betr[effend] die Aufstellung der neuen Orgel und die Herstellung des Orgelraumes" erwähnt. Dieses Gutachten scheint nicht erhalten zu sein, so dass nicht gesagt werden kann, ob die Aufstellung des von Orgelbaumeister Link in Giengen an der Brenz gelieferten Instruments sich nach Dolmetschs Angaben gerichtet hat.

Das Kirchengemeinderatsprotokoll vom 20. September 1901 teilt mit, dass in dem Kirchengebäude „Wand- und Deckengemälde entdeckt" worden seien, „deren Aufdeckung […] nach dem sachverständigen Urteil des […] Kunstmaler Schmidt wohl lohnen" würde.

Im Mai 1902 legt Dolmetsch eine „Kostenberechnung [der] vorgesehenen Bauarbeiten" vor. In der Einleitung werden die geplanten Maßnahmen konkret benannt: „1) Die alten Emporen im Schiff und Chor werden abgebrochen. 2) Die Schifffenster werden, soweit die alten Malereien es gestatten, nach unten verlängert, damit genügend Licht in die Kirche eindringen kann. Sämtliche Schifffenster werden mit Kathedralglas neu verglast. 3) Das Terrain um die Kirche, soweit solches höher liegt als der Kirchenbau, wird abgegraben, um die Mauern trocken legen zu können. Im Innern werden zu demselben Zweck die unteren Wandteile isoliert. Um die Kirche wird ein Cementtrottoir mit Kandel geführt, auch ist an den tiefer zu legenden Stellen ein Cementsockel auszuführen. 4) Die alten Steinböden in der Kirche werden herausgenommen und an deren Stelle ein Betonboden ausgeführt; unter der Stuhlung wird sodann ein neuer Holzboden und in den Gängen ein Plättchenboden gelegt. 5) Die alte Stuhlung wird herausgenommen und durch eine neue ersetzt. 6) Die Wände und Decken im Schiff und Chor werden, sofern dort nicht vorhandene alte Malereien bestehen, in stilgerechter Weise einfach bemalt und zuvor der Verputz erneuert. 7) Sämtliche Thüren werden durch neue ersetzt." Die „Gesamtbausumme" beläuft sich auf 17 500 Mark.

Am 11. Juni 1902 verhandelt der Kirchengemeinderat „über den durch Oberbaurat Dolmetsch gefertigten Plan für die in Aussicht genommene Kirchenrenovation". Das Protokoll referiert die wichtigsten Punkte des Bauplans: Es handelt sich um die „Erstellung eines neuen Gestühls, [die] Entfernung der Emporen im Schiff und im Chor der Kirche, [das] Legen eines neuen Bodens, [das] Abgraben des Terrains an der Südwestseite, [die] Verlaengerung der Fenster nach unten, [den] Neuverputz der Waende, [die] Trottoirführung in der Breite von 70 cm um die Kirche, [einen] neue[n] Sockel [sowie die] Isolierung der Waende durch Falzbaupappe". Dolmetsch weist zugleich nach, „daß in Folge der Emporenentfernung kein Verlust an Sitzplätzen entsteht, da für die in Wegfall kommenden Sitze durch sog[enannte] Ziehbänke sowie durch Stellen von Stühlen im Chor der Kirche Ersatz geschaffen wird".

Dem Kirchengemeinderatsprotokoll lässt sich weder Zustimmung noch Ablehnung in Bezug auf Dolmetschs Vorschläge entnehmen, doch belegt die Ansammlung eines Baufonds die Absicht, den Plan vom Mai 1902 in die Tat umsetzen zu wollen. Erst nachdem der Kirchengemeinde eine Beteiligung an einer Landeskirchenkollekte zugesichert worden ist, beschließt das Kollegium am 28. Februar 1905, „den vor längerer Zeit von Oberbaurat Dolmetsch gefertigten Plan sofort zur Ausführung bringen zu lassen".

Der von Dolmetsch überarbeitete Kostenvoranschlag geht am 14. Dezember 1905 in Stöckenburg ein, wie aus dem Kirchengemeinderatsprotokoll vom 21. Dezember 1905 hervorgeht. Angesichts „des Steigens der Materialpreise wie der Löhne" weist der Voranschlag nun eine Erhöhung der Bausumme um 1250 Mark aus. Durch „eine etwas einfachere Ausführung des Bauwesens", beispielsweise durch Beibehaltung der alten Kanzel, wird jedoch nach Ansicht des Kollegiums in finanzieller Hinsicht „viel erreicht". Offenbar liegen somit dem beabsichtigten Erhalt der alten Kanzel – die um „eine neue Treppe und Geländer, Bücherpult und Knieschemel" laut Revision der Kostenberechnung vom Dezember 1905 ergänzt werden soll – vorrangig Sparmaßnahmen zugrunde. Auch die Abänderung hinsichtlich der Erneuerung der Türen – nun ist lediglich von einem Teil der Türen die Rede – dürfte auf finanzielle Überlegungen zurückzuführen sein. Die pauschale Aussage, alle Schifffenster nach unten verlängern zu wollen, wird differenziert: „Das an der nördl[ichen] Langseite des neueren Kirchenteils befindliche untere Fenster wird nach oben verlängert, während das links von demselben befindliche Fenster zugemauert wird. Das mit einem Stichbogen versehene, rechts vom vorgen[annten] befindliche Fenster wird nach unten verlängert, d. h. es wird die ursprüngliche Form dieses Fensters wiederhergestellt."

Am 8. Januar 1906 verhandelt der Kirchengemeinderat über die Frage der Heizbarmachung der Kirche. Bevor das Kollegium einen Beschluss in dieser Angelegenheit fassen will, soll bei Nachbar-

gemeinden eine Umfrage „über die Art der Beheizung sowie über die durchschnittlich pro Jahr aus derselben erwachsenden Kosten" veranstaltet werden. Nach Dolmetschs Aussage belaufen sich die Kosten für die Einrichtung einer Heizung auf 500 Mark. Am 15. Januar 1906 beschließt der Kirchengemeinderat, „daß mit der bevorstehenden Renovation die Heizbarmachung der Kirche verbunden werden soll und zwar soll ein großer Ofen angeschafft werden, was nach der Zuschrift des Oberbaurat Dolmetsch genügt". Dem geplanten Abbruch der Emporen stimmt der Kirchengemeinderat zu.

In einem Schreiben spricht sich Landeskonservator Eugen Gradmann gegen die Herausnahme der Emporen – insbesondere der „Herrschaftsempore des Chors" – aus, wie aus dem Kirchengemeinderatsprotokoll vom 25. Mai 1906 hervorgeht. Nach Gradmanns Ansicht ist der Erhalt dieser Empore „von grundsätzlicher Bedeutung", so dass er aus dieser Überzeugung die Forderung nach deren Beibehaltung ableitet und daran die Zusage seiner „Mitwirkung" knüpft. Der Kirchengemeinderat fühlt sich so in eine „Zwangslage versetzt" und beschließt „unter Umstoßung des […] gefaßten Beschlusses, wie wohl ungern, der Forderung des Prof. Gradmann sich zu fügen, da auf die staatliche Unterstützung angesichts der ohne dies knappen Mittel nicht verzichtet werden kann".

Im Juni 1906, nach Beginn der Arbeiten an der Kirche, fertigt Dolmetsch eine „Kostenberechnung über nachzugenehmigende Bauarbeiten". In Bezug auf die Emporen nimmt Dolmetsch nun das „Ergänzen der Schiffempore und Abkürzen sowie Schmälern der Chorempore" auf, zudem sollen die Emporen einen neuen Anstrich erhalten. Die Schiffempore soll mit einer neuen Stuhlung, die aus Tannenholz zu fertigen ist, versehen werden. Entgegen Dolmetschs Zusicherung, ein Ofen sei für die Heizung der Kirche ausreichend, soll ein weiterer Ofen angeschafft werden. Da das Mauerwerk des Kirchenschiffs offenbar schlechter ist als von Dolmetsch erwartet, plant er das „Unterfangen der Schiffmauern im Inneren am abgespitzten Sockel". Das „Zumauern einer alten, von einem durch ein Denkmal verdeckten Fensteröffnung und der durch das Herausnehmen der 3 Grabplatten an der Mauer hinter der Orgel

entstehenden Öffnung" wird gleichfalls aufgenommen. Eine Reihe weiterer Arbeiten, die die Erneuerung des Verputzes, das Anbringen von Dachrinnen, das Einsetzen neuer Werksteine am Turm- und Schiffportal sowie das Herstellen der Wege und Staffeln vom Kirchhoftor zur Kirche umfassen, lassen die Kostenrechnung auf 6500 Mark anwachsen.

In der Hoffnung, „daß sich der eine und andere Posten noch erniedrigen werde, so daß mindestens die Gesamtsumme der Baukosten 25 000 Mark nicht wesentlich überschreite", stimmt der Kirchengemeinderat am 20. Juni 1906 der Ausführung der noch zu genehmigenden Arbeiten zu. Soweit es sich den Rechnungsbeilagen entnehmen lässt, wurden die Arbeiten in dem von Dolmetsch geplanten Umfang ausgeführt. Hinsichtlich der Fenster an der Nordseite des Anbaus lässt sich allerdings nicht feststellen, ob Dolmetschs Anweisungen umgesetzt wurden, da die heutige Fensteranordnung sich nicht unmittelbar mit der Kostenberechnung des Jahres 1905 in Einklang bringen lässt. Die Deckengemälde, die bereits 1901 aufgedeckt wurden, wurden gemäß dem „Vertrag über die Wiederherstellung alter Deckenbilder im Schiff der Kirche" von Dolmetsch vom 17. September 1906 durch Maler Wennagel „aufgefrischt". Die Emporen, deren Erhaltung als ein Verdienst von Gradmann gewertet werden muss, erfuhren die oben genannten Änderungen (vgl. Abb. 135). Die zahlreich in und an der Kirche vorhandenen Grabdenkmäler – vornehmlich der Herren von Vellberg – wurden 1906 teilweise versetzt und neu vermauert, ob dabei Dolmetsch, Gradmann oder der Kirchengemeinderat Anordnung und Platzierung der Denkmäler bestimmten, lässt sich aufgrund fehlender schriftlicher Quellen nicht feststellen.

Laut „Baukostenzusammenstellung über die ausgeführten Arbeiten" von Dolmetsch vom Dezember 1906 wurden rund 26 000 Mark für die Restaurierung der Kirche aufgewendet. Die Einweihung der restaurierten Kirche fand am 28. Oktober 1906 statt. Der Martinsaltar wurde erst zwei Jahre später wieder im Chor der Kirche aufgestellt, wie aus dem Kirchengemeinderatsprotokoll vom 20. September 1908 hervorgeht.

Die 1985 neu angeschaffte Orgel befindet sich im Westen des Kirchenschiffs auf einem niedrigen Podium. Ob sich zur

Zeit der von Dolmetsch vorgenommenen Kirchenrestaurierung die Orgel gleichfalls im Westen befand, kann nicht gesagt werden. Angesichts der Länge des Kirchenschiffs – vor Abtrennung des Gemeindesaals wies das Schiff eine Länge von rund 30 m auf – erscheint dies jedoch unwahrscheinlich.

Quellen: PfarrA Stöckenburg, „PfGR-Protokolle 1883–1889/KGR-Protokolle 1889–1917". PfarrA Stöckenburg, „Beilagen zur Kirchenpflege-Rechnung pro 1. April 1905 bis 31. März 1907".

Literatur: Kunst- und Altertumsdenkmale 1907, S. 678. Sabine Weyrauch, Denkmalpflege in Vellberg, in: Hansmartin Decker-Hauff (Hrsg.), Vellberg in Geschichte und Gegenwart (= Forschungen aus Württembergisch Franken, Bd. 26), Sigmaringen 1984, S. 530. Stadt Vellberg (Hrsg.), 1250 Jahre Stöckenburg Vellberg 741–1991. Eine Dokumentation, o. O., o. J. [1991], S. 84.

Waiblingen, „Innere Kirche" (St. Nikolaus)
Kreisstadt (Regierungsbezirk Stuttgart), ehemals Oberamtsstadt (Neckarkreis)

Die Nikolauskapelle in Waiblingen wird erstmals urkundlich 1269 genannt. Die heutige Kirche geht auf einen spätgotischen Neubau zurück, der wohl im Jahr 1488 errichtet wurde. Während des Stadtbrands 1634 brannte auch die Nikolauskirche vollständig aus. Zwischen 1674 und 1677 wurde die Kirche wieder aufgebaut. Bereits 1778 wurden abermals Erneuerungsarbeiten vorgenommen: Die Kanzel wurde überarbeitet, die Orgel erhielt ein neues Gehäuse, und an den Decken im Chor und Schiff wurden Gemälde angebracht.

Der Remstal-Bote beklagt am 21. September 1893 den Zustand der Kirche: „Die Wände sind mit langjährigem Staub und Schmutz überzogen, das Gestühle ist überaus plump und besonders die Frauenstühle sind so eng und unbequem, daß es beschwerlich fällt, in ihnen zu sitzen." Der Kirchengemeinderat beauftragt den Architekten Theophil Frey, die Kirche zu restaurieren. Dieser lehnt jedoch den Auftrag am 16. Januar 1894 mit der Begründung ab, dass „für dieses Jahr schon sehr viel Geschäft […] angefallen" sei. Er schlägt aber Dolmetsch als Baumeister für die beabsichtigten Maßnahmen vor, denn dieser habe „schon viele Kirchenrenova-

tionen glücklich durchgeführt". Dolmetsch erarbeitet daraufhin einen Kostenvoranschlag, der sich auf 45 000 Mark beläuft und damit „die […] zu Gebot stehenden und die möglicher Weise zu beschaffenden Geldmittel so sehr [übersteigt], daß die Ausführung des Baues in absehbarer Zeit nicht möglich erscheinen und die gegenwärtige Generation darauf verzichten müßte", wie es in einem Schreiben des Dekans an Dolmetsch vom 27. Mai 1895 heißt. Erneut werden der Schmutz, der die Kirchenwände überzieht, und das unbequeme Frauengestühl beanstandet. In diesen beiden Punkten sei Abhilfe dringend erforderlich. Hingegen „erscheint die Räumung des Chors, die Verlegung der Orgel, die Entfernung der nördlichen äußeren Kirchenstaffel, welche zu den Emporen führt […] nicht unbedingt nötig". Allerdings wird der Zustand der Emporen als ruinös eingeschätzt. „Großen Wert" legt aber der Kirchengemeinderat auf „die geplante Herstellung eines abschließbaren Sonderraums für Bibelstunden und Vereinsversammlungen". Er schließt mit der Bitte, dass Dolmetsch einen neuen Kostenvoranschlag ausarbeiten möge, der sich „im Rahmen von 20 000 Mark halten würde".

Nach den Beschlüssen des Kirchengemeinderats vom 24. Februar und 15. Mai 1903 wird die Ausführung der Restaurierung für den Sommer des Jahres 1904 in Aussicht genommen. Am 9. August 1903 zerstörte ein Blitzschlag während eines Gewitters den Dachreiter, dessen Wiederherstellung sofort in Angriff genommen wurde. Dabei wurde ein neuer Blitzableiter angebracht, und die Fachwerkhölzer erhielten durch „Sichtbarlassung und eichene Aufdoppelungen wieder den Charakter des ehemaligen Zustandes". Plangemäß wird im Sommer des darauffolgenden Jahres mit der Restaurierung begonnen, nachdem Dolmetsch im Februar 1904 einen zweiten Kostenvoranschlag in Höhe von 35 000 Mark geliefert hat. Die tatsächliche Ausführungssumme von rund 32 600 Mark bleibt etwas hinter der veranschlagten zurück.

Der Emporenaufgang auf der Nordseite wird neu aufgeführt, indem die alten Aufgänge beseitigt werden und eine Freitreppe mit Überdachung an ihre Stelle tritt. Zwei früher vorhandene und später zugemauerte Fenster auf der Nordseite

werden wieder „in ursprünglicher Weise" hergestellt. Sowohl die Schifffenster als auch die Chorfenster erhalten neue Maßwerke. Die drei Eingänge auf der West-, Nord- und Südseite werden neu angelegt und mit Windfängen versehen. Das Innere der Kirche wird völlig umgestaltet. Auf der Westseite wird eine neue breite und auf der Nordseite eine schmale, nur aus zwei Sitzreihen bestehende Empore eingefügt, nachdem sämtliche alten Emporen – insbesondere die obere zweite Empore – entfernt worden sind, lediglich zwei alte Emporensäulen finden Wiederverwendung. Das Gestühl im Parterre und auf der Empore wird neu erstellt. Die alte Orgel wird auf einem Podium im Chor neu aufgestellt, „wodurch auf der Querempore kein Platz verloren geht". Der Altar wird neu angefertigt, Kanzel und Taufstein werden renoviert. „Chor- und Schiffdecke werden aufgefrischt", die Wände dagegen neu bemalt. Schließlich erhält die Kirche zwei neue Öfen. Die Kirche wird schließlich am 1. Mai 1905 eingeweiht.

Die Nikolauskirche wurde 1973 an die griechisch-orthodoxe Gemeinde vermietet, wodurch sie nachfolgend bauliche Veränderungen erfuhr: Insbesondere der Einbau einer Ikonostase und das Anbringen von Ikonen an den Wänden des Schiffs veränderten das Erscheinungsbild nachhaltig. Der Innenraum ist aufgrund der Kerzenbeleuchtung stark verrußt.

Quellen: DAamt Waiblingen, III A 16c (Renovation der Inneren Kirche 1904/05), darin u. a. Kostenvoranschlag von Dolmetsch vom Februar 1904.

Literatur: Dehio 1993, S. 808. Schahl 1983, Bd. 2, S. 1166. Martin Häußermann, Die Nikolauskirche in Waiblingen. Gedächtniskirche – Friedenskirche – Auferstehungskirche. Ein theologisches und kunsthistorisches Gesamtkunstwerk inmitten der Stadt (bislang unveröffentlichtes Manuskript), S. 12 f. „Remsthal-Bote" vom 21. 9. 1893, 28. 4. 1905 und 4. 5. 1905.

Wannweil, ev. Pfarrkirche (St. Johannes)
Kreis Reutlingen, ehemals OA Reutlingen

Der erste Kirchenbau, der an der Stelle der Johanneskirche entstand, erhob sich vermutlich auf den Resten einer römischen Niederlassung. Von einem möglicherweise um 1100 erfolgten Neubau stammen noch die mit Blendbögen und Halbsäulen gegliederte Westfassade sowie die Kapelle im Erdgeschoss des Turms. Die halbrunde Apsis musste im ausgehenden 15. Jahrhundert einem mit einem Netzgewölbe versehenen Polygonalchor weichen. Ein Wandtabernakel im Chor trägt das Meisterzeichen von Hans Augsteindreyer und die Jahreszahl 1488.

Wie aus einem Bericht des Dekanatamts über den Stand der Wannweiler Kirchenbauangelegenheit vom 13. Juni 1878 hervorgeht, machten „die stiftlichen Collegien" bereits im Jahr 1865 mehrfach geltend, „die Kirche zu Wannweil sei bei der steigenden Bevölkerung viel zu klein" (Abb. 379). 1878 kommt es zu der ersten Ausarbeitung eines konkreten Bauplans von Oberamtsbaumeister Schlebach. In einem „Pauschalüberschlag über die Erweiterung der Kirche nach den angeschlossenen 2 Projecten" vom 27. Januar 1878 schlägt Schlebach alternativ vor, das Kirchenschiff in Form eines Kreuzes zu vergrößern oder dem Langhaus auf einer Seite ein Schiff anzufügen. Während Projekt I – Erweiterung des Langhauses in Kreuzform – „sich namentlich im Äußeren stattlicher darstellen" würde, hätte Projekt II – Erweiterung des Langhauses auf nur einer Seite – den Vorteil, sich wesentlich kostengünstiger auszunehmen. Obwohl Schlebach diesen zweiten Plan in einem Brief vom 7. Juni 1878 als den „praktischeren" bezeichnet, unterbleibt die Ausführung desselben in Ermangelung ausreichender finanzieller Mittel, zumal der Wunsch des Dekanatamts besteht, gleichzeitig mit dem Umbau des Kirchenschiffs den „häßliche[n] Thurm" zu erhöhen und „mit anständiger Spitze [zu] versehen", wie einem Schreiben des Dekans vom 13. Juni 1878 zu entnehmen ist.

Im Jahr 1886 werden sowohl Leins als auch der Ulmer Münsterbaumeister Beyer mit der Anfertigung eines Bauplans beauftragt, Ersterer auf Veranlassung von Dekan Kalchreuter, Letzterer im Namen von Oberamtmann Kauffmann ohne vorherige Rücksprache mit dem Dekan. Weil – wie es in einem Brief des Dekans vom 29. Juni 1887 heißt – „beide Plane den Beifall je eines Teils des Stiftungsrats und Bürgerausschusses [finden], aber eine Einigung darüber, welcher zur Ausführung kommen solle", nicht erzielt werden kann, werden beide Pläne einer Prü-

fung durch Dolmetsch unterzogen. Da offensichtlich sämtliche Bauzeichnungen von Leins und Beyer sowie die später von Dolmetsch gefertigten verloren gegangen sind, geben vornehmlich das von Dolmetsch am 2. Juli 1887 ausgearbeitete Gutachten sowie eine Stellungnahme von Merz vom 3. Juli desselben Jahres Aufschluss über die Projekte von Leins und Beyer.

Sowohl Leins als auch Beyer planen, dem Kirchenschiff auf jeder Seite ein Seitenschiff hinzuzufügen, wobei Leins eine Staffelhalle vorschwebt, bei der das Mittelschiff von einem holzverschalten Tonnengewölbe und die Seitenschiffe mittels horizontal verlaufender Decken abgeschlossen werden sollen, während Beyer an eine basilikale Anlage denkt, in deren Obergaden sich Rundfenster befinden. Offensichtlich wollen beide Architekten den Turm mitsamt der Westfassade erhalten, denn Beyer denkt sich das nördliche Seitenschiff bis zur Westfassade fortgeführt, wodurch – wie Merz in seinem Schreiben vom 3. Juli 1887 bemängelt – die von Leins „so schön her[ge]stellt[e] Symmetrie" im Inneren aufgehoben würde, was nur der Fall sein kann, wenn der Turm auf der Südseite stehen bleibt. Leins will auf der Nordseite, dem Turm gegenüberliegend, einen Emporenaufgang anlegen. Die Sakristei scheint er im Erdgeschoss des Turms unterbringen zu wollen. Der Chor steht bei beiden Baumeistern allem Anschein nach nicht zur Disposition,

Abb. 379 Wannweil, ev. Kirche, Ansicht von Nordwesten, vor 1890.

denn über denselben wird kein Wort verloren.

Dolmetsch hebt in seinem Gutachten vom 2. Juli 1887 vor allem auf drei Aspekte ab, nämlich auf den der Belichtung, den der Akustik und schließlich auf den der Sichtbarkeit. Unter diesen drei Gesichtspunkten kritisiert er insbesondere den Entwurf von Beyer, der durch die Anlage schmaler, hoher, von den Emporen durchschnittener Spitzbogenfenster auf den Längsseiten der Kirche dem Innenraum nicht genügend Licht zuführt. Im Gegenzug lobt er die Planung von Leins, der oberhalb der Emporen große Spitzbogenfenster und unterhalb derselben gedoppelte, kleinere Fenster angelegt wissen will. Ferner stellt Dolmetsch fest, dass die Anordnung zweier Queremporen übereinander – wie Leins sie plant – in ästhetischer Hinsicht nur ein „Notbehelf" sein könne, sich aber „günstig auf die Wirkung der Orgeltöne" auswirken würde. Merz äußert sich dahingehend, dass er einen „Wegfall einer zweiten Querempore für die Orgel" begrüßen würde. Schließlich hält Dolmetsch fest, dass die „stichbogenförmigen Arkaden" des Leins'schen Entwurfs „einen freieren Blick nach dem Mittelschiffe gewähren als die spitzbogigen Arkaden" des Beyer'schen Plans, obwohl die Scheitelhöhe der Arkaden in dem von Leins gefertigten Projekt um 35 cm niedriger liegt als diejenige des Konkurrenzentwurfs. Für einen erheblichen Nachteil erachten sowohl Dolmetsch als auch Merz die Tatsache, dass bei Verwirklichung des Plans von Beyer der Dachstuhl komplett neu erstellt werden müsste, was einen Mehraufwand von 3000 Mark verursachen würde. Beide Gutachter empfehlen abschließend den Entwurf von Leins zur Ausführung, wobei sie es der Kirchengemeinde anheimstellen, ob sie die zweite Querempore ausführen will. Der Wegfall dieser zweiten Empore würde einen Verlust von lediglich 24 Sitzplätzen verursachen, was von Dolmetsch und Merz als nicht gravierend eingestuft wird, zumal „auf die bewährte Findigkeit des Meisters Leins ohne Sorge vertraut werden [kann], daß auch er ohne 2te Empore eine Sitzplatzanzahl erreichen wird, welche nicht ferne von der geforderten Zahl sein wird", wie Dolmetsch in seinem Gutachten bemerkt. Einen Aspekt des Beyer'schen Plans wollen allerdings sowohl Dolmetsch als auch Merz in den Leins'-

schen Entwurf übernommen wissen: Es handelt sich hierbei um die „Verlängerung des nördlichen Seitenschiffes gegen Westen", was „wenn dann noch an Stelle eines Teils der alten Schiffmauer eine 4te Arkadenöffnung treten würde, für das Äußere und Innere zu Vorteilen führen" würde, wie Dolmetsch feststellt. Er führt weiter aus, dass „die beiden Giebel dann entfernter von einander zu stehen kommen, wodurch man von außen weniger an ein Querschiff als an ein Seitenschiff erinnert" würde.

Weder anhand der Kirchengemeinderatsprotokolle noch anhand des Briefwechsels zwischen Leins bzw. Dolmetsch und dem Pfarrer lässt sich nachvollziehen, welcher Umstand dazu führt, dass der Bauherr von Leins Abstand nimmt und sich stattdessen Dolmetsch zuwendet. Der Annahme von Seng 1995, S. 717, dass kein Auftragswechsel stattgefunden habe, sondern Dolmetsch lediglich – wenn auch mit gewissen Änderungen – den Plan von Leins ausgeführt habe, widerspricht einerseits der Wunsch von Leins nach einer „Aufwandsentschädigung" vom 25. Mai 1887 und andererseits die Forderung von Dolmetsch nach einem „Architektenhonorar", dessen Erhalt er am 28. April 1891 bestätigt. Hätte Dolmetsch unter Leins Oberleitung lediglich die Bauführung innegehabt, wäre die Abrechnung keinesfalls getrennt erfolgt. So muss allerdings gefragt werden, welcher Anteil an der Planung Dolmetsch zugeschrieben werden kann.

Offensichtlich geht auf Dolmetschs Initiative der Umstand zurück, dass tatsächlich das nördliche Seitenschiff bis zur Flucht der Westfassade fortgeführt wird (Abb. 380). Die „überaus reizenden kapellenartigen Choranbauten", von deren Ausführung Dolmetsch in seinem Gutachten aus Kostengründen noch abrät, werden letztlich nach dem Leins'schen Entwurf verwirklicht. In einem Punkt lässt sich die Einflussnahme Dolmetschs auf das Aussehen des Baus anhand der schriftlichen Quellen nachweisen: Es handelt sich um die Gestalt der Westfassade, die in großen Teilen aus der Zeit um 1100 stammt. Dolmetsch teilt am 17. Juli 1890 in einem Brief an den Landeskonservator Paulus mit, dass er es sich „zur Aufgabe machen [würde] die notwendigen neuen Zuthaten an der Westfaçade dem ursprünglichen, im gotischen Stil erdachten Leins'schen Entwurfe entgegen

in frühromanischem Stile auszubilden". In der Tat weisen die beiden hinzugefügten Portalvorbauten an der Westfassade dem romanischen Stil entsprechende Formen auf (vgl. Abb. 166). Die Anlage der Tympanonfigur über dem Haupteingang geht auf einen Vorschlag Dolmetschs vom 7. März 1891 zurück. In seiner Sitzung am 9. März beschließt der Kirchengemeinderat, „das Bogenfeld über dem Haupteingang der Kirche mit dem Brustbild des Täufers Johannes auszuschmücken". In dem bereits zitierten Schreiben vom 17. Juli 1890 erklärt sich Dolmetsch bereit, „auch das Innere der Kapelle unversehrt zu lassen und in demselben die interessanten Funde an alten Steinen geordnet aufzustellen und teilweise das Fischgrat-Mauerwerk des Fundaments bloszulegen, so daß diese Stätte für künftig ein Anziehungspunkt für Altertumskenner würde". Dieser Satz bestätigt die zuvor getroffene Annahme, dass Leins beabsichtigte, im Erdgeschoss des Turms die Sakristei einzurichten, anderenfalls müsste Dolmetsch nicht so stark auf diesen Umstand abheben. Damit relativiert sich die von Leins am 21. Juni 1886 getroffene Absichtserklärung, „den altehrwürdigen Bau in ein den heutigen Bedürfnissen entsprechendes Gotteshaus mit größter Schonung des Vorhandenen umzugestalten".

Dolmetsch gelingt es, die Zusicherung eines Staatsbeitrags zu erreichen unter der Bedingung, „beim Weiterbau der [Wannweiler] Kirche auf die vollständige Erhaltung der mutmaßlich aus dem 9ten Jahrhundert stammenden Kapelle unter dem Kirchturme Rücksicht nehmen zu

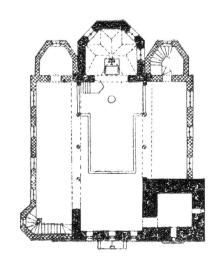

Abb. 380 Wannweil, ev. Kirche, Grundriss Empore, ca. 1890.

lassen". Eine solche Schonung der historisch interessanten Bauteile führe allerdings notwendigerweise zu einer Planänderung: „Um solches durchführen zu können, sind bauliche Aenderungen an den bereits begonnenen Treppenanlagen, sowie die Niederlegung und Wiederaufführung eines großen Teils der Einfriedungsmauer, sowie insbesondere der Ankauf eines Zwickels von einem Nachbargrundstücke erforderlich und letzteres deshalb, weil eines der Treppenhäuser in die südliche Ecke beim Chore verlegt werden müßte, woselbst die Breite des Zugangs ohne Erweiterung unzureichend wäre." Obgleich diese Änderungen gegenüber dem ursprünglichen Entwurf einen Mehraufwand von 2500 Mark beanspruchen würden, werden sie nach Dolmetschs Vorschlag vom 17. Juli 1890 in die Tat umgesetzt.

Die Einweihung der erweiterten Kirche findet am 22. November 1891 statt (Abb. 381), doch schon am 4. Januar 1892 wird während der Sitzung des Kirchengemeinderats die Klage geäußert, dass „an trüben Tagen in der neuen Kirche der Mangel an Licht empfindlich ist". Dies führt zu einem probeweisen Einbau von zwei Oberlichtern, da der Kirchengemeinderat die von Dolmetsch vorgeschlagene Anbringung von sechs Dachfenstern aus der Sorge heraus abgelehnt hat, „der Plafond und das Dach der Kirche [könne] beschädigt und verunstaltet werde[n]". Ob die Zahl der Oberlichter schließlich auf sechs erhöht worden ist, kann nicht mehr festgestellt werden, allerdings bezeichnet noch der Pfarrbericht des Jahres 1921 als einen „Hauptfehler" des Gebäudes den „Mangel an Helligkeit im Schiff der Kirche".

Die Ausstattung des in den Jahren 1890/91 erstellten Kirchenbaus ist mit Ausnahme des Fußbodens, des Altars und der Füllungen der Emporenbrüstungen noch vollständig vorhanden. Im Jahr 1955 wurde jedoch die Farbigkeit vollständig verändert: Die Emporenbrüstungen wurden rot und die Unterzüge der Emporen hellgrau gestrichen, wobei die Balkenköpfe der Unterzüge abgesägt wurden. 1968 wurde die zweite Westempore beseitigt, auf der verbliebenen Empore wurde eine neue Orgel aufgestellt. Bei der im März 2006 abgeschlossenen abermaligen Innenrenovierung der Kirche wurden die technischen Einrichtungen erneuert sowie Wände und Brüstungen farblich überfasst.

Abb. 381 Wannweil, ev. Kirche, Innenansicht nach Osten, nach 1891.

Quellen: StA Sigmaringen, Wü 65/27, Nr. 578, Bd. 1 (Oberamt Reutlingen 1890–1891). LKA, A 29, 5016-2b (Kirchenbauwesen 1872–1891). LKA, A 29, 5018-21 (Pfarrbericht von 1921). LKA, K 1, Nr. 231 (Verein für christliche Kunst. Ortsakten Wannweil). LKSpA Tübingen, Bestand Wannweil, III A 16c (Rechnungen Kirchenerneuerung 1890/91), darin u. a. Gutachten von Heinrich Merz vom 3. 7. 1887. PfarrA Wannweil, „KGR-Protokolle 1889–1902". PfarrA Wannweil, Mappe „Kirche zu Wannweil. O.A. Reutlingen. Zustand im Jahr 1886" mit 7 kolorierten Tuscheplänen, gefertigt von Werkmeister Riecker im Auftrag von Leins. PfarrA Wannweil, „Kirche zu Wannweil. O.A. Reutlingen. Baukosten-Voranschlag" vom Oktober 1886 von Leins. GdA Wannweil, A 101 (Kirchenbauwesen 1889 ff.).

Literatur: Dolmetsch 1900, S. 3. Dehio 1997, S. 825. ChrKbl 32, 1890, H. 9, S. 132. Seng 1995, S. 717, Anm. 40. Landesarchivdirektion Baden-Württemberg in Verbindung mit dem Landkreis Reutlingen (Hrsg.), Der Landkreis Reutlingen, Bd. 2 (= Kreisbeschreibungen des Landes Baden-Württemberg), Sigmaringen 1997, S. 889. Ev[angelische] Kirchengemeinde Wannweil (Hrsg.), 100 Jahre Erweiterung der Johanneskirche 1891–1991, o. O. 1991, S. 9. Ellen Pietrus, Baubeschreibung und Baugeschichte, in: Ev[angelische] Kirchengemeinde Wannweil (Hrsg.), Johanneskirche Wannweil, o. O. 2006, S. 4–21.

Weil der Stadt-Münklingen, ev. Pfarrkirche (St. Jakob)

Stadt Weil der Stadt, Kreis Böblingen, ehemals OA Leonberg

Das saalartige Schiff der Chorturmkirche wurde 1594 (i) erbaut. An den Chorwänden befinden sich Wandmalereien aus dem 17. Jahrhundert, die im Zuge der letzten Restaurierung 1967/68 freigelegt wurden.

Wie Plan und Innenaufnahme des alten Zustandes der Kirche belegen, befand sich im Jahr 1898 die Orgel im Chor, während der Altar vor dem Chorbogen stand (Abb. 382). Der Taufstein war mittig vor dem Altar aufgestellt, und die Kanzel hatte ihren Platz an dem nördlichen Chorbogenpfeiler. Im Westen und Süden zog sich eine Empore U-förmig an den Wänden entlang. Im Jahr darauf ist das Bedürfnis der Kirchengemeinde nach „Verbesserung" so dringend geworden, dass sie den Verein für christliche Kunst um Sendung eines Sachverständigen bittet. Am 29. August 1899 berät der Kirchengemeinderat über das von Dolmetsch vorgelegte Gutachten, das „vor allem zur äußeren Instandsetzung die Anbringung eines Trottoirs rings um die Kirche und eine Freilegung derselben auf der Turmseite" vorsieht. Dolmetsch schlägt des Weiteren „als notwendigste Punkte die innere Verbesserung betreffend" vor: „Isolierung der Innenwände bis zur Emporenhöhe; Ausbreitung eines Betons unter der Stuhlung; Legung von Plättchen in den Gängen; Aufstellung eines Ofens; Tieferlegung der Kanzel; Erhöhung der Sakristeithüre; neue Emporentreppe beim Chor; Erstellung einer neuen Brüstung an den Frauenstühlen."

Am 11. November 1899 ersucht das Kollegium Dolmetsch um die Anfertigung eines Kostenvoranschlags, wobei „auf Anregung des Vorsitzenden jedenfalls auch die Erneuerung des Altars und Taufsteins" berücksichtigt werden sollen. In seiner im März 1900 ausgearbeiteten „Summarische[n] Kostenberechnung" beschränkt sich Dolmetsch auf die im Gutachten genannten Aspekte unter Berücksichtigung des vom Kirchengemeinderat ausdrücklich geäußerten Wunsches. Die Anlegung einer „Sickerdohle [und eines] Trottoirs rings um die Kirche" sowie die „Isolierung der feuchten Innen-Wände mit Weissang'schen Verbindungs-

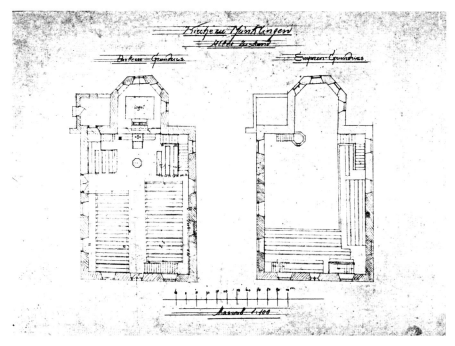

Abb. 382 Münklingen, ev. Kirche, Grundriss Parterre und Empore, vor 1901 (Bestand).
Bleistift auf Papier, 44,8 cm × 33,2 cm.

kitt" sind als konservatorisch bedingte Maßnahmen einzustufen. Bei der Erstellung einer neuen „Treppe von Tannenholz" und neuer „Brüstungen mit Klappsitz im Parterre" steht die Aus- bzw. Verbesserung des Vorhandenen im Vordergrund. Schließlich sollen Verschönerungsmaßnahmen wie etwa der „Anstrich der Schiff-, Chor- und Sakristeidecken und Wänden mit Leimfarbe", die „Bleiverglasung sämtlicher Fenster mit Kathedralglas" und die Anlage von „Plättchenböden im Schiff auf der vorhandenen Steinplattenunterlage" das Bild abrunden. Die Aufstellung von Öfen – die geplante Anzahl lässt sich dem Voranschlag nicht entnehmen – sowie eines neuen „Altar[s] samt Geländer" und eines neuen Taufsteins vervollständigen die Ausstattung. Lediglich an einer Stelle will Dolmetsch einen Eingriff in die Bausubstanz vornehmen, denn die Kostenberechnung führt eine „Fenstereinfassung [eines] neuen Fensters aus Hausteinen" auf. Aller Wahrscheinlichkeit nach ist mit diesem das ehemals „links vom Kirchenportal" vorhandene kleine Fenster gemeint, das „den beiden anderen in der vorderen Langseite" entsprechend vergrößert werden soll, wie dem Kirchengemeinderatsprotokoll vom 29. März 1901 zu entnehmen ist.

Am 7. April 1900 äußert der Kirchengemeinderat die Ansicht, „daß der Voranschlag [der sich auf die Summe von 6150 Mark beläuft] abgesehen von der neuen Uhr, die offenbar irrtümlicherweise aufgenommen worden ist, sich durchaus innerhalb der Grenzen des Allernotwendigsten hält". Allerdings lässt er „auch manches Notwendige wie z. B. die Kosten der einfachen Ausmalung ebenso wie diejenigen der beiden im Begleitschreiben genannten Windfangthüren außer Betracht". Im ersten der beiden genannten Punkte irrt das Kollegium, da Dolmetsch – wie erwähnt – durchaus den Neuanstrich der Wände in Vorschlag gebracht hat. Am 15. Mai 1900 beschließt der Kirchengemeinderat nach gemeinsamer Beratung mit den bürgerlichen Kollegien, für die Ausführung der Restaurierungsarbeiten 5000 Mark zu bewilligen und „die im Voranschlag bezeichnete Anlage einer Sickerdohle rund um die Kirche […] als unnötig" zu streichen. Eine „weitergehende Renovation des Kirchengebäudes, bestehend in Anbringung eines Deckengewölbes und Versetzung der Orgel auf die Empore, was der Vorsitzende als durchaus zweckentsprechend in Vorschlag gebracht hat", lehnt die Versammlung – vermutlich aus Kostengründen – ab.

Nachdem „neuerdings eine wiederholte Aufnahme des Kirchengebäudes durch einen Techniker stattgefunden" hat, ergibt sich „die Notwendigkeit verschiedener Neuerungen", über die der Kirchengemeinderat am 8. August 1900 berät. Demnach sollen „die zur Heizbarmachung der Kirche notwendigen Windfangtüren […], ebenso die neue Stuhlung zu beiden Seiten des Altars und außerdem die Anstricharbeit und die innere Ausmalung der Kirche" in den detaillierten Überschlag aufgenommen werden. Offensichtlich plant Dolmetsch zudem eine „ziemlich kostspielig[e] Änderung an dem Hauptportal", die aber möglicherweise „durch Niederlegung des Bodens […] umgangen werden könnte". Nach eingehender Diskussion beschließt das Kollegium, „die Inangriffnahme der Arbeiten an der Kirche bis ins Frühjahr 1901 auszusetzen". Die Ausführung der auf nunmehr 7300 Mark veranschlagten Kirchenrestaurierung wird durch den Konsistorialerlass vom 12. Februar 1901 genehmigt.

Noch im selben Jahr, am 27. Oktober 1901, kann die Einweihung der restaurierten Kirche stattfinden, doch beträgt der Bauaufwand schließlich rund 13700 Mark. Die annähernde Verdoppelung der von Dolmetsch am 6. August 1900 auf 7300 Mark berechneten Kosten rührt unter anderem von der vollständigen Erneuerung des Gestühls her. Da sich „bei dem Herausnehmen des Gestühls herausgestellt [hat], daß nicht nur der unter demselben befindliche Bretterboden total unbrauchbar geworden ist, sondern daß auch die Stühle selbst meist so defekt sind, daß kaum die Hälfte derselben wird wieder verwendet werden können", so dass „zu befürchten ist, daß das alte neben dem neuen Gestühl einen schlechten Eindruck machen" wird, beschließt der Kirchengemeinderat am 5. Mai 1901, „die Stuhlung durchaus neu herstellen zu lassen". Ein weiterer Grund für die erhebliche Verteuerung der Restaurierung ist in der Neuherstellung der Kanzel zu sehen. Die anfänglich von Dolmetsch projektierte Tieferlegung der Kanzel kommt erst in der genannten Sitzung des Kirchengemeinderats vom 5. Mai 1901 wieder zur Sprache. Obwohl der Vorsitzende erklärt, „kein weiteres Opfer von der Gemeinde verlangen" zu wollen, tritt schließlich doch eine neue Kanzel an die Stelle „der alten ebenso schadhaften als unschönen Kanzel". Die Erneuerung von Altar und Taufstein sowie die Fassung der Wände mit einer einfachen Quadermalerei erfolgen hingegen gemäß Dolmetschs anfänglichem Kostenvoranschlag. Dem Wunsch des Kollegiums entsprechend werden die Aufstellung der Orgel im Chor und die Flachdecke im Schiff beibehalten.

Die am 15. Mai 1900 als „unnötig" abgelehnte Sickerdohle wird schließlich doch angelegt, da die Untersuchung der Grundmauern der Kirche ergeben hat, dass „das Fundament derselben nur 5 cm unter das Niveau des inneren Kirchenbodens geht", wie das Kirchengemeinderatsprotokoll vom 5. Mai 1901 mitteilt. Dieser Umstand hat verhindert, dass „außen bis 50 cm unter den Kirchenboden auf[ge]graben und die äußere Wand mit einem Asphaltanstrich versehen" werden konnte. Eine weitere, ursprünglich als nicht notwendig erachtete Maßnahme stellt die vollständige Erneuerung des Verputzes sowohl an den Längs- als auch an den Giebelseiten des Gebäudes dar, die laut Aussage des Kirchengemeinderatsprotokolls vom 2. Juni 1901 „infolge der Erneuerung der Fenster" erforderlich geworden ist.

Wie dem bereits erwähnten Kirchengemeinderatsprotokoll vom 29. März 1901 zu entnehmen ist, ist das „links vom Kirchenportal" befindliche Fenster, das einen geraden Sturz mit einer kleinen kielbogenförmigen Einkerbung aufweist, auf die Restaurierung des Jahres 1901 zurückzuführen. Da die beiden anderen in dieser Fassade vorhandenen Fenster dem erstgenannten in Form und Material entsprechen, ist davon auszugehen, dass auch sie im Jahr 1901 erneuert worden sind (vgl. Abb. 59). Wie der Plan des alten Zustandes der Kirche belegt, haben sich an diesen beiden Stellen schon Fensteröffnungen befunden, so dass aller Wahrscheinlichkeit nach lediglich die Gewände ausgetauscht worden sind. Auch die drei Fenster auf der gegenüberliegenden Längsseite der Kirche sind unter Dolmetschs Leitung erneuert worden, was sich aus der Beschaffenheit der Steinoberflächen eindeutig ableiten lässt. An den Fenster- und Türöffnungen der Giebelseite hat Dolmetsch hingegen keinerlei Veränderungen vorgenommen.

Zwei Inschriften rechts und links des Hauptportals künden noch von der im Jahr 1901 durchgeführten „Erneuerung" des Gotteshauses. Das Innere wurde in den Jahren 1967/68 abermals umgestaltet, so dass zwar Kanzel, Altar, Taufstein und

Gestühl von 1901 noch erhalten sind, aber ihre Aufstellung im Kirchenraum verändert wurde.

Quellen: PfarrA Münklingen, „KGR-Protokolle 1896–1922". PfarrA Münklingen, I.9 (Kirchenbauwesen). HH-Buch vom 17. 2. 1902. TUM, Nachlass Heinrich Dolmetsch, Signatur 59.1, 1 Bleistiftplan „Alter Zustand", undatiert und unsigniert.

Weingarten, ev. Pfarrkirche
Kreis Ravensburg,
ehemals OA Ravensburg

Die Kirche in Weingarten wurde in den Jahren zwischen 1879 und 1883 von Christian Friedrich Leins als kompletter Neubau errichtet. Den Anlass für die Erbauung einer evangelischen Kirche bildete das seit 1868 in Weingarten stationierte Zweite Württembergische Infanterieregiment und das damit im Zusammenhang stehende starke Anwachsen der evangelischen Bevölkerung.

Der Kirchengemeinderat beschließt am 24. August 1905, „einen Techniker mit Ausarbeitung eines Plans zu beauftragen". Ein Grund für diesen Beschluss findet sich in der Äußerung des Pfarrers, „die Ausgestaltung der Orgelempore zur Aufstellung des Kirchenchors [sei] das dringendste Erfordernis". Einen weiteren Grund nennt das Kirchengemeinderatsprotokoll vom 8. September 1905: Es soll eine Untersuchung darüber angestellt

werden, „ob nicht durch einen Überzug aus einer Mischung von Kalk und Sägemehl dem seitherigen Übelstand des Entweichens der Ofenwärme abgeholfen werden" könnte. Dolmetsch, der als Beauftragter des Vereins für christliche Kunst nach Weingarten kommt, erachtet eine „Vergrößerung der Orgelempore und Anbringung von Seitenemporen" als möglich, wie dem Kirchengemeinderatsprotokoll vom 17. Dezember 1905 zu entnehmen ist. Darüber hinaus stimmt er der „in Anregung gebrachte[n] Frage von Schubsitzen an der Seite jeder Bankreihe" zu.

Ein in Dolmetschs Nachlass befindlicher Plan ist auf April 1906 datiert, der Emporengrundriss ist vermutlich gleichfalls zu diesem Zeitpunkt entstanden (Abb. 383). Er zeigt eine Orgelempore, die beinahe die Hälfte des Kirchenschiffs einnimmt. An beiden Seiten des Schiffs ziehen sich zwei Bankreihen tiefe Emporen entlang. Das Querhaus bleibt von Emporeneinbauten frei. Die in zwei Reihen angelegten Fenster des Kirchenschiffs stellen – wie Seng 1995, S. 503 zu Recht bemerkt – ein Indiz für die Tatsache dar, dass Leins die Anlage von Längsemporen ursprünglich beabsichtigte.

Der von Dolmetsch ausgearbeitete Kostenvoranschlag umfasst laut Kirchengemeinderatsprotokoll vom 29. Juni 1906 die „Orgelemporerbreiterung", die Anlage von „Längsemporen", die Anbringung von „Ziehsitze[n] in Parterrestuhlung"

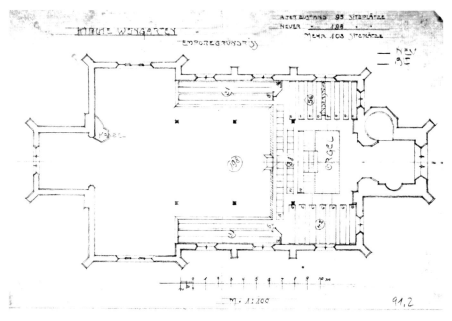

Abb. 383 Weingarten, ev. Kirche, Grundriss Empore, ca. 1906. Blei- und Buntstift auf Transparent, 35,1 cm x 23,8 cm.

sowie den „Schiffdecke[n]anstrich zur Ofenwärmespeicherung". Die für die Ausführung dieser Maßnahmen veranschlagte Summe beträgt 5800 Mark. Erst am 6. August 1907 entscheidet der Kirchengemeinderat über den Umfang der auszuführenden Arbeiten: Die „Erstellung von 2 Längsemporen" wird abgelehnt, „weil die Kirche zu sehr verbaut und verdunkelt würde", auch die „Ziehsitze für [die] Parterrestuhlung" werden mit dem Hinweis verworfen, sie seien „an den alten Bänken unpraktisch". Stattdessen sollen zur „Vermehrung der Sitzplätze" 100 Klappstühle angeschafft werden. Die „Erbreiterung der Orgelempore" hingegen soll – „womöglich noch vor Winter" – ausgeführt werden. Über die Frage des „Schiffdeckenanstrichs" wird kein Wort verloren.

Bereits am 7. August 1907 bittet der Pfarrer das Konsistorium um die Genehmigung des Bauvorhabens, „die Orgelempore in der evangel[ischen] Kirche Weingarten zu erbreitern". Die „Notwendigkeit des Bauwesens" liege „im Interesse der Platzgewinnung, noch viel mehr [in] der Aufstellung [des] Kirchenchors, der seither in der südwestl[ichen] Ecke der Kirche stehen mußte". Erst ein weitergehender Beschluss des Kirchengemeinderats vom 14. Oktober 1907 bezüglich der Aufbringung der Kosten in Höhe von 1850 Mark erhält die Zustimmung von Kreisregierung und Konsistorium.

Offenbar wurde die „Kirchenemporvergrößerung" mit Ausnahme der Längsemporen entsprechend Dolmetschs Plan aus dem Jahr 1906 im Winter 1907/08 ausgeführt, denn das Kirchengemeinderatsprotokoll vom 12. Februar 1908 verzeichnet eine Zusammenstellung der Kosten. Danach erhält Dolmetsch „für Baupläne" ein Honorar von 306 Mark. Trotz späterer Umgestaltungen im Inneren der Kirche wurde die Orgelempore in dem von Dolmetsch angelegten Umfang beibehalten, wie die noch erhaltenen Konsolen bezeugen.

Quellen: LKA, A 29, 5103-3 (Kirchengemeinde [1889] 1890–1923). PfarrA Weingarten, „KGR-Protokolle 1904–1924". TUM, Nachlass Heinrich Dolmetsch, Signatur 78.1, Plan „Emporegrundriss", datiert „Gef. Stuttgart im April 1906", unsigniert; Signatur 78.2, Plan „Emporegrundriss", undatiert und unsigniert; Signatur 78.3, Plan „Erbrei-

terte Orgelempore", undatiert und unsigniert.
Literatur: Seng 1995, S. 503 f.

Wendlingen, ev. Pfarrkirche (St. Eusebius)
Kreis Esslingen, ehemals OA Esslingen

Die langgestreckte, einschiffige Kirche mit dem polygonal schließenden, strebepfeilerlosen Chor wurde in der Mitte des 15. Jahrhunderts errichtet, wie die in die Südwand des Schiffs eingelassene Steintafel mit dem Wappen der Herren von Wernau und der Jahreszahl MCCCCXLVIII bezeugt. Der Westturm wurde erst 1511 (i) an die Kirche angefügt.

Nachdem im Verlauf des 18. und frühen 19. Jahrhunderts bereits diverse Reparaturen und kleinere Verschönerungsarbeiten an und in der Kirche vorgenommen worden waren, erfolgte 1880 eine weitere Restaurierung der Kirche. Wie die Pfarrbeschreibung aus dem Jahr 1928 mitteilt, „erfuhr die Kirche im Sommer

1880 [...] unter Leitung von Baurat Dolmetsch in Stuttgart durch Bemalung der Decke und Wände, der Kanzel, des Altars und Taufsteins, sowie der Brüstungen der Empore" eine Umgestaltung. Es ist nicht mit Sicherheit zu sagen, ob sich die im Nachlass von Dolmetsch überlieferte Zeichnung mit Entwürfen zum Taufstein und Altar sowie zur Kanzelbrüstung auf eine Neuanfertigung dieser Ausstattungsstücke bezieht, oder ob in ihnen lediglich Vorschläge zur Neubemalung der vorhandenen Stücke zu sehen sind (Abb. 384). Ein neuer Taufstein und ein neuer Altar wurden erst im Zuge der großen Innenerneuerung der Kirche im Jahr 1911 unter der Ägide der Architekten Böklen und Feil angeschafft. Im Pfarrgemeinderatsprotokoll vom 19. September 1880 findet sich ein Lob der unter Dolmetschs Leitung durchgeführten Restaurierung: „Die Kirche ist nun in der würdigsten und lieblichsten Weise wieder hergestellt."

Bereits im Jahr 1894 regt sich in der Kirchengemeinde das Bedürfnis, Gestühl

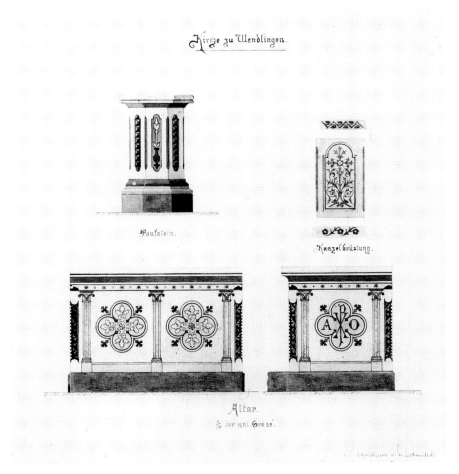

Abb. 384 Wendlingen, ev. Kirche, Entwurf zu einem Taufstein, einer Kanzelbrüstung und einem Altar, ca. 1880. Tusche, farbig aquarelliert auf Papier, 41,5 cm x 42,9 cm.

375

und Boden in der Kirche zu erneuern. Dolmetsch wird beauftragt, sowohl einen Plan als auch einen Kostenvoranschlag auszuarbeiten. Doch erst in der Sitzung des Kirchengemeinderats vom 4. Juni 1896 kommt die Angelegenheit wieder zur Sprache, da „die Sache doch nicht zur Ruhe komme, bis eine gründliche Abhilfe geschafft sei". Als zu beobachtende Mängel an dem Kirchengebäude werden folgende Punkte hervorgehoben: „Die teils schon vorhandene, teils mehr und mehr drohende Schädigung des Mauerwerks, das in einem ganz schlimmen Zustand befindliche Gestühle, der durchaus schadhafte Boden und der Mangel an gehörigem Licht in der Kirche" harren auf eine Verbesserung und Instandsetzung. Am 9. September desselben Jahres wird über den von Dolmetsch gefertigten Entwurf sowie über das vom Oberamtsbaumeister Obermüller erstellte Konkurrenzprojekt beraten. Obwohl der Voranschlag des Oberamtsbaumeisters erheblich günstiger ausfällt als der von Dolmetsch gefertigte, entschließt sich der Kirchengemeinderat, die Anlegung einer Entwässerungsrinne und eines Zementtrottoirs rings um die Kirche und die Herstellung eines neuen Fußbodens im Schiff nach dem Plan des Stuttgarter Architekten ausführen zu lassen. Ein genauer Vergleich der „Maßregeln gegen [die] Feuchtigkeit", die die beiden Baumeister vorschlagen, lässt die Mitglieder des Kollegiums zu dem Schluss kommen, von Dolmetsch eine sehr viel höherwertige Leistung zu bekommen, die die erhöhte Ausgabe lohnen würde. Während Obermüller lediglich einen Portlandzementsockel auf der Südseite der Kirche anlegen will, plant Dolmetsch ein „Cementtrottoir mit Kandelpflasterung rings um die Kirche" sowie „besondere eingehende Vorkehrungen gegen alle feuchten Stellen im Gemäuer".

Dolmetsch wird daraufhin beauftragt, eine Kostenberechnung im Einzelnen anzustellen, doch sieht sich der Kirchengemeinderat der Tatsache gegenübergestellt, dass der auf 2500 Mark berechnete Kostenaufwand seine finanziellen Möglichkeiten übersteigt. So wird Dolmetsch eingeladen, in der Sitzung des Kirchengemeinderats am 8. Dezember 1896 eine Prioritätenliste vorzuschlagen, bei der als bemerkenswert festgehalten werden muss, dass Dolmetsch den reinen Instandhaltungsmaßnahmen den Vorzug

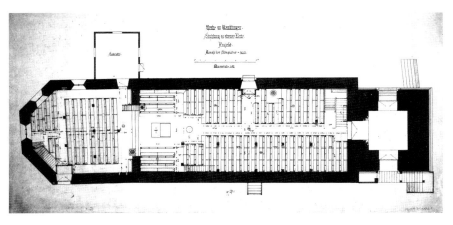

Abb. 385 Wendlingen, ev. Kirche, Grundriss Parterre, ca. 1896 (unausgeführtes Projekt zur Bestuhlung). Tusche, aquarelliert auf Papier, 89,0 cm x 41,6 cm.

gibt gegenüber den gestalterisch wirkenden Arbeiten. Doch erst am 30. September 1897 ringt sich das Kollegium zu einem Entschluss durch, der dahin lautet, dass „der Cementkandel in der Art, wie er von Herrn Dolmetsch beantragt ist, rings um die Kirche 1 Meter breit mit Ausnahme der Sakristei, wo 50 Ctm. genügen wird, nebst einer Isolierung an der Nordseite mittelst einer Theermasse" und „ein Plättchenboden vom Biebericher Thonwerk in der Breite und der Länge des Schiffs" in Angriff genommen werden soll. Nachdem das Konsistorium am 4. Dezember 1897 seine Genehmigung erteilt hat, werden die Arbeiten im Laufe des Jahres 1898 ausgeführt.

Aufgrund der beiden umfangreichen Restaurierungen der Jahre 1911 bzw. 1956 haben sich von den unter Dolmetschs Leitung durchgeführten Maßnahmen keine Spuren erhalten. Das von Dolmetsch gefertigte Projekt für eine neue „Stuhlung zu ebener Erde" wurde offenbar nicht umgesetzt (Abb. 385), denn erst 1911 wurde das Gestühl in der Kirche erneuert.

Quellen: LKA, A 29, 5152-2 (Pfarrbeschreibung von 1928). PfarrA Wendlingen, „PfGR-Protokolle 1857–1897". PfarrA Wendlingen, „KGR-Protokolle 1897–1907". TUM, Nachlass Heinrich Dolmetsch, Signatur 41.3, 41.4, 2 Tuschepläne, „Stuhlung zu ebener Erde. Alter Zustand" bzw. „Stuhlung zu ebener Erde. Projekt", beide undatiert und unsigniert; Signatur 41.2, 1 Plan „Längenschnitte entlang der Kirche"; Signatur 41.1, 1 Aquarellzeichnung mit Taufstein, Kanzelbrüstung und Altar, versehen mit den Initialen „HD".
Literatur: Gerhard Hergenröder, Wend-

lingen am Neckar. Auf dem Weg zu einer Stadt. Die Geschichte von Wendlingen, Unterboihingen und Bodelshofen, o. O. 1992, S. 129.

Wiernsheim, ev. Pfarrkirche (St. Mauritius)
Enzkreis, ehemals OA Maulbronn

Die Kirche, deren Schiff 1778 (i) nach Süden erweitert wurde, wurde im Jahr 1945 so weit zerstört, dass nur noch der Westturm und die Umfassungsmauern erhalten blieben. 1949–1951 wurde die Kirche wieder aufgebaut, 1986 fand eine Innenrestaurierung statt. Lediglich eine Inschrift – 1907 (i) – kündet noch von der unter Dolmetschs Leitung vorgenommenen Restaurierung.

Am 16. August 1904 besucht Dolmetsch Wiernsheim, „um das Kirchengebäude im Hinblick auf die geplante Renovation einem Augenschein zu unterziehen", wie das Kirchengemeinderatsprotokoll vom 23. August desselben Jahres mitteilt. Am 8. Oktober 1905 liegen dem Kollegium die von Dolmetsch ausgearbeiteten Pläne und Kostenvoranschläge „zur Renovation der Kirche" vor. Der Plan, „der alles Wesentliche mit möglichster Schonung des Alten umfaßt", beläuft sich auf die Voranschlagssumme von 34 500 Mark. Der Kirchengemeinderat erklärt sich „im Allgemeinen mit dem Plan einverstanden".

Erst am 15. November 1905 werden die Vorschläge einer eingehenden Beratung unterzogen. Offenbar plant Dolmetsch, den Aufgang zur westlichen Empore im Turm anzulegen. Der Kirchengemeinderat äußert folgende Bedenken gegen diese Maßnahme: „Die Durchbrucharbeiten am Turm werden schwierig sein. Ohne Anbringung eines neuen Fensters oder bedeutende Erweiterung der bisherigen Lücken wäre der Aufgang zu dunkel. Für die Besucher des Abendmahls ist der Auf- und Abgang durch den Turm weitläufig und im Winter kalt." Aus diesem Grund erachtet das Kollegium die Einfügung einer Treppe im Inneren der Kirche an der Turmseite für wünschenswert, wenn der „Verlust an Sitzplätzen" nicht zu groß ausfällt. In Bezug auf die Fensteranordnung auf der Südseite der Kirche regt das Kollegium an, „im Interesse der Helligkeit der Sitzplätze unter den Emporen […] alle Fenster der Südseite nach unten auf die gleiche Höhe mit dem ersten Fenster auf dieser Seite, welches am meisten herabgeht", zu bringen. Außerdem geht der Kirchengemeinderat in seiner Stellungnahme auf fünf weitere Punkte ein. Für den Fall, dass der Emporenaufgang durch den Turm gemacht werden sollte, wünscht das Kollegium eine Verlegung der Glockenseile, damit die Kirchenbesucher „durch die Läuter nicht belästigt werden". Mit der „Umgießung der großen Glocke" erklärt sich der Kirchengemeinderat einverstanden. Die von Dolmetsch angeregte Beleuchtung („Gasglühlicht") erscheint den Kirchengemeinderäten „etwas diffizil" in der Handhabung und „eventuell [zu] gefährlich". Der „alte Altar, welcher noch die Spuren des ehemaligen Hochaltars aufweist", sollte entgegen Dolmetschs Vorschlag „umgearbeitet" werden. Schließlich hält das Kollegium „eine neue, bequeme Staffel von der Straße zur Kirche" für notwendig.

Von diesen im Oktober und November 1905 diskutierten Vorschlägen scheinen keine Zeichnungen mehr vorhanden zu sein. Aus diesem Grund kann nicht eruiert werden, inwieweit Dolmetsch in seinem Projekt vom Januar 1907 auf die Wünsche des Kirchengemeinderats eingeht. Ein Vergleich der im August 1905 gefertigten Bestandspläne mit den genannten Entwurfszeichnungen verdeutlicht vor allem, dass Dolmetsch in der Tat das Erscheinungsbild der Kirche weitgehend unangetastet lässt, es soll allerdings auf der Südseite der Kirche der Emporenaufgang entfernt und das Rechteckfenster westlich des Portals in Anlehnung an die beiden vorhandenen Fenster mit einem Spitzbogenabschluss versehen werden (Abb. 386; 387). Das kleine Rechteck-

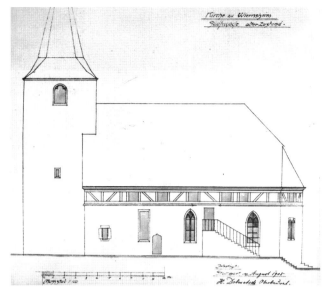

Abb. 386 Wiernsheim, ev. Kirche, Ansicht Südfassade, 1905 (Bestand).

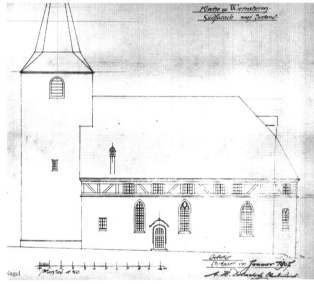

Abb. 387 Wiernsheim, ev. Kirche, Ansicht Südfassade, 1907.

fenster behält Dolmetsch unverändert bei. Sowohl das Portal an der Süd- als auch dasjenige an der Ostseite der Kirche soll eine neue Einfassung erhalten. Die beiden Fenster der Ostfassade, die einen geraden Sturz aufweisen, sollen in Rundbogenfenster umgestaltet werden (Abb. 388; 389). Das an der Ostseite abgewalmte Kirchendach sowie das unterhalb der Traufe umlaufende Fachwerkband sollen in ihrer bestehenden Form beibehalten werden. Da Grundrisse und Schnitte der Kirche fehlen, kann nicht gesagt werden, ob Dolmetsch auf die Wünsche des Kirchengemeinderats hinsichtlich der Anlage des Emporenaufgangs, der Beleuchtungseinrichtung sowie der Umarbeitung des Altars eingeht.

Das Kirchengemeinderatsprotokoll vom 4. Januar 1906 fasst die Gründe zusammen, aus denen „die Restauration der Kirche als dringend notwendig" angesehen wird: „Die Notwendigkeit des Baus ist von allen Seiten anerkannt; nicht bloß wegen der Unschönheit des bisherigen Zustands, sondern insbesondere wegen der Baufälligkeit von Emporen und Gestühlen, wegen des Mangels an Licht und Luft an den Frauenplätzen, wo öfters Fälle von Unwohlsein vorkommen und wo an trüben Tagen das Lesen unmöglich ist." Vor diesem Hintergrund beantragt der Kirchengemeinderat eine Beteiligung an einer Landeskirchenkollekte, die ihm laut Erlass vom 4. Januar 1907 „unter der Voraussetzung, daß die Ausführung des Bauwesens alsbald in Angriff genommen wird", zugesagt wird. Daraufhin beschließt das Kollegium am 15. Januar 1907, „den Umbau der Kirche in diesem

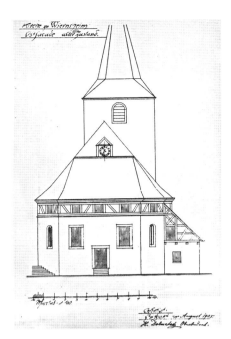

Abb. 388 Wiernsheim, ev. Kirche, Ansicht Ostfassade, 1905 (Bestand).

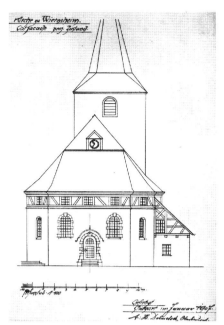

Abb. 389 Wiernsheim, ev. Kirche, Ansicht Ostfassade, 1907.

Jahr vorzunehmen nach den Plänen und dem Kostenvoranschlag von Oberbaurat Dolmetsch".

Laut Beschluss des Kirchengemeinderats vom 19. April 1907 soll „die Kirche [...] von Montag 29. April an geräumt werden". Die Eröffnung der „Angebote zum Kirchenumbau" findet gleichfalls an diesem Tag statt. Außerdem werden am 1. Juli, am 17. September und am 14. Oktober 1907 Arbeiten vergeben. Die Einweihung der Kirche wird am 24. November 1907 begangen. Das Kirchengemeinderatsprotokoll vom 2. Mai 1907 hält vorausschauend fest, „daß die Umfassungsmauern und das Gebälk der Kirche noch in sehr gutem Zustand ist, die Grö-

ße der Kirche für lange Zeiten genügen dürfte, die Renovation der Kirche im Innern eine so gründliche ist, daß sie in diesem Stück einem Neubau gleich kommt". Soweit es sich den Kirchengemeinderatsprotokollen und einer historischen Aufnahme entnehmen lässt, wurde tatsächlich das Innere der Kirche – im Gegensatz zum Äußeren – vollständig neu gestaltet: Das Gestühl im Parterre und auf der Empore, die Deckenverschalung, der Bodenbelag (Steinholzboden unter dem Gestühl), die Verglasung („Fenster an der Kanzel [...] mit einem gemalten Bild"), Altar und Taufstein sowie das Zifferblatt an der Nordseite mit Zeigerwerk wurden neu hergestellt. Die

Malerarbeiten führte „Hofdekorationsmaler Wörnle" aus, die „Wiederaufstellung der Orgel" wurde von „Orgelbaumeister Walker" vorgenommen. Das zunächst vorgesehene „Gasglühlicht" wurde gemäß dem Wunsch des Kirchengemeinderats durch Petroleumbeleuchtung ersetzt. Der alte Altar wurde laut Beschluss des Kirchengemeinderats vom 14. Oktober 1907 im Kirchhofgarten, der alte Taufstein im Pfarrgarten aufgestellt. Zudem wurde ein neuer Paramentenkasten angeschafft und ein Zaun um die Kirche angelegt. Aufgrund fehlender Rechnungsbeilagen kann nicht gesagt werden, ob Dolmetsch den Kostenvoranschlag von 34 500 Mark einhielt oder überschritt.

Quellen: PfarrA Wiernsheim, „KGR-Protokolle 1904–1922". PfarrA Wiernsheim, 2 Pläne „Alter Zustand", datiert und signiert „Gefertigt Stuttgart im August 1905. H. Dolmetsch Oberbaurat."; 2 Pläne „Proj. Zustand", datiert und signiert „Gefertigt Stuttgart im Januar 1907. H. Dolmetsch Oberbaurat.". Die Pläne befinden sich laut Auskunft von Edda Nagel, der ehemaligen Pfarramtssekretärin in Wiernsheim, vom 6. 11. 2002 im Pfarrarchiv, sie waren am Tag der Recherche jedoch nicht auffindbar. Privatbesitz Edda Nagel, Fotografie der Kirche.
Literatur: Hermann Diruf/Christoph Timm, Kunst- und Kulturdenkmale in Pforzheim und im Enzkreis, Stuttgart 1991, S. 324.

Willmandingen *siehe Sonnenbühl*

Zazenhausen *siehe Stuttgart*

Unausgeführte Entwürfe und Gutachten

Abstatt, ev. Pfarrkirche (St. Stephanus)
Kreis Heilbronn, ehemals OA Heilbronn

Das Schiff und der Chorraum der Kirche stammen aus den sechziger Jahren des 18. Jahrhunderts, beide Teile wurden durch einen Brand am 19. Mai 1899 schwer beschädigt. Insbesondere wurde das „frühere achteckige aus Fachwerk bestehende Turmoberteil samt seiner schieferbedeckten Dachhaube gänzlich zerstört", wie Dolmetsch in seinem am 16. Juli 1899 gefertigten Bericht an den Verein für christliche Kunst bemerkt. Das „sehr schöne gotische Sterngewölbe" im untersten Stockwerk des Turms wurde bereits in früherer Zeit durchbrochen, um den Aufstieg in den Turm zu ermöglichen. Diese „rohe Gewölbeverstümmelung" trug dazu bei, dass das Gewölbe stärker in Mitleidenschaft gezogen wurde, als dies ohne die Öffnung der Fall gewesen wäre. Dolmetsch empfiehlt, dass „die Defekte mit Stein ergänzt und auch teilweise erneuert werden", denn ein Ausflicken mit Gips oder Zement würde es an der erforderlichen Sorgfalt gegenüber dem „schöne[n] Gewölbe" fehlen lassen. Im Hinblick auf die Erneuerung des Turms rät er, „die Außenwandungen bis zu der früheren Traufhöhe in rauhen Bruchsteinen auszuführen und nachher die glatten Flächen zu verputzen". Bei der Ausbildung des Turmdachs wäre es ratsam, „dem früheren Bestande sich möglichst anzuschließen, nur mit der Abweichung, die oberste Haube, welche infolge einer späteren unverstandenen Flickarbeit entstanden war, in entsprechender Weise anders zu gestalten". Da das Schiff- und Chordach durch herabfallendes Holzwerk während des Brandes schwer beschädigt worden sei, könne nur noch das Deckengebälk verwendet werden, der übrige Dachstuhl sei komplett neu aufzurichten. In Bezug auf den Innenraum der Kirche geht Dolmetsch weit über rein konservatorische Maßnahmen hinaus – wie zum Beispiel die Isolierung der feuchten Wände durch Weissang'schen Verbindungskitt oder Patentfalzbaupappe – und schlägt vor allem eine grundlegende Veränderung der Emporenanordnung vor, um im Zuge des Wiederaufbaus der Kirche eine Vermehrung der Sitzplätze zu erreichen. Er plant, den Herrschaftsstuhl, der der Kanzel gegenüberliegt, zu entfernen, und an dessen Stelle die Empore an der Südwand bis an den Chorbogen heranzuziehen, dementsprechend an der Nordwand eine ebenso große Längsempore zu errichten und schließlich die Orgelempore aus dem Chor zu entfernen. Ziel dieser Maßnahme ist, dass „die Kirche sich sicherlich zweckmäßiger verwenden lassen und viel schöner in der Raumwirkung sein [würde] als bisher".

Der Kirchengemeinderat spricht sich in seiner Sitzung am 25. Juli 1899 „entschieden" gegen die von Dolmetsch empfohlene Veränderung der Emporen „unter Berufung auf die Wünsche der Gemeinde und die hieraus der Kirchenpflege erwachsenden bedeutenden Ausgaben" aus. Im Gegensatz hierzu heißt er die Vorschläge in Bezug auf den Ausbau des Turms und den Erhalt des Sterngewölbes gut. Die Gründe für die Entscheidung des Kirchengemeinderats, nicht Dolmetsch, sondern Oberamtsbaumeister Eckert mit der Ausführung der Arbeiten zu beauftragen, sind nicht bekannt. Möglicherweise fürchtet das Kollegium eine erhebliche Überschreitung der finanziellen Möglichkeiten, wenn die Maßnahmen nach Dolmetschs Vorschlag ausgeführt würden, denn am 17. September 1899 hebt der Kirchengemeinderat positiv hervor, dass „möglichste Rücksicht auf die Mittel der Kirchenpflege genommen" worden sei. Schließlich belaufen sich die Kosten für die Ausführung der Arbeiten auf etwa 39 000 Mark anstatt wie veranschlagt auf lediglich 26 000 Mark. Die Einweihung der wiederhergestellten Kirche erfolgte am 8. November 1900.

Quellen: PfarrA Abstatt, III A, 16b („Bauakten"). PfarrA Abstatt, III A, 16c („Rechnungssachen nach Brand der Abstatter Kirche 1899"). PfarrA Abstatt, „KGR-Protokolle 1889–1924".
Literatur: Dehio 1993, S. 1. Julius Fekete, Kunst- und Kulturdenkmale in Stadt- und Landkreis Heilbronn, Stuttgart 1991, S. 80.

Albstadt–Ebingen, ev. Pfarrkirche (St. Martin)
Stadt Albstadt, Zollernalbkreis, ehemals OA Balingen

Die ehemals dreischiffige frühgotische Säulenbasilika zeigte an beiden Seiten des Langhauses Emporeneinbauten. Der 1473 geweihte Chor beherbergte die Orgel. Die Kanzel stammte aus dem Jahr 1682. An der Südwand des Kirchenschiffs befand sich ein spätmittelalterliches Kreuzigungsgemälde.

In seiner „Darlegung der Entstehung des Bauplans zur Erneuerung der St. Martinskirche in Ebingen" vom 10. April 1905 legt Pfarrer Baur rückblickend die Gründe für den Umbau der Kirche dar: „Nicht bloß [die] Engräumigkeit, sondern fast noch mehr [die] geradezu häßliche Verunstaltung innen und außen" führten zu dem Wunsch nach „Abänderung der Mißstände". Anlässlich der Heizbarmachung der Kirche wird Dolmetsch zu Rate gezogen, doch lehnt er in seinem Schreiben vom 23. April 1891 einen etwaigen Auftrag ab, da er „gegenwärtig mit künstlerischen Aufträgen überladen" sei. Offenbar besinnt er sich eines anderen, denn schon am 5. August 1891 äußert er in einem Schreiben an den Pfarrer: „Das Ideale wäre freilich, die alte große Kirche [Martinskirche] innerhalb ihrer 4 Wände zu restaurieren, wodurch vielleicht 400 Sitzplätze [von insgesamt 1457 Plätzen] verloren gingen und dann sollte an anderer Stelle eine ganz neue Kirche gebaut werden."

Am 11. Oktober 1892 beschließt der Kirchengemeinderat, „zunächst die Kapellkirche in besseren Stand zu setzen, hierauf die Skt. Martinskirche innen zu erneuern und zu verschönern, und weiterhin einen Neubau in Aussicht zu nehmen". Im Zuge dieser Beratung wird auch der Beschluss gefasst, auf Anregung von Dolmetsch „die Heizbarmachung mit möglichst geringem Aufwand zu bewerkstelligen". Noch im Herbst desselben Jahres wird eine Gasheizung in der Kirche installiert. Dem am 13. Oktober 1892 geäußerten Wunsch der Kirchengemeinde, „in möglichster Bälde Pläne für die Umbauten an beiden Kirchen [Martinskirche und Kapellkirche]" zu erhalten, kommt Dolmetsch nach, indem er am 18. April 1893 „drei ausgeführte Pläne für einen Umbau der Skt. Martinskirche" vorlegt. Sämtliche Pläne widersprechen dem zuvor genannten „Ideal", die Martinskirche „innerhalb ihrer 4 Wände zu restaurieren", vielmehr zielen alle drei Projekte auf eine mehr oder weniger umfangreiche Vergrößerung der bestehenden Kirche ab. Da die von Dolmetsch gefertigten Baupläne offenbar nicht mehr erhalten sind, müssen die Grundzüge der drei ausgearbeiteten Projekte aus den wenigen Bemerkungen in Dolmetschs Briefen rekonstruiert werden.

Projekt I sieht vor, die Orgel vom Chor auf die Westseite der Kirche zu versetzen. In seinem Schreiben vom 30. Dezember 1892 schlägt Dolmetsch vor, „das Orgelwerk so umzuarbeiten, daß es in 2 getrennten Teilen aufgestellt würde, so daß zwischen beiden Teilen hindurch ein großes westl[iches] Fenster noch weiteres Licht zuführen könnte". Da die „Umfassungswände [der Kirche] nicht mehr brauchbar [sind] und da den Fundamenten auch nicht zu trauen ist", so sollen „die Längswände des Schiffs um ca. 1/2 Meter beiderseits nach außen [ge]rückt" werden. Mit „Einschluß des gewünschten westl[ichen] Orgelausbaues" ließen sich nach Dolmetschs Auffassung „so viele Sitzplätze erreichen, als bisher im alten Kirchenraum zusammengedrängt waren". Projekt II zielt hingegen auf „eine mehr centrale Anlage" ab, „welche der gegenwärtigen neueren Richtung mehr entsprechen dürfte". Wie sich einem Schreiben Dolmetschs vom

15. März 1893 entnehmen lässt, ruft dieser Plan „eine ungewöhnliche Debatte" im Ausschuss des Vereins für christliche Kunst hervor. Nach Dolmetschs Bekunden spricht sich aber „nur einer [s]einer Collegen ganz dagegen aus". Projekt III hebt offensichtlich, wie schon Projekt II, auf den vollständigen Neubau des Kirchenschiffs ab, wie sich aus Dolmetschs Äußerung in dem zuletzt zitierten Schreiben ableiten lässt: „Ich gewinne immer mehr die Ueberzeugung, daß das ganze vorhandene Schiff sammt Säulen abgebrochen werden muß." Weder diesem Brief noch den Kirchengemeinderatsprotokollen lässt sich entnehmen, welche Gestalt die Kirche annehmen sollte.

Eine Reaktion des Kollegiums auf die von Dolmetsch vorgelegten Pläne ist nicht überliefert, erst die bereits erwähnte „Darlegung" des Pfarrers vom 10. April 1905 gibt Aufschluss über die Beweggründe der Gemeinde: „Da nicht nur der Kirchenbaufonds diese Höhe [von 250 000 Mark] noch lange nicht erreicht hatte, sondern auch keiner der vorgelegten Pläne völlig befriedigte", unterblieb die Ausführung eines der von Dolmetsch vorgelegten Projekte. 1903 wird Dolmetsch allerdings noch einmal um eine Stellungnahme bezüglich der Wahl eines Bauplatzes für eine neu zu erbauende Kirche gebeten. Er spricht sich laut Kirchengemeinderatsprotokoll vom 23. Juni 1903 für einen Bauplatz aus, der „noch erhöht werden müsse, damit die Kirche von der Stadtseite her besser sichtbar werde". Dieser Plan wird allerdings wie schon zuvor der von Dolmetsch ausgearbeitete Entwurf aus Kostengründen fallen gelassen.

Am 28. November 1904 bemerkt Dolmetsch in einem Schreiben an den Dekan: „Ebingen betreffend werden Sie begreifen können, daß es mich schmerzlich berührt hat, durch den bloßen Brodneid eines Collegen eines hervorragenden Auftrages verlustig worden zu sein." Der Kirchengemeinderat hatte am 4. Oktober 1904 den Beschluss gefasst, dem Büro Schmohl und Staehelin den Auftrag zum Umbau der Martinskirche zu erteilen, nachdem dieses sich „zur kostenlosen und völlig unverbindlichen Aufstellung von Plänen" bereit erklärt hatte. In den Jahren 1905/06 wurde das Kirchenschiff nach Plänen von Schmohl und Staehelin neu erbaut. Die Einweihung der umgebauten Kirche – von der alten Kirche wurden le-

diglich der Chor, die Sakristei sowie die unteren Stockwerke des Turms beibehalten – fand am 16. Dezember 1906 statt.
Quellen: LKA, A 29, 991-8 (Kirchengemeinde 1894–1923). LKA, DAamt Balingen, A 393 (Umbau der Martinskirche mit Abbruch des Schiffes 1903–1906). LKA, DAamt Balingen, 1. Stadtpfarramt, A 1208 (Renovierung der Stadtkirche 1903–1917). LKSpA Tübingen, Bestand Ebingen, „KGR-Protokolle 1889–1906". LKSpA Tübingen, Bestand Ebingen, III A 16 (Kirchenbausachen).
Literatur: Dolmetsch 1900, S. 4. E[ugen] Gr[admann], Die Stadtkirche in Ebingen, in: „Schwäbische Kronik" vom 17. 6. 1905. [Ohne Verfasser], Die Einweihung der St. Martinskirche, in: „Der Alb-Bote" vom 19. 12. und 20. 12. 1906.

Bad Friedrichshall-Kochendorf, ev. Pfarrkirche (St. Sebastian)
Stadt Bad Friedrichshall, Kreis Heilbronn, ehemals OA Neckarsulm

Teile des Ostturms der ehemaligen Wehrkirche weisen noch romanische Bauelemente auf, die möglicherweise auf das 12. Jahrhundert zurückgehen. Innen ist der Chor mit einem gotischen Kreuzrippengewölbe versehen. 1595 wurde das Schiff der Kirche umgebaut und erweitert, wobei es die heutigen Ausmaße erhielt. Während des Zweiten Weltkriegs wurde die Kirche so stark beschädigt, dass nur noch die Außenmauern von Turm und Schiff stehen blieben. Der Wiederaufbau erfolgte im Jahr 1948.

Im Sommer 1881 besichtigt Dolmetsch die Kirche in Kochendorf, „damit er die Gemeinde berate und Vorschläge betreffend die Restaurierung der Kirche mache", wie es in der Pfarrbeschreibung heißt. Der Kostenvoranschlag, den Dolmetsch daraufhin vorlegt, stammt vom Juni 1882. Dieser „bis in's kleinste und feinste Detail ausgearbeitete Plan, dessen Ausführung der Kirche außen und innen ein ganz verändertes Aussehen gegeben und sie zu einem wirklichen Prachtbau umgestaltet hätte", beläuft sich auf 36 000 Mark. Der in der „Monatsschrift des Württembergischen Vereins für Baukunde" des Jahrgangs 1900 veröffentlichte Querschnitt der Kirche in Kochendorf ist mit großer Wahrscheinlichkeit mit dem von Dolmetsch im Jahr 1882 gefertigten Entwurf zu identifizieren (vgl. Abb. 127).

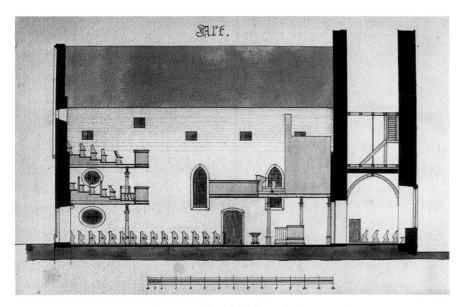

Abb. 390 *Kochendorf, ev. Kirche, Kameralamtsbauführer Schuler, Längsschnitt, ca. 1884 (Bestand). Tusche, farbig aquarelliert auf Papier, 32,3 cm x 21,0 cm.*

Dolmetschs Plan sieht vor, das Innere der Kirche vollständig umzugestalten. Die das Schiff überwölbende Holztonne soll durch eine in den Dachraum gesprengte Decke ersetzt werden, so dass sich für eine zweigeschossige Emporenanlage an den Längsseiten Platz bietet. Zuvor befanden sich lediglich an der West- und Ostseite des Schiffs Emporen, während die Längsseiten frei von Einbauten waren (Abb. 390). Die Orgel, die auf der Ostempore vor dem Turm stand, soll auf die Westempore versetzt werden, wobei die bereits vorhandene zweite Empore laut Kostenvoranschlag beibehalten werden soll. Die Orgelempore, die den Zugang zu dem alten Turmchor beinahe vollständig versperrte, soll entfernt und der Chorbogen wesentlich erhöht werden. Das Kreuzgewölbe im Chor soll laut Kostenvoranschlag neu hergestellt werden, indem „die alten [zuvor herausgenommenen] Rippen einzusetzen und zwischen diesen, somit die Steine vom alten ausgebrochenen Gewölbe reichen, mit denselben zu wölben" sind. Altar und Taufstein, die Dolmetsch nicht neu herstellen lassen will, sollen weiter nach Osten gerückt werden, wobei der Taufstein weiterhin mittig vor dem Altar platziert sein soll. Die Kanzel, die sich zuvor an der Südseite des Schiffs befand, soll neu gefertigt und an dem nördlichen Chorbogenpfeiler aufgestellt werden. Oberhalb des Chorbogens sollen zwei neue Fensteröffnungen ausgebrochen werden, und das alte Chorfenster soll eine Erwei-

terung erfahren. Die Spitzbogenfenster der Längsseiten des Schiffs sollen „Maßwerke allereinfachster Art" erhalten, wie es unter der „Maurer- und Steinhauerarbeit" aufgeführt ist. Das Gestühl ist nur insoweit neu herzustellen, als die alten Stühle nicht mehr verwendet werden können. Die Wände sollen vollständig neu verputzt und mit Schablonenmalerei versehen werden.

Das Schiff der Kirche soll nach Westen verlängert werden (Abb. 391), womit eine vollständige Neuaufführung der Westfassade einhergeht. Zwischen zwei Treppentürmchen soll ein Vorbau eingespannt sein, der die doppelstöckige Emporenanlage aufnimmt. Einer Zeichnung von Theophil Frey vom August 1884, die er „nach Project Dolmetsch" fertigte, lässt sich entnehmen, in welcher Weise Dolmetsch die architektonische Gestalt dieses „westlichen Anbau[s] mit Treppenthürmchen" auszuformulieren dachte (Abb. 392). Im Parterre werden die Stühle von großen gedoppelten Fenstern beleuchtet, in Höhe der ersten Empore finden sich hingegen kleine, aber wiederum gedoppelte Fenster. Ob Dolmetsch die ovalen Fenster, die sich in den Längswänden des Schiffs befanden und die dem Raum unter und über den Emporen Licht zuführten, beibehalten will, lässt sich dem Plan von Frey nicht entnehmen. Ein weiteres Treppentürmchen will Dolmetsch in dem Winkel zwischen Turm und Schiff errichten. Die Treppentürmchen sollen die drei „äußeren Freitreppen", die sich an der Nord- und Westseite des Schiffs sowie in dem Winkel zwischen Turm und Schiff befanden, ersetzen. Der Sakristeianbau in der nordöstlichen Ecke zwischen Turm und Schiff

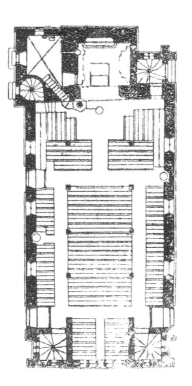

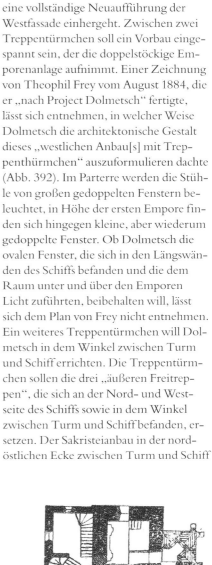

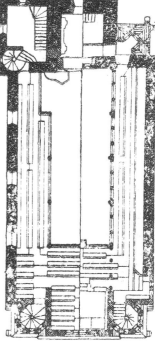

Abb. 391 *Kochendorf, ev. Kirche, Grundriss Parterre und Emporen, ca. 1882 (unausgeführt).*

381

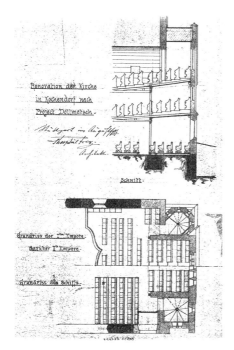

Abb. 392 Kochendorf, ev. Kirche, Theophil Frey nach Heinrich Dolmetsch, Längsschnitt und Grundriss Emporen, 1884 (unausgeführt). Tusche, farbig aquarelliert auf Transparent, 19,6 cm x 29,2 cm.

soll aufgestockt werden, so dass er über die Traufhöhe des Schiffdachs hinausragt.

Die von Dolmetsch beabsichtigte Vergrößerung der Kirche hatte „wegen der daraus entstehenden bedeutenden Kosten keine Aussicht bei den Gemeindecollegien", wie das Pfarrgemeinderatsprotokoll vom 11. Juni 1882 bemerkt. Die „nothwendige Reparatur und Verschönerung der Kirche" wurde jedoch dringend gewünscht. Am 1. April 1883 wurde ein weiteres Mal betont, dass „keine Aussicht vorhanden [sei], in langer Zeit die Mittel zur Ausführung des Dollmetsch'schen Planes herbeizuschaffen". Stattdessen fertigten nacheinander Kameralamtsbauführer Schuler im April 1884, Oberamtsbaumeister Lell im Juni 1884 und schließlich Theophil Frey, der in einem Gutachten vom 11. August 1884 zu dem Projekt von Lell Stellung nahm, Pläne zur Restaurierung der Kirche, die vor allem die Neuorganisation der Emporenaufgänge zum Gegenstand hatten. In den Jahren 1885/86 kam es zu der seit langem beabsichtigten „Verlegung der Treppe zur Empore von der Nebenseite an die hintere Giebelseite" nach einem Kostenvoranschlag von Lell vom Mai 1885. Dabei berücksichtigte er die von Frey vorgebrachten Einwände, die sich vor allem auf

die architektonische Gestalt des Treppenanbaus bezogen. Frey hielt es für „zweckentsprechender und empfehlenswerther [...] auf Grund der in dem Entwurf [von Dolmetsch] angegebenen Treppen-Anordnung die projectirte Treppenanlage auszuführen". Während Lell noch im Juni 1884 einen nahezu die gesamte Breite des Kirchenschiffs einnehmenden Anbau plante, entwarf er im Mai 1885 unter dem Eindruck der Frey'schen Empfehlungen – und damit letztlich des Dolmetsch-Entwurfs – zwei einzelne Treppentürmchen. Das Innere der Kirche blieb bei der Restaurierung der Jahre 1885/86 nahezu unberührt.

In einem Brief an den Prälat in Eberstadt vom 8. Februar 1891 beklagt Dolmetsch rückblickend, dass „der Uebelstand damals nur der [war], daß Pfarrer und Schultheiß [ihm] mündliche Einwilligung zur Ausarbeitung eines Projectes gaben und daß nachher die Stiftungscollegien diesen Auftrag nicht anerkannten und durch einen Pfuscher die Kirche umbauen ließen".

Quellen: LKA, K 1, Nr. 194 (Verein für christliche Kunst. Ortsakten Kochendorf). PfarrA Kochendorf, „Kosten-Voranschlag über die Restauration der Kirche" von Dolmetsch vom Juni 1882. PfarrA Kochendorf, „PfGR-Protokolle 1851–1889". PfarrA Kochendorf, „Pfarrbeschreibung". StadtA Bad Friedrichshall, Mappe mit Briefwechsel zur Kirchenrestaurierung 1885/86, darin u. a. 1 Planheft von Kameralamtsbauführer Schuler vom April 1884 und 1 Planheft von Oberamtsbaumeister Lell vom Juni 1884.

Literatur: Dolmetsch 1900, S. 2 f.

Balingen-Weilstetten, ev. Filialkirche
Stadt Balingen, ehemals OA Balingen

Die „sehr alte Kirche" – wie sie im Pfarrbericht von 1904 bezeichnet wird – wurde 1703 renoviert. Um 1900 befindet sie sich „in sehr schlechtem baulichem Stande", es sei „nicht der Mühe und der Kosten wert, daß man noch etwas an ihr restaurier[e]". Trotzdem legt Dolmetsch im Dezember 1904 einen Plan vor, der nicht auf einen Neu-, sondern auf einen Umbau der Kirche abzielt.

Die alte, sehr lange, schmale Kirche soll auf der Nordseite einen querhausartigen Anbau, auf der Südseite einen Sakristei-

anbau erhalten (Abb. 393). Die Sakristei bestand zuvor in Form eines Bretterverschlags, der auf der Nordseite im Schiff eingebaut war. Während die Flachdecke im Schiff und Chor beibehalten werden soll, denkt Dolmetsch die Decke im Querhaus aufzusprengen, um „von Norden her viel Licht in's Innere der Kirche zu schaffen", wie er in einem Brief an den Dekan vom 28. November 1904 ausführt (vgl. Abb. 88; 89). Die Orgel belässt er im Chor, doch versetzt er sie von der Empore auf ein „niederes Podium", wie er in dem erwähnten Brief darlegt. Den Altar rückt er etwas weiter in Richtung Schiff, wobei die das Schiff vom Chor trennende Stufe beseitigt werden soll. Der Fußboden soll in der gesamten Kirche neu hergestellt werden. Der Taufstein, der vor der Kanzel stand, soll nun mittig vor dem Altar aufgestellt werden. Die Kanzel selbst bleibt an ihrem alten Standort an der Südwand des Schiffs bestehen. Die Empore in dem neuen Querhaus soll über einen überdachten Außenaufgang an der Nordseite zugänglich sein (Abb. 394). Ein weiterer Emporenaufgang, der sich an der Westwand im Inneren des Schiffs befindet, soll neu erstellt werden. Die Fensteröffnungen der Kirche sollen weitgehend in ihrer bisherigen Form beibehalten werden, lediglich in der Nordostwand des Chors soll ein neues Fenster eingebrochen und das kleine rechteckige Fenster im Westgiebel durch ein dreiteiliges ersetzt werden. Sogar das Rundfenster in der Nordwand des Schiffs, das dem Raum unter der Empore Licht zuführt, soll unverändert beibehalten werden.

Wie aus einem Schreiben Dolmetschs an das Pfarramt in Weilheim vom 11. Februar 1905 hervorgeht, beläuft sich die veranschlagte Bausumme für dieses Projekt auf 33 500 Mark. Trotz der Mahnung, die der Kirchengemeinderat am 5. Oktober 1904 an Dolmetsch richtet, er möge bei Ausarbeitung eines Projekts „die denkbar größte Sparsamkeit und dementsprechend ganz schlichte Einfachheit [...] walten lassen", übersteigt der Plan die finanziellen Möglichkeiten der Gemeinde erheblich. Die „pekuniäre Lage der Gemeinde" ist so „dürftig", dass sie noch nicht einmal in der Lage ist, die Kosten für die Fertigung des Bauplans zu übernehmen, wie aus dem Kirchengemeinderatsprotokoll vom 17. April 1911 hervorgeht.

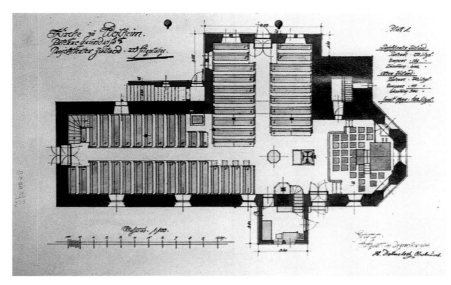

Abb. 393 Weilheim, ev. Kirche, Grundriss Parterre, 1904 (unausgeführt). Lichtpause, koloriert, 32,9 cm x 21,1 cm.

Abb. 394 Weilheim, ev. Kirche, Ansicht Nordfassade, 1904 (unausgeführt). Lichtpause, koloriert, 32,7 cm x 21,2 cm.

Ungeachtet einer Instandsetzung der Kirche im Jahr 1910 mit einem Aufwand von 300 Mark laut Pfarrbericht von 1912 wird der Zustand der Kirche in einem Erläuterungsbericht von Theodor Dolmetsch und Felix Schuster vom 25. November 1910 als „unhaltbar" bezeichnet. Doch sprengt die Kostenberechnung von Dolmetsch und Schuster vom November 1910 über die „Erstellung eines Neubaus am Platze der alten Kirche unter Mitbenützung noch guter Gegenstände und Materialien von Letzterer" in Höhe von 95 000 Mark jeglichen finanziellen Rahmen. Erst 1934 kommt es zu der geplanten Erweiterung der Kirche. Klatte und Weigle rücken die Nordwand des Schiffs so weit nach außen, dass sie nun mit der Nordseite des Turms in einer Flucht liegt. Die Sakristei wird auf der Nord-, nicht wie Dolmetsch plante auf der Südseite angebaut. Die Orgel wird von der Chor- auf die Westempore verlegt. Sowohl die Empore als auch die Flachdecke im Schiff werden beseitigt, den Chor versehen Klatte und Weigle mit einem expressionistisch anmutenden Gewölbe.

Quellen: LKA, A 29, 1343-3 (Kirchengemeinde Weilheim-Waldstetten 1888–1928). LKA, A 29, 1345-22 (Pfarrbericht von 1904) und A 29, 1345-24 (Pfarrbericht von 1912). LKA, DAamt Balingen, 1. Stadtpfarramt, A 1208 (Renovierung der Stadtkirche 1903–1917). PfarrA Weilstetten, B 37 (KGR-Protokolle 1899–1912). PfarrA Weilstetten, A 20 (Kirchenbau 1826–1966), darin u. a. 6 Lichtpauspläne „Alter Zustand", datiert und signiert „Gefertigt, im Dez. 1904. H. Dolmetsch Oberbaurat" und 9 Lichtpauspläne „Projektierter Zustand", koloriert, datiert und signiert „Gefertigt: Stuttgart im Dezember 1904. H. Dolmetsch Oberbaurat".

Blaustein-Temmenhausen, ev. Filialkirche
Gemeinde Blaustein, Alb-Donau-Kreis, ehemals OA Blaubeuren

Die kleine, einschiffige Saalkirche besitzt einen eingezogenen Chor, der ein reiches Netzgewölbe mit gekehlten Rippen aufweist. Der Turm befindet sich auf der Nordseite des Chors, die Sakristei ist an seiner Südseite angebaut.

Eine Randbemerkung zu dem Pfarrbericht des Jahres 1904 charakterisiert die „Kirche in Themmenhausen [als] in ihrem Innern sehr unschön [und] zum Teil geschmacklos bemalt (schauerliche Posaunenengel)", außerdem sei sie „an der Nordseite feucht". Schon der Pfarrbericht von 1900 stellte fest, dass die Kirche „im Innern einer gründlichen Restauration" bedürfe. Am 9. Januar 1903 sendet Bautechniker Dietrich im Auftrag von Dolmetsch „den Voranschlag, sowie die beiden Grundrisse und Schnitte der Kirche in Themmenhausen" an Bauführer Schlotterbeck in Blaubeuren.

Dem bereits erwähnten Pfarrbericht von 1904 lässt sich entnehmen, welche Maßnahmen Dolmetsch „in seinem Renovationsentwurf ins Auge gefaßt" habe: „Erhöhung der Decke des Schiffs, Entfernung der alten Emporen, Verbreiterung der Querempore, Verschmälerung der Längsempore, Abbrechen der Orgel im Chor und Aufstellung derselben auf der Querempore, Anbringung der Blasbälge hinter der Orgel, Herausnahme der gesamten Stuhlung (sie selbst kann vollständig belassen werden, nur sind die Bodenbretter zum Teil schwammig und angefault), Anbringung eines Isoliermittels gegen Feuchtigkeit zwischen dem Mauerwerk und dem Verputz innerhalb der Kirche an der Nordseite-Wand, Erhöhung des Schiffbodens, Ausbrechen eines Fensters an der Ost- und Südost-Seite der Kirche, Versetzung der Kanzel in den Chorbogen, Aufstellung eines Ofens, Herstellung einer neuen Tür und eines Windfangs am Haupteingang, Neubemalung der Wände und des Altars, neue Bleiverglasung im Chor und Schiff."

Der Pfarrbericht teilt auch die Gründe für die Ablehnung des Bauplans durch den Kirchengemeinderat mit, obgleich „die Mittel für den Bau vorhanden" seien: Der „lebhafte Widerspruch gegen den Plan" richtet sich vor allem gegen die „Verlegung der Orgel aus dem Chor" und die „Erhöhung der Decke des Schiffes". Die „Ausbesserung des Bodens im Schiff, ebenso der Emporen [und] der sehr defekten Decke des Schiffs, [die] Bemalung der Wände, [die] Betonierung des Chors und [die] Legung neuer Platten" hingegen werden „als nötig" anerkannt. Auch die „Pflicht der Heizbarmachung der Kirche" wird als „dringend" empfunden, da der „Kirchenbesuch im Winter schlecht" sei.

Dem Pfarrbericht von 1908 lässt sich entnehmen, dass der Kirchengemeinderat „an die Ausführung der schon vorliegenden Dolmetsch'schen Pläne nicht herantreten" wollte, „da fast der ganze Baufonds dadurch verbraucht worden wäre". Stattdessen wandte sich das Pfarramt an den Ulmer Münsterbaumeister Bauer, der die Kirche im Sommer 1908 in einer Weise restaurierte, dass „auf die besondere Art des Baus Rücksicht genommen wurde". Der Pfarrbericht des Jahres 1912 beschreibt gar die Kirche in Temmenhausen als „ein Kleinod von einer Dorfkirche".

Quellen: LKA, A 29, 386–1b (Kirchengemeinde 1890–1922). LKA, A 29, 388–21 (Pfarrbericht von 1904), A 29, 388–22 (Pfarrbericht von 1908) und A 29, 388–23 (Pfarrbericht von 1912). LKA, DAamt Blaubeuren, Nr. 602 (Sonderrechnung 1902/03).
Literatur: [Eugen] Gr[admann], Wiederherstellung einer Dorfkirche, in: Staatsanzeiger für Württemberg vom 26. 5. 1909, S. 903.

Crailsheim, ev. Johanneskirche
Kreis Schwäbisch Hall,
ehemals Oberamtsstadt (Jagstkreis)

Die Johanneskirche, eine dreischiffige, fünfjochige Basilika mit Andeutung eines Querhauses, wurde im Jahr 1398 (i) begonnen. Für das Jahr 1440 ist die Weihe von acht Altären überliefert. Der gotische Neubau trat an die Stelle einer spätromanischen Basilika, deren Fundamente 1965 ergraben wurden. Die Untersuchungen deckten darüber hinaus einen weiteren Vorgängerbau auf, der um 1000 entstanden sein dürfte. 1467 erfolgte der Einbau der Westempore, 1602 derjenige der Nordempore. 1852 wurde der Chor mit einem Holzgewölbe versehen.

Oberkonsistorialrat Krafft hält in einem Bericht vom 25. Juli 1896 fest, dass die „Stadtkirche ein großer und schönangelegter mannigfach verwitterter Bau [ist], dessen Restauration Bedürfnis, aber in Ermangelung verfügbarer Mittel noch in ziemlich weiter Ferne ist". Er führt weiter aus, dass „überhaupt das Innere und außen zunächst die Fialen der Chorpfeiler der Änderung bzw. Neuherstellung" bedürfen. „Baurat Dolmetsch hat vor kurzem ein vorläufiges Gutachten in dieser Richtung abgegeben", wie es weiter heißt. Dieses Gutachten scheint nicht erhalten zu sein, jedenfalls ist ein

solches in den Akten des Dekanatamts Crailsheim nicht auffindbar.

In einem Schreiben des Dekanatamts an das Konsistorium vom 26. September 1896 ist die Rede von „bedeutende[n] Schäden" am Turm der Johanneskirche: „Die Bedeckung war teilweise losgerissen, das Balkenwerk angefault." Am 20. Oktober desselben Jahres wird in einem Brief des Dekanatamts die Einrichtung einer Kirchenheizung als Desiderat angeführt. In einer Note der Kreisregierung vom 12. Juli 1898 wird ein Beschluss des Kirchengemeinderats erwähnt, „wonach die Orgel in der Johanniskirche daselbst gründlich gereinigt und ausgebessert werden soll". In welchem Umfang die erwähnten Mängel und Schäden behoben werden, kann aufgrund fehlender schriftlicher Quellen nicht gesagt werden. Es ist als sehr unwahrscheinlich anzusehen, dass Dolmetsch an Baumaßnahmen – wenn solche überhaupt ausgeführt wurden – an der Crailsheimer Stadtkirche beteiligt war, da die Quellen zu diesem Punkt keine Angaben machen.

Die in Dolmetschs Nachlass befindlichen Pläne der Johanneskirche sind mit großer Wahrscheinlichkeit im Zusammenhang mit dem für das Jahr 1896 verbürgten Gutachten entstanden. Da die Zeichnungen lediglich die Ostteile der

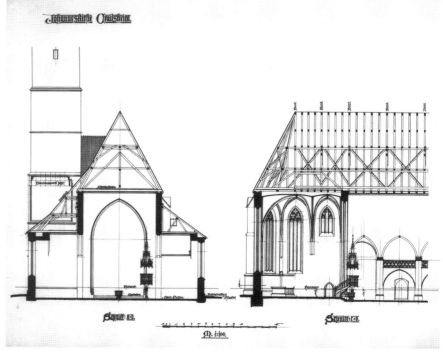

Abb. 395 Crailsheim, Johanneskirche, Querschnitt nach Osten und Längsschnitt, ca. 1896 (unausgeführt). Tusche auf Papier, 65,4 cm x 52,4 cm.

Kirche – den Chor, den Turm, das „Querhaus" und das erste Schiffjoch von Osten – zeigen, liegt die Vermutung nahe, dass Dolmetsch die Restaurierungsmaßnahmen auf diese Bauteile beschränken wollte (Abb. 395). Die Angabe der zu verwendenden Materialien – wie beispielsweise die Anlage eines „Betontrottoir[s]" auf der Nordseite der Kirche – lässt den Schluss zu, dass es sich um Entwurfspläne handelt.

Quellen: LKA, A 29, 780-12 (Kirchengemeinde 1888–1923). TUM, Nachlass Heinrich Dolmetsch, Signatur 49.1, 49.2, 49.3, 3 Tuschepläne, undatiert und unsigniert.

Ebingen *siehe Albstadt*

Eltingen *siehe Leonberg*

Eningen, ev. Pfarrkirche (St. Andreas)
Kreis Reutlingen, ehemals OA Reutlingen

Die alte Andreaskirche wurde 1929/30 abgebrochen und durch einen Neubau ersetzt, wie der Reutlinger Generalanzeiger vom 18. Oktober 1930 bemerkt: „Nun war die alte Kirche so baufällig geworden, daß eine Erneuerung nicht länger aufgeschoben werden konnte." Die alte Kirche wies einen netzgewölbten Chor und ein saalartiges Schiff auf, das „mit einem durch Lichtöffnungen unterbrochenen Tonnengewölbe eingedeckt" war, wie der Pfarrbeschreibung von 1905 zu entnehmen ist. Im Chor befand sich eine Empore, deren Zugang durch eine überdachte Holztreppe von außen erfolgte. Auf der Nordseite existierte ein mit einem Giebel bekrönter Anbau, der wahrscheinlich den Aufgang zur Nordempore sicherte. Auf der Süd- und Westseite der Kirche befanden sich laut Pfarrbeschreibung sogar zweistöckige Emporenanlagen.

1887 wurde eine „größere Restauration der Kirche" vorgenommen: „Verblendung der Nordseite und Westseite, neuer Oelfarbanstrich, Aufstellung von 2 Öfen, Kronleuchter über dem Altar." Der Pfarrbericht von 1889 bezeichnet die 1887 durchgeführte Restaurierung als „gründlich" und bescheinigt der Kirche, „nunmehr einen freundlichen Eindruck [zu] mach[en]". Dass diese Restaurierung Dolmetsch zuzuschreiben ist, erscheint

aus folgenden Gründen unwahrscheinlich: Dolmetsch erhielt zwar ein Honorar in Höhe von 60 Mark für „architektonische Arbeiten", doch geschah die Abrechnung für ausgeführte Restaurierungen in keinem Fall als „runde Summe", zudem lässt die Formulierung „architektonische Arbeiten" anstelle von „Restauration" vermuten, dass es sich lediglich um die Ausarbeitung eines Entwurfs handelte. Weder die schriftlichen noch die zeichnerischen Quellen geben allerdings einen Hinweis auf die von Dolmetsch beabsichtigten Maßnahmen.

Quellen: LKA, A 29, 1079-2 (Pfarrbeschreibung von 1905) und A 29, 1079-12 (Pfarrbericht von 1889). HH-Buch vom 15. 1. 1887. TUM, Nachlass Heinrich Dolmetsch, Signatur 23.1, 1 Tuscheplan „Laengen-Ansicht", datiert und signiert „Aufgenommen & gez. Reutlig. im Mai 1886. M. Zimmermann".

Frickenhausen, ev. Pfarrkirche (Unserer Lieben Frau)
Kreis Esslingen, ehemals OA Nürtingen

Die vergleichsweise große Pfarrkirche weist einen aufwendig gestalteten, netzgewölbten Chor auf; in dem östlichen Schlussstein findet sich das Meisterzeichen „HB". Der Westturm besitzt eine ebenfalls netzgewölbte Halle im Erdgeschoss und einen Fachwerkaufsatz aus dem ausgehenden 15. Jahrhundert. Das flachgedeckte Schiff stammt in weiten Teilen noch aus dem späten Mittelalter.

Den Anlass für die beabsichtigte Kirchenrestaurierung bildet zum einen die

„Neubeschaffung einer Orgel", wie es in dem Kirchengemeinderatsprotokoll vom 15. Juli 1907 heißt, und zum anderen der Wunsch nach „gründliche[r] Ausbesserung der verwitterten Aussenseite der Kirche", wie einem Schreiben des Dekans an den Kirchengemeinderat vom 1. August 1907 zu entnehmen ist. Dolmetsch fertigt im Jahr 1907 einen sich auf 22 300 Mark belaufenden Kostenvoranschlag für die Instandsetzung der Kirche, der jedoch „wegen der hohen Forderung" nicht zur Ausführung gelangt, wie Pfarrer Zieser in einem Brief an das Dekanatamt Nürtingen vom 21. November 1907 bemerkt. Der sich in Dolmetschs Nachlass befindende Grundrissplan der Kirche ist mit großer Wahrscheinlichkeit mit dem für das Jahr 1907 bezeugten Entwurf in Verbindung zu bringen (Abb. 396).

Die schriftlichen Quellen geben keinen Aufschluss darüber, welche Maßnahmen Dolmetsch im Einzelnen beabsichtigte; auch der erhaltene Plan ist für diese Frage nicht heranzuziehen, da er keine Eintragungen in roter Farbe aufweist. Einzig die Anlage eines Orgelpodiums, das die abzubrechende Orgelempore ersetzen sollte, ist durch Dolmetschs Plan belegt. Wie dem Kirchengemeinderatsprotokoll vom 18. November 1907 zu entnehmen ist, musste die „Herstellung des Chors und des Schiffs [zunächst] ausgesetzt werden, weil auf Veranlassung des Landeskonservators Chor und Schiff der Kirche auf alte Bilder und Bemalung untersucht wurden". Die im Jahr 1908 durchgeführte Kirchenrestaurierung, die unter der Lei-

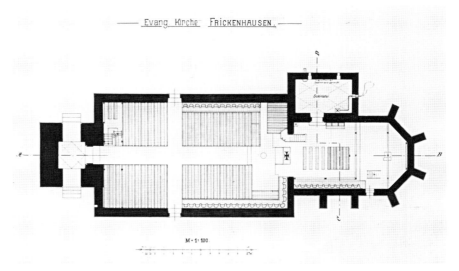

Abb. 396 Frickenhausen, ev. Kirche, Grundriss Parterre, ca. 1907 (unausgeführt). Tusche, aquarelliert auf Papier, 50,1 cm x 34,9 cm.

tung des Oberamtsbaumeisters aus Nürtingen durchgeführt wurde, umfasste nicht nur die Herstellung eines Orgelpodiums im Chor und der Deckenmalerei in der Kirche, sondern auch den Neuanstrich der Stuhlung und die Herrichtung des Dachs, so dass sich die Kosten schließlich auf 16 300 Mark beliefen.

Quellen: LKA, A 29, 1321-4 (Kirchengemeinde 1888–1923). PfarrA Frickenhausen, „PfGR-Protokolle 1851–1889/KGR-Protokolle 1889–1916". TUM, Nachlass Heinrich Dolmetsch, Signatur 103.1, 1 Tuscheplan, undatiert und unsigniert.

Gäufelden-Öschelbronn, ev. Pfarrkirche (Unserer Lieben Frau)
Gemeinde Gäufelden, Kreis Böblingen, ehemals OA Herrenberg

Sowohl das kreuzrippengewölbte Erdgeschoss des Turms als auch die halbrunde Apsis des Chors stammen noch aus dem 13. Jahrhundert. Das Schiff wurde in nachreformatorischer Zeit mit Rechteckfenstern versehen und der Triumphbogen zwischen Chor und Schiff entfernt.

Wie dem Sitzungsprotokoll des Vereins für christliche Kunst vom 3. April 1882 zu entnehmen ist, wird „Herr Bauinspector Dolmetsch ersucht, die vom Konsistorium herübergegebenen Acten in Betreff der Kirchenbaurestauration in Öschelbronn anzusehen". Da das Haushaltsbuch von Dolmetsch unter dem 7. Februar 1885 eine Zahlung mit der Bemerkung „für die Zeichnungen zur Restauration der Kirche in Oeschelbronn" verzeichnet, ist ohne Zweifel davon auszugehen, dass Dolmetsch dem Ansinnen des Vereins für christliche Kunst nachgekommen ist. Diese Zeichnungen haben sich offensichtlich nicht erhalten, auch ist den schriftlichen Quellen nicht zu entnehmen, welche Maßnahmen Dolmetsch für die Kirche in Öschelbronn vorsah.

Die in den Jahren 1926/27 von Pfarrer Haug angefertigte „Chronik der Gemeinde Öschelbronn" gibt Aufschluss über die im Jahr 1882 unter der Leitung von Oberamtsbaumeister Braunbeck vorgenommene Restaurierung der Kirche: Der ehemalige Plafond des Schiffs wurde durch eine gesprengte Bretterdecke ersetzt, die zweite Empore auf der Westseite wurde eingefügt, auf der Chorempore wurde eine neue Orgel aufgestellt, der Kirchenboden wurde tiefergelegt, und der Kirchhof wurde auf der Nordseite abgegraben, so dass „dort die Kirche aus dem Boden herauskam". In einer Randbemerkung zum Pfarrbericht des Jahres 1885 wird diese Umgestaltung der Kirche kritisiert, da sie „nicht in nöthiger Uebereinstimmung mit dem christlichen Kunstverein" vorgenommen worden sei: „Störend [sei] die Verschiedenheit der Farben, die Dunkelheit der Kanzel und die zweite Empore."

Quellen: LKA, A 29, 3422-4 (Kirchenrestauration 1853–1882). LKA, A 29, 3426-13 (Pfarrbericht von 1885). LKA, K 1, Nr. 83 (Verein für christliche Kunst. Protokolle 1874–1896). PfarrA Öschelbronn, „Chronik der Gemeinde Öschelbronn bis zum Jahre 1927. Begonnen am 24. Juni 1926 von Karl Haug, Pfarrer, fortgeführt und vollendet im Herbst 1927 von demselben (Nachdruck 1972)". HH-Buch vom 7. 2. 1885.
Literatur: Dolmetsch 1900, S. 2.

Gröningen *siehe Satteldorf*

Hohenacker *siehe Waiblingen*

Holzhausen *siehe Sulz*

Horrheim *siehe Vaihingen/Enz*

Kesselfeld *siehe Neuenstein*

Kochendorf *siehe Bad Friedrichshall*

Leonberg-Eltingen, ev. Pfarrkirche (St. Michael)
Stadt Leonberg, Kreis Böblingen, ehemals OA Leonberg

Der Chor der einschiffigen Chorseitenturmkirche ist ein Werk des Peter von Koblenz. An dem neben dem Chor befindlichen Treppenturm findet sich die Inschrift „1487" sowie das Meisterzeichen des Baumeisters. Das Schiff wurde 1494 erbaut.

In einem Brief, den der Pfarrer am 16. Januar 1883 an den Vorstand des Vereins für christliche Kunst richtet, werden die Punkte genannt, die eine Kirchenrestaurierung notwendig erscheinen lassen: Da die Kirche im Inneren „sehr finster" sei, solle die Aufstellung der Emporen verändert werden, um insbesondere den Raum unter den Emporen zu erhellen, des Weiteren solle der Fußboden erneuert und ein neues Gestühl aufgestellt werden, schließlich solle die zur Männerempore führende „plumpe" Zugangstreppe durch eine kleine Wendeltreppe ersetzt werden. Auch der eigentliche Anlass für die geplante Restaurierung wird genannt: Im Jahr 1887 wird die Kirche ihr 400-jähriges Jubiläum feiern, bis dahin sollen die Maßnahmen abgeschlossen sein. Im Übrigen wird der Missstand angemerkt, „daß die Kirche für die groß gewordene Gemeinde eigentlich zu klein ist".

Im Januar 1884 legt Dolmetsch sein Umbauprojekt vor. Den Leitgedanken formuliert er folgendermaßen: „Bei Ausarbeitung des vorliegenden Umbauprojektes war für den Verfasser der Gedanke leitend, einerseits aus dem Inneren der Kirche einen Raum zu schaffen, der den praktischen Bedürfnissen in vollem Maasse genüge und in Verbindung damit dem Gotteshaus einen edlen, ächt kirchlichen Charakter verleihen würde, andererseits am Äußeren die aus rein praktischen Bedürfnissen entspringenden Änderungen zugleich zur Verschönerung und Belebung des Gesamtbildes, insbesondere der westlichen Hauptseite zu benützen." Den Bedürfnissen nach einem Mehr an Platz und Licht will Dolmetsch Rechnung tragen, indem er den Innenraum der Kirche dreischiffig gestaltet, die Emporen neu anordnet und die Decke erhöht, so dass „eine überaus wohlthuende, luftige und dabei würdige Wirkung" erzielt werden könne. Durch die Einführung von sechs zweiteiligen Dachfenstern würde „die öde große Dachfläche in willkommener Weise" belebt. Des Weiteren will er den Chor von „dem unschönen Emporeneinbau" befreien und die Orgel im Westen der Kirche aufstellen. Als Ersatz für die „plumpen" Treppen, die von außen zu den Emporen hinaufführen, sollen an der Westseite des Gebäudes zwei Treppentürmchen entstehen, zwischen denen sich eine Vorhalle befinden soll. Dass die Westfassade der Kirche nach diesen Umbaumaßnahmen einen „völlig anderen Charakter" erhalten würde, ist ihm durchaus bewusst; er hebt aber den „malerischen Reiz", der der Kirche nach der Umgestaltung verliehen würde, hervor.

Obwohl insbesondere der Pfarrer dem Projekt von Dolmetsch zustimmend gegenübersteht, da es „etwas Schönes wäre, die schön angelegte Kirche auch wieder ganz stilgerecht herzustellen", beschließt der Kirchengemeinderat am 15. Juli 1896, „mit Rücksicht auf die schwierige finanzielle Lage der hiesigen Gemeinde auf die Ausführung des Dolmetsch'schen Kirchenbauplans zu verzichten". Immerhin beliefen sich die geschätzten Kosten für das Projekt auf 35 000 Mark. Im Jahr 1898 wird schließlich eine Restaurierung der Kirche unter der Leitung des Werkmeisters Güthler durchgeführt, die sich darauf beschränkt, die Außenaufgänge an den Längsseiten zu entfernen, die zugemauerten unteren Teile der Fenster auf der Nordseite wieder freizulegen, über dem Nord- und Südportal jeweils eine Rosette einzufügen und die vier alten Emporen durch eine einzige, an der Nord-, West- und Südwand durchlaufende zu ersetzen. Die schon 1897 beabsichtigte Anschaffung einer neuen Orgel erfolgt erst 1908.

Quellen: PfarrA Eltingen, 54 Ac (Kirchenerneuerung 1883–1898), darin u. a. Erläuterungsschreiben von Dolmetsch zu einem Umbauprojekt vom Januar 1884.

Literatur: Volker Trugenberger, Die Michaelskirche in Eltingen. Kirche und Kirchgänger im Laufe der Jahrhunderte (hrsg. von der Ev. Kirchengemeinde Eltingen anläßlich des 500jährigen Jubiläums des heutigen Kirchenbaus), Leonberg-Eltingen 1988, S. 91.

Leutenbach–Weiler zum Stein, ev. Pfarrkirche (St. Petrus)

Gemeinde Leutenbach, Rems-Murr-Kreis, ehemals OA Marbach

Die im Kern aus romanischer Zeit stammende Chorseitenturmanlage wurde 1456 nach Süden erweitert und der Chor mit einem Netzgewölbe neu errichtet. 1732 wurde das Gebäude einer umfassenden Umgestaltung unterzogen, nachdem der Schiffdachstuhl eingestürzt war: Die Außenmauern des Schiffs wurden erhöht, der westliche Halbwalmgiebel wurde in einen Vollgiebel umgewandelt, und in die Südwand wurde ein großes Rechteckfenster eingebrochen. Das Schiff erhielt eine Flachdecke.

1891 wird das Gestühl im Parterre der Kirche zum Teil erneuert und über dem Südportal ein Fenster in gotischen Formen angelegt. Der Kirchengemeinderat bekundet am 3. Juni 1895, eine „Renovation der Kirchenstühle" vornehmen lassen zu wollen. Angesichts der Finanzlage der Gemeinde soll jedoch zunächst

nur der „Anstrich der Frauenstühle und der Wandvertäferung" ausgeführt werden. Am 7. November desselben Jahres bekräftigt das Kollegium jedoch die Absicht, den „Anstrich der Stühle und der Vertäferung im Schiff der Kirche [sowie] die Anfertigung der neuen Männerstühle zugleich in Angriff" zu nehmen.

Am 25. Februar 1896 berät der Kirchengemeinderat über eine von Dolmetsch im Auftrag des Vereins für christliche Kunst abgegebene Stellungnahme. Zunächst übt Dolmetsch Kritik an den bislang vorgenommenen Maßnahmen: Die „bisher gefertigten Kirchstühle [leisten] an Geschmacklosigkeit das Möglichste [...], zudem [seien sie] nicht einmal eigentlich bequem". Für die Erstellung neuer Männerstühle fehle es an Platz, wenn nicht Sitzplätze wegfallen sollten. Da es „außerordentlich zu bedauern [sei], daß die ganze Renovation der Kirche nicht nach einem einheitlichen von einem kunstverständigen Architekten entworfenen Plan gemacht worden sei", schlage er vor, „eine gründliche Abhilfe und Verbesserung vorzunehmen, wodurch nicht blos viel Platz gewonnen, sondern die ganze Kirche eine fast neue Gestalt und merkwürdige Verschönerung bekomme". Das Protokoll berichtet über die von Dolmetsch vorgeschlagenen Arbeiten: „Es solle nemlich die Empore linker Hand bis auf eine Sitzreihe nach rechts verlegt und dort noch 2 bzw. 3 weitere Sitzreihen angebracht werden. Um neues Licht zu schaffen, müßten dann aber in die linke Wand Fenster gebrochen werden, das möchte er aber auch für die Giebelseite vorschlagen, wodurch die ganze Eingangsfront auch nach außen ein viel schöneres Aussehen bekomme. Außerdem soll der Boden unten geebnet, Taufstein und Altar gleichgestellt und die Kanzel auf die entgegesetzte Seite verlegt werden. Der schöne bis jetzt durch die Emporen verbaute Chor würde dann ganz anders zur Geltung kommen." Die Kosten für die Ausführung dieser Maßnahmen würden sich nach Dolmetschs Schätzung auf 2500 Mark belaufen.

Am 15. März 1896 stellt der Kirchengemeinderat fest, „daß das schriftliche Gutachten von Baurat Dolmetsch ganz anders ausgefallen sei, als das mündlich gegebene". Insbesondere in Bezug auf die nunmehr auf 9000 Mark veranschlagten Baukosten drückt das Kollegium seine

Verwunderung aus. Trotzdem wird beschlossen, „Baurat Dolmetsch zunächst einmal den Auftrag zu geben, genauere Pläne mit Kostenvoranschlag auszufertigen". Nach Auskunft des Kirchengemeinderatsprotokolls vom 10. Dezember 1896 stellt Dolmetsch zwei unterschiedliche Varianten zur Diskussion. Ob die erhaltenen Zeichnungen dem einen oder dem anderen Vorschlag zuzurechnen sind, lässt sich nicht mehr feststellen. Die Pläne entsprechen insofern dem mündlich gegebenen Gutachten als „die Empore linker Hand" – somit diejenige auf der Nordseite – nur noch eine Sitzreihe umfassen und die Empore auf der rechten Seite – also auf der Südseite – vier Sitzreihen aufnehmen soll (Abb. 397). Die Kanzel befindet sich am nördlichen Chorbogenpfeiler, der Altar steht unter dem Chorbogen. Der Taufstein findet seine Aufstellung mittig vor dem Altar im Kirchenschiff. Die Orgel hat ihren Platz im Chor zu ebener Erde, allerdings um vier Stufen gegenüber dem Niveau des Schiffs erhöht. Der Eingang an der Westseite der Kirche, der unmittelbar auf die Empore führt, soll erhalten bleiben.

Wie das Kirchengemeinderatsprotokoll vom 17. Juni 1896 mitteilt, ist nach Dolmetschs Ansicht „eine weitere Vermehrung der Sitzplätze nur dadurch zu ermöglichen, daß die Kirche nach irgend einer Seite vergrößert werde oder höchstens dadurch, daß die westliche Empore weiter in das Schiff hereingerückt werde". Die erstgenannte Möglichkeit werde „das dreifache der Kosten verursachen". Der letztere Vorschlag würde sich jedoch nicht empfehlen, „weil die Empore, die jetzt schon um Stuhlhöhe erhöht werde, zu nahe an die Decke käme, da sie ja stufenweise in die Höhe geführt werden müsse und weil dann das Schiff der Kirche in einer Weise verbaut werde, wie sich das in keiner andern Kirche finden würde". Einer zu starken Verdunkelung auf der Empore könne „durch Verdopplung des Fensters in der Giebelseite" entgegengewirkt werden.

Obgleich das Kollegium am 17. Juni 1896 beschloss, „das Bauwesen in der von Baurat Dolmetsch vorgeschlagenen Weise auszuführen", scheiterte das Projekt schließlich am Einspruch der bürgerlichen Gemeinde. Laut Kirchengemeinderatsprotokoll vom 7. April 1897 befürchtete der Gemeinderat, die Kirche werde nach Ausführung von Dolmetschs

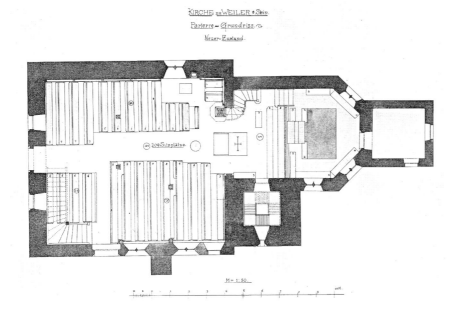

Abb. 397 Weiler zum Stein, ev. Kirche, Grundriss Parterre, ca. 1896 (unausgeführt). Tusche, aquarelliert auf Papier, 62,8 cm x 39,9 cm.

Plan zu dunkel. Zudem versagte die Kreisregierung ihre Genehmigung aufgrund der nicht ausreichenden finanziellen Deckung für die Umsetzung der beabsichtigten baulichen Maßnahmen. Noch 1905 findet sich in der Pfarrbeschreibung kein positives Urteil über die Kirche: „Das Innere macht mit seiner stillosen und unsymmetrischen Mannigfaltigkeit der Fenster, mit den ungleichen Hälften des Hauptschiffs vom Triumphbogen aus gesehen, mit den unschönen, ungleichen und drückenden, bis in den Chor hineinreichenden Emporen einen ziemlich unbefriedigenden Eindruck (ein Versuch gründlicher zu helfen, scheiterte)."

Quellen: LKA, A 29, 5071-2 (Pfarrbeschreibung von 1905). PfarrA Weiler zum Stein, „KGR-Protokolle 1889–1904". TUM, Nachlass Heinrich Dolmetsch, Signatur 48.1, 48.2, 48.3, 48.4, 48.5, 48.6, 6 Tuschepläne (5 Pläne „Projekt", 1 Plan „Alter Zustand"), undatiert und unsigniert.
Literatur: Schahl 1983, Bd. 1, S. 539.

Murrhardt, ev. Walterichskirche (St. Maria)
Rems-Murr-Kreis, ehemals OA Backnang

Die kleine Chorturmkirche war ursprünglich Pfarrkirche, seit dem 16. Jahrhundert dient sie als Friedhofskapelle.

Das saalartige Kirchenschiff wurde 1489 (i) neu errichtet. An der Stelle der Walterichskirche befand sich in römischer Zeit ein Podiumtempel, dessen Grundmauern 1963 ergraben wurden.

Im Zuge der Besichtigung der Murrhardter Stadtkirche nimmt Dolmetsch am 19. November 1895 auch die Walterichskirche in Augenschein. Dem Kirchengemeinderatsprotokoll vom 6. Dezember 1895 ist zu entnehmen, welche Restaurierungsmaßnahmen Dolmetsch für die Walterichskirche beabsichtigt. Er schlägt vor, „im Äußeren […] die Verblendung ab[zu]kratzen und das Gemäuer schön aus[zu]fugen". Im Inneren könnte ein „Holzgewölbe" eingezogen werden, das 3000 Mark kosten würde. Alternativ „könnte auch [der] Plafond herunter [ge]schlagen, die Balken blos[ge]legt und [diese] dann bemalt" werden. Nicht nur angesichts der geringeren Kosten, die etwa die Hälfte des zuvor vorgeschlagenen Eingriffs betragen, sondern auch „um des kleinen Chors willen würde er [letzteres] fast lieber thun". Außerdem müsste die „Orgelempore verkleinert […], die Sitze erneuert und mit [einem] Holzboden versehen [sowie] der Gang mit Plättchen belegt werden". Als weitere Maßnahmen plant er, „die Wände [zu] bemalen, noch weitere vier Fenster durch[zu]brechen und die Kanzel [zu] verschönern". Schließlich schlägt er vor, den Turm zu erhöhen, indem „noch ein

steinernes Stockwerk auf[zu]setzen [sei], um ihm dann dasselbe Dach wie bisher zu geben". Die Ausführung des Leins'schen Vorschlags, dem Turm einen steinernen Helm aufzusetzen, lehnt Dolmetsch mit der Begründung ab, dass ein solcher „für die ländliche Umgebung der Kirche zu monumental" sei. Für die Restaurierung des Inneren veranschlagt Dolmetsch etwa 12000 Mark, für die Erhöhung des Kirchturms rund 1000 Mark. Seiner Ansicht nach könnte „aber ganz gut zunächst das Innere restauriert und der Turm belassen" werden.

Der Kirchengemeinderat beschließt noch in derselben Sitzung, „von besonderen Plänen für die Walterichskirche vorläufig ab[zu]sehen", da „beim Stand der Kirchenpflege auch an eine bescheidene Turmveränderung in absehbarer Zeit nicht zu denken und ebenso der Fonds, mit dem später eine Verschönerung wenigstens im Innern vorgenommen werden könnte, noch zu klein" sei. Erst 1928 wurde die Kirche im Inneren restauriert, jedoch ohne die Vornahme größerer Eingriffe.
Quellen: PfarrA Murrhardt I, Nr. 60.2 (KGR-Protokolle 1895–1905).
Literatur: Schahl 1983, Bd. 1, S. 618. Adolf Schahl, Die neuere Geschichte der kirchlichen Baudenkmale von Murrhardt in archivalischer Sicht, in: Württembergisch Franken 60, 1976, S. 248 f.

Neuenstein-Kesselfeld, ev. Filialkirche (St. Maria Magdalena)
Stadt Neuenstein, Hohenlohekreis, ehemals OA Öhringen

Die ältesten Teile der kleinen romanischen Chorturmanlage stammen aus dem 12. oder 13. Jahrhundert. Der Chor wurde um 1500 mit einem spätgotischen Sterngewölbe versehen. Das Schiff wurde 1607 und 1710 erneuert.

Das Stiftungsratsprotokoll vom 24. April 1885 bemerkt, dass „die hiesige Kirche einer gründlichen Reparatur bedarf, da ihr dermaliger Zustand ein Verweilen in dem feuchten und dumpfen Lokal ohne Gefährdung der Gesundheit unmöglich macht". Aus diesem Grund bittet der Stiftungsrat den Verein für christliche Kunst um Unterstützung für eine geplante Restaurierung der kleinen Kirche. Dolmetsch fertigt daraufhin ein Umbauprojekt, über das der Stiftungsrat bereits am 30. Januar 1884 verhandelt. Obwohl der Stiftungsrat Gefallen an den Entwürfen findet, wird bemängelt, dass die veranschlagte Bausumme von 9000 Mark das vorhandene Kapital um 6000 Mark übersteigt.

Dolmetsch schlägt eine „durchgreifende Renovation" des Gebäudes vor, wie das Protokoll des Stiftungsrats vom 4. März 1885 konstatiert. Der wehrhafte Charakter der Kirche, der vor allem durch die wenigen und kleinen Fensteröffnungen bedingt wird (Abb. 398), soll zugunsten einer einheitlichen, gotisierenden Gestaltung aufgegeben werden (Abb. 399). Sowohl auf der Nord- als auch auf der Südseite des Kirchenschiffs sollen anstelle der jeweils zwei kleinen rechteckigen Öffnungen zwei große Spitzbogenfenster mit Maßwerk eingesetzt werden. Dementsprechend soll auch das bereits vorhandene Spitzbogenfenster auf der Südseite des Chors mit Maßwerk versehen werden. Das kleine Rundbogenfenster in der Ostwand des Chors soll durch ein ebensolches Spitzbogenfenster ersetzt werden. In die westliche Giebelwand plant Dolmetsch zwei Rundfenster und zwei darunterliegende, gedoppelte Rechteckfenster einzufügen. Der Turm soll in seinen Ausmaßen keine Veränderung erfahren, aber die einfache Bretterverschalung des obersten Stockwerks soll durch eine Schieferverkleidung ersetzt werden. Der Innenraum soll einer vollständigen Neugestaltung unterzogen werden. Vor allem soll an die Stelle der Flachdecke eine gesprengte Holzdecke treten, so dass der Raum über der Empore wesentlich erhöht wird (Abb. 400; 401). Die Empore auf der Nordseite soll entfernt und zum Ausgleich die Westempore vergrößert werden. Diese nimmt unter anderem ein Harmonium auf, zudem führt eine Wendeltreppe von der Empore in den Dachboden der Kirche. Der romanische Chorbogen soll erhöht und verbreitert werden, so dass der Blick in den Chor aufgeweitet wird. Die Kanzel behält ihre Position in der Südwestecke des Schiffs bei, wird aber aus derselben so weit herausgerückt, dass der Aufgang dort Platz hat. Altar und Taufstein werden gegen das Schiff verschoben, so dass der Taufstein nun nicht mehr im Chor, sondern im Schiff Aufstellung findet.

Bemerkenswert ist, dass Dolmetsch die Kirche, die bislang außer dem Sterngewölbe und dem einen Spitzbogenfenster des Chors keine gotischen Stilelemente aufwies, einer umfassenden Gotisierung unterziehen will. Hervorgehoben werden muss auch der Umstand, dass die von Dolmetsch geplante Maßnahme ausschließlich aus finanziellen Gründen nicht zur Ausführung gelangte. Nachdem der Stiftungsrat am 4. März 1885 beschlossen hat, „die Renovation der Kirche […] auf bessere Zeiten" zu verschieben, entbrennt ein Streit zwischen dem Kollegium und Dolmetsch um dessen Honorarforderungen für die Ausarbeitung der Pläne. Am 24. Juni 1887 beschließt der Stiftungsrat, Dolmetsch einen Vergleich anzubieten: Mit einer

Zahlung von 200 Mark und der Überlassung der Zeichnungen seien die Mitglieder des Kollegiums bereit, Dolmetschs Ansprüchen entgegenzukommen. Soweit es die Quellenlage zulässt, kann auf keine Zahlung des Stiftungsrats an Dolmetsch geschlossen werden. Am 11. November 1887 schließlich genehmigt der Stiftungsrat die Ausführung der Restaurierung nach einem Plan von Regierungsbaumeister Gebhand aus Ellwangen mit einem Aufwand von 1500 Mark. Ob im Zuge der 1888 durchgeführten Restaurierung auch der Einbau der beiden Rundfenster an der Westseite und der beiden Rundbogenfenster auf der Südseite vorgenommen wurde, lässt sich

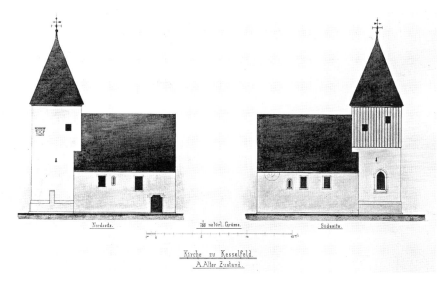

Abb. 398 Kesselfeld, ev. Kirche, Ansicht Nord- und Südfassade, ca. 1885 (Bestand). Tusche, farbig aquarelliert auf Papier, 53,9 cm x 37,8 cm.

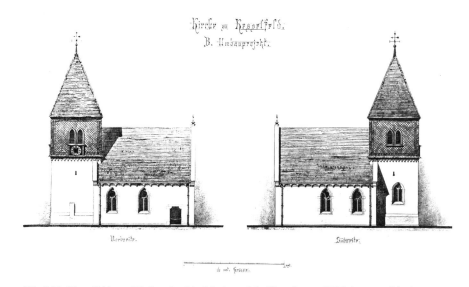

Abb. 399 Kesselfeld, ev. Kirche, Ansicht Nord- und Südfassade, ca. 1885 (unausgeführt). Tusche, farbig aquarelliert auf Papier, 53,9 cm x 37,8 cm.

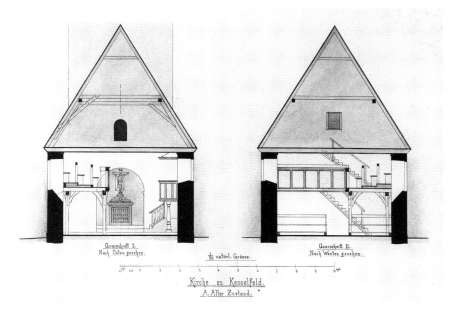

Abb. 400 Kesselfeld, ev. Kirche, Querschnitt nach Osten und nach Westen, ca. 1885 (Bestand). Tusche, farbig aquarelliert auf Papier, 53,9 cm × 37,8 cm.

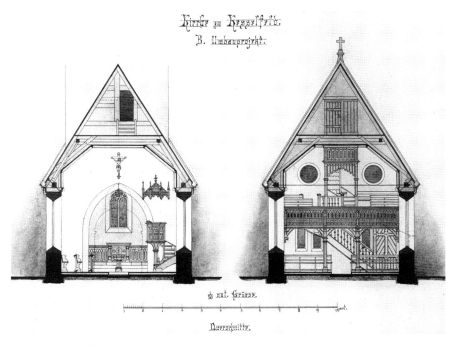

Abb. 401 Kesselfeld, ev. Kirche, Querschnitt nach Osten und nach Westen, ca. 1885 (unausgeführt). Tusche, farbig aquarelliert auf Papier, 53,8 cm × 37,8 cm.

anhand des vorliegenden Quellenmaterials nicht entscheiden. Das Problem der Feuchtigkeit wurde im Jahr 1888 nicht effektiv bekämpft, denn der Pfarrbericht des Jahres 1921 bemerkt zu der Kirche Folgendes: „Die Kirche in Kesselfeld wurde 1888 einfach erneuert; sie ist klein und etwas feucht, genügt aber vollauf für die einfachen Verhältnisse."
Quellen: PfarrA Eschelbach, „Kirchen-Convents- und Stiftungsraths-Protocoll-

Buch von Kesselfeld 1839–1887". PfarrA Eschelbach, III B 26 (Pfarrberichte). TUM, Nachlass Heinrich Dolmetsch, Signatur 17.1, 17.2, 17.3, 17.4, 17.5, 17.6, 17.7, 17.8, 17.9, 17.10, 17.11, 17.12, 17.13, 17.14, 1 vollständiger Plansatz (7 Pläne „Alter Zustand", 7 Pläne „Umbauprojekt"), undatiert und unsigniert.

Ofterdingen, ev. Pfarrkirche (St. Mauritius)

Kreis Tübingen, ehemals OA Rottenburg

Der Bau wurde ab 1522 vom Kloster Bebenhausen errichtet. Das Langhaus ist flach gedeckt, der Chor ist eingezogen und hat einen 3/8-Schluss (vgl. Abb. 82).

Obwohl die unter der Leitung von Oberamtsbaumeister Kohler am 27. September 1899 durchgeführte „Bau-Visitation" der Kirche in Ofterdingen feststellt, „daß der bauliche Zustand der Kirche und des Thurmes ein sehr guter ist", ergreift die Kirchengemeinde bald darauf die Initiative, um das Innere der Kirche erneuern zu lassen. Am 7. September 1901 kommt Dolmetsch nach Ofterdingen, um die Kirchengemeinde „in Betreff des Kirchengebäudes im Auftrag des Vereins für christliche Kunst zu beraten". In seiner Kostenberechnung vom April 1902 schlägt Dolmetsch vor, „die alte unschöne Empore im Chor" herauszunehmen, „um den sehr schönen Chor zur Geltung zu bringen", die „häßliche Stuhlung im Chor [...] durch eine neue zu ersetzen", „an Stelle der Parterrestühle [...] neue anzubringen", „die sehr häßlichen Klappsitze an dem Wandgetäfer" zu entfernen, „die Decken und Wände der ganzen Kirche [...] in stilgerechter Weise einfach" zu bemalen und schließlich „die sehr schlechten Fenster in der Sakristei [...] mit Kathedralglas neu zu verglasen". Diese Verschönerungsmaßnahmen werden ergänzt durch das Aufführen eines Kamins, damit die „unschönen Ofenrohre im Innern der Kirche" entfernt werden können. Als eine für die Erhaltung des Bauwerks notwendige Maßnahme erachtet Dolmetsch das Anbringen von Falzbaupappe an den Wänden im Schiff in einem Meter Höhe vom Boden an aufwärts, um die Feuchtigkeit des unteren Teils der Umfassungsmauern zu beseitigen. Die Gesamtkosten für die Restaurierung sollen 7000 Mark betragen.

Es lässt sich anhand des vorliegenden Quellenmaterials nicht nachvollziehen, aus welchen Gründen nicht Dolmetsch, sondern der Architekt Stähle aus Tübingen 1903 die Ausführung der Restaurierungsarbeiten leitete, zumal sein Kostenvoranschlag nur unwesentlich günstiger ausfällt als derjenige von Dolmetsch. Auch die inhaltlichen Zielsetzungen der beiden Restaurierungsprojekte unterscheiden sich nicht eklatant.

Quellen: PfarrA Ofterdingen, „Kirchen-bausachen", darin u. a. „Kostenberechnung über die vorzunehmenden Bauarbeiten" von Dolmetsch vom April 1902. PfarrA Ofterdingen, III A, 16c, darin u. a. Korrespondenz. TUM, Nachlass Heinrich Dolmetsch, Signatur 68.1, 1 Tuscheplan („Alter Zustand"), undatiert und unsigniert.

Öschelbronn *siehe Gäufelden*

Ostfildern-Scharnhausen, ev. Pfarrkirche
Stadt Ostfildern, Kreis Esslingen, ehemals Stuttgart Amt

Die einschiffige Saalkirche mit spätgotischem Chor und dachreiterartig aufgesetztem Westturm wurde 1952 wegen Baufälligkeit abgetragen. Ein Neubau, dessen Einweihung 1953 erfolgte, wurde an anderer Stelle errichtet.

Die alte Kirche wies an der Südseite einen Außenaufgang zu den Emporen sowie zwei große Rechteckfenster auf. Die Nordseite hatte einen Eingang – in diesem Fall zum Parterre der Kirche – und war mit Ausnahme zweier ovaler Öffnungen fensterlos.

Am 10. Dezember 1893 beschließt der Kirchengemeinderat, in der Kirche eine „Verschönerung" durch „Erneuerung des unschönen Altars und Tieferlegung des Chors" vorzunehmen. Wie das Kirchengemeinderatsprotokoll vom 10. November 1895 mitteilt, wurde dieser Beschluss nicht ausgeführt, weil „erst untersucht werden muß[te], ob nicht dadurch im Chor der Boden zu tief käme". Zudem sei der Zustand der Kirche „ein derartiger, sowohl im Innern als vermöge der Lage gegen den ziemlich höher liegenden Kirchhof auf der Südseite auch im baulichen Zustand überhaupt, daß mit einer einzelnen derartigen Verbesserung nicht viel geholfen" sei. Aus diesem Grund regt der Pfarrer an, „die Restauration der Kirche im Ganzen ins Auge zu fassen" und mit dem Verein für christliche Kunst Rücksprache zu nehmen, „damit der Gemeinde der Bauverständige des Vereins, Baurat Dollmetsch, zugeschickt werde zur Raterteilung und Abgabe eines Gutachtens über die Möglichkeit und die voraussichtlichen Kosten der Restauration".

Am 7. Dezember 1896 beschließt der Kirchengemeinderat auf der Grundlage des schriftlich abgegebenen Gutachtens „durch Baurat Dollmetsch einen detaillierten Plan und Kostenvoranschlag für die Restaurierung der Kirche anfertigen zu lassen". Zugleich fasst das Kollegium den Beschluss, einen Kirchenbaufonds zu gründen und eine Hauskollekte durchführen zu lassen.

Am 9. Oktober 1898 begutachtet der Kirchengemeinderat die von Dolmetsch ausgearbeiteten Pläne. Sämtliche Einzelheiten des Entwurfs, die im Protokoll festgehalten werden, lassen sich mit der in Dolmetschs Vortrag „Ueber Kirchenrestaurationen" vorgestellten Zeichnung zur Deckung bringen (vgl. Abb. 27). Angesichts der beschränkten Mittel der Gemeinde schlägt Dolmetsch einen Baustufenplan vor. Die erste Stufe umfasst eine „neue Bestuhlung, [die] Herstellung neuer Emporen, [das] Einsetzen neuer Fenster und Thüren, [die] Herstellung des Turmunterteils, [die] Erhöhung der Schiffdecke [sowie eine neue] Heizung". Die zweite Stufe beinhaltet die „Herstellung des neuen Querschiffs". Die dritte Stufe schließlich zielt auf die „Herstellung des Turmoberteils" ab. Die Kosten für die Ausführung sämtlicher Maßnahmen betragen laut Dolmetschs Voranschlag 36 500 Mark.

Der Grundriss führt – wie die Schraffuren andeuten – die neu zu errichtenden Bauteile vor Augen: Das sich an der Südseite des Chors anschließende Querhaus und der über die Flucht der Westfassade hervortretende Turm sollen vollständig neu aufgeführt werden. Außerdem sollen die Fensteröffnungen an der Nord- und Südseite des Schiffs so angelegt werden, dass sie sich achsensymmetrisch aufeinander beziehen. Die Emporen laufen an drei Seiten des Schiffs entlang, lediglich die Ostseite bleibt von Emporeneinbauten frei. Der Altar findet im Chor seine Aufstellung, die Kanzel befindet sich am nördlichen Chorbogenpfeiler. Die Orgel soll vom Chor in das Untergeschoss des Turms versetzt werden.

Der Kirchengemeinderat erklärt zwar am 9. Oktober 1898 seinen Willen, „den ganzen Plan principiell anzunehmen", sieht aber angesichts der Höhe der Voranschlagssumme nicht die Möglichkeit, die Ausführung des Plans „in nächster Zeit" vornehmen zu lassen. Von einer Umsetzung des Baustufenplans nimmt das Kollegium Abstand, „einesteils um eine einheitliche und zweckentsprechende Restaurierung der Kirche zu erreichen, andernteils weil die zu erbittenden Beiträge von Staat und Konsistorium voraussichtlich nach der Größe des Voranschlags des Bauaufwands werden bemessen werden, endlich weil doch die baulich mögliche Ausführung des ersten Teils allein wegen Verlusts an Kirchenplätzen doch nicht angehen würde und zum Ersatz derselben doch alsbald noch der zweite Teil ausgeführt werden müßte". Aus welchem Grund sich der Kostenvoranschlag schließlich auf die Summe von 36 500 Mark – anstatt wie ursprünglich vorgesehen auf 16 000 Mark – beläuft, kann aufgrund des Fehlens des von Dolmetsch gefertigten Gutachtens nicht gesagt werden.

In den folgenden Jahren wird die Ansammlung eines „Kirchenrestaurierungsfonds" betrieben. Das Kirchengemeinderatsprotokoll verzeichnet in unregelmäßigen Abständen den Eingang privater Stiftungen sowie die Abhaltung von Hauskollekten. Doch beträgt der Baufonds im Jahr 1903, wie das Protokoll vom 11. November mitteilt, lediglich 3694 Mark. Die sukzessive Ausführung von Ausbesserungsarbeiten an der Kirche – Erneuerung des Flaschenzugs für die Gewichte der Turmuhr, Neuverblendung des Kirchturms, Ausführung eines Kamins in Backsteinen „statt des schadhaften Rohrs vom Kirchenofen", Neuanstrich der Außenwände des Kirchenschiffs, Anschaffung eines neuen Wasseralfinger Ofens, Ausbesserung der Treppenstufen auf der Ostseite des Kirchhofs – bringt das Gebäude in einen vergleichsweise guten Zustand, so dass im Zuge der jährlich vorzunehmenden Bauschau keine Anstände erhoben werden. Lediglich das Gestühl wird weiterhin als „das verbesserungsbedürftigste der Kirche" bezeichnet, doch schlägt der Versuch, ein bereits vorhandenes Gestühl aus einer Ludwigsburger Kirche zu übernehmen fehl, da dasselbe als „unbrauchbar" angesehen wird, wie das Kirchengemeinderatsprotokoll vom 24. Juli 1905 mitteilt. Trotzdem scheinen die genannten Instandsetzungsmaßnahmen in den Augen des Kollegiums ausreichend zu sein, denn über die Ausführung des Dolmetsch'schen Bauplans wird kein Wort mehr verloren.

Quellen: PfarrA Scharnhausen, „KGR-Protokolle 1889–1927".
Literatur: Dolmetsch 1900, S. 4.

Satteldorf-Gröningen, ev. Pfarrkirche (St. Kilian)

Gemeinde Satteldorf, Kreis Schwäbisch Hall, ehemals OA Crailsheim

Das Schiff der aus spätmittelalterlicher Zeit stammenden Chorturmkirche wurde 1716 einseitig nach Norden erweitert, wie eine Inschrift über einem der beiden Südportale bezeugt. Auf der Südseite weist das Kirchenschiff Spitzbogenfenster auf, die im oberen Teil Maßwerk enthalten und deren Teilungspfosten mit korinthischen Kapitellchen versehen sind, auf der Nordseite hingegen finden sich querovale Fenster, die fast unmittelbar unter der Traufe sitzen. Der Turm wurde 1710 (i) umgebaut.

Der von Dolmetsch überlieferte Plan vom März 1900 zielt lediglich auf den Neubau der Sakristei in der Nordostecke zwischen Chor und Kirchenschiff ab (Abb. 402). Damit verbunden soll auch ein neues Treppenhaus entstehen. Beide Bauteile weisen einen schlichten Charakter auf, nur die Fenster- und Türöffnungen werden durch Hausteinrahmungen akzentuiert. Durch die „Stillosigkeit" des geplanten Anbaus belässt Dolmetsch dem Bauwerk sein historisch gewachsenes Gesicht, das sowohl von gotischen als auch von renaissancehaften Stilelementen geprägt wird.

Es lässt sich nicht feststellen, welcher Grund dafür verantwortlich ist, dass der Plan von Dolmetsch nicht zur Ausführung kam. Es ist aber bemerkenswert, dass der Plan keinerlei Angaben dazu macht, wie die „Verschönerung des Inneren" der Kirche zu erfolgen habe, denn diese war vom Pfarrgemeinderat am 30. November 1899 als erstrebenswert angesehen worden. Der Neubau der Sakristei erfolgte schließlich 1906 nach einem Kostenvoranschlag des Oberamtsstraßenmeisters Waldemar.

Quellen: PfarrA Gröningen, „PfGR-Protokolle 1869–1901". PfarrA Gröningen, 16b, 1 Tuscheplan, datiert und signiert „Stuttgart, im März 1900. Baurat Dolmetsch". TUM, Nachlass Heinrich Dolmetsch, Signatur 62.1, 62.1a, 1 Tuscheplan („Alter Zustand"), undatiert und unsigniert, und 1 Lichtpause des Tuscheplans.

Scharnhausen *siehe Ostfildern*

Sulz-Holzhausen, ev. Filialkirche

Stadt Sulz, Kreis Rottweil, ehemals OA Sulz

Bereits für das Jahr 1421 ist eine Kirche in Holzhausen bezeugt. 1779/80 wurde ein vollständiger Neubau erstellt, den die

Pfarrbeschreibung von 1905 als „stillos" charakterisiert. Als Hauptmängel der einfachen Saalkirche mit Flachdecke und axialer Kanzel-Altar-Stellung führt der Pfarrbericht des Jahres 1879 „die übermäßige Höhe der Kanzel und der Emporen", den „rohen Sakristeiverschlag" sowie „den unzweckmäßigen Aufgang zu einer Empore" an (Abb. 403).

Ein Schreiben des Pfarrers an den Verein für christliche Kunst vom 14. Oktober 1881 teilt mit, dass „die Pläne und Überschläge zur Restauration der hiesigen Kirche durch Bauinspector Dolmetsch, welcher persönlich die hiesige Kirche inspiziert hatte, in schönster Weise den vorhandenen Mängeln abhelfend eingekommen sind". Doch „leider ist der ganz treffliche künstlerisch ungemein glückliche Plan einer Umgestaltung der Kirche, wie ihn Baurath Dolmetsch entwarf, so kostspielig ausgefallen, daß er für die Gemeinde nicht ausführbar ist", wie der Pfarrbericht von 1883 informiert. Mit großer Wahrscheinlichkeit ist der in der „Monatsschrift des Württembergischen Vereins für Baukunde" des Jahres 1900 veröffentlichte Querschnitt der Kirche in Holzhausen mit dem von Dolmetsch 1881 gefertigten Plan zu identifizieren (Abb. 404). Danach beabsichtigte Dolmetsch, die Flachdecke durch eine in den Dachraum gesprengte Decke zu ersetzen, die an den beiden Längsseiten der Kirche befindlichen Emporen zu beseitigen, die Kanzel von der Stirnseite an die nördliche Längsseite zu verlegen und an der freiwerdenden Wand ein zusätzliches Rundbogenfenster einzubrechen. Da die kleine Kirche eines Chors entbehrte, sollte der Altar einen würdevollen Hintergrund durch einen Vorhang – ob real oder gemalt, lässt sich nicht feststellen – erhalten. Die Wände sollten mit Quadermalerei verziert und die Fenster mit ornamental gestalteten Scheiben versehen werden. Anhand der Quellen lässt sich nicht nachvollziehen, ob Dolmetsch auch das Äußere der Kirche umzugestalten dachte.

Die von Dolmetsch geplante Umgestaltung der Kirche in Holzhausen musste aus genannten Gründen unterbleiben, doch wurde im Jahr 1887 eine Restaurierung des Gebäudes durchgeführt, die auf die Trockenlegung der Mauern durch Anbringung von Dachrinnen und eines Zementsockels rings um die Kirche abzielte, wie der Pfarrbericht von 1889 mit-

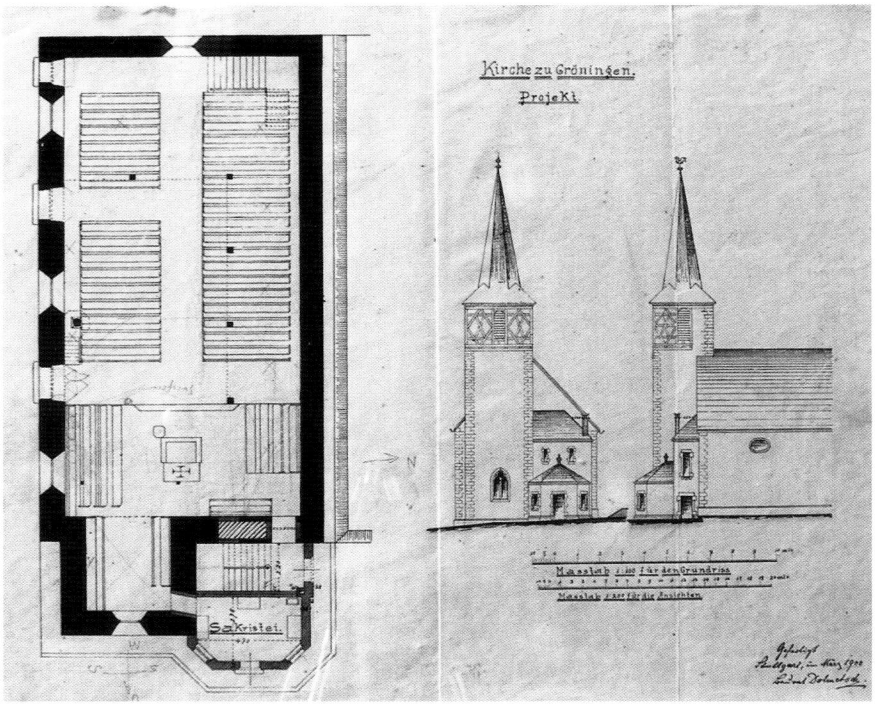

Abb. 402 Gröningen, ev. Kirche, Grundriss Parterre und Ansicht Ost- und Nordfassade, 1900 (unausgeführt). Tusche, farbig aquarelliert auf Papier, 41,8 cm x 33,0 cm.

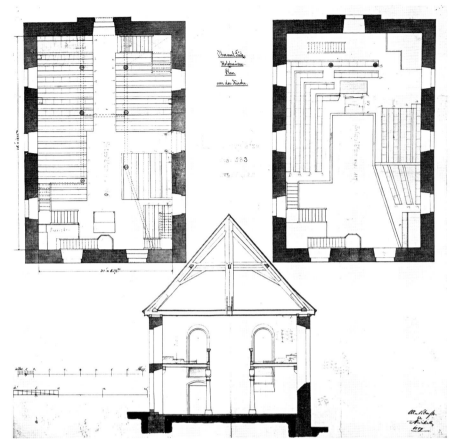

Abb. 403 Holzhausen, ev. Kirche, Oberamtsbaumeister in Sulz, Grundriss Parterre und Empore, Querschnitt nach Osten, 1879 (Bestand). Tusche, aquarelliert auf Papier, 41,7 cm x 42,0 cm.

teilt. Diese Maßnahmen verhinderten allerdings nicht, dass die Kirche im Inneren auch nach der Instandsetzung „noch immer feucht und sehr kalt" blieb. Darüber hinausgehende bauliche Veränderungen wurden nicht vorgenommen.

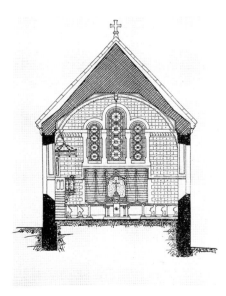

Abb. 404 Holzhausen, ev. Kirche, Querschnitt nach Osten, ca. 1881 (unausgeführt).

Im Jahr 1954 wurde eine umfassende Neugestaltung der Kirche durchgeführt: Ein apsisartiger Altarraum wurde angefügt, die seitlichen Emporen wurden entfernt, und die Kanzel wurde an den südlichen Chorbogenpfeiler versetzt. Die Feuchtigkeit des Mauerwerks konnte allerdings immer noch nicht nachhaltig beseitigt werden.

Quellen: LKA, A 29, 4507-2 (Pfarrbeschreibung von 1905), A 29, 4507-11 (Pfarrbericht von 1879), A 29, 4507-13 (Pfarrbericht von 1883) und A 29, 4507-16 (Pfarrbericht von 1889). LKA, K 1, Nr. 191 (Verein für christliche Kunst. Ortsakten Holzhausen). TUM, Nachlass Heinrich Dolmetsch, Signatur 7.2, 7.3, 7.4, 3 Tuschepläne, einheitlich signiert mit „OAmtsbmstr. Feichele", datiert mit „1879" bzw. „Nov. 1880"; Signatur 7.1, 1 „Situationsplan", datiert und signiert „Sulz im Juni 1881. Ritter. Ingenieur".

Literatur: Dolmetsch 1900, Tafel, Fig. 7.

Temmenhausen *siehe Blaustein*

Vaihingen/Enz-Horrheim, ev. Pfarrkirche (St. Clemens)
Stadt Vaihingen/Enz, Kreis Ludwigsburg, ehemals OA Vaihingen

Die im Kern spätromanische Chorturmkirche erhielt in spätgotischer Zeit einen 3/8-Schluss. Das Langhaus wurde 1596 vergrößert. Der achteckige Turmaufsatz wurde nach einem Plan von Heinrich Schickhardt 1617–1619 angefügt.

Das von Dolmetsch am 8. Juli 1893 im Auftrag des Vereins für christliche Kunst erstellte Gutachten sieht vor allem vor, das Kirchenschiff durch eine Reihe von Pfosten und Bögen in zwei ungleiche Schiffe zu teilen, um einerseits durch die asymmetrische Anlage der seitlichen Empore die Tatsache optisch auszugleichen, dass das später entstandene Schiff nicht in der Achse des Chors steht, und andererseits einen Zuwachs an Sitzplätzen zu erreichen. Die axiale Ausrichtung des Schiffs auf den Chor soll mittels eines bogenförmig überhöhten hölzernen Deckenabschlusses über dem breiteren Teil des Schiffs und einer horizontal verlaufenden Decke über der südlichen Empore noch stärker zur Geltung kommen. Auch will Dolmetsch die Orgel von der Chorempore auf die westliche Empore verlegen. Die Erbauung eines steinernen Treppentürmchens in der südöstlichen Ecke zwischen Turm und Schiff soll sowohl den Zugang zu der neu zu schaffenden Südempore als auch die Begehung des Raums über dem Turmhallengewölbe ermöglichen, von wo aus das Läuten der Glocken erfolgen könnte, das bislang von dem Platz unmittelbar vor dem Altar geschieht. Dass dem gesamten Projekt ein „einheitlicher ausgearbeiteter Plan" zugrunde liegt, veranschaulicht insbesondere „die geordnete Gestaltung der Schifffenster, welch' letztere in dem dermaligen Zustande eine verabscheungswürdige Auslese von allen erdenklichen Fenstergrößen und Fensterformen bilden".

Es ist nicht überliefert, wie der Kirchengemeinderat die Pläne von Dolmetsch zur Umgestaltung der Kirche aufgenommen hat. Erst am 6. August 1897 reist ein Mitarbeiter von Dolmetsch abermals nach Horrheim, um Plan und Kostenvoranschlag für eine neu zu erstellende Kanzel und ein Treppentürmchen zu besprechen (Abb. 405). Die Ausführung derselben ist allerdings „durch Man-

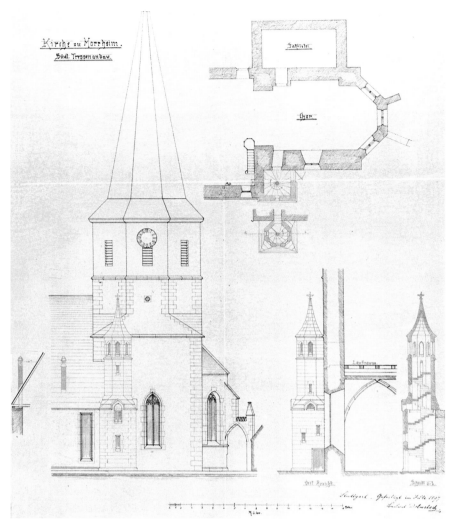

Abb. 405 Horrheim, ev. Kirche, Grundriss Parterre, Ansicht Südfassade und Querschnitt durch Chor und Treppenturm, 1897 (unausgeführt). Tusche, farbig aquarelliert auf Papier, 41,5 cm x 52,0 cm.

gel an Mitteln unmöglich geworden", wie der Kirchengemeinderat am 15. Januar 1900 rückblickend bemerkt.
Quellen: PfarrA Horrheim, Mappe „Kirchenbausachen", darin u. a. Gutachten von Dolmetsch vom 8. 7. 1893. PfarrA Horrheim, 2 identische Tuschepläne, beide datiert und signiert „Stuttgart im Juli 1897. Baurat Dolmetsch". TUM, Nachlass Heinrich Dolmetsch, Signatur 55.1, 1 Tuscheplan (ähnlich denjenigen in PfarrA Horrheim), undatiert und unsigniert.

Waiblingen-Hohenacker, ev. Pfarrkirche (St. Katharina, St. Erhard)
Stadt Waiblingen, Rems-Murr-Kreis, ehemals OA Waiblingen

Der spätgotische Saalbau mit eingezogenem, strebepfeilerlosem, innen aber rippensterngewölbtem Chor bedurfte im Jahr 1881 im Inneren eines neuen Anstrichs, wie Dolmetsch in seinem im Auftrag des Vereins für christliche Kunst erstellten Gutachten vom 8. März desselben Jahres vermerkt. Die Täfelung der horizontalen Schiffdecke war mit „derben Malereien aus späterer Zeit" versehen. Das Altarziborium in der südöstlichen Ecke war gut erhalten, der Tragpfeiler desjenigen in der nordöstlichen Ecke hingegen hatte als Kanzel- und Emporenpfeiler Verwendung gefunden.

Dolmetsch kommt zu dem Schluss, dass „das ehrwürdige Kirchlein […] es recht wohl verdienen würde, ihm wieder eine für ein Gotteshaus würdige Gestalt zu verleihen, der bloße Anstrich, wie er beabsichtigt ist, rettet seine Ehre noch nicht, es sollte eine gründlichere Kur vorgenommen werden". Da aber die finanziellen Möglichkeiten für ein derartiges Unternehmen sehr beschränkt sind, empfiehlt er, zunächst lediglich einen „sich nur auf das allernothwendigste beschränken[den]" Anstrich auszuführen, um die Mittel für eine gründliche Restaurierung aufzusparen. Dolmetschs Rat geht dahin, „den sämtlichen Wänden einen grünlichen Steinfarbenton in Leimfarbe zu geben [und] die Deckenfelder im Schiff lichtgelb [zu] streichen, aber in etwas stumpfem Tone". Ferner seien „die Leisten um die Felder samt dem Unterzuge hellbraun, die Rundstäbe in Mitte der Leisten rothbraun" zu machen, die Felder seien „in einem kleinen Abstand von den Leisten mit einer bläulich violetten Linie, an die sich nach innen noch eine dünne feurig gelbbraune Ritzerlinie anschließt", zu umgeben. In Bezug auf den Chor schlägt er vor, „den Gewölbekappen […] eine gelbe chamoisartige Farbe mit breiten rothbraunen Einfassungslinien, denen sich wieder dünne, schwarze Ritzerlinien anschließen", zu geben, „während die Gewölberippen wie diejenigen des Ciboriums in grünlichem Steinton zu halten" seien. Die Gewölbefelder des Ziboriums seien „lichtblau [zu] machen mit feurig rothbrauner Einfassungslinie und weißer Ritzerlinie". Es wurden zwar die Täfelung der Decke und das Chorgewölbe neu bemalt, die Schriftquellen geben jedoch keinen Hinweis auf eine Urheberschaft Dolmetschs.

Weitere als notwendig erachtete Maßnahmen, wie etwa die Erneuerung der Stuhlung im Parterre – Dolmetsch bezeichnet das „Stuhlwerk [als] durchweg in sehr jämmerlichem Zustande" befindlich – und auf der Empore, die Herstellung eines neuen Altars und einer neuen Kanzeltreppe sowie eines neuen Anstrichs im Inneren und eines neuen Verputzes am Äußeren, werden im Jahr 1894 nach einem Kostenvoranschlag von Oberamtsbaumeister Ackermann ausgeführt.
Quellen: LKA, DAamt Waiblingen, Nr. 445 (Vermögensverwaltung 1881–1936).
Literatur: Schahl 1983, Bd. 2, S. 1250.

Walddorf *siehe Walddorfhäslach*

Walddorfhäslach-Walddorf, ev. Pfarrkirche (St. Ottilie und St. Veronika)

Gemeinde Walddorfhäslach,
Kreis Reutlingen, ehemals OA Tübingen

Der Turm der einschiffigen Kirche stammt aus romanischer Zeit, sein hohes, weit auskragendes Zeltdach bestimmt das Erscheinungsbild des Bauwerks. Der spätgotische Chor wurde im Jahr 1700 abgebrochen, um eine Verlängerung des Kirchenschiffs zu ermöglichen. Seither schließt die Kirche im Osten gerade ab.

In seiner Sitzung am 24. Februar 1890 ist sich der Kirchengemeinderat über die Notwendigkeit von Restaurierungsarbeiten einig. Als durchzuführende Maßnahmen werden die Trockenlegung des Fundaments, der Bau eines Treppenhauses bzw. eines Treppenturms, die Anschaffung neuer Stühle im Parterre und die Herrichtung des Kirchplatzes bezeichnet. Zudem soll ein „gründlicher Restaurationsplan" Aussagen über die Möglichkeit des Anbringens eines Chors und des Ausbaus des Turms machen. Gleichzeitig wird aber bemerkt, dass ein derartiger Plan „für die jetzigen Mittel zu theuer und auf eine zu ferne Zukunft berechnet" sei. Immerhin scheint Dolmetsch einen umfassenden Restaurierungsplan ausgearbeitet zu haben, denn im Kirchengemeinderatsprotokoll vom 11. Juni 1899 ist von einem „alten Plane" die Rede, der die Grundlage bilden soll für einen neuerlichen Plan. Mit Ausnahme einer Erneuerung der Frauenstühle im östlichen Teil der Kirche im Jahr 1893 unter der Leitung von Oberamtsbaumeister Wurster aus Tübingen sind bis zu dem Zeitpunkt, an dem Dolmetsch abermals nach Walddorf kommt, keine Arbeiten durchgeführt worden.

Dolmetsch schlägt vor, „die drei Treppen außen im Norden der Kirche abzubrechen, auch die steinerne, da durch sie die Kirchenmauer an der betr[effenden] Stelle vollständig zerstört (feucht) werde". Das Kirchengemeinderatsprotokoll vom 11. Juni 1899 hält als darüber hinaus auszuführende Maßnahmen fest: „Die obere Empore soll wegkommen, die Kanzel mit Sakristei an die Ostseite verlegt, an Stelle der jetzigen Kanzel ein Haupteingang geschaffen, ebenso – zum Ersatz für die obere Empore – eine der unteren entsprechende an der Südseite angelegt werden. Endlich sollen sämtliche Stühle im Schiff der Kirche der Kanzel zu gestellt und eine zweite Treppe innen auf die Empore gebaut werden." Dolmetsch wird im Folgenden aufgefordert, den mündlich dargelegten Plan schriftlich auszuarbeiten, doch am 17. Dezember desselben Jahres liegt immer noch kein Plan vor. Der Pfarrer wird vom Kollegium aufgefordert, „sich wegen der Frage der Heizbarmachung der Kirche mit Baurat Dolmetsch" zu besprechen. Am 12. November 1900 beklagt sich der Kirchengemeinderat über den „schneckenmäßigen Verlauf der Kirchenreparatur", so dass Dolmetsch „dringend um Beschleunigung ersucht werden" soll.

Das Visitationsprotokoll vom 8. Juli 1900, das dem Pfarrbericht desselben Jahres beigefügt ist, teilt Folgendes mit: „Die Kirche sollte heizbar gemacht, die Sakristei unterfangen, eine Treppe auf die Empore innen in der Kirche geführt und dafür der Abbruch der beiden hölzernen Außentreppen bewerkstelligt werden. Mit diesen Verbesserungen sollte man nicht so lang zuwarten." Die in Dolmetschs Nachlass vorhandene „Ansicht der Südseite" lässt aufgrund der Art der Beschriftung des Plans die Vermutung zu, dass Dolmetsch einen Entwurf für die Restaurierung der Kirche ausgearbeitet hat (Abb. 406). Sollte es sich tatsächlich um eine Entwurfszeichnung handeln, so ist davon auszugehen, dass Dolmetsch von dem „Anbringen eines Chors" und dem „Ausbau des Turms" Abstand genommen hat.

Im Jahr 1901 ließ die Kirchengemeinde durch Oberamtsbaumeister Wurster den Verputz der Kirche innen und außen erneuern und im darauffolgenden Jahr das Gestühl auf der Männerempore verbessern. Zu weiter gehenden Maßnahmen, wie sie der Kirchengemeinderat 1890 beabsichtigte, kam es – wahrscheinlich wegen Geldmangels – nicht mehr.

Quellen: LKA, A 29, 4940-19 (Pfarrbericht von 1900). PfarrA Walddorf, „PfGR-Protokolle 1870–1889/KGR-Protokolle 1889–1906". TUM, Nachlass Heinrich Dolmetsch, Signatur 58.1, 1 Tuscheplan, „Ansicht der Südseite", undatiert und unsigniert.

Weiler zum Stein *siehe Leutenbach*

Weilstetten *siehe Balingen*

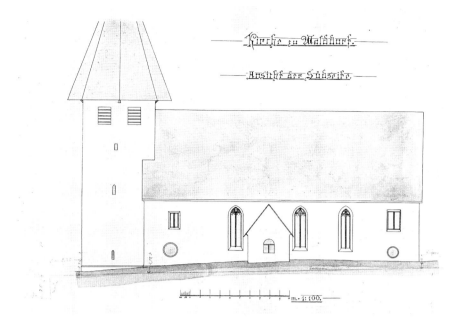

Abb. 406 Walddorf, ev. Kirche, Ansicht Südfassade, ca. 1899 (unausgeführt). Tusche, aquarelliert auf Papier, 47,8 cm x 33,1 cm.

Anhang

Lebensdaten

1846 als Jakob <u>Heinrich</u> Dolmetsch am 24. Januar in Stuttgart als Sohn des Bäckermeisters Zacharias Heinrich Dolmetsch und der Elisabeth Katharina Friederike Dolmetsch, geb. Wagner, geboren, Konfession evangelisch.

1861–1864 Besuch der Winterbaugewerkeschule in Stuttgart, in den Sommermonaten Ausbildung zum Steinmetz.

1864–1868 Besuch der Polytechnischen Schule in Stuttgart, 1866 I. Preis beim Jahreswettbewerb der Polytechnischen Schule (Thema „Große Badanstalt mit Kurhaus"), 1867 Reise durch Frankreich anlässlich der Pariser Weltausstellung, Freistellung vom Militärdienst wegen „Gebrechlichkeit".

1868 vom 20. April bis zum 2. Mai Erste Staatsprüfung im Baufach (Note IIIb).

1868–1871 Anstellung im Büro von Christian Friedrich Leins als Bauführer, Ausführung der Restaurierung der Stadtkirche in Gaildorf.

1872 vom 22. Mai bis zum 14. Juni Zweite Staatsprüfung im Baufach (Note IIIa), im Anschluss daran Wettbewerb für ein Gebäude der Schweizerischen Kreditanstalt in Zürich unter Jakob Friedrich Wanner.

1873–1874 von April 1873 bis April 1874 „wissenschaftliche" Reise durch Deutschland, Österreich, die Schweiz, Frankreich und Italien.

1874–1880 seit 1. Juni Anstellung bei der Domänendirektion unter Theodor von Landauer, Ausführung des Justizpalastes in Stuttgart, seit 1876 „Bureau-Chef und Leiter der Bauausführungen" nach dem Ausscheiden von Baurat Sauter.

1874 am 21. Juni Heirat mit <u>Emma</u> Karoline Lorenz, Tochter eines Glasermeisters.

1875 am 28. August Geburt der Tochter Emma <u>Maria</u>.

1877 am 9. November Geburt des Sohnes <u>Theodor</u> Heinrich.

1878 Mitglied im Verein für Baukunde in Stuttgart und Ausschussmitglied des Vereins für christliche Kunst in der evangelischen Kirche Württembergs.

1880 am 2. Februar Verleihung des Titels eines Bauinspektors, seit 1. September 1880 Tätigkeit als „Privatarchitekt".

1881–1882 von November 1881 bis August 1882 „artistischer Leiter" der Frauenarbeitsschule des schwäbischen Frauenvereins und Zeichenlehrer.

1882–1885 Vereinstechniker des Württembergischen Kunstgewerbevereins.

1882–1892 seit 1. August 1882 Bibliothekar der Zentralstelle für Gewerbe und Handel in Stuttgart.

1883–1906 Verwalter der Lehrmittelsammlung und der Sammlung von Gipsabgüssen sowie der Modellierwerkstätte der Zentralstelle für Gewerbe und Handel, außerdem Berater des Vorstands der Kgl. Kommission für die gewerblichen Fortbildungsschulen.

1883 „Visitator eines Teils der Zeichenschulen" in Württemberg.

1886 am 19. Dezember Verleihung der großen goldenen Medaille für Kunst und Wissenschaft.

1892 am 22. Januar Verleihung des Titels eines Baurats, zugleich Ernennung zum „artistischen Kollegialmitglied" der Zentralstelle für Gewerbe und Handel.

1898 Verleihung des Ritterkreuzes I. Klasse des Friedrichsordens.

1901 am 24. November Verleihung des Titels eines Oberbaurats anlässlich der Wiedereinweihung der Marienkirche in Reutlingen.

1906 Verleihung des Ritterkreuzes des Ordens der württembergischen Krone, zugleich Enthebung vom Amt als „artistisches Kollegialmitglied" der Zentralstelle für Gewerbe und Handel.

1908 am 25. Juli in Stuttgart an einem Schlaganfall gestorben, beigesetzt am 27. Juli auf dem Pragfriedhof.

Abgekürzt zitierte Literatur

Bahns 1971
Jörn Bahns, Johannes Otzen 1839–1911. Beiträge zur Baukunst des 19. Jahrhunderts (= Materialien zur Kunst des neunzehnten Jahrhunderts, Bd. 2), München 1971.

Böker 1985
Doris Böker, Neugotik auf dem Lande. Das Werk des Kasseler Konsistorialbaumeisters Gustav Schönermark (1854–1910), Hannover 1985 (zugl. Marburg, Univ. Diss. 1984).

Borger-Keweloh 1986
Nicola Borger-Keweloh, Die mittelalterlichen Dome im 19. Jahrhundert, München 1986.

Brathe 1906
P[aul] Brathe, Theorie des evangelischen Kirchengebäudes. Ein ergänzendes Kapitel zur evangelischen Liturgik, Stuttgart 1906.

Bringmann 1968
Michael Bringmann, Studien zur neuromanischen Architektur in Deutschland, Heidelberg, Univ. Diss. 1968.

Buch 1983
Felicitas Buch, „Unser Geist verlangt in solchen Dingen keine Täuschung, sondern Wahrheit …" Ferdinand von Quast und Konrad Dietrich Haßler, die beiden ersten Konservatoren Preußens und Württembergs, in: Denkmalpflege in Baden-Württemberg 12, 1983, H. 2, S. 43–46.

David-Sirocko 1997
Karen David-Sirocko, Georg Gottlob Ungewitter und die malerische Neugotik in Hessen, Hamburg, Hannover und Leipzig, Petersberg 1997 (zugl. Kiel, Univ. Diss. 1995).

Dehio 1993
Georg Dehio, Handbuch der Deutschen Kunstdenkmäler. Baden-Württemberg I. Die Regierungsbezirke Stuttgart und Karlsruhe, München/Berlin 1993 (bearb. von Dagmar Zimdars).

Dehio 1997
Georg Dehio, Handbuch der Deutschen Kunstdenkmäler. Baden-Württemberg II. Die Regierungsbezirke Freiburg und Tübingen, München/Berlin 1997 (bearb. von Dagmar Zimdars).

Dehlinger 1951
Alfred Dehlinger, Württembergs Staatswesen in seiner geschichtlichen Entwicklung bis heute (Bd. 1), Stuttgart 1951.

Dehlinger 1953
Alfred Dehlinger, Württembergs Staatswesen in seiner geschichtlichen Entwicklung bis heute (Bd. 2), Stuttgart 1953.

Dolmetsch 1900
[Ohne Verfasser], Ueber Kirchenrestaurationen. Aus dem Vortrag des Baurats Dolmetsch, gehalten am 25. März 1899, in: Monatsschrift des Württembergischen Vereins für Baukunde in Stuttgart 1900, H. 1, S. 1–5.

Dolmetsch 1907
H[einrich] Dolmetsch, Betrachtungen über Akustik und Vorschläge zu deren Verbesserung in großen Kirchenräumen, in: ChrKbl 49, 1907, H. 5, S. 147–154 und H. 7, S. 206–222.

Fink 1990
Hubert Fink, Restaurierung und Ausbau des Ulmer Münsters, in: Hans Eugen Specker (Hrsg.), Ulm im 19. Jahrhundert. Aspekte aus dem Leben der Stadt, Stuttgart 1990, S. 13–104.

Former 1912
Alexander Former, Die Wiederherstellung von Bauten im 19. Jahrhundert – insbesondere die Wiederherstellung der Alexanderkirche zu Wildeshausen in Oldenburg im Jahre 1908–09, Esslingen 1912.

Gauger 1908
[Samuel] Gauger, Worte am Grab, in: [Ohne Herausgeber], Zur Erinnerung an Heinrich Dolmetsch, Stuttgart o. J. [1908], S. 3–7.

Gradmann 1911
Eugen Gradmann, Dorfkirchen in Württemberg (= Schriften zur Dorfkirche, Bd. 4), Berlin 1911.

Gradmann 1912 I
[Eugen] Gradmann, Anweisungen zur Denkmalpflege, Stuttgart 1912.

Gradmann 1912 II
Eugen Gradmann, Das K. Landeskonservatorium und die Denkmalpflege in Württemberg (Sonderabdruck aus der Festschrift der K. Altertümersammlung in Stuttgart 1912), Stuttgart 1912.

Gradmann/Meckseper 1970
Eugen Gradmann, Kunstwanderungen in Württemberg und Hohenzollern, Stuttgart ⁴1970 (bearb. von Cord Meckseper).

Grüneisen 1856
Karl [von] Grüneisen, Die evangelische Gottesdienstordnung in den oberdeutschen Landen vornehmlich des jetzigen Württemberg, Stuttgart/Augsburg 1856.

Gurlitt 1906
Cornelius Gurlitt, Kirchen, Denkmäler und Bestattungsanlagen (= Handbuch der Architektur, Teil 4, Halbbd. 8, H. 1), Stuttgart 1906.

Hammer 1995
Felix Hammer, Die geschichtliche Entwicklung des Denkmalrechts in Deutschland (= Jus ecclesiasticum. Beiträge zum evangelischen Kirchenrecht und zum

Staatskirchenrecht, Bd. 51), Tübingen 1995 (zugl. Tübingen, Univ. Diss. 1993).

Hans-Schuller 2000
Christine Hans-Schuller, Der Bamberger Dom. Seine „Restauration" unter König Ludwig I. von Bayern (1826–1831), Petersberg 2000 (zugl. Bamberg, Univ. Diss. 1998).

Hanselmann 1996
Jan Friedrich Hanselmann, Die Denkmalpflege in Deutschland um 1900. Zum Wandel der Erhaltungspraxis und ihrer methodischen Konzeption (= Europäische Hochschulschriften, Reihe Kunstgeschichte, Bd. 280), Frankfurt am Main/Berlin/Bern/New York/Paris/Wien 1996 (zugl. Bamberg, Univ. Diss. 1996).

Heinrich 2001
Jörg Heinrich, Die Restaurierung und Neuausstattung der Reutlinger Marienkirche unter Heinrich Dolmetsch (1893–1901), in: Reutlinger Geschichtsblätter N.F. 40, 2001, S. 9–123.

Hoßfeld 1905
O[skar] Hoßfeld, Stadt- und Landkirchen, Berlin 1905.

Hubel 1985
Achim Hubel, Die beiden Restaurationen des Bamberger Domes. Zur Geschichte der Denkmalpflege im frühen 19. Jahrhundert, in: Historischer Verein für die Pflege der Geschichte des ehemaligen Fürstbistums Bamberg 121, 1985, S. 45–90.

Hubel 1993
Achim Hubel, Denkmalpflege zwischen Restaurieren und Rekonstruieren, in: Achim Hubel (Hrsg.), Dokumentation der Jahrestagung 1989 in Hildesheim. Thema: Denkmalpflege zwischen Konservieren und Rekonstruieren (= Arbeitskreis Theorie und Lehre der Denkmalpflege, Bd. 6), Bamberg 1993, S. 81–105.

Huse 1996
Norbert Huse (Hrsg.), Denkmalpflege. Deutsche Texte aus drei Jahrhunderten, München ²1996 (München ¹1984).

Issel 1902
Hans Issel, Illustriertes Handlexikon der gebräuchlichen Baustoffe. Ein praktisches Hand- und Hilfsbuch auf dem großen Gebiete der heutzutage gebräuchlichen Baustoffe in Bezug auf deren Gewinnung, Verarbeitung und Verwendung in neuester Zeit, Leipzig 1902 (Reprint Holzminden o. J.).

Kirchenbau 1893
Vereinigung Berliner Architekten (Hrsg.), Der Kirchenbau des Protestantismus von der Reformation bis zur Gegenwart, Berlin 1893.

Knapp 1998
Ulrich Knapp, Die Restaurierungsarbeiten an der Esslinger Frauenkirche, in: Ulrich Knapp/Karin Reichardt/Marc Carel Schurr, Die Esslinger Frauenkirche. Architektur, Portale, Restaurierungsarbeiten (= Esslinger Studien, Bd. 18), Sigmaringen 1998, S. 197–272.

Kokkelink 1968
Günther Kokkelink, Die Neugotik Conrad Wilhelm Hases. Eine Spielform des Historismus, in: Hannoversche Geschichtsblätter N.F. 22, 1968, S. 1–211.

Krins 1983
Hubert Krins, Die Gründung der staatlichen Denkmalpflege in Baden und Württemberg, in: Denkmalpflege in Baden-Württemberg 12, 1983, H. 2, S. 34–42.

Kronberger 2001
Gerald Kronberger, Die Jeremiaden des Gotikers. Bildhauer Friedrich Launer (1827–1914) und die Reutlinger Baudenkmale, in: Reutlinger Geschichtsblätter N.F. 40, 2001, S. 229–303.

Kunst- und Altertumsdenkmale 1889
Eduard Paulus (Bearb.), Die Kunst- und Altertums-Denkmale im Königreich Württemberg. Inventar Neckarkreis, Stuttgart 1889.

Kunst- und Altertumsdenkmale 1897
Eduard Paulus (Bearb.), Die Kunst- und Altertums-Denkmale im Königreich Württemberg. Inventar Schwarzwaldkreis, Stuttgart 1897.

Kunst- und Altertumsdenkmale 1907
Eugen Gradmann (Bearb.), Die Kunst- und Altertums-Denkmale im Königreich Württemberg. Inventar Jagstkreis, Esslingen 1907.

Kunst- und Altertumsdenkmale 1914
Julius Baum/Hans Klaiber/Bertold Pfeiffer (Bearb.), Die Kunst- und Altertums-Denkmale im Königreich Württemberg. Inventar Donaukreis (Bd. 1), Esslingen 1914.

Kunst- und Altertumsdenkmale 1924
Hans Christ/Hans Klaiber (Bearb.), Die Kunst- und Altertums-Denkmale im Königreich Württemberg. Inventar Donaukreis (Bd. 2), Esslingen 1924.

Land Baden-Württemberg
Landesarchivdirektion Baden-Württemberg (Hrsg.), Das Land Baden-Württemberg. Amtliche Beschreibung nach Kreisen und Gemeinden (8 Bde.), Stuttgart 1975–1983.

Landesgewerbemuseum 1896
[Ohne Verfasser], Das K. Württembergische Landes-Gewerbemuseum in Stuttgart. Festschrift zur Einweihung des neuen Museumsgebäudes, Stuttgart 1896.

Langmaack 1971
Gerhard Langmaack, Evangelischer Kirchenbau im 19. und 20. Jahrhundert. Geschichte – Dokumentation – Synopse, Kassel 1971.

Lechler 1883
Karl Lechler, Das Gotteshaus im Lichte der deutschen Reformation, Heilbronn 1883.

Leins 1864
C[hristian] F[riedrich] Leins, Denkschrift zur Feier der Einweihung des neuen Gebäudes der Königl[ich] Polytechnischen Schule begangen im ersten Jahre der Regierung Seiner Majestät des Königs Karl von Württemberg am 30. September und 1. Oktober 1864 mit einem Beitrag zur Kenntniss der vaterländischen Kirchenbauten, o. O., o. J. [Stuttgart 1864].

Marienkirche 1903
[Eugen] Gradmann/[Johannes] Merz/[Heinrich] Dolmetsch (Hrsg.), Die Marienkirche in Reutlingen. Eine Denkschrift auf Veranlassung des Reutlinger Kirchenbauvereins und mit Unterstützung von kunstsinnigen Privaten, Stuttgart 1903.

Mielke 1975
Friedrich Mielke, Die Zukunft der Vergangenheit. Grundsätze, Probleme und Möglichkeiten der Denkmalpflege, Stuttgart 1975.

Mothes 1898
Oscar Mothes, Handbuch des evangelisch-christlichen Kirchenbaues, Leipzig 1898.

Mundt 1974
Barbara Mundt, Die deutschen Kunstgewerbemuseen im 19. Jahrhundert (= Studien zur Kunst des neunzehnten Jahrhunderts, Bd. 22), München 1974.

Oechelhaeuser 1910
A[dolf] von Oechelhaeuser, Denkmalpflege. Auszug aus den stenographischen Berichten des Tages für Denkmalpflege. Vorbildungs- und Stilfragen, Gesetzgebung, Staatliche und Kommunale Denkmalpflege, Leipzig 1910.

Oechelhaeuser 1913
A[dolf] von Oechelhaeuser, Denkmalpflege. Auszug aus den stenographischen Berichten des Tages für Denkmalpflege. Technische Probleme, Erhaltung und Restaurierung von Kunstdenkmälern, Einfluß der Vegetation, Verhandlungen über moderne Restaurationstätigkeit, Leipzig 1913.

Pietrus 2001
Ellen Pietrus, Die Kirchenneubauten von Heinrich Dolmetsch. Ein Architekt im Königreich Württemberg, in: Reutlinger Geschichtsblätter N.F. 40, 2001, S. 125–228.

Pietrus 2005
Ellen Pietrus, Kirchenausstattungen von Heinrich Dolmetsch. Vom Umgang mit Raumfassungen des späten 19. und frühen 20. Jahrhunderts, in: Denkmalpflege in Baden-Württemberg 34, 2005, S. 88–99.

Pietrus 2007
Ellen Pietrus, Die Markuskirche in Stuttgart, München/Berlin 2007.

Pufke 1999
Andrea Pufke, Das Kloster Haina. Renovierung, Restaurierung und Umbauten im 19. und frühen 20. Jahrhundert (= Quellen und Forschungen zur hessischen Geschichte, Bd. 115), Darmstadt/Marburg 1999 (zugl. Marburg, Univ. Diss. 1997).

Schahl 1983
Adolf Schahl (Bearb.), Die Kunstdenkmäler des Rems-Murr-Kreises (2 Bde.), München/Berlin 1983.

Schmidt 2006
Annette Schmidt, Ludwig Eisenlohr. Ein architektonischer Weg vom Historismus zur Moderne. Stuttgarter Architektur um 1900 (= Veröffentlichungen des Archivs der Stadt Stuttgart, Bd. 98), Stuttgart/Leipzig 2006 (zugl. Stuttgart, Univ. Diss. 2005).

Schuchard 1979
Jutta Schuchard, Carl Schäfer 1844–1908. Leben und Werk des Architekten der Neugotik (= Materialien zur Kunst des neunzehnten Jahrhunderts, Bd. 21), München 1979.

Schumacher 1993
Thomas Schumacher, Großbaustelle Kölner Dom. Technik des 19. Jahrhunderts bei der Vollendung einer gotischen Kathedrale (= Studien zum Kölner Dom, Bd. 4), Köln 1993.

Seeger 1997
Ulrike Seeger, Zwischen Anspruch und Realisierung – Friedrich von Schmidt als Denkmalpfleger, Bauforscher und Lehrer im Spiegel der Planzeichnungen zur Klosterneuburger Stiftskirche, in: Wiener Jahrbuch für Kunstgeschichte 50, 1997, S. 297–316 und S. 423–432.

Seng 1995
Eva-Maria Seng, Der Evangelische Kirchenbau im 19. Jahrhundert. Die Eisenacher Bewegung und der Architekt Christian Friedrich von Leins (= Tübinger Studien zur Archäologie und Kunstgeschichte, Bd. 15), Tübingen 1995 (zugl. Tübingen, Univ. Diss. 1992).

Speitkamp 1996
Winfried Speitkamp, Die Verwaltung der Geschichte. Denkmalpflege und Staat in Deutschland 1871–1933 (= Kritische Studien zur Geschichtswissenschaft, Bd. 114), Göttingen 1996.

Stober 2003
Karin Stober, Denkmalpflege zwischen künstlerischem Anspruch und Baupraxis. Über den Umgang mit Klosteranlagen nach der Säkularisation in Baden und Württemberg (= Veröffentlichungen der Kommission für geschichtliche Landeskunde in Baden-Württemberg, Reihe B, Bd. 152), Stuttgart 2003 (zugl. Freiburg, Univ. Diss. 2000).

Strobel 1980
Richard Strobel, Denkmalverzeichnis und Inventarisation in Baden-Württemberg, in: Zeitschrift für Württembergische Landesgeschichte 39, 1980, S. 220–279.

Strobel 1983 I
Richard Strobel, Zur Inventarisationsgeschichte des 19. Jahrhunderts in Baden-Württemberg, in: Denkmalpflege in Baden-Württemberg 12, 1983, H. 2, S. 59–65.

Strobel 1983 II
Richard Strobel, Zu den Anfängen der Denkmalpflege und Inventarisation in Württemberg, in: Schwäbische Heimat 34, 1983, H. 3, S. 191–199.

Strobel 1991
Richard Strobel, Aus der Vorzeit der Inventarisation in Württemberg. Bild, Wort und Person: J. A. A. von Hochstetter und D. Debler, in: Michael Petzet (Hrsg.), Beiträge zur Denkmalkunde. Tilmann Breuer zum 60. Geburtstag (= Arbeitshefte des Bayerischen Landesamtes für Denkmalpflege, Bd. 56), München 1991, S. 19–29.

Strobel 1993
Richard Strobel, Die Restaurierung der Johanniskirche in Schwäbisch Gmünd 1869–1880, in: Gmünder Studien 1993, S. 143–228.

Strobel 2003
Richard Strobel, Die Kunstdenkmäler der Stadt Schwäbisch Gmünd. Bd. IV: Kirchen und Profanbauten außerhalb der Altstadt. Ortsteile, München/Berlin 2003.

Strobel 2007
Richard Strobel, Eduard Paulus der Jüngere, zweiter Landeskonservator in Württemberg, gestorben vor 100 Jahren

am 16. April 1907, in: Denkmalpflege in Baden-Württemberg 36, 2007, S. 122–130.

Timpe 2001
Stefan Timpe, Gegen den „Zahn der Zeit". Zur Restaurierungspraxis am Heilig-Kreuz-Münster in Schwäbisch Gmünd im 19. und 20. Jahrhundert, Schwäbisch Gmünd 2001 (zugl. Bamberg, Univ. Diss. 1999).

Vischer 1875
L[udwig] Vischer, Die industrielle Entwicklung im Königreich Württemberg und das Wirken seiner Centralstelle für Gewerbe und Handel in ihren ersten 25 Jahren, Stuttgart 1875.

Wörner/Lupfer 1991
Martin Wörner/Gilbert Lupfer, Stuttgart. Ein Architekturführer, Berlin 1991.

Wohlleben 1989
Marion Wohlleben, Konservieren oder restaurieren? Zur Diskussion über Aufgaben, Ziele und Probleme der Denkmalpflege um die Jahrhundertwende (= Veröffentlichungen des Instituts für Denkmalpflege an der Eidgenössischen Hochschule Zürich, Bd. 7), Zürich 1989 (zugl. München, Univ. Diss. 1979).

Wolf-Holzäpfel 2000
Werner Wolf-Holzäpfel, Der Architekt Max Meckel (1847–1910). Studien zur Architektur und zum Kirchenbau des Historismus in Deutschland (= Materialien zu Bauforschung und Baugeschichte. Institut für Baugeschichte der Universität Karlsruhe und Südwestdeutsches Archiv für Architektur und Ingenieurbau, Bd. 10), Lindenberg 2000 (zugl. Karlsruhe, Univ. Diss. 2000).

Abkürzungen

In das folgende Verzeichnis wurden nur solche Abkürzungen aufgenommen, die nicht im Duden als allgemein verbindliche Abkürzungen aufgeführt werden.

Amtsblatt	Amtsblatt des württembergischen Evangelischen Konsistoriums und der Synode in Kirchen- und Schulsachen
BRamt	Baurechtsamt
ChrKbl	Christliches Kunstblatt
DA	Diözesanarchiv
DAamt	Dekanatamt
DBZ	Deutsche Bauzeitung
DSchG	Denkmalschutzgesetz
GdA	Gemeindearchiv
GLA	Generallandesarchiv
GR	Gemeinderat
HH-Buch	Gebundene Haushaltslisten von Heinrich Dolmetsch, Privatbesitz Ruth † und Ilse Dolmetsch, Stuttgart
HStA	Hauptstaatsarchiv
KGR	Kirchengemeinderat
KPf	Kirchenpflege
LDA	Landesdenkmalamt Baden-Württemberg (seit 1. 1. 2005 Landesamt für Denkmalpflege im Regierungspräsidium Stuttgart, LAD)
LKA	Landeskirchliches Archiv Stuttgart
LKSpA	Landeskirchliches Sprengelarchiv (seit 2002 dem Landeskirchlichen Archiv Stuttgart eingegliedert)
OA	Oberamt
PfarrA	Pfarrarchiv
PfGR	Pfarrgemeinderat
Reg.-Blatt	Regierungsblatt für das Königreich Württemberg
StA	Staatsarchiv
StadtA	Stadtarchiv
TUM	Technische Universität München, Plansammlung des Architekturmuseums

Bildnachweis

Andreas Balko, Oberrot: Abb. 139, 140

DAamt Reutlingen, Baupläne der Marienkirche, Nr. 330: Abb. 77, 78

Ruth † und Ilse Dolmetsch, Stuttgart: Abb. 13, 181

GdA Untergruppenbach, A 143: Abb. 368

GLA Karlsruhe, Akte 56/179: Abb. 187

Stefan King, Freiburg: Abb. 180

KPf Böckingen: Abb. 28, 29, 231–235

KPf Schorndorf: Abb. 48, 49, 87, 113, 114, 299–302

KPf Schwäbisch Hall, St. Katharina II: Abb. 40, 318–326

KPf Schwäbisch Hall, St. Michael I: Abb. 316, 317

KPf Untergruppenbach: Abb. 37, 369–372

LDA, Dia-Nr. 1.018.354: Abb. 134

LDA, Außenstelle Tübingen, Nr. 68/015: Abb. 193

LKA, A 29, 3328-4: Abb. 50

LKA, DAamt Backnang, Nr. 418.2: Abb. 84

LKA, DAamt Balingen, 1. Stadtpfarramt, A 1202: Abb. 194

LKA, DAamt Blaubeuren, Nr. 408: Abb. 210

LKA, DAamt Cannstatt: Abb. 115 (Nr. 308e), 336–339 (Nr. 308c)

LKA, DAamt Göppingen, Nr. 203.3: Abb. 229, 230

LKA, DAamt Kirchheim/Teck, Nr. 808b: Abb. 245, 246

LKA, DAamt Reutlingen, D 302: Abb. 12

LKA, DAamt Schorndorf, Nr. 112: Abb. 158

LKA, DAamt Urach, Nr. 585: Abb. 189

LKA, PfarrA Kornwestheim, Nr. 108b: Abb. 252, 253

Günther Meinhold, Frommern: Abb. 66, 195

Gerhard Müller, Bietigheim-Bissingen: Abb. 203

PfarrA Alt-Heumaden, Nr. 103a: Abb. 56, 99, 342, 343

PfarrA Beuren: Abb. 81, 100, 123, 199

PfarrA Geifertshofen: Abb. 24, 212–216

PfarrA Geislingen II: Abb. 220, 221

PfarrA Gröningen, 16b: Abb.402

PfarrA Horrheim: Abb. 405

PfarrA Langenburg: Abb. 58, 256, 257

PfarrA Lindach: Abb. 311–315

PfarrA Lorch Nord, Nr. 256: Abb. 260, 261

PfarrA Meßstetten West: Abb. 21, 36, 263

PfarrA Metterzimmern: Abb. 98, 124

PfarrA Möckmühl: Abb. 23, 86, 267–270

PfarrA Möglingen Süd: Abb. 272–277

PfarrA Münklingen: Abb. 83

PfarrA Murrhardt I, Nr. 255: Abb. 44, 45, 57, 278

PfarrA Oberriexingen: Abb. 51

PfarrA Ötisheim: Abb. 286–290

PfarrA Ottmarsheim: Abb. 67, 68, 197, 198

PfarrA Roßwag: Abb. 378

PfarrA Schornbach, Büschel „Bau-Rechnung 1904": Abb. 303

PfarrA Schramberg: Abb. 31, 307–309

PfarrA Täferrot: Abb. 71, 72, 90, 354, 355

PfarrA Uhlbach: Abb. 42, 63, 64, 344

PfarrA Weilstetten, A 20: Abb. 88, 89, 393, 394

PfarrA Wiernsheim: Abb. 386–389

PfarrA Willmandingen: Abb. 183

–: „Beilagen zur Kirchen-Baurechnung 1903/04": Abb. 329–334

PfarrA Zazenhausen, „Baugesuch zur Erhöhung des Turmhelmes": Abb. 346

Ellen Pietrus, Stuttgart: Abb. 47, 53, 73–76, 101–105, 128, 141, 142, 144–147, 150–156, 159, 169, 170, 172

Regierungspräsidium Stuttgart, Landesamt für Denkmalpflege –

Fotos Karl Fisch: Abb. 15, 33, 39, 59, 62, 70, 106, 108, 110, 131, 167, 211, 236, 264, 265, 367

Fotos Iris Geiger-Messner: Abb. 11, 17, 35, 41, 43, 65, 107, 109, 126, 136, 166, 293

Fotos Felix Pilz: Abb. 14, 16, 125

StadtA Backnang: Abb. 85

StadtA Bad Friedrichshall: Abb. 390, 392

StadtA Möckmühl, C II: Abb. 271

StadtA Reutlingen, Nachlass Friedrich Launer, „Erstes Buch": Abb. 3 (S. 43), 173 (S. 36). „Zweites Buch": Abb. 55 (S. 34), 171 (S. 10)

StadtA Stuttgart, Foto Nr. 2186, Negativ Nr. 745: Abb. 335

TUM, Nachlass Heinrich Dolmetsch: Abb. 1 (Sign. 5.1), 2 (Sign. 4.1), 7 (Sign. 9.1), 18 (Sign. 29.5), 19 (Sign. 29.9), 20 (Sign. 67.19), 22 (Sign. 14.10), 25 (Sign. 47.12), 26 (Sign. 47.13), 30 (Sign. 22.2), 32 (Sign. 36.4), (Sign. 20.1), 46 (Sign. 19.3), 60 (Sign. 28.11), 61 (Sign. 28.3), 69 (Sign. 37.5), 79 (Sign. 38.3), 80 (Sign. 38.7), 82 (Sign. 68.1), 91 (Sign. 34.7), 92 (Sign. 34.8), 93 (Sign. 28.14), 94 (Sign. 28.4), 97 (Sign. 102.7), 116 (Sign. 66.10), 117 (Sign. 66.11), 118 (Sign. 48.2), 119 (Sign. 26.2), 120 (Sign. 29.4), 121 (Sign. 29.8), 122 (Sign. 29.11), 163 (Sign. 26.3), 164 (Sign. 34.3), 184 (Sign. 24.3), 185 (Sign. 69.1), 186 (Sign. 69.3), 188 (Sign. 69.6), 190 (Sign. 19.1), 191 (Sign. 36.2), 192 (Sign. 36.7), 196 (Sign. 76.1), 201 (Sign. 26.5), 202 (Sign. 26.4), 204 (Sign. 56.6), 205 (Sign. 56.12), 206 (Sign. 56.9), 207 (Sign. 56.14), 208 (Sign. 56.11), 209 (Sign. 56.15), 217 (Sign. 35.5), 218 (Sign. 32.5), 219 (Sign. 32.1), 222 (Sign. 21.3), 223 (Sign. 43.1), 224 (Sign. 31.1), 225 (Sign. 31.2), 227 (Sign. 42.1), 228 (Sign. 42.2), 237 (Sign. 16.5), 238 (Sign. 16.4), 241 (Sign. 67.5), 242 (Sign. 67.1), 243 (Sign. 67.13), 244 (Sign. 67.23), 248 (Sign. 14.1), 249 (Sign. 14.8), 250 (Sign. 14.9), 251 (Sign. 33.5), 254 (Sign. 33.6), 259 (Sign. 12.1), 279 (Sign. 44.1), 280 (Sign. 22.7), 281 (Sign. 22.5), 282 (Sign. 22.9), 283 (Sign. 22.11), 285 (Sign. 37.1), 291 (Sign. 71.1), 295 (Sign. 54.2), 296 (Sign. 54.1), 297 (Sign. 54.3), 298 (Sign. 63.1), 305 (Sign. 52.2), 306 (Sign. 52.7), 328 (Sign. 11.4),

341 (Sign. 15.1), 345 (Sign. 65.2),
347 (Sign. 18.12), 348 (Sign. 18.11),
349 (Sign. 18.9), 350 (Sign. 18.14),
351 (Sign. 29.1), 352 (Sign. 29.2),
356 (Sign. 72.4), 357 (Sign. 28.9),
358 (Sign. 28.1), 359 (Sign. 38.4),
360 (Sign. 38.8), 361 (Sign. 38.5),
375 (Sign. 34.2), 376 (Sign. 34.4),
382 (Sign. 59.1), 383 (Sign. 78.2),
384 (Sign. 41.1), 385 (Sign. 41.4),
395 (Sign. 49.2), 396 (Sign. 103.1),
397 (Sign. 48.1), 398 (Sign. 17.6),
399 (Sign. 17.13), 400 (Sign. 17.3),
401 (Sign. 17.10), 403 (Sign. 7.2),
406 (Sign. 58.1)

Publikationen, aus denen Bilder entnommen wurden:

Bauzeitung für Württemberg, Baden,
Hessen, Elsaß-Lothringen 7, 1910:
Abb. 130 (Nr. 13, S. 100), 177 (Nr. 12,
S. 94), 226 (Nr. 13, S. 101)

Dietrich Braun, Nikolauskirche Beuren.
800 Jahre erlebte Geschichte, Villingen
1988, S. 44: Abb. 200

ChrKbl [ohne Bandzählung] 1859, H. 6,
S. 46: Abb. 34

ChrKbl 24, 1882, H. 8, S. 109: Abb. 4

ChrKbl 28, 1886, H. 11, S. 170: Abb. 137

ChrKbl 30, 1888, H. 7, S. 108: Abb. 6

ChrKbl 38, 1896, H. 7, S. 101: Abb. 5

ChrKbl 39, 1897, H. 6, S. 88: Abb. 157

ChrKbl 40, 1898, H. 9, S. 137: Abb. 327

ChrKbl 46, 1904, H. 8, S. 249: Abb. 129

ChrKbl 48, 1906, H. 9/10, S. 262:
Abb. 132

ChrKbl 49, 1907, H. 7, S. 209: Abb. 162

H[einrich] Dolmetsch, Japanische Vorbilder. Ein Sammelwerk zur Veranschaulichung japanischer Kunstprodukte aus
den Gebieten der Aquarell-, Lack- und
Porzellanmalerei, der Bronzetechnik
und Emaillierkunst, der Stickerei,
Weberei und Schablonentechnik,
Stuttgart o. J. [1886], Taf. 11: Abb. 9

H[einrich] Dolmetsch, Der Ornamen-
tenschatz. Ein Musterbuch stilvoller
Ornamente aus allen Kunstepochen,
Stuttgart 1887, Taf. 44: Abb. 8

Dolmetsch 1900: Abb. 27 (S. 4), 95 (S. 3),
96 (S. 2), 112 (S. 2), 127 (Tafel, Fig. 4),
294 (S. 3), 380 (S. 3), 391 (S. 3),
404 (Tafel, Fig. 7)

Herm[ann] Dreher, Hossingen, in: Blätter des Schwäbischen Albvereins 15,
1903, Nr. 10, Sp. 325: Abb. 262

Dorle und Friedrich Eisenmann, Die
Johanneskirche, in: Wilfried Sehm
(Bearb.), Untergruppenbach. Heimatbuch der Gemeinde Untergruppenbach, Stuttgart 1992: Abb. 373 (S. 619),
374 (S. 608)

Ev. Kirchengemeinde Illingen (Hrsg.),
Festschrift. 500 Jahre Cyriakuskirche
Illingen 1488-1988, o. O. 1988, S. 18:
Abb. 239

Evangelische Kirchengemeinde Kornwestheim (Hrsg.), Von den Anfängen
bis zur Gegenwart der Evangelischen
Kirchengemeinde Kornwestheim,
o. O., o. J. [1980], S. 23: Abb. 255

Ev. Kirchengemeinderat Möckmühl
(Hrsg.), Die Stadtkirche von Möckmühl. Ihre Geschichte in zwölf Jahrhunderten (815 bis 1974), o. O. 1974,
S. 79: Abb. 266

Evangelische Kirchengemeinde Oberrot
(Hrsg.), Wiedereinweihung der Boni-
fatius-Kirche (= Sonderausgabe des
Gemeindebriefs), o. O., o. J. [1994],
S. 16: Abb. 284

Ev. Kirchengemeinde Schramberg
(Hrsg.), 100 Jahre Evangelische Stadt-
kirche Schramberg. o. O., o. J. [1998]:
Abb. 149 (S. 6), 304 (S. 9), 310 (S. 19)

Evang[elische] Kirchengemeinde Tuttlingen (Hrsg.), Evangelische Stadtkirche Tuttlingen, o. O. 1987: Abb. 362
(S. 17), 363 (S. 10), 364 (S. 12), 365
(S. 11), 366 (S. 25)

Ev[angelische] Kirchengemeinde Wann-
weil (Hrsg.), 100 Jahre Erweiterung der
Johanneskirche 1891-1991, o. O. 1991,
S. 14: Abb. 381

Gradmann 1911, S. 13: Abb. 10

Dietrich Hub (Hrsg.), Die Fellbacher
Lutherkirche. Dokumentation über die
Renovierungen im 20. Jahrhundert,
o. O., o. J. [2001], S. 18: Abb. 143

Friedrich Keppler, Die Marienkirche in
Reutlingen. Bedeutung – Geschichte –
Kunstwerke, Reutlingen o. J. [1947],
Abb. 15: Abb. 54

Hermann Kissling, Die Kirche in Täfer-
rot, hrsg. von der Evangelischen
Kirchengemeinde Täferrot, Dekanat
Schwäbisch Gmünd, 1984, S. 37:
Abb. 353

Kunst- und Altertumsdenkmale 1907,
S. 286: Abb. 258

Kunst- und Altertumsdenkmale 1924,
S. 26: Abb. 247

Landesgewerbeamt Baden-Württemberg,
Patentschrift Nr. 178813: Abb. 160
(Fig. 1), 161 (Fig. 2)

Hartmut Leins, Die Evangelische Stadtkirche in Vaihingen an der Enz, o. O.
1997: Abb. 148 (S. 21), 377 (S. 45)

Marienkirche 1903: Abb. 52 (Taf. 8),
165 (Taf. 1), 168 (S. 34), 174 (Taf. 10),
175 (Taf. 11), 292 (S. 31)

Schahl 1983, Bd. 2, S. 891: Abb. 176

Siegfried Schoch (Hrsg.), Bilder aus
Degerlochs Vergangenheit. Zu Papier
gebracht im Jahre 1926 von Friedrich
Keidel, Stuttgart 1986: Abb. 138
(S. 76), 340 (S. 68)

Seng 1995: Abb. 111 (Abb. 330), 379
(Abb. 430)

Stadt Vellberg (Hrsg.), 1250 Jahre
Stöckenburg Vellberg 741-1991. Eine
Dokumentation, o. O., o. J. [1991],
S. 84: Abb. 135

Willi Stähle, Steinbildwerke der Kunst-
sammlung Lorenzkapelle Rottweil
(= Veröffentlichungen des Stadtarchivs
Rottweil, Bd. 3), Rottweil 1974:
Abb. 178 (S. 198), 179 (S. 196)

Andreas Stiene/Karl Wilhelm, Alte Steine
– Neues Leben. Geschichte und Geschichten der Evangelischen Dorfkirche in Stetten im Remstal (hrsg. von
der Ev. Kirchengemeinde Stetten im
Remstal), o. O. 1998, S. 64: Abb. 240

Joh[ann] Gottlieb Stoll, Die Grundstein-
legung und Einweihung der neuen
Kirche zu Korb, Stuttgart 1832,
Frontispiz: Abb. 182

Manfred Tripps, Die evangelische Stadtkirche St. Pankratius zu Böckingen,
Halle/Saale 2001, S. 29: Abb. 133

Register

Personenregister

In das Personenregister wurden sämtliche in der Arbeit genannten Personen aufgenommen. Allen wurde die entsprechende Berufs- oder Amtsbezeichnung beigefügt, wobei die bekannteren Persönlichkeiten mit Vor- und Zunamen aufgeführt werden, die weniger bekannten hingegen lediglich unter Nennung des Zunamens und unter Zufügung ihrer Funktion, da sich die Vornamen häufig als nicht eruierbar erwiesen. Als quellenkritische Bemerkung ist anzufügen, dass die weniger bekannten Namen entsprechend ihrer Schreibweise in den Quellen transkribiert wurden. Es ist nicht auszuschließen, dass es im Einzelfall zu Abweichungen gegenüber der heutigen Schreibweise kommen kann. Heinrich Dolmetsch wurde nicht im Register erfasst.

Ackermann (Oberamtsbaumeister) 394
Arnold (Oberamtsbaumeister) 231
Augsteindreyer, Hans (Steinmetz) 370

Bälz (Werkmeister) 222
Bälz, Erwin (Sammler) 33
Bauer, Karl (Münsterbaumeister) 190, 384
Bauerle, Theodor (Kunstmaler) 55, 145, 174, 209, 231, 313
Baum, Julius (Kunsthistoriker) 167
Bäumer, Wilhelm (Architekt) 16, 211
Baur (Pfarrer) 379
Behr (Fabrikant) 213
Beisbarth, Karl (Architekt) 188, 328 f., 340 f.
Bellon (Pfarrer) 274
Bengel (Werkmeister) 222
Benger, Gottlieb (Fabrikant) 47, 339 f.
Bentel (Pfarrer) 314
Benz (Oberbürgermeister) 169, 294
Beutel (Bildhauer) 233
Beuttenmüller (Baumeister) 226 f.
Beyer, August (Münsterbaumeister) 20, 118, 179, 242, 244, 294, 299, 370
Beytenmüller, Hugo (Architekt) 283

Bihler, Eugenie (Lehrerin Frauenarbeitsschule Reutlingen) 152
Bihlmaier, Albert (Architekt) 172
Birchler, Linus (Kunsthistoriker) 10
Blessing (Baumeister) 223
Böklen, Richard (Architekt) 90 f., 127, 212 f., 304 f., 309, 333 f., 336, 347 f., 375
Brathe, Paul (Pfarrer) 100, 102, 130
Braun (Geometer) 362
Breitling (Geometer) 314
Breymann, Gustav Adolf (Ingenieur) 95, 102
Bueß, Gustav (Organist) 116, 333 f.
Bührer (Dekan) 256
Burckhardt, Paul (Architekt) 18

Cades, Joseph (Architekt) 24, 167, 299
Carolsfeld, Julius Schnorr von (Maler) 25
Clemen, Paul (Kunsthistoriker) 38, 40, 188

Dehio, Georg (Historiker) 10, 40, 165, 189, 197
Dietrich (Bauführer) 383
Dollinger, Konrad (Architekt) 304, 310, 322
Dolmetsch, Theodor (Architekt) 54, 127, 162, 171, 201, 241, 290, 307, 309, 383
Dopfer, Franz (Fabrikant) 153
Dornfeld (Pfarrverweser) 59, 193, 346 f.
Dreher (Pfarrverweser) 267

Eckert (Oberamtsbaumeister) 359, 379
Egle, Joseph von (Architekt) 20, 29, 95, 102, 129, 159, 167, 171–173, 184, 194, 197, 206 –208, 299 f.
Eisenlohr, Ludwig (Architekt) 213
Elsaesser, Martin (Architekt) 26, 213
Elsässer (Architekt) 279, 314
Etzel, Eberhard von (Architekt) 20

Feichele (Oberamtsbaumeister) 393
Feil, Karl (Architekt) 26, 90 f., 127, 212, 304 f., 309, 333 f., 336, 347 f., 375
Feucht, Albert (Lederwarenhersteller) 29 f., 150 ff.
Finckh, Hermann (Fabrikant) 118
Fischer (Pfarrer) 361

Fischer, Theodor (Architekt) 191, 195, 197, 304, 307
Föhr (Stadtbaumeister) 249
Former, Alexander (Architekt) 165
Förnzler (Oberamtsbaumeister) 283
Franck, Heinrich (Stifter) 47
Frey, Theophil (Architekt) 22 f., 26, 29, 114, 166 f., 212, 224, 267, 334, 369, 381 f.
Fritsche, Michael (Architekt) 354
Fritz, Friedrich (Pfarrer) 83, 337
Furttenbach, Josef (Stadtbaumeister) 191, 301, 307

Gaab, Ludwig Friedrich von (Architekt) 95, 114, 249
Gäckle, Albert (Bildhauer) 145
Gaiser (Werkmeister) 288
Gebhand (Regierungsbaumeister) 389
Gebhardt (Bautechniker) 315
Glanz (Werkmeister) 267
Gmelin (Dekan) 191, 304
Gminder, Louis (Fabrikant) 169
Götz, Friedrich Wilhelm (Baumeister) 231
Gradmann, Eugen (Landeskonservator) 10, 26, 39, 59, 70, 79, 85 f., 92, 95, 102, 131, 133–138, 147, 173, 178 f., 181, 186 f., 189–193, 241, 293 f., 304, 307 f., 314, 335, 347 f., 368
Gräßle (Baumeister) 221
Grotz, Albert (Stiftungsbaumeister) 236, 334, 336
Grüneisen, Karl von (Theologe) 23, 25 f., 37, 41, 95, 122, 153 f.
Grünzweig und Hartmann (Fabrikanten) 160
Gurlitt, Cornelius (Architekt und Kunsthistoriker) 40, 59, 89, 114, 127 f., 155, 159, 175, 186, 188, 190, 192, 197
Gutekunst (Oberamtsbaumeister) 349
Güthler (Werkmeister) 387

Haag, Peter (Architekt) 309
Haaga, Paul (Kunstmaler) 134, 136, 288
Haffa (Stadtbaumeister) 73
Hager, Georg (Kunsthistoriker) 40
Hämmerle (Oberamtsbaumeister) 203 f., 279

Ortsregister

Ins Ortsregister wurden nur Städte und Gemeinden aufgenommen, deren Kirchengemeinden Dolmetsch mit der Ausarbeitung von Entwürfen und Gutachten beauftragt haben. Orte, deren Kirchen als Vergleichsobjekte herangezogen werden oder die Dolmetsch im Laufe seiner Italienreise besucht hat, wurden nicht aufgenommen. Ortsnennungen in den Einzeldarstellungen wurden nur dann aufgenommen, wenn sie nicht aufgrund der alphabetischen Ordnung dieses Teils zu erschließen sind. Bei Orten ohne eigenen Eintrag in den Einzeldarstellungen wurde außerdem die derzeitige Gemeinde- und/oder Kreiszugehörigkeit angegeben.